Thomas Blank

Logos und Praxis

KLIO

Beiträge zur Alten Geschichte
Beihefte
Neue Folge Band 23

Unter Mitarbeit von
Manfred Clauss, Peter Funke
und Hans-Joachim Gehrke
herausgegeben von
Hartwin Brandt und
Martin Jehne

Thomas Blank

Logos und Praxis

Sparta als politisches Exemplum in den Schriften des Isokrates

DE GRUYTER

ISBN 978-3-11-055552-3
eISBN 978-3-11-034251-2
ISSN 1438-7689

Bibliografische Information der Deutschen Nationalbibliothek
Die Deutsche Nationalbibliothek verzeichnet diese Publikation in der Deutschen
Nationalbibliografie; detaillierte bibliografische Daten sind im Internet über http://dnb.de abrufbar.

© 2017 Akademie Verlag GmbH, Berlin
Dieser Band ist text- und seitenidentisch mit der 2014 erschienenen gebundenen Ausgabe.
Ein Unternehmen von De Gruyter
♾ Gedruckt auf säurefreiem Papier
Printed in Germany

www.degruyter.com

Inhalt

Vorwort XI

A – EINFÜHRUNG 1

A.1 Einleitung 3

A.2 Zum Stand der Forschung 7
   A.2.1 Isokrates in der modernen Forschung 7
   A.2.2 Geschichte als Exemplum bei Isokrates 15
   A.2.3 Isokrates' Spartabild 22

A.3 Methodologisches zur isokratischen Literatur 27
   A.3.1 Isokrates aus Isokrates erklären 27
      A.3.1.1 Einzelschrift und Werkbewusstsein 27
      A.3.1.2 Quellen zur Biographie des Isokrates 29
   A.3.2 Zur Funktion der isokratischen Schriften in *paideía* und Politik 35
      A.3.2.1 Publizistik oder politische Philosophie? 35
      A.3.2.2 *Gegen die Sophisten* (Isok. XIII): Ein Erziehungskonzept des Nicht-
            Lehrbaren 39
      A.3.2.3 Isokrates' Bildungsbegriff 55
      A.3.2.4 Isokrates und der hermeneutische Standpunkt des Lesers 57
      A.3.2.5 *Epídeixis* – Ein gerechtfertigtes Axiom der Isokrates-Forschung? 64
   A.3.3 Isokrates' *téchne* als Maßstab seiner Schriften 68

B – EINZELUNTERSUCHUNGEN 75

B.0 Vorbemerkungen 75

B.1 *Helena / Busiris* (Isok. X / XI) 79
   B.1.1 Historischer Hintergrund 79
   B.1.2 *Helena* (Isok. X) 80
      B.1.2.1 Proömium (§1–15): Kritik der paradoxen Reden 83

B.1.2.2 Enkomion (§15–69): Ein paradigmatisches Helenalob 95
B.1.2.3 Sparta in der *Helena* 99
B.1.2.4 Paradoxe und bedeutende Redethemen 106

B.1.3 *Busiris* (Isok. XI) 108
B.1.3.1 Proömium (§1–9): Kritik an den schlechten Lehrern 112
B.1.3.2 Enkomion (§10–29): Ein paradigmatisches Busirislob? 120
B.1.3.3 Apologie (§30–45): Eine gelungene *prólêpsis*? 130
B.1.3.4 Epilog (§46–50) 143
B.1.3.5 Sparta und der Idealstaat 145

B.1.4 Ergebnis 148
B.1.4.1 Isokrates über *lógoi parádoxoi* 148
B.1.4.2 Zur gemeinsamen Konzeption von *Helena* und *Busiris* 155

B.2 *Panegyrikos* (Isok. IV) 157
B.2.1 Historischer Hintergrund 158
B.2.2 Moderne Ansätze zu Struktur und Publikationszweck 160
B.2.3 Proömium (§1–14) 164
B.2.4 Gegenüberstellung Athen–Sparta (§15–128) 174
B.2.4.1 Expositio (§15–20) 174
B.2.4.2 Enkomion I: kulturelle Leistungen (§21–50) 180
B.2.4.3 Enkomion II: militärische Leistungen (§51–74) 187
B.2.4.4 Synkrisis I: *politeía* zur Zeit der Perserkriege (§75–82) 192
B.2.4.5 Synkrisis II: Leistungen in den Perserkriegen (§83–99) 201
B.2.4.6 Apologie der athenischen *arché* (§100–109) 212
B.2.4.7 Psogos der spartanischen *arché* (§110–128) 224

B.2.5 Ergebnis 231
B.2.5.1 Zum Darstellungsziel von §21–128 231
B.2.5.2 Grundlagen für die Kritik der paradoxen *epídeixis* in §100–128 237

B.2.6 Nachtrag I: Sparta und der gymnische Wettkampf 242
B.2.7 Nachtrag II: *Panegyrikos* und *Menexenos* 244

B.3 *Plataikos* (Isok. XIV) 251
B.3.1 Historischer Hintergrund 253
B.3.2 Sparta, Theben und Athen 256
B.3.3 Ergebnis 269

B.4 *Kyprische Reden* (Isok. IX, II, III) 273
B.4.1 *Nikokles* (Isok. III) 275
B.4.2 *Euagoras* (Isok. IX) 277

Inhalt

B.5 *Archidamos* (Isok. VI) 287
  B.5.1 Historischer Hintergrund 288
  B.5.2 Inhaltlicher Überblick 292
  B.5.3 Moderne Rezeption 294
  B.5.4 Die *persona* des Sprechers 300
    B.5.4.1 Archidamos' politische und literarische Genealogie 300
      B.5.4.1.1 Archidamos III. 301 – B.5.4.1.2 Agesilaos II. 304 – B.5.4.1.3 Archidamos II. 305
    B.5.4.2 Alter, Erfahrung und Bildung 308
      B.5.4.2.1 ‚Archidamos III.' im Vergleich mit ‚Archidamos II.' 312 – B.5.4.2.2 ‚Archidamos III.' im Vergleich mit ‚Isokrates' 315 – B.5.4.2.3 Strategische vs. politische Urteilskraft 319
    B.5.4.3 Ergebnis I 321
  B.5.5 Argumentationsweisen 322
    B.5.5.1 Das *díkaion* der spartanischen Herrschaft in Messenien (§16–33) 323
      B.5.5.1.1 Rechtsgründe für die Rückkehr der Herakliden (§17–22) 324 – B.5.5.1.2 Die Ermordung des Kresphontes (§22–23) 330 – B.5.5.1.3 Gewohnheitsrecht (§26–28) 332 – B.5.5.1.4 Das Urteil Dritter (§29–31) 335 – B.5.5.1.5 Zusammenfassung 337
    B.5.5.2 Die Wahl der Exempla im weiteren Verlauf 337
      B.5.5.2.1 Mythische vs. historische Exempla 337 – B.5.5.2.2 Das Exemplum Salamis 340 – B.5.5.2.3 Weitere Exempla 343 – B.5.5.2.4 ‚Reverse-probability' und lógoi parádoxoi 346
    B.5.5.3 Ergebnis II 348
  B.5.6 Sparta im *Archidamos* 349
    B.5.6.1 Lob der Vorfahren? 350
    B.5.6.2 Der spartanische Kriegerstaat als Idealstaat? 352
    B.5.6.3 Spartas unaristokratische Außenpolitik 363
    B.5.6.4 Ergebnis III 370
  B.5.7 Zu Zweck, Adressaten und Datierung 372

B.6 *Areopagitikos / Friedensrede* (Isok. VII / VIII) 379
  B.6.1 Forschungsüberblick und Datierungsfrage 379
  B.6.2 Historischer Hintergrund 387
  B.6.3 Die Inversion demagogischer Rhetorik 390
  B.6.4 *Areopagitikos* (Isok. VII) 392
    B.6.4.1 Inhaltlicher Überblick 392
    B.6.4.2 Sparta im *Areopagitikos* 401
      B.6.4.2.1 Die Schädlichkeit der arché I (§4–10) 402 – B.6.4.2.2 Der beste real existierende Staat? I (§60–61) 405

B.6.5 *Friedensrede* (Isok. VIII) 413
   B.6.5.1 Inhaltlicher Überblick 413
   B.6.5.2 Sparta in der *Friedensrede* 420
      B.6.5.2.1 Die Schädlichkeit der arché II (§89–119) 423 – B.6.5.2.2 Der beste real existierende Staat? II (§142–144) 430

B.6.6 Ergebnis.. 434

B.7 *Antidosis* (Isok. XV)... 437
   B.7.1 Historischer Hintergrund 440
   B.7.2 Sparta in der *Antidosis* 440

B.8 *Philippos* (Isok. V) 451
   B.8.1 Historischer Hintergrund 452
   B.8.2 Moderne Deutungen 454
   B.8.3 Inhaltlicher Überblick... 457
   B.8.4 Sparta im *Philippos* 459
      B.8.4.1 Der Ausgleich zwischen den bedeutenden *póleis* (§30–67)............ 460
         B.8.4.1.1 Das Verhältnis der póleis zum Großkönig 464 – B.8.4.1.2 Das Verhältnis der póleis untereinander 465

      B.8.4.2 Die gegenwärtige Lage der *póleis* (§46–56) 468
      B.8.4.3 Alkibiades und Konon (§56–67) 471
      B.8.4.4 Die spartanische *basileía* als Vorbild (§79–80) 481
      B.8.4.5 Das Scheitern des spartanischen Perserkrieges (§83–104)............ 485
      B.8.4.6 Das Vorbild des Herakles (§105–115) 490
   B.8.5 Ergebnis... 493

B.9 *Panathenaikos* (Isok. XII) 497
   B.9.1 Inhaltlicher Überblick... 499
   B.9.2 Moderne Deutungen 499
   B.9.3 Proömium 505
      B.9.3.1 Proömium (§1–5a, 35–39a): Der Charakter der Rede 505
      B.9.3.2 Exkurs (§5b–34): Gegen feindlich gesinnte Kritiker 510
   B.9.4 Synkrisis der Leistungen (§39–107): *práxeis* 515
      B.9.4.1 Binnenproömium I (§39–41): Zweck der Synkrisis 515
      B.9.4.2 Exempla der Vorfahren (§42–52).. 519
         B.9.4.2.1 Frühgeschichte (§42–48) 519 – B.9.4.2.2 Perserkriege (§49–52) 520

      B.9.4.3 Athen und Sparta zur Zeit der *arché* (§53–73a).......................... 522
         B.9.4.3.1 Einleitung (§53) 522 – B.9.4.3.2 Lob der arché (§53–62) 523 – B.9.4.3.3 Apologie der arché (§62–71) 526 – B.9.4.3.4 Die Eroberung der Peloponnes und das Paradox der spartanischen Politik (§72–73) 531

Inhalt IX

    B.9.4.4 Agamemnon-Exkurs (§73–90) 532
    B.9.4.5 Psogos der spartanischen *arché* (§91–107) 538
  B.9.5 Synkrisis der Leistungen II (§108–198): *politeíai* 544
    B.9.5.1 Binnenproömium II (§108–113): Zweck der Synkrisis 544
    B.9.5.2 Die *politeía* der Gegenwart (§114–118) 547
    B.9.5.3 Die *politeía* der Vorväter (§119–148) 550
    B.9.5.4 Die Anwendung der *politeía* (§151–198) 554
  B.9.6 Dialogszene (§199–263): *paideía* 563
    B.9.6.1 Erstes Gespräch (§199–228) 563
        *B.9.6.1.1 Philosophische paideía (§200–214) 565 – B.9.6.1.2 Gymnische
        paideía (§215–228) 5677*
    B.9.6.2 Isokrates' Selbstzweifel (§229–232) 571
    B.9.6.3 Zweites Gespräch (§233–263): Die philosophische Prüfung 572
  B.9.7 Reaktion des Isokrates und Epilog (§264–272) 580
  B.9.8 Ergebnis 583
    B.9.8.1 Kritik an Sparta und Athen 583
    B.9.8.2 Sparta als schlechtes Vorbild 584
    B.9.8.3 Die Trennung von *lógos* und *práxis* 586
    B.9.8.4 Zur Bewertung der Dialogszene 587

C – ERGEBNISSE 589

C.1 Sparta in den einzelnen Schriften (Überblick) 591
  C.1.1 *Helena / Busiris* 591
  C.1.2 *Panegyrikos* 592
  C.1.3 *Plataikos* 593
  C.1.4 *Kyprische Reden* 594
  C.1.5 *Archidamos* 594
  C.1.6 *Areopagitikos / Friedensrede* 595
  C.1.7 *Antidosis* 596
  C.1.8 *Philippos* 596
  C.1.9 *Panathenaikos* 597
C.2 Zur Funktion des Exemplum Sparta 599
  C.2.1 Vorbemerkung: Wandel im Spartabild des Isokrates? 599
  C.2.2 Idealstaat und Außenpolitik 602
  C.2.3 *Basileía* und *hêgemonía* 604
  C.2.4 *Lógos* und *práxis* 605
  C.2.5 Sparta, Athen und die Dichotomie der *politeíai* 609

C.2.6 Sparta als Exemplum für den Charakter der *arché* 610
C.2.7 Sparta als Parallelfall zu Athen 611
C.3 Epilog: Zur Verfasstheit der isokratischen Schriften 615

D – APPENDICES 619

D.1 Exkurse 621
D.1.1 *koinón, ídion, allótrion* 621
D.1.2 Euagoras als Chiffre für Athen 623

D.2 Bibliographische Angaben 625
D.2.1 Abkürzungsverzeichnis 625
D.2.2 Editionen und Übersetzungen antiker Texte 625
    D.2.2.1 Isokrates (Isok.) 625
    D.2.2.2 Editionen weiterer zitierter antiker Autoren und Texte 627
    D.2.2.3 Sammlungen und Auswahleditionen 632
D.2.3. Hilfsmittel zur Bearbeitung der antiken Texte 633
D.2.4 Digitale Quellen 633
D.2.5 Literatur 634

D.3 Indices 663
D.3.1 Index locorum 663
D.3.2 Index nominum et rerum 677

Vorwort

Bei der vorliegenden Untersuchung handelt es sich um eine nur geringfügig überarbeitete Fassung meiner Dissertation, die am 26. Mai 2011 an der Philosophischen Fakultät der Eberhard Karls Universität Tübingen eingereicht wurde. Neben redaktionellen Änderungen wurde vor allem in der Zwischenzeit erschienene Literatur berücksichtigt. Zu nennen sind hier insbesondere Jeffrey Walkers *The Genuine Teachers of This Art* (2011) und Håkan Tells *Plato's Counterfeit Sophists* (2011), zwei Arbeiten, deren innovative Thesen nicht in jedem Punkt mit den Standpunkten dieses Buches übereinstimmen, die aber in komplementärer Weise in jenen gegenwärtigen Prozess der wissenschaftlichen Neubestimmung des geistesgeschichtlichen Phänomens der Sophistik und der philosophischen ‚Dissoziation' von den Sophisten einzuordnen sind, dem auch die vorliegende Arbeit nach Ansicht des Verfassers zugehört. Ebenfalls in diesen Kontext einzuordnen ist Tarik Warehs jüngst erschienene Studie zur gegenseitigen Beeinflussung der epistemologischen Vorstellungen des Isokrates und der zeitgenössischen Philosophie vor allem Platons und des Aristoteles (*The Theory and Practice of Life*, 2012).

Das Buch ist in seinem analytischen Teil (Abschnitt B) in neun Einzelstudien gegliedert, die jeweils so verfasst sind, dass sie für an einzelnen Reden des Isokrates interessierte Leserinnen und Leser auch isoliert betrachtet verständlich sein sollen. Diese Konzeption bringt es mit sich, dass einige der methodischen Grundlagen und Ansätze, aber auch manche der Ergebnisse der Interpretationen an verschiedenen Stellen des Buches wiederholt formuliert oder über Querverweise erschließbar gemacht werden. Eine Einführung in die Methodologie wird in Abschnitt A, ein Überblick über die zentralen Ergebnisse der Studien in Abschnitt C gegeben.

Mein Dank gilt zuerst meinem Betreuer Prof. Dr. Frank Kolb (Tübingen), dessen großes Vertrauen mir die für die Arbeit nötige Freiheit und Sicherheit gab, sowie den Mitberichterstattern Prof. Dr. Mischa Meier (Tübingen) und Prof. Dr. Christian Marek (Zürich). Das kritische Urteil dieser drei Gutachter hat erheblich zur Schärfung manches Gedankens beigetragen. Daneben sei unter meinen Tübinger Lehrerinnen und Lehrern besonders Prof. em. Dr. Thomas A. Szlezák, Prof. Dr. Irmgard Männlein-Robert und Dr. Manfred Kraus gedankt. Letztgenanntem sowie Prof. Dr. David C. Mirhady (Simon Fraser University) verdanke ich die Einführung in die ‚International Society for the History of

Rhetoric', ein Forum akademischen Austauschs, das nicht zuletzt durch seine freundschaftliche Atmosphäre seinesgleichen sucht und es mir ermöglichte, einzelne Thesen meiner Arbeit schon in einem frühen Stadium einem Fachpublikum vorzustellen.

Große Teile dieser Arbeit sind in Frankfurt a.M. und in Mainz entstanden. Den Kolleginnen und Kollegen der altertumswissenschaftlichen Institute und Einrichtungen an beiden Universitäten, insbesondere Prof. Dr. Hartmut Leppin (Frankfurt) und Dr. Jan-Markus Kötter (heute Düsseldorf) sowie Prof. Dr. Marietta Horster (Mainz) gilt mein Dank für zahlreiche anregende und ermutigende Gespräche, Verbesserungsvorschläge und kritische Anmerkungen. Dies gilt in besonderem Maße auch für Prof. Jeffrey Walker (Austin [TX]), der mir freundlicherweise frühzeitig Einblick in sein 2009 noch in Entstehung begriffenes Buch gewährte, und Emanuel Zingg (Zürich), der mit scharfem Blick und durch konstruktive Kritik zur Verbesserung des Kapitels zum *Archidamos* beitrug.

Die Dissertation wurde finanziell ermöglicht durch ein Graduiertenstipendium der Friedrich-Ebert-Stiftung (2008 bis 2010), die außerdem meine Teilnahme an einer Tagung in Montreal im Juli 2009 großzügig unterstützte. Meinen aufrichtigen Dank für das mir entgegengebrachte Vertrauen möchte ich der Stiftung insgesamt, vor allem aber Marianne Braun und den Mitarbeiterinnen in ihrem Referat aussprechen, die meinen akademischen Werdegang schon während des Studiums begleiteten und förderten.

Schließlich gilt mein Dank auch den Herausgebern der ‚KLIO Beihefte', Prof. Dr. Hartwin Brandt (Bamberg) und Prof. Dr. Martin Jehne (Dresden), für die Aufnahme des Buches in diese Reihe sowie Dr. Mirko Vonderstein, Stella Diedrich und Johanna Wange vom Verlag De Gruyter für die geduldige und umsichtige Besorgung der Drucklegung auch unter erschwerten Bedingungen. Mit großer Sorgfalt hat Isidor Brodersen das Manuskript gelesen ebenso wie Felix Beckendorf, der zudem bei der Erstellung der Indices eine große Hilfe war.

Für die zahlreichen hier genannten und die noch zahlreicheren ungenannten Freunde und Kollegen gilt, dass es ihr gemeinschaftlicher Einfluss zu verschiedenen Zeiten in Studium und Promotion gewesen ist, ohne den die Entstehung und der erfolgreiche Abschluss dieser Arbeit nicht möglich gewesen wären. Zugleich versteht es sich von selbst, dass dieses mäeutische Wirken keine Zustimmung zu den hier vorgestellten Thesen impliziert. Für die Schwächen in Inhalt und Form dieses Buches ist vielmehr der Verfasser allein verantwortlich.

Gewidmet ist dieses Buch meinen lieben Eltern, die mich in Studium und Promotion stets mit größtem Vertrauen und unter persönlichen Opfern unterstützen. Dieses Buch ist nicht zuletzt auch ihr Werk.

Saarbrücken, am 25.02.2014
Thomas Blank

A – Einführung

> οὐδένα διαλέλοιπα χρόνον [...] διαβαλλόμενος,
> ὑπ' ἄλλων δέ τινων οὐχ οἷός εἰμι γιγνωσκόμενος,
> ἀλλὰ τοιοῦτος ὑπολαμβανόμενος, οἷον ἂν παρ' ἑτέρων ἀκούσωσιν.
> (Isok. XII 5)

A.1 Einleitung

Im Dezember 2008 kam es nach dem von Polizisten verursachten Tod eines Jugendlichen in ganz Griechenland zu wochenlangen Demonstrationen und gewaltsamen Ausschreitungen, in denen sich eine über lange Zeit genährte Unzufriedenheit vor allem der jüngeren Bevölkerung mit einer als korrupt empfundenen politischen Kaste Bahn brach. Zur Leitparole der Bewegung wurde dabei ein Satz, den man auf Transparenten, in Internetforen und -blogs sowie in Printpublikationen und auf Flugblättern tausendfach zitiert fand, und bei dem man sich auf den athenischen Schriftsteller und Philosophen Isokrates als Verfasser berief. Tatsächlich handelte es sich bei der Parole, der Beschreibung einer korrumpierten demokratischen Kultur, um eine aus dem Zusammenhang gerissene, zum Teil stark den Sinn verändernde, neugriechische Paraphrase einer Aussage aus dem *Areopagitikos*,[1] einer isokratischen Schrift, die deutlicher als jede andere einem elitären aristokratischen Leistungsregime das Wort redet.[2] Die politische Tendenz des Zitats im ursprünglichen Zusammenhang steht mithin den Anliegen der kritischen Bewegung des Jahres 2008 diametral entgegen.

---

[*] In der gesamten Arbeit werden Werke der Literatur abgekürzt zitiert. Die Auflösung der Abkürzungen findet sich im bibliographischen Anhang. Alle Übersetzungen antiker Texte stammen, sofern nicht anders vermerkt, von mir. Antike Jahresangaben ohne weitere Kennzeichnung beziehen sich auf Zeiträume vor Beginn der christlichen Zeitrechnung. Den wörtlichen Zitaten des Isokrates-Textes liegt die Teubner-Ausgabe von Vasilios Mandilaras (Mandilaras 2003) zugrunde. Diese einzige wissenschaftliche Isokrates-Edition jüngeren Datums (die neue OCT-Ausgabe von Stefano Martinelli Tempesta steht noch aus) weist jedoch leider zahlreiche wenig nachvollziehbare Texteingriffe und auch offensichtliche Fehler auf (vgl. etwa die Rezension bei Martinelli Tempesta 2006), so dass an mancher Stelle auf die Textfassung der älteren Edition Benseler/Blaß 1889–1895 zurückgegriffen werden musste. Diese Stellen sind entsprechend gekennzeichnet.

[1] Im Wortlaut wurde in der Regel folgende neugriechische Paraphrase gegeben: „Η δημοκρατία μας αυτοκαταστρέφεται, διότι καταχράσθη το δικαίωμα της ελευθερίας και της ισότητας, διότι έμαθε τους πολίτες να θεωρούν την αυθάδεια ως δικαίωμα, την παρανομία ως ελευθερία, την αναίδεια του λόγου ως ισότητα και την αναρχία ως ευδαιμονία!" (entnommen aus Anonym 2008a); vgl. Isok. VII 20. Kritische Reflexionen finden sich bei Sarantakos o.D. und Skattinakis 2008.

[2] Jaeger 1947, III: 170–198.

Dass Ausschnitte aus literarischen Texten vergangener Epochen wie der des spätklassischen Athen, zumal Texte politischen Inhalts, in sinnverändernder Weise und in offensichtlicher Unkenntnis der den Texten zugrundliegenden Sachverhalte und Kontexte verwendet werden, um politische Standpunkte innerhalb neuzeitlicher Diskurse zu unterstützen, ist fraglos ein ganz gewöhnlicher Vorgang.[3] Was die politische Instrumentalisierung isokratischer Texte in nachisokratischen Epochen interessant macht, ist weniger der Vorgang an sich als vielmehr der Umstand, dass solche Prozesse der verzerrenden Deutung, Aneignung und Wiedergabe in den isokratischen Schriften selbst reflektiert und gewissermaßen vorausschauend kommentiert werden. Der Verfasser dieser Texte rechnete offenbar mit einer solchen die ursprünglichen Kontexte und Intentionen ignorierenden Inanspruchnahme seiner Schriften, und er hat schon zu Lebzeiten dazu Stellung bezogen.

In seiner spätesten Schrift *Panathenaikos* inszeniert Isokrates den Prozess von Präsentation, Diskussion und Interpretation einer Schrift durch deren Leser. Die sogenannte Dialogszene (§199–265) lässt sich zusammen mit dem Proömium (§1–39), in dem der Sprecher sich über böswillig verzerrende Interpretationen und Referate seiner Schriften beklagt, als eine Art Anleitung zur kritischen Aneignung der in schriftlich publizierten philosophischen Werken vermittelten Inhalte lesen. Diese Anleitung fordert nicht die dogmatische Kontrolle des Werkes durch den Autor ein, sondern verlangt vom Publikum isokratischer Schriften eine eigenständige Interpretationsleistung und eine eigenständige Beurteilung des jeweils verhandelten Gegenstandes.[4]

Das Beispiel, an dem Isokrates den Interpretationsprozess darstellt, ist eine Lobrede auf Athen, die einen umfangreichen Vergleich zwischen Athen und Sparta enthält (§41–198). Die Diskussion um richtige und falsche Interpretationsweisen dreht sich dabei ausschließlich um die Rolle, die in dieser Rede Sparta zukommt. Nachdem der Sprecher der Lobrede, das literarische ‚Ich' des Isokrates, in der Rede die langjährige Rivalin Athens um die innergriechische Führungsrolle durchweg in schärfstem Ton kritisiert hat, tritt in der Dialogszene ein ehemaliger Schüler des Isokrates auf, der zu den Bewunderern Spartas gehört. Dieser vermutet hinter der heftigen Kritik an Sparta ein verstecktes Lob. Er deutet die Rede und ihre Schlagworte so um, dass sie schließlich seinen eigenen politischen Auffassungen entsprechen (vor allem §233–265). Isokrates thematisiert in der

---

[3] Ebensowenig ist es überraschend, dass Isokrates' Texte zur publizistischen Legitimation ganz unterschiedlicher, ja gegensätzlicher politischer Programme verwendet werden. So ist im politischen Diskurs des modernen Griechenland die Instrumentalisierung isokratischer Zitate nicht nur auf Seiten der politischen Linken üblich, sondern auch in Kampagnen neohellenischer Nationalisten. Nicht selten handelt es sich dabei um in ihrer ahistorischen Diktion leicht erkennbare Fälschungen, z. B.: „Ὁμολογεῖται μὲν γὰρ τὴν Μακεδονίαν πόλιν ἀρχαιοτάτην εἶναι καὶ Ἑλληνικωτάτην καὶ μεγίστην καὶ πᾶσιν ἀνθρώποις ὀνομαστοτάτην." (entnommen aus Anonym 2008b); vgl. Isok. IV 23–24.

[4] Z. B. Alexiou 2001: 94–97, Roth 2003a: 221, 236–237, Usener (S.) 2003: 29. S. dazu u. Kap. B.9.6.3. Neben diesen beiden Stellen erwähnt Isokrates in Isok. V 7, VII 56–57 sowie in XV 132–138, 141–149 Unterhaltungen mit Schülern und Freunden über noch unveröffentlichte Reden.

A.1 Einleitung

Dialogszene das Problem subjektiver und vom Autor möglicherweise nicht intendierter Interpretationen seiner Schriften. Im *Panathenaikos* wird ersichtlich, dass der Autor Isokrates mit unterschiedlichen Interpretationen seiner Äußerungen über Sparta rechnete und dass er gerade bei Sparta, dem als historisches Exemplum in den isokratischen Schriften großes Gewicht zukommt, verzerrende Interpretationen und Instrumentalisierungen durch Zeitgenossen und nachfolgende Leser als Problem erachtete.

Isokrates' Sorge scheint vor dem Hintergrund seiner Schriften berechtigt. Darin finden sich nämlich schärfste Angriffe gegen Sparta ebenso wie Idealisierungen bestimmter Institutionen der *pólis* Sparta, es finden sich scharfe Kontrastierungen zwischen Athen und Sparta ebenso wie Parallelisierungen beider *póleis*, es finden sich Urteile aus den unterschiedlichen Perspektiven athenischer, spartanischer und ‚dritter' Sprecher, und es finden sich zusammenfassende Bewertungen über das Spartabild des Isokrates, die diesen als größten Kritiker wie auch als größten Lobredner Spartas darstellen. Ein geschlossenes Bild von Sparta in seinen Schriften zu finden, scheint vor diesem Hintergrund nur schwer möglich.

Die vorliegende Arbeit befasst sich mit der Verwendung des historischen und politischen Exemplums Sparta in den Schriften des Isokrates. Sie intendiert nicht eine ‚Richtigstellung' bisheriger Bewertungen des isokratischen Spartabildes im Sinne der Entwicklung einer geschlossenen Spartakonzeption, die in allen isokratischen Schriften widerspruchsfrei zu finden sei. Der Untersuchung des isokratischen Spartabildes liegt vielmehr die Frage zugrunde, welche Funktion den Exempla der spartanischen Geschichte und Politik im Rahmen der Inhalte der isokratischen Schriften und der zu deren Vermittlung angewandten Beweisführung zukommt. Damit untersucht diese Arbeit einen Gegenstand der Rhetoriktheorie, der bisher vor allem hinsichtlich seiner theoretischen Erfassung durch die antike Rhetorik auf Interesse gestoßen ist,[5] am konkreten Beispiel der Anwendung durch Isokrates, jenen voraristotelischen rhetorischen Schriftsteller, dem man gemeinhin die intensivste Verwendung historischer Exempla zuschreibt.[6]

---

[5] Vgl. insbesondere Price 1975.

[6] Stellvertretend: Jaeger 1947, III: 166–167. Allgemein geht man bis heute davon aus, dass die isokratische Literatur aufgrund der hohen Bedeutung, die historischen Exempla darin zukommt, einen großen Einfluss auf die nachisokratische Historiographie gehabt habe. Als von Isokrates beeinflusst gelten die historiographischen Grundsätze des Ephoros und des Theopompos, die in Fragmenten sowie in der Vermittlung durch Diodoros trotz des Verlusts des Großteils ihrer Werke noch heute nachvollziehbar sind. Diese Auffassung wurde vor allem durch von Scala 1892 und Mühl 1917 geprägt; vgl. in jüngerer Zeit zu Isokrates' Einfluss auf die Geschichtsschreibung Nickel 1991. Seit den 1990er Jahren wurde jedoch wenigstens die Annahme einer direkten Wirkung des Isokrates auf einzelne Geschichtsschreiber, die man für Schüler des Isokrates hielt, in einigen Fällen mit guten Gründen infrage gestellt (vgl. allgemein zur Überlieferung über die Schüler antiker Philosophen und Sophisten: Meißner 1992: 82–93, Trampedach 1994: 125–126, 129–131, zu Isokrates: Meißner 1992: 27–28, 36–37, 60–61, 93–102, 139, 146 [keine Schüler: Theopompos, Ephoros, Xenophon, Asklepiades, Androtion; mögliche Schüler: Dioskurides, Philiskos, Kephisodoros], Flower 1994: 42–62 [Theopompos, dagegen Wareh 2012: 94–95, 185], Harding 1994: 17–18 [Androtion], anders Pownall

Es ist dies jedoch keineswegs eine allein für die Rhetorikgeschichte relevante Fragestellung. Die Schriften des Isokrates stellen aufgrund ihrer an aktuellen Ereignissen der Zeitgeschichte des 4. Jhs. entwickelten Themen eine der Hauptquellen für die Geschichte, insbesondere die Geistesgeschichte, des spätklassischen Griechenland dar. Eine nähere Untersuchung der Argumentationstechnik seiner politischen Schriften kann hilfreichen Aufschluss geben über die bei der historischen Auswertung dieser Schriften zu beachtenden methodischen Probleme. Die Untersuchung des isokratischen Spartabildes wiederum ist von Interesse im Hinblick auf den intellektuellen und den öffentlichen politischen Diskurs im Athen des 4. Jhs., insbesondere auf die Frage, wie intellektuelle Kreise die außenpolitischen Entwicklungen des bewegten Zeitraums vom Beginn des 4. Jhs. bis zur Unterwerfung der Poliswelt des griechischen Kernlandes durch Philippos II. von Makedonien im Jahr 338 bewerteten. Isokrates' Darstellung Spartas spielt zudem eine nicht geringe Rolle bei der Tradierung athenischer Klischees über Sparta, die – meist in idealisierender Wertung – die Rezeptionsgeschichte zu dieser *pólis* bis in die Gegenwart bestimmen. Dem 4. Jh. kommt bei der Herausbildung dieser Klischees und Idealisierungen eine Schlüsselstellung zu, und Isokrates spielt dabei eine bedeutende Rolle.[7]

In den folgenden Kapiteln soll an den Forschungsstand und die interpretatorischen Grundsätze herangeführt werden, die dieser Arbeit zugrunde liegen. Hier sind insbesondere auch einige methodische Grundsätze einleitend vorgestellt, die sich erst im Laufe der im Hauptteil (B – Einzeluntersuchungen) vorgestellten Untersuchungen in aller Klarheit ergeben. Da sich einige dieser methodischen Grundsätze von früheren Herangehensweisen an die isokratische Literatur nicht unwesentlich unterscheiden, werden sie eingangs knapp skizziert, um den Ansatz der Arbeit deutlich zu machen. Die ausführliche Entwicklung und Begründung dieser Grundsätze wird am jeweiligen Ort der Analyse im Hauptteil belassen. Die wesentlichen Grundzüge der hier vorausgesetzten Methode werden dabei bereits an den frühesten untersuchten Reden, *Helena* und *Busiris* (Kap. B.1), entwickelt.

2004: 27–29). Von einer rhetorischen, häufig als isokratisch verstandenen Prägung der hellenistischen Geschichtsschreibung geht man dennoch weiterhin aus (vorsichtig etwa Meißner 1992: 146, 549–550 [isokratische Prägung der Schüler des Philiskos], weitergehend Walker 2011: 213–284 [Dionysios von Halikarnassos als ‚Isokrateer']). Dass Theopompos Isokrates' Werke nicht nur benutzt, sondern bisweilen adaptiert habe, berichtet Eus. PE X 3 (464c). Einen vielversprechenderen Weg, die Überlieferung zu Theopompos und Ephoros als Isokrates-Schüler ernstzunehmen, hat nun Wareh ebd. 123–133 beschritten, der die isokratische Lehre als philosophische Lehre begreift und in einer Schülerschaft der Historiographen bei Isokrates keinen Beleg für die Entstehung einer ‚rhetorischen Geschichtsschreibung' erkennt. Ob sich auf diesem Wege eine Schülerschaft aber tatsächlich erhärten lässt, bedarf wohl weiterer Überprüfung.

[7] Anderer Auffassung ist Tigerstedt 1965, I: 182.

A.2 Zum Stand der Forschung

A.2.1 Isokrates in der modernen Forschung

In der modernen wissenschaftlichen Beschäftigung mit Isokrates lassen sich zwei wesentliche Ebenen der Betrachtung ausmachen. In der Forschung des 19. Jhs. herrschen zunächst psychologisierende ablehnende Urteile vor, die Isokrates als geistig und moralisch unterlegenen Gegner Platons, vor allem aber als inhaltsleeren Vielredner ohne eigenständiges Denken auffassten.[1] Isokrates' Schriften betrachtete man nach dieser Auffassung zumeist abwertend als reine ‚Deklamationen', als exemplarische Reden, deren einziger oder vornehmlicher Zweck darin bestanden habe, Schülern als Vorbild zur rhetorischen Imitation zu dienen. Die ablehnende Bewertung des isokratischen Bildungsprogramms wurde durch mehrere umfangreiche Arbeiten vor allem ab der ersten Hälfte des 20 Jhs. zugunsten einer differenzierteren Bewertung überwunden, die versuchte, die isokratischen Bildungsansprüche unabhängig von der vermeintlichen (und weiterhin vorausgesetzten) Ablehnung durch Platon zu analysieren.[2] Vor allem in der angelsächsischen Rhetorikforschung ist jedoch die Auffassung, Isokrates' Schriften seien ausschließlich oder hauptsächlich als exemplarische Übungstexte zu verstehen, bis heute weit verbreitet.[3]

Einig war man sich zumeist darin, dass Isokrates, obwohl er seine Tätigkeit selbst stets als *philosophía*,[4] niemals aber als *rhêtoriké* oder *rhêtoreía* bezeichnet,[5] in der Sache

---

[1] Z. B. Niebuhr 1848, II: 73, 238, 300, 404, Wilamowitz-Moellendorff 1893, II: 344, Blaß ²1892: 86, 89, Bruns 1896: 525, vgl. auch den Überblick bei Mühl 1917: 5–7.

[2] Früh bereits Oncken 1862, maßgeblich vor allem Burk 1923, Jaeger 1947, III: 108–225, Ries 1959, später Eucken 1983.

[3] Z. B. Baynes 1955, Harding 1974 und 1988; dagegen Heilbrunn 1967: 188, Schiappa 1999: 179–180.

[4] Programmatisch in Isok. XII 11, XV 181–185; Schiappa 1999: 26, 168–174, Wareh 2012: 21. Wichtig ist die Feststellung (ebd. sowie Timmerman 1998), dass die Verwendung dieses Begriffs durch Isokrates zu Beginn des 4. Jhs. kaum anstößig gewesen sein dürfte, da sich die platonische Terminologie noch nicht durchgesetzt hatte.

[5] Der erste Begriff entstand vermutlich erst zu Isokrates' Lebzeiten und steht bei Isokrates für die aktiven Redner vor dem *plêthos* (Isok. III 8, wiederholt in XV 256; Eucken 1983: 12–13; Bloom 1955: 137 und Schiappa 1999: 16–17, 53, 165 übersehen diese beiden Stellen), der zweite wird indes

Rhetoriklehrer gewesen sei, und dass seine Begrifflichkeit von *philosophía* eine provokante Inanspruchnahme der platonischen Terminologie darstelle zur Bezeichnung eines Gegenstandes (Rhetorik), den Platon von der Philosophie gerade habe scheiden wollen.[6] Diese Auffassung war so bestimmend, dass eine Dissertation zu rhetorischen Stilbegriffen bei Isokrates unter dem Titel „Die ΦΙΛΟΣΟΦΙΑ des Isokrates im Spiegel ihrer Terminologie" publiziert werden konnte.[7] Die Überzeugung von der Gegenüberstellung platonischer und isokratischer Bewertungen von ‚Rhetorik' und ‚Philosophie' ist bis heute vorherrschend geblieben, und zwar gerade auch bei jenen Interpreten, die in jüngster Zeit zahlreiche Argumente vorgetragen haben, die ermöglichten, das alte Bild eines zu Platons und Isokrates' Zeit bereits etablierten Konflikts zwischen beiden ‚Disziplinen' zu überwinden.[8]

Spätestens seit der Wende vom 19. zum 20 Jh. begannen vor allem vom nationalen Zeitgeist geprägte deutsche Historiker, Isokrates außerdem als Vordenker der ‚griechischen Nation' zu betrachten, worin in ihren Augen seine eigentliche ideen- und politikgeschichtliche Bedeutung lag.[9] Besonders die Idee eines gemeinsam von den hellenischen *póleis* geführten Eroberungszuges gegen Persien, die Isokrates in einigen Schriften thematisiert, rückte nun in den Fokus des Interesses.[10] Nicht selten sah man, dem

---

    von Isokrates zur Beschreibung der Tätigkeit Anderer benutzt (Isok. XIII 21, V 25–26, XII 2; vgl. Schiappa 1999: 155–161, 169, Walker 2011: 68, die indes beide XII 2 fälschlich auf Isokrates' eigenes Schaffen beziehen). Isokrates' Gebrauch beider Begriffe scheint sich im Spektrum der vor Platon üblichen Verwendung (Bezeichnung politischer Führungsfiguren in der *ekklēsía*, vgl. Arthurs 1994) zu bewegen. Zu Isokrates Selbstbezeichnung als Philosoph vgl. Timmerman 1998, Schiappa 1999: 162–184, Timmerman/Schiappa 2010: 47–48, 51–54.

[6] Z. B. Jaeger 1947, III: 107–108, Lombard 1990: 15–16, Roth 2003a: 252–253, Haskins 2004: 3. Hier liegt ein Zirkelschluss vor. Ausgehend von der Hypothese einer Opposition von Platon und Isokrates als Vertreter der Philosophie bzw. Rhetorik verleitet die Beobachtung der isokratischen Begrifflichkeit von *philosophía* für das eigene Schaffen zu der Annahme, Isokrates müsse die platonische Terminologie umgekehrt haben. Dagegen zum Beispiel Bloom 1955: 136–139, 146, Heilbrunn 1967: 78–79 und Wardy 1996: 87–96, der zu Recht feststellt, dass Isokrates' Selbstdarstellung es eher erlaube, ihn als „*anti*-rhetorical" (ebd. 87) denn als Vertreter der Rhetorik zu betrachten. Aber auch Wardy geht davon aus, dass Isokrates' Philosophiebegriff (z. B. in Isok. XV 270–271) antiplatonisch motiviert sei.

[7] Wersdörfer 1940. Auch Ries 1959 sieht in der Kontroverse zwischen Platon und Isokrates vor allem einen Streit um die Anerkennung der ‚Rhetorik' als ‚Philosophie'.

[8] Schiappa 1990 und 1999: 15, 26–28, 175–177, Timmerman/Schiappa 2010: 9–11 gehen davon aus, dass Platon den Begriff der *rhêtorikḗ* gezielt gegen Isokrates entwickelt habe; vgl. auch Nightingale 1995: 13–59, Gagarin 2001: 276, Pratt 2006: 1. Ausnahmen finden sich nur vereinzelt, so etwa bei Bloom 1955: 153–168, der von einer „[...] amazing community of opinion [...]" (167) bei Platon und Isokrates spricht.

[9] Oncken 1862: 14–15, von Scala 1892: 110, Wilamowitz-Moellendorff 1893, II: 380–381, Drerup 1895: 638, Meyer (E.) 1902: 280, 336, Kessler 1911: 1–4, Mühl 1917: 10–38, Jaeger 1947, III: 112, 131–144, 171, Dobesch 1968: v. a. 151–159, 162, 201, 204, ähnlich zuletzt noch Grieser-Schmitz 1999: 68–69.

[10] Kessler 1911, Mühl 1917: 10–38, Momigliano 1934: 183–192, Dobesch 1968. Die übliche (und deshalb auch in dieser Arbeit übernommene) Bezeichnung dieser Idee als ‚panhellenisches Programm'

A.2.1 Isokrates in der modernen Forschung

Hellenismuskonzept Droysens folgend, in der vermeintlichen Überwindung des Polisgedankens durch Isokrates den Weg zur ‚Universalisierung' der griechischen Kultur bereitet.[11] Mit diesem Kulturgedanken entwickelte sich auch die bereits erwähnte neue Bewertung der isokratischen Bildungstätigkeit. Isokrates wurde zum „Vater der humanistischen Bildung",[12] der sich dem dogmatischen Lehranspruch der philosophischen Schulen, vor allem der Akademie, entgegengestellt und stattdessen in der Nachfolge des (angeblichen) Relativismus der Sophisten des 5. Jhs. die moralische Norm des *sensus communis* und damit die ‚allgemeine Bildung' zum Maßstab erhoben habe.[13] Isokrates' Schriften sprach man zwar weiterhin einen Wert für die Schule des Isokrates zu, jedoch hielt man die publizistische Einwirkung (‚Flugschriften') auf den politischen Zeitgeist für den Hauptzweck ihrer Publikation.[14]

Bis in die Gegenwart ist die Auffassung vorherrschend, bei Isokrates' Tätigkeit handele es sich um ‚politische Publizistik'. Das liegt wohl nicht zuletzt daran, dass wichtige Werke zur politischen Ideenwelt der isokratischen Schriften von dieser Annahme ausgegangen sind.[15] Bis heute mehrheitlich vertretene Auffassungen zum politischen Denken des Isokrates fußen auf der Annahme einer öffentlichen und auf konkrete politische Wirkung ausgerichteten Publikation der isokratischen Texte, so die auf Blaß zurückgehende und vor allem durch Mathieu ausgeführte Vorstellung, Isokrates habe sich zeitlebens auf der Suche nach politischen Führungspersonen für die griechische Poliswelt – „à la recherche d'un chef" – befunden und sich deshalb nacheinander an die Monarchen der

---

(als *locus classicus* für die Definition des Begriffs in der Isokratesforschung kann Dobesch 1968: 1–5 gelten) ist in vielfacher Weise problematisch. Weder scheint der der neohellenischen Befreiungsbewegung des 19. Jhs. entstammende Begriff des ‚Panhellenischen' angemessen für die Beschreibung antiker Ideen zum ‚Hellenentum' (vgl. dazu de Raymond 1986, Corbosiero 2002: 26–28 mit Anm. 40), noch kann bei Isokrates' Perserkriegsidee von ‚all-hellenischen' Vorstellungen gesprochen werden. Isokrates' Denken richtet sich vor allem auf den Raum des griechischen Festlands sowie der Ägäis. Seine Stellung zu anderen griechischen Siedlungsgebieten, etwa der Magna Graecia, bleibt unklar. Jedenfalls spielen diese Gebiete in seinen Schriften (mit Ausnahme von Isok. ep. I) keine Rolle.

[11] Mühl 1917, 1928a: 43 und 1928b, Jaeger 1947, III: 138–141 sowie (mit negativer Bewertung) von Arnim 1917. Ausgangspunkt der Deutungen war zumeist Isok. IV 47–50. Gegen solche Deutungen Heilbrunn 1967: 106–107.

[12] Jaeger 1947, III: 106, vgl. Hudson-Williams 1940, de Romilly 1958: 274, Finley 1975: 208, jüngst Haskins 2004: 4–5, 9, Alexiou 2010: 14. Einen differenzierten Überblick über die Rolle der isokratischen Schriften – vor allem die parainetischen Schriften (Isok. II, III, [Isok.] I) waren von Bedeutung – im Zeitalter der Formierung der modernen humanistischen Bildungstradition bieten Gualdo Rosa 1984 und Wareh 2012: 197–208, vgl. dazu Arndt 1986, Nicolaï 2009: 289, 307–308.

[13] Burk 1923, Jaeger 1947, III: 106, 109.

[14] Z. B. Von Arnim 1917: 252, Tigerstedt 1965, I: 180, Schiappa 1999: 179–180, zuletzt Hunt 2010: 271–272.

[15] Zu nennen wären vor allem Mathieu 1925, Buchner 1958, Cloché 1963, Bringmann 1965, s. dazu u. Kap. A.3.2.1.

hellenischen Peripherie gewandt.[16] Das gleiche gilt für die Annahme, Isokrates habe sich in seiner Bewertung Spartas stets der öffentlichen Stimmung in Athen angepasst.[17]

In der Forschung der letzten dreißig Jahre hat sich das Bild vom intellektuellen Umfeld, in dem Isokrates sich bewegte, vor allem im Hinblick auf die Rolle ‚sophistischer' Redeliteratur im Athen des 5. und 4. Jhs.[18] sowie auf das allgemeine Bild vom Charakter der isokratischen Redeliteratur, in wesentlichen Punkten differenziert und gewandelt. Insbesondere von Seiten der englischsprachigen Forschung zur antiken Rhetorikgeschichte wurden – weitgehend ignoriert von der althistorischen Forschung im deutschsprachigen Raum[19] – alte ‚Gewissheiten' überwunden und Erkenntnisse gewonnen, die die Untersuchung des politischen Denkens des Isokrates auf eine neue Grundlage stellen können. Einige für die vorliegende Arbeit wegweisende Ansätze der jüngeren Forschung sollen im Folgenden überblicksartig vorgestellt werden.

Die Rolle der ‚Sophistik' im Athen des 4. Jhs. wurde in den vergangenen Jahren kontrovers diskutiert.[20] Vor allem die Arbeiten von Edward Schiappa und David M. Timmerman sind für die Bewertung der geistesgeschichtlichen Stellung des Isokrates von großem Interesse.[21] Schiappa stellt für das 5. Jh. die Existenz einer als eigenständige ‚Disziplin' identifizierten rhetorischen *téchnê* fundamental infrage.[22] Noch weiter geht Håkan Tell, der – die Ergebnisse der jüngeren Forschungen zu den Sophisten zusammenfassend und fortführend – die Existenz einer ‚sophistischen Aufklärung' des 5. Jahrhunderts ganz in Abrede stellt.[23] Tell zufolge entsteht das Bild von einer von der Tradition der Philosophie

---

[16] Blaß ²1892: 89, Wendland 1910a und 1910-2, Mathieu 1925: 95–112, Momigliano 1934: 187–188, Jost 1936: 121–122, Zucker 1954: 5, Dobesch 1968: 45, Poulakos (T.) 1997: 30, Gómez 1998 (die das isokratische Briefcorpus als Beleg für diese Bemühungen betrachtet).

[17] S. dazu u. Kap. A.3.3.

[18] Isokrates gilt bis heute vielen als Erbe oder herausragender Vertreter der ‚Sophistik' im 4. Jh., ein Gedanke, der fraglos von der Vorstellung der fundamentalen Opposition zwischen Isokrates und Platon beeinflusst ist, vgl. dagegen Schiappa 1999: 163–168.

[19] So kommen die Aufsätze in einem Tagungsband zu Isokrates vom Beginn dieses Jahrtausends weitgehend ohne Bezugnahmen auf neuere Erkenntnisse über den Charakter der ‚sophistischen' Bewegung aus, vgl. Orth (Hg.) 2003.

[20] Eine differenzierte Darstellung der Diskussionen kann hier nicht geleistet werden. Es sei lediglich auf den Literaturüberblick bei Schiappa u.a. 2003: 324–325 zu diesem Thema verwiesen. Wichtige aktuelle Beiträge zur Debatte stellen Tindale 2010 und Tell 2011 dar.

[21] Schiappa 1990, 1992, 1999, Timmerman 1998, 2002, Timmerman/Schiappa 2010. Diese jüngeren Studien bauen letztlich auf der wegweisenden Arbeit Kerferds auf, der als erster den Versuch unternahm, die Sophisten aus einer von der platonisch-aristotelischen Sichtweise distanzierten Position aus zu verstehen (Kerferd 1981; Ähnliches klingt bereits an bei Bloom 1955: 136–139). Kerferd war so auch der erste, der darauf hinwies, dass der Begriff *sophistés* vor Platon keineswegs negativ konnotiert war (ebd. 24–41).

[22] Schiappa 1999: v. a. 3–29, Timmerman/Schiappa 2010: 9–11. Anders etwa Poulakos (T.) 1997: 69, der *rhetorikê* im Gegensatz zu *philosophia* als im frühen 4. Jh. klar definierten Begriff und eigenständige Disziplin begreift.

[23] Tell 2011, vgl. zuvor Kerferd 1981: 163–172.

A.2.1 Isokrates in der modernen Forschung

(Vorsokratiker – Sokrates – Sokratiker) zu unterscheidenden ‚Sophistik' erst durch die Neubestimmung des intellektuellen und gesellschaftlichen Standorts von Denkern wie Platon und Isokrates im 4. Jahrhundert, als unter den veränderten politischen Rahmenbedingungen eines antioligarchischen Konsenses in der Folge der Herrschaft der ‚Dreißig' die ältere Weisheitstradition der *sophoí* (zu denen Tell mit guten Gründen auch Platons ‚Sophisten' zählt) in die Kritik geraten war. Lehrerfiguren wie Gorgias, Protagoras und Hippias wurden als Erzieher der aristokratischen Eliten für die oligarchischen Umstürze von 411 und 405 mitverantwortlich gemacht. Die ‚Dissoziation' von solchen Figuren, die mit der nun neuen Unterscheidung zwischen *sophoí*, *sophistaí* und *philósophoi* einherging,[24] sollte es den Schülern des Sokrates ermöglichen, sich unter diesen Rahmenbedingungen eine legitime Stellung im neuen Athen zu sichern – was ohne eine intensive literarische Differenzierung auch der Figur des Sokrates selbst von der kritisierten Lehrergruppe nicht möglich war.

Mit der Destruktion der Annahme eines historischen Kerns der Geschichten von Korax und Teisias als ersten Verfassern rhetoriktechnischer Schriften sowie mit der Einreihung dieser ‚Sophisten' in eine Weisheitstradition, die sich von den übrigen *sophoí* nicht erkennbar unterschied, erfahren für uns greifbare sophistische Texte rhetorischen Charakters – allen voran die Schriften des Gorgias – eine neue Bewertung. Nicht als Texte einer eigenständigen rhetorischen Disziplin, sondern als Texte einer *philosophía*, die sich der Macht des *lógos* widmet, sind Schriften wie Gorgias' *Helena* und *Palamedes* zu verstehen.[25] Ähnliches gilt für die Bewertung der Schriften des Isokrates, die dieser als Ausdruck einer *philosophía* der *lógoi* beschreibt.[26] Ihren ‚rhetorischen' Charakter erhalten sie erst in der Rückschau durch die Erkenntnis ihres Stellenwerts als Wegbereiter der sich später vor allem durch Anaximenes von Lampsakos und Aristoteles etablierenden rhetorischen *téchnê*.[27] Insofern ist die Opposition zwischen der Rhetorik des Isokrates und den kritischen Haltungen eines Platon oder Aristoteles ein – zwar antikes, aber eben nicht zeitgenössisches – Phänomen der Rezeption dieser Denker.[28]

---

[24] Tell 2011: 21–37, ausgehend von Kerferd 1981: 24–41 (Begrifflichkeiten), 55–57 (Sokrates als Teil der sophistischen ‚Bewegung').
[25] Schiappa 1999: 114–152.
[26] Walker 2011: 51.
[27] Zu Aristoteles' Rhetoriktheorie als Theorie einer Reaktion auf die rhetorische Praxis vgl. Walker 2006. Allgemein geht Walker indes, anders als in dieser Arbeit angenommen, davon aus, dass Aristoteles und Isokrates unterschiedlichen Traditionen der Beschäftigung mit Rhetorik angehörten, von denen die eine (Aristoteles) analytisch-philosophisch, die andere (Isokrates) redepraktisch ausgerichtet sei (ebd. sowie Walker 2011: v. a. 16–21, 35–37, 51). Anders und m. E. überzeugend jetzt Wareh 2012: 3–7, 13–54, 76–82 mit Belegen dafür, dass die aristotelische Ethik in Manchem unmittelbar auf isokratischen Vorstellungen basiert, wie sie insgesondere in *Gegen die Sophisten* und der *Antidosis* entwickelt werden, oder in Auseinandersetzung mit diesen entwickelt wird (eine – in Manchem zu scharfe – Kritik an Warehs Ansatz findet sich bei Eucken 2013). Vgl. auch Balla 2004 zu isokratischen Wurzeln des aristotelischen Empirizismus.
[28] Hierzu v. a. Walker 2011: 9–56, v. a. 53.

Dass erst die Rhetorikkritik Platons und die Systematisierung der Rhetorik durch Aristoteles und Anaximenes zur Herausbildung einer als von der *philosophía* potentiell zu unterscheidenden Disziplin der Rhetorik führten, ist für die Interpretation der isokratischen Schriften von erheblicher Bedeutung.[29] Isokrates' Begriff einer ‚Technik der Reden' *(téchnê tõn lógôn)* lässt sich nicht als Beleg für die Existenz elaborierter rhetorischer Systeme deuten, zu denen Isokrates in Konkurrenz tritt. Auch bezeichnet Isokrates sein Denken und Lehren nicht deshalb als *philosophía*, weil er sich gegen Platons Unterscheidung von Philosophie und Rhetorik zur Wehr setzen will, sondern weil er sie zumindest in den ersten Jahrzehnten seiner Schriftproduktion nicht kennt oder sie wenigstens nicht rezipiert. Isokrates' Selbstverständnis als Philosoph entspricht genau der zu seiner Zeit üblichen und terminologisch möglichen Zuordnung einer geistigen Auseinandersetzung mit Fragen politischer Moral und deren Lehrbarkeit.[30] Die Auseinandersetzung mit Platon dreht sich also nicht primär um beider Haltung zu ‚Rhetorik' und ‚Philosophie', sondern um unterschiedliche epistemologische Auffassungen (zur Existenz einer *epistếmê* der *aretế*)[31] sowie möglicherweise um die Haltung zur Schriftlichkeit (Eignung der Schrift als Medium philosophischer Lehre).[32] Erst die nachplatonische antike Rezeption des isokratischen Werkes hat das Bild von der antiphilosophischen Haltung des Isokrates geschaffen – und so zu seiner Einordnung in den hellenistischen Kanon der ‚Attischen Redner' beigetragen.[33]

Wegweisend für das Verständnis des literarischen Charakters der isokratischen Schriften waren die Arbeiten von Sylvia Usener und Yun Lee Too.[34] Usener hat in einer Untersuchung der Anredestrukturen bei Isokrates und Platon die Differenzierung zweier unterschiedlicher Publika – Hörer und Leser – herausgearbeitet. Isokrates schreibt diesen

---

[29] Nightingale 1995: v. a. 14, 20–21, Timmerman 1998, Schiappa 1999: 68–69, 162–183, Timmerman/Schiappa 2010: 65–66.

[30] Vgl. dazu Kerferd 1981: 131–138.

[31] S. dazu u. Kap. A.3.2.2, vgl. außerdem jetzt Wareh 2012: 13–54, v.a. 37–41.

[32] In diesem Sinne hat Christoph Eucken schon in den 1980er Jahren (Eucken 1983) Isokrates' Auseinandersetzung mit Platon in den Kontext philosophischer Fragen gestellt. Dem Verhältnis zwischen Platon und Isokrates ist mit spezieller Fragestellung (zur Frage der Esoterik philosophischer Dialogizität) zuletzt Pratt 2006 nachgegangen. Der philosophischen Auseinandersetzung zwischen Isokrates und Platon kann hier nicht weiter nachgegangen werden. Wichtig für die vorliegende Arbeit ist jedoch Isokrates' Kritik an kursierenden *téchnai* und die Erkenntnis, dass politische Moral den zentralen Lehrgegenstand der isokratischen *paideía* darstellt, vgl. Pownall 2004: 22–24, Classen 2010 (s. dazu u. Kap. A.3.2.2–3). Zur Schriftkritik vgl. Isok. ep. I 2–3 (der Autor kann bei Missverständnissen dem *lógos* nicht ‚helfen'), V 25–29; Bloom 1955: 171, Eucken 1983: 136–138, Usener (S.) 1993: 259–260, 1994: 84–88, 118, 190–191 und 2003: 20 mit Anm. 13, 106–119, Papillon 1996a: 386, Livingstone 2001: 7–8, Morgan 2003: 203–207, Roth 2003b: 148–149, Haskins 2004: 20, Heitsch 2008: 186; Wareh 2012: 64.

[33] Nicolaï 2009: v. a. 306.

[34] Usener (S.) 1994: 13–138, 231–239, Too 1995, vgl. dazu Orth 2003: 4–5. Zuvor weniger umfassend Pohlenz 1913: 349, Eucken 1983: 272–273, Treu 1991: 125–127.

A.2.1 Isokrates in der modernen Forschung

Publika jeweils unterschiedliche Rezeptionshaltungen und insbesondere unterschiedliche hermeneutische Möglichkeiten für die kritische Bewertung der Schriften zu.[35] Vereinfacht lässt sich das Hörerpublikum als ein Publikum der breiten Masse beschreiben, dessen Hauptinteresse an der Rezeption von *lógoi* in der Unterhaltung liegt. Es wird sich im Laufe der Untersuchung immer wieder zeigen, dass dieses Publikum wohl vor allem auf fiktionaler Ebene existiert – als dramatisches Publikum der in den isokratischen Schriften enthaltenen Reden. Das Lesepublikum dagegen erscheint als philosophisch geschultes Publikum, das Isokrates' Anspruch philosophischer Lehre ernstnimmt und seine Schriften akribisch analysiert.[36] Hierin ist das eigentliche Publikum der isokratischen Schriften zu sehen.[37] Dass mit der Differenzierung verschiedener Publika auch die Möglichkeit mehrerer Aussageebenen naheliegt, stellt eine wichtige Erkenntnis für die vorliegende Untersuchung dar.[38] Toos Verdienst ist es, die literarische Konstruktion der *persona* ‚Isokrates' herausgearbeitet und für die Interpretation der isokratischen Schriften nutzbar gemacht zu haben.[39] Damit ist der in der Forschung bis in die zweite Hälfte des 20. Jhs. (und teilweise bis heute)[40] verbreiteten dokumentarischen Deutung von Aussagen des Sprechers Isokrates in den isokratischen Schriften der Boden entzogen.[41] Zudem enthält Toos Arbeit wichtige Erkenntnisse zur Selbststilisierung des Isokrates als *aprágmōn*, als Intellektueller, der sich aufgrund politischer und moralischer Dissidenz dem politischen Tagesgeschäft entzieht und sich auf die literarische und vor allem pädagogische Tätigkeit zurückzieht.[42] In dieser Tätigkeit beansprucht der *aprágmōn* Isokrates, Leistungen zum Wohle seiner *pólis* erbringen zu können,[43] ohne den abgelehnten politischen Verhältnissen Legitimation durch Partizipation zu verschaffen. Zugleich wird die *persona* Isokrates durch die Abstinenz vom politischen Tagesgeschäft in ihren Standpunkten unabhängiger: Der auch durch wirtschaftliche Unabhängigkeit distinguierte *aprágmōn* genießt die wahrhaftige Redefreiheit (*parrhēsía*), die in der politischen *práxis* durch das Diktat der Meinung des *dēmos* aufgehoben ist.[44]

---

[35] Usener (S.) 1994: v. a. 93, 137, 231–239. Vgl. auch von Arnim 1917: 254–255, Steidle 1952: 295–296, Heilbrunn 1967: 137–138, Dixsaut 1986: 74, Bons 1993: 163–164, Gray 1994b: 101 (zu Isok. XII), Too 2008: 177, Böhme 2009: 57–58.

[36] Z. B. Usener (S.) 1994: 30, 81–84.

[37] Vgl. Bons 1997: 13–15, Gotteland 2001: 66–67, Pratt 2006: 35 (zu Isok. XV).

[38] S. dazu u. Kap. A.3.2.4.

[39] Too 1995: v. a. 113–150; vgl. auch Haskins 2004: 6, 16–17, 96–97, Azoulay 2007: 186–199.

[40] Z. B. Classen 2010.

[41] S. dazu u. Kap. A.3.1.2.

[42] Too 1995: 74–112, vgl. Heilbrunn 1975: 157–164, Michelini 1998: 115–116, Pownall 2004: 21–22, Pratt 2006: 31, Azoulay 2007: 186–193. Zuvor war es noch üblich, Isokrates' Standpunkt mit der philosophischen *apragmosýnē* zu kontrastieren (so etwa Finley 1975: 196–198). Ausdrücklich gegen Toos Deutung wendet sich in jüngerer Zeit Alexiou 1995: 133–135, 138. Allgemein zur Figur des *aprágmōn* Carter 1986, von Reden/Goldhill 1999: 265, Azoulay 2007: 180–186.

[43] Nightingale 1995: 37–40.

[44] Carter 1986: 99–130; vgl. aber auch Nightingale 1995: 30–34 (zur Stilisierung des intellektuellen Reichtums des *aprágmōn* Isokrates).

Zwei weitere Arbeiten sind abschließend zu nennen, deren Thesen in wesentlichen Punkten dem hier vertretenen Ansatz nahestehen.

Jonathan Pratt hat in seiner Dissertation aus dem Jahr 2006 Isokrates' und Platons Haltung zur *epídeixis* analysiert.[45] Pratt gelangt auf überzeugende Weise zu einer Differenzierung verschiedener in der zeitgenössischen Diskussion als konkurrierend aufgefasster Modi von ‚sophistischer' und ‚bürgerlicher' *epídeixis*, um deren Nutzbarkeit für die philosophische Lehre Isokrates und Platon gerungen hätten. Pratts Ergebnisse können die in dieser Arbeit zur Funktion der isokratischen Kritik an ‚reinen' *epideíxeis* gewonnenen Erkenntnisse aus einer anderen Blickrichtung stützen.[46]

Jeffrey Walker untersucht in seiner Studie zu voraristotelischen – seiner Auffassung nach isokratischen – Traditionssträngen antiker rhetorischer Lehre, die die Bildungskonzeption außerhalb der philosophischen Schulen bis in die Spätantike dominierten, unter anderem rhetorische Regeln und Grundsätze, die bei Isokrates formuliert oder aus seinem Werk zu erschließen sind.[47] Unabhängig von der Frage, ob man an die Existenz einer von Isokrates verfassten technischen Lehrschrift der Redekunst glaubt, ist die Feststellung von Bedeutung, dass sich in Isokrates' Werk an verschiedenen Stellen Reflexionen über richtige und falsche Argumentationsweisen finden, die deutlich belegen, dass Vorstellungen über Argumentationstechnik, wenn nicht gar ein argumentationtheoretisches System, genuiner Bestandteil des isokratischen Denkens und Lehrens sind.[48] Walkers Verdienst ist es außerdem, am Beispiel der Interpretation des *Archidamos* ein selten ausgesprochenes, aber umso virulenteres Axiom der Isokrates-Interpretation infrage gestellt zu haben, ein Axiom, dessen Berechtigung auch im Zuge der vorliegenden Untersuchung zur Debatte steht, namentlich die in fast allen bisherigen Untersuchungen *a priori* vorausgesetzte Annahme, Isokrates' Schriften seien als ideale Exemplare seiner rhetorischen Kunst anzusehen.[49]

---

[45] Pratt 2006.
[46] S. Kap. A.3.2.5, B.1.2.1 und B.1.3.1.
[47] Walker 2011, 57–90 (Kap. 2: *On the Technê* of *Isocrates I*), 91–155 (Kap. 3: *On the Technê of Isocrates II*).
[48] S. dazu u. Kap. A.3.3. Zur Frage der Existenz einer isokratischen *téchnê*-Schrift vgl. Walker 2011: 57–90.
[49] S. dazu u. Kap. A.3.2.5.

A.2.2 Geschichte als Exemplum bei Isokrates

Der hohe Stellenwert der Geschichte und historischer Exempla bei Isokrates ist seit jeher betont worden. Er stellt den Ausgangspunkt dar für die verbreitete Annahme des prägenden Einflusses der isokratischen Literatur auf die spätklassische und hellenistische Geschichtsschreibung.[50]

Wissenschaftliche Untersuchungen zur Verwendung von Geschichte im Werk des Isokrates haben sich zumeist mit der Frage beschäftigt, welche politischen Standpunkte Isokrates einnimmt, und ob beziehungsweise inwiefern Isokrates sich von diesen politischen Standpunkten und/oder von zeithistorischen Ereignissen in seiner Behandlung der Geschichte beeinflussen lässt.[51] Während diese Frage nicht ohne Berechtigung ist, blieb ihre Behandlung lange Zeit deshalb wenig befriedigend, weil man sich, ausgehend von einem heute überwundenen Begriff von ‚geschichtlicher Wahrheit', darauf beschränkte zu überprüfen, ob Isokrates sich in seinen Schriften an die ‚Wahrheit' halte oder ob er das historische Material zur Vermittlung seiner politischen Ideen verändere.

Nun ist die Frage, ob Isokrates das von ihm verwendete Quellenmaterial unverändert übernommen oder kreativ bearbeitet hat, nicht irrelevant. Indes kann es nicht überraschen, dass die Untersuchungen zu dieser Frage zu dem einhelligen Urteil gelangt sind, dass Isokrates mit seinem Material kreativ umgehe und die historischen Ereignisse, die er referiert, in Darstellung und Inhalt an seine Ziele anpasse.[52] Auf dieser für rhetorisch gestaltete Texte eigentlich selbstverständlichen Erkenntnis soll die vorliegende Arbeit aufbauen und sich vielmehr mit der weitergehenden Frage nach dem ‚wie' dieses kreativen Prozesses befassen.[53] Gibt es wiederkehrende Muster, nach denen Isokrates in seinem Werk bestimmte Exempla der spartanischen Geschichte in bestimmten Argumentationszusammenhängen verwendet? Gibt es eine erkennbare Systematik bei der Zuteilung von Lob und Tadel gegenüber Sparta beziehungsweise bei der Verwendung vorbildhafter und abzulehnender Exempla? Mit welchen Beweiszielen verbinden sich die spartanischen Exempla?

---

[50] Von Scala 1892, Mühl 1917, Momigliano 1934: 192–199, Schmitz-Kahlmann 1939: 60–61, 81, Tigerstedt 1965, I: 206, Rawson 1969: 53, Hamilton 1979: 291, Nickel 1991, Pownall 2004: 5, 27–29.

[51] Jost 1936 (vor allem zum Ideal der Vorfahren), Schmitz-Kahlmann 1939: 1–38, Welles 1966, Allroggen 1972 (zur jüngeren Geschichte), Grieser-Schmitz 1999 (zur athenischen Seebundpolitik): v. a. 7–8.

[52] Von Scala 1892, Wendland 1910a: 161, 172, Mathieu 1918: 126, Burk 1923: 130–131, Schmitz-Kahlmann 1939: 118, Jaeger 1947, III: 136, Bock 1950: 229, Zucker 1954: 11–12 (sehr abschätzig), Wilson 1966: 58–59, Allroggen 1972, Chambers 1975: 185–189, Nickel 1991: 234; anders Welles 1966: 24, Gillis 1971: 61–64. Jost 1936: 143–145 nahm sogar an, Isokrates sei sich der Idealisierung, der er die Vergangenheit unterzogen habe, nicht einmal bewusst gewesen. Dass „*Verkürzung* oder *Vergröberung*" geradezu notwendige Voraussetzungen für die Wirksamkeit historischer Exempla seien, betont Calließ 1985: 57.

[53] Zu diesem Ansatz vgl. Demandt 1972: 12–13.

Im Folgenden soll zunächst ein knapper Überblick über die Behandlung des historischen[54] Exemplums in den theoretischen Schriften des 4. Jhs. gegeben werden, danach die Bedeutung dieses rhetorischen Mittels bei Isokrates skizziert werden.

In der rhetorischen Theorie des späten 4. Jhs. finden sich zwei verschiedene Definitionen des Exemplum (*parádeigma*) bei Anaximenes und Aristoteles.[55] Isokrates hat diese Definitionen wohl erst am Ende seines Lebens kennengelernt. Es ist insofern auszuschließen, dass er von ihnen beeinflusst ist.[56] Jedoch ist umgekehrt davon auszugehen, dass Isokrates seinerseits Aristoteles und Anaximenes und deren Definitionen beeinflusst hat, weshalb die rhetorischen Theorien des 4. Jhs. durchaus Anhaltspunkte für die theoretischen Grundlagen der Argumentationstechnik der isokratischen Schriften liefern können.[57]

Anaximenes spricht in der *Rhetorica ad Alexandrum* von zwei Arten der rhetorischen Beweisführung, die im Wesentlichen den ‚technischen' und ‚untechnischen' Beweisen bei Aristoteles entsprechen.[58] Zu erstgenannten, die Anaximenes mit der argumentativen Verwendung von ‚Worten und Taten' *(lógoi kaí práxeis)*, also mit der Präsentation von Überlegungen des Redners sowie Ereignissen, gleichsetzt, gehören auch die *paradeígmata*. Hinter den *práxeis* verbergen sich hier vor allem Ereignisse der Vergangenheit, aber auch der Gegenwart der Rede, die in Kenntnis ihres Verlaufs und ihrer Auswirkungen bewertet werden können.[59] Das ‚praktische' Exemplum umfasst insofern auch die historischen Exempla. Eine der wesentlichen Funktionen des Einsatzes von Exempla besteht für Anaximenes in der Präsentation nachahmenswerter Vorbilder, in einem impliziten Appell zur Imitation derselben, was im Rahmen politischer Rede einer historischen Begründung konkreter politischer Handlungsvorschläge dienen kann.[60]

Interessant an Anaximenes' Begriff des *parádeigma* ist, dass er ausdrücklich die Möglichkeit der Verwendung ‚ähnlicher' und ‚unähnlicher' Exempla betont. ‚Ähnliche' Exempla können nach seiner Auffassung dazu dienen, zu belegen, dass die zu verhandelnde Sache X sich nach dem Muster des ähnlichen Sachverhalts im Exemplum Y verhalten/ entwickeln oder entsprechend zu bewerten sein wird (*parádeigma katá lógon*). Umgekehrt kann ein ‚unähnliches' Exemplum dazu dienen, die Gültigkeit eines derartigen

---

[54] Unter ‚historischen' Exempla sind hier solche Exempla zu verstehen, die auf historische oder mythische Stoffe zurückgreifen. Gotteland 2001 hat gezeigt, dass die Verwendung im wesentlichen identisch (14, 23, 32–42, 52–61, 71–88, 117) und überdies eine eindeutige Grenze zwischen Mythos und Geschichte im Denken griechischer Literaten des 5. und 4. Jhs. kaum auszumachen ist (89–102).

[55] Zur Theorie des *parádeigma/exemplum* in der Antike vgl. allgemein Price 1975, Gotteland 2001: 19–32, Popko 2009: 212–216. Price befasst sich ausschließlich mit theoretischen Werken, so dass Isokrates bei ihm keine Rolle spielt.

[56] Vgl. Jost 1936: 15–16, etwas zu weitgehend: Gillis 1970: 209–210.

[57] Vgl. zur *Rhetorica ad Alexandrum* Pasini 2009, Walker 2011: 91–155.

[58] Anaxim. Rhet. ad Alex. 1428a16–23, vgl. Arist. Rhet. 1355a35–39; Price 1975: 2, 14–15, 52.

[59] Price 1975: 23–27, 34–35.

[60] Anaxim. Rhet. ad Alex 1470b12–15, vgl. Isok. IX 77, V 113–114, später Rhet. ad Her. IV 2; Gotteland 2001: 29–30, 42–46.

A.2.2 Geschichte als Exemplum bei Isokrates

historischen Analogieschlusses in Abrede zu stellen oder – im positiven Beweisverfahren – *e contrario* Beweiskraft zu erlangen (*parádeigma pará lógon*).[61] Diese Art des *parádeigma* folgt dem Muster: X, Y und Z sind in Bezug auf das zu verhandelnde *tertium comparationis* einander ähnlich; die ‚Unähnlichkeit' des Verlaufs von Y und Z belegt die Unmöglichkeit der Analogiebildung im Hinblick auf X.[62] Sophie Gotteland hat anschaulich beschrieben, welche Auswirkung auf die Wirkung des Exemplums die Publikumsrezeption nach einer solchen Konzeption hat, bei der die Klassifizierung eines Exemplums als *katá lógon* oder *pará lógon* ganz von der Frage abhängt, ob der dem Exemplum zugrundeliegende Vergleich (Synkrisis) als passend oder unpassend wahrgenommen wird:

> L'efficacité d'un exemple repose donc essentiellement sur l'import qu'il a sur le public. Sa valeur persuasive dépend étroitement du rapport qu'il entretient avec l'opinion commune. Il est évident qu'un exemple qui conforte une opinion généralement répandue ne peut être exploité de la même manière qu'un exemple qui la prend à contre-pied et qui surprend la raison [...]. L'exploitation de chaque exemple dépend étroitement des convictions de public et des circonstances du discours dans lequel il est intégré.[63]

Die möglichen Perspektiven des Publikums auf beide an dem exemplarischen Vergleich beteiligten Objekte müssen also vom Verfasser einer Rede notwendigerweise bei der Komposition des Textes miteinkalkuliert werden, da das Exemplum gegenüber unterschiedlichen Publika (oder gegenüber Publika mit unterschiedlichen Auffassungen) ganz verschiedene, sogar gegensätzliche Wirkung erzielen kann. Die Relevanz des Umstandes, dass dieses Erfordernis bereits von der antiken Rhetoriktheorie erfasst und formuliert worden ist, ist für die Interpretation antiker rhetorischer Texte kaum zu überschätzen. Wenn davon auszugehen ist, dass die Wirkung von Argumenten – in diesem Fall historischer Exempla – genau auf das anvisierte Publikum abgestimmt war, so kommt eine historische Interpretation dieser Texte nicht umhin, sich der Frage zu widmen, welches Publikum ein spezifischer Text ansprechen sollte und welche spezifischen Rezeptionsbedingungen für ein Exemplum bei diesem speziellen Adressatenkreis herrschten.

Aristoteles' Zugang zum *parádeigma* ist ein anderer. Ausgehend von seinem Bemühen, das Verhältnis zwischen Dialektik und Rhetorik zu bestimmen, wendet er die Kategorien und Terminologie der Dialektik auf die Funktion des *parádeigma* an. Dieses versteht er als ‚rhetorische Induktion' (καλῶ [...] παράδειγμα δὲ ἐπαγωγὴν ῥητορικήν)[64] im Gegensatz zum Enthymem (rhetorische Deduktion). Aristoteles unterscheidet zwischen fiktionalen (*parabolé*) und historischen (auf *prágmata* beruhenden) *paradeígmata*.[65] Wichtig

---

[61] Diese Möglichkeit thematisiert auch Isok. V 89–92; Jost 1936: 124.
[62] Anaxim. Rhet. ad Alex. 1429a21–1430a11; Price 1975: 15–23, Gotteland 2001: 23. Allgemein zur Form des Analogieschlusses im historischen Exemplum vgl. Demandt 1972: 13–14. Zur Notwendigkeit der Erwähnung des *tertium comparationis* im historischen Exemplum vgl. Gotteland 2001: 21–23 (das Exemplum basiert auf einer Synkrisis), Popko 2009: 212.
[63] Gotteland 2001: 27–28.
[64] Arist. Rhet. 1356a35–b11; Price 1975: 38, 55–56, 65–69, 74–76, Popko 2009: 215.
[65] Arist. Rhet. 1393a32–b4; Price 1975: 38–42.

an der aristotelischen Behandlung des Exemplums ist die Erkenntnis, dass historische Analogieschlüsse stets nur auf der Wahrscheinlichkeit (*eikós*) beruhen können.[66]

Aristoteles betont außerdem, dass Exempla auch in verkürzter Form verwendet werden können (ohne Benennung des Beweisziels), wenn sie der Bestätigung von beim Publikum bereits als allgemeingültig vorhandenen Auffassungen (*dóxa*) dienen.[67] Dieser Form des Exemplums stehen die Exempla bei Isokrates nahe. Isokrates zieht nicht etwa aus den Exempla der Geschichte Rückschlüsse auf den Ereignissen zugrundeliegende historische Konstanten, Regeln oder gar Normen. Vielmehr verwendet er Exempla (fiktionale wie historische) dazu, bereits präjudizierte moralische Grundüberzeugungen sekundär historisch zu belegen.[68] Es handelt sich also, in aristotelischen Begriffen gesprochen, um eine Art Scheininduktion, die sich den Anschein gibt, als führten erst die Exempla zu den Normen und Werten, während die Normen tatsächlich bereits vorausgesetzt sind und die Auswahl der Exempla bestimmen. Besonders augenscheinlich wird das Verfahren in Isokrates' Verwendung mythischer Exempla.[69] Ausdrücklich erklärt er Exempla, die nicht mit dem moralischen Normensystem vereinbar sind, für ungeeignet und aufgrund ihrer Unvereinbarkeit mit der Moral sogar für historisch unzutreffend. Zulässig, plausibel und rhetorisch zielführend ist also nur das Exemplum, das dem bereits bestehenden Normengerüst entspricht – eine zentrale Regel der isokratischen *heúrêsis*.[70]

Diese Form des impliziten Beweises ist, wie die Untersuchungen in Abschnitt B zeigen werden, in den isokratischen Schriften immer wieder präsent, insbesondere in Zusammenhängen, in denen sich die Verwendung historischer Exempla im Sinne uneigentlicher Rede vermuten lässt.

In späterer Zeit hat ein antiker Theoretiker die Möglichkeit der Verwendung ‚uneigentlicher' historischer Exempla thematisiert. Der sogenannte Auctor ad Herennium spricht in seinem Werk von ‚fehlerhaften' Exempla:

---

[66] Arist. Rhet. 1394a7–8; Price 1975: 50.
[67] Price 1975: 65.
[68] Wilson 1966: 56–57. Demandt 1972: 13–14 beschreibt dies zu Recht als allgemeines Vorgehen des historischen Exemplums.
[69] Z. B. Isok. XI 38–43 (s. dazu u. S. 141–142). Zu Isokrates' Differenzierung zwischen historischer und mythischer Zeit vgl. Jost 1936: 123–124, Schmitz-Kahlmann 1939: X, 39–84 (als Umkehrung der sophistischen ‚Entwertung' des Mythos), Jaeger 1947, III: 136 (nur die mythische Zeit lässt sich nach dem Ideal umformen), Hamilton 1979: 293–295, Nickel 1991: 235, anders Welles 1966: 14. Gegen die Annahme, Isokrates differenziere zwischen *mýthos* und *lógos* im Hinblick auf das Kriterium der Rationalität unterschiedlicher historischer Exempla (so z. B. Lombard 1990: 77–78) wenden sich Markle 1976: 97–98 und bes. Calame 1998: 133–149. Die umfassendste Behandlung des Problems bietet Gotteland 2001: 52–70 v. a. 56–57, 60–67.
[70] Vgl. Isok. IV 9–11; Hamilton 1979: 296, Papillon 2001: 86–88, Pownall 2004: 27, Alexiou 2005: 61. Damit hängt auch die Beobachtung bei Schol. in Hermog. Id. 25 zusammen, wonach bei Isokrates weniger das im Exemplum beschriebene Ereignis als vielmehr seine historische Kontextualisierung im Hinblick auf die Motivation der Handelnden entscheidend sei (Walker 2011: 108–109). Zu Isokrates' Kritik an der Wahl moralisch fragwürdiger Exempla vgl. Gillis 1970: 202–203.

A.2.2 Geschichte als Exemplum bei Isokrates

Exemplum vitiosum est si aut falsum est, ut reprehendatur, aut inprobum, ut non sit imitandum, aut maius aut minus quam res postulat."[71]

Ein Exemplum ist fehlerhaft, wenn es falsch ist, so dass man es kritisieren kann, oder wenn es unmoralisch ist, so dass man es nicht nachahmen sollte, oder wenn es größer oder kleiner ist, als es die Sache erfordert.

Das ‚Fehlerhafte' an solchen Exempla bezieht sich in allen drei Fällen auf das jeweilige Beweisziel. Ein Exemplum kann sachlich unzutreffend (*falsum*) sein – die Kritik wird das Exemplum dann als unwahr angreifen.[72] Oder das Exemplum ist so gewählt, dass es sich aufgrund gradueller Unterschiede (*maius aut minus*) in Bezug auf das *tertium comparationis* als inkommensurabel erweist. Der komplizierteste Fall liegt beim *exemplum inprobum* vor. Hier ist es die moralische Qualität des Exemplums, die das Exemplum angreifbar macht. Es sind zwei mögliche Fälle zu unterscheiden, die der Auctor nicht differenziert: Zum einen kann das Exemplum aufgrund seiner moralischen Qualität ungeeignet sein in einem Kontext, in dem das moralisch Vorbildhafte Beweisziel ist. Das würde bedeuten, dass die moralisch fragwürdige Qualität das Exemplum als für den Argumentationszusammenhang ungeeignet erscheinen lässt. Denkbar ist aber auch der Fall, dass die moralisch fragwürdige Qualität von Exemplum und Beweisziel einander entsprechen. In diesem Fall würde ein *exemplum inprobum* Zeugnis ablegen von der moralischen Fragwürdigkeit des Beweisziels. Beide ‚Fehler' haben zur Folge, dass das jeweilige Exemplum als nicht nachahmenswertes Vorbild erscheint – das eine, da das Exemplum keine Beweiskraft besitzt (damit würde das *exemplum inprobum* dem *exemplum maius aut minus* nahestehen), das andere, da es das Publikum von der *imitatio* des vorgestellten Beweiszieles abschreckt. Ob der Auctor nur eine der beiden Möglichkeiten (und welche) im Sinn hat oder ob er beide meint, lässt sich nicht entscheiden. Wichtig ist indes der Umstand, dass die Möglichkeit uneigentlichen Redens impliziert ist. Denn das *exemplum vitiosum* kann von einem Redner oder Autor, der dessen Konsequenzen kennt, auch gezielt eingesetzt werden, um die Kritik und logische Widerlegung einer Aussage durch das Publikum zu provozieren.

Interessant ist die Stelle aus der *Rhetorica ad Herennium* deshalb, weil sie ein Phänomen theoretisch erschließt, das sich schon 300 Jahre früher bei Isokrates aufzeigen

---

[71] Rhet. ad Her. II 29,46; vgl. dazu Price 1975: 184–185. Die Parallele zum *exemplum non recte factum* bei Quint. inst. V 13,24, die Price hier sehen will, leuchtet nicht ein. Quintilian spricht lediglich von technischer Fehlerhaftigkeit ohne Bezug zum Inhalt des Exemplums.

[72] Insofern kann hinsichtlich der sachlichen Plausibilität eines Exemplums – jedenfalls für die rhetorische Tradition, in der der Auctor ad Herrenium steht – nicht davon gesprochen werden, dass der rhetorische Zweck allein die Darstellung bestimmen könne. Zwar zielt das Exemplum, wie Popko 2009: 214 betont, nicht auf „[…] wahrheitsgetreue historische Darstellung […]" ab. Indes muss der Redner (oder Verfasser einer Rede) durchaus daran interessiert sein, dass das referierte Exemplum von seinem Publikum ohne Weiteres als zutreffend anerkannt werden kann (vgl. Popko 2009: 215: „Von Bedeutung ist […], was als wahr *gilt*."). Andernfalls kann das Exemplum, wie beim ‚Auctor' angedeutet ist, die Kritik des Publikums hervorrufen und so eine seinem eigentlichen Zweck entgegengesetzte Wirkung erzielen.

lässt, und das uns in den Einzeluntersuchungen wiederholt begegnen wird: Isokrates' Schriften sind voller *exempla vitiosa* dieser Art. Das ergibt sich, wenn man die Argumentationen an den moralischen, technischen und historischen Maßstäben misst, die Isokrates selbst in seinen Schriften als notwendig für den überzeugenden *lógos* präsentiert.[73]

Isokrates knüpft in der intensiven Verwendung historischer Exempla an ältere Traditionen an, wendet sich jedoch gegen den auch von Platon kritisierten moralischen Relativismus und fordert die Verpflichtung rhetorischer *heúrêsis* auf gesellschaftliche Werte.[74] Seine historischen Exempla reichen chronologisch von einer unbestimmbar frühen mythischen Vorzeit bis in die Gegenwart des 4. Jhs.[75] Sie referieren selten Detailliertes, sondern suchen mythische oder historische Sachverhalte zur Präsentation einfacher, abstrahierbarer Handlungsmaximen zusammenzufassen.[76] Aufgrund ihrer appellativen Funktion kann man von einer funktionalen Zukunftsorientierung des historischen Exemplums sprechen.[77]

Alexander Demandt hat das Geschichtsbild, das die Wertung der jeweiligen Exempla bestimmt, als Dekadenzmodell beschrieben.[78] Dem ist fraglos zuzustimmen, solange man darunter kein Konzept einer historisch begründeten Zukunftsdeterminierung verstehen will. Entscheidend für die Bewertung einer historischen Epoche durch Isokrates ist die Vernunft (*phrónêsis*) ihrer Vertreter, die sich wiederum am politischen Erfolg ihres Handelns messen lässt. Vor diesem Hintergrund konstatiert Isokrates einen – seit den als Wendepunkt aufgefassten Perserkriegen – beständig andauernden Niedergang sowohl

---

[73] S. u. Kap. A.3.3. So wendet sich Isokrates gegen die Verwendung von Exempla unmoralischen Inhalts, z. B. Isok. XI 38–43, VII 70–73; Pohlenz 1913: 293–294 mit Anm. 1, Gillis 1970: 202–203, Orth 2006: 91 Anm.7. Vgl. die Kritik in Platons *Menexenos* (Pownall 2004: 38–64).

[74] Bloom 1955: 147, Pownall 2004: 26–27.

[75] Schmitz-Kahlmann 1939: 118–119, Hamilton 1979: 291–292. Zur nahezu identischen Verwendung mythischer und historischer Stoffe in rhetorischen Exempla bei Isokrates sowie allgemein im 4. Jh. vgl. Papillon 1996b: 14–17, Gotteland 2001: 14. 23. 32–42, 52–61, 77–83, 86–102.

[76] Schmitz-Kahlmann 1939: 26–27, 59–60, 81–82, Jaeger 1947, III: 136, Steidle 1952: 280, Pointner 1969: 4–5.

[77] Isokrates thematisiert den Nutzen des Exemplums für die Zukunft in Isok. VI 59 (Demandt 1972: 29).

[78] Demandt 1972: 18–29. Gewisse Probleme bereitet Demandts Ansatz in der selektiven Auswahl der für das ‚Dekadenzmodell' referierten Beispiele (Isokrates, Cicero, Ambrosius), bei der nicht so recht einleuchten will, weshalb sich daraus eine lineare Entwicklung ein und desselben Modells ergeben soll. Dennoch ist die heftige Kritik von Heuß 1976: 37–38, 41 nicht gerechtfertigt und kann, abgesehen von ihrer politischen Motiviertheit, der älteren Forschungstradition zugerechnet werden, derzufolge Isokrates als bloßer Kompilator des Denkens anderer zu gelten habe. Zuzustimmen ist Heuß lediglich darin, dass sich in Isokrates' Schriften kaum Belege für ein zyklisches Geschichtsbild nachweisen lassen (37). Das ‚Dekadenzmodell' lässt sich jedoch, anders als Heuß behauptet, bei Isokrates auch außerhalb der *Friedensrede*, aufzeigen, so etwa in *Panegyrikos*, *Areopagitikos*, *Philippos*, *Panathenaikos*. Abgesehen davon stehen sich Demandts und Heuß' Auffassungen geradezu paradigmatisch gegenüber als Repräsentanten einer optimistischen (Demandt) und einer pessimistischen (Heuß) Einschätzung der Reflektiertheit und Geschlossenheit des isokratischen Denkens.

A.2.2 Geschichte als Exemplum bei Isokrates

der athenischen wie auch insgesamt der hellenischen Welt, der indes weder als unumkehrbar noch als zyklisch vorherbestimmt erscheint.[79] Den appellativen Wert gewinnt das Vorbild der idealisierten Vorfahren dadurch, dass die von Vernunft gesteuerte Rückbesinnung auf eine vernünftigere Vergangenheit es ermögliche, den Prozess der Dekadenz zu beenden und zur alten Größe und Vernunft der Perserkriegszeit zurückzugelangen – den Exempla kommt somit neben der Präsentation von Vorbildern auch die Funktion impliziter Kritik an der Gegenwart zu.[80] Dass es sich bei den Werten der Perserkriegszeit um eine Rückprojizierung aristokratischer Werte des 4. Jhs. in eine nicht mehr präzise greifbare Vergangenheit handelt, ist gewiss zutreffend.[81] Es handelt sich also weniger um einen historischen Wertkonservatismus als vielmehr um den Versuch, ein der eigenen Gedankenwelt entstammendes Wertesystem historisch aufzuladen und so mit einer gleichsam unabhängigen Autorität auszustatten.

Den Zusammenhang dieser Rückprojizierung politischer Ideale mit dem mimetischen Bildungskonzept des Isokrates hat Jean Lombard betont: *Mímêsis* erfolgt an Vorbildern, im Falle politischen Handelns anhand von Vorbildern der politischen *práxis*. Da Isokrates der gegenwärtigen Politik kritisch gegenüberstehe, könne er die nachzuahmenden *paradeígmata* nur in der Vergangenheit finden. Zudem solle aus der Kenntnis historischer Prozesse politische Urteilskraft auf der Grundlage von Analogieschlüssen gewonnen werden.[82] In diesem Beziehungsgeflecht von mimetischer Lehrmethode und historischer Dekadenztheorie nimmt der ‚Topos der Vorfahren' den zentralen Platz des Exemplums einer idealen Welt ein, die dadurch realisierbar erscheint, dass sie als vormals existent dargestellt wird, und deren Realisierung durch das Beispiel der Vorfahren zur Verpflichtung wird.[83] Die Gegenwart wiederum wirkt als abschreckendes Exemplum, das das richtige politische Verhalten *e contrario* aufzeigen soll.[84] Wesentliche Grundkonstante der exemplarischen Verwendung von Geschichte bei Isokrates ist demnach der Gegensatz zwischen ‚vormals' und ‚heute', der mehr oder weniger deckungsgleich ist mit dem Gegensatz zwischen mythischer und historischer Vorgeschichte.[85]

---

[79] Demandt 1972: 19–20; vgl. auch Jost 1936: 153–154, Hamilton 1979: 292.
[80] Demandt 1972: 28, Gotteland 2001: 357.
[81] Demandt 1972: 29, vgl. von Arnim 1917: 29, Jähne 1991: 132, Clark 1996: 119–120.
[82] Isok. II 35, VI 82; Lombard 1990: 75–77, vgl. auch Demandt 1972: 18, Hamilton 1979: 296–297, Too 1995: 58–59, Pownall 2004: 26.
[83] Zum Stellenwert der idealisierten *prógonoi* bei Isokrates vgl. Jost 1936: 126–159, v. a. 149–153, 158–159, Schmitz-Kahlmann 1939: 93–117.
[84] Jost 1936: 153–154.
[85] Vgl. ähnlich Schmitz-Kahlmann 1939: 12: „Das historische Geschehen stellt sich ihm in der Form der Antithese dar; was ihn an der Geschichte zu fesseln scheint, sind die Gegensätze, das Auf und Ab in der Entwicklung der Staaten".

A.2.3 Isokrates' Spartabild

Dem Exemplum Sparta kommt in den Schriften des Isokrates zentrale Bedeutung zu. Sparta stellt den Gegenpol zu Athen dar, und umfangreiche epideiktische Darstellungen Athens und seiner Geschichte finden bei Isokrates stets im Vergleich mit Sparta statt. Damit tauchen spartanische Exempla im isokratischen Werk in fast allen politischen Schriften auf und sie finden Verwendung im Zusammenhang mit allen wichtigen Themen des isokratischen Denkens.

Der wissenschaftlichen Untersuchung des Spartabildes bei Isokrates haben sich vor allem François Ollier, Paul Cloché und Eugène Napoleon Tigerstedt gewidmet.[86] Die folgende kurze Darstellung des Forschungsstandes beschränkt sich auf Werke, die den Anspruch verfolgen, Isokrates' Behandlung des Exemplum Sparta umfassend zu bearbeiten oder die hierfür besonders einflussreich geworden sind. Arbeiten, die sich der Spartathematik unter spezifischen Fragestellungen oder im Zusammenhang einzelner Schriften widmen, werden im Abschnitt B dieser Arbeit am jeweiligen Ort der Analyse dieser Schriften und Themen vorgestellt.

Zwei wesentliche Ergebnisse auch der späteren Betrachtungen des isokratischen Spartabildes finden sich schon bei Friedrich Blaß.[87] Demnach ist Isokrates' Haltung gegenüber Sparta zum einen wechselhaft und durch die jeweilige politische Stimmung in Athen bestimmt. Insbesondere die Annahme einer positiven Bewertung Spartas durch Isokrates in der Zeit des athenisch–spartanischen Bündnisses gegen Theben in den 360er Jahren ist von Bedeutung.[88] Zum anderen finde die „spartanische Verfassung und das dortige bürgerliche Leben" sein Lob. Wichtig ist die Einschränkung, dass das Lob sich ausschließlich auf das Sparta „vor der Erlangung der Seeherrschaft" beziehe.[89]

Die ersten ausführlicheren und fokussierten Untersuchungen zu Isokrates' Spartabild stammen – etwa zeitgleich, aber unabhängig voneinander entstanden – von François Ollier und Paul Cloché. Ollier untersucht in seinem umfänglichen Werk zur ‚Mirage Spartiate' die Haltungen athenischer Denker des 4. Jhs. zu Sparta. Ein großes Kapitel ist Isokrates gewidmet.[90]

Auch Ollier betont die Ambivalenz des isokratischen Spartabildes.[91] Die Kritik an Sparta sei Folge seines patriotischen Empfindens, aufgrund dessen er die Überlegenheit Spartas in der Folge des Peloponnesischen Krieges nicht habe ertragen können. Der rhetorische Vergleich (Synkrisis) beider *póleis* diene stets dazu, den höheren Rang

---

[86] Ollier 1933: 327–371, Cloché 1933, Tigerstedt 1965, I: 179–206.
[87] Blaß ²1892: 86–88.
[88] Ebd. 87–88; s. außerdem u. Kap. B.5.3.
[89] Ebd. 86; vgl. von Arnim 1917: 28–29.
[90] Ollier 1933: 327–371.
[91] Ollier 1933: 328, 371.

A.2.3 Isokrates' Spartabild

Athens nachzuweisen.[92] Die Bevorzugung Athens vor Sparta (und anderen *póleis*) bleibe auch im Spätwerk des Isokrates, sogar in verschärftem Ton, erhalten.[93]

Das Lob des spartanischen Staates der ‚guten alten Zeit' bei Isokrates sieht Ollier als Folge der isokratischen Kritik an der athenischen Demokratie des 4. Jhs. Der Staat, den Isokrates lobe, diene nur als Projektionsfläche für Isokrates' Idealvorstellungen für Athen und habe nichts mit Isokrates' Vorstellungen vom historischen Sparta zu tun.[94] Lob finde Isokrates für Sparta mithin nur, wenn er ihm jeden eigentlich spartiatischen Charakter abspreche. Ollier hat als erster die in manchen scheinbar positiven Urteilen verborgene Kritik an Sparta erkannt. So werde das Lob des spartanischen Militärs durch die gleichzeitige Kritik an der politischen Anwendung desselben konterkariert.[95]

Als Sonderfall betrachtet Ollier den *Archidamos*.[96] Isokrates habe durch das Erstarken Thebens die Realisierung seines Programms eines von Athen angeführten Perserkrieges in weite Ferne rücken sehen und sich deshalb öffentlich für den spartanischen Standpunkt eingesetzt. Die außenpolitische Lage habe einen zuvor aufgrund tiefer patriotischer Ablehnung der spartanischen Dominanz nur latenten Philolakonismus des Isokrates ans Tageslicht treten lassen.[97]

Bei Paul Cloché tritt die Dichotomie zwischen Lob und Tadel Spartas noch stärker hervor. Er trennt die isokratischen Urteile über die spartanische Außenpolitik (Tadel) und den spartanischen Staat (Lob).[98] Während das Lob des „régime de Sparte" im gesamten isokratischen Werk konstant gewesen sei,[99] stelle sich die diachrone Entwicklung der Kritik an Spartas außenpolitischem Kurs komplexer dar. In diesem Feld sieht Cloché, wie zuvor Blaß und Ollier, die tagespolitische Lage Athens als bestimmenden Faktor. Während der Phase des thebanischen Aufstiegs habe sich Isokrates, beginnend mit dem *Plataikos*, an Sparta angenähert und sei schließlich im *Archidamos* offen für das athenisch–spartanische Bündnis eingetreten.[100] So sieht Cloché diese Phase der Annäherung von zwei besonders spartakritischen Phasen zu Beginn und am Ende des isokratischen Schaffens umrahmt.

Eugène Tigerstedt bearbeitet das isokratische Spartabild im Kontext umfangreicher Studien zur Rezeptionsgeschichte des idealisierten Sparta.[101] Er betont wie Ollier, Isokrates habe in allen seinen Schriften die Verherrlichung Athens betrieben, und wie jener sieht er darin ein Leitmotiv auch für die Behandlung Spartas:

---

[92] Ebd. 328–346; vgl. Jost 1936: 134. Ollier sieht in Isokrates' Spartakritik zudem ein Mittel der Distanzierung von den Ideen der platonischen Akademie.
[93] Ollier 1933: 334–335.
[94] Ebd. 350–357.
[95] Ebd. 358–359.
[96] Ebd. 358, 360–368.
[97] Ebd. 366–368 (s. dazu u. Kap. B.5.3).
[98] Cloché 1933: 139, 145.
[99] Als bestimmend sieht Cloché Isokrates' Haltung zur spartanischen Gesetzestreue und Tradition.
[100] Ebd. 132–137.
[101] Tigerstedt 1965, I: 179–206, ähnlich auch Rawson 1969: 33–55, v. a. 37–44.

> For most of the time he regarded them [sc. the Spartans] through the foreign, not to say hostile, eyes of an Athenian politician, for whom Sparta could at best represent a useful ally against other enemies.[102]

Zur Idealisierung Spartas habe Isokrates daher nicht beigetragen. So seien im *Panegyrikos* alle Aussagen über Sparta, positive wie negative,[103] darauf hin konstruiert, Athens Überlegenheit zu demonstrieren.[104] Mit den früheren Interpreten stimmt auch Tigerstedt in den Einschätzungen überein, dass sich die Kritik an Sparta nur auf den außenpolitischen Bereich beziehe und dass die zeithistorischen Ereignisse Isokrates' Haltung maßgeblich beeinflusst hätten.[105] So komme Isokrates' antispartanische Einstellung nur im *Panegyrikos* und im *Panathenaikos* voll zum Tragen. Für Tigerstedt ist, anders als für Ollier, Isokrates' Hass auf Sparta das eigentlich Bestimmende seiner Haltung. Positivere Urteile seien durch eine der politischen Lage geschuldete Mäßigung des Tons bedingt, so vor allem im *Archidamos* infolge des athenisch–spartanischen Bündnisses nach Leuktra.[106] Das einzige positive Element des isokratischen Spartabildes, das Tigerstedt als authentische Auffassung des Isokrates annimmt, ist die spezifische Form einer ‚Mischverfassung‘, die er in einigen Schriften als Element eines athenischen ‚Oberklassenlakonismus‘ erkennen möchte.[107]

Dieter Allroggens Untersuchung des Geschichtsbildes der Attischen Redner stellt im Wesentlichen eine Zusammenstellung der Belegstellen zu bestimmten historischen Personen und Ereignissen dar, darunter auch spartanische Exempla.[108] Auch Allroggen sieht eine grundsätzliche Höherbewertung der athenischen im Vergleich mit den spartanischen Leistungen durch Isokrates. Grundsätzlich bewerte Isokrates den Gegensatz zwischen Athen und Sparta im 4. Jh. als Unglück für ganz Hellas.[109] Abgesehen von der spartanischen *basileía* habe Isokrates der spartanischen „Verfassung […] sehr skeptisch" gegenübergestanden.[110] Überhaupt seien positive Urteile über Sparta bei Isokrates (und anderen Zeitgenossen) durch eine Verhaftung in der Topik des Peloponnesischen Krieges zu erklären.[111] Für Allroggen stellen solche Urteile somit keine eigentlichen Bestandteile des isokratischen Denkens dar. Hierin steht er Tigerstedt näher als Ollier.

---

[102] Tigerstedt 1965, I: 181.
[103] S. dazu u. Kap. B.2.4.
[104] Tigerstedt 1965, I: 182–184.
[105] Ebd. 185–187.
[106] Ebd. 197–201 (200: „The ‚Laconism‘ which appears in Archidamus' speech is inspired by political considerations, not by personal sympathies, and it quickly disappeared when the situation changed again.").
[107] Isok. III 24 (s. dazu u. Kap. B.4.1), XII 151–155 (s. u. S. 553–555); Tigerstedt 1965, I: 201–202.
[108] Allroggen 1972: 205–296.
[109] Ebd. 316.
[110] Ebd. 205–206, 290–291, 297.
[111] Ebd. 313–314.

A.2.3 Isokrates' Spartabild

Die vorgestellten älteren Untersuchungen zeigen ein seit Blaß im Wesentlichen einheitliches Bild. Demnach stellt Sparta bei Isokrates den beständigen Gegenpol und kontrastiven Vergleichsgegenstand zu Athen dar.[112] Lob und Tadel, positive und negative Urteile über Sparta, verteilen sich auf die Bereiche der Innen- (Lob) und Außenpolitik (Tadel).[113] Während Isokrates' positive Haltung gegenüber dem spartanischen Staat konstant bleibe, habe sich seine Einstellung gegenüber der spartanischen Politik im Verlauf seines langjährigen Schaffens gewandelt, wobei Isokrates stets dem politischen Kurs Athens gefolgt sei.[114] Unterschiedliche Auffassungen gab es lediglich hinsichtlich der Frage, ob Isokrates angesichts der ambivalenten Behandlung Spartas dieses eher habe loben oder tadeln wollen.

Dieses von der Forschung so einmütig vertretene Bild scheint indes stark vereinfachend zu sein und kann bei weitem nicht alle Fragen beantworten, die Isokrates' Behandlung des Spartathemas aufwirft. So setzt etwa die Annahme, Isokrates' Spartabild habe sich stets an den politischen Kurs Athens angepasst, sowohl voraus, dass es eine einheitliche Haltung ‚Athens' zu Sparta gegeben habe, als auch, dass innerhalb einzelner isokratischer Schriften jeweils eine konsistente Haltung gegenüber Sparta eingenommen werde. Beides ist jedoch nicht der Fall. Nicht nur im *Panathenaikos*, in dem ein Anhänger Spartas eine Gegendarstellung zu Isokrates Spartakritik präsentieren darf, sondern auch in anderen Schriften (*Busiris*, *Panegyrikos*, *Areopagitikos*, *Friedensrede*, *Philippos*) stehen sich Lob und Tadel Spartas gegenüber. Nicht befriedigend geklärt ist außerdem die Frage, in welchem Verhältnis zueinander Isokrates' Urteile über Spartas Außenpolitik einerseits und Spartas Staatlichkeit andererseits stehen. Schließlich wurde in früheren Untersuchungen der Umstand nicht weiter beachtet, dass Isokrates die Problematik möglicher verborgener Lesarten, aber auch möglicher Fehlinterpretationen im *Panathenaikos* ausgerechnet am Beispiel des Spartabildes darstellt. Diesen offenen Fragen lohnt es sich nachzugehen. Hierzu soll die vorliegende Arbeit einen Beitrag leisten.

Ein methodisches Grundproblem ergibt sich daraus, dass die konkrete Verwendung innerhalb der einzelnen Schrift sowie innerhalb des einzelnen Argumentationsgangs bislang nicht angemessen für die Evaluation des ‚Exemplum Sparta' berücksichtigt wurde. Insbesondere aber sind alle bisherigen Untersuchungen von dem oben beschriebenen Axiom bestimmt, dass Isokrates seine Schriften als ideale Exemplare seiner rhetorischen Argumentationskunst verfasst habe. Die Berechtigung dieses Axioms steht nicht zuletzt durch die Untersuchungen Toos (Bedeutung der Sprecher-*persona*) und Walkers (technische Qualität der jeweils vorgetragenen Argumente) infrage. Eine Analyse der isokratischen Aussagen über Sparta, die auch die Frage der technischen, moralischen und historischen Plausibilität vor dem Hintergrund der diesbezüglichen Grundsätze des Isokrates berücksichtigt, wurde bislang nicht geleistet. Hier soll die vorliegende Untersuchung

---
[112] Vgl. auch jüngst Bearzot 2007: 95.
[113] Einzig bei Ollier 1933: 358–359 findet sich eine leichte Abweichung von diesem Bild.
[114] Vgl. auch Levi 1959: 71, Chambers 1975: 185–189.

ansetzen. Die methodischen Grundsätze, nach denen dieser Ansatz im Analyseteil der Untersuchung durchgeführt wird, sollen im Rahmen einiger Vorüberlegungen zur Literatur des Isokrates im folgenden Kapitel erläutert werden.

A.3 Methodologisches zur isokratischen Literatur

A.3.1 Isokrates aus Isokrates erklären

Für die Schriften des Isokrates als in sich geschlossene literarische Einzelerzeugnisse gilt der Grundsatz, dass sie als autonome Texte zunächst aus sich selbst heraus erklärt werden müssen. Dieser Grundsatz hat die moderne Isokratesforschung jedoch bisweilen zu einseitig und ausschließlich bestimmt – zuletzt in der jüngst erschienenen Studie Carl Joachim Classens zu Isokrates' Vorstellungen bürgerlicher *areté,* in der ohne Berücksichtigung literarischer Parallelbelege oder zeithistorischer Kontexte stets nur die einzelne Schrift als sich selbst erklärend betrachtet wird.[1] Ein derartiges methodisches Vorgehen vernachlässigt nicht nur, dass die Antike keine Vorstellung von der Autonomie des Kunstwerkes hatte, sondern das Kunstwerk als *mímêsis* der Wirklichkeit betrachtete, es vernachlässigt vielmehr insbesondere die Kontingenz der Entstehung eines jeden Textes. Zumindest im Moment seiner Entstehung spielen die Vorstellungen des Autors – und damit zeit- und literaturhistorische Kontexte – eine bedeutende Rolle.

A.3.1.1 Einzelschrift und Werkbewusstsein

Der vorliegenden Arbeit wird die Annahme zugrunde gelegt, dass Isokrates seine Schriften als ein zusammengehörendes ‚Werk' betrachtet und dass er als Autor erkennbar darum bemüht ist, dieses Werk auch als Einheit erscheinen zu lassen.[2]

---

[1] Classen 2010; vgl. dazu meine Rezension Blank 2011a. Ein noch extremeres Beispiel stellt die – viele wichtige Beobachtungen, aber auch zahlreiche unübersehbare Fehldeutungen (so die Deutung des *Busiris* als antireligiösen Pamphlets, ebd. 189–213) enthaltende – Dissertation Allan D. Blooms dar, der ausdrücklich nur die isokratischen Schriften selbst zur Grundlage seiner Analyse machen will (Bloom 1955: 7).

[2] Auf diese Vorstellung eines definierten Corpus isokratischer Schriften hat Too 1995: 10–73, v. a. 34–35 besonders deutlich hingewiesen; vgl. auch Schäublin 1982: 170, Alexiou 2001: 94–95, Azoulay 2007: 197. Too geht jedoch von der bewussten Gegenüberstellung gegensätzlicher Standpunkte – im Sinne einer *Dissoi Logoi*-Struktur – in unterschiedlichen Schriften des Werkes aus. Ohne diese Annahme rundheraus abzulehnen soll sie hier nicht vorausgesetzt werden. Inwiefern die in verschiedenen Reden präsentierten Standpunkte gegensätzlicher Natur sind, und wie der jeweilige Befund zu

Die isokratischen Schriften sind voller Belege für ein solches Werkbewusstsein auf Seiten des Autors. Insbesondere sei auf zwei Arten solcher Belege hingewiesen: zum einen auf die häufigen Rückverweise auf bereits publizierte Schriften, die in vielen Fällen belegen, dass Isokrates die Kenntnis seiner jeweils früheren Schriften in nennenswerten Teilen seines Publikums voraussetzt;[3] zum anderen sind jene Stellen in Isokrates' Spätwerk zu nennen, an denen die *persona* ‚Isokrates' aktiv versucht, Einfluss auf die Definition und die Deutung des isokratischen Werkes zu nehmen, und sichtbar um den Eindruck werkimmanenter Konsistenz bemüht ist.[4]

Dieser Befund hat Konsequenzen für die Interpretation isokratischer Schriften. Zum einen können inhaltliche Zusammenhänge, Ähnlichkeiten oder Widersprüche nicht pauschal mit dem Hinweis auf die verschiedenen Argumentationsziele unterschiedlicher Schriften erklärt werden. Der Argumentationszusammenhang der einzelnen Rede darf zwar nicht vernachlässigt werden, wenn es darum geht zu fragen, aus welchem Grund ein historischer Sachverhalt von Isokrates auf diese oder jene Weise präsentiert wird. Jedoch muss ebenso berücksichtigt werden, dass Isokrates offenbar ein Bewusstsein dafür hatte, dass seinem Publikum Widersprüche zu früheren Reden auffallen konnten. Ist dieses Bewusstsein aber vorauszusetzen, so hat das womöglich Konsequenzen für die Frage nach den Gründen für eine bestimmte Form der Darstellung. Zum Beispiel rückt im Falle des Widerspruchs (oder einer Parallele) einer späteren zu einer früheren Rede namentlich die Möglichkeit ins Blickfeld, dass Isokrates gerade eine Wahrnehmung von Widersprüchlichkeit (Konsistenz) bei seinem Publikum erzeugen will[5] – eine Möglichkeit, die bei

---

deuten ist, soll, sofern für die Fragestellung relevant, jeweils im Kontext der einzelnen Rede berücksichtigt und bewertet werden.

[3] So z. B. Isok. IX 73 (Too 1995: 42–43), XV 55–56, 193–195, 252 (Usener (S.) 1994: 36, Too 1995: 42–48 und 2008: 214–215), V 9–10, 13, 81, 84, 93–95 (Dobesch 1968: 68), XII 126–127, 169–174 (Roth 2003a: 156 mit Anm 355). Auch der Spartafreund in Isok. XII 239 betont Isokrates' Anliegen, dem Publikum keine Widersprüche zwischen verschiedenen Reden vorzusetzen, vgl. Alexiou 2001: 94–95.

[4] Gemeint sind Isok. XV (*Antidosis*) und XII (*Panathenaikos*), aber auch Isok. VIII 72, V 93; vgl. Schäublin 1982: 170, Gray 1994a: 253, Haskins 2004: 21. Die *Antidosis* enthält als Verteidigungsrede gegen den Vorwurf der Jugendschädigung (vor dem Hintergrund eines fiktiven Vermögenstauschprozesses) anstelle von Zeugenaussagen Auszüge aus einzelnen früheren Reden (Isok. XV 51–74), die gewissermaßen als Stellvertreter für den Charakter des Gesamtwerkes, das hier unmissverständlich als Einheit präsentiert wird, angeführt werden. Im *Panathenaikos* sind zahlreiche frühere Schriften des Isokrates adaptiert. Die Schrift insgesamt stellt auf diese Weise eine Art Summe der früheren Schriften dar (s. dazu u. Kap. B.9.1). Zudem enthält die Schrift in der Dialogszene eine Art Kommentar zu möglichen Rezeptions- und Interpretationsweisen, innerhalb dessen die Frage der inneren Konsistenz des Werkes thematisiert wird (vgl. Isok. XII 239, s. u. Kap. B.9.6).

[5] Heilbrunn 1967: 4. Dass Isokrates unterschiedliche Darstellungen zu diesem Zweck einzusetzen weiß, zeigt Isok. XII 169–174. Hier weist Isokrates explizit darauf hin, dass seine Darstellung von früheren (Isok. IV 54–65) abweiche. Die ‚Rechtfertigung' dieser werkimmanenten Inkonsistenz ergibt nur Sinn unter der Annahme, dass Isokrates mit einem aufmerksamen Publikum rechnet, dass die Inkonsistenz auch ohne seine Hinweise bemerken wird, und dass er davon ausgeht, dass die Inkonsistenz den Überzeugungswert seiner Argumentation beeinträchtigen kann. Ist er sich dessen aber

A.3.1 Isokrates aus Isokrates erklären

einem strengen Verweis auf die Autonomie des Einzeltextes unbesehen ausgeschlossen würde.

Die Selbstbezüge bei Isokrates verweisen stets auf frühere Schriften zurück, niemals auf zukünftige voraus. Das hat für die Interpretation einer einzelnen isokratischen Schrift die Konsequenz, dass ein Unterschied besteht zwischen Parallelbelegen (oder alternierenden Darstellungen) in früheren und solchen in späteren Schriften. Während letztgenannte nur als Hinweis auf Konstanz oder Veränderlichkeit eines Motives bei Isokrates dienen können,[6] ist bei erstgenannten die oben angesprochene Frage zu stellen, ob der Autor Isokrates den jeweils entstehenden Eindruck von Konsistenz oder Widersprüchlichkeit bewusst erzeugen will, ob der Eindruck also kompositionell beabsichtigt ist oder nicht.

A.3.1.2 Quellen zur Biographie des Isokrates

Mit der Frage nach dem Werkbewusstsein des Autors Isokrates und nach dem Einfluss der lebensweltlichen Zeitumstände der Entstehung seiner Schriften rückt die Person Isokrates in den Blickpunkt. Welches waren die Lebensumstände des Isokrates in sozialer, politischer und wirtschaftlicher Hinsicht und wie wirkten diese möglicherweise auf sein Werk ein? Was lässt sich über Isokrates' Biographie überhaupt mit einiger Sicherheit sagen?

Folgt man der *communis opinio*, so wird man annehmen, dass wir über Isokrates' Lebensumstände verhältnismäßig gut informiert seien: Isokrates wurde 436 als Sohn eines erfolgreichen athenischen Flötenproduzenten geboren. Er erhielt eine vorzügliche Bildung – bei nahezu allen uns als ‚Sophisten' bekannten Lehrerfiguren des 5. Jhs. – und wuchs im Athen des Peloponnesischen Krieges auf. Im Zuge des oligarchischen Umsturzes der ‚Dreißig' im Jahr 404/403 ging das Familienvermögen verloren, so dass sich Isokrates nach Wiedererrichtung der Demokratie als Logograph betätigen musste. Sein großer Erfolg in diesem Metier erlaubte es ihm irgendwann zwischen 393 und 390, sich einer anspruchs- und ehrenvolleren Tätigkeit zu widmen: Er eröffnete eine Schule der Beredsamkeit, die er durch die Publikation rhetorischer Pamphlete (der uns erhaltenen politischen Schriften), die zugleich den publizistischen Zweck der Beeinflussung der öffentlichen Meinung verfolgten, zu bewerben versuchte. Der Erfolg spätestens des *Panegyrikos* verschaffte ihm einen großen Zustrom zahlungskräftiger Schüler aus vornehmen Familien, die seinen Reichtum ebenso wie seine Stellung als einflussreichster athenischer Lehrer des 4. Jhs. begründeten. Seine Schultätigkeit übte er über 50 Jahre lang aus, bis er schließlich im Jahr 338, kurz nach der Niederlage der Griechen bei Chaironeia gegen Philippos II. von Makedonien, vielleicht sogar am gleichen Tag, an dem Demosthenes in

---

bewusst, dann wird man die Möglichkeit in Betracht ziehen müssen, dass Isokrates dort, wo solche Inkonsistenzen dennoch auftauchen, eben diesen Effekt bewusst herbeiführen will.

[6] Heilbrunn 1967: 63 ad Isok. IV.

Athen die Rede auf die Gefallenen dieser Schlacht hielt, seinem Leben durch freiwilligen Hungertod ein Ende setzte.[7] Diesem Lebensbericht ließen sich noch eine ganze Reihe an Charaktereigenschaften, eine lange Liste namentlich bekannter Schüler des Isokrates, die Höhe seiner Honorarforderungen oder Anekdoten über sein Verhältnis zu Sokrates, Platon und anderen Zeitgenossen beifügen. Für die einzelnen Elemente dieser biographischen Skizze ebenso wie für das Gesamtbild würde stets dasselbe gelten: Es gibt dafür keine wirklich belastbaren Quellen.

Für das Leben und die Person des Isokrates kommen vier Arten literarischer Quellen in Betracht: (1) zeitgenössische Testimonia, (2) Isokrates' eigene Schriften, (3) biographische Literatur, (4) spätere Testimonia, die auf (1–3) zurückgehen.[8]

Unter (4) finden sich entweder solche Testimonia, über deren Quellen (vor allem die isokratischen Schriften selbst) wir ebenfalls verfügen – in diesen Fällen haben sie gegenüber den entsprechenden Quellentexten keinen Mehrwert – oder solche, deren Provenienz (und damit deren Quellenwert) nicht mehr eindeutig geklärt werden kann. Zu dieser Gruppe gehören unter anderem die erhaltenen Hypotheseis zu den isokratischen Schriften.[9] In der Regel lassen sich aber auch diese Testimonia als Überbleibsel verlorener biographischer Schriften der Gruppe (3) zuordnen.

Der Quellenwert der biographischen Tradition, die uns die mit großem Abstand meisten Informationen zur Vita des Isokrates liefert, ist ebenfalls problematisch. Die biographische Überlieferung zu Isokrates setzt schon im frühen Hellenismus, spätestens mit Hermippos, ein.[10] Erhalten sind Biographien ab dem 1. Jh. n. Chr.[11] Wie viele und welche der biographischen Quellen in der Überlieferung verloren gegangen sind, ist unbekannt. Ebensowenig ist klar, in welchem Ausmaß spätere Biographen von den älteren abhängig sind (und in welchem Ausmaß sie ihre Vorlagen möglicherweise frei verarbeiteten). Was Hermippos betrifft, so erwecken die auf seine Schrift über Isokrates' Schüler zurückzuführenden Testimonia den Eindruck, als habe Hermippos versucht, sämtliche wichtigen Redner und Literaten der auf Isokrates folgenden zwei Generationen mit der Schule des Isokrates in Verbindung zu bringen.[12] Gerade die Berichte über persönliche Verbindun-

---

[7] Dion. Hal. Isoc. 1, Plut vit. X orat. 837e, 838b.
[8] Die Überlieferung über Isokrates ist zusammengestellt im ersten Band der Isokrates-Ausgabe Mandilaras 2003.
[9] S. Dindorf 1852: 107–118.
[10] Hermipp. FGrH 1026 F 45a–54.
[11] Als wichtigste Texte sind zu nennen: Dion. Hal. Isoc., [Plut.] vit. X orat. 836e–839d, Philostr. vit. Soph. 1,17 p. 503–506, Anon. vita Isoc. (=Zosimos?) (vgl. Dindorf 1852: 101–106).
[12] Herm. FGrH 1026 F 46c. Harding 1994: 17–18, Trampedach 1994: 125–131, skeptisch auch Livingstone 1998: 264–265 mit Anm. 7, vgl. Engels 2003, anders Wareh 2012: 94–95, 123–133, 185. Berühmt ist Ciceros möglicherweise auf Hermippos zurückgehendes Urteil, aus der Schule des Isokrates seien wie aus dem Troianischen Pferd nur Fürsten hervorgegangen (Cic. or. 40, de or. II 94, vgl. auch Brut. 40, dazu Nicolaï 2009: 294–295).

A.3.1 Isokrates aus Isokrates erklären

gen des Isokrates zu jüngeren Zeitgenossen, die sich in der biographischen Literatur zuhauf finden, sollten vor diesem Hintergrund nicht ohne Weiteres akzeptiert werden. Allgemein gilt, dass die biographische Tradition zwar als Quellengruppe von großer Bedeutung ist für die Rekonstruktion der Geisteswelt des klassischen Athen, dass aber zugleich fast jede der in den sekundären Quellen gebotenen Informationen für sich betrachtet nur unter Vorbehalt zu akzeptieren ist. Selbst im Falle der Übereinstimmung biographischer Notizen mit zeitgenössischen Informationen besteht das Problem, dass sich nur schwer klären lässt, inwiefern die älteren Informationen die jüngeren beeinflusst haben. So scheint etwa die Beschreibung eines engen Verhältnisses zwischen Isokrates und seinem ‚Schüler' Timotheos in der *Antidosis*[13] gut zu dem in der Forschung gemeinhin als zuverlässig anerkannten biographischen Bericht zu passen, Isokrates habe Timotheos auf dessen militärischen Kampagnen begleitet und für ihn die Berichte an den attischen *dêmos* verfasst.[14] Umgekehrt scheint sich die Information durch Isokrates' eigene Aussagen plausibel zu bestätigen. Allerdings dürfte auch klar sein, wie groß hier die Gefahr von Zirkelschlüssen ist. So erlaubt die nähere Betrachtung im genannten Beispiel durchaus den Schluss, dass die biographischen Notizen auf dem Timotheos-Lob der *Antidosis* aufbauen. Dort berichtet die *persona* ‚Isokrates' nicht nur über Timotheos' militärische Kampagnen, sondern insbesondere auch davon, dass Timotheos unfähig gewesen sei, sich dem *dêmos* gegenüber angemessen auszudrücken.[15] Der Bericht bei Pseudoplutarchos scheint sich unter anderem an dieses Bild anzulehnen. Zudem greift er eine Stelle aus Speusippos' *Brief an Philipp* auf. Dieser berichtet, Isokrates habe zusammen mit Timotheos in Briefen an den *dêmos* Philippos II. verunglimpft.[16] Der Brief ist jedoch sehr polemisch, und thematisiert zudem das Problem rhetorischer Übertreibung und der Verbreitung von Fehlinformationen im Kontext von Lob- und Tadelreden.[17] Es lässt sich insofern kaum sagen, ob Speusippos sich hier auf der Ebene ironischer Parodie isokratischer ‚Erfindung' von Informationen bewegt oder ob die Darstellung authentisch ist.

---

[13] Isok. XV 101–139.
[14] [Plut.] vit. X orat. 837c; übernommen z. B. bei Vitz 1871: 13, Blaß ²1892: 53, Kessler 1911: 26 Anm. 2, Tincani 1923: 26, Kleine-Piening 1930: 30–31, Jaeger 1939: 197, Misch ³1949: 163, Allroggen 1972: 119–120, Lombard 1990: 23, Welwei 1999: 283, Walter 2003: 81, anders Laistner 1927: 16.
[15] Isok. XV 129–139.
[16] Speus. ep. Socr. XXX 13. Für die Echtheit des Briefes tritt zuletzt (gegen Bertelli 1976 und 1977) Wareh 2012: 161–177 ein.
[17] Bei der Interpretation des Briefes (Bickermann/Sykutris 1928, Markle 1976, Fisher 1994: 383 mit Anm 105, wichtig insbesondere Natoli 2004 sowie Wareh 2012: 159–195) sind wichtige Aspekte häufig unberücksichtigt geblieben: So adaptiert Speusippos in diesem Brief keineswegs nur den isokratischen *Philippos*, sondern auch andere Schriften, vor allen den *Archidamos*, aus dem er gerade die besonders problematischen Exempla referiert (Speus. ep. Socr. XXX 6–7, vgl. Isok. VI 16–33; dazu Natoli 2004: 67–73, Wareh 2012: 159, s. u. Kap. B.5.5.1), und er parodiert Isokrates' Verwendung unplausibler Argumente, die einer Vernachlässigung seiner eigenen *téchnê* gleichkomme (Speus. ep. Socr. XXX 9–10; vgl. Walker 2011: 63–64). Dass der Brief ausschließlich dazu gedacht sein sollte, Isokrates' Schule bei Philippos auszustechen (so Natoli 2004: 94–100), ist wenig wahrscheinlich.

All das widerlegt nicht die Richtigkeit der Information bei Pseudoplutarchos. Indes wird deutlich, wie abhängig spätere Biographen von früheren Quellen sind und wie wenig eigene Autorität solche biographischen Informationen daher beanspruchen können. Die Glaubwürdigkeit der Notiz bei Pseudoplutarchos hängt vollständig von der Bewertung der ihr zugrundeliegenden Quellen bei Isokrates und Speusippos ab.

Was (2) Angaben zur Person des Isokrates in dessen eigenen Schriften betrifft, so ist auf den literarischen Charakter dieser Schriften hinzuweisen. Die *persona* ‚Isokrates' ist nicht gleichzusetzen mit dem historischen Isokrates.[18] Vereinfachend lässt sich über solche Aussagen festhalten, dass der Grad ihrer literarischen Bearbeitung (und damit ihre potentielle Distanz zum historischen Autor) umso größer sein dürfte, je deutlicher ihnen eine Funktion im Rahmen der literarischen Darstellung der *persona* ‚Isokrates' oder im Rahmen der Komposition[19] eines Textes zuzuweisen ist. Weniger verdächtig sind Erkenntnisse, die sich abseits expliziter Ethopoiie aus den isokratischen Schriften gewinnen lassen. So wird man Isokrates' wiederholte Begründung seiner politischen Zurückgezogenheit mit physischen und charakterlichen Schwächen (schwache Stimme, Lampenfieber)[20] kaum dokumentarisch werten dürfen,[21] wohingegen der undemokratische Charakter der politischen Ideen des Isokrates als mögliche Ursache der Abstinenz von der *vita activa* höhere Glaubwürdigkeit beanspruchen kann.

Ungeachtet der Erkenntnisse zur literarischen Konstruktion der *persona* ‚Isokrates', die Yun Lee Too überzeugend erarbeitet hat, ist die *documentary fallacy* – nach Arthur Waldock „the most serious of all critical errors"[22] – ein verbreiteter Schwachpunkt vieler Interpretationen zu Isokrates.[23] Fraglos lassen sich Isokrates' Schriften – unter dem Vor-

---

[18] Zur literarischen Stilisierung der *persona* ‚Isokrates' vgl. Too 1995.
[19] Vgl. hierzu Race 1978.
[20] Isok. ep. I 9–10, V 25–29, 81–82, XII 10, [Isok.] ep. VIII 7.
[21] Too 1995: 8, 74–112 und 2008: 187; vgl. auch Bloom 1955: 25, Heilbrunn 1975: 157–158, Silvestrini 1978: 180 Anm. 1, Livingstone 1998: 270, Demont 2003: 36–38, Haskins 2004: 90–91, Binder/ Korenjak/Noack 2007: 42–43.
[22] Waldock 1966: 11–24 (Zitat: 11), vgl. Bloom 1955: 169–170.
[23] Ein Beispiel für weitverbreitete Auffassungen zu Isokrates, die auf *documentary fallacies* beruhen, ist die auf Blaß zurückgehende Annahme mehrerer Stilphasen in Isokrates' Werk, deren späteste von einer stilistischen und kompositionellen ‚Senilität' gekennzeichnet sei (Blaß ²1892: 125, 304, Wendland 1910a: 129, Burk 1923: 40–42, Wersdörfer 1940: 125–127, Tigerstedt 1965, I: 187, 189, ähnlich auch noch Roth 2003a: 73–75). Die Annahme beruht auf Aussagen der *persona* ‚Isokrates' (z. B. Isok. IX 73, ep. VI 6, VIII 141, 145, XV 9, 149, 193–195, V 10, 18, 27–28, 110, 149, XII 1–5, 88, 267–270), deren literarische Funktion und Ironie Too 1995: 40–45 überzeugend aufgezeigt hat (anders Alexiou 2010: 174, der die Selbststilisierung als Greis lediglich als *captatio benevolentiae* auffasst). Immer noch vorherrschend ist trotz Too 1995: 74–112 und 2008: 187 (ähnlich Silvestrini 1978: 180 Anm. 1, Livingstone 1998: 270, Demont 2003: 36–38, Haskins 2004: 90–91, Binder/Korenjak/ Noack 2007: 42–43) die auf Aussagen der *persona* ‚Isokrates' (Isok. ep. I 9–10, V 25–29, 81–82, XII 10, [Isok.] ep. VIII 7) beruhende Annahme, Isokrates habe sich vor allem deshalb der *philosophia* zugewandt, weil er körperlich und psychisch für die praktische Politik ungeeignet gewesen sei (so

A.3.1 Isokrates aus Isokrates erklären

behalt angemessener Berücksichtigung ihrer Argumentationsstruktur – auch als dokumentarische Quellen zum 4. Jh. auswerten. Etwas anderes ist es aber, wenn es um Isokrates' Absichten und die Zielrichtung seiner Schriften geht: Hier ist eine Unterscheidung anzustreben zwischen den Aussagen und Haltungen der *persona* ‚Isokrates', die Teil der literarischen Fiktion ist, und den Auffassungen des Autors Isokrates, die diesen Darstellungen zugrundeliegen. Letztere sind fraglos nicht zuverlässig rekonstruierbar. Es wird daher allenfalls eine Differenz zwischen Aussagen der Sprecherpersonae und der möglichen Intention und Wirkung der Publikation einer Schrift zu unterscheiden sein.

Die höchste Glaubwürdigkeit könnten wohl – ebenfalls vorbehaltlich der aufmerksamen Bewertung möglicher Polemik, Panegyrik oder Übertreibung[24] – (1) Aussagen von Zeitgenossen über Isokrates beanspruchen. Diese machen jedoch unter den Quellen zu Isokrates' Leben und Person einen sehr geringen Anteil aus und geben praktisch keinen Aufschluss über Isokrates' Biographie und Person. Isokrates wird in der zeitgenössischen politischen Rhetorik fast überhaupt nicht erwähnt. Im gesamten *Corpus Demosthenicum* finden sich nicht mehr als vier direkte Belege des Namens Isokrates, davon kein einziger in einer echten demosthenischen Rede.[25] In historiographischen Texten der Zeit taucht Isokrates ebenfalls nicht auf, bei Xenophon, Ephoros und Theopompos überhaupt nicht, in den erhaltenen Abschnitten aus den *Hellenika Oxyrhynchia* nur an einer Stelle.[26] Die meisten Anspielungen auf Isokrates wurden – insbesondere in

---

Havet 1862: XXXVLIII-XXXIX, LVI-LVII, Oncken 1862: 11–12, 57, Huit 1888: 50, Teichmüller 1881, I: 49, Blaß ²1892: 13, Koepp 1892: 479, von Scala 1892: 6, Vasold 1898: 29, Wendland 1910a: 140, Forster 1912: 10, Burk 1923: 38–39 mit Anm. 2, 79, Laistner 1927: 12, Kleine-Piening 1930: 5, Walberer 1938: 24–25, Hudson-Williams 1940: 126, Jaeger 1947, III: 10, Steidle 1952: 285–286, 293, Heilbrunn 1967: 2–3, 7–8, Erbse 1971: 194, Markle 1976: 86–90, Eucken 1983: 124, Jähne 1991: 137, Usener (S.) 1994: 16–17, 55, 91–93, 100, 233, Alexiou 1995: 133–135, 138, 2005: 40, 47 und 2007: 4 [hier werden sogar politische Gründe ausdrücklich verworfen, vorsichtiger Ders. 2010: 21], Haliwell 1997: 109, Ober 1998: 248, 288, Grieser-Schmitz 1999: 215, Usher 1999: 296, Meyer (M.) 2004: 227–228, Poulakos (J.) 2004: 78–79, Böhme 2009: 44, 57, Walker 2011: 82). Besonders deutlich zeigt sich bei Paul Wendland, welche Auswirkungen die *documentary fallacy* für die Interpretation haben kann: Wendland 1910a betrachtet den Bericht über eine Krankheit des Isokrates in Isok. XII 267–270 als Tatsachenbericht und kommt so zu dem Schluss, dass der *Panathenaikos* in mehreren Schaffensphasen entstanden sei und deshalb in mehrere Teile zerfalle, die nichts miteinander zu tun hätten. Deshalb verzichtet Wendland darauf, die Schrift als Einheit zu interpretieren und behandelt sie faktisch wie drei voneinander getrennte Schriften.

[24] So z. B. in der attischen Komödie, vgl. Stratt. Atal. CAF F 1.

[25] [Dem.] XXXV 15, 39–40 (eine Rede des Apollodoros) und LII 14–15 entstammen dem 4. Jh., weniger klar ist dies für den *Erotikos* ([Dem.] LXI 46).

[26] Späten Testimonia zufolge (Phot Bibl. p.176 120b30–35) erwähnt Theopompos, dass er gleichaltrig mit Isokrates gewesen sei. Das kann sich eigentlich nur auf den jüngeren Isokrates von Apollonia Pontica beziehen (dies ignoriert Canfora 2006; zu Isokrates von Apollonia vgl. Wareh 2012: 94–98). Auch der Hinweis auf die sophistische Lehrtätigkeit und die Honorare bezieht sich auf diesen jüngeren Isokrates. Chron. Oxy. FGrH 255 F 1,5 gibt nicht mehr als das Todesjahr des Isokrates. Immerhin könnte die Erwähnung darauf hindeuten, dass der Verfasser (Theopompos?) Isokrates zu den bedeutenden Personen des 4. Jhs. rechnete, da er in der Jahresliste, in der der Beleg auftaucht,

der älteren Forschung – im platonischen Werk angenommen, insbesondere in den Dialogen *Gorgias, Euthydemos, Symposion* und *Phaidros*. Allerdings nennt Platon seine zeitgenössischen Gegner nicht beim Namen. Die einzige namentliche Erwähnung des Isokrates findet sich am Ende des platonischen *Phaidros*. Das dortige ‚Lob' auf Isokrates weist ihn als einen mit *lógoi* befassten Literaten aus, der wenigstens über eine ‚gewisse' philosophische Veranlagung (*philosophía tis*) verfüge, eine wohl ganz bewusst ambivalente und daher schwer zu bewertende Formulierung.[27] Die meisten direkten Erwähnungen des Isokrates finden sich bei Aristoteles. Jedoch handelt es sich meist um Zitate isokratischer Schriften und Textstellen, die als Beispiele für die rhetorische *téchnê* des Aristoteles herangezogen werden. Nähere Informationen zur Person des Isokrates enthalten die Stellen nicht.

---

den Tod des Isokrates als einziges Ereignis des Jahres 338 neben der Schlacht bei Chaironeia erwähnt.

[27] Plat. Phaidr. 278e5–279b3. Die Bewertungen dieses ‚Lobes' gehen in der modernen Forschung weit auseinander. Ging man im 19. Jh. mehrheitlich von einer Frühdatierung des *Phaidros* und von einem Wandel in Platons Haltung zu Isokrates von frühem Lob zu späterer Kritik aus (Havet 1862: XXIII-XXV, LXXV, Huit 1888: 49, 54–60, Dümmler 1890: 46, Blaß [2]1892: 30–31, 127 Anm. 4, von Scala 1892: 5, Wilamowitz-Moellendorff 1919, II: 121–122, Burk 1923: 79, Mathieu 1925: 177, Münscher 1927: 1101–1102, Walberer 1938: 42–45, 48–55, Jaeger 1947, III: 161, 257–258, vorsichtiger Usener (H.) 1880: 139, Teichmüller 1881, I: 50, 59, 66, Koepp 1892: 478–479, Meyer (E.) 1902: 347, 323 Anm. 590, Pohlenz 1913: 303, 341–342, 349, 354–355, 362–363, in jüngerer Zeit Lombard 1990: 35–36, 123–124), so hat die Durchsetzung einer späteren Datierung des *Phaidros* in Platons mittlere Schaffensphase zu divergierenden Auffassungen geführt, die teils bitterste Ironie und einen bösartigen Angriff auf Isokrates vermuten (Raeder 1905: 137, 262–278 und 1956: 13–17, Howland 1936 und 1937, de Vries 1953 und 1971, Buchheit 1960: 92–94, 232–233, Coulter 1967, Brown/ Coulter 1979: 240–241, 261, Conley 1981: 14, Heitsch 1988: 221–224, 257–262, 1989 sowie 2000: 396–398, Mazzara 1992: 215, McAdon 2004, vorsichtiger: Pratt 2006: 249–264, Walker 2011: 63), teils aufrichtiges Lob des Isokrates darin sehen (jedoch zumeist mit erheblichen methodischen Schwächen: vgl. Ritter [2]1922: 142–14, Misch [3]1949: 163, Steidle 1952: 258 mit Anm. 4, Bloom 1955: 228–229, Dušanič 1980: 10 und 1992: 354–355, Chitchaline 1992: 327, Tomin 2000). Wohl zu Recht hat sich mehrheitlich eine Interpretation des ‚Lobes' als ambivalent durchgesetzt, derzufolge Platon Isokrates' philosophische Tendenz anerkenne, ohne ihn deswegen als echten Philosophen zu betrachten. Das Lob enthält demnach Anerkennung und Kritik zugleich (Gomperz 1905/1906: 34–36, Flacelière 1933: 226–227, 231–232, Hackforth 1952: 121, 167–168, Ries 1959: 19–20, Burkert 1962: 352–353, Diès 1972: 420–421, 428, Mason 1975: 84–85, Ijsseling 1976: 198, Voliotis 1977: 146–150, Eucken 1983: 130–132, 273–274, Curran 1986: 67–69, Harding 1988: 18, Szlezák 1992: 100, Adams (J.) 1996: 8–13, Alexiou 2005: 42 und 2010: 117–118), empfehlenswert Erbse 1971 (mit Diskussion der älteren Forschung), Laplace 1986 und 1995: 1–6, 13–15 (auf den jüngsten Beitrag Laplace 2011 konnte leider nicht mehr zurückgegriffen werden), Tulli 1990 (allerdings wenig überzeugend hinsichtlich der platonischen Schriftkritik), Goggin/Lang 1993 sowie insbesondere jetzt Wareh 2012: 6–7, 59–69, 87–92 (mit der wichtigen Parallele einer sukzessiven Hinwendung des Isokrates zur Philosophie bei Philodemos: PHerc. 832 col. 43 + 1015 col. 55), der ein überzeugendes und differenziertes Bild von Übereinstimmungen und Unterschieden in Platons und Isokrates' Haltung zur Rhetorik zeichnet.

Diese Überlegungen zur Quellenbasis zu Isokrates' Leben und Stellung in Athen sollen nicht dazu dienen, den Quellenwert des erhaltenen Materials grundsätzlich zu negieren oder diese Quellen *per se* abzulehnen. Indes sollen sie den Blick dafür schärfen, dass die – in der großen Masse späten und unsicheren – Informationen, die die Überlieferung zu Isokrates bereithält, nur in gut begründeten Fällen dazu dienen können, die inhaltliche Interpretation der isokratischen Schriften auch gegen textimmanent gewonnene Ergebnisse zu beeinflussen.[28] Es sollte in der Regel ein Primat textimmanenter Analyse gelten. Dabei sind auf verschiedenen Ebenen, wie oben gesehen, sowohl die einzelne Schrift als auch das Gesamtwerk des Isokrates jeweils als ‚Text' zu betrachten. Zu berücksichtigen ist also sowohl die Einbindung des einzelnen Arguments in die jeweilige Schrift (inklusive der dramatischen Szenerie) als auch die Einbindung dieser Schrift und ihrer Argumente in das Gesamtwerk.

A.3.2 Zur Funktion der isokratischen Schriften in *paideía* und Politik

A.3.2.1 Publizistik oder politische Philosophie?

Eine verbreitete Auffassung, zu der hier Stellung zu beziehen ist, besteht in der Annahme, es handele sich bei den Schriften des Isokrates um ‚politische Publizistik' in dem Sinne, dass Isokrates auf dem Wege des Verfassens von Flugschriften direkten Einfluss auf die politische Welt habe nehmen wollen. Auch für diese Auffassung ist vor allem das Urteil von Friedrich Blaß bestimmend gewesen:

> [...] er wollte dem Gemeinwesen gemäss der Einsicht und Redefähigkeit, die er in sich fühlte, etwas sein, und glaubte einen Weg dazu gefunden zu haben, der seiner Natur entsprach und nicht minder wie der des praktischen Staatsmannes zum Ziel führte. Nämlich er suchte, wie wir sagen würden, als Publicist und Broschürenschreiber die öffentliche Meinung zu beeinflussen, mit gleicher Aussicht auf Erfolg, wie ihn heutzutage derartige Thätigkeit haben kann, ausserdem aber auch einzelne hervorragende Männer durch ‚offene Briefe' für seine Ideen zu gewinnen [...].[29]

Gegen diese Sicht wandte sich zunächst Werner Jaeger, der eine publizistische Absicht der isokratischen Schriften zwar anerkannte, daneben jedoch stärker auf die schulische

---

[28] Das gilt am wenigsten für zeitgenössische Testimonia, die aber wie gesehen kaum für die Interpretation nutzbare Informationen enthalten.
[29] Blaß ²1892: 76; vgl später z. B. Mesk 1916: 14–16, Burk 1923: 81, Kleine-Piening 1930: 5–6, Dobesch 1968: 31, 69, 116, 235, Kröner 1969: 106, Pointner 1969: 1, Allroggen 1972: 39, 43, 59, 89, Signes Codoñer 1996 und 1998, Yunis 1996: 245–246, Gómez 1998, Grieser-Schmitz 1999: 9–11, Schiappa 1999: 179–180, Alexiou 2007: 4, Hunt 2010: 271–272.

Verwendung der Schriften verwies.[30] Jaeger versuchte so, die ältere Auffassung, wonach die isokratischen Reden ausschließlich Schulreden und Deklamationen seien, mit der jüngeren Auffassung zu vereinen.

Jedoch scheint es angebracht, ein im eigentlichen Sinne ‚publizistisches' Wirken des Isokrates grundsätzlich infrage zu stellen,[31] jedenfalls sofern, wie seit Blaß häufig geschehen, mit ‚Publizistik' die Beeinflussung einer als Mehrheitsmeinung verstandenen ‚öffentlichen Meinung'[32] durch die an ein breites Publikum gerichtete Publikation von Schriften gemeint ist. Nach einem solchen Verständnis zielt Isokrates' Schrifttum unmittelbar auf eine Beeinflussung der Auffassungen des athenischen *dêmos* als politischen Entscheidungsorgans in Ekklesia und Volksgerichten. Zu Recht hat Philip Harding dagegen eingewandt, dass es nicht die Spur eines Hinweises in den Quellen gibt, die eine derartige Wirkung der isokratischen Schriften auf politischer Ebene belegen könnte.[33] Die wenigen zeitgenössischen Quellen, die Isokrates überhaupt erwähnen, befassen sich ausnahmslos mit dessen Rolle als Lehrer. An die Möglichkeit einer politischen Wirkung der isokratischen Schriften in einer breiten athenischen Öffentlichkeit scheint keiner der Zeitgenossen auch nur gedacht zu haben.[34] Wenn man überhaupt von einer Öffentlichkeit, die Isokrates zu beeinflussen suchte, sprechen kann, dann nur im Sinne einer kritischen Elite, die sich als Regulativ zur Mehrheitsmeinung versteht und allenfalls bemüht ist korrigierend auf die Mehrheit einzuwirken.

---

[30] Jaeger 1940: 141 und 1947, III: 113–114, 121. In diesem Zusammenhang ist die Beobachtung von Bedeutung, dass die isokratische Literatur die pädagogische Nachfolge der Dichtung anzutreten beansprucht (*locus classicus* hierzu ist Isok. IX 8–11; vgl. Schmitz-Kahlmann 1939: 17, Papillon 1998: 53, Pownall 2004: 30–32).

[31] Zuerst Bloom 1955: 2, Heilbrunn 1967: 1–7, 61, 146.

[32] Vgl. zur begrifflichen Problematik Kuhn 2012: 15–18.

[33] Harding 1988: 18 (seine Kritik an einer publizistischen Deutung des isokratischen Werkes kleidet Harding humorvoll in Paraphrasen und Übersetzungen isokratischer Texte). Dabei wäre weniger an konkrete politische Entscheidungsprozesse zu denken als an zeitgenössische Reaktionen auf isokratische Schriften, aus denen deren politische Relevanz ersichtlich werden würde. Insofern kann der Hinweis auf fehlende konkrete Handlungsvorschläge oder gar Anträge (vgl. Michelini 1998: 115, Bringmann 2003: 13, 16) nicht als Argument gegen eine publizistische Funktion dienen.

[34] S. o. S. 33–34. Vgl. Warehs durchaus richtigen Hinweis (2012: 8), dass auch Intellektuelle im athenischen Leben präsent blieben, weshalb ihre Schriften nicht unabhängig von der zeitgenössischen Politik zu deuten seien. Nichtsdestoweniger ist jedoch keine politische Wirkung belegbar. Die Annahme bei Markle 1976 und Wareh 2012: 194–195, Androtion habe im Jahre 344 für die Nichtaufnahme einer persischen Gesandtschaft gesorgt und dadurch Isokrates' promakedonisches Programm befördern wollen, beruht auf einer Reihe problematischer Prämissen: Zum einen ist die Schülerschaft des Androtion durchaus zweifelhaft, und zum anderen basiert die Annahme auf einer Konjektur Jacobys in Androt. FGrH 324 F13, die den Namen des Androtion erst mit dem entsprechenden Dekret in Verbindung bringt (vgl. dazu Harding 1994: 17–18, 23–24). Der erhaltene Text des Papyrus, auf den das Fragment zurückgeht, gibt diese Verbindung indes nicht her. Und schließlich setzt sie voraus, dass Isokrates' *Philippos* tatsächlich als promakedonisches Programm zu bewerten sei (s. dazu u. Kap. B.8.2 und B.8.5).

A.3.2 Zur Funktion der isokratischen Schriften in paideía und Politik

Die Darstellung der *persona* ‚Isokrates' als *aprágmôn*[35] scheint diese Annahme zu bestätigen. Wollte Isokrates mit seinen Schriften konkreten Einfluss auf den *dêmos* ausüben, so ergäbe eine solche Darstellung seiner *persona* keinen Sinn. Die Stilisierung als *aprágmôn* scheint vor allem geeignet als Medium der literarischen Selbstdarstellung gegenüber einer Rezipientengruppe, für die der *aprágmôn* eine positive Figur darstellt, mithin scheint sie geeignet für die Selbstdarstellung vor einem aristokratischen und der zeitgenössischen athenischen Politik distanziert gegenüberstehenden Publikum.[36] Dies führt uns zum intellektuellen Umfeld des Isokrates, innerhalb dessen auch andere Lehrer das Ideal des *aprágmôn* zur Selbstdarstellung nutzten.[37]

Wenn Isokrates' Schriften also auf die Beeinflussung der Meinung Anderer ausgerichtet sind, dann ist diese adressierte ‚Öffentlichkeit' als eine sehr eng umgrenzte zu verstehen. Man kann diese Öffentlichkeit im Sinne Pierre Bourdieus als distinktives literarisches beziehungsweise intellektuelles Feld bezeichnen, dessen Akteure abseits der praktischen Politik Sozialprestige zu erlangen und ihre gesellschaftliche Rolle zu definieren suchen.[38] Jedoch dürfte gegenüber einer derart umschränkten Rezipientengruppe, die im Athen und Griechenland des vierten Jahrhunderts ein äußerst kleines Publikum darstellt, der Begriff der ‚Publizistik' recht unpassend sein, zumal wenn man die bewusst gewählte politische Abstinenz der philosophischen Elite im spätklassischen Athen in Rechnung stellt.[39] Aus diesem Grund wird der Begriff ‚Publizistik' in der vorliegenden

---

[35] Z. B. Isok. XV 227–228. Zur Selbstdarstellung als intellektueller *aprágmôn* allgemein Too 1995: 74–112, Azoulay 2007: 186–193, 198. Ohne Grundlage ist die Behauptung bei Constantineau 1993: 386–387, Isokrates' Schriften zeigten eine antiphilosophische Präferenz ihres Verfassers für die *vita activa* – das Gegenteil ist der Fall.

[36] Too 1995: 74–112, Michelini 1998: 115–116, Bringmann 2003: 13, Morgan 2003: 204, Usener (S.) 2003: 18.

[37] Z. B. Plat. ep. VII 324c–326b; vgl. Yunis 1996: 130–131, 153–161, 238, Morgan 2003: 203–207, Azoulay 2007: 182. Zu den Adressaten der isokratischen Literatur s. u. Kap. A.3.2.4.

[38] Bourdieu 1999: 365–371, 449–456, 468, 480–489, dazu die sehr erhellende Anwendung bei Azoulay 2007, vgl. auch Imhof 2012: 60–61, Wareh 2012: 7–8, 190–192.

[39] Die erzieherisch-philosophische Tätigkeit hatte für die Angehörigen der intellektuellen, aristokratischen Kreise, in denen sich Isokrates bewegte, den Stellenwert politischen Handelns in einer Polisrealität, in der sie nicht mehr hoffen durften, ihre eigenen politischen Ziele durchsetzen zu können; vgl. Eder 1995: 158, Walter 1996: 434, Azoulay 2007: 180–186. Zielführend für die Bewertung der Rolle der *aprágmones* in der spätklassischen Demokratie kann auch das arenatheoretische Kommunikationsmodell (dazu Imhof 2012: 61–64) sein; im Rahmen dieses Ansatzes wird die Verfügungsgewalt verschiedener Akteure und Gruppen über die Medien und Kanäle der öffentlichen Kommunikation thematisiert. Im Gegensatz zu intellektuellen Eliten der Neuzeit kann für das klassische Athen nicht davon gesprochen werden, dass intellektuelle Kritiker der herrschenden Regime politische Marginalität durch die Fähigkeit kompensieren können, die wichtigen Kommunikationsmedien zu dominieren. Zwar kann bezüglich der literarischen Kommunikation und allgemeiner der Publikation von Schriften von einem weitgehenden Monopol reicher und gebildeter Kreise gesprochen werden. Jedoch ist das Medium der Literatur oder der ‚Flugschrift' (nicht selten werden Isokrates' Schriften in der modernen Forschung so bezeichnet) im politischen Betrieb der Polis Athen keineswegs etabliert. Gegenüber dem *dêmos* muss auch für das vierte Jh. das gesprochene Wort als Leitmedium gelten.

Untersuchung nicht auf das isokratische Werk angewendet. Wo im Folgenden eine Distanzierung von einer ‚publizistischen Lesart' der isokratischen Schriften erfolgt, ist damit die oben skizzierte Auffassung gemeint.

Wenn Isokrates' Schriften aber nicht als ‚Publizistik' im oben skizzierten Sinne aufzufassen sind, was versteht Isokrates dann unter den *politikoí lógoi*, als die er seine Schriften wiederholt kennzeichnet? Mit Christoph Eucken sind darunter Schriften zu verstehen, die in der Lehrtätigkeit des Philosophen zur Anwendung kommen, die sich jedoch inhaltlich mit für das politische Leben relevanten Fragestellungen auseinandersetzen.[40] Wenn Isokrates seine Schüler und Leser zur Multiplikation seiner Lehren aufruft,[41] so lässt sich daraus zwar eine mittelbare ‚Außenwirkung' als Absicht seiner Schriften ableiten. Diese besteht aber vor allem darin, dass Isokrates' Schüler ihren Lehrer nachahmen, das heißt ihrerseits als Lehrer Dritter auftreten sollen, so wie das im Zusammenspiel der Schriften *An Nikokles* (Isokrates belehrt einen Schüler) und *Nikokles* (der Schüler tritt als Lehrer auf) exemplifiziert ist. Also sind Isokrates' Schriften auch nicht als reine Deklamationen für rhetorische Lehre zu verstehen, sondern als Schriften, die abstrakte politische Inhalte, nachahmenswerte Ideale politischen Handelns und bürgerlicher Identität vermitteln wollen.[42] Isokrates' *philosophía* ist insofern als ethische Lehre zu betrachten und steht damit der sokratischen Bewegung nahe.

Dies soll im Folgenden anhand der Schrift *Gegen die Sophisten* deutlich gemacht werden. Mit dieser Schrift stellt sich Isokrates gewissermaßen als Erzieher und politischer Denker vor. Die darin enthaltene Skizze seiner *philosophía* enthält bereits die wesentlichen Züge dessen, was Isokrates in seinem späteren Werk in äußerst konstanter Weise immer wieder zur Frage des Zwecks seiner Lehre und seiner Schriften äußern wird.[43]

Gerade diesem aber entziehen sich die demokratiekritischen Intellektuellen mit dem Argument, dass der *dêmos* kritischen Stimmen kein Gehör schenke (vgl. dazu Azoulay 2007: 182–186). Der literarische Topos von der Tyrannei des *dêmos* in der Ekklesia, der sich auch und gerade bei Isokrates findet, zeigt, dass gerade die fehlende Verfügung über das für öffentliches Wirken relevanteste Medium einen wesentlichen Grund (oder wenigstens eine wesentliche Begründung) für die *apragmosýnê* der Philosophen darstellt.

[40] Eucken 1983: 141 (ad Isok. IV): „Der Panegyrikos ist wie andere Werke gleicher Art nur in einem abgeleiteten Sinne eine politische Schrift. Nicht ein Politiker spricht, sondern ein Erzieher, der die exemplarische Zuwendung zur Wirklichkeit zeigt." Vgl. auch Steidle 1952: 284–285, Heilbrunn 1967: 146.

[41] Isok. XIV 63, VIII 84, 145, XV 323; vgl. Alexiou 1995: 134, Bringmann 2003: 13, Usener (S.) 2003: 29.

[42] Azoulay 2006: 505–506 und 2007: 194–195, vgl. auch Wareh 2012: 8.

[43] Eine ausführliche Darstellung der isokratischen *paideía* findet sich später in Isok. XV.

A.3.2 Zur Funktion der isokratischen Schriften in paideía und Politik 39

A.3.2.2 *Gegen die Sophisten* (Isok. XIII): Ein Erziehungskonzept des Nicht-Lehrbaren

Gegen die Sophisten entstand wohl in der Zeit zwischen 394/393 und 391/390, als Isokrates begann, als Lehrer der Philosophie aufzutreten.[44] Dass die Schrift *Gegen die Sophisten* den Anfangspunkt der isokratischen Tätigkeit als Weisheitslehrer markiert, bezeugt Isokrates selbst in seiner Schrift *Antidosis*.[45] Nicht zu Unrecht ist die Schrift daher wiederholt als ‚Programmschrift' oder ‚Schulmanifest' der isokratischen Schule bezeichnet worden.[46] In ihr kritisiert Isokrates zeitgenössische Lehrer der *lógoi* und der *philosophía*, distanziert sich damit von diesen und deutet zugleich seine eigenen pädagogischen Standpunkte an. Das bedeutet jedoch keineswegs, dass Isokrates seine Lehre als geschlossenes Konzept vorstellt.[47] Vielmehr befasst er sich mit bestimmten Aspekten der *paideía*, unter denen er die Praxis und vor allem die Ansprüche seiner Zeitgenossen für verfehlt hält, und gewinnt seinen Standpunkt so *e negativo*;[48] namentlich handelt es sich bei der kritisierten Lehrpraxis um den Anspruch, im Rahmen eines *téchnē*-Unterrichtes

---

[44] Gomperz 1905/1906: 168, Forster 1912: 13, Jaeger 1947, III: 115, Ries 1959: 25, Voliotis 1977: 147, Hawtrey 1981: 26–27 (Datierung vor Beginn der Lehrtätigkeit Platons), Eucken 1983: 5, Lombard 1990: 9, 13, Liebersohn 1999: 110, Mirhady/Too 2000: 61, Böhme 2009: 6–8, Timmerman/Schiappa 2010: 56. Livingstone 2001: 42 hält auch die 380er Jahre als Entstehungszeit für möglich. Usher 1999: 296 mit Anm. 1 setzt die Schulgründung aufgrund der (zweifelhaften) Angabe bei [Plut.] vit. X orat. 837ab, wonach Isokrates vor Eröffnung der athenischen Schule auf Chios als Lehrer tätig gewesen sei, nach das Jahr 388. Es ist nicht ganz klar, ob Isokrates einen eindeutigen Bruch mit seiner früheren Tätigkeit vollzog oder ob manche der überlieferten isokratischen Gerichtsreden (insbes. Isok. XIX, meistens um 390 datiert, vgl. Gomperz 1905/1906: 167, Ries 1959: 25, Eucken 1983: 5) noch nach Isok. XIII entstanden sein könnten; wenig nachvollziehbar ist die späte Datierung von Isok. XX (383) und XVII (368!) bei Tomassetti Gusmano 1960: 9.

[45] Isok. XV 193. Too 1995: 153–154 hält die dort gegebene Chronologie für rein fiktiv. Ihre Argumente bringen die frühe Datierung jedoch nicht wesentlich ins Wanken, zumal sie eine spätere Datierung in keiner Weise zu belegen versuchen.

[46] Burk 1923: 50 mit Anm. 3, Hudson-Williams 1940: 167, Jaeger 1947, III: 115, Ries 1959: 25, Eucken 1983: 18–19, Jäkel 1986: 65, Tulli 1990: 412, Usener (S.) 1994: 21, Masaracchia 1995: 22, Bringmann 2003: 12, Hariman 2004: 220, Azoulay 2007: 190, Böhme 2009: 4. Das Selbstzeugnis des Isokrates über die frühe Abfassungszeit der Schrift (Isok. XV 193) schließt die Glaubwürdigkeit der antiken Überlieferung aus, Isokrates habe die Schrift als Reaktion darauf verfasst, dass Aristoteles ihm den Theodektes als Schüler abgeworben habe (ablehnend referiert bei Hypoth. Isok. XIII: Dindorf 1852: 116, 3–8). Deutlich zu scharf formuliert das polemische Anliegen der Schrift im Kontext der Schulgründung Gillis 1969: 321, der seine Skizze abschließend zusammenfasst: „*Against the Sophists* is a declaration of war, nothing less".

[47] Diese Annahme findet sich bei Liebersohn 1999: 110. Auch Schlatter 1972: 595 (ähnlich Nicolaï 2009: 291) scheint dies vorauszusetzen, wenn er aus dem Fehlen von Geometrie, Astronomie und Arithmetik in *Gegen die Sophisten* auf eine anfängliche Ablehnung dieser propädeutischen Lehrinhalte durch Isokrates schließt. Dagegen zu Recht Wareh 2012: 37–38, 40–41.

[48] Böhme 2009: 4, 59–63.

im Bereich der ‚Philosophie der Reden' (*philosophía tõn lógôn*) sicheres Wissen (*epistḗmē*), das universell auf beliebige kontingente Situationen angewendet werden könne, zu vermitteln.[49]

Ihre formale Gestaltung erweckt den Anschein, als sei die Schrift *Gegen die Sophisten* nicht vollständig, sondern nur ihr Proömium erhalten. Der Eindruck entsteht vor allem durch den letzten Satz (§22), in dem Isokrates ankündigt, er werde allen leicht erklären können, auf welcher Grundlage er in den vorhergehenden Abschnitten die konkurrierenden Erzieher so vehement kritisiert habe. Da auf diesen Satz, der nach der vorangehenden Kritik an Anderen eigentlich eine Präsentation des Eigenen erwarten ließe, nichts Weiteres folgt, bleibt die Ankündigung in der Schrift selbst uneingelöst. Nichtsdestoweniger kann man davon ausgehen, dass Isokrates *Gegen die Sophisten* in der Form veröffentlicht hat, in der sie uns heute vorliegt.[50] Dafür spricht vor allem die Tatsache, dass sich unter den zahlreichen Testimonia und Zitaten zu Isokrates kein Hinweis auf ein verlorenes Stück der Rede finden lässt, so dass zumindest in der späteren Antike mit einiger Wahrscheinlichkeit der Text in dem uns erhaltenen Umfang vorlag. Darüber hinaus scheint Isokrates seine spätere Schrift *Helena* als erste vollständig durchgeführte Arbeit zu betrachten.[51] *Gegen die Sophisten* stellt daher ein isoliertes Proömium dar, das man vielleicht als Proömium für die Lehrtätigkeit des Isokrates insgesamt bezeichnen könnte.[52]

Ob der in den Handschriften überlieferte Titel der Schrift *Gegen die Sophisten* (*katá tõn sophistõn*) bereits aus der Zeit der Publikation der Rede stammt oder ob er später hinzugefügt wurde, lässt sich nicht mit Gewissheit sagen.[53] Die Ablehnung der Tätigkeit einer als ‚Sophisten' bezeichneten Gruppe, die der Titel zu erkennen gibt, scheint gegen die Authentizität des Titels zu sprechen; denn eine negative Konnotation des Begriffs *sophistḗs* lässt sich in der Schrift selbst nicht belegen. Im frühen 4. Jh. scheint sich die negative Auffassung des Terminus *sophistḗs* gerade erst durchzusetzen.[54] Umgekehrt bedeutet der

---

[49] Vgl. Böhme 2009: 5.
[50] Münscher 1916: 2174, Wilamowitz-Moellendorff 1919, II: 112–113, Steidle 1952: 266, Eucken 1983: 5–6, 81, Masaracchia 1995: 22, Too 1995: 161–171, 194–199 (die sämtliche erhaltenen Texte des Isokrates inklusive der Briefe für vollständig hält), Bons 1997: 11–12, Böhme 2009: 5–6, 63–65. Dagegen nehmen Blaß ²1892: 25, 240–241, Burckhardt 1898–1902, IV: 371, Forster 1912: 13, Burk 1923: 50, Jaeger 1947, III: 126, Gillis 1969: 321, 330, Haliwell 1997: 109, Liebersohn 1999: 110 mit Anm. 11, Usher 1999: 314, Konstan 2004: 114, Papillon 2004: 5, Pownall 2004: 22, Classen 2010: 60, Tindale 2010: 66, Walker 2011: 97–98 einen fragmentarischen Überlieferungszustand der Schrift an.
[51] Isok. X 66; vgl. dazu Eucken 1983: 81, 91.
[52] Wilamowitz-Moellendorff 1919, II: 112–113, Eucken 1983: 6, 18–19, Böhme 2009: 65, anders jetzt Walker 2011: 97–98.
[53] Vgl. dazu die unklare Haltung bei Böhme 2009: 67, der den Titel zwar als späteren Zusatz in den MSS bezeichnet, ihn aber nichtsdestoweniger für original hält.
[54] Tindale 2010: 65–67, Tell 2011: 21–37. Die moderne Begrifflichkeit von ‚Sophistik' bzw. ‚Sophisten' ist maßgeblich von der platonischen Kritik geprägt. Platon (zum Beispiel im *Gorgias*) und in dessen Nachfolge Aristoteles warfen den Weisheitslehrern des ausgehenden 5. und beginnenden 4.

A.3.2 Zur Funktion der isokratischen Schriften in paideía und Politik

Begriff noch im späten 5. Jh. nicht mehr als etwa ‚Weisheitslehrer', weshalb man diese Bedeutung auch in *Gegen die Sophisten* wiederholt angenommen hat.[55] Während der Titel der Rede die Zielrichtung der Polemik derart klar festzulegen scheint, dass sich eine jüngere Übersetzung an Stellen, an denen Isokrates Kritik an Zeitgenossen unpersönlich formuliert, die Freiheit nahm, den Text durch die Ergänzung „Sophisten" zu konkretisieren,[56] fällt der Begriff im griechischen Text tatsächlich nur an zwei Stellen, die darüber hinaus keineswegs eindeutig als polemisch aufzufassen sind. Im Text der Schrift lässt sich nicht einmal belegen, dass Isokrates die Zeitgenossen, die er in der Rede kritisiert, überhaupt ‚Sophisten' nennen würde.[57] Sicher festzustellen ist insofern lediglich, dass Isokrates die Auseinandersetzung mit einer Gruppe von Weisheitslehrern führt, zu denen auch die seit Platon als ‚Sophisten' bezeichneten gehören (aber nicht zwangsläufig nur diese).

Gegen welches Fehlverhalten Isokrates die Auseinandersetzung führt, macht er bereits im ersten Satz der Schrift klar:

(1) Εἰ μὲν πάντες ἤθελον οἱ παιδεύειν ἐπιχειροῦντες ἀληθῆ λέγειν καὶ μὴ μείζους ποιεῖσθαι τὰς ὑποσχέσεις, ὧν ἤμελλον ἐπιτελεῖν, οὐδέποτ' ἂν κακῶς ἤκουον ὑπὸ τῶν ἰδιωτῶν· νῦν δ' οἱ τολμῶντες λίαν ἀπερισκέπτως ἀλαζονεύεσθαι πεποιήκασιν ὥστε δοκεῖν ἄμεινον βουλεύεσθαι τοὺς ῥαθυμεῖν αἱρουμένους τῶν περὶ τὴν φιλοσοφίαν διατριβόντων.

(1) Wenn alle, die es unternehmen zu erziehen, die Absicht hätten, die Wahrheit zu sagen und ihre Versprechungen nicht größer zu machen, als das, was sie dann erfüllen, dann gerieten sie niemals bei den Privatleuten in Verruf. Nun aber haben es diejenigen, die allzu unvorsichtig große Töne gespuckt haben, bewirkt, dass es so aussieht, als seien diejenigen, die sich für Gedankenlosigkeit entschieden haben, bessere Ratgeber als jene, die sich mit der Philosophie beschäftigen.

Das Thema der Schrift wird sofort auf den Bereich der *paideía* gelenkt, im Besonderen auf die Verbindung der Tätigkeit als Lehrer mit dem Begriff der Wahrheit (*alêthễ légein*) und den jeweiligen Lehrversprechungen (*hyposchéseis*). Die Kritik der folgenden Schrift richtet sich also gegen all jene Weisheitslehrer, deren Versprechungen in Isokrates' Augen nicht den realistischen Möglichkeiten entsprechen, und deren Lehre im Gegensatz

---

Jhs., die sie als ‚Sophisten' bezeichneten, mangelnde moralische Verantwortung in ihrer Lehrtätigkeit vor. Der heutige Sophistenbegriff beruht insofern letztlich auf der Platon-Rezeption.

[55] Klett 1880: 7, Eucken 1983: 7, Eucken 2003: 34–35 (der diese Bedeutung auch für Isok. XI 43, IV 3, II 13 und XV 268 annimmt), Dixsaut 1986: 67; zur positiven Verwendung des Begriffs bei Isokrates schon Oncken 1862: 4.

[56] Ley-Hutton 1997, II: 100–104, v. a. 104 (Isok. XIII 19–20).

[57] Klett 1880: 1–9, Dixsaut 1986: 76. Insofern ist der von Lombard 1990: 12 konstatierte Widerspruch zwischen Isokrates' eigenem sophistischen Herkommen und Schaffen und seiner Distanzierung von den ‚Sophisten' in der Sophistenrede keinesfalls so offensichtlich, wie Lombard annimmt. Allgemein lässt die Verwendung des Begriffs bei Isokrates nicht darauf schließen, dass er mit ‚Sophisten' dieselbe Gruppe von Lehrern meint wie Platon, vgl. Tell 2011: 32–37, 48–50.

zur *philosophía* steht.⁵⁸ Es geht also im Wesentlichen um den Anspruch, den unterschiedliche Lehren nach außen propagieren.

Die erste Gruppe der kritisierten Lehrer (§1–8) wird von jenen gebildet, „die sich mit den Streitgesprächen befassen" (*tōn perí tás éridas diatribóntōn*). Diese gäben vor, nach der Wahrheit zu suchen (*tḗn alḗtheian zēteín*), was Isokrates' zufolge bereits eine Falschaussage darstelle (*pseudē̃ légein*, §1). Denn jedem müsse klar sein, dass der Mensch die Zukunft von Natur aus (*oú tē̃s hēmetéras phýseōs estin*) nicht erkennen könne.⁵⁹ Genau das aber würden diese Lehrer versprechen: eine genaue und zum Glück führende Kenntnis (*tē̃s epistḗmēs*) dessen, „was man tun muss" (*há te praktéon estín*, §2–3). Für derart große Kenntnisse aber verlangten sie nicht mehr als drei oder vier Minen Honorar, obwohl doch das Verkaufen eines Gutes unter Wert kein Zeichen eines gesunden Verstandes (*ouk eũ phronoúntes*) sei. Diese Lehrer nun erwarteten, Lehrer anderer zu werden, obwohl sie Tugend (*tḗn aretḗn*) und Glück (*tḗn eudaimonían*) derartig niedrig bewerteten.⁶⁰ Zudem gäben sie vor, Geld geringzuschätzen, streckten aber nichtsdestoweniger die Hände danach aus und versprächen ihren Schülern alles mit Ausnahme der Unsterblichkeit (§4); und obwohl sie die Gerechtigkeit lehren wollten, trauten sie ihren Schülern diesbezüglich nicht, sondern hinterlegten ihr Geld bei Dritten, wodurch sie bewiesen, dass trotz ihres Lehrversprechens der Gerechtigkeit mehr Rechtssicherheit bei Fremden zu erwarten sei als bei ihren eigenen Schülern. Gerade die Lehrer von *areté* und Selbstbeherrschung (*sōphrosýnē*) müssten aber doch eigentlich ihren Schülern mehr Vertrauen schenken als alle anderen Lehrer (§5–6). Wenn nun aber Privatleute das alles beobachteten, dass nämlich

> (7) [...] τοὺς τὴν σοφίαν διδάσκοντας καὶ τὴν εὐδαιμονίαν παραδιδόντας αὐτούς τε πολλῶν δεομένους καὶ τοὺς μαθητὰς μικρὸν πραττομένους καὶ τὰς ἐναντιώσεις ἐπὶ μὲν τῶν λόγων τηροῦντας, ἐπὶ δὲ τῶν ἔργων μὴ καθορῶντας, ἔτι δὲ περὶ μὲν τῶν μελλόντων εἰδέναι προσποιουμένους, (8) περὶ δὲ τῶν παρόντων μηδὲν τῶν δεόντων μήτ' εἰπεῖν μήτε συμβουλεῦσαι δυναμένους, ἀλλὰ μᾶλλον ὁμονοοῦντας καὶ πλείω κατορθοῦντας τοὺς ταῖς δόξαις χρωμένους ἢ τοὺς τὴν ἐπιστήμην ἔχειν ἐπαγγελλομένους, εἰκότως, οἶμαι, καταφρονοῦσιν καὶ νομίζουσιν ἀδολεσχίαν καὶ μικρολογίαν, ἀλλ' οὐ τῆς ψυχῆς ἐπιμέλειαν εἶναι τὰς τοιαύτας διατριβάς.

> (7) [...] die Weisheits-Lehrer und Glück-Verschaffer selbst vieler Dinge bedürftig sind und nur wenig Lohn von den Schülern eintreiben, dass sie die Gegensätze in den Reden untersuchen, die Gegensätze in ihren Handlungen aber nicht beachten, noch dazu dass sie vorgeben, Kenntnisse über die Zukunft zu besitzen, (8) für die Gegenwart aber das Notwendige weder sagen noch anraten können, dass aber jene, die sich der Anschauung (*dóxa*) bedienen, eher einer Meinung sind und mehr zustande bringen als die, die eine genaue Kenntnis zu besitzen verkünden, dann,

---

⁵⁸ Lombard 1990: 9–10.
⁵⁹ Vgl. Gorg. Hel. 11.
⁶⁰ Implizit ergibt sich aus den Prämissen – (a) Die Tugend und das Glück sind hohe Güter; (b) vernünftig ist, wer (1) Güter richtig zu bewerten weiß, (2) Güter ihrem Wert entsprechend verkauft – der logische Schluss: Wer für die Tugend und das Glück einen niedrigen Preis verlangt (i.e. die kritisierten Lehrer), erweist sich als unvernünftig entweder in Bezug auf (b1) oder auf (b2).

A.3.2 Zur Funktion der isokratischen Schriften in paideía und Politik

so glaube ich, ist es angemessen, dass sie derartige Beschäftigungen verachten und für Geschwätz und Haarspalterei halten und nicht für eine Fürsorge um die Seele.

Wen Isokrates damit meint, erklärt er im Weiteren selbst, indem er die Inhalte der kritisierten Lehren und das Verhalten der kritisierten Lehrer beschreibt. Die kritisierten Lehrer untersuchen also die Wahrheit (*alḗtheia*) und versprechen durch ihre Lehre eine sichere *epistḗmē* dessen, was man tun müsse.[61] Wichtige Begriffe in ihrer Lehre, so kann man aus Isokrates' Kritik erschließen, dürften Tugend (*aretḗ*) und Glück (*eudaimonía*) gewesen sein.[62] Ihre Honorarforderungen scheinen verhältnismäßig gering gewesen zu sein.[63] Als weitere Lehrgegenstände werden Gerechtigkeit (*dikaiosýnē*) und Selbstbeherrschung (*sōphrosýnē*) benannt. In ihren Untersuchungen betrachten sie offenbar Gegensätze in den Reden/Gedanken (*lógoi*).[64]

Diese Merkmale führten zu verschiedenen Versuchen moderner Interpreten, die Adressaten der Kritik zu bestimmen. Zumeist sah man die Kritik gegen Platon (häufig einhergehend mit der ahistorischen Annahme, Isokrates werfe bewusst ‚Eristiker' und ‚Dialektiker' in einen Topf),[65] Antisthenes[66] oder aber allgemeiner die Sokratiker insgesamt[67]

---

[61] Dass der Anspruch, eine von der kontingenten Einzelsituation unabhängige *epistḗmē* der jeweiligen Lehrgegenstände vermitteln zu können, bei Isokrates den Kern der Kritik an den Gegnern bildet, haben Levi 1959: 92–93 (auf die ‚Eristiker' bezogen), Dixsaut 1986: 76, 84–85 mit guten Gründen vertreten. Masaracchia 1995: 23 (ähnlich Wareh 2012: 14) bezeichnet die in Isok. XIII 8 erstmals genannte Opposition von *dóxa* und *epistḗmē* als wichtigsten Punkt in der Präsentation isokratischer *paideía* in *Gegen die Sophisten*.

[62] Too 1995: 157–158 sieht in Isok. XIII 3–8 eine geschlossene Gruppe jener Lehrer kritisiert, die den Anspruch einer Tugendlehre verträten.

[63] Isokrates' Kritik an den niedrigen Honoraren seiner Konkurrenten richtet sich aber gegen die Diskrepanz zwischen hohen Lehrversprechungen und Honorarforderungen (jeder beliebigen Höhe). Für ein unbezahlbares Gut wie die *eudaimonía*, so der Gedanke, ist jedes Honorar zu gering. Das Versprechen der Vermittlung einer unbezahlbaren Sache für einen festgelegten Preis macht den Anbieter eines solchen Gutes verdächtig. Eine weiterführende Analyse der isokratischen und platonischen Kritik an Lehrhonoraren im Bereich der Philosophie habe ich im Frühjahr 2012 bei einer Tagung in Heidelberg präsentiert, s. dazu Blank 2012 [in Vorbereitung].

[64] Vgl. Isok. XIII 1–8.

[65] Huit 1888: 54–55, Jaeger 1947, III: 116, Ries 1959: 25–28, Heilbrunn 1977: 158, Lombard 1990: 31–33, Usher 1999: 296 mit Anm. 2, McAdon 2004: 30–31. Zur angeblich böswilligen Gleichsetzung von Eristik und Dialektik vgl. Teichmüller 1881, I: 49, Wilamowitz-Moellendorff 1919, II: 108–110, Ries 1959: 30–31, Burkert 1962: 351, Lombard 1990: 9–10, Tulli 1990: 403, Heitsch 2000: 402, Szlezák 2004: 132 mit Anm. 14. Tatsächlich kann man für die 390er Jahre von einer klaren Definition von ‚Dialektik' in Abgrenzung zu ‚Eristik' nicht ausgehen. Beide Begriffe entstehen erst im Zuge der platonischen Auseinandersetzung mit und Absetzung von sophistischen Diskussionskünstlern (erstmals als ‚Eristiker' benannt in Platons *Euthydemos*). Isokrates kann die Begrifflichkeit mithin bei der Abfassung der Schrift *Gegen die Sophisten* nicht gekannt haben, weil sie noch gar nicht existierte.

[66] Vgl. Usener (H.) 1880: 137, Teichmüller 1881, I: 84–86, Meyer (E.) 1902: 323 Anm. 590, Burk 1923: 51, Burkert 1962: 351, Allroggen 1972: 37, Eucken 1978: 145, 1983: 19, 25–27 und 2003: 35.

[67] Vgl. Usener (H.) 1880: 137, Teichmüller 1881, I: 44–45, 49, Meyer (E.) 1902: 323 Anm. 590, Gomperz 1905/1906: 168–171 (pauschal gegen Sokratiker, persönlich gegen Platon und Antisthenes),

gerichtet. Richtig ist vermutlich, dass die Schrift vor Eröffnung der platonischen Akademie publiziert wurde.[68] Letztlich finden sich in der – zugegebenermaßen spärlichen – Überlieferung für die gesamte Darstellung in §1–8 Anknüpfungspunkte an Antisthenes, dessen Lehre mit größter Wahrscheinlichkeit vor allem angesprochen ist.[69] Dass er allein kritisiert werden soll, muss man dagegen nicht annehmen und kann in der Kritik an den „mit den Diskussionen Befassten" eine allgemeine Kritik an der Sokratik erkennen, vor allem an jenen Sokratikern, die sich mit Begriffsdefinitionen beschäftigten.[70] Das würde zugleich bedeuten, dass Platon sich von *Gegen die Sophisten* durchaus angesprochen oder herausgefordert sehen konnte.[71] Einer anderen Deutung zufolge distanziert sich Isokrates hauptsächlich von den auch von Platon als ‚Eristiker' bezeichneten ‚Sophisten' vom Schlage eines Euthydemos und Dionysodoros.[72]

Wilamowitz-Moellendorff 1919, II: 108–110, Jaeger 1947, III: 115–118, Steidle 1952: 259–260, Gillis 1969: 322–323, Patzer 1970: 239–241, Eucken 1983: 19–20, 25–27 (ohne Platon), Böhme 2009: 5, 9–20. Klett 1880: 7–8 und Heitsch 2000: 402–403 deuten Isok. XIII 1–8 bzw. die ganze Schrift als generell gegen alle Philosophen gerichtet.

[68] Voliotis 1977: 147, Hawtrey 1981: 26–27. Mit Jaeger 1947, I: 143 geht jedoch Lombard 1990: 15, 30–31 davon aus, dass die platonischen Schriften *Protagoras* und *Gorgias* zu diesem Zeitpunkt bereits im Umlauf gewesen seien, so dass Isokrates in *Gegen die Sophisten* bereits auf Platon habe reagieren können.

[69] Schon im Zusammenhang mit dem sogenannten ‚Zeugenlosen Prozess' (vgl. Isokrates' Prozessrede *Gegen Euthynous*, Isok. XXI) nahm man eine Auseinandersetzung zwischen Isokrates und Antisthenes an. Dieser habe den Prozess, in dem Isokrates und Lysias sich als Logographen der beiden Prozessparteien gegenüberstanden, mit einer Spottschrift kommentiert (vgl. Diog. Laert. VI 15 mit den Konjekturen Pohlenz 1907: 158–159 und Decleva Caizzi 1966: 17; vgl. dazu Blaß ²1892: 220, Patzer 1970: 224–226, Dušanič 1980: 19–20, Rankin 1986: 180, Tulli 1990: 408–410). Auf diese Spottschrift habe wiederum später Isokrates in Isok. IV 188 reagiert (Wilamowitz-Moellendorff 1919, II: 113–115, Patzer 1970: 237–238, 245–246, Eucken 1983: 160–161, dagegen Bonner 1920b: 385–387; wenig nachvollziehbar Wareh 2012: 190–191 mit der Annahme, die Stelle wende sich gegen Platon bzw. die Akademie). Für die Zeit der Schrift *Gegen die Sophisten* gilt: Antisthenes war damals der bekannteste sokratisch beeinflusste Lehrer. Er nahm für seinen Unterricht Geld, vertrat aber gleichzeitig den Standpunkt eines Lebens in Armut aus Verachtung materiellen Wohlstandes (Eucken 1983: 25–27). Im Schriftenkatalog bei Diogenes finden sich neben einer *Aletheia* betitelten Schrift auch mehrere Schriften des Antisthenes, die sich offenbar mit Figuren der homerischen Epen befassten (Diog. Laert. VI 15–18; vgl. Isok. XIII 2, Eucken 1983: 25–27). Weiter hatte Antisthenes in seinen sprachphilosophischen Schriften (vielleicht in der Schrift Περὶ ὀνομάτων χρήσεως ἐριστικός, wahrscheinlich in der gegen Platons Kritik gerichteten Schrift Σάθων) den Standpunkt vertreten, dass es unmöglich sei, eine falsche Aussage zu machen oder gegen eine beliebige Aussage Widerspruch zu üben (Diog. Laert. VI 15–18, Antisth. F 36, 37A/B (Decleva Caizzi) (Diog. Laert. III 35; Athen. V 220d–e; XI 507a), vgl. Patzer 1970: 232, Tulli 1990: 409), was mit seiner Auffassung der Übereinstimmung von *lógos* (im Sinne von ‚Definition' bzw. ‚Beschreibung' einer Sache) und *alétheia* zusammenhängt (vgl. Arist. Met. 1024b27–1025a2. Mit dieser antisthenischen Position setzt sich Isokrates auch in Isok. X 1 und IV 7 auseinander, s. dazu u. S. 46 sowie Kap. B.1.4.1).

[70] Vgl. Haliwell 1997: 110–111.

[71] So Meyer (M.) 2004: 211–213; vgl. auch Wareh 2012: 6–7, 24, 55–75.

[72] Schiappa 1999: 175–177. Schiappa geht dennoch davon aus, dass Isokrates später auch Platon und Aristoteles zu derselben Gruppe gezählt habe.

A.3.2 Zur Funktion der isokratischen Schriften in paideía und Politik

Die zweite Gruppe kritisierter Lehrer beschreibt Isokrates in §9–13. Neben den bisher genannten seien auch die Lehrer in politischer Rede (*toús politikoús lógous*) zu kritisieren, die sich im Gegensatz zu den Diskussionskünstlern überhaupt keine Gedanken um die Wahrhaftigkeit (*alḗtheia*) ihrer Reden machten:[73]

> (9) [...] ἡγοῦνται δὲ τοῦτ' εἶναι τὴν τέχνην, ἢν ὡς πλείστους τῇ μικρότητι τῶν μισθῶν καὶ τῷ μεγέθει τῶν ἐπαγγελμάτων προσαγάγονται καὶ λαβεῖν τι παρ' αὐτῶν δυνήθωσιν·
>
> (9) [...] sie glauben aber, dies sei die *téchnē*, wenn sie durch die Kleinheit ihrer Honorare und durch die Größe ihrer Ankündigungen sich möglichst viele Leute zuführen und von diesen etwas bekommen können.

Die prinzipielle Kritik ist dieselbe wie im Fall der ersten Gruppe: Durch große Versprechungen, die sie zudem durch geringe Honorarforderungen attraktiv zu machen suchten,[74] zeigten die Lehrer der *politikoí lógoi*,[75] dass sie nicht an der Wahrheit orientiert seien. Die Motivation für ihre Tätigkeit als Lehrer sieht Isokrates im Gelderwerb. Das erklärte Ziel dieser Lehrer sei es, die Schüler zu redegewandten Politikern (*rhḗtoras*, §9)[76] auszubilden, wobei sie Fähigkeit (*dynámeōs*, §10) nicht als Resultat von Erfahrung) (*taîs empeiríais*, §10) oder der Veranlagung (*tēî phýsei*, §10) betrachteten, sondern behaupteten, man könne wie bei der Lehre der Buchstaben eine sichere Kenntnis der *lógoi* (*tḕn tōn lógōn epistḗmēn*) vermitteln. Mit diesem Versprechen einer zuverlässigen *epistḗmē* der Reden wollten sie potentielle Schüler beeindrucken. Jedoch gewinne die *téchnē* nicht dadurch an Bedeutung, dass man über sie große Töne mache (*alazoneúesthai*, §10), sondern dadurch, dass man erkenne, welchen Gehalt sie habe. Die Lehrer nun würden nicht erkennen, dass sie mit einer festgelegten *téchnē* an einen

---

[73] Nach Klett 1880: 8 begehen sie dadurch in Isokrates' Sicht einen Fehler weniger als die zuvor Kritisierten. Der Fehler der ersten Gruppe liegt jedoch in ihrem nicht erfüllten Wahrheitsanspruch, der Fehler der zweiten Gruppe darin, dass sie an die Wahrheit gar keinen Gedanken verlieren. Isokrates dagegen verlangt nichts weniger als eine tatsächlich wahrhafte Lehre, wodurch die zweite Gruppe eher noch weiter fehlgeht als die Gruppe der ‚Eristiker'. Zur Kritik an dieser Gruppe vgl. Böhme 2009: 5.

[74] Die Behauptung, eine wertvolle Lehre zu vermitteln, wird durch den geringen ‚Preis' auf die gleiche Weise desavouiert wie in Isok. XIII 3–5; s. o. S. 42 Anm. 60.

[75] Hypoth. Isok. XIII: Dindorf 1852: 115,20–116,2 sieht in der Unterscheidung der ersten beiden Gruppen eine Differenzierung des *lógos* in eristische Philosophie (in platonischer Terminologie) und politische Tugend; letztgenannte sei mit Rhetorik gleichzusetzen. Die Kritik am Anspruch des Wissens beziehe sich auf die erste, die Kritik an technischer Lehre auf die zweite Gruppe. Diese Schematisierung wird der Schrift allerdings nicht gerecht, da zum einen die in Isok. XIII 19–20 unmissverständlich als dritte Gruppe eingeführte dikanische Lehrpraxis unterschlagen und zum anderen die enge Verbindung der verschiedenen Gruppen zum Gegenstand der Kritik ignoriert wird (alle Gruppen werden letztlich dafür kritisiert, dass sie davon ausgehen, mittels einer technischen Lehre ein festes Wissen über die Lehrgegenstände vermitteln zu können, das hinreichend sei, auch den richtigen Umgang mit den technischen Gegenständen zu lehren).

[76] Zu dieser Bedeutung des Begriffs vgl. McAdon 2004: 23.

kreativen Gegenstand (*poiêtikoú prágmatos*, §12) herangingen. Denn während der Gegenstand der Buchstaben unveränderlich sei und immer gleich bleibe, so dass man für denselben Laut immer dieselben Buchstaben verwende, verhalte es sich mit den *lógoi* genau umgekehrt.[77] Den besten Umgang mit der *téchnê* zeige (*eínai dokeí technikótatos*), wer über denselben Gegenstand etwas Angemessenes, aber von anderen nicht schon Gesagtes äußere (§12). *Lógoi* könnten nur dann als gut verfasst gelten, wenn sie weder im Bereich der Situationserfordernisse (*kairós*)[78] noch des sachlich Angemessenen (*prépon*) noch der Originalität (*kainótês*) Defizite aufwiesen. Nichts davon brauche man aber für die richtige Anwendung der Buchstaben (§13). Diese seien unbeweglich, immer dieselben und würden unverändert wiederholt.[79]

Die zweite Gruppe kritisierter Lehrer ist mithin weniger genau beschrieben als die erste. Sie vertritt den Anspruch, politische *lógoi* zu lehren und dadurch für die politische Praxis der Rhetoren auszubilden. Zudem basiert ihre Lehre offenbar auf einer festgelegten *téchnê*, deren Beherrschung mit einer sicheren *epistémê* der *lógoi* gleichgesetzt werde.

Für die Position des Isokrates, für die Frage, was (nicht wen) Isokrates kritisiert, ist die Erwähnung der *epistémê* von großer Bedeutung. Isokrates scheint in der Haltung zur *epistémê* einen Verknüpfungspunkt zwischen beiden kritisierten Gruppen zu sehen.[80] Beide verstoßen aufgrund dieses Anspruchs gegen das Gebot der Wahrheit. Bei den Philosophen geht es dabei um eine *epistémê* dessen, was man in jeder möglichen Situation jeweils tun müsse, bei den Lehrern der *politikoí lógoi* darum, was man in einer jeden möglichen Rede jeweils sagen müsse. Im Anspruch der Vermittlung einer *epistémê* der richtigen Rede/Handlung besteht also eine wesentliche Parallele zwischen beiden Gruppen. Mehr noch, die Parallele verweist erneut auf Antisthenes, auf dessen Position zur Wahrheit des *lógos* und zur Unmöglichkeit der falschen Aussage in §1 angespielt wird. Nach Aristoteles beruht die antisthenische Haltung auf dem Gedanken, dass es für jede Sache nur eine exakte Beschreibung gebe, nämlich den jeweiligen Namen.[81] Isokrates spielt genau auf die von Aristoteles geschilderte Grundlage der antisthenischen Position zum *lógos* an, wenn er dieser Haltung entgegensetzt, dass man zwar im Bereich der Buchstaben unveränderliche Verhältnisse (Laut – Buchstabe) habe, nicht aber im Bereich der Rede, wo dasselbe nicht nur auf verschiedene Weise gesagt werden könne, sondern immer wieder auf neuartige Weise gesagt werden müsse. Es scheint so, als sehe Isokrates im jeweiligen Glauben an eine *epistémê* des Handelns und des Redens dieselbe zu einem *téchnê*-Denken führende theoretische Grundlage, damit zugleich denselben theoretischen Fehler, nämlich die Missachtung des *kairós*, des *prépon* und der *kainótês* in Handeln und Sprechen. Diese drei Anforderungen, die ein Gegenstand an den Verfasser/Sprecher einer Rede stellt, werden dadurch indirekt als jene Merkmale der Rede qualifiziert, die die

---

[77] Vgl. die begriffliche Übereinstimmung in Isok. X 14–15.
[78] Eine andere Tendenz des *kairós*-Begriffs nimmt Wersdörfer 1940: 54–84, v. a. 80–84 an.
[79] Vgl. Dixsaut 1986: 65–66.
[80] Vgl. auch Klett 1880: 8.
[81] Arist. Met. 1024b27–1025a2; s. dazu u. Kap. B.1.4.1.

A.3.2 Zur Funktion der isokratischen Schriften in paideía und Politik

Existenz einer festgelegten *téchnê* der *politikoí lógoi* – und damit jede ausschließlich auf technischer Lehre basierende *paideía*[82] – als unmöglich erweisen.

Das bedeutet indes keineswegs, dass Isokrates jegliche *epistémê* ablehnt. Vielmehr ist *epistémê* für ihn auf den Bereich der unbedeutenden, einfachen Gegenstände beschränkt, so dass ein genaues Wissen über die *lógoi* und ihre Formen durchaus möglich ist. Dieses erlangt jedoch nur den Status einer propädeutischen Lehre.[83] Unmöglich ist dagegen die genaue Kenntnis der richtigen Anwendung dieser Formen. Deshalb kann es eine *téchnê*, die zur praktischen Fähigkeit im Handeln (so die Kritik in §1–8) sowie im Reden (§9–13), mithin zur gedanklichen Behandlung eines Gegenstandes, also zum Denken,[84] qualifiziert, nicht geben.[85]

In §14–18 stellt Isokrates seine eigenen Ideen zu den Voraussetzungen einer sinnvollen und erfolgversprechenden *paideía* vor.[86] Alle vernünftigen Leute (*toús eũ phronoũntas*) verträten mit ihm die Ansicht, dass viele, die Philosophie betrieben hätten, sich bis zum

---

[82] Vgl. Dixsaut 1986: 66–67, Lombard 1990: 35–36, Tulli 1990: 419–420. Ein ironischer Seitenhieb auf die Annahme, man könne politische Tugenden vermittels einer *téchnê* lehren, findet sich in der Rede *Über das Gespann*. Der jüngere Alkibiades kritisiert dort seine Ankläger für deren widersinnige Haltung gegenüber seinem Vater, Alkibiades dem Älteren (vgl. dazu Classen 2010: 16–17). Unter anderem brächten diese den Vorwurf gegen Alkibiades vor, er habe die Lakedaimonier die Kunst der Kriegführung (zu Isokrates' Auffassung von der politischen Urteilskraft als Grundlage guter Kriegführung: Isok. VIII 53–54, XV 115–122, XII 143) gelehrt – und das obwohl die Ankläger selbst doch sogar eine *téchnê* für die Lehre anderer besäßen (Isok. XVI 10–11: „τοσοῦτο δὲ τοῖς ἐχθροῖς τῆς ὕβρεως περίεστιν, ὥσθ' [...] διαβάλλειν ἐπιχειροῦσιν ὡς Δεκέλειάν τ' ἐπετείχισε καὶ τὰς νήσους ἀπέστησε καὶ τῶν πολεμίων διδάσκαλος κατέστη. Καὶ ἐνίοτε μὲν αὐτοῦ προσποιοῦνται καταφρονεῖν (11) λέγοντες, ὡς οὐδὲν διέφερε τῶν ἄλλων, νυνὶ δ' ἁπάντων αὐτὸν τῶν γεγενημένων αἰτιῶνται καί φασι παρ' ἐκείνου μαθεῖν Λακεδαιμονίους, ὡς χρὴ πολεμεῖν, οἳ καὶ τοὺς ἄλλους διδάσκειν τέχνην ἔχουσιν."). Die Ironie der Stelle ist eine doppelte: (1) Wer selbst behauptet, eine *téchnê* für die Lehre zu besitzen, sollte sich hüten, anderen eine Lehrtätigkeit zum Vorwurf zu machen. (2) Wer selbst behauptet, es gebe eine *téchnê* für die (hier fraglos gemeinte) Lehre der *lógoi* (und er verfüge über diese), zeigt sich aufgrund dieser Behauptung in Lehrfragen vollkommen inkompetent – und kann infolgedessen kein Urteil über die Lehrtätigkeit anderer treffen. Es ist erst die zweite Ebene dieser Ironie, die in Isok. XVI 10–11 dem Vorwurf gegen Alkibiades die Grundlage entzieht. Die Ankläger können aufgrund ihrer Inkompetenz in didaktischen Fragen gar nicht beurteilen, ob Alkibiades die Spartaner irgendetwas lehrte. Insofern ist ihrem Vorwurf kein Glauben zu schenken.

[83] Walberer 1938: 37 mit Anm. 17, Jaeger 1947, III: 121, de Romilly 1958: 95, Schlatter 1972: 595, Eucken 1983: 31. Anders Mikkola 1973: 72, Lombard 1990: 34–36, die annehmen, Isokrates halte jegliche *epistémê* für unmöglich; zutreffend dagegen Wareh 2012: 14, 35. Vera Binder betont die hohe Bedeutung, die „nicht kurrikular lernbaren Fertigkeiten" im Rahmen elitärer Bildungskonzeptionen der Antike zugewiesen wurde (Binder /Korenjak/Noack 2007: 14–15).

[84] Zur weiten Deutung des *lógos*-Begriffs bei Isokrates vgl. Eucken 1983: 14.

[85] Heilbrunn 1967: 192–193, Jäkel 1986: 67–68, Lombard 1990: 42–43, Yunis 1996: 68–75, Haliwell 1997: 111, Wareh 2012: 15–20.

[86] Too 2008: 189–190.

Ende um sich selbst gedreht hätten,[87] während viele, die nie einem Weisheitslehrer begegnet seien, zu bedeutenden politischen Rednern und praktischen Politikern geworden seien. Die Beherrschung der *lógoi* entstehe nur bei den von Natur aus Begabten (*en toĩs euphyésin*) und durch Erfahrung Geübten (*en [...] toĩs perí tás empeirías gegymnasménois*, §14).[88]

Die Ausbildung mache diese Leute geschickter in der Anwendung der *téchnê* (*technikôtérous*) und verschaffe ihnen eine bessere Grundlage für die Untersuchung (*zêteín*) eines Gegenstandes.[89] Denn worauf sie bislang nur zufällig stießen, das gezielt zu erlangen würde die *paídeusis* sie lehren. Andere, die eine weniger geeignete *phýsis* besäßen, könne die *paídeusis* weder zu guten Kämpfern im Agon machen noch zu guten Verfassern von *lógoi* (*lógôn poiêtás*);[90] dennoch würden sie darin Fortschritte machen und in Bezug auf vielerlei Dinge vernünftiger werden (*phronimôtérous diakeĩsthai*, §15).[91] Darauf folgend erläutert Isokrates seine Haltung zur *epistémê* der Reden (§16): Eine genaue Kenntnis der Formen (*idéai*),[92] aus denen man Reden zusammenstelle, sei – geeignete

---

[87] Wörtlich bezeichnet Isokrates diese Leute als ἰδιῶται (Isok. XIII 14). Die Übersetzung dieses Terminus bei Ley-Hutton 1997, II: 103 mit ‚Nicht-Fachleute' greift jedoch zu kurz. Isokrates spricht vielmehr davon, dass viele Philosophie Treibende in ihrem Tun und Denken selbstreferentiell blieben, dass die Gegenstände, mit denen sie sich befassten, von keinerlei Belang für die Allgemeinheit seien und eben das Gegenteil von *lógoi politikoí* darstellten. Damit ist ausgedrückt, dass ihre Tätigkeiten irrelevant seien und keinerlei Bedeutung für die Gesellschaft besäßen. Das belegt auch der an vorliegender Stelle ausdrückliche Gegensatz der ἰδιῶται mit aktiven Politikern, nicht mit ‚Fachleuten'. Insofern geht die Übersetzung mit „private citizens" bei Mirhady/Too 2000: 64 in die richtige Richtung, wenngleich auch hier der volle Gehalt nicht erfasst ist, stattdessen die Abwesenheit der Philosophen von der praktischen Politik als Kritik erscheint, was im Widerspruch zu Isokrates' eigener Ferne von der politischen Praxis stehen muss.

[88] Interessant ist, dass Isokrates explizit nicht nur die *lógoi*, sondern jede Tätigkeit zum Wirkungsgebiet der Übung (*áskêsis*), das heißt seiner *paideía* macht, s. dazu u. S. 52. Isokrates schließt mit seiner Haltung zur Bedeutung von *phýsis* und *áskêsis* an eine Formulierung an, die Protagoras geprägt haben dürfte (Prot. DK 80 B 3); vgl. Burk 1923: 19–20, 51, 95, Hudson-Williams 1940: 170. Indem er in dem Zusammenwirken von *phýsis*, *áskêsis* und Lehre des Lehrbaren jedoch die formale Lehre auf das Maß propädeutischer Bildung zurückstuft, schließt er sich der älteren, ‚konservativen' Haltung Pindars an (z. B. Pind. Ol. II 82–89, IX 100–113, Nem. III 40–43, IV 33–43; ein Anklang an Nem. IV findet sich vielleicht auch in Isok. X 30; ähnlich auch Eur. TGrF F 810), gegen die sich die Lehrposition etwa des Protagoras wandte; vgl. auch Jaeger 1947, III: 122–123, Kerferd 1981: 37.

[89] Hier wohl als Grundlage für die *heúrêsis* gedacht.

[90] Damit ist klar, dass Isokrates den Anspruch erhebt, sowohl für die praktisch-mündliche als auch für die literarisch-schriftliche Redenproduktion die beste *paideía* zu vertreten, vgl. Eucken 1983: 13.

[91] Hier ist bereits das Selbstverständnis der isokratischen *paideía* als Tugendbildung angedeutet, das in Isok. XIII 21 explizit formuliert wird; s. dazu u. S. 52. Steidle 1952: 262 bezieht den ganzen Absatz fälschlicherweise auf die kritisierte *téchnê*.

[92] Zur Bedeutung des Begriffs an der vorliegenden Stelle vgl. Wersdörfer 1940: 85–87, Schlatter 1972: v. a. 591–594. Dessen abschließende Übersetzung mit *doctrina*, ebd. 597, geht wohl etwas über das Ziel hinaus. Eucken 1983: 13, 106 geht zu weit, wenn er in der Vorstellung der abstrakten Sprachform eine „weltimmanente" isokratische Ideenlehre angedacht sieht. Zu *idéa* bei Isokrates im Allgemeinen

A.3.2 Zur Funktion der isokratischen Schriften in paideía und Politik

Lehrer vorausgesetzt – nicht gerade schwierig zu erlangen. Viel schwieriger sei es dagegen, aus diesen Formen das für den jeweiligen Gegenstand Passende auszuwählen, zu mischen und anzuordnen, bezüglich der jeweiligen Situation (*kairós*) nicht fehlzugehen, sondern stattdessen Argumente (*toīs enthymḗmasi*)[93] gemäß des *prépon* sowie eine rhythmische und wohlklingende Sprache zu verwenden:

(17) [...] πολλῆς ἐπιμελείας δεῖσθαι καὶ ψυχῆς ἀνδρικῆς καὶ δοξαστικῆς καὶ δεῖν τὸν μὲν μαθητὴν πρὸς τῷ τὴν φύσιν ἔχειν, οἵαν χρή, τὰ μὲν εἴδη τὰ τῶν λόγων μαθεῖν, περὶ δὲ τὰς χρήσεις αὐτῶν γυμνασθῆναι [...].

(17) [sc. Dies] bedarf einer umfassenden Fürsorge und ist Aufgabe einer tapferen und urteilsfähigen Seele; der Schüler muss zusätzlich dazu, dass er eine Veranlagung besitzt, wie sie erforderlich ist, die Formen der Reden erlernen; in ihrer Anwendung aber muss er sich üben [...].[94]

Auf Seiten des Lehrers, so wird abschließend betont, bedürfe es eines in allem vorbildhaften Verhaltens, indem er von den lehrbaren Dingen nichts übergehe, im Übrigen – also dem Nicht-Lehrbaren – aber selbst ein *parádeigma* abgebe, dessen Nachahmung allein schon den Eindruck gewählteren und anmutigeren Ausdrucks erzielen könne.[95] Kämen alle genannten Voraussetzungen zusammen, so ergebe sich eine vollkommene philosophische Betätigung; Defizite in einer der Voraussetzungen aber müssten notwendigerweise zu einer diesbezüglichen Schwäche der Schüler führen (§18).

Auch diese positive Bestimmung der eigenen Position dreht sich um den schon in den ersten Teilen der Schrift vorherrschenden Gegensatz zwischen *epistḗmē* und *dóxa* (angedeutet in der Forderung nach einer *psyché doxastiké*).[96] Zunächst wird eine allgemeine

---

vgl. Wersdörfer 1940: 42–54, Jäkel 1986: 69, Bons 1997: 19–64, Sullivan 2001, Wareh 2012: 61–64 anders Walker 2011: 29 (*idéa* als Beleg für eine isokratische Proto-Topik).

[93] Die Verwendung bei Isokrates stellt den frühesten Beleg des Begriffs im Zusammenhang mit rhetorischer *téchnē* dar; die zeitnahe, ähnliche Verwendung bei Alkid. Soph. 3–4, 18–20, 24–25, 33 spricht für die von Aristoteles gänzlich unbeeinflusste Übersetzung mit „Gedanken" im Gegensatz zur formalen Gestaltung einer Rede; vgl. Mirhady 2007: 53.

[94] Dass der richtige Umgang sowohl mit der *phýsis* wie auch den erlernbaren Inhalten einer Lehre im Ziel der isokratischen *paideía* liegt, wird sehr viel später in der *Antidosis* bestätigt. Dort stellt sich Isokrates als vorbildhaften Lehrer dar. In Isok. XV 36 betont er seine Fähigkeit, seine *phýsis* richtig einzusetzen (καλῶς καὶ μετρίως κεχρῆσθαι τῇ φύσει).

[95] Dass sowohl das Lehrbare wie auch das Nicht-Lehrbare Teil der isokratischen Ausbildung seien, betont zur vorliegenden Stelle auch Anon. proleg. Hermog. Stat. VII 869. Auch wenn hier die *mímēsis* als Methode der Übung in den *lógoi* auftaucht, geht es doch entschieden zu weit, aufgrund dieser Stelle die ganze Schrift als „outline for a pedagogy grounded in imitation" zu sehen, die den *lógos politikós* gar zur nur durch Nachahmung behandelbaren, demokratischen Stimme der *pólis* mache (so Hariman 2004: v. a. 218–219, 222–225, 229). Anon. proleg. Hermog. Stat. XIV 250 ist offensichtlich von der Unterrichtspraxis späterer Zeit beeinflusst. Der Fokus der vorliegenden Stelle liegt eher auf der Forderung nach Konsistenz von Handlungen, Redeweisen und Lehren des Lehrers als auf einer Aussage, originelle *mímēsis* sei die allein entscheidende Übungsmethode, vgl. Morgan 2004: 146–147, Too 2008: 190.

[96] Schlatter 1972: 597 sieht hierin noch keinen Zusammenhang mit der platonischen Auffassung von der Bedeutung der *epistḗmē* für philosophische Betätigung.

Beobachtung, die als banal präsentiert wird (gute Politiker müssen keine Schüler bei Weisheitslehrern gewesen sein), zum Beleg genommen für die Bedeutung der *phýsis*. Wer die richtige *phýsis*[97] – eine solche, die mit besonderer Urteilskraft (*doxastiké*) einhergehe – mitbringe, dem könne Übung zur besseren Fähigkeit verhelfen. Die Übung (*gymnasthênai*) steht im ganzen Absatz im Gegensatz zur Lehre (*matheîn*). Letztgenannte bezieht sich auf die Formen (*idéai*) der Rede, die leicht erlernbar seien und den einzigen Lehrgegenstand der zuvor kritisierten Redelehrer darstellten.

Die Lehre der Formen – für die es tatsächlich ein mehr oder weniger festes Regelwerk im Sinne einer *téchnê* geben kann – gehört ausdrücklich in den Bereich dessen, was Isokrates als seine *paídeusis* vorstellt. Indes ist diese Lehre nur eine Art Propädeutik.[98] Erst die Anwendung der Formen (*tás chreías autôn*) stellt den Gegenstand der Übung dar, der offenbar nicht durch ein Regelwerk zu erfassen ist.[99] Als Teilbereiche dessen, was durch Übung vermittelt werden soll, erscheinen *inventio*/*heúrêsis*, *dispositio*/*táxis*, die Beherrschung von *kairós* und *prépon* sowie – durchaus in einem gewissen Gegensatz zur schematischen Lehre von Figuren und Tropen – der rhythmische und onomastische Wohlklang. Dieser zweite Bereich der *paídeusis*, so wird aus dem Zusammenhang mit der vorhergehenden Kritik an zeitgenössischen Weisheits- und Redelehrern klar, ist das eigentliche Unterscheidungsmerkmal der isokratischen Lehre zu den gängigen Lehrmethoden und Lehrinhalten seiner Konkurrenten. Im Gegensatz zu diesen verweigert sich Isokrates einer Schematisierung der Lehre von den *lógoi* als festes Regelwerk und betont seinerseits die Bedeutung von sachlichem Gegenstand und Situation der Äußerung (Ort, Zeit, Publikum – vgl. *kairós* und *prépon*), die zusammen die Einzigartigkeit jeder Redesituation bewirken, und die es mithin ganz im Gegensatz zu Antisthenes' Postulat des *hén eph' henós* (ἓν ἐφ' ἑνός)[100] verbieten, denselben Gegenstand zweimal auf dieselbe Weise zu behandeln.

Schließlich geht Isokrates noch auf jene ein, die es in früheren Generationen gewagt hätten, „sogenannte *téchnai*" zu verfassen (§19–20)[101] – und die in klaren Kontrast zu

---

[97] Vgl. dazu Eucken 1983: 31–32, Usener (S.) 1994: 67; Wareh 2012: 27–36.
[98] Die Erfordernisse *phýsis*, *máthêsis* und *áskêsis* sind hier scheinbar gleichberechtigt genannt. Man kann durchaus davon ausgehen, dass für Isokrates ein Fehlen im Bereich der *máthêsis* tatsächlich den gesamten Bildungsprozess negativ beeinflussen muss (Burk 1923: 95). Jedoch ist die relative Zurücksetzung dieser Lehre hinter die anderen genannten Faktoren unmissverständlich, da Isokrates das Erlernen der *idéai* als den Bildungsinhalt betrachtet, den die in *Gegen die Sophisten* kritisierten Lehrer allesamt selbst vertreten. Isokrates wendet sich dadurch gegen diese Lehrer und ihr Konzept einer auf *máthêsis* beschränkten Ausbildung, dass er die Bedeutung von *phýsis* und *áskêsis* hervorhebt. Erst diese Elemente der *paideía* ermöglichten die richtige Anwendung der in Form der *máthêsis* erlernten *téchnê*. Es versteht sich von selbst, dass die Anwendung der *idéai* nur auf Grundlage ihrer technischen Beherrschung erfolgen kann, mithin deren Kenntnis propädeutische Voraussetzung ist.
[99] Vgl. Steidle 1952: 264, Wareh 2012: 15–20.
[100] Arist. Met. 1024b27–1025a2, s. dazu u. Kap. B.1.4.1.
[101] Der Scholiast nennt als frühe rhetorische Technographen die Namen der (fiktiven) Erfinder der Rhetorik, Korax und Teisias, sowie des Gorgias und des Thrasymachos (Schol. in Isok. XIII 22: Dindorf 1852: 124, 27–29; übernommen bei Allroggen 1972: 37). Gorgias und Thrasymachos kommen als

A.3.2 Zur Funktion der isokratischen Schriften in paideía und Politik

den zuvor genannten jüngsten Sophisten gestellt werden. Jene Leute hätten eine Lehre der Prozessführung versprochen und dafür die abträglichste Bezeichnung (τὸ δυσχερέστατον τῶν ὀνομάτων, §19) gewählt, die man allenfalls von Feinden dieser Tätigkeit, nicht aber von Vorreitern der Bildungstätigkeit erwarten würde. Außerdem sei diese Sache, soweit überhaupt lehrbar (καθ' ὅσον ἐστὶ διδακτόν, §20), nicht nur für die Gerichtsreden nützlich, sondern für alle Redegenera. Die Lehrer dikanischer Rede ordnet Isokrates nun als weitaus schädlicher ein als die immerzu Diskutierenden (τῶν περὶ τὰς ἔριδας καλινδουμένων, §20), da letztgenannte bei aller Schädlichkeit ihrer Methode immerhin den Anspruch verträten, dass ihre Lehre *areté* und *sôphrosýnê* bewirken müsse, während jene zwar zu politischen Reden aufriefen, aber das damit verbundene Gute vernachlässigten und zu Lehrern eines sich überall einmischenden Verhaltens (*polypragmosýnê*) und der Habgier (*pleonexía*) geworden seien (§20).

Isokrates spricht von den Redelehrern früherer Generationen, und wenn er diesen eine Rolle als Vordenker von *pleonexía* und *polypragmosýnê* zuschreibt, dann attestiert er ihnen eine maßgebliche Verantwortung für eben jenes politische Denken, das schon in den Augen des Thukydides Ursprung für den Ansehensverlust Athens bei den Verbündeten war und mithin zum Untergang der athenischen Macht im Peloponnesischen Krieg geführt hatte.[102] Offenbar ist ihre Lehre in keiner Weise auf *areté* und *sôphrosýnê* ausgerichtet – diese Begriffe tauchen hier als beinahe direkte Gegensätze zu *pleonexía* und *polypragmosýnê* auf.[103] Dass eine auf den dikanischen Bereich beschränkte Lehre der *lógoi* darüber hinaus sogar schädlich ist, zeigt die Bezeichnung als Lehrer der *polypragmosýnê*; denn dieses politische Laster wird häufig auf das athenische Gerichtswesen bezogen und beschreibt in diesem Zusammenhang eine Neigung zum Prozessieren zum Zwecke der Selbstbereicherung.[104] Ein weiterer Kritikpunkt betrifft das schriftliche Verfassen von *téchnai*, die in ihrem statischen Wesen des Auswendiglernens und Anwendens fester *epistémê* nicht geeignet seien, um auf unterschiedliche und veränderliche Gegenstände angewendet zu werden beziehungsweise kreative Anwendung zu ermöglichen.

Zeitgenossen des jungen Isokrates eher als Ziel der Kritik infrage. Jedoch sind auch von diesen keine entsprechenden Schriften überliefert. Im Falle des Gorgias scheint zudem eine Beschränkung auf die dikanische Rede zweifelhaft, da gerade von ihm ausschließlich epideiktische Schriften bezeugt sind. Insgesamt führt das Scholion nur Namen auf, die aufgrund rhetorikgeschichtlicher Tradition der Antike (Korax, Teisias) bzw. aufgrund mutmaßlicher persönlicher Verbindungen zu Isokrates (Gorgias, Thrasymachos; so Burk 1923: 24–25, Hudson-Williams 1940: 168) naheliegend waren. Aufschluss darüber, welche alten *téchnê*-Schriften gemeint sein könnten, gibt das Scholion somit nicht.

[102] Zur politischen Konnotation der Begriffe, insbesondere im Kontext der athenischen Seebundpolitik, vgl. Ehrenberg 1947 (bes. 57–58 zu Isokrates), Too 1995: 92–94, 96, 102 und 1998: 56 (in Platons *Politeia*). Die beabsichtigte politische Wirkung betont auch Hariman 2004: 220.

[103] Die Opposition von *polypragmosýnê* und *sôphrosýnê* findet sich auch in Isok. VIII 58.

[104] Insofern sind die Gerichtsreden Mittel, die eigene Subsistenz bzw. den eigenen Wohlstand (*ídia*) aus fremdem Eigentum (*allótria*) zu erzielen – ein Verhalten, das Isokrates als moralisch verwerflich und für alle Beteiligten schädlich ablehnt (s. u. Exkurs 1, Kap. D.1.1). Den Zusammenhang zwischen athenischem Gerichtswesen und *polypragmosýnê* beschreibt Isokrates in Isok. VIII 129–130.

Wie aber ist die Aussage zu verstehen, dass die älteren Lehrer für ihre Lehre Bezeichnungen verwendet hätten, die man lediglich von den Feinden dieser Tätigkeit erwartet hätte? Die Schädlichkeit einer Bezeichnung rhetorischer Lehre als *téchnê* hat Isokrates bereits zuvor ausführlich erläutert und zum Kern seiner Abhandlung gemacht: Der Gedanke einer *téchnê* setzt die Annahme eines konkreten, vollständigen und sicheren Wissens über den Lehrgegenstand voraus, also die Annahme einer *epistếmê* (§10). Diese jedoch kann für eine kreative Tätigkeit (*poiêtikón prãgma*, §12) ebensowenig angenommen werden wie (infolgedessen) eine festgelegte *téchnê*. Wer aber eine solche *téchnê* als Lehrbuch der eigenen Lehre schriftlich verfasst und als *téchnê* betitelt, geht nicht nur fehl in der Einschätzung des Lehrgegenstandes, sondern propagiert damit die Rhetorik als Beschäftigung, die in einer *téchnê* erfassbar wäre. Sie wird damit auf eine Fertigkeit, ja ein Handwerk reduziert, das durch einfache Lehre und entsprechenden Eifer erlernbar ist.[105] Vernachlässigt wird dabei die Bedeutung von *kairós, prépon* und *kainótês*, Erfordernissen der Produktion von Reden, für deren Umgang nicht Kenntnis, sondern Übung und Erfahrung nötig ist und darüber hinaus auf Seiten des Schülers eine natürliche Begabung und Disposition zur *areté*. Es ist diese Haltung, die es Isokrates ermöglicht, am Ende der Schrift *Gegen die Sophisten* seinerseits den Anspruch zu erheben:

> (21) Καίτοι τοὺς βουλομένους πειθαρχεῖν τοῖς ὑπὸ τῆς φιλοσοφίας ταύτης προσταττομένοις πολὺ ἂν θᾶττον πρὸς ἐπιείκειαν ἢ πρὸς ῥητορείαν ὠφελήσειεν. Καὶ μηδεὶς οἰέσθω με λέγειν ὡς ἔστι δικαιοσύνη διδακτόν· ὅλως μὲν γὰρ οὐδεμίαν ἡγοῦμαι τοιαύτην εἶναι τέχνην, ἥτις τοῖς κακῶς πεφυκόσι πρὸς ἀρετὴν σωφροσύνην ἂν καὶ δικαιοσύνην ἐμποιήσειεν· οὐ μὴν ἀλλὰ συμπαρακελεύσασθαί γε καὶ συνασκῆσαι μάλιστ' ἂν οἶμαι τὴν τῶν λόγων τῶν πολιτικῶν ἐπιμέλειαν.

> (21) Denen aber, die gewillt sind, den Vorschriften dieser Philosophie zu gehorchen, wird dies wohl viel eher für einen guten Charakter als für die praktische Redekunst nützlich sein. Und es soll keiner glauben, ich behauptete, dass die Gerechtigkeit lehrbar sei; denn ich bin der Ansicht, dass es überhaupt keine derartige *téchnê* gibt, die den für die Tugend schlecht Veranlagten Besonnenheit und Gerechtigkeit vermitteln könnte. Ich glaube aber durchaus, dass die Beschäftigung mit den politischen *lógoi* am besten dazu anspornt und darin übt.

In diesem Anspruch der ‚Tugendübung' findet sich der einzige Kommentar der Schrift zur konkreten inhaltlichen Ausrichtung der isokratischen *paideía*. Sie besteht in einer Auseinandersetzung mit den *lógoi politikoí*; und sie versteht sich, das ist ausdrücklich

---

[105] Tatsächlich ist davon auszugehen, dass frühe rhetorische *téchnê*-Schriften der Tradition der technographischen Fachliteratur des 5. Jahrhunderts verpflichtet waren (Demont 1993: v. a. 181–191; keine vorisokratischen *téchnai* nimmt dagegen Buchheit 1960: 20–24, 39, 83 an). Wenn traditionellerweise unter *téchnai* solche Schriften verstanden wurden, dann konnte Isokrates den Anspruch von *téchnê*-Schriften zu *lógoi* als analog zu Schriften zu handwerklichen Arbeitsgebieten wie Landbau oder Jagd, Architektur oder Medizin auffassen. Das Publikum solcher Schriften aber, der Schüler der jeweiligen *téchnê*, ist der jeweils in dem Feld Tätige, also der Gutsbesitzer, Bauherr, Arzt und im Falle der *lógoi* der Politiker. Die Analogie dieser Tätigkeiten dürfte aber für das elitäre Denken des Isokrates inakzeptabel gewesen sein, da sie die politische Tätigkeit in die Nähe einer Tätigkeit zum Broterwerb rückt.

A.3.2 Zur Funktion der isokratischen Schriften in paideía und Politik

gesagt – und wird dennoch bis in die jüngste Zeit kaum für das isokratische Selbstverständnis anerkannt –, keineswegs nur als *paideía* der praktischen Rhetorik, sondern in erster Linie als Tugendbildung.[106] Erst eine solche Tugendbildung ermöglicht den richtigen Umgang mit den Vorbildungen, die rhetorische (und andere) *téchnai* liefern können.[107] In diesem Punkt weist die Position des Isokrates in *Gegen die Sophisten* eine deutliche Nähe zum platonischen Denken auf.[108] Zugleich verbinden sich die kritisierten Gruppen der Philosophen und der politischen Redelehrer: Die richtige Unterweisung in den *lógoi politikoí* stellt in diesem Zusammenhang keinen Lehrzweck dar, sondern ein geeignetes Mittel zur Charakter- und Tugendbildung. Damit erreicht eine solche *paideía* in Isokrates' Augen, was die in §1–8 kritisierten Philosophen zu erreichen beanspruchen.[109] In seinen Bildungszielen *areté*, *dikaiosýnē* und *sôphrosýnē* vertritt Isokrates aber ebenso entschieden den Standpunkt der Nicht-Lehrbarkeit, das heißt der Unmöglichkeit, von diesen Gegenständen eine *epistémē* zu erlangen und sie im Rahmen einer *téchnē* vollständig zu erfassen. In dieser Auffassung von der Nicht-Lehrbarkeit der Tugend deutet sich bereits die Hauptlinie der späteren Auseinandersetzung mit Platon an: die unterschiedlichen Auffassungen über den Stellenwert von *epistémē* und *dóxa* im Erkenntnisprozess.[110]

Jede moralische Lehre, deren Beherrschung mithilfe einer *téchnē* vollständig zu beschreiben und somit zu erlernen ist, lehnt Isokrates aus epistemologischen, aus sachlich–pädagogischen, aus politischen und aus moralischen Gründen ab.[111] Demzufolge wendet er sich für den Bereich seiner Lehre und der Lehre der zeitgenössischen ‚Weisheitslehrer' gegen eine politische Tugendlehre, die für ihren Gegenstand ein sicheres Wissen (*epistémē*) und somit technische Beherrschbarkeit beansprucht. Das ist der zentrale Gedanke von *Gegen die Sophisten*. Ohne *epiméleia psychês,* entsprechende *phýsis* der Schüler und

---

[106] Vgl. auch Isok. IX 81. Waren 2012: 19–20, 29–32, 43 (dass Isokrates' pädagogisches Hauptziel dennoch in der *rhêtoreía* liege, lässt sich jedoch nicht belegen; m. E. ist Isokrates' Formulierung als Überordnung des ethischen Lehrzieles zu verstehen: ethische Bildung führt gewissermaßen nebenbei zu Refefähigkeit), vgl. Poulakos (T.) 1997: 53–60 (mit Isok. XV 275–285). Zu Isokrates' Verständnis des *politikós lógos* vgl. Pratt 2006: 27–28. Weitere Belege für Isokrates' Konzept der *paideía* als Tugendbildung findet sich bei Gillis 1969, vorsichtiger Burk 1923: 28, Steidle 1952: 267–268, Hariman 2004: 218–219. Dass Isokrates in Isok. XII 20–21 mit der ψυχῆς ἐπιμέλεια einen sokratischen Begriff für sich beansprucht und sich insofern den eingangs in Isok. XIII 1–8 kritisierten Philosophen mehr annähere als den Lehrern der dikanischen Rede, betont Eucken 1983: 24–25, vgl. auch Schiappa 1999: 171–172, Haskins 2000: 16–17.

[107] Isok. XIII 14, s. o. S. 46–47 mit Anm. 82. Anders Eucken 1983: 24 und Poulakos (J.) 2004: 76.

[108] Vgl. Burk 1923: 73 sowie Wilamowitz-Moellendorff 1919, II: 263–264, Walberer 1938: 37 mit Anm. 17, Konstan 2004: 114. Piepenbrink 2003: 48 spricht dagegen von einer Einheit der *téchnē* mit philosophisch-normativer Unterrichtung, die jedoch nicht mit platonischem Denken in Verbindung zu bringen sei.

[109] Eucken 2003: 35–36.

[110] Morgan 2004: 131.

[111] Dixsaut 1986: 65, Too 1995: 168.

Ethos des Lehrers wird das rhetorische ‚Handwerkszeug' einer als Propädeutik aufzufassenden *téchnê* ohne Wirkung, zumal ohne positive Wirkung bleiben.

Als theoretische Grundlage des von ihm kritisierten *téchnê*-Denkens betrachtet Isokrates die Annahme von der Wahrhaftigkeit eines jeden *lógos*, die sich unter seinen Zeitgenossen vor allem im Schriftwerk des Antisthenes wiederfindet. Die Lehrer der praktischen Rhetorik kritisiert er für deren starres Lehrsystem, das auf die konkreten Gegebenheiten der realen Rede keine Rücksicht nehme. Die Regelsysteme der rhetorischen *téchnai* zu erlernen ist für Isokrates notwendige Voraussetzung für die Beschäftigung mit dem eigentlichen Proprium seiner Lehrtätigkeit: der richtigen, das heißt ‚politischen' Anwendung des *lógos*.[112] Hierzu ist indes ausdrücklich eine Ausbildung der Seele vonnöten, keineswegs eine bloße Übung in der *mímêsis* der vorbildhaften Kunst des Meisters.[113] Wie die *epiméleia psychễs* im Einzelnen aussieht, verrät Isokrates in *Gegen die Sophisten* ebensowenig wie er eine über die Forderung nach *lógoi politikoí* hinausgehende Antwort auf die Frage gibt, mit welchen Inhalten sich höhere Lehre befassen soll. Diese Fragestellung liegt, wie sich zeigen wird, erst den Schriften *Helena* und *Busiris* zugrunde[114] und ist nicht Thema von *Gegen die Sophisten*, wo vor allem das *téchnê*-Denken der zeitgenössischen Lehrer bekämpft wird. Die Ablehnung der technischen Lehrbarkeit der *lógoi politikoí* ist schließlich ein weiteres, vielleicht sogar das stärkste Argument gegen die Annahme einer fragmentarischen Überlieferung von *Gegen die Sophisten*: Von Beginn an richtet sich die Schrift gegen die falschen Lehrversprechen (*epangélmata*) der Weisheitslehrer, die wie der platonische Protagoras politische *téchnê* zu lehren versprechen.[115] Ein systematischer Aufriss der isokratischen Lehre der *politikoí lógoi* ist in einer solchen Schrift nicht zu erwarten, denn ein solcher würde die leitbildartige Kritik an den *téchnai* kompromittieren: Isokrates kündigt zwar an, dass er einen eigenen positiven Beleg für seine Lehre liefern werde (§22). In einer sachbuchartigen Abhandlung aber wird dieser Beleg nicht zu erbringen sein, denn gerade die theoretische Erfassung einer solchen Lehre in einem festen System von Regelsätzen wird in *Gegen*

---

[112] Damit ist nicht nur die formale Anwendung der Mittel, sondern gerade auch die richtige Wahl des Themas und des vertretenen Standpunktes gemeint, wie die Schriften *Helena* und *Busiris* (s. dazu u. Kap. B.1.4.1) demonstrieren, die *Gegen die Sophisten* chronologisch am nächsten liegen. Heilbrunn 1975: 166–167 weist zu Recht darauf hin, dass in dieser Beschreibung der isokratischen *paideía* notwendigerweise der moralischen Bedeutung der *paideía* jene der *phýsis* vorangestellt wird. Die richtige *phýsis* ist zwar Voraussetzung für die *areté*, erst die *paideía* jedoch führt zum Erreichen derselben.

[113] Hariman 2004: 218–219, 222–225, 229.

[114] S. u. Kap. B.1. Genaugenommen behandeln diese Schriften nicht die eigentlichen Lehrinhalte oder -methoden, sondern vielmehr die Frage nach den geeigneten *paradeígmata* der Lehre (Dixsaut 1986: 80). Insofern ist es problematisch, die dort kritisierten Gegner mit jenen in *Gegen die Sophisten* gleichzusetzen (so z. B. Gercke 1899: 412–413).

[115] Plat. Prot. 319a4–7; dazu Too 1995: 156–157 („Undeniably *Against the Sophists* is an anatomy of the unfulfilled promise.").

A.3.2 Zur Funktion der isokratischen Schriften in paideía und Politik

die Sophisten ja für unmöglich erklärt. Den geforderten positiven Beleg für die isokratische Lehre kann diese nur selbst in ihrem veränderlichen Wesen als *áskêsis* liefern.[116] *Gegen die Sophisten* ist insofern das theoretische Proömium zur isokratischen Lehrpraxis.[117]

A.3.2.3 Isokrates' Bildungsbegriff

Eine positive Darstellung dessen, was Isokrates in seiner *paideía* vermitteln will, findet sich in *Gegen die Sophisten* nicht. Anders als in dieser frühen Schrift findet sich jedoch in Isokrates' spätestem Werk, dem *Panathenaikos*, ein Versuch einer positiven Beschreibung des eigenen Bildungsanspruchs. Da Isokrates wie erläutert nicht an die Möglichkeit der Formulierung einer auf *epistếmê* basierenden *téchnê* glaubt, die Fähigkeit (*dýnamis*) im Feld der Politik vermitteln könnte, benennt er folgerichtig weder Lehrinhalte noch -methoden, sondern beschreibt das ideale Wesen des ‚Gebildeten' (*pepaideuménos*):[118]

(XII 30) Τίνας οὖν καλῶ πεπαιδευμένους, ἐπειδὴ τὰς τέχνας καὶ τὰς ἐπιστήμας καὶ τὰς δυνάμεις ἀποδοκιμάζω; Πρῶτον μὲν τοὺς καλῶς χρωμένους τοῖς πράγμασι τοῖς κατὰ τὴν ἡμέραν ἑκάστην προσπίπτουσι καὶ τὴν δόξαν ἐπιτυχῆ τῶν καιρῶν ἔχοντας καὶ δυναμένην ὡς ἐπὶ τὸ πολὺ στοχάζεσθαι τοῦ συμφέροντος· (31) ἔπειτα τοὺς πρεπόντως καὶ δικαίως ὁμιλοῦντας τοῖς ἀεὶ πλησιάζουσι καὶ τὰς μὲν τῶν ἄλλων ἀηδίας καὶ βαρύτητας εὐκόλως καὶ ῥᾳδίως φέροντας, σφᾶς δ' αὐτοὺς ὡς δυνατὸν ἐλαφροτάτους καὶ μετριωτάτους τοῖς συνοῦσι παρέχοντας· ἔτι δὲ τοὺς τῶν μὲν ἡδονῶν ἀεὶ κρατοῦντας, τῶν δὲ συμφορῶν μὴ λίαν ἡττωμένους, ἀλλ' ἀνδρωδῶς ἐν αὐταῖς διακειμένους καὶ τῆς φύσεως ἀξίως, ἧς μετέχοντες τυγχάνομεν· (32) τέταρτον, ὅπερ μέγιστον, τοὺς μὴ διαφθειρομένους ὑπὸ τῶν εὐπραγιῶν μηδ' ἐξισταμένους αὑτῶν μηδ' ὑπερηφάνους γιγνομένους, ἀλλ' ἐμμένοντας τῇ τάξει τῇ τῶν εὖ φρονούντων καὶ μὴ μᾶλλον χαίροντας τοῖς διὰ τύχην ὑπάρξασιν ἀγαθοῖς ἢ τοῖς διὰ τὴν αὑτῶν φύσιν καὶ φρόνησιν ἐξ ἀρχῆς γιγνομένοις. Τοὺς δὲ μὴ μόνον πρὸς ἓν τούτων, ἀλλὰ πρὸς ἅπαντα ταῦτα τὴν ἕξιν τῆς ψυχῆς εὐάρμοστον ἔχοντας, τούτους φημὶ καὶ φρονίμους εἶναι καὶ τελείους ἄνδρας καὶ πάσας ἔχειν τὰς ἀρετάς.[119]

(XII 30) Wen also nenne ich gebildet, da ich ja *téchnai* und *epistếmê* und *dýnamis* den Wert abspreche? – Erstens jene, die mit den täglich sich ereignenden Angelegenheiten gut umgehen und die eine Auffassung (*dóxa*) haben, die die jeweiligen Situationen richtig erfasst, und in der Lage ist, im Allgemeinen das Nützliche einzuschätzen; (31) zweitens jene, die angemessen und rechtschaffen mit ihrem Umfeld umgehen und die Widerwärtigkeit und Unfreundlichkeit Anderer wohlgemut und leichten Herzens ertragen, sich selbst aber den Anwesenden möglichst umgänglich und maßvoll zeigen; drittens jene, die stets ihrer Begierden Herr sind und die von Unglück nicht zu sehr überwältigt werden, sondern sich darin mannhaft verhalten und der *physis* würdig, derer wir anteilig sind;[120] (32) viertens jene – und das ist der wichtigste Aspekt –, die

---

[116] Dazu Papillon 1995.
[117] Cahn 1989: 127–137, Bons 1997: 11–12.
[118] Vgl. zu dieser Stelle Roth 2003a: 100–102, Pasini 2009: 117–118, 124–125.
[119] Vgl. Isok. XV 261–269.
[120] Dieser Wechsel zur 1. Pers. Pl. ist auffällig. Vielleicht lässt er sich als Ausdruck eines Gruppenbewusstseins lesen, das Isokrates und sein anvisiertes Publikum (wenigstens in Isokrates' Vorstellung) verbindet.

aufgrund von Erfolgen nicht korrumpiert werden, außer sich sind und hochmütig werden, sondern die in Reih' und Glied der Vernünftigen verbleiben und sich nicht stärker über Güter freuen, die aus Glück zur Verfügung stehen, als über solche, die aufgrund ihrer eigenen *phýsis* und Vernunft von Beginn an vorhanden waren. Die aber nicht nur in einem dieser Punkte, sondern in alledem eine wohlgeordnete innere Einstellung haben, die, so sage ich, sind vernünftig, sind vollkommene Männer und sind im Besitz aller Tugenden.

Vier wesentliche Eigenschaften zeichnen den Gebildeten in Isokrates' Augen also aus.[121] Diese vier Eigenschaften, an späterer Stelle von Isokrates zusammengenommen als seelische Disposition (*héxis tễs psychễs*) bezeichnet,[122] sind somit als angestrebtes Ergebnis der isokratischen Bildung anzusehen. Sie konstituieren mithin die Grundlage der *areté*:[123]

(1) Praktische Vernunft im Sinne der Fähigkeit, aufgrund treffender Urteilskraft (*dóxa*) richtig zu handeln (*chrễsthai toĩs prágmasi*).[124]

(2) Umgänglichkeit (*praótēs*) und Unempfindlichkeit gegenüber den Fehlern anderer.

(3) Kontrolle der eigenen Triebe/Emotionen im Kontext ethischen Handelns sowie der Duldsamkeit gegenüber Schicksalsschlägen.

(4) Vernunft (*phrónēsis*) auch und gerade im Angesicht des Erfolgs.[125]

Den letztgenannten Punkt bezeichnet Isokrates als den wichtigsten, und der Grund dafür ist aus der Aufstellung unmittelbar nachvollziehbar: Isokrates bezeichnet am Ende von §33 die Träger aller vier Eigenschaften als vernünftig (*phrónimoi*), womit er die Begrifflichkeit der *phrónēsis* und des Verbleibens im Kreise der *phrónimoi* aus (4) wieder aufgreift. Der vierte Aspekt besagt somit nichts anderes, als dass es zum Wesen eines wahrhaft Gebildeten gehöre, seinem Wesen, das in (1)-(3) beschrieben ist, in jeder Situation – also auch im Erfolg – treu zu bleiben. Der *phrónimos* ruht somit gewissermaßen in sich selbst und ist in seinen Handlungs- und Denkprinzipien von äußeren Einflüssen unabhängig.

An dieser Stelle wird deutlich, dass Isokrates den äußeren Erfolg als die größte Gefahr für die Tugenden betrachtet. Dieser Aspekt des isokratischen Denkens wird uns im Laufe

---

[121] Burk 1923: 69–70, Eucken 1982: 47.

[122] Isok. XII 30–31. Dieser wohl von der Akademie übernommene Begriff taucht bei Isokrates nur im *Panathenaikos* auf. Er erscheint als Ideal auch in der Beschreibung des politischen Handelns der athenischen Vorfahren in Isok. XII 197–198. Die Sorge der Vorfahren um die *héxis tễs psychễs* sei größer gewesen als ihre Sorge um militärischen Erfolg.

[123] Livingstone 2001: 268–269.

[124] Politische Urteilskraft wird als Ziel der isokratischen *paideía* außerdem benannt in Isok. XIII 17, III 51–52; Jaeger 1947, III: 124; Timmerman 1998: 156–158. Zur Identifikation der Urteilskraft mit dem isokratischen Begriff der *dóxa* vgl. Poulakos (T.) 2004: 45, 52–55, Pasini 2009: 119–120.

[125] Vgl. zu Isokrates' Begriff von *phrónēsis* die Definition bei Arist. EN 1140a25–31; Poulakos (T.) 2004: 55–62.

der Untersuchung immer wieder begegnen, da er in den isokratischen Schriften – insbesondere im *Panathenaikos* sowie in der *Friedensrede* – ein wesentliches Deutungsmuster für historische Prozesse, namentlich für den Aufstieg und Niedergang der *póleis* Athen und Sparta darstellt. Die Geschichte dieser beiden *póleis* dient im isokratischen Werk immer wieder als Exemplum für die korrumpierende Macht weltlichen, vor allem politischen Erfolgs. Isokrates' Vorstellungen von *paideía* und von den Grundlagen der *areté* liegen letztlich die gleichen Axiome zugrunde wie seinen Urteilen über historische und politische Prozesse und Sachverhalte. Beide Bereiche, Isokrates' Auffassungen von *paideía* und von *prágmata*, dienen immer wieder dazu, sich gegenseitig exemplarisch als zutreffend zu erweisen.

A.3.2.4 Isokrates und der hermeneutische Standpunkt des Lesers

Für die Beschäftigung mit der argumentativen Funktion historischer Exempla ist die Berücksichtigung der Publikumsebene von essentieller Bedeutung. Literatur, zumal solche, die sich mit den Bedingungen menschlicher Kommunikation und Persuasion befasst und insofern ‚rhetorisch' ist,[126] wird nicht ohne den Blick auf die Rezipientenebene verfasst – ein Umstand, den schon die antike Rhetoriktheorie reflektiert hat.[127] Verschiedene Publika können auf ein und dasselbe rhetorische Argument gemäß ihrer jeweiligen Vorprägung ganz unterschiedlich reagieren. Dies gilt es bei der Abfassung rhetorischer Texte – und folgerichtig auch bei deren Interpretation – zu berücksichtigen.[128] Im Sinne der Grundsätze zur historischen Textinterpretation, die Pierre Bourdieu formuliert hat,[129] kann man davon sprechen, dass statt einer ‚doppelten Historisierung' im Falle fiktionaler Rhetorik eine ‚vierfache Historisierung' Grundlage der Interpretation sein muss: Es gilt die spezifischen Bedingungen (1) der Komposition durch den Verfasser (Welche Bedingungen machen eine Position möglich?), (2) der Rezeption durch das Publikum der Schriftpublikation (Welche Bedingungen bestimmen das Verstehen?), (3) der in dieser Komposition vorgestellten Redesituation (Welche Bedingungen Bestimmen die Position des fiktionalen Sprechers sowie die mögliche Rezeption des fiktionalen Publikums?) sowie (4) der modernen Interpretation (Welche Differenzen zu den in (1) - (3) erhobenen Bedingungen beeinflussen die heutige Sicht) zu berücksichtigen und miteinander ins Verhältnis zu setzen. Während (3) die historische Kontextualisierung der fiktionalen Redesituation erfordert, ist es für die Erhebung von (1) und (2) erforderlich, sich sowohl über die Publikationszwecke der zu untersuchenden Schriften wie auch über das durch die Schriftpublikation adressierte Publikum eine Auffassung zu bilden.

---

[126] Walker 2011: 1–3.
[127] Arist. Rhet. 1415b1–9, dazu Haskins 2004: 103–106, vgl. Tindale 2010: 148–149.
[128] Vgl. Bloom 1955: 168–169, Price 1975: 54, Bourdieu 1999: 169, 316, Gray 1994a: 225–226, Schiappa 1999: 7, Pratt 2006: 3.
[129] Zur ‚doppelten Historisierung': Bourdieu 1999: 472–480 und v. a. 485–489.

Dass die Annahme, rhetorische Texte seien auf ihr spezifisches Publikum (fiktional wie real) hin abgestimmt, auch für Isokrates Gültigkeit beanspruchen kann, zeigt sich an zahlreichen Stellen seines Werkes, an denen er die Art der Rezeption seines Werkes und von Reden und Literatur im Allgemeinen thematisiert und so die Rezeption durch den Leser aktiv beeinflusst.[130] An einigen Stellen fordern isokratische Sprecher-*personae* ausdrücklich die detaillierte Auseinandersetzung des Publikums mit den im Einzelnen vorgetragenen Sachargumenten.[131] Bisweilen betonen sie, dass ein angemessenes Urteil nur unter Berücksichtigung der möglichen Gegenargumente möglich sei.[132] Immer wieder setzen sich die Sprecher der isokratischen Schriften zudem proleptisch mit möglichen Einwänden gegen ihre Argumente auseinander.[133] Das Bild seines idealen Publikums zeichnet der Sprecher ‚Isokrates' im *Panathenaikos*:

> (XII 135) [...] τοῖς δὲ μὴ χαίρουσι τοῖς μετὰ πολλῆς σπουδῆς εἰρημένοις, ἀλλὰ τοῖς ἐν ταῖς πανηγύρεσι μάλιστα λοιδορουμένοις, ἢν δ' ἀπόσχωνται τῆς μανίας ταύτης, ἐγκωμιάζουσιν ἢ τὰ φαυλότατα τῶν ὄντων ἢ τοὺς παρανομωτάτους τῶν γεγενημένων, τούτοις δ' αὐτὸν οἶμαι δόξειν πολὺ μακρότερον εἶναι τοῦ δέοντος. (136) Ἐμοὶ δὲ τῶν μὲν τοιούτων ἀκροατῶν οὐδὲν πώποτ' ἐμέλησεν, οὐδὲ τοῖς ἄλλοις τοῖς εὖ φρονοῦσιν, ἐκείνων δὲ τῶν ἅ τε προεῖπον[134] πρὸ παντὸς τοῦ λόγου μνημονευσόντων, τῷ τε πλήθει τῶν λεγομένων οὐκ ἐπιτιμησόντων, οὐδ' ἢν μυρίων ἐπῶν ᾖ τὸ μῆκος, ἀλλ' ἐφ' αὑτοῖς εἶναι νομιούντων τοσοῦτον ἀναγνῶναι μέρος καὶ διελθεῖν, ὁπόσον ἂν βουληθῶσι, πάντων δὲ μάλιστα τῶν οὐδενὸς ἂν ἥδιον ἀκουόντων ἢ λόγου διεξιόντος ἀνδρῶν ἀρετὰς καὶ πόλεως τρόπον καλῶς οἰκουμένης, (137) ἅπερ εἰ μιμήσασθαί τινες βουληθεῖεν καὶ δυνηθεῖεν, αὐτοί τ' ἂν ἐν μεγάλῃ δόξῃ τὸν βίον διαγάγοιεν καὶ τὰς πόλεις τὰς αὑτῶν εὐδαίμονας ποιήσειαν. Οἵους μὲν οὖν εὐξαίμην ἂν εἶναι τοὺς ἀκουσομένους τῶν ἐμῶν, εἴρηκα, δέδοικα δὲ μὴ τοιούτων γενομένων πολὺ καταδεέστερον εἴπω τῶν πραγμάτων, περὶ ὧν μέλλω ποιεῖσθαι τοὺς λόγους [...].[135]

> (XII 135) [...] jenen aber, die nicht an mit großem Ernst vorgetragenen Reden Gefallen finden, sondern an solchen, die bei den Festversammlungen vor allem Schmähungen verbreiten, oder, wenn sie diesen Irrsinn unterlassen, die verwerflichsten Dinge oder die gesetzlosesten der früheren Menschen lobpreisen, diesen wird, wie ich glaube, diese [sc. Rede] viel umfangreicher als angebracht erscheinen. (136) Mich aber (und ebenso die anderen vernünftigen Leute) haben solche Zuhörer nie interessiert, sondern solche, die im Sinn behalten, was ich vor dem ganzen *lógos* vorausschickte, solche, die nicht die Menge des Gesagten tadeln, selbst wenn der Umfang

---

[130] Dazu Usener (S.) 1994: 13–138, vgl. auch Böhme 2009: 57–58.
[131] Isok. IX 76, VIII 116–119, XV 12, V 25–29 (hier wird der Prozess der Interpretation explizit als ‚kritische Prüfung' (*exetázein*) bezeichnet; Laistner 1927: 133), XII 84–87, 108–113, 135–137, 152, 161, 235–262; vgl. Schmitz-Kahlmann 1939: 16, Pratt 2006: 223, Böhme 2009: 57–58. Einen ähnlichen Standpunkt zur Schriftlichkeit nimmt (aus kritischer Perspektive) auch Alkidamas ein (dazu Liebersohn 1999: 122–123).
[132] Z. B. Isok. VIII 11–12; vgl. Schmitz-Kahlmann 1939: 20–27.
[133] Isok. XI 30–45, IV 100–109, VII 56–77, VIII 57–70, XII 62–66, 84–87, 108–113, 199–263; vgl. dazu Alexiou 2001: 86–91.
[134] Die Zeichensetzung folgt gegen Mandilaras 2003, III: 36 der Edition von Benseler/Blaß 1889, II: 46.
[135] Vgl. auch Isok. XII 246; Usener (S.) 1994: 81–84. Wenig überzeugend ist die Interpretation der Stelle, vor allem im Hinblick auf die Annahme dreier Publika, bei Roth 2003a: 172–174.

A.3.2 Zur Funktion der isokratischen Schriften in paideía und Politik

zahllose Wörter betrüge, solche, die der Ansicht sind, es liege bei ihnen selbst, einen so großen Teil in dem Umfang zu lesen und durchzugehen, wie sie gerade wollen, vor allem aber solche, die keine Rede lieber hören als eine, die die Tugenden der Männer und die Wesensart einer wohlregierten *pólis* behandelt. (137) Wenn einige diese Gegenstände nachahmen wollten und könnten, dann würden sowohl sie selbst in großem Ansehen leben als auch ihre eigenen *póleis* glücklich machen. Zuhörer von welcher Art ich mir für meine Werke wünschte, habe ich also gesagt; ich fürchte aber, wenn derartige auftauchen, dann rede ich doch weitaus weniger zufriedenstellend, als die Gegenstände verlangen, über die ich Reden verfassen will [...].

Die Leser des Isokrates – nur ein Lesepublikum kann gemeint sein – sollen Interesse aufbringen an didaktischen Schriften, an Schriften, die einen Lehranspruch verfolgen und vorbildhafte politische Taten und Menschen präsentierten; dieses Interesse steht im Gegensatz zur Rezipientenhaltung der nur Unterhaltung suchenden Zuhörer bei Lob- und Tadelreden anlässlich großer Festwettkämpfe. Die Lektüre solcher didaktischer Schriften erfolgt auf eine Weise, die es dem Leser gestattet, selbst die Kontrolle über den Rezeptionsprozess zu behalten: Er bestimmt das Tempo und den Umfang dessen, was er zu einem Zeitpunkt liest und interpretiert. Er achtet bei der Lektüre auf das jeweils bereits zuvor Gesagte – das kann fraglos die Aufforderung beinhalten, auf mögliche Inkonsistenzen innerhalb der Reden zu achten. Man beachte die Bemerkung, dass dem aufmerksamen Leser die isokratischen Schriften unvollkommen erscheinen dürften.[136] Dass Isokrates seine Leser zur kritischen Prüfung der Argumentationen auffordern will, geht auch aus Äußerungen an späterer Stelle im *Panathenaikos* sowie in der *Antidosis* und dem *Philippos* hervor.[137] Insbesondere aber wird an der oben zitierten Stelle des *Panathenaikos* die Bedeutung des Proömiums (ἃ δὲ προεῖπον) für den Hauptteil einer Schrift hervorgehoben. Die ganze Schrift ist also unter den im Proömium gesetzten Prämissen zu interpretieren. Ziel dieses didaktischen Prozesses ist die Nachahmung der *aretaí* und der Wesensart der wohlregierten *póleis*. Auch hier bestätigt sich der ethische Anspruch der isokratischen *paideía*.

Es zeigt sich in aller Deutlichkeit, dass Isokrates die Publikumsperspektive bei der Konzeption seiner Schriften bewusst ins Auge fasst. Wiederholt wurde zu Recht betont, dass der isokratische Leser aufgrund von Stellen wie der hier zitierten als ein Kritiker erscheint, der, anders als der Hörer einer Rede, in der Lage sei, verborgene Feinheiten im isokratischen Text zu entdecken und zu bewerten.[138] Genau diesen Versuch unternehmen

---

[136] Die Topik der Stelle („Der Gegenstand meines Lobes ist so lobenswert, dass kein Lob ihm gerecht wird.") ist unübersehbar. Zugleich hat die Aussage aber das inhaltliche Potential, als Hinweis darauf zu wirken, dass die isokratischen Schriften möglicherweise an manchen Stellen hinter dem Möglichen zurückbleiben, also bewusst eine nicht ‚ideale' Argumentation präsentieren.

[137] Isok. XII 271–272, XV 12 (vgl. Bons 1997: 12–14, Morgan 2003: 204) sowie V 25–29 (außerdem Isok. IV 187–189, XIV 63), wo Isokrates die Schwäche des nur schriftlich vermittelten *lógos* dadurch zu überwinden vorschlägt, dass der Leser seine hermeneutische Position nutze und, statt wie beim mündlichen Vortrag sich von affektheischenden Stilmitteln beeindrucken zu lassen, auf den Wert der in der Sache vorgetragenen Argumente achte, vgl. dazu Tulli 1990: 412–413, 418–421.

[138] Von Arnim 1917: 254–255, Steidle 1952: 295–296; Gillis 1969: 338, Dixsaut 1986: 74, Usener (S.) 1993: 257–261 (ad Isok. XI) und 1994: 93, 137, Bons 1997: 15, Gómez 1998: 62, 68, Michelini 1998:

die in verschiedenen Szenen im isokratischen Werk präsentierten Leser – zugegebenermaßen mit jeweils fragwürdigem Erfolg, der sich indes mit der Identität der vorgestellten Leser erklären lässt: Diese stellen kein ideales Publikum, sondern ein entweder böswilliges (Kritiker und Konkurrenten) oder noch ungelehrtes (Schüler) Publikum dar.[139] Die im isokratischen Werk aktiv auftretenden Rezipientenfiguren nehmen ausnahmslos eine kritische Leserhaltung ein. Es ist deshalb davon auszugehen, dass Isokrates bei der Wahl und Gestaltung seiner Argumentationen die zu erwartenden Reaktionen seines Publikums einkalkuliert, ja dass er auf Seiten seines Publikums mit bestimmten Vorurteilen und Meinungen rechnet, die die Rezeption seiner Schriften beeinflussen.[140] Bemerkenswert ist in diesem Zusammenhang ein Kommentar des Pseudo-Longinus zur Wirkung einer Stelle im Proömium des *Panegyrikos* (Isok. IV 7–8), an der Isokrates die Täuschungskraft des *lógos* betont:

> […] σχεδὸν γὰρ τὸ τῶν λόγων ἐγκώμιον ἀπιστίας τῆς καθ' αὑτοῦ τοῖς ἀκούουσι παράγγελμα καὶ προοίμιον ἐξέθηκε.[141]

> Vielleicht nämlich hat er das Lob der *lógoi* [sc. ihres Potentials, ‚das Große klein und das Kleine groß zu machen'] den Zuhörern als Vorankündigung und Proömium einer mangelnden Glaubwürdigkeit angebracht.

Der namentlich unbekannte Verfasser der Schrift *Peri Hypsous* spricht hier ganz offen die Möglichkeit an, dass Isokrates bewusst die sachliche Kritik des folgenden Lobes auf die athenische Politik provozieren wolle, indem er die Leser ganz offen darauf hinweise, das rhetorische Textprodukte über große Täuschungskraft verfügten. Diese Deutung belegt unmissverständlich, dass schon in der Antike, wenigstens im 1. Jahrhundert n. Chr., eine derartige Wirkung und Absicht solcher und ähnlicher Aussagen denkbar war – und dass man Isokrates eine derartige Texthermetik zutrauen konnte, wenngleich diese Lesart gewiss in der frühen Kaiserzeit nicht vorherrschend gewesen sein dürfte.[142]

122–123, Morgan 2003: 188, 193, Too 2008: 177, Alexiou 2010: 74–75 (anders Grieser-Schmitz 1999: 10, Ober 2004: 23, 36). Interessant ist in diesem Zusammenhang die Beobachtung bei Dalfen 1974: 169–171 zur isokratischen (und platonischen) Dichterkritik (z. B. in Isok. XI 38–43, IX 8–11). Die Kritik am Mythos betrifft im *Euagoras* die psychagogische Wirkung des poetischen Schmucks. Wenn Isokrates jedoch behauptet, dass Prosa sich der Psychagogie enthalte, dann scheint das eine gezielte Ausblendung des psychagogischen Potentials des *lógos* zu sein. Isokrates tritt mit seinen Schriften in die Nachfolge der zu Lehrzwecken eingesetzten Dichtung. Die Dichterkritik lässt sich vor diesem Hintergrund möglicherweise als verdeckter Hinweis auf das psychagogische Potential auch des isokratischen *lógos* deuten, mit dem sich das philosophische Publikum auseinandersetzen soll (Heilbrunn 1975: 175–176).

[139] Isok. V 17–23, XII 199–263, vgl. auch die böswilligen Kritiker in Isok. XV 62, XII 16–21.

[140] Hamilton 1979: 295, Poulakos (T.) 2001: 69, Alexiou 2010: 74–75. Zur Rolle der selektiven *heúrêsis* historischer Argumente vgl. Calließ 1985: 57. Auch Speusippos bestätigt dies indirekt, wenn er Isokrates' Forderung nach der Vertrautheit des Publikums mit den vom Verfasser eines Textes gewählten Exempla erwähnt (Speus. ep. Socr. XXX 10).

[141] [Longin.] περὶ ὕψους 38, s. dazu u. Kap. B.2.3 Anm. 67.

[142] Vgl. dazu Blaß ²1892: 201, Baynes 1955: 147, v. a. Heilbrunn 1967: 69–71, Nicolaï 2009: 297.

A.3.2 Zur Funktion der isokratischen Schriften in paideía und Politik

Ist die Bedeutung der Rezipientenebene für die Konzeption rhetorischer und speziell der isokratischen Literatur einmal erkannt, so ergibt sich daraus unmittelbar auch deren Bedeutung für die Interpretation dieser Schriften. So ist es zum Beispiel für das Verständnis der isokratischen Redeliteratur durchaus relevant, wenn der Autor Isokrates ein Argument verwendet, das zwar logisch plausibel ist, in seinem Inhalt jedoch für das adressierte Publikum eine Provokation darstellen muss.[143] Umgekehrt stellt sich bei Argumenten, deren Plausibilität heutigen Betrachtern fragwürdig erscheint, die Frage, ob sich der Eindruck mangelnder Plausibilität auch für das zeitgenössische Publikum ergeben konnte oder gar musste.[144]

Es erscheint daher angebracht, bei der Analyse der Funktionen historischer Exempla bei Isokrates die Frage nach den möglichen Publikumsreaktionen – die gewiss nicht überall zuverlässig bestimmt werden können – zu berücksichtigen. Hierfür können Traditionen sowie historische, politische und kulturelle Identitäten als wichtige Ebenen benannt werden, auf denen Zustimmung oder Ablehnung zu historischen Exempla erzielt werden kann.[145] Aufgrund des moralischen Anspruchs der isokratischen Schriften sind zudem moralische Konventionen zu beachten.[146]

Wichtig für die Einschätzung der zu erwartenden Reaktion eines Publikums ist auch die spezifische Rezeptionsweise des rhetorischen Textes. Jörg Calließ hat die Bedeutung des Rezeptionsmodus für das politische Argumentieren mit Geschichte treffend benannt:

> [sc. Die] Probleme in der praktischen Anwendung der Kulturtechnik ‚Geschichte als Argument' werden auch im politischen Diskurs nur begrenzt relativiert, da kaum je die Plausibilität und Angemessenheit der Argumentation selbst hinterfragt und mit den Maßstäben der etablierten historischen Methode geprüft wird. Zwar weisen gelegentlich Historiker schiefe oder falsche Instrumentalisierungen von Geschichte zurück, aber ihre Kritik an dem Mißbrauch von Geschichte in der Politik setzt meist erst ein, wenn das Argument seine Wirkung längst getan hat.[147]

Für die Untersuchungen im Analyseteil der vorliegenden Arbeit ist die Erkenntnis bestimmend, dass das von Calließ beschriebene Problem, dass irreführende historische Exempla (im Sinne der *exempla vitiosa*) im Betrieb einer mündlich geprägten Tagespolitik kaum angemessen kritisch bewertet und gegebenenfalls kritisiert werden können, für

---

[143] Ein Beispiel dafür ist die Erwähnung Spartas als demokratischer *pólis* in Isok. VII 60–61 (s. dazu u. Kap. B.6.4.2.2).

[144] Maßstab für die Beurteilung dieser Frage sollen in der vorliegenden Arbeit die Argumentationsregeln sein, die innerhalb des isokratischen Werkes explizit angesprochen werden (s. dazu u. Kap. A.3.3).

[145] Calließ 1985: 55.

[146] Jost 1936: 123. Dass das für Isokrates in besonderem Maße gilt, ergibt sich aus dem hohen Stellenwert, den das Motiv des Traditionellen und der Erfahrung (*empeiría*) in seiner *paideía* einnimmt (Jäkel 1986: 67, Lombard 1990: 75, Walker 2011: 105). Auch hier kann zudem das Zeugnis des Speusippos herangezogen werden, Isokrates habe die inhaltliche Anerkennung der Exempla (*paradeígmata gnórima*) gefordert (Speus. ep. Socr. XXX 10).

[147] Calließ 1985: 58.

die isokratischen Schriften nur bedingt gilt. Es gilt für die dramatischen Publika der einzelnen Reden, für die auf fiktionaler Ebene vorgestellten Zuhörer der Reden der isokratischen Sprecher. Reflexionen über die Plausibilität der Argumentationen erfolgen für ein solches ‚Echtzeit'-Publikum zu langsam, als dass sie die Bewertung des Gesagten *ad hoc* beeinflussen könnten. Diese Problematik ergibt sich indes nur auf fiktionaler Ebene. Sie besteht nicht für das Lesepublikum, für das Isokrates schreibt und dem er einen langsamen, dosierten Rezeptionsprozess empfiehlt. Das gilt unabhängig von der Frage, wie eng dieses Publikum zu fassen ist. Ein Lesepublikum verfügt über die Zeit und die kritische Distanz, die zur Analyse der Argumentationen notwendig ist.[148] Für die literarischen Reden im thukydideischen Geschichtswerk hat Paula Debnar diesen Umstand und seine Konsequenzen („hermeneutic challenge") treffend beschrieben:

> [...] the speeches encourage, even demand, extended analysis by readers who have a text and the time to study it. The speeches can be read and reread: arguments can be analyzed; statements in speeches can be compared with the narrative.[149]

Vor dem Hintergrund des oben zitierten Passus aus dem *Panathenaikos* lässt sich diese Forderung an das Publikum nicht nur aus heutiger Warte auf das Werk des Isokrates übertragen. Isokrates selbst hat sie bereits an sein Publikum gestellt.

Doch auch, wenn das isokratische Publikum somit als kritisches Lesepublikum identifiziert ist, bleiben einige Fragen offen. Für welches konkrete Lesepublikum schreibt Isokrates? Beabsichtigt er eine möglichst weite Publikation seiner Schriften oder dienen die Schriften eher als Diskussionsgrundlage im kleinen Kreis der Schule? Rechnet Isokrates nur mit athenischen oder auch mit außerathenischen Lesern? Diese Fragen sind von Interesse für die Interpretation, da unterschiedliche Publika unterschiedliche Rezeptionsvoraussetzungen aufweisen. So kann man bei einem ausschließlichen oder mehrheitlichen Schülerpublikum eher davon ausgehen, dass dieses mit den übrigen Schriften des Isokrates vertraut gewesen ist, als bei einem über die ganze griechische Welt verstreuten Publikum. Bei einer diastratisch breiten Rezeption ist, anders als bei einem nur philosophischen Publikum, nicht davon auszugehen, dass die Mehrheit mit den Ideen der isokratischen *paideía* vertraut gewesen sein könnte. Welches Publikum Isokrates adressiert, kann hier nicht vollständig geklärt, sondern soll im Laufe der Analyse offen gehalten werden. Einige Hinweise aus den isokratischen Schriften sind jedoch zu beachten.

Über die Publikationsweise der isokratischen Literatur ist fast nichts bekannt. Ob Isokrates seine Schriften lediglich im Kreis der Schüler oder in seinem intellektuellen Umfeld oder gar im ‚Handel' aktiv verbreitete, lässt sich nicht nachvollziehen.[150] Grundsätzlich ist festzustellen, dass die ausschließlich schriftliche Publikation der isokratischen

---

[148] Gillis 1971: 56, 61–64.

[149] Debnar 2001: 22.

[150] Aristoteles berichtet, einem späteren Testimonium zufolge, davon, dass Isokrates' Gerichtsreden bei Händlern zu kaufen gewesen seien (Dion. Hal. Isoc. 18; Weil 1980: 193–194, Bringmann 2003: 9). Die Bewertung dieser Information ist jedoch schwierig, da zum einen die Polemik der Aussage unverkennbar ist (Isokrates leugnete, überhaupt Gerichtsreden verfasst zu haben und kritisierte die

A.3.2 Zur Funktion der isokratischen Schriften in paideía und Politik

Schriften auf ein eher elitäres Publikum verweist, dass aber zugleich von einer allgemeinen Zugänglichkeit von Schriftpublikationen des 4. Jhs. für Jedermann auszugehen ist, der sich den Kauf und die zur Lektüre nötige Freizeit (*scholé*) leisten konnte.[151] Schriftlich publizierte Texte verbreiteten sich zwar nicht in großer ‚Auflage', aber doch unter einem anonymen, vom Autor nicht kontrollierbaren Publikum.[152]

Dass Isokrates' Schriften zumindest in Philosophenkreisen auch außerhalb der isokratischen Schule gelesen wurden, belegt der (literarische) Brief des Speusippos an Philippos ebenso wie Isokrates' Kritik an böswillig falscher Wiedergabe seiner Schriften durch Dritte.[153] In seinem *Philippos* spricht der Sprecher ‚Isokrates' von einer Verbreitung seiner Ratschläge in Athen, ganz Hellas, insbesondere aber unter den vornehmen Hellenen (*endoxótatoi*).[154] Auch in der *Antidosis* erscheinen gebildete Aristokraten in ganz Hellas (*pleísthēn scholḗn tôn Hellḗnōn ágontas*) als Zielpublikum.[155] Der Sprecher ‚Archidamos' fasst gar ganz Hellas als Bühne seiner Rede auf.[156] Ob das auf eine von Isokrates aktiv betriebene Publikation seiner Schriften auch außerhalb Athens hindeutet, bleibt aber zweifelhaft, zumal Isokrates andernorts betont, dass die vornehmsten Hellenen aus der

---

Amoralität der athenischen Rechtspraxis, vgl. Isok. XV 20–27, 30, 48–50, 228–229; Raoss 1968: 48–49, Gillis 1969: 341, Walker 2011: 96–97), zum anderen nur die Gerichtsreden angesprochen sind, die vielleicht zu anderer Zeit und außerhalb der Schultätigkeit des Isokrates entstanden sind. Problematisch ist es, die Dialogszene des *Panathenaikos* als realistischen Bericht über die Publikationsweise der isokratischen Schriften (Weitergabe an die Schüler zur Multiplikation) zu lesen (so etwa Gray 1994a: 263, 266–267 und 1994b: 102). Mehr als dass Isokrates' Schriften (möglicherweise gegen seinen Willen) sich auch in einem anonymen Publikum verbreiteten, lässt sich aus der Szene meines Erachtens kaum folgern.

[151] Vgl. Johne 1991: 46, 50–51, Schiappa 1999: 99, 206 (Literatur als Obersichtenmedium) und v. a. Azoulay 2007: 197–198.

[152] Damit ist die von Platon präferierte Kontrolle des Philosophen über die Auswahl seiner Rezipienten (vgl. Szlezák 1988) aufgehoben. Auch wenn das Publikum schriftlicher Texte potentiell unbegrenzt groß werden kann (Müller (R.) 1991: 20–21), so ist im 4. Jh. nicht von einer massenhaften Buchproduktion oder -rezeption, zumal philosophischer Traktate, auszugehen.

[153] Speus. ep. Socr. XXX (Jähne 1991: 138, Meißner 1992: 384–387, Usener (S.) 1994: 38–39, Natoli 2004), Isok. XII 16 (Too 1995: 188), [Isok.] ep. IX 15. Die Praxis der kritischen Lektüre von Werken Dritter beschreibt Isokrates auch aus der Perspektive eines solchen Kritikers, etwa gegenüber Polykrates in Isok. XI (s. u. Kap. B.1.3.1, B.1.3.3–4), vgl. Pinto 2006: 55–56.

[154] Isok. V 82, vgl. IX 74 (dazu Kehl 1962: 6, Tigerstedt 1965, I: 180, Michelini 1998: 122, Usener (S.) 2003: 21) sowie XII 263 (dazu Azoulay 2007: 195–196). Zur aristokratischen Auswahl der Schüler vgl. auch Isok. VII 43–45, XV 185, 304, 308; Piepenbrink 2003: 49, Bringmann 2003: 10, Too 2008: 185, 235–236).

[155] Isok. XV 39.

[156] Isok. VI 106 (vgl. Azoulay 2006: 525–526). Es ist jedoch nicht ganz klar, ob sich die Stelle für das isokratische Werk insgesamt abstrahieren lässt. Isokrates könnte dem Archidamos hier auch eine Aussage in den Mund gelegt haben, die zum Ausdruck bringt, dass ganz Hellas in den 360er Jahren die Verhältnisse auf der Peloponnes wie eine Tragödie verfolgte. Der Passus scheint lose an Thuk. III 53–59, bes. 57,1 (dazu Debnar 2001: 95) angelehnt. Eine wörtliche Anspielung liegt zwar nicht vor. Der Grundgedanke aber ist der gleiche, wonach nicht nur die anwesenden Zuhörer, sondern ganz Hellas die Entscheidung Spartas in der aktuellen Situation bewerten würde.

Ferne in seine Schule nach Athen kämen.[157] So könnte die Rede von den ‚vornehmsten Hellenen' auch eine selbstbewusste Bezeichnung der Schüler der isokratischen Schule sein.[158] In jedem Fall aber belegt die Beschränkung des Publikums auf geistige Eliten in jedem der genannten Beispiele, dass Isokrates' Schriften sich nicht primär an eine breite Öffentlichkeit des athenischen *dêmos* richten, sondern dass sie sich an ein selektives Publikum wenden.[159] Auf ein verhältnismäßig kleines Zielpublikum deutet wohl auch eine Stelle aus dem *Philippos* hin, in der die Sinnlosigkeit einer Adressierung an große Publika thematisiert wird.[160] Kathryn Morgan hat schließlich aus der Rede *An Nikokles* den Schluss gezogen, dass Isokrates den vollständig gebildeten Einzelnen als das ideale – mithin utopische – Publikum konstruiere:

> [sc. Isocrates] […] configures the king as his perfect audience, a single person who can make a decision, and [sc. he] contrasts this audience with the audience of tragedy and other poetry […], which is admonished ineffectively. Audience ideology is reversed […]. The good king […] can be effectively admonished, can be […] the personality unified by reason's rule (the ideal of Plato's *Republic*).[161]

Es sei zudem vorab bemerkt, dass auch die Ergebnisse der Untersuchungen im Abschnitt B dieser Arbeit darauf hindeuten, dass Isokrates' eigentliches Zielpublikum vor allem im Umfeld seiner Schule sowie in intellektuellen Kreisen Athens zu suchen ist,[162] dass er zwar möglicherweise mit einer weiten Verbreitung seiner Schriften rechnete, dass er aber konzeptionelle Mittel ergriffen hat, die Schriften nicht jedem Leser inhaltlich gleichermaßen zugänglich zu machen.[163]

A.3.2.5 *Epídeixis* – Ein gerechtfertigtes Axiom der Isokrates-Forschung?

Seit der Antike gilt Isokrates als herausragender Vertreter der epideiktischen Rede seiner Zeit.[164] Für diese Auffassung spricht, dass Aristoteles seine Definition der epideiktischen Rede auch mit dem Beispiel der isokratischen Redeliteratur vor Augen gewinnt.[165]

---

[157] Isok. XV 164.
[158] Dagegen gehen Jähne 1991: 136, Bringmann 2003: 13, Usener (S.) 1994: 3–4, 9, 80 von einer weiten Verbreitung der isokratischen Schriften aus. Das ist fraglos nicht ausgeschlossen.
[159] Azoulay 2007: 195–196.
[160] Isok. V 12–13; vgl. dazu Poulakos (J.) 2004: 80–81, Walker 2011: 220.
[161] Morgan 2003: 205.
[162] Dass die tatsächliche Wirkung der isokratischen Schriften in Athen am höchsten gewesen sein dürfte, betont Usener (S.) 2003: 28.
[163] S. dazu u. Kap. C.3.
[164] Blaß ²1892: 2.
[165] Nicht nur der Umstand, dass das der Zielrichtung der isokratischen Schriften sehr nahekommt, sondern auch die Häufigkeit, in der Isokrates' Schriften als Beispiele für epideiktische Schriften und deren Bestandteile von Aristoteles herangezogen werden (Blaß ²1892: 51, 261), legen den Schluss nahe, dass Aristoteles Isokrates innerhalb seiner Dreigliederung der Rhetorik dem *génos epideiktikón* zugerechnet hat.

A.3.2 Zur Funktion der isokratischen Schriften in paideía und Politik

Häufig jedoch wird Isokrates, über die antike Auffassung hinausgehend, in die rhetorische Tradition der ‚Sophistik' eingeordnet. Seine Schriften – vor allem die sogenannten ‚Schulschriften' (*Gegen die Sophisten*, *Helena*, *Busiris*), die *Kyprischen Reden* und die *Antidosis* – werden in diesem Zusammenhang oft als *epídeixis* isokratischer Redekunst betrachtet, worunter zumeist Schriften verstanden wurden, deren wesentlicher, hauptsächlicher oder gar einziger Zweck es sei, die rhetorische *dýnamis* ihres Verfassers zu demonstrieren.[166]

Da der Begriff der *epídeixis* für die Interpretation der Schriften des Isokrates von nicht geringer Bedeutung ist, soll er etwas näher erläutert werden. Der oben skizzierten Auffassung, unter *epídeixis* sei (ausschließlich) die Selbstdarstellung sophistischer Schriftsteller in ihrer rhetorischen *dýnamis* zu verstehen,[167] hat sich jüngst Jonathan Pratt mit Nachdruck entgegengestellt und versucht, den Standpunkt des Isokrates gegenüber der ‚sophistischen' Praxis der *epídeixis* näher zu bestimmen.[168] Pratt unterscheidet auf der Grundlage von Aristoteles' Definition der Redegenera[169] zwei verschiedene Deutungen des Begriffs, die er als „‚civic' epideictic" und „‚sophistic' epideictic" benennt. Im frühen 4. Jh. sei vor allem die letztgenannte von Bedeutung gewesen.[170] Aristoteles zufolge befindet sich das Publikum epideiktischer Reden in der Rolle eines Betrachters (*theôrós*),

---

[166] Terminologisch ist die Abgrenzung von *epídeixis* und epideiktischer Rede wichtig (vgl. dazu Pratt 2006: 4–5). Isokrates konnte die aristotelische Terminologie noch nicht kennen, hat jedoch eine klare Vorstellung von *epídeixis*, die sich mit der ‚epideiktischen Rede' des Aristoteles nicht exakt deckt (s. dazu im Folgenden).

[167] So z. B. Wersdörfer 1940: 137–138.

[168] Pratt 2006, zur philosophischen Kritik an *epídeixeis* v. a. 1–36.

[169] Arist. Rhet. 1358a36–1359a5.

[170] Pratt 2006: 4–14, vgl. in Ansätzen zuvor Yunis 1996: 81–82. Pratt ist in einem Punkt nicht zuzustimmen: Seiner Auffassung nach führte die Dominanz der *sophistic epideictic* dazu, dass der Prozess der rhetorischen Selbstdarstellung vermehrt in das private und exklusivere Ambiente der elitären sophistischen Schulen verlagert worden sei. Hiergegen unter anderem wehre sich Isokrates (ähnlich auch von Reden/Goldhill 1999: 263–264, 266, 269, 271). Nun wendet sich aber gerade Isokrates in seiner Kritik an sophistischen *epídeixeis* immer wieder (z. B. Isok. IV 1–3, 7–8, 187–189, V 12–15, 25–29, 93–95, XII 1–3, 271–272) ausdrücklich gegen Redesituationen, in denen ein großes Auditorium Reden nur passiv rezipiere statt sich aktiv mit deren Inhalten auseinanderzusetzen. Dies entspricht der Beschreibung des epideiktischen Publikums bei Arist. Rhet. 1358b18 (Schiappa 1999: 200, 206). In den Untersuchungen des Hauptteils werden sich immer wieder Anhaltspunkte dafür finden, dass Isokrates bei dieser Kritik nicht zuletzt an wiederkehrende öffentliche Redeforen denkt, wie sie die großen Festversammlungen für olympische oder panathenäische Reden boten, aber auch an die athenische Institution des Epitaphios (s. dazu u. Kap. B.2.7). Dabei beklagt er nicht die fehlende Bedeutung der breiten Öffentlichkeit, sondern die fehlende Kontrolle der Redner durch die Öffentlichkeit bzw. umgekehrt deren fehlende Verpflichtung auf das Gemeinwohl. Bei Platon äußert sich diese Kritik unter anderem in der starken Betonung der fremden (= nicht-bürgerlichen) Herkunft der Sophisten (Nightingale 1995: 23–25). Zur Relevanz der öffentlichen Performanz für die rhetorische *epídeixis* vgl. Timmerman/Schiappa in Schiappa 1999: 185–206, Timmerman 2002: 79, die in Aristoteles' Genos der epideiktischen Rede eine bewusste Zurücksetzung des öffentlichen Charakters der *epídeixeis* sehen.

der betrachtete Gegenstand ist die ‚Fähigkeit' (*dýnamis*).[171] Die traditionelle Auffassung (identisch mit Pratts ‚sophistic epideictic') sieht hier die Fähigkeit des Redners/Verfassers angesprochen, so dass das Ziel der Rede die rhetorische Selbstdarstellung sei. Versteht man aber mit Pratt *dýnamis* auch als ‚moralisches Potential' eines Redegegenstandes,[172] so ergibt sich eine Lesart des Aristoteles-Textes, derzufolge epideiktische Reden die Qualität ihrer Redegegenstände präsentieren. Durch Lob oder Tadel werden so gesellschaftliche Werte vermittelt (zum Beispiel kann das Lob des idealen Herrschers der Vermittlung von vorbildhaftem Regierungshandeln dienen), zu deren Befürwortung und *práxis* oder Ablehnung das Publikum implizit aufgefordert ist. Diese Auffassung entspricht Pratts *civic epideictic*. Beide Bedeutungsebenen sind nach Pratt bei Aristoteles angelegt.[173]

Wichtiger für uns aber ist, dass beide Bedeutungsebenen auch schon bei Isokrates zu erkennen sind und auch thematisiert werden. Isokrates wendet sich wiederholt gegen Schriften, die ausschließlich der *epídeixis* ihrer Verfasser dienen sollten,[174] und fordert stattdessen für die Gemeinschaft nützliche Schriften von politischem Gehalt.[175] Auch die zwei unterschiedlichen, jedoch miteinander verwobenen Bedeutungsebenen des isokratischen *dóxa*-Begriffs gehören in diesen Zusammenhang: Nur derjenige erwirbt persönlichen Ruhm (*dóxa*), der die politisch–moralische Urteilskraft (*dóxa*) des Publikums durch die überzeugende Präsentation politischer *lógoi* zum Guten beeinflussen kann.[176] Pratt zufolge versucht Isokrates, die *epídeixis*, gerade auch gegen die Kritik Platons, in Athen als Weg gemeinschaftsdienlichen öffentlichen Wirkens zu rehabilitieren.[177] Es sei darauf hingewiesen, dass Pratts Interpretation geeignet ist, die häufige Annahme zu widerlegen, wonach der Zweck der isokratischen Literatur vor allem in der rhetorischen Selbstdarstellung des Isokrates liege. Selbst wenn man die aristotelische Definition der ‚epideiktischen Rede' auf Isokrates bezieht, ist diese Annahme nicht zwingend. Mit Pratt wird dagegen in dieser Arbeit davon ausgegangen, dass die *epídeixis*, die Isokrates betreibt, die *dóxa* sowohl des Verfassers (*dóxa toû légontos*) als auch des Publikums zu befördern beabsichtigt.

---

[171] Arist. Rhet. 1358b5–6. Schon für Gorgias spielt die *ópsis* als persuasiver Faktor eine große Rolle (Constantinidou 2008: 49–64). Vgl. auch die Gegenüberstellung von *theatokratía* und *aristokratía* bzw. die Exklusivität des individuellen (philosophischen) *philoteamôn* im Gegensatz zur Masse des Theaterpublikums bei Plat. Pol. 475e (dazu von Reden/Goldhill 1999: 261, 263–264).

[172] Pratt 2006: 7–9.

[173] Ebd. 9.

[174] Isok. XI 44, IV 19–20, ep. I 6, ep. VI 5, V 17, 25, XII 1–3 (ironisch), 271–272; Usener (S.) 1994: 51–52, Bons 1997: 7.

[175] Isok. X 1–15 (s. u. Kap. B.1.2.1), IV 1–3 (s. dazu u. Kap. B.2.3).

[176] Vgl. Dazu de Romilly 1958: 95–96, zuletzt Pratt 2006: 13: „Epideictic of the civic kind thus serves to bring balance to the tension between the city and its (rhetorical) elites through a reciprocal arrangement in which the standing of both speaker and addressee are enhanced through the act of praise", ähnlich ebd. 25–27.

[177] Pratt 2006: 2–4, 14–15, 188.

A.3.2 Zur Funktion der isokratischen Schriften in *paideía* und Politik

Dass Isokrates' Schriften hauptsächlich dem Zweck der Selbstdarstellung dienten, wurde in der Moderne häufig angenommen, selten jedoch näher überprüft.[178] Der spezifischen Annahme einer ‚sophistischen' Selbstdarstellung als Zweck isokratischer Literatur, die dem anderen großen Paradigma von Isokrates als ‚Publizisten' gegenübersteht, liegt das bereits erwähnte Axiom zugrunde,[179] Isokrates' Schriften repräsentierten ideale Exemplare isokratischer Redekunst, in anderen Worten: Isokrates habe seine Schriften nach Maßgabe seiner rhetorischen Fähigkeiten inhaltlich und technisch so überzeugend und brillant wie möglich gestaltet.

Sofern es keine konkreten Anhaltspunkte dafür gibt, dass diese Grundannahme falsch sein könnte, ist sie als wahrscheinlich zu erachten. Der Autor Isokrates publiziert Schriften, in denen er namentlich selbst auftritt als Lehrerfigur, die eine *paideía* präsentiert, in der die *mímēsis* des Vorbildes des Lehrers als zentrale Methode der *áskēsis* erscheint. Was sollte näher liegen als die Annahme, dass Isokrates sich mit dieser *persona* ein idealisiertes, aber in seinen rhetorischen und philosophischen Ideen authentisches Denkmal gesetzt hat?

Indes ist darauf hinzuweisen, dass die Wahrscheinlichkeit dieser Annahme nicht ihre Richtigkeit präjudiziert. Die *persona* Isokrates fordert immerhin ebenfalls an zahlreichen Stellen dazu auf, die isokratischen Schriften *en detail* zu interpretieren und anhand der in der Sache vorgetragenen Argumente zu bewerten.[180] In der Dialogszene des *Panathenaikos* wird die Möglichkeit ambivalenter Argumentationen und ‚richtiger' oder ‚falscher' Interpretationen ausführlich thematisiert. Die Prominenz der Aufforderungen und Anleitungen zum kritischen Lesen (inklusive der Kritik an oberflächlichen Formen der Kritik) bedeutet auch, dass Isokrates die Möglichkeit nicht in Abrede stellt, dass sich in seinen Schriften überzeugende und weniger überzeugende Argumentationen, vielleicht sogar (zum Beispiel in verschiedenen Sprechern) verschiedene Modi des rhetorischen Diskurses finden lassen, denen sich Isokrates kaum allen zugleich zugehörig fühlen dürfte.

Auch das Axiom der durch Isokrates' (sämtliche) Schriften repräsentierten ‚isokratischen Rhetorik' gilt es also an den Schriften selbst zu überprüfen anstatt es *a priori* vorauszusetzen. Das ist bislang meines Wissens nur in zwei Untersuchungen zu Isokrates geschehen, von denen die eine wenig Beachtung gefunden hat,[181] die andere, erst jüngst

---

[178] In jüngerer Zeit insbesondere Too 1995 mit wichtigen Ergebnissen zur Stilisierung der *persona* Isokrates im isokratischen Werk, jedoch ebenfalls von der Annahme ausgehend, dass Isokrates' Schriften einen idealen Isokrates präsentieren sollten.

[179] S. o. S. 14.

[180] S. o. Kap. A.3.2.4, B.9.7.

[181] Heilbrunn 1967, das Problem ist implizit angesprochen ebd. 4 („[...] one should not refuse to entertain the thought that Isocrates may have wanted the reader to be puzzled about what he is doing. The initial puzzlement should, if possible, be explained rather than explained away [...]"). Heilbrunn hält insbesondere die Aussagen zur athenischen *arché* in Isok. IV und XII für „cynical", den ganzen *Philippos* gar für „absurd" (6). Ganz allgemein stellt Heilbrunn viele für die vorliegende Untersuchung zentrale methodische Fragen erstmals. So stellt seine Arbeit bis heute die einzige dar, die ‚uneigentliche Rede' in erheblichem Umfang in verschiedenen isokratischen Schriften vermutet (dazu ebd.

erschienene sich dem isokratischen Werk nur im Hinblick auf die Frage der Existenz einer isokratischen *téchnê* widmet.[182] Auch die folgende Untersuchung des isokratischen Spartabildes soll nicht axiomatisch von der oben skizzierten Annahme ausgehen. Maßstab der Interpretation einzelner Argumente und Argumentationsstränge in den isokratischen Schriften sollen Urteile über allgemeingültige Regeln der Argumentation sein, die sich an einigen Stellen des Werkes finden lassen, und die im folgenden Abschnitt zusammengestellt und knapp erläutert werden. Wo die Argumentationen diesen Regeln widerspruchsfrei folgen, wird man weiter von der oben genannten Wahrscheinlichkeit ausgehen können, dass die dort vertretenen Gedanken im Rahmen der jeweiligen Rede persuasive Autorität besitzen sollen. Sofern sich aber Abweichungen und ‚Verstöße' gegen Isokrates' eigene Regeln finden, werden diese zu erklären sein. Als eine mögliche Erklärung sollte auch die bewusste Platzierung von fehlerhaften Argumenten in Betracht gezogen und im jeweiligen Kontext erläutert werden. Es sei bereits ein Ausblick erlaubt: Im Hauptteil der Arbeit wird sich immer wieder zeigen, dass Isokrates' Schriften tatsächlich verschiedene Argumentationsmodi und sogar Fehlargumente enthalten, und dass die Zuteilung der verschiedenen Modi sowohl mit den Standpunkten der jeweiligen Sprecher wie auch mit den jeweils vertretenen inhaltlichen Standpunkten zusammenhängen. Die Methode, nach der Isokrates vorgeht, soll an dieser Stelle nicht weiter erläutert werden, da sie nicht im Mittelpunkt der vorliegenden Arbeit steht. Sie wird indes im Laufe der Einzeluntersuchungen an den konkreten Fällen entwickelt werden.[183]

A.3.3 Isokrates' *téchne* als Maßstab seiner Schriften

Der Anspruch, die isokratischen Schriften (beziehungsweise das ‚Exemplum Sparta' bei Isokrates) auch auf ihre argumentative Plausibilität hin zu überprüfen, führt zu einer hermeneutischen Schwierigkeit: Welche Kriterien können für die Plausibilität eines Argumentes Gültigkeit beanspruchen? Die kulturellen, traditionalen und vor allem auch

---

43–57, 216: „[…] Isocrates deliberately misrepresents philosophy in order to protect it from those who would not understand a true representation", 223) und die rhetorischen Mittel, die dazu verwendet werden, untersucht. Auch Heilbrunns allgemeine Deutung von isokratischer Literatur als philosophischen Schriften, die sich rhetorischer Gegenstände und Methoden als Mittel zum Zweck bedienen, scheint angemessen (ebd. 188). Indes kommt Heilbrunn an vielen Stellen zu inhaltlich kaum nachvollziehbaren Schlüssen, etwa wenn er die idealisierten *politeíai* in Isok. XI, IV, VII als Parodien verfehlter Idealstaatsvorstellungen auffasst (ebd. 23–43). In der vorliegenden Arbeit können Heilbrunns Thesen, die meines Wissens bislang nicht ausführlich diskutiert wurden, nur gelegentlich zum Vergleich herangezogen werden. Als intelligente Herausforderung zahlreicher *opiniones communes* der Isokrates-Forschung hätten sie indes erheblich größere Beachtung verdient.

[182] Walker 2011: 57–155.

[183] Aufschluss über Isokrates' Methode der bewussten Platzierung ambivalenter und/oder fehlerhafter Argumente geben vor allem die Schriften *Helena* und *Busiris* (s. u. Kap. B.1) sowie der *Panathenaikos* (s. u. Kap. B.9).

A.3.3 Isokrates' téchne als Maßstab seiner Schriften

rhetorischen Prägungen des isokratischen Publikums im 4. Jh. sind für den modernen Betrachter nur schwer nachzuvollziehen, und die Gefahr der Projektion moderner Sichtweisen in die antiken Texte, also die Gefahr einer ahistorischen Beurteilung derselben, ist nicht zu unterschätzen. Es ist daher ein Bewertungsmaßstab anzusetzen, dessen Gültigkeit sowohl für den Autor Isokrates als auch für sein Publikum möglichst weitgehend vorausgesetzt werden kann.

Einen solchen Bewertungsmaßstab stellen in der vorliegenden Arbeit die argumentationstheoretischen Grundsätze dar, die unmittelbar in Isokrates' Schriften formuliert werden: Maßstab der Bewertung soll Isokrates' *téchne* der Argumentation sein.

Diese muss aus den isokratischen Schriften rekonstruiert werden, da Isokrates keine *téchne*-Schrift verfasst hat.[184] Barwick verwies in diesem Kontext darauf, dass Isokrates' erhaltene Schriften, insbesondere die für seine Auffassung von der Lehre der *lógoi* einschlägigen Abschnitte in *Gegen die Sophisten* und *Antidosis*,[185] auf eine schroffe Ablehnung des Anspruchs einer technischen Lehre hindeuten. Für den Gegenstand seiner eigenen Lehre, so wird aus diesen Abschnitten klar, kann es nach Isokrates' Auffassung ein technisches Regelwerk gar nicht geben, da die Erfordernisse des veränderlichen *kairós* eine starre Behandlung nach schematischen Regeln nicht erlaubten.

Dieser Standpunkt hat in jüngerer Zeit einige Modifikationen erfahren. So hat sich Jeffrey Walker jüngst gegen Barwicks Zuschreibung der fragmentarisch überlieferten ‚isokratischen' *téchne* an einen (ansonsten unbekannten) jüngeren Isokrates aus dem 1. Jh. n. Chr. gewendet.[186] Von einer bis in spätere Zeit überlieferten authentischen *téchne*-Schrift des Isokrates geht aber auch er nicht ohne Vorbehalte aus, ebensowenig wie Terry L. Papillon, der in einem brillanten Aufsatz von 1995 die Annahme widerlegt hat, Isokrates lehne jede Form der *téchne* vollständig ab.[187] Papillon weist darauf hin, dass sich Isokrates nur gegen eine fixierte, unflexible Form der schriftlichen Regelsammlung, gegen eine *tetagméne téchne*, wende, und dass Isokrates' Lehrmethode durchaus auf Argumentationsregeln angewiesen sei.[188] Nicht jede *téchne* wird von Isokrates für unmöglich erklärt, sondern lediglich eine *téchne*, die das zu vermitteln vermöge, was er in Rahmen seiner *paideía* vermitteln wolle. Papillon schlägt zur Hervorhebung des spezifischen Lehrcharakters der isokratischen Schriften den Begriff *hypodeictic discourse* vor; damit bezeichnet er eine induktive Form der Lehre argumentativer Regeln und Theorien, die

---

[184] Die Authentizität der unter Isokrates' Namen überlieferten Fragmente einer *téchne*-Schrift wurde von Barwick 1963: 46–60 widerlegt; zuvor schon Blaß ²1892: 105–106. Zustimmung bei Papillon 1995: 154–155, Too 1995: 164–171 und 2008: 167, Bons 1997: 5–6, 11–13. Cic. Brut. 48, der in der Annahme isokratischer *téchnai* offenbar Hermagoras' Aristoteles-Referat zitiert, gibt an der gleichen Stelle an, Isokrates habe die Möglichkeit einer *ars dicendi* geleugnet.
[185] Isok. XIII 14–18, XV 180–192, vgl. Barwick 1963: 43.
[186] Walker 2011: 57–90 (v. a. 59–61), 153–155.
[187] Papillon 1995 (unter anderem gegen Walberer 1938: 10–11), vgl. auch Walker 2011: 62–64, 68–75, 86–90.
[188] Isok. XIII 12, XV 183–184, Papillon 1995: 150–151, vgl. Yunis 1996: 68–75, Walker 2011: 69–71.

anhand der Vorführung exemplarischer Argumentationen die Erkenntnis der zugrundeliegenden Regeln vermitteln solle.

Papillons Vorschlag ist interessant und erwägenswert. Unabhängig davon, ob man ihm folgt, bleibt festzustellen: Argumentationsregeln werden in *Gegen die Sophisten* (§12–18) als propädeutische Notwendigkeit gefordert und als nützlich anerkannt, sie stellen aber eben nicht die höhere Lehre, sondern nur die Vorbereitung für diese dar.[189] Isokrates setzt sie gewissermaßen voraus. Seine epistemologische Negierung der Möglichkeit von *téchnê* bezieht sich einzig auf die höhere Bildung, die *philosophía*, letztlich auf die Möglichkeit einer *epistémê* im Bereich der politischen Philosophie. Einzelne Regeln zur Argumentation, ja theoretisch sogar ein ganzes Regelsystem,[190] sind mit dieser Auffassung durchaus vereinbar. Auch Blaß und Barwick gingen davon aus, dass einzelne Regeln zur rhetorischen Argumentation, die man als *téchnai* bezeichnet haben würde, in Isokrates' „Reden implicite zu Ausdruck kamen."[191] In der Tat zeugen gerade die oben erwähnten, hinsichtlich der Möglichkeit der Formulierung einer festen *téchnê* skeptischen, Abschnitte in *Gegen die Sophisten* und *Antidosis* davon, dass Isokrates die Funktionsweisen und Voraussetzungen erfolgreichen Argumentierens auch theoretisch reflektiert hat.

Inwiefern nun ist die Frage nach der Existenz isokratischer Regeln zur Argumentation für die Isokrates-Interpretation von Belang? – Vor allem, insofern als solche Regeln Maßstab für die Bewertung von Argumentationen bei Isokrates sein können. Wenn Isokrates eine Regel formuliert, so erscheint es lohnenswert, zu überprüfen, ob seine eigenen Schriften diese Regel konsequent berücksichtigen oder nicht. Dass ein solcher Ansatz

---

[189] Insofern kann auch Papillons Modell nicht als (hinreichende) Lehrmethode für das angesehen werden, was Isokrates als *philosophía* bezeichnet. Diese intendiert nicht die Vermittlung von Argumentationsregeln, sondern von politischer Urteilskraft und Tugend (Isok. XIII 19–21; Timmerman 1998: 156–158). Die ‚hypodeiktische' Vermittlung rhetorischer Kenntnisse kann dazu einen grundlegenden Beitrag leisten, stellt jedoch nicht die (ganze) Lehre dar. Diese Auffassung ist nicht unvereinbar mit der Annahme bei Gaines 1990, dass die technischen Grundsätze des Isokrates für Komposition und Argumentation einen großen Einfluss auf spätere rhetorische *téchnai* ausübten.

[190] Dies ist nicht zu verwechseln mit einer theoretischen Definition und Systematik von ‚Rhetorik', die mit Schiappa 1990 und 1999: 3–82 für die Zeit vor Aristoteles nicht vorausgesetzt werden kann. Es lässt sich aber, stellt man die bei Isokrates formulierten Argumentationsregeln zusammen (s. im Folgenden), zeigen, dass Isokrates durchaus verschiedene Redegenera voneinander scheidet. Dass diese Unterscheidung der Genera in der Lehre des Isokrates eine bedeutende Rolle gespielt haben muss, wird daraus ersichtlich, dass er klare Regeln zur *heúrêsis* und Argumentationstechnik bestimmter Genera in den erkennbar pädagogisch motivierten Schriften *Helena* und *Busiris* nicht nur nennt, sondern zur Grundlage der ganzen Schriften macht (vgl. Isok. X 14–15, XII 3–9).

[191] Zitat: Blaß ²1892: 107, vgl. Barwick 1963: 51. Dazu past das rhetoriktechnische Lehrmodell, das Walker 2011: 77–80 am Beispiel der Schülerübung in POxy 17, 2086 (*verso*) präsentiert: Die technische Lehre erfolgte im Falle dieses Schülers im hellenistischen Ägypten offenbar vermittels einer textanalytischen Lehrmethode, die anhand einer Diskussion der Argumentationsweisen schriftlich publizierter Reden die technischen Formen der Rede induktiv herleitete. Es ist nicht auszuschliessen, dass auch den Schriften des Isokrates – oder anderen schriftlich publizierten Reden – eine solche Funktion in rhetorischen Lehrcurricula zukam. Ob darin ein ursprünglicher Zweck ihrer Publikation lag, ist freilich nicht mehr ermittelbar.

A.3.3 Isokrates' téchne als Maßstab seiner Schriften

bislang niemals konsequent vertreten wurde, liegt wohl vor allem daran, dass der Isokratesrezeption durch die moderne Forschung zumeist die gleiche unausgesprochene Prämisse zugrundelag:

Der Großteil der bisherigen Isokrates-Forschung hat es nach dem oben skizzierten Axiom, wonach Isokrates' Schriften Isokrates' ideale Rhetorik repräsentierten, als selbstverständlich vorausgesetzt, dass eine solche Untersuchung in allen Fällen zu einem einheitlichen und positiven Ergebnis (,Isokrates befolgt seine eigenen Regeln') kommen müsse. Es sei bereits bemerkt, dass die vorliegende Arbeit zu einem anderen Ergebnis kommen wird. Isokrates' Schriften weisen zahlreiche Stellen auf, die mit in seinem Werk explizit formulierten Argumentationsregeln auf teilweise ganz offensichtliche Weise in Widerspruch stehen. Von technischen Schwächen der isokratischen Schriften, von Verstößen gegen isokratische *téchnê*, berichtet übrigens schon Speusippos in seinem polemischen *Brief an Philipp*.[192] Auch der von Jeffrey Walker verfolgte Ansatz, die isokratischen Schriften an der *téchnê* der *Rhetorica ad Alexandrum* zu messen, die er wohl zu Recht von Isokrates' Argumentationstheorie beeinflusst sieht, hat zu dem Ergebnis geführt, dass bei Isokrates bewusst platzierte schwache Argumente zu finden seien.[193]

Wenn sich ein solcher Befund aber ergibt, dann wird zu klären sein, aus welchem Grund derartige Inkonsistenzen auftreten. Mit Verweis auf die oben formulierte Annahme von Isokrates' Rücksichtnahme auf die Kenntnis seines ,Werkes' durch sein Publikum wird die Frage zu stellen sein, mit welcher Absicht Isokrates mögliche argumentative Inkonsistenzen in seinem Werk im Kauf nimmt oder gar bewusst platziert. Eine mögliche Antwort auf diese Frage – auch hier sei auf die Untersuchungen des Hauptteils dieser Arbeit vorausgewiesen – könnte darin liegen, den Prozess der *epanórthôsis*, der angeleiteten Korrektur von *lógoi*, den Isokrates als Teil seiner *paideía* beschreibt,[194] nicht nur auf die Texterzeugnisse von Schülern, sondern auf Isokrates' eigene Schriften zu beziehen. Unabhängig von der Frage, ob das Ziel der isokratischen *paideía* in der Lehre rhetorischer Fertigkeit oder in moralpilosophischer Erziehung liegt, ist es durchaus denkbar, dass rhetorische und/oder philosophische Lehrinhalte in Isokrates' Umfeld auch diskursiv statt ausschließlich mimetisch erarbeitet wurden. Isokrates' Schriften wären bei einer solchen Deutung eher als Material für – Kritik einschließende – Diskussionen denn als ideale Exemplare politischer Reden zu verstehen; Diskussionen, wie Isokrates' sie etwa in der ,Dialogszene' im *Panathenaikos* vorführt.[195]

---

[192] Speus. ep. Socr. XXX; vgl. Meißner 1992: 384–387, Walker 2011: 63–64.
[193] Walker 2011: 91–155, v. a. 136–149.
[194] Isok. XV 190–192; vgl. Walker 2011: 83.
[195] Diese Deutung vertritt auch Walker 2011: 83–84 („He is ,workshipping' the text with them, working through the process of creation, as he almost certainly does with their creations also."). Zur ,Dialogszene' s. u. Kap. B.9.6.

Im Folgenden sind einige der Argumentations-Regeln systematisch aufgeführt, die Isokrates insbesondere zur konsistenten Formulierung von Lobreden zu erkennen gibt. In den nachfolgenden Untersuchungen der isokratischen Schriften wird jeweils am Ort darauf aufmerksam gemacht, wo und wie diese Regeln für die Interpretation herangezogen werden. Die hier zusammengestellte Liste dient dem Zweck, auch in Reden, in denen die jeweiligen Regeln nicht thematisiert sind, deren rasche Rekapitulation zu erleichtern, um sie für die Interpretation nutzbar zu machen:

(1) Enkomion (Lobrede):
    a. *heúrêsis*: Es darf ausschließlich positiv argumentiert werden, das heißt es müssen Leistungen und Vorzüge des Gegenstandes präsentiert werden.[196]
    Folgen:
        i. Der Nachweis der Untadeligkeit des Gegenstandes bewirkt nicht dessen Lob.[197]
    b. *aúxêsis:* Man darf/muss mehr Leistungen/Vorzüge aufzeigen als über den Gegenstand bekannt sind (alternative Interpretation: als der Gegenstand vorzuweisen hat).[198]
    c. *sýnkrisis*: Der rhetorische Vergleich kann nur dann die Wirkung des Lobes erzielen, wenn der zum Vergleich herangezogene Parallelfall in Bezug auf das *tertium comparationis* als ähnlich bezeichnet werden kann.[199]

---

[196] Isok. X 14–15, XI 4–5; vgl. Buchheit 1960: 47–48, Noël 2010; später nochmals ausführlich wiederholt in Isok. XII 123.
[197] Isok. XII 123.
[198] Isok. XI 4–5; vgl. Buchheit 1960: 47, Bons 1996: 30–31, 33, Livingstone 2001: 106.
[199] Isok. VII 70–73, XII 39–41; vgl. Walker 2011: 111–113, der zudem auf ähnliche Konzeptionen des rhetorischen Vergleichs bei Aelius Theon und Anaximenes von Lampsakos hinweist. Walker rekonstruiert indes die ‚isokratische' Synkrisis aus diesen theoretischen Schriften – und hält den Vergleich von Gegensätzlichem bei Isokrates für ein regelkonformes Mittel „[...] for praise and blame in epideictic discourse [...]". Richtig ist zweifelsohne, dass sich in den isokratischen Schriften häufige Vergleiche zwischen bezüglich des *tertium comparationis* gegensätzlichen Objekten (insbesondere Athen und Sparta) finden lassen, und dass diese Vergleiche meist ausdrücklich zum Lob eines der beiden Objekte dienen sollen (zumeist Athen). Die o.g. Reflexionen über den Gebrauch von Exempla stehen diesen Passus indes gegenüber und scheinen nicht mit diesen vereinbar. Es ist dies einer der technischen Grundsätze bei Isokrates, die in seinen Schriften besonders häufig missachtet werden. Im Hauptteil der Untersuchung soll dieser Umstand am jeweiligen Beispiel berücksichtigt und einer Erklärung nahegebracht werden. Belege für regelkonforme rhetorische Synkriseis bei Isokrates finden sich insbesondere in der Verwendung des Exemplums des Troischen Kriegs; dieser ohne jeden Zweifel im Sinne der ‚panhellenischen' Programmatik vorbildhafte Krieg dient wiederholt dazu nachzuweisen, dass andere Kriege noch bedeutender und vorbildhafter gewesen seien (z. B. Isok. IV 65, 73, 83–84; V 111–112), vgl. Gotteland 2001: 219–220, 224–226.

Folgen:
- i. ‚Verstoß' gegen diese Regel: Ein Vergleich mit einem minderwertigen (negativen) Gegenüber kann niemals Lob begründen.[200]
- ii. Die Widerlegung eines durch ‚negative' Synkrisis betriebenen Lobes ist leicht möglich durch Umkehrung des Argumentes. Für jedes Verbrechen des Einen lassen sich noch schlimmere Verbrechen des Anderen finden. Das Argument führt in den infiniten Regress gegenseitiger Vorwürfe.[201]

(2) Apologie (Verteidigungsrede):
- a. Verteidigen kann man nur den, der einer Untat beschuldigt wird.[202]
- b. *sýnkrisis:*[203] Der Verweis auf ähnliche oder schlimmere Untaten anderer Täter ist unzulässig, da er Untaten legitimieren würde.[204] Die Trennung zwischen Recht und Unrecht ist absolut.

Folgen:
- i. Eine Synkrisis mit tadelnswerten Vergleichsgegenständen kann Grundlage weder für Lob noch für Rechtfertigung eines Missstandes sein.[205]

(3) Kategorie (Anklagerede):
- a. Es darf ausschließlich negativ argumentiert werden, das heißt es müssen Untaten und schlechte Eigenschaften des Gegenstandes präsentiert werden.[206]
- b. *aúxêsis:* Dabei darf/muss man mehr Untaten/schlechte Eigenschaften aufzeigen als über den Gegenstand bekannt sind (alternative Interpretation: als der Gegenstand vorzuweisen hat).[207]

---

[200] Isok. VII 70–73.
[201] Isok. XII 65–66, 123 (mit Beispielen für die *heúrêsis* solcher Gegenargumente).
[202] Isok. X 14–15; vgl. dazu auch die bemerkenswerte Stelle in *Gegen Euthynous*, in der Isokrates Verbrechern unterstellt, sie bedächten schon bei der Planung des Verbrechens ihre mögliche Verteidigungsstrategie vor Gericht (Isok. XXI 17: „Ἐγὼ δὲ ἡγοῦμαι πάντες ὑμᾶς εἰδέναι, ὅτι πάντες ἄνθρωποι, ὅταν περ ἀδικεῖν ἐπιχειρῶσιν, ἅμα καὶ τὴν ἀπολογίαν σκοποῦνται"); vgl. Classen 2010: 6.
[203] Bei den hier getrennt unter Enkomion und Kategoria aufgeführten Regeln zur Synkrisis handelt es sich eigentlich um eine einzige Regel. Diese steht den Vorstellung des Anaximenes zur Synkrisis sehr nahe (Anaxim. Rhet. ad Alex. 1426a, 1429a; dazu Walker 2011: 111–113).
[204] Isok. XI 44–45. Zum Begriff der Synkrisis als Mittel der *aúxêsis* vgl. Buchheit 1960: 15–26, der in Isokrates' Schriften die „ersten theoretischen Äußerungen über die Auxesis" (ebd. 24) annimmt.
[205] Ergibt sich analog zu (1).c.i. aus Isok. VII 70–73.
[206] Ergibt sich im Umkehrschluss aus Isok. X 14–15 und Isok. XI 4–5.
[207] Ergibt sich im Umkehrschluss aus Isok. XI 4–5.

(4) Argumentationstechnik für alle Genera:
   a. *hypóthesis*: Die Wahl der *hypóthesis* (der grundlegenden These des *lógos*) hat entscheidenden Einfluss auf die (moralische und technische) Qualität des *lógos*.[208]
   b. *kairós*: Sämtliche verwendeten Argumente und Argumentationsmuster müssen dem Redezweck angemessen und sachdienlich im Sinne des rhetorischen Genos sein, das heißt es gelten die jeweiligen Regeln in (1)–(3).
   c. *alḗtheia*: Ein Argument darf nicht der historischen oder logischen Wahrheit widersprechen, das heißt es darf nicht im Widerspruch zu ‚Fakten' (etwa genealogischer Natur) der Überlieferung stehen.[209] Dies ist nicht gleichbedeutend mit historischer Wahrheits- oder Beweispflicht, sondern mit der Forderung nach Unwiderlegbarkeit.
   d. *eikós*: Ein Argument darf nicht der Wahrscheinlichkeit widersprechen, das heißt es darf nicht im Widerspruch zur eigenen oder allgemeinen *dóxa* über sogenannte ‚weiche' Daten der Überlieferung (etwa Charaktereigenschaften der Protagonisten oder Bewertung historischer Rollen) stehen.[210] Dies ist nicht gleichbedeutend mit der Pflicht zur vollständigen Übereinstimmung mit der Überlieferung oder der allgemeinen *dóxa*, sondern hat zur Folge:
      i. Pflicht zur vollständigen Übereinstimmung aller Argumente mit der *dóxa* des Redners/Verfassers sowie die
      ii. Pflicht, die allgemeine *dóxa* nur durch solche Argumente zu widerlegen, die ihrerseits ebenfalls der allgemeinen *dóxa* entsprechen. Das ist gleichbedeutend mit dem Versuch, innere Widersprüche in der *dóxa* der Allgemeinheit aufzuzeigen.

---

[208] Isok. VII 28. Dieser Gedanke ergibt sich auch aus der u. Kap. B.1.3 vorgenommenen Interpretation von *Helena* und *Busiris*.
[209] Isok. XI 5–8; vgl. Bons 1996: 30–31.
[210] Isok. XI 5–8; vgl. Bons 1996: 32–33.

B – Einzeluntersuchungen

B.0 Vorbemerkungen

Im Folgenden werden die politischen Schriften (II-XII, XIV-XV) des Isokrates hinsichtlich des in ihnen präsentierten Bildes der *pólis* Sparta und dessen Funktion im Kontext der jeweiligen Argumentation untersucht. Die Reihenfolge der Behandlung der einzelnen Schriften entspricht der gängigen chronologischen Einordnung[1] ins Gesamtwerk. Zu Beginn der einzelnen Teilkapitel wird jeweils in knapper Form auf den historischen Kontext der Rede eingegangen. Nach einer Zusammenfassung von Inhalt und Intention der Rede folgt die Behandlung des Sparta-Motivs, wobei zur Erläuterung des jeweiligen Argumentationszusammenhangs auf paraphrasierende Abschnitte nicht verzichtet werden kann.[2]

Da die Schrift *An Demonikos* (I) nicht zu den authentischen Schriften des Isokrates zu rechnen ist, wurde sie für die Untersuchung nicht berücksichtigt.[3] Die überlieferten Briefe des Isokrates sind in ihrer Echtheit nach wie vor umstritten.[4] Da sie zudem für die

---

[1] Die chronologische Zuordnung der einzelnen Schriften kann in keinem Fall als vollkommen gesichert gelten, da keine zeitgenössischen Zeugnisse Dritter erhalten sind, die Aufschluss über das genaue Publikationsdatum einer Schrift geben könnten. Datierungshinweise, die sich in den isokratischen Schriften selbst finden, betreffen fast ausnahmslos das dramatische Datum des Vortrags der betreffenden Rede. Aus ihnen lassen sich daher strenggenommen nur *termini post quos* gewinnen. Sofern die Diskussion der Datierung einer Schrift für deren Interpretation von Bedeutung ist, wird sie im jeweiligen Teilkapitel vorgenommen.

[2] Vgl. Grieser-Schmitz 1999: 11–12.

[3] Vgl. hierzu besonders Blaß ²1892: 283, Wefelmeier 1962: 65–96. Unabhängig von den Differenzen in Sprache, Stil und Aufbau der Rede ist auch die inhaltliche Bearbeitung des protreptischen Stoffes in keiner Weise mit der komplexen, jedoch erheblich konsistenteren Gestaltung der überlieferten Schriften II-XV zu vergleichen. Zwar weist auch Isok. II. eine vergleichbar technische Gliederung auf, in der ethische Vorschriften Lehrbuchartig aneinander gereiht werden. Jedoch spricht gerade dieser Umstand gegen die Authentizität von [Isok. I], da Isokrates in der deutlich später verfassten *Antidosis* die rubrizierende Gliederung (τὰ καλούμενα κεφάλαια ποιήσας πειρῶμαι διὰ βραχέων ἕκαστον) von Isok. II als singulär innerhalb seines Werkes bezeichnet (Isok. XV 67–68; es kann keine Rede davon sein, dass Isokrates hier, wie Gray 2000: 149 meint, einräumt, *An Nikokles* weise keine echte Gliederung auf). [Isok.] I, das neben dieser noch eine ganze Reihe weiterer Ähnlichkeiten zu Isok. II aufweist, ist daher m. E. als Adaption der Schrift *An Nikokles* zu betrachten.

[4] Z. B. Mikkola 1954: 274–292, Bons 1997: 16–17. Der Versuch von Gómez 1998, die Echtheit der Briefe an der Nähe ihrer Gedankenführung zum isokratischen Denken aufzuzeigen, löst das Problem nicht, da gerade eine solche gedankliche Nähe auch bei Adaptionen isokratischer Literatur durch Dritte anzunehmen wäre. Die eigentlichen – stilistischen und kompositionellen – Argumente gegen die

Untersuchung des isokratischen Spartabildes keine wesentliche Rolle spielen, werden sie lediglich zum Vergleich mit einzelnen Abschnitten der übrigen Schriften herangezogen.

Von besonderer Bedeutung für die Evaluation des Spartabildes bei Isokrates sind die Reden *Panegyrikos* (IV), *Archidamos* (VI) und *Panathenaikos* (XII). Im *Panegyrikos* und im *Panathenaikos* nimmt die Gegenüberstellung der *póleis* Athen und Sparta eine zentrale Funktion ein. Der *Archidamos* wiederum stellt als Rede, die einem angehenden spartanischen König in den Mund gelegt wird und so aus einer von Isokrates vorgestellten spartanischen Perspektive verfasst ist, eine Besonderheit dar. Da im *Panegyrikos* die meisten Aspekte des isokratischen Spartabildes bereits angesprochen oder angedeutet sind und dieser frühen Rede für das Verständnis der späteren eine bedeutende Funktion zukommt, erfährt der *Panegyrikos* eine besonders ausführliche Behandlung. Im *Panathenaikos* findet die wohl vollständigste Auseinandersetzung mit Sparta statt. Isokrates versucht in dieser Schrift, seine verstreuten Anmerkungen aus früheren Reden in ein ganzheitliches Bild der *pólis* Sparta und ihrer Handlungsprinzipien zu integrieren. Deshalb wird auch diese letzte große Rede des Isokrates ausführlich zu untersuchen sein.

Der Fokus der Untersuchung auf die Aussagen über Sparta wurde dort erweitert, wo darüber hinausgehende Interpretationen zur Zielrichtung und Aussageintention einer Schrift oder zum erzieherischen, schriftstellerischen und philosophischen Wollen des Isokrates für das Verständnis der vorliegenden Sparta-Motive oder für die Gesamtinterpretation der isokratischen Schriften von entscheidender Bedeutung sind. Unter diesem Aspekt wird insbesondere ausführlich auf die Schriften *Helena* (X) und *Busiris* (XI) eingegangen, außerdem auf den dialogischen Schlussteil des *Panathenaikos* (XII), der für die Einordnung des Sparta-Motives in das pädagogische und politische Denken des Isokrates von großer Bedeutung ist.

---

die Echtheit werden von Gómez nicht berührt. Wareh 2012: 164–165 liefert keine Argumente für seine Aussage, sämtliche Briefe hätten einen hohen Anspruch auf Athentizität.

> Εἰ μὲν γὰρ δέοι Ἀθηναίους ἐν Πελοποννησίοις
> εὖ λέγειν ἢ Πελοποννησίους ἐν Ἀθηναίοις, ἀγαθοῦ
> ἂν ῥήτορος δέοι τοῦ πείσοντος καὶ εὐδοκιμήσοντος.
> (Plat. Men. 235d2–5)

B.1 *Helena / Busiris* (Isok. X / XI)[1]

Nach *Gegen die Sophisten* liegen uns in *Helena* und *Busiris* die wohl frühesten isokratischen Schulschriften vor. Da beide Schriften zum einen für die Frage nach dem Anspruch, den Isokrates mit der Wahl seiner Rede-Gegenstände (*hypothéseis*)[2] verfolgt, von größter Bedeutung sind, zum anderen sich in ihnen einige wichtige Aussagen über erlaubte und nicht-erlaubte Argumente in verschiedenen Redegenera finden, stellen sie für die Rekonstruktion der Vorstellungen des Isokrates über rhetorische *téchnê, paideía* und die Funktion isokratischer Literatur die frühesten positiven Zeugnisse dar. Da die Schriften Aufschluss auch über die Funktion der isokratischen Redeliteratur geben können,[3] wird im Folgenden im Zuge der Untersuchung der Sparta-Thematik auch die Frage der Gesamtdeutung beider Schriften zu beachten sein.

B.1.1 Historischer Hintergrund

Beide Reden befassen sich mit Gegenständen des griechischen Mythos und gehen nicht explizit auf Ereignisse ihrer Entstehungszeit oder einer jüngeren Vergangenheit ein. Nicht zuletzt aus diesen reduzierten Außenbeziehungen erklärt sich die große Diskrepanz der Datierungsansätze für beide Schriften, die auch durch die vorhandenen literarischen Bezüge keine wesentliche Klärungshilfe erfährt.[4] Die frühe Datierung der *Helena* in die

---

[1] Einige der in diesem Kapitel vorgestellten Thesen habe ich im Sommer 2009 bei einer Tagung der ‚International Society for the History of Rhetoric' (ISHR) in Montreal vorgestellt, vgl. den daraus hervorgegangenen Aufsatz Blank 2013.
[2] Zu diesem Begriff vgl. Walker 2011: 116–117.
[3] Buchheit 1960: 102–103 und jüngst Alexiou 2007: 3 bezeichnen die *Helena* als Programmschrift. Dem *Busiris* misst man in dieser Hinsicht in der Regel weniger Gewicht bei (z. B. Usher 1999: 315) – zu Unrecht, wie die folgende Untersuchung zeigen wird.
[4] Die Referenztexte sind entweder deutlich früher als alle infrage kommenden Datierungen – im Falle der *Helena* die zitierten sophistischen Schriften inklusive der gorgianischen Helenarede (vgl. Isok. X 2, 14) – oder sie bleiben in ihrer Datierung ebenso ungesichert wie die Schriften des Isokrates. Das

erste Hälfte der 380er Jahre scheint gesichert, da die Schrift in §66 implizit als Erstlingswerk gekennzeichnet ist.[5] Weniger klar ist jedoch die Datierung des *Busiris*, dessen inhaltliche Parallelen zu Platons *Politeia* zu der Annahme führten, die Schrift könne erst nach oder bestenfalls kurz vor dem Erscheinen des platonischen Hauptwerkes, also in der ersten Hälfte, vielleicht der Mitte der 370er Jahre publiziert worden sein.[6] Die Frage der Datierung des *Busiris* wird am Ende der Untersuchung beider Schriften erneut zu stellen sein.[7] Vorab sei nur angedeutet, dass nicht nur die offensichtlichen Parallelen in der äußeren Form von *Helena* und *Busiris* auf eine zeitnahe – vielleicht sogar gemeinsame – Abfassung hindeuten, sondern auch ihr gemeinsamer Zweck der Auseinandersetzung mit der zeitgenössischen Lehr- und Redepraxis und insbesondere mit der Praxis der Publikation paradoxer Reden (*lógoi parádoxoi*) zum Zweck der ‚sophistischen *epídeixis'*.

B.1.2 *Helena* (Isok. X)

Isokrates präsentiert in der *Helena* eine Lobrede auf die spartanische Königin des griechischen Mythos, deren Entführung nach Troia durch Paris den Anlass zum Ausbruch des Troischen Krieges gibt. Dabei stellt Isokrates sein Helenalob gezielt in Konkurrenz zur Helenarede des Gorgias. Durch die Parallelisierung mit der gorgianischen Schrift sind zwei über den eigentlichen Gegenstand eines Helenalobes hinausgehende Aspekte impliziert, die schon bei Gorgias eine Rolle gespielt hatten: Die Auseinandersetzung mit

---

  gilt vor allem für die paradoxen Reden des Polykrates, aber auch für die Schriften des Alkidamas oder die sophistischen Lobreden auf das Salz und die Trinkgefäße (Isok. X 12, XI 1–4). Vgl. Eucken 1983: 67–68, Livingstone 2001: 44–45.

[5] Isok. X 66. Für ein Publikationsdatum um bzw. vor 385 plädieren Blaß ²1892: 333, Gomperz 1905/1906: 174, Münscher 1916: 2184–2185 (kurz vor Isok. IV) und 1927: 1100–1101, Laistner 1927: 13, Buchheit 1960: 61, 102–103, Heilbrunn 1977: 150, Eucken 1983: 44, 81, 91, Tuszyńska-Maciejewska 1987: 285. Weniger eng grenzen Ries 1959: 47–48, Patzer 1970: 241, Zajonz 2002: 58–59 das Datum auf den Zeitraum zwischen 393/2 und 380 ein. Aufgrund der Bezüge zu Platons *Euthydemos* (die Zajonz ablehnt), scheint eine Publikation um die Mitte der 380er Jahre jedoch wahrscheinlich. Ein späteres Datum (bis hinab in die Zeit um 370) nehmen an Gercke 1899: 409, Hawtrey 1981: 25–26, Kerferd 1981: 91, Braun 1982: 165 (Isok. X nach Isok. XI), Poulakos (J.) 1986: 8, Rankin 1986: 50, Lombard 1990: 35–36, Biesecker 1992: 104, Mirhady/Too 2000: 32.

[6] Nach die *Politeia* datierten zunächst Teichmüller 1881, I: 101, Meyer (E.) 1902: 325 Anm. 591, Gomperz 1905/1905: 192–194, Heilbrunn 1967: 33 (der die Datierungsfrage aber für irrelevant hält), zuletzt Livingstone 2001: 47–48 (dagegen MacDowell 2002: 249, Mirhady 2004). Kurz vor die *Politeia* datieren Eucken 1983: 173–183, Usener (S.) 1993: 249. Spätestens in die Mitte der 380er Jahre datieren Teichmüller 1881, I: 115 (der die *Politeia* noch früher ansetzt), Gercke 1899: 409, Pohlenz 1913: 164, Münscher 1916: 2180 und 1927: 1099–1101, Laistner 1927: 13, Cloché 1933: 130, Mikkola 1954: 112, Mathieu/Brémond 1956, I: 184–185, Ries 1959: 51, Raoss 1968: 272–273, Froidefond 1971: 247, Heilbrunn 1977: 150, 153, Bernal 1987, I: 104, 106, Mirhady/Too 2000: 49.

[7] S. u. Kap. B.1.4.2.

B.1.2 Helena (Isok. X)

einem als *paradox* empfundenen Redegegenstand zum einen, zum anderen die programmatische Darstellung der kulturellen und politischen Bedeutung von Sprache und Kommunikation.[8] Dass die *Helena* darüber hinaus auch in ihrer Behandlung des Helena-Stoffes nicht lediglich Zeugnis von einer „ganz ordinären Lebensauffassung" des noch jüngeren Isokrates gibt, wie man im 19. Jahrhundert meinte,[9] dass ihr Anliegen nicht nur darin liegt, die Helenarede des Gorgias „auszustechen", wie noch in den 80er Jahren des 20. Jahrhunderts Ludwig Braun vermutete,[10] sondern dass Isokrates einen philosophischen Anspruch in seinen Ausführungen über das Schöne und seine Wirkung auf die Menschen verfolgt, wurde zuerst von Georg Thiele (1901)[11] erkannt. Seither haben zahlreiche Untersuchungen immer weitere Argumente für den ernsthaften philosophischen Anspruch der Schrift beigebracht.[12] Es ist dieser Anspruch, den Isokrates im Proömium der Schrift vertritt, und der der ganzen Schrift ihre Zielrichtung gibt.

Dass der politisch–philosophische Gehalt der in der *Helena* behandelten Themen nicht den äußeren Gegenstand im Hauptteil der Schrift darstellt, hat dagegen Sandra Zajonz betont:

> [sc. Es] stellt sich die grundsätzliche Frage, was selbst dann, wenn Isokrates eindeutig die Wirkung der Schönheit als abstrakter Wesenheit beschreibt (so z. B. §16), dazu berechtigt, darin den eigentlichen Zweck der Rede zu sehen. Viel näher liegt es doch bei unvoreingenommener

---

[8] Buchheit 1960: 33–34, Tuszyńska-Maciejewska 1987: 282, Franz 1991: 241, Papillon 1996a: 388–289, Haskins 2004: 87–90.

[9] Teichmüller 1881, I: 113

[10] Braun 1982: 158, 173–174 mit Anm. 49. Der „Unernst beider Helena-Enkomien", des gorgianischen und des isokratischen, steht für ihn außer Frage. Ähnliche Standpunkte vertreten Klett 1880: 11–12, 14 (der einen „[…] einseitig epideiktischen Charakter von Rede 10. und 11. […]" annimmt), Huit 1888: 53, Susemihl 1900: 584, van Hook 1912/1913: 122, Burk 1923: 53–54 (bzgl. Isok. X und XI), Ries 1959: 47, Buchheit 1960: 62–64, Tomassetti Gusmano 1960: 19–20 (sophistisches Jugendwerk), Flacelière 1961: 14, Gillis 1971: 53 (Isok. X und XI als „mythical excercises"), Heilbrunn 1977: 147, ähnlich Tuszyńska-Maciejewska 1987: 285–286, Zajonz 2002, 37–57.

[11] Thiele 1901: 253–271, v. a. 253–258, kritisch dazu Zajonz 2002, 40–41.

[12] Jaeger 1947, IIII: 127–130, Eucken 1983: 81–91 (Lob der Schönheit als weltliches Prinzip), 92–100 (Lob der Demokratie), 101–120 (Auseinandersetzung mit Antisthenes und Platon), Giuliani 1998: 42–45. Gegen solche Deutungen wandten sich Hudson-Williams 1985: 21–22, Zajonz 2002: 41–46. Daneben wurden Anklänge in der *Helena* an das ‚panhellenische' Programm angenommen, das in späteren Schriften wie dem *Panegyrikos* zu einem Hauptthema isokratischer Literatur wurde, vgl. Kennedy 1958 (dagegen zu Recht Heilbrunn 1977: 148, Bons 1997: 3), Ries 1959: 47–48, Eucken 2003: 38. Eine programmatische Bedeutung der Schrift für die isokratische *paideía* nehmen an Poulakos (J.) 1986: 8, 15–16, Tuszyńska-Maciejewska 1987: 285–289, Schwarze 1999: v. a. 90–91 (Wirkung der Schönheit auf die *phrónêsis*), Classen 2010: 29–30. Buchheit 1960: 63 hält die Schrift trotz philosophischer Aspekte nicht für einen *politikós lógos*. Zuletzt hat Sandra Zajonz sich gegen politische oder philosophische Lesarten der Helena gewendet, vgl. Zajonz 2002: 38–40 (,panhellenische' Gedanken), 40–46 (philosophisches Lob der Schönheit), 47–51 (rhetorische Programmatik).

Betrachtung, daß das Lob der Schönheit als Mittel zum Lob der Helena dient, die diese Eigenschaft im höchsten Grade verkörpert.[13]

Richtig ist, dass Isokrates im Hauptteil der *Helena* tatsächlich Helena zum Gegenstand seines Lobes macht und dass demzufolge die verschiedenen Exkurse – so auch das Lob der abstrakten Schönheit in §54–60 – diesem Anliegen formal ebenso untergeordnet sind, wie die im Hintergrund präsenten politischen und philosophischen Fragestellungen.[14] Zajonz nimmt als Zweck der Rede an, dass es Isokrates mehr oder weniger nur um rhetorische Brillanz und damit um möglichst geschickt inszenierte Selbstdarstellung gehe[15] – mithin, so wird die Untersuchung ergeben, um genau jene Art der rhetorischen Selbstdarstellung, die Isokrates im Proömium der Schrift vehement ablehnt. Auf dieser Grundlage kommt sie zu dem Schluss, dass im Hauptteil der *Helena* der Nachweis der Lobenswürdigkeit Helenas ohne Ernst und ohne den Anspruch philosophischer *spoudé* seitens des Autors geführt werde.[16]

In der vorliegenden Untersuchung sollen dagegen Isokrates' eigene Hinweise auf die Qualität des Redegegenstandes in den Mittelpunkt gestellt werden. Die einer Schrift zugrundeliegenden Motive und abstrakten Themen werden bei Isokrates regelmäßig in den Proömien verhandelt. Die Untersuchung des *Helena*-Proömiums wird im Folgenden zeigen, dass der Zweck der Abfassung der Schrift im politisch–philosophischen Bereich liegt.[17] Die Beobachtung, dass dieses Proömium in Form einer theoretischen Kritik an ‚unernsten' Rede-Themen die ernsthafte Durchführung des Hauptteils vorbereitet[18] und

---

[13] Zajonz 2002: 42, 44.
[14] Anders Constantinidou 2008: 105, die gerade in den Exkursen den paradoxen Charakter (ein Begriff, den sie allerdings nicht näher reflektiert) der isokratischen *Helena* erkennen will.
[15] Zajonz 2002: 54. Den äußeren Anlass für diese Selbstdarstellung sieht Zajonz im Werben um Schüler zu Beginn der Lehrtätigkeit (ähnlich zuvor Buchheit 1960: 41–45, 62–64).
[16] Zajonz 2002: 45, 51, 54 („reines Kunstwerk"). Bei „unvoreingenommener Betrachtung" jedoch muss auch die Frage erlaubt sein, aus welchem Grund ein bestimmter Text verfasst wird. Schreibt Isokrates die *Helena* als selbstgenügsames Kunstwerk? Überlässt er es der Rezeption, was sie mit dem Text anstellt? Das nimmt auch Zajonz nicht an, sondern geht von einem Werbezweck der Rede aus. Dazu muss sie jedoch dem Proömium jeden Zusammenhang mit dem Hauptteil der Schrift absprechen.
[17] S. dazu u. S. 89–94.
[18] Bons 1997: 168–169. Auf eben diesen Umstand weist – vielleicht in Auseinandersetzung mit Arist. Rhet. 1414b19–28 (wo im Übrigen in einem dem Bereich der Musik entstammenden Bild davon die Rede ist, dass das Proömium der *Helena* das Thema bzw. das Motiv der Rede angebe, auch wenn Helena darin nicht angesprochen sei) – der Scholiast zur *Helena* hin, der richtigerweise betont, dass jede Art von Proömium, auch wenn sie nicht unmittelbar vom Gegenstand des Hauptteils handelt, den Gegenstand der Rede beschreibe (Schol. In Isok. X 1). Blaß [2]1892: 193–194, Kennedy 1958: 77, Poulakos (J.) 1986: 1–2 weisen zu Recht darauf hin, dass Aristoteles keineswegs von einer stückwerkhaften Komposition epideiktischer Reden bzw. der *Helena* spricht, sondern lediglich davon, dass Helena im Proömium keine Rolle spiele (anders Alexiou 2010: 26). Das liegt jedoch schon am exemplarischen Charakter der Schrift, der eine Zielsetzung jenseits des Redegegenstandes voraussetzt. Wenn ein Redeteil für die Erörterung einer solchen übergeordneten Zielsetzung geeignet ist,

B.1.2 Helena (Isok. X)

sich harmonisch mit ihm verbindet, wird die These stützen, dass es Isokrates in der *Helena* nicht nur darum geht, sophistische Vorgänger wie Gorgias zu übertrumpfen, sondern dass er mit seinem Exemplum einer Lobrede die ernsthafte Auseinandersetzung mit den *paígnia* sophistischer Schriftstellerei sucht.[19]

B.1.2.1 Proömium (§ 1–15): Kritik der paradoxen Reden

Das Proömium der *Helena* ist in seiner Deutung umstritten wie kaum eine andere Vorrede im Werk des Isokrates. Isokrates setzt sich dort, ähnlich wie schon zuvor in der Schrift *Gegen die Sophisten,* mit Konzeptionen von *paideía* und Rhetorik auseinander, die mit seinen eigenen Vorstellungen konkurrieren. Die Kritik an der Tätigkeit seiner Konkurrenten leitet Isokrates wie folgt ein:

(1) Εἰσί τινες οἳ μέγα φρονοῦσιν, ἢν ὑπόθεσιν ἄτοπον καὶ παράδοξον ποιησάμενοι περὶ ταύτης ἀνεκτῶς εἰπεῖν δυνηθῶσι· καὶ καταγεγηράκασιν οἱ μὲν οὐ φάσκοντες οἷόν τ' εἶναι ψευδῆ λέγειν οὐδ' ἀντιλέγειν οὐδὲ δύω λόγω περὶ τῶν αὐτῶν πραγμάτων ἀντειπεῖν, οἱ δὲ διεξιόντες ὡς ἀνδρεία καὶ σοφία καὶ δικαιοσύνη ταὐτόν ἐστι καὶ φύσει μὲν οὐδὲν αὐτῶν ἔχομεν, μία δ' ἐπιστήμη καθ' ἁπάντων ἐστίν, ἄλλοι δὲ περὶ τὰς ἔριδας διατρίβοντες τὰς οὐδὲν μὲν ὠφελούσας, πράγματα δὲ παρέχειν τοῖς πλησιάζουσι δυναμένας.

(1) Manche Leute bilden sich viel darauf ein, wenn sie eine abwegige und paradoxe These aufstellen und über diese erträglich zu reden in der Lage sind, und manche sind darüber alt geworden, dass sie behaupteten, man könne keine unwahre[20] Aussage treffen, könne keine Gegenrede äußern und nicht zwei gegensätzliche Reden über denselben Gegenstand halten, andere darüber, dass sie auseinandersetzten, dass Tapferkeit, Weisheit und Gerechtigkeit dasselbe seien und wir nichts davon von Natur aus besäßen, dass es aber ein einziges Wissen für dies alles gebe, andere wiederum darüber, dass sie sich mit Diskussionen befassen, die zwar nichts nützen, die aber jenen Schwierigkeiten bereiten können, die mit ihnen Umgang pflegen.

Isokrates wendet sich gegen zeitgenössische Konkurrenten, deren Thesen er als abwegig (*átopos*) und paradox (*parádoxos*) bezeichnet. Die Kritik an paradoxen Reden (*lógoi parádoxoi*) durchzieht, wie wir sehen werden, das ganze Proömium der *Helena* und des *Busiris* und stellt ein wesentliches Ziel dieser beiden Schriften dar. Was ist unter solchen *lógoi parádoxoi* zu verstehen?[21] In antiken Diskussionen des Begriffs findet sich

---

dann das Proömium, das auf diese Weise – ganz nach Aristoteles – ohne die Inhalte des Hauptteils anzusprechen zur Wegbereitung des Folgenden (ὁδοποίησις τῷ ἐπιόντι) dient.

[19] Es ist wohl kaum mit Süß 1910: 64–70 und Zajonz 2002: 51–57 davon auszugehen, dass das Proömium nur den Nachweis der Originalität der Behandlung des Stoffes durch Isokrates erbringen wolle, dass es also gewissermaßen an die Erfordernisse eines als Selbstzweck fungierenden Helenalobes angepasst sei. Dies würde nicht erklären, weshalb Isokrates so ausführlich auf die entscheidende Bedeutung der Nützlichkeit eines Redegegenstandes eingeht (Isok. X 10–13). Originalität bedingt auch für Isokrates nicht *per se* die Nützlichkeit eines Themas.

[20] Zum Begriff des des ψευδῆ λέγειν und seinem Zusammenhang mit dem *Busiris* s. u. S. 149–151.

[21] Im Weiteren steht die Bezeichnung *lógos/hypóthesis parádoxos* stellvertretend für die an der hier zitierten Stelle verwendete Beschreibung von *hypóthesis átopos kaí parádoxos*.

die Auffassung, es handele sich dabei um *lógoi*, die ohne persönliche Überzeugung (*dóxa*) des Sprechers von der Richtigkeit ihrer Aussagen vorgetragen werden.²² Gellius verwendet den wohl praktisch synonymen Begriff des *lógos ádoxos*.²³ Dem Wortsinn nach kann die Überzeugung/Auffassung sowohl des Publikums als auch des Verfassers/ Sprechers²⁴ gemeint sein – der *lógos parádoxos* argumentiert in diesem Sinne entweder gegen die Auffassungen seines Publikums oder gegen diejenigen seines eigenen Verfassers oder gegen beide zusammen.²⁵

Mit wem werden die *lógoi parádoxoi* von Isokrates assoziiert? Wie in *Gegen die Sophisten* ist auch hier von ‚Eristikern' (*perí tás éridas diatríbontes*) die Rede. Im Gegensatz zu jener Schrift werden sie jedoch von Vertretern bestimmter anderer Thesen unterschieden als Leute, die ihre Lehre nicht auf Nützlichkeit ausrichten, sondern darauf, sich als ihren Schülern überlegen zu erweisen.²⁶ Neben diesen ‚Eristikern' stehen nun die Vertreter der Thesen (1) dass falsche *lógoi* und Antilogien unmöglich seien,²⁷ sowie (2) dass es eine einzige, alle Einzeltugenden umfassende, *areté* gebe, von welcher ein exaktes Wissen möglich sei. Hinter diesen Thesen und ihren Vertretern verbergen sich nach Auffassung der Interpreten die Sokratiker.²⁸ Dass damit zum Zeitpunkt der Publikation der

---

²² Pol. XII 26b,4–5 sowie Men. Rhet. 346,9–25, der für Reden, die weder im Einklang mit (*eúdoxos*) noch im Widerspruch (*parádoxos*) zur *dóxa* stehen, den Begriff des *lógos amphídoxos* einführt und den *Panathenaikos* als Beispiel einer solch ambivalenten Rede nennt (vgl. Isok. XII 239–264, v. a. 239–240).

²³ Aul. Gell. XVII 12,1–2.

²⁴ Auf diesen Gehalt des Begriffs weist Arist. Soph. El. 172b9–173a31 ausdrücklich hin; vgl. Vasunia 2001: 193–195. Vgl. außerdem die doppelte Valenz des Begriffs als ‚aktive *dóxa*' (i.S. von ‚Auffassung/Überzeugung') und ‚passive *dóxa*' (i.S. von ‚Ansehen/Ruhm'), vgl. dazu Pasini 2009: 115–121.

²⁵ Vgl. Arist. Rhet. 1412a23–27. Welchen dieser Konflikte zwischen *lógos* und *dóxa* Isokrates hier meint, wird sich erst nach einer weitergehenden Untersuchung von Isokrates' Kritik an den *lógoi parádoxoi* klären lassen (s. u. Kap. B.1.4.1). Vgl. zu einer ähnlichen Herleitung in jüngerer Zeit Simon (J.) 1992: 46–50. Plett 1992: 92–93 spricht von einer „Inversionsrhetorik" und bringt dies in einen Zusammenhang mit dem Wort vom ‚schwächeren' und ‚stärkeren' *lógos*.

²⁶ Ries 1959: 49, Burkert 1962: 350–351, Heilbrunn 1977: 159, Hawtrey 1981: 25–26, Eucken 1983: 45–47, Szlezák 2004: 132 mit Anm. 14, die alle hierin eine Reaktion auf den platonischen *Euthydemos*, namentlich den Versuch einer Korrektur der fehlenden Differenzierung von Dialektik und Eristik in Isok. XIII sehen. Zajonz 2002: 89–90 weist auf die Übereistimmung der in Isok. X 2 dargestellten Absicht der Eristiker mit dem Vorgehen der Eristiker im *Euthydemos* hin. Keinen Unterschied zur Terminologie in *Gegen die Sophisten* sieht Patzer 1970: 242–243.

²⁷ Meyer (E.) 1902: 341, Levi 1959: 93–94. Mit der antisthenischen Paradoxie der Unmöglichkeit des ψευδῆ λέγειν und des ἀντιλέγειν setzt sich auch Platon auseinander, vgl. Plat. Euthyd. 283e7–284c9 (Unmöglichkeit des Lügens), 285d7–286b7 (Unmöglichkeit des Widerspruchs), 286b8–288a7 (Widerlegung durch Sokrates), Kratyl. 408c1–2, 428d1–433b7, erkennbar auch in 393d7–e8, Theait. 187e5–190e4 (sowie die darauf folgende Untersuchung), ebenso Arist. Met. 1024b27–1025a2 (s. dazu u. S. 149–151). Zur Antilogie als sophistischem Denkverfahren vgl. Kerferd 1981: 62–67, 88–93.

²⁸ Usener (H.) 1870: 592, Teichmüller 1881, I: 49, Huit 1888: 54–55, Blaß ²1892: 33, Jaeger 1947, III: 127–130, Merlan 1954: 72, Ries 1959: 49–50, Flacelière 1961: 11, 16, Coulter 1967: 226–227, Patzer

B.1.2 Helena (Isok. X)

Helena vor allem der zu jener Zeit prominente Antisthenes – und weniger der vielleicht als Lehrer noch gar nicht in Erscheinung getretene Platon – gemeint sein dürfte, hat Christoph Eucken gezeigt.[29] Ähnliche Thesen wurden jedoch wohl auch von Sophisten wie Protagoras und Antiphon vertreten.[30] Tatsächlich weist Isokrates kurz darauf auf Protagoras namentlich hin (§2), jedoch in Abgrenzung zu den in §1 kritisierten Zeitgenossen als Vertreter einer älteren Generation (neben Gorgias, Zenon und Melissos, §3), die die absurd–paradoxen Rede-Gegenstände (ὑποθέσεις ἄτοποι καὶ παράδοξοι) bereits in höchste Höhen getrieben habe,[31] so dass die kritisierten Zeitgenossen auf diesem nutzlosen Feld noch nicht einmal Originalität beanspruchen könnten. Interessanterweise nennt Isokrates als Paradeigmata für die älteren paradoxen *hypothéseis* vor allem solche Schriften, die eindeutig einen ernsthaften seins- und sprachphilosophischen Anspruch verfolgen.[32] Gleichzeitig jedoch wird diesen philosophischen Werken die Lehrtätigkeit der Eristiker zur Seite gestellt, wodurch auch ihr Anspruch in die Nähe dessen gerückt wird, was über jene implizit angedeutet wird: Sie wollten nur ihre Schüler in argumentativer Auseinandersetzung in die Enge treiben – man denke an das Vorgehen der Eristiker Euthydemos und Dionysodoros in Platons *Euthydemos* –, um so die *epídeixis* ihrer eigenen Überlegenheit zu liefern.[33]

1970: 243, Dixsaut 1986: 81, Poulakos (J.) 1986: 6, Rankin 1986: 49–52, Lombard 1990: 35–36 mit Anm. 4, Alexiou 1995: 136–137, Bons 1997: 168, Papillon 1996a: 378, Mirhady/Too 2000: 31, Zajonz 2002: 80–87, Pratt 2006: 30, Classen 2010: 29.

[29] Eucken 1978: 145 und 1983: 25–27, 45–47, 51–54 (dazu Hudson-Williams 1985: 20), vgl. Kerferd 1981: 71, 88–93. Weniger ausführlich Blaß ²1892: 334, Meyer (E.) 1902: 323 Anm. 590, Tomassetti Gusmano 1960: 29–30, Classen 2010: 29, anders Mikkola 1954: 28–32, Patzer 1970: 242, Hawtrey 1981: 25–26, Lombard 1990: 35–36 mit Anm. 4, Masaracchia 1995: 25–26, Mirhady/Too 2000: 31–32 mit Anm. 5, die hinter der These von der Einheit der Tugenden Platon vermuten. Euckens Standpunkt wird mit weiteren Argumenten gestützt durch Zajonz 2002: 81–87, die zwar die Möglichkeit anerkennt, dass Isokrates bei der Einheit der Tugenden (in einer übergeordneten *areté*) auf Platon anspielen könnte, darin aber eher eine Anspielung auf die Tugendlehre der Megariker vermutet (ebenso Mirhady/Too 2000: 32 mit Anm. 6, die in den Eristikern die Megariker sehen; Wareh 2012: 110), vgl. dazu Diog. Laert. VII 161.

[30] Vgl. Prot. VS 80 B 2, Antiph. VS 87 B 1, Plat. Euthyd. 286c2. Azoulay 2007: 187–188 weist wohl zurecht darauf hin, dass die Terminologie des Isokrates absichtlich vage gehalten sein dürfte, so dass sich verschiedene Gruppen des ‚intellektuellen Feldes' angesprochen fühlen konnten.

[31] Isokrates spricht hier die gorgianische Schrift περὶ τοῦ μὴ ὄντος ἢ περὶ φύσεως an. Dass diese eher den Charakter einer paradoxen *epídeixis* gehabt habe als den einer ernsthaften seinsphilosophischen Auseinandersetzung, glauben Consigny 1992: 281, Zajonz 2002: 85, 93–94 (dagegen überzeugend Schiappa 1999: 133–152). Gorgias wird auch in Isok. XV 268 für seine Seinsphilosophie und in Isok. XV 155–156 für seine Honorarforderungen kritisiert (Papillon 1996a: 383).

[32] Wilcox 1943: 431. Dass es sich bei den ontologischen Schriften der Sophisten um Texte ernsthaften philosophischen Anspruchs handelt, haben Kerferd 1981: 83–110 und Schiappa 1999: 138–152 überzeugend dargelegt. Geyer 1992: 16 sieht – aus gänzlich anderer Perspektive – die Vorsokratiker als typische Vertreter der *parádoxa*.

[33] Bons 1997: 168, Zajonz 2002: 89, 95–96, 98.

Anstatt sich mit derartigen nutzlosen *hypothéseis* abzugeben, sollten die kritisierten Zeitgenossen sich besser um die Wahrheit (*alḗtheia*) kümmern (§4) und ihre Schüler in solchem Handeln ausbilden, durch das man sich als tätiger Bürger erweise (*tás práxeis en haīs politeuómetha*, §5). Denn

> (5) [...] πολὺ κρεῖττόν ἐστι περὶ τῶν χρησίμων ἐπιεικῶς δοξάζειν ἢ περὶ τῶν ἀχρήστων ἀκριβῶς ἐπίστασθαι καὶ μικρὸν προέχειν ἐν τοῖς μεγάλοις μᾶλλον ἢ πολὺ διαφέρειν ἐν τοῖς μικροῖς καὶ τοῖς μηδὲν πρὸς τὸν βίον ὠφελοῦσιν.

> (5) [...] es ist viel bedeutender, in nützlichen Dingen brauchbare Überzeugungen zu haben als exaktes Wissen in unnützen, und ebenso in wichtigen Dingen einen kleinen Vorzug zu haben als sich sehr hervorzutun in unwichtigen und für das Leben nutzlosen Dingen.

Hier steht nun die Frage des Nutzens der Lehrtätigkeit und der Lehrgegenstände im Vordergrund. Zugleich ist die bei Isokrates immer wiederkehrende Opposition von *dóxa* und *epistḗmē* angesprochen, die den Kern der Auseinandersetzung mit Platon darstellt.[34] Exaktes Wissen ist für Isokrates keineswegs unmöglich. Erreichbar ist es indes nur in Gebieten, die bestenfalls als Voraussetzung zu philosophischer Betätigung angesehen werden können, so etwa über die Buchstaben oder über die sprachlichen Formen und Stilmittel, die für den Ausdruck von Gedanken zur Verfügung stehen.[35]

Die kritisierten Eristiker lehren also offenbar Dinge, die keinerlei Bedeutung für das politische Leben (*politeúesthai*) besitzen und insofern keinerlei praktischen Wert haben. Auf diese Weise und mit diesen Lehrgegenständen können sie, fährt Isokrates fort, erfolgreich den einzigen Zweck ihrer Tätigkeit verfolgen: sich an den Schülern zu bereichern (§6).[36] Denn die jungen Leute seien für eine auf affektive Wirkung (*tás perittótētas kaí tás thaumatopoiías*) abzielende Diskussionskunst besonders empfänglich. Die Lehrer aber, die ihren Unterricht auf eine solche Kunst aufbauten und ihre Lehrgegenstände nach dieser wählten, fügten ihren Schülern wissentlich Schaden zu (§7). Indem sie zeigten, dass die gewitzte Behandlung nutzloser Gegenstände lukrativ sei, spornten sie wiederum andere zu eben derselben Betätigung an, so dass die nutzlose paradoxe Rhetorik Blüten treibe und sogar den Anspruch erhebe, eine geeignete Lehre für bedeutende Gegenstände zu sein (§8).[37] Dass der Anspruch lächerlich sei, ein genaues Wissen (*epistḗmē*) von den Anforderungen politischer Gegenstände zu besitzen, wenn man die unpolitischen Reden beherrsche, lasse sich an den paradoxen Reden selbst zeigen: Denn während man das

---

[34] Steidle 1952: 261, Coulter 1967: 226–227, Eucken 1983: 73.
[35] Vgl. Isok. XIII 9–13 (s. o. S. 44–47); Steidle 1952: 261, anders Mikkola 1954: 33.
[36] Vgl. Isok. XI 1–3 (s. u. S. 114).
[37] Das konkrete Paradox (das Leben der Bettler sei besser als das der übrigen Menschen), das Isokrates hier (Isok. X 8) nennt, lässt in der Sache an den Kynismus des Antisthenes denken. Dennoch ist wohl ganz allgemein die Entwicklung einer paradoxen epideiktischen Literatur angesprochen, die im Bereich der Rhetorik den Anspruch der Vollendung der Kunst erhebt. Damit sind hier und im Folgenden eher Rhetoriklehrer wie Alkidamas oder Polykrates und mehr noch allgemein die rhetorischen Paradoxologien gemeint (Bons 1997: 169–170, Zajonz 2002: 115–116, anders Schiappa 1999: 178–179).

B.1.2 Helena (Isok. X)

eigene vernünftige Denken (*phroneĩn*) nur in Konkurrenz zu allen anderen beweisen könne – also anhand von Gegenständen, in denen alle zu glänzen versuchten – verfassten diese aus Schwäche ihre Schriften zu abwegigen und nie zuvor behandelten Themen (§9–10).[38] Für die paradoxe Behandlung solcher Gegenstände gebe es eine leicht erlernbare, sichere Methode,[39] während die *heúrēsis* bei Reden von allgemeinem Interesse und von größerer Glaubwürdigkeit (*hoi koinoí kaí pistoí kaí toútois hómoioi tõn lógōn*, §11)[40] höhere, schwer zu erfüllende Ansprüche an die richtige Behandlung von Form (*idéa*) und *kairós* stelle.[41] Die Komposition derartiger *lógoi* sei um so viel anspruchsvoller als das Verfassen paradoxer Schriften, wie sich Würde (*semnýnesthai*) von Albernheit (*skṓptein*) und ernsthafte (*spoudázein*) von scherzhaft–spielerischer (*paízein*) Äußerung unterschieden. Wichtig ist die ausdrückliche Distanzierung des Isokrates von solchen Themen, deren Behandlung für ihre Verfasser nur Spiel ist, das heißt deren Verfasser von ihrer *hypóthesis* nicht persönlich überzeugt sind.[42] Es gibt keinen Grund anzunehmen, dass Isokrates durch diese explizite Auseinandersetzung nur verschleiern wolle, dass er selbst mit

---

[38] Der Gedanke, dass nur der Vergleich mit den besten und anspruchsvollsten Vergleichsgegenständen ehrenvoll sein kann, taucht in anderen Reden als technische Forderung an die rhetorische Synkrisis auf (vgl. Isok. VII 70–73, XII 39–41, s. o. Kap. A.3.3). An der vorliegenden Stelle führt dieser Gedanke zu dem Anspruch, man müsse, um sich vor den Konkurrenten hervorzutun, gerade solche Gegenstände wählen, bei denen es schwer sei, etwas Neues zu sagen.

[39] Damit ist jenes präzise technische Wissen angesprochen, das schon in Isok. XIII 14–18 als ungeeignet für einen höheren (politischen) Unterricht bezeichnet worden war. Wie dort werden auch hier *idéa* und *kairós* der von Isokrates vertretenen Themen als nicht durch derartige Kenntnisse beherrschbar dargestellt (s. o. S. 47–50).

[40] Eine ganz ähnliche Formulierung zur Art der *hypothéseis*, die der Philosoph und Lehrer bearbeiten müsse, findet sich in Isok. XV 275–276. Dort stehen sich die abgelehnten „ὑποθέσεις ἀδίκους ἢ μικρὰς ἢ περὶ τῶν ἰδίων συμβολαίων" und die von Isokrates geforderten „[sc. ὑποθέσεις] μεγάλας καὶ καλὰς καὶ φιλανθρώπους καὶ περὶ τῶν κοινῶν πραγμάτων" gegenüber. Alexiou 2005: 48, 52 zieht diese Stelle als Beleg dafür heran, dass sich die rhetorische Lehre des Isokrates nicht in erster Linie mit formal–ästhetischen, sondern mit Fragen der Ethik befasse.

[41] Vgl. Isok. XIII 16 (s. o. S. 48); Wareh 2012: 63.

[42] Spiel und Ernst im Zusammenhang rhetorischer Praxis sind auf ganz ähnliche Weise einander gegenübergestellt in Isok. XV 2; vgl. dazu die interessante Deutung von σπουδή bei Too 2008: 161, 212–213. Auch diese Stelle last sich in Verbindung den *lógoi parádoxoi* bringen: Die Beschreibung des Isokrates als Verfasser paradoxer Reden sei ebenso abwegig wie eine Beschreibung des Pheidias als Puppenmacher; vgl. Havet 1862: 219–220, Lombard 1990: 105–106. In beiden Fällen werde eine höhere, geistige, inspirierte Tätigkeit mit schlichtem Handwerk verwechselt. Auch in der Beschreibung des Anklägers Lysimachos und seiner Anschuldigungen gegen Isokrates ist der Gedanke des *lógos parádoxos* verarbeitet. Lysimachos glaube selbst nicht an die Richtigkeit seiner Anklage, Isokrates sei ein fähiger Redner, und diese paradoxe Situation kompromittiere seinen Standpunkt (Isok. XV 15; Too 2008: 104). Lysimachos macht sich in Isokrates' Darstellung desselben Vergehens, der Produktion eines *lógos parádoxos*, schuldig, dessen er Isokrates bezichtige. Vgl. auch Isok. XV 243 mit der Beschreibung der Anklage als *átopon*.

der *Helena* ein solches Spiel (*paígnion*) vorlege.[43] Isokrates selbst führt die kritische Bewertung des *paízein* ja erst ein – während Gorgias offensichtlich nichts Kompromittierendes an einem *paígnion* findet und seine eigene Helena selbstbewusst als solches darstellt.[44] Zugleich erhöht Isokrates dadurch die inhaltlichen Erwartungen des Publikums an sein eigenes Enkomion. Erwiese sich nach einer solchen Kritik, dass die Schrift selbst nichts anderes als ein Exemplar der zuvor kritisierten Textsorte sei, so wäre die Wirkung dieser Kritik in der Vorrede kontraproduktiv.

Als Gegensatz zur abgelehnten Themenwahl paradoxer und unernster Themen erscheinen im Proömium die *lógoi politikoí*, die nicht in übertriebener Weise dargestellt werden könnten, sondern deren Bedeutung man im Gegenteil in Reden kaum gerecht werden könne. Denn es sei leicht, das Geringe durch Worte übermäßig zu überhöhen, während es bei den großen Themen schwierig sei, überhaupt eine originelle Äußerung zu finden (§ 13).[45] Die fundamentale Bedeutung der Auswahl der Redethemen für die isokratische *paideía* hat Jean Lombard in seiner Studie zu den Bildungsvorstellungen des Isokrates konsequent nachgezeichnet:

> […] seule la valeur des contents enseignés pouvait permettre à l'éducation d'atteindre sa pleine efficacité. Pour l'orateur, pour l'écrivain, et donc aussi pour le pédagogue, tout dépend, manifestement, de l'importance du sujet, et il n'est de sujet important, alors, que relié à la vie de la cité, que ‚politique'. Un discours qui concerne les intérêts de la Grèce entière est, en ce sens plus important, et de plus haute tenue en même temps, qu'un autre qui traite des intérêts d'une cité, ou d'un particulier. La valeur du discours résulte ainsi de son sujet, et sa qualité proprement oratoire en dépendent tout autant.[46]

Die *lógoi parádoxoi*, die sich gezielt mit möglichst unbedeutenden oder gar moralisch fragwürdigen Themen auseinandersetzen,[47] haben in Isokrates' Konzeption der philosophischen *paideía* keinen Platz.[48] Folgerichtig wendet er sich im Proömium der *Helena* gegen jene Lehrer, die den Nutzen ihrer Lehre mit eben solchen Reden unter Beweis zu stellen versuchen.

---

[43] So Gotteland 2001: 270, Zajonz 2002: 130–131. Steidle 1952: 290–291 sieht in Isok. X 11 gar die isokratische *Helena* als *paígnion* bezeichnet.

[44] Zur Funktion der Bezeichnung als *paígnion* vgl. Consigny 1992: 292, Bons 1997: 9, Pratt 2006: 203–204.

[45] Zur Forderung des Isokrates nach Originalität vgl. Zajonz 2002: 135–136.

[46] Lombard 1990: 54–55, zur Identifizierung der politischen mit der rhetorischen Fähigkeit vgl. ebd. 63–97.

[47] Als Beispiele für die Blüten, die die kritisierte Literaturgattung treibe, führt Isokrates Lobreden auf Hummeln und auf das Salz an (Isok. X 12). Die Lobrede auf das Salz erwähnt auch Plat. Symp. 177a6–c6. Zur literarischen Mode der Paradoxologien im frühen 4. Jh. vgl. Buchheit 1960: 30–33; Nightingale 1995: 100–106 (v. a. zum moralischen Relativismus der Gattung).

[48] Vgl. die Kritik an den Rednern vor Festversammlungen in Isok. XII 134: Diese pflegten, wenn sie nicht Schmähreden hielten, Lobreden auf die unwürdigsten Dinge (τὰ φαυλότατα τῶν ὄντων) und die ungesetzlichsten Zustände (τοὺς παρανομωτάτους τῶν γεγενημένων) zu halten.

B.1.2 Helena (Isok. X)

Nach dieser ausführlichen Invektive gegen die Verfasser paradoxer *lógoi* auf philosophischem und rhetorischem Feld wendet sich Isokrates dem eigentlichen Anlass und Gegenstand seiner Schrift zu (§ 14–15). In unmittelbarem Anschluss und in Fortführung des Gedankens, dass die Behandlung paradoxer Gegenstände sinnlos sei,[49] spricht Isokrates über einen seiner Meinung nach aufgrund seiner Themen-Wahl vorbildhaften Redner:

> (14) Διὸ καὶ τὸν γράψαντα περὶ τῆς Ἑλένης ἐπαινῶ μάλιστα τῶν εὖ λέγειν τι βουληθέντων, ὅτι περὶ τοιαύτης ἐμνήσθη γυναικός, ἣ καὶ τῷ γένει καὶ τῷ κάλλει καὶ τῇ δόξῃ πολὺ διήνεγκεν. Οὐ μὴν ἀλλὰ καὶ τοῦτόν μικρόν τι παρέλαθε· φησὶ μὲν γὰρ ἐγκώμιον γεγραφέναι περὶ αὐτῆς, τυγχάνει δ᾽ ἀπολογίαν εἰρηκὼς ὑπὲρ τῶν ἐκείνῃ πεπραγμένων. (15) Ἔστι δ᾽ οὐκ ἐκ τῶν αὐτῶν ἰδεῶν οὐδὲ περὶ τῶν αὐτῶν ἔργων ὁ λόγος ἀλλὰ πᾶν τοὐναντίον· ἀπολογεῖσθαι μὲν γὰρ προσήκει περὶ τῶν ἀδικεῖν αἰτίαν ἐχόντων, ἐπαινεῖν δὲ τοὺς ἐπ᾽ ἀγαθῷ τινι διαφέροντας.

> (14) Daher lobe ich auch von denen, die einen Gegenstand schön behandeln wollen, jenen am meisten, der über die Helena geschrieben hat, weil er einer solchen Frau Erwähnung getan hat, die aufgrund ihrer Herkunft, ihrer Schönheit und ihres Ansehens weit hervorragte. Freilich ist aber auch diesem eine Kleinigkeit entgangen: Er behauptet nämlich, eine Lobrede über sie verfasst zu haben, es erweist sich indes, dass er eine Verteidigungsrede für ihre Handlungen gesprochen hat. (15) Eine solche Rede besteht aber nicht aus denselben Formen und handelt nicht von denselben Gegenständen [sc. wie eine Lobrede], sondern ist ganz und gar das Gegenteil: Denn eine Verteidigungsrede muss man für jene halten, die für eine Untat verantwortlich gemacht werden, eine Lobrede dagegen für solche, die durch einen Vorzug hervorragen.

Wichtig für die Interpretation dieser Stelle sowie der *Helena* insgesamt ist vor allem die Tatsache, dass Isokrates eine Lobrede auf Helena als vorbildhafte Themenwahl betrachtet. Das bedeutet nach dem Vorangegangenen, dass er das Thema ganz offensichtlich als nicht paradox einführt.

Lange Zeit umstritten war die Frage, welchen Redner Isokrates hier in anonymisierter Form für seine Themenwahl lobt. Schon in der Antike herrschte darüber Uneinigkeit und die Wiedergabe der verschiedenen vorgeschlagenen Namen in der antiken *hypóthesis* sowie in den Scholien zur *Helena* bestimmte auch die moderne Forschung in ihren Urteilen.[50] Schwierigkeiten für die Akzeptanz der eigentlich naheliegenden – und heute praktisch nicht mehr bestrittenen – Identifikation dieses Redners mit Gorgias[51] bereitete vor

---

[49] Bons 1997: 172.
[50] Hypoth. Isok. X, Schol. in Isok. X 15. Der Scholiast identifiziert den Anonymus mit Polykrates, wohingegen der Verfasser der *hypóthesis* dies ablehnt und vor allem am Ende des Proömiums Gorgias kritisiert sieht. Darüber hinaus beruft er sich auf das Zeugnis des Machaon und sieht die *Helena* als gegen Anaximenes von Lampsakos gerichtet an, da dieser ein Helena-Enkomion verfasst habe, auf das die isokratische Kritik in Isok. X 14–15 genau passe. Von einem solchen Helena-Enkomion ist uns jedoch nichts Weiteres überliefert (Immisch 1927: V-VI). Darüber hinaus kommt Anaximenes schon aus chronologischen Gründen nicht als Verfasser der kritisierten ‚Helena' infrage (Robert 1894: 2086–2088, Münscher 1916: 2181 und 1927: 1099).
[51] Z. B. Dümmler 1890: 39–41, Blaß ²1892: 243, Immisch 1927: V-VI (vorsichtig), Kennedy 1958: 79, Ries 1959: 47, Buchheit 1960: 54–62, Tomassetti Gusmano 1960: 19, 38, Flacelière 1961: 12, 24, Braun 1982: 158–160, Eucken 1983: 74–75, Poulakos (J.) 1986: 7, Papillon 1996a: 378, Mirhady/Too 2000: 31, Zajonz 2002: 21, 138–140, Alexiou 2005: 51, Constantinidou 2008: z. B.

allem dessen namentliche Nennung in der Reihe der kritisierten Sophisten in §2–3. Die dort unmissverständlich kritische Erwähnung des Gorgias schien zu einer lobenden Äusserung, wie sie in §14 vorliege,[52] nicht zu passen.[53]

Der vermeintliche Widerspruch zwischen einer ablehnenden und einer lobenden Bewertung des Gorgias in §2–3 und §14–15 löst sich jedoch mit der Feststellung auf, dass die Erwähnung in §14–15 den angesprochenen Redner keineswegs in ein positives Licht rückt. Offensichtlich ist, dass es sich ohnehin um ein stark eingeschränktes Lob handelt: Der angesprochene Redner wird zwar für seine Themenwahl gelobt, das Lob bezieht sich jedoch nur auf die Themenwahl, nicht auf die gorgianische Helena-Schrift insgesamt. Eine Lobrede auf Helena entspricht also der von Isokrates geforderten richtigen Wahl der *hypóthesis*. Gleich darauf jedoch wird der Anonymos für eine ‚Kleinigkeit' (*mikrón ti*) getadelt, die ihm entgangen sei: Seine Rede stelle in Wirklichkeit eine Verteidigung, kein Lob dar. Dass die ‚Kleinigkeit', die Isokrates moniert, keineswegs so unbedeutend ist, wie es die Wortsemantik andeutet, muss wohl nicht weiter erläutert werden.[54] Der sprachpragmatische Sinn der Stelle liegt schon deshalb auf der Hand, weil diese ‚Kleinigkeit' für Isokrates zum äußeren Anlass für die Abfassung der gesamten *Helena* genommen wird: Im Hauptteil wird Isokrates eine vom Mangel dieses *mikrón ti* bereinigte Lobrede auf Helena bieten.[55]

104, Classen 2010: 30. Gegen die Identifizierung mit Gorgias wandten sich in der älteren Forschung; Zycha 1880: 35, Keil 1885: 8–9, Münscher 1899: 270–276, Wilamowitz-Moellendorff 1919, II: 117, Mathieu/ Brémond 1956, I: 159, dagegen zuletzt (die jüngere Forschung zusammenfassend) Zajonz 2002: 138–140. In jüngerer Zeit wandte sich nur Usher 1999: 314 mit Anm. 71 gegen die Identifikation mit Gorgias.

[52] Auch diese Interpretation, Isokrates wolle den anonymen Helena-Enkomiasten in erster Linie loben, geht wohl auf die *hypóthesis* zur *Helena* zurück (Hypoth. Isok. X).

[53] Spengel 1828: 71–75, Münscher 1899: 270–276 und 1916: 2182, Mathieu/Brémond 1956, I: 159, Buchheit 1960, 54–55, 61, ähnlich auch Immisch 1927: VI, Poulakos (J.) 1986: 7. Papillon 1996a: 382–384 versucht den scheinbaren Widerspruch damit zu erklären, dass Isokrates Gorgias' Philosophie ablehne, seine Rhetorik jedoch anerkenne. Umgekehrt sehen Braun 1982: 159 und Buchheim 1989: 159 Gorgias und die älteren Sophisten in Isok. X 2–3 positiv herausgehoben, was nicht zum kritischen Ton der Stelle Isok. X 14–15 passe. Eucken 1983: 75–78 wiederum sieht an beiden Stellen eine positive Erwähnung des Gorgias. Jedoch wird Gorgias in Isok. X 2 nicht, wie Eucken meint, aus der der Kritik an der paradoxen Ontologie ausgenommen, sondern als besonders prononcierter Vertreter der nutzlosen Schriftstellerei dargestellt. Euckens Auffassung begründet sich in einer vereinfachenden Sicht auf Gorgias als ‚Sophist', der kein Thema ernsthaft vertreten habe. Vgl. dagegen Schiappa 1999: 133–161, der Gorgias' erhaltene Schriften ontologisch und sprachphilosophisch auslegt.

[54] Das Vorgehen erinnert stark an den platonischen Sokrates, der in solchen ‚Kleinigkeiten' (μικρόν τι) ebenfalls die entscheidenden Denkfehler seiner Gesprächspartner aufzuzeigen pflegt (vgl. Plat. Prot. 328e, 329b, Gorg. 462d, Euthyphr. 12e–13a, Symp. 199b, 201b–c, Charmid. 154d–e, 173d–e, Hipp. I 286c–d, Ion 530d–e, Theait. 145d7–8, 148c; dazu Mugerauer 1992, 230–231).

[55] Anders Papillon 1996a: 382–383, der das μικρόν τι wörtlich auffasst und daher als nebensächlich betrachtet. Zajonz 2002: 138–144 geht auf den Ausdruck nicht ein.

B.1.2 Helena (Isok. X)

Was ist nun in §14–15 über unseren Anonymos ausgesagt? – nichts anderes, als dass er durchaus erkannt habe, dass eine Lobrede auf Helena ein angesessenes Redethema für das gute Reden (*eũ légein ti*) darstelle,[56] dass er jedoch trotz des richtigen Anspruchs in der Praxis technisch versagt. Er verfehlt in seiner Rede das angekündigte Genos![57] Mit Blick zurück auf *Gegen die Sophisten*[58] gehört gerade die Kenntnis der *idéai*, der Formen der Rede (§15), zum Bestand des Grundwissens der Rhetorik, das nicht schwerer zu erlernen sei als die Reihe der Buchstaben. Viel schwieriger jedoch sei es, diese Formen für den jeweiligen Gegenstand angemessen auszuwählen. In §10 der *Helena* hatte Isokrates darüber hinaus festgestellt, dass die *heúrêsis* der bedeutenden politischen Themen erheblich schwieriger sei als jene von paradoxen Gegenständen. An eben diesem höheren Anspruch aber scheitert Gorgias in Isokrates' Darstellung. Er ist, wie die Erwähnung in §2 zeigt, ein Meister der paradoxen Rede, somit ein Meister des formalen rhetorischen ‚Spiels'. Eine angemessene Behandlung der *lógoi politikoí* zu leisten ist er dagegen nicht imstande.[59] Isokrates löst hier die Ankündigung aus §9 ein, es lasse sich an den Schriften der Paradoxologen selbst beweisen, dass ihr Anspruch absurd sei, auch die politischen Themen zu beherrschen: Gorgias' Versuch, sich an ein solches Thema zu wagen, scheitert schon auf formaler Ebene.

Mit dem Lob der Themenwahl verbindet Isokrates also Kritik an der technischen Durchführung, die das Lob nicht nur einschränkt oder aufhebt, sondern die als die eigentlich wichtige Aussage über Gorgias stehenbleibt. Somit spricht von dieser Seite nichts gegen eine Kritik des Gorgias (neben anderen Sophisten) in §2–3 und eine Identifizierung des ebenfalls kritisierten Redenschreibers in §14–15 mit eben demselben Gorgias, der in seiner Person zudem beide kritisierten Bereiche, den der spekulativen Philosophie und den des epideiktischen Schriftstellers, vereint.

---

[56] Vgl. hierzu Noël 2010. Buchheit 1960: 33–34 bezweifelt, dass Gorgias überhaupt eine Lobrede habe verfassen wollen. Gorg. Hel. 1, 21 (F 11) zeugt indes davon, dass Gorgias das Thema durchaus mit Lobreden in Verbindung bringt, dass er allenfalls zwischen Enkomion und Apologie nicht differenziert. Zu weit geht Buchheits Schluss (ebd.), es habe zu Gorgias' Zeit noch gar keine formale Vorstellung von ‚Lobrede' gegeben. Das ist möglich. Für die Interpretation von Isok. X ist es jedoch nicht relevant. Hier ist allein von Bedeutung, dass Isokrates diese Unterscheidung trifft, und dass er sich in seiner Kritik an Gorgias in Isok. X 14–15 explizit auf jeweils unterschiedliche formale Konventionen von Enkomion und Apologie beruft.

[57] Constantinidou 2008: 71–72 betont zu Recht, dass man Gorgias' *Helena* keineswegs auf ein Genos festlegen müsse. Gagarin 2001: 277–278 sieht die Schrift als Apologie angelegt. Für die Interpretation der isokratischen *Helena* ist jedoch entscheidend, dass Isokrates genau das tut, und dass sein eigenes Enkomion sich ganz auf das Lob beschränkt (ebd. 107).

[58] Vgl. Isok. XIII 12, 16 (wo in den gleichen Worten wie in Isok. X 15 auf die Gegensätzlichkeit der verschiedenen Behandlungsweisen der *lógoi* verwiesen wird).

[59] Inwiefern das Helena-Thema einen solchen *lógos politikós* darstellt, hat Isokrates bis zu diesem Zeitpunkt noch nicht erläutert. In Isok. X 14–15 wird die *hypóthesis* eines Helenalobes dennoch unmissverständlich als solcher gekennzeichnet. Constantinidou 2008: 22–23 stellt fest, dass Gorgias auf die paradoxe Behandlung mythischer Gegenstände spezialisiert gewesen sei.

Doch auch mit der Erkenntnis über den im vermeintlichen Lob in §14–15 enthaltenen Tadel der gorgianischen Helenarede ist die Stelle noch nicht voll erfasst. Denn die Kritik an paradoxer Redeweise bleibt hier wie schon im gesamten Proömium der eigentliche Zielpunkt der Polemik. Zweifelsohne wählte Gorgias die Lobrede auf Helena als Thema nicht, wie von Isokrates unterstellt, weil sie einen seiner Meinung nach schönen Redegegenstand von allgemeinem Interesse darstelle, sondern gerade bewusst als *paradoxes* Thema.[60] Das zeigt nicht nur die Durchführung der Helenarede, in der Gorgias gegen den von den Dichtern verbreiteten schlechten Ruf der Helena ankämpft[61] – gerade deshalb kann ihn Isokrates dafür kritisieren, eine Apologie verfasst zu haben – sondern auch die abschließende Bezeichnung der Rede als Spielerei (*paígnion*),[62] die der Unterstellung des Isokrates, das Thema sei als Gegenstand von allgemeiner Wichtigkeit gewählt, ebenfalls

---

[60] Bons 1997: 153–154 („To argue the case of Helen presents a challenge to argumentative virtuosity, and to provide proof of this quality was the aim of paradoxographic discourse."), Schwarze 1999: 90, anders Constantinidou 2008: 60–61, 156, die auf die gleichzeitige Existenz positiver und negativer Traditionen zu Helena verweist. Es ist außerdem darauf hinzuweisen, dass die Wahl des Themas als *lógos parádoxos* ernsthafte Aussagen zu philosophischen bzw. sprachtheoretischen Fragen in der Schrift nicht ausschließt (vgl. Schiappa 1999: 116–118). Interessant ist der Standpunkt bei Gagarin 2001: 280–282, 289, wonach Gorgias' *Helena* nicht auf die vollständige Überzeugung seines Publikums abziele, Gorgias vielmehr implizit die moralische Schädlichkeit der rhetorischen *peithố* thematisiere.

[61] Gorg. Hel. 2. Diese Erwähnung zeigt, dass Gorgias die Helena als eine traditionell mit negativen Attributen versehene Figur der nachhomerischen Literatur betrachtet und diese negative Sicht auf Helena auch bei seinem Publikum voraussetzt (Sykutris 1927: 49, Buchheit 1960: 20–21, 30–32, Braun 1982: 160–161, 173, Tuszyńska-Maciejewska 1987: 280, Livingstone 2001: 11–12, Zajonz 2002: 18, Alexiou 2005: 50). Kennedy 1958: 79 sieht den ernsthaften Zweck der gorgianischen Helena in einer Demonstration logischer Methode – auch dadurch bliebe die paradoxe Auffassung von einem Helenalob bestehen.

[62] Gorg. Hel. 21; MacDowell 1982: 16, 43, Eucken 1983: 78, Giuliani 1998: 30–31, Zajonz 2002: 19 deuten diese Stelle dahingehend, dass Gorgias es mit der Verteidigung der Helena nicht ernst meine. Schiappa 1999: 130–131 hält den *paígnion*-Begriff dagegen für nicht aussagekräftig. Braun 1982: 173 deutet den Verweis auf den *paígnion*-Charakter in gegensätzlicher Weise: Der beste Beleg für das Fehlen ernsthafter Anliegen in Gorgias' Helenarede ist auch für Braun die Bezeichnung der Rede als *paígnion*. Den Schluss, dass die Behandlung nicht ernsthaft sein könne, zieht er jedoch in Isokrates' Helenarede aus der Tatsache, dass sich eine solche Bezeichnung nirgends finde, was Braun dann auch noch als besondere „Dreistigkeit" (ebd. 173) ansieht. Die Bezeichnung als *paígnion* kennzeichnet also nach Braun eine paradoxe Rede, und ein Fehlen dieser Bezeichnung kennzeichnet sie erst recht, und das selbst in einer Rede wie Isok. X, in der explizit *spoudế* und *semnótês* gefordert werden. Mit dieser unlogischen Methode lässt sich freilich jede beliebige Schrift als paradox darstellen. In Isok. XI 9 weist Isokrates tatsächlich eine eigene Rede implizit als *paígnion* aus, nicht jedoch in Isok. X. Bei genauer Betrachtung beider Stellen zeigt sich, dass in Isok. XI 9 die Aussage von X 11 in wörtlichem Anklang verneint wird (Isok. X 11: „τὸ σεμνύνεσθαι […] καὶ τὸ σπουδάζειν"; Isok. XI 9: „οὐ σπουδαίαν οὖσαν οὐδὲ σεμνοὺς λόγους ἔχουσαν"). Mit Kennedy 1958: 79 wird man darin eine unterschiedliche Bewertung der jeweiligen Redethemen annehmen dürfen. Dass Isokrates das *Helena*-Thema als ernsthaften *lógos politikós* behandelt, hat Papillon 1996a: 386–389 gezeigt, ähnlich Schwarze 1999: 83, 90–91 (s. auch u. Kap. B.1.2.2).

B.1.2 Helena (Isok. X)

widerspricht[63] und vortrefflich zu einem *lógos parádoxos* passt. Die Bezeichnung der eigenen Schrift als Spielerei spielt auch im isokratischen *Busiris* eine Rolle.[64] Dort steht gänzlich außer Frage, dass es sich bei den kritisierten Schriften des Polykrates um *lógoi parádoxoi* handelt.[65] Diese werden im *Busiris* von Isokrates in nahezu identischer Weise wie die Helenarede des Gorgias in der *Helena* kritisiert und mit einem eigenen Gegenbeispiel konfrontiert. Auch die thematische Verwandtschaft der Helenarede des Gorgias mit dessen Verteidigungsrede auf den Gegenspieler des Odysseus, Palamedes[66] – ebenfalls eine paradoxe Themenwahl – zeigt, dass Gorgias den Helena-Stoff bewusst als paradoxes Thema wählt.

Wenn Gorgias nun aber das Thema seiner Helenarede als ein paradoxes betrachtet, dann bedeutet das zugleich, dass das Lob, das Isokrates dem Gorgias in §14 der *Helena* scheinbar zollt, auf diesen gar nicht zutrifft. Ähnlich wie der Sokrates des platonischen *Euthydemos*, der seinen Gesprächspartnern Euthydemos und Dionysodoros immer wieder, sie scheinbar bewundernd, attestiert, sie besäßen tiefere Einsichten (die diese für jeden Leser offenkundig keineswegs besitzen), unterstellt Isokrates dem Gorgias, er habe tatsächlich verstanden, dass es sich beim Thema seiner Helenarede um ein Thema von höherer Bedeutung handele (sei dann aber den Anforderungen des Gegenstands nicht gewachsen gewesen) – obwohl die Behandlung der Helena als Gegenstand einer paradoxen *epídeixis* für Gorgias ausdrücklich nur den Rang eines *paígnion* einnimmt. Auch für Isokrates scheint klar zu sein, dass ein Helenalob jedem Publikum zunächst als paradoxes Thema erscheinen muss.[67] Auf dieser Grundlage ist sein Lob für Gorgias besonders überraschend, da er ihn gerade dafür lobt, eine vorbildhafte Person – und damit ein nicht-

---

[63] Vgl. Isok. X 10–11, wo die von Isokrates geforderten bedeutenden, ernsthaften und Nutzen bringenden Themen in expliziten Gegensatz zu Reden gestellt werden, die zum Zwecke des *paízein* verfasst würden. Es ist denkbar, dass hier eine Anspielung auf Gorg. Hel. 21 vorliegt, wenngleich davon auszugehen ist, dass die Betonung des fehlenden Ernstes zum Standardrepertoire sophistischer Paradoxologien gehörte; vgl. Plat. Soph. 235a6; Bons 1997: 9–10. Jedenfalls ist klar, dass für Isokrates ein *paígnion* nicht den Anspruch des *eû légein* erfüllen kann (s. dazu o. S. 87). Davon unberührt ist die Frage, ob Gorgias selbst sein Thema ernstgenommen haben kann oder nicht (Constantinidou 2008: 29–30).

[64] Vgl. Isok. XI 9 (s. u. S. 117–120).

[65] Usener (S.) 1993: 249.

[66] Gorg. Pal. F 11a. Die Reden greifen beide Figuren aus dem homerischen Mythos auf, die in der späteren Tradition negativ besetzt waren, und beide befassen sich auf einer tieferen Ebene mit den Möglichkeiten der Sprachkunst (Eucken 1983: 79, Buchheim 1989: XX, Schiappa 1999: 114–132). Den paradoxen Charakter beider Themen betont MacDowell 2002: 248.

[67] Das betonen auch Jaeger 1947, III: 127, Buchheit 1960: 79, Heilbrunn 1977: 158, Wardy 1996: 27, die jedoch nicht in Erwägung ziehen, dass das Thema für Isokrates auch dann von politischer Bedeutung sein kann, wenn er erkennt, dass es sich um ein traditionell paradoxes Thema handelt, sofern er die ‚übliche' Ansicht zu diesem Thema für verfehlt hält. Heilbrunn kommt, weil er dies nicht beachtet, zu dem Fehlschluss, die Polemik gegen paradoxe Rede-Themen in Isok. X 1–7 müsse für den Rest der Schrift irrelevant sein (ebd. 158, ähnlich 155). Vgl. dagegen Papillon 1996a: 379, 385–386,

paradoxes Thema – als Redegegenstand gewählt zu haben. Auf derselben Grundlage kann er aber auch davon ausgehen, dass sein Publikum sehr wohl versteht, dass es sich bei der Helenarede des Gorgias gerade nicht um eine Abkehr von, sondern um ein Beispiel für die Behandlung des Themas als paradoxen Gegenstand handelt. Somit kommt zur technischen Kritik an Gorgias auch noch der implizite Spott, Gorgias habe zwar das richtige, das heißt ein bedeutendes, Thema getroffen, sei jedoch der Bedeutung des Themas bei dessen Durchführung in keiner Weise gerecht geworden. Im Kontext des gesamten Proömiums bedeutet diese Kritik: Seine auf paradoxe *hypothéseis* ausgerichtete rhetorische *téchnê* erlaubt es Gorgias keineswegs, über ein Thema von Bedeutung aus eigener Überzeugung zu sprechen; er beherrscht nur das Spiel des paradoxen Widerlegens des *common sense*. Genau dadurch verfehlt er gemäß Isokrates in seiner Helenarede das Darstellungsziel des Lobes, das er selbst ankündigt.

Im Ganzen ergibt sich in der Verbindung der §14–15 mit dem Vorhergehenden der krönende Abschluss und in der eingangs wie am Ende des Abschnittes §1–15 formulierten Kritik an Gorgias die Klammer der einleitenden Polemik gegen die Beschäftigung mit unnützen und insofern für die Philosophie irrelevanten paradoxen Themen im Proömium (§1–15).[68] Durch die Benennung eines Helenalobes als ernsthafter, das heißt nicht-paradoxer, *hypóthesis* verbindet sich das Proömium durchaus harmonisch mit dem Hauptteil der Schrift:[69] In diesem präsentiert Isokrates, welche Inhalte eine angemessene, nicht-paradoxe Behandlung des Themas anzusprechen habe.[70]

Hinter der Kritik an Gorgias' Helenarede steht die Überzeugung des Isokrates, dass, wer ein Thema als paradoxes Redethema behandele, zwangsläufig erkennbare Fehler auf technischem oder inhaltlichen Gebiet begehen müsse. Wer ein Thema in Form eines Paradoxon behandeln will, geht nach dieser Auffassung davon aus, es sei möglich, jeden

---

Zajonz 2002: 49–50. Bei Eur. Hel. 81, 926–928 wird Helena aufgrund verbreiteter falscher Meinungen über ihre Taten buchstäblich von ganz Griechenland gehasst. Zur literarischen Tradition des Helena-Stoffes vgl. Bons 1997: 146–154, Giuliani 1998, Constantinidou 2008.

[68] Die Kritik an den absurden und paradoxen *hypothéseis* ist auch für Hypoth. Isok. X der zentrale Zweck des Proömiums (vgl. Sykutris 1927: 46, Eucken 1983: 67–68, Usener (S.) 1993: 249, Papillon 1996a: 378, Balla 2004: 58).

[69] Arist. Rhet. 1414b19–28 nennt die *Helena* zwar als Beispiel dafür, dass Proömium und Hauptteil in epideiktischen Reden nicht miteinander verbunden sein müssten. Dies bezieht sich jedoch wohl nur auf das Fehlen der Helena-Figur im Proömium, bzw. darauf, dass die *hypóthesis* erst ganz am Ende des Proömiums genannt wird. Das bedeutet nicht, dass es sich bei der *Helena* in Aristoteles' Augen nicht um eine einheitliche Komposition handelte; vgl. Sykutris 1927: 48, Kennedy 1958: 77, Tuszyńska-Maciejewska 1987: 288, Poulakos (J.) 1986: 1–2, 4–5, 15–16, Papillon 1996a: 385, Zajonz 2002: 37–40, Alexiou 2005: 53 und 2007: 3 mit Anm. 7 (s. außerdem o. S. 82–83 Anm. 18).

[70] Die durchgehende Kritik an paradoxen *hypothéseis* spricht eindeutig gegen die (ohnehin wenig plausible) Annahme bei Heilbrunn 1977: 157 (ähnlich Howland 1937: 151), in dem inhaltlich zweigeteilten Proömium habe der erste Teil (Isok. X 1–7) nicht den geringsten Zusammenhang zum Hauptteil der Rede, diene vielmehr als Einführung der Schüler in die Themen, mit denen sich ein Erbe der Sophistik wie Isokrates auseinandersetze, sowie als Auseinandersetzung mit Platon.

Gegenstand unabhängig von seinem ethischen Gehalt auf überzeugende Weise zu loben oder zu tadeln. Ganz im Sinne der Schrift *Gegen die Sophisten* wird eine solche Themenwahl zu verfehlter Anwendung der technischen Formen führen. Wer ein Thema, das er behandelt, selbst als *lógos parádoxos* betrachtet, stellt es demnach implizit bereits infrage.[71]

Dies wird auf raffinierte Weise schon im vermeintlichen Lob des Gorgias in §14–15 illustriert: Isokrates lobt Gorgias für eine Leistung, die dieser überhaupt nicht erbracht hat (Wahl des Helena-Enkomions als ernsthaft zu vertretende *hypóthesis*). Dieses Lob ist in der Folge unglaubwürdig. Da allgemein bekannt ist, dass es sich bei Gorgias' Helena-Schrift um eine paradoxe Rede handelt, weist das Lob seiner angeblich antiparadoxen Haltung das Publikum nur um so deutlicher darauf hin, dass Gorgias tatsächlich ein besonders prononcierter Vertreter der paradoxen Rhetorik ist, gegen die das Proömium der isokratischen *Helena* so ausführlich polemisiert. Das paradoxe Gorgias-Lob in §14–15 der *Helena* kompromittiert also sein Objekt statt es als Vorbild zu präsentieren. Grund dafür ist der Widerspruch zwischen der *hypóthesis* des Lobes (Gorgias kein Verfasser eines *lógos parádoxos*) und der *dóxa* von Verfasser und Publikum (Gorgias ist für seine paradoxen *lógoi* bekannt). Nur die Übereinstimmung von *dóxa* und *hypóthesis* könnte ein effektvolles Lob bewirken. Diese Haltung, die sich eng mit dem isokratischen *dóxa*-Begriff verbindet, findet sich auch im *Busiris* und soll im Zusammenhang mit dieser Schrift weiter thematisiert werden.

B.1.2.2 Enkomion (§15–69): Ein paradigmatisches Helenalob

Die oben vorgenommene Deutung des *Helena*-Proömiums und damit der Stoßrichtung der ganzen Schrift beseitigt neben der scheinbaren Widersprüchlichkeit der Urteile über Gorgias noch ein weiteres Problem. Isokrates wendet sich in der Vorrede deutlich gegen die Beschäftigung mit Paradoxologien, er erachtet die *epídeixis* rhetorischer Kunst anhand paradoxer Redethemen erklärtermaßen als nutzlos. Demgegenüber wäre es inkonsistent, wenn Isokrates in derselben Schrift seinerseits eine paradigmatische Rede zu einem paradox zu behandelnden Thema gäbe; genaugenommen wäre es inkonsistent, wenn er eine eigene paradoxe Schrift den paradoxen Schriften der anderen entgegensetzte.[72]

Der scheinbare Widerspruch löst sich dann auf, wenn man voraussetzt, dass das Helenalob im Hauptteil als nicht-paradoxes Thema behandelt ist.[73] Mit dieser Annahme

---

[71] Diese Haltung referiert auch Alex. Rh. III 3,10–13 (Spengel 1853–1856).
[72] Vgl. Klett 1880: 11–12, 14 (Isok. X und XI *epideíxeis* des Isokrates sieht), Blaß ²1892: 246, Buchheit 1960: 63, 79 (der über diese Themenwahl „ernüchtert" ist), Heilbrunn 1975: 172 („flagrant contradiction"), Eucken 1983: 78–79, Papillon 1996a: 384, Zajonz 2002: 38, Constantinidou 2008: 105 (ohne Begriffsklärung), Alexiou 2010: 26.
[73] Dass Isokrates im *Helena*-Proömium das Helenalob in einen Gegensatz zu paradoxen Reden bringt und ihm einen politischen Gehalt beimisst, betont zu Recht Papillon 1996a: 384. Unter dieser Annahme wird auch der Versuch einer Erklärung durch Eucken 1983: 78–79 und 2003: 37 hinfällig,

verbindet sich notwendigerweise die Auffassung, dass Isokrates seine eigene *Helena* im Hauptteil tatsächlich als *lógos politikós* durchführen muss.[74] Nur unter der Voraussetzung, dass Isokrates im Hauptteil der Rede den ernstgemeinten Nachweis erbringt, dass Helena einen angemessenen Gegenstand für eine Lobrede darstellt, kann er sich tatsächlich in der im Proömium angedeuteten Weise mit seinem Bildungsprogramm von seinen Zeitgenossen abheben: Jene behaupten, Tugendlehre zu betreiben, bleiben in ihrer Praxis jedoch in eristischen Diskussionen und paradoxen Scherzen verhaftet. Er selbst fordert und vertritt eine Bildung, die auf den öffentlichen Nutzen und auf das Bürger-Sein der Schüler abzielt; in *seiner* Helenarede will er den Beweis erbringen, dass er ein treffsicheres Urteil darüber besitzt, welche Gegenstände in welcher Hinsicht von allgemeiner politischer Relevanz sind.

Wenn Isokrates daher im Hauptteil der *Helena* auf die gängigen Vorwürfe gegen Helena nicht eingeht, obwohl er selbstverständlich davon ausgehen muss, dass diese seinem gesamten Publikum sehr wohl bekannt sind, so geht es nicht darum, diese Kritikpunkte zu verschleiern – ein solcher Anspruch wäre in Anbetracht der Prominenz des Themas und der Bekanntheit der Kritik an Helena töricht. Vielmehr versucht Isokrates den positiven Nachweis zu erbringen, dass Helena lobenswert ist, und er spricht daher Themen an, die allgemein als lobenswert anerkannt sind. Gegen die Vorurteile seines Publikums setzt er die unumstrittenen, aber im Zusammenhang mit der Helena-Kritik wenig beachteten positiven Wesensmerkmale der Helena (§14): göttliche Abstammung (*génos*), Schönheit (*kállos*) und Ruhm/Urteilsvermögen (*dóxa*).

Im Zentrum der Darstellung steht dasjenige der drei Wesensmerkmale, auf das Helena exklusiven Anspruch erheben kann: die Schönheit (*kállos*).[75] Logisch steht sie in unmittelbarem Zusammenhang zu den beiden anderen genannten Merkmalen – sie ist Folge

---

wonach Schriften paradoxen Inhalts, die keinen Lehranspruch verfolgen (sondern etwa wie Gorgias' Helenarede solche lehrhaften Elemente nur nebenbei ansprechen), für Isokrates weniger zweifelhaft seien als paradoxe Schriften mit dogmatischem Anspruch. Der von Eucken konstatierte unterschiedliche Anspruch der Schriften besteht tatsächlich, immerhin bezeichnet Gorgias seine Schrift als *paígnion* (Gorg. Hel. 21), jedoch kann er von Isokrates kaum als Unterscheidungsmerkmal paradoxer Schriften herangezogen worden sein, da er im Helenaproömium explizit das allgemeine Interesse und die Nützlichkeit eines Redegegenstandes zum Kriterium seiner Bewertung macht (Isok. X 11, so auch Eucken 1983: 68–69). Gerade diesen Anspruch spricht Eucken der Helenarede des Gorgias jedoch ab.

[74] Kennedy 1958: 78, dagegen Zajonz 2002: 37–57. Zajonz' Auffassung der *Helena* als *paígnion* wird durch die hier vorgelegte Interpretation des *Helena*-Proömiums, vor allem aber des *Busiris* (s. u. Kap. B.1.3) als unmöglich erwiesen. Im *Busiris* führt Isokrates den Beweis, dass paradoxe Reden auch für rhetorische *epideíxeis* ungeeignet seien (s. u. S. 144).

[75] Eucken 1983: 81–82, Bons 1997: 176, Livingstone 2001: 12, 115, Alexiou 2005: 53, Constantinidou 2008: 51. Poulakos (J.) 1986: 6–9 schlägt eine Gliederung des Hauptteils entsprechend der drei genannten Wesensmerkmale der Helena vor, was jedoch zu einer sehr ungleichmäßigen Einteilung führt (§16–53: Herkunft, §54–60: Schönheit, §61–66: Ansehen); vgl. dagegen Zajonz 2002: 22 (Gliederung nach Chronologie).

der Abstammung von Zeus (§16)[76] und der Grund für ihr Ansehen (passim). In der ganzen Darstellung der Helena nimmt die Schönheit einen so zentralen Platz ein,[77] dass Isokrates ihr als abstrakter Wesenheit sogar einen ganzen exkursartigen, würdigenden Abschnitt widmet (§54–60). Insgesamt versucht Isokrates Helena im Hauptteil der Schrift als Inbegriff des politischen Ideals aristokratischer *kalokagathía*[78] darzustellen.

Nachdem die Abstammung der Helena von Zeus – und damit der göttliche Ursprung ihrer Schönheit – gewürdigt ist (§16–17), stehen zwei mythische Heroen im Mittelpunkt, die Helena aufgrund ihrer Schönheit aus Sparta rauben: zunächst der athenische Urkönig Theseus, dessen Charakterisierung und Würdigung (§18–38) einen erheblichen Teil der Rede ausmachen,[79] danach Paris (§42–48), dessen Raub der Helena auf das Streben nach *areté* zurückgeführt wird.[80] Es folgt eine Beschreibung des Troischen Krieges als eines Krieges um das Wohl von Asien und Europa (§49–53)[81] sowie ein Lob des Schönen als höchstem Vorzug im Leben der Menschen und der Götter (§54–60). Am Ende des Hauptteils der Schrift wird die kultische Verehrung Helenas sowie ihr Einfluss auf die griechische Dichtkunst als Beweis für ihre Bedeutung herangezogen (§61–66). Den Schlussteil der Rede (§67–69) bildet der Hinweis darauf, dass die meisten und bedeutendsten Dinge über Helena nach wie vor ungesagt geblieben oder noch nicht in kunstvolle Rede umgesetzt worden seien: Hierzu gehöre ihr Einfluss auf das Leben aller Griechen, da sie durch das Auslösen des Troischen Krieges mittelbar dafür gesorgt habe, dass die Griechen nicht unter persische Herrschaft geraten seien.

---

[76] Vgl. Eur. Hel. 17–21. Zum Bild des göttlichen Ursprungs der Schönheit in Isok. X vgl. Eucken 1983: 82 (durch Zajonz 2002: 42 nicht entkräftet).

[77] Dagegen wendet sich Zajonz 2002: 42–44. Vor allem der Paris-Exkurs (Isok. X 41–48) dient Zajonz als Beleg. In Isok. X 48 werde die Schönheit ganz am Ende nur „beiläufig als ein Kriterium erwähnt". An der Episode lasse sich „besonders deutlich ablesen, daß die Schönheit *nicht* der eigentliche Gegenstand des Enkomions" sei (ebd. 43). Beiläufig jedoch wird man die Erwähnung in Isok. X 48 nicht nennen können, zumal Helenas Schönheit in dem ganzen Absatz ebenso präsent ist wie ihre Genealogie. Die göttliche Abstammung führt zu Schönheit, deshalb ist die Verbindung mit Helena erstrebenswert, da sie der eigenen Nachkommenschaft die *kalokagathía* sichert.

[78] Dass ein πολιτικὸς λόγος sich mit πραγμάτων καλῶν κἀγαθῶν befassen müsse, ist schon in Isok. X 8, 12 explizit gefordert.

[79] Mikkola 1954: 215, 262–263 sieht Theseus als eigentlich zentrale Figur der ganzen Schrift, ähnlich Wardy 1996: 28, Usher 1999: 314, Gotteland 2001: 109–110, 115, Classen 2010: 33, 105–106. Poulakos (J.) 1986: 1–2 benennt folgende Hauptthemen des Theseus-Exkurses: 1. Nützliche Taten sind nutzlosen vorzuziehen, 2. Das Ideal politischer Tugend, 3. Helenas Schönheit und ihre Wirkung. Mit Poulakos wird man Mikkolas Standpunkt verwerfen müssen. Der Theseus-Exkurs bleibt dem Helenalob untergeordnet; vgl. auch Alexiou 1995: 93.

[80] Zajonz 2002: 29–31. Bei Gorgias erscheint Paris als Hauptschuldiger an Helenas Ehebruch und an dessen Folgen (Gorg. Hel. 12; Constantinidou 2008: 54, 58–59, 149–152). Zur scheinbaren Paradoxie eines Lobes des Helenaraubes durch Paris vgl. Papillon 1996b: 13.

[81] Dieser Gedanke ist auch in Eur. Troad. 925–934 ausgedrückt (Constantinidou 2008: 140).

Isokrates weicht in seinem Helenalob an drei Stellen vom eigentlichen Redegegenstand ab, zum einem in einem Exkurs auf Wesen und Leistungen des Theseus (§18–38), dann in einem Abschnitt zu den Beweggründen des Paris bei der Wahl der Aphrodite als schönster Göttin (41–48), und schließlich in einem Exkurs auf Wesen und Bedeutung der Schönheit (§54–60).[82] Diese Exkurse, in denen nicht oder nur mittelbar über Helena gesprochen wird, machen mehr als die Hälfte des Hauptteils der Schrift aus. Erst in den Schlussabschnitten, in denen über das Wirken der vergöttlichten Helena berichtet wird, wird sie zu einem handelnden Wesen (§61–66).[83] Helenas Leistung, die sie zum einem bedeutenden Gegenstand für ein Enkomion macht, ist ihre Wirkung auf Andere. Die Exkurse dienen dem Nachweis, dass die von Helena beeinflussten Heroen tatsächlich vorbildhaftes Handeln an den Tag legen. Ohne aktives Handeln spornt Helena so andere zum Wettstreit um die *areté* an. In der positiven Wirkung auf ihr Umfeld liegt ihre Bedeutung für Isokrates. Ihre Schönheit ist Ausgangspunkt einerseits für ein ideales innenpolitisches Verhalten; dieses zeigt sich im Theseus-Exkurs, in dem die Staatsgründung zwar nicht als Folge des Umgangs des Theseus mit Helena dargestellt wird, durch den dieser athenische Ur-Staat aber doch als Gründung eines idealen Heros erscheint, der sich einzig von der Schönheit besiegen lässt und der deshalb diese göttlich begründete Schönheit in seinem Handeln zu erreichen sucht. Zum anderen ist Helenas Schönheit der Ausgangspunkt auch für ein vorbildhaftes außenpolitisches Verhalten, das sich im ‚panhellenischen' Troischen Krieg manifestiert.[84] Helena und der Helena-Mythos sind so lehrreiches Vorbild für politisches Handeln.[85] In ihr findet eine Lehrschrift einen geeigneten Darstellungsgegenstand.

Das Helena-Enkomion des Isokrates behandelt letztlich nicht nur in allen seinen Bestandteilen Themen von politischem Belang, sondern es finden sich praktisch alle großen Themen, die Isokrates im Zeitraum von fast 50 Jahren in seinen späteren Schriften behandeln sollte, in der *Helena* bereits angelegt. Theseus (§18–38) repräsentiert zu Beginn das ideale politische Handeln in den inneren Angelegenheiten der *pólis*; das Thema der idealen Außenpolitik und Kriegführung wird zwar nicht ausführlich behandelt, wird aber in der

---

[82] Platonisches Gedankengut vermutete hier bereits Havet 1862: LXXIII. Eucken 1983: 85–87 deutete den Abschnitt als isokratische Lehre einer ‚Idee der Schönheit' (ähnlich Alexiou 1995: 58, Classen 2010: 33, dagegen Burkert 1985: 355–356, Hudson-Williams 1985: 20–21, Zajonz 2002: 256–257). Den Bezug zu Gorgais' *Helena* betont Constantinidou 2008: 51.

[83] Zajonz 2002: 50–51. Dass Helena in Ägypten als Göttin verehrt wurde, vermutet Hdt. II 112–113 (Bons 1997: 152).

[84] Kennedy 1958: 79–80, Pointner 1969: 28, Allroggen 1972: 301, Dalfen 1974: 30, Heilbrunn 1977: 79–80, Marzi 1994: 2–3, Giuliani 1998: 42–45 (der das Lob der Schönheit als eigentliches Motiv des Enkomions betrachtet), Gotteland 2001: 213–229, Alexiou 2010: 96. Troia als ‚panhellenischer' Krieg gegen Asien erscheint auch in Isok. IV 83–84, 158–159, XII 42, 77–78. In Isok. V 111–112 wird bereits der ‚Erste' Troische Krieg unter Führung des Herakles als ‚panhellenischer' Perserkrieg dargestellt (s. u. Kap. B.8.4.6).

[85] Vgl. Classen 2010: 29–33.

eindringlichen *praeteritio* am Ende der Schrift (§67–69) ausdrücklich als bedeutendes Thema benannt und mit Helena in Verbindung gebracht. Und in Helenas Wirken als Göttin (§61–66), vor allem in ihrer inspirierenden Wirkung auf die Gebildeten und die Philosophen (§66) findet man das philosophisch–pädagogische Wirken angesprochen. Alle drei Bereiche verbindet dabei eines: Wer in ihnen etwas Lobenswertes vollbringen will, muss sein Handeln an der Schönheit ausrichten.[86]

B.1.2.3 Sparta in der *Helena*

Die *pólis* Sparta und ihre Politik spielt in der *Helena* allenfalls eine randständige Rolle. Helena ist zwar die Frau des Königs von Sparta, jedoch geht die spezifische Rolle Spartas schon im Mythos nicht über eben dies hinaus: Heimat der Helena zu sein. Im Zusammenhang der politischen Deutung des Helenalobes als Lob einer abstrakten Schönheit, die Inbegriff aristokratischer *kalokagathía* ist, kann jedoch auch diese Verbindung Helenas mit Sparta, die in der Darstellung wiederholt erwähnt wird (§16–20, 63), eine implizite Botschaft transportieren: Das Ideal der *kalokagathía* sah man in aristokratischen Kreisen Griechenlands in Sparta als in Reinform erhalten an.[87] Eine derartige Verbindung des ganzen Sujets mit Sparta ist also naheliegend, zumal sich dieselbe Verkörperung spartanischer Tugenden auch hinter der Heraklesfigur in §16–17 vermuten lässt. Helena und Herakles werden unmittelbar nebeneinander gestellt. Beide sind Kinder des Zeus, und beide erhalten ihre herausragenden Eigenschaften als bewusste Gaben von ihrem Vater. Helenas Schönheit wird hierbei als der körperlichen Stärke des Herakles überlegene Eigenschaft präsentiert (§16). Interessant ist die in diesem Zusammenhang genannte Motivation des Zeus für die Vergabe von Kraft und Schönheit an Herakles und Helena:

> (17) Εἰδὼς δὲ τὰς ἐπιφανείας καὶ τὰς λαμπρότητας οὐκ ἐκ τῆς ἡσυχίας, ἀλλ' ἐκ τῶν πολέμων καὶ τῶν ἀγώνων γιγνομένας καὶ βουλόμενος αὐτῶν μὴ μόνον τὰ σώματ' εἰς θεοὺς ἀναγαγεῖν, ἀλλὰ καὶ τὰς δόξας ἀειμνήστους καταλιπεῖν, τοῦ μὲν ἐπίπονον καὶ φιλοκίνδυνον τὸν βίον κατέστησε, τῆς δὲ περίβλεπτον καὶ περιμάχητον τὴν φύσιν ἐποίησεν.

> (17) Da er [sc. Zeus] wusste, dass Ansehen und Glanz nicht aus friedvoller Ruhe, sondern aus Kriegen und Wettstreit entstehen, und weil er nicht nur ihre [sc. Herakles und Helena] Körper zu den Göttern hinaufführen, sondern sie auch wegen ihres Ruhmes unvergesslich zurücklassen wollte, richtete er des einen Leben mühevoll und gefahrenfreudig ein, das Wesen der anderen machte er allseits bewundert und umkämpft.

Zeus möchte seinen Kindern Eigenschaften geben, die ihnen unvergängliche *dóxa* (Ruhm) sichern. Eine solche *dóxa* ist jedoch nur durch Wettbewerb und Krieg zu erlangen. Das Wesen beider spartanischer Heroen ist demnach durch göttliche Planung von Krieg und agonalem Prinzip geprägt. Während Herakles' Leben selbst zu einem einzigen

---

[86] Eucken 1983: 81–91, Papillon 1996a: 385, 388.
[87] Zum Begriff der *kalokagathía* und dessen Zusammenhang mit Sparta vgl. Bourriot 1996.

agṓn wird, soll Helena ihrerseits *agṓnes* auslösen.[88] Dass sich die Eigenschaften des Herakles und der Helena auf Sparta übertragen lassen, ist hier nicht ausgesprochen und wohl kaum der eigentliche Zweck der Aussage. Wenn aber Helena in den folgenden Abschnitten auf den verschiedensten Ebenen den Wettstreit um *areté* auslöst, und sie zugleich sinnbildlich für die aristokratische *kalokagathía* steht, so findet sich in ihrer spartanischen Herkunft eben jene Idealisierung der spartanischen Sitten, die im aristokratischen Denken des klassischen Athen verbreitet war und die sich auch im politischen Denken des Isokrates aufzeigen lässt.[89] Die spartanische *kalokagathía* wird so zu einem Ideal, das die aristokratische Konkurrenz um *dóxa*, eben das agonale Denken der Oberschicht vorbildhaft verursacht – gleich wie Helena die griechischen Helden zur gegenseitigen Konkurrenz bei gleichzeitiger Unterstützung gegenüber äußeren Mächten veranlasst (§39–40).

Lediglich an zwei Stellen wird Sparta explizit erwähnt. Zum ersten Mal ist von Sparta im Zusammenhang mit dem Raub der Helena durch Theseus die Rede:

(18) [...] τοσοῦτον ἡττήθη τοῦ κάλλους ὁ κρατεῖν τῶν ἄλλων εἰθισμένος, ὥσθ' [...] (19) [...] ὑπεριδὼν τὴν ἀρχὴν τὴν Τυνδάρεω καὶ καταφρονήσας τῆς ῥώμης τῆς Κάστορος καὶ Πολυδεύκους καὶ πάντων τῶν ἐν Λακεδαίμονι δεινῶν ὀλιγωρήσας, βίᾳ λαβὼν αὐτὴν εἰς Ἀφιδνᾶν τῆς Ἀττικῆς κατέθετο [...]

(18) [...] so sehr unterlag er [sc. Theseus] der Schönheit, er, der gewohnt war, den anderen überlegen zu sein, dass er [...] (19) [...] indem er die Herrschaft des Tyndareos ignorierte, die Kraft des Kastor und des Polydeukes verachtete und die ganze in Lakedaimon vorhandene Macht für gering achtete, sie [sc. Helena] gewaltsam raubte und nach Aphidna in Attika verbrachte [...].

Zwar ist Theseus mit seiner Unternehmung gegen Sparta erfolgreich, dennoch wird Lakedaimon als ernstzunehmender Machtfaktor dargestellt.[90] Nur weil Theseus von der Schönheit der Helena geradezu geblendet ist, ihrer anziehenden Macht nichts entgegenzusetzen hat, kann er über die politische Machtstellung (*arché*) des spartanischen Königs, die körperliche Kraft (*rhṓmē*) der herausragendsten der Spartiaten, der Dioskuren, sowie allgemein die in Sparta vorhandene Macht (*deiná*) hinwegsehen und das Wagnis des Helenaraubes auf sich nehmen.[91] Die überwältigende Macht der Schönheit ist es, die das Handeln des Theseus nicht rechtfertigt, aber doch erklärt.[92]

---

[88] In der Verwendung der Vokabel περιμάχητον, die auch bei Plat. Pol. 586c4–5 im Zusammenhang mit dem *eídolon*-Motiv im Helena-Mythos vorkommt, sieht Bons 1997: 178 einen impliziten Verweis auf Stesichoros.

[89] Zum ersten Mal deutlich in Isok. IV 75–82 (s. u. Kap. B.2.2.4).

[90] Heilbrunn 1977: 150 bemerkt zu Recht, dass hier in keiner Weise eine Überlegenheit des Atheners Theseus über die Macht Spartas zum Ausdruck gebracht wird. Vielmehr wird Spartas Macht als so groß präsentiert, dass sie Theseus, wäre er klaren Verstandes, von seinem Vorhaben des Helena-Raubes hätte abbringen müssen.

[91] Eucken 1983: 82, Zajonz 2002: 160.

[92] Bons 1997: 181–182, Schwarze 1999: 85–86 und insbesondere Zajonz 2002: 23–25 haben gezeigt, dass Isokrates versucht, den Eindruck eines Frevels von Theseus fernzuhalten, dass er umgekehrt

B.1.2 Helena (Isok. X)

Die zweite ausdrückliche Erwähnung Spartas findet sich gegen Ende der Rede. Die kultische Verehrung Helenas und des Menelaos in Sparta soll bezeugen, dass Helena ihrem Gatten zur Apotheose verholfen habe:

> (63) Καὶ τούτοις ἔχω τὴν πόλιν τὴν Σπαρτιατῶν τὴν μάλιστα τὰ παλαιὰ διασῴζουσαν ἔργῳ παρασχέσθαι μαρτυροῦσαν· ἔτι γὰρ καὶ νῦν ἐν Θεράπναις τῆς Λακωνικῆς θυσίας αὐτοῖς ἁγίας καὶ πατρίας ἀποτελοῦσιν οὐχ ὡς ἥρωσιν, ἀλλ' ὡς θεοῖς ἀμφωτέροις οὖσιν.[93]

> (63) Und dafür kann ich als Zeugin die *pólis* der Spartiaten in ihrem Handeln anführen, die das Althergebrachte am meisten bewahrt: Denn auch jetzt noch leisten sie ihnen [sc. Helena und Menelaos] im lakonischen Therapnai heilige und altväterliche Opfer ab, nicht so, als wären sie Heroen, sondern so, als seien sie Götter.

Die Glaubwürdigkeit Spartas als Zeugin für die historische Entstehung eines Kultes wird dadurch begründet, dass sie Traditionen am sichersten bewahre. Dadurch wird der erwähnte Helena- und Menelaoskult durch seine Lokalisierung in spartanischem Gebiet als besonders alt und glaubwürdig dargestellt. Die Erwähnung der besonderen Traditionspflege in Sparta in einem Halbsatz ohne weitere Erläuterung deutet darauf hin, dass Isokrates diese Aussage über Sparta als allgemein bekannt voraussetzt.[94]

Für die vorliegende Untersuchung ist neben der Rolle Spartas vor allem die Darstellung des Theseus von Interesse, da dieser in späteren Reden mehrfach im Zusammenhang mit der athenischen Staatsordnung und der Vorstellung von einem idealen Gemeinwesen Erwähnung findet und sich hier bereits Motive finden, die in späteren Schriften beim

---

sogar den Umstand, dass selbst der so tugendhafte Theseus Helenas Schönheit unterliegt, als *auctoritas*-Argument zum Lobe Helenas verwendet. Ein deutlich negativerer Bericht findet sich beispielsweise bei Plut. Thes. 31–33. Daneben wird die Episode erwähnt in Kypria PEG F 13 (=Schol. Hom. Γ 242), Apollod. III 128, Apollod. epit. I 23, Diod. IV 63,1–5 und Paus. III 18,15 erwähnt. Gotteland 2001: 264–268 bezeichnet das Sujet eines Raubes der Helena daher als paradox, betont zudem, dass Isokrates für seine positive Darstellung zahlreiche weitere Geschichten vom Frauenraub des Theseus beiseite lassen müsse. Allgemein bewertet sie die Argumentation des Isokrates an dieser Stelle als „[...] fallacieux [...]" (267), da sie nach logischen Kategorien nicht zu einem Lob führe. Allerdings übersieht Gotteland Isokrates' eigene Äußerungen darüber, was die Plausibilität eines Mythos ausmache (v. a. Isok. XI 38–43, s. dazu u. S. 141–142). Demnach ist die Annahme, ein Heros und Göttersohn könne moralisch verwerfliche Taten begangen haben, *per se* inkonsistent, da die Abstammung von den Göttern moralische Fehlbarkeit ausschließe. Es ist daher nicht auszuschließen, dass Isokrates' im Zuge des Lobes des Theseus auch die bekannte Geschichte vom Raub der Helena mit der in Athen dominierenden Tradition vom idealen athenischen Heros Theseus harmonisieren will. Er korrigiert die vorherrschende inkonsistente Tradition über Theseus somit in ganz ähnlicher Weise wie er dies mit dem Bild von Helena selbst tut.

[93] Vgl. Hdt. VI 61, Polyb. V 18,21–22, Liv. XXXIV 28, Paus. III 19,9. Der Helena-Kult in Therapnai ist inschriftlich bereits im 7. und 6. Jh. belegt (Catling/Cavanagh 1976, Zajonz 2002: 274).

[94] Das besondere Alter und die Unveränderlichkeit der spartanischen *politeía* gehören zum Grundbestand der *Spartan Legend*, vgl. Flacelière 1961: 47.

Vergleich Athens mit Sparta von Bedeutung sein werden. Theseus wird in §18–38 (vor allem 31–38) zum Paradigma des idealen Politikers.[95]

Zunächst werden die Taten des Theseus mit denen des Herakles verglichen (§23–28), wobei die Taten des letztgenannten als „namhafter und größer" (ὀνομαστοτέρους καὶ μείζους, §24) bezeichnet werden. Die Taten des Theseus jedoch werden von Isokrates, gegen die traditionelle Bewertung des Herakles als größten Heros,[96] höher bewertet, da sie „nützlicher und mehr auf die Griechen bezogen" (ὠφελιμωτέρους καὶ τοῖς Ἕλλησιν οἰκειοτέρους, §24) gewesen seien. Es folgen Beschreibungen verschiedener Taten des Theseus, die einleitend gekennzeichnet werden als

(25) [...] ἀγώνων ἐξ ὧν ἤμελλεν ἢ τῶν Ἑλλήνων ἢ τῆς αὑτοῦ πατρίδος εὐεργέτης γενήσεσθαι.

(25) [...] Kämpfe,[97] durch die er zum Wohltäter entweder der Griechen oder seiner eigenen Heimat werden wollte.

Der Unterschied zwischen Herakles und Theseus besteht hier vor allem darin, dass sich das Wirken des Theseus, der im Gegensatz zu Herakles seine Werke in freier Entscheidung, nicht gezwungenermaßen wie Herakles vollbringt,[98] auf die eigene *pólis* und auf die Griechen insgesamt bezieht. Dabei wird der Nutzen der jeweiligen Taten hervorgehoben. Implizit ergibt sich daraus, dass diese Motive für Herakles nicht in Anspruch genommen werden können, dass also seine Taten nicht vom Interesse der Griechen insgesamt motiviert sind.[99] Der Vergleich ist insofern für das Spartabild des Isokrates von Bedeutung, als Isokrates zum einen die beiden Heroen immer wieder in seinen Schriften vor allem in ihrer Rolle als Gründungsheroen der *póleis* Athen (Theseus) und Sparta (Herakles) erwähnen wird.[100] Zum anderen spielen die hier genannten Handlungsmotive des

---

[95] Gotteland 2001: 253–254, Zajonz 2002: 28.

[96] Vgl. das Urteil bei Men. Rhet. 386,18–21; Heilbrunn 1977: 151, Zajonz 2002: 26–27 („Zerrbild [...] im Dienste des Theseus-Lobs").

[97] Durch die Wortwahl ἀγώνων schwingt bereits hier das auch in Isok. IV 85–91 (s. u. Kap. B.2.4.5) wichtige Motiv des Wettstreits zwischen Sparta (Herakles) und Athen (Theseus) mit; vgl. Zajonz 2002: 173. Unabhängig von der Rolle Spartas wird Theseus hier als einer jener Heroen dargestellt, deren Wirken von agonalem Denken beeinflusst wird.

[98] Vgl. Heilbrunn 1967: 149 Anm. 15, Eucken 1983: 101–102, Alexiou 1995: 92–93 und 2010: 184, Bons 1997: 183–184. Interessant an dieser Beobachtung ist, dass auch Sparta in Isok. IV 97 an der Schlacht von Salamis einzig aufgrund einer Zwangssituation teilnimmt (Alexiou 1995: 113–114). Hier zeigt sich, dass die Bewertung des ‚politischen' Handelns des Herakles in der *Helena* mit der Bewertung der Politik Spartas (nach der Thermopylenschlacht) im *Panegyrikos* übereinstimmt.

[99] Kennedy 1958: 80–81, Jäkel 1986: 75–76, Alexiou 1995: 91–93, Clark 1996: 120, Gotteland 2001: 253–259. Diese Einschätzung des Herakles gilt jedoch nur innerhalb der Argumentation der *Helena*, in anderen Schriften, insbesondere im *Philippos* (Isok. V 76, 111–112, 114), gelten auch die Taten des Herakles als nutzbringend für die Griechen; vgl. Kennedy 1958: 82, Buchheit 1960: 80–81, Alexiou 1995: 94–95, 125–126, Too 1995: 130, Gotteland 2001: 239–247, Zajonz 2002: 27, anders Mikkola 1954: 131–132, Poulakos (J.) 1986: 2, 12, die Herakles in Isok. X nicht gegenüber Theseus herabgesetzt, sondern seinerseits gelobt sehen.

[100] Isok. IV 54–65, VI 17–23, XII 123–129, 191–198, implizit in IV 1–3 (s u. Kap. B.2.6); vgl. auch Too 1995: 59, 130.

Theseus auch in der Bewertung der Politik der *póleis* Athen und Sparta in späteren Schriften eine zentrale Rolle: Die Kritik an Spartas Politik in späteren isokratischen Schriften wird sich vor allem gegen einen Mangel an Verpflichtung auf das griechische Gemeinwohl von Seiten Spartas richten.[101]

Im weiteren Verlauf der Beschreibung des Theseus (§31–37) steht nun das politische Wirken des athenischen Königs im Mittelpunkt. Fast beiläufig wird zu Beginn erwähnt, dass Theseus den verfolgten Herakliden Hilfe gewährt habe (§31).[102] Ausführlicher beschreibt Isokrates danach die zentralen Taten des Theseus: den athenischen Synoikismos und die Einführung demokratischer Strukturen in Athen.[103] Auch in seinem politischen Handeln zielt Theseus auf Nutzen für die Gemeinschaft.[104] Ausgehend von der Erkenntnis, dass gewaltsame Herrschaft (*bía* [...] *archeĩn*, §32) zu einem dauerhaften Krieg im Inneren führen müsse und beständige Angst vor den Mitbürgern erzeuge, dass Gewaltherrscher mithin „Krankheiten der *póleis*" seien (*nosḗmata tō̃n póleōn*, §34), habe er zunächst die verstreuten Dörfer Attikas zu einer *pólis* geeint und so die Grundlage für die Größe und Bedeutung Athens geschaffen (§35). Daraufhin habe er den Wettstreit um die Tugend (*tḗn hámillan* [...] *perí tē̃s aretē̃s*, §35)[105] in Athen eingeführt, dem er sich auch selbst unterzogen habe. In der Polisorganisation habe Theseus den Bürgern die Polisverwaltung übertragen (*tón dē̃mon kathístē kýrion tē̃s politeías*, §36); der Demos wiederum habe ihn gebeten, dennoch allein zu herrschen,

---

[101] Z. B. die Behandlung im Panegyrikos (s. Kap. B.2.4.5 und Kap. B.2.5). Heilbrunn 1977: 151–152 (vgl. Papillon 1996a: 379, Zajonz 2002: 38–40) betont (gegen Kennedy 1958: 80–82 und Perlman 1969: 374, der im Theseus-Lob der Helena „an expression of the claim for Athenian hegemony" sieht), dass man Isokrates nicht die Absicht nachweisen könne, er wolle in der Helena hauptsächlich die athenische *hēgemonía* vor der spartanischen *archḗ* propagieren. Er ignoriert jedoch die von Isokrates explizit ausgesprochene hellenische Dimension der in Isok. X erwähnten Leistungen des Theseus, wenn er diese Taten als gerade nicht gemeingriechisch motiviert beschreibt. Wenngleich also das ‚panhellenische' Motiv kaum das hauptsächliche Motiv zur Abfassung des Helenalobes sein dürfte, so ist trotz der Einwände von Heilbrunn, Papillon und Zajonz klar, dass Helena in Isok. X 39–40 als verursachendes Prinzip des ‚panhellenischen' Denkens stilisiert wird (vgl. Poulakos (J.) 1986: 17). Der ‚panhellenische' Troische Krieg ist eine jener von Helenas Schönheit inspirierten Taten, die ein Helenalob zu einer politischen *hypóthesis* machen.

[102] Traditionellerweise schrieb man diese Hilfeleistung dem Theseus-Sohn Demophon zu, vgl. Eur. Heracl. v. a. 205–222. Euripides beschreibt die Hilfeleistung als selbstverständliche Pflicht für Demophon, begründet durch Verwandtschaft (Herakles ist über seinen Großvater Pelops ein Onkel zweiten Grades des Theseus), und mehrfache Hilfeleistung des Herakles für Theseus. Die Verwandtschaft erwähnt auch Plut. Thes. 7,1.

[103] Kehl 1962: 85–88, Eucken 1983: 95–101, David 2009, Classen 2010: 31–32. Die ausführlichste Deutung der Motive von Synoikismos und Gründung der Demokratie durch Theseus bietet Gotteland 2001: 273–291.

[104] Roth 2003a: 157–158.

[105] Alexiou 1995: 111, David 2009: 74–75. Zur Bedeutung des Agonalen im politischen Denken des Isokrates vgl. Eucken 1983: 161–162, Grieser-Schmitz 1999: 79–85, Hawhee 2002: 193–205

(36) [...] ἡγούμενοι πιστοτέραν καὶ κοινοτέραν εἶναι τὴν ἐκείνου μοναρχίαν τῆς αὐτῶν δημοκρατίας.

(36) [...] in der Überzeugung, seine Alleinherrschaft sei zuverlässiger und gemeinschaftlicher[106] als ihre eigene Volksherrschaft.

Insofern habe Theseus zwar eine monarchische Stellung innegehabt. Indem er jedoch immer im Einklang mit dem Demos und in dessen Interesse gehandelt habe, sei er *de facto* ein echter *dêmagôgós* gewesen (§37). Reste der von ihm begründeten Polisordnung seien noch in der gegenwärtigen Einstellung der Athener zum Staat vorhanden (§37).[107] Theseus wird so geradezu zum eigentlichen Gründer der athenischen Demokratie, mithin zum idealen Herrscher, stilisiert.[108] Dass Isokrates den mythischen Urkönig Athens zum wahren Demokraten erhebt, gewissermaßen zu einem der Souveränität des Volkes ergebenen Monarchen,[109] ist auch im Hinblick auf die Bewertung der spartanischen Polisordnung von einiger Bedeutung: Wie sich in der Untersuchung von *Areopagitikos* und *Friedensrede* erweisen wird, sieht Isokrates in der spartanischen Ordnung Elemente jenes

---

[106] Zajonz 2002: 207 schlägt mit Verweis auf Isok. XII 130 eine Bedeutung im Sinne politischer Partizipation für κοινοτέραν vor. Indes spricht die allgemeine Verwendung des Begriffs *koinón* bei Reden des Isokrates (s. u. Exkurs I, Kap. D.1.1) dagegen, die Valenz des Begriffs einzuschränken. Die Übersetzung bei Ley-Hutton 1997, II: 27–28: „[...] für alle vorteilhafter [...]" ist daher ebenso erwägenswert.

[107] Zajonz 2002: 210.

[108] Ollier 1933: 359–360, Pointner 1969: 187–189, David 2009: 76–77. Die Rückgabe der Amtsgewalt an Theseus findet sich nur bei Isokrates (Kehl 1962: 86–87). Damit greift Isokrates die bei den zeitgenössischen Demokraten spätestens seit Euripides übliche Vereinnahmung der Theseusfigur für die Demokratie auf (ebd. 84–87, 145–146). Schon Eurip. Hiket. 349–353 hatte Theseus als Gründer der attischen Demokratie dargestellt. Bei Isokrates zeigt sich der Prozess der Demokratisierung durch Theseus begründet, nicht jedoch abgeschlossen (Zajonz 2002: 206, Roth 2003a: 158–159). Die Demokratie des Theseus ist insofern ein von einem monarchisch regierenden und vom *dêmos* kontrollierten Einzelnen gelenktes Regime. Levi 1959: 97 sieht in der Figur des Theseus ein Exemplum für die die ideale Verbindung von *lógos* und *areté*, was zur Rolle des Theseus in der *Helena* passen würde, m. E. jedoch im Text nicht hinreichend belegt werden kann. Mikkola 1954: 221–224, 262–264 (der die demokratischen Elemente des Theseusbildes in Isok. X selektiv ausblendet) betrachtet den Theseus der *Helena* als früheste Erscheinungsform eines isokratischen „Führerideals", das im gesamten Werk des Isokrates entscheidende Bedeutung habe. Eucken 1983: 99 interpretiert die Rolle des Theseus in der *Helena* als Fürsprache des Isokrates für die Demokratie der perikleischen Zeit (ähnlich Flacelière 1961: 34) und konstatiert daher einen Widerspruch zu den späteren Reden ab dem *Panegyrikos*. Es dürfte jedoch wahrscheinlicher sein, dass Isokrates durch die Verbindung mit dem mythischen Stadtgründer Alter und Bedeutung der politischen Ordnung einer idealen Demokratie erweisen will, deren Erscheinungsform hier insbesondere im Verweis auf den Wettkampf um die Tugend anklingt (Tigerstedt 1965, I: 191, Usener (S.) 2003: 262). Eine solche ideale Demokratie besteht für Isokrates nicht in der Gegenwart oder der jüngeren Vergangenheit, sondern ausschließlich in der älteren Vergangenheit bis zur Zeit der Perserkriege. Vgl. dazu v. a. Isok. IV 75–82 (s. u. Kap. B.2.2.4).

[109] Bons 1997: 184, Gotteland 2001: 278–282. Die Ähnlichkeit mit der Stellung des thukydideischen Perikles, die Gotteland (ebd: 282–283) bemerkt, ist m. E. weder gänzlich von der Hand zu weisen noch drängt sie sich deutlich genug auf, um als beabsichtigt gelten zu können.

Ideals erhalten, das in verschiedenen Reden[110] als ‚*politeía* der Vorväter' in einer unbestimmten Vergangenheit zwischen der Zeit des Theseus und den Perserkriegen angesiedelt ist.[111] Ob und inwiefern Isokrates das Doppelkönigtum Spartas als ein solches Relikt der ‚*politeía* der Vorväter' betrachtet,[112] wird im weiteren Verlauf der Untersuchung thematisiert werden.[113]

Die Erwähnungen, die sich in der *Helena* finden, zeichnen ein neutrales, eher positives Bild Spartas als mächtiger *pólis*, deren besondere Traditionspflege hervorgehoben wird, was gleichzeitig den Schluss nahelegt, dass Sparta die Traditionen einer aus Athen übernommenen ‚*politeía* der Vorväter' bewahrt haben könnte.[114] Der Vergleich der mythischen Gründungsheroen Spartas und Athens fällt zwar zugunsten Athens aus, weil Herakles – und damit implizit Sparta – sich nicht um das Wohl aller Griechen gekümmert habe.[115] Überhaupt scheint die Gegenüberstellung des idealen Politikers und Atheners Theseus mit dem Spartaner Herakles einerseits und seine Begeisterung für die Spartanerin andererseits auf einer impliziten Ebene durchaus eine Konkurrenz zwischen Athen und Sparta anzudeuten. Theseus und Herakles stehen in einem *agón* um die größten Leistungen, wobei Herakles die größte körperliche Kraft und Theseus den größten Gemeinsinn unter Beweis stellt. Von beiden ist es bemerkenswerterweise nur Theseus, dessen Handeln in Zusammenhang mit der Schönheit der Helena steht, dessen Handeln, versinnbildlicht im Raub der Helena, sich am Schönen orientiert und das Schöne für sich zu gewinnen sucht.

---

[110] Isok. IV 75–82, VI 58–61, VII 20–55, VIII 49–56, XII 130–148 (vgl. dazu Gotteland 2001: 288–289).

[111] Zajonz 2002: 28. Isokrates vermeidet bewusst den ‚oligarchisch' vorbelasteten Begriff der *pátrios politeía*. Vgl. zu diesem Begriff Mossé 1978, Hansen 1995: 307–311.

[112] In diese Richtung könnte deuten, dass Isokrates die Gründung des spartanischen Staates mit den Herakliden verbindet (Isok. IV 56–61, s. u. Kap. B.2.4.3), die auch hier beiläufig erwähnt werden. Wenn nun der von Isokrates als idealer, demokratischer Monarch stilisierte Theseus gewissermaßen das spartanische Doppelkönigtum installiert, indem er die Herakliden im Krieg gegen die Peloponnesier unter Eurystheus unterstützt, so ist die Vorstellung eines athenischen Ursprungs der in Isok. X 63 als besonders traditionsbewusst dargestellten spartanischen *politeía* nicht allzu abwegig.

[113] Vgl. Isok. VIII 142–144 (s. u. Kap. B.6.5.2), V 79–80 (s. u. Kap. B.8.4.4), XII 151–155 (s. u. S. 553–555); Masaracchia 1995: 109. Dass diese Vorstellung nicht erst dem Denken des späten Isokrates entspringt, wird die Untersuchung des *Busiris* ergeben (Isok. XI 17–20 [s. u. S. 125–128], 30–43 [s. u. S. 130–137]). Mit dieser Deutung des *Busiris* jedoch wird man für den Theseus-Exkurs der *Helena* das gleiche Denken voraussetzen können

[114] Dass Sparta hier eher positiv dargestellt ist, kann kein Grund dafür sein, die *Helena* in die 370er Jahre herabzudatieren, als Isokrates angeblich seine Position gegenüber Sparta geändert habe (Mirhady/Too 2000: 32).

[115] Berücksichtigt man den hohen Stellenwert, der der Figur des Herakles in der ganzen griechischen Welt beigemessen wurde (Huttner 1997, zur Verbindung von Herakles und Sparta ebd. 43–64), so scheint diese Bewertung ungewöhnlich. Es ist davon auszugehen, dass die Bemerkung eine bestimmte Tendenz widerspiegelt: Implizite Kritik an der spartanischen Außenpolitik scheint hier denkbar. Zentralen Stellenwert hat eine derartige Anspielung wohl eher nicht (vgl. Heilbrunn 1977: 150).

Hinter dieser Darstellung können sich sehr wohl das militärisch dominante Sparta der 380er Jahre und die *pólis* Athen verbergen, die seit dem Königsfrieden unter Berufung auf diesen Vertragsschluss in immer stärkeren Maße die Autonomie aller *póleis* als außenpolitische Forderung gegen Sparta erhebt und sich auf diese Weise zur Kämpferin für die Sache aller *póleis* stilisiert. Gleichzeitig steht mit Theseus' Begeisterung für Helena auch der spezifisch athenische Begriff der Philokalie im Raum, der Ausrichtung auf das Schöne, die schon der thukydideische Perikles zu einem Handlungsmaßstab athenischer Politik macht.[116] Explizit ausgesprochen ist das in der *Helena* nicht, weshalb sich eine solch deutliche politische Stellungnahme hinter der Schrift kaum nachweisen lassen wird.

Deutlicher, wenngleich ebenfalls nur implizit, wird auf Sparta verwiesen in Bezug auf das aristokratische Ethos, wenn die Spartanerin Helena zur Ursache sowohl der inneraristokratischen Konkurrenz wie auch des panhellenischen Zusammenhaltes wird. Auch der Athener Theseus orientiert sich an der spartanischen *kalokagathía*, die das eigentliche Thema dieser Helena-Darstellung und mithin der Grund dafür ist, dass Helena als Gegenstand eines Enkomions überhaupt infrage kommt.

B.1.2.4 Paradoxe und bedeutende Redethemen

Wir haben gesehen, dass Isokrates sich im Proömium der *Helena* von paradoxen *lógoi* scharf distanziert und dass er zugleich eine Rhetorik fordert, die von Nutzen und Belang für die Allgemeinheit ist, die mithin politische Tugenden fördert. Es hat sich ebenfalls gezeigt, dass der Hauptteil der Rede sich ausschließlich um jene Aspekte des Helena-Themas dreht, die mit dem politischen Ideal der *kalokagathía* in Verbindung stehen, und dass Helena vor allem deshalb als lobenswert dargestellt wird, weil sie die griechischen Heroen zu einem Wettkampf um *areté* und *dóxa* und zur gegenseitigen Unterstützung gegen äußere Bedrohungen anspornt. Diese Wirkung übt sie zu Lebzeiten ebenso aus wie nach ihrem Tod als Göttin: Isokrates selbst widmet ihr sein ‚Erstlingswerk', das neben seinem politisch–pädagogischen Anspruch auch (aber eben nicht, wie die sophistischen *epideíxeis*, ausschließlich)[117] dem Bemühen um die unvergängliche *dóxa* des Isokrates dient (§66).[118] Insgesamt hat sich gezeigt, dass Isokrates den Anspruch, den er im Proömium erhebt, ernsthaft zu erfüllen bemüht ist.[119] Das Lob der Helena ist durch und durch als Lob ihrer politisch relevanten Wirkung auf Andere durchgeführt.

Dennoch wird eine Schrift wie die *Helena* auch bei noch so überzeugender positiver Durchführung eines von politischen Themen geprägten Helenalobes mit den helenakritischen Vorurteilen ihres Publikums konfrontiert werden. Das Publikum, mit dem Isokrates

---

[116] Thuk. II 40,1; vgl. Papillon 1996a: 379–381.
[117] Das hatte unter anderem Burckhardt 1898–1902, III: 315–316 vermutet.
[118] Eucken 1983: 81, 89, 91.
[119] Bons 1997: 175.

B.1.2 Helena (Isok.: X)

für seine Schrift rechnen muss, weiß um die zahlreichen negativen Darstellungen der Helena, und es wird die Rede aufgrund dieser Vorprägung als paradox aufnehmen. Bestenfalls wird es die isokratische Durchführung des Themas dafür loben, dass sie durch die Leugnung der paradoxen Qualität der *hypóthesis* die Paradoxie noch über das Niveau des Gorgias hinausführe. Auf eben diese Weise ist das Enkomion zuletzt noch von Braun und Zajonz gelesen worden.[120] Ein Publikum, das ein gegebenes Thema als paradox betrachtet, wird dessen Umsetzung für umso brillanter in seiner Paradoxie betrachten, je ernsthafter die Argumente vorgetragen werden.[121] Insofern ein gegebenes Publikum die Lektüre von Paradoxologien gewohnt ist, muss man feststellen: Eine *hypóthesis* gilt als paradox unter der Voraussetzung, dass eine große Mehrheit der potentiellen Rezipienten sie als falsch betrachten (so dass die in der *hypóthesis* vorgetragene These als unumstritten falsch gelten kann). Zugleich wird aber die Rezeption von dieser Mehrheitsmeinung auch dann bestimmt, wenn der Verfasser die vorherrschende Meinung nicht teilt, ja selbst dann, wenn er dieser Mehrheitsmeinung aktiv ein anderes Bild entgegen halten will. Gorgias zieht in seiner Helenarede aus diesem Problem die Konsequenz, den Versuch zu unternehmen, die Meinung der Mehrheit zu widerlegen – aus einer Lobrede wird eine Verteidigung, was Gorgias von Isokrates als formale Schwäche ausgelegt wird,[122] da eine solche Verteidigung keine positiven Inhalte, sondern Vorwürfe präsentiert; damit zeigt sie keine vorbildhaften Taten auf und wirkt weder als echtes Lob, noch kann sie pädagogischen Ansprüchen genügen. Dies kritisiert Isokrates und führt seine Lobrede positiv durch. Dennoch muss sich Isokrates des Problems bewusst gewesen sein, dass er mit einer gegen die allgemeine Meinung gerichteten positiven Darstellung ebenfalls als Paradoxologe erscheinen konnte.

Wie also lässt sich ein *lógos politikós* auch dann als solcher vertreten, wenn das Publikum ihn als paradox erachtet? Glaubt Isokrates überhaupt an diese Möglichkeit? Den Nachweis, dass Isokrates die Umstimmung eines Publikums in dieser Hinsicht für möglich hält, und dass er den Grund dafür in der Diskrepanz zwischen der *dóxa* des Publikums und der *alétheia* des Gegenstandes sieht, kann erst der Vergleich der *Helena* mit der zeitlich und sachlich nächstgelegenen Schrift, dem *Busiris*, erbringen.

---

[120] Braun 1982: 158, 165 („Unverfrorenheit"), 170–171, Zajonz 2002: 37–57.
[121] Jaeger 1947, III: 127.
[122] Livingstone 2001: 13 benennt dieses Vorgehen als zwangsläufige Konsequenz einer paradoxen *hypóthesis*.

B.1.3 *Busiris* (Isok. XI)

Der *Busiris* enthält, wie die *Helena*, ein exemplarisches Enkomion,[123] und ebenso wie jene Schrift ist er nach dem Gegenstand des rhetorischen Lobes benannt. Ebenso wie dort handelt es sich um eine Figur des griechischen Mythos, um den ägyptischen König Busiris. Die Parallelität der beiden Schriften geht jedoch über strukturelle Ähnlichkeit hinaus und betrifft die mythologischen Traditionen zu den Gegenständen beider Reden.

Die mythische Überlieferung stellt Busiris als König Ägyptens dar, der ankommende Fremde als Menschenopfer für Zeus tötet.[124] Ausführlich beschreibt Herodot den mythischen Kontext: Herakles sei bei seiner Ankunft in Ägypten bekränzt und wie für ein Zeusopfer in einen Opferzug geführt worden. Vor dem Altar habe sich Herakles schließlich seiner Stärke bedient und alle anwesenden Ägypter getötet. Der Name des Busiris fällt bei Herodot nicht, jedoch ist die Verbindung zum Busirismythos durch den Kontext des Heraklesmythos eindeutig.[125] Die Tötung des Busiris durch Herakles im Zusammenhang mit dem versuchten Menschenopfer ist eine der vielen entlegeneren Taten des Herakles und wird als Parergon im Zusammenhang mit Taten des Zwölferkataloges erwähnt.[126] Busiris gilt dabei als Sohn des Poseidon.[127] In der späteren Literatur taucht er wiederholt als Inbegriff des furchteinflößenden Herrschers auf.[128] Strabon führt, Eratosthenes

---

[123] Vgl. Hypoth. Isok. XI. Livingstone 2001: 4–5 hält die Einordnung der gesamten Schrift als Enkomion mit guten Gründen für verfehlt. Usener (S.) 1993 sieht den Hauptzweck der Schrift in der Auseinandersetzung einerseits mit den Möglichkeiten, die die schriftliche Publikation von Texten für die literarische Kritik bietet, sowie andererseits mit den Anforderungen, die eine solche Publikations- und Rezeptionsweise an den Autor stellt.

[124] Einen Überblick über die Traditionen dieses Mythos geben Livingstone 2001: 77–90, Papillon 2001: 76–84 und besonders Vasunia 2001: 185–190, der die Traditionen insbesondere im Hinblick auf die paradoxe Natur eines Busiris-Enkomions bewertet.

[125] Hdt. II 45, der die Historizität eines ägyptischen Menschenopfer-Kultes jedoch bezweifelt (ähnlich Diod. I 88); vgl. Papillon 2001: 81, Vasunia 2001: 187–189. Das Menschenopfer als ägyptischer Brauch taucht außerdem auf bei Eur. Hel. 151–157, Athen. IV 172d (auf ein Gedicht des Panyassis zurückgehend). Hypoth. Isok. XI führt die Zuschreibung des Brauchs an Busiris als selbstverständlich ein. Zur ikonographischen Darstellung dieses Mythos, die sich in der attischen Vasenmalerei bis in die Mitte des 6. Jh. zurückverfolgen lässt und somit noch weiter zurückreicht als die literarische Verarbeitung vgl. Laurens 1986: 147–152, v. a. 151, Livingstone 2001: 88–90, Vasunia 2001: 189–190.

[126] Rinder des Geryoneus: Diod. IV 18, Dion Prus. VIII 32, Äpfel der Hesperiden: Pherekyd. FGrH 3 F 17, Hypoth. Eur. Bus. (POxy. 3651 23–34, plausibel ergänzt bei Jouan/van Looy 2000: 43), Ov. Ars amat. I 647–652, Apollod. II 116–117. Bei Ovid und Apollodoros wird als Begründung des Opferbrauchs ein Seherspruch zur Sicherung der (für die Nilflut und somit die ägyptische Landwirtschaft wichtigen) Regenfälle angegeben. Busiris wird in dieser Version mit dem Attribut der Schlauheit versehen, wenn er als erstes Opfer den Seher selbst auswählt – gewiss, um so die Richtigkeit der Vorhersage an keinem Unbeteiligten überprüfen zu müssen. Diese Aitiologie geht wohl auf Kall. Ait. II F 44 (Pfeiffer) zurück (Usener (S.) 1993: 247 mit Anm. 4).

[127] Apollod. II 116.

[128] Verg. Georg. III 5, Ov. Trist. III 11,39, Pont. III 6,41.

B.1.3 Busiris (Isok. XI)

zitierend, den schlechten Ruf des ägyptischen Nomos Busiris auf die Mythen um den König Busiris zurück.[129] Neben der Darstellung des Busiris als grausamen Königs finden sich auch recht frühe Spuren einer literarischen Tradition, die den Busiris als Witzfigur darstellte. So gab es ein Satyrspiel des Euripides, das *Busiris* betitelt war, von dem jedoch leider nur winzige Fragmente erhalten sind, die keine näheren Rückschlüsse auf den Inhalt erlauben.[130] Aufschlussreicher sind die erhaltenen Fragmente von Komödien zum Busirisstoff. Diese sind ebenfalls nur sehr kurz, geben jedoch wenigstens einen Eindruck davon, auf welche Weise der Stoff in der Komödie dargestellt wurde: Die älteste Busiris-Komödie, von der wir wissen, stammt von Epicharmos. Das bei Athenaios überlieferte Fragment stellt Herakles beim Mahl als Fresser, als ein lärmendes Mahlwerk von Zähnen, dar.[131] Wir wissen außerdem von Busiris-Komödien des Kratinos,[132] des Antiphanes,[133] des Ephippos[134] sowie des Mnesimachos.[135] Die Fragmente erlauben keine genaue Aussage über die Charakterzeichnung der Protagonisten, jedoch scheinen neben der im Mythos ebenfalls prominenten Opferthematik vor allem Völlerei und Trunkenheit wiederkehrende Motive dargestellt zu haben. Bestätigt wird dies durch den Bericht bei Dion von Prusa, der diese Unsitten nicht, wie Epicharmos, dem Herakles, sondern dem Busiris zuschreibt.[136] Auch die älteste Tradition des Busirismythos, die der Vasenmalerei, scheint eine parodisierende Darstellung zu bevorzugen, die vor allem die Ägypter aufs Korn nimmt.[137]

Beide prominenten Darstellungsweisen des Busiris in der griechischen Literatur stellen den ägyptischen König äußerst negativ dar. Im Mythos selbst ist er der fremden- und

---

[129] Strab. XVII 1,19; Vasunia 2001: 187–188, 190–191.

[130] Eur. TGrF F 313–315; Papillon 2001: 81.

[131] Epich. F 18 (PCG) (=Athen. X 411a–b). Vgl. Usener (S.) 1993: 247 (die die Völlerei fälschlicherweise auf Busiris bezieht) sowie Papillon 2001: 80–81.

[132] Krat. F 23 (PCG) (=Poll. X 81–82), das Fragment thematisiert das Ausbluten des Opfertieres und gibt keinerlei weiteren Aufschluss über den Inhalt des Stücks.

[133] Antiphan. F 66 (PCG) (=Phot. 306,2), 67 (PCG) (=Poll. X 65) ebenfalls mit der Thematik von Speisen (66) und Opfern (67).

[134] Ephipp. F 2 (PCG) (=Athen. X 442d). Herakles spricht von den betrunken in die Schlacht ziehenden Argivern.

[135] Mnesim. F 2 (PCG) (=Athen. X 417e). Auch hier ist die Völlerei thematisiert.

[136] Dion Prus. VIII 32. Es ist anzunehmen, dass das Motiv aus der breiten Komödientradition übernommen ist. Inwiefern es dabei verändert wurde (etwa im Sinne einer ‚Reinwaschung' des Herakles), ist nicht mehr nachzuvollziehen. Denkbar ist auch ein Missverständnis des Athenaios, das wohl Usener (S.) 1993: 247 voraussetzt, oder eine Art Wettessen zwischen Herakles und Busiris (Livingstone 2001: 79–80).

[137] Laurens 1986, II: 151–152 mit I: s.v. Bousiris, v. a. Abb. 9–10. Laurens kommt zu dem Schluss (II: 152): „En tout état de cause, les aventures de B. et d'Héraclès sont profondément marquées par la verve satirique, la curiosité ironique – éventuellement nuance de racism – devant l'étranger que l'on connaît mal […]". Vgl. auch Usener (S.) 1993: 247, Papillon 2001: 76–80, Vasunia 2001: 189–190. Einen Überblick über das negative Ägyptenbild der griechischen Literatur und Kunst (auch über Busiris hinaus) gibt Livingstone 2001: 73–90 (darin zur Ikonographie 88–90).

griechenfeindliche[138] König, der selbst vor Menschenopfern nicht zurückschreckt. Die Verarbeitung des Mythos in der Komödie und in der Vasenmalerei scheint Busiris – vielleicht auch Herakles – darüber hinaus als genusssüchtigen Sinnesmenschen darzustellen und lächerlich zu machen.[139] Von den uns bekannten Busiris-Komödien muss Isokrates diejenigen des Epicharmos und des Kratinos gekannt haben. Antiphanes' Komödie dürfte wohl kaum vor dem isokratischen *Busiris* entstanden sein, jedenfalls kann sie in die Lebenszeit des Isokrates fallen.[140] Ähnliches gilt für die Komödien des Ephippos und des Mnesimachos. Somit fällt die Entstehung der isokratischen Busiris-Schriften in eine Zeit, in der dieser Mythos allgemein bekannt war und regelmäßig in der Komödie parodiert wurde.

Ein Lob auf Busiris konnte unter diesen Voraussetzungen nichts anderes darstellen als ein „colossales Paradoxon",[141] eine an sich banale Erkenntnis, die auch zu keiner Zeit bestritten wurde. Für die Interpretation der Rede spielte diese Erkenntnis jedoch bis vor kurzem keine Rolle.[142] In der Regel begnügte man sich damit, darauf hinzuweisen, dass sich Isokrates des paradoxen Charakters seines (oder des polykratischen) Themas bewusst sei und daher betone, dass er das Ganze nicht wirklich ernst nehme.[143] Deutlicheres Gewicht erhält die paradoxe Qualität des Busiris-Stoffes sowie dessen Bewertung durch Isokrates in der Interpretation von Phiroze Vasunia.[144] Vasunia betont, dass die paradoxe

---

[138] Bei Diod. IV 18 steht der Bericht daher auch im Kontext umfassender zivilisatorischer Maßnahmen des Herakles im gesamten Mittelmeerraum, Herakles beseitigt in Busiris, Antaios und den Söhnen des Geryoneus ebenso wie in den wilden Tieren Kretas und Libyens Hindernisse für die Ausbreitung griechischer Kultur.

[139] Zur Differenzierung der Traditionen zu Busiris in zwei unterschiedliche Stränge vgl. Papillon 2001: 76–77, 81–82.

[140] Die Lebensdaten des Antiphanes sind nicht bekannt. Jedoch steht mit den Angaben Suid. s.v. Ἀντιφῶν (geboren in der Olympiade 408/4) und – damit nicht exakt vereinbar – Anon. De com. (Proleg. De com. III) 45,10 (Beginn der Schaffenszeit in der Olympiade 388/4) einigermaßen fest, dass er ein jüngerer Zeitgenosse des Isokrates war, dessen Schaffenszeit Isokrates wohl zu einem Gutteil erlebt haben dürfte.

[141] Hiller v. Gärtringen 1897: 1075. Schon antike Kommentatoren betonten diese Qualität des Themas: vgl. Philod. Rhet. I 216–217 (Sudhaus), Quint. inst. II 17,4. Vgl. auch Burckhardt 1898–1902,III: 316 Anm. 114, Bloom 1955: 189–190, Papillon 2001: 84–85, Vasunia 2001: 183–185, 193–194, Classen 2010: 34. Burckhardt 1898–1902, I: 25–26 („[...] Schreckgebilde der griechischen Phantasie [...]") und Usener (S.) 1993: 248 betonen, dass die negative Zeichnung des Busiris zum mythologischen Gemeingut gehört haben muss. Diese Qualität ist auch in späteren Erwähnungen des Mythos erkennbar (z. B. Verg. Georg. III 5 mit Serv. in Verg. Georg. III 5).

[142] Livingstone 2001: 13 betrachtete als erster die Zusammenhänge zwischen *Busiris* und *Helena* im Licht der Auseinandersetzung des Isokrates mit paradoxer Rhetorik. Kurz darauf erschien Phiroze Vasunias Untersuchung des *Busiris* (Vasunia 2001: 183–215), die – unabhängig von Livingstone (ebd. 183 Anm. 2) – ebenfalls die paradoxe Natur des Busiris-Enkomions zum Ausgangspunkt nimmt (s. im Folgenden).

[143] Isok. XI 9 (s. u. S. 117–120). Vgl. Havet 1862: CI, der den fehlenden Ernst dieser Rede als wesentlichen Grund für die negative Bewertung des Isokrates im 19. Jh. betrachtet.

[144] Vasunia 2001: 183–215.

B.1.3 Busiris (Isok. XI)

Qualität des Rede-Gegenstandes dem isokratischen Publikum unmissverständlich klar gewesen sein müsse, und dass Isokrates wiederholt implizit (etwa durch die Wahl seiner Argumente) und explizit auf diese Qualität hinweise. Dadurch wolle er den Blick des Publikums verstärkt auf die technische Qualität der Rede richten und so deren Charakter als *epídeixis* seiner technischen Fähigkeiten im Umgang mit dem *lógos*, mithin als Schrift, die ihr Publikum nicht tatsächlich zu überzeugen versuche, unterstreichen.[145]

Der Vergleich mit der *Helena* lässt indes an der Annahme, der *Busiris* sei eine ‚sophistische *epídeixis*' oder gar ein *lógos parádoxos*, Zweifel aufkommen. Die *Helena*, so haben wir gesehen, ist von Isokrates ganz als *lógos politikós* gestaltet. Die Anlage des *Busiris* und die Methodik der Absetzung des eigenen Werkes von den Schriften, die jeweils übertroffen werden sollen, ist nun aber im *Busiris* die gleiche wie in der *Helena*:[146] In beiden Reden handelt es sich bei den kritisierten Schriften um paradoxe Reden, die im Zusammenhang mit der Lehrtätigkeit der kritisierten Konkurrenten stehen, und in beiden Reden wirft Isokrates seinem jeweiligen Konkurrenten vor, das Genos der Lobrede verfehlt zu haben. In beiden Schriften schließlich setzt Isokrates diesen Konkurrenzwerken ein eigenes Exemplar zu demselben Sujet entgegen.

Eine weitere Ähnlichkeit bei der Themenwahl zeigt sich anhand der Analyse der literarischen Tradition zu Busiris. Beide Reden befassen sich nämlich im Gegenstand ihres Lobes mit Gestalten, die im Mythos mit den zentralen Figuren Herakles und Theseus in Verbindung stehen. Und sowohl *Busiris* wie auch *Helena* gehören nicht zu den kanonischen Tatenkatalogen des Herakles beziehungsweise Theseus, sondern sind gewissermaßen Nebenfiguren des jeweiligen Mythos. Wie nahe sich jedoch die *Erga* und *Parerga* des Theseus und des Herakles auch in antiker Sicht stehen konnten, zeigt besonders deutlich Plutarchos in seiner Theseus-Biographie: Dort vollbringt Theseus seine Taten (Tötung des Kerkyon und des Prokrustes) in bewusster Nachahmung der herakleischen. Plutarchos nennt exemplarisch für die Taten des Herakles, die sich Theseus zum Vorbild nimmt: die Tötung des Antaios und des Busiris.[147] Busiris lässt sich also (wenigstens für Plutarchos) durchaus mit Theseus in Verbindung bringen. Die Verbindung zu Herakles ist kanonisch. Helena wiederum ist traditionell mit dem Theseus-Mythos verbunden, während Isokrates sie in der *Helena* in ungewohnt deutliche Verbindung mit Herakles bringt.[148] Beide Figuren werden jeweils zum zentralen Gegenstand eines Enkomions gemacht.

---

[145] Vasunia 2001: 195–199. Vasunias Annahme, dass Isokrates paradoxen Reden in keiner Weise kritisch gegenübersteht, führt ihn schließlich zu einer meines Erachtens wenig einleuchtenden Deutung der Rede als antiplatonischer Schrift (ebd. 207–215, v. a. 210–211; s. dazu u. Anm. 287).

[146] So schon Blaß ²1892: 242.

[147] Plut. Thes. 6,7, 11,1–2. Zur Entstehung der Vorstellung einer Konkurrenz zwischen Herakles und Theseus als Wohltäter der Hellenen im 5. Jh. vgl. Gotteland 2001: 231–235.

[148] Isok. X 16–17.

B.1.3.1 Proömium (§1–9): Kritik an den schlechten Lehrern

(1) Τὴν μὲν ἐπιείκειαν τὴν σήν, ὦ Πολύκρατες, καὶ τὴν τοῦ βίου μεταβολὴν παρ' ἄλλων πυνθανόμενος οἶδα· τῶν δὲ λόγων τινάς, ὧν γέγραφας, αὐτὸς ἀνεγνωκὼς ἥδιστα μὲν ἄν σοι περὶ ὅλης ἐπαρρησιασάμην τῆς παιδεύσεως, περὶ ἣν ἠνάγκασαι διατρίβειν· ἡγοῦμαι γὰρ τοῖς ἀναξίως μὲν δυστυχοῦσιν, ἐκ δὲ φιλοσοφίας χρηματίζεσθαι ζητοῦσιν ἅπαντας τοὺς πλείω πεπραγματευμένους καὶ μᾶλλον ἀκριβωμένους προσήκειν ἐθέλοντας τοῦτον εἰσφέρειν τὸν ἔρανον·

(1) Von deinem trefflichen Charakter, Polykrates, und dem Umschwung in deinem Leben[149] weiß ich aus dem Bericht anderer Leute: Da ich aber einige der Reden, die du geschrieben hast, selbst gelesen habe, würde ich sehr gerne offen mit dir über die ganze *paídeusis* sprechen, mit der du gezwungen bist, dich zu befassen: Diesen Dienst jenen bereitwillig zu erweisen, die unschuldig in Not geraten sind und versuchen, aus der Philosophie Geld zu schöpfen, ist nämlich, wie ich glaube, Aufgabe aller derer, die sich mehr damit befasst haben und sich besser darauf verstehen.

Am Proömium der *Helena* entzündete sich eine lang anhaltende Forschungsdiskussion, wen Isokrates mit seiner Kritik wirklich meine. Im *Busiris* ist der Ansprechpartner im ersten Satz namentlich genannt. Die Schrift präsentiert sich als wohlwollender brieflicher Ratschlag an Polykrates (§2). Von diesem Sophisten und älteren Zeitgenossen des Isokrates sind keine direkten Zeugnisse erhalten.[150] Die Überlieferung nennt uns neben den im *Busiris* genannten Schriften ausschließlich solche Werke des Polykrates, die sich schon durch ihre Titel als Beispiele paradoxer Reden einordnen lassen. Hierunter fallen Lobreden auf Klytaimnestra[151] und (vielleicht) Thersites,[152] eine Schrift über Mäuse[153] sowie Lobreden auf Töpfe und Steine.[154] Bei weiteren bekannten Paradoxologien ist die Urheberschaft des Polykrates zumindest möglich.[155] In unserem Kontext ist eine Bemerkung bei Flavius Iosephus nicht ohne Interesse, in der Polykrates als Urheber einer Schmähschrift gegen die *eugéneia* und die *politeía* Spartas erscheint – eventuell ein Indiz

---

[149] Die *hypóthesis* zum *Busiris* nennt finanzielle Not als Ursache für die Aufnahme der Tätigkeit eines Sophisten durch Polykrates (Hypoth. Isok. XI). Allerdings ist es schwierig, den Wert dieser Aussage zu beurteilen, da der Kommentar so vage bleibt, dass man annehmen muss, die Aussage sei aus dem *Busiris* selbst gewonnen. Lediglich die Information, dass Polykrates auf Zypern lehrte, muss aus einer anderen Quelle stammen. Livingstone 2001: 93 sieht hier eine implizite Kritik im Sinne des Vorwurfes aus Isok. XIII 7–8, die kritisierten Lehrer versprächen ihren Schülern ein Glück, das sie selbst nicht erreicht hätten.

[150] Die wesentlichen biographischen biographischen Daten zu Polykrates führt Meißner 1992: 375–376 auf.

[151] Quint. inst. II 17,4.

[152] Demetr. Phal. de eloc. 120; vgl. Raoss 1968: 285 mit Anm. 1–3.

[153] Arist. Rhet. 1401b14–16.

[154] Alex. Rh. III 3,10–13 (Spengel 1853–1856).

[155] Livingstone 2001: 29 hält Polykrates für den wahrscheinlichen Autor von Enkomia auf Paris (Philod. II 216–217 [Sudhaus]), auf Hummeln und Salz (anonym erwähnt in Isok. X 12, Plat. Symp. 177b), auf das Bettler- und Exilanten-Leben (ebenfalls anonym in Isok. X 8, Arist. Rhet. 1401b24–28) sowie auf Thersites (Demetrios περὶ ἑρμηνείας 120 [Spengel 1853–1856] mit der Konjektur Maaß 1887: 576 mit Anm. 2).

B.1.3 Busiris (Isok. XI)

dafür, dass ein solches Thema ebenfalls als *parádoxon* gelten konnte.[156] Demetrios von Phaleron bezeichnet Enkomia des Polykrates als *paígnia*.[157] Polykrates kann somit, soweit er uns in seiner literarischen Tätigkeit greifbar wird, als ein Sophist angesehen werden, auf den die Kritik des Isokrates aus der *Helena* (§ 1–15) ganz besonders zutrifft, da er sich auf genau jene *hypothéseis* spezialisiert zu haben scheint, die Isokrates dort ablehnt: auf ὑποθέσεις ἄτοποι καὶ παράδοξοι.[158]

Isokrates führt zwar aus, dass das Hinweisen auf Fehler in den Werken anderer ein freundschaftlicher Dienst sei, zu dem sich jeder verpflichtet fühlen sollte, der eine höhere Kompetenz in einem fraglichen Bereich besitze (§3). Jedoch spricht daraus eher das Gefühl von Überlegenheit als das ernsthafter Zuneigung. Diese Wirkung wird verstärkt durch die Fiktion, Isokrates schreibe den *Busiris* als privaten Brief, um die Schwächen des Polykrates nicht offen kundzutun (§2).[159] Denn es steht außer Frage, dass der *Busiris* keineswegs als privater Brief verfasst war, sondern dass er von Isokrates an ein athenisches Publikum gerichtet war und somit die Schwächen des Polykrates präsentieren, nicht sie verbergen sollte.[160] Isokrates stellt sich zugleich als Lehrer dar, der den Polykrates belehren müsse, womit dieser implizit jener Gruppe der schlechten Lehrer zugeordnet wird, von denen Isokrates in *Gegen die Sophisten* gesagt hatte, sie müssten eher Geld bezahlen als Honorare erhalten, da sie sich als Lehrer aufspielten obwohl sie selbst noch der Unterweisung bedürften.[161]

Wenn die Schrift sich indes als privater Brief ausgibt, tatsächlich aber an ein öffentliches Publikum gerichtet ist, dann ist es nicht nötig, Polykrates als den einzigen Adressaten der Schrift anzusehen. Polykrates und seine Schriften bieten Isokrates lediglich den Anlass für die Abfassung des *Busiris*, so wie Gorgias und dessen Helena-Enkomion den

---

[156] Flav. Ios. Ap. I 220–221; vgl. Raoss 1968: 270–272 (der die genannte Schrift mit den anonymen *Lakonika* gleichsetzt, von denen in Athen. IV 139c–f die Rede ist). Jacoby scheint darin einen Hinweis auf eine Abhandlung über Sparta zu sehen (vgl Polykrates FGrH 597 F 1). Setzt man eine solche an, so könnte diese möglicherweise ebenfalls eine paradoxe Schrift dargestellt haben. Ebenso gut ist es aber möglich, dass Iosephus spartakritische Aspekte in nicht hauptsächlich mit Sparta befassten Schriften meint.

[157] Demetr. Phal. de eloc. 120; Raoss 1968: 285, Vasunia 2001: 195. Demetrios nimmt Polykrates aufgrund dieser Qualität seiner Schriften gewissermaßen in Schutz gegenüber einer offenbar verbreiteten Geringschätzung, wie sie uns beispielsweise auch bei Dion. Hal. Isaios 20 und Athen. VIII 335c–d begegnet.

[158] Demetr. Phal. de eloc. 120; vgl. Blaß ²1892: 366–370, Burckhardt 1898–1902, IV: 248 Anm. 317, Münscher 1916: 2177–2178, Raoss 1968: 269–270, Usener (S.) 1993: 249, Bons 1997: 173, Livingstone 2001: 30, Vasunia 2001: 194–195, Pratt 2006: 18.

[159] Livingstone 2001: 5, 17, 91, 97–98.

[160] Das bemerkt schon Hypoth. Isok. XI; vgl. Dümmler 1890: 38–39 (mit der verfehlten Annahme, Polykrates solle beim salaminischen ‚Königshof' diffamiert werden), Eucken 1983: 205, Usener (S.) 1993: 250, Mirhady/Too 2000: 50 mit Anm. 3, 4 (authentischer, aber dennoch publizierter Brief), Livingstone 2001: 91–92, MacDowell 2002: 248–249 (persönliche *epídeixis* auf Kosten des Polykrates), Pratt 2006: 20–21.

[161] Vgl. Isok. XIII 13, Schol. Ael. Arist. p. 175,9 (Dindorf); Buchheit 1960: 46.

Anlass für die *Helena* boten. Die Kritik in beiden Schriften richtet sich jedoch an die Vertreter einer ganzen literarischen Gattung, nicht nur an deren jeweils genannte Vertreter.[162]

Isokrates grenzt die Adressaten seiner Kritik griffig ein: Er richtet sich gegen alle jene Sophisten, die Philosophie betreiben – gemeint ist wohl: die als Weisheitslehrer Schüler um sich scharen –, um reich zu werden. Scheinbar nachsichtig erwähnt Isokrates, dass diese Leute – inklusive Polykrates – zu ihrer Tätigkeit aus materieller Not gezwungen seien (§1). In Anbetracht der aristokratischen Auffassung, dass eine Tätigkeit, die der persönlichen Subsistenz wegen ausgeübt werde, eine niedere sei, vergleichbar mit dem Sklavendienst, verbirgt sich hinter dieser Erklärung der sophistischen Geldgier jedoch weniger Wohlwollen, als vielmehr eine gezielte Herabsetzung der angesprochenen Gruppe von Sophisten.[163] Und schon zum Begriff der Betätigung in der Weisheits-Liebe (*philosophía*) steht der äußere materielle Zwang zu einer Tätigkeit in größtmöglichem Widerspruch.[164] Die Herabsetzung wird kurz darauf noch verstärkt durch die Bemerkung, Isokrates wisse sehr wohl, dass diese Sophisten in der Regel von Natur aus (*émphytón esti*) ungeeignet seien, den Nutzen gutgemeinter Kritik zu erkennen, sondern auf Kritik mit Ablehnung reagierten (§3).[165] Für Isokrates ist literarische Kritik zentrales Mittel einer Lehrmethode, die die Besserung ihrer Schüler zum Ziel hat. Die meisten der hier kritisierten Sophisten sind indes, so wird implizit angedeutet, schon aufgrund ihrer Veranlagung für eine solche Lehre nicht zugänglich. Damit sind sie für die Philosophie oder philosophische Belehrung gänzlich ungeeignet. Dass sie somit keinerlei Anspruch erheben können, Lehrer der Philosophie zu sein, ergibt sich aus diesem Gedanken zwingend.

Nach der einleitenden (fiktionalen) Begründung der Motivation des Schreibens sowie der Klärung des von Isokrates vorausgesetzten Verhältnisses zwischen Isokrates (Lehrer der Philosophie) und Polykrates (der Philosophie unkundig)[166] geht Isokrates auf den Gegenstand seiner Kritik an Polykrates ein (§4–8). Polykrates brüste sich mit einer Apologie

---

[162] Buchheit 1960: 50, Eucken 1983: 205. Livingstone 2001: 30 beschreibt die Charakterisierung des Polykrates im Proömium als „stereotypical characteristics of a sophist", anders Dümmler 1890: 38–39, Münscher 1927: 1100–1101, Ries 1959: 53–55 und MacDowell 2002: 248–249, die den Zweck der Schrift in der „Vernichtung" (Ries ebd.) des Polykrates sehen

[163] Zum aristokratischen Topos von der Minderwertigkeit von Tätigkeiten zum Broterwerb vgl. Silvestrini 1978: 178, Miller (C.) 1993: 234–236, Too 1995: 111, Bringmann 2003: 10–11 (in Bezug auf sophistische Lehre).

[164] Dass der Zwang die Glaubwürdigkeit des Polykrates beeinträchtigt, bemerkt Livingstone 2001: 94. Froidefond 1971: 263–266 sah im *Busiris* zudem das Ideal des ἀνὴρ θεωρητικός dargestellt

[165] Livingstone 2001: 92, 97 bezieht diese Herabsetzung explizit auch auf Polykrates. Ähnliches lässt Isokrates seinen Sprecher auch (über die Masse der Volksversammlung) in Isok. VIII 14–15 formulieren.

[166] Livingstone 2001: 92, 96–97 gegen Usener (S.) 1993: 260

des Busiris und einer Anklagerede gegen Sokrates,[167] obwohl er in beiden Schriften das Notwendige (τὰ δέοντα)[168] bei weitem verfehlt habe.

> (4) [...] Ἁπάντων γὰρ εἰδότων, ὅτι δεῖ τοὺς μὲν εὐλογεῖν τινας βουλομένους πλείω τῶν ὑπαρχόντων ἀγαθῶν αὐτοῖς τὰ προσόντ' ἀποφαίνειν, τοὺς δὲ κατηγοροῦντας τἀναντία τούτων ποιεῖν, [...]

> (4) [...] Denn obwohl alle Welt weiß, dass, wer jemanden loben will, noch mehr zusätzliche Vorzüge nennen muss, als vorhanden sind,[169] wer aber anklagen will, das Gegenteil davon tun muss, [...]

habe Polykrates es nicht nur nicht geschafft, den Busiris von den üblichen Vorwürfen zu entlasten, er habe ihm sogar noch schlimmere angedichtet. Umgekehrt diene die ebenfalls angedichtete Schülerschaft des Alkibiades nicht, wie beabsichtigt, der Anklage des Sokrates, sondern wirke vielmehr als Lob. Denn es sei allgemein anerkannt, dass Alkibiades sich unter den Hellenen besonders hervorgetan habe (§5). Infolge dieser Fehler habe Polykrates in beiden Reden gerade das Gegenteil dessen bewirkt, was er beabsichtigt habe (§6).[170] Er habe in seinen Schriften nicht darauf geachtet, ob der Wahrheitsgehalt seiner Argumente anerkannt werde oder nicht; und so habe er behauptet, Busiris habe dem Aiolos und dem Orpheus nachgeeifert, obwohl deren Verhalten zu dem des Busiris gegenteilig gewesen sei (§7–8).

> (8) [...] Ὃ δὲ πάντων ἀτοπώτατον, ὅτι περὶ τὰς γενεαλογίας ἐσπουδακὼς ἐτόλμησας εἰπεῖν, ὡς τούτους ἐζήλωσεν, ὧν οὐδ' οἱ πατέρες πω κατ' ἐκεῖνον τὸν χρόνον γεγονότες ἦσαν.

> (8) [...] Was aber das allerabsurdeste ist: Du hast trotz deines Bemühens um die Genalogie gewagt, zu behaupten, dass er [sc. Busiris] Leuten nachgeeifert habe, deren Väter zu jener Zeit noch nicht einmal geboren waren.

Was alle genannten Argumentationsfehler des Polykrates miteinander verbindet, ist der Begriff des allgemein Anerkannten (ὁμολογούμενον, §5, 7) und dessen Bedeutung

---

[167] Die Sokrates-Anklage ist das einflussreichste Werk des Polykrates, das allem Anschein nach zahlreiche zeitgenössische Reaktionen hervorrief, darunter Xen. Mem. I 1–2 (vgl. Mesk 1910: 56–57, Gebhardt 1957, dagegen Raoss 1968: 75–76, 257–258, 289–291), eine Schrift des Lysias Ὑπὲρ Σωκράτους πρὸς Πολυκράτην (vgl. Schol. Ael. Arist. p. 231, Cic. de or. I 54, Val. Max. V 4, Diog. Laert. II 40, Stob. Flor. VII 56, [Plut.] vit. X orat. 836b; Blaß ²1892: 365, Raoss 1968: 277–278), vielleicht einen *Alkibiades* des Aischines (Raoss 1968: 278) und (nach Meinung Mancher) Platons *Gorgias* (Cobet 1858: 662–682, Flacelière 1961: 51, Guthrie 1979, III: 331 mit Anm. 1, 346, 382–383, Brickhouse/Smith 1989: 71–72, dagegen Blaß ²1892: 368, Livingstone 2001: 32–38). Namentlich bezeugt ist die Rede außer im *Busiris* bei Ael. VH XI 10, Diog. Laert. II 38–39, Quint. inst. II 17, III 1,11, Themist. CAG XXIII 3, 296bc, Schol. Ael. Arist. p. 133,16, Suid. s.v. Πολυκράτης. Hermipp. F 32 (Wehrli) (=Diog. Laert. II 38) und Hypoth. Isok. XI halten die Polykrates-Schrift für die Anklagerede des historischen Sokrates-Prozesses (dagegen zu Recht Blaß ebd., Mesk 1910: 59, Gebhardt 1957: 13 mit Anm. 28, Raoss 1968: 259–261 Anm. 1, 279). Raoss 1968: 260–279 datiert die Rede überzeugend in den Zeitraum zwischen 393 und ca. 380.
[168] Vgl. Isok. XIII 8.
[169] Zur Doppeldeutigkeit der Stelle s. u. S. 153.
[170] Livingstone 2001: 105.

für die Argumentation. Es handelt sich im Wesentlichen um eine Kritik der inhaltlichen Durchführung des Busiris-Lobes sowie um eine Kritik der Argumentationsweisen: Den Argumenten fehlt die inhaltliche Validität, nicht die äußere technische Gestaltung.[171] Ein Abweichen von diesem allgemein Anerkannten wird indes keineswegs völlig ausgeschlossen. Sowohl der Kannibalismus des Busiris wie auch die Schülerschaft des Alkibiades bei Sokrates werden von Isokrates als Erfindungen des Polykrates qualifiziert.[172] Bei diesen ersten genannten Argumenten liegt der größte Fehler darin, dass die Erfindungen des Polykrates noch nicht einmal der Sache dienlich seien, sondern dem Redezweck widersprächen.[173] Auf andere Weise läuft das Argument ins Leere, Busiris habe dem Aiolos und dem Orpheus nachgeeifert. Auch dieses Argument ist nach Isokrates eine Erfindung des Polykrates. Es widerspreche aber aller Wahrscheinlichkeit, wenn man das allgemein überlieferte Handeln von Busiris, Aiolos und Orpheus berücksichtige, das in keiner Weise ähnlich, sondern von ganz gegensätzlichem moralischem Wert sei. Darüber hinaus sei das Argument nicht nur in der Sache unwahrscheinlich, sondern unmöglich, da es der anerkannten Chronologie widerspreche.

Alle diese Fehler bezeichnet Isokrates implizit mit dem Begriff des Abwegigen (*átopon*). Für Isokrates, so kann man aus der Kritik an Polykrates schließen, ist der kreative Umgang mit dem überlieferten Mythos nicht *per se* ausgeschlossen.[174] Vielmehr unterliegt er formal drei grundlegenden Voraussetzungen: Zunächst (1) muss eine Veränderung des Anerkannten sachdienlich im Sinne des rhetorischen Zweckes sein; dann (2) muss sie wahrscheinlich sein, das heißt sie darf gemessen am allgemein Anerkannten

---

[171] So Sykutris 1927: 46–48, Bloom 1955: 191–192, dagegen fälschlich Buchheit 1960: 47–49, Raoss 1968: 280–281

[172] Polykrates verbindet jeweils Motive, die in der Tradition bereits vorhanden, jedoch nicht in direkten Zusammenhang gebracht worden waren. So verbindet er in seiner Busiris-Schrift den Mythos des ägyptischen Menschenopfers mit dem Komödien-Motiv der Völlerei (vgl. Livingstone 2001: 81), in der Sokrates-Anklage den schlechten Ruf des Alkibiades und die überlieferte Bekanntschaft zwischen Alkibiades und Sokrates mit der Anklage wegen Schädigung und Irreführung der Jugend; vgl. Brickhouse/Smith 1989: 84–85. Livingstone 2001: 34 mit Anm. 86, 36–37 hält es dagegen zumindest für möglich, dass das Alkibiades-Argument schon im historischen Sokrates-Prozess eine Rolle gespielt hat. Zu Recht weist Livingstone darauf hin, dass die breite Überlieferung des 4. Jh. zu einer Beziehung zwischen Sokrates und Alkibiades kaum allein auf einer Erfindung des Polykrates beruhen dürfte. Daraus folgt jedoch nicht, dass Alkibiades tatsächlich Sokrates' Schüler war (ebd. 37–38). Erst die Annahme der Schülerschaft aber bringt Alkibiades in eine mögliche Verbindung zum Vorwurf der Schädigung der Jugend und somit zum Sokrates-Prozess. Für Gebhardt 1957: 10–12, 15–17 stellt dieser Anklagepunkt insgesamt eine Erfindung des Polykrates dar. Der historische Sokrates-Prozess habe sich juristisch nur um den Asebie-Vorwurf drehen können, während die Schädigung der Jugend allenfalls als zusätzliche Belastung in diesem Punkt verwendet worden sein könne. Polykrates verwende diesen Nebenpunkt des historischen Prozesses als einzigen Anklagepunkt seiner Sokrates-Schrift.

[173] Allroggen 1972: 38, Usener (S.) 1993: 251.

[174] Usener (S.) 1993: 255.

B.1.3 Busiris (Isok. XI)

nicht unglaubwürdig sein, muss sich zudem mit den übrigen Argumenten decken;[175] schließlich (3) muss eine Veränderung des Anerkannten logisch möglich sein.[176]

Die Argumente der Sokrates-Anklage und des Busiris-Enkomions des Polykrates sind also, so Isokrates, jedes auf seine Weise *átopon*. Dieser Begriff spielte als Teil der Beschreibung der *lógoi parádoxoi* schon im Proömium der *Helena* eine wichtige Rolle. Das Proömium der *Helena* stellt den absurd–paradoxen Redegegenständen die bedeutenden gemeinnützlichen, politischen Gegenstände (*lógoi politikoí*) gegenüber.[177] Von *lógoi parádoxoi* ist im Proömium des *Busiris* nicht die Rede. Dennoch ist dieses Thema des *Helena*-Proömiums auch in der Vorrede des *Busiris* ständig präsent – durch die Person des Paradoxologen Polykrates und durch die beiden kritisierten Schriften. Es kann kein Zweifel daran bestehen, dass sich die Anklage gegen Sokrates und die Apologie des Busiris in dieselbe Textgattung paradoxer sophistischer Literatur einreihen, der auch alle anderen Schriften des Polykrates angehören, von denen wir wissen.[178]

Umso auffälliger ist es, dass die Kritik an den paradoxen Redegegenständen im *Busiris* nicht fortgeführt oder erneuert wird. Weshalb Isokrates scheinbar unvoreingenommen über das Sujet eines Busiris-Lobes sowie einer Busiris-Apologie sprechen kann, ergibt sich aus dem Schlusssatz des Proömiums. In wörtlicher Parallele zur *Helena* sowie zum Schlusssatz der Schrift *Gegen die Sophisten*[179] leitet er zu seiner exemplarischen Behandlung des Sujets über, und er gibt zu erkennen, wie er es bewertet:

(9) Ἵνα δὲ μὴ δοκῶ τὸ προχειρότατον ποιεῖν, ἐπιλαμβάνεσθαι τῶν εἰρημένων μηδὲν ἐνδεικνὺς τῶν ἐμαυτοῦ, πειράσομαί σοι διὰ βραχέων δηλῶσαι περὶ τὴν αὐτὴν ὑπόθεσιν, καίπερ οὐ σπουδαίαν οὖσαν οὐδὲ σεμνοὺς λόγους ἔχουσαν, ἐξ ὧν ἔδει καὶ τὸν ἔπαινον καὶ τὴν ἀπολογίαν ποιήσασθαι.

---

[175] In Isok. XI 7–8 ist die ‚Erfindung' der Nachahmung des Aiolos und des Orpheus unglaubwürdig, da die (allgemein anerkannten) Taten der nachgeahmten Heroen den (berichteten) Taten des Busiris unähnlich sind. Der kritisierte Fehler steht dem o.g. *exemplum falsum* nahe (s. o. S. 19–20).

[176] Auch dieses Kriterium bezieht sich letztlich auf das allgemein Anerkannte, da auch die als Beispiel genannte Genealogie der Figuren des Mythos auf Überlieferung beruht. Jedoch ist ein genealogisches Argument graduell von höherer Faktizität als das der Bewertung des überlieferten Handelns, zumal im Denken der Griechen, für die auch im 4. Jh. der Mythos einen – wenngleich bereits umstrittenen – historischen Wert besaß.

[177] Isok. X 1, 10–13.

[178] Die Ansicht bei Usener (S.) 1993: 251 mit Anm. 17, Polykrates müsse mit seiner Schrift ernsthafte pädagogische Zwecke verfolgt haben, da Isokrates ihm solche in seiner Kritik unterstellen könne, übersieht, dass Isokrates den Sinn der polykratischen Lehrtätigkeit im Gelderwerb sieht (Isok. XI 1, vgl. X 6), was diese Tätigkeit mit ernsthafter Lehre unvereinbar macht. Die Lehrpraxis, der Polykrates zuzuordnen ist, wird in Isok. X 1 als Lehre dargestellt, die nur darauf aus sei, auf Kosten der Schüler die *epídeixis* des eigenen Argumentationsgeschickes zu leisten. Einem solchen Zweck dienen auch die Paradoxologien, denen die polykratischen Schriften zuzurechnen sind.

[179] Vgl. Isok. XIII 22 (ähnlich auch XIII 14), X 15; vgl. Papillon 1996a: 378, Livingstone 2001: 112.

(9) Damit ich es mir aber nicht zu leicht zu machen scheine, indem ich nämlich das Gesagte kritisierte ohne etwas von meiner Kunst aufzuzeigen, will ich dir in kurzen Worten[180] über dieselbe *hypóthesis* (auch wenn diese weder ernsthaft ist noch bedeutende Gedanken enthält) aufzeigen, woraus man sowohl ein Lob wie auch eine Apologie hätte gestalten müssen.

Für Isokrates stellt das Thema eines Busiris-Enkomions keinen Gegenstand dar, der ernsthafter Bemühung wert wäre.[181] Es handelt sich nicht um eine bedeutende, politische *hypóthesis,* wie Isokrates sie in der *Helena* noch gefordert hatte. Dies qualifiziert die Behandlung des Busiris-Themas durch Isokrates als paradox. Spräche Isokrates im *Busiris*-Proömium eine ähnliche Kritik an *lógoi parádoxoi* aus wie in der *Helena,* so könnte er in derselben Schrift nicht die Durchführung eines solchen *lógos parádoxos* exemplarisch vorführen, ohne die Einheit zwischen Proömium und Hauptteil zu zerstören. Die Tatsache, dass Isokrates im *Busiris* im Proömium kein Wort über die Frage der Paradoxien verliert, sein eigenes paradoxes Produkt jedoch als ohne Ernst (*oú spoudaían*) bezeichnet, was er wiederum in der *Helena* mit dem Begriff des *paígnion* in Verbindung gebracht hatte,[182] stützt die Annahme, dass Isokrates in der *Helena*, wo er gänzlich anders argumentiert, um eine ernsthafte Behandlung des Gegenstandes bemüht ist, und anstelle der üblichen Paradoxien eine politisch bedeutsame Rede präsentieren will.[183] Den *Busiris* dagegen qualifiziert Isokrates selbst als wenig ernst gemeint. Auf dieses Thema lässt sich Isokrates erklärtermaßen nur ein, um zu zeigen, dass seine Kritik sich auf gute Kenntnis und Fähigkeit im kritisierten Metier gründe.[184] Dem Gorgias hatte Isokrates noch implizit und ironisch vorgeworfen, er habe noch nicht einmal erkannt, dass es sich bei der *Helena* gar nicht um ein paradoxes, sondern um ein bedeutendes Thema handele. Polykrates trifft ein solcher Vorwurf nicht. Sein Busiris-Sujet ist paradox.

Welche Konsequenzen hat aber eine solche Auffassung des Isokrates für den *Busiris* selbst? Stellt er als paradoxe Schrift keinen *lógos politikós* und damit keine für die isokratische *paideía* relevante Schrift dar?[185] Dient er lediglich der rein technischen Unterweisung in epideiktischen Reden, deren Ernsthaftigkeit nichtsdestoweniger bestritten

---

[180] Das Busiris-Enkomion ist deutlich kürzer als die Enkomien auf Helena und Euagoras. Das dürfte damit zusammenhängen, dass Isokrates sich nicht allzu lange mit dieser *hypóthesis* abgeben will. Vgl. Livingstone 2001: 113.

[181] Bloom 1955: 192, Buchheit 1960: 79–80, Froidefond 1971: 238, 254, Eucken 1983: 183–184, Usener (S.) 1993: 252, Alexiou 1995: 56–57, Papillon 1996b: 18, Vasunia 2001: 195, 197.

[182] S. dazu o. S. 87. Vgl. Kennedy 1958: 77, Eucken 1983: 183–184.

[183] Schol. in Isok. XI 9 hält die Bezeichnung der *hypóthesis* als οὐ σπουδαίαν nur für einen rhetorischen Trick, der die rhetorische Leistung, da nicht einmal ernsthaft durchgeführt, umso größer erscheinen lasse. Die Interpretation des Hauptteils der Schrift und der Vergleich zu *Helena* wird jedoch zeigen, dass die Bezugnahme auf Isok. X 11 wohl beabsichtigt ist und ein Gegensatz zur *hypóthesis* der *Helena* angezeigt sein soll (s dazu u. Kap. B.1.4.1).

[184] Sykutris 1927: 46–48 (dagegen wenig überzeugend Buchheit 1960: 49), Raoss 1968: 272–273, Usener (S.) 1993: 249–250, Vasunia 2001: 197–199.

[185] Mathieu/Brémond 1956, I: 184, Flacelière 1961: 54, ähnlich Papillon 1996b: 18–19.

B.1.3 Busiris (Isok. XI)

wird?[186] Dient er einer durch Parodie und Reflexion von Gegenstand und Genos der Rede noch über das Maß ‚normaler' paradoxer Rhetorik hinaus verstärkten technischen *epídeixis*?[187] Darauf deutet das Proömium der Schrift in keiner Weise hin. ‚Isokrates' spricht ausdrücklich von dem Anspruch des Polykrates, philosophische Lehre zu betreiben. Er selbst will Polykrates aber darüber belehren, wie eine für die Philosophie (!) geeignete Schrift verfasst sein müsse. Philosophische Lehre wiederum, so hat die Untersuchung der *Helena* gezeigt, kann für Isokrates nur in der Behandlung ernsthafter und politischer Themen geleistet werden. Die Forderung nach angemessener philosophischer Lehre und die Auffassung vom Busiris-Sujet als paradoxer *hypóthesis* ergäbe also einen inneren Widerspruch des Proömiums, sofern die Schrift insgesamt nicht doch einen ernsthaften Zweck verfolgte. Paradox kann daher nur die *hypóthesis* des Busiris-Lobes sein, nicht der *Busiris* als Schrift insgesamt.[188]

In §9 spricht Isokrates nicht nur über eine Busiris-Apologie, sondern auch über die rechte Form der Lobrede. Schon in §4 hatte Isokrates die Polykrates-Rede zwar als Apologie klassifiziert, jedoch unmittelbar darauf nicht Apologie und Anklagerede zueinander in Opposition gestellt, sondern Anklagerede (κατηγορεῖν) und Lob (εὐλογεῖν).[189]

Auffällig ist die Vermischung der Genera, genauer: die Gleichsetzung der rhetorischen Anforderungen, die Apologie und Lobrede an die Reden-Konzeption stellen (§9, 44).[190] Vor dem Hintergrund der *Helena* ergibt diese Gleichsetzung jedoch einen guten Sinn. Dort hatte Isokrates die Apologie implizit als Rede-Form dargestellt, die ihren Gegenstand eher kompromittieren als positiv dessen Leistungen präsentieren kann.[191] In Verbindung mit dem pädagogischen Anspruch, der allen kritisierten Zeitgenossen in *Helena* und *Busiris* unterstellt wird,[192] und der für Isokrates ausschließlich in der positiven Darstellung bedeutender, gemeinnütziger Gegenstände und Inhalte erfüllt werden kann,[193] ergibt sich daraus, dass eine Apologie als Mittel einer sinnvollen *paideía* nicht infrage

---

[186] Usher 1973: 50 und 1994: 143.

[187] Vasunia 2001: 195–199.

[188] Kennedy 1963: 181: „Critics have not usually regarded the *Busiris* as a serious speech any more than they have the *Helen,* but it seems likely that a serious idea underlies both works for all their bizarre subjects".

[189] Zur Austauschbarkeit der Begriffe εὐλογεῖν, ἐγκωμιάζειν und ἐπαινεῖν bei Isokrates vgl. Livingstone 2001: 105; Noël 2010.

[190] Zwar ist mit Schiappa 1999: 30–47 nicht davon auszugehen, dass es eine feste Terminologie oder theoretische Systematisierung der Rhetorik (und damit auch rhetorischer Genera) in voraristotelischer Zeit gegeben hat. Isokrates' Kritik an den Fehlern des Gorgias und des Polykrates belegt jedoch hinreichend, dass er verschiedene Redetypen und diesen zugeordnete Anforderungen an die Komposition für unterscheidbar hielt, dass er mithin über eine reflektierte Auffassung von Redetypen verfügte, und dass er Lob (*enkômion*), Tadel (*psógos*), Verteidigung (*apología*) und Anklage (*katêgoría*) als distinkte Gattungen voneinander unterschied. Vgl. auch Walker 2011: 94.–95.

[191] Isok. X 15. Man beachte die offene Formulierung (περὶ τῶν ἀδικεῖν αἰτίαν ἐχόντων), die sowohl unterstellte wie auch faktische Schuld des Verteidigten implizieren kann.

[192] Isok. X 6–7, XI 1.

[193] Isok. X 1–15, v. a. 11–13.

kommen kann, da sie hauptsächlich das Schlechte beim Namen nennt ohne das Gute zu präsentieren. Dies ist im Übrigen exakt jener pädagogische Fehler, den Isokrates in §9 des *Busiris* selbst zu vermeiden versucht: Um diesen Fehler, den er in der *Helena* kritisiert, nicht selbst zu begehen, will er die richtige Durchführung eines Enkomions vorführen.[194]

In der gedanklichen Verbindung von *paideía* und Lobrede ist der Schritt vom Lobreden (*eulogeĩn*, §4) des Busiris zum Gut-Reden (*eũ légein ti*, §14) der *Helena* nicht mehr weit. Indem eine Lobrede in positiver Argumentation bedeutende (*semnoús lógous*, §9)[195] und gemeinnützige Gedanken (*hoi koinoí* [...] *tõn lógôn*, *Helena* §11) präsentiert, stellt sie ihren Gegenstand positiv dar (*eulogeĩn*) und erfüllt zugleich die Anforderungen einer in Isokrates' Augen sinnvollen *paideía* und Textproduktion (*eũ légein ti*). Das Verfassen eines regelgerechten Enkomions kann daher als ernsthafte Unternehmung (*spoudázein*, *Helena* §11) bezeichnet werden. Den Gegensatz dazu stellt in der *Helena* das Scherzen (*paízein*, *Helena* §11) dar, in dessen Nähe Isokrates seinen eigenen *Busiris* rückt, wenn er dessen *hypóthesis* als ohne jeden Ernst (*ou spoudaían oũsan*, §9) bezeichnet.[196] Unter dieser Voraussetzung gilt es, den Hauptteil der Rede zu untersuchen.

B.1.3.2 Enkomion (§10–29): Ein paradigmatisches Busirislob?

Die exemplarische Kritik an der Busiris-Schrift des Polykrates endete im Proömium mit der chronologischen Unvereinbarkeit der verschiedenen Argumente und dem Hinweis auf die Genealogie des Busiris (§8). Sein eigenes Busiris-Enkomion lässt Isokrates regelgerecht[197] mit der Genealogie des Busiris beginnen und greift so den Gedanken des Proömiums zugleich wieder auf, dass die Genealogie einen Anhaltspunkt für das chronologisch Mögliche liefere.

Die Abstammung des Busiris stellt Isokrates als allgemein bekannt dar. Busiris sei der Sohn des Poseidon und der Libye, die ihrerseits eine Enkelin des Zeus gewesen sei (§10). Die Abstammung des Busiris von Poseidon ist vor Isokrates nur bei Pherekydes belegt,[198] für die mütterliche Linie Zeus–Epaphos–Libye–Busiris liefert Isokrates dagegen selbst

---

[194] Anders Buchheit 1960: 50–51, der hinter der positiven Präsentation eines Busiris-Lobes durch Isokrates nur den Drang zur Selbstdarstellung vermutet. Usener (S.) 1993: 253 bezeichnet den Hauptteil der Schrift nicht als Enkomion, sondern als Busiris-Apologie.

[195] Papillon 1996b: 18–19 mit Anm. 14 bezieht den Begriff der *semnótês* an dieser Stelle mit van Hook 1945: 109 (fälschlicherweise als ‚Norlin' angegeben) auf die stilistische Qualität eines *lógos*. Dies ist angesichts der unmissverständlich inhaltlichen Konzeption des Begriffs im Proömium der *Helena* (s. o. Kap. B.1.2.1) abzulehnen.

[196] Heilbrunn 1967: 32.

[197] Vgl. Isok. X 16, IX 12, Gorg. Hel. 3, Xen. Ag. 1,2, Anaxim. Rhet. ad Alex. 1440b24–25, Arist. Rhet. 1367b29–32; vgl. Livingstone 2001: 121–122.

[198] Pherekyd. FGrH 3 F 17 (=Schol. Apoll. Rhod. IV 1396–99), wobei der sekundäre Überlieferungsweg absolute Gewissheit über die Authentizität des Zitats nicht zulässt.

B.1.3 Busiris (Isok. XI)

den frühesten Beleg. Inwiefern diese Genealogie des Busiris tatsächlich, wie von Isokrates behauptet, mythologisches Gemeingut war, lässt sich aufgrund unserer Quellenlage nicht überprüfen. Das Fehlen einer breiteren überlieferten Tradition lässt jedoch Zweifel berechtigt erscheinen.[199]

Nach dem kurzen Abschnitt zur Genealogie des Busiris geht Isokrates dazu über, dessen Taten und Leistungen zu beschreiben. Zunächst begründet Isokrates, weshalb sich Busiris, der Sohn der Libye, in Ägypten – und nicht etwa in der libyschen Heimat – angesiedelt habe. Das Reich seiner Mutter habe er als zu gering für seine *phýsis* erachtet.[200] Deshalb habe er eine gewaltige Streitmacht versammelt und in Ägypten seine Königsherrschaft eingerichtet (§11). Die Wahl des Ortes sei aufgrund der hervorragenden natürlichen Voraussetzungen des Landes am Nil erfolgt, die Busiris erkannt habe (§11–14).[201]

Der Abschnitt über die Fruchtbarkeit Ägyptens erinnert an ähnliche Darstellungen der günstigen natürlichen Gegebenheiten in Attika im *Panegyrikos*, im *Areopagitikos* und im *Panathenaikos*.[202] Auch dort wird im Zusammenhang der Präsentation einer idealen politischen Kultur die Bedeutung der Qualität der Landschaft, in der sich ein Staat befindet, betont. Das Wesen der günstigen Beschaffenheit der verschiedenen Gebiete unterscheidet sich allerdings in zentralen Punkten: Im *Panegyrikos* schenkt die Göttin Demeter den Menschen Attikas (1) aus Dank für deren Ehrerbietung die (2) Kunst des Ackerbaus sowie die Mysterienkulte.[203] Damit sind zwei in Isokrates' Augen wesentliche Aspekte menschlicher Kultur, Landwirtschaft und rituelle Organisation, den Bewohnern Attikas von Demeter zuteil geworden als Ergebnis ihres religiösen Pflichtbewusstseins. Zudem werden im Zusammenhang dieser Beschreibung (3) die Bewohner Attikas als autochthon dargestellt.[204] Dadurch gelten sie im *Panegyrikos* als Vertreter der ältesten kulturellen Tradition und werden so zu den Urhebern der in (2) beschriebenen kulturellen Errungenschaften, die ein urbanes Leben erst ermöglichen. Im Mittelpunkt der Darstellung stehen insgesamt die Einwohner Attikas als Begründer kulturell–technischen Fortschritts.

---

[199] Livingstone 2001: 86. Genaugenommen kann keine der überlieferten Busiris-Genealogien sich auf eine breite Tradition stützen. Die von Isokrates gegebene taucht jedoch in dieser Form außerhalb des isokratischen *Busiris* nirgendwo auf (s. dazu. u. S. 131–137).

[200] Isokrates unterstellt Busiris hier einen unlogischen Gedanken. Denn Busiris' *phýsis* begründet sich gerade in der Abstammung von seiner Mutter Libye. Diese zu verlassen stellt insofern eine Verleugnung der eigenen *phýsis* dar.

[201] Pointner 1969: 68 und Classen 2010: 35–36 mit Anm. 20 sehen in dieser Beschreibung Ägyptens eine exemplarisch ideale Landschaft vorgeführt. Froidefond 1971: 250–251 (ähnlich Bernal 1987, I: 103) versucht, diese ‚Idealisierung' Ägyptens in den Kontext eines gesteigerten griechischen Interesses an Ägypten in den 380er Jahren einzuordnen. Dass Athens Kontakte nach Ägypten in dieser Zeit Isokrates' Themenwahl beeinflusst haben, wird man nicht ausschließen können. Indes ist es unwahrscheinlich, dass an der vorliegenden Stelle tatsächlich eine ernsthafte ‚Idealisierung' Ägyptens vorliegt, wie im Folgenden gezeigt wird.

[202] Vgl. Isok. IV 24–25, 28–33, VII 74–75.

[203] Isok. IV 28–31.

[204] Isok. IV 24–25, 32–33.

Im *Areopagitikos* werden ebenfalls die Bewohner Attikas eher in den Vordergrund gestellt als die natürlichen Gegebenheiten. Ausdrücklich weist Isokrates darauf hin, dass es in anderen Landschaften größeren Überfluss und reichere Ernte gebe, dass auch die Qualität der Feldfrüchte in anderen Regionen höher sei als in Attika. Dieses wiederum sei als Landschaft in der Lage, Menschen hervorzubringen, die sowohl für die *téchnai* wie auch für praktisches Handeln und Denken die beste *phýsis* besäßen und die zudem Anteil an Tapferkeit und *areté* hätten. Offenbar ist es (4) das richtige Gleichgewicht der natürlichen Gegebenheiten, das in dieser Darstellung den Ausschlag gibt für die gute *phýsis* der Bewohner.[205] Attika bietet keinen Überfluss, sondern Voraussetzungen, die den Menschen in seiner Gesamtheit fördern.

Diese positiven Gegebenheiten Attikas werden in der Beschreibung Ägyptens im *Busiris* konterkariert. Zwar wird auch hier auf die ideale Beschaffenheit des Landes Ägypten hingewiesen, diese besteht jedoch gerade darin, (4) dass das Land all das dem Menschen bereitstellt, wofür die Bewohner Attikas *téchnê, práxis* und *lógos* benötigen. Ägypten ist nicht eine Landschaft des Maßes, sondern eine des natürlichen Überflusses (§12).[206] Selbst die Verteidigung wird durch den Nil gewährleistet – ein auffälliger Gegensatz zum Ideal der *andreía* des Bürgersoldaten.[207] Die *phýsis* der Bewohner spielt folgerichtig in der Beschreibung Ägyptens keine Rolle.

Auch in den weiteren oben skizzierten Eigenschaften unterscheiden sich die Ägypter von den Einwohnern Attikas: (3) Sie erobern ihr Gebiet als Fremde (§11), sind damit nicht autochthon und können somit auch nicht als älteste Kultur gelten wie die Athener.[208] Die externe Herkunft der Ägypter und der Überfluss der Landschaft Ägypten fördern in der Darstellung des Isokrates (2) die Entwicklung des Handels (§14). Diesem Metöken-

---

[205] Isok. VII 74–75. Hier liegt eine bemerkenswerte Parallele zu Plat. Tim. 24c3–d3 vor, wo die klimatische εὐκρασία Attikas als günstige Voraussetzung für die Existenz der *phrónimoi* Ur-Athens betont wird.

[206] Als solche wird auch Atlantis in Plat. Krit. 113e dargestellt (dessen Herrschaft sich bis Ägypten erstreckt, ebd. 114c).

[207] Möglicherweise kann man im Nil ein Äquivalent zu den Langen Mauern sehen, die in aristokratischen athenischen Kreisen spätestens seit den Erfahrungen des Peloponnesischen Krieges als verfehlte, nur scheinbare Sicherheit angesehen wurden, die die Standhaftigkeit im Krieg untergrabe und zu einer Preisgabe des Landbesitzes gegenüber feindlichen Verwüstungen führe. In diesem Kontext bietet sich auch ein Vergleich mit der Periklesrede im ersten Buch des Thukydides an. Dort (Thuk. I 143,5) vergleicht Perikles seine Strategie des Rückzuges hinter die Langen Mauern und der Preisgabe der attischen Landgebiete mit dem Versuch, Athen möglichst nahe an den Status einer Insel heranzurücken (Hagmaier 2008: 223). Isokrates beschreibt wiederum Ägypten als Insel auf dem Festland (Isok. XI 14).

[208] In Isok. IV 23–25 und XII 124–125 wird Isokrates die Autochthonie der Athener ausdrücklich als der Einwanderung der Dorier und Herakliden nach Eroberung der Peloponnes überlegen darstellen. Der Vergleich mit diesen späteren, jedoch deutlichen Negativbewertungen einer auf Einwanderung und Eroberung beruhenden Gründungsgeschichte wirft auch für die im Busiris vorgestellte Einwanderung des Busiris nach Ägypten die Frage auf, inwiefern sich diese Geschichte in eine Darstellung des Idealstaates bei Isokrates widerspruchsfrei einordnen lässt.

B.1.3 Busiris (Isok. XI)

Gewerbe stehen in den Darstellungen Attikas die Landwirtschaft und die Mysterien gegenüber, zwei Bereiche, in denen sich (im Grundbesitz und im Zugang zu den aristokratisch geprägten Mysterien) das soziale Prestige der athenischen Aristokratie, die *kalokagathía,* besonders manifestiert. Allerdings wird im *Panegyrikos*[209] die Bedeutung des Peiraieus als zentraler Warenumschlagplatz Griechenlands in ähnlicher Weise positiv beschrieben wie die Bedeutung des Nils für den ägyptischen Handel. Eine negative Einschätzung des Handels durch Isokrates wird man daher ausschließen müssen. Ein wesentlicher Unterschied besteht jedoch auch in diesem Punkt zwischen *Panegyrikos* und *Busiris*: Wie schon bei den übrigen Vorzügen Ägyptens ist es das Land selbst, das die günstige Handelslage herstellt, während der Piräus als Handelsplatz eine künstliche Schöpfung der Bewohner Attikas ist. Durchweg erscheint Attika als ein Land, das seine Bewohner dazu anregt, selbst für ihr Wohlergehen zu sorgen, das mithin einen aktivierenden Einfluss auf die Bewohner ausübt, während das Ägypten des *Busiris* seinen passiven Bewohnern alle Güter von Beginn an zu Verfügung stellt.

Noch in einem letzten Punkt unterscheidet sich die in §11–14 gegebene Kulturgeschichte Ägyptens von derjenigen Attikas in *Panegyrikos* und *Areopagitikos*: Der Ausgangspunkt für die athenische Kultur sind im *Panegyrikos* (1) die Gegenleistungen der Demeter für die Ehrerweisungen durch die Athener. Busiris dagegen setzt sich über das Ansehen seiner Mutter hinweg und hält sich buchstäblich für etwas Besseres als jene. Sein Königtum in Ägypten gründet daher auf der Missachtung, nicht auf der Ehrung seiner göttlichen Eltern. Dass hier tatsächlich ein Komplement zur Darstellung Attikas vorliegt, das zudem mit den übrigen kontrastierenden Punkten zusammenhängt, zeigt sich zum einen am Namen der Mutter (Libye) und der möglichen libyschen Herkunft des Busiris: Demeter kommt in einer Version des Mythos aus Libyen ins griechische Mutterland, wird zumindest in Argos auch unter dem Beinamen Libysse verehrt.[210] Zum anderen zeigt sich dieser Kontrast im Vergleich mit einem Abschnitt aus dem *Panegyrikos*, der sehr ähnlich im *Panathenaikos* ein zweites Mal auftaucht: In beiden Reden werden die Athener unter anderem deshalb glücklich gepriesen, weil sie ihr Ursprungsland niemals verlassen hätten, weil sie mithin zu Attika ein Verhältnis wie zu

---

[209] Vgl. Isok. IV 42.
[210] Vgl. Polemon F 12 (Müller) (= Schol. Ael. Arist. p. 188,12), ähnlich Fest. p. 87 (Lindsay) s.v. Libycus. Hdt. IV 198 bringt die Region um den libyschen Fluss Kinypos (vgl. Hdt. V 42) ausdrücklich mit der ‚Frucht der Demeter' (Δήμητρος καρπόν) in Verbindung. Allerdings referiert er in II 123 die (wohl pythagoreische, s. u. Kap. B.1.3.2 Anm. 238) Herkunftsgeschichte des Demetermythos aus Ägypten. In Euripides' *Helena* tragen die chthonischen Töchter, die zusammen mit Persephone angerufen werden, libysche Flöten und Syringen (Eur. Hel. 164–178). Bei Porph. Vit. Pyth. 35 lernt Herakles von Demeter im Zuge seiner Libyenfahrt Überlebenstechniken in der Wüste. Steph. Byz. E, p. 239,16–20 zufolge kannte Pausanias es ein besonders altes Heiligtum der Demeter Thesmophoros im libyschen Dryme. Ein klassischer athenischer Beleg für Demeters libysche Herkunft liegt jedoch nicht vor.

ihren Vätern und Müttern pflegten.²¹¹ Der Kontrast zum ‚nestflüchtigen' Busiris könnte nicht größer sein.

Eine gezielte Kontrastfolie zu den Darstellungen in *Panegyrikos* und *Areopagitikos* kann in §11–14 des *Busiris* zwar schon deshalb nicht vorliegen, weil diese Schrift mit großer Wahrscheinlichkeit älter als der *Panegyrikos* und sicher deutlich älter als der *Areopagitikos* ist. Jedoch wird man davon ausgehen können, dass die im *Panegyrikos* wiedergegebene Vorstellung attischer Kulturgeschichte zum selbstverständlichen mythologischen Allgemeingut Athens gehörte. Autochthonie, Demeterkult, Ackerbau und athenische Kultur waren feste Bestandteile einer athenischen Identität, die sich in der gesamten Bürgerschaft in einem Gefühl der Besonderheit des eigenen Status und der eigenen Geschichte widerspiegelte. Wenn Isokrates also im *Panegyrikos* und im *Areopagitikos* Athens Besonderheit auf Grundlage verbreiteter kultureller Vorstellungen seines athenischen Publikums herausstellt, so ist es naheliegend anzunehmen, dass er diese Vorstellungen schon im *Busiris* als implizite Kontrastfolie nutzt, um Ägypten als Land zu präsentieren, das aller soliden natürlichen wie kulturellen Voraussetzungen für ein gutes Gemeinwesen entbehrt.²¹² Dort leben in einer von Überfluss geprägten Natur eingewanderte Bewohner, deren Staat sich religiös auf eine Missachtung göttlicher Abstammung und Ehre sowie wirtschaftlich auf den natürlichen Überfluss und den Handel gründet.²¹³ Diese Voraussetzungen stehen athenischen, vor allem aber aristokratischen Idealen eines griechischen Publikums deutlich entgegen. Sie stehen mithin für eben jene Umkehrung eines als idealtypisch empfundenen Bürger-Ethos, dessen Ursprung die Literatur des 5. und 4. Jhs. in einer ägyptischen Utopia verortete.²¹⁴ Die folgende Beschreibung des ägyptischen Staates als Idealstaat steht dadurch von vornherein in einem fragwürdigen Licht.²¹⁵

In §15–27 beschreibt Isokrates die politische Ordnung, die Busiris in Ägypten eingeführt habe: Nachdem durch die Wahl des Ortes die Frage des Wohnraumes und der Subsistenz gelöst worden sei, habe Busiris die Bevölkerung in verschiedene Gruppen eingeteilt:

---

[211] Isok. IV 23–25, Isok. XII 124–125, ähnlich auch Lys. II 17, Plat. Men. 237e–238a, Dem. LX 4; Gotteland 2001: 322–324.

[212] Daher kann keine Rede davon sein, dass Isok. XI 10–14 den am wenigsten ironischen Passus des *Busiris* darstelle (vgl. Livingstone 2001, 55) oder dass Isokrates in diesem Abschnitt die Wahl des Landes ernsthaft unter ökonomischen Voraussetzungen betrachte (Oprişan 1966, 5).

[213] Diese Art der Wirtschaft benötigt gerade keine vernünftigen, tugendhaften Menschen wie sie in Isok. VII 74–75 als Vorzug Attikas dargestellt worden waren; dieselbe Betonung der seelischen Qualität der attischen Menschen findet sich auch in Plat. Tim. 24c, einer Stelle, die Livingstone 2001, 67 als Gegenkonstruktion zu Isok. XI 11–12 betrachtet.

[214] Vgl. Livingstone 2001: 73–76. Dieses Bürger-Ethos basiert auf den o.g. Grundlagen der Autochthonie, der Pflege der eigenen Genealogie, Tradition, und Religion sowie auf der Bedeutung der Entwicklung von Kulturtechniken wie Landwirtschaft, Rechtswesen usw.

[215] Auch die Annahme, Isokrates verfasse sein Enkomion als Lob auf den ägyptischen Staat oder die ägyptische Kultur und blende in Isok. XI 30–35 lediglich Busiris als deren Urheber aus (Usener (S.) 1993: 252–254, 259, Livingstone 2001: 111, 121), ist vor diesem Hintergrund unhaltbar.

B.1.3 Busiris (Isok. XI)

(15) [...] Μετὰ δὲ ταῦτα διελόμενος χωρὶς ἑκάστους τοὺς μὲν ἐπὶ τὰς ἱερωσύνας κατέστησε, τοὺς δ' ἐπὶ τὰς τέχνας ἔτρεψε, τοὺς δὲ τὰ περὶ τὸν πόλεμον μελετᾶν ἠνάγκασεν, ἡγούμενος τὰ μὲν ἀναγκαῖα καὶ τὰς περιουσίας ἔκ τε τῆς χώρας καὶ τῶν τεχνῶν δεῖν ὑπάρχειν, τούτων δ' εἶναι φυλακὴν ἀσφαλεστάτην τήν τε περὶ τὸν πόλεμον ἐπιμέλειαν καὶ τὴν πρὸς τοὺς θεοὺς εὐσέβειαν.

(15) [...] Danach sonderte er sie alle voneinander ab und ordnete die einen in die Priesterschaft ein, wandte die anderen den Handwerkskünsten zu, wieder andere zwang er, sich um die Kriegsangelegenheiten zu kümmern, da er der Meinung war, dass die notwendigen Dinge und der Wohlstand aus dem Land und aus dem Gewerbe gezogen werden müssten, dass aber die Sorge um das Kriegswesen und die richtige Verehrung der Götter der sicherste Schutz für diese Dinge seien.

Diese Stelle erinnert stark an die Dreiteilung der Gesellschaft in der platonischen *Politeia* und wurde zumeist auch als Anklang an Platon gedeutet – zumeist in der Weise, dass Isokrates versuche, die Originalität des platonischen Staatsentwurfes infrage zu stellen.[216] Interessant ist, dass unter den drei genannten Kasten diejenige der Krieger als letzte genannt ist und – ebenso wie die Priesterkaste – der Landwirtschaft und dem Gewerbe insofern logisch untergeordnet ist, als jene beiden Kasten lediglich den Erfolg der wirtschaftlichen Kaste sichern sollen.[217] Der ganze Militärbereich verfolgt insofern einen rein defensiven Zweck. Beweis für das große Ansehen der ägyptischen Lebensweise sei, dass sowohl die Philosophen sich an der ägyptischen Staatsordnung und politischen Kultur orientierten (§17) wie auch die Lakedaimonier:[218]

---

[216] Vgl. Plat. Pol. 414d–415c, 433a–434c, 441a, 544c3; Mathieu 1925: 179, Eucken 1983: 177, 183, 190–193 (mit der Annahme der dargestellte Staat sei nur die Parodie eines Idealstaates platonischen Zuschnitts, dem Isokrates beispielsweise in der *Helena* das Modell einer ‚offenen Gesellschaft' gegenüberstelle), Usener (S.) 1993: 252, Livingstone 2001: 48–56 (gegen Eucken). Vasunia 2001: 207–215 sieht die ganze Rede als Beleg für die Auseinandersetzung zwischen Isokrates und Platon um die Deutungshoheit für den Begriff der *philosophía*. Die Stelle könnte jedoch auch von Hdt. II 165–167 beeinflusst sein, wo ebenfalls ein Kastenwesen vorgestellt und dieses, im Unterschied zu Platon, mit Ägypten in Verbindung gebracht wird (Froidefond 1971: 240–243, Schütrumpf 1995: 273). Herodot stellt sogar – wie auch Isokrates im weiteren Verlauf des *Busiris* (Isok. XI 30–35, s. u. Kap. B.1.3.3) – die ägyptische Herkunft dieses Staatswesens wieder infrage.

[217] Dies erinnert in gewisser Weise an die Stellung der Wächter im platonischen Staat. Diese werden dort (Plat. Pol. 419a10–420a7) als ‚Söldner' (μισθωτοί) bezeichnet. Vgl. Froidefond 1971: 257–258. Schütrumpf 1995: 275–276 spricht davon, dass Platon hier „Abhängigkeitsverhältnisse auf den Kopf gestellt hat."

[218] Vielleicht greift Isokrates auf Hdt. II 80,165–167, VI 60 zurück, wo Sparta ebenfalls mit dem ägyptischen Staat in Verbindung gebracht wurde (Tigerstedt 1965, I: 181, Eucken 1983: 185, Schütrumpf 1995: 273). Bernal 1987, I: 105 geht, zweifelsohne von seiner These des ‚afroasiatischen' Ursprungs der griechischen Kultur beeinflusst, etwas naiv (und ohne jeglichen Beleg) davon aus, dass die genannten spartanischen Institutionen tatsächlich ägyptischen Ursprungs seien. Zur Identifizierung der erwähnten Philosophen mit Platon oder Pythagoras vgl. Livingstone 2001: 138: „[...] it is probably a mistake to look for specific individuals behind all Isocrates' sidelong references to other intellectual tendencies [...] If readers wonder what sort of philosophers ‚admire Egypt', one solution is instantly offered by the claim that Sparta imitates Egypt: any intellectual perceived as ‚Laconising' [...] can now be construed as ‚Egyptianising'". Zur Parallelität der Staaten in Ägypten und Sparta bei Platon vgl. Wilke 1997: 197–206.

(17) [...] ὥστε καὶ τῶν φιλοσόφων τοὺς ὑπὲρ τῶν τοιούτων λέγειν ἐπιχειροῦντας καὶ μάλιστ' εὐδοκιμοῦντας τὴν ἐν Αἰγύπτῳ προαιρεῖσθαι πολιτείαν ἐπαινεῖν καὶ Λακεδαιμονίους μέρος τι τῶν ἐκεῖθεν μιμουμένους ἄριστα διοικεῖν τὴν αὐτῶν πόλιν.

(17) [...] so dass sowohl die Philosophen,[219] die über solche Dinge zu sprechen versuchen und die in dem größten Ansehen stehen, sich entscheiden, die *politeía* in Ägypten zu loben, wie auch die Lakedaimonier, die einen gewissen Teil der dortigen Verhältnisse nachahmen, ihre *pólis* vortrefflich verwalten.

Dieses Lob auf die spartanische Polisordnung, das man als „chapitres [...] les plus ‚sérieux' de cette œuvre frivole" bezeichnet hat,[220] wird im Folgenden (§18) in einer Aufzählung derjenigen Einrichtungen (*téchnai*, *sýntaxis*), die Sparta aus Ägypten übernommen habe – und die den Grund für die gute Form der spartanischen Ordnung darstellen – auf konkrete Teile der spartanischen Ordnung bezogen. Der Reihe nach nennt Isokrates (1) ein Verbot an die Angehörigen der Kriegerkaste,[221] ohne die Erlaubnis der Archonten[222] die *pólis* zu verlassen, (2) gemeinsame Mahlzeiten (*tá syssítia*), (3) Leibesübungen (*tḗn tōn somátōn áskēsin*), sowie (4) die Verpflichtung auf das Gemeinwesen (*tōn koinōn prostagmátōn*) – für die Krieger die Durchführung von Feldzügen (*toĩs hóplois kaí taĩs strateíais*) – noch vor der Sicherung der eigenen Subsistenz.[223] Die erste und letzte der genannten Einrichtungen beziehen sich explizit auf die Kriegerkaste. Doch auch die *syssítia* und die körperliche Ausbildung sind Einrichtungen, die vor allem in Bezug auf das Militär sinnvoll erscheinen.[224] In Platons *Politeia* tauchen die meisten der hier genannten Elemente der spartanischen Verfassung als Regeln für die Wächterkaste auf.[225] An der vorliegenden Stelle finden wir daher unzweifelhaft eine sehr positive (wenngleich bruchstückhafte und vage) Darstellung des spartanischen Militärwesens. Christian Froidefond hat dies auf interessante Weise mit den militärischen Entwicklungen in Athen während des korinthischen Krieges in Verbindung gebracht:[226] Demnach sei das Lob des spartanischen (Bürger-)Militärs als Reflex auf den vermehrten Einsatz von Söldnern durch Athen zu verstehen. Spartas Militär werde als überlegen dargestellt, weil es professionelle Bürger-Soldaten anstelle professioneller fremder Soldaten einsetze. Allerdings finden

---

[219] Froidefond 1971: 247 identifiziert (sehr spekulativ) diese Philosophen mit der pythagoreischen Schule.
[220] Froidefond 1971: 249.
[221] Isok. XI 18: „[...] μηδένα τῶν μαχίμων [...]", die Vokabel μάχιμος findet sich schon bei Hdt. II 141,164 als Beschreibung der Kriegerkaste in Ägypten.
[222] Damit dürfte das Ephorat gemeint sein, sofern überhaupt ein konkretes Amt angesprochen ist.
[223] Vgl. Hdt. II 166,2. Damit ist wohl eher nicht eine professionelle Armee gemeint (wie Ollier 1933: 355 vermutet hatte), da andere Tätigkeiten nur für die Dauer der Kriegshandlungen ausgeschlossen werden. Zum Gedanken einer Professionalisierung des Militärs vgl. Isok. VI 75–76 (s. u. Kap. B.5.6.2).
[224] Livingstone 2001: 51, 141–142. Zur spartanischen Einrichtung der *syssítia* vgl. MacDowell 1986: 111–114, Meier (M.) 1998: 216–222.
[225] Plat. Pol. 416e3–4 (*syssítia*), 420a2–4 (Reiseverbot), 458c6–d4 (*syssítia*, Gymnastik); vgl. Livingstone 2001: 51.
[226] Froidefond 1971: 249–250.

B.1.3 Busiris (Isok. XI)

sich im *Busiris* – im Gegensatz zu späteren isokratischen Schriften – keinerlei Hinweise auf das Söldnerwesen. Im Zentrum des Lobes auf das spartanische Militär steht vielmehr die spartanische Disziplin, die auf die strengen alltäglichen Gemeinschaftsriten (gymnastische *paideía*, *syssítia* usw.) zurückzuführen sei. Es handelt sich um lobenswerte Institutionen des spartanischen Staates, die die Rolle des Soldaten und Bürgers in der Gemeinschaft bestimmen.

Schon in den folgenden §19–20 jedoch macht Isokrates klar, dass er den im *Busiris* beschriebenen spartanischen Staat keineswegs als Idealstaat betrachtet, da dessen lobenswerte aus Ägypten übernommene Aspekte ausschließlich militärische Einrichtungen betreffen. Das Lob der spartanischen Ordnung wird hier mehr als nur zurückgenommen:[227]

(19) Τοσούτῳ δὲ χεῖρον κέχρηνται τούτοις τοῖς ἐπιτηδεύμασιν, ὅσον οὗτοι μὲν ἅπαντες στρατιῶται καταστάντες βίᾳ τὰ τῶν ἄλλων λαμβάνειν ἀξιοῦσιν, ἐκεῖνοι δ' οὕτως οἰκοῦσιν, ὥσπερ χρὴ τοὺς μήτε τῶν ἰδίων ἀμελοῦντας μήτε τοῖς ἀλλοτρίοις ἐπιβουλεύοντας.

(19) Um so schlechter jedoch wenden sie diese Einrichtungen an, da diese [sc. die Spartaner] alle Soldaten geworden sind und es für richtig halten, sich anderer Leute Besitz gewaltsam anzueignen, während jene [sc. die Ägypter] so haushalten, wie es nötig ist, um weder das Eigene zu vernachlässigen noch fremde Güter zu begehren.

Die spartanische Polisordnung ist insofern zu kritisieren, als sie alle Bürger zu Soldaten macht und so einen Teil des idealen Staates als den gesamten Idealstaat betrachtet. Das Militär, in Ägypten Mittel zum Zweck der Sicherung von Regierung und Wirtschaft, ist in Sparta Selbstzweck.[228] Sparta wendet die idealen militärischen Einrichtungen schlecht an.[229] Die politische Ordnung Spartas unterhält nach Isokrates den Militärbetrieb nicht zur defensiven Sicherung des von der Bauern- und Gewerbekaste erwirtschafteten Wohlstandes, wie es in §15 als ideal dargestellt worden war, sondern das Militär erwirtschaftet den Wohlstand durch gewaltsame Aneignung fremder Güter selbst (βίᾳ τὰ τῶν ἄλλων λαμβάνειν, §19).[230] Diese Kritik bezieht sich auf die spartanische Außenpolitik

---

[227] Vgl. Tigerstedt 1965, I: 181–182: „[...] condemnation predominates [...]", Raoss 1968: 274, Allroggen 1972: 38, 221–222, anders und irreführend Cloché 1933: 139, der das Lob der Institutionen vor dem Hintergrund der Kritik an deren Anwendung für umso bemerkenswerter erklärt, sowie Pointner 1969: 65–67, der die Beschränkung auf den Militärbereich dadurch heruntergespielt sieht, dass die Spartaner die Militäreinrichtungen nur kopierten (μιμουμένους, Isok. XI 17). Diese Deutung ergibt schon innerhalb des *Busiris* keinen Sinn, wird indes auch durch die Parallelstelle Isok. XII 151–155 widerlegt. Auch dort wird die institutionelle Ordnung Spartas als Imitation einer idealen Ordnung bezeichnet, und ebenso wie im *Busiris* ist dies von Isokrates keineswegs apologetisch gemeint (immerhin handelt es sich um die Kopie einer idealen Ordnung). Der spartanische Staat ist ein Plagiat, das, weil unvollständig, nicht im Sinne des Originals funktioniert.

[228] Heilbrunn 1967: 29.

[229] Cloché 1933: 130, Allroggen 1972: 221–222, Usener (S.) 1993: 253. Classen 2010: 36–37 übersieht hier die Bedeutung, die Militär und Krieg bei der Kritik an Sparta spielen.

[230] Vgl. zu dieser Kritik die Schematik von *koiná*, *ídia* und *allótria* (s. dazu u. Exkurs I, Kap. D.1.1). Hinter der Betonung der Gewalt als Mittel der Politik steht hier wohl der Gedanke der Gegensätzlichkeit der politischen Mittel der Gewalt (βία) und der Überzeugungskraft (πειθώ), stellvertretend

des frühen 4. Jahrhunderts, als deren Grundmuster der gewaltsame Erwerb fremden Besitzes genannt wird.[231] Ausdrücklich wird dieses Verhalten in §20 als Machtgier (*pleonexía*) bezeichnet und als Politik, die, würden alle Griechen sie teilen, in den Untergang führen müsse. Die Ägypter dagegen sind frei von *pleonexía* und können als Vorbild für eine Politik dienen, die allen ein friedliches Zusammenleben ermöglicht.[232]

Spartas Institutionen, deren Bezeichnung als *téchnai* in §17 von Interesse ist, werden also in §17–18 explizit als Elemente eines idealen Staates gelobt, ihre Anwendung wird jedoch in §19–20 explizit als verfehlt kritisiert.[233] Die Spartaner begehen somit in der falschen Anwendung der staatlichen bzw. militärischen Einrichtungen den gleichen Fehler, den, der Schrift *Gegen die Sophisten* zufolge, jene Redner begehen, die zwar über die *téchnê* der *lógoi* verfügen, diese aber nicht *kairós*-gerecht anwenden können.[234] Ein Lob für Sparta kann sich aus dieser Darstellung nicht ergeben.

Das Lob der ägyptischen Staatsordnung wird in §21–29 durch die Beschreibung der kulturellen Einrichtungen, insbesondere der ägyptischen Philosophie und Theologie, die später von den Pythagoreern übernommen worden seien, abgeschlossen.[235] Die ägyptische *philosophía* zeichne sich dadurch aus, dass sie durch ihr Bildungsprogramm die Seelenbildung der Menschen betreibe und mithin die *areté* der Bürger fördere.[236] Die ägyptische Religion wird als Merkmal einer anspruchsvollen Zivilisation beschrieben

---

für das Handeln aufgrund körperlicher bzw. geistig–rhetorischer Fähigkeit. Wie sich in späteren isokratischen Schriften (insbes. in Isok. XIV, s u. Kap. B.3) zeigt, versucht der Redner seine Ziele durch Persuasion (*peithó*) zu erreichen, er benötigt dazu das Wohlwollen (*eúnoia*) des Publikums. Dieses Vorgehen steht im Gegensatz zu dem Sparta zugeschriebenen gewaltsamen Weg der Politik.

[231] Livingstone 2001: 142.
[232] Braun 1982: 174, Usener (S.) 1993: 253, Livingstone 2001: 143.
[233] Ollier 1933: 358.
[234] Isok. XIII 9–13 (s. o. S. 44–47). Isokrates betrachtet die richtige Anwendung als entscheidendes Kriterium für die qualitative Bewertung einer Sache; vgl. dazu auch Isok. VI 49–51 (s. u. Kap. B.5.6.3 und B.9.4.6.3).
[235] Vgl. dazu Froidefond 1971: 255–257.
[236] Isok. X 21–23 (Heilbrunn 1967: 31, Voliotis 1977: 147–148). An Platon erinnern 1. Die Nähe des Bildungsprogramms zum ‚akademischen Curriculum' (Burk 1923: 137–140, Ries 1959: 52, Froidefond 1971: 253, Masaracchia 1995: 28), 2. Die Analogie der auf den Körper bezogenen Heilkunst zur Philosophie als auf die Seele bezogener Kunst (vgl. Plat. Prot. 313d5–e2, Pol. 599b9–e4, Theait. 166e2–167d8), 3. Die häufige Analogie zwischen Arzt und Gesetzgeber (Plat. Gorg. 464a10–c4, 477e10–479c1, 504d1–505b7, 517c8–518c1, 521d6–522e8, Euthyd. 291d5–292d6, Polit. 296a6–d6, Nom. 684c1–e6, 857b9–858d10, ep. VII 330c10–331a6) sowie 4. Die ontologische Ausrichtung der ägyptischen Philosophie (Isok. X 22; ein Widerspruch zu Isok. XIII 1–3 liegt nur scheinbar vor. Dort waren paradox *hypothéseis* ontologischen Inhalts kritisiert worden, nicht die Seinsphilosophie als solche). Eine Grundlage, hier platonisches Denken anzunehmen (so z. B. Ries 1959: 52), ist jedoch nicht gegeben, da lediglich Beschäftigungsgegenstände, nicht aber konkrete Ansichten genannt werden (mit Ausnahme der Theoreme, die hinter der konkreten Staatsform des busiridischen Staats stehen mögen). Bei diesen Gegenständen kann man immerhin eine (oberflächliche) Übereinstimmung mit dem platonischen Programm feststellen.

B.1.3 Busiris (Isok. XI)

(§24–27). Erst die Furcht vor den Göttern ermögliche ein menschliches Zusammenleben, das sich von dem der Tiere unterscheide.[237]

Abschließend beruft sich Isokrates auf die Autorität der pythagoreischen Philosophie, die ägyptischen Ursprunges sei und deren großes Ansehen die Bedeutung der ägyptischen Kultur belege (§28–29).[238] Auffällig ist die abschließende Bemerkung, die vorgeblichen Schüler des Pythagoras fänden, selbst wenn sie schwiegen, höhere Anerkennung als jene, die über die größte *dóxa* im Reden (*légein*) verfügten. Isokrates spricht wohl von sich selbst und von einem (oder mehreren) Philosophen, der seine Philosophie auf Pythagoras zurückführt. Naheliegend ist der Gedanke, dass es sich bei diesem Philosophen um Platon handeln müsse, zu dessen Staatsphilosophie der *Busiris* zahlreiche Parallelen aufweist.[239] Ebenso plausibel ist jedoch die Annahme, dass hier lediglich auf die Esoterik der pythagoreischen Schule angespielt wird.[240]

---

[237] Zu dieser ungewöhnlichen Funktionalität religiöser Lehren vgl. Bons 2006: 262–263, 265, der auf die paradoxe Qualität der Beschreibung hinweist, die nicht als isokratische Auffassung anzusehen sei. In der Tat findet sich bei Isokrates andernorts eine abweichende Unterscheidung zwischen Mensch und Tier, die nach dem jeweiligen Zugang zum *lógos* erfolgt (Isok. IV 48).

[238] Das Alter der Tradition einer Reise des Pythagoras nach Ägypten ist unklar (vgl. Antiphon FGrH 1096 F 1a, b, Diod. I 69,3–4, 96,2, Diog. Laert. VIII 2–3, Porph. Vit. Pyth. 7,8–15, Iambl. Vit. Pyth. 12–13); vgl. Livingstone 2001: 156–159 mit der bedenkenswerten Erwägung, Isokrates selbst habe diese Version möglicherweise eingeführt. Der früheste Hinweis auf die Annahme ägyptischer Beeinflussung der pythagoreischen Lehre findet sich bei Hdt. II 81, und II 123 (Tell 2011: 99). Isokrates scheint Herodots Beschreibung Ägyptens im *Busiris* häufiger zu benutzen. Dort ist allerdings weder von einer Reise noch von einer direkten Beeinflussung noch überhaupt von der Person des Pythagoras die Rede, sondern lediglich von pythagoreischen Lehrsätzen, die als ägyptischen Lehren gleichend erwähnt werden (Riedweg 2002: 77). Isokrates scheint diesen Gedanken aufzunehmen und auszuweiten auf die Idee einer Übernahme ägyptischer Philosophie durch Pythagoras. Vgl. dagegen Froidefond 1971: 246–247 und, in dessen Nachfolge, Bernal 1987, I: 104–105, die von einer bereits existierenden ‚ägyptischen' Tradition bei den Pythagoreern ausgehen, auf die Isokrates seinerseits Bezug nehme.

[239] Teichmüller 1881, I: 108–113, Froidefond 1971: 246–247, Eucken 1983: 176–180, 188–189, Bernal 1987, I: 104–105, Livingstone 2001: 48–56.

[240] Vgl. Iambl. Vit. Pyth. 72; Mirhady/Too 2000: 56 mit Anm. 20, Riedweg 2002: 83–84, 132–133. Versinnbildlicht wird die pythagoreische Schweigevorschrift eindrucksvoll in dem vielleicht authentischen (Riedweg 2002: 72) Pythagoras-Hexameter Hier. Log. Hex. 2 (Thesleff). Too 1995: 177–179, 210 sieht hier Isokrates' und Polykrates' rhetorische Herangehensweise miteinander kontrastiert. Polykrates habe es nicht verstanden, an der richtigen Stelle (über die Verbrechen des Busiris) zu schweigen: „[…] the silence […] is to be viewed […] as an extension of the ‚small voice' and its politics" (ebd. 179; vgl. dazu ebd. 74–112). Diese Deutung lässt sich jedoch nicht mit dem Kontext der Stelle in Einklang bringen, wo argumentationstechnische Vorschriften kaum impliziert sein dürften. Zudem ergäbe sich eine – durch den Kontext nicht gedeckte – Identifizierung des Isokrates mit Pythagoras sowie eine Beschreibung des Polykrates als Träger größter rhetorischer *dóxa*. Dies ist auszuschließen, da *dóxa* hier erkennbar als positiver Begriff verwendet wird, mithin in dem vorliegenden Passus eine gewisse Kritik an den Anhängern des Pythagoras nicht von der Hand zu weisen ist.

B.1.3.3 Apologie (§30–45): Eine gelungene *prólêpsis*?

Isokrates bricht an dieser Stelle das eigentliche Enkomion ab, und wendet sich ab §30 wieder an Polykrates. Es beginnt nun eine Verteidigung des vorgetragenen Busiris-Enkomions gegen mögliche Kritik, die Isokrates dem Polykrates in den Mund legt:[241] Land, Gesetze, Frömmigkeit und Philosophie der Ägypter habe Isokrates wohl treffend gelobt, jedoch keinen Beweis beigebracht, dass der Urheber aller dieser Güter Busiris sei.

Isokrates liefert im folgenden (§30–37) eine scheinbare Widerlegung dieser Kritik. Zunächst gibt Isokrates zu, dass er die genannte Kritik prinzipiell als zutreffend anerkennen müsse, wenn sie nicht von Polykrates, sondern von anderen vorgebracht werde, da er dann annehmen müsse, dass die Kritik auf Grundlage von guter Bildung (πεπαιδευμένως)[242] geäußert werde (§31). Jedem Leser muss an dieser Stelle klar sein, dass es die *persona* ‚Isokrates', mithin die Personifikation isokratischer Bildung ist, die dem Polykrates jene Kritik unterstellt.[243] Insofern wird die Kritik hier weder widerlegt – dazu ist die Verteidigung ohnehin nicht geeignet – noch wird sie abgeschwächt oder relativiert. Der erste Versuch, die selbst eingeführte Kritik abzuschwächen, führt daher zur vollen Anerkennung des Arguments: Wenn Isokrates keinen Beweis für die Urheberschaft des Busiris für den ägyptischen Staat liefern kann, dann stellt ein Lob auf diesen Staat kein Lob auf Busiris dar.

Im weiteren Verlauf dieser schon zu Beginn fehlgeleiteten Apologie zählt Isokrates Punkte auf, an denen Polykrates in seiner Busiris-Schrift denselben Fehler in stärkerem Ausmaß begangen habe. Auch er habe Argumente eingeführt, die er nicht beweisen könne; im Gegensatz zu Isokrates' Schrift jedoch seien Polykrates' unbewiesene Argumente für ein Lob des Busiris kontraproduktiv, da sie entweder Busiris kompromittierten (Kannibalismus) oder aber unmöglich seien (göttliche Fähigkeiten des Busiris: Umleitung des Nils). Während daher beide Unbewiesenes vorgebracht hätten, habe Isokrates wenigstens den formalen Anforderungen der Lobrede entsprochen, während Polykrates wie in einer Schmähschrift argumentiert habe (§31–33).

> (33) […] ὥστ' οὐ μόνον τῆς ἀληθείας αὐτῶν, ἀλλὰ καὶ τῆς ἰδέας ὅλης, δι' ἧς εὐλογεῖν δεῖ, φαίνει διημαρτηκώς.

> (33) […] Somit zeigt es sich, dass du nicht nur die Wahrheit, sondern auch die ganze Form, in der man ein Lob aussprechen muss, verfehlt hast.

---

[241] Livingstone 2001: 19.

[242] Eine regelrechte Definition des Gebildeten (πεπαιδεύμενος) findet sich viel später in Isok. XII 30–33 (s. o. Kap. A.3.2.3). In dieser wird die *paideía* ausdrücklich von dem Anspruch von *téchnê*, *epistémê* und *dýnamis* distanziert – die antitechnische Auffassung der *paideía* findet sich somit auch noch in Isokrates' Spätwerk in Verbindung mit denselben Formulierungen wie in *Gegen die Sophisten*, *Helena* und *Busiris*.

[243] Vgl. das ähnliche Verfahren in Isok. ep. I 4, V 128–131, das Heilbrunn 1967: 49, 179–180 als Methode wertet, durch ‚Strohmänner' die von der *persona* ‚Isokrates' vorgetragenen Argumente infrage zu stellen.

B.1.3 Busiris (Isok. XI)

Isokrates spricht damit die gleiche Kritik aus, die er schon im Proömium an Polykrates geübt hatte und die schon in der *Helena* den Gorgias getroffen hatte. Kritisiert werden die Enkomia des Gorgias und des Polykrates auf formaler Ebene.[244] Nun kommt jedoch ein Element hinzu, das in der Auseinandersetzung zuvor noch keine Rolle gespielt hatte: Polykrates' Darstellung verstößt gegen das Prinzip der Wahrhaftigkeit (*alḗtheia*). Was durch die Einzelkritik an Polykrates in §31–33 nicht sofort offensichtlich wird, ist bei kritischer Auseinandersetzung dennoch nicht zu übersehen: Der Vorwurf eines Verstoßes gegen die Wahrheit kann auch Isokrates treffen, der, wie er selbst zugibt, seine Darstellung nicht beweisen kann.[245]

Isokrates scheint den Leser zur kritischen Auseinandersetzung mit den in §10–29 getroffenen Aussagen anregen zu wollen.[246] An welchem Punkt Isokrates kritische Distanzierung hauptsächlich angesetzt wissen wollte, ist in §30 benannt: an der Zuschreibung der erwähnten Staatsordnung zu Busiris, die nicht erwiesen werden kann.

Isokrates gibt also in §30–33 zu, dass die Grundlage seines Enkomions nicht beweisbar ist. In §34–37 versucht er nun, sie wenigstens wahrscheinlich zu machen. Es wird sich zeigen, dass dieser Versuch mit ebenso geringer Ernsthaftigkeit durchgeführt wird wie die Argumentation in §30–33. Isokrates leitet sein zweites Gegenargument mit der Erkenntnis ein, dass seine Rede auch ohne den Vergleich mit der offenkundig schlechten Rede des Polykrates Bestand haben müsse (§34). Dann fährt er fort:

(34) [...] Εἰ μὲν γὰρ ἄλλος τις ἦν φανερὸς ὁ ταῦτα πράξας, ἀγώ φημι γεγενῆσθαι δι' ἐκεῖνον, ὁμολογῶ λίαν εἶναι τολμηρός, εἰ περὶ ὧν ἅπαντες ἐπίστανται, περὶ τούτων μεταπείθειν ἐπιχειρῶ. (35) Νῦν δ' ἐν κοινῷ τῶν πραγμάτων ὄντων καὶ δοξάσαι δέον περὶ αὐτῶν, τίν' ἄν τις τῶν ἐκεῖ καθεστώτων ἐκ τῶν εἰκότων σκοπούμενος αἰτιώτερον εἶναι νομίσειεν ἢ τὸν ἐκ Ποσειδῶνος μὲν

---

[244] Isok. X 5–8 (s. o. S. 114–117). Usener (S.) 1993: 256, 259, Vasunia 2001: 196–198.

[245] Heilbrunn 1967: 28, Livingstone 2001: 4–5, Vasunia 2001: 196–198. Auch Schol. Ael. Arist. p. 174,16,19–27 hält die bei Isokrates dem Busiris zugeschriebenen Leistungen für fragwürdig (ἄδηλον). Den einzigen Beweis, die ‚Lösung' für das Problem, sieht der Scholiast in der Zuschreibung der Leistungen an einen Göttersohn, demzufolge an Busiris (s. dazu im Folgenden). Zu weit gehen Wilamowitz-Moellendorff 1919, II: 115 und Eucken 1983: 195–196 in der Annahme, Isokrates gebe offen zu, dass die ganze Darstellung im *Busiris* frei erfunden sei, ebenso Bons 1996: 30–33 in der Annahme, dass hier gewissermaßen Falschaussagen in rhetorischen Schriften unter der Maßgabe des *eikós* lizenziert würden.

[246] Vgl. dazu die Deutung der ganzen Rede als ironisch bei Livingstone 2001: 4, 18 und Vasunia 2001: 195–198. Die Ironie im *Busiris* wird hier als Mittel zur satirischen Kritik an Platons *Politeia* verstanden. Allerdings wirft dies die Frage nach der Datierung beider Schriften auf. Die Priorität der *Politeia* ist ebenso unwahrscheinlich wie die von Eucken 1983: 182 angenommene isokratische Kritik an einer unveröffentlichten Fassung der *Politeia* nicht nachweisbar ist. Im *Busiris* eine Satire auf kursierende Staatsutopien zu sehen bleibt gewiss möglich, jedoch kann das unmittelbare Objekt einer solchen Satire nicht ermittelt werden. Sehr spekulativ gehen Froidefond 1971: 246–248 und (mit diesem) Bernal 1987, I: 104–105 von einer Πολιτεία Αἰγυπτίων pythagoreischen Ursprungs aus, für deren Existenz wir jedoch keinerlei Anhaltspunkte besitzen außer den von Froidefond angenommenen, sehr vagen angeblichen Anspielungen im *Busiris*. So spekulativ diese Annahme ist, so ist Froidefond darin zuzustimmen, dass eine Beeinflussung des *Busiris* durch Platon nicht belegt werden kann.

γεγονότα, πρὸς δὲ μητρὸς ἀπὸ Διὸς ὄντα, μεγίστην δὲ δύναμιν τῶν καθ' αὑτὸν κτησάμενον καὶ παρὰ τοῖς Ἕλλησιν ὀνομαστότατον γεγενημένον; Οὐ γὰρ δή που τοὺς ἁπάντων τούτων ἀπολελειμμένους προσήκει μᾶλλον ἢ 'κεῖνον τηλικούτων ἀγαθῶν εὑρετὰς γενέσθαι.

(34) [...] Wenn nun nämlich eindeutig ein anderer das getan hätte, wovon ich sagte, es sei von jenem [sc. Busiris] geschaffen worden, dann will ich zugeben, allzu dreist zu sein, wenn ich über Dinge, in denen alle sicheres Wissen besitzen, versuche, eine Meinungsänderung herbeizuführen. (35) Da nun aber diese Dinge publik sind und es notwendig ist, sich ein Urteil darüber zu bilden: Wen sollte man da wohl, wenn man nach der Wahrscheinlichkeit prüft, eher für den Urheber der dortigen Verhältnisse halten als einen Nachkommen Poseidons, der mütterlicherseits von Zeus abstammt, der unter seinen Mitmenschen die größte Macht erlangte und bei den Hellenen zu größtem Ansehen kam? Denn es kommt gewiss niemandem, der all dies nicht vorzuweisen hat, eher zu als jenem, Erfinder aller dieser Güter gewesen zu sein.

Scheinbar flüchtet sich Isokrates hier, nachdem er des Busiris Urheberschaft nicht beweisen konnte, zum Argument der Wahrscheinlichkeit (ἐκ τῶν εἰκότων σκοπούμενος).[247] Das einzige Argument, das er vorbringt, um den Zusammenhang zwischen Busiris und dem skizzierten Idealstaat wahrscheinlich zu machen, ist das der Person im Hinblick auf Genealogie, Stellung und öffentlichen Ruf:[248] Wer von so edler, göttlicher Abstammung sei, den müsse man doch mit größerer Wahrscheinlichkeit als Urheber des Idealstaates ansehen als jeden anderen – dass göttliche Abstammung zu gutem Handeln führt, führt Isokrates auch im weiteren aus (§36–43). Er gibt deutlich zu verstehen, dass seinem Busiris-Lob die Grundlage entzogen werden würde, wenn die hier gegebene Personenbeschreibung auf jemand anderen als Busiris zuträfe.

Das Problem des Argumentes liegt in der Formulierung als rhetorische Frage:[249] Eine rhetorische Frage hat dann den Wert einer Aussage, wenn (1) der Kontext, in dem sie gestellt wird, die Aussageabsicht eindeutig erkennen lässt. In unserem Kontext impliziert die Frage ‚Wen sonst könnte man für den Urheber halten?' die eindeutige Antwort

---

[247] Bons 1996: 31–32.
[248] Isokrates stellt nie infrage, dass eine einzige Person alle im *Busiris* dem Busiris zugeschriebenen Leistungen vollbracht haben könne. Dennoch glaubt Froidefond 1971: 260–263 in der Zusammenführung verschiedener ägyptischer Staatsgründer-Figuren, wie sie in der älteren griechischen Literatur überliefert gewesen seien, einen wesentlichen Hinweis auf den ironischen Charakter der Rede sehen zu können. Froidefond setzt dabei voraus, dass es unglaubwürdig sei, alle diese Leistungen einer Person zuzuschreiben. Gerade dies ist jedoch, wie sich zeigen wird, bei Isokrates keineswegs unmöglich. Es stellt sich lediglich die Frage (die in Isok. XI 35 auch explizit formuliert ist), wer glaubwürdigerweise solche Taten vollbracht haben kann.
[249] Zu den Funktionsweisen dieser Gedankenfigur vgl. (allgemein) Schöpsdau 1996: 445–450, (bei den attischen Rednern) Treu 1991: 126, (bei Isokrates) Usener (S.) 1994: 131–132, die den Zweck rhetorischer Fragen bei Isokrates in der gedanklichen Aktivierung der Rezipienten sieht, als deren Folge Überzeugungen selbst erarbeitet, nicht einfach übernommen werden sollen, so explizit Isok. IV 188. Heilbrunn 1967: 14, 25 sieht in rhetorischen Fragen bei Isokrates (m. E. zu Recht) Signale der Distanzierung des Verfassers von den scheinbar getätigten Aussagen. Die impliziten Aussagen in rhetorischen Fragen bei Isokrates seien häufig ironisch zu verstehen.

‚Niemanden sonst.'[250] Eine weitere Voraussetzung für das pragmatische Funktionieren einer rhetorischen Frage ist (2), dass diese implizierte Verneinung dem Publikum plausibel ist bzw. der Sprecher davon ausgehen kann, dass das Publikum in seiner Gesamtheit die verneinende Antwort als selbstverständlich richtig ansieht.[251] Im vorliegenden Fall trifft dies zu: Isokrates kann davon ausgehen, dass sein Publikum der Aussage zustimmen wird:

> Niemanden kann man eher für den Urheber der idealen Staatsform in Ägypten ansehen, als jemanden, der (a) Poseidons Sohn ist, (b) mütterlicherseits von Zeus abstammt, (c) die größte Macht erlangte und (d) höchstes Ansehen bei den Griechen genoss.

Aber auch mit diesem Konsens im Publikum ist Busiris noch nicht ins Spiel gebracht. Hier kommt die letzte Voraussetzung für das Funktionieren einer rhetorischen Frage ins Spiel: (3) Über die in der implizierten Antwort enthaltene Aussage muss im Publikum inhaltliche Klarheit herrschen, verschiedene Meinungen über die Bedeutung dieser Aussage würden den Effekt zunichtemachen.

Im vorliegenden Fall ist aber die entscheidende Frage, auf *wen* Isokrates in der rhetorischen Frage anspielt. Denn Isokrates gibt vor, er wolle ein Argument der Wahrscheinlichkeit für die Gründung des idealen Staates durch Busiris vorbringen. Busiris wird jedoch nicht explizit genannt. Auch wenn der Kontext auf Busiris deutet, muss der Leser selbst erschließen, auf wen Isokrates anspielt. Die Frage, die damit zu beantworten ist, lautet, auf wen die genannten vier Voraussetzungen (a) – (d) zutreffen. Für ein athenisches Publikum im 4. Jh. kann es jedoch auf diese Frage nur eine Antwort geben: Theseus.

Theseus gilt in der mythologischen Tradition als (a) Sohn Poseidons.[252] Isokrates selbst erwähnt dies in der *Helena*.[253] Seine Abstammung mütterlicherseits (b) lässt sich in der Linie Theseus–Aithra–Pittheus–Pelops–Tantalos–Zeus bis auf Zeus zurückführen. Belege dafür finden sich zuhauf in der Literatur des 5. Jahrhunderts und später – wobei jedoch

---

[250] Vgl. Bons 1996: 31–32, der die Stelle als Versuch des Isokrates wertet, die Wahrscheinlichkeit seiner Darstellung mit rationalen Argumenten quasi wissenschaftlich nachzuweisen. Wenn jedoch die in diesem Abschnitt formulierten vier Aussagen über Busiris nicht der allgemeinen Ansicht entsprechen, dann kann Isokrates mit seiner rhetorischen Frage keinerlei Effekt zur Verteidigung seines Busiris-Lobes erzielen.

[251] In Isok. IV 102, 125, 137, 175 spielt Isokrates mit dieser Voraussetzung einer rhetorischen Frage (s. u. S. 230–231).

[252] Z. B. Pind. F 243 (Maehler) (=Herodian. Περὶ σχημάτων 604,13–16 [Spengel 1853–1856]), Bakchyl. XVII 16–38, 74–80, Hellan. FGrH 4 F 134 (=Schol. Hom Γ 144), Eur. Hipp. 887, 1165–1169, 1315–1319, 1410–1411, Plat. Pol. 391c8–e3, Apollod. III 208. Plut. Thes. 6,1 erwähnt die Abstammung von Poseidon (infolge seines Bemühens um ‚Bereinigung' des Mythos, vgl. ebd. 1,3) als Gerücht infolge der während Theseus' Kindheit verheimlichten Vaterschaft des Aigeus.

[253] Isok. X 18, 23. Mirhady/Too 2000: 57 mit Anm. 24 weisen auf diesen Umstand im Kontext von Isok. X 34–35 hin.

nie die Abstammung des Theseus von Zeus explizit ausgesprochen wird.²⁵⁴ Dass diese Verbindung für ein athenisches gebildetes Publikum leicht herzustellen war, wird man dennoch voraussetzen können. Dass Theseus (c) als Urkönig Athens und Gründer des athenischen Staates in den Augen eines athenischen Publikums die höchste Machstellung erlangte, ist ebenso unstritig wie die Einschätzung dieses Publikums, dass er (d) bei den Hellenen das größte Ansehen erlangte.

Darüber hinaus hatte Isokrates in der *Helena* den Akt der Staatsgründung des Theseus ausführlich beschrieben und ihn mithin als idealen Politiker dargestellt. Geht man davon aus, dass ein Großteil des Publikums des *Busiris* auch die *Helena* kannte, so ist also die Rolle des Theseus als Schöpfer des idealen Staates diesem Publikum nicht nur aufgrund von dessen kultureller Bildung selbstverständlich bekannt, sondern auch aufgrund einer Beschreibung dieser Rolle durch den Autor der rhetorischen Frage selbst. Besonders interessant ist auch ein Passus in der Theseus-Biographie des Plutarchos, in dem Theseus ausdrücklich nicht nur als athenischer Staatsgründer, sondern als Begründer einer dreiteiligen Kastenordnung in Athen benannt wird.²⁵⁵ Zwar wissen wir nicht, ob Plutarchos diese Information schon aus klassischen oder erst aus späteren Quellen übernommen hat oder ob sie gar seine eigene Erfindung ist.²⁵⁶ Nichtsdestoweniger belegt sie, dass auch Theseus mit dem Kastenstaat in Verbindung gebracht werden konnte. Vielleicht lässt sich Theseus sogar mit dem ägyptischen Staat bzw. mit Ägypten in Verbindung bringen, da einem antiken Bericht zufolge ein Nostos-Gedicht des Stesichoros von einem Aufenthalt des Theseus-Sohnes Demophon in Ägypten zu berichten wusste.²⁵⁷

Es ist also wahrscheinlich, dass Isokrates in §35 den ‚Wink mit dem Zaunpfahl' bemüht, um dem Leser klarzumachen, dass das im Enkomion Gesagte nicht auf Busiris, sondern auf Theseus zutrifft.²⁵⁸

Dennoch sollte die Möglichkeit, dass hier doch auch Busiris gemeint sein könnte, nicht vorschnell ausgeschlossen werden. Es gilt zu prüfen, inwiefern die vier in der rhetorischen Frage genannten persönlichen Merkmale mit Busiris in Verbindung gebracht werden können. Zunächst gilt für die Merkmale (c) und (d), dass sie beim Publikum in keiner

---

[254] Die mütterliche Abstammung des Theseus wird bis zu Pelops zurückgeführt bei Eur. Heracl. 207, Apollod. III 208, 216, die Abstammung des Pelops von Zeus bei Hyg. Fab. 82. Vgl. daneben die weniger vollständigen Belege: Tantalos als Sohn des Zeus: Eur. Or. 5, Paus. II 22,3, Hyg. Fab. 82, Pelops als Sohn des Tantalos: Kypria PEG F 15 (=Schol. Pind. Nem. 10,114a), Hyg. Fab. 82, Schol. Eur. Or. 5, Pittheus als Sohn des Pelops: Eur. Med. 683–684, Heracl. 207, Apollod. epit. II 10, Schol. Eur. Or. 5, Aithra als Tochter des Pittheus und Mutter des Theseus: Eur. Heracl. 207, Apollod. III 208, Hyg. Fab. 37.

[255] Plut. Thes. 25,1–2.

[256] Zumindest letzteres kann jedoch als sehr unwahrscheinlich bezeichnen, da Plutarchos der Bemerkung keine besondere Aufmerksamkeit schenkt, sie eher beiläufig anführt, so als wäre sie seinem Publikum ohnehin bekannt.

[257] POxy. 2506 F 26 col. I,16–26. Unter Berufung auf Chamaileon spricht der Verfasser des Textes hier von einer Veränderung des geläufigen Mythos.

[258] Schon Buchheit 1960: 53 vermutet, dass es Isokrates im *Busiris* kaum um die Figur des Busiris und den Nachweis ihrer Vortrefflichkeit gegangen sein dürfte.

B.1.3 Busiris (Isok. XI)

Weise vorausgesetzt werden können. Weder kann Busiris einem griechischen Publikum als mächtig vor allen anderen dargestellt werden – wird er doch von Herakles in einer Randepisode gleichsam im Vorübergehen beseitigt,[259] was sich im 4. Jahrhundert in zahlreichen burlesk–parodisierenden Darstellungen in Komödie und Ikonographie widerspiegelt – noch kann man Busiris in Anbetracht dieser Darstellungen (sowie der feindlichen literarischen Tradition) irgendeine Wertschätzung bei den Griechen zuschreiben.[260] Selbst wenn man die Darstellung des spartanischen Staates und der pythagoreischen Philosophie als Kopien ägyptischer Verhältnisse (§17–20, 28–29) in Rechnung stellt, so bezieht sich diese griechische Wertschätzung nur auf Ägypten, nicht auf die Person des Busiris. Die ‚Verteidigung' im Rahmen der rhetorischen Frage soll ja erst belegen, dass dieses Ägypten eine Folge busiridischer Leistungen sei. Damit kann das Enkomion in §10–19 in keiner Weise als Beleg für das Ansehen des Busiris bei den Griechen dienen.

Jede Möglichkeit, die rhetorische Frage in §35 auf Busiris zu beziehen, steht und fällt also mit der Genealogie des Busiris. Diese war schon bei erster Betrachtung insofern aufgefallen,[261] als Isokrates als allgemein bekannt darstellt, was sich in der heutigen Überlieferungslage kaum bestätigen lässt. Für die matrilineare Abstammung von Zeus (b) liegt im *Busiris* der früheste Beleg vor, und Busiris als Sohn Poseidons ist nur einmal – unter dem Vorbehalt der Sekundärüberlieferung – im 5. Jahrhundert belegt.[262] Sieht man sich die von Isokrates präsentierte Abstammung des Busiris von Libye und deren Vater Epaphos genauer an, so fällt auf: Libye als Nachfahrin des Zeus ist einigermaßen gut belegt, und auch ihre Verbindung mit Poseidon ist bekannt.[263] Nirgendwo findet sich jedoch die Verbindung dieser Eltern mit Busiris.[264] Bei Apollodoros gehört Busiris einer ganz anderen Generation an als die Kinder des Poseidon und der Libye; er ist zwar ein Nachkomme des Poseidon und der Libye, jedoch ist er in der Linie Poseidon/Libye–Belos/Anchinoe–Aigyptos/unbekannte Mutter–Busiris der Urenkel der Libye, nicht

---

[259] Livingstone 2001: 78.
[260] Livingstone 2001: 166, der deswegen (mit Benseler/Blaß 1882, II: 9 und Mathieu/Brémond 1956, I: 197, gegen Drerup 1906, I: 89, ebenso Mandilaras 2003, II: 280) die Lesart παρὰ τοῖς Ἕλησιν der in der Regel zuverlässigsten Handschrift Γ (= Urbinas 111) sowie E (= Ambrosianus O 114) zugunsten des in Θ (= Laurentius LXXXVII 14) und Λ (= Vaticanus 65) überlieferten παρὰ τοῖς ἄλλοις ablehnt.
[261] S. o. S. 120.
[262] Pherekyd. FGrH 3 F 17 (= Schol. Apoll. Rhod. IV 1396–1399).
[263] Libye als Tochter des Epaphos: Pind. Pyth. IV 13–16, Apollod. II 10, Nonn. III 284–291, Epaphos als Sohn der Io und des Zeus: Bakchyl. XIX 37–45, Aisch. Prom. Desm. 848–852, Eur. Phoin. 676–680, Apollod. II 8, Hyg. Fab. 145, 155, Ov. Met. I 747–750, Libye und Poseidon: Apollod. II 10, Nonn. III 361–362.
[264] Apollod. II 10 nennt Libye und Poseidon als Eltern des ganzen ägyptischen Volkes, schreibt dieser Verbindung also dieselbe Gründungsfunktion zu wie Isokrates. Jedoch gehen die Ägypter bei Apollodoros den Zwillingen Agenor und Belos hervor, nicht aus Busiris (ebenso Nonn. III 284–291, 361–362); vgl. Mirhady/Too 2000: 52 mit Anm. 10, Livingstone 2001: 86–87. Die Annahme ebd. 55, dass in Isok. XI 10–14 die ernsthaftesten Aussagen des *Busiris* vorlägen, erweist sich somit auch auf der Ebene der Genealogie des Busiris als nicht haltbar.

deren Sohn. Und seine Abstammung von Zeus ergibt sich ebenso aus väterlicher Linie wie seine Abstammung von Poseidon.[265]

Wenn Isokrates Busiris zwei Generationen älter macht als die Tradition es will und wenn er dadurch die Abstammung von Zeus von der väterlichen auf die mütterliche Linie verschiebt, so tut er dies offensichtlich in der Absicht, die Abstammung des Busiris als vornehmer erscheinen zu lassen als die vorherige Tradition es wollte.[266] Außerdem wird die Abstammung dadurch der Genealogie des Theseus angeglichen. Auf diese Weise schafft Isokrates erst die Voraussetzungen für die Doppeldeutigkeit der rhetorischen Frage in §35, die dadurch scheinbar auf Busiris und auf Theseus bezogen werden kann.

Es stellt sich jedoch die Frage, ob ein gebildetes athenisches Publikum die genealogischen Kapriolen, die dazu notwendig sind, problemlos als gültig akzeptieren konnte, oder ob es diese – geprägt von der lyrischen und dramatischen Überlieferung des 5. Jhs. – nicht eher als falsche Angaben zu Busiris' Genealogie ablehnen musste. Meines Erachtens ist

---

[265] Bei Apollodoros finden sich zwei widersprüchliche Genealogien zu Busiris: Einmal ist er der Sohn des Aigyptos und einer nicht genannten, aber explizit von königlicher Abstammung ausgeschlossenen Mutter (Apollod. II 10–16). Hier taucht Libye als Tochter des Epaphos und als Frau Poseidons auf, Busiris gehört zu jenen Söhnen des Aigyptos, die von den Danaiden getötet werden. Der Herakles-Mythos hat in dieser Version keinen Platz. An einer anderen Stelle dagegen (Apollod. II 116) ist Busiris – hier explizit mit dem Herakles-Mythos in Verbindung gebracht – der Sohn des Poseidon mit einer Lysianassa, die wiederum als Tochter des Epaphos bezeichnet wird. Die beiden Versionen lassen sich nicht, wie von Livingstone 2001: 86–87 vorgeschlagen, als Darstellung zweier verschiedener Busiris-Gestalten erklären, da Lysianassa in II 116 explizit als Tochter des Epaphos erscheint, dieser aber in II 10–16 Vater nur einer Tochter, der Libye, ist (selbst wenn man beide Namen derselben mythischen Figur zuschreibt, ist diese Figur nur in einer der beiden Traditionen die Mutter des Busiris). Es ist m. E. wahrscheinlich, dass sich die Stelle in II 10–16 auf die übliche Genealogie des ägyptischen Geschlechts bezieht. Die Stelle ist viel detailreicher und ausführlicher, was die gesamte Genealogie des ägyptischen Herrschergeschlechts betrifft, während die spätere Stelle die Genealogie des Busiris nur als Nebenbemerkung erwähnt. Die direkte Abstammung des Busiris von Poseidon und Lysianassa scheint Apollodoros aus einer Quelle zum Herakles-Mythos zu entnehmen, in dessen Kontext Busiris hier erwähnt wird. Dabei kann es sich kaum um Pherekydes handeln, der häufig als Quelle des Apollodoros angenommen wird. Denn dieser nennt von den Eltern des Busiris ausschließlich Poseidon, nicht Lysianassa. Auch [Plut.] parall. min. 315b kennt Poseidon als Vater des Busiris, nennt als Mutter aber eine Anippe, Tochter des Nils. Offenbar konnte die Poseidon-Abstammung einige Prominenz für sich beanspruchen, während über die mütterliche Genealogie des Busiris bestenfalls Verwirrung herrschte. Diesen Umstand greift Isokrates auf.

[266] Vgl. Livingstone 2001: 169. Isokrates beseitigt dadurch einen erheblichen Mangel der Genealogie des Busiris. Denn wenn der Mythos hinsichtlich der Mutter des Busiris widersprüchlich war (s.o. Anm. 265) oder sogar schwieg, dann konnte dessen Abstammung nicht als herausragend vornehm betrachtet werden. Biesecker 1992 versucht Isokrates' Schriften mit dem perikleischen Bürgerrechtsgesetz von 451 (Arist. AP 26,3; Herrmann-Otto 1997: 145) in Verbindung zu bringen. Allerdings ist weder ihre Interpretation der perikleischen Gesetzgebung (Einführung partiellen Bürgerrechts für Frauen, ebd. 103–104) noch die der gorgianischen *Helena* (Unterstützung dieser Gesetzgebung, ebd. 105–106) oder der isokratischen Schriften (Versuch, diesem Denken den Boden zu entziehen, ebd. 106–107) plausibel. Im Gegenteil zeigt der *Busiris*, dass Isokrates die mütterliche Linie als genealogisch relevant betrachtete, vgl. dazu auch Isok. X 42–44.

B.1.3 Busiris (Isok. XI)

letzteres vor dem Hintergrund der Überlieferungslage, die die isokratische Genealogie des Busiris als Erfindung des Isokrates erscheinen lässt, als wahrscheinlich anzusehen.

Isokrates verschleiert durch seine Genealogie des Busiris (§10) im Übrigen exakt dasselbe Missverhältnis zwischen *lógos* und *dóxa*, das er im Proömium (§8) dem Polykrates vorgeworfen hat: Die Verbindung der ägyptischen Staatsgründung mit Busiris lässt sich mit der gängigen Chronologie nicht vereinbaren, da diese den Busiris mehrere Generationen nach der Entstehung des ägyptischen Staates ansetzt. Sie ist vor diesem Hintergrund nicht nur unwahrscheinlich (das Argument §34–35 sollte ja die Wahrscheinlichkeit beweisen), sondern (chrono)logisch unmöglich. Dies aber ist nach Isokrates von allen Fehlern im ‚Busiris' des Polykrates der schlimmste, absurdeste (ἀτοπώτατον).[267] Unmittelbar nachdem in der rhetorischen Frage in §35 die Genealogie des Busiris wieder angesprochen wird, wirft Isokrates dem Polykrates erneut vor, dass dessen Chronologie (und damit dessen Argumentation) unsinnig sei. Herakles sei mehrere Generationen jünger als Perseus, Busiris dagegen viel älter (§36–37). Wenn jedoch Isokrates, der wie wir gesehen haben, die Überlieferung ebenfalls verändert bzw. dem wichtigsten Überlieferungsstrang widerspricht, indem er Busiris in die Generation von dessen Großvater versetzt, dann wird die Zuschreibung des ägyptischen Staates an Busiris ebenfalls unmöglich: Busiris kann ebensowenig in der Generation nach Libye gelebt haben wie er zugleich Zeitgenosse des Herakles und des Perseus gewesen sein kann.

Die genauere Betrachtung der Aussagen über Busiris ergibt daher, dass keine der vier in §35 genannten Voraussetzungen auf Busiris zutrifft. Was seine Macht und seinen Ruf betrifft, stehen diese Voraussetzungen sogar in eklatantem Widerspruch zur Figur des Busiris. Daraus folgt, dass der abschließende Satz seine Gültigkeit gerade an den Figuren Theseus und Busiris beweist:

> (35) [...] Οὐ γὰρ δή που τοὺς ἁπάντων τούτων ἀπολελειμμένους προσήκει μᾶλλον ἢ 'κεῖνον τηλικούτων ἀγαθῶν εὑρετὰς γενέσθαι.

> (35) [...] Es kommt gewiss niemandem, der all dies nicht vorzuweisen hat [sc. Busiris], eher zu als jenem [sc. Theseus], Erfinder aller dieser Güter gewesen zu sein.

Bestätigt wird diese Interpretation durch die auffällige Zurückhaltung des Isokrates, die in §10–29 dargestellten Leistungen namentlich mit Busiris in Verbindung zu bringen. Bei nur einer einzigen namentlichen Erwähnung des Busiris (§10) dominieren unpersönliche Beschreibungen wie „jener" oder „die Ägypter". Der ideale Staat der Ägypter wird an keiner Stelle ausdrücklich als Gründung des Busiris bezeichnet,[268] und inhaltlich spie-

---

[267] Heilbrunn 1967: 34, Bons 1996: 32. Vgl. dazu bei Hdt. II 134–135 die ähnliche Kritik an der chronologischen Unmöglichkeit der Annahme, die Hetäre Rhodopis habe eine Pyramide erbauen lassen.

[268] Vgl. dagegen die 28 namentlichen Erwähnungen des Euagoras in Isok. IX sowie die elf Erwähnungen Helenas in Isok. X. Livingstone 2001: 111 (ad Isok. XI 7), 121 (ad Isok. XI 10). Classen 2010: 40 betont deswegen, dass die Person des Busiris an vielen Stellen des Lobes (v. a. Isok. XI 24–27) kaum zu erkennen sei (ebd. 37). Tatsächlich tritt Busiris in der gesamten Beschreibung des ägyptischen Staates an keiner Stelle als Person hervor.

gelt er ganz und gar griechisches Denken wider, mithin Vorstellungen von einem athenischen Ur-Staat, wie er uns, in manchem ganz ähnlich zur Darstellung des *Busiris*, auch in späteren Reden des Isokrates, vor allem im *Areopagitikos* begegnet.[269]

Es kann kein Zweifel daran bestehen, dass Isokrates einen bestimmten Zweck verfolgt, wenn er in seinem Busiris-Enkomion exakt dieselben ‚Fehler' begeht, die er dem Polykrates im Proömium vorwirft. Die Argumentationsschwächen sind keineswegs unwillkürlich in den Text gelangt. Auch die Versuche in §30–43, die Argumentationsfehler in einer Apologie seiner Textkomposition zu entkräften, dienen nicht wirklich der Widerlegung dieser absichtlichen ‚Fehler', sondern sind nur dazu bestimmt, diese zwar einerseits zu verschleiern, gleichzeitig aber auch auf mögliche Ansätze zur Kritik hinzuweisen. Sie bereiten in diesem Sinne die Kritik der Fehlargumentationen durch den Leser vor, ohne sie selbst bereits durchzuführen. Dass die Verteidigung in §30–43 keine Entkräftung, sondern eine implizite Bekräftigung der Argumentationskritik darstellt, ergibt sich ebenfalls aus einer kompositionellen Regel, die im *Busiris* explizit genannt wird. In §44 bricht Isokrates, in wörtlichem Anklang an das Ende der *Helena*,[270] die Verteidigung seines Lobes ab und kritisiert erneut die Busirisrede des Polykrates. Nun weist er auf einen Argumentationsfehler des Polykrates hin, der die Regeln für eine Apologie betrifft:

(44) Πολλῶν δ' ἐνόντων εἰπεῖν, ἐξ ὧν ἄν τις καὶ τὸν ἔπαινον καὶ τὴν ἀπολογίαν μηκύνειεν, οὐχ ἡγοῦμαι δεῖν μακρολογεῖν· οὐ γὰρ ἐπίδειξιν τοῖς ἄλλοις ποιούμενος, ἀλλ' ὑποδεῖξαί σοι βουλόμενος, ὡς χρὴ τούτων ἑκάτερον ποιεῖν, διείλεγμαι περὶ αὐτῶν, ἐπεὶ τόν γε λόγον, ὃν συνέγραψας, οὐκ ἀπολογίαν ὑπὲρ Βουσίριδος, ἀλλ' ὁμολογίαν τῶν ἐπικαλουμένων δικαίως ἄν τις εἶναι νομίσειεν. (45) Οὐ γὰρ ἀπολύεις αὐτὸν τῶν αἰτιῶν, ἀλλ' ἀποφαίνεις, ὡς καὶ τῶν ἄλλων τινὲς ταὐτὰ πεποιήκασι, ῥαθυμοτάτην τοῖς ἁμαρτάνουσιν εὑρίσκων καταφυγήν. Εἰ γὰρ τῶν μὲν ἀδικημάτων μὴ ῥᾴδιον εὑρεῖν, ὃ μήπω τυγχάνει γεγενημένον, τοὺς δ' ἐφ' ἑκάστοις αὐτῶν ἁλισκομένους μηδὲν ἡγοίμεθα δεινὸν ποιεῖν, ὅταν ἕτεροι ταὐτὰ φαίνωνται διαπεπραγμένοι, πῶς οὐκ ἂν καὶ τὰς ἀπολογίας ἅπασι ῥᾳδίας ποιήσαιμεν καὶ τοῖς βουλομένοις εἶναι πονηροῖς πολλὴν ἐξουσίαν παρασκευάσαιμεν;

(44) Obwohl noch vieles gesagt werden könnte, womit man sowohl das Lob wie auch die Apologie in die Länge ziehen könnte, glaube ich, dass es nicht nötig ist, viele Worte zu machen: Denn nicht um anderen eine *epídeixis* abzuliefern, sondern weil ich dir aufzeigen will, auf welche Weise man die beiden [sc. Redeformen] verfassen muss, habe ich über sie gesprochen; denn zurecht könnte man die Rede, die du aufgeschrieben hast, nicht für eine Apologie des Busiris halten, sondern für eine Zustimmung zu dem, was man ihm vorwirft. (45) Denn du befreist ihn nicht von den Beschuldigungen, sondern zeigst auf, dass auch einige andere dasselbe getan haben, wodurch du für die, die sich etwas zuschulden kommen lassen, die leichteste Zuflucht erfindest. Denn wenn man einerseits von den ungerechten Taten nicht leicht eine findet, die noch nie geschehen ist, wenn wir aber andererseits glauben, dass jene, die bei eben diesen Untaten dingfest gemacht werden, nichts Schlimmes tun, sofern sich erweist, dass auch andere dasselbe getan haben: Werden wir dann nicht die Verteidigung allen leicht machen und jenen, die schlechte Menschen sein wollen, die größte Gelegenheit dazu verschaffen?

---

[269] Vgl. Isok. VII 20–55; Froidefond 1971: 257–259.
[270] Vgl. Isok. X 69; Livingstone 2001: 184–185.

B.1.3 Busiris (Isok. XI)

Wieder kritisiert Isokrates einen Fehler, den Polykrates seiner Meinung nach begangen hat. Offensichtlich hatte Polykrates den überlieferten Untaten des Busiris Untaten anderer Heroen zur Seite gestellt und diese als schwerwiegender hingestellt. Ein solches Vorgehen, so Isokrates, bedeutet nichts anderes als ein Eingeständnis dessen, dass die Untaten des Busiris tatsächlich Untaten seien. Ließe man dieses Argument als gültiges Argument einer Verteidigung zu, dann wäre jedes Verbrechen und jeder Fehler[271] entschuldbar. Es ist klar, worauf Isokrates abzielt: Eine derartige Argumentationsweise ist für eine Apologie unzulässig. Sie kompromittiert den Gegenstand der Apologie und stellt nichts anderes dar als eine Zustimmung zur Anklage, die man in einer Apologie eigentlich widerlegen sollte.[272]

Für die Polykrates-Schrift über Busiris ergibt sich aus dieser Kritik, dass Isokrates sie – auch wenn sie wohl eigentlich ein Enkomion sein sollte – allenfalls als Apologie anerkennen kann, jedoch auch nur als gescheiterten Versuch einer solchen Apologie, da sich die Argumentation des Polykrates nicht nur gegen des Zweck eines Enkomions (positive Darstellung), sondern auch gegen den einer Apologie (Widerlegung der negativen Darstellung) richtet. Die Wirkung der Schrift ist nach Isokrates' Interpretation eine Anklage gegen Busiris.[273]

Analog zu der zuvor gewonnenen Erkenntnis, dass auch das Busiris-Enkomion des Isokrates nicht den Zweck eines Lobes erfüllen kann, da in ihm Busiris nicht als Urheber der dargestellten Leistung (Gründung des idealen ägyptischen Staates) erscheint, sondern bei genauer Betrachtung die Argumentationsfehler eine solche Zuschreibung der Leistung an Busiris geradezu widerlegen, lässt sich die Kritik an der falschen Argumentationstechnik für eine Apologie jedoch auch auf den *Busiris* selbst übertragen: Denn in den §30–43 hat Isokrates eine Apologie seiner eigenen Argumentation geliefert. Diese Apologie verwendet als *einzige* Argumentationstechnik aber die von ihm selbst kritisierte: Isokrates versucht zu belegen, dass die Argumentationsschwächen des Polykrates bedeutender seien als die eigenen (§30–33, 36–38, 41–43).[274] Gemessen am Urteil der §44–45 bedeutet dies, dass man entweder jede Argumentationsschwäche in jeder beliebigen

---

[271] Isokrates nutzt die ganze Bedeutungsbreite des griechischen ἁμαρτάνειν aus, das er hier im Sinne von Unrecht verwendet, mit dem er aber auch die technischen Fehler der Polykrates-Rede bezeichnet hatte, vgl. Isok. XI 4.

[272] Vgl. Sykutris 1927: 47, Buchheit 1960: 48–49, Pratt 2006: 16. Eucken 1983: 202 sieht hier einen Beleg für die Formulierung der ‚Goldenen Regel' durch Isokrates.

[273] Insofern ist Vasunia 2001: 199–207 zuzustimmen, der mit besonderem Nachdruck hervorhebt, dass sich der *Busiris* keineswegs als Beispiel für eine positive Repräsentation Ägyptens in der griechischen Literatur anführen lasse, sondern dass im Gegenteil die positiven Urteile über Ägypten und Busiris als Parodie einer paradoxen Lobrede deutlich erkennbar seien (vgl. dagegen Bernal 1987, I: 103–108 und 2002: 632. Eine differenziertere Kritik von Vasunias Arbeit findet sich bei Levine 2002). Vasunia schließt daraus: „[...] Isocrates' parody claims to invert the tradition of Busiris, but assists only in reinforcing it" (ebd. 207). Vasunias Interpretation geht anders als die vorliegende Untersuchung davon aus, dass der *Busiris* als epideiktische Schaurede vor allem den Zweck der rhetorischen Selbstdarstellung verfolge (ebd. 195–199).

[274] Usener (S.) 1993: 254.

Rede sanktionieren (und damit jede Argumentationskunst *ad absurdum* führen) oder aber die ganze Apologie des Isokrates in §30–43 nicht als Verteidigung, sondern als Anklage gegen die Argumentationsweise des Busiris-Enkomions in §10–29 auffassen muss. Dass Isokrates letzteres im Sinn hat, ergibt sich zwingend aus der deutlichen Parallele der dort beschriebenen angeblichen Leistungen des Busiris mit den nach athenischer Auffassung historischen Leistungen des Theseus.

Es bleibt also festzuhalten, dass Isokrates zunächst (§5–8) Polykrates für konkrete Argumentationsfehler kritisiert, dann (§9) ein nicht ernstgemeintes Enkomion ankündigt und schließlich sein Busiris-Lob (§10–29) gezielt mit eben den gleichen ‚Fehlern' ausstattet, für die er Polykrates kritisiert hatte. Im Proömium hatte er als Voraussetzungen für ein korrektes Argument (1) Sachdienlichkeit, (2) Wahrscheinlichkeit und (3) Möglichkeit genannt.[275] Das Enkomion im *Busiris* führt ausschließlich solche Leistungen an, die für eine Lobrede durchaus sachdienlich wären (1). Darauf weist er in seiner Apologie in §33 ausdrücklich hin. Im unmittelbaren Anschluss an das Enkomion führt Isokrates aber in einer scheinbaren Verteidigung vor, dass die Inhalte des Enkomions nicht nur nicht beweisbar, sondern vielmehr (2) unwahrscheinlich und (3) chronologisch unmöglich sind. Auf diese Weise verfehlt auch das Busiris-Enkomion des Isokrates (§10–29) seinen rhetorischen Zweck und wird den Anforderungen der Lobrede nicht gerecht. Zu guter Letzt erfüllt auch der abschließende Versuch einer Verteidigung des Busiris-Lobes (§30–43) nicht die Anforderungen, die das Genos der Apologie stellt, da es die Vorwürfe gegen die Argumentationstechnik nicht entkräften kann.

Die Konsequenz, die sich aus dem Zusammenspiel zwischen der Benennung rhetorischer Regeln und dem gezielten Verstoß gegen diese Regeln im *Busiris* ergibt, ist die durch das Busiris-Lob anschaulich gemachte Erkenntnis, dass ein Argument, das unwahrscheinlich und/oder sachlich unmöglich ist, niemals sachdienlich sein kann. Das Enkomion im *Busiris* verfehlt so nicht nur seinen Zweck, sondern erzielt eine dem Zweck gegensätzliche Wirkung: Es kompromittiert Busiris, indem es beweist, dass man diesen nicht loben kann und dass Argumente, die für ein Lob qualitativ infrage kämen, sich unmöglich mit der Figur des Busiris verbinden lassen.[276] Der Grund dafür liegt schon in der *hypóthesis* des Enkomions: Dieses stellt für Isokrates keinen ernsthaften Gegenstand dar, vielmehr deutet die Beschreibung als ‚nicht ernsthaft' (§9) vor dem Hintergrund der Kritik an Paradoxologien in der *Helena*[277] darauf hin, dass Isokrates die *hypóthesis* als paradox empfindet. Wenn diese *hypóthesis* (Busiris ist des Lobes würdig = Busiris hat lobenswerte Leistungen vollbracht) aber nicht der Meinung des Isokrates entspricht (also

---

[275] Isok. XI 5–8 (s. o. S. 116).
[276] Diese Wirkung schreibt Isokrates in Isok. XI 35 dem Polykrates-Enkomion zu; vgl. Schol. in Isok. XI 35.
[277] Vgl. Isok. X 11 (s. o. S. 87); Kennedy 1958: 77.

paradox ist), so kann er in einem regelgerechten Lob, das positive Leistungen zu präsentieren hat,[278] nur solche Argumente anbringen, die er selbst für falsch erachtet. Genau genommen kann er keine Leistungen anführen, die er tatsächlich als Taten des Busiris anerkennt, da er ja keine der Taten des Busiris für lobenswert hält. Vielmehr muss er Leistungen vorbringen, die er selbst für lobenswert hält, bei denen er aber auch auf Akzeptanz im Publikum rechnen kann. Er wird also anerkannt gute Leistungen vorbringen müssen, die nichts mit Busiris zu tun haben. Damit ist er aber in seiner Argumentation jeder Möglichkeit beraubt, die Plausibilität der Zuschreibung dieser Taten an Busiris darzustellen, denn seiner eigenen Meinung nach sind diese Aussagen ja unplausibel. Isokrates hat keine *dóxa*, mit der er seine Argumente stützen könnte. Jede Rede, die unter solchen Voraussetzungen verfasst wird, wird sich selbst entlarven, da auch das Publikum die angeführten Leistungen nicht mit Busiris in Verbindung bringt. Das Publikum muss diese mangelnde Plausibilität der Argumentation bemerken. Busiris erweist sich so als ein vollkommen ungeeigneter Gegenstand für eine Lobrede.[279]

Die Kritik an der Plausibilität des isokratischen Busiris-Enkomions wird nicht ohne Grund dem Polykrates in den Mund gelegt. Denn dieser hatte in seiner paradoxen Behandlung des Busiris-Sujets – ebenso wie Gorgias in seinem Helena-Enkomion und, man darf annehmen: die Verfasser paradoxer Lobreden im Allgemeinen – einen anderen Weg gewählt. Da es selbstverständlich ist, in einer rhetorischen Schrift keine offensichtlich unplausiblen Argumente zu verwenden, bleibt Sophisten wie Polykrates nur der Weg, auf die Entkräftung der üblichen Anklagepunkte gegen ihren Rede-Gegenstand auszuweichen. Dadurch jedoch, so kritisiert Isokrates, verfehlt die Rede zum einen ihr Genos, da sie als Apologie keine Lobrede darstellt. Im Sinne eines *aliquid semper haeret* ist dies in einer Lobrede kontraproduktiv; nicht nur das Genos, sondern auch der Zweck der Rede wird also verfehlt. Zum anderen aber kann eine derartige Rede oder Schrift in keinem Fall einen pädagogischen Zweck im Rahmen einer Ausbildung zur *areté* erfüllen, da in Isokrates' Augen ein solcher Zweck nur in der Präsentation nachahmenswerter Leistungen vertreten werden kann. Die Präsentation von *areté* und Verdiensten kann eine Vorbildfunktion erfüllen, nicht jedoch die Präsentation von Vorwürfen oder Untaten, selbst wenn derartige Vorwürfe widerlegt werden. Die Forderung nach einem Götterbild, das moralisch unfehlbare Götter und Götterkinder präsentiert (§38–43), steht in diesem Zusammenhang: Das Götterbild und der Mythos im Allgemeinen sollen Verwendung in der *paideía* nur insofern finden als sie Vorbildhaftes und Nachahmenswertes darstellen.

---

[278] Isok. X 14–15, XI 4.

[279] Diese Interpretation wird bestätigt durch ein Urteil über passende Gegenstände von Lobreden, das Isokrates knapp 40 Jahre später im *Philippos* äußert. Dort (Isok. V 144) steht für ihn fest, dass kein Redenschreiber oder Dichter je mythische Figuren wie Tantalos, Pelops oder Eurystheus loben würde, dass aber alle Redenschreiber Heroen wie die Troiafahrer und – allen voran – Herakles und Theseus, eines Lobes für würdig erachten würden. Dass eine Figur wie Busiris nur in die erstgenannte Kategorie passen kann (bzw. noch deutlich schlechter beleumundet ist als die dort genannten Figuren), steht außer Frage.

Diese moralische Bindung ist von größerer Bedeutung als die Übereinstimmung mit der Tradition.[280]

Isokrates führt seine Kritik am Götterbild des Mythos vermutlich in Anlehnung an einen der bei Polykrates angeführten Beweisgründe für die Schuld des Sokrates an.[281] Polykrates hatte dem Sokrates vorgeworfen, antidemokratische Lehren verbreitet zu haben.[282] Dies belegte er mit von Sokrates verwendeten Dichterzitaten. Interessant an diesen Zitaten ist, dass sie als Exempla aristokratischer Ethik gelten, somit genau jene Art der Dichtung repräsentieren können, die Isokrates als einzige anerkennen will.[283] Isokrates kontert also offenbar die Kritik des Polykrates an den Dichterzitaten des Sokrates mit dem Argument, dass allein die Moralität einer Dichtung über deren Bewertung entscheide, und dass auf dieser Grundlage gerade die von Polykrates selbst in der Busiris-Schrift verwendeten Stoffe als schädlich zu tadeln seien. Zumindest in diesem Punkt zeigt sich, dass die Sokrates-Anklage des Polykrates unter der Oberfläche des Busiris-Lobes und dessen Diskussion weiterhin präsent bleibt und in der Auseinandersetzung mit Polykrates ihren Platz erhält.

Beide möglichen Wege, eine Lobrede als paradoxe *hypóthesis* zu bearbeiten, kompromittieren also ihren Gegenstand: Als regelgerecht durchgeführte Lobrede kann ein paradoxes Lob ausschließlich auf unplausible Argumente zurückgreifen und wird einer inhaltlichen Kritik nicht standhalten. In Form einer Verteidigung gegen übliche

---

[280] Usener (S.) 1993: 255–256, 261. Isokrates schildert die dichterische Tradition zu vielen Götterkindern als inkonsistent – die Annahmen, eine Figur des Mythos könne Götterkind (und damit gewissermaßen unfehlbar) sein und zugleich unmoralisch handeln, werden als miteinander unvereinbar dargestellt (vgl. dazu Eur. TGrF F 292,7; Kerferd 1981: 170). Damit ist möglicherweise nicht nur auf Busiris verwiesen, sondern auch auf Helena, in deren Fall die Annahme ihrer göttlichen Abstammung unstrittig ist, weshalb man ihr keine Untaten vorwerfen kann. Eine ähnliche Situation mehrerer miteinander nicht vereinbarer Annahmen wird vom Sprecher der Rede *Über das Gespann* kritisiert (Isok. XVI 10–11: „τοσοῦτο δὲ τοῖς ἐχθροῖς τῆς ὕβρεως περίεστιν, ὥσθ' [...] διαβάλλειν ἐπιχειροῦσιν ὡς Δεκέλειαν τ' ἐπετείχισε καὶ τὰς νήσους ἀπέστησε καὶ τῶν πολεμίων διδάσκαλος κατέστη. Καὶ ἐνίοτε μὲν αὐτοῦ προσποιοῦνται καταφρονεῖν (11) λέγοντες, ὡς οὐδὲν διέφερε τῶν ἄλλων, νυνὶ δ' ἁπάντων αὐτὸν τῶν γεγενημένων αἰτιῶνται καί φασι παρ' ἐκείνου μαθεῖν Λακεδαιμονίους, ὡς χρὴ πολεμεῖν, οἳ καὶ τοὺς ἄλλους διδάσκειν τέχνην ἔχουσιν."). Hier ist die Annahme, Alkibiades der Ältere habe keine besonderen Eigenschaften besessen (οὐδὲν διέφερε τῶν ἄλλων), nicht vereinbar mit den zahlreichen Vorwürfen, die man ihm machte, und die – zumindest angesichts der Befestigung der Dekeleia und der Unterweisung der Spartaner in der Kriegskunst – ihm zur Ehre gereichen müssten. Die Konsequenz dieser Widersprüchlichkeit der Aussagen der Ankläger ist in dieser Rede unstrittig – sie führt zum vollständigen Verlust an Glaubwürdigkeit. Das Gleiche wiederum lässt sich mit Isok. XI 38–43 über die kritisierten mythologischen Traditionen sagen: Sie sind inkonsistent und dadurch unglaubwürdig.

[281] In seiner Kritik spielt er wörtlich auf die berühmte Kritik am Götterbild des Epos an, die Xenophanes bereits im 6. Jh. geäußert hatte (v. a. Xenophan. DK 21 B 11 [= Sext. Adv. Math. IX 193], 12 [= Sext. Adv. Math. I 289]); vgl. Kerferd 1981: 163–164, Alexiou 2005: 60, Bons 2006: 263. Vgl. auch die ähnliche Kritik bei Eur. Heracl. 1341–1346, Plat. Pol. 377b11–378e4.

[282] Dies lässt sich aus Xen. Mem. I 2,56–58 erschließen (Gebhardt 1957: 18–20).

[283] Vgl. Hom. B 188–196, Hes. Erga 311.

B.1.3 Busiris (Isok. XI)

Anschuldigungen wird die paradoxe Lobrede weder ihrem rhetorischen Anspruch gerecht, Lobrede zu sein, noch dem Anspruch, ihren Gegenstand in ein positives Licht zu rücken. Genau dies spricht Isokrates an, wenn er in §33 einräumt, dass neben der polykratischen auch die eigene Busiris-Lobrede nicht der Wahrheit entspreche, sich selbst jedoch die größere Leistung zuschreibt, da er wenigstens die Regeln einer Lobrede eingehalten habe.

Indem Isokrates sich nämlich an diese Regeln der Lobrede hält, präsentiert er zwangsläufig Inhalte, die für einen *politikós lógos* bzw. für die philosophische Lehre angemessen sind. Das bedeutet, dass er die zentralen Leistungen, die in §10–29 genannt werden, als wirklich lobenswert ansieht und dass sein Busiris-Lob den formalen Anforderungen eines Enkomions entspricht.[284] Durch die Hinweise auf Theseus als eigentlichen Urheber aller dieser Leistungen stellt Isokrates zum einen klar, dass die Errungenschaften eines derart skizzierten idealen Staates keine bloßen Erfindungen sind; zum anderen bedeutet dies ein indirektes Lob des Theseus – auf diesen wäre eine Lobrede angebracht gewesen, die zugleich formal korrekt, philosophisch relevant und plausibel sein soll. Isokrates präsentiert insofern im *Busiris* nicht lediglich ein Paradigma für eine falsche Lehrschrift, sondern er liefert gleichsam die Korrektur derselben mit, indem er die Zuschreibung der bedeutenden Leistungen zwar als falsch kritisiert, jedoch andeutet, für wen sie passend wäre.[285] Auf diese Weise löst Isokrates im *Busiris* am Ende doch noch seine Ankündigung aus dem Proömium (§9) ein, dass er selbst anhand einer unbedeutenden *hypóthesis* aufzeigen werde, welche Art von Reden Polykrates als Weisheitslehrer eigentlich abfassen müsste.

B.1.3.4 Epilog (§46–50)

In den Schlusskapiteln des *Busiris* beschreibt Isokrates die negativen Wirkungen, die eine paradoxe Rhetorik, wie Polykrates sie vertrete, auf die gesamte Philosophie ausübe (§46–50). Eine Rhetorik, die jeweils das Gegenteil dessen erreicht, was sie zu erreichen unternimmt, wird ihren Schülern zwangsläufig Schaden bringen (§47). Hier verwendet Isokrates ebenso wie in der Dichterkritik[286] erkennbar ein Argument der polykratischen Sokrates-Anklage gegen Polykrates. Nicht Sokrates, Polykrates selbst ist es, der die Jugend

---

[284] Vgl. (zur *Helena*) Kennedy 1958: 78, anders Livingstone 2001: 56: „[...] he insinuates that it is something exotic, improbable, not to be taken seriously". Mirhady 2004 sieht in Isok. XI 19–20 die Forderung nach positiver Argumentation nicht erfüllt, übersieht jedoch, dass die dortige Kritik sich weder auf Ägypten, noch auf Busiris, sondern auf Sparta bezieht.

[285] Vgl. Heilbrunn 1967: 36 Anm. 53, der nicht in der Beschreibung des idealen Staates, sondern in dessen ägyptischem Schauplatz die ‚Unwahrheit' des *Busiris* sieht.

[286] Dalfen 1974: 169–171, 251–252, Usener (S.) 1993: 255–256, wenig überzeugend Ries 1959: 53, der in der Dichterkritik nur den Zweck verfolgt sieht, „Polykrates eins auszuwischen".

verdirbt und ins Unglück stürzt[287] – einerseits durch seine unmoralische Themenwahl (§38–43) und andererseits durch seine rhetorische Inkompetenz (§46–50). In *Gegen die Sophisten* hatte Isokrates den Anspruch der sophistischen Lehrer gegeißelt, die eigenen Schüler zur *eudaimonía* ausbilden zu können, und er hatte dies in Verbindung gebracht mit dem – gemessen an einem so hohen Ertrag der Lehre – geringen Honorar, das diese Lehrer verlangten.[288] Polykrates, so steht am Ende des *Busiris* fest, gehört zu eben dieser Gruppe, und seine Motivation zur Philosophie liegt in der Hoffnung auf Gelderwerb (§1–3). Die Kritik des Isokrates gegen diese Motivation bezieht sich nicht auf besonders hohe Honorare, sondern darauf, dass Polykrates überhaupt feste Honorare erhebe.[289]

Polykrates' Form der Lehre, so schließt Isokrates den Gedanken ab, kompromittiert nicht nur ihn selbst, sondern die Philosophie insgesamt (§48), die als eine Kunst

---

[287] Indem diese Themen als Gegenstände der Lehre die Schüler seelisch schädigen, sind sie als schädlich für die Gesellschaft zu betrachten. Dieser – gerade vor dem Hintergrund von Isok. XIII 19–21 – im *Busiris* unterschwellig präsente Gedanke steht dem Ausschluss gesellschaftsschädigender Dichtung aus dem idealen Staatswesen im X. Buch von Platons *Politeia* nicht allzu fern (zumindest dann nicht, wenn man die Lehrfunktion der Dichtung [Plat. Pol. 376c8–383c7] in Rechnung stellt); zum qualitativen Ausschluss von Dichtung bei Platon vgl. Too 1998: 63–64. Die Verbindung der Kritik an Polykrates' Sokrates-Anklage mit dem Thema der Dichtungskritik stellt einen weiteren Beleg dafür dar, dass die Kritik an paradoxen Reden – und insbesondere die philosophische Zielrichtung dieser Kritik als Angriff gegen einen Relativismus, der jede Aussage als Wahrheit anerkennt – sich bei Platon und Isokrates im Wesentlichen entspricht. Auf dieser Grundlage kann ich Vasunias Einordnung des *Busiris* als vor allem gegen Platon gerichteter Schrift (Vasunia 2001: 207–215) nicht folgen. Insbesondere die Annahme, in der Busiris-Figur sei Sokrates, in Polykrates Platon angesprochen (ebd. 209–210), scheint mir jeder nachvollziehbaren Grundlage zu entbehren. Dass Isokrates, indem er Polykrates' Sokrates-Anklage kritisiert, in Wahrheit die *Apologie* Platons als nutzlos kritisieren wolle, und dass er dies ohne jede weitere Anspielung auf diese platonische Schrift tue, scheint mir wenig einleuchtend. Und während Vasunia einerseits den ironischen Charakter des Lobes Ägyptens hervorhebt (ebd. 193–199), benutzt er eben dieses Lob als Argument für die antiplatonische Zielrichtung der Schrift (ebd. 209–210). Über diese Inkonsistenz der Argumentation kann auch die Betonung der Ambivalenz jeder Parodie nicht hinwegtäuschen (ebd. 199–206, 210), da sich aus einer konsequenten Anwendung dieses Gedankens nur ergeben würde, dass der *Busiris* zur gleichen Zeit platonfreundlich und antiplatonisch argumentieren würde. Stattdessen gilt: Entweder stellt Isokrates Ägypten ernsthaft als Ursprungsland der Philosophie dar, was in Vasunias Augen (Vasunia 2001: 209–211) antiplatonisch gewertet werden müsste (in Anbetracht der ironisch-ägyptischen Tendenzen in Platons Spätwerk müsste auch diese Auffassung überprüft werden), oder aber, das Lob der ägyptischen Philosophie wird als vollkommen absurder Gedanke eingeführt. Diesen Schluss legt die vorliegende Untersuchung des *Busiris* nahe. Damit kann sich dieses Lob kaum mit Vasunia gegen Platon richten. Die Parallelen zu Platon überwiegen im *Busiris* (ebenso wie in der *Helena*) die möglichen Differenzen bei weitem.

[288] Isok. XIII 3–4.

[289] Der *Busiris* bestätigt somit die o. S. 43 mit Anm. 63 vorgenommene Deutung, wonach Isokrates in Isok. XIII 3 sich nicht für hohe Honorare einsetzt, sondern andeutet, dass für eine Lehre, die zum Glück führe, *kein* Honorar hoch genug sein könne. Isokrates selbst hat sich für seinen Unterricht bezahlen lassen. Jedoch deutet alles darauf hin, dass er von diesen Honoraren nicht abhängig war, diese auch nicht in festgelegter Höhe erhob, sondern dass sie freiwillige Leistungen der Schüler im Rahmen eines asymmetrischen ‚Gabentausches' waren; vgl. dazu Blank 2012 [in Vorbereitung].

B.1.3 Busiris (Isok. XI)

erscheine, die den Menschen Schaden bringe und die als Lehrgegenstand die Schüler zu unnützen Dingen anleite.[290] Isokrates erteilt Polykrates daher den Rat, in Zukunft keine schlechten Redethemen (πονηρὰς ὑποθέσεις, §49) mehr zu wählen, die nur dazu führten, dass er selbst, seine Schüler und die Lehre der *lógoi* einen schlechten Ruf erlangten. Im Epilog des *Busiris* wird endgültig klar, was das Anliegen des Isokrates in seinem Ratschlag an Polykrates ist und worin dessen Hauptfehler besteht: Schon seine Wahl der *hypothéseis* ist grundsätzlich verfehlt.[291] Die Entscheidung des Polykrates, paradoxe Themen zu bearbeiten, ist der Ursprung sämtlicher Schwächen im Einzelnen, die Isokrates auf formaler Ebene kritisiert.[292] Genau jene *hypothéseis* also, die die rhetorische Fähigkeit des Polykrates (nicht aber die Wahrhaftigkeit ihres Gegenstandes)[293] beweisen sollen, demonstrieren am Ende seine Unfähigkeit schon bei der Themenwahl. Auch auf dieser Ebene bewirkt eine paradoxe *epídeixis* das Gegenteil des Beabsichtigten.

B.1.3.5 Sparta und der Idealstaat

Was bedeutet die Destruktion der in §10–29 hergestellten Verbindung des idealen Staates mit Busiris für die genannten Einrichtungen Spartas, die als Nachahmung der ägyptischen Einrichtungen bezeichnet werden?[294]

Versteht man §30–37 nur als ein Infragestellen der Autorschaft des Busiris für eine dennoch genuin ägyptische Ordnung, so bleibt dies für das Spartabild ohne Konsequenzen. Der spartanische Staat ist dann ebenso eine Kopie der ägyptischen Ordnung wie unter der Voraussetzung, dass jene von Busiris geschaffen worden sei. Versteht man den Passus hingegen als generelle Infragestellung des ägyptischen Ursprungs jener Ordnung, so ist davon auch die ägyptische Herkunft der erwähnten spartanischen Einrichtungen betroffen. Die deutlichen Hinweise auf Theseus legen diese Interpretation nahe und lassen Athen anstelle Ägyptens als Ursprung des Idealstaates erscheinen.

---

[290] Vgl. Papillon 2001: 74. Die Rufschädigung für die Philosophie aufgrund überhöhter und unreflektierter Bildungsversprechungen kritisiert Isokrates in ähnlicher Weise in Isok. XIII 1.

[291] Sykutris 1927: 46–48, vgl. Schiappa 1999: 178. Dagegen wenig überzeugend Buchheit 1960: 49, 52, der die Kritik an der Themenwahl als Mittel zum Zweck der formalen Kritik ansieht.

[292] Damit bestätigt die Analyse des *Busiris* die (anhand der *Antidosis* entwickelte) Annahme bei Heilbrunn 1975: 164, wonach „a fine speech about a p[r]etty subject matter" für Isokrates eine *contradictio in adjecto* darstelle (Anm.: In Heilbrunn's Text liegt ein – aus dem Kontext der Stelle leicht erkennbarer – Druckfehler („pretty" statt ‚petty') vor; Heilbrunn geht es hier um die Notwendigkeit bedeutender Redethemen bei Isokrates).

[293] Pratt 2006: 17.

[294] Die Annahme bei Wilamowitz-Moellendorff 1919, II: 116, Isokrates stelle in dem ägyptischen Staat des *Busiris* insgesamt spartanische Staatsformen dar, wurde von Froidefond 1971: 243–246 überzeugend zurückgewiesen. Insbesondere der Hinweis, Sparta habe nur einen Teil des ägyptischen Staates übernommen (Isok. XI 17), sowie die Kritik der spartanischen Politik auf Grundlage dieser Differenz beider Staaten (Isok. XI 19–20) sprechen für sich. Der spartanische Staat ist nicht mit dem Idealstaat des *Busiris* gleichzusetzen.

Damit ist auch eine Lösung für das von Ollier beobachtete Problem des Abschnittes §17–20 gewonnen: Ollier betonte, dass das Lob der spartanischen Militärorganisation in diesem Abschnitt den einzigen Abschnitt im isokratischen Werk (außerhalb des von Ollier separat behandelten *Archidamos*) darstelle, an dem ein Lob auf Sparta sich nicht implizit auch als Lob auf die ‚*politeía* der Vorväter' Athens (als Ursprungsort der spartanischen Einrichtungen) erweise.[295]

Mit der hier vorgestellten Lesart wird aus dem Lob der ägyptischen Einrichtungen ein Lob der athenischen, mithin ein Lob der athenischen ‚*politeía* der Vorväter', die auch in der *Helena* als Schöpfung des Theseus präsentiert worden war. Der spartanische Staat aber würde so entweder zu einer unmittelbaren Kopie dieses athenischen Urstaates (nämlich dann, wenn man die Existenz des idealen Staates in Ägypten ganz leugnete), oder er erschiene als Kopie einer Kopie (nämlich dann, wenn – ähnlich wie im platonischen *Timaios* – das ägyptische Staatswesen seinerseits eine Kopie eines athenischen Urstaates darstellt).[296] Eine Klärung dieser Alternative scheint nicht möglich. Zwar finden sich deutliche Hinweise darauf, dass Isokrates den spartanischen Staat als Kopie des urathenischen, nicht des ägyptischen betrachtet, sowohl im *Panegyrikos* wie auch im *Panathenaikos*;[297] andererseits deutet im *Busiris* selbst wenig darauf hin, dass Isokrates die beschriebenen Einrichtungen als in Ägypten nicht vorhanden auffasse. Stattdessen scheint der Staat im *Busiris*, mit Ausnahme der konkreten im Zusammenhang mit Sparta genannten Einrichtungen (§17–18), ägyptische Merkmale zu tragen.[298]

Unabhängig davon, ob der spartanische Staat im *Busiris* als Abbild des Idealstaates oder als Abbild eines Abbildes dieses Idealstaates erscheint, beschreibt Isokrates ihn eindeutig als defizitäres Abbild.[299] Die institutionellen Formen, die konkreten in Sparta erhaltenen Einrichtungen der ‚*politeía* der Vorväter', die auf die Ausbildung der ‚Kriegerkaste' abzielen, werden als ideal gelobt. Der *pólis* Sparta wird jedoch der Vorwurf gemacht, diese Einrichtungen sowie das Kriegswesen insgesamt würden in Sparta einseitig gefördert. Der Tadel trifft Sparta, weil sich die *pólis* ausschließlich auf den Krieg ausgerichtet hat und weil ihre Politik – im Gegensatz zur Politik des idealen Staates in Athen/Ägypten – auf *pleonexía* beruht. Hier dürften sowohl die innere Ordnung, die gewaltsam aufrechterhalten wird, als auch die spartanische Außenpolitik gemeint sein. Es ist darauf hinzuweisen, dass dieser Vorwurf gegen Sparta sich einer Begrifflichkeit bedient, die von

---

[295] Ollier 1933: 358–360.
[296] Plat. Tim. 21e1–26d5. Die Analogie zum *Busiris* geht noch weiter: Der ägyptische Staat ist nicht nur eine Kopie des urathenischen (24a2–d6), sondern Kritias, der von der Sage von Ur-Athen berichtet, bemerkt darüber hinaus, dass der urathenische Staat mit dem idealen Staat, den Sokrates tags zuvor geschildert habe, identisch sei (25d7–e5). Damit ist sogar das Reden über den urathenischen Staat ohne Erwähnung Athens, das Isokrates im *Busiris* einführt, im *Timaios* gespiegelt.
[297] Vgl. Isok. IV 75–82 (Vorväter-*politeía* in Athen und Sparta, s. u. Kap. B.2.4.4), XII 151–155 (Lykurgos kopiert solonische Verfassung, s. u. S. 553–555).
[298] Livingstone 2001: 54.
[299] Hodkinson 2005: 257, anders Cloché 1933: 139.

B.1.3 Busiris (Isok. XI)

athenischen Vertretern einer aristokratischen Kritik an der athenischen Demokratie – und zu diesen wird Isokrates gezählt – üblicherweise dazu verwendet wird, die Außenpolitik Athens im Delisch–Attischen Seebund anzuklagen. Der politische Eigennutz auf Kosten anderer, mithin die *pleonexía*, erscheint auch bei Isokrates in späteren Schriften (explizit vor allem in der *Friedensrede*) als wesentliche Ursache für den Niedergang der athenischen wie auch der spartanischen Macht und Politik. Die Kritik an Sparta im *Busiris* stellt hierzu eine deutliche Parallele dar. Wir werden im Verlauf der Untersuchung der isokratischen Schriften immer wieder sehen, dass Isokrates seine Kritik gegenüber Sparta und Athen als Parallelfälle gestaltet, dass die Fehler in der spartanischen und der athenischen Politik die gleichen Ursachen haben und insofern als Exempla für dieselben historischen Lehren herangezogen werden können (auch hierfür ist die *Friedensrede* das beste Beispiel). Im *Busiris* deutet sich dies durch die Anwendung des für das aristokratische Sparta ganz ungewöhnlichen Begriffs der *pleonexía* bereits an. Vielleicht ist hier auch schon ein weiteres Motiv der späteren Spartakritik des Isokrates angedeutet: Spartas reale Politik im 4. Jh. wird nämlich von Isokrates immer wieder als Gegensatz zu den hehren Idealen dargestellt, die man mit Sparta verbinde. Sparta, dem Vorbild der athenischen Aristokraten, ein Verhalten vorzuwerfen, das diese Aristokraten üblicherweise anderen vorwerfen, verweist auf eine Inkonsistenz zwischen deren Reden und Handeln und auf Isokrates' Einschätzung, dass die *pólis* Sparta ihren eigenen Idealen nicht gerecht werde. Sie ist eben nur ein Schatten, nur eine Nachahmung ihrer idealen Vorlage – des Idealstaates theseischer Prägung.

Es wird sich in der Untersuchung der übrigen isokratischen Schriften außerdem zeigen, dass das im *Busiris* angelegte Spartabild konstant aufrecht erhalten wird. Bestimmte Institutionen der spartanischen *politeía* werden – immer im Zusammenhang der ‚*politeía* der Vorväter' – positiv gezeichnet; der spartanische Staat insgesamt und seine Politik werden dagegen beständig kritisiert, zumeist für seinen Militarismus und die Bereicherung an fremden Gütern.[300] Hinter dieser Kritik an Sparta steht die Überzeugung, dass formale Kenntnis allein (dies ist die isokratische Auffassung von *epistémê*, die stets ein technisches Wissen meint) philosophisch irrelevant sei und erst die Anwendung dieser *epistémê* auf moralischer Grundlage zur wahren Kunst führe. Auf den staatlichen Bereich übertragen bedeutet dies, dass gute Gesetze und Institutionen ohne die richtige Anwendung durch die Bürger nicht zu guter Politik führen. Während im geistigen Bereich die richtige *dóxa* Voraussetzung für die moralische Anwendung der *epistémê* ist, ermöglicht erst die richtige *politeía* der Bürger ein positives Wirken guter Einrichtungen im staatlichen Bereich.

---

[300] Livingstone 2001: 141.

B.1.4 Ergebnis

Die Zusammenstellung von *Gegen die Sophisten*, *Helena* und *Busiris* als Schulschriften[301] ist aufgrund der in allen drei Schriften sehr ähnlichen Kritik an zeitgenössischen Lehrern von Redekunst und Philosophie naheliegend. In allen drei Reden verfolgt Isokrates explizit den Anspruch, der verfehlten Lehrkunst seiner Konkurrenten ein Beispiel der eigenen Tugendlehre, bzw. Beispiele solcher Schriften, die für eine solche Tugendlehre verwendet werden können, zu geben.

Die Untersuchung der Schriften hat gezeigt, dass *Helena* und *Busiris* diesen Anspruch zu erfüllen versuchen. In der *Helena* führt Isokrates ein Exemplar eines politischen Enkomions vor, das geeignet ist, philosophische Bildung zu vermitteln. In der Kritik an Gorgias zeigt er zudem, dass der Verfasser einer solchen Schrift von der Autorität seines Themas persönlich überzeugt sein muss. Im *Busiris* dagegen führt Isokrates exemplarisch vor, auf welche Weise eine Schrift, die den Anspruch verfolgt philosophische Bildung zu leisten, zu diesem Zweck aber ein moralisch fragwürdiges Thema verfolgt, sowohl ihrem Verfasser wie auch ihrem Publikum nur Schaden zufügen kann. Wieder spielt die persönliche Überzeugung des Verfassers von seinem Gegenstand eine bedeutende Rolle. Im Folgenden sollen zentrale Erkenntnisse aus der Untersuchung beider Reden nochmals zusammengefasst werden.[302]

B.1.4.1 Isokrates über *lógoi parádoxoi*

Welche Absicht verfolgt Isokrates in den beiden thematisch so eng miteinander verwandten Schriften *Helena* und *Busiris*? In die richtige Richtung weist das Urteil Niall Livingstones, der über den rhetoriktechnischen Zweck der Schriften zu dem Urteil kommt:

> *Helen* and *Busiris* illustrate how a resolute adherence to pure encomium, as opposed to defence, will tend to nullify any paradoxical quality a subject may have. They point the way for rhetoricians to display and exercise their skill in genuine encomia, resembling the earlier sophistic encomia in being composed for written circulation and in focusing on a single individual, yet sharing the seriousness and dignity of the great civic encomia.[303]

Wichtig ist die hier vertretene Erkenntnis, dass die Auseinandersetzung mit Paradoxologien die beiden Schriften verbindet und dass diese Thematik einen zentralen Aussagegehalt der Schriften darstellt. Allerdings zeigt die Auseinandersetzung mit den Voraussetzungen, die eine neuartige Aussage über bekannte Themen erfüllen muss, um überzeugen zu können, dass Isokrates gerade nicht davon ausgeht, die paradoxe Qualität einer

---

[301] Livingstone 2001: 1.
[302] Zur Zusammenfassung der Sparta-Thematik: s. u. Kap. C.1.1.
[303] Livingstone 2001: 13, ähnlich 21, zuvor bereits Sykutris 1927: 46.

B.1.4 Ergebnis

hypóthesis löse sich bei rein positiver Argumentation zwangsläufig gleichsam in Luft auf. Dies würde immerhin zu der weitreichenden Konsequenz führen, dass jeder beliebige Gegenstand sich als geeignet für ein Enkomion erweisen müsste, solange nur die Argumentationsweise positiv bliebe. Mit anderen Worten würde man Isokrates unterstellen, dass er jede positive Aussage über jeden beliebigen Gegenstand unabhängig von ihrem Wahrheits- oder Wahrscheinlichkeitsgehalt anerkenne bzw. dass er in letzter Konsequenz von einer Konstituierung von Wahrheit durch jeden beliebigen *lógos* ausgehe.[304] Jedes Signifikans müsste demnach für jedes Objekt (nicht nur für seine Signifikate) zulässig sein – damit wäre es unmöglich, falsche Aussagen zu treffen. Genau dies aber kritisiert Isokrates ganz zu Beginn der *Helena*.[305] Es ist seiner Meinung nach durchaus möglich, falsche Aussagen zu treffen. Nicht jeder *lógos* konstituiert seine eigene Wahrheit.

Das bedeutet zugleich, dass nicht jede Aussage über jeden Gegenstand zulässig ist und dass es mithin Gegenstände geben kann, über die man keine positiven Aussagen treffen kann, Gegenstände, auf die ein regelgerechtes und zugleich plausibles Enkomium nicht möglich ist. Den Gegensatz zwischen paradoxen und nicht paradoxen Sujets für Enkomia illustriert Isokrates in *Helena* und *Busiris*. Beide Schriften beinhalten Enkomia auf Gegenstände, die im öffentlichen Bewusstsein negativ besetzt sind. Beide Schriften verwenden ausschließlich positive Argumente, nennen Leistungen und Vorzüge, die als Leistungen bzw. Vorzüge allgemein anerkannt sind.[306] Im Falle der *Helena* kann Isokrates solche Leistungen und Vorzüge anführen, die sich tatsächlich mit Helena in Verbindung bringen lassen. Im Falle des *Busiris* jedoch kann Isokrates nur solche Leistungen und Vorzüge aufführen, die nach dem *sensus communis* nicht das Geringste mit Busiris zu tun haben. Auch die ‚Apologie' dieses verfehlten Enkomions erhärtet letztlich die Vorwürfe, indem sie dessen Argumente nicht nur als unwahrscheinlich, sondern als unmöglich erweist. Zudem deutet Isokrates an, dass die im Enkomion aufgeführten Leistungen durchaus auf einen Gegenstand für ein Enkomion zutreffen – jedoch auf Theseus, nicht auf Busiris.

Die Art und Weise, wie Isokrates das Busiris-Enkomion als Fehlargumentation konstruiert, erinnert auf frappierende Weise an die aristotelische Definition der falschen Aussage, des *lógos pseudés*:

Λόγος δὲ ψευδὴς ὁ τῶν μὴ ὄντων ᾗ ψευδής· διὸ πᾶς λόγος ψευδὴς ἑτέρου ἢ οὗ ἐστιν ἀληθής, οἷον ὁ τοῦ κύκλου ψευδὴς τριγώνου. ἑκάστου δὲ λόγος ἔστι μὲν ὡς εἷς ὁ τοῦ τί ἦν εἶναι, ἔστι δ' ὡς πολλοί, ἐπεὶ ταὐτό πως αὐτὸ καὶ αὐτὸ πεπονθός, οἷον Σωκράτης καὶ Σωκράτης μουσικός· ὁ

---

[304] Dieser Standpunkt findet sich bei Buchheit 1960: 105, Livingstone 2001: 21, 65 („[…] the aim of Isocrates' speech is to demonstrate that a properly ‚rhetorical' treatment of any theme at all will not be disgraceful or corrupting: it is only bad rhetoricians […] who set a bad example").
[305] Isok. X 1 (s. o. S. 83), vgl. Arist. Met. 1007b18–22.
[306] Jean Lombard hat sehr überzeugend aus den didaktischen Äußerungen der *Kyprischen Reden* herausgearbeitet, dass in Isokrates' Augen jede im Kontext der *paideía* stehende Rede ausschließlich solche, mit der *dóxa* des Publikum übereinstimmenden, Argumente verwenden darf (Lombard 1990: 78). Vgl. Isok. II 41.

δὲ ψευδὴς λόγος οὐθενός ἐστιν ἁπλῶς λόγος· διὸ Ἀντισθένης ᾤετο εὐήθως μηδὲν ἀξιῶν λέγεσθαι πλὴν τῷ οἰκείῳ λόγῳ, ἓν ἐφ' ἑνός· ἐξ ὧν συνέβαινε μὴ εἶναι ἀντιλέγειν, σχεδὸν δὲ μηδὲ ψεύδεσθαι. ἔστι δ' ἕκαστον λέγειν οὐ μόνον τῷ αὐτοῦ λόγῳ, ἀλλὰ καὶ τῷ ἑτέρου, ψευδῶς μὲν καὶ παντελῶς, ἔστι δ' ὡς καὶ ἀληθῶς, ὥσπερ τὰ ὀκτὼ διπλάσια τῷ τῆς δυάδος λόγῳ.[307]

Eine falsche Aussage[308] ist eine Aussage über das, was nicht ist, insofern es falsch ist: Falsch ist daher jede Aussage, wenn auf etwas anderes, als das, wovon sie wahr ist, bezogen; so wie die Definition Kreis falsch ist bezüglich des Dreiecks. So gibt es wohl für jede Sache nur eine Definition, nämlich die über das Wesen der Sache, aber gewissermaßen auch viele Definitionen, da ja die ‚Sache' und die ‚Sache samt Eigenschaft' irgendwie dasselbe sind, wie z. B. ‚Sokrates' und ‚der gebildete Sokrates.' Die falsche Aussage aber ist eine einfache Aussage, die auf überhaupt nichts zutrifft. Deswegen war es naiv von Antisthenes zu glauben, dass nichts auf angemessene Weise beschrieben werden könne außer durch seine wesenseigene Definition, nur jeweils eine Aussage für jede Sache. Daraus kam er zu dem Schluss, dass es nicht möglich sei, einer Aussage zu widersprechen, und fast ebenso sei es unmöglich, eine falsche Aussage zu treffen. Es ist jedoch möglich, jede beliebige Sache nicht nur durch ihre eigene Definition zu beschreiben, sondern auch durch die Definition von etwas anderem, entweder auf ganz und gar falsche Weise, möglich ist es aber auch auf wahrhaftige Weise, so wie man die Zahl ‚acht' als ‚doppelt' beschreiben kann mittels der Definition von ‚zwei'.

Aristoteles widerlegt hier zwei Thesen des Antisthenes, die auch Isokrates im Proömium der *Helena* angreift,[309] nämlich zum einen die These, dass Antilogie unmöglich sei, zum anderen die These, dass man nichts Falsches aussagen könne. Was bei Isokrates nicht eindeutig erkennbar wird, zeigt sich in Aristoteles' Kritik: Die antisthenischen Thesen beruhen letztlich auf der Annahme, jeder *lógos* (im Sinne von ‚Begriff') sei wahrhaftig. Für die vorliegende Interpretation ist hierbei von Bedeutung, dass sich der isokratische *Busiris* bzw. das in ihm enthaltene Enkomion problemlos in diese Definition eines falschen *lógos* einfügen lassen. Wie bei Aristoteles die Aussage/Definition ‚Kreis' nicht auf das Dreieck zutrifft, ebenso, das hat die Untersuchung gezeigt, finden sich bei Isokrates nur Aussagen über Busiris, die auf diesen nicht zutreffen. Analog zum aristotelischen Beispiel ‚Kreis' statt ‚Dreieck' beschreibt Isokrates im *Busiris* den Busiris mit den Eigenschaften des Theseus.

Seine zunächst nicht weiter erläuterte Kritik an Antisthenes' Thesen äußert Isokrates jedoch nicht im *Busiris*, sondern in der *Helena*. Dort präsentiert er im Hauptteil einen

---

[307] Arist. Met. 1024b27–1025a2, vgl. auch Arist. Top. 104b21; Kerferd 1981: 89.
[308] Aristoteles verwendet hier einen Begriff von *lógos*, der zwischen ‚Definition' und ‚Aussage' steht. Genaugenommen behandelt er die Bedeutungsvielfalt des griechischen Begriffs λόγος in Bezug auf diese beiden Bedeutungsmöglichkeiten.
[309] Isok. X 1 (s. o. S. 83), ähnlich IV 7; dazu v. a. Kerferd 1981: 88–93, Zajonz 2002: 81. Vgl. außerdem Plat. Euthyd. 283e7–284c9 (Unmöglichkeit des Lügens), 285d7–286b7 (Unmöglichkeit des Widerspruchs), 286b8–288a7 (Widerlegung durch Sokrates), Kratyl. 428d1–433b7, Theait. 187e5–190e4. Antisthenes' Schrift Σάθων, die in ähnlicher Weise wie die Schrift(en) zum Euthynous-Prozess den Namen des Gegenübers im Titel parodiert, scheint auf die platonische Kritik an der Annahme der Unmöglichkeit des Widerspruchs eingegangen zu sein (vgl. Antisth. F 36, 37A/B (Decleva Caizzi) (= Diog. Laert. III 35, Athen. V 220d–e, Athen. XI 507a); Patzer 1970: 232.

B.1.4 Ergebnis

lógos, der ausschließlich Argumente verwendet, die zutreffend sind im Sinne des aristotelischen Beispiels vom ‚gebildeten Sokrates'. Helenas Lob erfolgt zwar gegen den *sensus communis,* jedoch ausschließlich anhand der Zuschreibung von Attributen, die ihrerseits ebenfalls dem *sensus communis* zufolge auf Helena zutreffen. Ein solcher *lógos* ist nach Isokrates' Ansicht zutreffend und daher überzeugend. Ganz anders der *Busiris,* der sich als voll von (gemessen an der eigenen *dóxa* wie auch am *sensus communis*) falschen Aussagen und daher als nicht überzeugend erweist. Er stellt gewissermaßen den isokratischen Beleg für die in der *Helena* nicht weiter erläuterte Aussage dar, wonach es ganz leicht sei, falsche Aussagen zu treffen.[310]

Isokrates hat *Busiris* und *Helena* zu ungefähr jener Zeit verfasst, in der Aristoteles geboren wurde. Insofern ist er von der aristotelischen Definition der falschen Rede unabhängig. Offenbar führt ihn jedoch die Auseinandersetzung mit der Annahme der Wahrheitskonstitution durch den *lógos* zu eben derselben Auffassung von der Möglichkeit falscher Rede, die in der Auflösung der Beziehung von Signifikans und Signifikat entsteht. Unter der Voraussetzung, dass jede Aussage auf irgendeinen Gegenstand zutreffend ist, demonstriert er anhand des *Busiris,* dass deshalb nicht jede Aussage auf jeden Gegenstand zutreffe. Falsche Aussagen sind für Isokrates möglich, zugleich sind sie jedoch rhetorisch inakzeptabel, da sie nicht nur nicht überzeugen können, sondern dem gegebenen Argumentationsziel zwangsläufig widersprechen. Isokrates bezieht auf diese Weise Stellung gegen jene Verbindung von Lobrede und falschen Argumenten (*pseudología*), die etwa zur gleichen Zeit bei Platon auch der Sophist Prodikos kritisiert. Dieser beschreibt die Vorgehensweise vieler Lobreden wie folgt:

> [...] εὐδοκιμεῖν μὲν γὰρ ἔστιν παρὰ ταῖς ψυχαῖς τῶν ἀκουόντων ἄνευ ἀπάτης, ἐπαινεῖσθαι δὲ ἐν λόγῳ πολλάκις παρὰ δόξαν ψευδομένων [...].[311]

> [...] gutes Ansehen (*dóxa*) liegt in den Seelen der Zuhörer nämlich vor, wenn keine Täuschung im Spiel ist, ein Lob indes besteht häufig in einem *lógos* von Leuten, die wider die *dóxa* lügen [...].

Prodikos ermahnt Sokrates und Protagoras, die hier um den dialektischen Modus streiten, sie sollten mit ihrer Unterhaltung nach einer guten *dóxa* (*eudokimía*)[312] beim Publikum, nicht auf Lobpreis (*épainoi*) abzielen, da letztgenannter meist gegen die *dóxa,* mithin von Lügnern, ausgesprochen werde. Die gleiche Verbindung von paradoxer Argumentation, *pseudología* und Lobrede findet sich auch im Proömium der *Helena,* und sie beschreibt den Kern der Kritik an paradoxen Reden, die Isokrates in *Helena* und *Busiris* betreibt. Wie der platonische Prodikos hält demnach auch Isokrates die – auf moralisch verantwortbarem Weg erworbene – *eudokimía* für die erstrebenswerte Folge intellektuellen Wirkens.

---

[310] Isok. X 4; vgl. Bons 1997: 168.
[311] Plat. Prot. 337b6–8.
[312] Zur *eudokimía* bei Isokrates vgl. Alexiou 1995: 34–40.

Während Prodikos jedoch aufgrund der vorherrschenden paradoxen Qualität der Lobrede diese gänzlich abzulehnen scheint, demonstriert Isokrates, dass die paradoxen Lobreden keineswegs das gesamte literarisch–rhetorische Genos, sondern nur sich selbst kompromittieren. Die *Helena* als Lobrede auf Grundlage der *dóxa* stellt eine ernsthafter Bemühung werte *hypóthesis* dar, deren adäquate Umsetzung ein wahrhaft überzeugendes Lob gewährleistet. Umgekehrt liegt der Grund für die Schwäche der Argumentation sowohl des Busiris-Enkomions als auch der Verteidigung desselben in der paradoxen Natur eines Busiris-Lobes, also schon in der *hypóthesis* begründet.[313] Isokrates selbst verbirgt nicht, dass auch er das Thema als paradox ansieht. Das aber bedeutet, dass er bei positiver Darstellung kein einziges seiner Argumente selbst für zutreffend, sondern alle für falsch hält. Ein falscher *lógos* aber trifft auf andere Gegenstände zu als auf den aktuellen, im Falle des *Busiris* also auf Theseus anstatt auf Busiris. Da Isokrates seinen eigenen Regeln zufolge in einem Enkomion allgemein anerkannte, das heißt bekannte Leistungen vorbringen muss, wird auch sein Publikum erkennen, dass die präsentierten Vorzüge auf jemand anderen, nicht aber auf Busiris zutreffen. Ohne persönliche Überzeugung von der Zuverlässigkeit der Argumente des Enkomions kann Isokrates seine Lobrede aber auch nicht angemessen verteidigen. Er kann zur Verteidigung seiner Argumente nur anbringen, was er selbst für falsch hält. So ist auch die Apologie dazu verurteilt, kontraproduktiv zu wirken.

Die Übereinstimmung zwischen *hypóthesis* und *dóxa* des Verfassers ist also eine Voraussetzung für lehrreiche Reden; sie allein genügt jedoch noch nicht, um – wie im Falle der *Helena* – zu verhindern, dass eine Differenz der Ansichten von Verfasser und Publikum zu einer ungewollten Aufnahme des Textes führt. Gerade im Falle eines als paradox anerkannten Redegegenstandes (wie etwa ein Lob der Helena) wird die Problematik besonders deutlich. Je überzeugender eine scheinbar paradoxe Rede positiv argumentiert, desto eher wird das Publikum sie als besonders geschicktes Paradoxon auffassen – auch dann, wenn der Verfasser sie gar nicht paradox verstanden wissen will.

Isokrates weist selbst den Weg aus diesem Dilemma: Im Proömium des *Busiris* nennt er ein zentrales Ziel seiner Lehrtätigkeit bzw. eine zentrale Aufgabe, die für jeden wohlwollenden Lehrer (τοῖς εὐνοϊκῶς πρός τινας ἔχουσιν, §3) gelte: Auch gegen Widerstände und ablehnende Haltung derer, die man belehren wolle, müsse man versuchen, die *dóxa* der Schüler zu beeinflussen, zu verändern (μεθιστάναι τὴν δόξαν, ebd.).[314] Dies ist also offenkundig nicht nur möglich – wodurch sich logisch ergibt, dass die *dóxa* für Isokrates keineswegs gleichbedeutend mit einer normativ verstandenen Mehrheitsmeinung ist – sondern sogar die Aufgabe einer verantwortungsvollen *paideía*. Während

---

[313] Eine auffällige Parallele zu dieser Deutung findet sich in Isok. VII 28. Dort wird die Formulierung der *hypóthesis* zum über die Qualität einer Rede entscheidenden Kriterium erhoben.

[314] Vgl. Livingstone 2001: 102. Auch wenn Livingstone nur die Veränderung der Haltung zu Kritik angesprochen sieht, ergibt sich aus der Stelle doch die Beeinflussbarkeit der *dóxa* durch eine gute *paideía*.

B.1.4 Ergebnis

die paradoxe Rhetorik des Gorgias eine Präsentation der Täuschungskraft des *lógos* darstellt,[315] erhebt Isokrates den Anspruch, falsche *dóxai* hin zu einem Urteil auf Grundlage des Wahrscheinlichen (ἐπιεικῶς δοξάζειν) zu verändern. Die Lektüre und Interpretation der *Helena* hatte zwar ergeben, dass Isokrates politische Schriften in einen Gegensatz zu *lógoi parádoxoi* bringt und dass er das Sujet der *Helena* als politisches Thema behandeln will, obwohl dieses Thema als paradox gilt. Offen bleiben musste jedoch die Frage, auf welcher Grundlage Isokrates glaubt, die Differenz zwischen seiner persönlichen Meinung über den Helena-Stoff und der gegensätzlichen Meinung des Publikums überwinden zu können.[316] Der *Busiris* belegt Isokrates' Überzeugung, durch die positive Präsentation von bedeutenden Gedanken (σεμνοὺς λόγους, *Busiris* §9), wie er sie anhand des *Helena*-Themas exemplarisch vorführt, die *dóxa* eines Teils seines Publikums beeinflussen und verändern zu können. In §3 des *Busiris* weist Isokrates explizit darauf hin, dass nicht die Gesamtheit der potentiellen Schüler für eine derartige Belehrung hinsichtlich der *dóxa* geeignet sei. Vielmehr seien viele von Natur aus für derartige Belehrungen unzugänglich. Dies bedeutet zugleich, dass nur eine Minderheit seines Publikums erkennen wird, dass es sich bei der *Helena* tatsächlich um ein Sujet von politischer Relevanz und lehrhaftem Inhalt handelt, dass mithin eine paradoxe Behandlung ihres Gegenstandes gänzlich unpassend wäre. Und eben dieselbe Minderheit – damit dürfte wohl das philosophische Lesepublikum gemeint sein – wird verstehen, inwiefern sich die Sujets von *Helena* und *Busiris* unterscheiden. Die große Mehrheit des Publikums wird aufgrund ihrer von Natur aus festgelegten *dóxa* – also aufgrund ihrer Vorbildung bzw. ihrer Vorurteile – beide Schriften als sophistische *lógoi parádoxoi* ansehen.[317] Die Minderheit dagegen wird einerseits den *Busiris* als paradoxes *paígnion* verstehen, das auf höherer Ebene dazu dient, zu zeigen, dass eine paradoxe Behandlung eines Themas rhetorischen Ansprüchen nicht genügen kann. Andererseits wird die Minderheit des Publikums die *Helena* als eine jener Schriften begreifen, die in Isokrates Worten „gemeindienliche, überzeugende und dergleichen Gedanken" (οἱ κοινοὶ καὶ πιστοὶ καὶ τούτοις ὅμοιοι τῶν λόγων, *Helena* §11) behandeln. Der philosophisch belehrbare Teil des Publikums wird sich davon überzeugen lassen, dass Helena eine positive Figur ist. Insofern wird sich die *dóxa* der geeigneten Leser beeinflussen lassen. Niall Livingstone hat auf die in diesem Zusammenhang erstaunliche Doppeldeutigkeit des Ausdrucks in *Busiris* §4 hingewiesen, wo das Erfordernis der Lobrede

---

[315] Franz 1991: 241–242.
[316] S. o. Kap. B.1.2.4.
[317] Die Annahme bei Livingstone 2001: 113, Isokrates unterstelle in Isok. XI 4, 6 dem Polykrates implizit, er habe das Busiris-Thema fälschlicherweise für bedeutend gehalten, ist verlockend, da sie eine weitere Parallele zur *Helena* ergäbe. Sie ist aus dem Text jedoch nicht zu erweisen. Isokrates kritisiert hier, dass die Paradoxologen auf ihre paradoxen Schriften auch noch stolz seien, obwohl diese nichts mit sinnvoller Textproduktion zu tun hätten.

(4) [...] πλείω τῶν ὑπαρχόντων ἀγαθῶν αὐτοῖς τὰ προσόντ' ἀποφαίνειν [...].[318]

zwei mögliche Übersetzungen zulässt:

> [...] (i) ‚to make it seem that they have more good attributes than they do' or (ii) ‚to show that they have more good attributes than have so far been recognised'.[319]

Was Isokrates im *Busiris* über den ägyptischen König aussagt, entspricht der Übersetzung (i) und es erweist sich als unglaubwürdig, wird insofern niemandes *dóxa* beeinflussen. In Übersetzungsvariante (ii) jedoch bezieht sich das ὑπαρχόντων nicht auf den Gegenstand der Rede, sondern auf das Bild, das die Allgemeinheit von diesem Gegenstand hat. Es gilt also aufzuzeigen, dass dieses Bild unvollständig oder falsch ist gemessen an der Realität des Gegenstandes. Kann man dies überzeugend zeigen – hierzu kann die formale *téchnê* dienlich sein –, so wird man die *dóxa* des belehrbaren Publikums zum Besseren wenden. Eben dies vollzieht Isokrates in der *Helena*, die ausgehend von der ambivalenten Bewertung der Helena in Dichtung, Tragödie und Rhetorik den Nachweis zu erbringen versucht, dass es die positiven Aspekte dieses Bildes seien, denen Glauben zu schenken sei.

Helena und *Busiris* stellen, als komplementäre Schriften betrachtet, dar, welche mythischen Themen für die philosophische *paideía* geeignet sind und welche nicht.[320] Geeignet sind ausschließlich solche Inhalte, die nach der Überzeugung des Verfassers moralischen Ansprüchen genügen und die – dafür ist *Helena* als Verkörperung der inspirierenden Schönheit das ideale Exemplum – das Publikum zu Nachahmung anregen. Diese Inhalte müssen vertreten werden durch die Darstellung allgemein anerkannter Leistungen und solcher Zusammenhänge, die dem Publikum auf Grundlage seiner mehrheitlichen Meinung plausibel gemacht werden können. Nur Lobreden, die diese moralische Qualität aufweisen und von deren Gehalt der Sprecher überzeugt ist, können zugleich dem formalen Kriterium des *kairós* und dem inhaltlichen Kriterium der *dóxa* entsprechen. Themen, die moralisch verwerfliche Inhalte mit sich bringen, sind ebenso abzulehnen wie Themen, von denen der Verfasser nicht persönlich überzeugt ist. Solche Themen müssen entweder dem *kairós* oder in entscheidenden Punkten der *dóxa* des Publikums derart widersprechen, dass sie ‚falsche' Ansichten dieses Publikum nicht zu korrigieren vermögen – sie sind deplatziert und paradox.

---

[318] S. o. S. 115.

[319] Livingstone 2001: 106. I.d.R. hat man nur die erste Übersetzungsvariante erkannt (Christian 1832–1836: 524, van Hook 1945: 105, Mathieu /Brémond 1963, I: 189, Argentati/Gatti 1965: 352, Marzi 1991, I: 523, Ley-Hutton 1997, II: 35, Mirhady/Too 2000: 51). Vgl. Schol. in Isok. XI 35 (wohl auf Isok. XI 4–5 mit 35 bezogen); Wersdörfer 1940: 31, Buchheit 1960: 47, Nightingale 1993: 117–118, Bons 1996: 31, Papillon 1998: 44, Vasunia 2001: 196, Classen 2010: 34–35.

[320] Die beiden Schriften belegen somit in aller Deutlichkeit, dass sich die isokratische *paideía* mit dem Begriff der „formale[n] Bildung" (Burk 1923: 89–90) nicht zutreffend beschreiben lässt. Die Inhalte der Bildung sind vielmehr sogar entscheidend für die Qualität der *paideía*.

B.1.4.2 Zur gemeinsamen Konzeption von *Helena* und *Busiris*

Auf die zahlreichen strukturellen Ähnlichkeiten[321] und die Parallelen der Stoffwahl[322] zwischen *Helena* und *Busiris* wurde bereits hingewiesen. Diese allein ergeben noch keinen hinreichenden Grund, von einer gemeinsamen Konzeption beider Schriften auszugehen. Folgt man indes der in diesem Kapitel vorgestellten Interpretation, die den Zweck der beiden Schriften in der Auseinandersetzung mit sophistischen Paradoxologien sowie mit dem Lehranspruch sophistischer Weisheits- und Redelehre im Allgemeinen sieht, so scheint die Annahme einer gemeinsamen Abfassung und Publikation naheliegend. Die zahlreichen intertextuellen Bezüge zwischen beiden Schriften (wahrhaftiger versus falscher *lógos*, *lógos politikós* versus *lógos parádoxos*,[323] philosophische *spoudḗ* vs. sophistisches *paígnion*, nützliche vs. schädliche Lehre, Präsenz der Argumente des *Helena*-Proömiums im *Busiris*, usw.) stellen zwar keinen Beweis für eine gemeinsame Konzeption und Abfassung dar. Es ist durchaus möglich, dass der *Busiris* erst nach der Publikation der *Helena* verfasst wurde.[324] Dennoch bleibt eine derart genaue Abstimmung beider Schriften aufeinander ein starkes Argument für eine Zusammengehörigkeit.[325] Eine gemeinsame Konzeption – mit der *Helena* als erstem und dem *Busiris* als zweiten Teil – ergäbe schließlich eine relativ geschlossene Komposition, die ihre wesentlichen allgemeinen Aussagen zur Schädlichkeit paradoxer *hypothéseis* im einleitenden *Helena*-Proömium sowie im abschließenden *Busiris*-Epilog finden würde.[326] Abgesehen von der persönlichen Ansprache an Polykrates im Epilog des *Busiris* würden diese beiden Redeteile (*Helena* §1–13, *Busiris* §44–50) problemlos als aufeinander bezogene Rahmenteile ein und derselben Schrift zusammenpassen.

---

[321] S. o. S. 108.
[322] S. o. S. 108–110.
[323] Hierin sieht auch Kennedy 1958: 57, einen Verknüpfungspunkt zwischen beiden Schriften. Umfassendere Zusammenhänge erkennt Heilbrunn 1967: 150 Anm. 15.
[324] Die Priorität des *Busiris* dürfte aber abzulehnen sein, da die ganze Behandlung des Themas und der Verzicht auf eine Auseinandersetzung mit paradoxen *hypothéseis* das *Helena*-Proömium vorauszusetzen scheinen. Zudem deutet Isok. X 66 mit der Benennung als Erstlingswerk auf die Priorität der *Helena* hin. Patzer 1970: 243 geht ohne weitere Erläuterung von einer gemeinsamen Veröffentlichung „in den achtziger Jahren" aus.
[325] Dies gilt vor allem für die Konzeption vom falschen und wahren *lógos*, die sich erst in der Gegenüberstellung beider Schriften ergibt.
[326] Die *Helena* verfügt über keinen Epilog. Die im Epilog des *Busiris* aufgegriffenen Themen greifen zwar auch das eher knapp gehaltene Proömium des *Busiris* wieder auf, fügen sich aber noch besser zum *Helena*-Proömium.

> Εἰ μὲν γὰρ δέοι Ἀθηναίους ἐν Πελοποννησίοις
> εὖ λέγειν ἢ Πελοποννησίους ἐν Ἀθηναίοις, ἀγαθοῦ
> ἂν ῥήτορος δέοι τοῦ πείσοντος καὶ εὐδοκιμήσοντος.
> (Plat. Men. 235d2–5)

B.2 *Panegyrikos* (Isok. IV)

Der *Panegyrikos* galt sowohl den Zeitgenossen[1] wie auch der modernen Forschung als einflussreichste Schrift und Höhepunkt des isokratischen Schaffens. Mit der Publikation dieser Schrift habe Isokrates seine Stellung als bedeutendstes Schuloberhaupt seiner Zeit begründet.[2] Um das Jahr 380 publiziert[3] ist der *Panegyrikos* zugleich die erste Schrift des Isokrates, die sich einem Thema von tagespolitischer Relevanz widmet: Isokrates fordert die innere Einigung der gegeneinander Krieg führenden Griechen und den Aufbruch zu einem Feldzug gegen das persische Großreich.

---

[1] Dies geht unter anderem aus Isokrates' Erwähnungen der Bedeutung des *Panegyrikos* für seinen eigenen Ruf hervor. Vgl. Isok. V 9–11, 84, XII 9, 14; Mühl 1971 (zur Auseinandersetzung der Kyniker mit dem *Panegyrikos*), Loraux 1981: 257 (zur Wirkung auf die athenische Rhetorik). In Isok. XV 77 beschreibt Isokrates den *Panegyrikos* als besonders ‚politische' Rede. Eucken 2003: 38–39 bezieht diese Aussage vor allem auf die in Isok. IV 47–50 dargelegte Überlegenheit der athenischen *paideía*. Dabei ignoriert er jedoch, dass Isokrates diese Stelle in der *Antidosis* nicht zitiert, sondern das exemplarische Zitat (er zitiert Isok. IV 51–99) aus dem *Panegyrikos* erst danach beginnen lässt. Die Bezeichnung als ‚besonders politisch' bezieht sich daher auf den *Panegyrikos* insgesamt, v. a. aber auf Isok. IV 51–99.

[2] Z. B. Gillis 1969: 332–333, Allroggen 1972: 39.

[3] Koepp 1892: 476, Drerup 1895: 644–648, Kessler 1911: 9, Bringmann 1965: 17, Seck 1976: 353, Eucken 1983: 141, vorsichtiger Livingstone 2001: 43–44 (381 als *terminus post quem*). Alternative Datierungsansätze wurden vor allem in der älteren Forschung diskutiert und beruhten meist auf Unklarheiten bei der Datierung der in der Rede dargestellten zeithistorischen Ereignisse. Vgl. Judeich 1892: 141–143 (Isok. IV 122–132 als nachträglicher, vor der Publikation 381 angefügter, Zusatz zum abgeschlossenen Text; dagegen schon Blaß ²1892: 251–254, Koepp 1892: 478), Friedrich 1893: 6–9, 17–20 und 1894: 454–456 (Erstpublikation ca. 385, Isok. IV 122–132 als späterer Zusatz), Gercke 1899: 409, Meyer (E.) 1902: 361 Anm. 611. In jüngerer Zeit griff Tuplin 1983 die Frage der Datierung des Kyprischen Krieges wieder auf und datiert ebd. 180–182 den *Panegyrikos* ins Jahr 381/80 (s. dazu u. Kap. B.2.7 Anm. 337).

B.2.1 Historischer Hintergrund

Die Rede entstand zu einem Zeitpunkt, als Sparta noch immer als Vormacht in Griechenland gelten konnte.[4] Zwar hatte Sparta nach der Niederlage in der Seeschlacht bei Knidos 394[5] seine Einflussgebiete in Kleinasien und in der Ägäis aufgeben müssen. Nach dem Inkrafttreten des ‚Königsfriedens' von 387/386 hatte Sparta aber andererseits als Hegemonialmacht des einzig verbliebenen innergriechischen Bündnissystems, des Peloponnesischen Bundes, seine Machtposition im griechischen Mutterland konsolidiert.[6] Der Bund als solcher wurde durch den Friedensvertrag von 387/386 bestätigt, und Sparta begann seine Stellung, besonders gegenüber Argos und Böotien, auszubauen, nahm in mehreren Fällen sogar aktiv Einfluss auf die inneren Verhältnisse vor allem peloponnesischer *póleis*.[7] De facto wurde die Herausbildung weiterer Bündnissysteme neben dem Peloponnesischen Bund verhindert.

Dennoch bot das im Ägäisraum durch den Rückzug der spartanischen Kräfte entstandene Machtvakuum[8] auch den Athenern die Chance, die eigene Machtstellung auszubauen. Tatsächlich begannen die Athener schon in der zweiten Hälfte der 80er Jahre, Bündnisverträge mit einzelnen *póleis* zu schließen.[9] Spartas Stellung als durch den Friedensvertrag implizit anerkannte innergriechische Hegemonialmacht geriet schließlich infolge seiner aggressiven Politik gegenüber vermeintlich untreuen Bundesgenossen[10] sowie durch das Vorgehen gegen den Chalkidischen Bund unter Führung der *pólis* Olynthos seit dem Jahr 382 ins Wanken. Im Zuge dieser Kampagne besetzten lakedaimonische Truppen im Handstreich die Kadmeia in Theben und verhalfen spartafreundlichen aristokratischen Kreisen an die Macht. Später zogen spartanische Truppen unter dem Harmosten Sphodrias gegen den Peiräus, wurden jedoch schon vor Erreichen des Hafens geschlagen.[11] Diese militärischen Aktionen, die sich in keiner Weise als Elemente der Kampagne auf der Chalkidike darstellen ließen, mussten in Griechenland, zumal in den

---

[4] Isokrates selbst erwähnt in XV 57, dass zum Zeitpunkt der Veröffentlichung des *Panegyrikos* die Spartaner die Griechen beherrscht hätten. Nicolaï 2004b: 190 Anm. 8 weist darauf hin, dass Isokrates es bewusst vermeide, einen konkreten historischen Zeitpunkt zu benennen, da er weniger in publizistischer Weise Einfluss auf kontingente historische Sachverhalte nehmen wolle als vielmehr auf einer abstrakten, zeitlosen Ebene wirken wolle.

[5] Xen. Hell. IV 3,11–12, Diod. XIV 83,5–7.

[6] Xen. Hell. V 1,31–36, Diod. XIV 110,3, Plut. Ages. 23,1, Plut. Art. 21,2, Iust. VI 6,1. Zu den Bestimmungen des Friedens vgl. Cargill 1981: 7–13, Jehne 1994: 36–46, Welwei 1999: 274–277 und 2004: 290–293, Walter 2003: 80–81.

[7] Urban 1991: 126–136, Funke 2004: 427, Welwei 2004: 293.

[8] Welwei 2004: 292–293, Walter 2003: 81.

[9] Vgl. I.G. II/III² 34 (Chios), I.G. II/III² 36 (Olynthos); Zimmermann 1974: 189.

[10] Mantineia und Phleious; vgl. Pointner 1969: 33, Welwei 2004: 293–294, Urban 1991: 126–130, Funke 2004 und 2009a: 6–7.

[11] Xen. Hell. V 2,11–36, V 4,20–33, Diod. XV 20, Plut. Pelop. 5; vgl. dazu Urban 1991: 130–136, Welwei 2004: 294–296.

betroffenen *póleis* Athen und Theben, als offener Verstoß gegen die Bestimmungen von 387/386 erscheinen.[12] Der Widerstand gegen die dominante Stellung Spartas wurde durch diese Aktionen bestärkt und spielte insbesondere den athenischen Vertretern einer offensiv gegen Sparta gerichteten Politik in die Karten, die zur Eindämmung der Spartaner den Ausgleich mit Persien suchten.[13] 378/377 sollte dieser Widerstand in der Gründung des Zweiten Attischen Seebundes manifest werden, der die Bestimmungen des Königsfriedens explizit bestätigte und sich gegen Sparta richtete.[14]

In dieser Situation einer antispartanisch geprägten Stimmung in Athen publiziert Isokrates den *Panegyrikos*. Die Schrift präsentiert sich schon im Titel („Festrede') als Rede zu einem staatlichen Fest; da sie thematisch einen alle Griechen betreffenden Vorschlag unterbreitet, kann man hierbei von einem ‚panhellenischen' Fest ausgehen.[15] Naheliegend ist insbesondere die olympische Festversammlung.[16] Der *Panegyrikos* wendet sich also auf der fiktionalen Ebene als Rede eines Atheners an eine ‚panhellenische' Versammlung auf peloponnesischem Boden in einer Situation, in der Sparta und Athen sich erstmals seit dem Friedensschluss von 387/386 wieder offen bekämpfen. Die Schrift plädiert dafür, die Griechen sollten ihre inneren Streitigkeiten beilegen und unter gemeinsamer Hegemonie Athens und Spartas einen Feldzug gegen den persischen Großkönig unternehmen. Dieser Perserzug könnte bei erfolgreicher Durchführung die ökonomischen und sozialen Krisen und Spannungen der griechischen *póleis* lösen und die griechische Einigkeit (*homónoia*) auf diese Weise stabilisieren.

---

[12] Xen. Hell. V 4,1.

[13] Vgl. Urban 1991: 136–142, 155–156, der als besonders prononcierten Vertreter Kephalos von Kollytos identifiziert und den *Panegyrikos* in erster Linie als publizistische Initiative gegen dessen politische Richtung (in Athen und den als Bündnispartner infrage kommenden *póleis*) auffasst.

[14] Vgl. I.G. II/III² 43, Diod. XV 28,2–4. Der Zweite Attische Seebund unterschied sich in seiner politischen Zielsetzung und inneren Struktur erheblich vom Delisch-Attischen Seebund, erscheint sogar in den ersten Jahren geradezu als Gegenentwurf zur athenischen *arché* des 5. Jh. Zugleich richtete er sich jedoch direkt gegen die spartanische Suprematie und entstand als Folge der Opposition gegen diese; vgl. dazu Zimmermann 1974: 190, Oliva 1991: 128–129, Urban 1991: 166, insbes. Dreher 1995, Welwei 1999: 280–283.

[15] Buchner 1958: 7. Dass der *Panegyrikos* schon zu Isokrates' Lebenszeit unter der Bezeichnung *panēgyrikós lógos* bekannt war (bzw. dass mit dieser Bezeichnung einer isokratischen Schrift nur der *Panegyrikos* gemeint sein konnte) zeigt der *Philippos*, in dem Isokrates unmissverständlich unter dieser Bezeichnung auf diese Schrift Bezug nimmt (Isok. V 9 mit einer wörtlichen Übernahme aus IV 17).

[16] Darauf deuten sowohl die (innenpolitische) Friedensthematik wie auch der Hinweis auf gymnische *agônes* im Proömium (Isok. IV 1). Zudem steht die Rede in der Tradition olympischer Reden (s. dazu u. S. 165). In der Antike wurde die Einordnung der Schrift als olympische Rede nicht infrage gestellt (vgl. Philostr. vit. Soph. 1,17 p. 504, Men. Rhet. 391,3–5). Dass die Rede, wie Menander behauptet, tatsächlich 380 in Olympia vorgetragen wurde, ist äußerst unwahrscheinlich (vgl. schon Wilcken 1929: 294 Anm. 3, Treves 1933b: 14–15).

B.2.2 Moderne Ansätze zu Struktur und Publikationszweck

Ralf Urban hat die Publikation dieser Schrift in einen überzeugenden Zusammenhang zum Königsfrieden und der athenischen Politik der Jahre 386–380 gestellt. Ausgehend von der Annahme, dass der Königsfrieden in Athen weitgehend positiv aufgenommen wurde und sich die athenische Politik seit 382 gegen Sparta zu wenden begann, sieht er im Programm des *Panegyrikos* vor allem einen Aufruf zur Abkehr von einer perserfreundlichen Politik.[17] Urbans Interpretation fand zu Unrecht wenig Nachhall, wohl vor allem deshalb, weil er zu wenig auf ein Grundproblem in der Interpretation der Schrift eingegangen ist, das die Deutung der Rede bis heute bestimmt:[18]

Im Rahmen seiner Festrede präsentiert der Sprecher einen Vergleich zwischen Athen und Sparta (§21–128), der Sparta in das schlechtestmögliche Licht zu rücken und zugleich Athen in höchsten Tönen zu loben scheint. Dieser Vergleich nimmt den größten Teil der Rede ein, und er scheint nicht mit dem Anliegen der übrigen Abschnitte vereinbar, Athen und Sparta zu gemeinsamem Handeln zu bewegen. Aufgrund dieses Vergleiches beider *póleis* ist die moderne Forschung zu der beinahe unwidersprochenen Auffassung gekommen, Isokrates verfolge mit dem *Panegyrikos* zumindest als Teilziel eine proathenische und antispartanische Propaganda, was die Schrift für ein spartanisches Publikum untragbar mache.[19] In der älteren Forschung deutete man den *Panegyrikos* gar *ex eventu* als Plädoyer für die Gründung des Zweiten Attischen Seebundes.[20]

---

[17] Urban 1991: 143–160, vgl Grieser-Schmitz 1999: 101.

[18] Vgl. Urban 1991: 145–147. Urbans Interpretation zu Isok. IV 100–128 ist durchaus schlüssig, jedoch vernachlässigt er es, sie im Hinblick auf die Argumentations- und Rezeptionsweisen des Isokrates und seines Publikums abzusichern. So kritisiert Zahrnt 2000: 306–307 mit Anm. 20 in der einzigen ausführlichen Auseinandersetzung mit Urbans *Panegyrikos*-Interpretation dessen Deutung dahingehend, dass das athenische Publikum des Isokrates eine so implizite Polemik, wie sie von Urban vorgeschlagen wird, wohl kaum habe verstehen können, s. dazu u. S. 232.

[19] Drerup 1895: 638–639, 642–643, 645, Meyer (E.) 1902: 363, Kessler 1911: 9 mit Anm. 6, 10 mit Anm. 1, Burk 1923: 58, Mathieu 1925: 113, Laistner 1927: 15–16, Bloom 1955: 82, Gillis 1971: 56–57, 63–65, 70–73, Heilbrunn 1977: 152–153, Müller (C. W.) 1991: 145, Oliva 1991: 127–128, Too 1995: 146 („most patently Athenian of all the author's works"), Grieser-Schmitz 1999: 113–114, 144, Zajonz 2002: 39 mit Anm. 67, anders Allroggen 1972: 42.

[20] Wilamowitz-Moellendorff 1893, II: 380–390, Drerup 1895: 639, 644, Meyer (E.) 1902: 361 mit Anm. 611, 363, 371, Wendland 1910a: 127, Kessler 1911: 8 mit Anm. 4, 12–16, 24–27, Pohlenz 1913: 305–306, Mathieu 1925: 81, 83–84 (der den Widerspruch zur Perserkriegskonzeption zwar erkennt (vgl. I.G. II/III² 43, Z. 15–18), aber für vernachlässigenswert hält), Münscher 1927: 1068, 1100, Wilcken 1929: 294, 313 Anm. 1, Treves 1933b: 14–16, Momigliano 1934: 187, Misch ³1949: 173, Bock 1950: 244, Hirsch 1966: 2–4, Zimmermann 1974: 194–195, Zahrnt 1983: 304 mit Anm. 165, Lombard 1990: 63, gegen diese Auffassung bereits früh Taeger 1930: 24, Jaeger 1939: 207 Anm. 31, Baynes 1955: 144–145, Buchner 1958: 138, Bringmann 1965: 28–46, Heilbrunn 1967: 122–123, Dobesch 1968: 41, Pointner 1969: 116, Allroggen 1972: 41–42, Grieser-Schmitz 1999: 107, vgl. auch Binder/Korenjak/ Noack 2007: 43–44.

B.2.2 Moderne Ansätze zu Struktur und Publikationszweck

In der Tat ist die umfangreiche Einbindung des Vergleiches Athen–Sparta und dessen offen gegen die spartanische *archḗ* gerichteter Argumentation in eine ‚panhellenische' Rede bemerkenswert und hat auch auf formaler Ebene die Frage aufgeworfen, um was für eine Art von Text es sich beim *Panegyrikos* handele: um einen ernstgemeinten politischen Ratschlag (*symboulḗ*) oder um eine Verherrlichung Athens ohne Rücksicht auf die vordergründig vertretene politische Programmatik oder um eine Verschränkung von beidem.[21]

Der *Panegyrikos* ist als fiktionale Rede[22] an eine olympische Festversammlung eine literarische, exemplarische Schrift.[23] Da bei Spielen wie den Olympischen neben den gymnischen *agȭnes* immer auch kulturelle Veranstaltungen verschiedenster Art, unter anderem auch Redewettkämpfe, stattfanden, diente eine solche Rede stets auch der *epídeixis* der rhetorischen Kompetenz ihres Verfassers. Eine ‚panegyrische' Rede (*lógos panêgyrikós*) ist Teil eines solchen Rede-*agȭn*, wie Isokrates im Proömium deutlich zu verstehen gibt.[24] Die Konkurrenz, die er sucht, ist jedoch nicht die eines *agȭn* in der realen olympischen Festversammlung, sondern die eines räumlich und zeitlich nicht gebundenen *agȭn* zwischen den Verfassern panegyrischer Reden.[25]

Doch auch das politische Anliegen der Schrift gehört im traditionellen Sinne zu einer panegyrischen Rede:[26] Es handelt sich um einen konkreten politischen Ratschlag – den Aufruf zur innergriechischen Einigung und zum Unternehmen eines Feldzuges gegen den persischen Großkönig –, der zwar nicht an ein konkretes Gremium mit Entscheidungsbefugnis, aber an die Gesamtheit der Griechen gerichtet wird, und dessen Befürwortung nicht in einer sofortigen Entscheidung in Form einer Stimmabgabe erwartet, sondern in Form eines grundsätzlichen Einstellungswandels des griechischen Publikums erhofft wird.[27]

Andererseits weist die Schrift umfangreiche Abschnitte auf (§21–128), die sich nicht unmittelbar mit dem Thema des Perserkrieges und der inneren Einigung der Griechen befassen, sondern die Leistungen der *póleis* Athen und Sparta miteinander vergleichen

---

[21] Buchner 1958, Gillis 1971: 55.

[22] Blaß ²1892: 75. Jaeger 1939: 241 hielt die Schrift aufgrund von Speusippos' Brief an Philippos (ep. Socr. XXX 13) für ein Sendschreiben an Agesilaos. Jedoch gibt es selbst dann, wenn man den Hinweis auf einen Agesilaosbrief bei Speusippos für zuverlässig hält, keinen Grund anzunehmen, dass damit der *Panegyrikos* gemeint sein könnte.

[23] Cartelier/Havet 1862: 222–223, Seck 1976: 357, Usener (S.) 1994: 42; vgl. auch Ael. VH XIII 11, der die Publikation des *Panegyrikos* mit dem Begriff der *epídeixis* in Verbindung bringt. Zu Isokrates' Auffassung von *epídeixis*, die sich nicht mit der (von Aelian wohl verwendeten) aristotelischen Genos-Einteilung deckt, vgl. Pratt 2006: v. a. 4–14.

[24] Isok. IV 1–4.

[25] S. dazu u. Kap. B.2.3, v. a. S. 165.

[26] Vgl. Seck 1976: 353–356, Schiappa 1999: 190.

[27] Phot. Bibl. 486b23–26 scheint die Schrift den symbuleutischen Reden zuzuordnen.

und scheinbar dem Zweck dienen, Spartas Politik zu verurteilen und Athen als geeignetste innergriechische Führungsmacht zu präsentieren.[28] In der Gestalt einer Lobrede auf Athen, die zudem deutliche Anklänge an die zeitgenössischen Epitaphien aufweist,[29] scheint die Schrift also in großen Teilen keine typische panegyrische Rede darzustellen. Schon Photios hat die Schwierigkeit der Klassifizierung mittels der aristotelischen Redegenera festgestellt:

> Καὶ ὁ Πανηγυρικὸς δὲ σκοπὸν ἔχειν ὑποτίθεται τὴν συμβουλήν, δι' ἧς ὁμόνοιά τε πρὸς ἀλλήλους τοῖς Ἕλλησι καὶ κοινὸς ὁ πρὸς τοὺς βαρβάρους καταπραχθείη πόλεμος· τὸ δὲ πλεῖστον τοῦ λόγου εἰς τὰ τῶν Ἀθηναίων ἐγκώμια κατατρίβεται.[30]

> Auch der *Panegyrikos* hat, seiner *hypóthesis* nach, den Fokus auf dem Ratschlag [sc. *symboulé*], demzufolge die Hellenen untereinander Einigkeit üben und den gemeinsamen Krieg gegen die Barbaren unternehmen sollten; der größte Teil der Rede aber wird auf das Lob der Athener verwendet.

Diese komplexe äußere Gestalt des *Panegyrikos* hat die Frage aufkommen lassen, in welchem Teil der Schrift man nach der eigentlichen Absicht des Isokrates suchen müsse.[31]

Nun ist die Verwendung von Elementen des einen Redegenos im größeren Rahmen einer Rede, die eigentlich einem anderen *génos* angehört, nichts Ungewöhnliches.[32] Zudem ist die Anwendung einer aristotelischen Terminologie und Systematik auf die voraristotelische Rhetorik nur unter Vorbehalt möglich.[33] Der Vergleich Athen–Sparta nimmt im *Panegyrikos* einen erstaunlich großen Raum ein, und seine Zielrichtung – der Nachweis athenischer Größe auf Kosten Spartas – scheint dem Anliegen einer Teilung der Hegemonie zwischen beiden *póleis* eher zu widersprechen als es zu unterstützen.[34]

---

[28] Vgl. Isok. IV 21–128; Seck 1976: 358.

[29] Buchner 1958: 7 bezeichnet Isok. IV 20–128 deshalb als „Umarbeitung eines Epitaphios". In neuester Zeit haben die Abschnitte Isok. IV 15–100 Eingang in eine Auswahledition zur antiken Epitaphientradition gefunden (Binder/Korenjak/Noack 2007: 43).

[30] Phot. Bibl. 101b37–102a2.

[31] Z. B. Sullivan 2001: 82–83, der in der Gestaltung der Schrift als symbuleutischer Rede eine Neuerung des Isokrates sieht.

[32] So kann das Lob einer Person im Rahmen einer dikanischen Rede sehr wohl hilfreich sein, etwa um einem Zeugen Glaubwürdigkeit zu verschaffen. (vgl. z. B. Isok. XVI, wo das Ethos des jüngeren Alkibiades durch ein ausführliches Enkomion auf dessen Vater in ein positives Licht gerückt werden soll). Ähnliches liegt vor in der politischen Funktionalisierung der Grabrede, vgl. Philostr. vit. Soph. 1,9 p. 493–494; Urban 1991: 145.

[33] Gillis 1969: 334. Zur Problematik der anachronistischen Verwendung rhetorischer Terminologie zur Beschreibung voraristotelischer Sachverhalte grundlegend: Schiappa 1999: 10–13 sowie im Speziellen zur aristotelischen Terminologie des *epideiktikós lógos*, in der Aristoteles gerade zuvor aufgrund des jeweiligen politischen Kontextes unvereinbare Redetypen zusammenfasste: Timmermann/Schiappa in: Schiappa 1999: 185–206.

[34] Cloché 1933: 130–132, Gillis 1971: 72–73, Seck 1976: 369, Grieser-Schmitz 1999: 113. Müller (C. W.) 1991: 145 fasst die Problematik zusammen: „Für Sparta stellt der ‚Panegyrikos' mit seinem ausgedehnten und überschwänglichen Lob Athens eine einzige Zumutung und Provokation dar".

B.2.2 Moderne Ansätze zu Struktur und Publikationszweck

Das Lob der athenischen Demokratie sowie eine deutliche Distanzierung von Sparta waren Kernbestandteile der athenischen Epitaphientradition.[35] Das bedeutet zugleich, dass die für ein zeitgenössisches Publikum unübersehbare Adaption der Topoi und Exempla des Epitaphios im *Panegyrikos* nicht nur in ihrer spezifischen inhaltlichen Ausprägung, sondern schon aufgrund der *génos*- und *kairós*-Anspielung mit dem Programm eines *panêgyrikós lógos* unvereinbar erscheinen musste.[36] Die Auseinandersetzungen um Struktur und *génos* des *Panegyrikos* erscheinen vor diesem Hintergrund nachvollziehbar; zu einer eindeutigen Klärung des Verhältnisses der verschiedenen Argumentationsabschnitte zueinander haben sie jedoch nicht führen können.[37]

Es sei darauf hingewiesen, dass Isokrates selbst Jahre später in der *Antidosis* keinen Widerspruch zu sehen scheint, wenn er die zwei gleichzeitig verfolgten Ziele des *Panegyrikos* benennt:

(XV 57) [...] παρακαλῶν ἐπὶ τὴν τῶν βαρβάρων στρατείαν Λακεδαιμονίοις δὲ περὶ τῆς ἡγεμονίας ἀμφισβητῶν [...]

(XV 57) [...] aufzurufen zum Feldzug gegen die Barbaren, mit den Lakedaimoniern aber um die *hêgemonía* zu streiten [...]

Von Bedeutung hierbei ist, dass Isokrates nicht Athens alleinige *hêgemonía*, sondern einen Wettstreit Athens und Spartas um dieselbe fordert. Wir werden im Verlauf der Auseinandersetzung mit dem Hauptteil der Schrift feststellen, dass Isokrates die idealisierte Zeit der Perserkriegsgeneration als eine Zeit der Konkurrenz dieser beiden *póleis* um die größten Leistungen darstellt,[38] und zwar einer idealen Konkurrenz, die – solange sie unentschieden blieb – mit einer gemeinsamen, durch Leistung erworbenen, *hêgemonía* identisch gewesen sei, und die mit der alleinigen Vormachtstellung Athens in der Folge von Salamis ihr Ende gefunden habe.

---

[35] Loraux 1981: 42–56, 72–74.

[36] Loraux 1981: 67–69, 93. Den Gegensatz zwischen beiden Redetypen vor Aristoteles betonen auch Timmermann/Schiappa in: Schiappa 1999: 186–198. Isokrates selbst (Isok. VIII 76, 86–88) und ebenso Platon (Men. 242b6–c2) stellen die Entstehung des *epitáphios lógos* in deutlichen Zusammenhang zum Übergang des Delisch-Attischen Seebundes von einer antipersischen zu einer antispartanischen Allianz bzw. zum Übergang vom ‚panhellenischen' Krieg gegen Persien zu den innergriechischen Konflikten, die noch im 4. Jahrhundert andauerten.

[37] Die ausgewogene Position bei Seck 1976: 364–370, v. a. 369, wonach beide Teile gleichberechtigt nebeneinander stehen, dürfte wohl in der Regel Anerkennung finden (z. B. Grieser-Schmitz 1999: 113, Classen 2010: 64, anders z. B. Walter 2003: 92–94, der den Zweck des Athenlobes als einzigen Zweck der Schrift betrachtet). Für diese Annahme spricht neben den von Seck genannten Argumenten v. a. die Kritik an solchen *lógoi*, die ausschließlich als ‚sophistische' *epídeixis* gedacht seien ohne einen Nutzen erzielen zu wollen, bzw. die positive Darstellung von nützlichen *epideíxeis* (vgl. Isok. IV 17, 91). In der Verbindung von *epídeixis* und Nützlichkeit ist bereits das Zusammenwirken von epideiktischen Argumentationszwecken und dem symbuleutischen Anliegen des gesamten *lógos* angelegt; vgl. auch Buchner 1958: 18–27.

[38] Vgl. Isok. IV 75–82, s. dazu u. Kap. B.2.4.4.

Das oben geschilderte Problem der scheinbar miteinander unvereinbaren Rede-Teile ergibt sich überhaupt nur unter der Annahme, dass Isokrates gleichzeitig Sparta kritisieren und Athen loben wolle, dass er der einen *pólis* den Anspruch auf *hēgemonía* absprechen, der anderen die *hēgemonía* antragen wolle. Nur wenn die Argumentation in §21–128 zum Ergebnis hat, ausschließlich Athen verdiene die *hēgemonía*,[39] ergibt sich ein Konflikt mit der ‚panhellenischen' Zielrichtung der Schrift insgesamt. Dieses ‚Ergebnis' der §21–128 wurde in der jüngeren Forschung in der Regel selbst dann vorausgesetzt, wenn die Interpreten erhebliche Zweifel an der Stichhaltigkeit der darauf ausgerichteten Argumentation hegten.[40] In der nachfolgenden Untersuchung der Schrift soll dagegen die Frage größere Berücksichtigung finden, mit welchen Reaktionen durch das (Lese-)Publikum Isokrates in seinen Argumentationen im Einzelnen rechnen musste. Auf dieser Grundlage soll die Frage neu gestellt werden, auf welches ‚Ergebnis' der erste große Hauptteil des *Panegyrikos* abzielt und wie er sich infolgedessen mit dem ‚panhellenischen' Anliegen der Schrift verbindet. Ausgehend von der Beobachtung, dass Isokrates an zahlreichen Stellen terminologisch an die Auseinandersetzung mit den ‚Sophisten' in *Gegen die Sophisten*, *Helena* und *Busiris* anknüpft, wird die Stichhaltigkeit der jeweils von Isokrates angeführten Argumente und Exempla an den in diesen Schriften ausgeführten Argumentationsregeln gemessen werden. Es wird sich in der Untersuchung zeigen, dass auch der *Panegyrikos* – ganz ähnlich wie der *Busiris* – einzelne Argumente enthält, die sich bei einer solchen Überprüfung als nicht plausibel erweisen und die Regeln der Argumentation, die Isokrates andernorts benennt, nicht berücksichtigen. Dieser Befund wird abschließend zu deuten sein.

B.2.3 Proömium (§1–14)

Wie in den zuvor publizierten Schriften setzt sich Isokrates auch im *Panegyrikos* im Proömium mit zeitgenössischen Konkurrenten auseinander sowie mit der Frage, welchen inhaltlichen Anspruch an ein vielbehandeltes Thema der Verfasser einer solchen ‚Festrede' zu erfüllen habe.[41]

---

[39] S. dazu u. S. 177 mit Anm. 90, 200 mit Anm. 182.
[40] Z. B. Buchner 1958: 109–110, 119–122, Popp 1968.
[41] Ähnlich wie bei der *Helena* hat man deshalb betont, das Proömium habe mit dem Hauptteil der Rede nichts zu tun (Gillis 1969: 333). Die folgende Untersuchung wird jedoch zeigen, dass die Grundgedanken des Proömiums auch den Hauptteil bestimmen. So entspricht der Kritik des Proömiums an der fehlenden Wertschätzung intellektueller Leistungen in Olympia im Hauptteil die Betonung der Superiorität der athenischen Leistungen aufgrund von deren kulturell–geistigem Gehalt (v. a. Isok. IV 47–50). Edmund Buchner hat das Proömium des *Panegyrikos* systematisch auf darin auftretende literarische Bezüge vor allem zu Lysias untersucht und dabei bereits die systematischen Übernahmen aufgezeigt (Buchner 1958: 16–27). Buchners Fokus lag jedoch fast ausschließlich auf der Evaluation

B.2.3 Proömium (§1–14)

Schon die antiken Kommentatoren fassten die Schrift als bewusstes In-Konkurrenz-Treten des Isokrates zu vorangegangenen olympischen Reden auf, vor allem die *olympiakoí lógoi* des Gorgias und des Lysias seien thematische Vorbilder gewesen.[42] Ganz wie in *Helena* und *Busiris* habe Isokrates mit dieser Schrift ein eigenes Exempel zu einer zuvor bereits behandelten *hypóthesis* abgegeben.[43] Aber auch an den Epitaphien des Archinos, des Thukydides und des Lysias habe er sich bei der Abfassung des *Panegyrikos* bedient.[44] Zudem stellt sich aufgrund mehrerer Parallelen sowie der zeitlichen Nähe die Frage nach dem Verhältnis der Schrift zum platonischen *Menexenos*, der an späterer Stelle nachgegangen werden soll.[45]

Gleich zu Beginn benennt Isokrates sowohl die (fiktionale) Redesituation wie auch die literarischen Vorbilder seiner Schrift (§ 1–2):[46] Er spricht die gymnischen Wettkämpfe im Rahmen ‚panhellenischer' Feste an und fragt, aus welchem Grunde den intellektuellen *agȏnes* nicht die gleiche Aufmerksamkeit zukomme wie den sportlichen. Intellektuelle Betätigung bezeichnet er als „Einsatz im Privaten für das Gemeinwesen", der die höhere Wertschätzung verdiene.[47] Hier wird der Blick auf die Bedeutung des Gemeininteresses (*koinón*) und des Nützlichen (*symphéron*) als den Leitmotiven öffentlichen Handelns

---

des Verhältnisses typisch ‚epideiktischer' und ‚symbuleutischer' Elemente, weniger auf den politischen Kontexten, vgl. die Auseinandersetzung bei Bringmann 1965: 29–30.

[42] Philostr. vit. Soph. 1,17 p. 504, Theon Prog. 155, ähnlich im 11. Jh. Joh. Rhet. proleg. in Hermog. VI 477,26–478,2 (Spengel 1853–1856); vgl. Cartelier/Havet 1862: 222–224, Blaß ²1892: 250–251, Koepp 1892: 477, 479–480 (Gorgias als Hauptvorlage), Meyer (E.) 1902: 362 (Gorgias), Kessler 1911: 7–8, Treves 1933b: 12–13, Jaeger 1947, III: 108, 113 (Gorgias), Buchner 1958: v. a. 10–11 (Lysias als Hauptvorlage), Bringmann 1965: 29 (Gorgias), Lombard 1990: 15 (Gorgias). Schütrumpf 1972: 9–11, 28 bringt darüber hinaus einen *Olympiakos* des Hippias ins Spiel. Von diesem sind indes weder primäre noch sekundäre Zeugnisse erhalten.

[43] Philostr. vit. Soph. 1,17 p.504.

[44] [Plut.] vit. X orat. 837–838, Phot. Bibl. 487a11–17, Theon Prog. 155. Wolff 1895: 14 und Pohlenz 1913: 267–268 betrachteten den lysianischen Epitaphios als unecht und nahmen daher an, Isokrates' *Panegyrikos* habe für diesen als Vorlage gedient. Mit der Annahme von der Echtheit des lysianischen Epitaphios kommt dieser umgekehrt als Vorlage für den *Panegyrikos* infrage (Walberer 1938: 14, 31, Buchner 1958: 11–13, 158–161, Gillis 1971: 53). Dennoch sind die Bedenken bei Hirsch 1966: 5, 163–171 nicht ohne Berechtigung, wonach sich kaum eindeutige Übernahmen finden lassen, die nicht auch der allgemeinen Epitaphientradition zugerechnet werden könnten.

[45] S. dazu u. Kap. B.2.7. Das Verhältnis zu Lysias' *Epitaphios* und zu Platons *Menexenos* bezeichnet Buchner 1958: 11 als das „eigentliche Problem" hinsichtlich der Bewertung der isokratischen Vorlagen.

[46] Zu den Anklängen an die olympischen Reden des Lysias und des Gorgias an dieser Stelle vgl. Buchner 1958: 16–17, Alexiou 2009: 35.

[47] Isok. IV 1–2: „[…] τοῖς δ' ὑπὲρ τῶν κοινῶν ἰδίᾳ πονῆσαι καὶ τὰς αὑτῶν ψυχὰς οὕτω παρασκευάσασιν ὥστε καὶ τοὺς ἄλλους ὠφελεῖν δύνασθαι, […] (2) ὧν εἰκὸς ἦν αὐτοὺς μᾶλλον ποιήσασθαι πρόνοιαν· […]". Sehr ähnlich und wohl aus dem *Panegyrikos* übernommen ist die Formulierung in dem (m. E. unechten) Brief [Isok.] ep. VIII 8. Vgl. außerdem Isok. IX 1–8; Wareh 2012: 143–146.

gerichtet.⁴⁸ Wer den Nutzen für das Gemeinwesen zum Prinzip seines Handelns mache, verdiene die höchsten Auszeichnungen. Diese Bedeutung des *koinón* wird im gesamten *Panegyrikos* – und gerade auch bei der Bewertung der *pólis* Sparta und ihrer Politik – eine zentrale Rolle spielen. Gleichzeitig taucht schon hier das Motiv des intellektuellen Wettstreits auf, zu dem der *Panegyrikos* sich als Beitrag erweisen wird.⁴⁹

Unmittelbar darauf nennt Isokrates das Thema der Schrift sowie seine persönliche Motivation zu ihrer Abfassung:

> (3) Οὐ μὴν ἐπὶ τούτοις ἀθυμήσας εἱλόμην ῥᾳθυμεῖν, ἀλλ᾽ ἱκανὸν νομίσας ἆθλον ἔσεσθαί μοι τὴν δόξαν τὴν ἀπ᾽ αὐτοῦ τοῦ λόγου γενησομένην ἥκω συμβουλεύσων περί τε τοῦ πολέμου τοῦ πρὸς τοὺς βαρβάρους καὶ τῆς ὁμονοίας τῆς πρὸς ἡμᾶς αὐτοὺς οὐκ ἀγνοῶν, ὅτι πολλοὶ τῶν προσποιησαμένων εἶναι σοφιστῶν ἐπὶ τοῦτον τὸν λόγον ὥρμησαν, (4) ἀλλ᾽ ἅμα μὲν ἐλπίζων τοσοῦτον διοίσειν ὥστε πώποτε μηδὲν τοῖς ἄλλοις δοκεῖν εἰρῆσθαι περὶ αὐτῶν, ἅμα δὲ προκρίνας τούτους καλλίστους εἶναι τῶν λόγων, οἵτινες περὶ μεγίστων τυγχάνουσιν ὄντες καὶ τούς τε λέγοντας μάλιστ᾽ ἐπιδεικνύουσι καὶ τοὺς ἀκούοντας πλεῖστ᾽ ὠφελοῦσιν· ὧν εἷς⁵⁰ οὗτός ἐστιν.

> (3) Freilich entschied ich mich nicht dazu, darüber [sc. die geringe Wertschätzung intellektueller Leistung] verzagend mir keine Gedanken mehr zu machen, sondern in der Auffassung, dass mir die aus diesem *lógos* entstehende *dóxa* ein hinreichender Kampfpreis sein werde, komme ich, um zu einem Krieg gegen die Barbaren und zur Eintracht unter uns zu raten; und ich weiß sehr wohl, dass viele, die vorgeben, Weisheitslehrer zu sein, sich an diesem *lógos* versucht haben, (4) jedoch hoffe ich, mich so sehr auszuzeichnen, dass die Anderen niemals irgendetwas darüber gesagt zu haben scheinen. Zugleich bin ich der festen Überzeugung, dass diese die schönsten *lógoi* sind, die sich um die bedeutendsten Gegenstände drehen, die die Qualität der Redner am besten aufzeigen und die den Zuhörern am meisten Nutzen bringen: Zu derartigen *lógoi* gehört auch dieser.

Der Gegenstand der Rede ist also ein Ratschlag (συμβουλεύσων) zugunsten eines Krieges gegen die Perser und zugunsten der Beilegung innergriechischer Konflikte. Ein solcher Redegegenstand gehört zu den bedeutenden Redethemen, mithin zu den *politikoí lógoi*, wie sie in den früheren Schriften gefordert worden waren.⁵¹ Als solcherart

---

[48] Levi 1959: 51, der die Bevorzugung des Geistigen über das Physische als fundamentalen Grundsatz des isokratischen Denkens betrachtet. Eucken 1983: 142–143 sieht hier vor allem einen Hinweis auf die Bedeutung der philosophischen Bildung, diese ist in der o. Anm. 47 zitierten Stelle explizit mitangesprochen (ψυχὰς [...] παρασκευάσασιν), allerdings zeigt die gesamte Rede, dass das *koinón* für Isokrates eine viel umfassendere, unmittelbar politische Bedeutung hat, die nicht zuletzt im Begriff selbst bereits impliziert ist (wiederum Levi 1959: 59).

[49] Heilbrunn 1967: 65. Zur Rolle des intellektuellen Wettstreits als Folge der philosophischen Inspiration durch das Schöne vgl. Eucken 1983: 152, der im gesamten Proömium v. a. die Bedeutung des (Rede-)*agôn* und damit der *panêgyrikoí lógoi* als Redeform für das Gemeinwohl thematisiert sieht.

[50] Bei der unsinnigen Textversion εἷς bei Mandilaras 2003, II: 67 handelt es sich wohl um ein Schreibversehen; vgl. das den MSS entsprechende εἷς in Benseler/Blass 1895, I: 42, Norlin 1929, I: 122, Mathieu/Brémond 1961, II: 16.

[51] Im Olympiakos des Lysias werden ebenfalls große, bedeutende Redethemen als nützlich bezeichnet. Interessant ist, dass Lysias (Lys. XXXIII 3) diese Themen mit *mikrología* und Streitereien um *onómata* kontrastiert, die er als Werke der „σοφιστῶν λίαν ἀχρήστων" betrachtet (Dümmler 1890: 8 mit Anm. 2).

bedeutender *lógos* vermag die Schrift auch mehr als jede andere Art von Rede als *epídeixis* der Fähigkeiten ihres Verfassers zu wirken.[52] Vor allem aber wird eine solche Schrift ihrem Publikum den größtmöglichen Nutzen bringen.

Wie aber ist die genannte Motivation des Isokrates für die Abfassung des *Panegyrikos* zu verstehen? Isokrates gibt an, er bringe seine Rede trotz der fehlenden Wertschätzung des intellektuellen *agón* ein, weil er die *dóxa*, die die Rede verursachen werde, für einen geeigneten Preis halte. Häufig ging man bei der Übersetzung davon aus, dass es sich um die persönliche *dóxa* des Isokrates im Sinne von ‚Ruhm, Ehre' handeln müsse.[53] Fasst man die Stelle in diesem Sinne auf, so könnte man aus §1–3 den Schluss ziehen, Isokrates vertrete hier die Position ‚Mir soll der Ruhm genug sein.' Isokrates würde in diesem Fall ‚Ruhm' als Gegensatz zu den zuvor angedeuteten materiellen Forderungen auffassen. Jedoch erlaubt die Stelle auch eine andere Übersetzung: Versteht man den *dóxa*-Begriff des *Panegyrikos*-Proömiums in gleicher Weise wie den *dóxa*-Begriff der Proömien der vorangegangenen Schriften, vor allem der *Helena*, so ist eine Übersetzung der *dóxa* im Sinne von ‚Urteil, Überzeugung' möglich und ergäbe einen Sinn, der dem erklärten Ziel isokratischer Literatur aus der *Busiris*-Rede, der Beeinflussung der *dóxa* (μεθιστάναι τὴν δόξαν) des Publikums, entspräche,[54] und der sich zugleich mit der im *Panegyrikos* kurz darauf angesprochenen Nützlichkeit der Rede durch das Überzeugen des Publikums verbände.[55] Die Position des Isokrates wäre dann, in den Worten der *Helena*: ‚Mir soll die angemessene *dóxa* genug sein.' Neben der gängigen Übersetzung der Stelle mit

---

[52] Die hier positive Bewertung des Begriffes *epídeixis* (bzw. des Verbums ἐπιδείκνυναι) steht somit nicht im Widerspruch zur Bewertung ‚sophistischer' *epídeixeis* in Isok. XIII, X und XI. Dort werden Schriften kritisiert, die einzig die *epídeixis* bezwecken, während die *epídeixis*, die der *Panegyrikos* leisten kann, eher als Folge seines bedeutenden Gehaltes erscheint; vgl. Hirsch 1966: 1. Kessler 1911: 23 nahm die Stelle zum Anlass zu betonen, dass der *Panegyrikos* neben seinem politischen Anliegen auch dem Zweck diente, als exemplarischer Schultext Verwendung zu finden.

[53] Alle mir zugänglichen Übersetzungen geben *dóxa* im Sinne von ‚Ruhm' wieder. Eindeutig als *dóxa* des Isokrates übersetzen Mathieu/Brémond 1961, II: 15 ("la reputation que me procurer mon discours par lui-même"), Marzi 1991, I: 159 („la gloria che mi deriverà"), Ley-Hutton 1993, I: 44 („der Ruhm, den mir diese Rede selbst einbringen wird"); vgl. außerdem Drerup 1895: 637–638, Alexiou 1995: 139. Ohne eindeutigen persönlichen Bezug auf Isokrates übersetzen Christian 1836, II: 165 („der aus der Rede selbst entspringende Ruhm"), Norlin 1929, I: 121 ("the approbation which my discourse will itself command"), Argentati/Gatti 1965: 129 („la fama che verrà dal discorso stesso"), Papillon 2004: 29 („the glory this discourse will bring").

[54] Vgl. Isok. XI 3 (s. dazu o. S. 152–154).

[55] Der Dativus ethicus μοι bezieht sich eindeutig auf das vorangegangene ἆθλον, so dass sich eine Beziehung der *dóxa* auf den Sprecher der Rede nur kontextuell herstellen lässt, was jedoch nicht zwingend notwendig ist. Wie Isokrates hier erwarten soll, er könne Ruhm erzielen, wenn er unmittelbar zuvor die geringe Wertschätzung beklagt, den intellektuelle Beiträge wie der seine genießen würden, ist fraglich. Gewiss spricht er zuvor von materiellen Ehrungen (§1–2) analog zu den Geschenken, die Sieger in sportlichen Wettkämpfen erhielten, so dass hier ein Gegensatz zwischen ‚Geschenken' und ‚Ruhm' durchaus erkennbar ist. Hinter der Kritik des Isokrates steht aber auch der Gedanke, dass intellektuelle Leistungen trotz ihres großen Nutzens ideell kaum geschätzt würden, wenn man sie nicht auch materiell zu entlohnen bereit sei.

(3) [...] dass mir der aus diesem *lógos* entstehende Ruhm [sc. des Isokrates selbst] ein hinreichender Kampfpreis sein wird [...].

erscheint so auch eine Übersetzung

(3) [...] dass mir die aus diesem *lógos* entstehende Überzeugung [sc. die beim Publikum bewirkt wird] ein hinreichender Kampfpreis sein wird [...].

möglich. Eine Entscheidung zwischen diesen Varianten ist nicht notwendig, da beide Übersetzungen einen nachvollziehbaren Sinn ergeben und sich zudem gegenseitig nicht ausschließen.[56] Die sachliche Überzeugung, mithin die Änderung der *dóxa* des Publikums, mündet notwendigerweise auch in der Anerkennung der Argumentation des Sprechers und beeinflusst so ganz unmittelbar dessen Anerkennung (*dóxa*) als Ratgeber. Isokrates will mit seiner Schrift sowohl die Meinung seines Publikums beeinflussen als auch seine eigene literarische Fähigkeit unter Beweis stellen.

Im weiteren Verlauf des Proömiums (§5–10) stellt Isokrates dar, inwiefern er mit der Publikation einer Schrift zu einem vielbehandelten Thema den *kairós* trifft: Nicht mehr ansprechen könne man ein solches Thema, wenn es sachlich bereits abgeschlossen sei oder wenn ein Vorredner das Thema bereits in unübertreffbarer Ausführung behandelt habe (§5). Beides aber sei bei dem vorliegenden Thema nicht der Fall. Die in Athen bekannten und im *Panegyrikos* adaptierten olympischen Reden des Gorgias und des Lysias werden in diesem Kontext ausdrücklich als schlechte Schriften (φαυλῶς, §6) abqualifiziert. Die Verfasser dieser Reden waren zuvor bereits als nur vorgebliche Weisheitslehrer bezeichnet worden (τῶν προσποιησαμένων εἶναι σοφιστῶν, §4), was an die gleichlautende Kritik an Zeitgenossen und Vorgängern in *Gegen die Sophisten* und im Proömium der *Helena* erinnert.[57] In §6–7 folgt eine erneute Auseinandersetzung mit jenen Thesen, die bereits in den vorhergehenden Schriften kritisiert worden waren:[58]

(7) [...] εἰ μὲν μηδαμῶς ἄλλως οἷόν τ' ἦν δηλοῦν τὰς αὐτὰς πράξεις, ἀλλ' ἢ διὰ μιᾶς ἰδέας, εἶχεν ἄν τις ὑπολαβεῖν, ὡς περίεργόν ἐστι τὸν αὐτὸν τρόπον ἐκείνοις λέγοντα πάλιν ἐνοχλεῖν τοῖς ἀκούουσιν· (8) ἐπειδὴ δ' οἱ λόγοι τοιαύτην ἔχουσι τὴν φύσιν ὥστ' οἷόν τ' εἶναι περὶ τῶν αὐτῶν πολλαχῶς ἐξηγήσασθαι καὶ τά τε μεγάλα ταπεινὰ ποιῆσαι καὶ τοῖς μικροῖς μέγεθος περιθεῖναι καὶ τὰ παλαιὰ καινῶς διελθεῖν καὶ περὶ τῶν νεωστὶ γεγενημένων ἀρχαίως εἰπεῖν, οὐκέτι φευκτέον ταῦτ' ἐστί, περὶ ὧν ἕτεροι πρότερον εἰρήκασιν, ἀλλ' ἄμεινον ἐκείνων εἰπεῖν πειρατέον.

(7) [...] wenn es freilich gar nicht möglich wäre, denselben Sachverhalt auf eine andere Weise darzustellen, sondern nur in einer einzigen Form, dann könnte man wohl unterstellen, dass es überflüssig sei, die Zuhörer erneut zu belasten, indem man auf dieselbe Weise [sc. wie jemand anders zuvor] zu jenen spreche: (8) Da nun aber die *lógoi* von Natur aus so sind, dass es möglich ist, über sie auf viele Weisen Ausführungen zu machen, das Große klein zu machen und dem Kleinen Größe zuzuschreiben, das Alte auf neuartige Weise zu berichten und über das erst jüngst

---

[56] Vgl. die bei Pasini 2009: 115–121 erläuterte doppelte Bedeutung von ‚aktiver *dóxa*' (Überzeugung/Auffassung) und ‚passiver *dóxa*' (Ansehen/Ruhm).
[57] Vgl. Lombard 1990: 57.
[58] Vgl. Isok. XIII 1–8 (s. o. Kap. A.3.2.2), X 1–13 (s. o. Kap B.1.2.1).

Geschehene in altertümlicher Weise zu reden, darf man sich nicht mehr den Themen entziehen, über die andere schon früher gesprochen haben, sondern man muss versuchen, auf bessere Weise als jene zu reden.

Es geht hier erneut um die These, eine Sache könne immer nur auf dieselbe Weise gesagt werden. Nach Aristoteles besagt diese These, wie oben gesehen,[59] zugleich, dass, indem jeder *lógos* (im Sinne von ‚Definition') nur auf ein Signifikat zutreffe, jeder *lógos* diese Sache in wahrer Weise darstelle. Wenn das Argument bei Aristoteles richtig wiedergegeben ist, führte diese Haltung bei Antisthenes zu jenen Positionen von der Unmöglichkeit falscher Aussage und der Unmöglichkeit des Widerspruches, die Isokrates als *lógoi parádoxoi* bekämpft hatte. Nebenbei wird implizit auch eine literarische Praxis angesprochen, die bereits behandelte Themen vermeidet, also nur solche Themen bearbeitet, die zuvor unbehandelt geblieben sind. Auch diese Praxis war im *Helena*-Proömium als Praxis der Verfasser von *lógoi parádoxoi* bekämpft worden.[60] Isokrates lehnt auch hier die These ab, man könne eine Sache nur auf eine Weise darstellen, und verweist in diesem Zusammenhang auf das Wort vom schwächeren und stärkeren Argument und auf die Eigenschaft des *lógos*, Dinge entgegen ihrer Natur, also falsch (*pseudés*), darzustellen. Diese Eigenschaft bezeichnet er ohne weitere Erläuterung als *phýsis* des *lógos*. Um eine argumentative Widerlegung der abgelehnten antisthenischen These geht es ihm nicht.

Diese Stelle ist als ein Hauptbeleg dafür herangezogen worden, Isokrates wolle in seinen Schriften gegen den Anspruch, der Redner müsse die Wahrheit sprechen, die Macht des *lógos* demonstrieren; damit stehe er letztlich auf demselben Standpunkt, den Gorgias und Protagoras dazu eingenommen hätten.[61] Diese Auffassung hat zu Recht die Kritik hervorgerufen,[62] es liege in §8 nicht mehr als ein neutrales Referat dieser sophistischen Position vor. Isokrates stellt die potentielle Täuschungskraft des *lógos* lediglich der Annahme der Wahrheit des *lógos* gegenüber. Die Rede kann das Große klein darstellen

---

[59] S. o. Kap. B.1.4.1.
[60] Vgl. Isok. X 11–13. Darauf, dass dies als gegenwärtige Praxis dargestellt werden soll, deutet die Verwendung der Verneinung οὐκέτι, deren temporaler Aspekt sich im Kontext nicht anders erklären lässt.
[61] Buchheit 1960: 81, 105, Harding 1974: 147, ähnlich (ohne Verweis auf die Sophisten) Too 1995: 53–54 mit Anm. 45., Schiappa 1999: 36, vgl. 39, 79–80 (der in dem Wort vom schwächeren und stärkeren *lógos* allgemein keinen moralischen Relativismus impliziert sieht). Walker 2011: 63 führt zusätzlich noch Isok. X 13, XI 4 und XII 36 sowie [Plut.] vit. X orat. 838–839 als Belege anführt. Richtig ist für alle genannten Stellen, dass sie darauf hindeuten, dass Isokrates dem *lógos* die Macht zuerkennt, ‚das Große klein und das Kleine groß' zu machen. Keine dieser Stellen liefert indes einen expliziten Beleg dafür, dass dieses Potential der Rede bei Isokrates – über die bloße Beobachtung hinaus – auch als wünschenswert für die konkretisierte Rede bezeichnet wird.
[62] Baynes 1955: 147–148, Hirsch 1966: 1, Mikkola 1973: 81, Eucken 1983: 146: „[…] Isokrates hat offensichtlich bewußt an dieses ältere Redeideal angeknüpft und sich zugleich kritisch davon distanziert. Was bei Gorgias oder Tisias als Maxime der Kunst galt, die Macht des Logos in willkürlichem Gebrauch zu bewähren, wird von ihm umgedeutet zu einer allgemeinen Möglichkeit sprachlichen Ausdrucks".

und das Kleine groß, sie kann Altes neu und Neues alt erscheinen lassen; da sie dies kann, ist es auch möglich, ein und dieselbe Sache auf verschiedene Weisen darzustellen. Damit sagt Isokrates in keiner Weise aus, dass die Rede täuschen soll. Unter der Voraussetzung, dass der *lógos* potentiell die Macht der Täuschung besitzt, gilt für den isokratischen Redner im Gegenteil: Er ist gefordert, sich mit eben jenen Themen auseinanderzusetzen, in denen viele diese Kunst der Täuschung betrieben haben. Er soll es besser machen[63] als seine Vorredner, denen hier implizit eben dies vorgeworfen wird, dass sie in ihrer Redekunst falsche Darstellungen präsentieren.[64]

Isokrates fordert also gerade nicht die ausschließlich am formalen Redezweck orientierte Art der Darstellung. Stattdessen sei es Aufgabe der vernünftigen Menschen, die vergangenen Ereignisse in den richtigen Zusammenhang (*kairós*) einzuordnen, über sie richtige Gedanken zu äußern (τὰ προσήκοντα περὶ ἑκάστης ἐνθυμηθῆναι, §9) und die Worte wohlüberlegt zu setzen. Damit verbindet sich zwangsläufig die Vorstellung, dass es auch unangebrachte, falsche Gedanken und Aussagen über diese Dinge gibt. Loben müsse man nicht die Erfinder einer *téchnê* beziehungsweise die Erfinder der ‚Philosophie der *lógoi*‘,[65] sondern diejenigen, die besser als alle anderen ihre *téchnê* anzuwenden verstehen.[66]

Eine Wirkung, die sich außerdem durch die Beschreibung der Macht des *lógos* beim Publikum einstellen kann, liegt in der Sensibilisierung für das Täuschungspotential eines jeden, also auch des vorliegenden *lógos*. Damit aber hat die Stelle das Potential, die Aufmerksamkeit des Publikums gegenüber rhetorischen Übertreibungen, Untertreibungen und Inkonsistenzen zu erhöhen.[67] Wenn Isokrates diese Wirkung einkalkuliert haben

---

[63] Die Wortwahl ἄμεινον impliziert, dass die Verbesserung des *lógos* auf moralischer Ebene erfolgen soll.

[64] Auf einen kritischen Umgang mit dem τά τε μεγάλα ταπεινὰ ποιῆσαι, der das Potential des *lógos* auch als Potential zum Missbrauch erkennt, deutet zudem Isok. X 13, wo von den entlegenen, unbedeutenden Redegegenständen gesagt wird, es sei ganz leicht, diese zu übertreiben. Dass damit der in IV 7–8 angesprochene Satz vom Kleinen und Großen angesprochen ist, zeigt sich im dazu eröffneten Gegensatz: Während bei Unbedeutendem die Übertreibung leicht sei, sei es schwierig große Themen angemessen zu behandeln („τοῦ μεγέθους ἐφικέσθαι").

[65] Die Bezeichnung der eigenen Profession als περὶ τοὺς λόγους φιλοσοφίαν (Isok. IV 10) hat Eucken 1983: 148, 204 überzeugend erläutert als „Weisheitsliebe, die sich sprachlich darstellt".

[66] Isok. IV 10 verwendet erstmals das Verbum ἐπίστασθαι zur Beschreibung der Kompetenz in den Reden. In *Gegen die Sophisten* hatte er die *epistḗmê* auf dem Feld der *lógoi* noch als unerreichbar abgelehnt (s. dazu o. Kap. A.3.2.2). Hier scheint er anzudeuten, dass die in *Gegen die Sophisten* propagierte Übung und Charakterbildung auch zu einer Art konkreter Kenntnis oder Fähigkeit, zu einer *epistḗmê* der richtigen Anwendung einer *téchnê* führen kann.

[67] Vgl. die offene Ablehnung dieses sophistischen Programmwortes in Isok. XV 8. [Longin.] περὶ ὕψους 38 sieht in Isok. IV 8 die Glaubwürdigkeit der folgenden Darstellung infrage gestellt. Dies ist insofern treffend, als die Erwähnung der Täuschungs-Macht des *lógos* auf den Umstand verweist, dass sich ein *lógos* an seiner Wahrhaftigkeit messen lassen muss, nicht an seiner formalen Gestaltung; vgl. Blaß ²1892: 201 (der die Wirkung der Stelle als „Warnungstafel" zwar erkennt, aber davon ausgeht, dass Isokrates diese potentielle Wirkung nicht beachtet habe), Baynes 1955: 147, Bloom 1955: 100–103 (der die Schrift deshalb als bloße *epídeixis* bzw. Werbeschrift betrachtet) und v. a.

B.2.3 Proömium (§1–14)

sollte, wovon auszugehen ist, dann bedeutet dies, dass er den Blick des Publikums auf die Möglichkeit der Verzerrung von ‚Wirklichkeit' im *Panegyrikos* lenken wollte. Wollte Isokrates rhetorische Stil- und Argumentationsmittel zum Zwecke der Persuasion einsetzen, so wäre der Hinweis in §8 seinem Anliegen abträglich. Die Rede vom schwächeren und vom stärkeren *lógos* deutet also darauf hin, dass Isokrates die kritische Auseinandersetzung mit der *alētheia* seiner folgenden Rede herausfordern will.

In §11–12 wendet sich Isokrates gegen Kritiker: Diese kritisierten *lógoi*, die für Nicht-Fachleute[68] zu anspruchsvoll und besonders genau ausformuliert seien.[69] Die Kritiker lobten offenkundig nur solche Redner, die ihnen selbst nahestünden. Isokrates will mit solchen Leuten nichts zu tun haben, sondern wendet sich an jene, die sich nicht mit einfachen[70] Reden beschäftigen, sondern

> (12) [...] ζητοῦντας ἰδεῖν τοιοῦτον ἐν τοῖς ἐμοῖς λόγοις, οἷον παρὰ τοῖς ἄλλοις οὐχ εὑρήσουσιν.

> (12) [...] die derartiges in meinen *lógoi* zu sehen sich bemühen, wie sie es bei den anderen nicht finden werden.

Isokrates stellt seine Schriften in einen erklärten Gegensatz zu solchen Reden, deren situativer Zusammenhang eine einfache Darstellungsweise erforderlich macht, das heißt die im Hinblick auf Publikum, Rezeptionsweise, sachlichen Gegenstand und sonstige Gegebenheiten einer kontingenten Vortragssituation (beispielsweise die streng begrenzte Zeit einer Gerichtsrede) äußeren Zwängen unterliegen, die eine komplexe Behandlung unmöglich machen. Dass er einen in derartigen Reden angemessenen Stil durchaus beherrsche, behauptet Isokrates hier ausdrücklich (§11), jedoch liege die Anwendung eines solchen Stils nicht in seiner Absicht. Er spricht ein Publikum an, dass an einfachen Reden kein Interesse hat und das in seinen Schriften etwas finden will, was bei anderen nicht zu finden sei. Es ist offensichtlich, dass diese hier nicht näher spezifizierte Qualität als höherer Anspruch aufzufassen ist, den Isokrates und sein Publikum vertreten. Worin genau sich dieser höhere Anspruch zeigt, was also die nur bei Isokrates auffindbaren Eigenschaften sind, bleibt jedoch unausgesprochen.

Heilbrunn 1967: 69–71 (ebd. 71:„[...] the point to be made is not that the speech is full of bogus history, but that Isocrates announces the fact", ähnlich Nicolaï 2009: 297). In der Untersuchung des Hauptteils des *Panegyrikos* werden wir dagegen sehen, dass die Schrift tatsächlich Abschnitte mit bewusst platzierten Scheinargumentationen enthält (s. u. Kap. B.2.4.6–7).

[68] Vgl. die Übersetzung von τοὺς ἰδιώτας bei Ley-Hutton 1993, I: 45.

[69] In dieser Bemerkung hat man eine Reaktion auf Alkidamas' Schrift *Über die Sophisten* gesehen, so z. B. Meyer (E.) 1902: 326 Anm. 592, Pohlenz 1913: 205, Wilamowitz-Moellendorff 1919, II: 113, Eucken 1983: 30, 125–129, vgl. den Forschungsüberblick bei Mariß 2002: 27–52. Umgekehrte Abhängigkeit nahm (auf chronologisch nicht haltbarer Grundlage) Walberer 1938: 45–47 an. In Isok. IV 11 sieht Walberer (ebd. 55–58) daher Lysias und seine Schule angesprochen. Gillis 1971: 54 nimmt keine individuelle Kritik an.

[70] Vgl. die Konjektur nach Valckenaer (ἀφελῶς statt dem handschriftlich überlieferten ἀσφαλῶς bei Mandilaras 2003, II: 68), dazu Wersdörfer 1940: 131–134, O'Sullivan 1992: 56, Papillon 2004: 30 mit Anm. 18.

Am Ende des eigentlichen Proömiums spricht Isokrates erklärtermaßen über sich selbst (§ 13–14): Andere entschuldigten sich in ihren Proömien vorab über die mangelnde Qualität ihrer *lógoi* und machten dafür die Spontaneität ihres Auftrittes (ἐξ ὑπογυίου γέγονεν αὐτοῖς ἡ παρασκευή, § 13) oder die hohe Bedeutung des Gegenstandes[71] verantwortlich. Isokrates dagegen erhebt den Anspruch, sowohl in Anbetracht der Bedeutung des Gegenstandes wie auch in Anbetracht der langen Vorbereitungszeit, ja sogar in Anbetracht seiner gesamten Lebenszeit angemessen zu reden. Gelinge ihm dies nicht, so sei jeglicher Spott gegen ihn gerechtfertigt.

Seit der Antike hat man immer wieder auf die lange Abfassungszeit der Schrift hingewiesen, die Isokrates hier – zeitlich unbestimmt – erwähnt und die in späteren Kommentaren deutlich zu hoch auf zehn, teilweise auf 15 Jahre geschätzt wurde.[72] Man hat aus der Erwähnung der Länge der Vorbereitungszeit sowie aus den Bemerkungen über die verschiedenen Stilhöhen den Schluss gezogen, Isokrates setze sich hier mit seinem Zeitgenossen Alkidamas auseinander, der in seiner Schrift *Über die Sophisten* die Verfasser schriftlicher *lógoi* kritisiert hatte.[73]

Eine genaue Angabe zum Abfassungszeitraum macht Isokrates jedoch nicht, und um die konkrete Dauer der Abfassung der Schrift scheint es ihm auch gar nicht zu gehen. Die ‚lange Vorbereitungszeit' führt er als Kontrast an zu dem zuvor als üblich eingeführten Entlastungsargument der Verfasser epideiktischer Reden, die Vorbereitungszeit sei zu kurz gewesen. Um klarzumachen, dass er sich nicht auf das besagte Argument der Spontaneität des Vortrags zurückziehen will, spricht er unbestimmt von der „von mir auf die Rede verwendeten Zeit" (τοῦ χρόνου τοῦ περὶ τὸν λόγον ἡμῖν διατριφθέντος, § 14), die er

---

[71] Isok. X 11 zeigt, dass Isokrates die hohe Bedeutung einer *hypóthesis* durchaus als Schwierigkeit für die literarisch-rhetorische Behandlung anerkennt. Im *Panegyrikos* dient diese Schwierigkeit dazu, Isokrates' hohen Anspruch an sich selbst und sein Schaffen zu dokumentieren: Er lässt sich von der Schwierigkeit eines Themas nicht in seinen Ansprüchen erschüttern. Durch diese Umkehrung des in den Epitaphien üblichen Topos der ‚affektierten Bescheidenheit' (Curtius 1948: 93–95, Loraux 1981: 232) lenkt Isokrates den Blick auf die Sachebene. Er fordert das Wohlwollen des Publikums nicht aufgrund seiner Bescheidenheit, sondern aufgrund seiner sachlichen Argumentation.

[72] Vgl. Quint. inst. X 4,4, Plut. de glor. Ath. 350e, [Plut.] vit. X orat. 837–838, Phot. Bibl. 487a13–14, Tim. FGrH 566 F 139,1–4 (= [Longin.] περὶ ὕψους 4,2). In der modernen Forschung wurden diese Angaben häufig unkritisch übernommen (z. B. Oncken 1862: 23–24, Koepp 1892: 476–477, Cloché 1933: 130, Lombard 1990: 57, Schiappa 1999: 21 Anm. 7, Usher 1999: 298). Frühe Zweifel an der Richtigkeit dieser Angaben äußerte Laistner 1927: 151. Isok. IV 14 erwähnt nur eine lange Zeit der Bearbeitung. Für den *Panathenaikos* gibt Isok. XII 3 und 270 eine Abfassungszeit von über drei Jahren an und begründet diese lange Dauer mit einer Krankheit. Der Passus ist indes nicht wesentlich aussagekräftiger als Isok. IV 14. Die Erwähnung einer unbestimmt langen Abfassungszeit ist an beiden Stellen durch den Argumentationszusammenhang motiviert und somit als literarisch zu betrachten.

[73] Barwick 1966: 220–221, Coulter 1967: 228–230, Eucken 1983: 121–122, Bons 1993: 162, zuletzt Alexiou 2010: 128–129. Einen detaillierten Überblick über die Forschungsdiskussion um das Verhältnis zwischen Alkidamas und Isokrates gibt Mariß 2002: 27–52. Gegen die Annahme einer sich in Isok. IV 11–12 spiegelnden Kontroverse zwischen Isokrates und Alkidamas mit einigen guten Argumenten Jaeger 1940: 143–148, Schiappa 1999: 20 Anm. 7, Mariß 2002: 53–55.

B.2.3 Proömium (§1–14)

dadurch in ihrer Dauer kennzeichnet, dass er sagt, er wolle sogar seine gesamte Lebenszeit als Maßstab für seine Rede verstanden wissen. Der *Panegyrikos* wird so als Frucht der persönlichen *paideía* des Isokrates, als Frucht seines ganzen Wesens charakterisiert.

Isokrates greift mit seiner radikalen Umkehrung des Argumentes der knappen Vorbereitungszeit und der Größe des Themas zwei Vorbilder auf.[74] Zum einen spielt er auf den Epitaphios des Lysias an, in dem gleich zu Beginn sowohl auf die kurze Vorbereitung von nur wenigen Tagen hingewiesen als auch die Behauptung aufgestellt wird, man könne die großen Taten der Gefallenen in „aller Zeit" (πᾶς χρόνος) nicht aufzählen. Sogar die Bitte um Nachsicht bei Lysias taucht bei Isokrates, ins Gegenteil verkehrt, wieder auf.[75] Zum anderen aber zielt der Hinweis auf die Vorbereitungszeit auf den platonischen *Menexenos*, der eben jenes Argument der kurzen Vorbereitungszeit als lächerlich dargestellt hatte, da die Verfasser der Epitaphien ohnehin nur bekannte Standard-Argumente und Klischees verwendeten, die man nicht eigens vorzubereiten brauche.[76]

Isokrates stellt sich im Proömium des *Panegyrikos* in erklärte Konkurrenz zu den Verfassern von olympischen Reden und Epitaphien. Dass beide Genera aufgegriffen sind, wird schon durch die deutlichen Übernahmen aus den Proömien der olympischen Reden und der Gefallenenreden des Gorgias und des Lysias deutlich. Isokrates bezeichnet die auf diesen Feldern bislang erbrachten Leistungen als minderwertig und erhebt den Anspruch, er wolle seinerseits eine unübertreffliche Leistung erbringen. Die Kritik an den Zeitgenossen bezieht sich dabei deutlich auf deren inhaltliche Gestaltung ihrer panegyrischen Reden. Isokrates kritisiert Reden, die sich des Täuschungspotentials der *lógoi* bedienen und stellt diesen solche Reden gegenüber, deren Argumentationen sachlich angebracht seien (τὰ προσήκοντα [...] ἐνθυμηθῆναι, §9). Das Proömium lässt den *Panegyrikos* von Beginn an als politische Schrift erscheinen, die durch die Beeinflussung der *dóxa* des Publikums einen Nutzen erzielen will. Zugleich zeigt es in deutlichen gedanklichen Übereinstimmungen die Nähe der Schrift zu den vorangegangenen programmatischen Schulschriften *Gegen die Sophisten*, *Helena* und *Busiris* auf.[77]

---

[74] Es durchaus denkbar, dass ursprünglich darüber hinaus noch weitere, aus der heutigen Quellenlage nicht mehr zu ermittelnde Bezüge vorhanden waren. Dabei wäre v. a. an den Epitaphios des Gorgias zu denken, dessen Proömium verloren ist.

[75] Lys. II 1; vgl. Buchner 1958: 24–25, Seck 1976: 354–355, Eucken 1983: 150, Alexiou 2005: 58, 2009: 36 und 2010: 31–32, 79. Das Verhältnis zwischen Isokrates und Lysias, insbesondere mögliche Auseinandersetzungen in der Phase der isokratischen Tätigkeit als Logograph (sofern eine solche anzunehmen ist), versucht Tulli 1990: 407–412 nachzuzeichnen.

[76] Plat. Men. 234c, 235c7–d7 (s. dazu u. Kap. B.2.7); vgl. Walberer 1938: 59, Buchner 1958: 24–25, Tsitsiridis 1998: 145–146, 159–160, Alexiou 2005: 58, 2009: 36 und 2010: 31–32, 79, anders Heitsch 2008: 186, 189 der den *Menexenos* von Isok. IV beeinflusst und der *Menexenos*-Stelle die Wirkung einer „öffentliche[n] Verhöhnung" zuschreibt.

[77] Kessler 1911: 23, Seck 1976: 357, 370.

B.2.4 Gegenüberstellung Athen–Sparta (§15–128)

B.2.4.1 Expositio (§15–20)

Zu Beginn des Hauptteils erläutert Isokrates die Bedeutung sowie die relevanten Fragestellungen des Redegegenstandes und bereitet das Publikum so auf die Leitthemen dieses Teils der Rede vor. Vor allem erläutert er schon vor der vergleichenden Darstellung der Leistungen Athens und Spartas, aus welchem Grund er diesen Vergleich einführen wird.

Die Redner früherer Reden zur *hypóthesis* eines Perserfeldzuges hätten in der Sache die richtigen und für die Allgemeinheit relevanten Ratschläge gegeben, indem sie zur Beilegung der innergriechischen Streitigkeiten und zum gemeinsamen Unternehmen eines Perserkrieges aufgerufen hätten. Wenn sie die gegenwärtige Situation innerer Auseinandersetzungen als Unheil und einen möglichen Perserkrieg als nutzbringend darstellten, so sprächen sie durchaus die Wahrheit. Jedoch, so fährt Isokrates fort, begännen sie ihre Argumentation nicht dort, wo es am besten möglich wäre, nämlich bei der Frage, wo man ansetzen müsse, um die innergriechische Einigkeit herstellen zu können:[78]

> (16) Τῶν γὰρ Ἑλλήνων οἱ μὲν ὑφ' ἡμῖν, οἱ δὲ ὑπὸ Λακεδαιμονίοις εἰσίν· αἱ γὰρ πολιτεῖαι, δι' ὧν οἰκοῦσι τὰς πόλεις, οὕτω τοὺς πλείστους αὐτῶν διειλήφασιν. Ὅστις οὖν οἴεται τοὺς ἄλλους κοινῇ τι πράξειν ἀγαθόν, πρὶν ἂν τοὺς προεστῶτας αὐτῶν διαλλάξῃ, λίαν ἁπλῶς ἔχει καὶ πόρρω τῶν πραγμάτων ἐστίν. (17) Ἀλλὰ δεῖ τὸν μὴ μόνον ἐπίδειξιν ποιούμενον, ἀλλὰ καὶ διαπράξασθαί τι βουλόμενον ἐκείνους τοὺς λόγους ζητεῖν, οἵτινες τὼ πόλε τούτω πείσουσιν ἰσομοιρῆσαι πρὸς ἀλλήλας καὶ τάς θ' ἡγεμονίας διελέσθαι, καὶ τὰς πλεονεξίας, ἃς νῦν παρὰ τῶν Ἑλλήνων ἐπιθυμοῦσιν αὑταῖς γίγνεσθαι, ταύτας παρὰ τῶν βαρβάρων ποιήσασθαι.

> (16) Denn von den Hellenen stehen die einen unter unserem Einfluss, die anderen unter dem der Lakedaimonier: Die *politeíai* aber, unter denen sie die *póleis* verwalten, haben die meisten von ihnen derart voneinander gesondert. Wer nun also glaubt, dass die anderen gemeinsam irgendetwas Gutes vollbringen werden, bevor er ihre Führungsmächte versöhnt, der ist allzu naiv und fern jeder Realität. (17) Wer aber nicht nur eine *epídeixis* durchführt, sondern auch Ergebnisse erzielen will, muss solche Argumente suchen, die die beiden *póleis* dazu überreden werden, gleiche Teile untereinander zu machen[79] und einerseits die Hegemonie aufzuteilen, andererseits sich von den Barbaren die Bereicherung zu verschaffen, die sie jetzt von den Hellenen bekommen wollen.

---

[78] Kessler 1911: 8 sah hierin einen Hinweis auf Gorgias und Lysias.

[79] Der Begriff ἰσομοιρῆσαι bezeichnet wohl eine dezidiert aristokratische Gleichheit. Die *Athenaion Politeia* bringt den Begriff mit Solon in Verbindung (Arist. AP 12,3), und in den solonischen Elegien bezieht sich der Begriff der ἰσομοιρίη unmittelbar auf die Abgrenzung der sozialen Elite von den *kakoí* (Sol. F 34,9). Plutarchos verwendet den Begriff für die Gleichheit der Spartiaten untereinander (Plut. apophth. Lac. 226e2). Diesen Begriff wendet Isokrates hier auf außenpolitische Gegebenheiten an. Damit wird hier in der Beschreibung der neu zu etablierenden machtpolitischen Ordnung in Hellas das Bild von aristokratischer Gleichheit evoziert. Isokrates rückt zugleich sein außenpolitisches Programm sprachlich in die Nähe des solonischen Staates.

B.2.4 Gegenüberstellung Athen–Sparta (§ 15–128)

Nicht die Erkenntnis, dass innere Einigkeit und ein ‚panhellenischer' Perserfeldzug von Vorteil wären, ist der entscheidende Ansatzpunkt einer Rede, die zu dieser Politik aufrufen möchte. Diese Erkenntnis entspricht, so macht Isokrates kurz darauf klar, ohnehin der allgemeinen Auffassung (§ 19). Ansetzen muss eine solche Rede bei der Frage, welche Gründe diese Politik verhindern. Die Gründe für die gegenwärtige Misere müssen erkannt, benannt und argumentativ bekämpft werden. Wo dies nicht geschieht – nämlich in den bisher vorgelegten Reden zu diesem Thema – kann man nicht von einer auf praktischen Nutzen zielenden Rede, sondern nur von einer ‚sophistischen' *epídeixis*[80] sprechen.

Isokrates benennt das seiner Meinung nach zugrundeliegende Problem eindeutig: Die griechischen *póleis* sind in zwei Lager gespalten, die nicht nur aufgrund des machtpolitischen innergriechischen Gegensatzes bestehen, der mit dem Gegensatz Athen–Sparta identisch ist, sondern die Folge der verschiedenen Vorstellungen von der richtigen Polisordnung und der Rolle der Bürgerschaft in den *póleis* sind.[81] Der Gegensatz zwischen Athen und Sparta und ihren jeweiligen Gefolgschaften hat daher für Isokrates nicht lediglich außen- oder machtpolitischen Charakter, sondern er liegt auch im Gegensatz der politischen Verhältnisse im Inneren der *póleis* begründet.[82] Angesprochen ist hier der Antagonismus Athens und Spartas als Vorreiter zweier, seit dem späten 5. Jahrhundert einander immer schärfer gegenübergestellter politischer Modelle: Athen als Paradigma

---

[80] Wieder wird eine ‚sophistische' *epídeixis* als Redezweck abgelehnt (Oncken 1862: 44, Buchheit 1960: 121–122). Sullivan 2001: 82–83 ist darin zuzustimmen, dass Isokrates im *Panegyrikos* bewusst mit Konventionen von Anlass und Gestaltung der Rede bricht, auch wenn man für diese Konventionen nicht von einer feststehenden Gattungstypologie ausgehen kann (s. dazu u. Kap. B.2.7). Abzulehnen ist die Ansicht bei Poulakos (T.): 63, wonach Isokrates in der Kritik an den Vorgängern in Isok. IV 15 eine angeblich fehlende Verknüpfung des Lobes Athens mit konkreten auf die Zukunft gerichteten Handlungsvorschlägen anspreche. Wenigstens die olympischen Reden des Lysias und des Gorgias, die in der Kritik gewiss mitangesprochen sind (s. o. S. 165), weisen eine solche Programmatik ja durchaus auf. Das gleiche gilt für die Annahme, Isokrates' führe das Motiv der inneren Einigung der Griechen neu ein (so. Bloom 1955: 64–66).

[81] Walter 2003: 92–93. Der Gedanke findet sich bereits bei Thuk. III 82,1.

[82] Vgl. Buchner 1958: 29, Bringmann 1965: 30–31, Heilbrunn 1967: 82, ähnlich Pointner 1969: 51, 57–58, Bockisch 1975: 242, Eucken 1983: 156–157 mit Anm. 38. Isokrates' Auffassung zur Rolle der *politeía* für den politischen Umgang der *póleis* untereinander steht der platonischen Auffassung vom Begriff der *stásis* nahe. Platon überträgt den ursprünglich innenpolitischen Begriff der *stásis* auf den hellenischen Bereich (z. B. Pol. 470b5–471c3) und beschreibt damit die innergriechischen Konflikte und Lagerbildungen (Schütrumpf 1972: 8–9 mit Anm. 2, 24). So wie die *stáseis* im inneren einer *pólis* verschiedene, in ihrer Auffassung von der *politeía* unvereinbare, Lager darstellen, die sich gewaltsam bekämpfen, so gilt dies bei Platon wie bei Isokrates in ähnlicher Weise für den Antagonismus der jeweiligen Bündnissysteme der Athener und der Spartaner, die ebenfalls stellvertretend für gegensätzliche *politeíai* stehen – und sich gewaltsam bekriegen.

der demokratischen *pólis* steht in den Augen der Griechen Sparta als dem Hort der Oligarchie und Aristokratie gegenüber.[83]

Wenn Isokrates die Gegensätze in den *politeíai* als Grund für die innergriechischen Auseinandersetzungen benennt, dann können damit im Übrigen Konflikte sowohl zwischen den *póleis* wie auch innerhalb der einzelnen *pólis* gemeint sein. Gerade die Wahl des Begriffs *politeíai* erlaubt diese doppelte Bedeutung.[84] Wir werden im Verlauf der Untersuchung immer wieder sehen, dass Isokrates Analogien zwischen innen- und außenpolitischen Verhältnissen herstellt.

Eine Konsequenz, die sich daraus ergibt, ist hier nur implizit erschließbar: Ein Ausgleich zwischen Athen und Sparta muss gleichbedeutend sein mit einem Ausgleich zwischen den verschiedenen politischen Kulturen, und zwar innen- wie außenpolitisch.[85] Spräche Isokrates hier nur von der außenpolitischen Ebene, so müsste man erwarten, dass er diese Spezifizierung auch benennt, anstatt von verschiedenen *politeíai* zu sprechen. Die Bürgerschaft der einzelnen *pólis*, aber auch die Gemeinschaft der *póleis* muss zur Behebung der innergriechischen sozialen und politischen Konflikte dem Ideal der *homónoia* im Sinne eines Bewusstseins der Gemeinsamkeit kultureller Merkmale sowie des politischen Interesses, verpflichtet sein.[86] An dieser Stelle im *Panegyrikos* lässt sich also nachvollziehen, wie eng für Isokrates der Diskurs um die innenpolitische Ordnung mit der ‚panhellenischen' Idee und insofern mit den Erfolgsaussichten eines Perserfeldzuges verknüpft ist.

Die Einführung der *politeíai*-Problematik in §16 dient, wie bereits erwähnt, auch der Vorbereitung auf den umfangreichen Vergleich zwischen Athen und Sparta. Denn Isokrates deutet an, dass in Anbetracht der gegenwärtigen machtpolitischen Realitäten Athen

---

[83] Diese Auffassung des Isokrates lässt sich mit der Politik beider *póleis* gegenüber verbündeten und feindlichen *póleis* in Zusammenhang bringen. Beide *póleis* nahmen aktiv Einfluss auf die innenpolitischen Verhältnisse in den übrigen griechischen *póleis*, indem sie sich durch Unterstützung der jeweils dem ‚eigenen' System nahestehenden *stáseis* politischen Einfluss zu sichern versuchten. In nicht wenigen Fällen wurden sogar den eigenen Anliegen opportune Regime in anderen *póleis* gewaltsam installiert (Phleious: Xen. Hell. V 2,8–10, Theben: Xen. Hell. V 2,25–36, Diod. XV 20, Plut. Pelop. 5). Infolge dieser Dichotomie der politischen Regime und der damit zusammenhängenden Unterstützung opportuner *stáseis* durch die jeweiligen Vormächte ordnen sich demokratisch regierte *póleis* der athenischen und oligarchisch regierte *póleis* der spartanischen Einflusssphäre zu.

[84] Damit muss man das hier gezeichnete Bild nicht mit Buchner 1958: 29 als Rückgriff auf einen vergangenen Zustand auffassen, da der ideologische Gegensatz zwischen ‚Demokraten' und ‚Aristokraten' auch im 4. Jahrhundert existent ist.

[85] Es kann also keine Rede davon sein, dass sich mit der Kritik an der politischen Lagerbildung in Isok. IV 16–17 eine Kritik der spartanischen *politeía* verbinde (so Raoss 1968: 275). Tatsächlich nimmt Isokrates in der Opposition der *politeíai* einen kritischen dritten Standpunkt ein, der diese Opposition als solche infrage stellt. Dies wird besonders deutlich in Isok. IV 75–82, wo als Kontrastfolie zu den realen innenpolitischen Gegensätzen zwischen Athen und Sparta im 4. Jh. das Ideal einer vergangenen, Athen und Sparta gemeinsamen, *politeía* gezeichnet wird (s. dazu u. Kap. B.2.4.4).

[86] Diesen Schluss zieht Levi 1959: 57–58, 60 aus dem *Panegyrikos* (insbesondere aus Isok. IV 15–20).

B.2.4 Gegenüberstellung Athen–Sparta (§15–128)

leicht zu einer Teilung der Hegemonie bereit sein werde, während Sparta die falsche Ansicht (ψευδῆ λόγον, §18) vertrete, einen traditionellen Anspruch auf die Hegemonie zu haben.[87] Aus diesem Grund müsse man den Spartanern beweisen, dass Athen die Hegemonie als Gegenwert für seine Leistungen (τιμή)[88] mehr verdiene als Sparta. Isokrates werde deshalb den größten Teil seiner panegyrischen Rede (τὴν πλείστην διατρίβην, §19) für den Versuch dieser *epídeixis* aufbringen. Der Zweck dieses Abschnittes liege darin, den Weg zu jenem Unternehmen eines von geeinten Hellenen geführten Perserkrieges zu ebnen,

> (20) [...] εἰ δὲ τοῦτ' ἐστὶν ἀδύνατον, ἵνα δηλώσω τοὺς ἐμποδὼν ὄντας τῇ τῶν Ἑλλήνων εὐδαιμονίᾳ, καὶ πᾶσι γένηται φανερὸν ὅτι καὶ πρότερον ἡ πόλις ἡμῶν δικαίως ἦρξε καὶ νῦν οὐκ ἀδίκως ἀμφισβητεῖ τῆς ἡγεμονίας.

> (20) [...] wenn aber dies unmöglich ist, damit ich diejenigen, die dem Wohlergehen der Hellenen im Wege stehen, klar benenne, und damit allen offenbar wird, dass unsere *pólis* sowohl früher zu Recht/gerecht[89] herrschte als auch heute nicht zu Unrecht Anspruch auf die Hegemonie erhebt.

Entweder wird also der Vergleich Athen–Sparta in den §21–128 einen Betrag leisten zu einer erfolgreichen Umstimmung des Publikums (insbesondere der Spartaner, insgesamt aber aller Griechen), so dass der gemeinsame Perserfeldzug seines größten Hindernisses entledigt wird, oder er wird – wenn die Rede ihren Zweck nicht erfolgreich vertreten kann – (1) zeigen, wer die innergriechische Einigung verhindert und so den Griechen schadet, (2) beweisen, dass die athenische Herrschaft (*arché*) vergangener Zeiten gerecht(fertigt) war und (3) dass auch der aktuelle Anspruch auf die *hêgemonía* gerechtfertigt ist.

Dieser Abschnitt hat wesentlich zu der Auffassung beigetragen, Isokrates benutze das symbuleutische Anliegen des *Panegyrikos* nur als Vehikel für eine an alle Griechen gerichtete Lobeshymne auf Athen und die athenische Seeherrschaft. Isokrates setze hier die Begriffe der *arché* und der *hêgemonía* praktisch gleich (diese Auffassung ist seit Edmund

---

[87] Die Einschätzung, die Spartaner würden in ihrer derzeitigen Machtstellung von einer Teilung der Hegemonie nur schwer zu überzeugen sein, ist im Kontext der isokratischen Auffassung zu verstehen, Macht korrumpiere die menschliche Vernunft und führe zu ἀκολασία und ἄνοια (dazu Buchner 1958: 156–157). Ausführlich legt Isokrates seine Haltung dazu in der *Friedensrede* dar (s. dazu u. Kap. B.6.5.2.1): Hinter den Aussagen in Isok. IV 17–18 steht daher die Kritik an der Politik des gegenwärtigen Sparta, die der Machtposition der *pólis* entspringt. Nicht am Text belegbar (und nicht mit den literarischen Vorlagen den *Panegyrikos* vereinbar) ist die Auffassung von Hirsch 1966: 6–7, wonach in Isok. IV 15–20 der Nachweis athenischer Superiorität als hauptsächliche Neuerung in der Behandlung des „panhellenischen" Redegegenstandes dargestellt sei.

[88] Isokrates greift hier den Begriff des „Kampfpreises" aus dem Proömium wieder auf. Damit deutet er an, dass Athen und Sparta in einem *agôn* um das Anrecht auf Hegemonie stehen. Zugleich spiegelt sich hier auf sehr subtile Weise die Schematisierung Spartas als *pólis* des Körperlichen und Athens als *pólis* des Geistig–Kulturellen, da Isokrates schon im Proömium erklärt hatte, geistige Leistungen verdienten höhere *timai* als körperliche, vgl. Isok. IV 1–2 (s. dazu u. Kap. B.2.6), XV 296–298 (s. u. S. 446–448).

[89] Die Formulierung im Griechischen ist doppeldeutig.

Buchner überwunden)[90] oder halte die athenische Seeherrschaft doch zumindest für gerechtfertigt. Dies wird üblicherweise wie folgt begründet:

Die beiden möglichen Wirkungen der Rede, die Isokrates beschreibt, seien miteinander nicht vereinbar, da die (1) Kritik an Sparta sowie ein (3) mit Ansprüchen auf *hêgemonía* verbundenes (2) Lob auf Athen (inklusive der athenischen *arché*) nicht als Argument für einen Ausgleich zwischen Athen und Sparta (und den Griechen insgesamt) verwendet werden könne. Stattdessen belege dieser Vergleich allenfalls Athens alleinige Ansprüche auf die Hegemonie.[91] Diese Wirkung sei zwar von Isokrates nicht als Hauptziel der §21–128 benannt, sondern als sekundäres Ziel für den Fall, dass das Hauptziel nicht erreicht werde.[92] Dieses Hauptziel indes sei in der Situation von 380 derart unrealistisch, dass man nicht annehmen könne, Isokrates habe es ernsthaft im *Panegyrikos* vertreten wollen. Auch die geringe öffentliche Wirkung, die Isokrates von einer ‚panhellenischen' Festrede habe erhoffen können, wurde zur Stützung der Annahme angeführt, Isokrates habe es mit dem Perserfeldzug und der innergriechischen Einigung nicht ganz ernst meinen können.[93]

Gestützt wird diese Annahme durch die Publikationsweise der isokratischen Schriften. Denn als schriftlich publizierte Rede kann der isokratische *Panegyrikos* nicht unmittelbar auf sein Publikum wirken, wie etwa eine authentische Rede vor der olympischen Festversammlung.[94] Die schriftliche Publikation mag auf lange Sicht ein breites Publikum erreichen, wird ihre Wirkung jedoch nicht *ad hoc* entfalten, sondern an vielen verschiedenen Orten und vor allem zu verschiedenen Zeiten, so dass der Autor nur von sehr

---

[90] Vgl. Drerup 1895: 643, Burk 1923: 58, Jaeger 1947, III: 414, Baynes 1955: 145–147, Hirsch 1966: 126–128, 156–162, (implizit) Wilson 1966: 54–55, Wallace 1986: 79, Zajonz 2002: 39 mit Anm. 67. Gegen die Gleichsetzung der Begriffe überzeugend Buchner 1954: 380–381 (der allerdings von einer falschen Deutung von Isok. VIII 91 ausgeht [s. u. S. 423–424]) und 1958: 2–4, 31–32, 39–41, 150, außerdem, in der Sache bereits ähnlich, aber ohne die begriffliche Differenzierung Oncken 1862: 88–89 sowie Levi 1959: 83–84, Dobesch 1968: 41, Allroggen 1972: 40–41, zuletzt Lombard 1990: 107, Bons 1997: 2–3, Demont 2003: 35. Gegen Buchner wandte sich Wallace 1986: 79, vgl. auch den jüngsten Beitrag bei Bouchet 2012: 187–200, der vor Abschluss dieser Arbeit nur noch kursorisch rezipiert werden konnte. Bouchet unterscheidet gegen Buchner zwischen einer rein militärischen (und meist positiven) Verwendung von *hêgemonía* und einer eher politischen, seiner Ansicht nach keineswegs durchweg negativen, Verwendung von *arché*. Ähnlich wie in Bouchet 2007 (s. dazu u. Kap. B.6.4.2.2 Anm. 144) basiert die Begriffsbestimmung allerdings auf einer die spezifische Argumentation vernachlässigenden und insbesondere Ironie und provokante Formulierungen nicht in Erwägung ziehenden Lesart.

[91] Buchner 1958: 3–4.

[92] Buchner 1958: 34, Heilbrunn 1977: 149, Urban 1991: 145.

[93] So etwa Koepp 1892: 478, Heilbrunn 1967: 66–67 (der auch logische Defizite des *homónoia-strateía*-Plans anführt).

[94] Seck 1976: 356.

mittelbarem Einfluss auf die konkrete Realpolitik ausgehen kann. Man wird also kaum davon ausgehen können, dass Isokrates mit einer Umsetzung seiner *symboulé* rechnet.[95]

Andererseits verhindert die fehlende Aussicht auf Umsetzung nicht die Befürwortung einer politischen Idee. Insofern besteht ein erheblicher Unterschied zwischen dem Ziel einer konkreten Umsetzung eines Vorschlags (etwa in Form der Annahme eines Antrags vor einer Volksversammlung) und einer erfolgreichen Einflussnahme auf die Meinung des Publikums, insbesondere des isokratischen Lesepublikums.[96] Diese ist es aber, die Isokrates anstrebt. Die Beeinflussung der Publikumsmeinung ist jedoch ein Ziel, das in jeder Situation (also ebenfalls zeitlos) plausibel verfolgt werden kann. Der Verweis auf die praktische Irrelevanz des Perserkrieges in der Situation von 380 kann also nicht dazu dienen, dem *Panegyrikos* die Zielsetzung abzusprechen, für einen innergriechischen Ausgleich oder das Unternehmen eines Perserfeldzuges zu werben.

Bei genauer Betrachtung zeigt sich außerdem, dass die Aussagen in §19–20 keineswegs eindeutig auf die Absicht der Befürwortung athenischer Seemacht-Ambitionen hindeuten. Vielmehr sind fast alle Aussagen hier doppeldeutig oder unbestimmt formuliert: Isokrates sagt aus, der Vergleich Athen–Sparta werde (1) zeigen, wer die innergriechische Einigung verhindere. Ein deutlicher Hinweis darauf, wen er damit meint, liegt nicht vor. Zwar ist die Annahme naheliegend, es sei Sparta gemeint.[97] Isokrates spricht aber gerade nicht aus, wen er damit meint. Dies wird erst der Vergleich Athen–Sparta ergeben. (2) Es soll gezeigt werden, dass Athens Herrschaft vergangener Zeiten gerecht(fertigt) gewesen sei. Der hier verwendete Ausdruck ist auf bemerkenswerte Weise doppeldeutig: δικαίως ἄρχειν kann sowohl „zu Recht herrschen" wie auch „gerecht herrschen" bedeuten. Dass im isokratischen Denken beide Bedeutungsvarianten sich praktisch entsprechen, indem, wer gerecht herrscht, mit Berechtigung herrscht, wird man voraussetzen können. Damit ist jedoch für die folgende *epídeixis* klar, dass der Nachweis gerechter Herrschaft erbracht werden muss, wenn eine Herrschaft auch als gerechtfertigt erscheinen soll.[98] Entscheidend ist jedoch, dass Isokrates hier nicht ausdrücklich von einer bestimmten, klar erkennbaren Herrschaft – etwa der Herrschaft im Delisch–Attischen Seebund – spricht. Auch hier gilt, dass erst die §21–128 zeigen werden, auf welche frühere Zeit Isokrates anspielt. Als letzte Wirkung der *epídeixis* nennt Isokrates (3) den Nachweis, dass der aktuelle athenische Anspruch auf Hegemonie gerechtfertigt sei. Auf welcher Grundlage dieser Nachweis erfolgen wird, ist ebenfalls unklar und kann erst in der *epídeixis* selbst erhellt werden. Klar ist, dass, sofern die Begriffe *arché* und

---

[95] Nichtsdestoweniger ging man genau davon lange Zeit aus (z. B. Wendland 1910a: 127–128, Münscher 1916: 2186, Jaeger 1947, III: 135, 190, 194–195, Welles 1966: 22, Bockisch 1975: 239).
[96] Vgl. Urban 1991: 143–160 (Bekämpfung der propersischen Tendenz athenischer Politik der 380er Jahre).
[97] Vgl. etwa Kessler 1911: 24 mit Anm. 4, Ollier 1933: 332, Buchner 1958: 38, Grieser-Schmitz 1999: 113, Corbosiero 2001: 18.
[98] Usher 1999: 299 sieht das δίκαιον als zentralen Leitbegriff von Isok. IV 21–132 an.

hêgemonía hier nicht synonym gebraucht werden,⁹⁹ ein Lob nur der vergangenen Herrschaft erzielt werden soll. Für die Zukunft ist nicht *arché*, sondern *hêgemonía* anzustreben.

Es ergibt sich also, dass Isokrates die konkreten Erkenntnisse, die der folgende erste große Hauptteil bringen wird, nicht vorwegnimmt. Erst die Untersuchung dieses Hauptteils kann daher Antworten auf die oben formulierten drei Leitfragen erbringen.

B.2.4.2 Enkomion I: kulturelle Leistungen (§21–50)

Der erste große Hauptteil des *Panegyrikos*, in dem der athenische Anspruch auf die Hegemonie als gerechtfertigt dargestellt werden soll, gliedert sich in mehrere Abschnitte. Der erste (§21–74) präsentiert sich als Lobrede auf Athen und seine kulturellen (§21–50) und militärischen (§51–74) Leistungen bis zu den Perserkriegen. Im zweiten Teil (§75–128) werden die Leistungen Athens und Spartas zunächst in der Zeit seit den Perserkriegen (§75–99), dann in der nachfolgenden Zeit bis in Isokrates' Gegenwart (§100–128) miteinander verglichen.

Zu Beginn der *epídeixis* (§21–23) wirft Isokrates die Frage auf, welche Kriterien darüber entscheiden sollten, welche *pólis* eine hegemoniale Stellung verdiene. Als erste mögliche Kriterien nennt er (§21) die praktische Erfahrung und die vorhandenen Machtmittel (ἐμπειροτάτους ὄντας καὶ μεγίστην δύναμιν ἔχοντας).¹⁰⁰ Über beides verfüge Athen mehr als alle anderen, da Athen einerseits einst die Macht besessen habe und da andererseits niemand eine andere *pólis* nennen könne, die zu Lande eine der athenischen Seemacht vergleichbare Stellung besitze.

Dieses Argument ist erstaunlich schwach:¹⁰¹ Denn es ist offensichtlich, dass die Attribute der größten Machtmittel und der militärischen Stärke zu Lande die zeitgenössischen Leser nicht auf irgendeine *pólis*, sondern unmittelbar auf Sparta stoßen mussten, also just auf jene *pólis*, gegen die sich Athen als überlegen erweisen soll. Denn Spartas Landheer hatte im Jahr 380, fast zehn Jahre vor der spartanischen Niederlage bei Leuktra, noch den Nimbus der Unbesiegbarkeit. Isokrates versucht also Athens Überlegenheit über Sparta gerade auf den Feldern zu erweisen, in denen Spartas Überlegenheit außer Frage steht.

Die hier zunächst genannten Kriterien für die gerechte Zuteilung der Hegemonie erweisen sich somit als geradezu maßgeschneidert für eine Rechtfertigung *spartanischer*

---

⁹⁹ Eine solche begriffliche Unschärfe scheint eher unwahrscheinlich. So deutet Isok. IV 9 darauf hin, dass die exakte Verwendung von Vokabeln von Isokrates zumindest beabsichtigt und beansprucht wird. Vgl. außerdem Buchner 1958: 4, Levi 1959: 83–84, Albini 1961: 207–208 (mit Buchner), anders Zajonz 2002: 39 mit Anm. 67, die in Isok. IV 23–128 eine Rechtfertigung athenischer Ansprüche auf *arché* sieht.

¹⁰⁰ Diesen beiden Kriterien entsprechen in Isokrates' pädagogischen Vorstellungen die Erfahrung (*empeiría*) und technische Kompetenz (*dýnamis*).

¹⁰¹ Vgl. dazu Buchner 1958: 42–44.

Führungsansprüche. Der Hinweis auf die Gleichwertigkeit von See- und Landherrschaft führt bestenfalls zu einer Bewertung Athens und Spartas auf Augenhöhe. Wenn Erfahrung und Machtmittel also als Kriterien für die Zuteilung der Hegemonie gelten sollten, dann lässt sich – anders als von Isokrates behauptet – keine Überlegenheit Athens über Sparta feststellen. Isokrates gibt denn auch zu erkennen, dass er die zuerst genannten Kriterien nicht für relevant hält. Er selbst führt nämlich gleich darauf mögliche Gründe dafür an, weshalb die Kriterien praktischer Macht ungeeignet seien, und er stellt diesen zwei neue Kriterien als Alternative gegenüber (§22).[102] Wenn man die genannten Kriterien der praktischen Macht kritisch sehe, da Macht vergänglich sei,[103] dann kämen als Kriterium das Alter der Ehrenstellung einer *pólis* oder deren Leistungen und Verdienste infrage. Wer also die Hegemonie als erster besessen oder für die Hellenen die größten Leistungen erbracht habe, der sei der Hegemonie würdig. Auch auf Grundlage dieser Kriterien erweise sich Athen als jene *pólis*, die die Hegemonie mehr als alle anderen verdiene.

An dieser Stelle setzt die eigentliche Argumentation ein, die sich im Folgenden ausschließlich auf die beiden letztgenannten Kriterien für die Bewertung der *póleis* beziehen wird. Die Betrachtung dieses Abschnitts und die folgende Argumentation machen klar, dass Isokrates die ersten Kriterien offenbar nur einführt, um sie als irrelevant darzustellen und sich danach ganz auf die für sein Anliegen relevanten Kriterien zu konzentrieren. Diese Kriterien, so wird sich zeigen, führen (anders als das Machtargument) nicht zu einer zwangsläufig am *status quo* orientierten Zuweisung der Hegemonie. Vielmehr spiegeln sich in den Kriterien der Ursprünge der Ehrenstellung der *póleis* und der zugrundeliegenden genuinen Leistungen eben jene Grundlagen eines philosophisch–pädagogisch relevanten Lobes wider, die Isokrates in der Gegenüberstellung vom angemessenen und vom falschen *lógos* in *Helena* und *Busiris* als entscheidend für die Durchführung eines *politikós lógos* präsentiert hatte. Eine bedeutende Genealogie des Redegegenstandes vermag den Gegenstand einer Lobrede positiv darzustellen. Noch entscheidender jedoch sind die *agathá*, die Leistungen, die dieser Gegenstand vorzuweisen hat. Nur wenn positive Leistungen nachgewiesen werden können, erweist sich der jeweilige Gegenstand als lobenswert. Die *epídeixis* der *agathá* Athens aber soll im *Panegyrikos* die Berechtigung athenischer Hegemonie-Ansprüche nachweisen.[104]

Die offensichtliche Identität der isokratischen Kriterien für die richtige Lobrede aus *Helena* und *Busiris* mit den in §22 des *Panegyrikos* genannten Kriterien für den Nachweis

---

[102] Buchner 1958: 42–43, Seck 1976: 359. Isokrates legt die Kritik an den Kriterien praktischer Macht ungenannten Anderen (τινες, Isok. IV 22) in den Mund. Die Art und Weise, wie Isokrates hier relevante Gegenargumente gegen von ihm selbst Vorgebrachtes einführt, erinnert stark an die Argumentationskritik im *Busiris* (Isok. XI 30–33; s. dazu o. S. 130–131), die proleptisch eingeführt, jedoch nicht widerlegt wird.

[103] Der Topos der Vergänglichkeit der Macht ist bei Isokrates immer wieder von großer Bedeutung, insbesondere in *Archidamos* (s. u. Kap. B.5.5.2.4), *Areopagitikos* (s. u. Kap. B.6.4.2.1) und *Friedensrede* (s. u. Kap.B.6.5.2.1).

[104] Buchner 1958: 38.

des berechtigten athenischen Anspruchs auf die Hegemonie qualifiziert den Vergleich zwischen Athen und Sparta in §21–128 recht eindeutig als Enkomion auf Athen.

Erkennt man in der Identität der Kriterien aus §22 und aus *Helena/Busiris* eine Qualifizierung der §21–128 als (dem äußeren Redezweck untergeordnete) Lobrede auf Athen, so ergibt sich mithin, dass die in *Helena* und *Busiris* für die Lobrede formulierten Argumentationsregeln[105] auch für die §21–128 des *Panegyrikos* Gültigkeit besitzen. Der ganze Abschnitt §24–74 dient, wie aus §23 erkennbar wird, dem Lob Athens auf Grundlage der Kriterien des Alters und der erbrachten Leistungen. Entwickelt wird dieses Lob anhand der Darstellung exemplarischer historischer Leistungen Athens. Geschildert werden die Gründungsgeschichte, Poliskultur und Verdienste um die Hellenen in der Zeit bis zu den Perserkriegen (§24–74). Sparta wird in diesem Abschnitt kaum erwähnt, so dass man hier nicht eigentlich von einem Vergleich beider *póleis* sprechen kann. Dennoch ist Sparta an vielen Stellen durchaus präsent. Vor allem die Gründungsmythen beider *póleis* spielt Isokrates geschickt gegeneinander aus, um die Superiorität Athens über Sparta zu erweisen.

Athen, so beginnt Isokrates die Darstellung zur Genealogie (§23), sei nach allgemeiner Ansicht die älteste, größte und namhafteste *pólis*. Damit spielt er auf die Auffassung der Griechen, vor allem der Athener selbst, an, die Athener seien autochthone Ureinwohner Attikas:[106]

> (24) Ταύτην γὰρ οἰκοῦμεν οὐχ ἑτέρους ἐκβαλόντες οὐδ' ἐρήμην καταλαβόντες οὐδ' ἐκ πολλῶν ἐθνῶν μιγάδες συλλεγέντες, ἀλλ' οὕτω καλῶς καὶ γνησίως γεγόναμεν, ὥστ' ἐξ ἧσπερ ἔφυμεν, ταύτην ἔχοντες ἅπαντα τὸν χρόνον διατελοῦμεν, αὐτόχθονες ὄντες καὶ τῶν ὀνομάτων τοῖς αὐτοῖς, οἷσπερ τοὺς οἰκειοτάτους τὴν πόλιν ἔχοντες προσειπεῖν.

> (24) Denn diese [sc. die *pólis* Athen] bewohnen wir nicht infolge der Vertreibung anderer oder infolge der Übernahme einer verlassenen *pólis* oder, weil wir uns aus vielen Völkern zu einem Gemisch versammelt hätten; sondern wir sind von so schöner und vornehmer Herkunft, dass wir die ganze Zeit über im Besitz eben jener *pólis* leben, aus der wir entsprungen sind, da wir autochthon sind und mit denselben Namen die Stadt bezeichnen können, mit denen wir unsere engsten Angehörigen bezeichnen.

Nur, wer eine derartige Abstammung vorweisen könne, so schließt Isokrates den Gedanken ab, könne aus guten Gründen stolz sein und um die Hegemonie sich bewerbend auf seine Herkunft verweisen (§25).

---

[105] S. dazu o. Kap. A.3.3. Einen sachlichen Zusammenhang zwischen *Gegen die Sophisten, Helena* und *Panegyrikos* hat aufgrund der ideellen Grundlagen der Schriften schon Eucken 1983: 92–95 angenommen.

[106] Dieses Motiv findet vor allem in den athenischen Epitaphien Verwendung (Thuk. II 36,1–2, Lys. II 17, Dem. LX 4, auch Plat. Men. 237a7–c5, bei Isokrates außerdem in Isok. VII 70–74, VIII 94); vgl. Pohlenz 1913: 272, Buchner 1958: 45–46, Loraux 1981: 150–151, 195–196, Tsitsiridis 1998: 196–198, Gotteland 2001: 319–330. Angelegt ist es indes bereits in der chthonischen Herkunft der athenischen Gründungsheroen (z. B. Hdt. VIII 55, Soph. Aias 201–204, Isok. XII 126). Zum Autochthonie-Gedanken bei Isokrates vgl. Orth 2006.

B.2.4 Gegenüberstellung Athen–Sparta (§15–128)

Im Abschnitt zur Genealogie wird nicht nur Athens autochthone und daher vornehme Herkunft betont, sondern zugleich auch implizit die Überlegenheit Athens über Sparta in dieser Frage vorgeführt.[107] Denn in jeder der drei hier genannten Alternativen zur autochthonen Herkunft der Athener sind die Spartaner angesprochen, da der spartanische Gründungsmythos Elemente aller dieser Beispiele enthält:[108] Zum einen mussten die Herakliden die Peloponnes erobern. Zum anderen konnten sie wohl auch für die Zeitgenossen des Isokrates als Völkergemisch gelten, da sie dem Mythos zufolge nach ihrer Vertreibung von der Peloponnes über drei Generationen in der Doris lebten und mit ihnen auch Dorer auf die Peloponnes einwanderten.[109] Darüber hinaus kommt für das Beispiel der Besiedlung verlassener *póleis* der Reflex einer vergangenen Heroenzeit der Trojakämpfer infrage, deren vermeintliche Relikte auf der Peloponnes in den Ruinen von Mykene und Tiryns und auch in der mythologischen Bedeutung von Sparta und Pylos deutlich vor Augen standen. Implizit liegt hier somit bereits ein Vergleich der beiden Gründungsmythen vor, der eindeutig zugunsten Athens ausfällt. An späterer Stelle[110] wird Isokrates den spartanischen Gründungsmythos explizit ausführen und die Entstehung Spartas als Verdienst Athens darstellen.

In §26–27 wird die Darstellung der Leistungen Athens eingeleitet: Die Geschichte zeige, dass Athen sowohl im Bereich der Poliskultur als auch auf militärischem Feld Urheberin der größten Güter gewesen sei.[111]

Zunächst (§28–50) beschreibt Isokrates das Wesen und die Kultur der *pólis* Athen und den kulturellen Nutzen, der ganz Hellas durch Athen zuteil geworden sei.[112] Die Beschreibung der athenischen Kultur bedient sich dabei der in den athenischen Epitaphien üblichen Argumente und Motive: Die Entdeckung der Landwirtschaft ist ebenso eine Folge athenischen Wohlverhaltens gegenüber der Göttin Demeter wie die Einführung der Mysterienkulte. Landwirtschaft und Religion werden hier explizit als Grundlagen menschlicher Existenz bezeichnet, die Athen nach ihrer Entwicklung nicht für sich behalten, sondern allen Hellenen zugänglich gemacht habe (§28–33).[113]

Die sozialen Spannungen und Notlagen der Hellenen habe Athen gelöst, indem es die notleidenden Bevölkerungsteile der *póleis* unter athenischen Anführern (*hêgemónas*,

---

[107] Gillis 1971: 57. In Isok. VIII 87–89 (s. dazu u. S. 418–419) zeigt sich, dass Isokrates in späterer Zeit die Autochthonie Athens als infolge der Öffnung der Bürgerschaft für die Ruderer der athenischen Flotte nicht mehr existent betrachtet.

[108] Tigerstedt 1965, I: 28–31, Huttner 1997: 43–64.

[109] Vgl. Isok. VI 16–25, auch Thuk. I 141,6.

[110] Isok. IV 54–65 (s. dazu u. S. 188–190).

[111] Ollier 1933: 358–359 sieht hier Athen als Urheberin der spartanischen *politeía* beschrieben.

[112] Dieser Abschnitt kann als Ethos-Beschreibung Athens aufgefasst werden und entspricht zusammen mit dem vorangehenden Passus zur Autochthonie der Forderung bei Men. Rhet. 420,9–24 wonach epitaphische Lobreden mit einem Lob körperlicher Schönheit, gefolgt von der Präsentation der seelischen Vorzüge zu beginnen sind.

[113] Jaeger 1947, III: 137. Zur Rolle des Mythos von Demeter und Triptolemos als Legitimationsgrund für athenische Vormachtansprüche vgl. Raubitschek 1982.

§35) versammelt und nach siegreichen Feldzügen gegen die Barbaren auf deren Land rings um die Ägäis und auf den Inseln angesiedelt habe (§34–37). Auf diese Weise habe Athen die Barbaren vertrieben und den Hellenen Wohlstand verschafft. In der Beschreibung der Ionischen Kolonisation, die in athenischer Vorstellung ein athenisches Unternehmen war und demzufolge die ionischen *póleis* genealogisch eng mit Athen verband, präsentiert Isokrates ganz nebenbei ein Paradigma für den erfolgreichen Verlauf eben jenes Vorgehens, welches das Programm des ganzen *Panegyrikos* darstellt. Die Ionische Kolonisation wird bei Isokrates zu einem gesamthellenischen Perserfeldzug unter athenischer Hegemonie. Dieser Feldzug findet aus denselben Gründen und in einer identischen Situation der innergriechischen Verhältnisse statt, wie sie Isokrates auch für die Gegenwart der Rede konstatiert: Die Barbaren besitzen das meiste Land, während die Hellenen notleiden und sich gegenseitig bekriegen.[114] Interessant ist, dass Isokrates diese mythhistorische Episode, obwohl er sie als Krieg darstellt, nicht unter den kriegerischen, sondern unter den kulturell–sozialen Leistungen Athens aufführt, also unter jenen Leistungen, die das Zusammenleben der Hellenen in den *póleis* sowie zwischen den *póleis* ermöglichten. Der Aspekt der Ansiedlung bedürftiger Griechen in den Ionischen Apoikien steht hier ganz eindeutig im Vordergrund.[115]

In §38–42 führt Isokrates Leistungen Athens auf, die über die Herstellung eines subsistenzsichernden Zustandes hinausgehen. Athen sei für praktisch alle menschlichen *agathá* verantwortlich. Als erste *pólis* habe Athen Gesetze und eine *politeía* eingerichtet (§39).[116] In Fragen der Blutgerichtsbarkeit seien athenische Gesetze von Beginn an

---

[114] Isok. IV 34–37 mit 168, V 120–121; Kessler 1911: 21, Baynes 1955: 156–157, Buchner 1958: 48–49, Bringmann 1965: 33–34, Hirsch 1966: 33–34.

[115] Hirsch 1968: 8–9. Roth 2003a: 82–83 vermutet hier wohl zu Recht einen Zusammenhang mit Isok. V 120–123, wo Isokrates erstmals die Ansiedlung verarmter Griechen in Kleinasien als wesentlichen Zweck eines Perserfeldzuges nennt; vgl. auch Isok. XII 13–14. Die Annahme bei Loraux 1981: 84, Isokrates spiele mit der Ionischen Kolonisation auch auf die Rolle Ions als von Athen vereinnahmten Heros' an, der die Rolle der *pólis* als Führungsmacht im Delisch-Attischen Seebund mythologisch legitimiere, lässt sich im Text nicht erhärten. Dort wird auf Ion selbst nicht angespielt, und die Zielrichtung der gesamten Schrift deutet eher darauf hin, dass auch das Thema der Ionischen Kolonisation als Motiv des hellenischen Ausgleichs verarbeitet ist.

[116] Beschrieben wird diese hier jedoch nicht, sondern lediglich insgesamt als Leistung aufgeführt. Loraux 1981: 220–221 meint, in der Vermeidung des Begriffs der *dêmokratía* (hier stattdessen *politeía*) spiegele sich eine Abneigung gegen die zeitgenössische Demokratie. Unmöglich erscheint diese Annahme nicht. In jedem Falle erlaubt die Verwendung von *politeía* Isokrates, Athen zur Schöpferin der *pólis*-Staatlichkeit überhaupt zu machen (ebd. 263–264, vgl. Isok. XII 153). Jeder Grundlage entbehrt die Annahme bei Grieser-Schmitz 1999: 116, Isokrates suche mit der Darstellung Athens als Erfinderin der Staatlichkeit die Unterstützung demokratischer *stáseis* außerhalb Athens im 5. Jahrhundert zu rechtfertigen. Vielmehr geht es hier um die Überwindung einer als Gegensatz zur *politeía* empfundenen *tyrannís*; sofern hier auf ein historisches Ereignis angespielt ist, kann dies nur die Überwindung der athenischen Tyrannis und Errichtung der kleisthenischen Demokratie in Athen (!) sein; den Staat des Kleisthenes stellt Isokrates indes später als positiven Kontrast zum von ihm kritisierten Athen des Seebundes dar, vgl. Isok. VII 20–55, s. dazu u. Kap. B.6.4.1.

B.2.4 Gegenüberstellung Athen–Sparta (§15–128)

maßgebend gewesen (§40).[117] Darüber hinaus habe Athen zahlreiche notwendige und nützliche sowie auf die *hēdonḗ* ausgerichtete *téchnai* entwickelt und biete so Arm und Reich die angemessenen Lebensbedingungen (§40–41). Schließlich habe der Peiräus als zentraler Handelsplatz der hellenischen Welt für einen Warenaustausch gesorgt, der die unterschiedlichen natürlichen Voraussetzungen der verschiedenen Landschaften ausgleiche und allen den Bezug fremder Waren erleichtere (§42).[118]

Schließlich werden die *panēgýreis* als Ursprung und Kulminationspunkt ‚panhellenischen' Denkens gefeiert (§43–46). Diese Feste böten den von Natur aus Begabten (τοῖς διενεγκοῦσι τὴν φύσιν, §44) die Gelegenheit, ihre Veranlagung und Fähigkeit zu präsentieren (ἐπιδείξασθαι τὰς αὐτῶν εὐτυχίας, §44). Besonders gelte dies für Athen (§45–47), das die meisten Sehenswürdigkeiten biete und auf diese Weise zahlreiche Besucher anziehe, so dass

(45) [...] εἴ τι ἐν τῷ πλησιάζειν ἀλλήλους ἀγαθόν ἐστι, καὶ τοῦθ᾽ ὑπ᾽ αὐτῆς περιειλῆφθαι.

(45) [...] wenn in gegenseitiger Annäherung etwas Gutes liegt, auch dieses von ihr [sc. der *pólis* Athen] erlangt wird.

Offensichtlich geht es Isokrates hier darum nachzuweisen, dass Athen mehr als alle anderen *póleis* die positiven Wirkungen ‚panhellenischer' Feste erziele, indem seine Poliskultur einer einzigen immerwährenden *panḗgyris* gleichkomme (§46).[119] In Athen finden – etwa bei den Panathenäen – nicht nur gymnische Wettkämpfe statt, sondern auch solche, die sich auf den *lógos* sowie auf die intellektuelle Fähigkeit beziehen (§45). Der Stellenwert von Philosophie und Rhetorik im zeitgenössischen Athen sichert solchen Leistungen jedoch auch außerhalb konkreter Feste Anerkennung. Damit erfüllt das ‚Fest Athen' eben jene Forderung nach Wertschätzung intellektueller Leistung, die Isokrates schon im Proömium erhoben hatte,[120] und es würdigt nicht nur die individuellen körperlichen, sondern auch die der Allgemeinheit nützlichen geistigen Leistungen. Diese Eigenschaft Athens leitet zugleich über zu einer weiteren kulturellen Leistung Athens, der Entwicklung von Philosophie und *lógos*, deren Beschreibung den Höhepunkt und Abschluss des Lobes der athenischen Kultur darstellt (§47–50).

Die in Athen erfundene (§47) Philosophie wird von Isokrates als eine vermittels des *lógos* praktische Vernunft erzielende Lehre vorgestellt:[121] Die verständige Beherrschung

---

[117] Hier spielt Isokrates wohl auf die Rolle des athenischen Areopag im Orestes-Mythos an, wie sie in den Eumeniden des Aischylos dargestellt ist; vgl. Housman 1888: 42, Buchner 1958: 51.

[118] Loraux 1981: 86–87 sieht diesen Passus von kritisch-ironischen Anspielungen auf das athenische Handelswesen beeinflusst, so beispielsweise [Xen.] Ath. Pol. 2,7–11, Aristoph. Sphek. 520.

[119] Vgl. Thuk. II 38,1, wonach in Athen beständig eines der zahlreichen Feste stattfinde. Diesen Gedanken hat Isokrates zu der ‚immerwährenden' *panḗgyris* umgearbeitet; vgl. auch Lys. XXXIII 2; Mathieu 1918: 123, Buchner 1958: 53, Alexiou 1995: 154–155.

[120] Isok. IV 1–3 (s. o. S. 165–168); vgl. Seck 1976: 359–361, Eucken 1983: 153–154.

[121] Vgl. Levi 1959: 66, Haliwell 1997: 113. Buchner 1958: 54–56 kehrt das bei Isokrates gegebene Verhältnis um, wenn er aus dieser Stelle den Schluss zieht, für Isokrates sei in der Theorie die Form des *lógos* wichtiger als der Inhalt. Wenn das εὖ λέγειν Zeichen des εὖ φρονεῖν ist, dann führt die

des *lógos* erscheint als bedeutendstes Merkmal einer guten *paideía* sowie als entscheidendes Unterscheidungskriterium zwischen Mensch und Tier. Das richtige Handeln und den rechten Umgang mit den *kairoí* des Lebens (Vermeiden unnötigen, Ertragen unvermeidlichen Unglücks) könne man nur auf dem Feld des *lógos* erreichen; Erfolg und Misserfolg im Handeln seien den Menschen zuverlässig nach dem Kriterium von Vernunft und Unvernunft zugeteilt. Die aristokratisch-freie (*eleuthérôs*, §49) *paideía* eines Menschen erkenne man daher nicht an Reichtum und äußeren Gütern, sondern am rechten Umgang mit dem *lógos*. Das Lob des *lógos* gipfelt schließlich in dem vielzitierten Satz, Athen zeichne sich derart an Geistes- und Redekraft (*phroneĩn kaí légein*, §50) aus, dass die Schüler Athens Lehrer der Übrigen geworden seien,[122] man die Bezeichnung ‚Hellene' nicht bezüglich der Abstammung, sondern bezüglich der Geisteshaltung verwende und man eher die Träger athenischer *paideía* als die Träger gemeinsamer griechischer *phýsis* ‚Hellenen' nenne.

In dieser Beschreibung der größten athenischen Leistung, der athenischen *paideía*, findet das Lob der athenischen Kultur ihren Höhepunkt, auf den die gesamte vorhergehende Darstellung zuläuft. Schritt für Schritt geht Isokrates von Leistungen, die sich auf die von der menschlichen *phýsis* (§28) vorgegebenen äußeren Zwänge der menschlichen Existenz beziehen (Demetermythos), über zu weniger subsistenzorientierten sozialen (Gesetzgebung, Handel), schließlich kulturellen (Feste) und endlich geistigen Leistungen Athens (Philosophie/*lógos*).[123] In der geistigen Qualität der athenischen Kultur sieht Isokrates die große Leistung Athens, die die *pólis* über ihre Konkurrenten erhebt.[124] Hier

---

Beeinflussung des Denkens zum guten Reden, nicht umgekehrt. Bei Buchner (ebd. 56) führt dieses Missverständnis zu der Beobachtung, Isokrates halte sich nicht an seine eigene Theorie, wenn er in seinen Schriften den Inhalt betont über die Form setze. Tatsächlich entspricht diese Haltung jedoch genau der theoretischen Grundlage seiner *paideía* (vgl. Isok. XIII 21, ep. I 1–6, V 25–29, 93–94).

[122] Isokrates entwickelt hier einen Gedanken aus dem thukydideischen Epitaphios des Perikles weiter (Thuk. II 41,1: Athen als Schule Griechenlands); vgl. Ollier 1933: 331, Treves 1933b: 12, Jaeger 1947, III: 139–140, Lombard 1990: 99. Auch im platonischen *Menexenos* findet sich der Gedanke wiedergegeben, vgl. Plat. Men. 240c–241d; Pohlenz 1913: 281–283 mit Anm. 3, Buchner 1958: 58, Tsitsiridis 1998: 279. Die Vorstellung von Griechen- und Barbarentum als Folge der Bildungssozialisation findet sich daneben noch in weiteren Schriften der ‚Sophistik' (z. B. Antiph. DK 87 B 44 B), Kerferd 1981: 157–159.

[123] Heilbrunn 1967: 96.

[124] Vgl. Seck 1976: 359–360, Alexiou 1995: 155, Timmerman 1998: 152, Heitsch 2000: 401–402. Levi 1959: 62, 64–65 betont einerseits zu Recht, Isokrates führe mit der persönlichen *paideía* des Einzelnen ein neues Kriterium für die Einheit der Griechen ein. Andererseits soll dieses Kriterium dasjenige der ethnischen Abstammung wohl kaum ersetzen (so Mühl 1928a: 33–39, Schmitz-Kahlmann 1939: 67–68 [die zeithistorisch bedingt Isokrates' Überwindung einer vermeintlichen ‚rassischen' Identität kritisiert], Levi ebd., Lombard 1990: 59, Usher 1994: 142–143, Livingstone 1998: 274–275, Alexiou 2010: 162–163), sondern vielmehr ergänzen, so dass keine ethnische Offenheit des Hellenennamens, ebensowenig eine intraethnische Exklusivität desselben (Jüthner 1928: 27–28, Buchner 1954: 379–380, 382–383, Baynes 1955: 152–153, Stier 1955: 145–146, Hirsch 1966: 150, Eucken 1983: 169–170, vorsichtiger Cartledge 1994: 149–150, Haliwell 1997: 114) intendiert ist. Die einfachste Lösung bietet wohl die Annahme, dass Identität durch Bildung hier als faktisch deckungsgleich mit Identität

ist für unsere Untersuchung wichtig, dass in dieser letzten und wichtigsten Leistung Athens der größtmögliche Gegensatz zur *pólis* Sparta besteht, die ihre Vorzüge ausschließlich[125] auf dem Feld der Physis besitzt. Auf jenem Feld, auf dem Athen in Isokrates' Darstellung am meisten glänzt, bleibt Sparta am deutlichsten zurück. Dies wird in den isokratischen Schriften immer wieder vorgeführt,[126] auch wenn es an der vorliegenden, zentralen Stelle des *Panegyrikos* unausgesprochen bleibt. Dennoch dürfte es den zeitgenössischen Lesern vor Augen gestanden haben. Während Sparta in den §21–50 nirgendwo ausdrückliche Erwähnung findet, sind es die beiden Rahmenpartien des Abschnittes (§24–25 zur autochthonen Herkunft der Athener; §48–50 Lob der athenischen *paideía*) in denen ein impliziter Kontrast zu Sparta besonders deutlich zutage tritt. Am Anfang und am Ende der Beschreibung der athenischen Kultur gewinnt der Leser so den Eindruck, dass sich Sparta in den behandelten Punkten negativ von Athen unterscheide.

B.2.4.3 Enkomion II: militärische Leistungen (§51–74)

In den §51–53 leitet Isokrates über zu dem zweiten großen Abschnitt in der Beschreibung der Leistungen Athens (§54–72). Ebenso großes Lob wie für die bereits genannten Leistungen verdiene Athen für seine militärischen Erfolge, die ebenso zum eigenen Wohl wie zum Wohl aller Griechen erbracht worden seien.[127] Dabei erwähnt er Anklagen (κατηγοροῦσί τινες, §53), die gegen das militärische Vorgehen Athens erhoben würden. Diese Anklagen aber gereichten Athen in Wahrheit zum Lob, da sie sich auf die athenische Politik bezögen, den Schwächeren selbst gegen eigene Interessen Unterstützung zukommen zu lassen.[128]

---

durch Abstammung präsentiert werden soll (Treves 1933b: 12, Jaeger 1947, III: 140–141, Buchner 1958: 61–65, Heilbrunn 1967: 107). Damit würde die Aussage einer durchaus alten griechischen Auffassung der Unterscheidung von den Barbaren aufgrund von Bildung (als einem von mehreren Elementen der Konstruktion von Identität und Alterität) nahestehen; vgl. Herakl. DK 22 B 107, Hdt. I 60,3, VII 102,1. Vielleicht ist für Isokrates in diesem Zusammenhang der Sophist Hippias von Elis von besonderer Bedeutung (vgl. dazu Schütrumpf 1972: 19 mit Anm. 2). Vgl. außerdem in diesem Zusammenhang Buchner 1954, Perlman 1967, Corbosiero 2001: 14–16 und (mit gänzlich anderem Ansatz, wonach Isokrates hier einen ‚macchiavellischen' Imperialismus vertrete, der das ‚altruistische' Kulturmotiv nur als Deckmantel für machtpolitische Expansion benutze) Pownall 2004: 25–26.

[125] Vgl. Isok. XI 18–20.
[126] Vgl. auch Isok. XV 296–298, XII 208–209; vgl. Poulakos (T.) 2004: 63–64.
[127] Zur Verbindung dieses militärischen Leistungs-*agôn* mit dem Bildungs-*agôn* der vorhergehenden Kapitel vgl. Eucken 1983: 155.
[128] Mit den hier bereits angesprochenen Anklagen wird sich Isokrates in Isok. IV 100–109 auseinandersetzen. Interessant ist diese frühe Erwähnung der Kritik an Athen auch deshalb, weil die zur Entkräftung der Vorwürfe im Folgenden dargestellten Leistungen der Athener (Isok. IV 53–74 und 75–99) sich nur auf die Zeit bis zu den Perserkriegen beziehen. Dagegen können sich die angesprochenen Vorwürfe nur gegen das Athen des Delisch-Attischen Seebundes richten. Lob und Tadel verteilen sich hier also auf unterschiedliche zeitliche Phasen. Die spätere Auseinandersetzung in Isok.

(52) [...] ἅπαντα γὰρ τὸν χρόνον διετέλεσαν κοινὴν τὴν πόλιν παρέχοντες καὶ τοῖς ἀδικουμένοις ἀεὶ τῶν Ἑλλήνων ἐπαμύνουσαν.

(52) [...] Denn während der ganzen Zeit boten sie [sc. die Athener] die *pólis* als Allgemeingut an, das jenen Hellenen, denen Unrecht getan wurde, immer Hilfe zukommen ließ.

Der Schutz der Schwächeren habe also stets Athens Politik bestimmt. Athen selbst wird so zu einem Gut, auf das alle zurückgreifen können.[129]

Dieser athenische Altruismus wird besonders deutlich in §54–65, wo exemplarische Hilfeleistungen der Athener für andere Griechen vorgestellt werden. Isokrates erwähnt hier zwei mythische Episoden, in denen Athen anderen, denen Unrecht widerfahren sei, geholfen habe: den Mythos von der Belagerung Thebens durch Polyneikes und seine Gefährten und den Mythos von der Rückkehr der Herakliden auf die Peloponnes.[130] In beiden Fällen sei es um Probleme von allgemeinem Belang (πραγμάτων οὐκ ἰδίων ἀλλὰ κοινῶν, §57) gegangen, in denen man sich für gewöhnlich nur an die Mächtigsten um Hilfe wende. Und in beiden Fällen habe Athen mit durchschlagendem Erfolg das Recht der Unterdrückten gegen die Unterdrücker verteidigt (§55–60).

Für den argeischen König Adrastos, der im Kampf um Theben zusammen mit Polyneikes unterlegen war, habe Athen gegen die Thebaner die Durchsetzung des althergebrachten Rechts auf Bestattung der Gefallenen durchgesetzt. Auch den Söhnen des Herakles, die in Athen ihre einzige Hoffnung gesehen hätten (§56), habe Athen geholfen und so die ungerechte Verfolgung durch Eurystheus beendet. Athen erscheint so als *pólis*, die sich in mythischer Zeit durch ihre Rolle als Wahrerin des zwischenstaatlichen Rechts

---

IV 100–109, so wird die Untersuchung zeigen (s. u. Kap. B.2.4.6), ist nicht geeignet, diese Vorwürfe zu entkräften.

[129] Die Bezeichnung Athens als κοινὴ πόλις findet sich auch – als Gegenbegriff zur spartanischen Fremdenfeindlichkeit und *xenêlasía* – im Epitaphios des Perikles bei Thukydides (Thuk. II 39,1); vgl. Mathieu/Brémond 1961, II: 27 Anm. 1.

[130] Beide Episoden hat Euripides in jeweils einer Tragödie verarbeitet (*Hiketiden, Herakliden*). Die gemeinsame Nennung beider Episoden entstammt der Epitaphientradition (vgl. Lys. II 7–16, Plat. Men. 239b3–8, Dem. LX 8), findet sich aber auch bei Hdt. IX 27. Eine Übersicht über die dort häufig genannten militärischen Leistungen Athens gibt Buchner 1958: 65–67. Ausführlicher ist die Übersicht über die historischen Exempla in der Epitaphientradition bei Ziolkowski 1994: 27–29, Tsitsiridis 1998: 244–248 sowie v. a. Gotteland 2001: 125–213. Interessant an der Einführung der mythischen Exempla ist auch die Reflexion (Isok. IV 55) über die Verwertbarkeit des Mythos als Exemplum für die athenischen Leistungen. Die mythischen Exempla werden hier den Exempla der Perserkriegszeit vorangestellt. Möglicherweise liegt in dem Einschub eine Anspielung auf die Athenerrede bei der thukydideischen ‚Tagsatzung in Sparta' vor. Auch die Athener dieser Rede führen die Exempla der Perserkriegszeit an, um Athens Leistungen positiv von denen Spartas abzusetzen. Im Gegensatz zum Isokrates des *Panegyrikos* lehnen sie jedoch die mythischen Exempla explizit ab (Thuk. I 73,2–3; vgl. dazu Hagmaier 2008: 83–84).

B.2.4 Gegenüberstellung Athen–Sparta (§15–128)

gegenüber den schon damals mit ihr konkurrierenden *póleis* Argos, Theben und Sparta als überlegen erwiesen habe (§64–65).[131]

Im Bericht über die Rettung der Herakliden bringt Isokrates den spartanischen Gründungsmythos in unmittelbare Verbindung mit der frühen Macht der *pólis* Athen. Dieser Abschnitt soll deswegen etwas näher betrachtet werden. Athens Stellung als bedeutendste *pólis* der Frühzeit soll anhand des Exemplums der Hilfestellung belegt werden, die die Athener den Herakliden gewährten:[132]

> (56) οἱ δ' Ἡρακλέους παῖδες φεύγοντες τὴν Εὐρυσθέως ἔχθραν [...] τὴν δ' ἡμετέραν [sc. πόλιν] ἱκανὴν νομίζοντες εἶναι μόνην ἀποδοῦναι χάριν ὑπὲρ ὧν ὁ πατὴρ αὐτῶν ἅπαντας ἀνθρώπους εὐεργέτησεν. (57) Ἐκ δὴ τούτων ῥᾴδιον κατιδεῖν ὅτι καὶ κατ' ἐκεῖνον τὸν χρόνον ἡ πόλις ἡμῶν ἡγεμονικῶς εἶχε [...].
>
> (56) Als die Kinder des Herakles aber vor dem Hass des Eurystheus flohen [...], da hielten sie unsere *pólis* als einzige für geeignet, eine Gegenleistung für das zu erbringen, was ihr Vater allen Menschen an Gutem getan hatte. (57) Daraus kann man leicht ersehen, dass auch zu jener Zeit unsere *pólis* eine hegemoniale Stellung innehatte [...].

Der Passus referiert einen Mythos, der in der Zeit vor der mythischen Gründung Spartas – in Isokrates' Worten: lange vor dem Troischen Krieg (§54) – durch die Herakliden angesiedelt ist, und in dem die zukünftigen Gründer Spartas ihre Rettung in der bereits unter allen *póleis* hervorragenden *pólis* Athen und in dem athenischen König Theseus finden.[133] Durch die Erwähnung dieses Mythos soll nicht nur die Gründung Spartas als jünger erwiesen und Athen als bereits vor der Gründung Spartas bedeutendste *pólis* dargestellt werden,[134] vielmehr wird die Gründung Spartas als mittelbare Folge der athenischen Hilfe präsentiert.[135] Aus dieser Verbindung des Heraklidenmythos' mit Athen leitet Isokrates dann auch eine dauerhafte Verpflichtung Spartas zu außenpolitischem Respekt gegenüber Athen ab:

---

[131] Zum Adrastosmythos vgl. Gray 1994b: 87–88, Gotteland 2001: 198–213. Die Zusammenstellung von Athen, Argos, Theben und Sparta als den vier ältesten und bedeutendsten griechischen *póleis* wird später im *Philippos* eine wichtige Rolle spielen (s. dazu u. Kap. B.8.4.1–2).

[132] Buchner 1958: 68, Perlman 1969: 373, Gray 1994b: 88–89 sehen in der Verknüpfung von Herakliden- und Adrastosmythos (Isok. IV 54–65) das Hauptaugenmerk auf die Herakliden gelegt. Der Adrastosmythos diene nur der Verstärkung dieses Exemplums.

[133] Den Mythos erwähnt Isokrates auch in Isok. X 31. Wie dort findet sich auch im *Panegyrikos* der Herakles- mit dem Theseusmythos verbunden (Levi 1959: 66–67). Theseus, dessen Taten in der *Helena* bereits als gemeindienlich dargestellt worden waren (Isok. X 18–38; s. o. S. 100–105), wird im *Panegyrikos* zu einem Wohltäter der Herakliden. Eine ähnliche relative Meliorität Athens über Sparta wird sich in Isokrates' Beschreibung des Verhaltens beider *póleis* während der Perserkriege zeigen (s. u. Kap. B.2.4.5).

[134] Vgl. auch Isok. IV 64; Schmitz-Kahlmann 1939: 70, Tigerstedt 1965, I: 183.

[135] Gray 1994b: 88–89, Grieser-Schmitz 1999: 122–123 sowie v. a. Gotteland 2001: 170–171, 184–185, 192–196. Dies geht deutlich aus Isok. IV 60–61 hervor, wo der athenische Sieg über Eurystheus als Ursache für die Gründung der *pólis* Sparta dargestellt wird. Vgl. zu diesem Motiv in der Literatur des 4. Jhs. (v. a. bei Platon) Wilke 1997: 187–195.

(62) Ὧν ἐχρῆν ἐκείνους μεμνημένους μηδέποτ' εἰς τὴν χώραν ταύτην εἰσβαλεῖν, ἐξ ἧς ὁρμηθέντες τοσαύτην εὐδαιμονίαν κατεκτήσαντο, μηδ' εἰς κινδύνους καθιστάναι τὴν πόλιν τὴν ὑπὲρ τῶν παίδων τῶν Ἡρακλέους προκινδυνεύσασαν, μηδὲ τοῖς μὲν ἀπ' ἐκείνου γεγονόσιν διδόναι τὴν βασιλείαν, τὴν δὲ τῷ γένει τῆς σωτηρίας αἰτίαν οὖσαν δουλεύειν αὐτοῖς ἀξιοῦν.

(62) In Erinnerung daran [sc. die Rettung der Herakliden durch Athen] hätten jene [sc. die Herakliden bzw. die Spartaner] niemals in dieses Land einfallen dürfen, aus dem sie aufbrachen und sich so großen Wohlstand erwarben, und sie hätten die *pólis*, die für die Kinder des Herakles Gefahren auf sich genommen hatte, nicht in Gefahren stürzen dürfen, und sie hätten nicht einerseits den Nachkommen jenes Herakles die Königsherrschaft übergeben, andererseits aber es für richtig halten dürfen, dass die *pólis*, die für die Rettung des Heraklidengeschlechts verantwortlich ist, ihnen Sklavendienst leiste.

Der beschriebene Vorgang der Rettung der Herakliden durch Athen entspricht den zuvor referierten Leistungen Athens im Zuge der Ionischen Kolonisation:[136] Es handelt sich um eine Ansiedlung von Heimatlosen in eroberten Gebieten. Eine weitere Parallele ergibt sich zu einem von Isokrates viel später im *Philippos* beschriebenen Ziel des Perserfeldzuges: der Ansiedlung Heimatloser auf persischem Gebiet.[137] Der spartanische Gründungsmythos wird hier also gezielt dazu eingesetzt, Sparta als abhängig von Athen darzustellen.[138] Die Kritik, die an Sparta geübt wird, richtet sich ausschließlich auf die spartanische Außenpolitik, auf den Umstand, dass Sparta gegen den eigenen Wohltäter Athen Krieg geführt habe. Folge dieses ungerechten Krieges ist eine völlige Verkehrung der Verhältnisse: Einwanderer werden zu Hegemonen (ἡγεῖσθαι, §64) über Autochthone, Empfänger von Wohltaten zu Hegemonen ihrer Wohltäter und ehemalige Bittsteller zu Hegemonen derer, die ihre Bitten erhörten. Die gerechte Ordnung wird auf den Kopf gestellt.

Im Rahmen der Darstellung der athenischen Kriegstaten kommt Isokrates im folgenden Abschnitt (§66–72) auf die Leistungen Athens in Kriegen gegen die Barbaren zu sprechen. Ausdrücklich begründet Isokrates diesen Abschnitt einleitend mit dem symbuleutischen Anliegen des *Panegyrikos*, bei dem es ebenfalls um einen Krieg gegen Barbaren gehe (§66). An der Abwehr der Überfälle durch verschiedene Barbarenvölker zeige sich die Größe Athens ebenso wie an der athenischen Hilfe für Adrastos und die Herakliden (§67–70). Die bedeutendsten Leistungen aber seien in den Perserkriegen erbracht worden. In diesen Kriegen habe sich Athen sowohl gegenüber der zahlenmäßigen Übermacht der Perser wie auch gegenüber der *areté* der Bundesgenossen als überlegen erwiesen (§71–72). Dass Isokrates die athenischen Leistungen in den Perserkriegen besonders herausstellt, ist nicht weiter überraschend in einer Rede, in der Athen als *hêgemón* eines zukünftigen Perserkrieges empfohlen werden soll. Deutlich wird jedoch

---

[136] Isok. IV 34–36.
[137] Isok. V 120–121.
[138] Zudem kann die athenische Hilfe für die Herakliden – ebenso wie die Ionische Kolonisation und der geforderte Perserfeldzug – durch die Beseitigung sozialer Konflikte (nämlich der Ansiedlung des sozialen Unruhefaktors der Heimatlosen) als nützlich für alle Griechen angesehen werden, erfüllt also auch diese Grundforderung an außenpolitisches Handeln bei Isokrates.

B.2.4 Gegenüberstellung Athen–Sparta (§15–128)

schon in dieser kurzen ersten Besprechung der Perserkriege, die nicht mehr als eine Einleitung zu den folgenden Abschnitten (§75–99) ist, dass Isokrates Athens Leistungen auch über diejenigen der anderen Mitglieder des Hellenenbundes zu erheben versucht. Athens Leistungen übertreffen die *areté* der Bundesgenossen, obwohl diese ihre eigenen als unübertreffbar angesehen hätten. In §73–74 wird deutlich, auf wen Isokrates damit anspielt:

(73) Καὶ μηδεὶς οἰέσθω μ᾽ ἀγνοεῖν ὅτι καὶ Λακεδαιμόνιοι περὶ τοὺς καιροὺς τούτους πολλῶν ἀγαθῶν αἴτιοι τοῖς Ἕλλησι κατέστησαν· ἀλλὰ διὰ τοῦτο καὶ μᾶλλον ἐπαινεῖν ἔχω τὴν πόλιν, ὅτι τοιούτων ἀνταγωνιστῶν τυχοῦσα τοσοῦτον αὐτῶν διήνεγκεν […].

(73) Und keiner soll glauben, ich wüsste nicht, dass auch die Lakedaimonier in dieser Situation für die Hellenen Urheber vieler Wohltaten waren: Aber gerade deswegen kann ich die *pólis* [sc. Athen] nur noch mehr loben, da sie, obwohl sie auf solche Rivalen traf, sich vor diesen so sehr hervortat […].

Die Perserkriege stellten in Isokrates Augen den idealen *kairós* dar, um sich um die Hellenen verdient zu machen. In Anbetracht dieser Gelegenheit treten Athen und Sparta, die führenden Kräfte des Hellenenbundes, in unmittelbare Konkurrenz zueinander, in einen Wettstreit darum, wer durch seine Leistungen für die Hellenen die größere *areté* beweise. Zum ersten Mal im Hauptteil des *Panegyrikos* wird damit den Spartanern eine aktive, positive Rolle zugewiesen, wenngleich Athen auch hier überlegen gewesen sein soll.[139] Zuvor waren sie lediglich Objekt der Wohltaten Athens. Nun, so wird hier erstmals angedeutet, werden sie selbst zu Wohltätern der Griechen.

Wichtig für die weitere Untersuchung ist die explizite Feststellung des Isokrates, dass Athens Lob gerade deshalb anhand des Exemplums der Perserkriege besonders überzeugend betrieben werden könne, weil auch Sparta sich in diesem Krieg verdient gemacht habe. Dieser Feststellung liegt offensichtlich die erst im *Areopagitikos* deutlich formulierte Auffassung zugrunde, dass eine rhetorische Synkrisis, das heißt die Gegenüberstellung des Redegegenstandes zu einem Vergleichsobjekt, in Lobreden nur als Vergleich positiver Leistungen erfolgen könne.[140] Für Isokrates wird der *agón* zwischen Athen und Sparta um die *areté* zum Anlass, in den folgenden Abschnitten (§75–99) nochmals ausführlich auf die Zeit der Perserkriege einzugehen. Er tut dies in einem Vergleich der Leistungen beider *póleis*.

---

[139] Bearzot 2007: 67. Gegen den Wortlaut deutet Raoss 1968: 275 die Stelle als Kritik an Sparta.
[140] Vgl. v. a. Isok. VII 70–73, XII 39–42; s. dazu o. Kap. A.3.3 Nr. (1) c. Nur wenn positive Leistungen beider Vergleichsgegenstände einander gegenübergestellt werden, kann der Vergleich zu einer positiven Bewertung führen.

B.2.4.4 Synkrisis I: *politeía* zur Zeit der Perserkriege (§75–82)

Erst mit der Beschreibung der Perserkriege beginnt somit die explizite Gegenüberstellung von Athen und Sparta. Der Vergleich beider *póleis* wird in §100–128 schließlich weitergeführt bis in die jüngste Vergangenheit beziehungsweise in die Zeit des dramatischen Datums der Rede. Dieser lange Vergleich beider *póleis* steht im dispositorischen und sachlichen Mittelpunkt der Schrift. Nachdem die unterschiedliche Bewertung Spartas in §21–74 nur implizit angeklungen war und Sparta überhaupt nur in §54–65 ausdrückliche Erwähnung fand als Objekt athenischen Handelns,[141] ist es erst der direkte Vergleich beider *póleis*, der den Vorrang Athens vor Sparta tatsächlich erweisen soll. So werden erstmals (und ausschließlich) in §75–92 positive Leistungen Spartas erwähnt.[142]

Isokrates beginnt den Vergleich mit einer Darstellung der bis zu den Perserkriegen vorherrschenden *politeía* (§75–81). Dass er dieses Thema aufgreift, begründet er wie folgt:

> (74) Καίτοι μ'οὐ λέληθεν ὅτι χαλεπόν ἐστιν ὕστατον ἐπελθόντα λέγειν περὶ πραγμάτων πάλαι προκατειλημμένων καὶ περὶ ὧν οἱ μάλιστα δυνηθέντες τῶν πολιτῶν εἰπεῖν ἐπὶ τοῖς δημοσίᾳ θαπτομένοις πολλάκις εἰρήκασιν· ἀνάγκη γὰρ τὰ μὲν μέγιστ' αὐτῶν ἤδη κατακεχρῆσθαι, μικρὰ δ' ἔτι παραλελεῖφθαι. Ὅμως δ' ἐκ τῶν ὑπολοίπων, ἐπειδὴ συμφέρει τοῖς πράγμασιν, οὐκ ὀκνητέον μνησθῆναι περὶ αὐτῶν.

> (74) Gleichwohl ist mir nicht entgangen, dass es schwierig ist als letzter aufzutreten und über Dinge zu sprechen, die schon längst abgehandelt worden sind und über die die Bürger, die sich am meisten darauf verstehen, bei den Staatsbegräbnissen Reden zu halten, schon oft gesprochen haben: Denn notwendigerweise hat man das Wichtigste davon bereits verwendet, nur Kleinigkeiten wurden beiseitegelassen. Gleichwohl darf man bei dem Übriggebliebenen, da es dem Anliegen nützt, nicht zögern, dieses in Erinnerung zu rufen.

Wie schon zu Beginn des Hauptteils (§15–20) kommt Isokrates hier auf Reden zu sprechen, die vor der Publikation des *Panegyrikos* sich mit den gleichen Gegenständen befassten. Gemäß Proömium (§7–8) sowie *Helena*[143] sind es gerade jene von vielen Vorgängern behandelten Themen, an denen man sich als Weisheitslehrer beweisen muss. Gleichzeitig handelt es sich bei diesen Themen auch – folgt man dem Argument der *Helena* – um die politisch bedeutenden Gegenstände. Interessant ist die im Vergleich mit der *Helena* identische Verwendung des Begriffs des *mikrón*: Wie dort bezüglich der Helenarede des Gorgias[144] handelt es sich hier bei den Aspekten des Gegenstandes, die von den Vorrednern nicht beachtet wurden, um Kleinigkeiten (*mikrá*). Und wie Isokrates das von Gorgias übersehene *mikrón ti* als den ‚springenden Punkt' betrachtet, erweist sich das in den folgenden Abschnitten Dargestellte als entscheidend für das Verständnis der *epídeixis* in den §21–128 des *Panegyrikos*: Isokrates schildert zunächst die zur Zeit der

---

[141] Die negative Bewertung Spartas betrifft schon an dieser Stelle ausschließlich das Sparta der jüngeren Zeit.
[142] Heilbrunn 1967: 87.
[143] Isok. X 9–10.
[144] Isok. X 14–15 (s. o. S. 89–94).

B.2.4 Gegenüberstellung Athen–Sparta (§15–128)

Perserkriege vorherrschende *politeía*[145] und betrachtet in der Folge deren Wirkung auf die Politik der Athener sowie der Spartaner. Diese *politeía* der Perserkriegsgeneration, so wird sich zeigen, steht als Projektion des politischen Ideals des Isokrates und als Gegensatz zur politischen Realität des 4. Jhs. im Mittelpunkt der gesamten *epídeixis*.[146]

Günther Heilbrunn hat die Erwähnung des *mikrón ti* an der vorliegenden Stelle als Hinweis darauf gedeutet, dass die nachfolgende Behandlung der *politeía* der Vorzeit (§75–81) Beispiel für die in §8 angekündigte *dýnamis* des *lógos* sei, das Kleine (*mikrá*) groß darzustellen.[147] Diese Beobachtung ist wichtig und sicher zutreffend, führt Heilbrunn jedoch zu dem nicht nachvollziehbaren Schluss, dass die Darstellung des Verhaltens der Vorfahren in §75–81 als Parodie aufzufassen sei.[148] Es scheint mir in Anbetracht der Einbindung des *politeía*-Motivs in die gesamte *hypóthesis* des *Panegyrikos* (sowie in das isokratische Denken im Allgemeinen) näherliegen, hierin eine gegen relativistische Anschauungen gerichtete Demonstration zu sehen, auf welche Weise der *lógos* sein Potential sinnvoll einsetzen kann: indem er, was zu Unrecht unwichtig erscheint und daher von den Vorgängern nicht beachtet wurde, in seiner ganzen Bedeutung hervorhebt. Nicht die inhaltliche Fragwürdigkeit von §75–81, sondern die zentrale Bedeutung dieses Abschnitts für die ganze Schrift wird in §74 auf subtile Weise betont.

Dass in §74 auf die entscheidende Bedeutung der folgenden Abschnitte hingewiesen werden soll, bestätigt der Vergleich mit §15–20.[149] Dort spricht Isokrates ebenfalls über seine Vorredner, und er betont, welch entscheidendes Thema diese nicht behandelt hätten: die Darstellung der *politeía*. An beiden Stellen erscheint so die Erörterung der *politeía* als wesentlich für das Verständnis der politischen Verhältnisse in Griechenland. Erst jetzt wendet sich Isokrates also wirklich dem bereits in §16 angekündigten Gegenstand zu, der seiner Auffassung nach sowohl für panegyrische Reden wie auch für Epitaphien entscheidend ist.[150]

---

[145] Isokrates verwendet den Begriff hier nicht. Jedoch beschreibt er faktisch dieselben Dinge, die er an anderen Stellen (Isok. XI 15–29, VII, v. a. 14–15, 20–55) ausdrücklich als Wesensmerkmale der idealen *politeía* benennt. Insbesondere der *Areopagitikos* zeigt, dass für Isokrates die *politeía* als öffentlich organisiertes Bürger-(Bewusst-)Sein beinahe mit dem Begriff der *paideía* zusammenfällt beziehungsweise dass die öffentliche Organisation des Bildungswesens mit dem Zweck der Herstellung eines bestimmten Bürger-Ethos denjenigen Teil der *politeía* darstellt, der in letzter Konsequenz alle anderen Bereiche des Staatswesens bestimmt.

[146] Buchner 1958: 77–87 (Isok. IV 75–99 als „das eigentliche große Paradeigma des Panegyrikos"), Hirsch 1966: 40.

[147] Heilbrunn 1967: 110; s. o. S. 168–169.

[148] Ebd. 110–116. Wenig plausibel ist auch Heilbrunns Auffassung (ebd. 112–113), dass die *politeía* in Isok. IV 75–99 gar nicht thematisiert werde. Hier geht Heilbrunn offenbar von einem die institutionelle Ordnung bezeichnenden *politeía*-Begriff aus, der nicht der isokratischen Wortverwendung entspricht (vgl. dazu Bloom 1955: 10–16, Liou 1990).

[149] S. dazu o. Kap. B.2.4.1.

[150] Die Erwähnung der Staatsbegräbnisse Isok. IV 74 (evtl. Anspielung auf Lys. II 2) macht die Epitaphien-Adaption in Isok. IV 21–128 besonders deutlich; vgl. Buchner 1958: 22, Tsitsiridis 1998: 47.

In §75–81 schildert Isokrates also die politischen Ordnungen und Verhaltensweisen in Athen und Sparta bis in die Zeit der Perserkriege. Dabei kontrastiert er die Verhaltensweisen der Vorfahren meist mit dazu gegensätzlichen Einstellungen, von denen er zwar nicht explizit erläutert, wo er sie als vorherrschend ansieht, die aber durch den Kontrast zwischen Vergangenheit und Gegenwart, der den ganzen *Panegyrikos* durchzieht, von Isokrates als politische Verhaltensweisen der Gegenwart des 4. Jhs. beziehungsweise als demokratische Rechtfertigungen der athenischen Seemachtpolitik gekennzeichnet sind.[151] Die hier skizzierte ideale politische Kultur entspricht in vielem aristokratischen Vorstellungen des 5. und 4. Jhs.[152] Besonders wichtig für die vorliegende Untersuchung ist an diesem Abschnitt der Umstand, dass Isokrates die *politeíai* Athens und Spartas in dieser Zeit als identisch beschreibt, sie sogar als eine gemeinsame *politeía* betrachtet:[153] Für ihre Verdienste um die Herausbildung der Tugend der Kämpfer in den Perserkriegen seien jene zu loben, die vor den Perserkriegen in jeder der beiden *póleis* die Macht innegehabt hätten (δυναστευσάντων ἐν ἑκατέρᾳ τοῖν πολέοιν, §75). Diese Generationen seien für die Art der Erziehung und Ausbildung, mithin für das Wesen der Perserkriegsgeneration und für ihre *areté* verantwortlich.

Zunächst (§76–79) stellt Isokrates die Werte und Verhaltensweisen dar, die die Innenpolitik der Perserkriegsgeneration (und ihrer Vorfahren) bestimmt habe. Diese Beschreibung wird in §80–81 durch die außenpolitischen Vorstellungen, die Isokrates den Vorfahren zuschreibt, ergänzt. Dabei trägt die Darstellung utopische Züge, in denen das traditionell–aristokratische Ideal des Bürgersoldaten beschworen wird, der sein persönliches Interesse dem Gemeininteresse bis in den Tod unterordnet und dessen maßgebliche Handlungsmotivation im Streben nach persönlicher *areté* und daraus abgeleiteten Ehrenbekundungen durch die *pólis* liegt. Im Wesentlichen bezieht sich diese Utopie also weniger auf konkrete Institutionen als auf eine allgemeine politische Kultur, auf das Verhältnis des einzelnen Bürgers zum Gemeinwesen.[154] Die Vorstellungen der §75–81 werden sich

---

[151] Grieser-Schmitz 1999: 124. Die eigene Zeitgeschichte hatte Isokrates bereits in der Rede *Gegen Euthynous* in einen Gegensatz zu einem besseren Zustand der Vergangenheit gestellt (vgl. Isok. XXI 12, hinsichtlich der Wertschätzung reicher Bürger); vgl. Classen 2010: 5. Nicht nachvollziehbar ist die Beobachtung bei Heilbrunn 1967: 110–116, v. a. 112, in Isok. IV 75–82 finde gerade keine Kontrastierung des Idealstaates mit der Gegenwart statt.

[152] Buchner 1958: 85–86 und Bringmann 1965: 83–85 sehen hier die ‚gemäßigte' Position eines Theramenes vertreten.

[153] Auf die Bedeutung dieses Umstandes haben zuerst Jaeger 1947, III: 141–142 und Buchner 1958: 74–75 hingewiesen. Man beachte, dass in Isok. IV 16 davon die Rede ist, dass die *politeíai* (Plural!) der Grund für die gegenwärtigen griechischen Verhältnisse seien. Offensichtlich besteht in Isokrates' Augen die *koinê politeía* der Frühzeit in der Gegenwart des 4. Jh. nicht mehr. Das Bild einer einzigen, nicht in konkurrierende Vorstellungen differenzierten *politeía* der Vorzeit, findet sich auch im *Panathenaikos* (Isok. XII 119), wo Isokrates explizit betont, dass man zur Zeit dieser *politeía* von *dêmokratía* oder *oligarchía* noch gar nicht gesprochen habe, sondern nur zwischen *politeía* und *monarchía* unterschieden habe.

[154] Vgl. Buchner 1958: 76–77, 92, Gillis 1971: 65–66.

B.2.4 Gegenüberstellung Athen–Sparta (§15–128)

später weitgehend unverändert im *Areopagitikos* und in der *Friedensrede* wiederfinden.[155]

Einrichtungen oder Gesetze sind, wie aus dem Passus selbst, noch deutlicher aber aus dem *Areopagitikos*[156] hervorgeht, für die gute Polisordnung der Zeit vor den Perserkriegen nicht entscheidend. Vielmehr muss die *politeía* das tägliche Verhalten, die Gewohnheiten der Menschen (τῶν καθ' ἑκάστην ἡμέραν ἐπιτηδευμάτων, §78), beeinflussen. Eine fast wörtliche Übereinstimmung mit dieser Stelle findet sich im Epitaphios des Perikles bei Thukydides, wo die spartanische Kontrolle der Gewohnheiten negativ mit der athenischen Handlungsfreiheit kontrastiert ist.[157] Während der thukydideische Perikles Sparta einen beständigen gegenseitigen Argwohn der Bürger bescheinigt und dieser gegenseitigen Kontrolle des Privatlebens den Gesetzesgehorsam der Athener gegenüberstellt,[158] stellt ‚Isokrates' sein Ideal anders dar: Gerade für den Bereich der Regelung des täglichen Lebens seien die Gesetze der Vorfahren wichtig gewesen – nicht nur für den öffentlichen Bereich.

Die ideale Grundhaltung der Bürger gegenüber der *pólis* beschreibt Isokrates wie folgt: (1) Öffentliche Mittel werden so sorgsam verwaltet wie der eigene Besitz, dennoch nicht als Eigentum betrachtet, so dass die Interessen der Allgemeinheit gewahrt bleiben (§76). Die Gegenüberstellung zwischen *ídion* und *koinón*,[159] die hier auftaucht, wird die gesamte Darstellung der ‚*politeía* der Vorväter' bestimmen.[160] (2) Nicht Reichtum bildet die Grundlage für die *eudaimonía* (§76), sondern ein Handeln,

(76) [...] ἐξ ὧν αὐτός τε μέλλοι μάλιστ' εὐδοκιμήσειν καὶ τοῖς παισὶ μεγίστην δόξαν καταλείψειν.

(76) [...] durch das man selbst am meisten Ansehen gewinnen und den Kindern die größte *dóxa* hinterlassen werde.

Ein auf persönliche *eudokimía* und *dóxa* der Nachkommen gerichtetes Handeln führt zum Glück. Dies kann – aufgrund der engen Verwandtschaft der beiden Begriffe – als Beleg dafür angesehen werden, dass der persönliche gute Ruf zu Lebzeiten und nach dem

---

[155] Vgl. Ollier 1933: 350–351, Buchner 1958: 77–87, 87–95 (zu Isok. IV 80–85), Bringmann 1965: 64 mit Anm. 3, 87.

[156] Isok. VII 20–55 (s. dazu u. Kap. B.6.4.1).

[157] Thuk. II 37,2: „[...] τὴν πρὸς ἀλλήλους τῶν καθ' ἡμέραν ἐπιτηδευμάτων ὑποψίαν [...]"; vgl. Buchner 1958: 81.

[158] Auch bei Thukydides (Thuk. II 37,3) erscheinen die ungeschriebenen Gesetze, die über Ehre und Schande bestimmen, als bedeutend (Loraux 1981: 183–184). Loraux sieht nichtsdestoweniger auch die schriftlich kodifizierten Gesetze implizit als Grundlage des demokratischen Systems angesprochen. Dass die Idee ungeschriebener Gesetze gegen Ende des 5. Jhs. als antidemokratisch aufgefasst wurde, belegen die von Andok. I 77–86 zitierten athenischen Psephismata.

[159] Zur Trias der Begriffe *ídion, koinón, allótrion* bei Isokrates s. u. Exkurs I (Kap. D.1.1).

[160] Die von Isokrates skizzierte ideale Haltung zum öffentlichen Gut (vgl. auch Isok. VII 24–25) entspricht der bei Solon F 3,12–13, F 23,1 (G/P), Arist. AP 8,5, Plut. Sol. 20,1 überlieferten Position Solons (*stásis*-Gesetz); vgl. Buchner 1958: 78, Levi 1959: 59.

Tode Isokrates ein besonderes Anliegen war.[161] Da Isokrates in der Vermittlung einer vernunftgesteuerten *dóxa* (im Sinne der Urteilskraft) die beste Möglichkeit des Ruhmerwerbes sah,[162] ist es naheliegend, auch hier davon auszugehen, dass Isokrates zugleich von der Sorge der Vorfahren spricht, den eigenen Nachfahren Urteilskraft und somit die Fähigkeit vernünftigen Handelns zu vermitteln.[163] Zum anderen ergibt sich daraus, dass Isokrates, indem er die Ausrichtung des Handelns der Vorfahren auf pädagogische Zwecke betont, nicht nur deren *paideía* lobt, sondern zugleich sein eigenes Handeln in die direkte Tradition dieser *paideía* der Vorfahren stellt.[164] Denn das Ziel der Lehrtätigkeit des Isokrates ist die Urteilskraft (*dóxa*) seines Publikums.[165]

Verfolgen wir die Beschreibung der idealen *politeía* weiter: (3) Nicht gegenseitige Frechheit und Tollheit (τὰς θρασύτητας […] τὰς τόλμας, §77) – verstanden als politische Eigenschaften der ‚radikalen' Demokratie[166] – bestimmten das politische Handeln, sondern das Gefühl persönlicher Verantwortung für öffentliches Handeln (§77); wieder wird hier das Verantwortungsgefühl der Vorfahren für die *koiná* herausgehoben, das größer gewesen sei als die gegenwärtige Sorge um Privatbesitz.[167] Dabei wird (4) der Tod im Einsatz für die *pólis* explizit erwähnt als kleineres Übel im Vergleich zu einem schlechten Ruf bei den Mitbürgern (§77).[168] (5) Die Gesetze der idealen Polisordnung zielen auf die Verbesserung der Alltagsgewohnheiten der Bürger, auf eine gesunde Einstellung gegenüber dem Gemeinwesen. Viele Gesetze für spezifische Privatangelegenheiten sind daher nicht nötig:

> (78) […] ἠπίσταντο γὰρ ὅτι τοῖς καλοῖς κἀγαθοῖς τῶν ἀνθρώπων οὐδὲν δεήσει πολλῶν γραμμάτων, ἀλλ' ἀπ' ὀλίγων συνθημάτων ῥᾳδίως καὶ περὶ τῶν ἰδίων καὶ περὶ τῶν κοινῶν ὁμονοήσουσιν.

---

[161] Ebenso ist die Stelle in der Regel gelesen worden (Buchner 1958: 78 sowie die Übersetzungen bei Christian 1836, II: 192, Norlin 1929, I: 165, Mathieu/Brémond 1961, II: 33, Argentati/Gatti 1965: 144–145, Marzi 1991, I: 189, Ley-Hutton 1993, I: 58, Papillon 2004, II: 45–46).

[162] S. dazu o. S. 167–168.

[163] Diese Deutung fügt sich besser zum vorangehenden Lob der erzieherischen Leistung der Vorfahren (Isok. IV 75) als die Annahme, sie achteten nur auf den Nutzen, den der eigene Nachruhm den Nachfahren bringe (so z. B. Classen 2010: 69–70). Anders Heilbrunn 1967: 114, der in dem ganzen Abschnitt eine Kritik an „thirst for reputation, honor and glory" der Vorfahren sieht.

[164] Die Identität der *paideía* der Vorfahren und der des Isokrates im Zusammenhang mit Isok. IV 47–50 betont Heitsch 2000: 401–402. Zur im späten 5. und 4. Jh. verbreiteten Auffassung von der Rolle der *paideía* für die Bürgergesinnung vgl. Bringmann 1965: 21.

[165] Vgl. Isok. IV 1–3 (s. o. Kap. B.2.3), XI 3 (s. dazu o. S. 152–154).

[166] Buchner 1958: 79, Hirsch 1966: 43.

[167] Vgl. hierzu Anm. 159. In der Gegenwart erscheinen die *ídia* als einziger Bereich, um den sich die Bürger überhaupt kümmern.

[168] Zur Bedeutung der *eúnoia* im Denken des Isokrates de Romilly 1958: 92–101, bes. 95–98, Constantineau 1993: 390, Walter 1996, 438.

B.2.4 Gegenüberstellung Athen–Sparta (§15–128)

(78) [...] denn sie wussten, dass die *kaloikagathoí* unter den Menschen nicht vieler Schriftstücke[169] bedürfen, sondern, dass sie auf Grundlage weniger Übereinkünfte in privaten Angelegenheiten ebenso wie in öffentlichen[170] leicht einen Konsens herstellen.

Die Gesetze dienten also zur Zeit der Vorväter dazu, die Bürger zu *kaloikagathoí*[171] zu machen,[172] die aufgrund ihrer persönlichen Einstellung den innenpolitischen Frieden zu wahren imstande wären (§78). Dazu passt (6) die Einschätzung des idealen politischen Streits, der sich, getragen von eben diesen *kaloikagathoí*, als Wettstreit um die größten Verdienste um die *pólis* darstellt (§79). Der Wettstreit der Vorfahren besteht insofern in einem Wettstreit um die *areté* – auch das Verhalten Athens und Spartas in den Perserkriegen wird Isokrates später als Wettstreit beider *póleis* um die *areté* darstellen.[173] Im Gegensatz dazu erscheint die gegenwärtige *stásis* als Kampf um die innenpolitische *arché*. Der Wettstreit der Vergangenheit will der *pólis* Güter verschaffen (τὴν πόλιν ἀγαθόν τι ποιήσαντες, §79), die gegenwärtige *stásis* strebt nach größtmöglicher Herrschaft (τῶν λοιπῶν ἄρξουσιν, ebd.).

In §80–81 wird die Haltung der einzelnen Bürger gegenüber ihrer *pólis* übertragen auf das Verhalten der einzelnen *póleis* gegenüber der Gesamtheit der griechischen *póleis*:

---

[169] Zur isokratischen Kritik an der großen Zahl von Einzelgesetzen in Athen vgl. Bringmann 1965: 91–94. Hirsch 1966: 41–46 sieht in dieser Haltung zugleich eine prinzipielle Anerkennung der Methode schriftlicher Publikation von Gesetzen, was sich gegen die Ablehnung dieser Praxis durch die aristokratischen ‚Spartafreunde' richte. Dagegen ist einzuwenden, dass zwar die spartanischen *rhêtrai* schon begrifflich auf mündliche Gesetzestradition verweisen (Luther 2007: 391 mit Anm. 59), worauf vielleicht auch das angeblich lykurgische Verbot der Verschriftlichung zurückgeht (Plut. Lyk. 13,1–4), dass aber in Athen auch die spartanischen Gesetze als *nómoi* bezeichnet wurden, sich mithin aus der Wortwahl kein Kommentar zur Praxis der Verschriftlichung ableiten lässt. Allgemein kann die Forderung nach Verringerung der Zahl der Gesetze jedoch aristokratischem (und damit potentiell philolakonischem) Denken zugeordnet werden; vgl. den Versuch der ‚Dreißig' von 404, die Gesetze auf den (angeblich) ‚solonischen' Grundbestand zu reduzieren (Xen. Hell. II 3,2,11; vgl. Levi 1959: 38–40, Hirsch 1966: 45, Welwei 1999: 248–249).

[170] Auch hier spiegelt sich das bereits angesprochene Schema von *ídia* und *koiná* (s. u. Exkurs I, Kap. D.1.1): Da das Verantwortungsgefühl der Vorfahren gegenüber privaten und öffentlichen Angelegenheiten sich nicht (wie in der Gegenwart) unterschied, konnten die Gesetze ihre ordnende und konfliktvermeidende Wirkung auf beiden Ebenen gleichermaßen entfalten. Eine ganz andere Auffassung findet sich bei Thuk. II 37,2–3, wo Perikles die athenische Gesetzestreue ausdrücklich dafür lobt, dass sie sich auf den öffentlichen Bereich beziehe, während das Private nicht reglementiert werde. Bei Isokrates wird ein solches Verhalten als verantwortungslos gekennzeichnet; vgl. Buchner 1958: 81.

[171] Der Begriff der *kalokagathía* verbindet sich im politischen Denken des 5. und 4. Jahrhunderts besonders mit der *pólis* Sparta, vgl. dazu Bourriot 1996. Isokrates bringt auch auf dieser Ebene die ideale Polisordnung in Verbindung mit der *pólis* Sparta und ihren politischen Begriffen.

[172] Vgl. auch Isok. IV 75: „[...] τὰ πλήθη προτρέψαντες ἐπ' ἀρετὴν [...]." Diesen Anspruch der Polisordnung erklärt Isokrates in Isok. VII 20–55, bes. 36–49, ausführlicher. Aus dem dortigen Passus geht hervor, dass sich die Gesetze in erster Linie auf die *paideía* beziehen, die für die moralische Ausbildung der Bürger die größte Bedeutung hat, vgl. Buchner 1958: 80.

[173] Vgl. Isok. IV 85–99; Buchner 1958: 84.

Besonders deutlich wird dies in §81, wo *póleis* und Hellas in das wörtlich gleiche Verhältnis zueinander gesetzt werden wie zuvor private und öffentliche Angelegenheiten innerhalb der *pólis*:

> (81) [...] ἴδια μὲν ἄστη τὰς αὑτῶν πόλεις ἡγούμενοι κοινῶν δὲ πατρίδα τὴν Ἑλλάδα νομίζοντες.

> (81) [...] in der Auffassung, ihre *póleis* seien ihre privaten Wohnstätten,[174] Hellas hingegen sei die gemeinsame Heimat.

Edmund Buchner sieht in diesem Passus einen Widerspruch zur Beschreibung der inneren Polisordnung: Die zitierte Stelle setze eine Überwindung des politischen Ordnungsrahmens der *pólis* zugunsten einer ‚panhellenischen' Ordnung voraus, was sich mit §75–81 nicht vereinbaren lasse.[175] Jedoch eröffnet Isokrates hier lediglich eine andere Ebene des politischen Handelns: Indem Griechenland zum *koinón* erklärt wird, wird es erforderlich, dass auch für Griechenland eine innere Ordnung im Sinne einer verbindlichen Einstellung gegenüber diesem *koinón* Gültigkeit erlangt – diese tritt dabei an die Seite, nicht an die Stelle des innenpolitischen Zusammenhalts. Diese Einstellung entspricht wiederum der bereits in §76–79 beschriebenen (τὸν αὐτὸν δὲ τρόπον, §80). Die Poliskultur im Inneren wird also tatsächlich exakt auf die Verhältnisse zwischen den *póleis* übertragen.[176]

Überträgt man das Verhältnis zwischen ‚Eigen' (*ídion*) und ‚Gemeingut/-interesse' (*koinón*) mit der vorliegenden Stelle auf die Außenpolitik, so ergibt sich, dass die Vorfahren in Isokrates' Darstellung Verantwortungsbewusstsein sowohl für die eigene *pólis* wie auch für die Gesamtheit der hellenischen *póleis* zeigen. Insofern das Eigen (*ídion*) des Einen zugleich Fremdbesitz (*allótrion*) aus der Perspektive des Anderen ist, verbietet sich für die *póleis* als politische Akteure jeglicher von Eigeninteresse geleitete Zugriff auf das *ídion* einer anderen *pólis*. Damit ist eine *arché* über Hellenen als Mittel der Politik

---

[174] Vgl. zu dieser Übersetzung Buchner 1958: 89.
[175] Buchner 1958: 89–90, ähnlich bereits Drerup 1895: 642, später Hirsch 1966: 49.
[176] Levi 1959: 60, Schütrumpf 1972: 24, Weißenberger 2003: 96, Grieser-Schmitz 2003: 117, Azoulay 2007: 193. Diese Analogie der Erfordernisse von Innen- und Außenpolitik findet sich auch in anderen isokratischen Schriften (Isok. XVI 27, VII 12–14, VIII 75–76, 122, XV 80, XII 151, 161); vgl. Buchner 1958: 85–87, 91, Hirsch 1966: 38, anders Grieser-Schmitz 1999: 157–158, 163–165, der Isokrates diesen Schritt weder in Isok. VII noch in anderen Reden zutraut. Grieser-Schmitz geht davon aus, dass eine einheitliche politische Kultur im Denken der Griechen nur in Form der Aufgabe der Unabhängigkeit der *póleis* denkbar gewesen wäre. Genau das Gegenteil aber scheint hier der Fall zu sein: Isokrates geht davon aus, dass die richtige politische Kultur im Inneren auch zum richtigen, auf griechischen Gemeinsinn ausgerichteten, außenpolitischen Handeln führen müsse. Dabei ergibt sich kein Widerspruch zur Poliswelt. Vielmehr zeigt der Vergleich von *Panegyrikos* und *Areopagitikos* (zu der letztgenannten Rede Alexiou 1995: 112, Grieser-Schmitz 1999: 171), wie sehr die institutionelle ‚Verfassung' eines Gemeinwesens für Isokrates im Hinblick auf dessen Bewertung zweitrangig war. Richtig ist der Hinweis bei Bringmann 1965: 35, dass die beschriebene Außenpolitik der Vorfahren eine ‚Antithese' zur athenischen *arché* des Delisch-Attischen Seebundes darstellt.

B.2.4 Gegenüberstellung Athen–Sparta (§15–128)

ausgeschlossen. Es wird sich zeigen, dass die außenpolitischen Verhaltensweisen der Vorfahren, die Isokrates im Folgenden beschreibt, exakt diesem Muster entsprechen.[177]

Die von der eben beschriebenen Grundhaltung geprägte Außenpolitik stellt Isokrates wie folgt dar: Leitmotiv des außenpolitischen Handelns war die gegenseitige Unterstützung der Griechen (τὰ τῶν ἄλλων διῴκουν θεραπεύοντες, §80). Athen und Sparta übernahmen daher im Kriegsfall die militärische Führung und lehnten tyrannische Herrschaft über die Griechen ab:

(80) [...] στρατηγεῖν οἰόμενοι δεῖν, ἀλλὰ μὴ τυραννεῖν αὐτῶν καὶ μᾶλλον ἐπιθυμοῦντες ἡγεμόνες ἢ δεσπόται προσαγορεύεσθαι καὶ σωτῆρες, ἀλλὰ μὴ λυμεῶνες ἀποκαλεῖσθαι, τῷ ποιεῖν εὖ προσαγόμενοι τὰς πόλεις, ἀλλ' οὐ βίᾳ καταστρεφόμενοι, (81) πιστοτέροις μὲν τοῖς λόγοις ἢ νῦν τοῖς ὅρκοις χρώμενοι, ταῖς δὲ συνθήκαις ὥσπερ ἀνάγκαις ἐμμένειν ἀξιοῦντες, οὐχ οὕτως ἐπὶ ταῖς δυναστείαις μέγα φρονοῦντες ὡς ἐπὶ τῷ σωφρόνως ζῆν φιλοτιμούμενοι, τὴν αὐτὴν ἀξιοῦντες γνώμην ἔχειν πρὸς τοὺς ἥττους, ἥνπερ τοὺς κρείττους πρὸς σφᾶς αὐτούς [...].

(80) [...] sie glaubten, im Krieg führen zu müssen, jedoch nicht tyrannisch herrschen zu dürfen, und sie wollten lieber als *hēgemónes* denn als Herrscher angesprochen und eher Retter denn Zerstörer genannt werden; nicht gewaltsam unterwarfen sie die *póleis*, sondern durch gutes Handeln brachten sie sie auf ihre Seite; (81) die *lógoi*, die sie verwendeten, waren zuverlässiger als heute die Eide, und sie hielten es für richtig, Verträge gleichsam wie Naturgesetze[178] zu beachten; auf ihre Macht bildeten sie sich nicht so viel ein wie sie ihren Ehrgeiz auf eine besonnene Lebensführung richteten; und sie hielten dieselbe Einstellung Schwächeren gegenüber für richtig, die sie im Verhältnis der Stärkeren ihnen selbst gegenüber für richtig hielten [...].

In diesem Abschnitt sind die Verhaltensweisen der Vorfahren besonders deutlich mit Gegenbeispielen kontrastiert, von denen man annehmen darf, dass Isokrates sie indirekt als die üblichen Verhaltensweisen hellenischer *póleis* untereinander im 5. und 4. Jh. darstellen will.[179] Zumindest in der Beschreibung der Außenpolitik als tyrannisch ist wohl auf Athens Rolle im Delisch–Attischen Seebund angespielt.[180] Die Bündnisse der Frühzeit dienen offenkundig nicht dauerhaften Herrschaftssystemen, sondern werden nur im Kriegsfall aktiv. Die führenden Kräfte in solchen *stratēgíai* sind demzufolge als *hēgemónes*,[181] nicht als *despótai* anzusehen. Der Zusammenhalt in derartigen Bündnissen entsteht durch Gefolgschaft infolge vorbildlichen Handelns, nicht durch äußeren Zwang. Weiterhin sind die *lógoi* der Vorfahren glaubwürdig – damit können allgemeine Aussagen und Auffassungen ebenso gemeint sein wie *lógoi* im rhetorischen Sinne, also die politische Rede. Vereinbarungen und Äußerungen der *póleis* untereinander sind also

---

[177] Dies gilt im Übrigen auch für die Beschreibungen idealer Politik sämtlicher späterer Schriften des Isokrates mit Ausnahme des *Archidamos*, der jedoch als ‚un-isokratische' Rede gezeichnet ist (s. dazu u. Kap. B.5.4–5).

[178] Übersetzung nach Ley-Hutton 1993, I: 58.

[179] Alexiou 1995: 110.

[180] Der Vorwurf der tyrannischen Herrschaft Athens im Delisch-Attischen Seebund findet sich beispielsweise bei Thuk. I 124,3, II 63,2, III 37, VI 76,4, Aristoph. Hipp. 1111–1114; vgl. Buchner 1958: 88, Bringmann 1965: 35–36, Popp 1968: 428–429.

[181] Man beachte die Wortverwandtschaft zwischen στρατηγεῖν und ἡγεῖσθαι.

verlässlich. Im Umkehrschluss ergibt sich zugleich, dass es der mangelnde Wahrheitsanspruch der *lógoi* ist, der in der Gegenwart das Vertrauen in die zwischenstaatlichen Abmachungen untergräbt. Als Signum der verkehrten Politik der Gegenwart erscheinen also jene *lógoi*, die ihre Aussagen entgegen der Wahrheit treffen. Hierzu gehört nicht zuletzt auch die paradoxe Rhetorik der in den drei zuvor publizierten Schriften des Isokrates angegriffenen Sophisten, allgemeiner: die mangelnde Verpflichtung der zeitgenössischen praktizierten Rhetorik auf die *alétheia*.

Verlässlichkeit und Vertragstreue haben also einen hohen Stellenwert (§81) und nicht die Machtstellung (*dynasteías*, §81) selbst, sondern die in dieser Stellung (nicht) unter Beweis gestellte *sôphrosýnê* entscheidet über den guten (oder schlechten) Ruf der *pólis* (§81). Edmund Buchner hat in dieser Forderung nach *sôphrosýnê* im außenpolitischen Bereich ein Hauptargument dafür gesehen, dass Isokrates jegliche *arché* von Griechen gegenüber Griechen ablehne und nur eine als *hêgemonía* bezeichnete konsensual vereinbarte Form des innergriechischen Regimes anerkenne. Allgemein sei eine Fürsprache für den Zweiten Attischen Seebund im *Panegyrikos*, wie sie bis heute immer wieder angenommen wird, auszuschließen.[182]

Buchners Position ist zuzustimmen. Dies macht nicht nur der Verweis auf die *sôphrosýnê* wahrscheinlich. Die gesamte idealisierende Darstellung der politischen Verhaltensweisen der Perserkriegsgeneration steht in denkbar großem Gegensatz zu den zeitgenössischen Hoffnungen auf ein Wiedererstarken Athens als Führungsmacht eines Bündnissystems demokratischer *póleis*. Die *hêgemonía*, von der im *Panegyrikos* die Rede ist, bleibt eine auf den Kriegsfall beschränkte militärische Führung, die geradezu das Gegenteil politischer *arché* darstellt. Zudem trägt die von Isokrates skizzierte ideale *politeía* die Züge aristokratischer athenischer Klischees von der spartanischen *kalokagathía*, die mithin Gegenentwürfe zu Idealen der zeitgenössischen Demokratie des 4. Jahrhunderts sind. Dies belegen die antidemokratischen Töne in §77 ebenso wie die Ablehnung der schriftlichen Fixierung und großen Zahl der athenischen Gesetze in §78, die Wirksamkeit der ungeschriebenen Gesetze der ‚*politeía* der Vorväter' auch im privaten Alltag der Bürger und das ständig präsente aristokratische Aristie-Ideal, das sich in einem Wettstreit um gemeindienliche Leistungen äußert. Auch der Begriff der *sôphrosýnê* gehört als typisch spartanische Tugend zum Standard idealisierender Sparta-Bilder in der griechischen Literatur.[183] Während die im Jahr 378/377 – also höchstens zwei Jahre nach Publikation

---

[182] Buchner 1958: 4–6, 88, ähnlich Jaeger 1939: 197, Bringmann 1965: 28–29, 36, Due 1988: 87–88, Bearzot 2003: 62–65, Grieser-Schmitz 2003: 120, anders Drerup 1895: 639, 644, Pohlenz 1913: 305–306, Münscher 1927: 1068, 1100, Kehl 1962: 8, Tigerstedt 1965, I: 184 mit Anm. 674 oder Eucken 1983: 141, der jedoch die Position Buchners falsch wiedergibt. Walter 2003: 81 sieht den Zweck des *Panegyrikos* in einer ‚Beruhigung' potentieller Sorgen athenischer Verbündeter über athenische Vormachtambitionen in einem neuen Seebund. Walters Argumentation ist jedoch insofern wenig plausibel, als zur Unterstützung seiner These nur solche Stellen angeführt werden, die nach der hier vorgestellten Ansicht gerade gegen diese These sprechen. Vgl. dazu bes. Isok. VII 60–69 (s. u. Kap. B.6.4.1 und B.6.4.2.2), von woher Walter seine These aufbaut (Walter 2003: 84).

[183] Vgl. die Verwendung in den Reden des Archidamos und des Sthenelaidas bei Thuk. I 80–85, 86.

des *Panegyrikos* – erfolgte Gründung des zweiten Attischen Seebundes sich unter Berufung auf den Königsfrieden eindeutig gegen Spartas innergriechische Machtposition richtete,[184] skizziert Isokrates als idealen Staat ein Gemeinwesen, das in Teilen die Züge des idealisierten Sparta trägt und das sich ebenso erkennbar von der üblichen machtpolitischen Verherrlichung des Delisch–Attischen Seebundes, somit von der Position der Befürworter einer Restituierung Athens in seine Position als *prostátês* eines neuen Seebundes absetzt.[185]

Jedoch liegt in §75–81 kein wirklich antidemokratisches oder gar antiathenisches *politeía*-Ideal vor. Als größte Leistung der Vorfahren erscheint die öffentliche Wertschätzung der Bildung als jener öffentlichen Aufgabe, die das tugendhafte Verhalten und somit die Leistungsfähigkeit der Bürger erst herbeiführe (§75). Diese Bildung ist zweifellos mit jener *philosophía* gleichzusetzen ist, deren Darstellung in §21–50 den Höhepunkt des Lobes athenischer Leistungen im Inneren dargestellt hat. Zudem ist diese Bildung offensichtlich ebenfalls gleichzusetzen mit jener Form der *paideía*, die Isokrates in seiner Schule selbst betreibt und die er in den vorangegangenen Schriften *Gegen die Sophisten*, *Helena* und *Busiris* vorgestellt hat. Und schließlich macht das gesamte vorangegangene Enkomion auf die Leistungen des frühen Athen (§21–72) klar, dass sich der in §75–81 skizzierte Idealstaat kaum gegen Athen oder die Demokratie richten kann. Vielmehr erscheint die ‚*politeía* der Vorväter' als institutionell unbestimmte Einstellung der Bürger gegenüber dem (politischen und hellenischen) Gemeinwesen, die von athenischer (= demokratischer) Bildung und ‚typisch' spartanischen (= aristokratischen) Werten zugleich getragen wird.[186] Es handelte sich – in Isokrates' Darstellung – um ein und dieselbe *politeía*, die Athener und Spartiaten zu ihren Leistungen antrieb. Im Gegensatz dazu steht der eingangs (§16) als Grund für die griechische Schwäche benannte Antagonismus der divergierenden *politeíai* der Gegenwart.

B.2.4.5 Synkrisis II: Leistungen in den Perserkriegen (§83–99)

Die in den Perserkriegen erbrachten Leistungen erhebt Isokrates zunächst weit über die Leistung der Eroberung Troias (§83–84) und deutet an, dass die Perserkriegs-Kämpfer den Status von Halbgöttern erreicht hätten. Daraufhin setzt die eigentliche Beschreibung der Perserkriege ein:

---

[184] S. o. S. 158 Anm. 14.

[185] Xen. Hell. III 5,5–15 unterstellt der athenischen ‚Peiräuspartei' die Hoffnung auf Wiederherstellung der *arché*; vgl. dazu Buchner 1958: 95, Urban 1991: 45–47, 53–54.

[186] Wenig überzeugend blieben Versuche moderner Interpreten, die Aufhebung der Dichotomie Athen/Sparta bzw. Demokratie/Oligarchie in der *politeía* der Vorväter im *Panegyrikos* für irrelevant zu erklären (z. B. Hirsch 1966: 41–46, 51).

(85) Ἀεὶ μὲν οὖν οἵ θ' ἡμέτεροι πρόγονοι καὶ Λακεδαιμόνιοι φιλοτίμως πρὸς ἀλλήλους εἶχον, οὐ μὴν ἀλλὰ περὶ καλλίστων ἐν ἐκείνοις τοῖς χρόνοις ἐφιλονίκησαν, οὐκ ἐχθρούς, ἀλλὰ ἀντ-αγωνιστὰς σφᾶς αὐτοὺς εἶναι νομίζοντες [...].

(85) Nun standen unsere Vorfahren und die Lakedaimonier schon immer in Rivalität zueinander, in jenen Zeiten freilich standen sie im Wettstreit um das Schönste, und sie glaubten nicht, sie seien einander Feinde, sondern Konkurrenten [...].

Damit wird das Verhalten der Athener und Spartaner in den Perserkriegen in den Kontext eines *agṓn* um das Schönste gestellt.[187] Die explizite Erwähnung der schönsten Dinge (*kállista*) als Gegenstand des Wettstreits lässt an die Beschreibung der schönen Helena in Isokrates' *Helena* als ‚Kampfpreis' (περιμάχητον) denken;[188] zugleich rückt damit die Gegenüberstellung der *agõnes* des Herakles und des Theseus, also der mythi-schen Gründungsheroen Spartas und Athens, ins Blickfeld.[189] Das entscheidende Bewer-tungskriterium, das im Vergleich der Leistungen beider Heroen herangezogen wird, sind die Verdienste um das *koinón*. Theseus, dessen Handlungsausrichtung auf das *kálliston* im Raub der Helena versinnbildlicht wird, erhält deshalb den Vorrang vor Herakles, weil seine Leistungen größeren Nutzen für die Allgemeinheit erbracht hätten. Die größten Lei-stungen erbringt also schon dort der *philókalos*. Im *Panegyrikos* erscheint nun das Han-deln beider *póleis* vom Streben nach den *kállista* bestimmt. Hier aber, so wird sich zeigen, erzielt Athen die bedeutenderen Leistungen.

Das Verhalten Athens und Spartas in der Zeit der Vorväter wird also in Isokrates' Bericht bestimmt von einem nicht-feindlichen Konkurrenzverhältnis.[190] Das gemeinsame Ziel Athens und Spartas sei die Rettung der Griechen vor der persischen Bedrohung ge-wesen. Wieder erscheint in der jeweils mitgenannten Negativfolie dieses idealen Verhal-tens die politische Gegenwart als größtmöglicher Kontrast zu guten politischen Verhält-nissen: Innergriechische Feindschaft und das Buhlen um die Gunst des Großkönigs zum Zweck der Unterdrückung der Griechen werden als Merkmale der Politik des 4. Jahrhun-derts erkennbar (§85).

Es folgt eine chronologische Darstellung der Ereignisse in beiden Perserkriegen (§85–99), in der Isokrates an einigen Stellen nicht unerheblich von der historiographischen Überlieferung abweicht[191] und in der wie schon in den vorhergehenden Abschnitten die

---

[187] Dieser außenpolitische Wettstreit entspricht dem in Isok. IV 79 und X 35 für die Innenpolitik er-wähnten Wettstreit um Verdienst und Tugend (Schmitz-Kahlmann 1939: 76–80, Eucken 1983: 156). Tigerstedt 1965, I: 183 bezeichnet die Darstellung als generöses – d. h. nicht ernstgemeintes – Zuge-ständnis des Isokrates gegenüber Sparta, ohne dies jedoch zu begründen.

[188] Isok. X 17 (s. o. S. 99).

[189] Isok. X 23–28 (s. o. S. 101).

[190] Buchner 1958: 97–98 spricht von einer „ἅμιλλα auf dem Boden der ὁμόνοια"; vgl. auch Poulakos (T.) 1997: 83–84.

[191] Die Abweichungen der isokratischen Argumentation von der historiographischen Überlieferung sind Gegenstand verschiedener Untersuchungen gewesen (bes. Koch 1914, Popp 1968). Man begnügte sich jedoch in der Regel damit, die Abweichungen zu benennen (vgl. zu Koch: Hirsch 1966: II), und zog sich bei der Erklärung auf den Standpunkt zurück, Isokrates setze sich in seiner ‚sophistischen

B.2.4 Gegenüberstellung Athen–Sparta (§15–128)

Gegenüberstellung der Begriffe *ídion* und *koinón* sowie die Einstellung der Vorfahren bezüglich des Stellenwerts von Privatinteressen und Gemeinwohl präsent ist.[192]

Den Verlauf des ersten Perserkrieges beschreibt Isokrates als ganz vom Wettstreit um das größte Verdienst gekennzeichnet. So habe Athen nach der Landung der Perser bei Marathon nicht auf die Bundesgenossen – gemeint sind die Spartaner – gewartet, sondern

(86) [...] τὸν κοινὸν πόλεμον ἴδιον ποιησάμενοι πρὸς τοὺς ἁπάσης τῆς Ἑλλάδος καταφρονήσαντας ἀπήντων τὴν οἰκείαν δύναμιν ἔχοντες, ὀλίγοι πρὸς πολλὰς μυριάδας, ὥσπερ ἐν ἀλλοτρίαις ψυχαῖς μέλλοντες κινδυνεύειν [...].

(86) [...] sie machten den gemeinsamen Krieg zu ihrem eigenen, und gegen Leute, die ganz Hellas geringschätzten, zogen sie mit ihrer eigenen Streitmacht, wenige gegen viele Zehntausende, so als wäre es fremdes Leben, das sie dadurch riskierten [...].

Die Athener fühlen sich für den gemeinsamen Krieg verantwortlich, als wäre es eine private Angelegenheit. Mehr noch: Zum Wohle dieses *koinón* vernachlässigen sie ihre *ídia* bis zum Äußersten, bis hin zum eigenen Leben, so dass dieses höchste Eigeninteresse nicht mehr Aufmerksamkeit erfährt als die Partikulärinteressen anderer Griechen (*allótria*). Erneut wird Isokrates' moralische Nutzung dieser Begriffe erkennbar.[193] Im athenischen Verhalten spiegelt sich die absolute Überordnung des Gemeinwohls (*koinón*) über eigene (*ídia*) und fremde (*allótria*) Angelegenheiten. Ebenso ließen die Spartaner alles ‚stehen und liegen', als sie von der Landung der Perser erfuhren, und handelten so, als gehe es um ihr eigenes Land (§86). Beide *póleis* seien so begierig gewesen, sich um Hellas verdient zu machen, dass die Athener an ein und demselben Tag von der Landung der Perser erfahren, ihre Streitmacht entsandt und die Perser besiegt hätten, während die Spartaner nur drei Tage für die Überwindung der großen Distanz von Sparta nach Attika benötigt hätten (§87).

Dieser letzte ‚Beweis' für den großen Eifer beider *póleis* widerspricht der historiographischen Tradition, derzufolge sich Athener und Perser in Marathon mehrere Tage lang gegenübergestanden hätten, ohne dass es zu offenen Kriegshandlungen gekommen sei.[194] Noch prominenter ist die Hinauszögerung der Entsendung der spartanischen Truppen bis zum nächsten Vollmond unter Verweis auf einen spartanischen *nómos*.[195] Zwar

---

Argumentation' über die historiographische Überlieferung hinweg. Unbeachtet blieb die Frage, ob die einzelnen Änderungen zu glaubwürdigen Argumenten (etwa nach den isokratischen Maßstäben von *alétheia* und *eikós*) führen, ebenso die daran sich anschließende Frage, wie die betreffenden Argumente von einem Lese-Publikum des 4. Jahrhunderts aufgenommen worden sein mögen.

[192] Schmitz-Kahlmann 1939: 76–77.
[193] S. dazu u. Exkurs I (Kap. D.1.1).
[194] Hdt. VI 110–111. Obwohl diejenigen Strategen, die mit Miltiades für den Angriff gestimmt hätten, diesem ihre jeweils eigene Prytanie (=den Tagesoberbefehl) übertragen hätten, habe Miltiades den Angriff erst beschlossen, als er die turnusgemäße Prytanie ausgefüllt habe.
[195] Hdt. VI 106–107, 120, Plat. Nom. 692d1–e2, 698d5–e5; vgl. von Scala 1892: 10–11. Hirsch 1966: 17–18 betont zwar die „bewußte Änderung der Tatsachen", fragt jedoch nicht nach dem Zweck derselben. Welles 1966: 18 hält Rücksichtnahme auf den spartafreundlichen Teil des Publikums für den

eilen auch bei Herodot die Spartaner in Gewaltmärschen nach Marathon – jedoch erst nachdem sie tagelang in Sparta gewartet haben.[196] Auch wenn sich also der Bericht von der raschen Überwindung der Distanz zwischen Sparta und Marathon bei Isokrates und Herodot ähneln, so dürfte außer Frage stehen, dass in Athen – insbesondere im Zuge der späteren Entwicklung der bipolaren Opposition zwischen athenischem und spartanischem Bündnissystem im 5. Jahrhundert – weniger der zügige Marsch als vielmehr das spartanische Zuspätkommen in Marathon wahrgenommen worden sein dürfte.

Welche Wirkung kann vor diesem Hintergrund die Aussage, die Spartaner hätten alles stehen und liegen gelassen, nur um rechtzeitig vor Beginn der Schlacht in Marathon einzutreffen, bei Isokrates' athenischem Lesepublikum erzielen? Vor dem Hintergrund des in Athen sicher bekannten herodoteischen Berichtes ist Isokrates' Schweigen über das spartanische Zögern als *parádoxon* zu bezeichnen.[197] Es führt nämlich zu einem Eindruck vom Ablauf der Ereignisse um Marathon, der der verbreiteten Bewertung des spartanischen Handelns entgegensteht, in manchen Elementen sogar chronologisch ganz unmöglich ist.[198] Statt eines Bildes eines selbstverschuldeten Zuspätkommens scheinen die Spartaner bei Isokrates unverschuldet (nämlich aufgrund der großen Eile der Athener).

Die Implikationen, die die Abweichung von Herodot und die demgegenüber zu erwartende Reaktion eines mit Herodot vertrauten Publikums an dieser Stelle bergen, sind nur für die Bewertung Spartas von Belang: Die isokratische Aussage von der großen Eile der Spartaner wird auf Seiten des Publikums mit der durch die Marathontradition vorgebildeten Auffassung konfrontiert, Sparta habe seine Unterstützung hinausgezögert. Dem

---

    Grund für die alternative Darstellung. Es stellt sich jedoch die Frage, ob Isokrates bei einer solchen Rücksichtnahme die späteren Abschnitte, v. a. Isok. IV 122–128, in sein Werk hätte aufnehmen können, Abschnitte, die sich viel deutlicher und kompromissloser gegen Sparta wenden als jede noch so offene Kritik am spartanischen Fernbleiben in Marathon. Zum rechtlichen Hintergrund des spartanischen Aufschubs zuletzt überzeugend Luther 2007.

[196] Hdt. VI 120.

[197] Selbst wenn es eine spartafreundliche Überlieferung zu Marathon gegeben haben sollte, die der isokratischen Version entspricht, so bleibt festzuhalten, dass die herodoteische Version die literarische Tradition dominiert haben muss und im 4. Jh. besonders in Athen als historisch zutreffend aufgefasst worden sein dürfte. In den Jahren nach dem zweiten Perserkrieg, in dem die spartanischen Leistungen bei den Thermopylen und Plataiai sich zum ‚Mythos Sparta' zu verdichten begannen, findet sich in Athen die Stilisierung von Marathon als Leistung allein der Athener ebenfalls mythifiziert. Erst jetzt und gegen den spartanischen ‚Mythos' wird die Bedeutung Marathons hervorgehoben. Dass Sparta in Marathon zu spät kam, war dabei kein nebensächliches Element (Luther 2007: 383–384). Wenn daher Isokrates den spartanischen Eifer im Zusammenhang mit Marathon derart herausstreicht, dürfte dieser Widerspruch zur historiographischen Tradition besonders stark aufgefallen sein. Dass Athen andererseits in Marathon schnell gehandelt habe, berichtet auch Lys. II 21–26, der indes Sparta im Zusammenhang mit Marathon überhaupt nicht erwähnt; vgl. Hirsch 1966: 11, 16.

[198] So lässt sich die zeitliche Abfolge der Ereignisse (Eintreffen der Nachricht über die Landung der persischen Truppen, Entsendung der Truppen, Sieg) nicht auf einen Tag komprimieren, ebensowenig die Ankunft der spartanischen Truppen auf den dritten Tag datieren (Hirsch 1966: 16).

B.2.4 Gegenüberstellung Athen–Sparta (§15–128)

alles bestimmenden Verantwortungsgefühl für das *koinón*, von dem Isokrates spricht, steht somit das Bild von der Vernachlässigung desselben gegenüber.

Isokrates muss sich darüber im Klaren gewesen sein, dass die Betonung des auch bei Herodot erwähnten zügigen Marsches der Spartaner nach Marathon die in großen Teilen seines athenischen Publikums verbreitete *dóxa* vom (ebenfalls bei Herodot erwähnten) Zögern Spartas nicht verdrängen, sondern evozieren würde. Das Zögern, nicht die Eile, bestimmte das Urteil über Spartas Handeln im Dareioskrieg. Ist dies aber der Fall, so ist das Exemplum Marathon nicht sehr geeignet, um eine gleichwertige Leistung von Athenern und Spartanern im ersten Perserkrieg zu belegen. Im Gegenteil, Athen erscheint hier als die leistungsfähigere *pólis*.

Die Evozierung eines solchen Schlusses wird man daher als Darstellungsabsicht anzusehen haben. Geht man aber von einer solchen Absicht aus, so wird man annehmen müssen, dass das spartanische Verhalten im ersten Perserkrieg implizit kritisiert werden soll: Sparta nämlich glänzte durch Abwesenheit.[199] Isokrates' Version vom spartanischen Verhalten beschreibt so ein Verhalten, wie es hätte sein sollen, ein Verhalten, das als Leistung hätte aufgefasst werden können.[200] Ähnlich wie beim Lob des Busiris trifft dieses Verhalten aber auf seinen Gegenstand nicht zu, es erweist sich als *lógos pseudés*.

Etwas anders stellt sich die Geschichte der Abwehr des Xerxesfeldzuges 480/479 dar (§88–99), an der Spartas Anteil auch in athenischer Auffassung unstrittig gewesen sein dürfte.[201] Athen und Sparta, so Isokrates, teilten sich in diesem Krieg die Gefahren des Krieges: Die Lakedaimonier seien mit nur 1000 eigenen Soldaten und wenigen Bundesgenossen zu den Thermopylen gezogen, um das persische Landheer aufzuhalten, während

---

[199] Bei Hdt. IX 46–48 ist diese Abwesenheit Spartas in Marathon noch vor der Schlacht von Plataiai der Grund für die Aufstellung der Athener in dem ursprünglich den Spartanern zugewiesenen Abschnitt der Schlachtreihe. Pausanias gibt in der herodoteischen Darstellung zu, dass er aufgrund der fehlenden Erfahrung im Kampf gegen die Perser die Spartaner lieber den Böotiern gegenüber aufstellen will.

[200] Gillis 1971: 61–64 weist zu Recht darauf hin, dass Veränderungen der gängigen Überlieferungen zur Geschichte in schriftlichen *lógoi* leichter auffallen müssen als bei mündlich rezipierten Texten. Isokrates referiere daher stets allgemein geläufige Sachverhalte. Gillis übersieht die Möglichkeit, dass Isokrates absichtlich gegen gängige Geschichtsbilder in Athen anschreiben könnte, z. B. um die Aufmerksamkeit des Publikums auf die Frage von *alḗtheia* und *eikós* seiner Darstellung zu lenken. Je größer die Zahl der Fälle, in denen Isokrates' historische Darstellung von den uns erhaltenen Überlieferungen abweicht, desto größere Wahrscheinlichkeit kann diese Interpretation für sich beanspruchen. Allein in Isok. IV 82–128 liegen zahlreiche derartige Fälle vor (s. dazu die folgenden Untersuchungen).

[201] Hdt. VII 139 betont zwar, dass Salamis (und damit die Athener) die Entscheidung im Xerxeskrieg gebracht hätte und jedes spartanische Engagement ohne diese Leistung nutzlos geblieben wäre. Dennoch ist es gerade Herodots ausführlicher Bericht von Thermopylai, der die noch heute wirkende Rezeption dieses Ereignisses als Element der hellenischen Abwehrleistung hervorgerufen hat.

sich die Vorfahren der Athener mit nur 60 Trieren bei Artemision der gesamten persischen Flotte entgegengestellt hätten (§90).[202]

(91) Ταῦτα δὲ ποιεῖν ἐτόλμων οὐχ οὕτω τῶν πολεμίων καταφρονοῦντες ὡς πρὸς ἀλλήλους ἀγωνιῶντες, Λακεδαιμόνιοι μὲν ζηλοῦντες τὴν πόλιν τῆς Μαραθῶνι μάχης καὶ ζητοῦντες αὐτοὺς ἐξισῶσαι καὶ δεδιότες μὴ δὶς ἐφεξῆς ἡ πόλις ἡμῶν αἰτία γένηται τοῖς Ἕλλησι τῆς σωτηρίας, οἱ δ' ἡμέτεροι πρόγονοι μάλιστα μὲν βουλόμενοι διαφυλάξαι τὴν παροῦσαν δόξαν καὶ πᾶσι ποιῆσαι φανερόν, ὅτι καὶ τὸ πρότερον δι' ἀρετήν, ἀλλ' οὐ διὰ τύχην ἐνίκησαν, ἔπειτα καὶ προαγαγέσθαι τοὺς Ἕλληνας ἐπὶ τὸ διαναυμαχεῖν, ἐπιδείξαντες αὐτοῖς ὁμοίως ἐν τοῖς ναυτικοῖς κινδύνοις ὥσπερ ἐν τοῖς πεζοῖς τὴν ἀρετὴν τοῦ πλήθους περιγιγνομένην.

(91) Dies zu tun aber wagten sie nicht so sehr, weil sie die Feinde geringschätzen, als deshalb, weil sie miteinander im Wettstreit lagen: Die Lakedaimonier einerseits beneideten die *pólis* [sc. Athen] um die Schlacht von Marathon und suchten dies ihrerseits auszugleichen, und sie fürchteten, dass zweimal nacheinander unsere *pólis* Urheberin der Rettung der Hellenen werden könnte. Unsere Vorfahren andererseits wollten ganz besonders ihr gegenwärtiges Ansehen bewahren und allen offenbar machen, dass sie schon zuvor aufgrund von *areté*, und nicht etwa aufgrund von Zufall, gesiegt hatten; zudem wollten sie die Hellenen zur Kriegführung zur See antreiben, indem sie ihnen den Nachweis lieferten, dass die *areté* gleichermaßen in See- wie in Landgefechten der Masse überlegen sei.

Auch im zweiten Perserkrieg wird also das Handeln der Athener und der Spartaner vom *agón* um die *areté* bestimmt. Beide *póleis* richten ihr Handeln auf die *dóxa* (hier: Ruhm) aus, die sie durch ihre Taten erwerben. Bei den Athenern kommt jedoch – im Gegensatz zu den Spartanern – eine weitere Motivation hinzu: Sie wollen durch den Sieg zur See trotz numerischer Unterlegenheit den Hellenen beweisen, dass auch der Seekrieg zum Erfolg führen kann. Es scheint, als setze Isokrates voraus, dass die übrigen Griechen vor der Schlacht von Artemision keinen Sinn in der Kriegführung zur See gesehen beziehungsweise dass sie die persische Flotte als unüberwindbar angesehen hätten. Die Athener, so Isokrates, wollen diese Auffassung durch den Nachweis (*epideíxantes*) ändern, dass die *areté* dem *pléthos* grundsätzlich überlegen sei[203] – wieder einmal liegt gedanklich das Lehrziel der Beeinflussung der *dóxa* (μεθιστάναι τὴν δόξαν) aus dem *Busiris* zugrunde.[204]

Für die in §91 vorliegende Darstellung der Handlungsmotivation von Athenern und Spartanern bedeutet dies, dass die Athener ihr Ansehen bei den Griechen bewahren und verbessern, aber zugleich den Griechen eine nützliche *epídeixis* zum Wert hellenischer

---

[202] Zu der Verringerung der überlieferten Zahlen vgl. Buchner 1958: 101–102, Hirsch 1966: 21–22.
[203] Auch in solchen Formulierungen spiegelt sich die aristokratische Grundhaltung des Isokrates, der zwar von einem meritokratischen Wettbewerb um die beste Leistung ausgeht, aber zugleich voraussetzt, dass die Angehörigen der *áristoi* von vornherein die größte Leistungsfähigkeit besitzen, mithin die geeignete *phýsis* mitbringen, um Träger der *areté* zu sein. Isokrates' Meritokratie ist insofern mit einer Aristokratie (und diese aufgrund der wirtschaftlichen Grundlagen der Aristie mit einer Timokratie) gleichzusetzen; vgl. dazu v. a. Isok. VII 43–45).
[204] Isok. XI 3 (s. o. S. 152–154).

areté liefern wollen.²⁰⁵ Die Spartaner dagegen werden in ihrem Handeln allein vom Drang nach Selbstdarstellung geleitet und von der Furcht, hinter Athen zurückzubleiben. Es ist gewiss kein Zufall, dass in der Beschreibung der spartanischen Motivation zur Thermopylenschlacht die Begriffe der Eifersucht (ζηλοῦντες), des Eifers (ζητοῦντες)²⁰⁶ und der Furcht (δεδιότες) dominieren und insgesamt eher der Eindruck der Passivität und des Getriebenseins vermittelt wird, wohingegen das athenische Handeln mit positiven und aktiven Begriffen umschrieben wird (βουλόμενοι διαφυλάξαι [...] ποιῆσαι φανερόν [...] προαγαγέσθαι [...] ἐπιδείξαντες). Das athenische Handeln ist, im Gegensatz zum spartanischen, Folge aktiven Wollens und Handlungsentschlusses, das spartanische Handeln erscheint dagegen eher als Reaktion auf die athenischen Tugendnachweise.

Nicht nur die Motivation, mit der Spartaner und Athener in die Kämpfe gegen die persischen Truppen ziehen, unterscheidet sich, auch der Ausgang dieser Kämpfe ist gegensätzlich: Die Spartaner werden geschlagen. Isokrates betont ausdrücklich, dass sie nicht in ihrer Moral unterlegen gewesen seien (ταῖς ψυχαῖς νικῶντες, §92). Da kein Spartaner die Flucht ergriffen habe, könne man nicht von einer Niederlage sprechen.²⁰⁷ Als nützliche Leistung erscheint die spartanische Niederlage indes ebensowenig, denn sie zwingt in Isokrates' Darstellung die anfänglich siegreiche athenische Flotte zur Umkehr und verhindert so den sofortigen athenischen Leistungsnachweis (§92).²⁰⁸ Grund dafür ist allerdings kein spartanisches Versagen, sondern einzig das Wirken des Schicksals (τύχη).

Das Verhalten der Peloponnesier nach dieser Niederlage wird dagegen wie folgt beschrieben:

(93) Ἀθυμῶς γὰρ ἁπάντων τῶν συμμάχων διακειμένων καὶ Πελοποννησίων μὲν διατειχιζόντων τὸν Ἰσθμὸν καὶ ζητούντων ἰδίαν αὑτοῖς σωτηρίαν [...].²⁰⁹

---

²⁰⁵ Die Gegenüberstellung von *areté* und *plêthos* legt den Schluss nahe, dass bei Isokrates in der analogen Funktion von polisinternem und gemeinhellenischem *koinón* auch die Rolle der Barbaren festgelegt ist: So wie in der *pólis* die Bürger (als *áristoi*) dem *plêthos* der Metöken und Sklaven gegenüberstehen, so steht im interpolitischen Bereich die Gemeinschaft der Hellenen als Aristokratie der Menschheit dem *plêthos* der Barbaren gegenüber.
²⁰⁶ Dieser Begriff ist nicht eigentlich negativ, erhält aber im Kontext der beiden anderen und v. a. durch die klangliche Nähe zum vorhergehenden ζηλοῦντες einen negativen Ton.
²⁰⁷ Isokrates greift hier die positive Tradition zur Thermopylenschlacht auf. Er stellt sich damit ausdrücklich außerhalb der Tradition der Epitaphien, in denen man Sparta Versagen bei den Thermopylen vorzuwerfen pflegte, vgl. Gillis 1971: 66.
²⁰⁸ Eine ähnliche Darstellung findet sich bei Lys. II 30–32. Bei Hdt. VIII 18,21 fällt der Entschluss zur Umkehr der Flotte bereits vor dem Ende der Thermopylenschlacht. Die Umsetzung dieses Beschlusses geschieht dann aus Anlass der Nachricht von der Niederlage der Thermopylenkämpfer. Durch die Betonung eines Zusammenhangs zwischen der spartanischen Niederlage bei den Thermopylen und der Umkehr der griechischen Flotte vor Artemision vermeiden Lysias und Isokrates den Eindruck, Athen habe bei Artemision keine der Thermopylenschlacht vergleichbare Leistung erbracht (oder sogar die Flucht ergriffen); zudem relativieren sie die Wirkung des Lobes der Thermopylenschlacht; vgl. Drerup 1895: 641, Kessler 1911: 12, Hirsch 1966: 12, 24–25.
²⁰⁹ Vgl. Lys. II 44–46.

(93) Denn da alle Bundesgenossen mutlos waren, die Peloponnesier den Isthmos mit einer Mauer sperrten und für sich selbst die eigene Rettung betrieben [...].

Entscheidend an der Darstellung ist erneut die Motivierung des Verhaltens der Peloponnesier, denn mit der Sperrung des Isthmos kündigen diese die ‚panhellenische' Solidarität auf. Dass die Spartaner hier als führende Macht des Bundes der ‚Peloponnesier' mitangesprochen sind, scheint mir evident.[210] Jedenfalls dürfte es für die zeitgenössische Leserschaft außer Frage gestanden haben, dass Sparta als Kopf des Peloponnesischen Bundes Verantwortung für die Sperrung des Isthmos trug. Und wenn Isokrates kurz darauf in §97 von der Beteiligung der ‚Peloponnesier' an der Schlacht vor Salamis spricht, dann wird er ebenfalls kaum behaupten wollen, dass die Spartiaten, die tatsächlich den Oberbefehl führten, hier nicht beteiligt gewesen seien.[211] Der Peloponnesische Bund unter Spartas Führung zieht sich demnach in Isokrates' Darstellung nach der Schlacht an den Thermopylen aus der hellenischen Symmachie zurück und sucht durch die Sperrung des Isthmos nur noch den Schutz der Bundesgenossen innerhalb des spartanischen Bündnissystems.[212]

In der vorhergehenden Zeit bezieht sich das spartanische Handeln bei den Thermopylen in Isokrates' Darstellung ausdrücklich auf die Rettung der Hellenen insgesamt (so etwa §91). Die Aufkündigung der Verpflichtung auf das Gemeinwohl (koinón) zugunsten

---

[210] Isokrates verwendet die Bezeichnung Πελοποννήσιοι üblicherweise für die Bewohner der Peloponnes *außer* den Spartiaten (diesen Hinweis verdanke ich Christian Marek). So stehen die Πελοποννήσιοι etwa in Berichten über den Mythos der Herakliden stets in Opposition zu diesen (Isok. X 31, IV 58, 65, VI 42, VII 75, V 44, XII 98, 193). In Isok. V 49, XII 69, 114 sind mit ‚Peloponnesier' ausdrücklich die unter Spartas Herrschaft stehenden Bewohner der Peloponnes (also nicht die Spartiaten selbst) gemeint. Ganz konsistent ist seine Begriffsverwendung jedoch nicht. So werden in Isok. VIII 118 Πελοποννήσιοι alle Bewohner der Peloponnes (also auch die Spartaner) genannt. Und in Isok. VII 75 tauchen zwar, wie bereits bemerkt, die ‚Peloponnesier' als Gegner der Herakliden in mythischer Zeit auf; an derselben Stelle aber werden sie auch als Athens einzige Verbündete in den Perserkriegen bezeichnet. Hier kann man kaum annehmen, dass Isokrates die Spartiaten bewusst ausblenden wolle (was für jedes zeitgenössische Publikum inakzeptabel wäre). Vielmehr sind hier mit dem Begriff alle am Peloponnesischen Bund Beteiligten gemeint. Die gleiche Verwendung dürfte auch in Isok. IV 93 vorliegen (ebenso Isok. V 48).

[211] In Isok. XII 50 – wo ‚Peloponnesier' und ‚Spartiaten' nebeneinander erwähnt werden – sind es jedenfalls die Spartiaten, die (wenige) Schiffe für die Schlacht bereitstellen.

[212] Die Sperrung des Isthmos findet bei Herodot allerdings erst nach Salamis statt (Hdt. IX 6–10), vor der Seeschlacht berichtet er lediglich davon, dass dieser Plan unter den Hellenen diskutiert - aber auf Themistokles' Rat hin verworfen worden sei (Hdt. VIII 49–50, 60–63). Nur ein kleinerer Teil der Feldherren (ἔνιοι τῶν στρατηγῶν) – Herodot spricht keineswegs explizit von Peloponnesiern – habe sich vor der Schlacht an den Isthmos begeben (Hdt. VIII 56–57). Isokrates verwischt hier wohl absichtsvoll die bei Herodot überlieferte Chronologie, um den Peloponnesiern angesichts der für jeden sichtbaren Mauerreste Verrat an der hellenischen Sache vorzuwerfen – das positive Bild von Athens ‚panhellenischer' Orientierung wird so noch gesteigert.

B.2.4 Gegenüberstellung Athen–Sparta (§15–128)

der eigenen Rettung (*ídia sōtería*) durch den Peloponnesischen Bund kommt insofern einem Paradigmenwechsel in der spartanischen Außenpolitik gleich.[213]

Das athenische Verhalten nach Artemision steht dazu in diametralem Gegensatz; es ist als wahrhaft ‚panhellenisch' gezeichnet.[214] Während Sparta das *koinón* im Interesse der *ídia* vernachlässigt, gibt Athen zum Wohle des hellenischen *koinón* die eigene *pólis* preis, stellt also die *ídia* (§95–96) zurück. Während das Verantwortungsgefühl Spartas für das *koinón* vom Wohl der spartanischen *ídia* abhängt, hängt bei den Athenern die Sorge um die *ídia* von der Wahrung des hellenischen Gemeininteresses ab. Letzteres hat das größere Gewicht. Verstärkt wird diese Darstellung dadurch, dass Isokrates die Versuche des Xerxes schildert, Athen durch Bestechung auf seine Seite zu ziehen (§94). Athen hätte die Möglichkeit gehabt, seine *ídia* durch Aufgabe des *koinón* zu retten, sie sogar durch Annahme der Geschenke des Xerxes zu vermehren, schlägt diese Möglichkeit aber aus. Sparta dagegen gibt das *koinón* auch ohne Bestechungsversuche auf, und dies, obwohl der Versuch, die *ídia* zu retten, aussichtslos ist, wie sich aus §97 ergibt.[215]

Das Verhalten der Bundesgenossen wird in §95 differenziert bewertet: Die Athener seien über den Verrat (ὅτι προυδόθησαν, §94) nicht erzürnt gewesen, sondern hätten Verständnis für alle jene Bundesgenossen gehabt, die sich der persischen Herrschaft ergeben hätten.

(95) Ἡγοῦντο γὰρ ταῖς μὲν ταπειναῖς τῶν πόλεων προσήκειν ἐκ παντὸς τρόπου ζητεῖν τὴν σωτηρίαν, ταῖς δὲ προεστάναι τῆς Ἑλλάδος ἀξιούσαις οὐχ οἷόν τ' εἶναι διαφεύγειν τοὺς κινδύνους, ἀλλ' ὥσπερ τῶν ἀνδρῶν τοῖς καλοῖς κἀγαθοῖς αἱρετώτερόν ἐστι καλῶς ἀποθανεῖν ἢ ζῆν αἰσχρῶς, οὕτω καὶ τῶν πόλεων ταῖς ὑπερεχούσαις λυσιτελεῖν ἐξ ἀνθρώπων ἀφανισθῆναι μᾶλλον ἢ δούλαις ὀφθῆναι γενομέναις.

(95) Denn sie waren der Meinung, dass bedeutungslose *póleis* das Recht hätten, auf jede Weise ihre Rettung zu betreiben, dass es aber für *póleis*, die beanspruchten, den Hellenen vorzustehen, unmöglich sei, vor Gefahren zu fliehen; sondern wie für die *kaloikagathoí* ein schönes Sterben erstrebenswerter ist als ein schändliches Leben, so[216] glaubten sie, sei es auch für die mächtigen *póleis* erstrebenswerter, aus dem Angesicht der Menschheit ausgelöscht denn als Sklaven betrachtet zu werden.

---

[213] Vgl. Gillis 1971: 66. Der Vergleich des beschriebenen spartanischen Verhaltens mit späteren Aussagen in Isok. VIII 143 legt nahe, dass dieses Verhalten der Spartaner für Isokrates einem Verlassen der hellenischen Schlachtordnung gleichkommt. Die Stelle ist offensichtlich von der Athenerrede bei der thukydideischen ‚Tagsatzung' in Sparta beeinflusst; vgl. Thuk. I 74,2–4; Hagmaier 2008: 95.

[214] Vgl. von Scala 1892: 10–11.

[215] Ebenfalls erwähnenswert an der Schilderung der persischen Bestechungsversuche ist, dass Isokrates dieses offenbar aus Herodot (Hdt. VIII 140) übernommene Motiv chronologisch von der Zeit zwischen Salamis und Plataiai in die Zeit vor Salamis verschiebt (Hirsch 1966: 25–27). Dadurch verstärkt er das Motiv der Preisgabe der *ídia* erheblich. Andererseits kann die bloße Erwähnung der Bestechungsversuche ein mit Herodot vertrautes Publikum durchaus auch auf die Ereignisse um Plataiai hinweisen, die Isokrates an späterer Stelle verschweigt.

[216] Auch an dieser Stelle wird also klar, wie weitgehend die Analogie zwischen der Bürger-Gemeinschaft *pólis* und der *póleis*-Gemeinschaft Hellas bei Isokrates ist.

Ausdrücklich erwähnt Isokrates, dass sich das athenische Verständnis nur auf die Überläufer zu den Persern erstreckt – damit sind strenggenommen die Peloponnesier ausgeschlossen, die nicht übergelaufen, sondern vor der Gefahr geflohen sind. Der Grund für diese Einschränkung ist in der zitierten Stelle benannt: Wer beansprucht, die Führung der Hellenen zu verdienen – was die Spartaner in Isokrates' Darstellung fraglos tun –, kann nicht davonlaufen. Ausdrücklich wird das außenpolitische Handeln Athens und Spartas an der Kategorie der innenpolitischen *kalokagathía* gemessen. Diesem auf der Ebene der einzelnen *pólis* als typisch spartanisch aufgefassten Ideal wird ausgerechnet Sparta im außenpolitischen Handeln nach den Thermopylen nicht mehr gerecht.[217] Es zeigt sich hier auch, inwiefern die spartanische Niederlage bei den Thermopylen von Isokrates positiv bewertet werden kann: Sparta hat sich zwar keine Verdienste erworben, da es keinen konkreten militärischen Nutzen erzielt hat. Die Spartiaten haben sich jedoch ganz wie *kaloikagathoí* verhalten und den ehrenvollen Tod einem Leben in Schande vorgezogen und so einen ideellen Nutzen erbracht. Nach dem Tod dieser spartanischen *kaloikagathoí*, mithin nach dem Tod einer großen Anzahl aus der bürgerlichen Leistungselite Spartas, findet offensichtlich ein Wandel im Ethos der verbliebenen Spartiaten statt, die von nun an dem Anspruch der *areté* und *kalokagathía* nicht mehr gerecht werden. Durch die Abkehr von der hellenischen Sache, so ergibt sich implizit aus der zitierten Stelle, hat Sparta jeden Anspruch auf die *hêgemonía* verspielt.

In §97 scheint der Verrat der Peloponnesier zunächst wieder relativiert zu werden:

> (97) [...] πρὸς χιλίας καὶ διακοσίας τριήρεις μόνοι διαναυμαχεῖν ἐμέλλησαν. Οὐ μὴν εἰάθησαν· καταισχυνθέντες γὰρ Πελοποννήσιοι τὴν ἀρετὴν αὐτῶν καὶ νομίσαντες προδιαφθαρέντων μὲν τῶν ἡμετέρων οὐδ' αὐτοὶ σωθήσεσθαι, κατορθωσάντων δ' εἰς ἀτιμίαν τὰς αὐτῶν πόλεις καταστήσειν, ἠναγκάσθησαν μετασχεῖν τῶν κινδύνων.

> (97) [...] wollten sie [sc. die Athener] alleine gegen 1200 Trieren zur See kämpfen. Man ließ sie freilich nicht: Denn die Peloponnesier waren gezwungen, an den Gefahren teilzunehmen, da sie von der Tapferkeit der Athener beschämt wurden und der Meinung waren, sie selbst würden keine Rettung finden, sollten zuvor die Unseren untergehen; sollten diese jedoch Erfolg haben, so würden sie ihre eigenen *póleis* in den Zustand der *Atimie* versetzen [...].

Die Kategorien der idealen politischen Geisteshaltung – *areté* und öffentliche Anerkennung – scheinen hier wieder das Verhalten der Peloponnesier zu bestimmen. Insofern könnte die Verschanzung des Isthmos eine folgenlose Episode bleiben. Allerdings erfolgt das Handeln der Spartaner von den beschriebenen Kategorien nur noch aufgrund moralischen Drucks, es wird nur noch negativ bestimmt:[218] Die Angst davor, im Wettbewerb um die Tugend zurückzubleiben, entspringt der Furcht vor dem Entzug öffentlicher Anerkennung, vor dem Status der Atimie, der zum einen mit dem Verlust der Privilegien –

---

[217] Vgl. Gillis 1971: 66.
[218] Kessler 1911: 11. Spartas Teilnahme beruht hier ebenso nur auf äußerem Druck, wie die Leistungen des spartanischen Gründungsheros' Herakles in Isok. X 18–25 (s. o. S.101); vgl. Alexiou 1995: 113–114.

hier vermutlich der *hēgemonía* –, zum anderen sogar mit dem Verlust politischer Partizipationsrechte gleichzusetzen ist.[219]

Das zweite genannte Motiv für die Wiederaufnahme des Kampfes durch die Peloponnesier weist noch deutlicher in die Richtung ‚egoistischer' Handlungsprinzipien: Nachdem die Peloponnesier zuvor (§93) durch die Sperrung des Isthmos die eigene Rettung betrieben, müssen sie nun erkennen, dass jene ein inadäquates Mittel darstellt.[220] Das einzig verbleibende Mittel zur eigenen Rettung ist die Wiederaufnahme des Kampfes. Die scheinbare erneute Kehrtwende der peloponnesischen Kriegspolitik in §97 erweist sich somit bei näherer Betrachtung in allen Elementen als egoistisch motiviert. Das *koinón* spielt für diese Politik keine Rolle mehr.[221]

Zusammengefasst ergeben die §75–99 das folgende Bild: In der Zeit vor den Perserkriegen herrschte in den beiden *póleis* Athen und Sparta dieselbe ideale politische Kultur. Diese bestand in einer im Charakter der Bürger verankerten solidarischen Verpflichtung gegenüber dem Gemeinwesen. Das Leitmotiv politischen Handelns war das Gemeinwohl, politische Konkurrenz bestand nur im Hinblick auf größtmögliches Verdienst um das Gemeinwesen. Ein anerkanntes verpflichtendes Gemeininteresse bestand auch zwischen den griechischen *póleis*. Diese wetteiferten um das größte Verdienst für die Gemeinschaft und waren bereit, sich für die gemeinsame Sache Gefahren auszusetzen. Die institutionalisierte Ordnung der *póleis* zielte hauptsächlich darauf ab, die Bürger zu einer so verstandenen politischen Tugend zu erziehen. Diese politische Kultur versetzte die geeinten Griechen in die Lage, dem persischen Angriff zu widerstehen.[222]

Von Anfang an unterscheiden sich dennoch die Gründe für das vorbildhafte Verhalten der Athener und der Spartaner im außenpolitischen Bereich. Während Athen stets im Interesse des hellenischen *koinón* handelt und sich auf diese Weise das Ansehen der Hellenen erwirbt, geht es den Spartanern nur um das eigene Ansehen, das in den Bereich der *ídia* gehört. Das hellenische *koinón* wird im Zweifelsfall den *ídia* untergeordnet. Die Leistungen, die die Spartaner so erbringen, stehen in allen Teilen infrage: An der Schlacht von Marathon nehmen sie nicht teil – Isokrates' positive Umdeutung dieser Tatsache

---

[219] Hirsch 1966: 13–14. Isokrates teilt wiederholt mit, Athen habe die Führung im Delisch-Attischen Seebund von den *póleis* freiwillig angeboten bekommen (Isok. IV 72–74, VII 17, 80, VIII 30, 75–76, 134–135, 137–141, *e negativo* angesprochen in XIV 12; vgl. de Romilly 1958: 97). Dies erinnert an die Auffassung der Athener bei Thuk. I 75,2–3 (inklusive der auch bei Isokrates wichtigen Schlagworte τιμή und ὠφελία); vgl. Oliva 1991: 121.

[220] Vgl. Isok. IV 94.

[221] Schon Drerup 1895: 641 sieht Spartas Wiederaufnahme des Kampfes durch „Schamgefühl und Selbstsucht" motiviert, ähnlich Buchner 1958: 107, Tigerstedt 1965, I: 184. Eine fast identische Bewertung der spartanischen Teilnahme an der Schlacht von Salamis findet sich bei Thuk. I 74,2–4 (vgl. Hirsch 1966: 28, Hagmaier 2008: 95). Diese Stelle war offensichtlich Vorbild für den vorliegenden Abschnitt. Auch im *Archidamos* spielt Isokrates darauf an (s. u. Kap. B.5.4.1.3).

[222] Ähnliches lässt Isokrates schon in der Gerichtsrede *Über das Gespann* (Isok. XVI) den Sohn des Alkibiades über die Polisordnung des Kleisthenes sagen (Isok. XVI 26–27); vgl. Kehl 1962: 10.

vermag darüber nicht hinwegzutäuschen –, bei den Thermopylen unterliegen sie, wobei sie immerhin ihre *kalokagathía* unter Beweis stellen, und an der Schlacht von Salamis nehmen sie nur deshalb teil, weil sie im letzten Moment erkennen, dass es ohne einen Erfolg in dieser Schlacht keine Rettung geben kann.

Bemerkenswert ist in der ganzen Darstellung das Fehlen jedes Hinweises auf die Schlacht von Plataiai.[223] Offenbar hat dieser (Herodot zufolge) trotz athenischer Undiszipliniertheit maßgeblich von Sparta getragene Erfolg,[224] der die Perserkriege beendete, in Isokrates' Darstellung keinen Platz. Stattdessen erscheint Salamis als entscheidende Kriegstat der Griechen, die Voraussetzung aller weiteren Erfolge gewesen sei (§98).[225]

In §99 schließt Isokrates den Bericht über die Perserkriege mit einer Schlussfolgerung für die Gegenwart und für das Anliegen des *Panegyrikos* ab: Nachdem Athen sich in derart hervorragender Weise in den Perserkriegen verdient gemacht habe, könne nur Athen in einem Feldzug gegen die Perser die *hēgemonía* innehaben. Ebenso wie das Athen der mythischen Zeit aufgrund der *areté* der Heroen zu Recht einen Anspruch auf Führung erheben konnte, ist es die *areté* der Vorväter, die das Athen der Perserkriegsgeneration als der *hēgemonía* würdig erweist.[226] Die gerechtfertigte *hēgemonía* der Vergangenheit ist somit die athenische Führung der Griechen gegen die Perser.

B.2.4.6 Apologie der athenischen *arché* (§100–109)

Der Darstellung athenischen und spartanischen Verhaltens in den Perserkriegen folgt die Auseinandersetzung mit den darauffolgenden *archaí* der beiden *póleis*, also mit den jeweiligen Phasen der innergriechischen Dominanz Athens beziehungsweise Spartas, die

---

[223] Hirsch 1966: 30, Tigerstedt 1965, I: 184. Vgl. aber Isok. XIV 57–62, wo Plataiai (im Bericht eines platonischen Sprechers) als Höhepunkt der Leistungen der Perserkriegszeit erscheint. Selbst im lysianischen Epitaphios, der ansonsten die spartanische Rolle in den Perserkriegen nahezu vollständig ausgeblendet, wird die Schlacht von Plataiai und die spartanische Beteiligung an diesem Sieg erwähnt (Lys. II 46).

[224] Hdt. IX 39–65, insbes. 60–65. In Isok. XIV 57–58 werden neben athenischen auch explizit Verdienste anderer (nicht namentlich genannter) *póleis* in Plataiai erwähnt. Damit ist indirekt Sparta angesprochen, zumal die Nennung dieser Verdienste dort der negativen Kontrastierung des mit Xerxes kollaborierenden Theben von den antipersischen *póleis* Athen und Sparta dient (Mathieu 1925: 88).

[225] Vielleicht ist dieser Ausblick auf spätere Erfolge als Hinweis auf Plataiai zu werten. Genaugenommen war auch Salamis ein Sieg des Hellenenbundes (vgl. z. B. Luther 2007: 383–384, auch Isokrates selbst scheint dies in Isok. XIV 57 anzudeuten, wo er zumindest die Beteiligung Plataiais in der Endphase des Xerxes-Krieges erwähnt), nicht der Athener allein, was Isokrates in Isok. IV 97 auch einräumt. Als athenische Leistung ließ sich dieser Sieg – zumal unter dem Hinweis auf die Preisgabe der Stadt Athen – jedoch sehr viel besser darstellen als Plataiai; vgl. Buchner 1958: 104, Hirsch 1966: 13.

[226] Vgl. Gillis 1971: 64–65. Isokrates trennt jedoch beide Phasen nicht deutlich. Die *areté* der Vorfahren reicht vielmehr ungebrochen bis in die Generation der Großväter herab.

B.2.4 Gegenüberstellung Athen–Sparta (§15–128)

beginnend mit der Pentekontaetie und dem Delisch–Attischen Seebund bis in die Gegenwart der fiktiven Rede reichen (§100–128). Dieser Abschnitt, so wird sich zeigen, dient als kontrastierendes Gegenstück zu der vorhergehenden Beschreibung der Perserkriege.

> (100) Μέχρι μὲν οὖν τούτων οἶδ' ὅτι πάντες ὁμολογήσειαν πλείστων ἀγαθῶν τὴν πόλιν τὴν ἡμετέραν αἰτίαν γεγενῆσθαι καὶ δικαίως ἂν αὐτῆς τὴν ἡγεμονίαν εἶναι, μετὰ δὲ ταῦτ' ἤδη τινὲς ἡμῶν κατηγοροῦσιν ὡς, ἐπειδὴ τὴν ἀρχὴν τῆς θαλάττης παρελάβομεν, πολλῶν κακῶν αἴτιοι τοῖς Ἕλλησι κατέστημεν καὶ τόν τε Μηλίων ἀνδραποδισμὸν καὶ τὸν Σκιωναίων ὄλεθρον ἐν τούτοις τοῖς λόγοις προφέρουσιν.

> (100) Ich weiß, dass alle sich einig sind, dass bis zu diesen Ereignissen [sc. bis zum Ende der der Perserkriege] unsere *pólis* die Urheberin der meisten Güter gewesen ist und dass ihre *hêgemonía* gerechtfertigt war; schon danach aber klagen uns einige an, wir seien, nachdem wir die Herrschaft zur See übernommen haben, Grund zahlreicher Übel für die Griechen gewesen, und sie bringen in diesen Reden den Verkauf der Melier in die Sklaverei und die Vernichtung der Skionaier vor.

Die öffentliche Meinung, mit der Isokrates sich konfrontiert sieht, betrachtet das Athen bis zur Perserkriegszeit als verdienstvolle und lobenswerte *pólis* und stimmt somit dem bis zu diesem Punkt vorgelegten Lob auf Athen und der Rechtfertigung von dessen *hêgemonía* zu. Aus den Kommentaren zum *Panegyrikos* in der *Antidosis* geht eindeutig hervor, dass Isokrates im Übergang §99–100 von der Beschreibung der *hêgemonía* übergeht zur Beschreibung der *arché*.[227] Für diese spätere Zeit, die in den folgenden Abschnitten Gegenstand sein wird, ist jedoch ein negatives Bild von Athen vorherrschend, das nicht mehr für Güter (ἀγαθά), sondern für Übel (κακά) verantwortlich zeichne.[228] Ein Lob Athens in der Zeit nach Übernahme der *arché* kann demzufolge nicht auf Grundlage der *opinio communis* erfolgen, es steht im Gegensatz zur *dóxa* des Publikums. Isokrates' Darstellung der athenischen Seeherrschaft präsentiert sich infolge

---

[227] Isok. XV 59 bezeichnet den in der *Antidosis* zitierten Passus des *Panegyrikos* (Isok. IV 51–99) als τὰ περὶ τῆς ἡγεμονίας, in XV 60–61 schließlich explizit als Enkomion (οὕτως ἐγκεκωμίακα τὴν πόλιν καὶ τοὺς προγόνους) mit protreptischer Absicht (προτρέπειν ἐπ' ἀρετὴν καὶ τοὺς ὑπὲρ τῆς πόλεως κινδύνους [sc. τοὺς νεωτέρους]). Dass er diesen Abschnitt bei Isok. IV 99 enden lässt, ist auffällig, wenn man bedenkt, dass die folgende Verteidigung der athenischen *arché* in der modernen Forschung meist als Fortsetzung des Lobes auf Athen und zudem als Argumentation für eine athenische ,Hegemonie' betrachtet wurde (z. B. Walter 2003: 81). Die *Antidosis*-Stelle in Verbindung mit Isok. IV 100 zeigt jedoch, dass Isokrates auch hier die Begriffe *arché* und *hêgemonía* sorgfältig voneinander trennt, und dass er an dieser Stelle von einer echten Lobrede zu einer Apologie übergeht (Jaeger 1947, III: 202 mit Anm. 27 geht – irregeführt von seiner Grundannahme, Isokrates propagiere im *Panegyrikos* die Gründung des Zweiten Seebundes – von einer bewussten späteren Verzerrung der ursprünglichen Absicht des *Panegyrikos* aus). Vgl. aber Heilbrunn 1967: 118, der nicht nur Isok. IV 100–109 als Apologie (und damit als implizite Anklage) der *arché* auffasst, sondern gleich den gesamten Abschnitt 51–109, in dem er keine Differenzierung zwischen ,gestern' und ,heute' erkennt.

[228] Vgl. Urban 1991: 146. Derartige Vorwürfe finden sich z. B. bei Thuk. I 86,1. Weitere Belege sind gesammelt bei Popp 1968: 425–436.

dieser Beobachtung als Apologie,[229] die die gegen Athen erhobenen Vorwürfe entkräften soll, aber die erwähnten (beziehungsweise teilweise implizit angesprochenen) Vorwürfe nicht wirklich widerlegt, sondern zum Lob umdeutet.[230]

Dies zeigt sich gleich an der Auseinandersetzung mit den exemplarisch genannten konkreten Vorwürfen, dem athenischen Umgang mit den Bürgern von Melos und Skione (§ 100–102):[231] Isokrates' Argumentation zielt darauf ab, diese Vorwürfe in positive Argumente zu verkehren. Der Sprecher gibt zwar zu, dass die Bestrafung allzu hart gewesen sei (σφόδρα [...] κολασθέντες, § 101), verweist jedoch darauf, dass es sich bei Melos und Skione um Kriegsgegner (πολεμησάντων, ebd.) gehandelt habe. Die Bundesgenossen dagegen hätten kein derartiges Unglück erleiden müssen, was Beleg für den guten Umgang (καλῶς διῳκοῦμεν, ebd.) der Athener mit diesen Partnern sei.

> (102) [...] εἰ δὲ μήτε τοῦτο γέγονε μήθ' οἷόν τ' ἐστι τοσούτων πόλεων τὸ πλῆθος κρατεῖν, ἢν μή τις κολάζῃ τοὺς ἐξαμαρτάνοντας, πῶς οὐκ ἤδη δίκαιόν ἐστιν ἡμᾶς ἐπαινεῖν, οἵτινες ἐλαχίστοις χαλεπήναντες πλεῖστον χρόνον τὴν ἀρχὴν κατασχεῖν ἠδυνήθημεν;

> (102) [...] Wenn aber weder dies geschehen noch es möglich ist, eine solche Zahl an *póleis* zu beherrschen, ohne dass man die Fehlgehenden bestraft, wie könnte es dann nicht gerechtfertigt sein, uns zu loben, die wir, obwohl wir nur mit sehr wenigen streng verfahren sind, in der Lage waren, die Herrschaft am längsten innezuhaben?

Isokrates stellt den Vorwürfen wegen Melos und Skione drei Argumente zur Entkräftung entgegen. Zum einen (1) habe man nur den Kriegsgegnern geschadet, zum anderen (2) seien andere in vergleichbaren Situationen noch schlimmer verfahren und schließlich (3) belege die geringe Zahl der Vergehen, dass Athen während seiner *arché* besonders milde mit den Griechen umgegangen sei und seine Herrschaft deshalb lange habe aufrechterhalten können. Jedes dieser Gegenargumente verstößt allerdings gegen die Regeln für die Argumentation einer Apologie, die im *Busiris* formuliert wurden.[232]

---

[229] Tigerstedt 1965, I: 184, Seck 1976: 359, Classen 2010: 71. Damit wird, wie im *Busiris*, dem Enkomion eine Apologie nachgestellt. Im Gegensatz zu jener Schrift bezieht sich die Apologie im *Panegyrikos* jedoch nicht auf denselben Gegenstand wie das Lob. Letzteres behandelt Athen und seine Politik bis zum Ende der Perserkriege, erstere jedoch nur das Athen der jüngeren Vergangenheit.

[230] Vgl. Heilbrunn 1967: 118, Popp 1968: 437. Das Vorgehen entspricht somit formal dem in der *Helena* kritisierten Vorgehen des Gorgias in dessen Helenalob (Isok. X 14–15, s. o. S. 89–94).

[231] Isokrates wählt als Exempla den Umgang Athens mit einer neutralen *pólis* (Melos; vgl. Thuk. V 84–116) sowie den Umgang mit einer abtrünnigen verbündeten *pólis* (Skione, vgl. Thuk. IV 120–123, 129–133). Beide *póleis* leiteten, Thukydides zufolge (Thuk. IV 120, V 84), ihre Abstammung von den Peloponnesiern her. In beiden Fällen ging Athen mit extremer Härte vor (vgl. Thuk. IV 122, V 116). Besonders der Umgang mit Melos wurde durch die Darstellung des Thukydides zum Exemplum *par excellence* für Machtversessenheit und Hochmut der Athener, für die Kritik an der athenischen *arché* (vgl. Levi 1959: 58). In diesem Licht erscheint die Verteidigung des Isokrates, die trotz der Erwähnung von Melos und Skione behauptet, Athens *arché* habe nie der Machtpolitik gedient, als wenig überzeugend (schon Havet 1862: LIV sieht sich deshalb zu der Schlussfolgerung genötigt, dass im *Panegyrikos* der Patriotismus des Isokrates noch seinen Moralismus überdecke).

[232] Treffend bezeichnet Popp 1968: 438 die Argumentationsschwächen in diesem Abschnitt als „recht sophistische<n> Beweisführung", ähnlich ebd. 441: „sophistische Beweisführung, die ein kleineres

B.2.4 Gegenüberstellung Athen–Sparta (§15–128)

Das erste Argument (1) widerspricht der Forderung nach Wahrhaftigkeit: Folgt man dem Bericht des Thukydides, so handelte es sich nach Auffassung der Athener beim Austritt Skiones aus dem Seebund tatsächlich um einen kriegerischen Akt.[233] Die Athener rechtfertigten ihre Intervention demnach mit dem Argument einer Fristübertretung um zwei Tage, während die Spartaner erklärten, Skione habe sich vor dem Treffen der Kommission dem Peloponnesischen Bund angeschlossen. Dieser Streitfall führt zum Bruch der zuvor getroffenen Waffenstillstandsvereinbarung durch Athen, das Truppen gegen Skione zu entsenden beschließt. Die Legitimation des athenischen Vorgehens war demnach von Anfang an umstritten, und sie hatte weitreichende Konsequenzen, indem sie einen Frieden mit Sparta verhinderte. Noch deutlicher ist der Fall von Melos: Denn Melos gehörte keineswegs einer feindlichen Kriegspartei an, sondern verhielt sich neutral.[234] Es war nach Thukydides die melische Weigerung, dem athenischen Drängen nach Beitritt zum Seebund nachzugeben, die Athen zu seinem harten Vorgehen veranlasste. Die herausgehobene Stellung, die die athenische Intervention auf Melos bei Thukydides erhält, belegt, dass diese Episode des Peloponnesischen Krieges schon den Zeitgenossen als Fanal der Willkür athenischer Herrschaft im späten Delisch–Attischen Seebund erscheinen konnte.[235] Gerade die Erwähnung von Melos muss daher dem Publikum klarmachen, dass das Argument, es habe sich bei den unterworfenen *póleis* nur um Feinde gehandelt, nicht zutreffend ist.[236] 25 Jahre später findet sich schließlich auch ein Urteil des Isokrates selbst, das das athenische Verhalten in der Zeit der *arché* missbilligt.[237]

Übel als Positivum auszugeben versucht", ähnlich Bringmann 1965: 44 über Isok. IV 100–109): Den Verstoß gegen eben diese Regeln hatte Isokrates in seinen früheren Schriften gerade den Sophisten vorgeworfen; anders Grieser-Schmitz 1999: 128.

[233] Thuk. IV 122–123; vgl. auch die Beteiligung skionaischer Truppen an der Verteidigung anderer abgefallener *póleis* (IV 129–131). Nach Popp 1968: 438–439 wäre auch ein Abfall vom Seebund nicht in dem von Isokrates vorgebrachten Sinne als kriegerischer Akt zu werten. So kommt Popp zu dem Schluss, dass Isokrates die Kritik an den athenischen Strafaktionen nicht schlüssig ausräume.

[234] Baynes 1955: 144, Seaman 1997: 385–418, Welwei 1999: 199–200 mit Anm. 231, anders Popp 1968: 438 mit Anm. 60.

[235] Auch im lysianischen Epitaphios (Lys. II 20–43) ist Thukydides als Vorbild verwendet (Thuk. VII 70–75), vgl. Allroggen 1972: 87. Dies erklärt sich v. a. dann plausibel, wenn man annimmt, dass sich Lysias hier in eine Tradition stellt, und dass er davon ausgeht, dass die literarischen Bezüge für sein Publikum erkennbar waren. Die Verwendung thukydideischer Ideen und Argumente in Reden und Publikationen des frühen 4. Jhs. belegt auf diese Weise indirekt die Verbreitung des thukydideischen Geschichtswerkes schon zu jener Zeit.

[236] Es kann also keine Rede davon sein, dass sich Isokrates „mit Fug und Recht" auf seine Darstellung habe berufen können (Oncken 1862: 51). Angedeutet ist die Problematik der isokratischen Darstellung bei Buchner 1958: 110, Popp 1968: 438–439, jedoch ohne Klärung der Frage, welche Aufnahme derartige Argumente bei einem Lesepublikum finden können. Baynes 1955: 165 urteilt darüber eindeutig: „[…] both Isocrates and his contemporaries must have known that the representation of Athenian action given in the *Panegyricus* was fundamentally false".

[237] Isok. XV 318–319. Aus der *Antidosis* lassen sich zwar keine zwingenden Rückschlüsse auf Isokrates' frühere Haltung ziehen. Jedoch zeigt der spätere Beleg, dass Kritik an Athens Umgang mit Melos für Isokrates nicht unmöglich war.

Das zweite Argument (2) missachtet die im *Busiris* an zwei Stellen explizit erläuterte Unzulässigkeit einer Synkrisis von Untaten.[238] Wer den Gegenstand seiner Apologie dadurch zu entlasten versucht, dass er die zur Last gelegten Untaten mit Untaten anderer vergleicht, gibt nach diesem Argument implizit zu, dass die Vorwürfe zutreffen. Genau diesen Versuch aber unternimmt Isokrates durch den Verweis darauf, dass andere *póleis*, die die *arché* innegehabt hätten – damit kann nur Sparta gemeint sein – sich noch schlimmer verhalten hätten als Athen. Legt man an dieses Argument den Maßstab des *Busiris* an, so ergibt sich aus dieser scheinbaren Entlastung Athens lediglich die Aussage: ‚Athen und Sparta haben Verbrechen begangen. Die spartanischen waren schwerwiegender.'[239] Dies ist keine Entlastung Athens.

Es bleibt das dritte Argument (3), das aus den beiden ersten Argumenten den Schluss zieht, dass man Athen aufgrund seiner verhältnismäßig geringen Untaten loben müsse. Lobenswert aber ist *Helena* und *Busiris* zufolge nur, wer Leistungen vorzuweisen hat. Geringe Verbrechen zu begehen statt große stellt jedoch gewiss kein positives Verdienst dar, keine nutzenbringende Handlung.[240] Auch dieses Argument der Entlastung läuft also ins Leere. Zudem ist die Grundlage des Argumentes eine sehr fragwürdige, wenn Isokrates behauptet, man müsse eben streng verfahren, wenn man andere beherrschen wolle: Denn jede Herrschaft über hellenische *póleis* war in der vorhergehenden Darstellung der ‚*politeía* der Vorväter' abgelehnt worden, insofern sie als Gegensatz zum idealen Verhalten der Vorfahren erschien.[241]

Bei dieser ‚Entkräftung' der Vorwürfe gegenüber Athen verstößt Isokrates systematisch gegen jene Argumentationsregeln, die er in früheren Schriften formuliert hatte. Dies kann nur bedeuten, dass er bewusst die negativen Wirkungen erzielen will, die derart verfehlten Argumenten in jenen Schriften zugewiesen wurden:[242] Am Ende der scheinbaren Entlastung vom Vorwurf der Grausamkeit gegenüber Hellenen steht somit die Erkenntnis, dass

---

[238] Isok. XI 31, 44.
[239] Auch Bringmann 1965: 38 urteilt: „Daß damit die Brutalität der Athener gegenüber Melos und Skione nicht gerechtfertigt ist, liegt auf der Hand."
[240] Popp 1968: 439 spricht hier von einem Argument des ‚geringeren Übels'. Buchner 1958: 112 verweist auf die Parallele zu Thuk. I 76,2–3, übersieht aber den entscheidenden Unterschied: Bei Thukydides erheben die Athener Anspruch auf das Naturrecht, das Recht des Stärkeren erscheint als δίκαιον. Bei Isokrates dagegen ist dieses Argument nur scheinbar positiv ausgedrückt, indem es in einer rhetorischen Frage eingeführt wird: „Πῶς οὐκ ἤδη δίκαιόν ἐστι ἡμᾶς ἐπαινεῖν;" (Isok. IV 102) – diese Frage stellen heißt aber auch die Möglichkeit der Infragestellung des Naturrechts aussprechen. Dass Isokrates rhetorische Fragen als Scheinargumente verwendet, haben wir bereits im *Busiris* gesehen (s. o. S. 131–137). Im *Panegyrikos* werden wir diese Methode neben der vorliegenden noch an einer weiteren, deutlicheren Stelle finden (s. dazu u. S. 230–231); vgl. dazu auch Heilbrunn 1967: 14, 25.
[241] Isok. IV 80–81.
[242] Auch ohne den Blick auf diese Schriften kommt Baynes 1955: 144 zu dem Schluss: „Such a defence was hardly likely to persuade the Greek States to gather under the hegemony of Athens [...]", anders

B.2.4 Gegenüberstellung Athen–Sparta (§15–128)

man Athen von diesen Vorwürfen nicht entlasten kann beziehungsweise dass sie in Isokrates' Augen gerechtfertigt sind. Dies wird sich auch im weiteren Verlauf zeigen, in dem Isokrates die athenische *arché* scheinbar lobt, wobei er jedoch nur solche Argumente einführt, die ebenfalls den zuvor publizierten Argumentationsregeln widersprechen.[243]

Zunächst wird die These aufgestellt, dass Athen deshalb eine machtvolle Führungsposition unter den Griechen verdiene, weil während der athenischen *hêgemonía* sowohl der Privatbesitz wie auch die Bedeutung der *póleis* zugenommen habe (§103) – sowohl die *ídia* wie auch die *koiná* seien demnach gefördert worden. Diese These belegt Isokrates in den folgenden Sätzen (§103–106), indem er Verdienste der Athener um die verbündeten *póleis* während des Delisch–Attischen Seebundes aufzählt.[244]

Auffällig ist, dass viele der hier genannten Leistungen lediglich durch die Deutung des Isokrates als Verdienste erscheinen. Dies gilt beispielsweise für die Erwähnung gesetzgeberischer Einflussnahme in verbündeten *póleis*, die Isokrates als Wohltat erwähnt (§104), die man aber auch (und genau dies dürfte von Seiten der Kritiker Athens geschehen sein) als Missachtung der *allótria* und Verstoß gegen das Prinzip der Autonomie werten könnte.[245] Dasselbe gilt für die Einflussnahme auf die Machtverhältnisse in anderen *póleis* (§105).[246] Im ganzen Absatz ist festzustellen, dass Isokrates die Vorwürfe gegen Athen nicht ausräumt, sondern lediglich umdeutet, wobei er sich sogar teilweise in Widersprüche verwickelt.[247]

Es ist davon auszugehen, dass Isokrates hier ebenso wie in §100–102 ganz gezielt auf gängige Vorwürfe eingeht. Insofern scheint es zunächst einleuchtend, dass er auch umstrittene Punkte einer positiven Deutung unterzieht.[248] Auffällig aber ist nicht nur,

---

(und kaum überzeugend) Walter 2003: 81, der ausdrücklich annimmt, Isokrates erwähne Melos und Skione in Annahme, die athenischen Gewaltakte rechtfertigen zu können.

[243] Buchner 1958: 112 spielt ebenfalls auf die Bedeutung der Regeln der *Helena* für den *Panegyrikos* an, hält Isok. IV 103–106 aber auf dieser Basis für eine Apologie durch Lob. Buchner beachtet jedoch nicht die Validität der Argumente dieses Lobes. Eben an dieser Frage aber zeigt sich, so die Lehre aus *Helena*-*Busiris*, ob ein Lob einen angemessenen oder einen paradoxen Gegenstand behandelt.

[244] Dass dieser Abschnitt deutliche Übernahmen aus Lys. II aufweist, hat Buchner 1958: 112–119 gezeigt.

[245] Heilbrunn 1967: 118.

[246] Bringmann 1965: 38–39.

[247] Popp 1968: 439. Ein ähnliches Urteil über die Argumentationsweise fällt auch Buchner 1958: 119: „Abschließend läßt sich über den die §§103–106 umfassenden Epainos sagen: Isokrates verschweigt in ihm nicht nur alle gegen Athen gerichteten Anschuldigungen. Er möchte durch ihn auch die anderen, die er in Isok. IV 100–102 hatte anführen müssen, vergessen machen, möchte jene durch das hier gezeichnete positive Bild in den Hintergrund drängen und zur Seite schieben. Aber dieses steht neben den Vorwürfen und beseitigt sie nicht." Cargill 1981: 142 mit Anm. 25, 149 mit Anm. 8 und Constantineau 1993: 390 nehmen Isokrates' Lob der *arché* dagegen beim Wort.

[248] Buchner 1958: 114, Bringmann 1965: 37–41 (der den Abschnitt als Versuch des Isokrates versteht, nachzuweisen, dass die athenische Politik des Delisch-Attischen Seebundes nicht „imperialistisch" gewesen sei), Gillis 1971: 67–68 (der Isokrates hier als realistischen Politiker argumentieren sieht), Seck 1976: 359, anders und überzeugender Urban 1991: 146–147 (der eine implizite Kritik an der athenischen *arché* annimmt), weniger deutlich zuvor Eucken 1983: 158 (der das Lob in §100–128

dass zahlreiche der vorgebrachten Leistungen dem Publikum als Vorwürfe bekannt sein mussten, sondern auch, dass Isokrates hier ganz andere politische Werte vertritt als zuvor in §75–81: Waren dort aristokratische Werte wie *sôphrosýnê, kalokagathía* und *areté* hervorgehoben worden, so spielen diese Begriffe nun keine Rolle mehr. Vielmehr stehen die in §103–106 vorgebrachten Argumente erkennbar auf dem Standpunkt der Befürworter der athenischen *arché*, mithin auf einem demokratischen Standpunkt.[249] So habe man die Masse (τῷ [...] πλήθει, §105) gegen die Herrschaft (ταῖς [...] δυναστείας, ebd.) unterstützt und die Überlegenheit Weniger über Viele nicht dulden wollen. Deutlich auf den Gegensatz zwischen Demokratie und Oligarchie und auf den demokratischen Widerstand gegen die Oligarchie der ‚Dreißig' von 404/403 spielt das Argument in §105–106 an, wonach Athen sich gegen eine oligarchische Politik gewehrt habe, die trotz gemeinsamer Herkunft (κοινῆς τῆς πατρίδος) manche nur der Form nach aufgrund ihrer Abstammung (*phýsei*) als Bürger anerkannt, sie aber durch die Gesetzgebung (*nómôi*) faktisch ihres Bürgerstatus' beraubt habe.[250]

Isokrates will gerade mit diesem letzten Argument darauf hinweisen, dass es sich bei den vorgebrachten Argumenten um eben jene Standpunkte handelt, mit denen sich die Demokraten gegenüber dem Vorwurf ungerechter Herrschaft zu verteidigen pflegten. Das wird schon daraus ersichtlich, dass das Argument sich gar nicht mehr auf die athenische Außenpolitik bezieht. Der Bezug zu den innerathenischen Auseinandersetzungen von 404/403 ist so offensichtlich, dass Anspielungen auf andere Ereignisse nicht infrage kommen. Die Athener, so machen die Ausführungen in §103–106 implizit klar, vertraten in der Zeit ihrer Herrschaft die Sache der Demokraten. Diese demokratische Sache aber habe man auch in den verbündeten *póleis* vertreten:

> (106) Τοιαῦτ' ἔχοντες ταῖς ὀλιγαρχίαις ἐπιτιμᾶν καὶ πλείω τούτων τὴν αὐτὴν πολιτείαν, ἥνπερ παρ' ἡμῖν αὐτοῖς καὶ παρὰ τοῖς ἄλλοις κατεστήσαμεν, ἣν οὐκ οἶδ' ὅ τι δεῖ διὰ μακροτέρων ἐπαινεῖν, ἄλλως τε καὶ συντόμως ἔχοντα δηλῶσαι περὶ αὐτῆς. Μετὰ γὰρ ταύτης οἰκοῦντες ἑβδομήκοντ' ἔτη διετελέσαμεν ἄπειροι μὲν τυραννίδων, ἐλεύθεροι δὲ πρὸς τοὺς βαρβάρους, ἀστασίαστοι δὲ πρὸς σφᾶς αὐτούς, εἰρήνην δὲ ἄγοντες πρὸς πάντας ἀνθρώπους.

> (106) Da wir den Oligarchien derartiges und noch mehr davon vorzuwerfen hatten, führten wir dieselbe *politeía*, die bei uns selbst in Kraft war, auch bei den anderen ein; ich weiß nicht, wozu ich diese ausführlich loben sollte, zumal ich sie auch in Kürze beschreiben kann: Denn solange

---

bereits eingeschränkt und in der Beschreibung der Gegenwart den „Tiefpunkt" erreicht sieht), Müller (C. W.) 1991: 152–153.

[249] Usher 1999: 300 spricht treffend von „language of imperialism". Cargill 1981: 142 mit Anm. 25 nimmt diesen Passus als Beleg dafür, dass Isokrates im *Panegyrikos* den Standpunkt der Demokratie einnehme.

[250] Vgl. Baynes 1955: 158 (der den Gegensatz der hier dargestellten Ansicht der Athener zu Isokrates' politischem ‚Programm' in Isok. VII betont), Buchner 1958: 114–115. Aus Sparta, das Drerup 1895: 642 als Objekt der Kritik ansah, ist ein solcher Schritt der politischen Exklusion vormaliger Vollbürger nicht bekannt. Die bei von Arnim 1917: 37–38 erwähnten „Kämpfe gegen die Periöken" können kaum als Beispiel politischer Exklusion herangezogen werden, da die Periöken keinen Bürgerstatus besaßen.

wir nach dieser *politeía* lebten, blieben wir siebzig Jahre lang ohne Tyrannen, in Freiheit von den Barbaren, ohne *státeis* untereinander, und wir hielten Frieden gegenüber allen Menschen.

Die ganze vorhergehende Gegenüberstellung oligarchischer und demokratischer Politik in §103–105 dient dem Nachweis, dass die Einführung oder Förderung der Demokratie in anderen *póleis* eine Wohltat gewesen sei. Die §103–106 richten sich gegen den unausgesprochenen Vorwurf, Athen habe von außen die innere Politik der Bündnispartner bestimmt, somit diesen keine Autonomie gewährt.[251] Setzt man die bereits mehrfach belegte moralische Verwendung von *idion*, *koinón* und *allótrion* auch hier voraus, so ist dieser Vorwurf gleichbedeutend mit dem Vorwurf der Missachtung der gegenüber den *allótria* notwendigen Zurückhaltung.[252]

Zur Entkräftung dieses Vorwurfes vergleicht Isokrates Demokratie und Oligarchie und kommt zu dem Schluss, dass die Demokratie die bessere Staatsform sei. Deshalb sei ihre Einführung von Vorteil und man könne Athen dafür nicht kritisieren. Diese Entkräftung ist jedoch – ähnlich wie die Argumentation in §100–102 – problematisch: Zum einen widerlegt sie nicht den Vorwurf, dass die innenpolitischen Angelegenheiten anderer *póleis* zu den *ídia* dieser *póleis* gehören, dass sie Athen daher nichts angingen. Zum anderen jedoch kann der Vergleich mit der als verbrecherisch gekennzeichneten Oligarchie nicht die Nützlichkeit der Demokratie nachweisen.

Dies wird umso deutlicher vor dem Hintergrund der in §75–81 skizzierten idealen *politeía* der Vorväter; von dieser *politeía* unterscheidet sich die Demokratie der §103–106 erheblich.[253] Der Vergleich mit der Oligarchie belegt insofern allenfalls eine relative moralische Überlegenheit der Demokratie. Die absolute, normative Geltung eines derartigen Vergleichs wird im *Busiris* implizit, im *Areopagitikos* dagegen ausdrücklich in Abrede gestellt.[254] Nur der Vergleich mit absolut Lobenswertem kann im Rahmen eines Lobes Verwendung finden.[255]

Dass der Vorwurf der Einflussnahme in anderen *póleis* nicht überzeugend abgewehrt wird, bestätigt sich im zweiten Teil der oben zitierten Stelle §106: Dort wird ein geradezu idyllisches Bild von einer 70 Jahre lang ununterbrochenen Demokratie gezeichnet. Als

---

[251] Zur Verwendung des Autonomie-Begriffs in diesem Zusammenhang bei Thukydides vgl. Oliva 1991: 121–122.
[252] Ähnlich Popp 1968: 439: „[sc. Isokrates] kann nur mühsam verdecken, daß es sich hierbei um die gewaltsame Einmischung in die Angelegenheiten anderer Städte gehandelt hat, indem man ihnen die athenische Staatsform aufnötigte".
[253] Vgl. Urban 1991: 146.
[254] Isok. XI 31, 44, VII 71–73 (Synkrisis-Regel; s. o. Kap. A.3.3). Im *Areopagitikos* folgt, in identischer Weise wie im *Panegyrikos*, der Darstellung der ‚*politeía* der Vorväter' ein Vergleich zwischen Demokratie und Oligarchie, in dem die Demokratie als das bessere politische Regime erscheint (Isok. VII 60–69; s. u. B.6.4.1 und B.6.4.2.2). Vgl. auch Isok. XII 39–41 (s. u. Kap. B.9.4.1).
[255] Nicht zufällig zieht Isokrates im Rahmen eben dieses Vergleiches zwischen Oligarchie und Demokratie ausdrücklichen den Schluss, dass man die Demokratie loben (ἐπαινεῖν, Isok. IV 106) müsse.

Zeitraum für diese 70 Jahre kommt, sofern man der obigen Interpretation folgt, nach der die in §75–81 beschriebene ‚*politeía* der Vorväter' bis 479 währt, nur der Zeitraum vom Ende der Perserkriege beziehungsweise von der Gründung des Delisch–Attischen Seebundes 478/477 bis zum Ende des Peloponnesischen Krieges infrage.[256] Die beiden erstgenannten Merkmale dieser Zeit, Freiheit von Tyrannis und eine selbstbestimmte Position gegenüber den Persern, sind durchaus glaubwürdig. Das gilt jedoch bereits für die Abwesenheit von *stáseis* nur eingeschränkt. Denn die in den Quellen überlieferten gewaltsam ausgetragenen politischen Auseinandersetzungen in der Zeit nach den Perserkriegen dürften dem Publikum des *Panegyrikos* nicht unbekannt gewesen sein, zumal gerade die Einflussnahme Athens in verbündeten *póleis*, die häufig in der Unterstützung einer *stásis* bei innenpolitischen Auseinandersetzungen bestand, von Isokrates in §105 noch erwähnt worden war.[257] Unglaubwürdig ist vor allem der letztgenannte Beleg für den Segen der Demokratie, wonach die Athener 70 Jahre lang mit allen Menschen Frieden gehalten hätten. Tatsächlich war die Zeit der Pentekontaetie spätestens seit Mitte des 5. Jahrhunderts nichts als eine Folge kleiner innergriechischer Kriege und Konflikte, und die von Isokrates als so friedlich beschriebenen 70 Jahre endeten mit dem 27 Jahre währenden Peloponnesischen Krieg.[258] Ist schon die Behauptung des stabilen innenpolitischen Friedens während der Demokratie des 5. Jh. einigermaßen fragwürdig, so ist die

---

[256] S. o. Kap. B.2.4.5. Der Verweis auf die Dauer der athenischen Machtstellung findet sich erstmals bei Andok. III 37–39 (85 Jahre). Ebenfalls mit 70 Jahren geben Lys. II 55–57 und Plat. ep. VII 332b7–c6 die Phase der athenischen Dominanz an; vgl. Allroggen 1972: 305–306 (mit problematischer ‚Datierung' dieses Zeitraums), Lehmann (G. A.) 1978: 124. Obwohl auch Platon diese Phase in positivem Kontext verwendet, liegt in ep. VII nicht die überspitzte Idealisierung vor, die sich bei Isokrates findet; vgl. auch Popp 1968: 435–436. Dem. IX 23 scheint wohl bereits von Isokrates' Darstellung beeinflusst.

[257] Vgl. die in der Ermordung des Ephialtes gipfelnden Unruhen (vgl. Arist. AP 25–26) sowie den unter Mitwirkung Spartas sowie athenischer Aristokraten durchgeführte Versuch eines oligarchischen Umsturzes in Tanagra (Thuk. I 107); Herrmann-Otto 1997: 141 führt die athenische Politik im Kontext der Schlacht von Tanagra (Thuk. I 107–108, Diod. XI 80, Paus. I 29,9) auch auf einen „Verdacht auf Umsturzgefahr" in Athen zurück.

[258] Heilbrunn 1967: 119–120. Die Angabe der 70 Jahre ist schon Benseler als unglaubwürdig aufgefallen: „Fällt doch in jene zeit der peloponnesische krieg mit all seinen inneren aufständen und äußeren greueln und blutigen kämpfen, und gleichwohl soll Isokrates gesagt haben, *man* (?) habe in dieser Zeit nichts von inneren unruhen gewusst und friede mit aller welt gehabt. Eine solche behauptung wäre ganz der gleich, wenn ein heutiger redner von der zeit von 1760–1850 dasselbe behaupten wollte" (zit. Nach Vischer 1855: 255, Hervorhebung: ebd.). Benseler zog daraus den Schluss, dass hier von der Zeit von 683 bis zum Ende des Kylonischen Aufstandes 612 die Rede sei (dagegen schon kurz darauf Vischer 1855: 245–249), was jedoch im vorliegenden Kontext nicht nur unpassend, sondern für das Publikum unverständlich wäre (zumal Isokrates diese Phase nirgendwo sonst in seinem gesamten Werk anspricht. Im *Panegyrikos* geht er direkt von der mythischen Zeit zu den Perserkriegen über). Wenn aber die Zeit von 479 bis zum Ende des Peloponnesischen Krieges gemeint sein sollte, bleibt das von Benseler konstatierte Problem bestehen (vgl. Vischer 1855: 248: „[…] das ergäbe einen selbst bei dem kecksten redner nicht zu ertragenden widerspruch mit der wahrheit."). Man versuchte sich daher mit einer Konjektur (nach Bekker 1822: διετέλεσαν statt hsl. Διετελέσαμεν) zu

B.2.4 Gegenüberstellung Athen–Sparta (§15–128)

Behauptung vom außenpolitischen Frieden geradezu paradox. Die Zeit der Demokratie endete mit fast 30 Jahren des Krieges, und Athen zählte am Ende praktisch alle Griechen zu seinen Feinden.[259]

Die Apologie der athenischen Seeherrschaft endet (§107–109) mit dem Versuch der Entkräftung eines weiteren Vorwurfes der Gegner Athens: Anstatt Athen für seine Verdienste zu loben, pflegte man, auch die Einrichtung athenischer Kleruchien auf dem Gebiet fremder *póleis* zu kritisieren, obwohl diese doch nur dem Schutz der betreffenden Gebiete gedient habe und keineswegs durch athenische *pleonexía* begründet gewesen sei (§107). Mit der Landnahme attischer Bürger auf nicht-attischem Territorium, die faktisch sowohl der militärischen Kontrolle wie auch Mehrung des athenischen Wohlstandes diente, spricht Isokrates einen besonders wunden Punkt der athenischen Seebundpolitik, aber auch der athenischen Politik der 380er Jahre an.[260] Denn kaum eine Institution konnte so sehr als Zeichen der *pleonexía* gedeutet werden wie die athenischen Kleruchien. Gerade diese Qualität spricht Isokrates ihnen jedoch ab, indes erneut mit Argumenten, die den Vorwurf mehr bestätigen, als dass sie ihn widerlegten: Athen habe trotz seines geringen Landbesitzes riesige Machtmittel und eine gewaltige Flotte besessen (§107). Dieser ‚Beleg' (*sêmeîon*) trägt zur Abwehr des *pleonexía*-Vorwurfs nicht das Geringste bei.[261] Stattdessen wirft er die Frage auf, aus welchen Mitteln sich die athenische Machtstellung speiste, wenn der athenische Landbesitz so klein gewesen sei. Offenbar aus *allótria*. In §108 folgt das zweite Argument gegen den Vorwurf der *pleonexía* und die Verurteilung der Kleruchien: Obwohl Athen in der Lage dazu gewesen sei, habe man sich nicht des Landes der Insel Euboia bemächtigt.[262] Wenn aber Athen in Isokrates' Darstellung seine

---

behelfen, durch die die Friedenszeit nur noch auf die Bundesgenossen bezogen sein sollte. Jedoch gibt es für eine solche Konjektur weder Indizien in der Textüberlieferung, noch löst sie das Problem (die schwache Argumentation bei Vischer 1855: 248–249 belegt dies eindrucksvoll), da der Peloponnesische Krieg alle Bundesgenossen betraf (ganz davon abgesehen, dass das diese Truppenkontingente zu stellen hatten und v. a. davon, dass es schon in der Mitte des 5. Jhs. zu gewaltsamen Konflikten auch innerhalb des Seebundes gekommen war. Das Problem wurde seither m.W. nicht mehr wirklich diskutiert (Hirsch 1966: 62 nimmt Bekkers Konjektur unkritisch als gegebene Größe).

[259] Tindale 2010: 115–116 hält dasselbe Argument in Isok. XII 149–150 für wenig plausibel und nimmt zudem an, dass Isokrates darauf implizit hinweise.

[260] Grieser-Schmitz 1999: 131–132. Im Königsfrieden von 386 waren, auf athenischen Einfluss hin, gerade die athenischen Kleruchie-Gebiete auf Lemnos, Imbros und Skyros von der Autonomie-Klausel ausgenommen worden.

[261] Tindale 2010: 115–116 sieht in ähnlichem Zusammenhang (Isok. XII 149–150) die Verwendung des Begriffs *sêmeîon* anstelle von *tekmérion* als Indiz für eine implizite Distanzierung vom Inhalt des Argumentes, da *sêmeîon* den nicht notwendig plausiblen Beleg bezeichne.

[262] Buchner 1958: 119–121 fasst Isok. IV 107–109 als implizite Kritik an der spartanischen Eroberung Messeniens auf, da Euboia als Attika benachbarte, fruchtbare Insel eine vergleichbare Stellung zu Athen besitze wie Messenien zu Sparta. Wenig einleuchtend ist seine Interpretation, Isokrates bestreite in Isok. IV 107–109 gar nicht die Einrichtung von Kleruchien auf Euboia, sondern nur die vollständige Eroberung und Annexion der Insel.

Möglichkeiten der Bereicherung nicht vollständig ausgenutzt hat, so stellt das kein positives Argument zur Widerlegung der athenischen *pleonexía* dar. Indem Isokrates aber die Kleruchien mit einer potentiellen Eroberung Euboias in Zusammenhang bringt, anerkennt er implizit, dass die Kleruchien eben doch jenem Zweck der Bereicherung gedient haben. Gänzlich kontraproduktiv aber wird das Argument durch den Umstand, dass Athen tatsächlich im Jahr 447 Kleruchien auf Euboia einrichtete, was wiederum zum Abfall der Insel vom Seebund im Jahr 447/446 führte.[263] Dass es später kein athenisches Staatsland auf Euboia gab, ist Folge allein dieses Abfalls, der zusammen mit dem Aufstand in Boiotien zu einem massiven Einflussverlust Athens in Mittelgriechenland und mittelbar zum sogenannten 30-jährigen Frieden führte. Genau jener Handlungen, deren Unterlassung Isokrates zufolge belegen soll, dass die Kleruchien in Skione kein Zeichen für *pleonexía* seien, hat Athen sich also schuldig gemacht.[264] Das Argument wirkt dadurch für Athen gleich doppelt belastend. Einen letzten Entlastungsversuch unternimmt Isokrates in §109: Wäre man auf großen Mittel- und Machtgewinn aus gewesen, dann hätte man Euboia zu athenischem Territorium gemacht und das skionische Land an eigene Bürger, nicht an Plataier vergeben.[265] Erneut liegt eine Synkrisis eines Verbrechens mit einem größeren

---

[263] Dies übersieht Grieser-Schmitz 1999: 131–132. Zu den euböischen Kleruchien vgl. Andok. III 9, Aristoph. Neph. 211–214 (vgl. Dazu Popp 1968: 429–430), Diod. XI 88,3, Plut. Per. 22, Paus. I 27,5. Das Problem ist bereits gesehen, aber nicht weiter verfolgt bei Bringmann 1965: 40 Anm. 6. Hirsch 1966: 63–64 bezeichnet die Apologie bzgl. der Kleruchien als „gröbste Verdrehung der Tatsachen [...]. In Wahrheit haben sie dort eine ganze Stadt vertrieben und ihr Gebiet annektiert und viele Kleruchen hingesandt [...]. Man fragt sich, wie Isokrates auf das seltsame Argument der Verschonung Euboias überhaupt hat verfallen können". Hirschs Lösung jedoch (ebd. 64–65), wonach Isokrates auch gegen die Plausibilität des Arguments eine angeblich implizierte Analogie zur spartanischen Eroberung Messeniens für das Lob Athens habe nutzbar machen wollen, kann nicht überzeugen: Denn abgesehen von der bereits mehrfach angesprochenen Bedeutung des *eikós*-Anspruches für Isokrates ist gerade das von Hirsch vorgeschlagene Ziel des Argumentes im höchsten Maße von der Glaubwürdigkeit der athenischen Zurückhaltung gegenüber Euboia abhängig. Da jedoch die athenischen Kleruchien auf dieser Insel unstrittige Tatsache sind, kann die einzig denkbare Analogie zu Messenien dahingehend lauten, dass Athens Umgang mit Euboia ein mit der Versklavung Messeniens durch Sparta vergleichbares Verbrechen darstelle.

[264] Bringmann 1965: 40 urteilt knapp: „Auch hier geht es nicht um die Feststellung der geschichtlichen Wahrheit, sondern um den tendenziösen Nachweis, daß den Athenern die ihnen vorgeworfene πλεονεξία ferngelegen habe." Dabei ist jedoch die Rezipientenebene zu wenig bedacht, denn nicht jede Abweichung von der Überlieferung wird von einem lesenden Publikum gleich aufgenommen. Mit den Voraussetzungen für eine positive Aufnahme setzt sich Isokrates im Proömium des *Busiris* auseinander: Die dort genannten Kriterien der *alḗtheia* bzw. des *eikós* (Isok. XI 5–8) sind hier nicht erfüllt. Das Argument, es habe keine *pleonexía*, ja nicht einmal einige der Kleruchien gegeben, ist schlicht paradox. Es wird daher kaum Anerkennung bei einem Publikum finden, das auf diese Kriterien hin prüft (und dazu als Lesepublikum die hermeneutischen Voraussetzungen mitbringt).

[265] Vgl. Thuk. V 32. Mit dieser Anspielung verweist Isokrates wiederum auf ein Ereignis, das in der Tötung und Versklavung der Skionaier exemplarisch für die gewaltsame athenische Machtpolitik stehen konnte.

B.2.4 Gegenüberstellung Athen–Sparta (§15–128)

Verbrechen vor. Es liegt auf der Hand, dass diese auch hier nicht zweckdienlich im Sinne einer Verteidigung gegen den genannten Vorwurf ist.[266]

Auch die Kritik an der Einrichtung von Kleruchien räumt Isokrates also nur scheinbar aus. In späteren isokratischen Schriften zeigt sich deutlich, dass Isokrates (zumindest in dieser späteren Zeit) Kleruchien nur auf nicht-griechischem Territorium billigen wollte.[267] Insgesamt erweist sich die Apologie der athenischen *arché* in den §100–109 des *Panegyrikos* als *lógos*, der aufgrund derselben argumentationstechnischen Fehler und somit auf dieselbe Weise wie die *lógoi parádoxoi* im Proömium der *Helena* und im *Busiris* dazu verurteilt ist, seinem scheinbaren Zweck entgegenzuwirken.[268] Nicht zufällig befasst sich Isokrates ausführlicher mit den Vorwürfen gegen Athens *arché*, als dies in den Epitaphien üblich gewesen sein dürfte.[269] Damit gibt er diesen ein erhebliches Gewicht im Gesamtgefüge der Argumentation. Die Kritik an der athenischen Politik nach 478/477 wird von Isokrates selbst explizit referiert (§100), dann jedoch nicht entkräftet, sondern eher bestätigt. Dies gilt auch für die Einbettung der scheinbaren Rechtfertigung athenischer *arché* in den größeren Zusammenhang der §100–128. Über diese urteilt Ulrike Hirsch:

> Sein wichtigster Beweis [...] ist der Vergleich mit der Zeit der spartanischen Herrschaft.[270]

Deren negativen Charakter stellt Isokrates in den folgenden Abschnitten bis §128 dar. Im Großen funktioniert der Vergleich ebenso wie das Einzelargument zu Melos und Skione in §100–102: Athenische Herrschaftspolitik mag kritikwürdig sein, im Vergleich mit der Politik Spartas jedoch erscheint sie geradezu vorbildhaft. Diese Form der Argumentation, so haben wir am Beispiel des *Busiris* gesehen,[271] ist für den Gegenstand eines Lobes nicht vorteilhaft. Vielmehr bestätigt sie die Einordnung der beschriebenen Taten als Verbrechen, indem sie die Vergleichbarkeit der dargestellten mit anderen Verbrechen

---

[266] Weitere Argumente für die Bewertung von Isok. IV 107–109 als wenig überzeugendes Lob bietet Popp 1968: 440. Allroggen 1972: 129–130 weist darauf hin, dass die weiter oben vollzogene Parallelisierung von Melos und Skione (dort wurden ebenfalls athenische Kleruchen angesiedelt) auch hier noch nachwirke und somit die Verbrechen der Gewaltaktionen gegen andere *póleis* mit dem der Einrichtung von Kleruchien verbinde.

[267] Vgl. Isok. V 5, XII 14; vgl. dazu Schmitz 1988: 308 mit Anm. 42.

[268] Vgl. dazu Popp 1968: 437–440, dem es jedoch nur um Belege für ein schwieriges Verhältnis zwischen Athen und seinen Bundesgenossen im Delisch-Attischen Seebund geht und der deshalb der Frage nach möglichen Gründen für die schwache Argumentation nicht nachgeht. Baynes 1955: 163, 165 betrachtet die Verteidigung der athenischen *arché* in Isok. IV 100–109 als „completely cynical", was zugleich bedeutet: Gegenüber dem Interpreten Baynes verfehlt sie ihre Wirkung; vgl. Buchner 1958: 119, anders Wallace 1986: 79, Oliva 1991: 127 (der „mit großem Geschick" formuliertes Lob der *arché* sieht) und Grieser-Schmitz 1999: 136 („[...] nicht als Vertrauen schaffendes Eingeständnis athenischer Entgleisungen, sondern als deren Beschönigung angelegt [...].").

[269] Loraux 1981: 88.

[270] Hirsch 1966: 55.

[271] Vgl. Isok. XI 44–45 (s. o. S. 138–139, Kap. A.3.3).

aufzeigt. Einen Leistungsnachweis kann der Vergleich der athenischen mit der spartanischen *arché* zumindest dann nicht darstellen, wenn man an ihn die Maßstäbe der früheren isokratischen Schriften anlegt. Für die athenische Seeherrschaft ergibt sich stattdessen sowohl aufgrund der verfehlten apologetischen Beweisführung[272] wie auch aufgrund der Synkrisis mit Sparta eher eine Anklage als eine Verteidigung.

B.2.4.7 Psogos der spartanischen *arché* (§ 110–128)

Der Apologie Athens stellt Isokrates in § 110–128 ein düsteres Bild der Verhältnisse nach Ende des Peloponnesischen Krieges entgegen: Einer heftigen Kritik an den Antidemokraten und Lakonisierern (§ 110–114)[273] folgt die Beschreibung des untragbaren *status quo* im Griechenland des Königsfriedens (§ 115–121), für den abschließend Sparta und seine Politik verantwortlich gemacht werden (§ 122–128).[274]

Zunächst kritisiert Isokrates mit den Anhängern der Oligarchie diejenigen, die Vorwürfe gegen die athenische Seeherrschaftspolitik zu erheben pflegen:[275] Der Tadel (ψόγος) gegenüber den Kollaborateuren mit den Dekarchien (οἱ τῶν δεκαρχιῶν κοινωνήσαντες, § 110), wie Isokrates die Oligarchen der verschiedenen *póleis* nennt, steht der Verteidigung der athenischen Herrschaft in § 100–109 gegenüber. Er vollendet zugleich die Synkrisis zwischen der Demokratie und der Oligarchie von 404/403.

Die Kritik an den Unterstützern der Dekarchien ist heftig: Diese hätten mehr Verbrechen begangen als alle Früheren zusammen (§ 110), hätten die menschliche Wertordnung auf den Kopf gestellt und allen Menschen Unglück gebracht, wodurch sie diese ihres Mitgefühls für andere beraubt hätten (§ 111–113). Allgemein werden sie für praktisch alle

---

[272] Vgl. auch Urban 1991: 146–147: „Die Apologie muß auf Anhänger Spartas und besonders auf Opfer attischer Herrschaftspraxis eher wie eine Provokation als wie eine ernstgemeinte Apologie wirken, liefert Isokrates doch im wesentlichen nur eine Umwertung von Tatbeständen, die üblicherweise Kernpunkte der Kritik an der Arché darstellten [...]. Wenn Isokrates als vorgebliches Idealbild attischer Herrschaft nichts anderes als ein Zerrbild anzubieten hat, das aus der Feder eines eingefleischten ‚Imperialisten' des 5. Jahrhunderts geflossen sein könnte, kann es um die Sache, die er hier zu vertreten vorgibt, nicht gut bestellt sein [...]. Isokrates läßt insgesamt gesehen, nicht zuletzt durch die Thematisierung der Angriffsflächen, klar erkennen, daß und warum die attische Arché in der jüngsten Vergangenheit bis in die Gegenwart hinein einer Zuerkennung der Hegemonie im Wege stand, ja, daß sie den Verlust der früher verdienten und anerkannten Hegemonie bewirkt hat."

[273] Urban 1991: 157 sieht den Zweck des Abschnitts in der persönlichen Distanzierung von diesen Kreisen.

[274] Vgl. Raoss 1968: 275, Usher 1999: 301 der darauf hinweist, dass sich die Kritik nur an den wenigsten Stellen explizit gegen Sparta richtet. Aus diesem Grund hat Meyer (E.) 1902: 361 Anm. 611 den Abschnitt Isok. IV 122–132 zu Unrecht als späteren Einschub betrachtet.

[275] Es besteht allerdings eine Differenz zwischen all jenen, die Athen tatsächlich Vorwürfe gemacht haben dürften – und die, vor allem in anderen *póleis*, nicht nur in der Aristokratie zu suchen gewesen sein dürften – und jener spezifischen politischen Gruppierung, die Isokrates hier angreift, vgl. Buchner 1958: 122–123.

B.2.4 Gegenüberstellung Athen–Sparta (§15–128)

denkbaren politischen und sozialen Übel verantwortlich gemacht, deren Folgen nicht wieder gutzumachen seien.[276]

Wiederholt betont Isokrates, dass diese Oligarchen aufgrund ihres eigenen Verhaltens kein Recht hätten, Vorwürfe gegen andere zu erheben (§110, 113).[277] Exakt dieses Argument hatte Isokrates in der Apologie seines *Busiris*-Lobes gegen Polykrates angebracht.[278] Was im *Busiris* klar erkennbar war, wird im *Panegyrikos* nur unter Anwendung der Argumentationsregeln einer anderen Schrift, eben des *Busiris,* deutlich: Ein solches Argument kann niemals tatsächlich entlasten, zumal dann nicht, wenn es gegen Vorwürfe verwendet wird, die nicht real erhoben werden, sondern die der Sprecher selbst als mögliche Vorwürfe proleptisch einführt. Es ergibt sich somit, wie im *Busiris,* auch hier die Möglichkeit, dass andere als die genannten Kritiker dieselben Vorwürfe zu Recht erheben könnten – Isokrates selbst gibt sich in späteren Reden als ein solcher Kritiker zu erkennen.[279] Zudem steckt in der Synkrisis mit noch schwerwiegenderen Vorwürfen, wie bereits mehrfach gesehen, ein Stück Zustimmung zu den Vorwürfen. Es zeigt sich also erneut, dass Isokrates gezielt gegen seine Argumentationsregeln aus *Helena* und *Busiris* verstößt.

Bedeutsam im Hinblick auf die Bewertung Spartas ist in §110–114 vor allem eine Aussage, die belegt, dass der Bruch in der politischen Kultur, der bei der athenischen erkennbar wurde, sich auch auf die Politik Spartas erstreckt. Obwohl die Dekarchien von Sparta eingesetzt wurden, spricht Isokrates den Oligarchen jeden Anteil an ‚lakonischer Gesinnung' ab, indem er sie beschreibt als

---

[276] Genannt werden in Isok. IV 111 Vertrauen in Gesetzlose, Wertschätzung von Verrätern, Dienerschaft gegenüber Heloten, Ehrungen für Mörder von Bürgern – bei alledem handelt es sich um paradoxe Verhaltensweisen. Das Stakkato der Vorwürfe ist besonders drastisch in Isok. IV 114: „Φυγὰς δὲ καὶ στάσεις καὶ νόμων συγχύσεις καὶ πολιτειῶν μεταβολάς, ἔτι δὲ παίδων ὕβρεις καὶ γυναικῶν αἰσχύνας καὶ χρημάτων ἁρπαγὰς τίς ἂν δύναιτο διεξελθεῖν;".

[277] Heilbrunn 1967: 121–122. Explizit erwähnt Isokrates die bereits zuvor (Isok. IV 53, 100–109) behandelten Vorwürfe wegen Melos (Isok. IV 110) sowie Kritik an der athenischen Gerichtshoheit im Delisch-Attischen Seebund (Isok. IV 113). Implizit ist in Isok. IV 110 auch der Vorwurf der *pleonexía* angesprochen (τῶν ἀλλοτρίων ἐπιθυμεῖν). Neu ist der Verweis auf Kritik am athenischen Gerichtswesen. Ergänzt man den *pleonexía*-Vorwurf und den außenpolitischen Vorwurf der Kriegführung gegen Hellenen um den innenpolitischen Vorwurf einer verfehlten Gerichtsbarkeit, so ergibt sich praktisch die ganze Bandbreite der Kritik an Athen, die Isokrates in späteren Schriften selbst vertritt.

[278] Vgl. Isok. XI 30–33 (s. o. S. 130–131).

[279] Daraus folgt zwar nicht, dass Isokrates diese Haltung schon im *Panegyrikos* vertreten hat. Es belegt jedoch die Möglichkeit, dass die Anwendung der Argumentationsregeln aus Isok. X und XI tatsächlich den richtigen Weg weist. Heilbrunn 1967: 122 verweist zu Recht darauf, dass der Leser in Isok. IV 110–114 noch die schweren Vorwürfe gegen Athen im Sinn hat, die der Sprecher kurz zuvor in 100–109 angesprochen hat. Wenn der Sprecher nun den Lakonisten alle Schuld zuschiebt, so kann dies nicht überzeugen.

(110) [...] οἱ τῶν δεκαρχιῶν κοινωνήσαντες [...] φάσκοντες μὲν λακωνίζειν, τἀναντία δ' ἐκείνοις ἐπιτηδεύοντες [...].

(110) [...] diejenigen, die mit den Dekarchien gemeinsame Sache machten, [...] die zwar behaupten, eine lakonische Gesinnung zu haben, die jedoch ein diesen [sc. echten Spartanern] entgegengesetztes Verhalten zeigen [...].

Wie ist diese Aussage zu verstehen? Weshalb sollten die spartafreundlichen Anhänger der Oligarchie sich geradezu antilakonisch verhalten, noch dazu unter Berufung auf die spartanischen Sitten? Immerhin könnte man ihre lakonische Gesinnung bereits in der Zusammenarbeit mit den Dekarchien belegt sehen. Christine Ley-Huttons interpretierende Übersetzung der Stelle dürfte hier wohl den Kern des Gedankens treffen:

(110) [...] die Leute, die bei der Herrschaft der Zehn mit dabei gewesen sind [...] behaupteten zwar, sie verkörpern die alten spartanischen Tugenden, haben aber genau das gegenteilige Verhalten ihrer Vorfahren an den Tag gelegt [...].[280]

Isokrates spricht zwar nicht die Dekarchen selbst, also Spartaner, sondern die Unterstützer Spartas in Athen und anderen *póleis* an, mithin die schon in den vorhergehenden Kapiteln angesprochenen ‚Oligarchen'.[281] Entscheidend ist jedoch die Identifikation des Lakonisierens (λακωνίζειν) mit den spartanischen Verhaltensweisen früherer Tage.[282] Die spartanischen Tugenden, auf die man sich als Athener berufen kann, sind für Isokrates eben jene, die in §75–99 als wesentlicher Bestandteil der ‚*politeía* der Vorväter' erschienen waren. Offenbar ist für Isokrates die Oligarchie mit diesen idealisierten Elementen des Bildes vom frühen Sparta nicht in Einklang zu bringen.[283] Illustriert wird die Differenz des Verhaltens der Oligarchen zum Verhalten des alten Sparta durch die Aussage in §111, die Oligarchen hätten sich freiwillig als Sklaven in die Herrschaft eines Heloten[284] begeben – ein sehr anschauliches Bild für gänzlich unspartanisches Verhalten. Es ergibt sich aus dieser Bemerkung, dass man die aristokratischen, ‚spartanischen' Werte nicht mit dem Fehlverhalten der Dekarchen oder deren aristokratischer Unterstützer in den einzelnen *póleis* in Verbindung bringen kann. Im Umkehrschluss bedeutet dies, dass die Vertreter dieser aristokratischen Tugenden nicht für die Verbrechen der Oligarchie verantwortlich zu machen sind.

---

[280] Ley-Hutton 1993, I: 65, vgl. Grieser-Schmitz 1999: 133–134.
[281] Vgl. auch Buchner 1958: 122.
[282] Auch Plat. Prot. 342bc unterscheidet Lakonier und Lakonisierer und wirft letzteren vor, gerade im Gegensatz zu spartanischen Tugenden zu handeln; vgl. Mathieu 1925: 179 mit Anm. 4.
[283] Vgl. dazu Buchner 1958: 125–126, der die getrennte Bewertung der spartanischen ‚Verfassung' und der spartanischen Politik betont und auf das Lob der spartanischen Ordnung in Isok. VII 61 hinweist. M. E. liegt hier jedoch weniger ein implizites Lob der gegenwärtigen spartanischen Verfassung vor, sondern ein Lob der in IV 75–99 beschriebenen politischen Kultur; vgl. auch Bringmann 1965: 41–42, Grieser-Schmitz 1999: 133–134, anders Tigerstedt 1965, I: 184, der Sparta hier als eigentlichen Zielpunkt der Kritik betrachtet.
[284] Gemeint ist der spartanische Flottenkommandeur Lysander, dem nachgesagt wurde, er stamme von einer Helotin ab; vgl. dazu Buchner 1958: 123–124.

B.2.4 Gegenüberstellung Athen–Sparta (§15–128) 227

Nachdem auf diese Weise mit den Dekarchien bereits ein Element spartanischer Machtpolitik gegeißelt ist, wendet sich Isokrates der Gegenwart zu und spricht über den Königsfrieden (τὴν παροῦσαν εἰρήνην, §115). Diesen beschreibt er als vollkommene Umkehrung des idealen Zustandes (§115–117):[285] Seeräuber trieben ihr Unwesen und Soldaten besetzten die *póleis*. Statt gegen äußere Feinde kämpfe man nun gegen die eigenen Mitbürger, politische Umstürze und die Versklavung ganzer *póleis* seien an der Tagesordnung, und gegen die Prinzipien von Freiheit und Autonomie übernähmen Tyrannen, Harmosten, teilweise gar Barbaren die Macht. Der persische König schließlich bestimme die hellenische Politik bis ins Letzte (§120–121). Dieses negative Bild kontrastiert Isokrates mit der Zeit der athenischen *arché*. Die Vertreibung der Perser und eine selbstbestimmte Position diesen gegenüber, aus der heraus man dem Großkönig habe Vertragskonditionen auferlegen können (§120), seien das Verdienst der *areté* der Vorfahren gewesen – damit jedoch vermengt Isokrates Ereignisse der unmittelbar auf Salamis folgenden Zeit, in denen die unter athenischer Leitung durchgeführten Flottenoperationen in der Ägäis die Grenze des persischen Einflussgebiets erheblich nach Osten verschoben, mit dem erheblich späteren Kalliasfrieden,[286] und er nennt diese Phase von immerhin 30 Jahren pauschal eine Zeit der athenischen *arché*; der Begriff scheint daher zunächst positiv verwendet.[287] Auffällig ist jedoch, dass Isokrates die in den späteren Jahren dieser 30 Jahre bereits aufkeimenden Konflikte im Verhältnis mit den Bundesgenossen, mithin den Wandel im Führungsgebaren Athens hier einfach übergeht. Schon für die Jahre bis um das Jahr 450 scheint die Darstellung hier verkürzt. Gar keine Erwähnung finden aber im Weiteren die Ereignisse der zweiten Hälfte des 5. Jhs. – jener Phase, die Isokrates andernorts stets als *arché* bezeichnet.[288] Die *arché* des späten Seebundes wird hier – als hätte es

---

[285] Eine ähnlich scharfe Ablehnung des Königsfriedens findet sich nur noch bei Plut. Ages. 23,1–4, Art. 21,5–22,4; vgl. Urban 1991: 11. Blaß ²1892: 87, Drerup 1895: 639–640 und Buchner 1958: 152 betrachten den Königsfrieden daher als wichtigen Anlass für die Abfassung des *Panegyrikos*. Wichtig ist jedoch die Beobachtung bei Buchner 1958: 128–130 (ähnlich auch Thompson 1983: 76), dass Isokrates die Realität des Königsfriedens von dessen vordergründig propagierten Schlagworten (insbesondere der *autonomía*) trennt. Die *autonomía* der *póleis* als politische Forderung wird im *Panegyrikos* nicht abgelehnt, vielmehr ihre mangelnde Durchsetzung beklagt (Isok. IV 176; Oncken 1862: 87, Bringmann 1965: 45). Wenn daher später (Isok. XIV 17, VIII 16, 68–69) der Königsfrieden aufgrund dieser Forderung nach *autonomía* positiv bewertet wird, so liegt darin kein Widerspruch zur Kritik im *Panegyrikos*.
[286] Gillis 1971: 69–70 glaubt mit Stockton 1959 (vgl. dazu später Meister 1982) nicht an die Historizität des sog. Kalliasfriedens, auf den Isokrates hier anspielt und für den an dieser Stelle der früheste unstrittige Beleg vorliegt (vgl. dazu auch Welles 1966: 4). Isokrates erfinde jedoch die Existenz dieses Friedens nicht selbst, sondern greife die zeitgenössische proathenische Propaganda auf, in der die Fiktion von einem hellenischen Diktat gegenüber dem Großkönig wohl entstanden sei.
[287] Vgl. Wallace 1986: 79–80.
[288] Insbesondere der unter spartanischer Führung durchgeführte Feldzug gegen Artaxerxes, den Xenophon in seiner *Anabasis* beschrieben hat, wäre im Kontext des *Panegyrikos* eigentlich von erheblichem Belang (tatsächlich wird dieser Feldzug an späterer Stelle als Beleg für die Schwäche des Großkönigs erwähnt, vgl. Isok. IV 146–149). Buchner 1958: 145 sieht sogar den ganzen *Panegyrikos*

die Kriege und Konflikte jener Zeit nicht gegeben – in das positive Bild des späten Hellenen- und frühen Seebundes einfach integriert. Die rhetorische Absicht liegt darin, die Probleme der *arché* zu kaschieren, indem ihr Errungenschaften der früheren *hêgemonía* zugeschrieben werden. Es handelt sich mithin erneut um einen *lógos pseudés*, der lobenswerte Leistungen einem falschen Objekt zuschreibt.

Als folgten die Ereignisse unmittelbar aufeinander, kontrastiert Isokrates die Erfolge der aus dem Hellenenbund hervorgegangenen Seemacht in der ersten Hälfte des 5. Jh. mit der Zeit seit dem Ende der spartanischen Seedominanz von 394.[289] Nachdem Athen die *arché* verloren habe, hätten die Barbaren einen Seesieg errungen und sich als dominante Seemacht in der Ägäis etabliert (§119). Kein Wort findet sich hier von der späten Phase des Peloponnesischen Bundes, kein Wort vom Peloponnesischen Krieg, keines von den spartanischen Feldzügen gegen die Perser, und erst recht nicht von der Beteiligung des Atheners Konon an der spartanischen Niederlage vor Knidos, auf die Isokrates hier anspielt.[290] Im *Euagoras* wird Isokrates später den persischen Sieg als Verdienst allein des Konon und des Euagoras darstellen.[291] Aber auch im *Panegyrikos* selbst (§142, 154) findet sich diese Auffassung. In der spartafeindlichen und athenfreundlichen Argumentation der §115–121 hat dieser Umstand der spartanischen Niederlage keinen Platz. Die Wiederherstellung persischer Seehoheit in der Schlacht vor Knidos erscheint daher in §119 als Folge des Wechsels der griechischen *arché*, nicht als Leistung eines Atheners, der auf persischer Seite kämpfte (eben solches Verhalten wirft Isokrates ja den Spartanern vor). Und auch der Königsfrieden wird auf diese Weise als unmittelbare Folge des athenischen Machtverlustes dargestellt.

Die sich über 50 Jahre entwickelnden Ursachen für den Verlust der athenischen *arché*, die im thukydideischen Geschichtswerk ausführlich dargestellt sind, vollkommen zu übergehen, ist gegenüber einem Publikum, das nicht nur möglicherweise Thukydides gelesen, sondern den athenischen Machtverfall teilweise selbst miterlebt hatte, mehr als

---

von den spartanischen Feldzügen in Kleinasien inspiriert. Ähnliches gilt für den Feldzug des Agesilaos im Jahr 396. Sparta zielte in diesen Auseinandersetzungen jedoch wohl nicht auf Eroberung Kleinasiens (Urban 1991: 25–31, v. a. 30–31), sondern auf Einflussnahme in den kleinasiatischen *póleis* (Oliva 1991: 125–126), als deren Befreier man sich offiziell gerierte (z. B. Xen. Hell. III 4,5).

[289] Hirsch 1966: 69.

[290] Selbst wenn man die geschilderte Zeit spartanischer *arché* bereits mit Aigospotamoi 405/404 (Urban 1991: 150) oder gar mit der Sizilischen Katastrophe der Athener 413/412 beginnen lässt, sind hier wesentliche, dem Lob Athens abträgliche Teile der Geschichte des Delisch-Attischen Seebundes ausgelassen.

[291] Isok. IX 52–57 (s. u. Kap. B.6.2). Auch in Isok. XIV 41 betont der Sprecher, das Ende der spartanischen *arché* sei nicht auf persisches Verdienst zurückzuführen. Allerdings ist dort weniger eine Anspielung auf Konon und Knidos anzunehmen als eine vom *Panegyrikos* verschiedene Periodisierung, in der die spartanische *arché* erst durch den Frieden von 375/374 beendet wird (Roos 1949: 276, anders Thompson 1983: 75–76). In beiden Reden kann die isokratische Darstellung auch als Beleg dafür gelesen werden, dass die Rolle Persiens in Knidos in Athen zum Thema gemacht wurde. Einen Beleg dafür liefert möglicherweise [Dem.] X 33–34; vgl. Urban 1991: 121–122. Einen Überblick über die nach wie vor offene Echtheitsfrage zu [Dem.] X gibt Hajdú 2002: 44–49.

B.2.4 Gegenüberstellung Athen–Sparta (§15–128)

auffällig, zumal nachdem in §100–109 die athenische Politik dieser Zeit und die Kritik an derselben so ausführlich zur Sprache gekommen waren. Dass Athen außerdem Anteil am persischen Seesieg von Knidos hatte, dass die athenische *arché* keineswegs nur in den §118 erwähnten erfolgreichen und für alle *póleis* förderlichen Bahnen verlief und dass der Königsfrieden keine unmittelbare Konsequenz der athenischen Niederlage im Peloponnesischen Krieg war, all das wird dem zeitgenössischen Publikum noch deutlicher vor Augen gestanden haben als dem heutigen Betrachter. Zudem erwähnt Isokrates diese Fakten an späterer Stelle des *Panegyrikos*[292] und weist das Publikum somit darauf hin, dass keineswegs nur Sparta für die gegenwärtige Misere verantwortlich sei.[293] Noch deutlicher wird dies in späteren Schriften des Isokrates ausgesprochen.[294]

Die Bewertung der Politik des zeitgenössischen Sparta erfolgt in §122–128. In diesem Abschnitt macht Isokrates den Spartanern zahlreiche Vorwürfe. Der schwachen Verteidigung der athenischen *arché* setzt er einen scharfen *psógos* der spartanischen gegenüber.[295] Es muss nach dem Vorhergehenden kaum noch erwähnt werden, dass diese Strategie nach Isokrates' eigenen Regeln untauglich für eine positive Darstellung der athenischen Taten ist. Die Vorwürfe in diesem Abschnitt dürften gängige in Athen erhobene Vorwürfe gegen Sparta widerspiegeln.[296] Sparta habe den Peloponnesischen Krieg zunächst im Namen der Freiheit der griechischen *póleis* begonnen, dieses Ziel jedoch später verraten, indem es die Ionier an die Barbaren ausgeliefert habe.[297] Daran knüpft sich die rhetorische Frage:

(125) Ὧν τίνας ἄλλους αἰτίους χρὴ νομίζειν ἢ Λακεδαιμονίους […]

(125) Welche anderen soll man denn für die Urheber dieser Dinge [sc. der Leiden der Ionier] halten als die Lakedaimonier? […]

Diese Frage ist bedeutsam. Hier scheint den Spartanern die alleinige Verantwortung für den Königsfrieden und somit für den Verrat an den kleinasiatischen *póleis* gegeben

---

[292] Vgl. Isok. IV 142 (Konons Anteil an den persischen Seesiegen), IV 144 (Der Feldzug des Agesilaos gegen Artaxerxes), IV 145–149 (Beschreibung des Kyros-Klearchos-Feldzugs).
[293] Urban 1991: 147.
[294] Z. B. Isok. VIII 101, wo die Übernahme, nicht der Verlust der Seeherrschaft als Ausgangspunkt des Verfalls der politischen Verhältnisse Athens bezeichnet wird. Levi 1959: 74–78 betont zwar zu Recht die unterschiedlichen zeithistorischen Ausgangssituationen, in denen *Panegyrikos* und *Friedensrede* verfasst wurden. Dennoch erscheint die Aussage in der *Friedensrede* als gezielte Umarbeitung des Argumentes aus Isok. IV 119. Zudem steht die *Friedensrede* auch sonst in ihrer Bewertung Athens im Widerspruch zu dem scheinbaren Lob im *Panegyrikos*, insbesondere Isok. VIII 127–130, wo Isokrates Sparta und Athen ihre kriegerische Politik gegen Griechen während ihrer *archaí* vorwirft.
[295] Seck 1976: 361–362.
[296] Buchner 1958: 135, Urban 1991: 155–156.
[297] Isok. IV 122–124. Isokrates schildert hier schildert die Konsequenzen dieses Verrats für die Ionier.

zu werden.[298] Da es sich jedoch um eine rhetorische Frage handelt, ist diese Aussage bestenfalls impliziert, keineswegs ausgesprochen.[299] Schon wenige Abschnitte später, in §137, tritt zu der scheinbar implizierten Antwort ein Widerspruch ein, der in §175 nochmals bekräftigt wird: An diesen Stellen wird die Verantwortung für die Preisgabe Ioniens Sparta *und* Athen beziehungsweise allen Unterzeichnern des Königsfriedens zugesprochen, allgemein tragen im gesamten zweiten Hauptteil des *Panegyrikos* Sparta und Athen gemeinsam die Schuld an der politischen Lage.[300] Wie ist dieser offenkundige Widerspruch zu verstehen?

Isokrates schreibt die Verantwortung für die politische Misere der Hellenen denjenigen zu, die den Königsfrieden verursacht hätten. Jedoch spricht er nicht selbst aus, an wen er diesen Vorwurf adressiert. Stattdessen formuliert er ihn als rhetorische Frage. Einen Aussagewert gewinnt diese jedoch nur, wenn die implizierte Antwort unstrittig ist.[301] Im Rahmen eines Lobes auf Athen liegt die Antwort ‚Sparta' zwar nahe. Tatsächlich aber haben die Athener den Königsfrieden mitausgehandelt und sind damit ebenso verantwortlich für die in §122–128 beschriebenen Missstände. Eben darauf weist Isokrates in §137 und §175 ausdrücklich hin.

Die Aussagen in §137 und §175 können demnach als die isokratische Antwort auf die offengebliebene Frage aus §125 verstanden werden. Die Kritik an Sparta wird dadurch nicht geschmälert. Allerdings wird sie auf Athen und die übrigen griechischen *póleis* ausgeweitet, so dass die Ionienfrage als Argument für einen alleinigen athenischen Anspruch auf Hegemonie entkräftet ist.[302] Die §126–128 bringen weitere Kritikpunkte an der spartanischen Politik, die meist jedoch nicht mit der Politik Athens, sondern mit der Politik

---

[298] Z. B. Jost 1936: 134, Levi 1959: 71, Buchner 1958: 135, Bringmann 1965: 42, Classen 2010: 73, anders schon früh Meyer (E.) 1902: 185 Anm. 314. Dass man in Athen die Spartaner für den Königsfrieden verantwortlich machen konnte, belegt (zumindest für die Mitte des 4. Jhs.) Dem. XXIII 140, wo die knappe und beiläufige Art der Erwähnung dieser Ansicht nur verständlich wird, wenn man sie als in Athen weit verbreitete Ansicht betrachtet. In der Form der rhetorischen Frage präsentiert Isokrates somit vermutlich eine verbreitete Meinung über das Zustandekommen des Königsfriedens.

[299] Zur Funktion rhetorischer Fragen bei Isokrates vgl. Heilbrunn 1967: 14, 25, Usener (S.) 1994: 131–132. Vgl. auch die ähnliche Verwendung einer rhetorischen Frage in Isok. XI 34–35 (s. o. S. 131–137), IV 102 (s. o. S. 215 Anm. 240). Die von Treu 1991: 124 für die öffentliche Rede festgestellte affirmative Wirkung eines lautstark die Implikationen einer rhetorischen Frage bekräftigenden Publikums spielen für die Schriftpublikationen des Isokrates nur auf der dramatischen Ebene, nicht aber für das Lesepublikum eine Rolle.

[300] Wendland 1910a: 146, Buchner 1958: 8–10 (weitere Belege für die Revision von Ansichten aus Isok. IV 100–128: ebd. 133–189), Seck 1976: 363, Urban 1991: 148. Den Standpunkt, Athen sei an der Aufgabe der kleinasiatischen *póleis* nicht weniger beteiligt gewesen als Sparta, vertritt Isokrates noch über 40 Jahre später im *Philippos* (Isok. V 42). Perlman 1976: 26–27 sieht in Isok. IV 175 nur Sparta für den Königsfrieden verantwortlich gemacht.

[301] S. dazu o. S. 131–137.

[302] Urban 1991: 79 betont (unter Verweis auf Plat. Men. 245c, 246a), dass das Schein-Argument, Athen habe die *póleis* Kleinasiens nicht im Stich gelassen, in Anbetracht des Zusammenwirkens mit dem Großkönig in den Jahren vor 387/386 klar als ironisch erkennbar sein musste (vgl. etwa Athens

Spartas in der Frühzeit kontrastiert wird, wodurch erneut die ideale *politeía* der §75–82 evoziert wird. Den Höhepunkt erreicht dieser Kontrast in §128:

> (128) Ὁ δὲ πάντων δεινότατον, ὅταν τις ἴδῃ τοὺς τὴν ἡγεμονίαν ἔχειν ἀξιοῦντας ἐπὶ μὲν τοὺς Ἕλληνας καθ' ἑκάστην ἡμέραν στρατευομένους, πρὸς δὲ τοὺς βαρβάρους εἰς ἅπαντα τὸν χρόνον συμμαχίαν πεποιημένους.
>
> (128) Das Schlimmste von allem aber ist es, wenn man sieht, wie diejenigen, die sich für würdig halten, die *hēgemonía* innezuhaben, tagtäglich gegen die Griechen ins Feld ziehen, mit den Barbaren dagegen eine Symmachie auf ewige Zeit vereinbart haben.

Dieses Verhalten ist das exakte Gegenteil der in §75–99 beschriebenen Politik. In den Perserkriegen zog man, in einer Symmachie geeint, gegen die Perser zu Felde, nun betreiben die Spartaner im Bündnis mit den Persern den Krieg gegen die Griechen. Dies ist als die äußerste Konsequenz des spartanischen Politikwechsels zu verstehen, der in §92 angesprochen wurde: der Aufkündigung der Verpflichtung auf das Gemeinwohl der Griechen.

B.2.5 Ergebnis

B.2.5.1 Zum Darstellungsziel von §21–128

Ralf Urban hat den Zweck von §100–128 in einer Kritik an der athenischen *arché* gesehen, sich mit seiner Deutung jedoch nicht durchsetzen können.[303] Die Funktion des Abschnittes innerhalb der Rede fasst er wie folgt zusammengefasst:

> Die offene Sprache gegenüber Sparta und seinem Anhang darf [...] nicht über das Hauptziel des Isokrates im vorliegenden größeren Abschnitt (100–128) hinwegtäuschen. Es besteht m. E. in

---

Unterstützung des Großkönigs gegen Sparta im Seekrieg von 395/394, z. B. Hell. Oxy. 10,1). Ähnliches ist auch für Isok. IV 125 anzunehmen (anders Masaracchia 1995: 50, 94 mit Anm. 34). Aus dieser Überlegung heraus betrachtet er die Ausweitung der Kritik an der Zustimmung zum Königsfrieden in Isok. IV 137 und 175 lediglich als Zugeständnisse an die äußere Form der Rede, die in Isok. IV 129–189 die Einheit der griechischen *póleis* betone. Ebd. 147–148, 154 mit Anm. 597 sieht Urban folgerichtig die zuvor nur gegen Sparta erhobenen Vorwürfe in Isok. IV 129–189 auf Athen ausgeweitet. Vgl. auch Pownalls Interpretation (Pownall 2004: 55–57) der Darstellung des Korinthischen Krieges und des Königsfriedens bei Plat. Men. 244d–246a als Parodie athenischer Selbstdarstellungen als ‚Befreier der Griechen'.

[303] Seager 1993: 196–197 hält Urbans Interpretation des *Panegyrikos* für erwägenswert. Die einzige Auseinandersetzung mit dessen Argumenten findet sich bei Zahrnt 2000: 306–307. Sie fällt ablehnend aus (s. u. Anm. 304). Walter 2003: 81 kehrt wieder zur alten Auffassung zurück, Isokrates unternehme in Isok. IV 100–128 den Versuch einer Rechtfertigung der *arché* des Delisch–Attischen Seebundes.

dem Nachweis, daß keine Arché, weder die attische, noch die spartanische, für die Griechen von Vorteil sei.[304]

Die vorliegende Untersuchung kommt zu dem gleichen Ergebnis. Auf den ersten Blick scheinen die §100–128 mit ihrem vermeintlichen Lob der athenischen *arché* im Widerspruch sowohl zu den späteren Reden des Isokrates zu stehen als auch innerhalb der Argumentation des *Panegyrikos* selbst isoliert zu sein: Weder der in §81 so bedeutsame Bezug auf das gemeingriechische *koinón* spielt für die athenische und die spartanische Politik eine Rolle, noch werden die Vorwürfe an die athenische Seeherrschaft überzeugend ausgeräumt. Zudem scheint die scharfe Kritik an Sparta in §122–128 dem Anliegen des *Panegyrikos,* den hellenischen Ausgleich zu fördern, nicht gerade dienlich zu sein.[305] Wenn man jedoch die in den Abschnitten zur athenischen Seeherrschaft verwendeten Argumente konsequent am Maßstab der Argumentationsregeln misst, die Isokrates in seinen früheren Schriften formuliert hatte, so ergibt sich, dass dieses vermeintliche Lob seinen Gegenstand kompromittieren muss. Bei einer solchen Betrachtung bleibt von einem Lob der athenischen *arché* nicht viel übrig. Am Ende verstoßen praktisch alle Argumente gegen besagte Regeln. Meines Erachtens kann dies kein Zufall sein,[306] und

---

[304] Urban 1991: 147, ebenso 145; weniger deutlich Buchner 1958: 45, Eucken 1983: 158, Müller (C. W.) 1991: 152–153, die allesamt ein partielles Zugeständnis an die Kritiker Athens erkennen. Gegen Urban wendet sich Zahrnt 2000: 306–307 mit Anm. 20, der den *Panegyrikos* als Hetzschrift gegen Sparta auffasst: „Ich bezweifle im übrigen, daß einem zeitgenössischen Leser all die komplizierten Gedankengänge bewußt geworden sind, die Urban nach mehrjähriger Beschäftigung mit dem Text bei ihm entdeckt zu haben glaubt". Zahrnt unterschätzt m. E. die Bedeutung der schriftlichen Publikation der isokratischen Schriften. Isokrates verfasste seine Schriften nach eigenem Zeugnis (vor allem Isok. XV 17, XII 135–137, allgemein o. Kap. A.3.2.4) für ein Publikum, das sich über einen langen Zeitraum immer wieder durch detaillierte Lektüre einzelner Abschnitte mit ihnen auseinandersetzen sollte. Ein in rhetorischer *téchnê* geschultes Leserpublikum (z. B. Isokrates' Schüler), dürfte durchaus zu einer Detailanalyse isokratischer Schriften, wie sie Urbans These voraussetzt, in der Lage gewesen sein (vgl. auch Usener (S.) 1994: 30, 81–84).

[305] Daher wurde dieser Abschnitt in der älteren Forschung bisweilen als späterer Zusatz betrachtet (Judeich 1892: 141–143, Friedrich 1893: 19–20 und 1894: 454–456).

[306] Isokrates hat den *Panegyrikos* später wiederholt als stilistisch und kompositionell vollendet bezeichnet (Isok. VIII 84, XII 1–3, XV 61). Buchner 1958: 109–110 notierte zwar Schwächen in der Argumentation in Isok. IV 100–109, führte diese jedoch darauf zurück, dass Isokrates keine ausreichenden Argumente finde für den Standpunkt des *Panegyrikos*, der nicht in allen Einzelheiten dem Standpunkt des Autors entsprochen habe: „Man hat den Eindruck, daß sich Isokrates in diesem ganzen Kapitel nicht recht wohl fühlt: Er windet sich hin und her, greift gierig nach jedem Gedanken, der ihm die Verteidigung erleichtern könnte, auch wenn dieser sich mit dem Vorhergehenden schlecht verträgt, fügt bereitwillig einen ἔπαινος ein und verharrt länger bei diesem, als es der Zusammenhang an sich zuläßt, nutzt die Gelegenheiten, auch von sich aus Vorwürfe zu erheben, versteckt angedeutet und offen, vor allem gegen die Spartaner, und teilt, da er selbst schwere Schläge zu parieren hat, auch seinerseits schwerere aus, als es sonst in dieser Rede seine Art ist". Ein ‚Unwohlsein' des Isokrates vermag die Übereinstimmung der Argumentationsschwächen mit den argumentationstechnischen Regeln der früheren Schriften jedoch nicht zu erklären.

B.2.5 Ergebnis

man wird hinter dem Lob der athenischen *arché* eine absichtlich konstruierte Fehlargumentation sehen müssen, die das Ziel verfolgt, die Fehler und Vergehen der athenischen *arché* zu präsentieren und zugleich die gängigen Argumente der Vertreter athenischer Seemachtansprüche, die die Restaurierung des Delisch–Attischen Seebund im Sinn hatten, als *lógoi pseudeĩs* zu entlarven.[307] Es ergibt sich so ein Kontrast zwischen dem – als *lógos politikós* durchgeführten – Lob der Frühzeit (§21–74, 75–99) und dem *lógos pseudḗs* eines Lobes der athenischen *arché* des Delisch–Attischen Seebundes. Diese Methode der Gegenüberstellung von politischer und paradoxer Rede dient im *Panegyrikos* ebenso wie in *Helena/Busiris* der Exemplifizierung der isokratischen Kritik an den zeitgenössischen ‚Sophisten' und der Standortbestimmung des isokratischen *lógos* im intellektuellen *agṓn* der politischen *paideía*.

Zusammengefasst stellt sich die *epídeixis* über die athenischen und spartanischen Leistungen wie folgt dar: Das Athen der mythischen Vorzeit (§21–72) erscheint als älteste und besonders im Hinblick auf die *paideía* (§47–50) verdienstvollste *pólis*. Die Wertschätzung geistiger Leistungen geht mit einer Verpflichtung der Athener auf das hellenische *koinón* einher. Diese Art von Verantwortungsbewusstsein ist wesentlicher Kern der *areté* der Vorfahren, die sich in der Abwehr der persischen Angriffe im frühen 5. Jahrhundert bewährt. Die *politeía*, die in dieser frühen Zeit vorherrschte, war in Sparta und Athen identisch und wird von Isokrates in §75–81 als ideales Bürgerethos beschrieben. Sie präsentiert sich als deutlich konservatives Programm, das innen- wie außenpolitisch das Prinzip der *hēsychía* verfolgt, damit im Gegensatz zur *arché* des Delisch–Attischen Seebundes steht. Freilich zeigen Athen und Sparta in den Perserkriegen ein unterschiedliches Verhalten, das Athen als verdienstvollere *pólis* erweist (§85–99): Athen stellt im Gegensatz zu Sparta auch in der äußersten Notlage stets das hellenische Gemeininteresse über das eigene Interesse – dieser Unterschied in der Motivation athenischen und spartanischen Handelns steht in Analogie zu Isokrates' Forderung, rhetorische *epideíxeis* dürften nicht Selbstzweck (‚sophistische' *epídeixis*) sein, sondern müssten im Rahmen gemeindienlicher *lógoi* (‚bürgerliche' *epídeixis*) erfolgen. Sparta nutzt Leistungs- und *areté*-Beweise, statt sie dem Gemeininteresse unterzuordnen, vorrangig für die eigennützige Selbstdarstellung, vergleichbar der Eigenorientierung der ‚sophistischen' *epídeixis*. Nach der Niederlage bei den Thermopylen kündigt Sparta die Verpflichtung auf das *koinón* vollständig auf. Athen dagegen ordnet bis dahin die *ídia* konsequent den *koiná* unter – und erbringt gerade dadurch den besten Nachweis seiner *areté* (‚bürgerliche' *epídeixis*).

Diesem positiven Bild Athens folgen in scharfem Kontrast eine absichtlich schwach konstruierte Verteidigung der athenischen Seeherrschaft sowie Angriffe gegen die Politik Spartas in jüngerer Vergangenheit (§100–128). Die Gegenwart des Königsfriedens er-

---

[307] Indem sich die Argumentation in Isok. IV 100–128 an den Argumenten der zeitgenössischen Epitaphien bedient, übernimmt Isokrates in diesen Abschnitten systematisch die Argumente der Apologeten des Delisch-Attischen Seebundes (vgl. Hirsch 1966: 74).

scheint als größtmöglicher Gegensatz zum Ideal der Zeit der Vorfahren. Die Verantwortung für den politischen Niedergang wird nur scheinbar allein Sparta zugeschoben. Tatsächlich erschließt sich aus der ‚Fehlkonstruktion' der Argumente zur Rechtfertigung athenischer Machtpolitik, dass Athen für die gegenwärtige Lage mitverantwortlich ist.

Insgesamt richten sich in diesen Abschnitten die Vorwürfe gegen Spartas Politik seit 479, das Lob Athens erweist sich als angreifbar, ja sogar als Tadel bergend für eben diese Zeit. Gänzlich unangetastet bleibt nur das politische Ideal, das in §75–99 beschrieben ist. Es drängt sich daher der Eindruck auf, dass der ‚epideiktische' Teil des *Panegyrikos* seine zentralen Aussagen in §75–99 findet. Diese aber betonen weniger Athens hegemonialen Anspruch als vielmehr den Kontrast einer früheren politischen Kultur zur e negativo – und in §100–128 explizit – angesprochenen Gegenwart.[308]

Die Annahme einer bewussten Gegenüberstellung von Erfolgen und idealisiertem Verhalten der Perserkriegsgeneration und politischem Niedergang und Verbrechen der nachfolgenden Generationen wird gestützt durch eine auf den ersten Blick unauffällige Bemerkung in §82: Isokrates leitet den Übergang von der Beschreibung der idealen *politeía* zur Darstellung der auf Grundlage dieser *politeía* erbrachten Leistungen ein mit dem Verweis auf die Tugend der Kämpfer in den Perserkriegen, die so groß gewesen sei, dass kein Dichter oder Weisheitslehrer angemessene Worte dafür gefunden habe. Daran schließt er einen weiteren Satz über die Dichter und ihre Gegenstände an:

> (82) [...] Καὶ πολλὴν αὐτοῖς ἔχω συγγνώμην· ὁμοίως γάρ ἐστι χαλεπὸν ἐπαινεῖν τοὺς ὑπερβεβληκότας τὰς τῶν ἄλλων ἀρετὰς ὥσπερ τοὺς μηδὲν ἀγαθὸν πεποιηκότας· τοῖς μὲν γὰρ οὐχ ὕπεισι πράξεις, περὶ δὲ τοὺς οὐκ εἰσὶν ἁρμόττοντες λόγοι.

> (82) [...] Und ich habe großes Verständnis für sie [sc. die Dichter]: Denn es ist gleichermassen schwierig jene zu loben, die die Tugenden der anderen übertroffen haben, wie jene, die nichts Gutes geleistet haben: Denn bei den letztgenannten gibt es keine Taten, für die anderen keine angemessenen Worte.

Wieder spricht Isokrates hier über verschiedene Qualitäten von Gegenständen einer Loberede. Es sei nachvollziehbar, dass Dichter und Sophisten die Perserkriegs-Kämpfer nicht angemessen gewürdigt hätten, da es schwierig sei, für diese angemessene Worte zu finden.[309] Warum aber erwähnt Isokrates hier solche Leute, die gar keine Leistungen erbracht haben und die man deshalb ebenfalls nicht loben könne, da es nichts Lobenswertes zu berichten gebe?

Diese Frage lässt sich vor dem Hintergrund der hier vorgestellten Interpretation der §21–128 beantworten:[310] Isokrates deutet auf die Gegenüberstellung der idealisierten

---

[308] Dass Isokrates im *Panegyrikos* den athenischen Verlust der *hēgemonía* mit der Abkehr von guter politischer Führung im Seebund begründe, stellt – ohne nähere Begründung – Constantineau 1993: 388 fest.

[309] Ähnliche Aussagen finden sich im Proömium (Isok. IV 13) sowie bei. Lys. II 1, Dem. LX 1.

[310] Erneut ist auf Isok. X 14–15 (s. o. S. 89–94) zu verweisen. Die dortigen Aussagen über die geeigneten Gegenstände für Lobreden und für Apologien lassen sich auch zu Isok. IV parallel lesen: Wie man für Personen, denen Verbrechen zur Last gelegt werden, allenfalls eine *Apologie* verfassen kann, so

B.2.5 Ergebnis

Perserkriegskämpfer einerseits und der nachfolgenden Generationen bis in die Gegenwart andererseits hin, deren Einleitung die zitierte Stelle bildet. Beide Aufgaben, denen er sich stellen will, bezeichnet er als gleichermaßen unlösbar: (1) Für das Lob der Leistungen der Athener sowie der Spartaner während der Perserkriege (§85–99) gebe es keine angemessenen Worte. Dies schließt wohlgemerkt nicht jedes Lob aus, sondern stellt seinerseits bereits einen Teil des Lobes auf die Vorfahren dar, indem es das folgende Lob unter die Prämisse stellt, dass die tatsächlichen Leistungen das Lob noch übertroffen hätten. (2) Das unmögliche Lob auf Leute, die keine Leistungen erbracht hätten, lässt sich mit dem Versuch einer Rechtfertigung der athenischen *arché* in §100–128 identifizieren: Geht man davon aus, dass Isokrates die athenische *arché* nicht für lobenswert hält, dann liegt für diesen Abschnitt eben jene schwierige Situation eines Lobes von Leuten ohne Verdienste vor, wie Isokrates sie in §82 ankündigt. Es gibt keine lobenswerten *práxeis* Athens in der Zeit der *arché*. Da ein Lob aber stets durch positiven Leistungsnachweis erfolgen muss,[311] ist ein Lob des jüngeren Athen nicht nur schwierig, sondern gänzlich unmöglich. Es handelt sich um einen *lógos parádoxos*.[312] Folgerichtig muss Isokrates in §100–128 zu dem gleichen (unzureichenden) Behelfsmittel greifen wie Gorgias in dessen *Helena*: Er verfasst eine Verteidigungsrede anstatt eines Lobes.[313]

Durch die beständige Kontrastierung des idealen Zustandes der ‚*politeía* der Vorväter' mit solchen politischen Verhaltensweisen, die unmissverständlich auf Missstände des 4. Jahrhunderts verweisen, gewinnt die Darstellung des politischen Ideals des Isokrates den Wert eines Appells an das Publikum zur Orientierung an diesem Ideal. Die eigene Gegenwart, so wird schon während des Lobes auf die Vergangenheit deutlich, bildet den größtmöglichen Gegensatz zu diesem Ideal. Eine Besserung der politischen Lage der Hel-

---

verfasst Isokrates in IV 100–109 eine *Apologie* auf das Athen des Delisch-Attischen Seebundes. Auf dieses Athen trifft sowohl zu, dass es nichts Gutes geleistet habe (IV 82), wie auch, dass man ihm Vorwürfe mache (X 14–15). Damit ist eine Apologie die angemessene Behandlungsweise für diesen Gegenstand.

[311] Isok. X 14–15 (s. o. S. 89–94 und Kap. A.3.3).

[312] In Isok. XI 134–137 (s. dazu o. Kap. A.3.2.4) findet sich eine weitere Bestätigung für diese Auffassung. Dort kritisiert Isokrates das Publikum und die Redner bei den *panêgýreis*, also bei eben jener Art von Rede, zu der auch der *Panegyrikos* (ebenso wie der *Panathenaikos*) auf der dramatischen Ebene gehört. Den für solche Reden typischen Rednern wirft er vor, dass sie „Lobreden halten entweder auf die unwürdigsten oder auf die gesetzeswidrigsten Zustände" („[...] ἐγκωμιάζουσιν ἢ τὰ φαυλότατα τῶν ὄντων ἢ τοὺς παρανομωτάτους τῶν γεγενημένων [...]"). Damit beschreibt er die Redner bei panegyrischen Reden als Vertreter des *lógos parádoxos*. Vor diesem Hintergrund wird klar, dass Isokrates im *Panegyrikos* sich schon durch die Wahl von Thema und Redetypus dem *lógos parádoxos* annähert.

[313] Isok. X 14–15 (s. o. S. 89–94). In Isok. IV 158 findet sich diese Auffassung bestätigt. Denn ausdrücklich wird es dort als folgerichtig bezeichnet, dass die Zeit der Perserkriege Gegenstand von Lobgesängen (ὕμνοι), die Zeit der innergriechischen Konflikte Gegenstand von Klageliedern (θρήνους) geworden sei. Die letztgenannte Zeit fällt zusammen mit der Zeit der athenischen und der spartanischen *archaí*. Ein Lob auf diese ist daher auch Isok. IV 158 zufolge nicht angebracht.

lenen ist vor diesem Hintergrund nur durch die radikale politische Umkehr zu einer hellenischen Einigung im Sinne eines Interessenausgleichs und einer Verpflichtung der *póleis* auf ein hellenisches Gemeininteresse zu erreichen. Dieser Appell stellt die *symboulḗ* dar, die durch den langen, epideiktischen Teil des *Panegyrikos* erbracht werden soll.[314]

Noch deutlicher wird diese Aufforderung durch die verfehlten Versuche einer Rechtfertigung der Politik der jüngeren Vergangenheit, in der die *archḗ* von Hellenen über Hellenen zum Inbegriff der verkehrten politischen Ziele wird. In der Umkehrung des Verhältnisses des Einzelnen zum *koinón* verkehren sich alle politischen Handlungsprämissen der Griechen. Dies gilt für den Bereich des außenpolitischen Handelns, wo man sich gegen die griechischen *póleis* mit dem Perserkönig verbündet und diesen sogar zum Herrn über den innergriechischen Frieden macht. Es gilt jedoch ebenso für den Bereich der Innenpolitik, wo politisches Handeln einer Gruppe nicht mehr auf Verdienste um das *koinón*, sondern auf Beherrschung des Gemeinwesens zum Wohle der *ídia* ausgerichtet ist.

Der Wandel der politischen Grundhaltung der Bürger ist für Isokrates gleichbedeutend mit der Auflösung der Einheit der Hellenen ebenso wie der Einheit der einzelnen *pólis* – in beiden Bereichen setzt er denselben Begriff von *koinón* voraus, und in beiden Bereichen ist dieses *koinón* wesentliche Grundlage politischer Prosperität. Die in Isokrates' Augen einseitig von einzelnen *stáseis* dominierten politischen Verhältnisse in Athen (Demokratie) und Sparta (Oligarchie) erscheinen im Licht dieser Auffassung als Zeichen des Verlusts an Gemeinsinn. Die in §16 angesprochene Bipolarität der *politeíai*, das heißt die unüberbrückbaren Gegensätze der politischen Auffassungen und Ziele der *stáseis*, werden so zum Inbegriff des Verfalls der gemeinsamen ‚*politeía* der Vorväter'. Da der Verlust an Gemeinsinn demnach in Athen und Sparta gleichermaßen zu verzeichnen ist, ergeben sich für die eingangs formulierten Grundfragen für den epideiktischen Abschnitt der Rede[315] folgende Antworten: (1) Athen und Sparta verhindern die innergriechische Einigung. (2) Die *archḗ* Athens in der Vergangenheit war gerecht, solange sie im Interesse der Hellenen ausgeübt wurde, das heißt solange die Flotte des Hellenenbundes gegen Persien operierte. (3) Der aktuelle Anspruch auf *hēgemonía* ist gerechtfertigt vor dem Hintergrund der vorbildhaften Leistungen der Vorfahren. Deren ideales Verhalten muss jedoch Verpflichtung sein zu eigenen Anstrengungen im Sinne des hellenischen *koinón*. In der Gegenwart mangelt es aber genau daran.[316]

---

[314] Vgl. auch Isok. IV 17, in denen als Ziel des *Panegyrikos* die Beeinflussung der Überzeugungen in beiden *póleis* (τὼ πόλη τούτω) genannt ist.

[315] (1) Wer verhindert die innergriechische Einigung (und damit die *eudaimonía*)? (2) Aus welchen Gründen war die (in unbestimmter Zeit) vergangene *archḗ* Athens gerecht? (3) Weshalb ist der aktuelle Anspruch auf Hegemonie gerechtfertigt? (S. dazu o. S. 176–180).

[316] Vgl. dazu die zu Beginn des epideiktischen Abschnitts in Isok. VI 21 eingeführten maßgeblichen Bewertungskriterien einerseits der Genealogie (die rückblickend auch als Verpflichtung verstanden werden kann) und andererseits der konkreten erbrachten Leistungen (s. dazu o. S. 180–181).

B.2.5 Ergebnis

Diese Lehre des Vergleichs Athen–Sparta im *Panegyrikos* lässt sich im Übrigen mit dem großen Anliegen der Schrift in Einklang bringen. Das erklärte Ziel des *Panegyrikos* ist es, die Notwendigkeit der hellenischen Einigung zur Lösung der politischen und sozialen Probleme der Hellenen zu vermitteln.[317] Diesem Zweck soll der Perserfeldzug dienen, der insofern nichts Anderes ist als ein Unternehmen im Sinne des *koinón*, ein allen Hellenen gemeinsames Interesse. Der aktuelle Zustand des Perserreiches, der im zweiten Hauptteil der Schrift erläutert wird, stellt nun einen idealen *kairós* in doppelter Hinsicht dar. Aufgrund dieses *kairós* ist die Hoffnung auf den Erfolg eines Krieges gegen Persien berechtigt. Die Hoffnung auf einen nur gemeinsam erzielbaren Erfolg in Gestalt einer Eroberung Asiens und der Behebung der sozialen Konflikte in Griechenland soll den Griechen die Augen für die Bedeutung des *koinón* öffnen, das sie so lange nur als Mittel zur Pflege der *ídia* betrachtet haben.

B.2.5.2 Grundlagen für die Kritik der paradoxen *epídeixis* in §100–128

Diese Harmonie zwischen *epídeixis* und *symboulé* ergibt sich nur unter Anwendung der rhetorischen Regeln, die Isokrates außerhalb des *Panegyrikos*, vor allem in *Helena* und *Busiris* formuliert. Diese Art der Argumentationskritik erfordert ein Lesepublikum.[318] Dass Isokrates ein solches kritisches Lesepublikum ansprechen will, zeigt sich im Epilog des *Panegyrikos*: Hier kommt Isokrates nochmals auf seine Ankündigungen aus dem Proömium zu sprechen. Er habe trotz der dort erhobenen hohen Ansprüche[319] seinem Gegenstand nicht gerecht werden können (§187). Dies habe die folgende Konsequenz:

(187) […] Αὐτοὺς οὖν χρὴ συνδιορᾶν, ὅσης ἂν εὐδαιμονίας τύχοιμεν, εἰ τὸν μὲν πόλεμον τὸν νῦν ὄντα περὶ ἡμᾶς πρὸς τοὺς ἠπειρώτας ποιησαίμεθα, τὴν δ'εὐδαιμονίαν τὴν ἐκ τῆς Ἀσίας εἰς τὴν Εὐρώπην διακομίσαιμεν, (188) καὶ μὴ μόνον ἀκροατὰς γενομένους ἀπελθεῖν, ἀλλὰ τοὺς μὲν πράττειν δυναμένους παρακαλοῦντας ἀλλήλους πειρᾶσθαι διαλλάττειν τήν τε πόλιν τήν τε ἡμετέραν καὶ τὴν Λακεδαιμονίων, τοὺς δὲ τῶν λόγων ἀμφισβητοῦντας πρὸς μὲν τὴν παρακαταθήκην καὶ περὶ τῶν ἄλλων ὧν νῦν φλυαροῦσι παύεσθαι γράφοντας, πρὸς δὲ τοῦτον τὸν λόγον ποιεῖσθαι τὴν ἅμιλλαν καὶ σκοπεῖν ὅπως ἄμεινον ἐμοῦ περὶ τῶν αὐτῶν πραγμάτων ἐροῦσιν,

---

[317] Vgl. Gillis 1971: 72.

[318] Letztlich ist es dies, was schon Allan D. Bloom zum Ausdruck brachte, wenn er feststellt, dass heutige Betrachter aufgrund ihrer kritischen Distanz zu den Gegenständen der Rede die isokratischen Argumente kaum für mit dem sonstigen Denken des Isokrates vereinbar halten könnten (1955: 84–85). Auch wenn einem athenischen Lesepublikum die Rhetorik des in §15–128 des *Panegyrikos* vollzogenen Athenlobes wohlvertraut gewesen sein dürfte, so gilt für die kritischen Leser philosophischer Zirkel gewiss, dass sie nicht der psychologischen Wirkung solcher Argumentation unterworfen waren, sondern sich in einer verhältnismäßig distanzierten Position befanden, die ihnen eine kritische Haltung durchaus erlaubte.

[319] Isok. IV 13–14 (s. o. S. 172–173), Isok. IV 82 (s. o. S. 234–235). Was Isokrates im Proömium von den Rednern gefordert hatte – ihre *dýnamis* nicht auf unbedeutende Gegenstände (*mikrá*) anzuwenden, verlangt er hier auch von den Rezipienten. Auch diese sollen sich nicht mit Reden über Belangloses abgeben.

(189) ἐνθυμουμένους ὅτι τοῖς μεγάλ' ὑπισχνουμένοις οὐ πρέπει περὶ μικρὰ διατρίβειν, οὐδὲ τοιαῦτα λέγειν, ἐξ ὧν ὁ βίος μηδὲν ἐπιδώσει τῶν πεισθέντων [...].

(187) Es ist also nötig, dass ihr den Unterschied bedenkt, welcher Wohlstand uns zuteil werden dürfte, wenn wir den gegenwärtig unter uns geführten Krieg gegen die [sc. asiatschen] Festlandbewohner richten, den Wohlstand aber aus Asien nach Europa bringen; (188) und wenn ihr geht, dürft ihr nicht nur Zuhörer geworden sein, sondern jene unter euch, die zu handeln in der Lage sind, sollen einander dazu aufrufen zu versuchen, unsere *pólis* und die der Lakedaimonier miteinander zu versöhnen; die aber um die *lógoi* miteinander streiten, müssen aufhören über Deposita und über die anderen Dinge, über die sie gegenwärtig schwatzen, zu schreiben und stattdessen den Wettkampf mit diesem *lógos* aufnehmen und prüfen, auf welche Weise sie besser als ich über dieselben Dinge sprechen können; (189) denn sie müssen bedenken, dass es sich für Leute, die Großes versprechen, nicht schickt, sich mit Kleinem abzugeben, und auch nicht, solche *lógoi* zu sprechen, aus denen das Leben der Zuhörer, wenn sie sich überzeugen lassen, nichts hinzugewinnt [...].

Isokrates greift hier das Thema des rhetorischen Wettstreits aus dem Proömium wieder auf:[320] Die Größe des Themas lässt Raum für nachfolgende Behandlung (zu der Isokrates ausdrücklich aufruft).[321] Bislang befassen sich Isokrates' Konkurrenten jedoch trotz ihrer großen Versprechungen nur mit nutzlosen und unbedeutenden Dingen. Diese Beschreibung trifft exakt auf die in *Gegen die Sophisten* und *Helena* kritisierten Konkurrenten zu.[322] Diesen wirft Isokrates vor, dass sie sich nicht mit politischen, sondern mit *lógoi parádoxoi* befassen, die unbedeutend und nutzlos seien. Es zeigt sich auch hier, dass Isokrates' philosophische Konkurrenten im *Panegyrikos* die gleichen sind wie in den vorangegangenen Schriften.

Auch auf Seiten des Publikums ist ein eigenständiges Nachdenken über den Gegenstand nötig.[323] Isokrates kontrastiert sein Publikum in diesem Zusammenhang mit einem lediglich zuhörenden, an eigener Reflexion uninteressierten Publikum. Hier wird deutlich, dass Isokrates ein eigenständig denkendes einem passiv rezipierenden, mithin ein lesendes einem hörenden Publikum vorzieht. Eine eigenständige Auseinandersetzung mit den Inhalten der Rede verlangt Interesse an der sachlichen Ebene der rezipierten Texte.

Den Sophisten, die in ihren Schriften keinen anderen Zweck als den der Selbstdarstellung verfolgen, wirft Isokrates seit seinen frühesten Schriften vor, dass sie sich ganz

---

[320] S. o. Kap. B.2.3.
[321] Buchner 1958: 26–27, Seck 1976: 357.
[322] Man hat in dieser Stelle einen Hinweis auf Antisthenes und dessen Schrift über den ‚Zeugenlosen Prozess' gesehen, da der Streitfall dieses Prozesses ein solches ‚Depositum' war; vgl. Usener (H.) 1880: 142–144, Wilamowitz-Moellendorff 1919, II: 113–115, Patzer 1970: 237–238, 245–246, Eucken 1978: 145 und 1983: 160–161, Tulli 1990: 408–410, 412 anders: Bonner 1920b: 385–387. Dies wird durch die Nähe der Rede zu *Helena* und *Busiris* bestätigt, da in diesen Reden ebenfalls Antisthenes als einer der Hauptkonkurrenten erscheint; vgl. Eucken 1978: 145 und 1983: 19–20, 25–27, 45–47, 51–54 (s. dazu o. Kap. B.1.4.1).
[323] Ein ähnlicher (wenngleich weniger deutlicher) Aufruf zur eigenständigen Reflexion findet sich in Isok. XIV 63.

B.2.5 Ergebnis

der Form der Rede, nicht aber der Sachebene widmen, und dass sie zur Demonstration ihrer formalen Kompetenz sich in *lógoi parádoxoi* übten.[324] Der Epilog des *Panegyrikos* macht nun klar, dass mit dieser *práxis* ein Publikum korrespondiert, das ebenfalls einzig die formale Ebene der präsentierten *lógoi* bewertet und daher kein Interesse an den dargestellten Sachthemen hat. Im Proömium (§13–14) wirft Isokrates seinen panegyrischen Vorrednern vor, sie wollten nur ‚sophistische' *epideíxeis* betreiben, und im Epilog ruft er sein Publikum dazu auf, nicht wie gewohnt nur passiv zu rezipieren, sondern sich mit den vorgestellten Sachthemen auseinanderzusetzen. Und wie in *Gegen die Sophisten* den Gegnern vorgeworfen wird, sie seien in ihrer Tätigkeit Lehrer der *pleonexía* und der *polypragmosýnê*,[325] so erscheint im *Panegyrikos* die *pleonexía* als Kontrastfolie, vor der Isokrates seine politischen Positionen (§75–99) entwickelt. Der *Panegyrikos*, so zeigt sich also auch auf dieser Ebene, steht nicht nur aufgrund seiner argumentativen Methodik den vorhergehenden drei ‚Schulschriften' äußerst nahe, er vertritt darüber hinaus den gleichen Standpunkt der Kritik sophistischer *epideíxeis*.

Die Deutung des *Panegyrikos* als Appell an Athen zur Rückkehr zur Politik der Vorfahren sowie als weiterer Beitrag zur Kritik an der zeitgenössischen rhetorischen Praxis in Athen wird bestätigt durch einen Passus der *Antidosis*, in dem Isokrates rückblickend die Zielsetzung des *Panegyrikos* beschreibt:

(XV 57) Ὁ μὲν γὰρ λόγος ὁ μέλλων πρῶτος ὑμῖν δειχθήσεσθαι κατ' ἐκείνους ἐγράφη τοὺς χρόνους, ὅτε Λακεδαιμόνιοι μὲν ἦρχον, ἡμεῖς δὲ ταπεινῶς ἐπράττομεν. Ἔστι δὲ τοὺς μὲν Ἕλληνας παρακαλῶν ἐπὶ τὴν τῶν βαρβάρων στρατείαν, Λακεδαιμονίοις δὲ περὶ τῆς ἡγεμονίας ἀμφισβητῶν.

(XV 57) Der *lógos*, der euch als erster vorgestellt werden wird [sc. der *Panegyrikos*], wurde in jener Zeit verfasst, als die Lakedaimonier die Herrschaft innehatten, wir dagegen keine Macht besaßen. Er ruft die Griechen zu einem Feldzug gegen die Barbaren auf, und fordert die Lakedaimonier um die Hegemonie heraus.

Josef Kessler sah in dieser Beschreibung der Ziele des *Panegyrikos* einen Beleg für die gegen Sparta gerichtete, proathenische Haltung der Schrift. Tatsächlich ist in dieser Beschreibung jedoch der Gegensatz zwischen der spartanischen *arché* und der Herausforderung um die *hêgemonía* ganz offensichtlich.[326] Zu einem Wettstreit um die *hêgemonía* ruft Isokrates auf, zu einem Wettstreit, der – wie in §51–99 des *Panegyrikos* gezeigt wird – alle Beteiligten zu Leistungen antreibt. Um in diesen Wettstreit jedoch einzutreten, muss der Kampf um die *arché* beendet werden.

---

[324] Dies gilt v. a. für *Gegen die Sophisten* mit ihrer Kritik an der einseitigen technischen Lehre der Sophisten (s. dazu o. Kap. A.3.2.2).

[325] Isok. XIII 19–21 (s. dazu o. S. 50–53). Der Begriff der *polypragmosýnê* steht als Bezeichnung eines außenpolitischen Handlungskonzeptes nicht zuletzt für eine (seit Thukydides als typisch athenisch empfundene) expansive Machtpolitik, wie sie der thukydideische Perikles befürwortet (Thuk. II 40,2–4, II 63) und wie sie als Kennzeichen der athenischen *arché* im *Panegyrikos* erscheint; vgl. Ehrenberg 1947: 46–56.

[326] Vgl. dazu Baynes 1955: 164.

Kurz darauf spricht Isokrates über die üblichen Kritiker seiner Schrift:

> (XV 62) [...] φανήσονταί τινες τῶν εὑρεῖν μὲν οὐδὲν οὐδ' εἰπεῖν ἄξιον λόγου δυναμένων, ἐπιτιμᾶν δὲ καὶ βασκαίνειν τὰ τῶν ἄλλων μεμελετηκότων, οἳ χαριέντως μὲν εἰρῆσθαι ταῦτα φήσουσι (τὸ γὰρ εὖ φθονήσουσιν εἰπεῖν), πολὺ μέντοι χρησιμωτέρους εἶναι τῶν λόγων καὶ κρείττους τοὺς ἐπιπλήττοντας τοῖς νῦν ἁμαρτανομένοις ἢ τοὺς τὰ πεπραγμένα πρότερον ἐπαινοῦντας καὶ τούς, περὶ ὧν δεῖ πράττειν, συμβουλεύοντας ἢ τοὺς τὰ παλαιὰ τῶν ἔργων διεξιόντας.

> (XV 62) [...] manche werden sich zeigen von denen, die weder ein Thema zu finden noch etwas der Rede Wertes zu sagen fähig sind, jedoch geübt darin, die Arbeiten anderer zu kritisieren und zu verunglimpfen; und sie werden sagen, dass dies [sc. der *Panegyrikos*] zwar gefällig gesprochen sei – ‚gut' dazu zu sagen wird ihnen der Neid verbieten –, dass aber von den Reden jene viel nützlicher und großartiger als Lobreden auf frühere Taten seien, die gegenwärtige Vergehen anprangern, und jene, die einen Rat geben darüber, was man tun muss, nützlicher und großartiger als die, die die alten Geschehnisse auseinandersetzen.

Die Kritiker werden als ‚neidisch' dargestellt (φθονήσουσιν), was die Motivation ihrer Kritik diskreditiert.[327] Den Kritikern wird die Kompetenz abgesprochen, wohlgemerkt nicht im Bereich der technischen Komposition von Reden, sondern ausdrücklich im Bereich der *heúrêsis* richtiger Redethemen. Damit befinden wir uns mitten in jenem Feld der *paideía*, um das sich *Helena* und *Busiris* gedreht hatten: Die Auswahl der richtigen Themen ist die entscheidende Grundlage, die obligatorische Voraussetzung für eine überzeugende und relevante Rede. Schon dazu sind die Kritiker unfähig – ganz gleich, wie man die hier nicht angesprochene technische Kompositionskunst ihrer Schriften bewertet.

Die fehlende eigene Fähigkeit zur richtigen Themen-Wahl kompromittiert von vornherein die ganze Linie der von diesen Leuten verfolgten Kritik: Denn sie sprechen in ihrer Kritik darüber, welche Themen angemessener für Isokrates' Rede gewesen wären. Es ist aber auffällig, dass diese so deutlich als inkompetent gezeichneten Kritiker ausgerechnet jene Rede-Themen von Isokrates einfordern (und im *Panegyrikos* vermissen), die Isokrates im Laufe seines Schaffens beständig fordert: Reden, die Fehlverhalten kritisieren und die auf das tatsächliche Handeln der Menschen abzielen.[328]

Stellt Isokrates diese Kritik mithin als gerechtfertigt dar oder nicht? Träfe die Kritik zu, so müsste man fragen, aus welchem Grund Isokrates die Kritiker so offensiv als inkompetente Neider darstellt, ohne deren Kritik explizit zu widerlegen, zumal diese Kritik den Wert des *Panegyrikos* für den politischen und moralischen Nutzen der *pólis* schmälern könnte. Daher ist die in §62 der *Antidosis* referierte Kritik am *Panegyrikos* als nicht gerechtfertigt aufzufassen. Ist die proleptisch eingeführte Kritik aber ungerechtfertigt,

---

[327] Dass Isokrates klare Vorstellungen von der Rolle des *phthónos* im der athenischen Öffentlichkeit und insbesondere im Bereich des intellektuellen Schaffens hat, zeigt sich v. a. im *Euagoras* (vgl. Isok. IX 5–11, dazu Alexiou 2009: v. a. 45–48), die Konzeption dieses *phthónos*-Begriffs bei Isokrates ist dem Publikum der *Antidosis* also bekannt. Damit rücken die Kritiker des *Panegyrikos* in die Nähe jener Teile der athenischen Öffentlichkeit, die nach der Darstellung des *Euagoras* die ‚Philosophen' davon abhalten, sich mit Prosa-Enkomia auf Zeitgenossen zu befassen.

[328] Z. B. Isok. X 1–15, XI 1–9, IV 1–3, IX 5–11, V 17–29, XII 271–272; Timmerman/Schiappa 2010: 61.

B.2.5 Ergebnis

dann entweder, weil sie (1) von falschen Annahmen hinsichtlich der sinnvollen Rede-Themen ausgeht, oder aber deshalb, weil sie (2) Defizite des *Panegyrikos* anspricht, die nicht existieren.

Die Möglichkeit (1) ist vor allem deshalb abzulehnen, weil die Kritiker dieselbe Art von Rede-Themen als notwendig einfordern, die Isokrates selbst als die bedeutenden und richtigen darstellt. Isokrates selbst gibt die Richtigkeit der Forderungen der Kritiker zudem indirekt zu, wenn er ab §63 der *Antidosis* Belege aus der *Friedensrede* anbringt, wonach er durchaus gegenwartskritische und symbuleutische Schriften verfasst habe.[329] Somit bleibt nur noch Möglichkeit (2): Der Mangel, den die Kritiker dem *Panegyrikos* vorwerfen, besteht im *Panegyrikos* gar nicht. Das aber bedeutet, dass der *Panegyrikos* die von den Kritikern geforderten Eigenschaften aufweisen muss. Er muss (a) konkrete Ratschläge für das politische Handeln unterbreiten, (b) Kritik an gegenwärtigem Fehlverhalten üben. Dass Isokrates im *Panegyrikos* (a) politische Ratschläge gibt, muss nicht weiter erläutert werden. Dass er aber auch (b) Kritik an gegenwärtigem Fehlverhalten übt, ergibt sich erst aus unserer Interpretation der unterschiedlichen Darstellungs- und Argumentationsweisen in §51–99 und §100–128. Es ist die Politik der jüngeren Vergangenheit (nicht nur Spartas, sondern auch Athens), von der Mitte des 5. Jhs. bis in die Gegenwart der 380er Jahre, die Isokrates im *Panegyrikos* kritisiert.

Da die Kritik an Athen indes nur implizit geäußert wird, da sie sich erst bei einer Analyse der Argumente anhand der Argumentationsregeln aus *Helena* und *Busiris* entschlüsselt, ist es kein Wunder, dass die von Isokrates in der *Antidosis* erwähnten Kritiker den *Panegyrikos* als Beleg ins Feld führen, um Isokrates die Vernachlässigung seiner eigenen Anforderungen an Rede-Themen vorzuwerfen. Diesen Kritikern fehlt die Kenntnis der richtigen Themen-Wahl – und offensichtlich auch der Kompositionskunst – ihnen fehlt somit der Schlüssel zur adäquaten Bewertung der isokratischen Schriften. Ebenso implizit wie Isokrates im *Panegyrikos* seine Kritik an Athen äußert, weist er also in der *Antidosis* darauf hin, dass die Zeitgenossen, die dem *Panegyrikos* das Fehlen eben solcher Kritik vorwerfen, falsch liegen. Sie stellen zwar die richtigen Forderungen an die Inhalte von Reden. Sie erkennen indes nicht, dass der *Panegyrikos* diese Anforderungen erfüllt. Die Zitation der §51–99 des *Panegyrikos* sowie die daran angefügten Kommentare in der *Antidosis* belegen so zweierlei: Sie stützen die hier vorgelegte Interpretation des *Panegyrikos*, und sie belegen, dass Isokrates sich dieser Schrift wegen noch gut 25 Jahre später missverstanden fühlte und ungerechtfertigter Kritik ausgesetzt sah.

---

[329] Too 2008: 130 ad Isok. XV 63 konstatiert einen Widerspruch zwischen der vermeintlichen Ablehnung der Forderung nach Gegenwartskritik in XV 62 und dem Versuch des Nachweises solcher Kritik in Isok. XV 63–66. Für Too stellt dieser Widerspruch „an instance of antilogic rhetoric" dar, eine fragwürdige Deutung in einer Schrift, in der es keinerlei Anzeichen für die Konstruktionen gegensätzlicher Argumentationen gibt. Der von Too konstatierte Widerspruch lässt sich nur dann auflösen, wenn man Isok. IV 100–128 als indirekte Kritik an Athen auffasst und zu dem Schluss kommt, dass Isokrates in XV 62 auf die Kritik am *Panegyrikos* nicht weiter eingeht, weil das aufmerksame Publikum die diesem Abschnitt inhärente Kritik an der Gegenwart selbst erkennen kann.

B.2.6 Nachtrag I: Sparta und der gymnische Wettkampf

Isokrates verwendet Sparta im *Panegyrikos* als Kontrastfolie zu Athen, die dazu beiträgt, die Argumente zum Lob der athenischen *arché* als falsch zu entlarven. Ein Hinweis zur Beurteilung Spartas findet sich jedoch auch im Proömium der Schrift. Dieser Hinweis verdeutlicht, auf welche Weise das pädagogische Anliegen des Proömiums sich mit dem konkreten politischen Inhalt der *epídeixis* in §21–128 verbindet.

In §1–2 bringt der Sprecher der Rede seine Verwunderung über die Gründer der olympischen Spiele zum Ausdruck,

> (1) [...] ὅτι τὰς μὲν τῶν σωμάτων εὐτυχίας οὕτω μεγάλων δωρεῶν ἠξίωσαν, τοῖς δ' ὑπὲρ τῶν κοινῶν ἰδίᾳ πονήσασι καὶ τὰς αὐτῶν ψυχὰς οὕτω παρασκευάσασιν ὥστε καὶ τοὺς ἄλλους ὠφελεῖν δύνασθαι, τούτοις δ' οὐδεμίαν τιμὴν ἀπένειμαν, (2) ὧν εἰκὸς ἦν αὐτοὺς μᾶλλον ποιήσασθαι πρόνοιαν· τῶν μὲν γὰρ ἀθλητῶν δὶς τοσαύτην ῥώμην λαβόντων οὐδὲν ἂν πλέον γένοιτο τοῖς ἄλλοις, ἑνὸς δ' ἀνδρὸς εὖ φρονήσαντος ἅπαντες ἂν ἀπολαύσειαν οἱ βουλόμενοι κοινωνεῖν τῆς ἐκείνου διανοίας.

> (1) [...] weil sie eine gute körperliche Verfassung derart mit großen Preisen würdigten, jenen aber, die für das Gemeinwohl private Mühen auf sich nehmen und ihre eigene Seele derart ausbilden, dass sie auch den Anderen Nutzen bringen können, diesen teilten sie keine Ehre zu, (2) obwohl es doch naheliegend wäre, diesen größere Beachtung zukommen zu lassen: Denn wenn einer der Athleten eine doppelt so große Körperkraft erhielte, würde daraus kein Vorteil für die Anderen entstehen, von einem einzigen vernünftigen Mann jedoch können alle Nutzen ziehen, sofern sie sich seiner Überlegung anschließen wollen.

Isokrates stellt hier die panegyrische Rede als Teil des geistigen *agón* als bedeutender als die gymnastischen Wettkämpfe dar.[330] Sicher ist hier der Hinweis enthalten, dass Vernunft nicht nur der ‚sophistischen' *epídeixis* ihres Trägers dienen, sondern vor allem Nutzen für die Allgemeinheit bringen kann. Implizit wird zugleich der *Panegyrikos* als Exemplar einer von solcher Vernunft getragenen Rede präsentiert.

Der Passus dürfte jedoch neben dieser Aussage auch auf Lysias' und Gorgias' Olympische Reden anspielen und in diesem Zusammenhang auf die Figur des Herakles: Lysias und Gorgias eröffnen ihre panegyrischen Reden mit einer Würdigung des Herakles als Stifter der olympischen Wettkämpfe. Herakles verdiene, so Lysias, für die Einrichtung dieser Wettkämpfe größte Ehren, weil er mit ihr die gegenseitige Freundschaft der griechischen *póleis* begründet habe.[331] Isokrates scheint auf die lysianische Rede geradezu

---

[330] Das Motiv entlehnt Isokrates Xenophan. DK 21 B 2, wo die Kritik der einseitigen Wertschätzung körperlicher Leistung ebenfalls in Bezug zum Nutzen des Geistigen für die Allgemeinheit gesetzt wird (von Scala 1892: 6, Jaeger 1947, III: 74, Gillis 1971: 54, Eucken 1983: 151).

[331] Lys. XXXIII 1–2. Die Anspielung auf Gorgias in Isok. IV 1 („Πολλάκις ἐθαύμασα τῶν τὰς πανηγύρεις συναγαγόντων [...]") ist rekonstruierbar aus Arist. Rhet. 1414b29–35: „ὑπὸ πολλῶν ἄξιοι θαυμάζεσθαι [...] τοὺς τὰς πανηγύρεις συνάγοντας [...]"; vgl. Oncken 1862: 43 mit Anm. 2, Buchner 1958: 16–17, Seck 1976: 353 mit Anm. 3, Eucken 1983: 151 mit Anm. 27. Dabei ist nicht ganz klar, ob Aristoteles mit „συνάγοντας" die Diktion des Gorgias paraphrasiert (so Eucken ebd.) oder ob er den Rahmen des Zitierens bereits ganz wieder verlassen hat (vgl. die Textfassung bei Ross 1959:

B.2.6 Nachtrag I: Sparta und der gymnische Wettkampf

zu antworten, wenn er im Gegensatz zu Lysias positiver Darstellung seine Verwunderung über die namentlich nicht genannten Gründer der Spiele zum Ausdruck bringt, weil sie nur körperliche Wettkämpfe mit Preisen eingerichtet hätten. Dass mit ‚den Gründern' der Spiele Herakles gemeint sein muss, dürfte für das Publikum des *Panegyrikos* außer Frage gestanden haben.[332] Den Vergleich zwischen Gymnastik und Philosophie hatte wiederholt auch Gorgias hergestellt, so dass neben Lysias auch auf die zweite Vorlage für den *Panegyrikos* angespielt wird.[333]

Mit der Verwunderung über die Stifter der Olympischen Spiele ist nun möglicherweise auch ein gängiges Klischee über die *pólis* Sparta angesprochen – die extreme Ausrichtung des spartanischen Staates, vor allem aber der spartanischen *agōgḗ*, auf das Körperliche, auf gymnische Ausbildung, und (damit zusammenhängend) auf das Militärische. Der Stifter Herakles schenkt dem musisch–geistigen Bereich bei der Einrichtung der olympischen Wettkämpfe in Isokrates' Darstellung keine gebührende Berücksichtigung, obwohl dieser Bereich den erheblich größeren Nutzen für die Menschen bringt.

Der Blick auf andernorts geäußerte Urteile des Isokrates über Sparta und Herakles, allen voran in den früheren Schriften *Helena* und *Busiris*, zeigt, dass eine solche Anspielung sich auf ganzer Linie mit der Haltung des Isokrates zur Heraklesfigur sowie zur spartanischen Politik decken würde.[334] In der Kritik an der Fokussierung des von Herakles geprägten Denkens auf Körperlichkeit, die in §1–2 des *Panegyrikos* geäußert wird, verbindet sich offenbar die nicht unmittelbar als Polemik gegen Sparta erkennbare Herabsetzung der Leistungen des Herakles aus der *Helena* mit der Bewertung der *pólis* Sparta als einseitig militärisch orientiert, wie sie im *Busiris* vorgenommen worden war.

Den im Proömium in Bezug auf die Wertschätzung der körperlichen und (nützlicheren) geistigen *agō̃nes* verwendeten Begriff der *timḗ/timaí* greift Isokrates in der Einleitung des Hauptteils wieder auf: Athen verdiene die *timḗ* mehr als Sparta.[335] Im Zusammenhang mit dem Proömium scheint hier angedeutet zu sein, dass die geistig–kulturellen Leistungen, dass *philosophía* und *paideía* Athens der Grund für diese Höherbewertung Athens seien. Dass das spartanische Handeln in den Perserkriegen vor allem auf eine *epídeixis*

---

176). Es ist insofern nicht sicher, dass Gorgias im Zusammenhang der Stelle auch den Herakles explizit erwähnte.

[332] Neben der direkten Parallele bei Lysias findet sich Herakles als Stifter der Spiele u.a. auch bei Pindar, den Isokrates zumindest im Zusammenhang mit dem *Euagoras* ebenfalls benutzt (Conrotte 1898, Krischer 1982: 63, Poulakos (T.) 1987: 322–323, Race 1987, Valloza 1990, Papillon 1998, Alexiou 2000: 105–109 und 2009: 31–32, Nicolaï 2004a: 87–93); vgl. Pind. Ol. II 3–5, III 11–15, VI 63–71, sowie Plut. Thes. 25 (in Verbindung mit der Gestalt des Theseus). Bei Plutarchos ist jedoch Abhängigkeit von Isokrates nicht auszuschließen.

[333] Vgl. Gorg. F 8, Plat. Gorg. 456c6–457a4; Consigny 1992: 286.

[334] In der *Helena* hatte Isokrates den Leistungen des Theseus attestiert, sie seien für die Menschen von größerem Nutzen gewesen als jene des Herakles, auch wenn diese größer erscheinen würden (Isok. X 23–28, s. dazu o. S. 101–102). Über Sparta urteilt Isokrates schon im *Busiris* dahingehend, dass die einseitige Wertschätzung von Gymnastik und Militär zu einer verfehlten Zielrichtung spartanischer Politik geführt habe (Isok. XI 17–20, s. dazu. o. S. 125–128).

[335] Vgl. Isok. IV 18.

der *areté*, somit auf den Bereich der *ídia dóxa*, nicht aber in bestimmender Weise auf das *koinón* ausgerichtet ist, stimmt mit der Darstellung des Proömiums überein, wonach die gymnischen Wettkämpfer (die den auf das Militär beschränkten Spartanern entsprechen) keinen Nutzen für das *koinón* erzielen. Sie betreiben lediglich die *epídeixis* ihrer körperlichen *areté*. Im politischen *agón* um die *areté* entsprechen die Spartaner den gymnischen Wettkämpfern, deren Handlungen bewundernswert sind, die jedoch der Allgemeinheit keinen Nutzen bringen (Thermopylai). Athen dagegen erweist sich als Träger geistiger *areté* und verdient auf dieser Grundlage die höheren Ehren.

B.2.7 Nachtrag II: *Panegyrikos* und *Menexenos*

Carl Werner Müller hat in den frühen 1990er Jahren die These vertreten, der platonische *Menexenos* sei eine unmittelbare Reaktion auf „das große Ereignis der politischen Publizistik Athens gegen Ende der Achtziger Jahre", auf die Publikation des *Panegyrikos*, den er als „patriotische<n> Jubelrede" deutet.[336] Er weist die Annahme zurück, es handele sich bei dieser Schrift um eine Rede an die olympische Festversammlung und hält sie stattdessen für eine Rede bei einem der attischen Festtage. Der *Panegyrikos* sei „von einem Athener für Athener geschrieben."[337] Den platonischen *Menexenos*, in dem

---

[336] Müller (C. W.) 1991: 142–143, 154–155. Damit richtet er sich gegen die übliche Datierung des *Menexenos* in die Mitte der 380er Jahre (z. B. Raeder 1905: 127, Pohlenz 1913: 305, Buchner 1958: 13, Eucken 1983: 150 mit Anm. 24 und 2010: 131–134). Müllers These wurde zunächst mit überzeugenden Argumenten von Tsitsiridis 1998: 45–51 und (vorsichtiger) Pownall 2004: 63 zurückgewiesen, jüngst jedoch von Heitsch 2008, auf eine einzelne Wortwahl gestützt (ebd. 188–189, vgl. dazu die schlüssige Widerlegung bei Eucken 2010: 135–138), wieder erneuert. Zuletzt hat sich Eucken ebd. gegen die Argumentationen Müllers und Heitschs gewendet und insbesondere aus den von Heitsch angeführten Belegstellen angeblicher Isokrateszitate im *Menexenos* den gegenteiligen Schluss gezogen, wonach Isokrates auf den *Menexenos* Bezug nehme.

[337] Müller (C. W.) 1991: 144–145, Zitat: 145. Schon zuvor haben Edmund Buchner und Christopher Tuplin die Identifizierung der fiktiven Festversammlung als olympische Versammlung infrage gestellt (Buchner 1958: 53 mit Anm. 2, mit diesem Aalders 1959: 263, Tuplin 1983: 180–182). Ausgehend von der Beobachtung, dass die verschiedenen zeithistorischen Anspielungen v. a. im ‚symbuleutischen' Teil der Rede eher in das Jahr 381/80 als in das olympische Jahr 380/79 passten, betont Tuplin, dass Isokrates seine Rede als ‚Festrede' (*Panegyrikos*) und nicht wie Lysias und Gorgias als ‚olympische Rede' (*Olympiakos*) betitelt habe. Die Schrift sei daher nicht auf ein konkretes Fest, sondern überzeitlich aufzufassen und daher ins Jahr 381/80 zu datieren. Buchners und Tuplins Ansatz ist wesentlich weniger problematisch als der Ansatz Müllers, da er die Qualität der vorgestellten Versammlung als hellenisch nicht in Abrede stellt. Jedoch scheint im *Panegyrikos* durchaus eine konkrete Festversammlung vorgestellt (diesen fiktionalen Charakter der Schrift vernachlässigt Tuplin). Im Rahmen dieser Fiktion aber deuten die zahlreichen Anspielungen auf die *Olympiakoí* des Gorgias und des Lysias sowie die Erwähnung der körperlichen Wettkämpfe doch auf eine olympische Festversammlung (s. dazu im Folgenden). Aufgrund der literarischen Natur des *Panegyrikos* besteht das von Tuplin konstatierte Problem eigentlich gar nicht, da die Annahme, Isokrates denke an die

Sokrates nur die Rede vor einem dem eigenen Gegenstand ablehnend gegenüberstehenden Publikum als Nachweis rhetorischer Kompetenz gelten lassen will, versteht Müller als Reaktion auf die vermeintlich typisch athenische Rede des Isokrates.[338]

Die Identifizierung des isokratischen Publikums als athenisch hat sich in unserer Analyse der Schrift bestätigt[339] – jedoch auf andere Weise als bei Müller angenommen. Auf der dramatischen Ebene wird im *Panegyrikos* eine ‚panhellenische' Festversammlung adressiert.[340] Vor allem die Bezugnahme auf die gymnischen Wettkämpfe im Proömium der Schrift deutet klar auf den Rahmen eines Festes sportlicher Wettkämpfe hin, wie sie eben die Olympischen oder die Lenäischen Spiele umfassten.[341] Müller störte sich weiterhin an der kaum bestreitbaren Tatsache, dass der *Panegyrikos* seinem Publikum eine Argumentation präsentiert, in der Athen als moralisch und kulturell überlegen erscheint. Eine solche, eigentlich für die Epitaphientradition typische Darstellung sei für eine gesamthellenische Festversammlung ungeeignet.[342] Der berechtigte Verweis auf literarische und heortologische Konventionen ändert indes nichts daran, dass der *Panegyrikos* eine olympische Rede nicht weniger adaptiert als einen Epitaphios. Es bleibt daher festzustellen, dass die Schrift sich zwar als ‚panhellenische' Rede präsentiert, gleichwohl den

---

olympische Festversammlung von 380/79, nicht zwingend einen *terminus post quem* für die Schrift setzt. Der Verweis auf die olympische Versammlung bedeutet insofern keine Präzisierung der Datierung der Rede im Sinne einer Datierung nach der Jahresmitte 380. Mehr als eine Datierung ins Umfeld dieser Spiele wird sich nicht gewinnen lassen, so dass die Frage nach der konkreten vorgestellten Festversammlung für die Datierung unerheblich ist. Der *Panegyrikos*, so kann man Buchner und Tuplin zwar durchaus zustimmen, hat in seiner literarischen Natur überzeitlichen Charakter – auf der fiktionalen Ebene scheint er aber doch in Olympia angesiedelt.

[338] Plat. Men. 235d1–7; Müller (C. W.) 1991: 143, 154–155. Vgl. dagegen stellvertretend für die Mehrheit der *Menexenos*-Interpreten Yunis 1996: 138–139, der den *Menexenos* vor allem als Auseinandersetzung mit den thukydideischen ‚Epitaphios des Perikles' versteht.

[339] Vgl. dazu auch Urban 1991: 156, 159.

[340] Auch der Titel deutet auf eine gesamtgriechische Festversammlung, vgl. Tuplin 1983: 180–182, Papillon 2004: 23.

[341] Müller versuchte, gerade diese Bezugnahme als Beleg gegen den Rahmen eines sportlichen Festes zu deuten, vgl. Müller (C. W.) 1991: 144 Anm. 23: „[...] die Eröffnung der Rede mit ihrer Invektive gegen die konventionelle Überschätzung der gymnischen Agône weist in eine ganz andere Richtung: Athen ist der ideale Festspielort." Müller missversteht hier die Funktion der Invektive: Vor einer Versammlung eines musischen Festes wäre diese gänzlich irrelevant. Erst im Rahmen eines Festes, das die gymnischen Wettkämpfe in den Mittelpunkt stellt, muss der Redner die Bedeutung der – in Olympia ebenfalls stattfindenden – musischen Agone in Absetzung von den gymnischen besonders herausstreichen. Es handelt sich hier nicht im eigentlichen Sinne um eine *captatio benevolentiae*, das Vorgehen könnte man als *captatio animadvertationis* bezeichnen. Gerade dann, wenn der Redner sein Publikum von der Bedeutung seiner Standpunkte sowie seines Redegegenstandes überzeugen will, muss er dies in Olympia mit besonderem Nachdruck gegen die Dominanz der sportlichen Wettkämpfe tun. Müllers Argument gegen die olympische Natur des *Panegyrikos* erweist sich als deren stärkster Beleg.

[342] Müller (C. W.) 1991: 144–145. Diese Ansicht wird bestätigt durch Timmermann/Schiappa in Schiappa 1999: 186–198, die die unterschiedlichen politischen Funktionen von *panêgyrikós lógos* und *epitáphios lógos* betonen.

konventionellen Argumentationsweisen einer ‚panhellenischen' Rede nicht entspricht.[343] Dieser Befund verlangt nach einer Erklärung.

Der entscheidende Schlüssel zum Verständnis dieses Bruchs mit der rhetorischen Konvention liegt in der Erkenntnis unserer Untersuchung, dass die Darstellung Athens eben nur beinahe als Enkomion ausfällt.

Zuhörern im Rahmen einer Festversammlung, also dem dramatischen Publikum, müssen die Fehlargumente im Lob auf Athen nicht auffallen, im Gegenteil: Da Isokrates ganz typische Formen der Argumentation verwendet und sogar zahlreiche Elemente seiner Rede den Vorlagen epitaphischer und panegyrischer Reden (Gorgias, Lysias) entlehnt, sollte für dieses Publikum, das keine Zeit zur kritischen Reflexion (und zu mehrfachem Lesen) der Argumente hat, kaum Anlass zum Zweifel an der Ernsthaftigkeit des Vorgetragenen bestehen – wenngleich manche Argumente (der spartanische Eilmarsch nach Marathon; die athenische *arché* als 70-jährige Zeit des Friedens) gewiss auch einem hörenden Publikum ungewöhnlich hätten erscheinen müssen. Ein solch unkritisches Publikum aber ist mit der schriftlichen Publikation der Rede nicht adressiert.

Wer Isokrates' Aufforderung zur Reflexion der Argumente[344] folgt und dabei dessen eigene Regeln zur Argumentation zum Maßstab nimmt, dem muss die argumentative Schwäche vor allem der §100–128 allerdings ins Auge fallen. Die schriftliche Publikation der isokratischen Reden bedingt ein Publikum, dessen hermeneutischer Standpunkt sich von dem einer Festversammlung deutlich unterscheidet. Isokrates muss sich dessen bewusst sein, wenn er im *Panegyrikos* systematisch eben jene rhetorischen Grundsätze bricht, die er noch wenige Jahre zuvor im Rahmen überlegener Kritik an seinen Lehrern und Zeitgenossen selbst aufgestellt hatte. Auf ein lesendes Publikum, das auch Isokrates' ältere Schriften lesend rezipieren konnte, muss die Darstellung des Vergleiches zwischen Athen und Sparta in weiten Teilen nicht als Lob der *pólis* Athen, sondern als Kritik an Sparta und Athen wirken. Dies ist die Lehre aus *Helena* und *Busiris*.

Wen spricht Isokrates in seinen Schriften nun primär an? Proömium und Epilog legen die Antwort nahe: Vor allem ein gebildetes Lesepublikum mit philosophischem Interesse ist adressiert, in allererster Linie Isokrates' Schüler. Hier handelt es sich nun um ein mehrheitlich athenisches Publikum. Der *Panegyrikos* ist also tatsächlich, wie Müller annahm, „von einem Athener für Athener" geschrieben, jedoch präsentiert er nicht eine Lobrede auf Athen, sondern eine Kritik am Athen der jüngeren Vergangenheit und eine Rede des Ausgleichs zwischen Athen und Sparta unter Bezugnahme auf die Zeit vor den Perserkriegen. In der ‚*politeía* der Vorväter' wird ein solcher hellenischer Ausgleich exemplarisch vor Augen geführt, und zwar dem athenischen Lesepublikum ebenso wie der fiktiven hellenischen Hörerschaft. Die Kritik an der Gegenwart der eigenen *pólis* vor

---

[343] Vgl. Sullivan 2001: 82–83, Loraux 1981: 93.
[344] S. dazu o. Kap. B.2.5.2.

einem athenischen Publikum kann nun aber mit gutem Recht ebenso als Bruch rhetorischer Konvention bezeichnet werden wie der Lobpreis auf die eigene *pólis* vor einem ‚panhellenischen' Publikum.

Auf der fiktionalen Ebene handelt es sich beim *Panegyrikos* also um eine Olympische Rede, die inhaltlich die Anforderungen eines Epitaphios erfüllt, beziehungsweise um eine Rede an Hellenen mit Argumenten, die man gewöhnlich nur vor Athenern hätte äußern können. Für ein kritisches Lesepublikum aber kehrt sich das Bild um: Die Schrift enthält in wesentlichen Teilen die formale Gestaltung eines Epitaphios, dem auf inhaltlicher Ebene der hellenische Ausgleich gegenübersteht, der für Olympische Reden angemessen wäre. Auf dieser Ebene richtet er sich an das eigentliche Publikum des Isokrates, nämlich gebildete Athener, mit Aussagen, die diese nicht in Athen zu hören gewohnt waren, nämlich Kritik an Athen.[345]

Isokrates verkehrt die übliche Zuordnung von Form, Inhalt und Adressat, und dies innerhalb einer Rede zugleich für zwei sich entgegenstehende Redegattungen und zwei diametral verschiedene Adressatengruppen.[346] Die beiden Aussageebenen lassen sich klar einem fiktiven hörenden Publikum einerseits und einem als hauptsächlich von Isokrates intendiert anzusehenden lesenden Publikum andererseits zuordnen. Für letzteres löst sich im Übrigen auch die Disharmonie zwischen dem vermeintlichen Athenlob und dem Vorschlag einer geteilten Hegemonie auf: Diejenigen Leser, die die Hermetik des Textes erkennen, werden nur die Beschreibung der Zeit der ‚*politeía* der Vorväter' als überzeugendes Lob auffassen, also jene Zeit als vorbildhaft präsentiert sehen, die Isokrates als Phase der vollkommenen Harmonie der Hellenen untereinander beschreibt, die Zeit einer geteilten Hegemonie Athens und Spartas. In dieser Zeit hatte Isokrates' Darstellung zufolge genau jener Zustand der *homónoia* Bestand, zu dem sein im *Panegyrikos* unterbreiteter Vorschlag die Griechen führen soll.

Diese Interpretation der Rede macht auch die Beziehung des *Panegyrikos* zum platonischen *Menexenos* etwas klarer und bestätigt die ältere Annahme, dass bewusste Bezüge oder gedankliche Übernahmen nur vom *Menexenos* auf den *Panegyrikos* ausgegangen sein können und nicht umgekehrt.[347] Der platonische Sokrates präsentiert in diesem Dialog bekanntlich einen angeblich ‚idealen' Epitaphios, der durch seine angebliche Verfasserin Aspasia als der Tradition perikleischen Denkens verpflichtet erscheint, jedoch inhaltlich aus dem Mund des platonischen Sokrates eine Parodie auf die immer gleichen

---

[345] Auf die unterschiedlichen Adressatenebenen, die sich mit der Anlehnung an den *epitáphios lógos* in einer panegyrischen Rede ergeben, weist bereits Buchner 1958: 7 hin.

[346] Seck 1976: 353 notiert den offenen Widerspruch zur Konvention gleich in den ersten Worten der Schrift, in denen der mythische Gründer der olympischen Festversammlung nicht wie gewohnt gelobt, sondern kritisiert wird; vgl. auch ebd. 354–355 sowie Alexiou 2009: 36 zur Umkehrung des Topos der kurzen Vorbereitungszeit.

[347] Alexiou 2009: 36, vgl. Pohlenz 1913: 307–308, der allerdings den *Panegyrikos* als Gegenentwurf zum *Menexenos* auffasst, der gegen dessen Kritik an den Epitaphien sich wieder in deren Tradition einreihe.

und keinen moralischen Normen verpflichteten Lobeshymnen auf Athen darstellt.[348] Dass der Sokrates des *Menexenos* auch Isokrates herausgefordert hat, wurde zwar bereits angenommen.[349] Jedoch wurde dafür nur die Möglichkeit in Erwägung gezogen, Isokrates habe gegen Platons Standpunkt beweisen wollen, dass ein rhetorisch und philosophisch anspruchsvolles Athenlob möglich sei und keineswegs nur Standardargumente und amoralisches Lob enthalten müsse. Die Herausforderung, auf die Isokrates reagiert hat, ist jedoch eine andere. Sie weist nicht auf eine Ablehnung der Standpunkte des *Menexenos* durch Isokrates hin, sondern greift eine Forderung aus dieser Schrift auf und nimmt deren Herausforderung positiv an: Im Rahmengespräch des *Menexenos* spricht Sokrates zunächst in zutiefst ironischen Worten von der gewaltigen, bezaubernden Wirkung, die die Epitaphien auf ihn auszuüben pflegten.[350] Auf Menexenos' Argument, die Abfassung von Epitaphien sei ein schwieriges Geschäft, weil sie spontan erfolgen müsse, erwidert Sokrates:

> Πόθεν, ὠγαθέ; εἰσὶν ἑκάστοις τούτων λόγοι παρεσκευασμένοι, καὶ ἅμα οὐδὲ αὐτοσχεδιάζειν τά γε τοιαῦτα χαλεπόν. Εἰ μὲν γὰρ δέοι Ἀθηναίους ἐν Πελοποννησίοις εὖ λέγειν ἢ Πελοποννησίους ἐν Ἀθηναίοις, ἀγαθοῦ ἂν ῥήτορος δέοι τοῦ πείσοντός καὶ εὐδοκιμήσοντος· ὅταν δέ τις ἐν τούτοις ἀγωνίζεται οὕσπερ καὶ ἐπαινεῖ, οὐδὲν μέγα δοκεῖν εὖ λέγειν.[351]

> Woher denn, mein Guter! Jedem von diesen stehen doch vorbereitete Reden zur Verfügung, und derartiges aus dem Stegreif zu sprechen wäre darüber hinaus gar nicht schwer. Denn wenn man die Athener vor Peloponnesiern rühmen müsste oder die Peloponnesier vor Athenern, dann bedürfte es wohl eines guten Rhetors, um Überzeugung und guten Anklang zu erzielen. Wenn aber jemand sich vor denselben Leuten ins Zeug legt, die er auch lobt, dann ist es nichts Großes, als guter Redner zu erscheinen.

Der platonische Sokrates stellt genau jene rhetorische Konvention infrage, die Carl Werner Müller als unumgänglich ansieht. Eine Lobrede, in der Publikum und Gegenstand des Lobes identisch sind, kann keinen Nachweis rhetorischer Fähigkeit erbringen, allenfalls den Anschein derselben. Sokrates formuliert darüber hinaus auch positiv, welche rhetorische Leistung stattdessen tatsächlich als bedeutend angesehen werden könne: Nur derjenige Redner wird den Anspruch des *agathós rhétôr* erfüllen, der auch ein der Sache kritisch gegenüberstehendes Publikum überzeugen kann.

Es ist diese Forderung aus dem platonischen *Menexenos*, die Isokrates im *Panegyrikos* aufgreift und offenbar zu erfüllen versucht. Isokrates bricht mit der von Platon kritisierten rhetorischen Konvention, dem Publikum nach Gefallen zuzureden und nicht nur dessen inhaltliche Erwartungen zu erfüllen, sondern zudem dessen politischen Überzeugungen

---

[348] Vgl. Müller (C. W.) 1991: 152, Pownall 2004: 38–62, Heitsch 2008: 184–185, 187.
[349] Eucken 1983: 150–165, v. a. 162–165.
[350] Plat. Men. 234c1–235c6, mit Menexenos' Reaktion, die die Ironie explizit hervorhebt (–235c10).
[351] Plat. Men. 235d1–7.

B.2.7 Nachtrag II: Panegyrikos und Menexenos

gemäß zu reden.[352] Vor dem dramatischen, also einem ‚panhellenischen', in Teilen spartanischen Publikum hält er auf der äußeren Ebene über weite Teile des *Panegyrikos* eine einseitige Lobrede auf Athen. Auf der tieferen Aussageebene, die sich nur einem lesenden, nicht dem fiktiven zuhörenden Publikum erschließen kann, spricht er ein vornehmlich athenisches Publikum an und bietet diesem nicht das gewohnte Lob, sondern eine scharfe Kritik an der Gegenwart vor dem vorbildhaften Hintergrund der ‚*politeía* der Vorväter'. Eine solche Interpretation rückt den *Panegyrikos* auch sachlich an den *Menexenos* heran: Im *lógos* der Vorfahren an die Athener,[353] der fraglos in der Sache aus der Epitaphien-Parodie ausgenommen ist und als tatsächlich platonische ‚Mahnung der Vorfahren' aufgefasst werden kann, wird das in den Epitaphien übliche Lob der Vorfahren zum Zwecke des Lobes der gegenwärtigen *pólis* als nicht hinreichend gekennzeichnet. Erst wenn man eigene Leistungen vorzuweisen habe, die sich dem Erbe der Vorfahren als würdig erwiesen, könne man auf den Ruhm der Vorfahren stolz sein; könne man dies nicht, so sei der Ruhm der Vorfahren für die Nachfahren eine Schmach, die deren Fehler aufzeige.[354] Eben dieser Eindruck ergibt sich auch aus dem Kontrast zwischen dem idealen, auf lobenswerten Leistungen basierenden Lob der Vorfahren in §21–99 und der haltlosen Apologie der Gegenwart in §100–128 des *Panegyrikos*.[355] Der Selbstvergewisserung der *pólis* Athen und ihres Standpunktes in den politischen Auseinandersetzungen der hellenischen Welt des 5. und 4. Jh., die in den Epitaphien in Form institutionalisierter Lobreden auf Athen geleistet wird, setzen Platon und Isokrates ihre fiktionalen Reden entgegen, die durch die inszenierte Demaskierung der üblichen affirmativen Argumentationen jener athenischen Redegattung die Fragwürdigkeit der durch sie geleisteten Identitätsstiftung demonstrieren. Nicht als Bestätigung der Richtigkeit des eigenen Handelns *a priori*, sondern als normativer Ansporn zur Ausrichtung des eigenen Handelns an einer vorbildhaften Moralität können die Exempla der Vorfahren ihre paradigmatische Wirkung entfalten.

Dass der *Panegyrikos* auf den *Menexenos* Bezug nimmt, zeigt im Übrigen auch der im Proömium erhobene Anspruch, Isokrates wolle nicht nur in Anbetracht seiner Vorbereitungszeit, sondern in Anbetracht seiner gesamten Lebenszeit eine gute und ihrem

---

[352] Loraux 1981: 302 weist darauf hin, dass auch im platonischen Werk mit der Rede des Kritias im gleichnamigen Dialog eine Rede vorliegt, die die Identität von Gegenstand und Publikum des Lobes der Epitaphien verändert und dem athenischen Publikum zwar ein Lob Athens präsentiert, jedoch ein Lob eines dem Publikum fremden Ur-Athen.

[353] Plat. Men. 246d1–248d6, v. a. 247a5–c4; vgl. Auch Isok. VII 70–73, VIII 82–88, XIV 58–62.

[354] Plat. Men. 247a7–b8. Isokrates wird diesen Gedanken später selbst deutlich aussprechen (Isok. VII 70–73; s. u. S. 398).

[355] Auch Urban 1991: 183 kommt zu dem Schluss, Platon habe im *Menexenos* „[…] manches von dem vorweggenommen, was dann einige Jahre später Isokrates im Panegyrikos zu diesem Thema zu sagen hat".

Gegenstand würdige Rede halten.[356] Schon im Proömium gibt Isokrates somit zu verstehen, dass er mit seinem *Panegyrikos* den Anspruch erhebt, die Kritik Platons aus dem *Menexenos* aufzunehmen und den dort formulierten Anforderungen an eine hervorragende Redeleistung voll zu entsprechen.

In späteren Schriften, vor allem in der *Friedensrede,* wird Isokrates die zeitgenössischen athenischen Redner vor allem dafür kritisieren, dass sie in ihren Vorträgen nur die Erwartungen des Publikums bedienen und diesen im Zweifel auch die eigenen Überzeugungen opfern.[357] In seinem *Panegyrikos* gibt er ein Beispiel einer Rede, die die Erwartungen des Publikums ebenfalls berücksichtigt, dabei jedoch diese gezielt konterkariert und infolgedessen nur bei einem überzeugenden Vortrag ihrer Inhalte ein positives Echo dieses Publikums wird finden können. Deutlich geschmälert wird diese Wirkung aufgrund des Umstandes, dass es sich beim *Panegyrikos* eben nicht um eine tatsächlich vorgetragene Rede, sondern um eine wohl vor allem in Athen rezipierte literarische Schrift handelt. Als Exemplum einer Rede, wie Platon sie im *Menexenos* forderte, kann der *Panegyrikos* aber durchaus gelten.

---

[356] Isok. IV 13–14, vgl. Plat. Men. 234c, 235c7–d7; Walberer 1938: 59, Tsitsiridis 1998: 145–146, 159–160 (s. o. S. 172–173).
[357] Isok. VIII 9–11, 14.

> [...] λέγομεν ὑμῖν γῆν τὴν Πλαταιίδα μὴ ἀδικεῖν
> μηδὲ παραβαίνειν τοὺς ὅρκους, ἐᾶν δὲ οἰκεῖν
> αὐτονόμους καθάπερ Παυσανίας ἐδικαίωσεν.
> (Thuk. II 71,4)

B.3 *Plataikos* (Isok. XIV)

Der *Plataikos* gehört zu den in der Forschung weniger ausführlich besprochenen Schriften des Isokrates. Dies liegt fraglos zum Teil an seinem geringen Textumfang und vor allem an dem vergleichsweise unproblematischen Zugang zu dieser Schrift. Viele der Interpretationsprobleme anderer Schriften scheinen sich für diese Rede nicht oder weniger deutlich zu stellen: Der historische Rahmen der Rede ist eindeutig erkennbar, ihr äußeres Anliegen unzweideutig und scheint vor allem tagespolitisch motiviert. Die Argumente des Redners wiederum sind ausnahmslos sachdienlich; offensichtliche Fehlargumente, wie sie im *Busiris* oder *Panegyrikos* zutage treten, bleiben aus. Zudem sind aufgrund der sehr sachorientierten Darstellungsweise vergleichsweise wenige Bezüge zu literarischen Vorbildern erkennbar.

Der Autor Isokrates lässt in dieser Schrift zum ersten Mal eine andere als seine eigene *persona* auftreten.[1] Der Sprecher der Rede gibt sich als Bürger der *pólis* Plataiai zu erkennen und spricht im Namen und Interesse der Plataier.[2] Die Rede, die er vorträgt, enthält weder explizite noch implizite Hinweise auf eine schriftliche Publikation, und ihr Umfang, die Anredestrukturen sowie ihre Argumentationsweisen sind durchaus angemessen für einen realen Vortrag vor der athenischen Volksversammlung. Dass es sich dennoch nicht um eine authentische Rede oder um eine als Auftragsarbeit verfasste Tendenzschrift des Isokrates,[3] sondern ebenfalls um eine literarische Rede handeln dürfte, legt neben dem Umstand, dass alle anderen isokratischen Schriften für die schriftliche Publikation

---

[1] Mathieu 1925: 93. Andere *personae* sind zwar auch in den vorhergehenden Schriften keineswegs mit Gewissheit auszuschließen, da in ihnen der Name des Isokrates nicht vorkommt. Dennoch gibt es in Isok. XIII, X, XI, IV nicht die Spur eines Hinweises darauf, dass der Sprecher jemand anderes sein sollte, als die *persona* des Autors Isokrates. In Isok. XIV dagegen ist die plataiische Herkunft des Sprechers eindeutig und schließt die Identifikation mit ‚Isokrates' aus. Die Überlegung, dass der ‚praktische' Charakter und Stil der Schrift durch die Verwendung der fremden *persona* bedingt ist (der Isokrates keine expliziten Äußerungen zu seinem eigenen literarischen und pädagogischen Anspruch in den Mund legen kann), ist zumindest bedenkenswert.

[2] Isok. XIV 1 sowie *passim* die Verwendung der 1. Pers. Pl.; Blaß ²1892: 165.

[3] Vgl. Mathieu 1925: 81–94, Jaeger 1939: 196–197, 199. Davidson 1990: 21 Anm. 3 und Usener (S.) 1994: 31.

konzipiert wurden, vor allem die Gedankenführung nahe, die eindeutige Bezugnahmen auf die zentralen Themen des isokratischen Werkes, insbesondere auf die im *Panegyrikos* präsenten Themen, erkennen lässt. Auch zur Kritik an der rhetorischen Produktion der zeitgenössischen Redner und Sophisten gibt es Parallelen, wie die folgende Untersuchung der Rede zeigen wird. Das bedeutet jedoch zugleich, dass die Zielrichtung der Rede nicht identisch mit der Zielsetzung der Publikation des *Plataikos* sein muss.

Mathieu sah den *Plataikos* als in erster Linie antithebanische Hetzschrift auf der Linie des Kallistratos, die der Annäherung Athens an Sparta in den Friedensverhandlungen von 371 dienen sollte.[4] Momigliano brachte die Schrift in Zusammenhang mit dem Prozess gegen Timotheos nach dessen Absetzung als Flottenkommandeur im Herbst des Jahres 373. Isokrates versuche mit der Publikation der Schrift, das öffentliche Interesse abzulenken von Timotheos' Vorgehen auf Kerkyra.[5] Jaeger kam dagegen zu dem Schluss, dass Isokrates den *Plataikos* auf Veranlassung des Timotheos als Ausdruck aufkommender antithebanischer Stimmung in Athen verfasst habe, was die von Jaeger angenommene Abkehr vom ‚panhellenischen' Gedanken des *Panegyrikos* erkläre.[6] Bringmann schließlich konstatiert „eine gewisse Übereinstimmung" mit der späteren antithebanischen Politik des Kallistratos und sieht in der Schrift den Versuch des Isokrates, für den Zweiten Attischen Seebund in der Opposition zu Thebens Böotischem Bund eine Perspektive auch über das Ende spartanischer *arché* hinaus zu entwickeln. Allgemein rufe Isokrates zur Besinnung auf die Ideale des Seebundes auf und vertrete einen Standpunkt der Ablehnung von *pleonexía* und *arché*.[7]

Im Folgenden soll, ausgehend von Bringmanns ausgewogener Beurteilung der allgemeinen Zielsetzung des *Plataikos* als Aufruf zu *autonomía* und *eleuthería* der griechischen *póleis*, die Intention der Schrift vor dem Hintergrund der Analyse der früheren Schriften neu bewertet werden. Insbesondere die Ablehnung athenischer Seemachtpolitik im *Panegyrikos* ist dabei zu berücksichtigen.[8]

---

[4] Mathieu 1925: 81–94, v. a. 92–94, Cloché 1933: 132–133 mit Anm. 2, dagegen Jaeger 1939: 196–200, Bringmann 1965: 48, Allroggen 1972: 43.

[5] Momigliano 1936: 27–32, dagegen Bringmann 1965: 48–49.

[6] Jaeger 1939: 196–200, v. a. 199, ähnlich zuvor schon Münscher 1927: 1068. Damit stellt Jaeger Timotheos auf dieselbe außenpolitische Linie wie Kallistratos, der noch in demselben Jahr im erwähnten Prozess gegen Timotheos agierte (vgl. [Dem.] XLIX 9). Dieser Auffassung schließt sich Allroggen 1972: 44–45 an.

[7] Bringmann 1965: 49–54; Bringmann erkennt somit als erster die Möglichkeit einer allgemeineren, über konkrete äußere Anlässe hinausgehenden Zielsetzung der Schrift. Es ist jedoch zumindest fraglich, ob Thebens Stellung um 373 bereits so stark geworden war, dass sie an ein Ende der spartanischen *arché* auf der Peloponnes denken lassen konnte: Dies nämlich setzt Bringmann implizit voraus, wenn er von der 373 bereits grundlegend „veränderten Situation" (ebd. 54) spricht. Zudem wird die von Bringmann angenommene Zukunftsperspektive (ebd. 51) in der Rede nicht erkennbar entwickelt, da der Redner davon ausgeht, dass diplomatischer Druck allein Theben in die Schranken weisen und damit an die Prinzipien des Seebundes binden würde (vgl. Isok. XIV 37). An einen dauerhaften oder gar militärischen Konflikt mit Theben ist hier demnach nicht gedacht.

[8] S. o. Kap. B.2.4.6–7 und B.2.5.1.

B.3.1 Historischer Hintergrund

Der *Plataikos* ist die fiktive Rede eines Flüchtlings der böotischen *pólis* Plataiai, in der der Sprecher die athenische Volksversammlung zur Unterstützung der Plataier gegen Theben aufruft, das zuvor Plataiai zerstört, die Bewohner vertrieben und sich deren Land angeeignet hatte. Die Erwähnung dieser historischen Ereignisse legt den *terminus post quem* der Abfassung und Publikation der Schrift auf das Jahr 374/373 fest.[9] Die politische Lage in Griechenland hatte sich seit der Zeit um 380 wesentlich verändert. Die Gründung des Zweiten Attischen Seebundes hatte zu einem erheblichen Ausbau der athenischen Machtstellung geführt. Dieser neue Seebund richtete sich von Beginn an gegen Sparta. Erklärtes Ziel des Bundes war die Durchsetzung der durch den Königsfrieden vertraglich zugesicherten *eleuthería* und *autonomía* der hellenischen *póleis*.[10] Athen verzichtete, wie aus dem sogenannten ‚Psephisma des Aristoteles' hervorgeht, auf Einflussnahme in den verbündeten *póleis*, auf vertraglich geregelte finanzielle Beiträge der Bundesgenossen und auf die Einrichtung von Kleruchien.[11] Die Bundesgenossen Athens hatten nicht einmal verbindliche militärische Leistungen zu entrichten und erhielten volles Stimmrecht im Synhedrion des Bundes.[12] Die Bestimmungen des Zusammenschlusses lassen Athens Bereitschaft erkennen, sich aller Maßnahmen zu enthalten, die an die gewaltsam ausgeübte athenische *arché* des späten Delisch–Attischen Seebundes erinnern konnten.[13] Der neue Seebund fand rasch großen Zulauf weiterer *póleis* und konnte sich als Gegengewicht zum Peloponnesischen Bund etablieren. Die athenischen Strategen Chabrias und Timotheos konnten 376/375 den Spartanern empfindliche Niederlagen beibringen,[14] die schließlich dazu beitrugen, dass noch im Jahr 375/374 die Bestimmungen des Königsfriedens auf Grundlage des *status quo* in einem ‚allgemeinen Frieden' erneuert wurden,

---

[9] Vgl. Xen. Hell. VI 3,1 (vor 371), Diod. XV 46,6 (374/373), Plut. Pelop. 25,7 (vor 371), Paus. IX 1,8 (373/372); Blaß ²1892: 265–266, Jaeger 1939: 196. In der Regel wird die Rede in das Jahr 373 datiert (Burk 1923: 59, Jaeger 1939: 196–200, Bringmann 1965: 17). Später datieren Mathieu 1925: 92–94, Cloché 1933: 132, 135, Welles 1966: 22, Lombard 1990: 63. Jaegers *terminus ante quem* 371 (Jaeger 1939: 199), angenommen aufgrund der Erwähnung der Thespier in Isok. XIV 9 als Opfer thebanischer Unterdrückung, nicht aber als Opfer einer Vertreibung (vgl. Xen. Hell. VI 3,1), übersieht die Möglichkeit, dass Isokrates die Rede des Plataiers aus späterer Perspektive in eine frühere Zeit zurückversetzt haben könnte (dann erschiene die Erwähnung der Thespier gerade sinnvoll, um auf deren späteres, mit dem der Plataier identisches, Schicksal hinzuweisen).

[10] I.G. II 17, col. A, Z. 9–15, Isok. XIV 17–18, 34; Oliva 1991: 128–129, Urban 1991: 167, Welwei 1999: 280–281.

[11] I.G. II 17, col. A, Z. 15–46, vgl. Diod. XV 29,7; Welwei 1999: 281.

[12] I.G. II 17, col. A, Z. 44–46, vgl. Diod. XV 28,2; Welwei 1999: 281–282.

[13] Mathieu 1925: 82–83, Zimmermann 1974: 190–191.

[14] Mathieu 1925: 81–82 und Welwei 2004: 297 betonen die herausragende Stellung der Strategen Timotheos, Chabrias und Kallistratos im Kampf gegen Sparta; vgl. Xen. Hell. V 4,60–66, Diod. XV 29,6. Welwei 1999: 283 betont, dass die Erfolge des Timotheos und des Chabrias mit großen finanziellen Belastungen für Athen verbunden waren.

was einer Anerkennung des Zweiten Attischen Seebundes gleichkam.[15] Schon kurz nach Vereinbarung des Friedens von 375/374 leitete jedoch Timotheos athenisch–thebanische Flottenoperationen im Golf von Korinth, deren Rolle beim Wiederaufflammen des Krieges möglicherweise auch dadurch dokumentiert wird, dass Timotheos 373 in Athen angeklagt und vom Kriegsschauplatz abgezogen wurde.[16]

In den Jahren seit 380 war außerdem Theben zu einer regionalen Vormachtstellung in Böotien aufgestiegen.[17] Theben war Mitglied des Zweiten Attischen Seebundes, und in den Auseinandersetzungen mit Sparta stellte es wiederholt Truppenkontingente oder rüstete Schiffe aus.[18] Dennoch kam es immer wieder auch zu Konflikten mit Athen, in denen es meist um den Einfluss auf *póleis* im Grenzgebiet zwischen Attika und Böotien ging – so beanspruchten etwa beide *póleis* im Jahr 374 das Gebiet von Oropos für sich.[19] Theben begann mehr und mehr, seine neu erworbene Machtstellung auch gegen Athen auszubauen und spielte um das Jahr 375 bereits eine weitgehend eigenständige Rolle im Kampf um die innergriechische Vormachtstellung.

Irgendwann im Zeitraum zwischen 374 und 372 kam es schließlich auch zur Zerstörung des eng mit Athen verbundenen[20] Plataiai durch die Thebaner, die den Ausgangspunkt des isokratischen *Plataikos* darstellt. Dass diese thebanische Aktion Athen vor dem Hintergrund des gerade erneut ausgebrochenen Krieges mit Sparta vor das Dilemma stellte, einerseits die eigene Rolle im Seebund als Garant der Autonomie der Bundesgenossen nicht diskreditieren zu dürfen und andererseits nicht offen gegen Theben, den Verbündeten im Kampf gegen Sparta, vorgehen zu können, liegt auf der Hand.[21] Welche konkreten Auswirkungen die Zerstörung Plataiais auf das athenisch–thebanische Verhältnis hatte, ist eine durch den isokratischen *Plataikos* – die einzige unmittelbar zeitgenössische literarische Reaktion auf dieses Ereignis, die wir besitzen – nur scheinbar leicht zu erhellende Frage: Denn die Deutung von Zielrichtung und Wirkung dieser Schrift hängt ganz wesentlich von dem nicht geklärten chronologischen Verhältnis zwischen dem

---

[15] Xen. Hell. VI 2,1–2, Diod. XV 38, Isok. XV 109–110, Aischin. II 32, Philoch. FGrH 328 F 151 (=Didym. Col. 7, 62–71), Corn. Nep. Tim. 2,2; vgl. Mathieu 1925: 91, Roos 1949: 278–279, Bringmann 1965: 47, Urban 1991: 170, Welwei 1999: 283. Isokrates scheint in der Bestätigung der Autonomieforderung die beste Sicherung der auf *eúnoia* beruhenden athenischen Stellung im Zweiten Seebund zu sehen (s. dazu im Folgenden). Diodoros' Darstellung (nach Roos 1949: 282–285 über Vermittlung durch Ephoros auf die thebenfreundlichen Hellenika des Kallisthenes zurückgehend), wonach Theben aus dem Frieden ausgenommen gewesen sei, wird durch Isok. XIV diskreditiert, da die Rede des Plataiers den Bruch eines für Theben bindenden Friedens zum Hauptargument macht; vgl. dazu Roos 1949: 273–274, Welwei 2004: 297–298 mit Anm. 97.

[16] Vgl. Xen. Hell. VI 2,1–14, Diod. XV 45,2– 46, 47,2–3, [Dem.] XLIX 9, 14–16, 21, 48–50; Schmitz 1988: 291, Urban 1991: 169, Dreher 1995: 20–24, Welwei 1999: 283–284, Welwei 2004: 298.

[17] Welwei 2004: 296–297.

[18] Z. B. I.G. II 17, col. A, Z. 79.

[19] Isokrates erwähnt diesen Konflikt in Isok. XIV 20, 37, V 53; vgl. Mathieu 1925: 86, Cloché 1943: 289.

[20] S. u. S. 259 Anm. 40.

[21] Welwei 1999: 284 und 2004: 298.

B.3.1 Historischer Hintergrund

Ausbruch des Krieges von 374/373 und der Zerstörung Plataiais ab.[22] Darüber hinaus kann für das Datum der Publikation der Schrift nur ein *terminus post quem* festgemacht werden, so dass eine spätere Publikation unter veränderten politischen Vorzeichen – etwa vor dem Hintergrund des endgültigen Bruchs zwischen Athen und Theben – ebenfalls nicht ausgeschlossen werden kann.[23] Isokrates lässt den platäischen Redner das thebanische Vorgehen aufs Schärfste kritisieren und die negativen Folgen einer Tolerierung dieses Vorgehens durch Athen beschwören. Die Zerstörung Plataiais durch Theben stellt er schließlich als Bruch des geltenden Friedens mit Sparta dar, dessen Bündnissystem Plataiai zuletzt angehört hatte.

Folgt man der meines Erachtens plausiblen Chronologie der Ereignisse bei Isokrates, so wird man die Schrift vor dem Hintergrund der athenisch–thebanischen Flottenoperationen betrachten müssen, die somit 373 noch nach der Zerstörung Plataiais stattgefunden hätten.[24] Das zentrale Ereignis, das der Redner des *Plataikos* aufgreift, hätte demnach keine spürbaren Auswirkungen auf das athenisch–thebanische Verhältnis gehabt, zumindest keine unmittelbaren Konsequenzen im Bereich der außenpolitischen Zusammenarbeit.[25] Die wiederholte eindringliche Warnung vor den Nachteilen für Athen und den Zweiten Seebund, die eine Tolerierung des thebanischen Vorgehens haben müsse, erhielte bei diesem Sachverhalt ein besonderes Gewicht. Der *Plataikos* würde bei dieser Deutung zu einer Schrift, in der Isokrates durch den anklagenden Mund eines Plataiers den Umstand kritisiert, dass Athen trotz der Vorfälle um Plataiai mit Theben gemeinsame Sache mache.

Eine andere Deutung ergibt sich, wenn man sich von der isokratischen Chronologie löst und stattdessen der Darstellung bei Pausanias folgt, wonach Plataiai erst nach den

---

[22] Diod. XV 46,4–6. Paus. IX 1,8 setzt die Zerstörung in das Jahr 373/372; Isokrates dagegen setzt die Zerstörung in die Zeit vor Ausbruch des Krieges gegen Sparta (Isok. XIV 1, 5, 14). Zur Problematik dieser Datierungen vgl. Dreher 1995: 20–24 mit Anm. 57.

[23] Eine Spätdatierung vermutete zuerst Euler 1883: 9–10, später v. a. Mathieu 1925: 92–94, Cloché 1933: 132, 135, Welles 1966: 22, Lombard 1990: 63.

[24] Dreher 1995: 20–24. Die Darstellung des Friedensbruches durch Theben im *Plataikos* legt zumindest nahe, die dramatische Zeit des Vortrages in die Zeit der Kriegshandlungen von 373 zu setzen, also in eine Zeit, in der die gemeinsamen Operationen Athens und Thebens bereits begonnen hatten (Momigliano 1936: 27–32 und Roos 1949: 272–273 setzen die Publikation der Schrift dagegen in die Zeit noch vor Ausbruch des Krieges. Isokrates müsste die Schrift demnach allerdings innerhalb einiger Tage oder weniger Wochen verfasst haben.). Es ist von besonderem Interesse, dass ausgerechnet der in Isokrates' Werk so prominente Timotheos (vgl. Isok. XV 101–139, s. dazu u. Kap. B.7.2 Anm. 21) in das Wiederaufleben der Kriegshandlungen verwickelt war, indem er in Zakynthos den *dêmos* unterstützte (Diod. XV 45,2–46,47; Bringmann 1965: 47). Wenn der Friede von 375/374 für Isokrates einen derart hohen Stellenwert hatte, wie in Isok. XV 109–110 deutlich ausgesprochen ist, dann kann er Timotheos' Strategie des Jahres 373 kaum befürwortet haben.

[25] Papillon 2004: 229 betont mit Verweis auf Xen. Hell. VI 3 „[…] that Athens offered little help in 373 [sc. für Plataiai]".

athenisch–thebanischen Flottenoperationen zerstört wurde.[26] Plataiai könnte nach dieser Chronologie ein wesentlicher Grund für den Bruch zwischen Athen und Theben gewesen sein. Isokrates' platäischer Redner würde Theben nach dieser Lesart erst nachträglich (und fälschlicherweise) den Bruch des Friedens von 375/374 vorwerfen, um das thebanische Unrecht noch farbiger auszumalen. Für die Datierung des *Plataikos* würde dies bedeuten, dass man mit einer Publikation der Schrift nicht vor 372 zu rechnen hätte. Isokrates würde seinem fiktiven Redner folglich ein Argument in den Mund legen, das die Chronologie hochaktueller Ereignisse auf für ein zeitgenössisches Publikum wohl leicht durchschaubare Weise verkehrt.[27] Pausanias' Chronologie dürfte daher abzulehnen sein.

B.3.2 Sparta, Theben und Athen

Anders als in den bislang betrachteten isokratischen Schriften steht das Proömium des *Plataikos* (§1–6) bereits ganz im Zeichen des eigentlichen Redegegenstandes. Gleich zu Beginn sucht der Redner das Wohlwollen des athenischen Publikums zu erlangen, indem er auf die Hilfsbereitschaft und Dankbarkeit[28] der Athener sowie auf die Rolle der Plataier als Schutzsuchende (ἱκετεύσοντες, §1)[29] hinweist. Die Plataier erscheinen hier als Opfer (τοῖς ἀδικουμένοις) sowie zugleich als Wohltäter (τοῖς εὐεργέταις) Athens in vergangener Zeit, wodurch das erlittene Unrecht als besonders unverdient erscheint.[30] Der Redner stellt Athen als jene *pólis* dar, die sich Schutzsuchenden stets besonders hilfreich gezeigt habe, so dass den Plataiern in ihrer schlimmen Lage ganz besondere Sorge zukommen müsse. Das platäische Anliegen berge für Athen keine Gefahren, ermögliche Athen jedoch den Nachweis eigener Gerechtigkeit (§2).

Die Angelegenheit, so fährt der Redner fort, erfordere nur deshalb überhaupt eine ausführliche Erörterung, weil die Thebaner mit Hilfe wortgewaltiger Redner (τῶν ῥητόρων [...] τοὺς δυνατωτάτους, §3) Athen von der Rechtmäßigkeit ihres Handelns in

---

[26] Paus. IX 1,8.
[27] Roos 1949: 273. Von chronologischen Unstimmigkeiten im *Plataikos* geht Euler 1883: 9–10 aus. Die gezielte Verwendung inkonsistenter, schwacher oder falscher Argumente haben wir zwar bereits in Isok. XI und, gehäuft, in Isok. IV 100–128 vorgefunden. Jedoch sind die diesbezüglichen ‚Verstöße' gegen die gängige Chronologie dort jeweils offensichtlich und unstrittig. Außerdem beziehen sie sich auf weniger aktuelle Ereignisse, und schließlich stehen sie im Kontext gezielter Verstöße auch gegen die Erfordernisse von *eikós* und Wahrhaftigkeit einer Argumentation. Im *Plataikos* ergäbe sich die argumentative Schwäche einzig im Hinblick auf die skizzierte Datierung der Zerstörung Plataiais. Es gibt daher m. E. keinen Grund, hier eine ähnliche Methodik von Fehlargumentationen anzunehmen wie in jenen Schriften.
[28] Diese beiden Motive werden in Isok. XIV 46–62 ausführlich wieder aufgegriffen; dort wird auch deutlich, worauf sich der Redner mit dem anfangs noch etwas unverständlichen Verweis auf die Dankbarkeit bezieht (ebd. 56–62).
[29] Vgl. dazu Isok. XIV 6, 52–54, 56.
[30] Ähnlich argumentiert Isok. IV 62 in Bezug auf Athen.

B.3.2 Sparta, Theben und Athen

Plataiai zu überzeugen versuchten. Die ganze Rede, so wird sich im Hauptteil zeigen, berichtet folgerichtig nicht von den Ereignissen um Plataiai, um so das thebanische Unrecht nachzuweisen, sondern sie richtet sich gegen die möglichen Argumente zur Rechtfertigung des thebanischen Vorgehens (vgl. §7).[31] Der Redner führt das Prooimium im Weiteren fort mit dem topischen Verweis auf die Schwierigkeit der angemessenen Behandlung des Gegenstandes[32] sowie mit der Bewertung des thebanischen Verhaltens vor dem Hintergrund des Friedensvertrages[33] und schließt mit einer expliziten Bitte um *eúnoia* (§6) und dem Hinweis auf die negativen Folgen einer Ablehnung des plataiischen Antrags.[34]

Zu Beginn des Hauptteils (§7) wird nochmals die Vertreibung der Plataier kurz geschildert und das Ziel der Argumentation erneut genannt: Den Argumenten der thebenfreundlichen Rhetoren soll entgegengewirkt werden. Diese Argumente werden im Hauptteil der Rede nacheinander eingeführt und widerlegt.

Zunächst (§8–10) wendet sich der Redner gegen die ursprüngliche Rechtfertigung der Thebaner, wonach Plataiai sich Tributleistungen an Theben verweigert habe.[35] Größeres

---

[31] Damit ist zugleich anzunehmen, dass der Redner von der Kenntnis seines Publikums um die Ereignisse um Plataiai ausgeht.

[32] Vgl. dazu Isok. IV 82.

[33] Isok. XIV 5. Der Redner beklagt sich darüber, dass Plataiai durch Theben von diesem Frieden ausgeschlossen worden sei; die Schlagworte *autonomía* und *eleuthería* werden als Bestimmungen des Friedens benannt und im Verlauf der Rede als Ideale dargestellt, für deren Durchsetzung sich Athen einsetzen müsse. Gemeint ist der Frieden von 375/374 (dazu Mathieu 1925: 86, Roos 1949: 274–275). Dieser Friede wurde Xen. Hell. VI 2,1, Corn. Nep. Tim. 2,2 zufolge unabhängig von Persien, nach Diod. XV 38 und Didym. Col. 7, 62–71 jedoch auf Veranlassung des Großkönigs vereinbart (vgl. zur Quellenlage Roos 1949: 270–278), bestätigte jedoch in jedem Falle die Bestimmungen des Königsfriedens. Dies ist nicht gleichzusetzen mit einer positiven Bewertung des Königsfriedens (vgl. Mathieu 1925: 89), der in Isok. IV noch so vehement abgelehnt worden war. Auch dort waren die Bestimmungen von Autonomie und Freiheit für die *póleis* nicht in die Kritik aufgenommen worden. Vielmehr wurde die Friedensordnung gerade dafür kritisiert, dass sie nicht zur Durchsetzung der Bestimmungen von Autonomie und Freiheit führte (Isok. IV 176).

[34] Der Antrag selbst (Durchsetzung der Rückgabe des plataiischen Landes an die Plataier) wird erst kurz vor Ende der Rede in Isok. XIV 52 und v. a. 56 referiert.

[35] Der Sprecher widerspricht nicht dem Vorwurf der plataiischen Weigerung der Tributleistung. Jedoch wird die Tributforderung als ungerecht abgelehnt unter Hinweis auf (1) Unrechtmäßigkeit gewaltsamer Tributerhebungen, (2) Unverhältnismäßigkeit der thebanischen Sanktionen (nur die gewaltsame Durchsetzung der Tributleistung wäre zu erwarten gewesen, wenn es Theben nur um Tribute gegangen wäre), (3) fehlende historische Berechtigung der Tributforderung, (4) fehlenden Anspruch auf Einhaltung von Verträgen (die Thebaner selbst brechen den Friedensvertrag; vgl. Isok. XIV 8–10. Für unsere Untersuchung ist es interessant, dass die Argumente (1) und (2) stark an die üblichen Vorwürfe gegen die athenische *arché* im Delisch-Attischen Seebund erinnern, ebenso die Vorwürfe gegen Theben in Isok. XIV 18–19. Der Redner versucht also offensichtlich, Athen als *hêgemón* des bewusst als Gegenentwurf zu jenem ersten Seebund gegründeten Zweiten Attischen Seebundes davon zu überzeugen, dass sich Theben derselben Vergehen schuldig mache, für die Athen in der Folge des Peloponnesischen Krieges so hart bestraft worden war.

Gewicht misst er jenem Vorwurf gegen Plataiai bei, den die Thebaner seiner Meinung nach gegenüber den Athenern vor allem zur Sprache bringen würden: Plataiai habe Sparta im Krieg unterstützt (§11). Der Abschnitt, der der Widerlegung dieses Argumentes dient (§11–16), ist für die Untersuchung des Spartamotivs bei Isokrates von Bedeutung. Denn der Redner geht auf die Gründe ein, aus denen Plataiai dem Peloponnesischen Bund beigetreten sei. Dabei fallen einige interessante Bemerkungen über den Charakter dieses Bundessystems:

> (11) [...] οὐ μὴν ἀλλ' εἰ δεῖ τινὰς κακῶς παθεῖν διὰ τὴν Λακεδαιμονίων συμμαχίαν, οὐκ ἂν Πλαταιεῖς ἐξ ἁπάντων τῶν Ἑλλήνων προυκρίθησαν δικαίως· οὐ γὰρ ἑκόντες, ἀλλ' ἀναγκασθέντες αὐτοῖς ἐδουλεύομεν [...]. (15) Ἡγοῦμαι δ' ὑμᾶς οὐκ ἀγνοεῖν, ὅτι πολλοὶ καὶ τῶν ἄλλων Ἑλλήνων τοῖς μὲν σώμασι μετ' ἐκείνων ἀκολουθεῖν ἠναγκάζοντο, ταῖς δ' εὐνοίαις μεθ' ὑμῶν ἦσαν. Οὓς τίνα χρὴ προσδοκᾶν γνώμην ἕξειν, ἢν ἀκούωσιν ὅτι Θηβαῖοι τὸν δῆμον τὸν Ἀθηναίων πεπείκασιν, ὡς οὐδενός ἐστι φειστέον τῶν ὑπὸ Λακεδαιμονίοις γενομένων; (16) Ὁ γὰρ τούτων λόγος οὐδὲν ἀλλ' ἢ τοῦτο φανήσεται δυνάμενος· οὐ γὰρ ἰδίαν κατηγορίαν ποιούμενοι κατὰ τῆς πόλεως τῆς ἡμετέρας ἀποδεδώκασιν αὐτῇ, ἀλλ' ἣν ὁμοίως καὶ κατ' ἐκείνων ἕξουσιν εἰπεῖν. Ὑπὲρ ὧν βουλεύεσθαι χρὴ καὶ σκοπεῖν, ὅπως μὴ τοὺς πρότερον μισοῦντας τὴν ἀρχὴν τὴν Λακεδαιμονίων ἡ τούτων ὕβρις διαλλάξει καὶ ποιήσει τὴν ἐκείνων συμμαχίαν αὐτῶν νομίζειν εἶναι σωτηρίαν.

> (11) [...] jedoch, wenn irgendjemand wegen einer Symmachie mit den Lakedaimoniern etwas Schlimmes erleiden muss, so haben sie [sc. die Thebaner] zu Unrecht uns unter allen Hellenen ausgewählt: Denn nicht freiwillig, sondern gezwungenermaßen leisteten wir ihnen Dienste [...] (15) Ich glaube aber, dass ihr sehr wohl wisst, dass auch viele der anderen Hellenen gezwungen sind, körperlich bei jenen Gefolgschaft zu leisten, dass sie aber in ihrem Wohlwollen bei euch sind. Welche Meinung soll man nun erwarten, dass sich diese bilden werden, wenn sie hören, dass die Thebaner den athenischen *dēmos* davon überzeugt haben, dass man niemanden schonen müsse, der unter die Gewalt der Lakedaimonier geraten sei? (16) Denn es wird sich zeigen, dass deren [sc. der Thebaner und ihrer Redner] Rede nichts anderes als dies zu leisten imstande ist: Denn nicht unter einem ganz spezifischen Vorwurf gegen unsere *pólis* zerstörten sie diese, sondern unter einem solchen, den sie auch gegen jene vorbringen können. Für jene gilt es die Beratung zu führen und darauf zu achten, dass nicht der Hochmut dieser [sc. der Thebaner] sie, die zuvor die Herrschaft der Lakedaimonier hassten, mit diesen versöhnt und sie in den Glauben versetzt, das Bündnis mit ihnen [sc. den Lakedaimoniern] sei ihre Rettung.

Zwei Aspekte sind hier hervorzuheben: zum einen die Darstellung der spartanischen *arché* als Zwangsherrschaft. Plataiai sei nur durch Zwang in dieses Bündnis gedrängt worden;[36] daraus könne man keinen Vorwurf ableiten.[37] Plataiai sei zudem nicht die

---

[36] Der Redner bemüht hier wie in der ganzen Rede das Bild der Sklaverei für die Darstellung gewaltsamer Herrschaft; vgl. die Bezeichnung der Unterordnung unter Sparta als δουλεύειν (Isok. XIV 12) sowie der spartanischen Herrschaftspolitik als ἐξανδραποδίζειν (ebd. 14).

[37] Im Umkehrschluss ergibt sich hieraus, dass freiwillige Gefolgschaft Spartas eher hätte bestraft werden müssen als das Verhalten Plataiais, sofern eine solche Gefolgschaft Rechtfertigung für Sanktionen sein soll; vgl. auch Isok. XIV 13. Diese Sichtweise erinnert stark an die athenische Nachsicht gegenüber jenen kleineren *póleis*, die im Perserkrieg zu Xerxes übergelaufen waren, von der Isokrates in Isok. IV 95 berichtet. Der Redner in Isok. XIV 11–13 setzt diese Einstellung der Athener also

B.3.2 Sparta, Theben und Athen

einzige mit Sparta verbündete *pólis*, die Sparta nur unter Zwang unterstütze. Zahlreiche Bündnispartner Spartas folgten den Lakedaimoniern nur ungern, nur unter Zwang; mit dem Herzen ständen sie auf Seiten Athens. Eine Billigung der Zerstörung Plataiais müsste diesen *póleis* als Präzedenzfall für ihre eigene Situation erscheinen, das Wohlwollen dieser *póleis* würde so zerstört. Ganz ohne eigenes Zutun, so ließe sich der Gedanke fortführen, könnte Sparta so das Wohlwollen seiner Bundesgenossen erlangen.

Interessant ist zum anderen auch die Wortwahl: Die Masse der spartanischen Bündnispartner folge, so der Redner, Sparta nur ‚mit dem Körper', hege aber ein ‚Wohlwollen' für die athenische Sache. Sparta und Athen stehen sich durch diese Wortwahl, wie schon in *Helena*, *Busiris*, und *Panegyrikos*,[38] als entgegengesetzte Pole von Körperlichkeit und Geist gegenüber. Sparta kann nur durch militärische, physische, Gewalt Gefolgschaft erzwingen, während Athen freiwillige Gefolgschaft in Form der *eúnoia* finden kann, mithin als *hēgemṓn* wirkt, der gerade keinen physischen Zwang ausübt. Wichtig ist im *Plataikos* der Umstand, dass der Redner seinerseits stets versucht, die *eúnoia* seines athenischen Publikums zu erzielen. Man wird also nur unter Vorbehalt hierin eine Idealisierung der *pólis* Athen des Jahres 373 erkennen können. Vielmehr wendet der Sprecher hier die rhetorische Strategie an, den Athenern ein bestimmtes erwünschtes Verhalten dadurch anzutragen, dass er sie dafür lobt, dieses bereits an den Tag zu legen. Dadurch wird den Athenern – ohne explizite Kritik an ihrem gegenwärtigen Verhalten – mitgeteilt, welches Verhalten der Sprecher als lobens- und wünschenswert erachtet. Implizit enthält das Argument dabei potenziell Kritik, sofern Athen dem ausgesprochenen Lob durch sein Handeln nicht gerecht wird. Zudem fordert der Redner sein Publikum dazu auf, eine Entscheidung gegen Theben zu treffen, die unter Beweis stellen solle, dass die *eúnoia* als Grundlage der Gefolgschaft im Seebund tatsächlich Athens Politik bestimme. Das bedeutet, dass das durch den Plataier adressierte athenische Selbstverständnis in den Augen des Verfassers des *Plataikos* mit der Realität des mit Theben gemeinsam geführten Krieges gegen Sparta unvereinbar ist. Wo sich im *Plataikos* ein idealisiertes Athen findet, stellt sich somit stets die Frage, ob das Athen des Jahres 373 diesem Ideal entspricht.

Ein weiterer Aspekt, der in §14–16 hervorzuheben ist, betrifft die den Gedanken abschließende Perspektive, die Plataier (sowie die unter Spartas Herrschaft gezwungenen Peloponnesier) könnten sich aufgrund ihrer Feindschaft zu Theben zur Unterstützung Spartas veranlasst sehen (§16). Denn wenn sich *póleis*, die zuvor die *archḗ* der Spartaner ‚gehasst' hätten nun möglicherweise mit Sparta versöhnen könnten, um Theben in die Schranken zu weisen, dann liest sich das wie eine Prophetie des plataïschen Sprechers im Hinblick auf das Bündnis zwischen den Feinden Sparta und Athen, das nach Leuktra im

---

voraus. Übereinstimmungen wie diese zwischen der Darstellung athenischer Haltungen der Perserkriegszeit aus Isok. IV und den athenischen Grundüberzeugungen, die der plataïsche Redner voraussetzt, finden sich zuhauf im Hauptteil des *Plataikos*. Zur Interpretation dieser Stellen s. im Folgenden.

[38] Isok. X 23–28 (s. o. S. 101), XI 17–20 (s. o. S. 125–128), IV 1–3 (s. o. Kap. B.2.6).

Jahr 371 zustande kam.[39] So könnte man §16 des *Plataikos* als Spitze gegen möglicherweise schon 373 in Athen vernehmbare Stimmen werten, die ein Bündnis mit Sparta gegen Theben forderten. Dass es solche Stimmen in Athen nach der Zerstörung Plataiais gegeben hat, ist durchaus wahrscheinlich. Wenn es sie aber gegeben hat, dann liegt in §16 wohl ein kritischer Kommentar dazu vor: Es könne nicht athenischer Anspruch sein, zur Bekämpfung des schlimmeren Unrechts (Thebens Politik) das geringere Unrecht (Spartas *arché*) zu tolerieren.

Spartas *arché* wird in §11–16 allgemein als Gewaltherrschaft geschildert; stets erscheint Athen dazu als Kontrast: Plataiais Gefolgschaft zu Sparta könne man keinesfalls als freiwillig ansehen, da Sparta Plataiai zerstört habe, während Athen den Plataiern Anteil an der eigenen *pólis* gegeben habe.[40] Der Redner schildert ausführlich die Zwangslage, in der Plataiai sich befunden habe (§13). Auf geschickte Weise wird dieser ungerecht erzwungenen, aber gewissermaßen berechenbaren Herrschaft das Verhalten der Thebaner als äußerste Willkür gegenübergestellt: Denn die Furcht der Plataier vor spartanischen Strafaktionen habe sich auf die zu erwartende Reaktion auf einen Bruch vertraglich vereinbarter Gefolgschaft bezogen, während Theben Plataiai ohne vertragliche Grundlage zerstört habe (§14).[41] Der deutlich negativ gezeichneten, aber doch vertraglich normierten und derart wenigstens etwas gezügelten *arché* Spartas wird so das gänzlich willkürliche Verhalten Thebens zur Seite gestellt. Theben ist der Hauptgegner. Sparta, so wird in diesem Zusammenhang deutlich, übt zwar eine zu kritisierende Gewaltherrschaft aus, die Politik des aufstrebenden Theben jedoch bricht mit allen Regeln zwischenstaatlicher Ordnung.

---

[39] Hier ist eigentlich von den kleineren *póleis* die Rede. Der Prozess der Kooperation mit einem alten Feind (trotz nach wie vor nicht beseitigter Gründe für die Feindschaft) zum Zwecke der Bekämpfung eines Dritten lässt aber doch vor allem an die Entwicklung des Verhältnisses zwischen Athen und Sparta in den späten 370er Jahren denken. Ein Frontenwechsel der von dem plataiischen Sprecher genannten *póleis* ist ohnehin genau besehen gar nicht möglich: Denn Plataiai ist zerstört, und die übrigen erwähnten *póleis* befinden sich ja bereits im Bündnis mit Sparta.

[40] Vgl. Isok. XIV 51–52, auch IV 109, Allroggen 1972: 129–130, 144. Gemeint ist hier die Zerstörung Plataiais durch Sparta und Theben im Jahr 427 und die anschließende Aufnahme der plataiischen Flüchtlinge in den athenischen Bürgerverbund (Thuk. II 71–78 = Bericht von der Zerstörung Plataiais, [Dem.] LIX 104–105 = Wortlaut des Psephismas über die Gewährung des Bürgerrechts). Lys. XXIII zeigt, dass es noch im ausgehenden 5. bzw. frühen 4. Jh. zu Rechtsstreitigkeiten um das Psephisma kommen konnte. Der Beklagte Pankleon – in Lysias' Darstellung ein entlaufener Sklave (Lys. XXIII 7–8) – beruft sich auf seine plataiische Herkunft, um sich als athenischer Bürger darzustellen. Die vom Sprecher der Rede referierte Recherche unter den plataiischen Athenern (Lys. XXIII 5–6) belegt, dass die Plataier zu jener Zeit trotz ihrer Verteilung auf verschiedene Phylen eine in ihrer Herkunft erkennbare Gruppe geblieben waren (Allroggen 1972: 244, Welwei 1999: 287–289, Todd 2000, 246).

[41] Implizit lässt sich in Anbetracht des im *Plataikos* den Thebanern unterstellten Bruchs des Friedens von 375/374 aus der Rechtfertigung von Strafaktionen nach Vertragsbrüchen auch der Schluss ziehen, dass nach Ansicht des plataiischen Redners eine Strafaktion gegen Theben gerechtfertigt sei; vgl. zu Vertragsbrüchen als *casus belli* Buckler 1980: 181–182.

B.3.2 Sparta, Theben und Athen

Die relative Rechtfertigung harter spartanischer Strafmaßnahmen gegen unbotmäßige Verbündete in §13–14 erinnert an die Rechtfertigung der athenischen Maßnahmen gegen Skione und Melos im *Panegyrikos*.[42] Auch unabhängig von jener Schrift wird die hier vorliegende Argumentation des Plataiers das Publikum der Schrift an die einschlägigen Vorwürfe gegen die athenische Herrschaft im Delisch–Attischen Seebund erinnern. Die übliche Verteidigungslinie der Athener scheint just die im *Panegyrikos* wiedergegebene gewesen zu sein, wonach die athenischen Strafaktionen ausschließlich gegen Kriegsfeinde oder vertragsbrüchige Bundesgenossen durchgeführt worden seien. Im *Panegyrikos* haben wir jedoch auch gesehen, wie Isokrates genau diese Rechtfertigung athenischer Machtpolitik als paradox und falsch, mithin als kontraproduktiv entlarvt: Eben jene Rechtsbrüche, mit denen die Athener in Isokrates' Darstellung ihre Strafmaßnahmen rechtfertigten, haben die bestraften *póleis* gar nicht begangen. Das gleiche Missverhalten kennzeichnet nun im *Plataikos* das Verhalten der Thebaner, in deren gegenwärtiger Politik sich daher die vergangenen Verbrechen Athens spiegeln.

Dass aber auch Sparta in diesem Vergleich der Verbrechen nicht positiv dargestellt ist, dürfte deutlich geworden sein.[43] Auch Spartas Strafaktionen sind als Verbrechen charakterisiert. Ein Zusammengehen Athens mit Sparta gegen Theben kann daher in der Rede nicht intendiert sein und wird, wie oben gesehen, im *Plataikos* möglicherweise auch implizit als verfehlt abgelehnt.

Die gesamte weitere Argumentation wird von der Bewertung der *póleis* Athen, Sparta und Theben in ihrem gegenseitigen Verhältnis bestimmt. Athen kommt die Rolle der Vorkämpferin für die *autonomía* der *póleis* zu. Während Sparta in dieser Hinsicht den negativen Gegenpol darstellt, steht Theben als unberechenbarer Machtfaktor im eigentlichen Zentrum der Kritik. In einer klaren Ausgangslage der Opposition zwischen Athen und Sparta wechselt Theben, getrieben einzig von den eigenen Interessen, ständig die Fronten und sucht so die eigene Stellung zu verbessern. Wie schon im *Panegyrikos* wird die Politik der *póleis* dabei an ihrem Verhältnis zu *ídia*, *koiná* und *allótria*,[44] beziehungsweise an der Frage gemessen, ob die jeweilige Außenpolitik von *pleonexía* bestimmt wird oder nicht.

Zunächst geht der Redner auf die Bedeutung der Autonomieforderung für den Zweiten Attischen Seebund ein (§17–20). Der Seebund erscheint als Bündnis, das die Autonomieklausel des Königsfriedens militärisch gegen Sparta durchsetzen soll (§17–18).[45] Diesem

---

[42] Isok. IV 100–109 (s. o. Kap. B.2.4.6).
[43] Vgl. außerdem nochmals die Regeln zur rhetorischen Synkrisis (s. o. Kap. A.3.3).
[44] Dieses Motiv findet seinen Höhepunkt in Isok. XIV 49, wo die Folgen der Vertreibung der Plataier wie folgt geschildert werden: „ὁ γὰρ κοινὸς βίος ἀπολώλως ἰδίας τὰς ἐλπίδας ἕκαστον ἡμῶν πεποίηκεν." Nur staatliches Leben führt demnach zu Bürgerbewusstsein und -verantwortung; die Auflösung staatlichen Zusammenhalts führt zur Isolation des individuellen Interesses und so zum Zerfall gegenseitigen Verantwortungsgefühls, zum Verfall bürgerlicher Solidarität.
[45] Vgl. dazu Isok. XIV 34, 42, auch Thompson 1983: 77.

Anspruch des Bündnisses stehen die durch den platäischen Redner beschriebenen Auswirkungen athenischer und thebanischer Politik entgegen: Während Athen eroberten *póleis* die Freiheit von der spartanischen Knechtschaft (δουλείας ἀπηλλάγησαν, §18) verschafft habe,[46] hätten die Nachbarstaaten Thebens im besten Falle die Aussicht auf Knechtung (οὐδὲν ἧττον τῶν ἀργυρωνήτων δουλεύουσι, §18), seien also bestenfalls in der gleichen Lage wie die unter spartanischer Herrschaft stehenden *póleis*. Athen erscheint insofern als selbstlose Vertreterin des Rechts, Sparta dagegen als diejenige Macht, die sich diesem positiven Recht entgegenstellt und das Recht des Stärkeren durchsetzt. Theben wiederum führt die Rede von der *autonomía* als Mitglied des Seebundes im Munde und erhebt gegen Sparta schwere Vorwürfe (§19), verkehrt jedoch in seinem Handeln die Zwecke des Seebundes in ihr Gegenteil und nutzt das Bündnis nur zugunsten der eigenen, thebanischen Interessen (τῆς μὲν αὐτῶν σωτηρίας, §19).[47] Es macht sich mithin zum Herrn einer Versklavung der Bundesgenossen (τῆς δὲ τῶν ἄλλων δουλείας αὐτοὺς κυρίους καθιστᾶσιν, ebd.) und eignet sich fremdes Land an (βίᾳ τὴν ἀλλοτρίαν χώραν κατανέμονται, §20).[48] Theben erscheint so als größtes Übel der griechischen Konflikte.[49] Der Konflikt zwischen Sparta und Athen tritt dadurch etwas in den Hintergrund,[50] ohne

---

[46] Vielleicht spielt Isokrates hier auf den Umgang mit den durch Timotheos in den Jahren bis 375 ‚befreiten' *póleis* an, von deren milder Behandlung Xen. Hell. V 4,60–66 und Isok. XV 107–110 berichten; vgl. I.G. II/III² 97 (Bündnisvertrag zwischen Athen und Kerkyra).

[47] In Isok. XIV 19 wird Thebens Politik explizit als von *pleonexía* gekennzeichnet dargestellt; ebenso in XIV 25, wo der Ausdruck „τοῖς παρὰ τὸ δίκαιον πλεονέκτουσιν" noch keine mit der Neudefinition des Begriffes in Isok. VII 33, XV 281–285 (dazu Gomperz 1905/1906: 185–186, Bloom 1955: 80, Haskins 2000: 18, Too 2006: 112, Alexiou 2007: 8, 12) vereinbare Valenz hat, sondern ausschließlich negativ besetzt ist. *Pleonexía* hat stets die größten Gefahren zur Folge (Steidle 1952: 268–269).

[48] Von der βία Θηβαίων spricht Isokrates schon in der frühesten Erwähnung der *pólis* Theben, im Rahmen des Berichtes von Theseus' Hilfe für Adrastos in Isok. X 31, ähnlich in IV 54–60; vgl. dazu Cloché 1943: 277–280, der als möglichen Grund für die Erwähnung eines „Thèbes humiliée" die Ablehnung philolakonischer Politik Thebens annimmt. Allerdings lässt sich trotz des fraglos negativen Berichts von der thebanischen Missachtung des Bestattungsrechts in der *Helena* keine antithebanische Tendenz erkennen. Theben taucht einzig an der zitierten Stelle auf, ist dort keineswegs im Mittelpunkt. Ähnliches gilt für den *Panegyrikos*. Nicht einmal die von Cloché vorausgesetzte spartafreundliche Politik Thebens ist unumstritten; vgl. z. B. Isok. XIV 27, 33–38, dazu Buckler 1980, der Isokrates' Bericht von einem thebanisch-spartanischen Bündnis nach 387/386 als antithebanische Erfindung betrachtet; vgl. aber auch Plut. Pelop. 4,5, Ael. Arist. p. 173, Schol. Ael. Arist. p. 173,4.

[49] Zwar ist Clochés Beobachtung richtig, dass Isokrates Theben im *Plataikos* verglichen mit Athen und Sparta als *pólis* zweiten Ranges betrachtet (Cloché 1943: 281). Das zeigt schon Isok. XIV 37, wo die Abhängigkeit Thebens von der Gunst Athens deutlich herausgestellt wird. Dies bedeutet aber nicht, dass er Theben als vernachlässigenswerte Größe behandelt, was schon die Identität des fiktiven Sprechers als Vertreter der realen Opfer thebanischer Machterweiterung zeigt.

[50] Aus diesem Grund hat man den *Plataikos* in der Vergangenheit bisweilen als prospartanische Schrift aufgefasst: Burk 1923: 59. Cloché 1933: 133 geht davon aus, dass die Gegenüberstellung von Sparta und Theben ein – verglichen mit dem *Panegyrikos* – positiveres Licht auf Sparta werfe, so dass der *Plataikos* wenigstens indirekt prospartanischen Strömungen in Athen Vorschub leiste; vgl. dagegen die Darstellung der spartanischen *arché* als vertragswidrig (Isok. XIV 17).

jedoch aufgehoben zu werden: Die spartanische *arché* ist auch in den Augen des Sprechers des *Plataikos* eine Unrechtsherrschaft.

Worin genau besteht aber der Unterschied zwischen Sparta und Theben, wenn beider Politik kritisiert wird? Ganz offensichtlich darin, dass Sparta keinen Hehl aus seinen Herrschaftsabsichten macht, während Theben zwar der *autonomía* das Wort redet,[51] jedoch ganz gegensätzlich dazu handelt.[52]

Diese Beobachtung führt zu einem für die Gesamtdeutung des *Plataikos* und seiner Zielrichtung entscheidenden Punkt: Die in §17–20 geschilderte Situation steht in erkennbarem Zusammenhang zur im 4. Jh. vieldiskutierten Frage um die Opposition von Naturrecht und positivem Recht.[53] Mit Sparta und Athen stehen sich hier die beiden Extrempositionen gegenüber. Sparta als Vertreterin des Naturrechts der Herrschaft des Stärkeren besetzt eine Machtposition, kann jedoch das Wohlwollen (*eúnoia*) der Griechen nicht finden, weshalb die Macht als *arché* realisiert wird. In der Folge löst Spartas Gewaltregime die Gegenbewegung des Zweiten Seebundes aus. In diesem kann Athen als Vertreterin des positiven Rechts auf die *eúnoia* der Bundesgenossen bauen.[54] Mit der Befürwortung des Naturrechts verbindet sich so Knechtschaft (*douleía*), gewaltsame *arché* und somit physischer Zwang; das positive Recht verbindet sich mit *eúnoia* und freiwillig gewährter Hegemonie und ist geistig–kulturell geprägt.

Diese klare Gegensätzlichkeit wird durch Theben aufgelöst. Theben erschleicht sich durch die Rede von der *autonomía* die *eúnoia* der Griechen, sie instrumentalisiert diese jedoch letztlich zur Durchsetzung des naturrechtlichen Zustandes einer Gewaltherrschaft. Genau diesen Prozess des Erwerbs von *eúnoia* durch Täuschung beschreibt der platäische Redner, wenn er zu Beginn der Rede auf die wortgewaltigen thebenfreundlichen Redner vor dem athenischen *dêmos* anspielt (§3, 7). Diese Redner werden mit Scheinargumenten versuchen, die einzig auf Grundlage des Rechts des Stärkeren vollzogene Zerstörung Plataiais als dem Interesse des Zweiten Seebundes – und damit den Vertretern des positiven Rechts – förderliches Vorgehen darzustellen.[55] Theben und seine Redner handeln, so lässt

---

[51] V. a. Isok. XIV 24.
[52] Sobald Theben sich in starker Position wähnt, gibt es auch die Rede von der *autonomía* auf, vgl. Isok. XIV 24: „[…] τὰ τῶν ἄλλων ἀμελήσαντες ὑπὲρ τῶν ἰδίων κερδῶν καὶ τῆς αὑτῶν βίας λέγειν τολμῶσι […]".
[53] Vgl. zur Nomos-Physis-Kontroverse Kerferd 1981: 111–130. Der Redner spricht diese Thematik nicht direkt an, sie liegt dem Gedankengang aber ganz offensichtlich zugrunde. In Isok. XIV 23 scheint eine Unterscheidung von Kriegsrecht und Rechtslage im Frieden impliziert zu sein, die dem Recht des Stärkeren in Kriegszeiten größeres Gewicht beimisst. Im Verlauf der gesamten Rede wird auffallend häufig (zumeist gegen das Recht des Stärkeren) die Einhaltung von eidlich bezeugten Verträgen eingefordert, vgl. Isok. XIV 12, 17, 23, 39, 44, 63 (stets in der Verbindung „τοὺς ὅρκους καὶ τὰς συνθήκας" bzw. „τῶν ὅρκων καὶ τῶν συνθήκων", so auch Isok. VI 27, VIII 17). In Isok. IV 176 werden συνθῆκαι ihrer Natur nach als Vereinbarungen auf Augenhöhe geschildert (Mathieu 1925: 82). Vertragsvereinbarungen sind demnach gleichbedeutend mit Abwesenheit von *arché*, bzw. Verträge garantieren die *autonomía* der *póleis* (Mathieu 1925: 89).
[54] Vgl. Mathieu 1925: 87.
[55] Isok. XIV 21–25: Widerlegung des Argumentes der Zerstörung Plataiais im Interesse des Seebundes.

sich mit Blick auf *Gegen die Sophisten* erkennen,[56] im Gegensatz zu ihren Worten. Sie stehen somit im Gegensatz zu einer zentralen Forderung, die Isokrates in jener Rede an den Weisheitslehrer stellt. Sie operieren, das ergibt sich ebenfalls aus dieser Beobachtung, mit Argumenten, deren Sache sie nicht vertreten, sie vertreten die Sache des Naturrechts mit den Argumenten des positiven Rechts – insofern sind ihre Reden paradox –, und sie verwenden dazu Scheinargumente. Diese Scheinargumente will der Redner des *Plataikos* bekämpfen. Die ganze Anlage des *Plataikos* als Rede zur Entkräftung thebanischer Rechtfertigungsversuche macht diese Schrift zu einer Schrift der kritischen Abwehr rhetorischer Argumente.[57]

Die Parallele zwischen politischer Kritik an Theben im *Plataikos* und der Kritik an Intellektuellen, deren Reden und Handeln nicht deckungsgleich sind, legt den Gedanken nahe, dass sich die politische Kritik im *Plataikos* nicht ausschließlich gegen Theben richtet. Wenn der platäische Redner davon spricht, dass Theben die fähigsten Redner zu seiner Unterstützung einsetze, und dass diese Redner aus dem enteigneten Besitz Plataiais bezahlt würden, so bedeutet dies nicht automatisch, dass damit thebanische Redner gemeint sind. Vielmehr wird man die wortgewaltigsten Redner (τῶν ῥητόρων [...] τοὺς δυνατωτάτους, §3) in Athen zu suchen haben. Die thebenfreundlichen Redner sind aller Wahrscheinlichkeit nach Athener, nicht Thebaner. Indem sie von Theben durch Geldzuweisungen aus der unrechtmäßigen Kriegsbeute finanziert werden, dienen sie gewissermaßen als rhetorisches Söldnerheer Thebens – Plataiai vertritt seine Sache durch einen eigenen Bürger, der sich zudem selbst offenbar nicht zu den wortgewaltigsten Rhetoren zählt. Auch das hier nur in dem Hinweis auf die fähigen Redner der Gegenseite implizierte *eúnoia*-Argument der eigenen rhetorischen Unterlegenheit ist ein beliebter Topos der antidemokratischen, aristokratischen Selbstdarstellung und findet sich an prominentester Stelle in der platonischen *Apologie* sowie, in Anlehnung daran, in der isokratischen *Antidosis*.[58] Mit dem Hinweis auf die rhetorische Kompetenz der Gegenseite verbindet sich ein ganzes Bündel an Motiven, das den jeweiligen Sprecher als einen Menschen darstellt, der rhetorischer *téchnê* unkundig und in gerichtlicher *polypragmosýnê* unerfahren ist.[59] Der Sprecher, so gibt er zu erkennen, verlässt sich nicht auf die Überzeugungskraft rhetorischer *téchnê*, sondern auf die *alétheia* seiner Argumente. Neben dieser politischen Tendenz des Standpunktes in §3 des *Plataikos* weist auch die Identifizierung der Gegner als prothebanische Rhetoren sowie deren Entlohnung durch Theben darauf hin, dass sich der Redner gegen Mitbürger wendet, denen es am rechten Bürgergeist, an der persönlichen Bindung an Athen mangelt.

Athenische und thebanische Demokraten (i.e. deren Politiker) stehen, so lässt sich aus der im Proömium des *Plataikos* skizzierten Lage schließen, auf der gleichen Seite.

---

[56] Vgl. Isok. XIII 14–18.
[57] Bringmann 1965: 50.
[58] Vgl. Plat. Apol. 17a1–18a5, Isok. XV 15, 26–27, 36–38, 42, außerdem Lys. XII 3.
[59] Zur Kritik an der Identifizierung guter Redefähigkeit mit einer Beherrschung der *téchnê* vgl. Isok. XIII (s. Kap. A.3.2.2), allgemein: Too 1995: 98–99, 107–108, 192–193.

B.3.2 Sparta, Theben und Athen

Thebens Politik ist bestimmt vom Eigeninteresse, wird jedoch von den Thebanern als gemeindienlich dargestellt. Nimmt man nun an, dass Isokrates diese Schrift publizierte, nachdem Athen und Theben trotz des Eklats um Plataiai mit ihrer gemeinsamen Kriegspolitik gegen Sparta fortfuhren,[60] so ist die Schlussfolgerung naheliegend, dass der *Plataikos* die propagierte Zielsetzung und die seit Plataiai manifeste Realität des Zweiten Attischen Seebundes als miteinander unvereinbar präsentieren will. Plataiai wird durch Isokrates' Schrift vor dem Hintergrund der athenischen Billigung des Vorfalls zum Stigma des Seebundes, das belegt, dass die Forderung nach Autonomie der *póleis* längst nicht mehr ernstgenommen wird von den beiden mächtigsten *póleis* des Bündnisses. Dass Theben und Athen die *eúnoia* der Bündnispartner nicht verlieren, liegt am Wirken der wortgewaltigen Rhetoren, die die Gefolgschaft im Zweiten Attischen Seebund durch ihre Fähigkeit sichern, durch täuschende Rede und Scheinargumente auch die von *pleonexía* geleitete Machtpolitik als selbstlosen Einsatz für die Autonomie der *póleis* darzustellen. Der *Plataikos* zeigt so deutlich, auf welche Weise die stets als schädlich gekennzeichnete Trugrede (*lógos pseudés*)[61] in Isokrates' Augen ganz praktische politische Konsequenzen hat: Sie bietet amoralischer Machtpolitik ein Instrumentarium zur rhetorischen Rechtfertigung. Dieser politischen Praxis der Redekunst setzt der plataische Redner einen anderen Anspruch entgegen:

(22) […] πολὺ γὰρ κάλλιον τούτους ἀναγκάσαι μιμήσασθαι τὴν ὁσιότητα τὴν ὑμετέραν ἢ τῆς τούτων παρανομίας αὐτοὺς πεισθῆναι μετασχεῖν […].

(22) […] denn es ist viel schöner diese [sc. die Thebaner] dazu zu zwingen, eure Rechtschaffenheit nachzuahmen als sich selbst zu einer Beteiligung an deren gesetzwidrigem Verhalten überreden zu lassen […].

Den der *paranomía* Thebens entgegengesetzten Begriff bezeichnet der Redner hier nicht mit dem zu erwartenden *nómos*, sondern mit dem Begriff der *hosiótês* – damit wird die Treue zu den propagierten Prinzipien von Autonomie und Freiheit zumindest begrifflich als Bewahrung einer göttlichen Rechtsordnung dargestellt. Diese, so wird hier ebenfalls deutlich, führt bei konsequenter Beachtung dazu, dass andere (hier: Theben) zur *mímêsis* eines solchen Verhaltens geradezu gezwungen werden.[62] Das bedeutet aber auch, dass Athen bei standfester Treue zu den Idealen des Zweiten Attischen Seebundes Theben zu einer an diesen Idealen orientierten Politik zwingen könnte. Dies wird ausführlich dargelegt in §33–38 in einer Widerlegung des nach Meinung des Redners gefährlichsten Argumentes zugunsten der Nachsicht mit Theben: der Beschwörung der Angst, Theben

---

[60] S. o. S. 255.
[61] Vgl. die Funktion des *lógos pseudés* in Isok. X/XI (s. o. Kap. B.1.4.1), ebenso die Anspielung auf das protagoreische Wort vom schwächeren und stärkeren *lógos* in Isok. IV 7–8 (s. o. S. 168–170).
[62] Auch in Isok. XIV 53 wird, in einer Anspielung auf den Adrastos-Mythos, Athen zur Urheberin für gerechte thebanische Politik, vgl. Cloché 1943: 282. Das Vorbild der Tugendhaftigkeit, bzw. der *hosiótês*, beeinflusst auch andere Menschen, so wie es die Vorbildhaftigkeit des guten Lehrers ist, die die Schüler positiv zu beeinflussen vermag (vgl. Isok. XIII 14–18).

könne sich Sparta anschließen.[63] Hier wird der Konflikt um Oropos zum Beleg der Richtigkeit der These: Athens Standfestigkeit im Streit um Oropos und die Drohung mit dem Ausschluss aus dem Seebund ließ Theben kleinlaut zurückrudern.[64] Im Umkehrschluss bedeutet die Möglichkeit der positiven Beeinflussung Thebens durch konsequentes und vorbildhaftes Verhalten, dass sich Athen bei einer Tolerierung der thebanischen *pleonexía*, wie sie in Plataiai zutage trat, an den thebanischen Verbrechen mitschuldig macht. Insofern die thebanische Machtpolitik die Züge der athenischen *arché* des Delisch–Attischen Seebundes trägt, wird aus der Frage der Billigung oder der Sanktionierung solcher Politik eine Richtungsentscheidung für den Zweiten Attischen Seebund: Eine Tolerierung der thebanischen Zerstörung Plataiais durch Athen wäre gleichbedeutend mit der Billigung machtpolitischer Methoden des Delisch–Attischen Seebundes – damit würde sich der Charakter der athenischen Politik im Zweiten Seebund radikal verändern und dem Geist dieses Bündnisses zuwiderlaufen, dessen ursprüngliche Struktur beinahe als Gegenentwurf zur Praxis des Delisch–Attischen Bundes erscheint. Eine Zusammenarbeit mit Theben wäre so mit der Entscheidung zu einer erneuten gewaltsamen *arché* gleichzusetzen. Nicht zufällig erinnert der Plataier in §39–40 daran, dass Athens *arché* im 5. Jh. zu Ruhm-/Urteilslosigkeit (*adoxía*) und Schande (*aischýnê*), also zum Gegenteil von *dóxa* und infolge derselben erworbener *eúnoia* und somit zum Niedergang Athens geführt habe:

> (39) [...] ἐνθυμουμένους πρῶτον μὲν ὡς οὐ τοὺς κινδύνους, ἀλλὰ τὰς ἀδοξίας καὶ τὰς αἰσχύνας φοβεῖσθαι πάτριον ὑμῖν ἐστιν, ἔπειτ' ὅτι συμβαίνει κρατεῖν ἐν τοῖς πολέμοις οὐ τοὺς βίᾳ τὰς πόλεις καταστρεφομένους, ἀλλὰ τοὺς ὁσιώτερον καὶ πρᾳότερον τὴν Ἑλλάδα διοικοῦντας. (40) Καὶ ταῦτ' ἐπὶ πλειόνων μὲν ἄν τις παραδειγμάτων ἔχοι διελθεῖν· τὰ δ' οὖν ἐφ' ἡμῶν γενόμενα τίς οὐκ οἶδεν, ὅτι καὶ Λακεδαιμόνιοι τὴν δύναμιν τὴν ὑμετέραν ἀνυπόστατον δοκοῦσαν εἶναι κατέλυσαν, μικρὰς μὲν ἀφορμὰς εἰς τὸν πόλεμον τὸν κατὰ θάλατταν τὸ πρῶτον ἔχοντες, διὰ δὲ τὴν δόξαν ταύτην προσαγόμενοι τοὺς Ἕλληνας, καὶ πάλιν ὑμεῖς τὴν ἀρχὴν ἀφείλεσθε τὴν ἐκείνων, ἐξ ἀτειχίστου μὲν τῆς πόλεως ὁρμηθέντες καὶ κακῶς πραττούσης, τὸ δὲ δίκαιον ἔχοντες σύμμαχον.

> (39) [...] bedenkt erstens, dass nicht die Furcht vor Gefahren, sondern vor Ruhmlosigkeit und Schande euer väterliches Erbe darstellt, zweitens, dass in Kriegen nicht diejenigen sich durchzusetzen pflegen, die gewaltsam *póleis* niederwerfen, sondern diejenigen, die Hellas auf rechtmäßigere und mildere Weise verwalten. (40) Und dies könnte man wohl an zahlreichen Beispielen erörtern: Wer aber wüsste hinsichtlich der Geschehnisse in unserer Zeit nicht, dass zum einen die Lakedaimonier eure Machtstellung, die unübertreffbar schien, zerstörten, obwohl sie anfangs nur geringe Mittel für den Krieg zur See zur Verfügung hatten, dass sie aber wegen eben dieses

---

[63] Der Redner führt die folgenden Argumente an (Isok. XIV 34–36): Die (demokratischen) Thebaner müssten für eine Anlehnung an Sparta ihre *pólis* (den spartafreundlichen Kräften) ausliefern und würden so ins Exil oder die Sklaverei gezwungen. Denn eben diese Kräfte hätten sie zuvor aus Theben vertrieben (nach dem Ende der Besatzung der Kadmeia) und sich ihren Besitz angeeignet. Nach einem erneuten Abfall von Athen könnten sich die thebanischen Demokraten aber auch nicht nach Athen wenden, so dass ihnen ein Überlaufen zu Sparta in allen Bereichen schaden und nur anderen nützen würde.

[64] Vgl. Isok. XIV 20, 37.

B.3.2 Sparta, Theben und Athen

Rufes die Hellenen auf ihre Seite brachten; und dass zum anderen ihr wiederum deren Herrschaft stürztet, obwohl ihr aus einer unbefestigten *pólis* in schlechtem Zustand aufbracht, ihr aber die gerechte Sache zum Verbündeten hattet.

Herrschaft (*arché*), so der Tenor dieser Stelle, ist Unrecht. Sie führt zum Hass der Untergebenen und so mittelbar in den eigenen Untergang – ein erneutes Beschreiten dieses Weges müsse, so ist hier impliziert, zu denselben Ergebnissen führen, wie schon in der Vergangenheit. Dieser ungerechten Herrschaft über andere ist eine gerechte Form der Macht, gekennzeichnet von *hosiótēs*, gegenübergestellt, die hier begrifflich als *dioíkēsis* auftaucht, die aber mit Blick auf die Gegenüberstellung von *arché* und *hēgemonía* aus dem *Panegyrikos* als hegemoniale Stellung in einem Verbund autonomer *póleis* identifiziert werden kann.

An dieser Stelle lässt Isokrates den platäischen Sprecher erstmals eine historische Sichtweise vortragen, die implizit wohl bereits im *Panegyrikos* angelegt ist, jedoch in den späteren isokratischen Schriften, insbesondere aber in den offen seebundkritischen Schriften *Areopagitikos* und *Friedensrede*, für die Verwendung des Exemplums Sparta zu einem zentralen Leitmotiv wird:[65] Die Geschichte vom Aufstieg und Niedergang der *póleis* Athen und Sparta wird als aufs engste miteinander verwoben präsentiert. Es ist Athen, das Spartas Herrschaft beendet; Sparta wiederum stürzt die athenische Macht. Machtpolitisch scheinen beide *póleis* sich komplementär zueinander zu verhalten – Athens Stärke ist Spartas Schwäche und umgekehrt. Damit ist eine ab dem *Archidamos* ebenfalls regelmäßig auftauchende allgemeine historische Gesetzmäßigkeit benannt: Herrschaftsstellungen sind aufgrund ihrer verderblichen Wirkung auf Vernunft und Moral niemals von Dauer. Jede *arché* trägt in sich bereits den Samen für ihre gewaltsame Überwindung durch die jeweils durch sie Unterdrückten. Für die Interpretation des *Plataikos* ist es bedenkenswert, dass dieser isokratische Grundgedanke sich in späteren Schriften stets gegen die im Laufe der Zeit immer deutlicher hervortretende Tendenz der athenischen Seebundpolitik richten wird, Athens Stellung als *hēgemōn* zu einer *arché* vom Zuschnitt des Delisch–Attischen Seebundes auszuweiten. Eine solche Tendenz wird im *Plataikos* nicht explizit formuliert. Es scheint dennoch klar, dass sich Isokrates mit allem Nachdruck gegen jede Form der *arché* wendet – primär gegen die mutmaßlich von Theben angestrebte, potentiell aber auch gegen jede athenische oder spartanische *arché*.

In seinem letzten Argument schließlich hält der platäische Sprecher den Athenern vor Augen, dass sie die Zerstörung Plataiais nicht billigen dürften, da sie selbst eine frühere Zerstörung Plataiais den Spartanern zum Vorwurf gemacht hätten:

(62) Ἐνθυμεῖσθε δ' ὅτι Λακεδαιμονίων μεγίστην ἐποιεῖσθε κατηγορίαν, ὅτι Θηβαίοις χαριζόμενοι τοῖς τῶν Ἑλλήνων προδόταις ἡμᾶς τοὺς εὐεργέτας διέφθειραν. Μὴ τοίνυν ἐάσητε ταύτας τῆς βλασφημίας περὶ τὴν ὑμετέραν γενέσθαι πόλιν, μηδὲ τὴν ὕβριν τὴν τούτων ἀντὶ τῆς παρούσης ἕλησθε δόξης.

---

[65] V. a. Isok. VII 6–8 (s. u. Kap. B.6.4.2.1); VIII 89–119 (s. u. Kap. B.6.5.2.1); V 30–56 (s. u. Kap. B.8.4.1–2).

(62) Ruft euch aber in den Sinn, dass ihr gegen die Lakedaimonier als größten Vorwurf vorgebracht habt, dass sie den Thebanern – den Verrätern der Hellenen – zuliebe, uns – die Wohltäter [sc. der Hellenen] – vernichteten. Lasst nicht zu, dass es diese Anschuldigungen auch gegen eure *pólis* gibt, und entscheidet euch nicht für den Hochmut dieser Leute anstelle eurer gegenwärtigen *dóxa*.[66]

Hier wird deutlich ausgesprochen, was schon in der ganzen Rede implizit erkennbar war: Athen würde durch eine Tolerierung der thebanischen Politik das Gegenteil von dem tun, was es in Reden propagiere, indem es genau jene Politik in der Praxis mittrüge, die es – sofern der Gegner nur Sparta heißt – zu bekämpfen vorgebe.[67] Angesichts der Zerstörung Plataiais läuft Athen Gefahr, die Harmonie zwischen dem eigenen *légein* und *práttein* zu zerstören.

Im Verlauf der gesamten Rede also zeigt sich: Der *Plataikos* als zunächst antithebanische Schrift richtet sich ebenso gegen all jene Athener, namentlich die führenden Seebundpolitiker,[68] die auch nach der Zerstörung Plataiais dem thebanischen Machtstreben keinen Einhalt gebieten. So kann man den *Plataikos* mit Stephen Usher deuten als

[...] Isocrates' reply to the doctrine much debated in and before his time, that ‚might is right'.[69]

Darüber hinaus jedoch – und hierin liegt das eigentlich Neue der Schrift – kritisiert der *Plataikos* die Instrumentalisierung der Rhetorik für diesen naturrechtlichen Standpunkt der athenischen Seebundpolitik sowie die irreführende Verwendung einer ‚anti-imperialen' Terminologie im Dienste expansiver Machtpolitik. Der Zweite Attische Seebund läuft Gefahr, die Wege des Delisch–Attischen Seebundes zu beschreiten, und die athenischen Rhetoren liefern dafür die irreführenden Rechtfertigungen – dies ist die Kritik, die

---

[66] Auch an dieser Stelle kann *dóxa* als doppeldeutig aufgefasst werden: Zum einen wird die Unterstützung Thebens zu schlechtem Ruf führen (vgl. die Übersetzungen bei Ley-Hutton 1997, II: 116) und Athen die *eúnoia* der kleineren *póleis* kosten (Isok. XIV 42–45), zum anderen jedoch müsste eine solche Unterstützung Thebens in den Augen des Sprecher in Ermangelung einer qualifizierten Beurteilung des Sachverhaltes erfolgen. Nur bei letztgenannter Auffassung des hier verwendeten *dóxa*-Begriffs ergibt sich die syntaktisch eindeutige Antithese zwischen *dóxa* und *hýbris* auch auf der semantischen Ebene: Das Verhalten Thebens (und seine Tolerierung durch Athen) erfolgt aufgrund von *hýbris*, der Einsatz für die Autonomie der *póleis* aufgrund von *dóxa*, aufgrund eines vernünftigen Urteils. In diesem Licht erscheint die gesamte idealisierende Darstellung Athens als Darstellung einer von angemessener *dóxa* geleiteten Politik.

[67] Vgl. auch Isok. XIV 42–45; Pointner 1969: 23. Verlockend, aber nicht deutlich angelegt, ist die Annahme, dass in Isokrates' Augen die athenische Rhetorik gegen Sparta, die im Widerspruch zum Verhalten gegenüber Theben steht, ihre Motivation vor allem aus dem *politeía*-Gegensatz zu Sparta zieht: Athen und Theben sind demokratisch dominiert. Gewaltsame Machtpolitik anderer demokratischer *póleis* toleriert Athen, bekämpft sie dagegen, wenn sie von oligarchischen *póleis* betrieben wird. Dies würde immerhin sehr gut zu Isok. IV 16–17 passen, wo der Antagonismus der *politeíai* als ursächlicher Grund für die innergriechischen Kriege erscheint (s. o. Kap. B.2.4.1).

[68] Das bedeutet, dass die Schrift sich auch gegen Timotheos wendet, der allgemein als einer der maßgeblichen Vertreter der antispartanischen Seebundpolitik (Mathieu 1925: 81–82) und 373 der prothebanischen Politik anzusehen ist, wie sich nicht zuletzt in seiner Nauarchie zeigt.

[69] Usher 1999: 308.

B.3.3 Ergebnis

Isokrates im *Plataikos* äußert. Sie wird geschickt in Szene gesetzt als Äußerung eines Vertreters der Opfer dieser Art von Machtpolitik, einer Politik, die auch vor verwandtschaftlichen Bindungen und vor der sakralen Verpflichtung, die eine Hikesie[70] mit sich bringt, nicht halt macht (§51–52).[71]

B.3.3 Ergebnis

Im *Plataikos* fordert ein im Seebund geschädigter Bündnispartner Athen dazu auf, der in den Friedensverträgen von 387/386 und 375/374 verankerten und durch die Gründung des Zweiten Seebundes bestätigten Autonomie der *póleis* Geltung zu verschaffen.[72] Diese Forderung ist gleichbedeutend mit dem Aufruf, den vertragsmäßigen Idealen des Zweiten Seebundes treu zu bleiben.

Als Beleg für die Unterstützung des Seebundes durch Isokrates[73] beziehungsweise, unter der Annahme der Ablehnung desselben im *Panegyrikos*, für einen Einstellungswandel[74] des Isokrates hin zu einer Befürwortung desselben in den Jahren zwischen der Publikation des *Panegyrikos* und des *Plataikos* kann man die Schrift jedoch nicht werten. Bei aller Ablehnung der spartanischen Machtpolitik, die schon im *Panegyrikos* deutlich geworden war und die im *Plataikos* unverändert fortdauert, ist an keiner Stelle erkennbar, dass Isokrates im *Plataikos* die Zielrichtung des Bündnisses gegen diesen innergriechischen Feind billigen würde. Vielmehr übernimmt Isokrates die als Ideale und

---

[70] Der Redner bezeichnet seinen Auftritt wiederholt mit diesem Begriff; vgl. Isok. XIV 1, 6, 52–54, 56.
[71] So verweist der Sprecher hier zumindest darauf, dass Athen durch Verwandtschaft und Hikesie an eine Unterstützung Plataiais gebunden sei – eine Unterstützung Thebens käme daher einer Missachtung dieser Bindungen gleich. In Isok. XIV 53–55 führt der Redner das Exemplum der Unterstützung des Adrastos gegen Theben an, die auch in Isok. IV 54–60 referiert wurde. Dass ein solches historisches Exemplum der eigenen Vorfahren nicht nur Ruhm für die *pólis* Athen bedeutet, sondern auch Verpflichtung, wird explizit betont: „Καὶ γὰρ αἰσχρὸν φιλοτιμεῖσθαι μὲν ἐν τοῖς τῶν προγόνων ἔργοις, φαίνεσθαι δ' ἐκείνοις τἀναντία περὶ τῶν ἱκετῶν πράττοντας."; vgl. dazu Isok. VII 70–73 (s. u. S. 398–398). In ähnlichem Zusammenhang stellt der Redner die rhetorische Frage, was wohl die toten Heroen Athens denken würden, wenn Athen mit Theben den wichtigsten Überläufer zu Persien im Xerxeskrieg unterstützte, während Plataiai, das Denkmal des griechischen Sieges, zerstört werde (Isok. XIV 58–62). Durch die mahnende Berufung auf die Meinung der toten Vorfahren ergibt sich eine Parallele zum *lógos* der Vorfahren in Plat. Men. 246d1–248d1.
[72] Vgl. Bringmann 1965: 47–57, 64, Urban 1991: 170–171.
[73] Vgl. Mathieu 1925: 87–88 („Par tout ces idées, le *Plataïque* est donc encore un ouvrage de propaganda en faveur de la seconde confédération."), Bringmann 1965: 50, 53. Jaeger 1939: 43, 197, 199–200 versucht den scheinbaren Widerspruch zum *Panegyrikos* dadurch aufzulösen, dass er den *Plataikos* für eine Auftragsarbeit erklärt. Isokrates habe die Aufgabe seiner ‚panhellenischen' Zielsetzung zugunsten eines unmittelbareren politischen Einflusses vorübergehend aufgegeben. Dass ein Widerspruch zu Haltung im *Panegyrikos* jedoch nicht vorliegt, hat die vorliegende Untersuchung gezeigt.
[74] Bringmann 1965: 46.

Zielsetzungen des Zweiten Attischen Seebundes verwendeten Schlagworte der *autonomía, eleuthería* sowie die Berufung auf die Verträge[75] – also genau jene Elemente der Seebundpolitik, die dem isokratischen Programm des *Panegyrikos* gerade nicht widersprechen und die schon dort als positive Elemente des ansonsten unmissverständlich abgelehnten Königsfriedens auftauchen – und fordert deren Umsetzung ein. Nur durch das tatsächliche Eintreten für diese Ideale wird Athen, so das zentrale Argument, das Wohlwollen der Bundesgenossen erhalten. Die Frage der Bedeutung der *eúnoia* für eine erfolgreiche Seebundpolitik Athens steht ganz im Mittelpunkt der Schrift. Der *Plataikos* belegt eindrucksvoll, dass in den Augen eines demokratie- und seebundkritischen Aristokraten wie Isokrates die Politik des Zweiten Attischen Seebundes gerade nicht der Autonomie der *póleis* diente und dass sie ihre Glaubwürdigkeit verlor in Anbetracht des gewaltsamen Aufstiegs Thebens zur regionalen Vormacht in Böotien. Dieser Aufstieg widersprach der Forderung nach *autonomía* aller 378/377 unabhängigen *póleis*, wie sie im ‚Psephisma des Aristoteles' sowie im Frieden von 375/374 vereinbart worden war.

Der *Plataikos* kritisiert diesen Widerspruch für die Zeit um 373, nach der Zerstörung Plataiais. Genaugenommen stand Thebens Machterweiterung jedoch schon seit Ausbruch des Krieges gegen Sparta 378 im Widerspruch zu den proklamierten Zielen des Seebundes. Es ist durchaus anzunehmen, dass auch Isokrates diese Problematik nicht erst am Fall Plataiai, sondern bereits zuvor erkannt hat. Die Zerstörung Plataiais stellte jedoch ein offensichtliches Problem für Athens Haltung gegenüber Theben dar,[76] da man zu jener *pólis* enge Verbindungen besaß. Diesen Umstand nutzt Isokrates und publiziert den *Plataikos*, der Plataiai zum Fanal thebanischer – und mittelbar auch athenischer – *pleonexía* und *arché* erhebt, wohl zu einer Zeit, in der dieses heikle Thema in Athen noch sehr aktuell gewesen sein dürfte. Es spricht somit nichts gegen die – letztlich nicht beweisbare – Annahme, dass die Schrift noch im Jahr 373 oder wenig später Verbreitung fand.

Schwierig zu beurteilen ist die Frage, ob Isokrates im *Plataikos* den Krieg gegen Sparta billigt. Er wird zweifelsohne an keiner Stelle der Schrift kritisiert. Jedoch gilt es zu bedenken, dass die Rede einem Plataier in den Mund gelegt ist, was die präsentierte Sichtweise auf Sparta beeinflussen dürfte. Noch entscheidender ist schließlich, dass der Krieg gegen Sparta zwar als Argument herangezogen wird,[77] um den Athenern zu beweisen, dass die zur Rechtfertigung dieses Krieges propagierten Ideale, sofern ernsthaft vertreten, auch zu einem Bruch mit Theben führen müssten, dass der Redner aber an keiner Stelle den Krieg gegen Sparta explizit billigt. Das Argument besagt lediglich, dass Athen sich nicht zugleich mit der Begründung der *autonomía* gegen Sparta wenden und den Thebanern trotz der Ereignisse um Plataiai die Treue halten könne. Damit fordert der Sprecher lediglich die Anwendung derselben Maßstäbe gegenüber Theben wie gegenüber

---

[75] Im Seebund wurde nach Accame 1941: 51 die Durchsetzung der *autonomía* unter explizitem Hinweis auf den Königsfrieden vertreten (mit Verweis auf den *Plataikos* argumentiert ähnlich Thompson 1983: 77).
[76] Vgl. Bringmann 1965: 48.
[77] Vgl. Isok. XIV 17, 44.

B.3.3 Ergebnis

Sparta;[78] über die Rechtfertigung eines Krieges gegen Sparta sagt dies nichts aus. Immerhin fordert der plataiische Redner keine Kriegserklärung gegen Theben, sondern geht davon aus, dass bereits diplomatischer Druck zur Durchsetzung der *autonomía* führen könne.[79]

Durch die Stilisierung Thebens als einer *pólis*, die das eine sagt, indem sie die Ideale des Seebundes selbst beschwört, das andere aber tut, wird der Blick auf die Realität einer Seebundpolitik gerichtet, die im Jahr 373 trotz der Zerstörung Plataiais nicht den Bruch mit Theben sucht.[80] Nicht nur Theben, sondern der ganze Seebund ist demnach in seinen *práxeis* weit von seinen *lógoi* entfernt.

Athen, Sparta und Theben vertreten im *Plataikos* die Rolle verschiedener ‚Typen' von Außenpolitik: In der Opposition von Unterdrückung und Autonomie, von Naturrecht und positivem Recht steht Sparta auf der Seite der Unterdrücker.[81] Athen erscheint als jene *pólis*, die als einzige die Ideale der *autonomía* und der Vertragstreue durchsetzen kann – nämlich durch die Wiederherstellung des Rechtszustandes in Form der Rückgabe des plataiischen Landes an die Plataier. Theben gibt sich als Vertreter der *autonomía* aus, steht aber ebenfalls auf Seiten der Unterdrücker. Dem Publikum der Schrift muss dabei klar sein, dass die bereits vollzogene Entscheidung Athens für die Billigung der thebanischen Politik und gegen Rückgabe des plataiischen Landes Athen denselben Charakter verleiht wie Theben. Im *Plataikos* tritt an die Stelle des realen Athen ein idealisiertes Bild von einem Athen, wie es handeln sollte – während die der Rede zugrundeliegenden politischen Ereignisse, die Realität der Tolerierung des böotischen Bundes, ein ganz anderes Athen zeigen, das die Ideale des Zweiten Seebundes nicht zu schützen bereit ist. Durch dieses Spannungsverhältnis zwischen postuliertem Ideal und Redeanlass wird die Realität athenischer Politik als kritikwürdig evoziert, ohne dass sie beim Namen genannt wird.[82] Somit wird Athen wie im *Panegyrikos* seinen Idealen nicht gerecht und ist in der Praxis seiner Politik nicht grundsätzlich besser als Sparta zu bewerten. Im Unterschied zu Sparta jedoch täuschen Athen und Theben über ihren machtpolitischen Standpunkt hinweg. Erst

---

[78] Vgl. Bringmann 1965: 51.
[79] Isok. XIV 37. Militärisches Vorgehen zur Eindämmung des thebanischen Machtanspruchs schlägt Isokrates im Übrigen zu keinem Zeitpunkt vor; vgl. Cloché 1943: 285.
[80] Jaeger 1939: 198 sieht die ganze Thematik des *Plataikos* als „interne Angelegenheit" des Seebundes – auch die Schrift drehe sich also nur um den Seebund.
[81] Insofern wird man Clochés Annahme (Cloché 1933: 134) verwerfen müssen, wonach Isokrates sich im *Plataikos* den Stimmen der athenischen Öffentlichkeit anschließe, die ein Bündnis Athens mit Sparta zur Eindämmung Thebens forderten.
[82] Damit entsteht eine ähnliche Wirkung wie später im *Philippos* (vgl. Isok. V 46–56, s. u. Kap. B.8.4.2): Dort werden die außenpolitischen Fehler der großen *póleis* des 4. Jh. jeweils miteinander verglichen – stets finden sich dabei Leerstellen gerade dort, wo die Rede auf Athens Politik kommen müsste, und das, obwohl Athen explizit als eine der vier großen *póleis* benannt wird. Da jedoch die jeweils für die anderen *póleis* genannten Vergehen prominente Parallelen in der athenischen Geschichte haben, und da die Leerstellen deutlich als solche gekennzeichnet sind, werden die unausgesprochenen Vergehen Athens eindeutig evoziert.

diese Verschleierung der eigentlichen machtpolitischen Ziele Athens und Thebens ermöglicht den Erfolg des Zweiten Attischen Seebundes aufgrund der Unterstützung durch die kleineren *póleis*. Geleistet wird dies von den Rhetoren Athens, mithin von eben denselben Zeitgenossen und ihren Schülern, gegen die sich schon die Proömien der früheren isokratischen Schriften ausführlich positioniert hatten. Im *Plataikos* erscheinen diese rhetorisch erfolgreichen Politiker unmissverständlich als Rückgrat athenischer Seemachtpolitik und somit als unmittelbar in die kritisierte Außenpolitik Athens verstrickt. Der *Plataikos* ist in dieser Hinsicht die erste Schrift, in der Isokrates die verfehlte Außenpolitik Athens erkennbar den zeitgenössischen Rhetoren vorwirft.

> [...] neque vero non fuit apertum, si ille non fuisset,
> Agesilaum Asiam Tauro tenus regi fuisse erepturum.
> (Corn. Nep. Con. 2,3)

B.4 *Kyprische Reden* (Isok. IX, II, III)

Die drei Schriften *An Nikokles* (Isok. II), *Nikokles* oder *An die Zyprioten* (Isok. III) und *Euagoras* (Isok. IX) werden häufig unter der Bezeichnung *Kyprische Reden* als unmittelbar aufeinander bezogene Texte zusammengefasst. Diese Zusammenstellung ist zunächst insofern gerechtfertigt, als alle drei Schriften, verfasst im Laufe weniger Jahre nach dem Tod des Euagoras 374/373,[1] einen inhaltlichen Bezug zu Euagoras und Nikokles, zwei zeitgenössischen monarchischen Herrschern im zyprischen Salamis, aufweisen. *Euagoras* und *An Nikokles* richten sich an Nikokles als Adressaten – jeweils mit dem erklärten Zweck einer politischen Belehrung. *Nikokles* wiederum ist die fiktive Rede des Nikokles an seine Untertanen, die ihrerseits nunmehr Objekt einer Belehrung sind. In der Rede *An Nikokles* steht dabei die Einstellung des Monarchen zum Gemeinwesen und zu seinen Untertanen im Mittelpunkt, in der Schrift *Nikokles* umgekehrt das ideale Verhältnis der Bürger zu *pólis* und Monarchen. Der *Euagoras* stellt als Enkomion auf den verstorbenen Vater des Nikokles das Bild eines idealen Herrschers dar, das im Zusammenhang mit den beiden anderen Reden ein beispielhaftes Vorbild für die Verpflichtung des Alleinherrschers auf das Gemeinwesen gibt.[2]

---

[1] Diod. XV 47,8. Engere Eingrenzungen wurden meist ohne nähere Erläuterungen getroffen und entbehren daher jeder stichhaltigen Grundlage, vgl. Blaß ²1892: 271, 285 (Datum Isok. II: 376, IX: 370), Sykutris 1927: 34 (Datum Isok. IX: 374/373), Buchheit 1960: 108 (Datum Isok. IX: 370), Mason 1975: 80, 91 (Datum Isok. IX: 374/373), Ley-Hutton 1997, II: 269, Poulakos (T.) 1987: 317, Lombard 1990: 63. Ausführlicher begründet ist die Eingrenzung (alle drei Schriften ca. 370–367) bei Eucken 1983: 213–215, der Interrelationen der *Kyprischen Reden* zur *Politeia* und zum *Theaitetos* zur Grundlage für seine Datierung macht. Allerdings sind die von Eucken (ebd. 181–182, 277–278) aufgewiesenen Bezüge keineswegs so eindeutig, dass sich zwingende Schlussfolgerungen für die Chronologie ergeben könnten. Einen Überblick über die verschiedenen Datierungsversuche gibt Alexiou 2005: 63–66; vgl. auch ders. 2009: 33 mit dem sicher zutreffenden Verweis auf die Fiktionalität des *Euagoras*.

[2] Eucken 1983: 136 und 2003: 39 weist darauf hin, dass sich in allen drei Reden, insbesondere in Isok. II und III kaum eindeutige Bezüge auf Zypern finden, weshalb die *Kyprischen Reden* eher als abstrakte Utopie einer Monarchie denn als konkret auf das historische Zypern bezogene Schriften zu verstehen seien. Vgl. auch Münscher 1927: 1064, Kehl 1962: 49, Eder 1995: 164, Alexiou 2010: 142–143. In eine ähnliche Richtung weist auch die Ähnlichkeit der Beschreibung des idealen Monarchen in *Euagoras* (Euagoras) und *Helena* (Theseus); dazu Spyridakis 1935: 18, Alexiou ebd.

Zusammengenommen stellen die Schriften ein Abbild des mimetischen Lehr- und Lernprozesses dar, wie Isokrates ihn sich vorstellt. *An Nikokles* enthält feste moralische Regelsätze und Anweisungen für die richtige Gestaltung einer monarchischen Regierung, im *Euagoras* wird dem ‚Schüler' Nikokles ein Exemplum des idealen Monarchen, der nach den im *Nikokles* präsentierten Prinzipien handelt, präsentiert. In *Nikokles* wiederum tritt der ‚Schüler' selbst als Lehrer vor seinen Mitbürgern auf und vermittelt ihnen die gleichen moralischen Grundsätze, die der ‚Lehrer' Isokrates ihm in den beiden anderen Schriften präsentiert hatte.[3]

Die drei Schriften enthalten insgesamt nur wenige Aussagen über Sparta, die sich auf die Schriften *Nikokles* und *Euagoras* beschränken. Da Sparta in *An Nikokles* keine Erwähnung findet, kann diese Schrift hier vernachlässigt werden. Auch die Behandlung von *Nikokles* kann kurz gehalten werden.

In den *Kyprischen Reden* insgesamt ist für das Spartabild die Frage von Interesse, wie das Lob des Monarchen als idealer Führungsfigur in den *Kyprischen Reden* mit den politischen Ideen des Isokrates in anderen Reden vereinbar ist; denn die Vorstellung einer idealen Monarchie findet sich hier bei Isokrates erstmals mit Sparta in Verbindung gebracht.[4] Buchner hat darauf hingewiesen, dass – unabhängig von der grundsätzlichen Form der in den Reden angesprochenen Polisordnungen – die Verhaltensregeln, die für den Monarchen und die Untertanen in *An Nikokles* und *Nikokles* formuliert sind, bis hin zu manchen Formulierungen dem Geist von *Panegyrikos* §76–79 entsprechen.[5] Auf die genaue Gestalt der in den *Kyprischen Reden* skizzierten Monarchie kann hier nicht näher eingegangen werden. Es soll der Hinweis genügen, dass die Rolle des Monarchen in den drei Reden der Rolle entspricht, die Isokrates schon in der *Helena* dem athenischen

---

[3] Lombard 1990: 73. Ungewöhnlich und m. E. abzulehnen ist die Annahme bei Gray 2000: 150, wonach *An Nikokles* und *Nikokles* nicht mit dem *Euagoras*, sondern mit *An Demonikos* als Redentrias gemeinsam konzipiert seien. Möglicherweise geht diese Auffasung auf die Gruppierung der genannten Reden im sogenannten *Codex Kellis* aus dem 5. Jh. n. Chr. zurück. Wenn dort jedoch der *Euagoras* nicht im Kontext der übrigen *Kyprischen Reden* auftaucht, so belegt dies keineswegs, dass er nicht ursprünglich zu diesen gehörte, sondern lediglich, dass die die moderne Nummerierung der isokratischen Schriften begründende Gruppierung der als isokratisch geltenden Schriften nach Redegenera bereits in der Antike erfolgt ist (Nicolaï 2009: 305–306). Zur Frage der Echtheit von *An Demonikos* s. o. S. 76 Anm. 3.

[4] Vgl. Isok. III 23–24. Der Stellung der Monarchie im politischen Denken des Isokrates widmet sich die Dissertation von Hilmar Kehl (Kehl 1962). Eine schlüssige Einordnung der *Kyprischen Reden* (insbesondere von *An Nikokles*) als Proto-Exemplare der Prosagattung des Fürstenspiegels in das politische Spektrum der athenischen Demokratie – mit Blick vor allem auf Isokrates und Xenophon – liefert Eder 1995: 153–173, bes. 163–171. Eder betrachtet die Gattung als „Fürstenerziehungslehre" (ebd. 155), wobei es sich bei den bezeichneten zu erziehenden Fürsten um die aristokratischen Eliten im demokratischen Athen, mithin um die Hauptzielgruppe der erzieherischen Tätigkeit des Isokrates handele. Die Fürstenspiegelliteratur sei insofern nicht Ausdruck einer antidemokratischen, sondern einer aristokratisch-demokratischen Haltung. Vgl. zuvor Constantineau 1993: 391.

[5] Vgl. Buchner 1958: 77–79, ähnlich Eder 1995: 169.

Urkönig Theseus zugesprochen hatte,[6] und die ein solches Königtum in direkten Zusammenhang mit der Demokratie stellte. Dieses Bild des Theseus findet sich auch in späteren Reden[7] und zeigt, dass im politischen Denken des Isokrates Elemente der verschiedenen Staatstypen solange miteinander vereinbar bleiben, wie sie getragen werden von einer guten politischen Kultur: Der von Vernunft und von Gemeinsinn geleitete Monarch – die Rolle ließe sich problemlos auch auf (in Isokrates' Vorstellung idealerweise aristokratische) Amtsträger innerhalb einer demokratischen Ordnung übertragen[8] – wird aufgrund seiner richtigen und im Interesse des *dẽmos* getroffenen Entscheidungen das Wohlwollen und die freiwillige Unterordnung der Bürger erzielen, die ihre gemeinsamen Interessen durch seine Regierung am Besten vertreten wissen.[9] Diese Rolle entspricht zudem derjenigen, die Isokrates auch später in der Form spartanischer *basileía* loben wird und deren Nachahmung Isokrates für den außenpolitischen Bereich als Stellung des wahren *hẽgemón* empfiehlt.[10]

B.4.1 *Nikokles* (Isok. III)

Im *Nikokles* sind §23–25 für unsere Untersuchung interessant. Hier wird das spartanische Königtum als Beispiel für die Vorteile der monarchischen Herrschaft erwähnt:

> (23) [...] ἅπαντες ἴσμεν [...] (24) ἔτι δὲ Καρχηδονίους καὶ Λακεδαιμονίους τοὺς ἄριστα τῶν Ἑλλήνων πολιτευομένους, οἴκοι μὲν ὀλιγαρχουμένους, περὶ δὲ τὸν πόλεμον βασιλευομένους.

> (23) [...] wir alle wissen [...] (24) dass außerdem die Karthager und die Lakedaimonier, welche die vortrefflichste politische Kultur[11] unter den Griechen haben, zwar im Inneren oligarchisch geführt werden, in Kriegsangelegenheiten aber unter Königen stehen [...].

Zwei Aussagen in diesem Zitat sind bemerkenswert: Zum einen wird hier Sparta – und zwar eindeutig ein gegenwärtiges Sparta – als Vorbild für eine gute politische Kultur

---

[6] Vgl. Isok. X 23–38 (S. o. S. 102–105).
[7] Vgl. Isok. XII 126–130.
[8] Vgl. Eder 1995: 168–169. Besonders deutlich wird dies durch die Parallele zwischen Isok. II 2–3 und VII 44–45: An beiden Stellen wird die Beschäftigung mit Philosophie bzw. Politik für all jene als angemessen (und überhaupt möglich) bezeichnet, die aufgrund ihrer wirtschaftlichen Lage nicht auf ihrer eigenen Hände Arbeit angewiesen seien. In Isok. II 2–3 ist dies der Monarch, in VII 44–45 sind es die reichen Bürger in der athenischen Demokratie.
[9] Vgl. Isok. II 9–11, 24, III 56, IX 46.
[10] Vgl. Isok. III 23–25, VIII 142–144 (s. u. Kap. B.6.5.2.2), de Romilly 1958: 97. In Isok. V wird diese Form der monarchischen *hêgemonía* Philippos II. zur Nachahmung empfohlen. Wareh 2012: 93 betont zu Recht unter Verweis auf Cic. Att. II 1,1 und (fälschlich) XII 40,2, dass Isokrates' Hinwendung an Monarchen als literarisches Signal für den philosophischen Gehalt der Schriften zu verstehen sei.
[11] Zur Bedeutung des Verbs πολιτεύεσθαι bei Isokrates vgl. Liou 1990: 6–9.

beschrieben.¹² Zum anderen wird die Heeresführung der Spartaner durch Könige zu einem wesentlichen Bestandteil dieser guten Poliskultur erhoben, mithin zur wesentlichen Voraussetzung für den militärischen Erfolg der Spartaner gemacht.¹³ Da Isokrates in den *Kyprischen* Reden das Ideal des philosophischen Monarchen vorführt, lässt sich das Lob der monarchischen Heerführung Spartas im *Nikokles* als Ausdruck des später wiederholten Idealbildes des philosophischen Strategen betrachten.¹⁴

Die Argumentation erfolgt im Rahmen des Nachweises der Überlegenheit timokratischer Staatsformen, insbesondere der (meritokratisch verstandenen)¹⁵ Monarchie, im Vergleich mit Demokratie und Oligarchie, der in §14–26 vollzogen wird.¹⁶ Die zitierte Stelle steht im unmittelbaren Anschluss an diese Abschnitte. Nichtsdestoweniger scheint sich Nikokles hier ausgesprochen positiv über das gegenwärtige Sparta auszusprechen, mehr noch: Er kontrastiert eine positive Bewertung der *pólis* Sparta mit einer eher negativen Bewertung Athens.¹⁷ Implizit wird hier schließlich auch die Rolle des Perikles im athenischen Staat als monarchische Rolle dargestellt und somit auf eine Stufe gehoben mit dem spartanischen Militärkönigtum.¹⁸

---

[12] Eine ähnliche Bewertung des spartanischen Gemeinwesens wird – unter anderen Vorzeichen – im *Areopagitikos* wieder vorgenommen, vgl. Isok. VII 60–61 (s. u. Kap. B.6.4.2.2).

[13] Im unmittelbaren Anschluss an die zitierte Stelle, der zweiten Hälfte von Isok. III 24, wird die monarchische Heeresführung Spartas kontrastiert mit dem athenischen Strategen-Amt: Sobald Athen viele Strategen ins Feld schicke, erlebe es Niederlagen.

[14] Isok. VI 3–6 (s. u. Kap. B.5.4.2.2), VIII 52–55, XV 115–122, auch XVI 10–11; Heilbrunn 1967: 199, Lombard 1990: 113. Die Identität des idealen Königtums der *Kyprischen Reden* mit dem Bild vom idealen Strategen in späteren Reden zeigt deutlich, dass das Lob dieses Königtums nicht lediglich darauf zurückzuführen ist, dass im *Nikokles* der Sprecher selbst monarchisch herrscht (so Bloom 1955: 54–55).

[15] Isok. III 14–17.

[16] Vgl. dazu Eucken 1983: 255–257, Kehl 1962: 46–50, Pointner 1969: 123–124. Kehl (ebd. 90) schlägt vor, die Stelle als Lob auch der oligarchischen Elemente der spartanischen Ordnung aufzufassen. Diese Interpretation ist jedoch im Kontext der expliziten Ablehnung sowohl der Oligarchie wie auch der Demokratie in Isok. III 15 ganz unmöglich. Es darf trotz aller offensichtlichen Beeinflussung der Nikokles-Figur durch seinen ‚Lehrer' Isokrates nicht der fiktionale Rahmen übersehen werden, in dem ein Monarch über seine eigene Staatsform spricht. Als ausdrückliche Ablehnung von Demokratie und Oligarchie durch die Sprecher-Figur Isokrates kann man den Passus daher nur bedingt werten, das heißt im Abgleich mit den diesbezüglichen Äußerungen in anderen Schriften. Da sich Isokrates dort durchaus als Demokrat präsentiert – wohlgemerkt im Sinne einer ‚aristokratischen' Demokratie (vgl. Isok. XII 131–132) –, scheint es klar, dass timokratische Formen der Demokratie und der Oligarchie (letzteres würde Isokrates wohl nicht als Oligarchie bezeichnen), im Spektrum des politischen Denkens des Isokrates durchaus positiv konnotiert sein können.

[17] Vgl. Isok. III 24. Tendenziell negativ ist die Bewertung insofern, als die Ablehnung der Alleinherrschaft in Athen besonders betont, der *pólis* jedoch nur dann außenpolitischer Erfolg attestiert wird, wenn sie nicht nach dieser Ablehnung handele. Die Deutung bei Kehl 1962: 50 geht von einer unvollständigen Übersetzung der Stelle aus, die nur den Erfolg Athens im Falle der Kriegführung durch einen einzigen Strategen, nicht aber die genannten Misserfolgs-Fälle unter der Leitung vieler Strategen berücksichtigt.

[18] Isok. III 24.

Das Lob des spartanischen Doppelkönigtums jedoch bezieht sich ausschließlich auf den militärischen Bereich.[19] Die einzige Aussage über andere spartanische Einrichtungen – die innere Organisation Spartas sei oligarchisch – ist im Kontext der §15–17, wo die Oligarchien *per se* als schädliche Staatsordnungen bezeichnet werden, eindeutig als negative Bewertung einzuschätzen.[20] Es scheint eine inhaltliche Parallele zum *Busiris* vorzuliegen, wo Sparta ebenfalls zunächst dafür gelobt wird, die *pólis* vortrefflich zu verwalten, dies jedoch ausschließlich an militärischen Einrichtungen exemplifiziert wird.[21] Eine der Kritik in *Busiris* (§19–20) ähnliche Relativierung dieses Lobes, die die Vernachlässigung nicht-militärischer Einrichtungen in Sparta tadelt, taucht im *Nikokles* nicht explizit auf, ist aber in Anbetracht der scharfen Kritik an Oligarchien sowie der Bezeichnung der zivilen Organisation Spartas als oligarchisch als impliziter Kontext durchaus denkbar. Nichtsdestoweniger scheint die Bewertung Spartas durch Isokrates in beiden Reden übereinzustimmen: Isokrates betont zwar nicht wie im *Busiris*, dass die Beschränkung der vorbildlichen Einrichtungen auf Spartas Militär zu einer verfehlten Politik führe. Dennoch ist leicht zu erkennen, dass die politische Linie der spartanischen Außenpolitik in seiner Darstellung von der oligarchischen (und damit schlechten) Bürgerschaft vorgegeben wird, deren politische Verhaltensweisen in §17–22 unmissverständlich kritisiert werden – zumal nachdem Isokrates Spartas verfehlte Politik in *Busiris*, *Panegyrikos* und *Plataikos* ausführlich kritisiert hatte.

B.4.2 *Euagoras* (Isok. IX)

Im *Euagoras*, der anders als die parainetischen Nikokles-Schriften als großes historisches Paradigma die jüngere politische Geschichte zum unmittelbaren Gegenstand hat, sind neben den expliziten Erwähnungen der *pólis* Sparta insbesondere die Aussagen über die Seeschlacht von Knidos und ihre Folgen für die innergriechischen Verhältnisse (§54–57, 65–69) zu betrachten. In diesem Zusammenhang wird auch die Gegenüberstellung der

---

[19] Ollier 1933: 353–354. Kehl 1962: 7, 49–50 interpretiert das Lob des Monarchen in III sogar dahingehend, dass es für die praktische Politik Geltung nur im außenpolitischen Bereich einfordere. Die innergriechische Einheit solle durch eine monarchische Lösung geregelt werden.

[20] Anders Cloché 1933: 139–140, Tigerstedt 1965, I: 201–202 (der hier das Ideal einer Mischverfassung sehen will), Pointner 1969: 102. Die Satzkonstruktion in Isok. III 24 lässt formal tatsächlich offen, ob Monarchie und Oligarchie hier in einem Gegensatz oder einer Parallele zueinander stehen. Unmissverständlich ist jedoch der Kontext der Stelle, in dem beide Regierungsformen in deutlichen Gegensatz gestellt werden. Aufgrund dieses Kontextes ist es auch nicht möglich, die Erwähnung des oligarchischen Regimes in Sparta lediglich als bloßes „accessoire" im Rahmen des Lobes auf das spartanische Militärkönigtum abzutun, wie es Ollier 1933: 354 versuchte. Raoss 1968: 275 sieht Sparta aufgrund von Isok. III 17 in dem gesamten Abschnitt 17–24 negativ bewertet. Tatsächlich aber liegt in dem Passus ein differenziertes Urteil über Sparta vor, das sowohl negative (Oligarchie) wie auch positive Aspekte (Königtum) des spartanischen Gemeinwesens benennt.

[21] Isok. XI 17–18.

beiden Kriege des Euagoras gegen die Lakedaimonier (§51–57) sowie gegen den persischen Großkönig (§57–64) von Bedeutung sein. Erklärungsbedürftig scheint dabei, unter welchen Bedingungen Isokrates, der sonst die hellenische Einheit gegen Persien propagiert, den Sieg über Sparta unter Führung Persiens als lobenswert präsentiert.

Die positive Bewertung des Sieges über die Spartaner (§54–57, 65–69), einer militärischen Aktion, die Isokrates fraglos als Krieg von Griechen gegen Griechen darstellt, scheint einigen der in der bisherigen Untersuchung beobachteten Grundgedanken des Isokrates zuwiderzulaufen. Isokrates präsentiert hier einen in persischem Interesse gegen Griechen errungenen Sieg als vorbildhafte politische Handlung.[22] Insbesondere zu dem im *Panegyrikos* und später im *Philippos* vertretenen Programm eines Perserkrieges, das sich mit der Forderung verbindet, man müsse wissen, gegen wen (und gemeinsam mit wem) man Krieg führen dürfe und gegen wen nicht,[23] scheint diese Darstellung im Widerspruch zu stehen. Auf welcher Grundlage kann Isokrates einen Krieg gegen Sparta nun loben?

Eine erste scheinbare Erklärung findet sich gleich zu Beginn des Abschnitts. Dort wird Konons und Euagoras' Reaktion auf die politischen Verhältnisse im griechischen Mutterland beschrieben:

(54) Ὁρῶντες γὰρ αὐτὴν ὑπὸ Λακεδαιμονίους οὖσαν καὶ μεγάλῃ μεταβολῇ κεχρημένην λυπηρῶς καὶ βαρέως ἔφερον, ἀμφότεροι προσήκοντα ποιοῦντες· τῷ μὲν γὰρ ἦν φύσει πατρίς, τὸν δὲ διὰ πολλὰς καὶ μεγάλας εὐεργεσίας νόμῳ πολίτην ἐπεποίηντο. Σκοπουμένοις δ' αὐτοῖς ὅπως τῶν συμφορῶν αὐτὴν ἀπαλλάξουσι, ταχὺν τὸν καιρὸν Λακεδαιμόνιοι παρεσκεύασαν· ἄρχοντες γὰρ τῶν Ἑλλήνων καὶ κατὰ γῆν καὶ κατὰ θάλατταν εἰς τοῦτ' ἀπληστίας ἦλθον, ὥστε καὶ τὴν Ἀσίαν κακῶς ποιεῖν ἐπεχείρησαν.

(54) Als sie nämlich sahen, wie sie [sc. die *pólis* Athen] den Lakedaimoniern unterstand und einen großen politischen Umsturz erlebte, konnten sie dies nur unter Schmerzen und kaum ertragen: Dem einen nämlich war sie der Natur nach Heimat, den anderen hatte sie aufgrund zahlreicher großer Wohltaten dem Gesetz nach zum Bürger gemacht. Als sie aber prüften, auf welche Weise sie sie [sc. die *pólis* Athen] vom Unglück befreien könnten, verschafften ihnen die Lakedaimonier rasch die Gelegenheit dazu: Denn in ihrer Herrschaft über die Griechen zu Land und auf dem Meer entwickelten diese eine solche Gier, dass sie sich daranmachten, auch Asien übel mitzuspielen.

Die spartanische Herrschaft ist für Athen ein Unglück. Konon und Euagoras können dies als athenische Bürger nicht ertragen. Das Ziel ihres Handelns ist hier eindeutig benannt: Befreiung Athens vom spartanischen Joch.[24] Damit vertritt Isokrates, wie erwähnt, die im öffentlichen athenischen Diskurs vorherrschende Deutung der Ereignisse um Knidos. Zudem könnte implizit auf eine „panhellenische" Motivation der beiden „Helden"

---

[22] Die dem Sieg von Knidos unmittelbar vorausgehende Kampagne des Konon auf Rhodos wird in Isok. IV 142 noch ausdrücklich getadelt. Konons Name wird dort nicht genannt. Die Aktion erscheint als Einmischung des Großkönigs (Allroggen 1972: 258).
[23] Isok. V 111, vgl. auch XII 44.
[24] Vgl. Classen 2010: 58.

angespielt sein: Denn die spartanische Herrschaft zu Land und zu Wasser führt zu maßloser Gier (*aplêstía*) der Spartaner, lässt sie also das richtige Maß in ihrem Machtstreben verfehlen.²⁵ Sparta will seinen Einfluss auch auf Asien ausdehnen. Was ist damit gemeint? Plant Sparta einen Perserfeldzug, den Isokrates hier als Zeichen von *aplêstía* bezeichnen würde? Spätere Schriften des Isokrates, vor allem der *Philippos*, geben darüber möglicherweise Aufschluss: Hier wird Agesilaos' Krieg gegen den Großkönig (genaugenommen dürften damit die Konflikte gemeint sein, die schließlich zur Seeschlacht bei Knidos führten) deswegen als verfehlt bezeichnet, weil er nicht im Interesse der hellenischen *póleis* unternommen worden, sondern mit der Installierung spartafreundlicher Regime in diesen *póleis* einhergegangen sei.²⁶ Es erscheint daher naheliegend anzunehmen, dass Spartas hier kritisierte *aplêstía* in einer ungerechten Einflussnahme in den griechischen *póleis* Kleinasiens besteht. Damit stellt Isokrates die persischen Rüstungen gegen Sparta und den Sieg von Knidos als Unternehmungen dar, die vor allem dem athenischen und dem griechischen Interesse dienten – die Vorteile, die Persien aus dem Sieg von Knidos zog, werden bei der Beschreibung der Absichten von Euagoras und Konon zunächst ganz ausgeblendet.²⁷

Der Bericht wird wie folgt fortgesetzt:

> (55) Λαβόντες δ' ἐκεῖνοι τοῦτον τὸν καιρὸν καὶ τῶν στρατηγῶν τῶν βασιλέως ἀπορούντων, ὅ τι χρήσωνται τοῖς πράγμασιν, ἐδίδασκον αὐτοὺς μὴ κατὰ γῆν, ἀλλὰ κατὰ θάλατταν ποιεῖσθαι τὸν πόλεμον τὸν πρὸς Λακεδαιμονίους νομίζοντες, εἰ μὲν πεζὸν στρατόπεδον καταστήσαιντο καὶ τούτῳ περιγένοιντο, τὰ περὶ τὴν ἤπειρον μόνον καλῶς ἕξειν, εἰ δὲ κατὰ θάλατταν κρατήσειαν, ἅπασαν τὴν Ἑλλάδα τῆς νίκης ταύτης μεθέξειν. (56) Ὅπερ συνέβη· πεισθέντων γὰρ ταῦτα τῶν στρατηγῶν καὶ ναυτικοῦ συλλεγέντος Λακεδαιμόνιοι κατεναυμαχήθησαν καὶ τῆς ἀρχῆς ἀπεστερήθησαν, οἱ δ' Ἕλληνες ἠλευθερώθησαν, ἡ δὲ πόλις ἡμῶν τῆς τε παλαιᾶς δόξης μέρος τι πάλιν ἀνέλαβε καὶ τῶν συμμάχων ἡγεμὼν κατέστη. Καὶ ταῦτ' ἐπράχθη Κόνωνος μὲν στρατηγοῦντος, Εὐαγόρου δὲ αὐτόν τε παρέχοντος καὶ τῆς δυνάμεως τὴν πλείστην παρασκευάζοντος.

> (55) Jene aber ergriffen diese Gelegenheit, und als die Strategen des Großkönigs ratlos waren, welche Maßnahmen sie ergreifen sollten, belehrten sie diese, den Krieg gegen die Lakedaimonier nicht zu Land, sondern auf dem Meer durchzuführen; denn sie waren der Ansicht, dass, wenn diese ein Landheer aufstellen und mit diesem bestehen würden, nur die Angelegenheiten auf dem [sc. asischen]²⁸ Festland bereinigt sein würden; wenn sie jedoch auf dem Meer siegreich sein würden, werde ganz Hellas Anteil an diesem Sieg haben. (56) So geschah es dann auch: Nachdem die Strategen diesen Rat befolgt und eine Flotte aufgestellt hatten, unterlagen die Lakedaimonier in einer Seeschlacht, verloren die Seeherrschaft und wurden der Herrschaft beraubt, die Griechen wurden befreit, unsere *pólis* aber erhielt einen Teil des alten Ansehens zurück und wurde zum *hêgemón* der Bündner. Und dies wurde bewirkt von Konon als Feldherrn und von Euagoras, der seine eigene Unterstützung und den größten Teil der Streitmacht zur Verfügung stellte.

---

25 Zur negativen Konnotierung des Begriffs der ἀπληστία Alexiou 2010: 146.
26 Isok. V 83–104 (s. u. Kap. B.8.4.5); vgl. auch die Adaption in dem wohl unechten Brief [Isok.] ep. IX (s. dazu u. Kap. B.5.4.2.2 Anm. 168).
27 Vgl. Sykutris 1927: 29, Spyridakis 1935: 37–38.
28 Vgl. zur Verwendung von ἤπειρος Schol. in Isok. IX 55.

Hier wird nun zwar ein persisches Interesse an einer Eindämmung der spartanischen Macht eingeräumt, jedoch spielt es für die Bewertung des Handelns von Konon und Euagoras keine besondere Rolle: Persien steht ohnehin bereits im Konflikt mit Sparta, und die persischen Feldherren befinden sich bereits in Vorbereitung eines Krieges. Konon und Euagoras beeinflussen hier nur noch die Strategie – und zwar zugunsten der Griechen: Denn in beiden skizzierten Szenarien für den Kriegsverlauf würden sich die Perser von der Gefahr durch die Spartaner befreien. Nur von dem von Konon und Euagoras vorgeschlagenen Seekrieg aber würden auch alle Griechen profitieren. Dass genau in diesem Aspekt der Symmachie mit dem Großkönig das Lobenswerte liegt, macht Isokrates in der Beschreibung der Folgen der spartanischen Niederlage klar. Persien spielt hier keine Rolle, wird erneut ganz ausgeblendet.[29] Vielmehr wird die spartanische *arché* über Griechen beendet, somit die Gesamtheit der Griechen befreit, und Athen erlangt Ansehen (*dóxa*) und die erneute Stellung eines *hêgemốn*.[30]

Der Darstellung von Knidos als hellenisch motivierter Leistung zweier Athener, Konon und Euagoras, steht in §57–64 der Bericht über den Krieg zwischen Euagoras und dem persischen Großkönig gegenüber. Trotz aller Leistungen des Euagoras im Interesse Persiens zieht der Großkönig aus Furcht vor dessen Veranlagung (*phýsis*), dessen *dóxa*, und dessen *megalopsychía*[31] gegen Euagoras in den Krieg (§58–59). Diesen Krieg wiederum beschreibt Isokrates nur in vagen Andeutungen, die insgesamt die Tatsache verschleiern, dass Euagoras in diesem Krieg unterlegen war (§60–64).[32] Euagoras' Niederlage gegen Persien wird positiv umgedeutet: Der Großkönig habe entgegen der persischen

---

[29] Vgl. Treves 1933b: 71–72.

[30] Bearzot 2003: 74 sieht hier eine positive Bewertung der antispartanischen Politik Athens, vielleicht auch des Zweiten Seebundes wenigstens in dessen Anfangsphase (vgl. auch Isok. XV 121–127). Eine abweichende Interpretation der in diesem Passus vorgenommenen Bewertung der Folgen von Knidos wird in dieser Untersuchung vorgestellt, s. dazu u. S. 284.

[31] Isok. IX 59. Der Begriff ist nicht eindeutig positiv oder negativ, sondern beschreibt eine Geisteshaltung, die ihren Träger als jemanden ausweist, der sich mit unwichtigen, geringen Dingen nicht zufriedengibt (Mirhady übersetzt mit „ambition", vgl. Mirhady/Too 2000: 152). Eine positive oder negative Bewertung ergibt sich erst aus dem Zusammenspiel dieser Haltung mit den (a) natürlichen Veranlagungen und (b) den Inhalten bzw. Methoden, mit denen man seine großen Ziele zu erreichen versucht. Euagoras verfügt in Isokrates' Darstellung zweifelsohne über eine hervorragende *phýsis*; die inhaltliche Bewertung der *megalopsychía* hängt in diesem Falle ganz an der Bewertung seiner Taten: Sind sie vorbildhaft, dann ist seine *megalopsychía* gerechtfertigt, sind sie zu kritisieren, dann ist seine *megalopsychía* eine Anmaßung. Vgl. dazu Isokrates' Kritik an den übertriebenen Lehransprüchen seiner Konkurrenten in Isok. XIII und X (s. dazu o. Kap. A.3.2.2 und B.1.2.1).

[32] Wiederholt erklärt Isokrates (oder eine seiner Sprecherfiguren) in seinen Schriften, dass es nicht auf die präzise Darstellung von Kriegsereignissen, sondern auf die wesentlichen Motivationen und Folgen der Kriege ankomme (z. B. Isok. IV 97, IX 31, VI 21). Mason 1975: 9 sieht den Grund für Isokrates' ungenauen Bericht über den ‚Kyprischen Krieg' darin, dass die faktische Niederlage des Euagoras sich nicht als Leistung des Euagoras habe positiv darstellen lassen. Deshalb verweile Isokrates nicht lange bei diesem Krieg. Richtig ist die Beobachtung, dass der ‚Kyprische Krieg' für die Darstellung der Leistungen des Euagoras ein potentielles Problem darstellt. Angesichts der iso-

B.4.2 Euagoras (Isok. IX)

Gewohnheit, den Feind bis zur bedingungslosen Kapitulation zu bekämpfen, den Euagoras in seine alte Machtstellung wiedereingesetzt (§63). Der Bericht schließt mit einem Vergleich des ‚Kyprischen Krieges' mit dem Krieg Persiens gegen Sparta, der in der Seeschlacht von Knidos endete (§64): Trotz der Macht und der *dóxa* der Spartaner habe der Großkönig deren Herrschaft binnen dreier Jahre beendet, während er in zehn Jahren den Euagoras nicht habe aus seiner Stellung entfernen können. Dieser Vergleich stellt Euagoras' Leistung deutlich über die Möglichkeiten Spartas, wichtiger aber noch ist, dass er endgültig klarmacht, dass die beiden im *Euagoras* geschilderten Kriege des persischen Großkönigs miteinander verglichen werden sollen.

Ein solcher Vergleich eröffnet eine ganze Reihe verschiedener Deutungsmöglichkeiten, die allesamt mit den Fragen (1) der individuellen Leistung des Euagoras, (2) des Krieges von Griechen gegen Perser und (3) der hellenischen Einigung zusammenhängen: (1) Euagoras bleibt in allen Kriegen unbesiegt; die Unfähigkeit des Großkönigs, Euagoras allein zu besiegen, belegt rückwirkend, dass es der Beitrag des Euagoras (und mit ihm des Konon) war, der Persien den Sieg über Sparta erst ermöglichte. (2) In beiden Exempla befinden sich Griechen im Krieg mit dem persischen Großkönig – eine Situation, die Isokrates schon im *Panegyrikos* zu einem wesentlichen Bestandteil seines ‚panhellenischen' Programmes gemacht hatte. Wichtig ist hier indes die Beobachtung, dass den Perserkriegen der Spartaner und des Atheners Euagoras unterschiedlicher Erfolg beschieden ist. Letztlich siegreich ist zwar keiner der beiden Kriege. Sparta jedoch erleidet trotz überragender Macht und des Rufs der Unbesiegbarkeit (§64) eine verheerende Niederlage, die Isokrates als den Endpunkt der spartanischen Herrschaft in Griechenland beschreibt, während Euagoras ganz allein von Salamis aus den persischen Angriffen standhält und zudem an der Levante und in Kilikien wesentliche Gebiete der persischen Kontrolle entziehen kann. Zumindest einen Grund für den unterschiedlichen Erfolg der spartanischen und der kyprischen Kriege gegen Persien wird man (3) im Kontext des ‚panhellenischen' Programms des Isokrates in ihrem unterschiedlichen Charakter als Krieg eines innergriechischen Despoten (Sparta) beziehungsweise als Krieg eines Befreiers der Griechen suchen können: Während Sparta nur einen Teil dieses Programmes, den Krieg gegen Persien, vertritt, finden sich in den Leistungen des Euagoras beide großen Forderungen des ‚panhellenischen' Programmes wieder: Euagoras beendet die ungerechte innergriechische Dominanz Spartas und führt danach Krieg gegen die Perser.[33]

In seiner Veranlagung, in seinem Weg an die Spitze des salaminischen Staates, in seiner Regierungsweise sowie in seinem kulturellen Wirken stellt der isokratische Euagoras nicht nur einen idealen Monarchen dar, sondern er dient zugleich durch historische

---

kratischen Forderung nach ausschließlich positiven Leistungsnachweisen im Rahmen eines Enkomions muss man jedoch feststellen, dass bereits die Erwähnung dieses Krieges – wenngleich in einem vagen und verklärenden Bericht – bereits gegen diese Forderung verstößt, sofern Isokrates das Ereignis als problematisch auffasst, s. dazu u. S. 282–285.

[33] Vgl. Spyridakis 1935: 117, der allerdings davon ausgeht, in Isokrates Augen habe der *historische* Euagoras das ‚panhellenische' Programm authentisch verkörpert.

Anspielungen und Bezüge zu anderen isokratischen Schriften als Paradigma für die ideale Staatlichkeit, Kultur, und Hegemonie Athens, die Isokrates in der Zeit der Perserkriege sowie unmittelbar danach ansiedelt. [34]

In dieser paradigmatischen Rolle als Athen(er) steht Euagoras, gerade mit Blick auf die Synkrisis Athens und Spartas im *Panegyrikos*, einerseits fast automatisch in Opposition zu Sparta, was sich in Euagoras' und Konons kriegerischer Beendigung der spartanischen Herrschaft auch niederschlägt. Andererseits stellt sich ebenso die Frage, ob das Exemplum Euagoras auch im Hinblick auf mögliche Kritik an Athen in einer Parallele zum *Panegyrikos* steht. Konkret stellt sich daher die Frage, ob die ‚Leistungen' des Euagoras bei Isokrates, ähnlich wie manche *práxeis* Athens im *Panegyrikos*, auch negative Aspekte aufweisen. Im *Panegyrikos* ist es die Beschreibung der athenischen *arché* im Delisch–Attischen Seebund, die zunächst (§100–109) als Lob erscheint, bei näherer Betrachtung jedoch implizite Kritik an einer Machtpolitik auf Kosten anderer griechischer *póleis* offenbart. Ganz deutlich wird dies im Vergleich zu §137 und §175, wo Isokrates den Verrat an den kleinasiatischen *póleis* explizit auch Athen vorwirft.

Und tatsächlich lässt sich eine ähnliche Lesart im *Euagoras* ebenfalls finden. Denn in §67–69 fasst Isokrates die Leistungen des Euagoras erneut zusammen. Die Folgen von Knidos[35] werden dort wie folgt resümiert:

(67) [...] ὅτε δ' ἦν αὐτῷ σύμμαχος, τοσούτῳ χρησιμώτερον αὐτὸν παρέσχε τῶν ἄλλων (68) ὥσθ' ὁμολογουμένως μεγίστην αὐτῷ συμβάλλεσθαι δύναμιν εἰς τὴν ναυμαχίαν τὴν περὶ Κνίδον· ἧς γενομένης βασιλεὺς μὲν ἁπάσης τῆς Ἀσίας κύριος κατέστη, Λακεδαιμόνιοι δ' ἀντὶ τοῦ τὴν ἤπειρον πορθεῖν περὶ τῆς αὑτῶν κινδυνεύειν ἠναγκάσθησαν, οἱ δ' Ἕλληνες ἀντὶ δουλείας αὐτονομίας ἔτυχον. Ἀθηναῖοι δὲ τοσοῦτον ἐπέδοσαν ὥστε τοὺς πρότερον αὐτῶν ἄρχοντας ἐλθεῖν αὐτοῖς τὴν ἀρχὴν δώσοντας.

(67) [...] als er aber dessen [sc. des Großkönigs] Bündnispartner war, machte er sich für diesen so viel nützlicher als die anderen, (68) dass er diesem nach allgemeiner Auffassung das größte Kontingent für die Seeschlacht bei Knidos stellte: Durch dieses Ereignis wurde der Großkönig zum Herrn über ganz Asien, die Lakedaimonier wurden gezwungen, sich um ihr eigenes Land in Gefahr zu begeben, anstatt das asische[36] Festland zu verwüsten, die Griechen aber erlangten anstelle der Knechtschaft die Autonomie, die Athener wiederum gerieten in eine so viel bessere Lage, dass diejenigen, die zuvor über sie geherrscht hatten, zu ihnen kamen, um ihnen die Herrschaft zu übergeben.

Dieser Passus spricht, nachdem die Vorteile Persiens durch den Sieg bei Knidos zuvor systematisch ausgeblendet worden waren, genau diese Folgen der Seeschlacht erstaunlich offen an: Der Leser der Rede erwartet im Kontext einer Lobrede auf Euagoras eindeutig positive Folgen des Sieges von Knidos – und wird durch die ersten beiden Punkte geradezu vor den Kopf gestoßen: Isokrates, der nicht nur in seiner bekanntesten Rede, dem *Panegyrikos*, sondern auch im *Plataikos* die innergriechische Eintracht und das Ende

---

[34] S. dazu Exkurs II (Kap. D.1.2).
[35] Vgl. dazu Bringmann 1965: 31, Schmitz 1988: 224–226.
[36] Vgl. Alexiou 2005: 202, s. o. S. 277 Anm. 28.

der Kämpfe im griechischen Mutterland beschworen hatte, und dessen erklärtes politisches Ziel ein Feldzug gegen den Perserkönig war, nennt als Folgen einer der Großtaten des Euagoras die Sicherung der Herrschaft des Großkönigs über Asien und die Verlagerung der spartanischen Kämpfe von Kleinasien ins griechische Mutterland.[37]

Der Großkönig wird zum Herrn über ganz Asien. Im Kontext des Königsfriedens, auf den gleich darauf durch den Begriff der *autonomía* verwiesen wird, bedeutet das: Artaxerxes wird zum Herrn vor allem über die hellenischen *póleis* Kleinasiens.[38] Damit ist die Aufgabe aller Ansprüche dieser *póleis* auf Autonomie und mithin der Verrat der Griechen des Mutterlandes an diesen *póleis* deutlich angesprochen.[39] Auch der nächste erwähnte ‚Erfolg' will gar nicht zum großartigen Bericht von Euagoras' Beitrag zur Schlacht von Knidos in §54–57 passen: Der Krieg, den Sparta führt, verlagert sich infolge dieser Schlacht von Asien ins griechische Mutterland, er wird von einem Krieg der Spartaner und ihrer Verbündeten aus fast ganz Griechenland gegen Persien zu einem Krieg der Griechen untereinander, zum Korinthischen Krieg.[40]

Nun könnte man meinen, dass wenigstens die beiden letzten der vier genannten Folgen der Seeschlacht von Knidos ein positives Gegengewicht zu den beiden erstgenannten, für ein griechisches Publikum ganz unerhörten Folgen bilden könnte: Die hellenischen *póleis* erlangen die Autonomie anstelle der Knechtschaft unter der spartanischen Herrschaft, und Athen wird von den ehemaligen Bündnispartnern in die alte Rolle wiedereingesetzt. Allein, auch diese Folgen sind keineswegs so eindeutig als Segen für die Griechen gezeichnet wie es zunächst erscheinen mag: Isokrates benennt Athens Rolle im neuen Seebund, der als unmittelbare Folge von Knidos dargestellt wird, als *arché*, nicht als *hêgemonía*. Nicht nur in Kenntnis der klaren Trennung der beiden Begriffe in eine ideale Führungsrolle (*hêgemonía*) und eine depravierte Gewaltherrschaft (*arché*) in Isokrates' *Panegyrikos*,[41] sondern ebenso aufgrund der klar erkennbaren Bemühungen der Bündnispartner bei Gründung des Zweiten Attischen Seebundes, Athens Rolle in diesem Bündnis von jedem Ruch der alten *arché* unbelastet zu halten,[42] wird man diese Wortwahl

---

[37] Dass diese Ergebnisse von Knidos für Isokrates „[...] unmöglich erfreulich gewesen sein [...]" konnten, betont schon Blaß ²1892: 87.
[38] Diese Folge des Seesieges von Knidos kritisiert Plat. Men. 245c, worauf vielleicht im *Panegyrikos* Bezug genommen wird (s. o. S. 230 mit Anm. 302). Knidos war also keineswegs in seinen Folgen unumstritten. Isokrates greift darin vielmehr ein Ereignis auf, dessen Folgen man, insbesondere in aristokratischen Kreisen Athens, durchaus kritisch sehen konnte. Wenn Isokrates diesem Ereignis daher die Wirkung zuschreibt, den Perserkönig zum Herren Asiens gemacht zu haben, dann spricht er damit unmittelbar konkrete Vorwürfe an, die gegen Konons Rolle im Dienste des Großkönigs im Raum standen. Man kann davon ausgehen, dass diese Vorwürfe dem Publikum der *Kyprischen Reden* geläufig waren. Zudem ergibt sich ein deutlicher Gegensatz zur grundsätzlichen Bewertung von Kooperationen mit dem Großkönig im *Panegyrikos*, wo eben solche Zusammenarbeit strikt abgelehnt wird (vgl. Havet 1862: C).
[39] Vgl. Isok. IV 137, 175.
[40] Zum Korinthischen Krieg vgl. Welwei 1999: 268–269 und 2004: 284–289.
[41] S. dazu o. S. 178 mit Anm. 90.
[42] S. dazu o. S. Kap. B.2.1 mit Anm. 11 sowie u. Kap. B.9.4.3.2 Anm. 114.

mindestens mit Überraschung aufnehmen müssen. Wie aber wird diese Wortwahl wohl von einem Publikum aufgenommen werden, das Isokrates' *Panegyrikos* und *Plataikos* ebenso kannte wie es die Ereignisse der Jahre 375–372, in denen Athens Rolle als *hēgemōn* in den Konflikten mit Theben erstmals auf die Probe gestellt wurde, und vielleicht bis 370 inklusive der spartanischen Katastrophe von Leuktra und den darauffolgenden Machtkämpfen zwischen Athen und Theben miterlebt hatte? Manches spricht dafür, in der vorliegenden Stelle des isokratischen *Euagoras* eine der frühesten eindeutigen Benennungen der Rolle Athens zur Zeit des Zweiten Attischen Seebundes als Gewaltherrschaft und somit als Kritik an Athen zu sehen. Ähnlich verhält es sich mit der Erwähnung der *autonomía* der griechischen *póleis*: Sie erfolgt unmittelbar nach der Anspielung auf die Unterwerfung ganz Asiens, also auch der kleinasiatischen Griechen, durch den Großkönig, und sie stellt eine klare Anspielung auf den Königsfrieden dar. Wie Isokrates diesen bewertete, ist dem Publikum aus dem *Panegyrikos* bekannt:[43] Diese politischen Forderungen werden von Isokrates durchaus unterstützt. Dabei kritisiert er aber, dass die *autonomía* des Königsfriedens nur auf dem Papier bestehe. Faktisch herrsche in Griechenland große Unruhe, und die Politik der griechischen *póleis* werde letztlich vom persischen Großkönig bestimmt.

Damit ergibt sich auch ein anderes Verständnis der Formulierung in §55–56, Konons Sieg habe Athen das ‚alte Ansehen' wieder verschafft.[44] Die Stelle scheint auf den ersten Blick von einem positiven Athen-Bild bei den übrigen *póleis* zu sprechen. Allerdings lässt sich die Wiederherstellung des ‚alten Ansehens' der Athener in verschiedener Weise deuten. Als ehrenvolles Ansehen eines guten *hēgemōn* kann man die Formulierung nur verstehen, wenn man dahinter das Ansehen Athens der Zeit der Perserkriege vermutet. Ob jedoch Isokrates hier sagen möchte, dass ein gemeinsam mit den Persern errungener Sieg über Sparta Athen den gleichen Ruf verschafft habe wie der gemeinsam mit Sparta errungene Sieg über die Perser, scheint doch eher fraglich. Stattdessen kann man hier eine Anspielung auf den schlechten Ruf Athens im Delisch–Attischen Seebund sehen. Fasst man die Stelle in diesem Sinne auf, dann ergibt sich schon hier eine Möglichkeit, die Folgen von Knidos in Teilen kritisch bewertet zu sehen. In der Folge des Sieges von Knidos nähert sich Athen rasch wieder dem (schlechten) Ruf an, den es sich im Delisch–Attischen Seebund erworben hatte, und der im Peloponnesischen Krieg Athens Niedergang begründete.

All dies wird meines Erachtens in der doppeldeutigen Benennung der vier Folgen von Knidos evoziert: Der große Erfolg des Atheners Konon, für den Konon und Euagoras Ehrenstatuen in Athen erhalten haben (§57), führt (1) zur persischen Herrschaft über Griechen in Asien, (2) zu innergriechischen Kriegen im Mutterland (die bis in die Gegenwart der Publikation des *Euagoras* andauern), (3) zu einem Friedensdiktat des Großkönigs, das unter dem hehren Wort der *autonomía* Griechenlands Schwäche zementiert, und (4) zur Rückkehr der alten athenischen Gewaltherrschaft in einem Seebund, zur

---

[43] Vgl. Isok. IV 115–121, 122–128, 137, 175 (s. dazu o. S. 230–231).
[44] S. o. S. 279–280 mit Anm. 30.

athenischen Seeherrschaft, die Isokrates gut 15 Jahre später in der *Friedensrede* offen angreifen wird.

Wie so oft gilt hier ein *caveat*, das nicht übergangen werden darf: Die eben präsentierte Lesart wird von Isokrates so nicht explizit formuliert, sie ist damit nicht direkt belegbar. Hält man sich jedoch die Brisanz der in §67–69 präsentierten Folgen von Knidos im Rahmen des isokratischen Denkens und vor dem Hintergrund der um 370 bereits publizierten isokratischen Schriften vor Augen, so wird man einen ironischen beziehungsweise kritischen Ton in der Verwendung der Begriffe *arché* und *autonomía* und somit implizite Kritik an der nach Knidos eingetretenen Situation zumindest als Möglichkeit anerkennen müssen.[45] Bei dieser Lesart erhält im Übrigen auch die unmittelbar darauffolgende Aussage eine neue Konnotation:

(69) Ὥστ' εἴ τις ἔροιτό με, τί νομίζω μέγιστον εἶναι τῶν Εὐαγόρᾳ πεπραγμένων, πότερον τὰς ἐπιμελείας καὶ τὰς παρασκευὰς τὰς πρὸς Λακεδαιμονίους, ἐξ ὧν τὰ προειρημένα γέγονεν, ἢ τὸν τελευταῖον πόλεμον ἢ τὴν κατάληψιν τῆς βασιλείας ἢ τὴν ὅλην τῶν πραγμάτων διοίκησιν, εἰς πολλὴν ἂν ἀπορίαν κατασταίην· ἀεὶ γάρ μοι δοκεῖ μέγιστον εἶναι καὶ θαυμαστότατον καθ' ὅ τι ἂν αὐτῶν ἐπιστήσω τὴν γνώμην.

(69) Wenn mich daher jemand fragte, was ich für die größte der Taten des Euagoras halte, die Anstrengungen und Rüstungen gegen die Lakedaimonier, die zu den vorgenannten Ergebnissen führten, oder den letzten Krieg oder die Übernahme der Königsherrschaft oder die ganze Regelung der politischen Angelegenheiten, dann geriete ich in große Verlegenheit. Denn immer scheint mir davon dasjenige das Größte und Erstaunlichste zu sein, worauf ich gerade meine Aufmerksamkeit richte.

Isokrates weist hier in seiner Auflistung der ‚Leistungen' des Euagoras ausdrücklich nochmals auf seine Darstellung der Folgen von Knidos hin. Ein solcher Rückverweis findet sich nur zu Knidos. Darin könnte man, verfolgt man die oben vorgestellte Interpretation, durchaus einen Hinweis auf die problematischen Folgen von Knidos sehen. Der ganze Abschnitt wäre demnach doppeldeutig und vergliche die tatsächlichen Leistungen des Euagoras (Krieg gegen Persien, gerechte Rückgewinnung der Königsherrschaft, ideale Verwaltung der *pólis*) – Leistungen, die Euagoras ohne jede Beteiligung Athens erbrachte – mit eben jener Leistung, für die Euagoras in Athen bekannt war, mit dem Seesieg von Knidos und seinen Folgen: Krieg der Griechen untereinander, Stabilisierung der Herrschaft des Großkönigs inklusive Verrat der Griechen an den kleinasiatischen *póleis*, Friedensdiktat durch Persien, Rückkehr der athenischen Gewaltherrschaft im

---

[45] Eine genaue Überprüfung der Darstellung des Euagoras im Hinblick auf mögliche Amphibolien kann hier nicht geleistet werden. Indes scheint die Wahl der zu Euagoras' Lob herangezogenen Vergleichsobjekte hier vielversprechende Ansätze zu liefern. Insbesondere Kyros, der in Isok. IX 37 des Mordes an seinem Großvater bezichtigt wird und der doch ausdrücklich als Vergleichsobjekt für die vor allem unter moralischen Gesichtspunkten bewerteten Leistungen des Euagoras eingeführt wird, erweist sich, anders als üblicherweise angenommen (vgl. Alexiou 2010: 122–123), kaum als geeignetes Gegenüber einer Synkrisis – zumindest, sofern man Isokrates' Regeln für die rhetorische Synkrisis als Maßstab ansetzt (vgl. Isok. VII 70–73, XII 39–41, s.o. Kap. A.3.3).

Seebund. Einzig die in Athen mit einer Ehrenstatue geehrte Leistung aber stellt sich als Ereignis mit den schlimmsten Folgen für Griechenland heraus. Es ist demnach keine Frage, dass es unter den erwähnten Taten des Euagoras sowohl mehr als auch weniger lobenswerte gibt und dass es den Athenern, die Euagoras im Kampf gegen Sparta stützen, ihn aber im Krieg gegen Persien verraten, am richtigen Urteil darüber mangelt. ‚Groß' und ‚staunenmachend' waren die Folgen all dieser Taten – nur manche jedoch im Guten (Euagoras' Perserkrieg), andere dagegen hatten auch Folgen im Schlechten (Knidos).

Insgesamt ergibt sich im *Euagoras* ein deutlich negatives Bild von Spartas Außenpolitik. Diese wird als Knechtschaft für die Griechen bezeichnet, so dass klar ist, dass ihre Beseitigung an sich nicht kritisiert werden kann, sondern einen Segen für die übrigen Hellenen darstellt.

Es scheint jedoch, insbesondere in den §67–69, auch klar, dass bei aller Kritik an Spartas Herrschaft der Zweck der Beseitigung dieser Herrschaft in Isokrates' Augen offenbar nicht die Mittel heiligt. Isokrates kritisiert auf implizite Weise die unvertretbar hohen Nachteile, das Schüren der innergriechischen Feindschaften und Konflikte, die Stärkung Persiens, das vor dem Eingreifen des Konon und des Euagoras noch von Sparta erfolgreich bekämpft worden war, und die Preisgabe Kleinasiens, insgesamt also die viel zu großen Opfer, die die Beseitigung der spartanischen Herrschaft forderte. Nach dieser Auffassung ist die *arché* von Griechen über Griechen zu beenden durch einen Ausgleich, durch gesunde Konkurrenz[46] und im Hinblick auf die gemeinsame Reaktion auf die persische Herausforderung. In Knidos jedoch wird Spartas *arché* beendet durch einen innergriechischen Streit, der die *póleis* nicht einmal vor Unterordnung unter den persischen Großkönig zurückschrecken lässt und so nur persische, nicht aber hellenische Interessen fördert. Die Beseitigung der spartanischen *arché* wird so zu einem ambivalenten Ereignis, das zwar ein Übel der griechischen Welt erfolgreich beseitigt, jedoch nur, um verschiedene andere Übel man dessen Stelle treten zu lassen.

---

[46] Vgl. den in Isok. XIV vorgeschlagenen Weg (vorbildhafter Einsatz für die *autonomía*) zur Mäßigung Thebens.

> ἡσυχάζετε γὰρ μόνοι Ἑλλήνων, ὦ Λακεδαιμόνιοι,
> οὐ τῇ δυνάμει τινά, ἀλλὰ τῇ μελλήσει ἀμυνόμενοι.
> (Thuk. I 69,4)

> καὶ ἡσυχαζούσῃ μὲν πόλει τὰ ἀκίνητα νόμιμα ἄριστα,
> πρὸς πολλὰ δὲ ἀναγκαζομένοις ἰέναι πολλῆς καὶ τῆς ἐπιτεχνήσεως δεῖ.
> (Thuk. I 71,3)

> καὶ τὸ βραδὺ καὶ μέλλον, ὃ μέμφονται μάλιστα ἡμῶν, μὴ αἰσχύνεσθε.
> (Thuk. I 84,1)

B.5 *Archidamos* (Isok. VI)

Der *Archidamos* fällt innerhalb des isokratischen Werkes gleich in mehrfacher Hinsicht aus dem Rahmen.[1] Mit dem jungen Eurypontiden Archidamos tritt einzig in dieser Schrift ein Spartaner als Sprecher auf. Anders als in den übrigen Schriften, in denen die Kritik an Spartas außenpolitischem Kurs unmissverständlich ist, trägt dieser Sprecher geradezu ein Enkomion auf Sparta vor. Und schließlich unterbreitet er seinen Mitbürgern einen außen- wie innenpolitisch radikalen Vorschlag, demzufolge Sparta den Krieg gegen Theben durch vorübergehende Auflösung der eigenen *pólis*[2] intensivieren solle.

Für unsere Untersuchung ist der *Archidamos* von ganz besonderer Bedeutung. Isokrates lässt in dieser Schrift spartanische Positionen – wie er sie für sein Publikum als authentisch erachtet beziehungsweise wie er sie für seine Zwecke verarbeiten will – zu Wort kommen. Der *Archidamos* hat daher fraglos zentrale Bedeutung für die Evaluierung des isokratischen Spartabildes.

Zugleich hat der *Archidamos* bei den modernen Interpreten nicht selten Ratlosigkeit hervorgerufen.[3] Während in anderen Reden nur einzelne Abschnitte Abweichungen von den zumeist bei Isokrates vertretenen Idealen aufweisen, die sich zudem – wie in der bisherigen Untersuchung bereits gesehen – nicht selten aus offenbar gezielt konstruierten Fehlargumentationen ergeben und mit einer Differenzierung zwischen idealisierter Ver-

---

[1] Eine Zusammenfassung einiger Thesen dieses Kapitels wurde 2009 bei einer Tagung des ‚International Sparta Seminar' in Regensburg präsentiert. Die Publikation des Tagungsbeitrags ist geplant (vgl. Blank 2009 [in Vorbereitung]).
[2] S. dazu u. Kap. B.5.6.2.
[3] Ollier 1933: 361, 367–368, Baynes 1955: 160–161 ("Could Isocrates have thus directly denied the whole argument of the *Panegyricus*? Could the apostle of ὁμόνοια in all seriousness have composed this bellicose exhortation to war?"), Mossé 1953: 29, Harding 1974: 143.

gangenheit und kritisierter Gegenwart Athens zu identifizieren sind, scheint der *Archidamos* in praktisch allen Argumenten dem entgegenzustehen, was in früheren Schriften des Isokrates als politisches Ideal erkennbar war.[4] Wie kann man diese Schrift in den Kontext des isokratischen Werkes einordnen? In der folgenden Untersuchung wird diese bislang nicht befriedigend gelöste Frage nach Zweck und Tendenz des *Archidamos* zu beantworten sein.[5]

B.5.1 Historischer Hintergrund

Der *Archidamos* wird in der Regel um das Jahr 366 datiert,[6] was vor allem mit der in der Schrift vorgestellten politischen Situation begründet wird, die sich leicht auf die Friedensverhandlungen zwischen Sparta, Theben und einigen Bündnispartnern Spartas – genannt werden Korinth, Phleious und Epidauros[7] – im Frühjahr 366 festlegen lässt.[8] Es sei an dieser Stelle bereits darauf hingewiesen, dass dieser fiktionale Rahmen für die Datierung der Schrift nicht mehr als einen *terminus post quem* erschließen lässt.[9] Die Situation der Friedensverhandlungen von 366 konnte frühestens im Jahr 366 literarisch dargestellt

---

[4] Der Verweis darauf, dass Isokrates in Form einer rhetorischen *epídeixis* jeden beliebigen Standpunkt einnehmen könne (so Baynes 1955: 160–161, Harding 1974), ist nicht ausreichend. Denn Isokrates betont wiederholt, dass er Schriften, die nur der rhetorischen *epídeixis* dienten, ablehne; z. B. Isok. X 1–15 (s. dazu o. Kap. B.1.2.1), XI 44, ep. I 6, ep. VI 5, XV 24 (und positive Neudefinition des Begriffs in 170, vgl. Too 2008: 177–178), V 17–23, 25, 93, vgl. Klett 1880: 12, Buchheit 1960: 121–122, Usener (S.) 1994: 51–52, Alexiou 1995: 142, Papillon 1995: 157–158, Sullivan 2001: 82–83.

[5] Drei bereits in der späteren Antike diskutierte mögliche Funktionen der Schrift nennt Hypoth. Isok. VI: (1) Die Schrift wurde von Isokrates im Auftrag Archidamos' III. verfasst. (2) Die Schrift stellt eine rhetorische Übung (γυμνασίαν εἶναι) dar. (3) Die Schrift ist eine authentische Rede Archidamos' III. Während die dritte hier genannte Deutung in der modernen Forschung zu Recht keine Berücksichtigung fand, wurden die Lösungen (1) und (2) von der modernen Interpretation aufgegriffen. Dabei rekurrierte man jedoch mit guten Gründen nicht auf die Angaben der Hypothesis (eine Ausnahme stellt Pareti 1910: 280 dar), deren sachliche Unkenntnis der historischen Zusammenhänge des *Archidamos* zu offensichtlich ist. So übersieht der Anonymos, dass die in Isok. VI vorausgesetzte Drohung der Bundesgenossen mit Austritt aus dem Seebund nicht in das Jahr 362 passt, in das er die Rede einordnet; zudem gibt er eine falsche Genealogie des eurypontidischen Königshauses, indem er Agesilaos II. zum Sohn statt zum Stiefbruder Agis' II. macht.

[6] Burk 1923: 59, Mossé 1953: 33, Mathieu/Brémond 1961: 173, Bringmann 1965: 17, 55–56, Santarelli 1990, 31, Urban 1991: 175, Azoulay 2006: 506–507. Ins Jahr 365/364 setzt Pareti 1910: 278–280 das fiktionale Datum des Vortrags – obwohl seine Argumentation eigentlich nur die Datierung 366 zulässt.

[7] Vgl. Isok. VI 91.

[8] Pareti 1910: 278–179, Urban 1991: 175, Luraghi 2008: 222.

[9] Pareti 1910: 278.

B.5.1 Historischer Hintergrund

werden, genauso gut jedoch auch erheblich später, so dass man die Möglichkeit einer späteren Datierung nicht vorschnell verwerfen sollte.[10]

In welcher Ausgangssituation hält nun der isokratische Archidamos seine Rede? Sparta hatte im Krieg gegen Theben 371 bei Leuktra eine katastrophale Niederlage hinnehmen müssen, die sowohl die militärische Vormacht Spartas auf der Peloponnes beendete als auch die innere Ordnung Spartas erschütterte.[11] Spartas Macht auf der Peloponnes erodierte zunächst von Norden her, wo sich einige arkadische *póleis* aus dem Peloponnesischen Bund lösten und, zusammengeschlossen im Arkadischen Bund, auf die Seite Thebens überwechselten.[12] Theben drang im Laufe der folgenden Jahre bis nach Lakonien vor,[13] befreite 370/369 Messenien und beendete das dortige Helotenwesen. Dies bedeutete für die Spartaner den Verlust der für Spartas Wirtschaft wichtigen messenischen *klároi*. Zudem konnte die Befreiung der messenischen Heloten für das spartanische Helotenwesen insgesamt gefährlich sein, da sich diesen unfreien Griechen erstmals eine realistische Alternative zur spartanischen Herrschaft bot.[14] Besonders gefährlich war der Verlust Messeniens und der messenischen *klároi* jedoch wohl vor allem für den sozialen Frieden innerhalb der Gruppe der Spartiaten,[15] deren soziale Ungleichheiten überdeckendes, identitätsstiftendes *homoiótês*-Ideal auf der Abgrenzung gegenüber den Heloten basierte.[16] Durch die Gründung der *pólis* Messene im Jahr 369 wurde den Spartanern ein Bollwerk gegen mögliche Rückeroberungsversuche entgegengestellt, das Sparta nicht nur im Äußeren, sondern auch in seinem inneren Zusammenhalt bedrohte.[17]

Zum Zeitpunkt des fiktionalen Datums und damit auch zur Zeit der späteren Entstehung des *Archidamos* war die Machtstellung Spartas in einem Maße gebrochen, das zuvor undenkbar schien und in der griechischen Welt, insbesondere in Athen, keineswegs nur mit Genugtuung, sondern durchaus mit Bestürzung aufgenommen wurde.[18] Spartas Niederlage machte den Athenern endgültig klar, was fraglos schon zuvor, etwa im Kontext der Zerstörung Plataiais 373, hatte vermutet werden können: Infolge der athenischen

---

[10] Vgl. Papillon 2004: 109–110. Die bisherigen Versuche, die Schrift in die 350er Jahre zu datieren, waren schlecht begründet, vgl. Blaß ²1892: 288–289, Euler 1883: 10, Gomperz 1905/1906: 200 (gegen diese älteren Ansätze Meyer (E.) 1902: 438 Anm. 773, Pareti 1910: 277–280), Harding 1974: 147 (dagegen Moysey 1982).

[11] Welwei 1999: 285 und 2004: 300, 304–305.

[12] Welwei 1999: 286, Welwei 2004: 303–304. Xen. Hell. VI 5,50 erwähnt auch den Abfall von Verbündeten aus Elis und der Argolis.

[13] Xen. Hell. VI 5,22–23, Diod. XV 62,4–5, Plut. Pelop. 24,2, Plut. Ages. 31,1; Welwei 2004: 304–305.

[14] Die Annahme der neuen ‚messenischen' Identität bot sich auch nichtmessenischen Heloten (und sonstigen südlichen Peloponnesiern) als Möglichkeit der Opposition gegen Sparta an, so dass mittelbar das gesamte Helotenwesen infrage gestellt wurde (Luraghi 2009).

[15] Urban 1991: 175, Welwei 1999: 286, Welwei 2004: 306–308.

[16] Meier (M.) 1998: 67–69 und 2006.

[17] Welwei 2004: 305–306.

[18] Welwei 1999: 286.

Bemühungen, im Rahmen des Zweiten Seebundes die Expansion Spartas kriegerisch einzudämmen, war mit Theben ein neuer, unberechenbarer Konkurrent für den athenischen Führungsanspruch in der griechischen Welt entstanden.

Nach Leuktra richtete sich die athenische Außenpolitik folgerichtig vor allem gegen Theben, was zunächst wenig Erfolg brachte. Auf einer Konferenz in Athen wurde – ohne Beteiligung und unter Ausschluss Thebens – noch 371/370 eine *koiné eirénê* auf Grundlage des Königsfriedens vereinbart.[19] Theben wiederum konnte seinen Einfluss in Mittelgriechenland und nach dem Tod des Tyrannen Iason von Pherai auch in Thessalien ausweiten und wurde zur bestimmenden Macht der folgenden Jahre.[20] 369 schloss Athen Bündnisse zunächst mit Sparta und schließlich auch mit Dionysios I. von Syrakus – Allianzen, die ganz offensichtlich gegen Theben gerichtet waren.[21] Mit Hilfe persischer und syrakusanischer Söldner gelang einem spartanischen Heer in der sogenannten ‚Tränenlosen Schlacht' im Jahr 368 ein letzter größerer Sieg über die mit Theben verbündeten Arkader, Argiver und Messenier.[22] Mit dem Tod Dionysios' I. und der damit verbundenen Unterbrechung der syrakusanischen Unterstützung auf der Peloponnes wurde Spartas Stellung jedoch noch weiter geschwächt. Athen wiederum war verpflichtet, Sparta auf der Peloponnes Hilfe zu leisten, während Theben vor den Toren Athens seine Stellung weiter ausbaute.[23] Auch ein Bündnis mit dem Arkadischen Bund sollte wohl vor allem Thebens Einfluss auf der Peloponnes schwächen, führte jedoch dazu, dass Athen nun zwei miteinander verfeindeten Bündnispartnern, Sparta und Arkadien, zur Hilfeleistung verpflichtet war.[24]

In den Jahren 368/367 waren unter Beteiligung persischer Gesandter zustandegekommene Friedensverhandlungen vor allem an den thebanischen Forderungen gescheitert. Theben beabsichtigte, mit Artaxerxes II. eine *koiné eirénê* unter Einschluss der Autonomie von Messene, Amphipolis und den von Athen beanspruchten Gebieten auf der Chersones, sowie einer Demobilisierung der athenischen Flotte auszuhandeln, was nicht

---

[19] Xen. Hell. VI 5,1–3, 5,33–49; Fisher 1994: 351, Welwei 1999: 286. Bemerkenswert ist der Umstand, dass in Xenophons Bericht die Redner gerade jener Verbündeten Spartas (Korinth und Phleious) die Athener von der Notwendigkeit eines Bündnisses mit Sparta überzeugen, die später – in der dem *Archidamos* zugrundeliegenden historischen Situation des Jahres 366 – in Sparta zur Annahme des thebanischen Friedensangebotes drängen. Die Reden mehrerer spartanischer Sprecher bleiben in Xenophons Darstellung in Athen ohne Wirkung (Xen. Hell. VI 5,33–36), wohingegen der Korinther Kleiteles (Xen. Hell. VI 5,37) und vor allem der Phliasier Prokles (Xen. Hell. VI 5,38–48) die Überzeugungsarbeit leisten. Sie argumentieren jeweils nicht mit dem Wohl Spartas, sondern mit dem von Theben ausgehenden Unrecht sowie mit dem ureigenen Interesse der Athener daran, als Retter der Bedrängten und Wahrer des Rechts aufzutreten.

[20] Welwei 2004: 303.

[21] Xen. Hell. VII 1,1–2,14, Diod. XV 67,1, I.G. II/III² 105, 523; Welwei 1999: 287. Gómez 1998: 64 hält dieses Bündnis für den Anlass der Abfassung des *Briefes An Dionysios* (Isok. ep. I).

[22] Xen. Hell. VII 1,27–32, Diod. XV 72,3, Plut. Ages. 33,3–5, Plut. apophth. Lac. 218–219; Heskel 1997: 124–125, Welwei 2004: 309.

[23] Welwei 1999: 287.

[24] Xen. Hell. VII 4,2; Jaeger 1940:168–169, Welwei 2004: 307.

B.5.1 Historischer Hintergrund

weniger bedeutet hätte als eine offene Parteinahme Persiens für Theben.[25] Artaxerxes ging zunächst auf Thebens Forderungen ein, gab den Athenern und Spartanern jedoch die Gelegenheit, in Nachverhandlungen auf die strittigen Punkte nochmals Einfluss zu nehmen. Nur Athen konnte sich jedoch mit seinen Ansprüchen in der nördlichen Ägäis durchsetzen. Spartas Anspruch auf Messenien blieb unberücksichtigt.[26] Athen und Sparta unterstützen daraufhin den aufständischen Satrapen Ariobarzanes, dem von spartanischer Seite König Agesilaos II. und von athenischer Seite Timotheos zu Hilfe geschickt wurden.[27] Auf dem Weg nach Phrygien belagerte und eroberte Timotheos die Inselpolis Samos, auf der im Jahr 365 – zum ersten Mal seit Gründung des Zweiten Attischen Seebundes – die gesamte Bürgerschaft vertrieben und athenische Kleruchien eingerichtet wurden.[28] Zur Sicherung der eigenen Einflusssphäre war man in Athen nun offenbar bereit, auch solche Maßnahmen zu ergreifen, die dem satzungsgemäßen Geist des Zweiten Seebundes offen zuwiderliefen.[29] Auch in Poteidaia wurden nach der Eroberung von 363 durch Timotheos athenische Kleruchen angesiedelt, und 361 eroberte Timotheos mit Elaious gar eine dem Zweiten Seebund angehörende *pólis* (die evtl. zuvor das Bündnis einseitig verlassen hatte).[30]

Spartas Bundesgenossen Korinth, Phleious und Epidauros schlossen schließlich 366 einen Separatfrieden mit Theben und traten auf diese Weise *de facto* aus dem Peloponnesischen Bund aus, der damit praktisch zu existieren aufhörte.[31] Sparta musste dies wohl oder übel akzeptieren, widersetzte sich jedoch einem Beitritt zu dem zwischen Theben und den spartanischen Bundesgenossen geschlossenen Frieden. 362 schließlich operierten erneut thebanische Truppen unter Epameinondas auf der Peloponnes und konnten die Spartaner in der Schlacht von Mantineia schlagen.[32] Mantineia stellte zwar auch für Theben letztlich das Ende des machtpolitischen Aufstiegs dar, Spartas Machtbasis war jedoch mit dieser Niederlage endgültig zerstört.

Es ist schwer vorstellbar, dass der zeitgenössische Beobachter Isokrates, der in seinen vorherigen Reden, besonders im *Panegyrikos*, darauf hingewiesen hatte, dass die Grie-

---

[25] Xen. Hell. VII 1,27–40, Plut. Pelop. 30. Vgl. Jaeger 1940: 150 Anm. 27, 171–178, Jehne 1994: 82–86, Welwei 2004: 307, anders Heskel 1997: 105–110, 125–131, v. a. 127–128.

[26] Heskel 1997: 110–111, 133–134.

[27] Xen. Ag. 2,25–26, Dem. XV 9, Heskel 1997: 134–136, Welwei 1999: 287–288. Dem. XXIII 141, 202 zufolge hatte Ariobarzanes schon in den 360er Jahren – also vermutlich im zeitlichen Vorfeld der Entsendung des Timotheos – das athenische Bürgerrecht verliehen bekommen.

[28] I.G. II² 1437, Z. 20–21, Dem. XV 9, Isok. XV 111, Dein. I 14, III 17, Polyain. III 10,9–10, Corn. Nep. Tim. 1,2, Paus. VI 3,16, Kleine-Piening 1930: 8–9, Heskel 1997: 134–137, Welwei 1999: 288–290.

[29] Mathieu 1925: 113–115, Jaeger 1940: 172, Bringmann 1965: 80, Due 1988: 87, Heskel 1997: 137, Walter 2003: 81–82, 91. Arist. Rhet. 1384b32–35 berichtet von innerathenischer Kritik an der Einrichtung der Kleruchien, die sich jedoch nicht habe durchsetzen können.

[30] Vgl. Heskel 1997: 31, 34–36, 47–48, 77–79, 147.

[31] Xen. Hell. VII 4,4–10, Welwei 1999: 291 und 2004: 307–308.

[32] Xen. Hell. VII 5,18–25, Diod. XV 82,3–87, 6; Welwei 2004: 308–309.

chen einer Bedrohung durch Persien nur mit Hilfe der vereinten Kräfte Athens und Spartas würden standhalten können,[33] und der den Aufstieg Thebens mehr als skeptisch beobachtete, den Niedergang Spartas mit großer Genugtuung zur Kenntnis genommen haben könnte. Insofern ist zweifellos in seinem Werk der Mitte der 360er Jahre mit Verbitterung über die politische Lage in Griechenland zu rechnen. Dies bedeutet jedoch, so viel sei vorab bemerkt, keineswegs zwingend, dass er aufgrund einer persönlichen Opposition gegen Theben zu einem Befürworter spartanischer Machtansprüche werden musste, wie wiederholt vermutet wurde.[34]

B.5.2 Inhaltlicher Überblick

Welches Programm wird nun im *Archidamos* vertreten, und welche wesentlichen Argumente werden vorgebracht? Ein Überblick über den Aufbau des *Archidamos* soll der näheren Analyse der Schrift vorangestellt werden.

Archidamos tritt mit seiner Rede inmitten der politischen Debatte in der spartanischen *apélla* auf.[35] Er erwähnt spartanische Vorredner, die dem Drängen der Bundegenossen auf Annahme des thebanischen Friedensangebots zugestimmt und ebenfalls ein Einlenken in der Messenienfrage vorgeschlagen hätten (§2). Gegen diese Stimmen versucht er, die Spartiaten davon zu überzeugen, dass es im Interesse Spartas liege, den Krieg fortzuführen.

Die Argumentation gliedert sich im Wesentlichen in fünf große Abschnitte. Nach dem ganz der *captatio benevolentiae* und der Einführung in Rede-Situation und Thematik gewidmeten Proömium (§1–15)[36] wendet sich Archidamos dem zugrundeliegenden Streitfall zu. Gegenstand der Rede ist die Frage, inwiefern Spartas Herrschaft über Messenien gerechtfertigt sei oder nicht. Das umfangreich präsentierte Exemplum der spartanischen Frühgeschichte soll nachweisen, dass diese Herrschaft gerechtfertigt (*díkaion*) sei und dass Sparta ein Anrecht auf Messenien habe (§16–33). Auf diesem Argument des legitimen Besitzes aufbauend stellt Archidamos daraufhin (§33–57) einen unerbittlichen Kampf zur Durchsetzung dieses Rechtes als nützlich (*symphéron*), eine Aufgabe der Ansprüche dagegen als schädlich für Sparta dar. Der darauffolgende Abschnitt (§58–71) dient dem Nachweis, dass ein solcher Kampf darüber hinaus auch erfolgversprechend sei, da Sparta bei Fortsetzung des Krieges auf zahlreiche Unterstützer hoffen könne. In §72–92 schließlich präsentiert Archidamos einen konkreten Plan, mit welcher Strategie man den militärisch scheinbar übermächtigen Feind Theben besiegen und die ehemalige

---

[33] Vgl. Isok. IV 139.
[34] S. dazu u. Kap. B.5.3.
[35] Zur Bezeichnung der spartanischen Volksversammlung vgl. Welwei 1997.
[36] S. dazu u. Kap. B.5.4.2.

B.5.2 Inhaltlicher Überblick

Machtposition Spartas wiederherstellen könne. Die Spartiaten sollten alle nicht der Kriegerelite angehörenden Bevölkerungsteile – also Frauen, Kinder, Alte, Hypomeiones – ins Exil nach Übersee (Sizilien, Kyrene usw.) schicken. Die auf der Peloponnes verbliebenen Spartiaten sollten daraufhin Lakonien verlassen; ohne feste Operationsbasis und ohne festgelegte politische Ordnung (*politeía tetagménê*) sollten sie als söldnergleiches Spartiatenheer gegen die Feinde vorgehen.[37] Auf diese Weise müssten nur die Gegner Spartas um ihre Familien und um ihre Ländereien fürchten, während die Spartiaten sich leicht aus dem Ertrag der jeweiligen Kampfgebiete ernähren könnten und selbst nichts zu verlieren hätten. Die Demoralisierung des Gegners anhand einer solchen Ausgangslage werde den Spartiaten einen Vorteil im Krieg verschaffen.[38] Im Schlussteil (§93–111) stellt Archidamos die gegenwärtige Krisensituation als Gelegenheit für die Spartaner dar, ihre eigene Leistungsfähigkeit und Tüchtigkeit unter Beweis zu stellen und sich ein unvergängliches Denkmal zu setzen (§107–111).

Die Unvereinbarkeit dieser Rede mit den Standpunkten der früheren Schriften des Isokrates, insbesondere des *Panegyrikos*,[39] liegt auf der Hand. Die historisch argumentierende Beweisführung zur Frage der Rechtsansprüche auf Beherrschung Messeniens (§16–33) stellt nichts anderes dar als eine Argumentation im Interesse der Gewaltherrschaft von Griechen über Griechen. Spartas Frühgeschichte wird dabei in völlig anderer Weise dargestellt als im *Panegyrikos*, in dem Isokrates jede Form der *arché* in innergriechischen Angelegenheiten ablehnt. So soll beispielsweise die Eroberung der Peloponnes durch die Herakliden – im *Panegyrikos* noch als negatives Exemplum disqualifiziert – im *Archidamos* als Beleg für das *díkaion* der spartanischen Herrschaft dienen.[40] Doch nicht nur die Begründung der vertretenen Ansprüche, auch der vorgeschlagene Weg zur Durchsetzung derselben (§72–92) lässt sich nicht mit Isokrates' übrigen Schriften vereinbaren: Die Spartiaten sollen ihre *klároi* aufgeben, ihre *oikoí* auflösen und ihre Angehörigen ins Exil senden zu dem einen Zweck der Reduzierung der Gesellschaft zu einem reinen Heeresverband, zu einer Art Söldnertrupp der *kaloikagathoí*.[41] Dies ist nichts Anderes als die völlige Umkehrung der sonst bei Isokrates üblichen Forderung nach einer Ausrichtung allen Handelns auf das Wohl der gesamten *pólis*,[42] die Umkehrung des aus dem *Busiris* bekannten Gedankens, wonach im idealen Staat das Militär zur defensiven Sicherung des wirtschaftlichen Handelns diene,[43] und es treibt gerade jene als typisch spartanisch präsentierte, einseitige Betonung des Militärischen im Staat auf die Spitze, die Isokrates ebenfalls im *Busiris* deutlich kritisiert

---

[37] Isok. VI 75–76; Pointner 1969: 64–65.
[38] Isok. VI 77–79.
[39] Cloché 1933: 134–138, Mossé 1953: 29
[40] Isok. VI 16–33 (s. dazu u. Kap. B.5.5.1), vgl. Isok. IV 23–25 (s. o. Kap. B.2.4.2).
[41] S. dazu. u. Kap. B.5.6.2.
[42] Z. B. Isok. IV 75–81, später VII 24–26.
[43] Isok. XI 15–16.

hatte.[44] Zusammengefasst lässt sich daher festhalten: Gerade das, was Isokrates in anderen Schriften an Sparta kritisiert, wird im *Archidamos* gelobt und dient zur Rechtfertigung für Spartas Kriegskurs.

B.5.3 Moderne Rezeption

Die Schwierigkeit der inhaltlichen Einordnung des *Archidamos* in das Werk des Isokrates hat dazu beigetragen, dass diese Schrift trotz ihres beträchtlichen Umfanges, trotz ihres unmittelbar politischen Gehaltes und trotz ihrer chronologischen Stellung in der Mitte des isokratischen Schaffens von der modernen Forschung erstaunlich wenig beachtet wurde. Die Spezialuntersuchungen zu dieser Schrift lassen sich an einer Hand abzählen,[45] die wissenschaftliche Kommentierung stellt nach wie vor ein unerfülltes Postulat der Forschung dar,[46] und in größeren Überblicksdarstellungen zum Spartabild Athens oder des Isokrates werden der Schrift meist nur wenige Absätze gewidmet.[47] Nicht selten wird der *Archidamos* jedoch als Quelle – etwa für den Umschwung der öffentlichen Meinung über Sparta in Athen in den Jahren zwischen 371 und 362 – zitiert, häufig in seltsamer Verzerrung der Aussagen der Schrift.[48]

Ausgangspunkt der modernen Interpretationen war in der Regel die Haltung, die in dieser Rede Sparta gegenüber eingenommen wird. Der veränderte Standpunkt erklärt sich zum Teil dadurch, dass der Sprecher der Schrift ein vornehmer Spartaner, sogar ein angehender König Spartas ist.[49] Alles andere als eine spartafreundliche Haltung eines solchen Sprechers würde die innere Plausibilität der Schrift zerstören. Allerdings erklärt dies nicht, weshalb der Autor Isokrates einen ebensolchen Sprecher auftreten lässt. Da ein authentischer Vortrag des *Archidamos* durch den spartanischen Königssohn, der die Rede etwa bei Isokrates ‚bestellt' haben könnte, nie ernsthaft zu Debatte stand,[50] und da auch

---

[44] Vgl. Isok. XI 17–20 (s. o. S. 125–128).
[45] Pareti 1910, Mossé 1953, Harding 1974, Azoulay 2006.
[46] Die kommentierten Schulausgaben von Bonino 1907 und Arapopoulos 1953 verfolgen keinen wissenschaftlichen Anspruch. Derzeit bereitet Emanuel Zingg in Zürich eine ausführliche Kommentierung der Rede vor.
[47] Z. B. Mathieu 1927: 105–107, Cloché 1933: 134–136, Bringmann 1965: 55–56, Tigerstedt 1965, I: 197–200, Schmitz 1988: 258–261. Etwas ausführlicher ist Ollier 1933: 360–368.
[48] V. a. Piepenbrink 2001: 112 mit Anm. 87, 115 mit Anm. 99, wo die Aussagen des Sprechers über Sparta kommentarlos als Aussagen des Isokrates über Athen präsentiert werden. Ebenfalls wenig nachvollziehbar sind die Erwähnungen bei Schäublin 1982: 170, Liou 1990: 12, Usener (S.) 1994: 32, Huttner 1997: 60, Walter 2003: 87.
[49] Roth 2003a: 245.
[50] Forster 1912: 13. Dass ein authentischer Vortrag nicht infrage kommt, betont bereits Niebuhr 1848: 299–300, ebenso später Blaß ²1892: 288, Mathieu 1925: 106–107, Jaeger 1939: 52, 196, Mossé 1953: 32–33, Baynes 1955: 160–161, Mathieu/Brémond 1961: 172, Tigerstedt 1965, I: 187–188, 197, 200, Harding 1974: v. a. 147, Poulakos (T.) 1987: 317–318, Schmitz 1988: 260–261, Azoulay 2006: 507,

B.5.3 Moderne Rezeption

eine tatsächliche Adressierung der Schrift an Archidamos, der dann als Schüler oder Freund des Isokrates erscheinen würde, nur selten angenommen wurde,[51] steht bei der Interpretation der Schrift die Frage nach ihrer Zielrichtung im Hinblick auf ein in erster Linie athenisches und aristokratisches Publikum im Mittelpunkt.[52] Wenn die Wahl der Sprecherfigur Archidamos zu inhaltlichen Positionen führt, die sich mit den Standpunkten seines übrigen Werkes kaum vereinbaren lassen, dann gilt es die Frage zu beantworten, weshalb Isokrates diese Schrift überhaupt verfasst hat, weshalb er seinen prospartanischen Sprecher überhaupt vor seinem vor allem athenischen Publikum zu Wort kommen lässt.

Im Wesentlichen stehen sich bei der Beantwortung dieser Frage zwei grundsätzliche Deutungsansätze gegenüber, die letztlich mit den beiden wesentlichen Interpretationsansätzen für das gesamte isokratische Werk übereinstimmen. Entweder betrachtet man dessen Schriften (a) als publizistische Beiträge zum zeitgenössischen politischen Diskurs Athens oder (b) man sieht sie in erster Linie als Schulschriften, die der rhetorischen Ausbildung der Schüler des Isokrates dienen sollten und deren inhaltliche Ausrichtung allenfalls sekundären Rang habe.

(a) Die Interpretation des *Archidamos* als Werk im Rahmen einer politischen Publizistik versuchte vor allem die Frage zu beantworten, aus welchem Grund Isokrates in dieser Schrift ganz andere politische Ansichten präsentiert als in seinen vorhergehenden Werken, weshalb er insbesondere von seiner Kritik an Spartas Außenpolitik ablasse. In der Regel lautete die Antwort der Interpreten auf diese Frage: Die Änderung der politischen Lage in Griechenland mit Spartas rapidem Machtverfall und dem rasanten machtpolitischen Aufstieg Thebens habe auch zu einem Umdenken des Isokrates hinsichtlich Spartas geführt. Die neue Situation habe demnach Isokrates dazu veranlasst, zeitweise für die spartanische Sache und mithin für Athens prospartanischen Kurs der Jahre nach Leuktra einzutreten. Ziel der isokratischen ‚Publizistik' ist nach dieser Deutung also eine Beeinflussung nicht der spartanischen Politik, sondern der athenischen Haltung gegenüber Sparta.

---

524. Einzig Usener (S.) 1994: 31–32 will einen logographischen Charakter der Rede nicht völlig ausschließen (wenngleich auch sie die Schrift letztlich als Publikation „unter Pseudonym" deutet).

[51] Z. B. Poulakos (T.) 1987, S. 317–318. Argumente für diese Annahme (die sich anders als bei *Kyprischen Reden* nicht aus dem Text selbst ergeben kann) bietet Poulakos jedoch nicht.

[52] Vgl. Roth 2003a: 245: „[...] anstößig bleibt [...] die Tatsache, daß Isokrates diese Rede überhaupt geschrieben hat". Azoulay 2006: 525–526 betont richtigerweise, dass stets das Zusammenspiel zwischen der inneren Logik der Schrift (das heißt die Rede muss in ihrem fiktiven Rahmen plausibel sein) und ihrer äußeren Wirkung gegenüber Isokrates' Publikum (Schüler sowie Eliten in Athen und Hellas) für die Interpretation zu berücksichtigen ist.

Vertreten wurde diese Deutung als *communis opinio* vor allem von der älteren Forschung,[53] wobei der *Archidamos* nicht selten als vermeintlicher Beleg für die Wechselhaftigkeit des politischen Denkens des Isokrates gewertet wurde.[54]

Es ist das Verdienst von Friedrich Blaß gewesen, als erster den Versuch unternommen zu haben, den Wandel in der Auffassung zwischen *Panegyrikos* und *Archidamos* nicht nur zu konstatieren, sondern zu erklären.[55] Cloché sah in dessen Nachfolge die Schrift in diesem Sinne als Hauptbeleg für einen vorübergehenden Gesinnungswandel des Isokrates gegenüber Sparta, für dessen Machterhalt er sich nach dem Aufstieg Thebens solange eingesetzt habe, bis er seine Hoffnungen auf Sparta durch dessen Opposition zu Makedonien endgültig enttäuscht gesehen habe.[56] Cloché, dessen Deutung des *Archidamos* bis heute zu den wirkungsmächtigsten gehört,[57] bleibt jedoch ausschließlich auf die äußere Bewertung der *pólis* Sparta durch Isokrates beschränkt und kann folgerichtig nicht erklären, aus welchen Gründen Isokrates in dieser Schrift nicht nur in seiner Haltung gegenüber Sparta, sondern buchstäblich in seinem ganzen politischen Denken seinen Standpunkt geändert haben sollte.[58]

Ebenfalls in diese ‚publizistische' Tradition einzuordnen sind Interpretationen des *Archidamos* als eines Beitrags zum politik–theoretischen Diskurs der 360er Jahre. Hier ist zum einen die Interpretation von Claude Mossé zu nennen, die in Archidamos' Vorschlag, alle nicht der männlichen Kriegerelite angehörenden Bevölkerungsteile ins Exil zu senden, ein monarchisch-oligarchisches Programm vermutete.[59] Zum anderen ist hier die vor wenigen Jahren publizierte Interpretation Vincent Azoulays einzuordnen, der im

---

[53] Meyer (E.) 1902: 438–439, 440, Wilamowitz-Moellendorff 1919, II: 488, Burk 1923: 59, Ollier 1933: 361–363, 366–367 (der als weiteren Grund für Isokrates' angeblich prospartanische Haltung in Isok. VI anführt, dass die Destabilisierung Spartas dem isokratischen Projekt eines Perserfeldzuges abträglich gewesen sein müsse; dies habe seinen ideellen Lakonismus an die Oberfläche dringen lassen, der zuvor von seiner patriotischen Einstellung überdeckt gewesen sei); Treves 1933a: 314–315, Jaeger 1939: 52 („[…] im Dienste der realen Politik […]"), 196. Etwas anders Dobesch 1968: 45–46, der (beeinflusst von der Fokussierung seiner Untersuchung auf das Perserkriegsthema) das Fernziel des Isokrates darin sah, Spartas Sache in einer Weise zu stützen, die es mittelfristig wieder in die Lage einer Führungspolis für den Perserkrieg versetzen könne.

[54] Z. B. Wilamowitz-Moellendorff 1919, II: 488.

[55] Blaß ²1892: 86–88, wichtig waren auch die Weiterentwicklungen bei Mathieu 1925: 195–196 und vor allem Cloché 1933: 134–138 und 1943: 283–284.

[56] Cloché 1933: 134–138.

[57] Vgl. Tigerstedt 1965, I: 197–200, Chambers 1975, Bringmann 1965: 55–56, Hirsch 1966: 132, Rawson 1969: 41, Allroggen 1972: 47, Moysey 1982: 120, Grieser-Schmitz 1999: 81, Zahrnt 2000: 319.

[58] Die Annahme eines solchen Meinungsumschwunges macht zudem die Annahme eines erneuten Meinungswechsels in den darauffolgenden Jahren notwendig; vgl. z. B. Tigerstedt 1965, I: 200, der daher feststellen muss: „[…] Archidamos marks an episode, a parenthesis in his [sc. Isokrates] authorship […]", ähnlich Schmitz 1988: 258. Bloom 1955: 119–120 schloss aus dem positiven Spartabild des *Archidamos* gar, dass die negativen Urteile über Sparta in allen anderen isokratischen Schriften nicht ernstzunehmen seien.

[59] Mossé 1953: 33–35.

B.5.3 Moderne Rezeption

Archidamos eine Reaktion des Isokrates auf zeitgenössische politische Schriften wie etwa den *Messeniakos* des Alkidamas,[60] Xenophons *Anabasis* (und evtl. *Agesilaos*) sowie einen Kommentar zur spartanischen *krypteía* sieht.[61] In Weiterentwicklung eines Gedankens von Mossé stellt Azoulay den Charakter des von Archidamos angestrebten spartanischen Heeres heraus, das die Vorteile der Professionalisierung der Söldnerarmeen des 4. Jhs. mit der spartanischen *kalokagathía* verbinde. Dahinter stehe eine theoretische Auseinandersetzung mit dem Problem des Söldnerwesens, dessen militärische Effizienz Isokrates durch Bindung an die Werte der idealen *politeía* für die aristokratische und hellenische Sache zu gewinnen versuche.[62] Die vorübergehende politische Entwurzelung sollte den Soldaten nach dem Vorbild der spartanischen *krypteía* und deren Initiations-Funktion die Restituierung ihres Bürgerstatus (und mithin die Restituierung der gesamten *pólis*) ermöglichen.[63]

Auch diese Deutungslinie vermag jedoch nicht die Gründe dafür zu erklären, weshalb Isokrates mit seinem *Archidamos* seine in früheren Reden zutage getretenen politischen Prinzipien in so wesentlichen Bereichen wie der Haltung zum Krieg gegen Griechen und zur *arché*,[64] der Bewertung der spartanischen Politik oder der Rolle der *pólis* derart auf den Kopf stellt. Zudem nimmt Isokrates in späteren Schriften eine ablehnende Haltung gegenüber den professionalisierten Heereswesen und den Söldnerarmeen ein, und er beschreibt das Phänomen des Söldnerwesens als Signum des hellenischen Niedergangs.[65]

Allen Interpretationen des *Archidamos* als publizistischen oder theoretischen Beitrags zur politischen Entwicklung ist gemein, dass sie davon ausgehen, Isokrates lasse mit dem Sprecher Archidamos eine Figur auftreten, der er als Autor seine eigenen Auffassungen in den Mund lege.[66]

(b) Diese Gleichsetzung der Standpunkte von Autor und fiktivem Sprecher wurde von der zweiten wesentlichen Interpretationslinie zum *Archidamos* grundsätzlich infrage gestellt. Demzufolge handelt es sich beim *Archidamos* um eine rhetorische Deklamation ohne jeden politischen Anspruch. Diese Ansicht geht vielleicht auf eine diesbezügliche

---

[60] S. dazu u. S. 372.
[61] Azoulay 2006: 508, 514–517.
[62] Azoulay 2006: 509–510, 517–519.
[63] Azoulay 2006: 520–524.
[64] Moysey 1982: 120.
[65] Vgl. die Kommentare zur Einseitigkeit des spartanischen Staates als professionellen Kriegerstaates in Isok. XI 19–20 sowie zum Söldnerwesen in Isok. VIII 73, XII 185–186 (s. u. S. 362). Es ist ein methodisches Grundproblem in Azoulays Interpretation, dass er die Aussagen der *persona* ‚Archidamos' mit Aussagen der *persona* ‚Isokrates' praktisch gleichsetzt (z. B. Azoulay 2006: 510, 513, 524–525). Eine solche Gleichsetzung verstellt den Blick für die (naheliegende) Möglichkeit, dass verschiedenen Sprechern bei Isokrates spezifische, individuelle Haltungen zugeschrieben werden, die es jeweils eigens zu deuten gilt.
[66] Vgl. z. B. Mossé 1953: 34: „[...] Archidamos, c'est-à-dire Isocrate [...]"; ähnlich Azoulay 2006: 510, 513. Den gleichen Standpunkt vertreten die meisten Interpreten, die sich zum äußeren Zweck der Publikation dieser Rede nicht näher äußern, so z. B. Walter 2003: 86–88.

Angabe in der antiken Hypothesis zum *Archidamos* zurück[67] und wurde in der modernen Forschung zuerst durch Barthold Georg Niebuhrs vernichtendes Urteil über den Denker Isokrates geprägt.[68] Dieser Ansatz wurde – ohne die bei Niebuhr dominante Polemik gegen die rhetorisch–literarische Form der Deklamation – vor allem von Baynes und Harding vertreten, die in Isokrates' *Archidamos* entweder eine rhetorische *epídeixis*, die dem Nachweis des persuasiven Potentials der von Isokrates vertretenen Rhetorik diene, oder eine Schrift zum praktischen Gebrauch in der rhetorischen Schule des Isokrates sahen.[69] Harding betrachtete den *Archidamos* als Antilogie zur isokratischen *Friedensrede*; beide Schriften seien zusammen konzipiert worden als Reden zum Schulgebrauch, die zu derselben symbuleutischen Fragestellung (Krieg oder Frieden) gegensätzliche Positionen verträten.[70] Hardings Deutung stellt letztlich einen Versuch dar, jene Frage zu klären, die bei Cloché unbeantwortet geblieben war: Wenn der *Archidamos* eine publizistische Stellungnahme zu den Ereignissen um Spartas Niedergang sein soll, wieso verbindet sich dies mit einer Abkehr von so vielen Prinzipien des isokratischen Denkens, die nicht an die Beurteilung Spartas gebunden sind? Die Lösung einer Antilogien-Konzeption erscheint hier tatsächlich reizvoll. Jedoch betont Harding die motivischen Parallelen und Gegensätze zwischen *Archidamos* und *Friedensrede* zu stark – und übersieht, dass ebenso starke Bezüge auch zwischen *Archidamos* und anderen isokratischen Schriften bestehen (etwa zu *Busiris*, *Panegyrikos*, *Plataikos*),[71] zudem, dass die *Friedensrede* zweifellos mit dem *Areopagitikos* zusammen zu betrachten ist.[72] Endlich muss Harding für seine Interpretation nicht nur diesen beiden Reden jede Ernsthaftigkeit hinsichtlich der in ihnen vertretenen politischen Standpunkte absprechen, sondern er muss die Einschätzung der isokratischen Schriften als politische Werke insgesamt infrage stellen.[73] Um das Problem des für Isokrates eigenartigen Standpunktes einer Schrift zu lösen, muss Harding die politischen Standpunkte aller Schriften für irrelevant erklären – ohne einen Grund dafür anzuführen, dass es im isokratischen Werk abgesehen von der einen Ausnahme des *Archidamos* keine weitere Schrift gibt, die derart deutlich von der allgemeinen politischen

---

[67] Hypoth. Isok. VI: „[…] ἄλλοι δέ φασι γυμνασίαν εἶναι τὸν λόγον Ἰσοκράτους […]"; vgl. Ollier 1933: 361.

[68] Niebuhr 1848: 299–300 („[…] merkwürdiges Beispiel von Verkehrtheit […] Stubendeclamation, bloßes Geschwätz ohne weiteren Zweck […]"), dagegen Ollier 1933: 361.

[69] Baynes 1955: 160–161, Harding 1974: 143, Fisher 1994: 391 Anm. 56 (der Hardings Position mit der Annahme einer publizistischen Absicht im Sinne Clochés zu verbinden sucht), Papillon 2004: 110 mit Anm. 2 (eher vorsichtig).

[70] Harding 1974: 143–148; ähnlich Too 1995: 63–64, 65–69, Walzer 2005. Auf die Gegensätze zwischen beiden Reden machte schon Pareti 1910: 279 aufmerksam.

[71] Hunt 2010: 21 Anm. 69.

[72] S. u. S. 379 und Kap. B.6.3. Gegen die Annahme der Zusammengehörigkeit von Isok. VI und VIII sprachen sich Moysey 1982, Cargill 1981: 176 mit Anm. 29, Schmitz 1988: 258 mit Anm. 2, Walter 2003: 87 Anm. 49 aus.

[73] Harding 1974: 142–143.

B.5.3 Moderne Rezeption

Tendenz abweicht. Der *Archidamos* erscheint als Antilogie zum gesamten übrigen Werk des Isokrates, nicht nur zu einzelnen Schriften.

Einen ganz anderen Interpretationsversuch unternimmt Jeffrey Walker.[74] Walker analysiert den *Archidamos* im Zuge einer Rekonstruktion des rhetoriktechnischen Systems, das in Isokrates' Schriften Anwendung findet.[75] Walker, der die Schrift ebenfalls als Schulschrift behandelt,[76] macht die bemerkenswerte Beobachtung, dass viele der Argumente, die Isokrates den Archidamos vortragen lässt, aus inhaltlichen Gründen – auch für ein zeitgenössisches Publikum – wenig überzeugend seien. Nach Walkers Ansicht dienen solche wenig überzeugenden Argumente dazu, den Schülern einen Gegenstand für analytische Argumentations-Kritik zu liefern.[77] Aufgrund einer Beurteilung der Sachlage, die als Teil des Prozesses der rhetorischen *heúrêsis* zu verstehen sei, sollen die Schüler zu besseren Argumenten kommen als sie der jugendlich-übermütige und vorschnelle Archidamos zu präsentieren vermag.[78]

Die Möglichkeit, dass der *Archidamos* gezielt zu bestimmten Zwecken eingesetzte, konstruierte Fehlargumentationen enthalten könnte, wurde vor Walker niemals auch nur in Erwägung gezogen. Die hier vorgelegte Untersuchung des *Archidamos* wird zeigen, dass die Berücksichtigung dieser Möglichkeit gerade für diese Schrift neue Deutungsmöglichkeiten – und eine bessere Einordnung dieser Schrift in das isokratische Denken – ermöglicht.

---

[74] Walker 2011: 136–149 (s. dazu o. S. 14).

[75] Als hauptsächliches Referenzwerk verwendet er die häufig als Werk des Anaximenes von Lampsakos angesehene *Rhetorica ad Alexandrum*, deren Entstehungszeit man in der Regel in die späten 340er Jahre, also noch zu Isokrates' Lebzeiten, datiert (Barwick 1966: 212–218). Walker zufolge sind die in der Alexanderrhetorik für symbuleutische Reden vorgeschlagenen Kategorien und Argumentationsweisen zu weiten Teilen im *Archidamos* vorhanden, in manchen Fällen sogar unmittelbar dem *Archidamos* entnommen (Walker 2011: 150–153). Auf technische Parallelen zwischen Isokrates (auch außerhalb des *Archidamos*) und der Alexanderrhetorik haben schon Spengel 1828: 177, 199–200, 211, 230–231 und Barwick 1966: 222–230 hingewiesen.

[76] Walker 2011: 137.

[77] Walker 2011: 148–149.

[78] Walkers Ansatz überzeugt in den wesentlichen Punkten, und er erscheint gerade auch vor dem Hintergrund der in der vorliegenden Arbeit bislang gewonnenen Erkenntnisse über konstruierte Fehlargumentationen bei Isokrates interessant. Wenn schon die *persona* ‚Isokrates' im isokratischen Werk Argumente vorträgt, die sich nicht mit den isokratischen Regeln zur Argumentation vereinbaren lassen, dann ist hinsichtlich der Argumente eines spartanischen Sprechers wie Archidamos, der in keinem erkennbaren persönlichen Verhältnis zu Isokrates steht, besondere Vorsicht geboten. Die Möglichkeit, dass Isokrates hier einen fiktionalen Sprecher auftreten lässt, dessen Argumente sich als amphibol oder gar paradox erweisen, sollte bei der Interpretation nicht ausgeschlossen werden.

B.5.4 Die *persona* des Sprechers

Die Rolle der jeweiligen Sprecherfigur ist von Bedeutung für das Verständnis der isokratischen Schriften. Ganz besonders gilt dies für jene Schriften, in denen diese Sprecherfigur nicht die Figur des Isokrates selbst ist. Die *persona* ‚Isokrates' im isokratischen Werk stellt ein Mittel zur Selbststilisierung und zur politischen und intellektuellen Standortbestimmung des Isokrates im Hinblick auf ein anonymes und potentiell überzeitliches Publikum schriftlich publizierter Literatur dar,[79] dient also der Verbreitung und Verewigung eines ganz bestimmten Bildes vom Verfasser der isokratischen Schriften. Diesem Zweck kann die Wahl eines von diesem literarischen Isokrates verschiedenen Sprechers in den drei Schriften *Plataikos*, *Nikokles* und *Archidamos* zweifellos nicht dienen.[80] Naheliegend ist es, diesen Zweck in der Präsentation abweichender Standpunkte oder abweichender rhetorischer Modi zu sehen. Betrachtet man die *persona* ‚Isokrates' als Medium der Präsentation isokratischer Standpunkte, etwa zur *paideía*, dann erscheint es sinnvoll zu überprüfen, in welches Abhängigkeits- oder Kontrastverhältnis zum isokratischen Programm andere Sprecher bei Isokrates gesetzt werden.[81]

Um die Funktion der Auswahl der *persona* ‚Archidamos' im Hinblick auf innere Logik und äußere Wirkung des *Archidamos* bewerten zu können, ist es notwendig, sich zunächst mit der Frage zu befassen, auf Grundlage welcher Vorstellungen von diesem nachrückenden spartanischen König der Autor Isokrates diese Sprecher-Wahl treffen konnte.[82] Welches Bild von Archidamos III. konnte Isokrates selbst aufgreifen, als er sich für diesen Sprecher entschied? Diese Frage ist weitgehend gleichbedeutend mit der Frage nach der Person des Archidamos, wie sie uns in zeitnahen Parallelquellen begegnet.

B.5.4.1 Archidamos' politische und literarische Genealogie

Es stellt sich letztlich die Frage, was man im fraglichen Entstehungszeitraum, also in den Jahren um 366, von Archidamos in Athen wissen konnte, inwiefern er sich als politische Figur bereits einen individuellen Ruf erworben hatte, und in welche politische Tradition man ihn unabhängig von seinen konkreten Taten einordnen konnte. Abhängig vom etab-

---

[79] Dazu Too 1995: 74–112 (v. a. 112).
[80] Walker 2011: 113–115 rechnet auch die Gerichtsreden zu den Reden, in den Isokrates das Mittel der Ethopoiie anwendet, also Dritte als fiktive Sprecher auftreten lässt. Too 1995: 45–46, 65–66, 94–95 betrachtet auch den Sprecher der *Friedensrede* als verschieden von der *persona* ‚Isokrates', jedoch ohne dies zu begründen. Die Rede selbst gibt jedenfalls keinerlei Anhaltspunkte für Toos Auffassung.
[81] Diese Frage hat bislang erstaunlich wenig Beachtung gefunden. Beispiele für eine Gleichsetzung der Positionen der *persona* ‚Archidamos' mit Positionen des Autors Isokrates: Wilson 1966: 57–58, Walter 2003: 86–88.
[82] So schon Ollier 1933: 363–364.

B.5.4 Die persona des Sprechers

lierten Ruf, den ein zeithistorischer Protagonist wie Archidamos hatte, musste eine idealisierende (oder kritische) Darstellung auf das Publikum mehr oder weniger konventionell oder abwegig wirken. Sowohl Isokrates' eigene Einschätzung des Archidamos wie auch seine Einschätzung darüber, was sein Publikum von Archidamos als Sprecher einer isokratischen Rede erwarten würde, muss die Gestaltung des *Archidamos* wesentlich beeinflusst haben.

B.5.4.1.1 Archidamos III.

Zur Mitte der 360er Jahre dürfte Archidamos für die athenischen Zeitgenossen politisch noch schwer einzuschätzen gewesen sein. Einerseits konnte er als Erbe Agesilaos' II. als zukünftiger Monarch und damit Spitzenpolitiker Spartas gelten (in dieser Rolle stellt Archidamos als Sprecherfigur bei Isokrates eine Parallele zur Sprecherfigur Nikokles dar), andererseits (auch das evtl. eine Parallele zu den *Kyprischen Reden*) war sein politischer Kurs zum Zeitpunkt der Entstehung des *Archidamos* wohl noch nicht erkennbar, da er als ca. 35-jähriger[83] noch nicht eigenständig auf der politischen Bühne auftreten konnte.[84] Den politischen Kurs Spartas dürfte in dieser Zeit nach wie vor Archidamos' Vater Agesilaos II. bestimmt haben.

Der einzige Bereich, in dem Archidamos vor dem Tod seines Vaters in Erscheinung trat, war der der Heerführung. Xenophon berichtet, dass er 371 in Vertretung des kranken Agesilaos II. mit einem rasch zu Hilfe gesandten Heer die geschlagenen Kämpfer von Leuktra auf dem Gebiet Megaras aufgenommen habe.[85] Auch in den folgenden Jahren sollte er spartanische Truppen als Feldherr anführen, so auch bei Spartas letztem großen Erfolg dieser Jahre in der ‚Tränenlosen Schlacht'.[86] Im Vorfeld dieses Erfolges, so berichtet Xenophon, nahm Archidamos, unterstützt von Söldnertruppen des Dionysios und vielleicht auch des Ariobarzanes, die arkadischen Orte Karyai und Parrhasia ein; in Karyai ließ er danach alle Überlebenden, derer seine Truppen habhaft wurden, töten.[87] 364 erlitten die Spartaner in Arkadien eine Niederlage gegen die Truppen des Arkadischen Bundes. Archidamos selbst wurde in der Schlacht verwundet.[88] In einer weiteren

---

[83] Niese 1895: 467–468 geht von einem Geburtsjahr um 400 aus. Dies erscheint in Anbetracht der ersten Erwähnung des Archidamos als jungen Mannes im Jahr 378 (Xen. Hell. V 4,25) möglich.

[84] Für die Teilnahme an der *apélla* galt zwar eine auch mit den Regelungen in anderen *póleis* vergleichbare Altersgrenze von 20 Jahren; Timmer 2008: 43–56 gegen Thommen 2003: 108. Für die Besetzung einflussreicher Positionen galten indes höhere Grenzen; Timmer ebd. 56–67.

[85] Xen. Hell. VI 4,17–18, 26, vgl. Ollier 1933: 364, Welwei 2004: 300.

[86] Xen. Hell. VII 1,27–32; Xenophons Formulierung zum Verbleib der Söldnertruppen des Gesandten des Ariobarzanes, Philiskos, ist nicht eindeutig. Eine andere Möglichkeit als jene, dass die Truppen bei Archidamos blieben, lässt sich indes mit dem Text nicht vereinbaren; vgl. auch Diod. XV 72,3, Plut. Ages. 33,3–5. Plutarchos zufolge war Archidamos zu diesem Zeitpunkt bereits das Militärkommando dauerhaft von seinem Vater übertragen worden.

[87] Xen. Hell. VII 1,28–29.

[88] Xen. Hell. VII 4,20–25, Iust. VI 6,6.

Schlacht im Jahr 362 konnte er einen thebanischen Angriff auf das spartanische Polisgebiet abwehren.[89] Zum spartanischen König wurde Archidamos nach dem Tod seines Vaters 360/359.[90]

Bis Ende der 360er Jahre war Archidamos also mit wechselndem Kriegsglück als spartanischer Feldherr aufgetreten. Diese Rolle prädestinierte ihn wohl nicht besonders als Sprecherfigur bei Isokrates.[91] Wichtiger dürfte stattdessen (insbesondere in Anbetracht seiner Stellvertreter-Rolle, die ihn als zukünftigen König Spartas heraushob) seine Rolle als Spartas zukünftiger starker Mann gewesen sein.

Vielleicht hat aber noch ein anderes Element des Bildes, das man in Athen von Archidamos haben konnte, für Isokrates eine Rolle gespielt: Bei Xenophon ist eine Anekdote aus der Jugendzeit des Archidamos überliefert, die ihn auf wenig vorteilhafte Weise mit der versuchten Eroberung des Peiraieus durch den Harmosten Sphodrias im Jahr 378 in Verbindung bringt.[92] Sphodrias wurde, so berichtet Xenophon, nach seiner Tat in Sparta vor Gericht gestellt; es drohte die Todesstrafe. Für athenische Beobachter war es aufgrund der diplomatischen Brisanz dieses Prozesses zweifellos eine große Überraschung, dass er schließlich freigesprochen wurde. Xenophon gibt die allgemeine Stimmung wie folgt wieder:

> Καὶ πολλοῖς ἔδοξεν αὕτη δὴ ἀδικωτάτη ἐν Λακεδαίμονι δίκη κριθῆναι.[93]
>
> Und viele kamen zu dem Schluss, dass dieses Urteil das ungerechteste in Lakedaimon gefällte gewesen sei.

An diesem nach athenischem Eindruck so ungerechten Urteil hat in Xenophons Bericht Archidamos maßgeblichen Anteil. Xenophon berichtet, Archidamos habe aus Liebe zu Sphodrias' Sohn Kleonymos wiederholt – und gegen seine eigene Überzeugung[94] – bei seinem Vater Agesilaos interveniert und um einen Freispruch des Sphodrias gebeten. Agesilaos habe den Freispruch schließlich offiziell damit gerechtfertigt, dass Sparta auf einen Soldaten wie Sphodrias nicht verzichten könne.

---

[89] Xen. Hell. VII 4,12–14, Plut. Ages. 34, [Isok.] ep. IX 4.
[90] Obwohl auch er die spartanischen Ansprüche auf Messenien niemals aufgab (Welwei 2004: 309), blieb Sparta als Machtfaktor in den innergriechischen Ereignissen der Jahre seiner Regentschaft ohne Bedeutung. Am Ende seines Lebens kämpfte er in tarentinischem Auftrag als Söldnerführer in der *Magna Graecia*, wo er 338 starb.
[91] Ollier 1933: 363–364 glaubt, Archidamos habe sich bereits vor 366 als vehementer Gegner der thebanischen Messenienpolitik zu erkennen gegeben. Dies ist fraglos möglich (vgl. v. a. Tigerstedt 1965, I: 197). Zugleich ist es aber eine Spekulation ohne konkreten Rückhalt in den Quellen.
[92] Xen. Hell. V 4,20–33, auch Plut. Ages. 24–25; vgl. Welwei 2004: 296.
[93] Xen. Hell. V 4,24; Tincani 1923: 6.
[94] Diese Einstellung, wonach er das Recht dem eigenen Willen unterordnet, geht aus Archidamos' zweiter Ansprache an Agesilaos deutlich hervor: Xen. Hell. V 4,31: „Ἀλλ' ὅτι μέν, ὦ πάτερ, εἰ μηδὲν ἠδίκει Σφοδρίας, ἀπέλυσας ἂν αὐτὸν οἶδα· νῦν δέ, εἰ ἠδίκηκέ τι, ἡμῶν ἕνεκεν συγγνώμης ὑπὸ σοῦ τυχέτω".

B.5.4 Die persona des Sprechers 303

Archidamos wird in dieser Anekdote in kein günstiges Licht gerückt – er bewirkt gegen das Recht den Freispruch des Sphodrias. Seine Motivation in der Affäre ist gleichermaßen fragwürdig, denn sie wird im erotischen Bereich gesehen – zumal in einer Beziehung, die, entgegen dem üblichen Bild von der Verbindung zwischen Männern unterschiedlicher Generationen (in der der Jüngere zugleich zum intellektuellen und sozialen Zögling des Älteren wird), zu einem Gleichaltrigen besteht. Er erscheint in dieser Anekdote mithin als von seinen Begierden getrieben,[95] als junger Mann, der sich über das Recht hinwegsetzt, um seine persönlichen Interessen durchzusetzen. Aus Xenophons Bericht spricht dennoch nicht die Absicht, Archidamos eine bösartige Motivation zuzuschreiben, genaugenommen kritisiert er den ganzen Vorgang nicht einmal ausdrücklich. Nach der einleitenden Bemerkung, wonach der Freispruch für Sphodrias allgemein als Unrecht angesehen wurde, streicht Xenophon am Ende gar die große Treue und hohe Ehre des Kleonymos heraus und scheint dessen Freundschaft zu Archidamos (und indirekt auch Archidamos' Eintreten für Sphodrias, das ihm diese Freundschaft sicherte) dadurch rechtfertigen zu wollen.[96] Xenophons Bericht der Affäre bleibt letztlich ambivalent. Archidamos' Einwirken auf den Sphodrias-Prozess erscheint in eindeutig negativem Licht, während umgekehrt Archidamos' Vorgehen im Ergebnis bewahrter Freundschaft zu Kleonymos gerechtfertigt wird.

Ähnlich wie bei dem umstrittenen Kapitel XIV der *Lakedaimonion Politeia*[97] ist es naheliegend, den ambivalenten Charakter dieses xenophontischen Berichts als Reaktion auf zeitgenössische Kritik an Sparta zu deuten. Der Sphodrias-Prozess sorgte in Athen zweifellos für große Empörung. Dass in diesem Kontext auch eine Verstrickung des jungen Archidamos in die Angelegenheit schon im Jahr 378 diskutiert worden sein könnte, erscheint möglich, wenngleich es nicht belegbar ist. Sollte Xenophons Anekdote tatsächlich eine Auseinandersetzung mit solchen Vorwürfen gegen Agesilaos und Archidamos darstellen, dann wird man annehmen dürfen, dass Archidamos' Rolle im Sphodrias-Prozess in der athenischen Öffentlichkeit durchaus in deutlicheren Worten als bei Xenophon kritisiert wurde.[98] Spätestens seit dem Erscheinen des fünften Buches der *Hellenika* konnte man Archidamos jedenfalls mit dieser Affäre in Verbindung bringen.

Das Archidamos-Bild, das man in Athen in den 360er Jahren haben konnte, dürfte somit vor allem von seiner militärischen Rolle geprägt gewesen sein: Er war ein junger spartanischer Feldherr, der militärisch bereits in die Fußstapfen seines Vaters Agesilaos trat,

---

[95] Xen. Hell. V 4,29: „Ὁ δ' αὖ Ἀρχίδαμος ἐπεθύμει μέν, ὥσπερ εἰκός, ὁρᾶν τὸν Κλεώνυμον".
[96] Xen. Hell. V 4,33.
[97] Vgl. Bianco 1996, Humble 2004, Ducat 2008: 19–22.
[98] Alternativ könnte auch Xenophon selbst die Anekdote erfunden haben, um Agesilaos als Richter im Sphodrias-Prozess wenigstens teilweise zu entlasten. Allerdings scheint mir diese Annahme wenig wahrscheinlich, da auch Agesilaos' Rolle in Xenophons Bericht problematisch ist. Ihn mit dem Hinweis zu entlasten, er habe sich in seinem Urteil von den Bitten seines Sohnes vom Maßstab des Rechts abbringen lassen, würde eine sehr schwache Verteidigungsstrategie darstellen.

dessen Rolle er später auch auf dem politischen Feld übernehmen würde. Als Feldherr agierte er – wie die Fälle Karyais und Parrhasias zeigen – mit großer Brutalität, was ihm kaum einen besonders guten Ruf in Athen eingebracht haben dürfte. Möglicherweise erinnerte man sich in Athen auch an seine Rolle im Zusammenhang mit dem Sphodrias-Prozess, die ihn in kein gutes Licht rückte. Er war hauptverantwortlich für das – in Xenophons Worten – ‚ungerechteste Urteil', das es je in Sparta gab.

B.5.4.1.2 Agesilaos II.

Allein aufgrund seiner langen Regentschaft und seines schon von den Zeitgenossen wahrgenommenen maßgeblichen Einflusses auf die spartanische Politik der Jahre 398 bis 362 muss Agesilaos II. für das, was man mit seinem Sohn Archidamos in Athen verbinden konnte, mindestens ebenso wichtig gewesen sein wie die eher spärlichen Wesensnachweise, die Archidamos selbst erbracht hatte. Für die Athener der 360er Jahre mussten die Erwartungen an das zukünftige Handeln des Archidamos, der politisch noch ein unbeschriebenes Blatt war, sich fraglos an dem orientieren, was man von seinem Vater Agesilaos II. kannte. In dieser Hinsicht ist das Agesilaos-Bild der zeitgenössischen Athener für die Wahl der Sprecherfigur Archidamos durch Isokrates von einiger Bedeutung.

Die antiken Quellen beschreiben Agesilaos als wesentlichen Drahtzieher gerade derjenigen spartanischen Aktionen, die Spartas Ruf in der griechischen Welt ruinierten.[99] Androtion, Diodoros und Plutarchos betonen seine Rolle bei der Besetzung der thebanischen Kadmeia durch spartanische Truppen im Jahr 382.[100] Seine Rolle beim Freispruch des Sphodrias wurde bereits ausführlich erläutert. Auch an den Strafaktionen Spartas gegen (angeblich) unbotmäßige Bündnispartner war Agesilaos beteiligt.

Darüber hinaus kann man Agesilaos nicht nur als den Protagonisten der aggressiven spartanischen Interessenpolitik des frühen 4. Jhs. bezeichnen, sondern zugleich als den Protagonisten des spartanischen Niedergangs, eine Auffassung, die Isokrates wohl geteilt haben dürfte:[101] Infolge seines außenpolitischen Kurses kam es zum Korinthischen Krieg, zur Niederlage von Knidos, zum Abschluss des Königsfriedens, zur Gründung des Zweiten Seebundes und letztlich zum Aufstieg Thebens. Unter Agesilaos' Regentschaft wandelte sich das spartanische Heer zunehmend zu einem Söldnerheer, in dem die Spartiaten mangels Mannstärke nur noch die Führungspositionen besetzten und einige Eliteein-

---

[99] Vgl. zu Agesilaos politischer Rolle: Welwei 2004: 297, 301–302.
[100] Androt. FGrH 324 F 50, Diod. XV 20,2, Plut. Ages. 24,1, Plut. de gen. Socr. 576a–577d; Welwei 2004: 295.
[101] Isokrates betont v. a. in der *Friedensrede*, dass es die offensive und auch maritim verfolgte Machtpolitik – also genau jene Politik, die Agesilaos vor der spartanischen Niederlage vor Knidos betrieben hatte – gewesen sei, die zu Spartas Niedergang geführt habe. Isok. VIII 89–119 (s. u. Kap. B.6.5.2.1) führt den Niedergang auf einen machtbedingten Verlust an Vernunft (*phrónêsis*) zurück (Pareti 1910: 279); vgl. auch Isok. V 86–88 (s. u. Kap. B.8.4.5); Alexiou 1995: 124.

B.5.4 Die persona des Sprechers 305

heiten stellten, während die peloponnesischen Verbündeten in zunehmendem Maße Geldleistungen statt Truppen beisteuerten.[102] Agesilaos war es, der Thebens Ausschluss von der *koiné eiréné* von 371 bewirkte und so die Schlacht von Leuktra mitverursachte.[103] In seine Regentschaft fallen schließlich die für Sparta verheerenden Jahre nach dieser traumatischen Niederlage, die Sparta spätestens mit der Schlacht von Mantineia aller Führungsansprüche in Griechenland beraubten. Nach dieser Schlacht diente Agesilaos bis zu seinem Lebensende in Ägypten – wie später sein Sohn Archidamos auf der italischen Halbinsel – als Söldnerführer.[104]

Der isokratische Archidamos vertritt einen kompromisslosen und durchaus aggressiven außenpolitischen Kurs. Nach seinem Plan soll sich der spartanische Staat vorübergehend als reiner Heeresverband organisieren – eine radikalere Form der Kriegführung ist kaum vorstellbar. In der extremen Beschränkung der für Archidamos' Plan relevanten Bürger auf die voll wehrfähigen Spartiaten (was mit einem Ausschluss der Hypomeiones von jeglichen Bürgerrechten gleichzusetzen ist) übertrifft er im oligarchischen Anspruch[105] seines Programmes noch das reale Sparta. Diesem oligarchischen Heeresverband schreibt er wiederum explizit die Eigenschaften einer Söldnertruppe zu.[106] Das von Archidamos in seiner Rede vorgestellte Programm entspricht einer im Vergleich zu Agesilaos noch kompromissloseren außenpolitischen Linie. Er erscheint in diesem Zusammenhang als wahrhaftiger Erbe seines Vaters, der dessen Politik in verschärfter Form fortzusetzen bereit ist. Es sei in diesem Zusammenhang darauf hingewiesen, dass der auf der dramatischen Bühne des *Archidamos* präsentierte Vorschlag der kompromisslosen Verteidigung spartanischer Ansprüche auf Messenien in der historischen Situation des Jahres 366 vor allem auf Agesilaos II., den amtierenden *basileús*, zurückzuführen sein dürfte. Archidamos tritt also auch in diesem Sinne als literarischer Stellvertreter seines Vaters auf.

B.5.4.1.3 Archidamos II.

Auch Archidamos' Großvater, Archidamos II., ist für die Beurteilung der Wahl der Sprecherfigur im isokratischen *Archidamos* von Bedeutung.[107] Auch dieser, König Spartas in der Frühphase des Peloponnesischen Krieges, galt in Athen als stellvertretender Repräsentant einer ganz bestimmten außenpolitischen Linie Spartas. Wir finden dieses Bild von Archidamos II. im thukydideischen Geschichtswerk dargestellt: Bei Thukydides ist Archidamos II. der Vertreter einer traditionellen, defensiv orientierten spartanischen

---

[102] Xen. Hell. V 2,21–22, Cartledge ²2002: 246–247, Welwei 2004: 294.
[103] Xen. Hell. VI 3,18–20, Diod. XV 50,4, Plut. Ages. 27,5–28,3, Paus. IX 13,2; vgl. Jehne 1994: 71–74, Cartledge 1994: 250, Welwei 2004: 298–299.
[104] Xen. Ag. 2,28–31, Plut. Ages. 36–40, Welwei 2004: 309.
[105] Vgl. dazu Mossé 1953.
[106] Z. B. Isok. VI 75–76; vgl. Mossé 1953: 31–32, Azoulay 2006: 517–519, s. außerdem u. Kap. B.5.6.2.
[107] Azoulay 2006: 529.

Außenpolitik,[108] Vertreter einer Politik, die sich im Vorfeld des Peloponnesischen Krieges in Thukydides' Darstellung der Kritik ausgesetzt sah, man überlasse Athen und dem Delisch–Attischen Seebund praktisch kampflos das Feld in der Konkurrenz um die innergriechische Vormachtstellung. In der Frühphase des Krieges erneuert sich dieser Vorwurf, als Archidamos' Soldaten ihm in Oinoe eine Hinhaltetaktik vorwerfen, die den Athenern Zeit zur Rüstung und zur Sicherung ihrer Besitztümer gebe.[109]

Archidamos II. ist bei Thukydides das spartanische Äquivalent zu Perikles, jener steht für das spartanische System wie dieser für die athenische Demokratie und die damit verbundene Einstellung zum Krieg.[110] Gegen Archidamos' vorsichtigen außenpolitischen Kurs wenden sich bei Thukydides Stimmen der spartanischen Bundesgenossen, aber auch im spartanischen *dãmos*, die auf Intervention gegen Athens Machtambitionen drängen. Thukydides inszeniert das Aufeinandertreffen dieser beiden Haltungen, der traditionellen spartanischen *hêsychía* und der neuen, interventionistischen Linie, in der berühmten Redentetras bei der sogenannten ‚Tagsatzung' in Sparta im ersten Buch seines Geschichtswerkes.[111] Gegen Archidamos, den Vertreter der alten spartanischen Tugenden, treten sowohl die peloponnesischen Verbündeten unter Führung der Korinther wie auch der Ephor Sthenelaidas, ein Mann aus dem spartiatischen *dãmos*, auf. Thukydides stilisiert in diesem Rede-Agon einerseits eine Auffassung, derzufolge die Kriegserklärung Spartas an Athen im Jahr 431 eine Abkehr von der traditionellen zurückhaltenden Außenpolitik Spartas bedeutet habe, andererseits stilisiert er die Überlegenheit und Gefährlichkeit einer affektiv argumentierenden Rhetorik im Zusammenhang der politischen Entscheidungsfindung eines mehrheitlich damodisch besetzten Organs. Archidamos, der Vertreter von Vernunft und *sôphrosýnê*,[112] legt in einer umfangreichen, wohlgestalteten Rede ausführlich die Gründe dar, die Sparta zur Zurückhaltung mahnen.[113] Trotz seiner Warnung vor emotional getroffenen Entscheidungen[114] setzt er sich in der Versammlung nicht durch. Gegen die Dynamik von Sthenelaidas' Rede, die ihre Wirkung vor allem durch emotionale Appelle hervorruft,[115] vermag Archidamos' Mahnung, die von Thukydides als vernünftig gekennzeichnet ist, nicht zu bestehen. Die Berechtigung dieser

---

[108] Westlake 1968: 124, Debnar 2001: 59: „[...] his message is that a vote against war at this time is entirely consonant with the Spartan ethos".

[109] Thuk. II 18,3–5, 20,1–4; vgl. Westlake 1968: 127–131.

[110] Westlake 1968: 24, 40–42, 125–131. Beide verbindet nach Thukydides' Darstellung ein Gastfreundschaftsverhältnis (Thuk. II 13,1).

[111] Thuk. I 67–88.

[112] Thuk. I 79,2, 80,3, 84,2–3; vgl. z. B. Leimbach 1985: 17–18, Hornblower 1991: 128–129, Debnar 2001: 61, 227, Classen 2005: 124–125.

[113] Zur Verbindung von *hêsychía* und *sôphrosýnê* mit einer Ablehnungshaltung gegenüber Bildung und insbesondere Rhetorik in der ‚Tagsatzung' vgl. Hagmaier 2008: 120–122, 135–136–139 (gegen Westlake 1968: 124 und Leimbach 1985: 17–18).

[114] Vgl. Debnar 2001: 62.

[115] Sthenelaidas appelliert an das Gerechtigkeitsempfinden seines Publikums und schmeichelt ihm durch den Verweis auf die überlegene spartanische *phýsis* (Debnar 2001: 69). Seine Rede zielt vor allem auf affektive Wirkung (Thuk. I 86, Bloedow 1981: 136, Hagmaier 2008: 144–145, 153–154, 158–

B.5.4 Die persona des Sprechers

Mahnung wird durch den weiteren Verlauf der Ereignisse im thukydideischen Bericht bestätigt,[116] Sthenlaidas' aufrüttelnde Rhetorik dadurch implizit als schädlich gekennzeichnet.

Die Redesituation bei Isokrates scheint genau nach dem Vorbild der Archidamos-Rede bei der thukydideischen ‚Tagsatzung' gestaltet zu sein. Archidamos III. erscheint als Gegenstück, als Kontrastfolie zu seinem Großvater bei Thukydides.[117] Wir wollen die wesentlichen Merkmale des Auftritts der beiden Archidamoi einander gegenüberstellen, um dies anschaulich zu machen:

• Archidamos II. tritt als alter Mann mit fast 40-jähriger Regierungserfahrung als *basileús* auf.[118]	• Archidamos III. tritt als junger Mann ohne jede Regierungserfahrung auf, ist noch nicht *basileús*.
• Archidamos II. spricht in einer internen Beratung der Spartaner,[119] nachdem zuvor die Bundesgenossen, vor allem die Korinther, in Sparta ihr Anliegen vorgetragen haben.[120]	• Archidamos III. spricht in einer internen Beratung der Spartaner, nachdem zuvor die Bundesgenossen, unter anderem die Korinther, in Sparta ihr Anliegen vorgetragen haben.[121]
• Das Anliegen der Korinther ist die Kriegserklärung gegen Athen.	• Das Anliegen der Korinther ist ein Friedensschluss mit Theben.[122]
• Die Bundesgenossen drohen mit Ausstieg aus dem Peloponnesischen Bund.[123]	• Die Bundesgenossen drohen mit Ausstieg aus dem Peloponnesischen Bund.[124]

---

160). Er stilisiert sich als Gegner der Worte und als Mann der Tat (Hagmaier 2008: 144–145, 150–151, 154). Mit dieser wahrhaft ‚lakonisch' vorgetragenen Argumentation setzt er sich durch – wenngleich er dazu den Abstimmungsprozess durch Änderung des Verfahrens (Thuk. I 87, dazu Flaig 1993) sowie durch die Formulierung der Fragestellung, die der *apélla* zur Abstimmung vorgelegt wird (dazu Bloedow 1981), manipuliert. Der Traditionsbruch bei der Abstimmung wird als Affront gegen die aristokratische Führungsriege (Flaig ebd. 155–159) oder auch als Zeichen eines Generationenkonflikts (Bloedow ebd. 138–142, Debnar 2001: 75–76) gedeutet. Wir werden sehen, dass auch der isokratische Archidamos sich in ähnlicher Weise über aristokratische politische Verfahrensnormen hinwegsetzt (s. dazu u. Kap. B.5.4.2 und B.5.6.3).

[116] Archidamos trifft in seiner Rede Prognosen zu Verlauf und Strategien des Krieges, die sich durch den historischen Verlauf des Krieges allesamt bestätigen (Cawkwell 1997: 45–49).

[117] Too 1995: 97–98, Azoulay 2006: 529.

[118] Westlake 1968: 123.

[119] Thuk. I 79,1; vgl. Bloedow 1981: 137, Hornblower 1991: 107–108, Debnar 2001: 223, Hagmaier 2008: 119.

[120] Thuk. I 66–71, 79.

[121] Isok. VI 11, 91.

[122] Isok. VI 8, 11.

[123] Thuk. I 71,4–7; vgl. Debnar 2001: 47.

[125] Isok. VI 13.

- In der internen Beratung der Spartaner stimmen viele den Korinthern zu.[125]
- Archidamos II. plädiert gegen die Korinther und die Mehrheit der Spartiaten gegen die Entscheidung zum Krieg.

- In der internen Beratung der Spartaner stimmen viele den Korinthern zu.[126]
- Archidamos III. plädiert gegen die Korinther und die Mehrheit der Spartiaten gegen die Entscheidung zum Frieden.

Was sich bei Thukydides und Isokrates unterscheidet, ist (1) der Erfahrungsschatz, auf den die beiden Sprecher als Politiker zurückgreifen können, und (2) die Zielrichtung der Argumente der Vorredner (Korinther und Spartaner) sowie (3) die jeweils vertretene Haltung gegenüber dem Krieg, mithin die inhaltliche Ausrichtung der Reden, in denen die beiden Archidamoi völlig konträre Standpunkte einnehmen.[127] Schon Mathieu hat die Haltung des isokratischen Archidamos mit eben jener überstürzten Kriegsbereitschaft identifiziert, die der thukydideische Archidamos zu Beginn seiner Rede vehement ablehnt und als Folge eines Mangels an Erfahrung (*apeiría*) und als Haltung der großen Menge beschreibt.[128] Wir werden im Folgenden sehen, dass sein Enkel Archidamos III. sich bei Isokrates gegen die Annahme stellt, Erfahrung begründe politische Urteilskraft, und dass er zudem sein politisches Programm als Programm der einfachen Leute präsentiert.

B.5.4.2 Alter, Erfahrung und Bildung

Der Kontrast zwischen dem isokratischen Archidamos und der Darstellung seines Großvaters bei Thukydides wird unter anderem erkennbar in Archidamos' Selbstdarstellung im Proömium der Schrift (§ 1–15).[129]

Archidamos stellt im Laufe der Rede die Taten, den Ruhm und die Traditionen der spartanischen Vorfahren wiederholt in den Mittelpunkt seiner Argumentation. Man dürfe das von den Vorfahren Übernommene (*dóxa*, Landbesitz, Macht, Lebensweise usw.) nicht verraten, sondern müsse sich in allem so verhalten, wie man es von Spartiaten

---

[124] Thuk. I 79.
[126] Isok. VI 2.
[127] Vgl. Azoulay 2006: 529.
[128] Thuk. I 80,1; vgl. Mathieu/Brémond 1961: 194 Anm. 1. Dagegen wies Mossé 1953: 30–31 darauf hin, dass die jeweiligen Strategien nicht genau miteinander übereinstimmten; Mossés Hinweis ist zwar nicht falsch, trifft aber nicht Mathieu/Brémonds Argument: Der thukydideische Archidamos kritisiert nicht eine bestimmte Kriegsstrategie, sondern ein zu blindes Vertrauen in einen raschen Erfolg in einem Krieg, der ohne ausreichende Vorbereitung geführt werde. Archidamos II. setzt bei Thukydides auf Verhandlungen, auf ein Ultimatum und diplomatischen Druck anstelle einer unüberlegten Kriegserklärung. Bedeutend für den Vergleich seiner Kritik an den Kriegstreibern mit der Position des isokratischen Archidamos ist deren Identifizierung mit den *néoi* und den *polloí*; vgl. Bloedow 1981: 138–143, Hagmaier 2008: 120–121.
[129] Das Proömium gliedert sich in zwei Teile. Archidamos beginnt mit einer *captatio benevolentiae*, in der er seinen Auftritt vor der Gerusia rechtfertigt (Isok. VI 1–6), gefolgt von einem Teil, der in komprimierter Form in die Ausgangslage einführt (ebd. 7–15).

B.5.4 Die persona des Sprechers

erwarte, indem man die Vorfahren nachahme[130] – ein Gedanke, der dem klassisch aristokratischen Topos des *tá heautoũ práttein* (= das der eigenen Position Angemessene tun) sehr nahekommt. Trotz dieser Berufung auf die Tradition der Vorfahren tritt er selbst jedoch als Redner in einer Weise auf, die als neuartig und mit den spartanischen Normen nicht vereinbar erscheint. Archidamos räumt gleich zu Beginn der Rede ein, dass er sich dessen vollkommen bewusst ist:

> (1) Ἴσως τινὲς ὑμῶν θαυμάζουσιν ὅτι τὸν ἄλλον χρόνον ἐμμεμενηκὼς τοῖς τῆς πόλεως νομίμοις, ὡς οὐκ οἶδ' εἴ τις ἄλλος τῶν ἡλικιωτῶν, τοσαύτην πεποίημαι τὴν μεταβολὴν ὥστε, περὶ ὧν ὀκνοῦσιν οἱ πρεσβύτεροι λέγειν, περὶ τούτων νεώτερος ὢν παρελήλυθα συμβουλεύσων.
>
> Vielleicht wundern sich manche von euch, dass ich, der ich die ganze Zeit den Gesetzmäßigkeiten der *pólis* treu geblieben bin wie vielleicht kein anderer unter meinen Altersgenossen, nun einen derartigen Umschwung vollziehe, dass ich als Jüngerer auftrete, um einen Rat zu erteilen in einer Sache, über die zu sprechen die Älteren zögern.

Archidamos stellt sich hier als jungen Mann (*neóteros*) der älteren Generation (*presbýteroi*) gegenüber. Es sind in Sparta die Mitglieder der Gerusia, also die Alten, die traditionellerweise als politische Ratgeber auftreten.[131] Archidamos dagegen betont seine Jugend, und er verwendet das gesamte Proömium darauf, sich für seinen Auftritt zu rechtfertigen. Dass er seinen Auftritt aufgrund seines jungen Alters als Normverstoß (*ou nomímōs*) bezeichnet, ist bemerkenswert.[132] Denn er stellt sich damit gegen die tradierte Handlungsnorm, was vor dem Hintergrund des Topos spartanischer Traditions- und Gesetzestreue ‚unspartanischem' Handeln gleichkommt. Ebenfalls in diese Richtung

---

[130] Isok. VI 12, 21–22, 57, VI 11060–61, 71, 82, 90, 98, 110; vgl. Alexiou 1995: 116, Too 1995: 59. Bei Isokrates ist dieser Topos regelmäßig belegt und gibt sich in seinem aristokratischen Gehalt v. a. in Isok. III 2–3 und VII 43–45 zu erkennen, wo von der für verschiedene soziale Schichten jeweils ‚angemessenen' Bildung die Rede ist: Nur jene Bürger, deren Wohlstand es ihnen ermöglicht, sich selbst von Erwerbstätigkeit freizuhalten, könnten sich um eine philosophische Bildung – und somit um die Qualifizierung für politische Tätigkeiten – bemühen. Auf diese Weise wird die politische Tätigkeit zum Proprium der *áristoi*.

[131] Vielleicht sind vor der Volksversammlung sogar nur die Könige und Ephoren als Redner zugelassen (Debnar 2001: 14, 224). Ob Archidamos hier vor der Volksversammlung oder vor der Gerusie auftritt, lässt sich nicht mit Gewissheit sagen. In beiden Fällen muss sein junges Alter jedoch für seinen Auftritt kompromittierend erscheinen und einen Affront gegen die spartanischen Gepflogenheiten (zumindest wie Isokrates sie imaginiert) darstellen.

[132] Das innenpolitische Handeln des idealen Herrschers Theseus wird in Isok. X 37, im wörtlichen Gegensatz zu Archidamos' Auftreten, als *nomímōs* bezeichnet (Gotteland 2001: 281). Auch bei Thukydides erscheint der Begriff der *nómima* vor allem in der Bedeutung von ‚überlieferte Ordnung' oder ‚Herkommen', beschreibt mithin ein Normengeflecht, dass sich vor allem durch die Tradition legitimiert (vgl. v. a. Thuk. I 71,3, 77,6, III 59,1). Von den insgesamt 17 Belegen der Vokabel (und ihrer Derivate) bei Thukydides tauchen 13 in direkter oder indirekter Rede auf. Im Rahmen dieser 13 Belege diskursiver Verwendung des Begriffs wird die Vokabel in zehn Fällen von Spartanern, vor Spartanern (und in direkter Anrede an diese) oder über Spartaner verwendet. Die *nómima* erscheinen so als Begriff für gesellschaftliche traditionale Normen, der vor allem im Dialog mit den Spartanern verwendet wird. Es handelt sich insofern offensichtlich um eine typisch ‚spartanische' Vokabel.

weist die Kennzeichnung seines Auftritts als ‚Umschwung' (*metabolé*). Archidamos spricht hier von einem Einstellungswandel, der ihm entgegen seiner früheren Konformität mit den spartanischen Normen nun einen Auftritt in seinem jungen Alter ermögliche. Zugleich hat der Begriff der *metabolé* jedoch eine politische Bedeutungsebene, indem er (in pejorativem Sinne) einen Umsturz der Verhältnisse bezeichnen kann.[133] Wir werden sehen, dass diese Bedeutung von *metabolé* an späterer Stelle der Schrift noch eine Rolle spielen wird.[134]

Die *metabolé* im Wesen des Archidamos betrifft jedoch seinen Auftritt nicht nur aufgrund seines Alters, sondern auch aufgrund seiner Einstellung zum *lógos*:

> (15) Οὐδὲ πώποτε δὲ λόγους ἀγαπήσας, ἀλλ' ἀεὶ νομίζων τοὺς περὶ τοῦτο διατρίβοντας ἀργοτέρους εἶναι πρὸς τὰς πράξεις, νῦν οὐδὲν ἂν περὶ πλείονος ποιησαίμην ἢ δυνηθῆναι περὶ τῶν προκειμένων ὡς βούλομαι διελθεῖν [...].[135]

> (15) Obwohl ich die *lógoi* niemals liebte, sondern immer jene, die sich damit befassen, für allzu unfähig im Handeln hielt, würde ich jetzt nichts für wichtiger halten als die Fähigkeit, über den vorliegenden Sachverhalt so zu sprechen, wie ich will [...].

Archidamos betont, dass er die *lógoi* nie geschätzt habe; er hielt sie für unnütz.[136] Da seine vorherige Meinung mit der Zeit seiner Konformität mit den spartanischen Normen[137] zusammenfällt, beschreibt er die Ablehnung des *lógos* hier indirekt als spartanische Norm. Dies deckt sich mit dem Bild von der spartanischen Vernachlässigung intellektueller und insbesondere rhetorischer Bildung, das sich auch sonst bei Isokrates findet, so etwa in *Busiris*, *Panegyrikos*, *Antidosis* und *Panathenaikos*.[138] Wenn aber auch

---

[133] In diesem Sinne beispielsweise in der Spartanerrede in Thuk. IV 17,5, die in den Betonung der Wechselhaftigkeit des (hier: machtpolitischen) Glücks (τύχη, εὐτυχία) manchen Gedanken des isokratischen *Archidamos* nahesteht (vgl. z. B. Isok. VI 40–48, Debnar 2001: 155–156). Im 4. Jh. gehörte der Vorwurf, die *metabolé* der *politeía* herbeiführen zu wollen, zum argumentativen Standardrepertoire der demokratischen Abwehr mutmaßlich oligarchischer Politiker, vgl. Silvestrini 1978: 171. ‚Archidamos' greift hier also einen Begriff auf, der im 4. Jh. einer typisch demokratischen Diktion angehört. In Isok. III 55 warnt Isokrates vor der *metabolé*, die Privathaushalte (οἰκοί) und Staaten (πόλεις) zugrunde richte (vgl. Classen 2010: 52–53); in Isok. XII 99 tauchen die *metabolaí* in einer Liste von politischen Verbrechen auf, die Athen und Sparta während der Zeit ihrer jeweiligen *arché* begangen hätten. Aber auch im privaten Bereich hat der begriff der *metabolé* bei Isokrates meist eine negative Konnotation – so wird etwa die wirtschaftliche Notlage, die Polykrates laut Isok. XI 1–3 zur Verdingung als Lehrer gegen Honorare nötigt, in unmissverständlich negativer, beinahe höhnischer Weise als *metabolé* bezeichnet (vgl. Meißner 1992: 376).

[134] S. u. S. 363–366.

[135] Vgl. dazu Isok. VI 6.

[136] Eucken 1983: 250 mit Anm. 118, Rawson 1969: 41 hält die Rechtfertigung des Archidamos in diesem Punkt für wenig überzeugend.

[137] Vgl. Isok. VI 1.

[138] Isok. XI 17–20, IV 47–50 (implizit), XV 293–294, 296–298 (implizit), XII 208–214 (s. dazu u. Kap. B.9.6.1.1). Auch der Spartafreund, den Isokrates am Ende des *Panathenaikos* auftreten lässt, hält isokratische Reden ohne Interpretationshilfen für zu schwierig für ein spartanisches Publikum; Isok.

B.5.4 Die persona des Sprechers

die Ablehnung der Rhetorik eine spartanische Verhaltensnorm darstellt, dann stellt Archidamos' Auftreten als Redner *per se* einen Normverstoß dar.[139] Auch in dieser Hinsicht präsentiert sich Archidamos als Politiker, der sich über die traditionellen Haltungen und Verhaltensweisen eines Spartaners hinwegsetzt.

Archidamos stellt sich also als jungen Mann dar, der sich zum politischen Ratgeber erhebt und dadurch mit gleich zwei spartanischen Gewohnheiten bricht. Er ignoriert die Beschränkung der politischen Beratung auf die Generation der Älteren sowie die allgemeine spartanische Ablehnung des *lógos*. Im Rahmen der inneren Logik der archidamischen Rede dient diese Selbstdarstellung (und die Rechtfertigung für den Auftritt im Verlauf des gesamten Proömiums) als *captatio benevolentiae*, die das aus spartanischen Vollbürgern bestehende Publikum trotz des Affronts, den der Auftritt des Archidamos darstellt, mit dem Sprecher der Rede versöhnen und ihm dessen Sympathien sichern soll.[140] Für das vornehmlich nicht-spartanische und persönlich nicht involvierte, daher distanziertere Lesepublikum der isokratischen Schrift[141] ergibt sich indes auch der bereits erwähnte Eindruck: Archidamos setzt sich in vollem Bewusstsein über die spartanischen

---

XII 250–251; vgl. auch Eucken 1983: 250 mit Anm. 118. Auch bei Thukydides findet sich an manchen Stellen die Auffassung, Sparta und Rhetorik passten nicht zusammen; z. B. Thuk. IV 84,2; vgl. Classen 2005: 121.

[139] Vgl. Tigerstedt 1965, I: 197, der von der „absurdity that a Spartan prince is made to speak in Isocratic periods" gesprochen hat; anders Ollier 1933: 364–365, der gerade in Archidamos' innerhalb einer rhetorischen Äußerung vorgetragener Kritik an der Rhetorik typisch spartanische Züge erkennen will.

[140] Ob die dazu verwendeten Argumente tatsächlich zielführend sind, ist jedoch fraglich. Jedenfalls führt Aischines einige Jahre später eine Anekdote für die Rolle von Alter und Tradition in Sparta an, wonach es nach einer rhetorisch sehr geschickten Rede eines jungen Mannes vor der *ekklêsia* (damit ist die Situation des *Archidamos* genau beschrieben) Widerspruch von Seiten eines Geronten gegeben habe, der die Annahme des Antrages mit dem Verweis auf die Jugend und die Rhetorik des Antragstellers verhindert habe (Aischin. I 180). Wenn Aischines diese Anekdote nicht sogar – einer der hier vorgelegten Interpretation ähnlichen Auffassung folgend, wonach ein junger Redner eine völlig unspartanische Figur darstellt – aus dem isokratischen *Archidamos* gewonnen hat, so zeigt der Passus zweifellos, dass Aeschines noch lange Zeit nach Erscheinen des *Archidamos* davon ausging, dass ein junger Redner vor einer spartanischen Versammlung sich aufgrund seiner Jugend und seiner Rhetorik nicht würde durchsetzen können. Dass der Abschnitt vielleicht tatsächlich eine Anspielung auf die Redesituation des *Archidamos* darstellt, scheint auch durch die Konsequenzen naheliegend, die der jugendkritische Geront den Spartanern bei Annahme des Antrages vor Augen hält: Dann nämlich werde innerhalb kürzester Zeit das spartanische Land verwüstet werden („[…] ὡς οὐ πολὺν χρόνον τὴν Σπάρτην ἀπόρθητον οἰκήσουσι, τοιούτοις ἐν ταῖς ἐκκλησίαις συμβόλοις χρώμενοι […]", ebd.) – genau dies nimmt der isokratische *Archidamos* ja dezidiert mit seinem Plan in Kauf. Vgl. auch Fisher 1994: 373–375.

[141] Vgl. Azoulay 2006: 525–526.

Normen hinweg, er unterzieht sie, eher einem Sophisten als einem gesetzestreuen Spartaner gleich, einer Kritik nach Nützlichkeitserwägungen – und er nennt sein Vorgehen dabei offen beim Namen.[142]

B.5.4.2.1 ‚Archidamos III.' im Vergleich mit ‚Archidamos II.'

Dieser Eindruck verstärkt sich, wenn man die Stilisierung des isokratischen Archidamos mit dem literarischen Vorbild, dem thukydideischen Archidamos, vergleicht. Wir haben bereits gesehen, dass Archidamos III. bei Isokrates in den Grundzügen seines Auftritts als Gegenfigur zum Archidamos der ‚Tagsatzung' in Sparta bei Thukydides erscheint. Dies gilt auch für die Bewertung verschiedener Altersgruppen. Der isokratische Archidamos wendet sich gegen die Annahme, mit höherem Alter verbinde sich eine erhöhte politische Kompetenz und Urteilskraft (§3–5). Genau mit dieser These jedoch eröffnet der thukydideische Archidamos seine Rede:

> Καὶ αὐτὸς πολλῶν ἤδη πολέμων ἔμπειρός εἰμι, ὦ Λακεδαιμόνιοι, καὶ ὑμῶν τοὺς ἐν τῇ αὐτῇ ἡλικίᾳ ὁρῶ, ὥστε μήτε ἀπειρίᾳ ἐπιθυμῆσαί τινα τοῦ ἔργου, ὅπερ ἂν οἱ πολλοὶ πάθοιεν, μήτε ἀγαθὸν καὶ ἀσφαλὲς νομίσαντα.[143]

> Ich bin erfahren in schon vielen Kriegen, ihr Lakedaimonier, und ich sehe, dass auch diejenigen von Euch, die sich in demselben Alter befinden,[144] weder in dieser Sache aus Unerfahrenheit etwas emotional entscheiden werden, wie es wohl der Menge widerfahren mag, noch sie als etwas Gutes und Sicheres bewerten.

Archidamos II. spricht hier in der Frage der Entscheidung über Krieg und Frieden ausschließlich der älteren Generation eine auf Erfahrung sich gründende Urteilskraft zu.[145] Die Jugend[146] dagegen werde eher aus emotionalen Gründen zu ihrem Urteil kommen. Vincent Azoulay hat bemerkt, dass die von Archidamos vorgeschlagene Strategie in Isokrates' *Archidamos* dem jugendlichen Alter des Sprechers angemessen sei.[147] Azoulays Argumenten muss man zwar nicht in allen Bestandteilen folgen (etwa in der Qualifizierung der von Archidamos vorgeschlagenen Strategie als Übertragung der *krypteía* auf die Kriegspolitik in einer Krisensituation), der Hinweis auf die Entsprechung von

---

[142] Interessanterweise argumentiert er später – als es seinem Anliegen dienlich ist – gegen solche Redner, die das Recht (δίκαιον) mit der Nützlichkeit (συμφέρον) aufwiegen wollen (Isok. VI 34–37). In diesem Passus versucht er, anders als im Proömium, wo er sich mit der Tatsache auseinandersetzen muss, dass schon sein Auftreten an sich unspartanisch ist, seinen Standpunkt als ein Festhalten an spartanischen Traditionen darzustellen. Die Argumentation dort steht der Unterscheidung zwischen guter und schlechter Nützlichkeit in Isok. VIII 5–6 nahe, vgl. Gillis 1970: 199–200, 208.
[143] Thuk. I 80,1.
[144] Archidamos regiert zum fiktiven Zeitpunkt der Rede bereits seit fast 40 Jahren. Sein Alter wird man daher mit mindestens 75 Jahren, eher noch höher anzusetzen haben.
[145] Debnar 2001: 60.
[146] Dass mit οἱ πολλοί alle jüngeren Generationen gemeint sind, geht aus der Stelle unmissverständlich hervor; vgl. Bloedow 1981: 138–143, v. a. 140, Hagmaier 2008: 120–121.
[147] Azoulay 2006: 524, 530, ähnlich Schenkeveld 2007: 31.

B.5.4 Die persona des Sprechers

Alter und Strategie ergibt jedoch Sinn vor dem Hintergrund der hier zitierten Thukydides-Stelle. Der Rede des thukydideischen Archidamos zufolge entspricht der Jugend eine zum Krieg neigende Haltung, während die ältere Generation in längerfristigen Dimensionen denke und in der Kriegsfrage aufgrund ihrer *empeiría* zurückhaltender sei.[148] Diese Gegenüberstellung von jugendlichem und gerontischem Standpunkt findet sich auch bei Isokrates – wobei der Sprecher Archidamos bei Isokrates die Altersgruppe und damit den außenpolitischen Standpunkt gewechselt hat.

Tatsächlich spricht der isokratische Archidamos der sich als Angehöriger der jüngeren Generation darstellt, in §3 ein vor allem auf der emotionalen Ebene wirkendes Argument zur Begründung der Beteiligung der Jüngeren an der Entscheidung an, wenn er erwähnt, dass als Soldaten in erster Linie die Jüngeren die Konsequenzen dieser Entscheidung zu tragen hätten (τῶν κινδύνων πλεῖστον μέρος μεθέξουσιν, §3). Archidamos III. ignoriert hier den bei Thukydides bestimmenden Aspekt der Erfahrung (ἐμπειρία).[149] Ebenso differieren die beiden Reden in Bezug auf die in ihnen vertretenen spartanischen Werte. Archidamos II. betont die besondere Bedeutung, die der traditionalen Bewahrung der von den Vorfahren übernommenen Lebensweise als wichtigstem zu bewahrendem Erbe zukomme.[150] Sein Enkel dagegen erscheint als ‚neuer Politiker', als Vertreter einer nachrückenden Generation, die sich an die traditionellen Normen der eigenen Gesellschaft nicht mehr gebunden sieht.[151] Er argumentiert im Proömium ausführlich gegen bestimmte spartanische Normen (νόμιμα) zur Autorität des Alters sowie zur Bewertung der Rhetorik. In letzterem Fall ergibt sich ebenfalls eine interessante Differenz zwischen dem thukydideischen und dem isokratischen Archidamos. Dieser betont, dass er, obwohl er eine lange Rede vortrage, die Vertreter rhetorischer Bildung (*perí toús lógous diatríbontes*, §15) eigentlich stets abgelehnt habe, während jener gegen die Versuche der Korinther, den Spartanern Unbildung und Einfalt (*amathía*) vorzuwerfen,[152] die spartanische Position insofern differenziert darstellt, als er den hohen Stellenwert der *paideía* in Sparta betont, zugleich aber eine solche Bildung ablehnt, die die Schüler dazu anrege, das

---

[148] Thuk. I 80,1, vgl. Hagmaier 2008: 120–121. Dieselbe kausale Verbindung von Alter und Erfahrung mit einer in Kriegsfragen zurückhaltenden Politik versuchen bei Thukydides auch die Athener vor dem peloponnesischen Publikum der ‚Tagsatzung' anzusprechen (Thuk. I 72,1; 73,2); vgl. Debnar 2001: 49–50.

[149] Vgl. Thuk. I 80,1, 80,3; vgl. Bloedow 1981: 138–140, Hagmaier 2008: 120–121, 127–128 (ad Thuk. I 81,6). Der Begriff der ἐμπειρία fällt im *Archidamos* nur an einer Stelle (Isok. VI 48), und interessanterweise schreibt der Sprecher dort die Erfahrung im Krieg ausdrücklich der ganzen *pólis* Sparta, also nicht sich selbst, zu. Sein jugendliches Alter belegt schon für sich seinen Mangel an Erfahrung. Dieses Argument kann er daher nicht auf seine Person anwenden.

[150] Thuk. I 85,1; vgl. Hagmaier 2008: 142–143.

[151] Vgl. die von Archidamos selbst so benannte *metabolé* seines Auftretens (Isok. VI 1). Die Bewahrung der traditionellen Normen (*nómima*) konnte mit dem Begriff der *dikaiosýnē* in Verbindung gebracht werden, was möglicherweise im späten 5. Jh. zu einer umstrittenen Gleichung wurde; vgl. dazu Kerferd 1981: 115–116.

[152] Thuk. I 68,1–2; vgl. Hagmaier 2008: 43–46.

Potential des *lógos* dazu zu nutzen, sich über die Gesetze (*nómoi*) hinwegzusetzen.[153] Während der thukydideische Archidamos also die Bildung an die Normen der *pólis* binden will, lehnt der isokratische Archidamos ohne weitere Erläuterung sowohl Normen wie auch Bildung (beziehungsweise die *lógoi*) vollständig ab als für die Praxis irrelevant.

Archidamos II. wiederum beruft sich bei Thukydides auf die spartanische Tradition von *hêsychía* und *sôphrosýnê*,[154] die zuvor die Korinther in ihrer Rede hatten diffamieren wollen, indem sie sie mit der sprichwörtlichen spartanischen Rhetorik- und Bildungs-Feindlichkeit in Verbindung brachten.[155] Archidamos II. versucht, gegen die korinthische Polemik die spartanischen Werte positiv zu begründen und als ideelle Güter zu verteidigen. Sein Begriff von *sôphrosýnê* kommt dem der politischen Vernunft und Weitsicht gleich. Im Gegensatz dazu spielen die alten spartanischen Werte in der Rede des isokratischen Archidamos entweder gar keine Rolle oder werden sogar explizit abgelehnt.[156] Es ergibt sich sowohl bei Thukydides wie auch bei Isokrates in den Reden der Archidamoi eine Verbindung der Vorstellungen von der Rolle des Alters, der Bildung und der politischen Urteilskraft. Archidamos II. befürwortet bei Thukydides eine an die gesellschaftlichen Normen gebundene intellektuelle Bildung; zusammen mit der notwendigen (und zum Bereich der *paideía* gehörenden) Erfahrung führt diese zu politischer Urteilskraft. Da mit fortschreitendem Alter auch die individuelle Erfahrung unweigerlich wächst, verfügen die jeweils älteren Generationen über eine höhere politische Urteilskraft als die jüngeren, deren politisches Denken stärker von emotionalen Beweggründen (ἐπιθυμία) geprägt ist. Archidamos III. dagegen hält intellektuelle Bildung für irrelevant

---

[153] Thuk. I 84, 3; vgl. Hagmaier 2008: 138–140. Ducat 2006: 38–39 betont die Doppeldeutigkeit des Abschnitts, der implizit Kritik beinhalte.

[154] Schmitz-Kahlmann 1939: 11, Debnar 2001: 61, 227, Hagmaier 2008: 120–122, 133–142 der das σωφρόνως ἐκλογίζεσθαι „als Kernstück der Position des Archidamos" identifiziert (ebd. 122).

[155] Thuk. I 68. Die Korinther werfen den Spartanern vor, politische Redner als stets eigennützig zu verdächtigen und diesen deshalb kein Gehör zu schenken; vgl. Hornblower 1991: 112, Hagmaier 2008: 43–45, der die Verbindung dieser „nach innen gekehrten Hermetik des spartanischen Wesens" mit dem zentralen Vorwurf der Korinther, die Spartaner pflegten eine zu politischer Untätigkeit führende *amathía*, betont: „Gerade durch die enge Verbindung mit ἀμαθία setzen die Korinther die σωφροσύνη herab und deuten damit einen im Leben der Spartaner fest verankerten Wert letztlich zu einem negativ besetzten Begriff um". Die Verbindung von politischer Vernunft bzw. Urteilskraft und Bildung spielt schließlich sowohl in der Archidamosrede (Thuk. I 80–85) wie auch in Isok. VI eine wichtige Rolle, s. dazu u. Kap. B.5.2.2 und B.5.5.3.

[156] Von insgesamt 71 Belegen des Begriffs σωφροσύνη und seiner Derivate im isokratischen Werk taucht nur ein einziger im *Archidamos* auf – an einer Stelle, an der er fast als leere Phrase erscheint, mithin in keiner Weise mit dem Plan des Archidamos in Verbindung gebracht werden kann (Isok. VI 59). Erstaunlicherweise wurde das Fehlen dieses aristokratischen Wertbegriffs gerade in dieser Rede eines Spartaners bislang nicht kommentiert, während es beispielsweise in Isok. XX, einer gegen einen Aristokraten argumentierenden Rede als bemerkenswert notiert wurde, da der Begriff (sowie andere aristokratische Wertbegriffe) bei Isokrates ansonsten häufig sei (Classen 2010: 14). Ἡσυχία erscheint in Isok. VI 2 als Teil jenes normgemäßen Verhaltens, über das sich Archidamos mit seinem Auftritt hinwegsetzt. In Isok. VI 69 erscheint der Begriff als Gegensatz zu dem von Archidamos vorgeschlagenen Kurs, in Isok. VI 51, 104 wird er ganz offen abgelehnt.

B.5.4 Die persona des Sprechers 315

in Bezug auf die politische Praxis – dass er sie im Augenblick seines Auftritts spontan für sich nutzbar machen will, deutet wohl eher auf eine von der politischen Sache unabhängige Anerkennung des persuasiven Potentials der Rhetorik hin als auf einen echten Gesinnungswechsel hinsichtlich der Bildung. Dementsprechend wendet er sich explizit gegen eine Verknüpfung von Alter und Erfahrung und erklärt die augenblickliche Rolle des Einzelnen zum Kriterium für die Bewertung der individuellen Kompetenz.[157] Es ergibt sich daher, dass der isokratische und der thukydideische Archidamos auch im Bereich der Bewertung von Bildung, Alter, Erfahrung und politischer Urteilskraft als Gegensatzpaar erscheinen. Der isokratische Archidamos scheint hier gezielt dem Vorbild seines thukydideischen Großvaters gegenübergestellt zu werden. Indem er selbst zu Beginn seiner Rede implizit erklärt, er setze sich mit seinem Auftritt über die spartanischen *nómima* hinweg und indem er diese *metabolḗ* im Verlaufe des Proömiums (§ 1–6) gelehrt zu begründen versucht, tritt er in direkte Opposition zum Ideal Archidamos' II. bei Thukydides, der die Spartaner bezeichnet als

[...] εὔβουλοι δὲ ἀμαθέστερον τῶν νόμων τῆς ὑπεροψίας παιδευόμενοι καὶ ξὺν χαλεπότητι σωφρονέστερον ἢ ὥστε αὐτῶν ἀνηκουστεῖν [...].[158]

[...] wohlberaten in unserer Erziehung: einerseits zu ‚ungelehrt'[159] für die Verachtung der Gesetze, andererseits infolge von Anstrengung zu selbstbeherrscht, um ihnen ungehorsam zu sein [...].

B.5.4.2.2 ‚Archidamos III.' im Vergleich mit ‚Isokrates'

Die Selbstdarstellung des isokratischen Archidamos steht darüber hinaus noch zu einer weiteren literarischen *persona* im Gegensatz, nämlich zur Selbststilisierung des Isokrates in seinem Werk. Isokrates zählt sich selbst in seinem literarischen und pädagogischen Schaffen zu den *perí toús lógous diatríbontes*.[160] Es ist wörtlich diese Gruppierung, die Lehrer der Redekunst, die Archidamos als unfähig im Handeln (ἀργοτέρους εἶναι πρὸς τὰς πράξεις) bezeichnet, deren Betätigung er daher, wie er angibt, stets abgelehnt habe.[161]

---

[157] Vgl. Isok. VI 2–6. Dazu passt auch die Interpretation des spartanischen *tá heautoû práttein* ausschließlich nach dem Maßstab der gegenwärtigen Lage außenpolitischer Schwäche in Isok. VI 49–51 (s. u. Kap. B.5.6.3).

[158] Thuk. I 84,3.

[159] Zurecht weist Hagmaier 2008: 120–122, 135–136, 139 darauf hin, dass Archidamos in diesem Ausdruck kein Programm der Bildungsfeindlichkeit vertritt, sondern lediglich einen Vorwurf aus der Korintherrede (Thuk. I 68,2) in ironischer Weise aufgreift. Sein implizites Argument lautet: Wenn man Spartas traditionale und gesetzestreue Haltung als *amathía* zu denunzieren versucht, dann wird Sparta diesen Begriff gerne übernehmen, da er in diesem Falle nichts anderes bedeutet als ein Mangel an Arroganz, schlauer als die Gesetze sein zu wollen.

[160] Isok. XI 49, IV 10, IX 10, XV 192, ep. V 4, ep. VI 1–2; Bons 1997: 46.

[161] Sein Standpunkt entspricht in diesem Punkt dem jener Konkurrenten, gegen die sich Isokrates seit seinen frühesten Schriften zur Wehr setzt. Isokrates referiert deren Kritik an der Praxisferne der Philosophie, und er beschuldigt zeitgenössische sophistische Konkurrenten (Eristiker, Verfasser

Der explizite Hinweis darauf, dass er die *lógoi* und ihre Vertreter eigentlich stets als nutzlos für die *práxis* erachtet habe (§15), erweckt den Eindruck, als verwende ‚Archidamos' den *lógos* lediglich als Mittel zum Zweck der Persuasion, als letztes Mittel in auswegloser Lage.[162] Er verwendet ihn somit unabhängig von jeder ethischen oder bildungstheoretischen Überzeugung. Eine Handlungskompetenz kann die Beschäftigung mit den *lógoi* seiner Meinung nach nicht vermitteln. Eben dieses Ziel aber verfolgt die isokratische *paideía*.[163] Die Frage, ob Archidamos' veränderte Haltung zur Rhetorik ihn zu einem Vertreter der isokratischen *paideía* (denn genau darum handelt es sich beim *perí toús lógous diatríbein*) macht, ist somit eindeutig negativ zu beantworten.

Dies hängt auch mit Isokrates' Einstellung zur Bedeutung des Alters für die Urteilsfähigkeit zusammen – und in diesem Bereich zeigt sich noch deutlicher, dass Isokrates seinen Archidamos ganz gezielt als Gegenentwurf zum Archidamos des thukydideischen Werkes gezeichnet hat. Isokrates' eigene *persona* nämlich steht hinsichtlich der Zusammenhänge zwischen Alter, Bildung, Erfahrung und Urteilskraft auf dem gleichen Standpunkt wie Archidamos II. bei Thukydides. Seit dem *Euagoras* stilisiert sich Isokrates regelmäßig als alten Mann. Dabei dient der Verweis auf das eigene Greisentum stets vordergründig als Rechtfertigung für kompositionelle oder kommunikative Lizenzen, die sich Isokrates in seinen Schriften gegenüber rhetoriktechnischen Konventionen erlaubt.[164] Dass diese Selbstdarstellung aber darüber hinaus der politischen Verortung des Isokrates in einem konservativen Milieu dient und dass sie mit der Vorstellung erfahrungsbedingter Urteilskraft einhergeht, hat Yun Lee Too gezeigt.[165] Too beschreibt die *persona* des greisen Isokrates als „a figure of moderation and experience" in Sinne der Beschreibung dieser Eigenschaften bei Aristoteles und in der Alexanderrhetorik. Isokrates kann sich im Bereich der *lógoi* das Überschreiten rhetoriktechnischer Konventionen erlauben, weil er aufgrund seiner Erfahrung das sachlich Notwendige zu sagen versteht. Er kann im politischen Bereich als Ratgeber auftreten, weil seine Erfahrung ihm politische Urteilskraft vermittelt.

---

rhetorischer *téchnai*, spekulative Philosophen), für diesen schlechten Ruf der Philosophie verantwortlich zu sein (Isok. XIII, X 1–13, XI 54–60). Die Formulierung in Isok. VI 15 schließt den bei Azoulay 2006: 524–525 geäußerten Gedanken aus, wonach Isokrates sich an dieser Stelle als Stimme hinter der *persona* ‚Archidamos' zu erkennen gebe. Wäre dies der Fall, so würde sich Isokrates hier in direkte Opposition zu seinen früheren Schriften stellen, mehr noch, er würde diese früheren Schriften verleugnen, wenn er behauptete, er habe die dort vertretenen Standpunkte zur Philosophie der *lógoi* früher stets abgelehnt.

[162] Damit entscheidet er sich aus demselben Grund für die Rhetorik, aus dem sich bei Thuk. IV 17,2 die spartanischen Gesandten nach der Einschließung der Spartiaten auf Sphakteria im Jahr 425 dazu entschließen, rhetorisch für den Frieden zu werben (dazu Debnar 2001: 154: „Far from demonstrating that for Spartans words and deeds (or facts) correspond, the speakers show that now they can ‚do' nothing more useful than talk").

[163] Isok. XIII 19–21 (s. o. S. 50–53).

[164] Isok. IX 73, VIII 141, 145, XV 9, V 10, 18, 28, 110, XII 3, 267–270, ep. VI 2, 6, [Isok.] ep. III 4, 6.

[165] Too 1995: 43–45, vgl. Arist. Rhet. 1390a14, Anaxim. Rhet. ad Alex. 1437b11–17.

B.5.4 Die persona des Sprechers

Deutlich ausgesprochen ist dies im Brief an die Thronfolger des thessalischen Tyrannen Iason von Pherai, jenem isokratischen Text, der dem *Archidamos* zeitlich am nächsten stehen dürfte. Hier schreibt der fast 80-jährige Isokrates:[166]

> (ep. VI 6) Ἡγοῦμαι δὲ συμβουλεύειν μὲν ἀκμὴν ἔχειν (αἱ γὰρ ἐμπειρίαι παιδεύουσι τοὺς τηλικούτους καὶ ποιοῦσι μᾶλλον τῶν ἄλλων δύνασθαι καθορᾶν τὸ βέλτιστον), εἰπεῖν δὲ περὶ τῶν προτεθέντων ἐπιχαρίτως καὶ μουσικῶς καὶ διαπεπονημένως οὐκέτι τῆς ἡμετέρας ἡλικίας ἐστίν, ἀλλ' ἀγαπῴην ἂν εἰ μὴ παντάπασιν ἐκλελυμένως διαλεχθείην περὶ αὐτῶν.

> (ep. VI 6) Ich glaube aber, dass ich zwar im besten Alter für die politische Beratung bin (denn die Erfahrungen erziehen die Leute meines Alters und befähigen sie mehr als die anderen, das jeweils Beste zu erkennen), dass es aber keine Sache meines Alters mehr ist, über ein vorliegendes Thema angenehm und wohlklingend und mühsam gedrechselt zu reden; vielmehr wäre ich froh, wenn ich darüber nicht ganz kunstlos spräche.

An kaum einer Stelle wird Isokrates' Verwendung des Altersmotivs so deutlich erkennbar. Das entscheidende Kriterium für die Rolle des politischen Ratgebers ist die Erfahrung, gewissermaßen eine Lebens-Erfahrung als Eigenschaft des Alters.[167] Wie auch in anderen Schriften betont Isokrates hier unmissverständlich die Priorität der sachlichen vor der ästhetischen Qualität eines *lógos*.[168] Weil Isokrates alt ist, verfügt er über Erfahrung; und weil er erfahren ist, hat er es nicht mehr nötig,[169] die Überzeugungskraft seiner *lógoi* auf ihren ästhetischen Wert zu gründen. Er kann sich ganz auf seine

---

[166] Gemeinhin datiert man den Brief, seine Echtheit vorausgesetzt, in das Jahr 359, nach der Ermordung des Alexandros von Pherai (Papillon 2004: 266). Die gleichen Datierungsprobleme wie bei allen übrigen isokratischen Schriften liegen freilich auch hier vor. Über einen *terminus post quem* kann man aufgrund der literarischen Natur des Briefes kaum hinauskommen.

[167] Vgl. dazu Isok. VIII 12. Dort wird die Erfahrung des Niedergangs der athenischen *arché* als Erfahrungswert explizit nur den älteren Athenern zugesprochenen (μνημεύουσι), während die Jüngeren nur durch Vermittlung (ἀκηκόασιν) durch die Älteren von diesen Erfahrungen profitieren können. Isokrates kritisiert seine Zeitgenossen dafür, dass die den Jüngeren vermittelte Erinnerung an die historische Erfahrung verloren gegangen sei, das heißt er sieht eine solche Tradierung historischer Erfahrung als Idealfall an (vgl. dazu Isok. XII 208–209, s. u. Kap. B.9.6.1.1). Der Umstand, dass das ‚Hören' der Jüngeren Teil eines Lehrprozesses ist, verbindet die Differenzierung der Altersgruppen in Isok. VIII 12 mit dem Thema der Lehrautorität der Alten bei Isokrates. Allgemein zur Bedeutung der *empeiría* vgl. Poulakos (T.) 1997: 86–88, 94–95.

[168] Z. B. Isok. ep. I 2–3, ep. IX 5 (die Einschätzung bei Too 1995: 39, wonach man diese Stelle nicht als typische Bemerkung des Isokrates werten könne, wird durch die übrigen Belege widerlegt), V 25–29 (dazu Bons 1993: 163–164 und 1997: 13–15).

[169] Diese Tendenz, die der griechische Wortlaut durchaus haben kann, geht in den meisten Übersetzungen der Stelle unter. Vgl. Van Hook 1945: 437–438 („[…] is no longer to be expected at my age […]"), Ley-Hutton 1997, II: 252 („andererseits kann man von meinem Alter nicht mehr erwarten […]"), Papillon 2004: 268 („[…] is no longer in my power […]"). Dem Bedeutungsspielraum der offenen griechischen Formulierung am nächsten kommt die Übersetzung bei Mathieu/Brémond 1962: 190 („[…] n'est plus de mon âge […]").

Sachkompetenz stützen.[170] Im Umkehrschluss ergibt sich daraus das Argument, dass jüngere Altersgruppen stets einen politischen Erfahrungs- und damit Kompetenzrückstand gegenüber den Älteren aufweisen. Auf diese Haltung gründet sich letztlich auch Isokrates' politische Bevorzugung des Areopag,[171] also jenes politischen Gremiums der athenischen Demokratie, das in seiner Altersstruktur der spartanischen Gerusia entspricht.

Archidamos' Rechtfertigungsstrategie im Proömium seiner Rede basiert nun aber ganz auf der Widerlegung eben dieser bei Isokrates sonst so prominenten Verknüpfung von Alter und Erfahrung. In §4 spricht Archidamos dies offen aus:

> (4) Εἰ μὲν γὰρ ἦν δεδειγμένον ὥστε τοὺς μὲν πρεσβυτέρους περὶ ἁπάντων εἰδέναι τὸ βέλτιστον, τοὺς δὲ νεωτέρους μηδὲ περὶ ἑνὸς ὀρθῶς γιγνώσκειν, καλῶς ἂν εἶχεν ἀπείργειν ἡμᾶς τοῦ συμβουλεύειν· ἐπειδὴ δ' οὐ τῷ πλήθει τῶν ἐτῶν πρὸς τὸ φρονεῖν εὖ διαφέρομεν ἀλλήλων, ἀλλὰ τῇ φύσει καὶ ταῖς ἐπιμελείαις, πῶς οὐκ ἀμφοτέρων χρὴ τῶν ἡλικίων πεῖραν λαμβάνειν, ἵν' ἐξ ἁπάντων ὑμῖν ἐξῇ τῶν ῥηθέντων ἑλέσθαι τὰ συμφορώτατα;

> (4) Wenn es nämlich bewiesen wäre, dass einerseits die Älteren in allem das jeweils Beste erkennen, andererseits die Jüngeren nicht in einer einzigen Sache zu richtiger Erkenntnis kommen, dann wäre es gut, uns von der politischen Beratung fernzuhalten: Da wir uns aber hinsichtlich der politischen Vernunft nicht aufgrund der Zahl an Lebensjahren unterscheiden, sondern aufgrund von Veranlagung und Bemühung, wie sollte es da nicht notwendig sein, die Probe mit beiden Altersgruppen zu machen,[172] damit wir aus allem Gesagten das Nützlichste wählen können?

Archidamos lehnt die These ab, wonach die Urteilskraft vom Alter abhängig sei. Die Formulierung dieser These (τοὺς μὲν πρεσβυτέρους περὶ ἁπάντων εἰδέναι τὸ βέλτιστον) lehnt sich eng an die oben zitierte Stelle aus dem *Brief an die Söhne Iasons* an (μᾶλλον τῶν ἄλλων δύνασθαι καθορᾶν τὸ βέλτιστον). Was beide Passus jedoch voneinander unterscheidet, ist nicht nur die unterschiedliche Position, die zur genannten These eingenommen wird, sondern der Umstand, dass der isokratische Archidamos seine Position –

---

[170] Ein sehr ähnlicher Gedanke findet sich auch in Isok. III 17–18. Hier ist es die dauerhafte Amtsführung eines Magistraten bzw. Monarchen (im Gegensatz zum Annuitätsprinzip der athenischen Ämterbesetzung), die zu erhöhter *empeiría* und dadurch zu besserer Amtsführung führt; vgl. Mirhady/Too 2000: 173 Anm. 8, Classen 2010: 50. Eucken 2010: 138–139 deutet auch den Anspruch, das ganze Leben des Isokrates sei Vorbereitung des *Panegyrikos* gewesen (Isok. IV 14) in diesem Sinne.

[171] Vgl. Isok. VII 36–49. Der Areopag soll bei Isokrates nicht nur die Funktion der Nomophylaktie erfüllen, sondern zugleich die Aufsicht über die *paideía* und damit die politische Gesinnung der Bürger, eine Funktion, die man analog als ‚Paideiophylaktie' bezeichnen könnte. Vgl. auch den besonderen Respekt, den man zur Zeit der idealen *politeía* in Athen den Alten entgegenbrachte (Isok. VII 49, 55). In Isok. VII 48 ist zudem von der besonderen Zurückhaltung der jungen Leute in der Öffentlichkeit die Rede – mit diesem Ideal lässt sich der fordernde Auftritt des jungen Archidamos kaum vereinbaren.

[172] Die hier gewählte Übersetzung trägt dem Umstand Rechnung, dass die naheliegende Übersetzung des griechischen Ausdrucks ‚τὴν πεῖραν λαμβάνειν τινός' mit ‚Erfahrung von jemandem gewinnen' (vgl. LSJ 1354) hier leicht missverständlich sein könnte. Gemeint ist nicht die Inanspruchnahme der Erfahrung (im Sinne der *empeiría*) eines Anderen, sondern die Erzeugung von Erfahrung durch die Prüfung eines Anderen. Dies soll die Übersetzung zum Ausdruck bringen.

B.5.4 Die persona des Sprechers

im Gegensatz zum Isokrates des Thessalierbriefes – nicht überzeugend erläutert. Archidamos präsentiert lediglich die abgelehnte These als absurd (durch die Aufnahme des logisch unzutreffenden Umkehrschlusses, dass die Jüngeren nach dieser These überhaupt keine richtigen Auffassungen haben könnten) und behauptet stattdessen das Gegenteil. Die *persona* Isokrates dagegen erläutert ihren Standpunkt mit dem Faktor der Erfahrung. Archidamos negiert auch dadurch implizit die Bedeutung der Erfahrung (oder er erkennt sie nicht), dass er in §4 *phýsis*, *epiméleia und phrónēsis* als einzige Grundlagen guter politischer Beratung herausstellt. Diese drei Begriffe sind zentral für die *paideía*[173] des Isokrates und werden in *Gegen die Sophisten* bereits als Grundlagen des richtigen Urteils benannt.[174] Isokrates aber betont schon in dieser frühen Schrift zusätzlich zu diesen drei Grundlagen der *paideía* die Bedeutung der Erfahrung (*empeiría*) – sowohl der Erfahrung des Lehrers als auch der durch Übung gewonnen Erfahrung des Schülers. Das Fehlen des Schlagworts der *empeiría* bei Archidamos im Kontext der drei anderen genannten Schlagworte aus *Gegen die Sophisten* ist kein Zufall. Für Archidamos ist Erfahrung ebenso irrelevant wie rhetorische Bildung.

B.5.4.2.3 Strategische vs. politische Urteilskraft

Archidamos kann für seine Altersgruppe – und damit für seine Person – Erfahrung nicht als Begründung seiner politischen Kompetenz anführen. Er verfügt *qua iuventute* über weniger Erfahrung als jene Mitglieder der Gerusia, deren Kompetenzvorsprung er widerlegen will. Stattdessen führt Archidamos eine andere Begründung dafür ins Feld, dass er in der Beratung über Krieg und Frieden als urteilsfähiger politischer Berater auftreten könne. Die jüngere Generation sei es, die das Heer stelle und daher von der politischen Entscheidung am unmittelbarsten betroffen sei (§3). Archidamos hebt die Argumentation damit auf eine persönliche, emotionale, unsachliche Ebene. Etwas sachlicher wirkt das zweite Argument, mit dem Archidamos seine Kompetenz begründen will:

(5) Θαυμάζω δ' ὅσοι τριήρων μὲν ἡγεῖσθαι καὶ στρατοπέδων ἄρχειν ἀξιοῦσιν ἡμᾶς, ὑπὲρ ὧν μὴ καλῶς βουλευσάμενοι πολλαῖς ἂν συμφοραῖς καὶ μεγίσταις τὴν πόλιν περιβάλοιμεν, εἰπεῖν δ' ἃ γιγνώσκομεν περὶ ὧν ὑμεῖς μέλλετε κρίνειν οὐκ οἴονται δεῖν ἡμᾶς, ἐν οἷς κατορθώσαντες μὲν ἅπαντας ὑμᾶς ὠφελήσομεν, διαμαρτόντες δὲ τῆς ὑμετέρας γνώμης αὐτοὶ μὲν ἴσως φαυλότεροι δόξομεν εἶναι, τὸ δὲ κοινὸν οὐδ' ἂν ζημιώσαιμεν.

(5) Ich wundere mich, wie viele uns für fähig halten, Trieren zu führen und Landheere zu kommandieren – wenn wir in diesen Angelegenheiten keine guten Entscheidungen träfen, würden wir die *pólis* in häufiges und schlimmstes Unglück stürzen – zu sagen aber, was wir denken in Angelegenheiten, in denen die Entscheidung bei Euch liegen wird,[175] glaubt ihr, komme uns

---

[173] Dass hier Fragen der *paideía* angesprochen sind, wird auch durch die Wortwahl in Isok. ep. VI 6 deutlich: „[...] αἱ γὰρ ἐμπειρίαι παιδεύουσι τοὺς τηλικούτους [...]".

[174] Isok. XIII 13–18, vgl. Walker 2011: 72–73, 183.

[175] Die Stelle ist möglicherweise doppeldeutig. Übersetzt man μέλλετε κρίνειν hier mit „ihr zögert, eine Entscheidung zu treffen", dann ergibt sich ein Zusammenhang zum einen mit Isok. VI 1 („[...] περὶ ὧν ὀκνοῦσιν οἱ πρεσβύτεροι λέγειν [...]"), zum anderen auch eine Anspielung auf die Korintherrede

nicht zu – wenn wir dabei erfolgreich agieren, dann werden wir euch allen nützen, wenn wir aber unsere Meinung nicht vor euch durchsetzen, dann werden wir vielleicht selbst nichtsnutziger erscheinen, dem Gemeinwesen dagegen keinen Schaden verursachen.

Archidamos argumentiert hier mit der Tatsache, dass Spartiaten seines Alters, allen voran er selbst, bereits militärische Kommandos erhalten und dass dafür wenigstens in militärischen Fragen Urteilskraft vonnöten sei. Dieser Gedanke findet sich auch andernorts bei Isokrates. In der *Antidosis* taucht er im Zuge des Exkurses zu Timotheos auf.[176] Wieder besteht jedoch ein wesentlicher Unterschied: Isokrates betont in der *Antidosis*, dass Timotheos entgegen der üblichen Besetzungspraxis im Militärwesen ein Mann von *politischer* Urteilskraft gewesen sei. Im Gegensatz zu den Militärspezialisten, die aufgrund ihrer körperlichen Ausbildung und ihres Kampfgeschicks zwar nützlich für den Krieg seien, auf intellektueller Ebene jedoch allenfalls als Unteroffiziere taugten, sei es diese politische Urteilsfähigkeit gewesen, die Timotheos zu einem fähigen Strategen gemacht habe. Der politisch vernünftige Timotheos wird dabei kontrastiert mit den bei den Athenern beliebten Feldherren. Letzteren wird lediglich die Fähigkeit zugeschrieben, die anderen Griechen in Angst und Schrecken zu versetzen; Timotheos dagegen erweitert Athens Machtstellung nicht zuletzt dadurch, dass er das Wohlwollen der Griechen erwirbt.[177]

In der *Antidosis* leitet sich also aus der – durch die isokratische *paideía* erworbenen – politischen Urteilskraft Kompetenz in der Militärführung ab. Auch in der *Friedensrede* wird die gängige Praxis scharf kritisiert, fähigen Politikern keine strategische Kompetenz zuzusprechen.[178] Im *Philippos* wiederum werden die Fähigkeiten zur Leitung einer *pólis* und zur Leitung einer Armee praktisch miteinander gleichgesetzt, indem sie als gemeinsame Grundlage eines guten Ansehens bezeichnet werden.[179] Die Grundaussage in diesen Passus ist der Hinweis darauf, dass das Amt eines Strategen eine intellektuelle Ausbildung erfordere.[180] Der isokratische Archidamos argumentiert dagegen genau umgekehrt. Er leitet aus seiner militärischen Fähigkeit den Anspruch ab, auch politische Kompetenz zu besitzen. Zwar ist er selbst Heerführer und hat als solcher in der ‚Tränenlosen

---

bei der thukydideischen ‚Tagsatzung' in Sparta. Dort bildet die Kritik an der Zögerlichkeit der Spartaner den Kern der korinthischen Argumentation. In Thuk. I 84,1 wendet sich Archidamos gegen diesen Vorwurf; vgl. Hagmaier 2008: 135–136.

[176] Isok. XV 115–122; Heilbrunn 1967: 199.

[177] Isok. XV 121–122. Es muss an dieser Stelle angemerkt werden, dass auch das Timotheos-Lob der *Antidosis* (Isok. XV 101–139) nicht frei von Ironie ist und in dieser Hinsicht näherer Untersuchungen wert wäre (s. dazu u. Kap. B.7.2 Anm. 21). Dies kann jedoch in der vorliegenden Arbeit nicht geleistet werden. Das in diesem Passus präsentierte Bild des idealen Feldherren, der zugleich idealer Politiker ist, bleibt im Übrigen (sofern es von der Person des Timotheos abstrahiert wird) von ironischen Tönen unberührt.

[178] Isok. VIII 52–55.

[179] Isok. V 140.

[180] Dies gilt nur eingeschränkt für die zitierte Stelle im *Philippos*; dort wird dieser Grundgedanke bereits vorausgesetzt.

B.5.4 Die persona des Sprechers 321

Schlacht' einen erstaunlichen Erfolg vorzuweisen, in seiner Selbstdarstellung als Mann des Militärs hebt er aber seine eigene Person in keiner Weise (etwa als gebildet) von seinen Altersgenossen ab, im Gegenteil: Er reklamiert das Recht der politischen Beratung nicht nur für sich, den Heerführer, sondern für seine ganze Altersgruppe, mithin für alle Soldaten. Es fehlt gänzlich der in der *Antidosis* so deutliche Aspekt der individuellen intellektuellen Eignung für die Politik/Strategie. Ebenfalls fehlt der in der *Antidosis* damit eng verbundene Hinweis auf die *paideía*. Wir sind somit an demselben Punkt angelangt, der sich auch bei Archidamos' Versuch der Widerlegung des Argumentes Alter = Erfahrung = Urteilskraft ergeben hatte. Archidamos begründet seinen Standpunkt mit Argumenten, die an Positionen des Isokrates in anderen Schriften erinnern, aber in entscheidenden Punkten von diesen abweichen, sich sogar als gegensätzlich dazu erweisen. Da er den Faktor Erfahrung ignoriert, negiert er die sich aus dem Alter ergebende politische Urteilskraft. Und da er den Faktor Bildung ignoriert, reklamiert er politische Kompetenz für den Soldaten anstatt umgekehrt strategische Kompetenz für den fähigen Politiker.[181]

B.5.4.3 Ergebnis I

Yun Lee Too hat die Haltung des isokratischen Archidamos gegenüber Alter und Tradition wie folgt skizziert:

> Authors writing in the fifth and fourth centuries express a strong preference for traditional or familiar discourse, expressed as *archaios logos*, over ‚novelty' (*hē kainotēs*). They may do this ironically, through characters who prefer what is ultra-sophisticated to what is traditional. [...] Isocrates offers a subtle critique of Archidamus, who not only abandons traditional Spartan reserve when he adresses the council of elders but also expresses his lack of commitment to the state's past.[182]

Toos Interpretation hat sich in unserer Analyse des *Archidamos*-Proömiums bestätigt. Archidamos ignoriert das Altersvorrecht der Gerusia, und er lehnt die Faktoren Alter, Bildung, Erfahrung und Tradition ab. Damit stellt er sich gegen das literarische Vorbild seines bei Thukydides dargestellten Großvaters Archidamos II. sowie gegen das literarische Vorbild des Isokrates. Archidamos erscheint im Proömium seiner Rede als Spartaner, der einerseits die stets von Isokrates kritisierte spartanische Geringschätzung der Rhetorik überwindet, zugleich jedoch auch die stets von Isokrates vertretene Rolle der Autorität des Alters, der Autorität der Erfahrung, der Autorität der Tradition über Bord wirft.[183] Setzt man den Maßstab der isokratischen *paideía* für den *Archidamos* an, dann

---

[181] Überträgt man die Bereiche Politik/Militär auf die Dichotomie von musischer/gymnischer Bildung bzw. *légein/práttein*, so fordert Archidamos die automatische Anerkennung der strategischen Kompetenz körperlich ausgebildeter Soldaten. ‚Isokrates' dagegen fordert die Anerkennung der strategischen Kompetenz der politisch ausgebildeten Intellektuellen.

[182] Too 1995: 54–55. Diese Frage wird nur bei Too überhaupt näher besprochen.

[183] Allgemein zur Rolle der Tradition bei Isokrates Jost 1936: 147–149.

ergibt sich daraus die Schlussfolgerung: Isokrates stellt den Archidamos nicht nur als spartanischen ‚neuen Politiker' vom Schlage eines Sthenelaidas, als ‚radical demagogue' vom Schlage eines Kleon oder Alkibiades dar,[184] sondern zugleich auch implizit als – im Sinne des isokratischen Bildungsanspruchs – inkompetenten Redner. Als solcher entspricht er – auch hierin ist Too zuzustimmen[185] – dem Typus der von Isokrates stets kritisierten Demagogen des demokratischen Athen des 4. Jhs.

Diese Interpretation wird, das sei an dieser Stelle bereits angedeutet, durch den Vergleich mit der *Friedensrede* gestützt. In dieser erscheint jener Optimismus angesichts einer kritischen Situation, den auch der isokratische Archidamos in seiner Rede vertritt,[186] als Eigenschaft athenischer Demagogen, deren Einfluss auf den *dêmos* Isokrates kritisiert.

B.5.5 Argumentationsweisen

Unabhängig von der Frage nach der Art und Weise, wie sich der Sprecher im *Archidamos* selbst präsentiert, ist für die Beurteilung dieser Sprecherfigur auch deren Argumentationstechnik und inhaltliche Positionierung von Bedeutung. Im Folgenden sollen daher die von Archidamos vertretenen Positionen und verwendeten Argumentationsmittel untersucht werden. Im Anschluss wird das Ergebnis dieser Untersuchung mit dem Bild, das der Sprecher von sich selbst zeichnet, zusammenzuführen sein.

Archidamos fordert sein Publikum in §6 explizit zur sachlichen Prüfung der vorgetragenen Argumente auf. Auch der Sprecher Archidamos fordert also sein Publikum dazu auf, die Argumente einer Rede nach ihrem sachlichen, nicht nach ihrem ästhetischen Wert zu beurteilen.[187] Diese Untersuchung der Argumente im Hauptteil der Rede wird, wie bei den anderen isokratischen Schriften, nach den rhetoriktechnischen Kriterien (*lógos, eikós, alḗtheia, dóxa*) erfolgen, die Isokrates in seinen früheren Schriften formuliert hat.

---

[184] Zur Rolle dieses Typus eines Politikers bei Thukydides vgl. Cawkwell 1997: 56–74 (insbes. Kleon).
[185] Too 1995: 97–98.
[186] Vgl. Isok. VIII 5–8.
[187] In Isok. VI 6 wird das von Archidamos als Bewertungskriterium genannte „περὶ τῶν παρόντων πραγμάτων εἰπεῖν ἀγαθόν", also das Argumentieren an der Sache, in einen Gegensatz gebracht zu einem Reden, das seine Motivation vor allem im Auftritt als Redner findet („ἐπιθυμῶν τοῦ λέγειν"). Das bringt die sachlich überzeugende Rede in eine deutliche Opposition zu den in Isokrates' frühen Schriften so vehement abgelehnten, rein rhetorischen *epideíxeis*, Schaureden, die vor allem durch rhetorische Affekthascherei zu überzeugen versuchen. In Isok. VI 6 wird der ästhetische Wert der Rede zwar weder bestritten noch infrage gestellt, er tritt jedoch in den Hintergrund gegenüber der sachlichen Behandlung des Gegenstandes.

B.5.5.1 Das *díkaion* der spartanischen Herrschaft in Messenien (§16–33)

Archidamos gründet seine gesamte Argumentation auf den Nachweis der Berechtigung der spartanischen Herrschaftsansprüche in Messenien. Diesen Nachweis versucht er in §16–33 zu erbringen. Mit dem Hinweis auf das dort präsentierte *díkaion* dieser Herrschaft werden alle weiteren argumentativen Abschnitte begründet.[188] Die Argumentation in diesem Abschnitt ist im Hinblick auf die persuasive Kraft der archidamischen Rede insofern entscheidend, als aus ihr die ethische Qualität des archidamischen Programms resultiert. Der Abschnitt soll daher ausführlich untersucht werden.

Archidamos führt seinen Nachweis der Berechtigung der spartanischen Herrschaft in erster Linie anhand eines Berichtes über die spartanische Gründungs- und Frühgeschichte.[189] Damit erinnert der Abschnitt in seiner Platzierung innerhalb der Rede (zu Beginn des Hauptteils) ebenso wie in seinen Inhalten an jene Gliederungsabschnitte der athenischen Epitaphien, in denen die Machtansprüche Athens historisch begründet wurden.[190] Das Ziel seiner historischen Argumentation benennt Archidamos in §16:

> (16) Πρῶτον μὲν οὖν οἶμαι δεῖν διαλεχθῆναι πρὸς ὑμᾶς, ὃν τρόπον ἐκτησάμεθα Μεσσήνην καὶ δι' ἃς αἰτίας ἐν Πελοποννήσῳ κατῳκήσατε, Δωριεῖς τὸ παλαιὸν ὄντες. Διὰ τοῦτο δὲ προλήψομαι πορρωτέρωθεν, ἵν' ἐπίστησθ', ὅτι ταύτην ὑμᾶς τὴν χώραν ἐπιχειροῦσιν ἀποστερεῖν, ἣν ὑμεῖς οὐδὲν ἧττον ἢ τὴν ἄλλην Λακεδαίμονα κέκτησθε δικαίως.

> (16) Zuerst also, so glaube ich, muss ich zu euch darüber sprechen, auf welche Weise wir Messene erworben haben und aus welchen Gründen ihr auf der Peloponnes gesiedelt habt, die ihr doch von Alters her Dorier seid. Ich werde aber deshalb so überaus weit in die Geschichte zurückgreifen, damit ihr sichere Kenntnis darüber gewinnt, dass man versucht, euch eines Landes zu berauben, das ihr nicht weniger gerecht erworben habt als das übrige Lakedaimon.

Die wiederholte direkte Anrede des Publikums wirkt als emotionaler Appell. Derartige auf emotionale und affektive Wirkung zielende rhetorische Mittel gehören ebenso zu den von Isokrates bekämpften Argumentationstechniken wie der Anspruch darauf, über

---

[188] Bei der thukydideischen ‚Tagsatzung' in Sparta argumentieren die Korinther und Sthenelaidas ausschließlich mit dem Argument des *díkaion*, bzw. sie fordern den Krieg aufgrund der *adikía* Athens. Die v. a. von Archidamos II. (Thuk. I 80–85) thematisierte Frage nach den Aussichten in diesem Krieg, nach dem *symphéron* einer sofortigen Kriegserklärung steht deutlich im Hintergrund oder wird gar nicht richtig gestellt; vgl. Hagmaier 2008: 239. Auch der isokratische Archidamos thematisiert die Gegenüberstellung von *díkaion* und *symphéron*. Er anerkennt zwar die Berechtigung der Frage nach dem Nutzen, erklärt aber, dass das *díkaion* stets den Vorrang vor diesem haben müsse; vgl. Isok. VI 34–35.

[189] Tigerstedt 1965, I: 30–32 hält den gesamten Bericht für die authentische Wiedergabe einer spartanischen Tradition; anders zu Recht Gotteland 2001: 308–310 („[...] la version spartiate telle que la comprennent les Athéniens [...]").

[190] Vgl. Isok. IV 21–74 (s. o. Kap. B.2.4.2–3). Dort dient die Frühgeschichte Spartas dazu, das größere Alter und die größere machtpolitische Legitimation Athens darzustellen.

politische und ethische Fragen wie die nach dem *díkaion* sicheres Wissen (ἵν' ἐπίστησθ') vermitteln zu können.[191]

Wichtiger als dies ist aber die Bedeutung dieser Stelle für die darauffolgende Verwendung des großen Exemplums der spartanischen Frühgeschichte. Archidamos macht klar, dass es ihm um die Frage des *díkaion* geht. Und er macht ebenfalls klar, dass seiner Ansicht nach der spartanische Besitz Messeniens nicht weniger gerechtfertigt ist als der Besitz Lakoniens. Diese Bemerkung hat jedoch zwei Seiten: Gelingt es Archidamos, das *díkaion* im Falle Messeniens zu belegen, so steht das Ethos seiner Rede auf sicheren Füßen. Gelingt es ihm nicht, so hat er ungewollt damit ausgesagt, dass nicht nur der Besitz Messeniens, sondern auch der Besitz Lakoniens und damit der *pólis* Sparta selbst ein *ádikon* darstelle. Die Argumentation in §16–33 stellt daher nicht nur das Ethos des archidamischen Programmes, sondern das Ethos ganz Spartas auf die Probe.

B.5.5.1.1 Rechtsgründe für die Rückkehr der Herakliden (§17–22)

Nach dem Tod des Herakles sind die Herakliden aufgrund der Macht ihrer Feinde ohne festen Wohnsitz und in beständiger Gefahr (ἐν πολλοῖς πλάνοις καὶ κινδύνοις ἦσαν, §17). Nach dem Tod des Eurystheus aber lassen sie sich in der Doris nieder. In der dritten Generation befragen sie das delphische Orakel in einer (nicht näher genannten) Angelegenheit. Das Orakel trägt den Herakliden schließlich auf, in das Land ihrer Väter, also in das Land des Herakles, zurückzukehren. Dieses Land identifizieren sie nach dem Bericht des Archidamos mit Argos, Lakonien und Messenien (§18–20). In Argos betrachten sie sich nach dem Tod des Eurystheus als einzige legitime Erben des Perseus und leiten daraus ihre Besitzansprüche ab (§18). In Lakonien begründen sie ihren Anspruch damit, dass Tyndareos dem Herakles dieses Land aus Dankbarkeit für die Wiederherstellung seiner Macht sowie wegen dessen Verwandtschaft mit den Tyndareos-Söhnen Kastor und Polydeukes als Geschenk vermacht habe. Messenien dagegen (§19) habe Herakles als Reaktion auf den Raub der Rinder des Geryoneus durch Neleus und seine Söhne erobert. Das Land habe er daraufhin dem Nestor zum Nießbrauch überlassen (*parakatatíthetai*) als Anerkennung dafür, dass dieser als einziger an besagtem Rinderraub nicht beteiligt gewesen sei. Im Falle Messeniens leiten die Herakliden ihre Besitzansprüche aus dieser Eroberung durch Herakles ab. Aufgrund dieser Überlegungen zur Lokalisierung des ‚Landes des Herakles' hätten die Herakliden eine Streitmacht aus den Vorfahren der Spartiaten zusammengestellt (§20) und vereinbart, dass dieses den Herakliden eigene Land unter allen Teilnehmern an jenem Feldzug aufgeteilt werden, die Königsherrschaft (*basileía*) jedoch bei den Herakliden bleiben solle.[192]

---

[191] Vgl. zur Ablehnung emotionaler oder affektiv wirkender Argumente Isok. ep. I 1–3, VIII 3–14, 121–131, V 25–29. Zur Ablehnung der *epistḗmē* im Bereich von politischer *paideía* Isok. XIII (s. o. Kap. A.3.2.2); X 1 (s. o. S. 83).

[192] Auch hier findet sich also die Gegenüberstellung von heraklidischen und dorischen Spartiaten – und zugleich eine Rechtfertigung für die Existenz eines Doppelkönigtums unter den Bedingungen der

B.5.5 Argumentationsweisen

Die Beweisführung zugunsten der spartanischen Herrschaft in Messenien in Archidamos' Bericht ist problematisch: Entscheidend für das *díkaion* der spartanischen Ansprüche ist in diesem Abschnitt die Frage, welches Land sich als Land des Herakles bezeichnen lässt und welches nicht. Als einzige Nachfahren des Perseus beanspruchen die Herakliden die Herrschaft über Argos als Erbrecht. Auch im Falle Lakoniens spielen verwandtschaftliche Bindungen (*syngéneian*, §18) eine Rolle, ebenso eine persönliche Leistung (*euergesían*, §18) des Herakles im Interesse des Tyndareos. Entscheidend für den Anspruch ist aber einzig die Schenkung (*katá dósin / dídôsin*, §18) des Landes an Herakles durch Tyndareos, der zu dieser Schenkung durch die Verwandtschaft und die Leistungen des Herakles motiviert wird. Während Herakles Lakonien also als Geschenk erhält, gibt er Messenien aus der Hand (§19). Trotz der sorgsamen Wortwahl an dieser Stelle, die lediglich von einer ‚Übertragung' (*parakatatíthetai*), nicht von einer Schenkung spricht,[193] fällt der Kontrast zur Rechtfertigung der Ansprüche in Lakonien auf. Lakonien beanspruchen die Herakliden, weil es Herakles geschenkt worden war; Messenien wollen sie beanspruchen, obwohl Herakles es einem anderen anvertraut hatte. Die von Archidamos vorgetragene Begründung wirft daher vielmehr die Frage auf, ob möglicherweise nur eine der beiden Landschaften rechtmäßig von den Herakliden beansprucht wurde.[194]

Das Argument ist indes auch unabhängig von diesem Widerspruch nicht schlagend, denn die Erwähnung der Eroberung Messeniens durch Herakles stellt die Legitimität der spartanischen Herrschaft auch *per se* infrage. Zum einen muss der vorliegende Passus im Referat der Frühgeschichte Spartas an die Behandlung der athenischen Frühzeit im *Panegyrikos* erinnern.[195] Hier hatte Isokrates die besondere Legitimität der athenischen Hegemonie in Griechenland gerade dadurch begründet, dass die Athener weder Andere vertrieben noch verlassene *póleis* besetzt noch sich als Völkergemisch angesiedelt hätten, sondern autochthon seien. Schon im *Panegyrikos* hat sich gezeigt, dass diese Merkmale bewusst als Gegenentwurf zur spartanischen Frühgeschichte entwickelt wurden.[196] Wenn diese Frühgeschichte daher im *Archidamos* aufgegriffen wird, dann liegt der Vergleich mit dem *Panegyrikos* nahe, so dass man dem Lesepublikum des Isokrates durchaus

---

homoiótês. Zugleich benennt die Episode die Gründung der peloponnesischen *póleis* als Akt der Vergemeinschaftung von Landbesitz, ein Akt, der eben jene *homoiótês* erzeugt; vgl. zu möglichen historischen Hintergründen Flower 2002: 196–197.

[193] Dazu Natoli 2004: 69–72.

[194] Anders Wilke 1997: 192–194. Auffällig aber ist, dass Speusippos, um seinerseits und in Konkurrenz zu Isokrates die Rechtmäßigkeit des Besitzes beider Landschaften zu vertreten, seine Argumentation einerseits aufs engste an Isok. VI 18–19 anlehnt, andererseits gerade die begriffliche Differenzierung aufhebt, indem er auch bezüglich Lakoniens von *parakatathésthai* (an Tyndareos durch Herakles) spricht (Speus. ep. Socr. XXX 6; dazu Natoli 2004: 71). Wie in dem ganzen Brief treibt er damit ein besonders schwaches Argument des Isokrates auf die Spitze, um dessen Unzulänglichkeit ironisch zu kommentieren.

[195] Isok. IV 23–25 (s. o. S. 182–183); vgl. Gotteland 2001: 301–302.

[196] Vgl. auch Thuk. I 141,6; Gotteland 2001: 313–314.

zutrauen kann, dass es sich bei der Lektüre der §17–22 des *Archidamos* daran erinnerte, dass eben diese Frühgeschichte sich in Isokrates' früherer Darstellung dezidiert von einer gerechten Herrschaftsbegründung unterschied.

Noch viel schwerer wiegt aber, dass Archidamos eine Version des Herakles–Neleus-Mythos referiert, die von den gängigen Versionen dieser Geschichte derart offensichtlich abweicht, dass man nicht von einer geschickten Interpretation des Mythos im Interesse des vorliegenden Redezweckes sprechen kann, sondern die Veränderungen eher als ungeschickte, weil geradezu paradoxe Entstellung der bekannten Episode aus dem Leben des Herakles bezeichnen wird. In der üblichen, seit Homer bekannten, Darstellung der Eroberung Messeniens durch Herakles hat dessen Gewalttat ganz andere Gründe als in der isokratischen Fassung, die in dieser Form an der vorliegenden Stelle zum ersten Mal auftaucht.[197] Die im Vergleich zur isokratischen Fassung weitverbreitete ‚Standardversion' jener Episode findet sich am ausführlichsten bei Diodoros und bei Apollodoros geschildert.[198] Um die Abweichungen von Isokrates deutlich zu machen, soll sie etwas

---

[197] Danach ist sie erst wieder, mit einiger Wahrscheinlichkeit abhängig von Isokrates, bei Agias FGrH 305 F1 (=Schol. Hom. Λ 690a [Erbse]) und Philostr. Heroic. III 1 belegt. Interessant an der Agias-Stelle (zur Datierung des Agias Jacoby in FGrH 305 [Kommentar], 18–19) ist, dass dessen Darstellung des Herakles-Neleus-Mythos in einem Scholion zu den homerischen Epen überliefert ist. Der Scholiast führt das Agias-Zitat an, um die homerische Version des Mythos zu entkräften – und er gibt zu erkennen, dass letztere zum einen mit der den Iphitos-Mord enthaltenden Version koinzidiert, zum anderen die übliche und verbreitete Fassung des Mythos darstellt. Wäre die Agias-Version weithin als Alternative zur homerischen Tradition bekannt, so müsste der Scholiast sie nicht ausführlich mit Argumenten und Zitaten belegen. Nichtsdestoweniger ist einzuräumen, dass das Agias-Fragment noch den stärksten Anhaltspunkt für die Möglichkeit einer von Homer abweichenden ‚peloponnesischen' Version des Mythos darstellt. Angesichts der vermutlich nachisokratischen Datierung der *Argolika* des Agias kann dies jedoch nicht belegen, dass eine solche Fassung schon vor Isokrates und unabhängig von diesem existierte (vgl. auch Jacoby in FGrH 305 [Kommentar], 18–19). Die zeitgenössische Erwähnung des Neleus als Verbrecher bei Speus. Ep. Socr XXX 6 geht ohne Zweifel direkt auf Isokrates zurück.

[198] Diod. IV 31 und Apollod. II 129–130; vgl. auch Hom. Λ 690–693, Hes. Kat. F 14–16 (Rzach), Pind. Ol. IX 29–41, Ov. Met. XII 536–576, Hyg. Fab. 10 sowie den herakleischen Tatenkatalog auf der *Tabula Albani* (FGrH 40 = IG XIV 1293), einer römischen Kopie eines hellenistischen Originals, das auf ältere litararische Vorlagen zurückgeht (dazu Squire 2011: 60–63, 258–259); allgemein zur Überlieferung: Simon (E.) 1992: 727–728. In den frühen Quellen wird die Geschichte nicht ausführlich geschildert, aber (in einer kaum mit Isokrates, wohl aber mit Diodoros und Apollodoros vereinbaren Version) als bekannt vorausgesetzt. Vermutlich ist das (durch die Belegstellen bei Homer, Hesiod und Pindar *ad absurdum* geführte) Altersargument der Hauptgrund dafür, dass in der Forschungsliteratur bisweilen die isokratische Fassung des Kresphontes-Mythos ohne nähere Prüfung als die ältere und daher geläufigere, mithin als ursprüngliche, spartanische Fassung des Mythos angesehen wird (z. B. von Arnim 1917: 31, zuletzt Luraghi 2008: 52 Anm. 19). Dass Isokrates hier in Sparta kursierende Versionen des Mythos referieren könnte, lässt sich nicht ausschließen. Andererseits liegen dafür keinerlei Hinweise vor (s. dazu o. Anm. 197), abgesehen von der (scheinbar) prospartanischen Tendenz des Mythos. Diese aber lässt sich, wie im Folgenden deutlich werden wird, auch anders erklären.

B.5.5 Argumentationsweisen

näher vorgestellt werden: Ihrzufolge hat die Eroberung Messeniens durch Herakles mit den Rindern des Geryoneus nicht das Geringste zu tun.[199] Stattdessen gelangt Herakles nach Pylos, weil er sich von Neleus in dessen Funktion als Priester vom Mord an dem Hippolytos-Sohn Iphitos entsühnen lassen will.[200] Diesen Mord wiederum hat er ausgerechnet im Zusammenhang mit einem Viehdiebstahl begangen. Diodoros zufolge stiehlt er aus Rache für die Weigerung des Eurytos, des Königs von Oichalia, ihm seine Tochter Iole zur Frau zu geben, dessen Pferde.[201] Nach Apollodoros handelt es sich um einen Rinderdiebstahl; über die Täterschaft des Herakles schweigt sich Apollodoros aus, wenngleich er sie aufgrund der zeitlichen Übereinstimmung zu Herakles' Besuch auf Euboia durchaus nahelegt.[202] Jedenfalls wird Herakles von Iphitos wegen des Diebstahls zur Rede gestellt. Herakles ermordet Iphitos schließlich heimtückisch, indem er ihn von einem Turm (beziehungsweise den Mauern von Tiryns) stürzt.[203] Auch die Aussonderung Nestors aus der Gruppe seiner Brüder findet sich in dieser Version des Mythos. Als Neleus sich in Pylos mit seinen Söhnen über Herakles' Bitte berät, er solle ihn für den Mord entsühnen, stimmen alle bis auf Nestor gegen dieses Anliegen.[204] Hierin, in der konzilianten Haltung gegenüber dem Verbrechen des Herakles, liegt in der ältesten und am weitesten verbreiteten Fassung des Mythos der Grund für die Schonung Nestors. Doch Herakles' Frevel erschöpft sich nicht in dem Viehdiebstahl, dem Mord an Iphitos und dem Krieg gegen Neleus und seine Söhne. In diesem Krieg erhebt er vielmehr die Waffen gegen die Götter selbst und verwundet Hera und Hades.[205] Die Untaten des Herakles kennen in der ganzen Episode kein Maß. Nachdem Herakles auch in Delphi keinen Frieden finden kann, wendet er sich gegen das dortige Heiligtum, um ein eigenes Herakles-Orakel zu etablieren. Seinen Kampf gegen Apollon kann erst das Eingreifen seines Vaters Zeus beenden.[206]

Welche von zwei konkurrierenden, voneinander abweichenden Varianten eines Mythos älter oder zu einem bestimmten Zeitpunkt verbreiteter gewesen ist, oder ob sich uns als konkurrierend präsentierende Versionen zu einem ganz bestimmten Zeitpunkt gleichzeitig kursierten, lässt sich nicht mit eindeutiger Gewissheit ermitteln, sowohl aufgrund der immer zu berücksichtigenden Möglichkeit des Ausfalls wichtiger Quellen für einzelne Überlieferungsstränge, zum anderen aufgrund der Selbstverständlichkeit, mit der im klassischen Athen der Mythos verändert und umgedeutet wurde. Dass erst Isokrates

---

[199] Vgl. Apollod. II 106–112. Hier ist es der Sikelier Eryx, der dem Herakles eines der Rinder streitig macht.
[200] Apollod. II 130, Simon (E.) 1992: 727.
[201] Diod. IV 31,2.
[202] Apollod. II 129.
[203] Vgl. Diod. IV 31,3. Apollod. II 129 schreibt Herakles sogar den Bruch des Gastrechts zu, indem er ihn den Mord während eines scheinbar zu Iphitos' Ehren veranstalten Mahls ermorden lässt. Vgl. auch FGrH 40 (=IG XIV 1293), Z.37.
[204] Diod. IV 31,4.
[205] Hom. E 392–404.
[206] Apollod. II 130.

die im *Archidamos* vorliegende Version einführte, lässt sich aufgrund der lückenhaften Überlieferungslage nicht beweisen. Indes ist festzustellen: Wir kennen überhaupt nur zwei breiter belegte Fassungen des Herakles-Neleus-Mythos – die ‚prospartanische', die in Isokrates' *Archidamos* den frühesten Beleg findet, sowie die bei Apollodoros/Diodoros belegte, die sich (anders als die ‚prospartanische' Fassung) mit einer ganzen Reihe an älteren Quellen bis hin zu Hesiod und Homer nachweisen lässt. Dieser Befund deutet also eher darauf hin, dass die Version bei Isokrates jünger als die bei Apollodoros/Diodoros überlieferte ist. Nichts spricht dagegen, dass sie auf Isokrates selbst zurückgeht.

Allgemein ist es durchaus auffällig, dass Abweichungen von den verbreiteten Fassungen der Mythen[207] bei Isokrates a) stets die frühesten Belege der jeweiligen Variante darstellen, b) stets in einem Kontext erfolgen, in dem sie wichtige Argumente entscheidend stützen, c) stets die gängigen Fassungen des jeweiligen Mythos nicht nur geringfügig verändern, sondern in wesentlichen Elementen geradezu in ihr Gegenteil verkehren.[208] Im vorliegenden Fall wird aus dem Viehdieb und Mörder Herakles der Rächer an einem Viehdiebstahl, aus dem auf dem Recht beharrenden Neleus wird der Viehdieb Neleus. Nestor wird gerettet, weil er als Einziger unschuldig ist, nicht weil er – wie in der ‚Hauptversion' – als einziger über das Recht hinwegzusehen bereit ist. Das Unrecht, das die Eroberung Messeniens durch Herakles darstellt, wird auf diese Weise zur Durchsetzung von Recht gegen Unrecht, es wird vom *ádikon* zum *díkaion*.

Selbst wenn man den freien Umgang der Griechen mit dem Mythos in Rechnung stellt, wird man konstatieren müssen, dass diese Veränderungen des Herakles–Neleus-Mythos derart fundamental sind, dass sie kaum als „mythopoietische Gestaltungsfreiheit"[209] im Sinne der Mythenbehandlung etwa durch die Lyrik oder die attische Tragödie gewertet werden können. Aristoteles fordert in der *Poetik*, dass Variationen des Mythos nicht dessen motivischen Grundbestand, nicht dessen Kern verändern oder negieren dürften.[210] Für jene seit dem frühen 4. Jh. verstärkt auftretenden[211] Formen der Mythenbehandlung, die der Forderung des Aristoteles nicht entsprechen, wurde jüngst der Begriff der ‚Mythenkorrektur' vorgeschlagen, der nichts anderes meint als eine bewusst provokante Veränderung des Mythos gerade in seinem Kern, deren Intention im Einzelfall unter

---

[207] Zur Etablierung und Kanonisierung von ‚Standardversionen' der Mythen im späten 5. und frühen 4. Jh. vgl. Seidensticker 2005: 42–43 sowie 1995: 182–184.

[208] Vgl. zum Beispiel die Darstellung des Busiris als Gründer des idealen Staates in Isok. XI, s. o. Kap. B.1.3, sowie im Folgenden den Mythos von der Ermordung des Kresphontes. Gotteland 2001: 308 betont, dass die Schilderung der spartanischen Gründungsgeschichte im *Archidamos* von allen anderen zeitgenössischen rhetorischen Texten abweicht. Dies ist m. E. nur zum Teil durch die ungewöhnliche spartanische Perspektive zu erklären – diese kann nämlich nicht erklären, weshalb eine solche Sicht einem athenischen Lesepublikum überhaupt präsentiert wird.

[209] Vöhler / Seidensticker / Emmerich 2005: 2–3. Die Variation des Mythos in der Tragödie fordert Arist. Pol. 1451b19–25. Vgl. auch Müller-Goldingen 2000: v. a. 14 (Lyrik), Seidensticker 2005: 37–41 (Tragödie), Constantinidou 2008: 8 (zum Helena-Stoff).

[210] Arist. Po. 1453b22–26.

[211] Seidensticker 2005: 38–39, 42.

B.5.5 Argumentationsweisen

Berücksichtigung der zu erwartenden Publikumsreaktion zu klären ist.[212] Auch Isokrates rührt an den Kern des von ihm referierten Mythos. Er stellt den Herakles–Neleus-Mythos buchstäblich von den Füßen auf den Kopf. Seinem athenischen Publikum (und in Anbetracht der Überlieferung des Mythos bei Homer und Hesiod auch einem außerathenischen Publikum) muss diese Inversion der ‚Standardversion' des Mythos aufgefallen sein, was zugleich bedeutet, dass mit der Erwähnung des von Archidamos derart veränderten Mythos von der Eroberung von Pylos beim Publikum auch die bekannte Fassung dieser Geschichte evoziert worden sein dürfte.

Der Vergleich mit der Präsentation des griechenfeindlichen Mörders Busiris als Gründer des idealen Staats im *Busiris* liegt nahe. Mit Phiroze Vasunia haben wir die Inversion des traditionellen Mythos in jener Rede als Parodie eingeordnet und festgestellt, dass ein derartig verfasster Text die Destruktion seiner Argumente bereits dadurch in sich trägt, dass er in der Umkehrung der gewohnten Themen und Muster der Tradition ebendiese Tradition implizit anspricht und beim Publikum evoziert.[213] Das aber bedeutet im vorliegenden Fall: Das Publikum – insbesondere ein an kritische Lektüre gewöhntes Lesepublikum[214] – erinnert sich an den weitverbreiteten Mythos vom Unrecht der Eroberung Messeniens durch einen wahnsinnigen[215] Herakles.

Als Argument zur Rechtfertigung spartanischer Ansprüche auf Messene kann ein Argument mit solcher Wirkung nicht dienen. Archidamos' Bericht von der Rückkehr der Herakliden auf die Peloponnes stellt vielmehr in der offensichtlichen Verdrehung des Mythos das *díkaion* der heraklidischen Herrschaft in Messenien grundlegend infrage.[216] Er dient freilich nicht der Desavouierung des Herakles–Neleus-Mythos,[217] sondern der Desavouierung dieses Mythos als Arguments im vorliegenden Zusammenhang.

---

[212] Vöhler / Seidensticker / Emmerich 2005: v. a. 4–10, die die „paradoxale Struktur" der Mythenkorrektur betonen (ebenso Vöhler 2005: 20). Der Begriff ‚Korrektur' scheint indes nicht ganz passend für Fälle, in denen der Verfasser die von ihm vorgenommene Veränderung des Mythos nicht mit Autorität ausstatten, sondern als absurd einführen will. Hier wäre es angemessener, von ‚Mythenparadoxie' zu sprechen.

[213] Vasunia 2001: 201–207 (s. o. S. 139 mit Anm. 273). Vergleichbar ist die negative Kontrastfolie in Pindars Referat des Pelops-Mythos (Pind. Ol. I 25–96), die Vöhler 2005 dargestellt hat.

[214] Vgl. Isok. VI 6.

[215] Vgl. Apollod. II 129.

[216] Tatsächlich greift Archidamos in Isok. VI 24, als er die Ergebnisse der mythologischen Argumentation rekapituliert, im Hinblick auf Messenien nur das Argument des Kresphontes-Mythos (Isok. VI 22–23; s. dazu i. Folgenden) wieder auf und stellt dieses der Rechtfertigung der spartanischen Herrschaft in Lakonien in Isok. VI 17–22 gegenüber – ganz so, als hätte er in eben jenem Abschnitt keine Rechtfertigung für die spartanische Herrschaft in Messenien gegeben.

[217] Vgl. Vöhler / Seidensticker / Emmerich 2005: 11.

B.5.5.1.2 Die Ermordung des Kresphontes (§22–23)

Ein ganz ähnlicher Fall liegt vor bei dem in §22–23 referierten Mythos von der erneuten Eroberung Messeniens, diesmal durch die Spartaner selbst.[218] In Archidamos' Version dieses Mythos erheben sich die Messenier[219] gegen ihren herakleidischen König Kresphontes,[220] ermorden ihn und vertreiben seine Söhne. Diese gelangen als hilfesuchende Flüchtlinge (*hikétai*, §23) nach Sparta und bitten die Spartaner darum, den Mord an ihrem Vater zu rächen. Als Gegenleistung versprechen sie, den Spartanern[221] Messenien zu schenken (*didóntes*, §23). Nachdem sich die Spartaner der Zustimmung des delphischen Gottes versichert haben, erobern sie Messenien und gelangen so in den Besitz dieser Landschaft.

Auch der Bericht von der zweiten Eroberung Messeniens stellt eine ganz neue Version des Mythos vom Mord an Kresphontes dar.[222] Auch in diesem Fall weicht die isokratische Fassung nicht nur von den übrigen Versionen ab, sondern liefert eine grundsätzlich andere Geschichte.[223] In der Alternativversion dieses Mythos ist es nicht die messenische Bevölkerung, die Kresphontes ermordet, sondern dessen eigener Bruder Polyphontes, ein Herakleide.[224] Von drei Söhnen des Kresphontes fallen zwei ebenfalls dem Anschlag zum Opfer, während der jüngste Sohn Aipytos[225] sich zu diesem Zeitpunkt nicht in Messenien

---

[218] In den zwei Berichten von der Eroberung Messeniens kann man vielleicht auch einen Reflex auf die zwei in der Frühzeit Spartas geführten Messenischen Kriege sehen.

[219] Da auch in Messenien Herakleiden die Königsherrschaft innehaben, finden wir auch hier die Gegenüberstellung von Herakleiden und übriger Bevölkerung. Die ἀδικία findet sich in Isok. VI 22–23 ausschließlich auf Seiten der Messenier, also der einfachen Bevölkerung Messeniens.

[220] Die Figur des Kresphontes bleibt in Archidamos' Bericht neutral und wird nicht näher beleuchtet. Insbesondere bleibt unerwähnt, dass Kresphontes – jedenfalls nach der im Athen des 5. Jhs. greifbaren Version des Mythos (vgl. dazu im Folgenden) – nur durch Betrug überhaupt in den Besitz Messeniens kommt (Soph. Aias 1283–1287, Apollod. II 177–180; Bremmer 1997: 14, Gotteland 2001: 311–313), ein Betrug, der bei Apollodoros durchaus einen gewissen Zusammenhang mit seiner Ermordung aufweist. Die Deutung dieser Geschichte durch Bremmer (ebd.), wonach sich darin ein Anrecht Spartas auf Messenien ausgedrückt finde (insofern der spartanische Urkönig Aristodemos eigentlich das Los Messeniens hätte erhalten müssen), ist nicht unproblematisch, da, setzt man sie voraus, zugleich das Anrecht Spartas auf Lakonien infrage stände.

[221] Da Archidamos erneut die 1. Person Plural (διδόντες ἡμῖν) im Kontrast mit der 2. Person Plural (ἐκτήσασθε) verwendet, könnte man auch hier eine Übergabe Messeniens an die Könige Spartas annehmen, was für die vorliegende Untersuchung aber ohne weiteren Belang ist.

[222] Vor Isokrates ist diese Version nirgendwo belegt, vgl. Bremmer 1997: 16, Gotteland 2001: 311–313, Papillon 2004: 115 Anm. 20, zum Kresphontes-Mythos Luraghi 2008: 61–67.

[223] Dass Isok. VI 22–24 auch Ephoros FGrH 70 F116 und Diod. XV 66,2 beeinflusst hat (so Harder 1985: 10), lässt sich nicht belegen. Beide sprechen davon, dass Sparta die Macht in Messenien in Nachfolge der Nachfahren des Kresphontes erhalten habe. In Isokrates' Version des Mythos folgen die Spartaner aber unmittelbar auf Kresphontes selbst.

[224] Apollod. II 180, Paus. IV 3,7–8, IV 5, IV 12,6, Hyg. Fab. 137, vgl. Bremmer 1997: 14–15.

[225] Apollod. II 180, Paus. IV 3,7–8; Bremmer 1997: 14–15, Gotteland 2001: 312. Hyg. Fab. 137 kennt den Sohn unter dem Namen Telephon, Anth. Pal. III 5 als Kresphontes.

B.5.5 Argumentationsweisen

befindet und auf diese Weise überlebt.[226] Aipytos selbst tötet schließlich Polyphontes und restauriert so die rechtmäßige Herrschaft in Messenien. Dieser eher weniger prominente Mythos war zuvor in Athen durch die sehr erfolgreiche, *Kresphontes* betitelte Tragödie des Euripides zu größerer Bekanntheit gelangt – und zwar in einer der Version des Apollodoros nahestehenden Form, aus der sich keinerlei Besitzansprüche Spartas auf Messenien ableiten lassen.[227]

Die einzige Übereinstimmung zwischen isokratischer und euripideischer Fassung des Mythos besteht in der Tatsache der Ermordung des Kresphontes. Isokrates verändert die euripideische Fassung in Bezug auf die Täter (die messenische Bevölkerung anstatt des Herakliden Polyphontes) sowie in Bezug auf die Rache für den Mord an Kresphontes: Bei Euripides wird der aus dem Ausland zurückgekehrte Sohn zum Rächer seines Vaters und stellt die messenische Herrschaft wieder her. Pausanias zufolge ist nach diesem Sohn gar ein ganzes messenisches Herrschergeschlecht, die Aipytiden, benannt.[228] Bei Isokrates sind es die Spartaner, die auf Bitten der Kresphontes-Söhne Messenien erobern und zum Dank unterjochen dürfen. Auf diese Weise verbindet Isokrates den Kresphontes-Mythos mit einer historischen Begebenheit, mit der dieser Mythos vor Isokrates nicht das Geringste zu tun hatte: Mit der Eroberung und der Beherrschung Messeniens durch Sparta.

Auch hier gilt: Eine Neufassung des Mythos, die offensichtlich mit dem wesentlichen Erzählkern einer Geschichte brach, kann auch im spätklassischen Athen das Potential besessen haben, beim Publikum Anstoß zu erregen.[229] In fast identischer Weise wie schon

---

[226] Nikol. Dam. FGrH 90 F 31 gibt seinen Aufenthaltsort mit Arkadien an, was vielleicht (auf eine spätere Tradition, möglicherweise Ephoros, zurückgehend) einen Reflex auf die Rolle der Arkader bei der späteren Gründung der *pólis* Messene durch Epameinondas darstellt; vgl. Harder 1985: 54, Luraghi 2008: 62–63.

[227] Die Fragmente der Tragödie sind zusammengestellt bei Harder 1985; vgl. zum Inhalt des Stücks ebd. 7–18 sowie Bremmer 1997: 14–16 („anti-Spartan content"), Luraghi 2008: 61–63. Beide weisen auf die deutlichen Differenzen zwischen der euripideischen und der isokratischen Fassung hin und weisen letztere prospartanischer Propaganda zu. Luraghi betont zudem die spartafeindliche Tendenz des Euripides und sieht in dessen Version des Mythos eine Abänderung einer älteren spartanischen (= der isokratischen) Version, deren Verbreitung durch die spätere Parallele bei Paus. IV 3,8 bestätigt werde. Wieder ist jedoch festzuhalten, dass man den umgekehrten Fall, die Veränderung der geläufigen Fassung des Mythos durch Isokrates, nicht ausschließen kann (so Bremmer ebd.) und daher als Möglichkeit erwägen sollte, insbesondere aufgrund des Umstandes, dass sich bei Isokrates immer wieder ‚ungewöhnliche' Fassungen des Mythos finden, die vor Isokrates nicht belegt sind. In allen diesen Fällen eine uns ansonsten verlorene ältere Tradition anzunehmen (während die uns bekannten, abweichenden älteren Versionen Veränderungen der Tradition darstellten) ist, vorsichtig ausgedrückt, nicht eben wahrscheinlicher, als dass Isokrates selbst die Traditionen verändert, und mithin nicht nur die jüngeren Traditionen repräsentiert, sondern diese zugleich begründet hat.

[228] Paus. IV 3,8. Die Aipytiden sind – ohne eindeutigen Bezug zum Kresphontes-Mythos – schon bei Diod. VIII 8,2 belegt; vgl. Luraghi 2008: 63–64.

[229] Ähnliches bemerkt Gotteland 2001: 312 („[…] son [sc. Archidamos] assurance repose désourmais sur des arguments tangibles, et sur une démonstration étayée d'exemples mythiques."), ohne jedoch

beim Bericht von der Rückkehr der Herakliden versucht der isokratische Archidamos auch hier einen Mythos für seine Argumentation nutzbar zu machen, indem er seinen Kern wesentlich verändert. Das *díkaion* der spartanischen Herrschaft in Messenien lässt sich auf diese Weise, wie bereits oben festgestellt, nicht vor einem kritischen Publikum vertreten.

B.5.5.1.3 Gewohnheitsrecht (§26–28)

Archidamos verlässt nun den Bereich des Mythos und zieht andere Argumente zur Rechtfertigung der spartanischen Herrschaft heran. Zunächst reklamiert er gewohnheitsrechtliche Ansprüche Spartas auf Messenien:

> (26) Ἀλλὰ μὴν οὐδ᾽ ἐκεῖν᾽ ὑμᾶς λέληθεν, ὅτι τὰς κτήσεις καὶ τὰς ἰδίας καὶ τὰς κοινάς, ἢν ἐπιγένηται πολὺς χρόνος, κύριας καὶ πατρῴας ἅπαντες εἶναι νομίζουσιν. Ἡμεῖς τοίνυν Μεσσήνην εἵλομεν πρὶν Πέρσας λαβεῖν τὴν βασιλείαν καὶ κρατῆσαι τῆς ἠπείρου καὶ πρὶν οἰκισθῆναί τινας τῶν πόλεων τῶν Ἑλληνίδων.

> (26) Nun ist euch freilich nicht unbekannt, dass sich alle bei privatem und öffentlichem Besitz, wenn dieser für einen langen Zeitraum andauert, für die Herren von Alters her halten. Wir aber haben Messenien eingenommen, bevor die Perser die Königsherrschaft übernahmen und über das Festland herrschten, und bevor einige der hellenischen *póleis* gegründet wurden.

Dieses Argument, wonach Sparta durch die Dauer der Herrschaft in Messenien ein angestammtes Recht auf diese Herrschaft habe, verwendet Archidamos, um den Thebanern in der Messenienfrage Doppelzüngigkeit und einen Rechtsbruch vorzuwerfen. Zum einen überließen die Thebaner dem persischen Großkönig aufgrund des Gewohnheitsrechtes das kleinasiatische Festland (βαρβάρῳ τὴν Ἀσίαν ὡς πατρῴαν οὖσαν ἀποδιδόασιν, §27), gleichzeitig aber wollten sie den Spartanern Messenien fortnehmen, das diese doch schon mehr als doppelt so lange beherrschten. Darüber hinaus wirft er den Thebanern neben dem Bruch des Gewohnheitsrechts auch die Zerstörung Thespiais und Plataiais vor, um zu belegen, dass jene stets in ihrem Handeln Eide und Verträge brächen (§27). Zudem siedelten die Thebaner in der *pólis* Messene keine Messenier, sondern Heloten an, wodurch sie die Sklaven der Spartaner zu Herren über das Eigentum der Spartaner machten (§28).[230]

Archidamos will hier den Standpunkt der Thebaner als Standpunkt des Unrechts darstellen. Auf den ersten Blick fällt vor allem das letzte Argument in §28 als ungewöhnlich auf: Archidamos will andeuten, dass die Ansiedlung der Heloten in Messene die gewohnte Ordnung auf den Kopf stelle und die Sklaven zu Herren erhebe – ein Vorwurf, der (insbesondere vor einem spartanischen Publikum) durchaus in Archidamos' Sinne

---

anzunehmen, dass die ‚Gespreiztheit' der Argumentation auch einem antiken Publikum habe auffallen können.

[230] Vgl. dazu Ducat 1988: 96–97, der betont, dass die Infragestellung der messenischen Identität der Heloten im Klima der Jahre nach der Gründung von Messene überall außerhalb Spartas eine paradoxe Wirkung habe erzielen müssen.

zielführend erscheint. Die Thebaner erscheinen als radikale, umstürzlerische Akteure, die die althergebrachte Ordnung, die spartanische *eunomía* stören.[231] Ebenso verfangen die anderen Vorwürfe gegen die Thebaner, die sich gegen deren Vorgehen gegenüber Thespiai und Plataiai sowie gegen deren Verhandlungen mit dem Großkönig richten. Was aber belegen diese Argumente? – Nicht mehr als dass Thebens Politik zu verurteilen sei. Sie belegen dagegen nicht, dass Spartas Ansprüche auf Messenien gerechtfertigt seien. Dies kann sich nur aus dem gewohnheitsrechtlichen Argument ergeben, nicht aus den Angriffen gegen die Thebaner.

Das gewohnheitsrechtliche Argument erweist sich jedoch keineswegs als ähnlich überzeugend wie die Kritik an Theben. Archidamos verwendet hier ein Argument *a comparatione*, das wie folgt funktioniert: 1. Dauerhafter Besitz führt zu gewohnheitsrechtlichen Ansprüchen,[232] 2. Persiens 200-jährige Herrschaft wird als gewohnheitsrechtlich legitimiert anerkannt, 3. Spartas 400-jährige Herrschaft muss daher ebenfalls anerkannt werden.

Als Vergleichsgegenstand in der rhetorischen Synkrisis dient die Herrschaft Persiens in Kleinasien. In der Wahl dieses Vergleichsgegenstandes liegt das Problem des Argumentes. Wir erinnern uns an die oben gewonnene isokratische Regel für die korrekte Form einer der positiven Darstellung (Lob) dienenden Synkrisis. Nach dieser Regel muss der gewählte Vergleichsgegenstand, wenn er als Beweis für die positive Qualität des Redegegenstandes dienen soll, von unzweifelhaft positiver Natur sein – als ‚gut' Darzustellendes muss mit Gutem, mit dem Bestmöglichen verglichen werden.[233]

Welche Qualität aber hat die persische Herrschaft in Kleinasien (womit zweifelsohne die Herrschaft über die dortigen griechischen *póleis* gemeint ist)? Die Antwort ist aus den früheren Schriften des Isokrates hinlänglich bekannt: Die persische Herrschaft über griechische *póleis* in Kleinasien stellt das schlimmste Unrecht dar. Es ist die innere Widersprüchlichkeit des Königsfriedens, der die *autonomía* zur zentralen Forderung macht und zugleich die Unterjochung der griechischen *póleis* in Kleinasien festschreibt, die diesen Frieden seiner Legitimität beraubt.[234] Wenn aber Archidamos den Thebanern vorwirft, gegenüber Persien und Sparta mit zweierlei Maß zu messen, dann lässt dies zwei

---

[231] Archidamos spricht den Heloten ab, Messenier zu sein. Entweder geht er hier davon aus, dass die messenischen Heloten durch die Dauer ihrer Versklavung keine messenische Identität mehr aufwiesen (Luraghi 2008: 100–101, 222–223), oder davon aus, dass in Messene nicht nur messenische Heloten, sondern Heloten jedweder Herkunft angesiedelt wurden (vgl. Diod. XV 66,1).

[232] Zum Argument des Gewohnheitsrechts als üblicher Legitimierungsstrategie territorialer Ansprüche im 4. Jh. vgl. Gotteland 2001: 335–336, Hunt 2010: 136.

[233] Vgl. Isok. X 14–15, XI 44–45, VII 70–73, XI 40–41 (s. o. Kap. A.3.3).

[234] Indirekt wird der Königsfriede hier in genau dieser Bestimmung ebenfalls legitimiert; vgl. Tigerstedt 1965, I: 198; Urban 1991: 175–176. In Athen neigte man wohl dazu, Sparta die alleinige Schuld am Zustandekommen des Königsfriedens in die Schuhe zu schieben (vgl. die Instrumentalisierung dieses Gedankens in Isok. IV 125, s. o. S. 230–231). Mit gewohnheitsrechtlicher Begründung waren im Königsfrieden zudem auch die athenischen Kleruchien auf Lemnos, Imbros und Skyros in athenischem Besitz verblieben, eine Bestimmung, die der Autonomieklausel *per se* widersprach.

mögliche Schlussfolgerungen zu: (1) Archidamos anerkennt die persische Herrschaft in Kleinasien als legitim und benutzt diese sogar als Präzedenzfall für die Rechtfertigung der spartanischen Herrschaft in Messenien. Diese Interpretation – zugleich die einzige, die Archidamos' grundsätzliches *díkaion*-Argument stützen kann – ist schon auf der fiktionalen Ebene vor einem spartanischen Publikum gewagt, wenngleich sie aufgrund der spezifischen Rezeptionsbedingungen eines hörenden Publikums vor einem Auditorium durchaus überzeugend wirken kann, insbesondere auf der Grundlage der affektiven Wirkung einer Kritik am Kriegsgegner dieses Auditoriums Theben. Für ein athenisches Lesepublikum jedoch, insbesondere für die Schüler des Isokrates, der sich zeitlebens gegen jede Anerkennung persischer Herrschaft in Kleinasien gewandt hatte, kann der Verweis auf die Legitimität dieser Herrschaft wohl kaum Beweiskraft besitzen. Jedenfalls dann nicht, wenn es die sachliche Plausibilität des Argumentes zu bewerten gilt. Die Wahl des Vergleichsgegenstandes Persien führt außerdem automatisch zu einer Parallelisierung der Rolle der kleinasiatischen Griechen und der messenischen Heloten. Spartas Herrschaft in Messene hat dieselbe Qualität wie die persische Herrschaft in Kleinasien[235] – nur unter dieser Annahme funktioniert das ganze Argument. Die persische Herrschaft in Kleinasien ist sowohl in den übrigen Schriften des Isokrates wie auch in breiten Kreisen der athenischen Öffentlichkeit ohne jeden Zweifel als großes Unrecht aufgefasst worden. Die gewohnheitsrechtliche Begründung der spartanischen Herrschaft in Messenien unter Verweis auf Persien kompromittiert auf diese Weise den Sprecher Archidamos, der sich indirekt als Fürsprecher des persischen Großkönigs und des Königsfriedens darstellt, gegenüber dem isokratischen Lesepublikum.[236] Die zweite Deutungsebene der Kritik an Thebens Doppelmoral ergibt sich im Umkehrschluss: (2) Wenn Persiens Herrschaft in Kleinasien nicht legitim ist, wenn Theben also für die gewohnheitsrechtliche Anerkennung dieser Herrschaft kritisiert werden muss (was zweifellos der mehrheitlichen Auffassung in Athen entsprochen haben dürfte),[237] dann ergibt sich aus Archidamos' Argument keinerlei Rechtfertigung für Spartas Herrschaft über Messenien.

---

[235] Dieselbe Parallelisierung von Heloten und der dem Großkönig unterworfenen kleinasiatischen Bevölkerung liegt Isok. VI 96 zugrunde.

[236] Damit stellt er sich ganz in die Tradition Agesilaos' II., der großen Einfluss auf das Zustandekommen dieses Friedens gehabt hatte (s. o. Kap. B.5.4.1.2).

[237] Athen hatte noch im Jahr 366, also zur fiktionalen Zeit des Redevortrags von Isok. VI, den Nauarchen Timotheos zur Unterstützung des aufständischen Satrapen Ariobarzanes entsandt (s. dazu o. S. 290). Auch Ollier 1933: 361 hält es für selbstverständlich, dass Archidamos in Isok. VI 26–27 Theben für die Anerkennung der persischen Herrschaft in Kleinasien kritisieren wolle – ohne jedoch zu bemerken, dass diese naheliegende Lesart zugleich bedeutet, dass Archidamos' Argument zugunsten der spartanischen Herrschaft in sich zusammenfällt.

B.5.5 Argumentationsweisen

B.5.5.1.4 Das Urteil Dritter (§29–31)

Das letzte Argument, das Archidamos zur Rechtfertigung der spartanischen Herrschaft in Messenien anbringt, ist das des Urteils glaubwürdiger dritter Instanzen, die die Herrschaft als legitim angesehen hätten. So sei Sparta in früheren Zeiten bereits gezwungen gewesen, aus einer Position der Schwäche Frieden zu schließen. Die damaligen Friedensverträge seien daher jeder prospartanischen Tendenz unverdächtig (§29).

> [...] (30) περὶ μὲν ἄλλων τινῶν ἀμφισβητήσεις ἐγίγνοντο, περὶ δὲ Μεσσήνης οὔτε βασιλεὺς οὔθ' ἡ τῶν Ἀθηναίων πόλις οὐδὲ πώποτ' ἡμῖν ἐνεκάλεσεν ὡς ἀδίκως κεκτημένοις αὐτήν. Καίτοι πῶς ἂν περὶ τοῦ δικαίου κρίσιν ἀκριβεστέραν ταύτης εὕροιμεν τῆς ὑπὸ μὲν ἐχθρῶν ἐγνωσμένης, ἐν δὲ ταῖς ἡμετέραις δυσπραξίαις γεγενημένης;

> [...] (30) es gab zwar über einige andere Dinge Auseinandersetzungen, wegen Messenes beschuldigten uns aber weder der Großkönig noch die *pólis* der Athener, wir hätten es auf ungerechte Weise erworben. Wie aber könnte man eine zuverlässigeres Urteil über das Gerechte finden als dieses, das von den Feinden gefällt wurde und in einer Phase unserer Schwäche entstand?

Archidamos spielt hier wohl auf zwei verschiedene Friedensschlüsse an, auf den Königsfrieden von 387/386, bei dem für alle griechischen Gemeinwesen der Großkönig der Hauptvertragspartner war, sowie auf den Nikiasfrieden von 421.[238] Hier gilt dasselbe, was schon im Kontext des gewohnheitsrechtlichen Argumentes festgestellt werden konnte: Mit dem Königsfrieden als gerechtem Vertrag kann man vor einem athenischen Publikum, und erst recht vor einem Publikum, das Isokrates' übrige Schriften kennt, kaum überzeugend argumentieren. In §30 wird dabei jener von Isokrates kritisierte Aspekt des Königsfriedens angesprochen, der in §26–28 noch unberührt geblieben war – Archidamos erhebt hier den persischen Großkönig buchstäblich zum Schiedsrichter in innergriechischen Angelegenheiten. Genau dies hat Isokrates schon im *Panegyrikos* kritisiert.[239] Den persischen Großkönig muss man im Rahmen einer isokratischen Rede als sehr fragwürdigen Zeugen bezeichnen.

Ganz anders Athen. Das Ethos dieses Zeugen steht für das Publikum des Isokrates wohl außer Frage. Allein, kann man Archidamos' Aussage, wonach die Athener die spartanische Herrschaft in Messenien im Umfeld des Nikiasfriedens nicht infrage gestellt hätten, für glaubwürdig erachten? Die messenische Frage spielte zwar im eigentlichen Friedensvertrag keine Rolle, jedoch kam es zu diesem Friedensschluss nicht zuletzt deswegen, weil Athens Bemühungen in den vorangehenden Jahren, ein messenisches Bollwerk gegen Sparta in Pylos zu errichten, Sparta in große Sorge versetzten.[240] Auch vor Pylos

---

[238] Vgl. Norlin 1929, I: 362–363 Anm. c. Den Bezug zum Nikiasfrieden scheint Urban 1991: 176 zu übersehen.

[239] Isok. IV 120–121.

[240] Vgl. Cawkwell 1997: 51–55 (über die Absichten des athenischen Strategen Demosthenes, ebd. 51: „[...] it was in the Peloponnese that his real strategic vision was unfolded [...]. Pylos, Thucydides says, seemed to Demosthenes special; not only was it provided with a harbor, but the people of Messenia were his old friends, and since they spoke the same language as the Spartans, they could

hatte sich Athen bereits um eine Destabilisierung der spartanischen Herrschaft bemüht, zum Beispiel durch die Ansiedlung und Unterstützung geflohener messenischer Heloten in Naupaktos[241] sowie bei den Ereignissen um Pylos im Jahr 424, als athenische Truppen von Messeniern unterstützt wurden.[242] Die messenische Frage mag somit zwar im Vertrag zum Nikiasfrieden keinen Niederschlag gefunden haben, einen ‚Gegenstand des Streits' (*amphisbétêsis*, §30) im Vorfeld dieses Friedensschlusses stellte sie jedoch sehr wohl dar.[243] Der Zeuge Athen belegt somit nicht die Unstrittigkeit der legitimen spartanischen Herrschaft, sondern im Gegenteil den Umstand, dass Messenien im Peloponnesischen Krieg durchaus für einige Zeit Gegenstand athenischen Kalküls war.

Zu guter Letzt beruft sich Archidamos auf das Urteil des delphischen Orakels, das Sparta zur Eroberung Messeniens berechtigt habe (§31). Er führt dazu drei Orakelsprüche an. Die ersten beiden beziehen sich auf die Eroberung der Peloponnes (§17–19) sowie den Kresphontes-Mythos (§22–23). Dass diese Episoden das *díkaion* der spartanischen Herrschaft nicht belegen können, haben wir bereits gesehen. Es bleibt das dritte, von Archidamos hier erstmals erwähnte Orakel. In einem späteren messenischen Krieg,[244] so berichtet Archidamos, hätten sowohl die Spartaner wie auch die Messenier das delphische Orakel um Rat gefragt. Beide hätten einen Spruch erhalten, jedoch nur die Spartaner hätten ihren Spruch zu deuten gewusst. Den Spruch an die Spartaner referiert Archidamos wie folgt:

> (31) [...] ἡμῶν δ' ἐπερωτώντων ὅτῳ τρόπῳ τάχιστ' ἂν κρατήσαιμεν τῆς πόλεως [...] ἡμῖν δ' ἐδήλωσε καὶ τὰς θυσίας, ἃς ἔδει ποιήσασθαι, καὶ βοήθειαν παρ' ὧν μεταπέμψασθαι.

> (31) [...] als wir die Frage stellten, auf welche Weise wir die *pólis* [sc. Messene] am schnellsten besiegen könnten [...] uns aber zeigte er [sc. der Gott] sowohl die Opfer, die zu vollziehen notwendig waren, wie auch, von wem Hilfe herbeizubitten sei.

Dieser Orakelspruch lässt sich mit dem *díkaion*-Argument nicht sinnvoll verbinden. Zum einen spielt die Episode zu einem Zeitpunkt, zu dem Sparta Messenien bereits seit einiger Zeit beherrscht; zumindest für die Zeit der früheren Herrschaft lässt sich daraus also keine Legitimation gewinnen. Wichtiger ist aber noch, dass sich weder die Frage der

---

do very great damage from that base [...]. He is thinking of guerilla war waged by Messenians moving around Messenia among their own kind. Demosthenes had put his finger on the real weak point of Spartan power, namely Messenian nationalism."). Cawkwell ebd. sieht zwar ebenfalls die messenischen Heloten nicht als das ständige Element der Unruhe in der spartanischen Gesellschaft, indes zielt seiner Ansicht nach die Strategie des Demosthenes darauf ab, sie zu einem solchen zu machen. Vgl. auch Debnar 2001: 151–152, 209 mit dem Verweis auf Thuk. IV 80,3–4.

[241] Thuk. I 103,1–3.
[242] Thuk. IV 3–4, 8–14.
[243] Dabei spielt es keine Rolle, ob Athens messenische Kriegspolitik in den Jahren vor 421 von ethischen Argumentationen gegen die spartanische Herrschaft begleitet wurde oder nicht. Eine andere Frage wiederum ist es, inwiefern die Helotie Gegenstand athenischer Kritik in der Zeit des Entstehens des *Archidamos* war: Hier ist von kontroversen Diskussionen vor allem im intellektuellen Umfeld – also auch im Umfeld der Leserschaft des Isokrates – auszugehen, vgl. Fisher 1994: 356–358.
[244] Vgl. Papillon 2004: 117 Anm 26.

Spartaner an das Orakel noch dessen Antwort auf das *díkaion* der spartanischen Herrschaft in Messenien beziehen. Die Frage der Spartaner dreht sich ausschließlich darum, auf welche Weise der gegenwärtige Krieg schnellstmöglich siegreich zu beenden sei. Die Antwort des Orakels bezieht sich ausschließlich auf diese Fragestellung. Das *díkaion* der spartanischen Herrschaft hat damit nicht das Geringste zu tun. Das dritte referierte Orakel, das einzige, gegen dessen Darstellung bei Archidamos sich nicht unmittelbare Zweifel aufdrängen, lässt sich somit überhaupt nicht für Archidamos' Sache anwenden.

B.5.5.1.5 Zusammenfassung

In §32–33 fasst Archidamos nochmals alle im Hinblick auf das *díkaion* vorgebrachten Argumente zusammen und behauptet, jedes einzelne davon sei für sich genommen hinreichend, um Spartas Ansprüche in Messenien zu legitimieren. Die Detailanalyse hat gezeigt, dass sich jedes einzelne der vorgebrachten Argumente als doppeldeutig erwiesen hat. Während die meisten Argumente in der inneren Logik der Redesituation vor einem spartanischen Publikum durchaus überzeugend wirken könnten,[245] erweisen sich dieselben Argumente angesichts der hermeneutischen Möglichkeiten eines athenischen Lesepublikums als äußerst problematisch. Insbesondere im Hinblick auf die *dóxa* eines solchen Publikums (beziehungsweise auf das, was sich uns als wahrscheinliche *dóxa* eines solchen Publikums darstellt), muss man die Argumentation des Archidamos als zum Scheitern verurteilt bezeichnen. Der Redner Archidamos, der sein Publikum emotional anzusprechen versucht, der sich seine Exempla selektiv auswählt und zurechtbiegt, wie es ihm für seinen Standpunkt passt, dieser Redner wird einem distanzierteren Publikum gerade in der mangelnden Plausibilität seiner Argumente offenbar. Die Argumentation in §16–33 kompromittiert so alle nachfolgenden Argumente, in denen sich Archidamos stets auf das angeblich bereits unter Beweis gestellte *díkaion* der spartanischen Ansprüche auf Messenien beruft.

B.5.5.2 Die Wahl der Exempla im weiteren Verlauf

B.5.5.2.1 Mythische vs. historische Exempla

Im Folgenden wird die Wahl einiger weiterer Exempla im Hauptteil der Rede untersucht. Nach Abschluss des eben besprochenen Abschnitts §16–33 wählt Archidamos für die Erläuterung seines eigentlichen Vorschlags (im Hinblick auf dessen Nützlichkeit, und Durchführbarkeit) ausschließlich Exempla der jüngeren Geschichte. Weshalb er dies tut, erläutert er in §42:

---

[245] Bloom 1955: 32.

(42) [...] Τοὺς μὲν οὖν παλαιοὺς κινδύνους εἰ διεξιοίην, οὓς ἐποιήσαντο πρὸς Ἀμαζόνας ἢ Θρᾷκας ἢ Πελοποννησίους τοὺς μεθ' Εὐρυσθέως εἰς τὴν χώραν αὐτῶν εἰσβαλόντας, ἴσως ἀρχαῖα καὶ πόρρω τῶν νῦν παρόντων λέγειν ἂν δοκοίην [...].

(42) [...] Wenn ich nun aber die alten Kriegsgefahren darlegen würde, die sie [sc. die früheren Spartaner] gegen die Amazonen auf sich nahmen oder gegen die Thraker oder gegen die Peloponnesier, die mit Eurystheus in ihr Land einfielen, dann würde ich wohl allzu weit von den gegenwärtigen Verhältnissen Entferntes vorzubringen scheinen [...].

Der Passus erinnert unmittelbar an den *Panegyrikos*. Dort wird, an der gleichen Stelle der Rede,[246] ein ganz entgegengesetztes Argument zur Begründung der Wahl der Exempla vorgebracht.[247] ‚Isokrates' will im *Panegyrikos* gerade die besonders großen mythischen Kriege als Exempla anführen und weniger bedeutende und der jüngsten Vergangenheit angehörende Exempla aussparen. Deshalb beginnt er mit den Amazonen, mit den Thrakern, mit Eurystheus. Archidamos dagegen will nur die jüngeren Exempla wählen, und er schließt explizit die Amazonen, die Thraker und Eurystheus als Exempla aus. Die Perserkriege wiederum erscheinen in beiden Reden als die Übergangszeit zwischen mythischer und historischer Zeit. Im *Panegyrikos* werden die älteren Exempla verwendet, und diese enden mit Salamis. Im *Archidamos* sollen nur jüngere Exempla gewählt werden; hier stellt Salamis den Beginn des behandelbaren Zeitraums dar. Es bestätigt sich die im *Panegyrikos* gewonnene Erkenntnis, dass Salamis (insbesondere aufgrund der Aufkündigung des hellenischen *koinón* durch die Peloponnesier)[248] im isokratischen Denken einen entscheidenden Wendepunkt darstellt.

Folgt man der oben vertretenen Interpretation des *Panegyrikos*, wonach es der nach der Niederlage bei Thermopylai erfolgte Gesinnungswandel der Spartaner war, der die alte Zeit der ‚*politeía* der Vorväter' in beiden *póleis* zum Ende brachte, dann distanziert sich Archidamos implizit von der Zeit der Vorväter, wenn er in seiner Behandlung der *práxeis* Spartas ausschließlich auf die neue Zeit setzen will.[249] Es ist im übrigen isokratischen Werk jedoch genau diese goldene Zeit bis zu den Perserkriegen, die als ständiges Vorbild eingesetzt wird. Von dieser Zeit setzt sich die jüngere Geschichte als Phase des politischen Werteverfalls und Niedergangs ab. Indem der isokratische Archidamos sich ausschließlich auf Exempla aus dieser Zeit der politischen Degeneration beruft, zeigt er sich als Kind dieser Epoche, ohne jeden Bezug zur bei Isokrates stets idealisierten Zeit der Vorväter, aus der in den übrigen isokratischen Schriften fast alle positiven Exempla

---

[246] D.h. im Übergang vom ‚Ethos'-Abschnitt zu den das Rede-Anliegen direkt stützenden Exempla.
[247] Isok. IV 54.
[248] Isok. IV 92.
[249] Archidamos hatte in Isok. VI 16–33 zwar bereits mythologische Exempla verwendet, weshalb die Ablehnung älterer Exempla widersprüchlich erscheint. Diese betrafen jedoch die spartanische Gründungsgeschichte und wurden nicht als Exempla zum Beleg für das *symphéron* des archidamischen Vorschlags eingeführt. In Isok. VI 42 geht es nur um jene Themen, die in der Epitaphien-Tradition (allgemeiner: in Lobreden) zum Bereich der *práxeis* gehören (die Gründungsgeschichten gehören dort zum Bereich der Genealogie) und die von dieser Tradition beeinflusst auch im *Panegyrikos* erwähnt worden waren.

B.5.5 Argumentationsweisen

gezogen werden.[250] Auch in der Wahl seiner Exempla zeigt sich Archidamos so als Verächter der Vorfahren, als Verächter der typisch spartanischen Traditionstreue,[251] mithin als ‚neuer' Politiker und damit als Anti-Aristokrat. Seine Form der Ablehnung mythischer Exempla erinnert an die Begründung, mit der im thukydideischen Geschichtswerk die Athener bei der ‚Tagsatzung' in Sparta trickreich versuchen, die Spartaner von ihrer Berufung auf ihre jahrhundertealten Traditionen abzubringen.[252]

Nun kann man zwar nicht behaupten, dass sich Archidamos vom Vorbild der Vorfahren distanzieren würde. Allerdings ist es doch auffällig, dass er in §42 plötzlich einen ähnlichen Standpunkt wie die Athener der ‚Tagsatzung' einnimmt. Kern des Gedankens bei Thukydides ist das – auch im *Euagoras* angesprochene, dort aber nicht im Mittelpunkt stehende[253] – Problem der mangelnden Überprüfbarkeit mythischer Exempla. Eben dieser Gedanke aber muss letztlich auch hinter Archidamos' Ablehnung des Mythos stehen. Nimmt man das aber an, so kann man nur schlussfolgern, dass die mangelnde Überprüfbarkeit des Mythos dem Archidamos im Falle seiner Argumentation zugunsten des *díkaion* der spartanischen Herrschaft in §16–33 gelegen kommt, und dass er den Mythos deshalb dort verwendet. Wir haben gesehen, dass Archidamos, um Argumente zugunsten der *díkaion*-These zu finden, den Mythos erheblich verändern muss, was zugleich bedeutet, dass er über keine wahrhaftigen oder der allgemeinen *dóxa* entsprechenden Argumente zugunsten seiner These verfügt. Eine Überprüfbarkeit der Exempla in diesem Abschnitt würde diese Schwäche seines Standpunkts nur allzu leicht zu erkennen geben. Aus diesem Grund wählt er hier mythische Exempla, obwohl er später zugibt, dass man diese als zu weit hergeholt bezeichnen könne. Diese Verwendung des

---

[250] Z. B. Isok. IV 75–81, VII 20–55, XII 74–87; vgl. Schmitz-Kahlmann 1939: 85–117. Eine der Archidamos-Stelle ähnliche Skepsis gegenüber chronologisch weit entfernten Exempla zeigt sich auch im *Euagoras*, also in einer Rede, in der der Sprecher Isokrates auftritt (Isok. IX 5–7). Isokrates spricht dort von der pädagogischen Wirkung mythologischer Exempla. Über mythische Geschichten könne man einerseits nichts Sicheres wissen, zum anderen schreckten die halbgöttlichen Heroen in ihrem unerreichbaren Ruhm von Nachahmung ihrer Taten eher ab, als dass sie eine solche *mímêsis* befördern würden. Während Isokrates im *Euagoras* die historische Greifbarkeit und die menschliche Erreichbarkeit zeithistorischer Exempla betont hatte mit dem Zweck, die nachfolgenden Generationen zur Nachahmung und zum Übertreffen der Vorbilder zu motivieren, ist es die erklärte Absicht der Strategie des Archidamos, zukünftige Generationen von Nachahmung abzuschrecken (Isok. VI 105). Das Resultat der von Archidamos vorgeschlagenen Strategie soll es sein, unübertreffbare Taten zu vollbringen. In dieser Haltung steht Archidamos in direkter Opposition zum ‚Isokrates' des *Euagoras*.

[251] Vgl. Too 1995: 54–55. Gegen Toos Interpretation der Ablehnung der *archaía* durch Archidamos ließe sich einwenden, dass man darin auch eine *praeteritio* erkennen könnte (diesen Hinweis verdanke ich Emanuel Zingg), die nach Abschluss der breiten Behandlung des spartanischen Gründungsmythos in Isok. VI 16–33 nochmals auf diesen Abschnitt zurückverweise. Auch bei einem solchen Verständnis bliebe es indes bemerkenswert, dass Archidamos zunächst den Mythos als Argument ausführlich verwendet, um ihn danach als irrelevant, weil zu weit hergeholt, zu bezeichnen.

[252] Thuk. I 73,2–3; vgl. dazu Debnar 2001: 49, Hagmaier 2008: 83–84.

[253] Isok. IX 5–7 (s. o. Anm. 250).

Mythos als Argument in §16–33 wird man daher auch vor dem Hintergrund des Passus §42 als manipulativ bezeichnen müssen. Es ist wohl kein Zufall, dass Archidamos ausgerechnet eingangs der mythischen *narratio* behauptet, er könne seinem Publikum in der in diesem Absatz verhandelten Frage des *díkaion* genaue Kenntnis vermitteln (ἵν' ἐπίστησθ', §16). Der falsche Ratgeber erklärt auch die paradoxesten Thesen für sichere Wahrheit.[254]

B.5.5.2.2 Das Exemplum Salamis

Auch die nach §42 ausgewählten Exempla sind an mancher Stelle bemerkenswert. Insbesondere der Vergleich der von Archidamos vorgeschlagenen Strategie mit den Ereignissen um die Schlacht von Salamis verdient etwas nähere Behandlung, zumal schon früh darauf hingewiesen wurde, dass hier bemerkenswerterweise ein spartanischer Sprecher ein sehr positives Bild von Athen zeichne.[255]

Das Exemplum Salamis ist das erste jener Exempla aus jüngerer Zeit, die Archidamos in §42 ankündigt. Der Verweis auf die überprüfbare Historizität der verwendeten Exempla leitet auch in der Athenerrede der thukydideischen ‚Tagsatzung' das Exemplum Salamis ein.[256] In jener Rede aber dient dieses Exemplum – ebenso wie im *Panegyrikos* – dazu, Spartas Beitrag zum Sieg über die Perser als unfreiwillig und „nur aus egoistischen Gründen" erbracht zu präsentieren.[257]

Archidamos wählt, nachdem er wie gesehen eine sehr ähnliche Vorbemerkung zu dessen Auswahl vorausgeschickt hat, an zwei Stellen seiner Rede dasselbe Exemplum, Salamis:

(43) Μόνοι γὰρ τῶν ἔξω Πελοποννήσου κατοικούντων ὁρῶντες τὴν τῶν βαρβάρων δύναμιν ἀνυπόστατον οὖσαν οὐκ ἠξίωσαν βουλεύσασθαι περὶ τῶν προσταττομένων αὐτοῖς, ἀλλ' εὐθὺς εἵλοντο περιιδεῖν ἀνάστατον τὴν πόλιν γεγενημένην μᾶλλον ἢ δουλεύουσαν. Ἐκλιπόντες δὲ τὴν πόλιν καὶ τὴν χώραν καὶ πατρίδα μὲν τὴν ἐλευθερίαν νομίσαντες, κοινωνήσαντες δὲ τῶν κινδύνων ἡμῖν, τοσαύτης μεταβολῆς ἔτυχον, ὥστ' ὀλίγας ἡμέρας στερηθέντες τῆς αὐτῶν πολὺν χρόνον τῶν ἄλλων δεσπόται κατέστησαν.

(43) Denn von den außerhalb der Peloponnes Siedelnden hielten einzig sie [sc. die Athener], als sie sahen, dass die Macht der Barbaren unüberwindbar war, es nicht für richtig, über die Befehle, die ihnen erteilt worden waren, zu diskutieren, sondern entschieden sich sofort dazu, lieber der

---

[254] Der Kommentar zur Verwendung der Exempla in Isok. VI 42 stützt auf diese Weise die o.g. Interpretation. Isokrates' Argumentation in Isok. VI 16–33 ist v. a. durch die Verwendung des Mythos entgegen der allgemeinen *dóxa* als auffällig, wahrscheinlich als wenig plausibel zu bezeichnen. Nur vor diesem Hintergrund ergibt sich überhaupt eine Erklärung für die Inkonsistenz zwischen den mythologischen Exempla in Isok. VI 16–33 und der Ablehnung eben solcher Exempla in Isok. VI 42.

[255] Havet 1862: LVIII mit Anm. 2.

[256] Dass die Ablehnung mythologischer Exempla in beiden Reden der Vorbereitung des Exemplums Salamis dient, stellt einen weiteren Beleg dafür dar, dass Isok. VI 42 von Thuk. I 73,2–3 inspiriert ist.

[257] Hagmaier 2008: 95; vgl. Isok. IV 92.

B.5.5 Argumentationsweisen

Zerstörung der *pólis* zuzusehen als ihrer Versklavung. Als sie aber die *pólis* und das Land zurückließen, die Freiheit als ihre Heimat ansahen und die Kriegsgefahren mit uns teilten, da erfuhren sie einen solchen Umschwung, dass sie, nachdem sie wenige Tage ihres Besitzes beraubt waren, für lange Zeit zu den Herren der anderen wurden.

Die Wortwahl ist an zwei Stellen bezeichnend: Archidamos sieht den Grund für den Erfolg des Unternehmens in der ‚Vergemeinschaftung‘ (*koinônésantes*) der Gefahr. Was aber bedeutet dies? In Archidamos' Darstellung hat Athen die Kriegsgefahr (die hier allein als Gefahr für Athen Erwähnung findet) mit den Peloponnesiern geteilt und ist dadurch zu einer ‚herrschenden‘ Macht (*despótai*) in Hellas aufgestiegen. Im *Panegyrikos* dagegen hatte Athen allein die Gefahren, die dem ganzen *koinón* drohten, auf sich genommen und war dadurch in eine ‚führende‘ Rolle (*hêgemonía*) gelangt. Die Sprecher beider Reden präsentieren also verschiedene Sichtweisen auf dasselbe Ereignis – und zwar jeweils die angesichts ihrer athenischen (Isokrates) respektive spartanischen (Archidamos) Herkunft zu erwartenden Perspektiven.

Die zweite interessante Formulierung findet sich in Archidamos' Darstellung der Übernahme der innergriechischen Macht in Hellas: Diese bezeichnet er als *metabolé*, und die Stellung, in die die Athener durch diesen revolutionären Umschwung geraten, ist die von Herren (*despótai*).[258] Wenn Archidamos auf diese Weise die Wirkung der athenischen Strategie beschreibt, vor Salamis die eigene *pólis* zu verlassen, dann deutet er damit implizit an, dass er die gleichen Effekte auch von seiner eigenen Strategie der Aufgabe der *pólis* erhofft. Es geht ihm also darum, die Spartaner wieder in die Stellung von *despótai* zu bringen.[259] Jeder Leser, der dem isokratischen *Panegyrikos* in dem dortigen Lob der Vorfahren, die lieber *hêgemónes* als *despótai* sein wollten,[260] zugestimmt hat, wird Archidamos' Ziele damit ablehnen müssen. Welcher Natur eine solche Despotie ist, ergibt sich aber nicht nur aus dem Vergleich mit dem *Panegyrikos*, sondern auch aus dem *Archidamos* selbst: In §96 wird das Verhältnis zwischen Spartanern und Heloten beschrieben als das von Sklaven (*oikétas / dedouleukótas*) zu ihren Herren (*toĩs despótais*).[261] Archidamos' Plan zielt auf eine politische *metabolé*, die die Spartaner in ihre alte

---

[258] Dieser Begriff bezeichnet bei Isokrates die Stellung des Herrn zu seinem Sklaven, mithin eine absolute Verfügungsgewalt über Andere begründende Machtstellung (Pointner 1969: 156–160). Als Gegensatz zu *despoteía* erscheint die *autonomía*.

[259] Vgl. Harding 1974: 145.

[260] Isok. IV 80.

[261] Die Vokabel δεσπότης hat bei Isokrates durchweg einen negativen Klang im Sinne einer Gewaltherrschaft. Mit den Ausnahmen von Isok. VI 43 und XV 233 (wo VI 43 fast wörtlich zitiert wird) sowie Isok. III 50 (wo es nicht um eine politische Machstellung geht) wird der Begriff zudem ausschließlich auf solche Herrschaftsformen (Großkönig in Kleinasien, Sparta in Griechenland, Theben in Böotien) angewandt, die im Kontext der Rede (wenigstens implizit) kritisiert werden; vgl. Isok. IV 90, 106, 117, 121, 127, 178, XIV 61, VI 84, 96, VII 65, VIII 104, 134, XV 40, 107, 124, V 21, 66, 89, 154, XII 59, 255.

Rolle als *despótai* der Hellenen zurückversetzt.[262] Es geht ihm um das Interesse Spartas, nicht um das Interesse des hellenischen *koinón*.[263]

Dieser Befund bestätigt sich anhand der zweiten Verwendung des Exemplums Salamis in §83. Nachdem Archidamos in §73–81 seinen Plan erörtert und dessen Aussicht auf Erfolg erläutert hatte, zählt er in §82–84 historische Präzedenzfälle für ähnliche Strategien vermeintlich unterlegener Kriegsparteien auf. Zunächst erwähnt er erneut die Herakliden, die mit einer kleinen Streitmacht die ganze Peloponnes erobert hätten (§82), danach die athenische Strategie vor Salamis:

> (83) Πάντων δ' ἂν δεινότατον ποιήσαιμεν, εἰ συνειδότες Ἀθηναίοις ἐκλιποῦσι τὴν αὑτῶν χώραν ὑπὲρ τῆς τῶν ἄλλων ἐλευθερίας, ἡμεῖς μηδ' ὑπὲρ τῆς ἡμετέρας αὐτῶν σωτηρίας ἀφέσθαι[264] τῆς πόλεως τολμήσαιμεν, ἀλλὰ δέον ἡμᾶς παράδειγμα τῶν τοιούτων ἔργων τοῖς ἄλλοις παρέχειν, μηδὲ μιμήσασθαι τὰς ἐκείνων πράξεις ἐθελήσαιμεν.

> (83) Das allerschlimmste Verhalten aber würden wir an den Tag legen, wenn wir in vollem Bewusstsein, dass die Athener ihr eigenes Land für die Freiheit der Anderen verließen, es nicht ertragen würden, die *pólis* für unsere eigene Rettung aufzugeben, sondern obwohl es möglich wäre, anderen ein Vorbild für derartige Taten zu geben, nicht deren Handlungsweise nachahmen wollten.

Archidamos stellt deutlich heraus, dass Athen allein für die übrigen Griechen handelte, während es für Sparta in der gegenwärtigen Situation nur um die eigene Machtstellung gehe.[265] Er zieht daraus den Schluss, dass Sparta das athenische Vorbild nachahmen müsse. Die Nachahmung bezieht sich jedoch einzig auf die Strategie der Aufgabe der *pólis*, nicht auf das politische Ethos der Handelnden, nicht auf die Motivation für diese Strategie. Gerade in dieser Motivation aber hatte im *Panegyrikos* die besondere Qualität der athenischen Leistung gelegen, jene Qualität, die Athens *hêgemonía* rechtfertigen konnte.[266] Ohne den Bezug auf das *koinón* kann sich für Sparta – setzt man den Maßstab des *Panegyrikos* an – bei erfolgreichem Verlauf des Krieges keine gleichermaßen gerechtfertigte Machtstellung unter den Griechen ergeben.

Das Exemplum Salamis erweist sich also bei genauer Analyse als aus Gründen des Ethos ungeeignet für Archidamos' Argumentation. Unabhängig von der Ethos-Problematik und den terminologischen Fragen ist zudem mehrfach, zuletzt besonders deutlich

---

[262] Vgl. auch Isok. VI 82.
[263] Vgl. auch Isok. VI 54, wo Archidamos die gegenwärtige Situation, in der es nur um Spartas eigenes Interesse gehe, dem Einsatz für die von Athen unterdrückten *póleis* während des Peloponnesischen Krieges gegenüberstellt.
[264] Die Textform bei Benseler/Blaß 1889 (Aorist) ist dem bei Mandilaras 2003, II wiedergegebenen ἀφεῖσθαι (Perfekt) vorzuziehen.
[265] Isok. VI 54; vgl. Mossé 1953: 30.
[266] Isok. IV 95, wo Isokrates erläutert, weshalb sich Athen für den Einsatz auch für solche *póleis* entscheidet, die zu den Persern übergelaufen waren oder Athen im Stich gelassen hatten. Mit Blick auf des Isokrates Anspruch, politisches Handeln müsse der *pólis* und den Griechen dienen, wendet sich der Vorschlag des Archidamos in jeder Hinsicht gegen die rechten Prinzipien, während die Preisgabe Athens im Xerxeskrieg das Interesse der einzelnen *pólis* dem griechischen κοινόν unterordnet.

B.5.5 Argumentationsweisen

von Jeffrey Walker, betont worden, dass das Exemplum Salamis sachlich schlecht gewählt sei, da es der von Archidamos vorgeschlagenen Strategie eigentlich nicht entspreche.[267] Walker kommt zu dem Schluss, dass Archidamos' Argumentation zugunsten seiner Strategie vor allem deshalb keine Überzeugungskraft entwickeln könne, weil sie auf zu offensichtliche Weise unrealistisch und aussichtslos sei. Mindestens genauso schwer dürfte jedoch für das Publikum der Schrift, das Isokrates' frühere Schriften gelesen hatte, die ethische Unvereinbarkeit dieser Strategie mit den ‚panhellenischen' und politischen Gedanken gewogen haben, wie sie in *Panegyrikos*, *Plataikos* und *Euagoras* geäußert wurden. Archidamos' ganzes Denken ist auf die Interessensicherung und Machterweiterung der *pólis* Sparta ausgerichtet, das hellenische *koinón* spielt für ihn keine Rolle. Er betont explizit, dass es Sparta nur um die eigenen Interessen gehe und die vorgeschlagene Strategie dadurch umso leichter umzusetzen sei (§83). Er erweist sich in dieser Blindheit für die Bedeutung des *koinón* als idealtypischer Vertreter jenes jüngeren Sparta, das Isokrates im *Panegyrikos* ebenso wie im *Busiris*, *Plataikos*, *Euagoras* so heftig kritisiert hatte.

B.5.5.2.3 Weitere Exempla

Auf weitere Exempla, deren Verwendung auffällige Schwächen aufweist, kann hier nur noch summarisch eingegangen werden.

Zunächst sei auf drei Exempla spartanischer Vorfahren hingewiesen, die Archidamos in §52–53 zum Beleg des segensreichen Wirkens anführt, das schon einzelne Spartaner in anderen *póleis* entfaltet hätten. Alle drei Exempla entstammen der Zeit des Peloponnesischen Krieges und gehören somit in jene Zeit, aus der Archidamos die Exempla zur Stützung seines politischen Plans hatte ziehen wollen (§42).

Pedaritos, so heißt es, habe Chios gerettet, Brasidas habe mit Unterstützung Weniger die zahlreichen Belagerer von Amphipolis besiegt, Gylippos wiederum nicht nur die Syrakusaner gerettet, sondern sich die *dýnamis* der Belagerer vollständig angeeignet (§53). Für alle drei Exempla gilt zunächst, dass die spartanische Intervention wohl vor allem im Interesse Spartas im Konflikt mit Athen erfolgte und der politische Altruismus, den Archidamos Sparta hier attestiert, wenigstens für die athenischen Leser des *Archidamos* kaum auf der Hand gelegen haben dürfte. Was Pedaritos' Wirken auf Chios betrifft, so findet sich eine ausgesprochen kritische Bewertung schon bei Thukydides.[268] In dessen Darstellung ist Pedaritos' Intervention klar auf die Stützung oligarchischer Kreise auf Chios ausgerichtet, dient mithin der Einmischung in die inneren Angelegenheiten dieser *pólis*. In die gleiche Richtung weist auch die Wortwahl des isokratischen Archidamos beim Exemplum des Brasidas: Hier werden auf auffällige Weise die auf Brasidas' Seite

---

[267] Mossé 1953: 30, 33, Walker 2011: 146–147.
[268] Thuk. VIII 83,3, Diod. XIII 65,3, vgl. auch das stark verstümmelte Fragment Hell. Oxy. 5; dazu Erbse 1989: 10–11. Auch Allroggen 1972: 213–214, der hier drei positive Exempla für gemeindienliches Handeln sieht, weist auf den schlechteren Ruf des Pedaritos hin.

stehenden *olígoi* den *polloí* auf Seiten der athenischen Belagerer gegenübergestellt. Auch hier spielt das Interesse von Amphipolis, der *pólis* im Zentrum des Konflikts, keine Rolle. Ausgetragen wird der Konflikt zwischen Athen und Sparta beziehungsweise zwischen den *politeíai* der Oligarchie und der Demokratie. Diese Gegenüberstellung erhält ihre abschließende negative Bewertung im dritten Exemplum. Gylippos rettet die Syrakusaner vor den Athenern, dieser Erfolg indes verschafft ihm Kontrolle über sämtliche Machtmittel (*dýnamis*) der Belagerer ‚zu Land und zu Wasser' (κατὰ γῆν καὶ κατὰ θάλατταν). Wieder ist die Formulierung ungewöhnlich, und wieder weist sie auf den Konflikt Athen–Sparta hin und hat mit der geretteten *pólis* nichts zu tun. Mit Gylippos übernimmt Sparta Athens ‚*dýnamis* zu Land und zu Wasser' – dieser auffällige Hinweis lässt Sparta als Nachfolger Athens in der *arché* über die *póleis* erscheinen. Beider Herrschaftsgebaren erscheint damit ähnlich, wenn nicht gar identisch. Spartas ‚Rettung' anderer *póleis* vor dem Zugriff Athens bedeutet für diese *póleis*, dass sie vom ‚Regen' athenischer *arché* in die ‚Traufe' der spartanischen kommen.

Bereits Claude Mossé hat darauf hingewiesen, dass das Exemplum der Gründung Massilias durch die Phokaier (§84) unpassend gewählt sei.[269] In Archidamos' Rede soll es belegen, dass die Aufgabe der *pólis* zum Erfolg führen könne. In Herodots Bericht jedoch fliehen die Phokaier förmlich vor den Persern und erleben in der Folge eine wahre Odyssee der Vertreibungen, die sie buchstäblich in alle Winde zerstreut.[270] Archidamos betont in diesem Exemplum zwar den Umstand, dass sich Phokaia den Persern auf diese Weise nicht unterworfen und eine neue *pólis* (Massilia) gegründet habe. Die Neugründung einer *pólis* in der Ferne ist aber gerade nicht das Ziel des archidamischen Planes. Das Exemplum Phokaia belegt insofern weniger die Richtigkeit dieses Planes als vielmehr seine Risiken: Die ins Exil gesandten Frauen, Kinder, Alten und Hypomeiones könnten vielleicht niemals in ihre Heimat zurückkehren.

Ähnliches lässt sich für die Verwendung der Exempla in §99–100 feststellen. Hier zählt Archidamos vermeintliche Siege spartanischer Truppen in aussichtsloser Unterzahl auf. Er nennt die Exempla Dipaia, Thyraia und Thermopylai. Zwar spricht er den Umstand an, dass die Thermopylen-Kämpfer den Tod fanden. Jedoch betont er, dass sie eben dadurch nicht unterlegen gewesen seien (οὐκ ἔφυγον οὐδ' ἡττήθησαν, §100). Ähnlich wie im Exemplum Phokaia wird auch im Exemplum Thermopylai implizit auf das Risiko der Strategie des Archidamos hingewiesen. Thermopylai kann als Exemplum aber immerhin dazu dienen, auf den Ruhm hinzuweisen, den man sich durch einen standhaften Untergang erwerben könne. Auch hier lässt sich zudem die bereits am Exemplum Salamis

---

[269] Mossé 1953: 29–31. Dass das Exemplum nur in einem sehr eingeschränkten Sinne passend gewählt sei, betont auch Pointner 1969: 66.
[270] Hdt. I 164–168, Strab. IV 1,7, VI 1,1; Allroggen 1972: 209.

B.5.5 Argumentationsweisen

beobachtete unterschiedliche Bewertung der Perserkriege in *Panegyrikos* und *Archidamos* beobachten. In jener Schrift liegt der Wert der präsentierten Vorbilder im Gemeinschaftsbezug ihres Handelns.[271] Hier dagegen spielt das *koinón* keine Rolle.[272]

Die Schlacht beim arkadischen Dipaia wird bei Herodot und Pausanias erwähnt.[273] An einer Stelle bei Pausanias taucht die Schlacht interessanterweise in einer Liste militärischer Erfolge der Arkader auf.[274] Ein Urteil über die Verwendung des Exemplum im *Archidamos* kann jedoch daraus nicht gewonnen werden. Anders das Beispiel Thyraia: Archidamos behauptet, hier habe ein numerisch unterlegenes spartanisches Heer einen Erfolg erzielt. Die parallelen Quellen, über die wir verfügen, bestätigen dies nicht. Bei Herodot kann Sparta in dieser üblicherweise in die 540er Jahre datierten Schlacht keinen Sieg erringen.[275] Herodot beschreibt die Interpretation, wonach Sparta aus der von jeweils dreihundert Kämpfern geschlagenen Schlacht als Sieger hervorgegangen sei, als Ergebnis spartanischer Argumentationskunst, derzufolge der Rückzug der beiden überlebenden Argiver (auch auf Spartas Seite gibt es nur zwei Überlebende) eine Flucht und damit das Eingeständnis der Niederlage bedeutet habe.[276] Bei Pausanias resultiert der spartanische Sieg aus einer zweiten Schlacht, zu der beide Seiten mit ihrer vollen Streitmacht angetreten seien.[277] Die Überlieferung über die Schlacht(en) von Thyraia ist erkennbar mythifiziert und hat insofern einen sehr geringen historischen Quellenwert. Sie kann aber insbesondere aufgrund der Wiedergabe bei Herodot als maßgebliche Darstellung auch für das 5. und 4. Jh. angenommen werden. Wenn dem so ist, dann ist auch das Beispiel Thyraia von Archidamos schlecht gewählt, da es nicht als Beleg für einen in Unterzahl erzielten militärischen Erfolg dienen kann, vielleicht sogar als Exemplum eines ‚am Verhandlungstisch' erzielten spartanischen Sieges zu gelten hat.

Diese Beispiele sollen genügen, um zu zeigen, dass die Wahl vieler Exempla im Hauptteil des *Archidamos* bei näherer Untersuchung unpassend erscheint.[278] Die Exempla erscheinen mehr oder weniger plausibel gewählt für das spartanische Auditorium der fiktiven Rede. Für ein athenisches Lesepublikum bergen die Exempla ein hohes Potential für kritische Fragen und durch die Exempla selbst evozierte Gegendarstellungen. Sie

---

[271] Isok. IV 90.
[272] Anders Allroggen 1972: 209.
[273] Hdt. IX 35,1, davon direkt abhängig Paus. III 11,7, vgl. auch Paus. VIII 8,6, VIII 45,2.
[274] Paus. VIII 45,2.
[275] Hdt. I 82, davon abhängig Paus. II 38,5.
[276] Hdt. I 82,6–7.
[277] Paus. II 38,5.
[278] Weitere ‚unpassend' verwendete Exempla bespricht Walker 2011: 143–144 (ad Isok. VI 40–47), 145 (ad Isok. VI 56), 146 (ad Isok. VI 60–69). Insbesondere das letztgenannte Beispiel ist bezeichnend: Wenn ‚Archdiamos' auf die Unterstützung verweist, die Sparta von Seiten Dritter zu erwarten habe, so verwendet er ein Argument, das bei Thukydides wesentlichen Anteil an der Entscheidung der athenischen *ekklêsía* zur Befürwortung der ‚Sizilischen Expedition' hat. Walker (ebd.) bemerkt zutreffend, dass dies ein Argumentationstypus ist, der für Isokrates' Publikum, das mit Thukydides vertraut gewesen sein dürfte, in leicht erkennbarer Weise schon einmal eine in die Katastrophe führende Entscheidung bewirkt hatte.

erweisen sich als wenig beweiskräftig im Hinblick auf den Standpunkt des Archidamos, sind vor einem kritischen Publikum sogar dazu geeignet, diesen Standpunkt infrage zu stellen.

B.5.5.2.4 ‚Reverse-probability' und lógoi parádoxoi

Abschließend sei darauf hingewiesen, dass in §34–111 viele Exempla der Unterstützung des Argumentes dienen, demzufolge die Unbeständigkeit und Wechselhaftigkeit des Glücks Beleg für die hohen Erfolgsaussichten des archidamischen Planes sein könnten. Die Exempla sollen zeigen, dass in Situationen, in denen sich unterlegene *póleis* auf kriegerische Auseinandersetzungen mit übermächtigen Gegnern einließen, häufig die schwächere Seite siegreich gewesen sei. Archidamos erhebt diesen Wechsel des Glücks – eigentlich ein übliches Argument für die Regellosigkeit des geschichtlichen Prozesses – beinahe zur historischen Regel.[279] Als rhetorisches Argument aus spartanischem Mund hat Paula Debnar diese Form der Argumentation, die auch bei Thukydides von Spartanern (in den Friedensverhandlungen von 425)[280] verwendet wird, wie folgt kommentiert:

> [...] it is surprising to find the so-called reverse-probability argument in a speech delivered by Spartans, especially if Gagarin is correct that it was a rhetorical novelty introduced in the fifth century. When the Spartan ambassadors warn the Athenians that it is ‚not reasonable' to expect that chance will remain on their side, they mean that what is not likely [...] to happen – given Athenian power – is in reality likely to happen.[281]

Die Exempla dienen nach Debnars Deutung also einer bei Thukydides als neuartig und typisch ‚athenisch' gekennzeichneten Argumentation. Wenn wir annehmen, dass der isokratische Archidamos ein am Vorbild der bei Thukydides repräsentierten Spartaner (insbesondere als Kontrast zur dortigen Figur Archidamos' II.) gewonnenes Modell darstellt, und wenn wir mit Debnar im thukydideischen Werk einen fortschreitenden Wandel der spartanischen Rhetorik hin zu einer Angleichung an die athenische Rhetorik der Macht annehmen, der sich unter anderem in den Verhandlungen vor Pylos manifestiert,[282] dann kann man die Rhetorik des isokratischen Archidamos auch in diesem Sinne an ein thukydideisches Vorbild angepasst sehen. Aber auch unabhängig von Thukydides erscheint die archidamische Argumentation als ein Argumentationstypus, der sich kaum mit Isokrates' andernorts formulierter Forderung nach einer Übereinstimmung von Argument und

---

[279] Isok. VI 40–48; vgl. Walter 2003: 86–88. Der Unterschied zur Haltung des thukydideischen Archidamos II. wird im Vergleich mit Thuk. II 2,4 (vgl. dazu Leimbach 1985: S. 21–22) offenbar. Dort spricht Archidamos die Gefahr an, die auch bei einem Krieg in vermeintlich überlegener Position bestehe: „πολλάκις τε τὸ ἔλασσον πλῆθος δεδιὸς ἄμεινον ἠμύνατο τοὺς πλέονας διὰ τὸ καταφρονοῦντας ἀπαρασκεύους γενέσθαι". Aus der Haltung des isokratischen Archidamos gewinnt möglicherweise Anaximenes eines der Beispiele für die Verwendung von παραδείγματα παρὰ λόγον (Anaxim. Rhet. ad Alex. 1429b6–21; dazu Price 1975: 17–19).

[280] Thuk. IV 17,2–18, 3, vgl. IV 19,1.

[281] Debnar 2001: 156 (ad Thuk. IV 17,2–18,3), vgl. 159 (ad Thuk. IV 19,1); Gagarin 1994: 51.

[282] Debnar 2001: 2, 10, 167, 233–234.

B.5.5 Argumentationsweisen

Wahrscheinlichkeit (*eikós*) vereinbaren lässt.[283] Die Wahrscheinlichkeit eines Ereignisses daraus abzuleiten, dass man es als nach rationalen Kriterien unwahrscheinlich bezeichnet und Belege für Ausnahmen von der rational begründeten Regel anführt, ist nichts anderes als Kennzeichen des *lógos parádoxos*, es ist Merkmal einer anti-isokratischen Rhetorik.[284]

Einem naheliegenden Einwand muss in diesem Zusammenhang begegnet werden: Eine mit der Annahme der Wahrscheinlichkeit des Unwahrscheinlichen verwandte Argumentationsweise findet sich wiederholt bei Isokrates, gehört geradezu zum Kernbestand von dessen politisch–historischem Denken.[285] Zudem handelt es sich auch außerhalb des isokratischen Werkes um ein rhetorisches Standardargument, das auch in der antiken Theorie erfasst ist.[286] Wie wir bei der Untersuchung des *Plataikos* gesehen haben, taucht auch dort die Annahme auf, dass Macht vergänglich und insbesondere gewaltsam ausgeübte Herrschaft stets von kurzer Dauer sei.[287] Isokrates Grundüberzeugung, wonach ungerechte *arché* (im Gegensatz zur gerechten *hēgemonía*) dem, der sie ausübt, den Hass der jeweils Unterdrückten einbringe und so die Ursache eines notwendigerweise daraus resultierenden Umsturzes (*metabolé*) darstelle, steht tatsächlich nicht nur logisch, sondern auch inhaltlich der Argumentation des isokratischen Archidamos äußerst nahe. Es gibt indes einen entscheidenden Unterschied: Während die abstrakte Grundannahme („Macht ist vergänglich'; ,Glück ist wechselhaft') in beiden Fällen gleich ist, wird im *Archidamos* eine fundamental andere Schlussfolgerung gezogen als in allen anderen Repräsentationen dieses Gedankengangs bei Isokrates (sowie bei Aristoteles). Die Sprecher in *Plataikos, Areopagitikos, Friedensrede, Philippos* ziehen aus der Annahme von der Wechselhaftigkeit des Glücks den Schluss, dass man sich nie auf die eigene Lage verlassen und zu große Zuversicht schöpfen solle; stets müsse man einer negativen Entwicklung vorbeugen, den Krieg müsse man möglichst vermeiden.[288] Archidamos dagegen zieht den gegenteiligen Schluss: Ganz gleich, wie schlecht die eigene Lage sei, stets könne man sich darauf verlassen, dass sich die Dinge am Ende zum Besseren wendeten; Archidamos empfiehlt voll überbordender Zuversicht den Krieg als Lösung aller Probleme.[289]

---

[283] Anders Walter 2003: 86–88, der das Geschichtsbild, das der isokratische Archidamos vertritt, mit dem Geschichtsbild des Isokrates gleichsetzt. Angesichts der o. Kap. B.5.4 erläuterten Stilisierung des Archidamos als ‚Anti-Isokrates' erscheint ein solche Gleichsetzung jedoch unmöglich.

[284] S. dazu o. Kap. B.1.2.1 und B.1.3.1. Mit Anaxim. Rhet. ad Alex. 1428a16–23 (s. o. Kap. A.2.2) wäre von *parádeigmata pará lógon* zu sprechen.

[285] Jaeger 1947, III: 172–173.

[286] Arist. Rhet. 1402a5–28; Kerferd 1981: 100–101.

[287] Isok. XIV 39–40.

[288] Vgl. Isok. XIV 39–40 (s. o. S. 266–267), VII 6–8 (s. u. Kap. B.6.4.2.1), VIII 89–119 (s. u. Kap. B.6.5.2.1), V 46–56 (s. u. Kap. B.8.4.2).

[289] Insofern ist die Einschätzung bei Walker 2011: 144 noch zu vorsichtig, wonach Archidamos' Haltung lediglich „[…] too optimistic […]" erscheine. In der Tat entbehren die Erläuterungen des Sprechers, weshalb Sparta mit militärischem Erfolg rechnen könne, wie Walker (ebd.) zu Recht ad Isok. VI 48

Dass die Argumentation mit der Wahrscheinlichkeit des Unwahrscheinlichen im *Archidamos* Schwächen aufweist, zeigt der Vergleich der in den verschiedenen Reden herangezogenen Exempla. Diese Exempla dienen als Belege für die Richtigkeit des jeweils vorliegenden Arguments. Um nun die Richtigkeit ihrer Schlussfolgerung (Mahnung zu Vorsicht und außenpolitischer Zurückhaltung) zu belegen, wählen die Sprecher von *Plataikos*, *Areopagitikos*, *Friedensrede* und *Philippos* alle exakt dasselbe Exemplum des Aufstiegs und Niedergangs der *póleis* Athen und Sparta. Dieses Exemplum wird jeweils explizit als ein ganz besonders bekannter und offensichtlicher zeithistorischer Erfahrungswert bezeichnet – eine fraglos zutreffende Beschreibung. Archidamos' Exempla hingegen sind, wo sie tatsächlich allgemein Bekanntes vortragen, nicht wirklich mit seinen Argumenten in Einklang zu bringen (s. Salamis, Phokaia, Thermopylen), oder sie beziehen sich auf schlecht belegte und wohl auch weniger bedeutende Ereignisse (Dipaia, Thyraia). Bisweilen muss er sogar, ganz ähnlich wie im Falle des Herakles- und Herakliden-Mythos, die Überlieferung verändern, so dass man wenigstens in diesen Fällen (Thyraia) festhalten kann, dass er sein Argument mit Exempla belegt, die nicht mit der *dóxa* des Publikums übereinstimmen. Auf diese Weise erscheinen Archidamos' Schlussfolgerungen aus der Beobachtung von der Unbeständigkeit des Glücks als *lógoi parádoxoi*.

B.5.5.3 Ergebnis II

Nach Jeffrey Walker sind viele Argumente des isokratischen Archidamos problematisch.[290] Hinter dem *Archidamos* verberge sich ein *lógos amphíbolos*, wie ihn Isokrates in seinem *Panathenaikos* beschreibe.[291] Unsere Untersuchung konnte Walkers Befund bestätigen. Darüber hinaus hat sich gezeigt, dass die Argumentation des Archidamos ganz besonders bei der Verwendung mythischer und historischer Exempla Schwächen aufweist. Ganz allgemein verwendet Archidamos Argumente, die der *dóxa* eines athenischen Publikums – soweit wir diese nachvollziehen können – widersprechen dürften. Das bedeutet zugleich, dass diese Argumente zwar einem unkritischen spartanischen Publikum, das die Rede als gesprochenen Vortrag hört, also dem fiktionalen Publikum der Rede, plausibel erscheinen können. In dieser Hinsicht entspricht der *Archidamos* durchaus

---

betont, jeder Plausibilität und widersprechen insbesondere der von Archidamos gegebenen Begründung für den Niedergang Spartas.

[290] Walker 2011: 144–149, anders Allroggen 1972: 48, der indes ebenfalls den Gegensatz des vermeintlichen Sparta-Lobes mit der ansonsten üblichen Kritik an Sparta notiert und auf „Witz und Ironie" zurückführt.

[291] Vgl. Isok. XII 240, 271. Walker versteht unter isokratischer Amphibolie somit eine Doppeldeutigkeit in dem Sinne, dass sich vermeintlich überzeugende Argumente im Lichte einer nach rhetoriktechnischen und sachlichen Kriterien vollzogenen Kritik als schwach und unplausibel erweisen können. Eben diese Auffassung wird sich auch bei unserer Untersuchung des *Panathenaikos* bestätigen (s. dazu u. Kap. B.9.4 und B.9.6).

üblicher rhetorischer Praxis, wie wir sie (für Athen) kennen. Manche Argumente – wie etwa das der Legitimierung spartanischer Herrschaft in Analogie zur persischen Herrschaft in Kleinasien – müssen aber eigentlich auch für das fiktionale Publikum mindestens provokant erscheinen. Für ein Lesepublikum dagegen, das Isokrates' (und Archidamos') Forderung nach kritischer Analyse nachkommt, erweist sich die Argumentation des Archidamos als fragwürdig und in vielerlei Hinsicht kontraproduktiv. Wie bereits in den früheren isokratischen Schriften ergibt sich für die Argumentation im *Archidamos* ein ganz anderer, dem äußeren Schein der Rede zuwiderlaufender Eindruck, wenn man sie am isokratischen Maßstab der *dóxa* misst. Die ganz auf ein Auditorium ausgerichtete rhetorische Technik des Archidamos, die vor einem Lesepublikum nicht bestehen kann, zeigt diesen Sprecher somit ebenso wie schon seine Selbststilisierung im Proömium, als Vertreter eben jener Form der öffentlichen Rede, die Isokrates seit *Gegen die Sophisten* bekämpft hatte.

B.5.6 Sparta im *Archidamos*

Dass Isokrates den Sprecher Archidamos als untypischen Spartaner auftreten lässt, als jungen Mann, der eine eigentlich den älteren Spartanern zukommende politische Rolle usurpiert, haben wir bereits gesehen, ebenso dass dieser Sprecher ganz auf die unmittelbare Wirkung seiner Worte in einem Hörpublikum setzt, dass er Argumente verwendet, die (bestenfalls) geeignet sein können, ein spartanisches Publikum spontan zu überzeugen, nicht aber, ein athenisches Lesepublikum dauerhaft zu überzeugen und dessen sachlicher Prüfung der Argumente standzuhalten.

Wenn Archidamos aber als Politiker ohne Bezug zu ethischen Prinzipien wie dem Primat des *koinón* auftritt, wenn er in seinem Auftreten eher an einen athenischen Demagogen als an einen spartanischen *basileús* erinnert, wenn seine Rede einen *lógos amphíbolos*, in manchen Argumenten einen *lógos pseudés* oder *parádoxos* darstellt, dann ist das Bild von Sparta, das er präsentiert, nicht als Spartabild des Isokrates (oder des literarischen Isokrates) zu betrachten. Stattdessen kann es sich entweder um das Spartabild eines Spartaners handeln, wie ihn sich Isokrates vorstellt; das wiederum würde bedeuten, dass er den spartanischen Politikern seiner Zeit die oben erwähnten Eigenschaften eines Demagogen zuschreiben würde. Oder aber das im *Archidamos* präsentierte Spartabild ist als jenes Spartabild anzusehen, das in Isokrates' Augen im Athen der 360er Jahre verbreitet war, als man mit Sparta außenpolitisch kooperierte; in diesem Fall wäre der Gedanke naheliegend, dass ähnliche wie die im *Archidamos* kursierenden prospartanischen Argumente im politischen Diskurs Athens um die Frage nach der außenpolitischen Haltung gegenüber Theben und Sparta vorgebracht wurden.

Im Folgenden sollen einige zentrale Elemente des Spartabildes im *Archidamos* dargestellt und im Hinblick auf die in den vorangegangenen Kapiteln gewonnenen Erkenntnisse bewertet werden.

B.5.6.1 Lob der Vorfahren?

Archidamos beruft sich immer wieder auf das Vorbild der Vorfahren.[292] Diese gelte es im außenpolitischen Handeln nachzuahmen und deren materielles Erbe gelte es zu bewahren. Interessanterweise gilt Archidamos' Traditionalismus nicht oder nur bedingt für den innenpolitischen Bereich – also genau jenen Bereich, in dem Isokrates in anderen Schriften (*Busiris*, *Panegyrikos*, *Nikokles*) lobende Worte für Sparta gefunden hatte, während er Spartas Außenpolitik kritisierte. Denn Archidamos' politischer Auftritt bricht mit wesentlichen Elementen der von den Vorfahren etablierten inneren Ordnung. Stattdessen betont er die Vorbildhaftigkeit der militärischen Eroberungen, die die Vorfahren der Spartaner gemacht hätten.

Wie wir am Abschnitt über die Herakliden gesehen haben, muss Archidamos die übliche Überlieferung der spartanischen Frühgeschichte verändern, um sie für sein Anliegen nutzbar machen zu können. Archidamos betont zudem die Rolle der Herakliden als Heimatlose,[293] wodurch er sie als Vorbilder für seine Strategie der Aufgabe der *pólis* Sparta darstellt. Zugleich erinnert er an das bei Isokrates immer wieder angesprochene Problem der durch die innergriechischen Konflikte hervorgerufenen wirtschaftlichen und sozialen Spannungen in der griechischen Welt. Heimatlose werden in diesem Zusammenhang immer wieder als Bedrohung für den innergriechischen und selbst den innerpolitischen Frieden bezeichnet. Ziel einer Eroberung Kleinasiens soll (wenigstens in Isokrates' Spätwerk) auch sein, den Heimatlosen eigenen Landbesitz und damit Wohlstand zu verschaffen und so einen wesentlichen Unruheherd in den griechischen Gemeinwesen zu beseitigen.[294]

Archidamos beschreibt, ganz gegen seine Absicht, die spartanische Herrschaft auf der Peloponnes zu legitimieren, die Herakliden praktisch als Vertreter dieser für Hellas so problematischen Gruppe der Heimatlosen.[295] Und es ist eben diese Heimatlosigkeit, die

---

[292] Vgl. Too 1995: 59.

[293] Vgl. Azoulay 2006: 511–512.

[294] Isok. IV 162, 168, VIII 24, V 96, 120–122, [Isok.] ep. IX 9, außerdem (gespiegelt in der Ionischen Kolonisation) XII 164–168, vgl. Grieser-Schmitz 1999: 102–103.

[295] Dieses Argument spricht ganz entschieden gegen die Annahme bei Moysey 1982: 121–122, wonach der Plan des isokratischen Archidamos nicht unmittelbar mit dem Gedanken des Söldnerwesens verbunden sei. Für Isokrates sind die heimatlosen Vagabunden (*planómenoi*) die Quelle, aus denen sich die Söldnerheere bilden (Isok. IX 28, V 24, 96, 120, [Isok.] ep. IX 9); vgl. zur negativen Bewertung des (geistigen oder räumlichen) Vagabundierens Isok. XIX 6, XIII 15, ep. I 10, VIII 24, XV 115). Im *Archidamos* erscheinen die Herakliden als Vagabunden (Isok. VI 17). Auch der von Archidamos vorgebrachte Vorschlag sieht vor, die Spartiaten zu Vagabunden zu machen (Isok. VI 76). Dies

die Motivation zur Eroberung der Peloponnes liefert und so den Ausgangspunkt für die Gründung der *pólis* Sparta darstellt. Implizit wird auf diese Weise sogar die kriegerische Natur der *pólis* Sparta mitbegründet: Als Heimatlose sind sie ohne Möglichkeit der autarken Subsistenz, sind auf Eroberungen und auf Gewinne aus fremdem Eigentum (*allótria*) angewiesen. Wer über keine *ídia* verfügt, kann auch die *allótria* nicht respektieren.[296]

Sparta erscheint, wie wir im *Panegyrikos* gesehen haben, auch vor dem *Archidamos* als *pólis* des Krieges, die auf Kosten eroberter Gebiete lebt und einzig auf die eigene Machtstellung achtet. Diese Bewertung Spartas gilt indes in den früheren isokratischen Schriften nur für das jüngere Sparta. In der Zeit vor den Perserkriegen erscheint Athen zwar als die ältere und durchaus verdienstvollere *pólis*, Sparta hat aber ausdrücklich Anteil an der „*politeía* der Vorväter'.[297]

Archidamos argumentiert hingegen ganz wie ein Spartaner mit dem Verweis auf die Vorfahren. Vor seinem spartanischen Publikum muss er fraglos auf genau diese Weise argumentieren, wenn er seinen Kurs als den richtigen darstellen will. Wenn er die Vorfahren der Spartaner allerdings als kriegerische Heimatlose darstellt, wenn er ausführlich auf deren Eroberungen eingeht und wenn er dazu die überlieferten Mythen erkennbar verändert, dann steht diese Darstellung nicht nur in offenem Widerspruch zum Bild des frühen Sparta in anderen isokratischen Schriften, sondern insbesondere auch im Widerspruch zum Charakter des Sparta der Perserkriegszeit, wie er von anderen griechischen Autoren dargestellt wird. Bereits angesprochen wurde die Betonung traditioneller spartanischer *hêsychía* und *sôphrosýnê* durch den thukydideischen Archidamos, zu dem der isokratische Archidamos ein Gegenkonstrukt darstellt.[298] Das Bild von der kriegerischen Natur der spartanischen Vorfahren im *Archidamos* ist in kontrastierender Weise auf dieses literarische Vorbild bezogen. Ein kriegerisches, offensives und machtpolitisch auf die Etablierung einer möglichst umfassenden *arché* ausgerichtetes Sparta ist nicht nur bei Isokrates, sondern auch bei Thukydides und Herodot nur in der jüngeren Vergangenheit zu finden. Dieses kriegerische Sparta steht bei allen drei Autoren in einem Gegensatz zur außenpolitischen Tradition spartanischer *hêsychía*.

---

verbindet Sparta mittelbar mit dem Gedanken des Söldnerwesens. Wenn nun Archidamos die Aufgabe der eigenen Heimat vorschlägt (und darin ein ganz besonders spartanisches Verhalten sieht), so erscheint diese Verbindung folgerichtig. Eine positive Bewertung freilich ergibt sich daraus nicht (s. Kap. B.5.6.2–3).

[296] In Isok. VI 33 erwähnt Archidamos die spartanische Subsistenz aus *allótria* als gängigen Vorwurf gegen Sparta. Als Argumente zur Widerlegung dieser Kritik nennt er dort eben jene in Isok. VI 16–33 vorgetragenen Argumente, deren technische Schwächen und fehlende Überzeugungskraft o. Kap. B.5.5.1 behandelt wurden.

[297] Isok. IV 75–81.

[298] S. o. Kap. B.5.4.1.

B.5.6.2 Der spartanische Kriegerstaat als Idealstaat?

Das kriegerische Wesen Spartas erscheint in Archidamos' Bericht nicht nur im Zusammenhang mit der mythischen Genese der *pólis*, es erscheint nicht nur als Erbe der Herakliden, das es aus Gründen der Tradition zu bewahren gelte. Vielmehr richtet sich Archidamos' (und Spartas) ganzes politisches Denken auf den Krieg aus. Soweit sich Ideen zur Natur des idealen Staates im *Archidamos* finden lassen, deuten sie auf eine Haltung hin, derzufolge der Zweck des spartanischen Staates im Krieg liege und derzufolge die politische Ordnung darauf zielen müsse, den Staat für diesen Zweck auf bestmögliche Weise zu rüsten.[299]

Aussagen über den in Archidamos' Augen idealen Staat finden sich an verschiedenen Stellen in der Rede. Dass diese Vorstellungen nahe an den Idealstaatsideen in anderen isokratischen Schriften liegen, ohne mit diesen identisch zu sein, zeigt besonders deutlich §59:

(59) Ἐγὼ δὲ μεγίστην ἡγοῦμαι συμμαχίαν εἶναι καὶ βεβαιοτάτην τὸ τὰ δίκαια πράττειν (εἰκὸς γὰρ καὶ τὴν τῶν θεῶν εὔνοιαν γενῆσθαι μετὰ τούτων, εἴπερ χρὴ περὶ τῶν μελλόντων τεκμαίρεσθαι τοὺς ἤδη γεγενημένους), πρὸς δὲ τούτῳ τὸ καλῶς πολιτεύεσθαι καὶ σωφρόνως ζῆν καὶ μέχρι θανάτου μάχεσθαι τοὺς πολεμίους ἐθέλειν καὶ μηδὲν οὕτω δεινὸν νομίζειν ὡς τὸ κακῶς ἀκούειν ὑπὸ τῶν πολιτῶν· ἃ μᾶλλον ἡμῖν ἢ τοῖς ἄλλοις ἀνθρώποις ὑπάρχει.

(59) Ich aber bin der Ansicht, dass es die größte und zuverlässigste Kriegsunterstützung darstellt, das Gerechte zu tun (dass aus solchen Taten das Wohlwollen der Götter entsteht, ist wahrscheinlich, wenn man das schon Gewesene als Beleg für Zukünftiges heranziehen darf), dazu aber noch die Pflege einer schönen politischen Kultur und ein wohlbedachtes Leben und die Bereitschaft, bis zum Tod gegen die Feinde zu kämpfen, und nichts für so schlimm zu halten, als bei den Bürgern in schlechtem Ruf zu stehen: Diese Einstellungen herrschen bei uns mehr als bei den anderen Menschen vor.

Die hier von Archidamos aufgeführten Aspekte, die zusammen mit dem durch das gerechte Handeln erzeugten Wohlwollen der Götter zu einer erfolgreichen Kriegführung beitragen, finden sich im Wesentlichen bereits in der Beschreibung der ‚*politeía* der Vorväter' im *Panegyrikos*.[300] Insbesondere der persönliche Einsatz für die Gemeinschaft bis hin zum Tod sowie die Furcht vor einem schlechten Ruf erinnern bis in die Formulie-

---

[299] Aus diesem Grund kam schon Ollier 1933: 352 zu dem Schluss, dass sich das (von ihm nicht auf seine argumentative Überzeugungskraft befragte) Lob auf den spartanischen Staat nur im militärischen Bereich deutlich zeige.

[300] Vgl. Isok. IV 76–79 (s. o. Kap. B.2.4.4). Trotz der Ähnlichkeit der Darstellungen handelt es sich in Isok. VI 59 jedoch keineswegs um eine Beschreibung eines athenischen Idealstaates, wie Piepenbrink 2001: 115 mit Anm. 99 meint. Archidamos spricht hier einen abstrakten Idealstaat an, der im *Panegyrikos* mit dem frühen Athen und dem frühen Sparta identifiziert wurde, und der im *Archidamos* als spartanischer Staat erscheint.

B.5.6 Sparta im Archidamos

rung hinein unmittelbar an die dortige Darstellung des Idealstaates, der vor den Perserkriegen in Athen und Sparta existiert habe.[301] Einzig der hier verwendete, typisch spartanische Begriff der *sôphrosýnê* findet sich im *Panegyrikos* nicht unmittelbar, ist dort aber präsent in der Beschreibung der Einstellung der Vorväter, die leichtsinnigen Übermut abgelehnt hätten.[302] Ein echter Unterschied zum *Panegyrikos* besteht darin, dass Archidamos den idealen Staat nur in Sparta (oder wenigstens dort mehr als andernorts) repräsentiert sieht.[303]

Dass dieser spartanische Idealstaat der Staat der Vorväter sei, wird schließlich in §60–61 explizit bestätigt. Zunächst führt Archidamos die Eroberung der Peloponnes durch die Herakliden als Beleg für die militärische Wirkung einer guten *politeía* an, dann betont er:

> (60) [...] οὐκ ἄξιον διὰ τοῦτο φοβεῖσθαι τοὺς πολεμίους, ὅτι πολλοὶ τυγχάνουσιν ὄντες, ἀλλὰ πολὺ μᾶλλον ἐπ' ἐκείνοις θαρρεῖν, ὅταν ὁρῶμεν ἡμᾶς μὲν αὐτοὺς οὕτως ἐνηνοχότας τὰς συμφορὰς ὡς οὐδένες ἄλλοι πώποτε, (61) καὶ τοῖς τε νόμοις καὶ τοῖς ἐπιτηδεύμασιν ἐμμένοντας, οἷς ἐξ ἀρχῆς κατεστησάμεθα [...].

> (60) [...] es ist nicht angemessen, sich deswegen vor den Feinden zu fürchten, weil sie sich als zahlreich erweisen, sondern viel eher sollten wir darüber Mut fassen, wenn wir sehen, dass wir selbst Unglück ertragen konnten wie niemand anders jemals es vermochte (61) und wir bei denselben Gesetzen und Lebensweisen geblieben sind, nach denen wir von Beginn an lebten [...].

Der spartanische Staat ist also als Idealstaat dargestellt, und er erscheint dezidiert als unveränderter Staat der Vorfahren. Archidamos greift hier den bekannten Topos von der Unveränderlichkeit des spartanischen Staates und der spartanischen Traditionen auf.[304] Ein solches Argument ist hervorragend dazu geeignet, ein spartanisches Publikum zu überzeugen. Zugleich dient das Vorbild der Vorfahren auch in den isokratischen Schriften, in denen Isokrates selbst als Sprecher auftritt, zur Legitimierung programmatischer Vorschläge.

Dennoch ist Archidamos' argumentative Verwendung des Idealstaates der Vorfahren unstimmig. Denn wenn Archidamos einerseits behauptet, dass die spartanischen Gesetze stets unverändert geblieben seien und der Erfolg der spartanischen Heere auf dieser Unveränderlichkeit der *nómoi* beruhe, dann untergräbt er sein eigenes Programm. Immerhin hatte sich Archidamos selbst zu Beginn der Rede als Sprecher eingeführt, der sich durch sein Auftreten über die spartanischen *nómima* hinwegsetzt. Sein ganzes Programm trägt zudem immer wieder die Zeichen einer wenigstens partiellen Abkehr von der gegenwärtigen Ordnung Spartas. Der Verweis auf die staatliche Kontinuität als Ursache der

---

[301] Vgl. Isok. IV 77: „[...] δεινότερον μὲν ἐνόμιζον εἶναι κακῶς ὑπὸ τῶν πολιτῶν ἀκούειν ἢ καλῶς ὑπὲρ τῆς πόλεως ἀποθνήσκειν [...]" und VI 59: „[...] μηδὲν οὕτω δεινὸν νομίζειν ὡς τὸ κακῶς ἀκούειν ὑπὸ τῶν πολιτῶν [...]".

[302] Isok. IV 77: „[...] οὐδὲ τὰς τόλμας τὰς αὐτῶν ἤσκουν [...]".

[303] Im *Panathenaikos* wird Isokrates das Gegenbild zu dieser Darstellung präsentieren, indem er (ebenso wie es implizit bereits aus dem *Busiris* hervorgegangen war) den Idealstaat als athenische Erfindung präsentiert, die von Sparta lediglich kopiert worden sei, vgl. Isok. XII 151–155 (s. u. S. 553–555).

[304] Vgl. Ollier 1933: 355, Cloché 1933: 140.

spartanischen Erfolge kann kaum als Stütze für einen als *metabolé* vorgestellten politischen Vorschlag dienen.

Es bleibt jedoch die auffällige Ähnlichkeit des von Archidamos als spartanisch präsentierten idealen Staates mit der ‚*politeía* der Vorväter' in *Panegyrikos* §75–81. Dass Archidamos in §59 einen Staat ähnlichen Charakters als Idealstaat präsentiert, lässt sich nicht von der Hand weisen. Jedoch liefert er keine Belege für seine Behauptung, dass dieser Idealstaat mit dem spartanischen Staat zu identifizieren sei.[305] Es gilt also, die Präsentation des besten Staates in §59–61 mit den übrigen Beschreibungen der spartanischen *politeía* im *Archidamos* zu vergleichen. In diesen wiederum erscheint Sparta ausschließlich als reiner Militärstaat. Dass für den isokratischen Archidamos die Vorstellung von Spartas idealer *politeía* aufs engste verbunden ist mit der Auffassung vom Wesen Spartas als Kriegerstaat, geht aus zwei Stellen besonders deutlich hervor. In §48 wird beides in den gleichen Zusammenhang gestellt und als Grundlage für die militärische Rettung von Staaten aus Notsituationen benannt:

(48) [...] ἀλλὰ δεῖ καρτερεῖν ἐπὶ τοῖς παροῦσι καὶ θαρρεῖν περὶ τῶν μελλόντων ἐπισταμένους, ὅτι τὰς τοιαύτας συμφορὰς αἱ πόλεις ἐπανορθοῦνται πολιτείᾳ χρηστῇ καὶ ταῖς περὶ τὸν πόλεμον ἐμπειρίαις. Περὶ ὧν οὐδεὶς ἂν τολμήσειεν ἀντειπεῖν, ὡς οὐ τὴν μὲν ἐμπειρίαν μᾶλλον τῶν ἄλλων ἔχομεν, πολιτείαν δ', οἵαν εἶναι χρή, παρὰ μόνοις ἡμῖν ἐστιν·

(48) [...] vielmehr muss man in der gegenwärtigen Lage Mut fassen und für die Zukunft zuversichtlich sein, im Wissen, dass die *póleis* derartiges Unglück durch eine nützliche *politeía* und durch Erfahrung im Krieg beheben. Es aber wird wohl niemand wagen [der Aussage] zu widersprechen, dass wir einerseits darin mehr Erfahrung als die anderen haben, andererseits eine *politeía*, wie sie sein muss, allein bei uns existiert.

Erfahrung im Krieg und eine nützliche *politeía* sind also wesentliche Voraussetzung für die Wiedererrichtung (*epanórthōsis*) der Macht von Staaten. Die zweite Stelle (§81) zeigt, dass die nützliche *politeía* ihrerseits eng mit dem Kriegswesen verbunden ist:

(81) Ἐπιλίποι δ' ἂν τὸ λοιπὸν μέρος τῆς ἡμέρας, εἰ τὰς πλεονεξίας τὰς ἐσομένας λέγειν ἐπιχειρήσαιμεν. Ἐκεῖνο δ' οὖν πᾶσι φανερόν, ὅτι τῶν Ἑλλήνων διενηνόχαμεν οὐ τῷ μεγέθει τῆς πόλεως οὐδὲ τῷ πλήθει τῶν ἀνθρώπων, ἀλλ' ὅτι τὴν πολιτείαν ὁμοίαν κατεστησάμεθα στρατοπέδῳ καλῶς διοικουμένῳ καὶ πειθαρχεῖν ἐθέλοντι τοῖς ἄρχουσιν.

(81) Es würde wohl noch den ganzen Rest des Tages dauern, wenn ich versuchte, die Vorteile, die [sc. aus der von Archidamos vorgeschlagenen Strategie] folgen würden, zu benennen. Jenes aber ist nun wirklich allen klar, dass wir nicht durch die Größe der *pólis* oder die Masse an Menschen die Hellenen übertreffen, sondern weil wir eine *politeía* eingerichtet haben, die gleich ist einem wohlgeordneten Heer, das den Befehlshabern zu gehorchen willig ist.

---

[305] Vgl. Isok. VI 48, 60–61. An beiden Stellen wird diese Behauptung sehr knapp und apodiktisch aufgestellt. Weitere Erläuterungen, wie Archidamos zu dieser Behauptung kommt, werden nicht gegeben. Im Gegensatz dazu folgt im *Panegyrikos* auf die Beschreibung des Idealstaates als Staat Athens und Spartas das ausführliche Exemplum der Perserkriegszeit, in der sich (zunächst) beide *póleis* als Vertreter dieser *politeía* bewiesen hätten.

B.5.6 Sparta im Archidamos 355

Die *politeía* der Spartaner gleicht also in Archidamos' Augen einem Heerlager, und zwar vor allem darin, dass die Spartaner ihren politischen Machthabern wie Soldaten den Feldherren Gehorsam zu leisten bereit sind. Auch in diesem Punkt greift Archidamos ein Element der topischen Idealisierung der spartanischen *eunomía* auf.[306] Wieder aber steht der positiven Verwendung des Topos vom politischen Gehorsam die usurpierte politische Sprecherrolle des Archidamos entgegen. Die traditionellen politischen Führer, die Alten, haben, wie Archidamos selbst bekennt, sich in der Mehrheit für einen Friedensschluss ausgesprochen. Archidamos belegt durch seinen Auftritt, dass er eben nicht bereit ist, sich dem Urteil der politischen Führung im Sinne militärischer *peitharchía* zu beugen. Er stellt im Gegenteil dieses Urteil vor aller Augen infrage und zeigt sich so als Gegenfigur zu eben jenem Gehorsam der Bürger, den er in §81 als wesentliches Unterscheidungsmerkmal der spartanischen *politeía* von jenen anderer *póleis* benennt. Gerade er selbst weist also den nach eigener Aussage entscheidenden Vorzug des spartanischen Wesens nicht auf.

In der Erläuterung von Archidamos' Plan, wonach die Spartiaten ihre *pólis*, ihrer militärischen *politeía* gemäß, zu einem reinen Heer umformen sollten, sind offenbar zwei Stellen aus Thukydides adaptiert. So weist im siebten Buch der athenische Stratege Nikias die athenischen Truppen angesichts des Verlustes der Flotte und zahlreicher Soldaten sowie angesichts der Befestigung von Syrakus darauf hin, dass sie als Heer jederzeit und überall eine *pólis* konstituierten (λογίζεσθε ὅτι αὐτοί τε πόλις εὐθύς ἐστε ὅποι ἂν καθέξεσθε), also nicht fernab ihrer *pólis* seien, und dass es die Männer, nicht die Mauern oder Schiffe seien, die die *pólis* ausmachten (ἄνδρες γὰρ πόλις, καὶ οὐ τείχη οὐδὲ νῆες ἀνδρῶν κεναί).[307] In größter, ja aussichtsloser Not appelliert Nikias so an die bürgerliche Moral seiner Soldaten. Noch deutlicher scheint indes der Zusammenhang zu einer Stelle im achten Buch.[308] Thukydides schildert hier die Überlegungen des athenischen Heeres auf Samos, das sich mit der oligarchischen Machtübernahme durch die ‚Vierhundert' in Athen im Jahr 411 konfrontiert sieht. Die Soldaten, angeführt von Thrasyboulos und Thrasylos, die sich von allen ‚am meisten um eine *metabolé* bemühen' (οὗτοι γὰρ μάλιστα προειστήκεσαν τῆς μεταβολῆς),[309] sehen sich in mancherlei Hinsicht den athenischen Oligarchen gegenüber im Vorteil, insbesondere deshalb, weil sie einen reinen Heerestross darstellten und allein im athenischen Heer die *pátrioi nómoi* noch erhalten seien und befolgt würden.[310] Es ist dies der gleiche Standpunkt, den auch der isokratische Archidamos einnimmt. Zugleich findet sich die Auffassung, Sparta befolge nur noch im Bereich

---

[306] Mit der spartanischen Gesetzestreue argumentiert auch der thukydideische Archidamos (Thuk. I 84,3).
[307] Thuk. VII 77,4–7 (der Gedanke geht auf älteres Denken zurück, vgl. Alk. fr. 112,10 [PLF]); vgl. Friedrichs 2000: 81, Funke 2009b: 125.
[308] Thuk. VIII 76; vgl. Friedrichs 2000: 101–102. Den Hinweis auf diesen Passus verdanke ich Emanuel Zingg.
[309] Thuk. VIII 75,2.
[310] Thuk. VIII 76,6.

des Militärs die Ordnung der Vorväter, konstant im isokratischen Werk vertreten – und stellt dort den Ausgangspunkt scharfer Kritik an Sparta dar.[311] Der spartanische Staat wird von Isokrates seit dem *Busiris* als ganz auf das Militär beschränktes Gemeinwesen beschrieben, das wirtschaftliche und geistig-kulturelle Zwecke der gesellschaftlichen Ordnung vernachlässigt und so auf die Aneignung von *allótria* angewiesen ist. Der isokratische Archidamos erweist sich als ganz von diesem Grundfehler der spartanischen Gesellschaft geprägt. Die Parallele zu Thukydides rückt diese Einstellung nun interessanterweise in eine Analogie zu den von den Oligarchen vertriebenen Unterstützern der Demokratie in der athenischen Flotte. Den aus der Gesellschaft Ausgestoßenen steht zur Durchsetzung ihrer politischen Interessen nur das Mittel militärischer Gewalt zur Verfügung.[312]

Archidamos' Plan zeigt auch, dass die rein militärische *politeía*, die Archidamos vorschwebt, sich wesentlich vom Ethos des aristokratischen Bürgersoldaten unterscheidet. Archidamos' Vorstellung vom idealen Bürgersoldaten ist die eines Soldaten der neuen Zeit des 4. Jhs. Er spricht nicht vom Grundbesitzer, Bürger und Hopliten, sondern vom heimatlosen bürgerlichen Söldner!

> (75) [...] Τίνες δ' οὐκ ἂν ἐκπλαγεῖεν καὶ δείσειαν στρατόπεδον συνιστάμενον τοιαῦτα μὲν διαπεπραγμένον, δικαίως δὲ τοῖς αἰτίοις τούτων ὠργισμένον, ἀπονενοημένως δὲ πρὸς τὸ ζῆν διακείμενον, (76) καὶ τῷ μὲν σχολὴν πρῶτον ἄγειν καὶ μηδὲ περὶ ἓν ἄλλο διατρίβειν ἢ περὶ τὸν πόλεμον τοῖς ξενικοῖς στρατεύμασιν[313] ὡμοιωμένον, ταῖς δ' ἀρεταῖς καὶ τοῖς ἐπιτηδεύμασι τοιοῦτον, οἷον ἐξ ἁπάντων ἀνθρώπων οὐδεὶς ἂν συντάξειεν, ἔτι δὲ μηδεμιᾷ πολιτείᾳ τεταγμένη χρώμενον, ἀλλὰ θυραυλεῖν καὶ πλανᾶσθαι κατὰ τὴν χώραν δυνάμενον καὶ ῥᾳδίως μὲν ὅμορον, οἷς ἂν βούληται, γιγνόμενον, τοὺς δὲ τόπους ἅπαντας τοὺς πρὸς τὸν πόλεμον συμφέροντας πατρίδας εἶναι νομίζον;

> (75) [...] Wer aber wäre nicht voller Schrecken und Furcht vor einem solcherart zusammengestellten und erfolgreich handelnden Heer, das zurecht den daran [sc. an seiner Lage] Schuldigen zürnt, das keinen Gedanken auf das Leben verschwendet, (76) das dadurch, dass es keinen Geschäften nachgehen muss[314] und sich mit keiner einzigen anderen Sache beschäftigt als dem Krieg, den Söldnerheeren gleich ist, durch seine Tugend und seine Lebensweise jedoch von einer Art, wie es wohl niemand aus allen Menschen zusammenstellen könnte, das noch dazu

---

[311] Isok. XI 17–20 (s. o. S. 125–128), III 17–24 (s. o. Kap. B.4.1), XII 176–187, 199–228 (s. u. Kap. B.9.5.4 und B.9.6.1).

[312] S. dazu u. Kap. B.5.6.3.

[313] Isokrates verwendet sowohl den Begriff des ξενικὸν στράτευμα wie auch den der μισθοφόροι. Beide Termini sprechen verschiedene Aspekte des Söldnerwesens an. Mit dem hier verwendeten Terminus ξενικὸν στράτευμα (vgl. Xen. Hell. IV 22–26, Xen. Hipparch. 9,3–4), betont Isokrates stets den Aspekt der Heimatlosigkeit der Söldner (Isok. VIII 24, XV 116, V 96, XII 186). Den Begriff μισθοφόροι verwendet er, vielleicht in Reaktion auf Demosthenes' Bestrebungen zur Einführung eines regulären Soldes für athenische Bürgersoldaten (vgl. Dem. III 34; IV 24; [Dem. XIII 11]), zur abschätzigen Disqualifizierung der Besoldung; vgl. Isok. VIII 112, V 55, 96, XII 82, [Isok.] ep. II 9.

[314] Wörtl.: „[...] dadurch, dass es als erstes in Muße leben kann [...]". Das Heer, das Archidamos vorschwebt, besteht aus Berufssoldaten, die keinem anderen täglichen Beruf nachgehen, die ihr Soldatentum daher nicht auf die Freizeit beschränken müssen, sondern diese ‚Freizeit'-Tätigkeit auf ihr ganzes Leben ausdehnen kann.

keine festgelegte *politeía* zur Anwendung bringt, sondern auf freiem Feld leben, durch das Land ziehen und leicht zum Grenznachbarn jedes beliebigen Staates werden kann, das aber sämtliche für den Krieg vorteilhafte Plätze als seine Heimat betrachtet?

Im Zentrum des Gedankens steht, wie von den Interpreten zu Recht bemerkt wurde, die Verbindung des traditionellen spartanischen Wertekanons mit der militärischen Professionalität und Flexibilität des Söldnerwesens des 4. Jhs.[315] Archidamos beschreibt die spartanische *politeía* als kriegerisch seit der Entstehung Spartas. Wenn er nun die Auflösung der Familienverbände und die Reduzierung der *pólis* auf die Kriegerelite fordert, dann stellt dieser Plan eine konsequente Weiterentwicklung dieses Gedankens dar. Wenn der Krieg im spartanischen Wesen liegt und den Kern des spartanischen Erfolgs darstellt, dann muss sich der spartanische Staat, um erfolgreich zu sein, aller nicht für den Krieg förderlichen Elemente entledigen und sein ganzes Wesen weitestmöglich auf den Krieg ausrichten.[316] Er muss zu einem Heer werden. Archidamos beschreibt explizit, wie in seinen Augen ein derartiges spartiatisches Heer die Vorteile spartiatischer *areté* mit den militärischen Vorteilen des Söldnertums, nämlich der Professionalisierung des Krieges, verbinden würde.[317] Die soziale Grundlage dieser Professionalisierung beschreibt er mit dem aristokratischen Terminus der *scholé,* der die Freiheit von Erwerbstätigkeit bezeichnet.[318] Wer aufgrund seines Wohlstandes nicht auf täglichen Broterwerb aus eigener Arbeit angewiesen ist, so der aristokratische Topos,[319] kann seine Fähigkeiten durch körperliche und geistige Bildung verbessern und auf diese Weise zu *areté* gelangen. Archidamos' Vergleich der Spartiaten mit Söldnern legt jedoch den Gedanken nahe, dass hier von einer ganz anderen Art der *scholé* die Rede ist, von jener *scholé* nämlich, die Isokrates in anderen Schriften als Ursache des Söldnertums beschreibt.[320] Demnach sind es die

---

[315] Mossé 1953: 31–32, Azoulay 2006: 513–520. Azoulays Annahme der Anlehnung des Söldnermotivs an Xenophons *Anabasis* (ebd. 516–519) kann nicht überzeugen. Walker 2011: 147–148 geht von einer (von Isokrates bewusst als solcher inszenierten) missglückten Anspielung auf den Zug der Zehntausend aus. Ebensogut kann man jedoch zu dem Schluss kommen, dass eine Parallele zu Xenophon hier nicht vorliegt. Eine gewisse Beziehung des *Archidamos* und seines Söldnermotivs zu Xenophons *Hellenika* sowie zu einem Passus aus dem *Hipparchikos* erscheint jedoch möglich (Xen. Hell. VI 4,22–26, Xen. Hipparch. 9,3–4); s. dazu u. S. 373–375.
[316] Pointner 1969: 65–66.
[317] Azoulay 2006: 513–514. Der Standpunkt, dass professionelle Soldaten den klassischen Bürgersoldaten überlegen seien, findet sich an prominenter Stelle in Plat. Pol. 374b6–d7 sowie bei Xen. Hipp. 9,3–4.
[318] Azoulay 2006: 517.
[319] Z. B. Isok. VII 24–25, 43–45.
[320] Z. B. Isok. V 96, 120–122; Azoulay 2006: 519 sieht an dieser Stelle den Grundgedanken des Plans aus dem *Archidamos* wieder aufgegriffen. Richtig ist daran, dass sich an beiden Stellen der Gedanke der Heimatlosigkeit mit der Entstehung von Söldnerheeren verbindet (s. o. S. 350 Anm. 295). Während jedoch Archidamos seine Spartiaten durch Auflösung ihres Heimatbezuges vorübergehend zu Söldnern machen will, will der ‚Isokrates' des *Philippos* die als Bedrohung wahrgenommenen heimatlosen Söldner durch den Perserfeldzug mit einer neuen Heimat versehen, er will also eben jenen Zustand abschaffen, denn der Sprecher des *Archidamos* herstellen will.

durch die ständigen Kriege heraufbeschworenen sozialen Probleme der griechischen Gemeinwesen, die Verarmung ganzer Bevölkerungsschichten, die zu Obdachlosigkeit führen und das Entstehen marodierender Söldnergruppen befördern. Nicht die wohlstandsbedingte (und demnach aristokratische) Freiheit vom täglichen Broterwerb, sondern der (armutsbedingte) Mangel an wirtschaftlichen Perspektiven, der Mangel an subsistenzsicherndem Grund und Boden und schlicht der Mangel an Arbeit ist die Ursache des Aufstiegs des Söldnerwesens. Diesen Zustand mit *scholé* zu bezeichnen, ist gewiss mehr als auffällig, ja nachgerade zynisch; dies umso mehr, als Archidamos auf die Ähnlichkeit zwischen dem Spartiatenheer seiner Vorstellung und den realen Söldnertruppen des 4. Jhs. hinweist (στρατόπεδον [...] τοῖς ξενικοῖς στρατεύμασιν ὡμοιωμένον).[321] Die Formulierung lässt hier leicht an das spartanische Schlagwort der *homoiótês* denken. Die in ihrer *aristokratía* Gleichen (*hómoioi*), die Spartiaten, sollen sich also einer Gesellschaftsschicht der sozial Ausgestoßenen ‚angleichen'.[322] Tatsächlich stellt das von Archidamos vorgeschlagene Vorgehen nichts anderes dar als die Auflösung jeglicher räumlichen Bindung der Spartiaten an ihren Grundbesitz und ihre Heimat Sparta. Nicht zufällig betont Archidamos, dass die Spartiaten der Zukunft jeden militärisch günstigen Ort als Heimat ansehen könnten. Sie sind – wenigstens vorübergehend – ebensolche heimatlosen Söldner, wie sie in späteren isokratischen Schriften immer wieder als eines der drückendsten Probleme der griechischen Welt dargestellt werden.[323]

Spätestens an diesem Punkt dürfte klar geworden sein, dass der Vorschlag des Archidamos für ein spartiatisches Publikum ebenso wie für ein aristokratisches, athenisches Publikum des Isokrates eine kaum zu überbietende Provokation darstellen muss. Wenn Archidamos einerseits das spartiatische Wesen als kriegerisch seit frühester Zeit beschreibt, und wenn er, verbunden mit der Forderung nach Nachahmung und Übertreffen der Vorfahren ein Programm vorstellt, das Spartas Charakter dem eines Söldnerverbundes angleichen soll, dann scheint es schwer vorstellbar, dass dieses Programm einer Söldnerpolis Sparta auf ernsthafte Weise das Ideal von aufopferungsbereiten Bürgern

---

[321] Vgl. Plat. Nom. 666e, wo Spartas Staat für seine Nähe zum στρατόπεδον kritisiert wird (Pointner 1969: 65).

[322] In XII 185–186 (s. dazu u. S. 362–362) spielt Isokrates – im Rahmen schärfster Kritik an Sparta – wörtlich auf diese Formulierung an (τοῖς ξενικοῖς στρατεύμασιν ὁμοίους ὄντας). Eine andere Auffassung zur Bedeutung des Söldnerbildes im *Archidamos* vertrat Mossé 1953: 31–32 (vgl. Azoulay 2006: 517), die die archidamische Armee der Spartiaten durch ihre Herkunft und ihre Heimatliebe von den heimatlosen und sozial ausgegrenzten Schichten, aus denen sich die Söldner rekrutierten, unterschieden sah. Schon die Wortwahl von σχολή und ὁμοιότης in Isok. VI 75–76 macht diese Deutung jedoch unmöglich; mehr aber noch die explizite Aussage am Ende des Abschnitts, wonach die Spartiaten nach Archidamos' Absicht jeden (!) Ort potentiell als Heimat ansehen sollten. Es ist also die Auflösung jedes Bezuges zur Heimat intendiert, nicht dessen Bewahrung (vgl. auch Pointner 1969: 66).

[323] V. a. Isok. V 96, 120–122; vgl. Pointner 1969: 65–66, Harding 1974: 146, Bearzot 2003: 66–67, Azoulay 2006: 514. Söldnertruppen werden bei Isokrates außerhalb des *Archidamos* grundsätzlich äußerst negativ dargestellt (Isok. VII 9, VIII 24, 46–48, 73, 112, XV 116, V 55, 96, 120–122).

B.5.6 Sparta im Archidamos 359

vermitteln soll. Kein Redner vor spartanischem Publikum und kein Schriftsteller Athens dürfte mit einem solchen Programm Aussicht gehabt haben, ernstgenommen zu werden oder gar positive Reaktionen zu erzeugen.

Genaugenommen handelt es sich bei diesen spartiatischen Soldaten nicht mehr um Bürger im aristokratischen Sinne. Mit der Aufgabe ihrer *oikoí* lösen die archidamischen Spartiaten den Bürgerverbund auf.[324] Das Bürgerrecht griechischer Gemeinwesen, und ganz besonders das Bürgerrecht Spartas, ist ursprünglich eng an den persönlichen Grundbesitz geknüpft. Bürger einer *pólis* sind die Grundbesitzer, die darum zugleich die gesamte räumliche Ausdehnung des Polisgebietes repräsentieren. Indem die *pólis* aus Bürgern besteht, besteht sie zugleich aus einem bestimmten geographischen Raum.[325] Die Aufgabe dieses Gebietes ist somit gleichbedeutend mit der Aufgabe der *pólis*.[326] Vielleicht ist genau darauf in der kaum zu übersetzenden Stelle in §76 angespielt, wo davon die Rede ist, dass die Spartiaten bei Befolgung des archidamischen Vorschlags über gar keine festgelegte *politeía* (μηδεμιᾷ πολιτείᾳ τεταγμένῃ χρώμενον) mehr verfügen würden.[327] Die überaus konsequente Überspitzung des Kriegerstaat-Gedankens im

---

[324] Vgl. Azoulay 2006: 509–510 („deracinement").
[325] Vgl. Arist. Pol. 1280b29–36, für den *pólis* und *tópos* zwar nicht identisch sind, der aber die *koinōnía tópou* als notwendige Voraussetzung der *pólis* betrachtet. Anderer Auffassung sind Mossé 1953: 31–32, Pointner 1969: 66–67, die keinen Konflikt zwischen isokratischer *pólis*-Idee und archidamischem Plan sehen.
[326] Mossé 1953: 29–30 betont zurecht, dass der Plan des isokratischen Archidamos, gerade auch durch die Parallelisierung mit Salamis, auf dem Gedanken beruht, dass eine *pólis* nicht aus Mauern und Gebäuden, sondern aus Bürgern bestehe (vgl. Alk. fr. 112,10 [PLF], Thuk. VII 77,7). Sie übersieht jedoch die Bedeutung des Landbesitzes (und damit des spezifischen Ortes) für das aristokratische Bürger-Ethos. Der räumliche Aspekt des Bürger-Seins lässt sich nicht ganz ausblenden. Und gerade in der Plataiai-Episode bei Thuk. II 71–78 scheint die Ummauerung des Stadtgebiets der *pólis* Plataiai sinnbildlich für die ‚geschlossene' Bürger-Identität der Plataier zu stehen. Zur Verbindung von *pólis*-Gedanken und Territorialität vgl. Funke 2009b: v.a. 125.
[327] Zum Begriff πολιτεία bei Isokrates vgl. Bloom 1955: 11–16, Liou 1990, Grieser-Schmitz 1999: 155–157. Die vorliegende Stelle Isok. VI 76 ist im gesamten isokratischen Werk die einzige, in der eine Bedeutung von πολιτεία im Sinne von ‚institutionelle Ordnung', ‚Staat' möglich erscheint. Die ungewöhnliche Opposition von πολιτεία τεταγμένη mit der (durch die Abwesenheit der π. τ. ermöglichten) Unabhängigkeit von einem bestimmten Ort (θυραυλεῖν καὶ πλανᾶσθαι) ergibt indes nur dann einen Sinn, wenn man annimmt, dass für Isokrates die πολιτεία als Bürgeridentität zugleich auch an einen festen Ort gebunden ist (was sich durch die traditionelle Verbindung von Grundbesitz und Bürgerrecht auch erklären ließe). Bei dieser Erklärung der Terminologie in Isok. VI 76 ergibt sich jedoch auch, dass eine ‚variable' (= nicht ‚festgelegte') πολιτεία nicht existieren kann, da die Existenz des Bürgers an seinem Landbesitz und damit an seiner Ortsgebundenheit hängt. Der Plan des Archidamos besteht somit in einer Auflösung der πολιτεία, also einer Auflösung der ‚Seele der *pólis*' (vgl. Isok. VII 14, s. u. S. 393). Anders Mossé 1953: 32, Azoulay 2006: 513–514, 518, die zwar zu Recht betonen, dass Archidamos' Plan auf eine zukünftige Wiederherstellung der *pólis* zielt. Jedoch scheint Archidamos keine Vorstellung davon zu haben, wann oder wie diese Zukunft erreicht werden soll. Im Gegensatz zur üblichen Beschreibung der Strategie Athens vor Salamis, die darin bestand, in einer Schlacht alles zu riskieren und die sofortige Entscheidung zu suchen, plant Archidamos

isokratischen *Archidamos* stellt unter diesem Blickwinkel keine der Bewahrung des vorväterlichen Erbes dienende Strategie dar, sondern führt als Strategie der Auflösung der *pólis* automatisch auch zur Auflösung dieses Erbes. Nicht nur in seinem persönlichen Auftreten, auch in seinem Programm vollzieht Archidamos den Bruch mit eben jener Tradition der Vorfahren, auf die er sich wiederholt beruft.[328]

Bestätigt wird diese Annahme durch eine doppelte Parallele des Programms des Archidamos zum historischen Exemplum Plataiai. Zum einen findet sich im isokratischen *Plataikos* (§46–49) eine Beschreibung des Zustandes der Heimatlosigkeit und ihrer Folgen, die sich wie ein Gegenstück zu Archidamos' Plan liest:

> (XIV 46) Τίνας γὰρ ἂν ἡμῶν εὕροιτε δυστυχεστέρους, οἵτινες καὶ πόλεως καὶ χώρας καὶ χρημάτων ἐν μίᾳ στερηθέντες ἡμέρᾳ, πάντων τῶν ἀναγκαίων ὁμοίως ἐνδεεῖς ὄντες ἀλῆται καὶ πτωχοὶ καθέσταμεν ἀποροῦντες, ὅποι τραπώμεθα.

> (XIV 46) Wen könntet ihr denn finden, der in unglücklicherer Lage wäre als wir, die wir an einem einzigen Tag der *pólis*, des Landes und des Besitzes beraubt wurden, die wir auf gleiche Weise alles Notwendigen bedürftig sind und als Streuner und Bettler leben, nicht wissend, wohin wir uns wenden sollen.

Die Plataier, so fährt der Sprecher fort, befänden sich in einer Lage, in der sie keine Hoffnung auf Besserung der Verhältnisse haben könnten und die dem Erbe ihrer Vorfahren nicht gerecht werde (§48). Schließlich nennt der Plataier die Folgen der Heimatlosigkeit für das *koinón*:

> (XIV 49) Ὅ δὲ πάντων ἄλγιστον, ὅταν τις ἴδῃ χωριζομένους ἀπ' ἀλλήλων μὴ μόνον πολίτας ἀπὸ πολιτῶν, ἀλλὰ καὶ γυναῖκας ἀπ' ἀνδρῶν καὶ θυγατέρας ἀπ' μητέρων καὶ πᾶσαν τὴν συγγένειαν διαλυομένην,[329] ὃ πολλοῖς τῶν ἡμετέρων πολιτῶν διὰ τὴν ἀπορίαν συμβέβηκεν· ὁ γὰρ κοινὸς βίος ἀπολωλὼς ἰδίας τὰς ἐλπίδας ἕκαστον ἡμῶν ἔχειν πεποίηκεν.

> (XIV 49) Das schmerzlichste von allem aber ist es, wenn man sieht, wie wir voneinander getrennt werden, nicht nur Bürger von Bürger, sondern auch Frauen von Männern und Töchter von Müttern, die ganzen Verwandtschaftsbeziehungen aufgelöst. Dies widerfuhr vielen unserer Bürger aufgrund ihrer Not: Die Zerstörung des Gemeinschaftslebens aber sorgt dafür, dass jeder von uns nur noch seine eigenen Hoffnungen hat.

Die Plataier des Jahres 373 befinden sich nach der Vertreibung aus ihrer *pólis* in demselben Zustand, den Archidamos durch seine Strategie gezielt für die Spartiaten herbeiführen will. Es soll hier nicht weiter auf die Beschreibung der Hoffnungslosigkeit einer solchen Lage eingegangen werden, die durchaus in einem gewissen Kontrast zu

---

offenbar eine längerfristige asymmetrische Kriegführung, die Spartas Gegner erst mit der Zeit zu schwächen vermag.

[328] Azoulay 2006: 509–510 bezeichnet Archidamos' Berufung auf die Tradition der Vorfahren ebenfalls als ungewöhnlich.

[329] Die abweichende Interpunktion (Fragezeichen) bei Mandilaras 2003, III: 81 ist unverständlich.

B.5.6 Sparta im Archidamos

Archidamos' beständiger Betonung der Hoffnung in aussichtsloser Lage steht.[330] Das Augenmerk soll hier auf die gesellschaftlichen Folgen der Trennung von Männern, Frauen, Kindern und allgemein den Verwandten voneinander gerichtet werden. Der anonyme Sprecher des *Plataikos* identifiziert diesen Zustand der Trennung mit einer Auflösung des sozialen Lebens (*koinós bíos*).[331] Die Folge ist explizit benannt: Wer kein soziales Leben lebt, wird sein Augenmerk nur noch auf die eigenen Interessen (*idías tás elpídas*) richten. Es findet sich also hier in vergleichbarer Lage der Plataier auch darin eine Parallele zum Programm des Archidamos, dass das *koinón* seine Bedeutung verliert.

Der Plan, Sparta zu verlassen, wird im *Archidamos* nicht widerspruchsfrei vorgetragen. Archidamos sieht einen der Vorteile seiner Strategie, wie wir gesehen haben, darin, dass ein von einem bestimmten Heimatort unabhängiges Heer jeden geeigneten Kampfplatz als seine Heimat ansehen könne (τοὺς δὲ τόπους ἅπαντας τοὺς πρὸς τὸν πόλεμον συμφέροντας πατρίδας εἶναι νομίζων, §76). In diesem Gedanken widerspricht er einem zuvor in §25 geäußerten Gedanken. Dort nämlich geht er ganz selbstverständlich (und ganz traditionell) davon aus, dass die Trennung von der Heimat das größte Unglück darstelle:

> (25) Εἰ μὲν οὖν οὕτως ἔχομεν, ὥστε μηδὲ περὶ ἑνὸς ἀντιλέγειν, μηδ' ἂν αὐτὴν τὴν Σπάρτην ἐκλιπεῖν προστάττωσιν ἡμῖν, περίεργόν ἐστιν ὑπὲρ Μεσσήνης σπουδάζειν· εἰ δὲ μηδεὶς ἂν ὑμῶν ἀξιώσειε ζῆν ἀποστερούμενος τῆς πατρίδος, προσήκει καὶ περὶ ἐκείνης τὴν αὐτὴν ὑμᾶς γνώμην ἔχειν […].

> (25) Wenn wir uns nun aber so verhalten, dass wir in keiner Sache Widerworte geben, selbst wenn sie uns dazu auffordern, Sparta selbst zu verlassen, dann ist es überflüssig, Mühe auf Messene zu verwenden. Wenn aber keiner von euch es für richtig hält zu leben, wenn man der Heimat beraubt ist, dann müsst ihr auch über jenes [sc. Gebiet] die gleiche Meinung haben. […].

Nicht nur wird hier ein Leben ohne (oder fern der) Heimat als nicht lebenswert gekennzeichnet. Vielmehr wird die Forderung, Sparta zu verlassen, als eine Absurdität präsentiert, der nachzukommen sich verbiete. Die Art der Einbindung dieser beiden Auffassungen in den Argumentationsgang in §25 zeigt, dass der Sprecher diese Auffassungen als völlig unstrittige Tatsachen auch bei seinem Publikum voraussetzt. Archidamos' Plan sieht nun aber genau das vor, was er in §25 als undenkbar präsentiert. Die Spartiaten sollen Sparta, die übrige Bevölkerung gar die Peloponnes verlassen. Zwar dient die Strategie dazu, die äußeren Bedrohungen zu beseitigen, der Grund für diese Freiheit liegt aber darin, dass es keine *pólis* und keine *oikoí* mehr gibt, die bedroht werden könnten. Wann und wie der Nutzen für die Heimat eintreten soll, den Archidamos durchaus wiederholt als letztes Ziel seines Planes benennt (§52, 54, 108), wird in der ganzen Rede nicht ausgeführt.

---

[330] Dennoch lassen sich die Situationen nicht vollständig miteinander vergleichen, da sich die Plataier des *Plataikos* im athenischen Exil befinden, während die Spartiaten des *Archidamos* als Heer weiterexistieren sollen.

[331] Diese Folge konstatiert Pointner 1969: 65 auch für den Plan des isokratischen Archidamos.

Archidamos' kurzfristige Strategie besteht in einer radikalen Entwurzelung der Spartiaten, die es ihnen ermöglichen soll, jeden beliebigen Ort zu ihrer Heimat zu erklären. Wie §25 zeigt, glaubt der isokratische Archidamos selbst, dass man auf einen derartigen Vorschlag nicht eingehen dürfe. Die Trennung der Spartiaten von ihren Familien, die Auflösung all ihres Landbesitzes, die Professionalisierung des Kriegswesens und die Angleichung der Spartiaten an eine Söldnerarmee, mithin die Transformation der *pólis* in ein heimatloses Söldnerheer, all das kann nur als Persiflage der spartanischen Fixierung auf militärische *paideía* und kriegsrelevante staatliche Einrichtungen gewertet werden, wie sie Isokrates in früheren Reden bereits kritisiert hatte.[332]

Vor diesem Hintergrund wirkt eine in manchen Formulierungen frappierend an §76 des *Archidamos* erinnernde Stelle aus Isokrates' letzter großer Schrift, dem *Panathenaikos*, wie ein später Kommentar zum Programm dieser Schrift. Während der isokratische Archidamos das στρατόπεδον [...] τοῖς ξενικοῖς στρατεύμασιν ὡμοιωμένον als besonders eindrucksvoll und nachahmenswert präsentiert hatte, heißt es dort:

> (XII 185) Θαυμάζω δ' εἴ τινες τὰς μάχας καὶ τὰς νίκας τὰς παρὰ τὸ δίκαιον γιγνομένας μὴ νομίζουσιν αἰσχίους εἶναι καὶ πλειόνων ὀνειδῶν μεστὰς ἢ τὰς ἥττας τὰς ἄνευ κακίας συμβαινούσας καὶ ταῦτ' εἰδότες, ὅτι μεγάλαι δυνάμεις, πονηραὶ δὲ, πολλάκις γίγνονται κρείττους ἀνδρῶν σπουδαίων καὶ κινδυνεύειν ὑπὲρ τῆς πατρίδος αἱρουμένων. (186) Οὓς πολὺ ἂν δικαιότερον ἐπαινοῖμεν ἢ τοὺς περὶ τῶν ἀλλοτρίων ἑτοίμως ἀποθνῄσκειν ἐθέλοντας καὶ τοῖς ξενικοῖς στρατεύμασι ὁμοίους ὄντας· ταῦτα μὲν γάρ ἐστιν ἔργα πονηρῶν ἀνθρώπων, τὸ δὲ τοὺς χρηστοὺς ἐνίοτε χεῖρον ἀγωνίζεσθαι τῶν ἀδικεῖν βουλομένων θεῶν ἄν τις ἀμέλειαν εἶναι φήσειεν.

> (XII 185) Ich wundere mich, wenn manche die wider das Gerechte geführten Kriege und Siege nicht für schändlicher und größeren Tadels würdig halten als die ohne Vergehen erlittenen Niederlagen, noch dazu, da sie das wissen, dass große, aber verbrecherische Mächte häufig die Oberhand gewinnen über engagierte Männer, die es vorziehen, sich für die Heimat in Gefahr zu begeben. (186) Diese [sc. Männer] könnten wir mit viel besserem Recht loben als die, die bereitwillig im Kampf um fremdes Eigentum zu sterben gewillt sind und den Söldnerheeren gleich sind. Denn dies ist das Werk verbrecherischer Leute; dass aber bisweilen die Tüchtigen im Kampf mit den Unrecht zu tun Gewillten unterliegen, das könnte man wohl als Nachlässigkeit der Götter bezeichnen.

Die Söldnerheere (*xeniká strateúmata*) stehen hier als heimatlose und verbrecherische Truppen in explizitem Kontrast zum Ideal des Bürgersoldaten, der sich für seine Heimat einsetzt. Explizit werden die Bürgersoldaten in ihrem Kampf um die Heimat als moralische Vorbilder stilisiert (*áneu kakías / andrôn spoudaíon / toús chrêstoús*), während der Einsatz des eigenen Lebens zum Zwecke der Aneignung fremden Eigentums (*perí tôn allotríon*) als moralisch verwerflich bezeichnet wird (*aischíous / pleiónôn oneidôn mestás / ponêraí / ponêrôn anthrôpôn*). Betrachtet man §76 des *Archidamos* vor dem Hintergrund des *Panathenaikos*, so ist klar, dass Archidamos und die von ihm angestrebten söldnergleichen Spartiaten nach dem Maßstab des *Panathenaikos* in die Kategorie der ‚verbrecherischen Leute' (*ponêroí ánthrôpoi*) fallen würden.

---

[332] Z. B. Isok. XI 17–20 (s. o. S. 125–128), später v. a. Isok. XII 215–228 (s. u. Kap. B.9.6.1.2).

B.5.6.3 Spartas unaristokratische Außenpolitik

Der kriegerische Kurs, den Archidamos für Sparta vorschlägt, hat sich bei genauerer Prüfung anhand der Kategorien, die Isokrates in anderen Schriften verwendet, als moralisch verwerflich erwiesen. Der offene Widerspruch dieses Programms zur Kritik an Spartas Ausrichtung auf den Krieg, wie sie in früheren (und späteren) isokratischen Reden erscheint, belegt diese Interpretation ebenso wie der Widerspruch desselben Programms zur isokratischen Bewertung des griechischen Söldnerwesens in späteren Schriften.

Diese Deutung des archidamischen Programms lässt sich schließlich auf einer weiteren, letzten Ebene erhärten. Es lässt sich zeigen, dass Isokrates seinen Sprecher Archidamos nicht nur ein Programm präsentieren lässt, das gegen die spartanische Tradition entworfen wird, sondern dieses Programm wird von Archidamos zugleich als entschieden progressives und anti-konservatives, mithin dem *dêmos* angemessenes Programm gekennzeichnet.

In §40–47 listet Archidamos historische Präzedenzfälle auf für unerwarteten Wandel der Machtverhältnisse in Kriegssituationen. Die Liste dient als Beleg dafür, dass Sparta nicht nur trotz, sondern sogar wegen der scheinbar aussichtslosen Lage mit dem Erfolg eines derart kompromisslosen Kriegskurses zu rechnen habe.[333] Im Anschluss an die Liste der verschiedenen historischen Exempla fährt Archidamos schließlich mit jener bereits oben zitierten Benennung der politischen Grundlagen für derartige überraschende Wendungen fort:

(48) Ὅστις ὁρῶν τοσαύτας μεταβολὰς γεγενημένας ἐφ' ἡμῶν οἴεται παύσεσθαι, λίαν ἀνόητός ἐστιν· ἀλλὰ δεῖ καρτερεῖν ἐπὶ τοῖς παροῦσι καὶ θαρρεῖν περὶ τῶν μελλόντων ἐπισταμένους, ὅτι τὰς τοιαύτας συμφορὰς αἱ πόλεις ἐπανορθοῦνται πολιτείᾳ χρηστῇ καὶ ταῖς περὶ τὸν πόλεμον ἐμπειρίαις. Περὶ ὧν οὐδεὶς ἂν τολμήσειεν ἀντειπεῖν, ὡς οὐ τὴν μὲν ἐμπειρίαν μᾶλλον τῶν ἄλλων ἔχομεν, πολιτείαν δ', οἵαν εἶναι χρή, παρὰ μόνοις ἡμῖν ἐστιν· ὧν ὑπαρχόντων οὐκ ἔστιν ὅπως οὐκ ἄμεινον πράξομεν τῶν μηδετέρου τούτων πολλὴν ἐπιμέλειαν πεποιημένων.

(48) Wer nun sieht, dass es solche Umschwünge gegeben hat, und glaubt, sie würden in unserem Falle aufhören, der ist allzu unverständig: Vielmehr müsste man in der gegenwärtigen Lage Mut fassen und für die Zukunft zuversichtlich sein im Wissen, dass die *póleis* derartiges Unglück durch eine nützliche *politeía* und durch Erfahrung im Krieg beheben. Es aber wird wohl niemand wagen [der Aussage] zu widersprechen, dass wir einerseits darin mehr Erfahrung als die anderen haben, andererseits eine *politeía*, wie sie sein muss, allein bei uns existiert. Unter diesen Voraussetzungen ist es unmöglich, dass es uns nicht besser ergehen sollte als jenen, die auf keinen der beiden Bereiche Sorgfalt anwenden.

Archidamos bezeichnet die in den vorangegangenen Exempla beschriebenen Prozesse der *epanórthôsis* machtpolitisch in Not geratener Staaten als *metabolé*, als radikale Veränderung der politischen Lage. Diese Bezeichnung zeigt an, dass Archidamos das Ziel

---

[333] Vgl. Isok. VI 40 (s.o. Kap. B.5.5.2.4).

seiner Strategie in einer machtpolitischen *metabolé* sieht.[334] Die gegenwärtige Notlage lässt sich überwinden mit einer dafür geeigneten *politeía* sowie durch Kriegserfahrung – und über beides verfügen die Spartaner mehr als andere.[335] Dass der Begriff der *metabolé* eine politische Konnotation hat und seine Strategie des Festhaltens am Kriegskurs als antikonservativ kennzeichnet, bestätigt der unmittelbar anschließende Passus, in dem Archidamos auf abstrakter Ebene das Wesen von Frieden und Krieg behandelt:

(49) [...] Ἐγὼ δὲ πολλοὺς μὲν οἶδα διὰ τὸν πόλεμον μεγάλην εὐδαιμονίαν κτησαμένους, πολλοὺς δὲ τῆς ὑπαρχούσης ἀποστερηθέντας διὰ τὴν εἰρήνην. (50) Οὐδὲν γὰρ τῶν τοιούτων ἐστὶν ἀποτόμως οὔτε κακὸν οὔτ' ἀγαθόν, ἀλλ' ὡς ἂν χρήσηταί τις τοῖς πράγμασι καὶ τοῖς καιροῖς, οὕτως ἀνάγκη καὶ τὸ τέλος ἐκβαίνειν ἐξ αὐτῶν. Χρὴ δὲ τοὺς μὲν εὖ πράττοντας τῆς εἰρήνης ἐπιθυμεῖν (ἐν ταύτῃ γὰρ τῇ καταστάσει πλεῖστον ἄν τις χρόνον τὰ παρόντα διαφυλάξειε), τοὺς δὲ δυστυχοῦντας τῷ πολέμῳ προσέχειν τὸν νοῦν (ἐκ γὰρ τῆς ταραχῆς καὶ τῆς καινουργίας θᾶττον ἂν μεταβολῆς τύχοιεν). (51) Ὧν ἡμεῖς δέδοικα μὴ τἀναντία πράττοντες φανῶμεν· ὅτε μὲν γὰρ ἐξῆν ἡμῖν τρυφᾶν, πλείους τοὺς πολέμους ἐποιούμεθα τοῦ δέοντος, ἐπειδὴ δ' εἰς ἀνάγκην καθέσταμεν ὥστε κινδυνεύειν, ἡσυχίας ἐπιθυμοῦμεν καὶ περὶ ἀσφαλείας βουλευόμεθα.

(49) [...] Ich aber weiß von vielen, die sich durch den Krieg großen Wohlstand erworben haben, und von vielen, die ihres vorhandenen Wohlstandes durch den Frieden beraubt wurden. (50) Denn von diesen Dingen ist keines absolut schlecht oder gut, sondern auf die Weise, wie man mit der politischen Lage und Situation umgeht, so müssen auch diese [sc. Krieg und Frieden] ihren Ausgang nehmen. Es müssen aber diejenigen, denen es gut geht, auf Frieden sinnen (denn in diesem Zustand wird man wohl den *status quo* am längsten bewahren), die dagegen in unglücklicher Lage sind, müssen ihr Augenmerk auf den Krieg richten (denn durch Unruhe und Revolution wird man schneller einen Umschwung der Verhältnisse erreichen). (51) Wir aber, so fürchte ich, tun offenbar von beidem das Gegenteil. Denn als es uns möglich gewesen wäre, im Luxus zu schwelgen, haben wir mehr Kriege geführt als nötig, nun aber, da wir gezwungen sind, Gefahren auf uns zu nehmen, begehren wir Ruhe und halten Rat über die Sicherheit.

Die Vorstellung von der moralischen Qualität als vom Faktor Mensch abhängiges Akzidenz einer Sache verbindet sich eng mit dem isokratischen *kairós*-Begriff. Die richtige Anwendung einer *téchnê* im Hinblick auf die jeweilige Situation (*kairós*) ist gleichzusetzen mit einer ‚guten' Anwendung; die *kairós*-gerechte Anwendung einer *téchnê* lässt diese *téchnê* damit zu einem ‚Gut' werden.[336] Diesen Gedanken wendet der isokratische Archidamos auf die Begriffe ‚Krieg' (πόλεμος) und ‚Frieden' (εἰρήνη) an. Nur bei

---

[334] Schon sein Auftreten an sich hatte er in Isok. VI 1 als μεταβολή bezeichnet (s. o. S. 309–310).

[335] Es muss an dieser Stelle betont werden, dass die Bezeichnung der politischen Kultur Spartas als ‚nützlicher *politeía*' in Isok. VI 48 nicht zwangsläufig mit einem Lob des spartanischen Staates gleichzusetzen ist (so etwa Raoss 1968: 275). Vielmehr zeigt der im Folgenden besprochene Abschnitt Isok. VI 49–51, dass der isokratische Archidamos den Nutzen der aktuellen spartanischen *politeía* (sowie den Nutzen der in seiner Strategie vorgesehenen Söldner-*politeía*, vgl. Isok. VI 75–81) sehr konkret in der Möglichkeit zur *metabolé* sieht – und dass er für *póleis* in besserer Lage eine ganz andere Politik (und damit implizit auch eine andere *politeía*, die eine solch andere Politik zur Folge haben würde) für angemessen hält, namentlich eine Politik der *hêsychía*, die dem Sparta der fiktionalen Gegenwart nicht zu eigen ist.

[336] Vgl. Isok. XIII 10–12, VII 4, XII 215–228 (dazu Pratt 2006, 43–48); vgl. auch [Dem.] LXI 4.

kairós-gerechter Ausrichtung der Politik auf Krieg oder Frieden ist kriegerische oder friedliche Politik als ‚Gut' zu bezeichnen, nur dann stellt sie nützliche Politik dar.

Erstaunlich ist die Beschreibung dessen, was Archidamos als den jeweiligen *kairós* für Frieden und Krieg benennt. Eine auf Frieden und Ausgleich und damit Bewahrung der Verhältnisse zielende Politik ist demnach nützlich für die Erfolgreichen; konservative Politik ist Friedenspolitik. Wollen demnach die *áristoi*, die zweifellos mit den hier genannten ‚Erfolgreichen' (*eũ práttontas*) bezeichnet sind, ihren Status und Erfolg bewahren, so müssen sie alles daran setzen, Krieg zu vermeiden. Krieg nämlich ist im Gegensatz zur Wahrung des Friedens ein politisches Mittel, das durch Erschütterung und Revolution (*ek [...] tarachḗs kaí [...] kainourgías*) auf den Umsturz (*metabolḗs*) des Bestehenden abzielt. Als Politik des Wandels und des Umsturzes aber ist der Krieg folgerichtig ein für die materiell und politisch Erfolglosen (*dystychoũntas*) nützliches Mittel.[337] Was hier zutage tritt, ist eine aus aristokratischer Perspektive vorgenommene Bewertung des Krieges als nützlich für die Erfolglosen, mithin die Schwachen, des Friedens als nützlich für die Erfolgreichen, mithin die Überlegenen. Isokrates formuliert diesen Gedanken so abstrakt, dass er sowohl auf das Agieren von *póleis*, das im Mittelpunkt des *Archidamos* steht, als auch auf innenpolitische Verhältnisse anwendbar ist, wobei im letztgenannten Fall die ‚Erfolgreichen' wohl mit den aristokratischen Eliten, die ‚Erfolglosen' mit der einfachen Bürgerschaft gleichzusetzen wären.[338] Insofern erscheinen in diesem Passus aristokratische Kräfte als naturgemäß konservativ, demokratische als progressiv, ja revolutionär. Dieser letzte Aspekt stellt eine deutliche Parallele dar zu einem Gedanken aus der Korintherrede bei der thukydideischen ‚Tagsatzung' in Sparta. Die Korinther stellen dort die Athener und die Spartaner (die bei Thukydides die idealtypischen Vertreter demokratischer respektive aristokratischer politischer Kultur sind) einander gegenüber:

Οἱ μέν γε νεωτεροποιοὶ καὶ ἐπινοῆσαι ὀξεῖς καὶ ἐπιτελέσαι ἔργῳ ἃ ἂν γνῶσιν, ὑμεῖς δὲ τὰ ὑπάρχοντά τε σῴζειν καὶ ἐπιγνῶναι μηδὲν καὶ ἔργῳ οὐδὲ τἀναγκαῖα ἐξικέσθαι. αὖθις δὲ οἱ μὲν καὶ παρὰ δύναμιν τολμηταὶ καὶ παρὰ γνώμην κινδυνευταὶ καὶ ἐν τοῖς δεινοῖς εὐέλπιδες· τὸ δὲ ὑμέτερον τῆς τε δυνάμεως ἐνδεᾶ πρᾶξαι τῆς τε γνώμης μηδὲ τοῖς βεβαίοις πιστεῦσαι τῶν τε

---

[337] Diese Auffassung findet sich bereits in der Rede *Gegen Euthynous* (Isok. XXI) in ähnlicher Form angelegt. Classen 2010: 7 bemerkt zu dieser (mit einem Betrug in einem Leihgeschäft befassten) Rede, indem sie „[...] Unbemittelte mit der Neigung, Unrecht zu begehen, Wohlhabende mit rechtlicher Gesinnung verbindet, stützt sie ihre Argumentation weitgehend auf die wirtschaftliche Lage der Kontrahenten." Im *Panathenaikos* wird in ähnlicher Weise die materielle Bedürftigkeit der Handelnden als richtige Voraussetzung für die Seeherrschaft bezeichnet (Isok. XII 115–116) – auch in der Übereinstimmung dieses Motivs zeigt sich so, dass für Isokrates Seebundpolitik gleichbedeutend mit Kriegspolitik ist. Beides ist in seiner Darstellung Signum einer für den Standpunkt der Mittellosen angemessenen Politik.

[338] Dass Isokrates den demokratischen *plẽthos* mit materieller Not assoziiere (z. B. Isok. IV 105, VII 32, 53, 83, implizit VIII 75, 125, 128, XII 178–179) betont Pointner 1969: 121–122. Auch der thukydideische Perikles scheint den Krieg als typisch demokratisches außenpolitisches Mittel zu betrachten (vgl. Thuk. I 127, 140–144, II 61). Perikles hält den Krieg für unausweichlich, gewissermaßen für die logische, unabwendbare Konsequenz der politischen Lage (vgl. Westlake 1968: 25).

δεινῶν μηδέποτε οἴεσθαι ἀπολυθήσεσθαι. [...] ἡγεῖσθαι [...] ξυμφορὰν τε οὐχ ἧσσον ἡσυχίαν ἀπράγμονα ἢ ἀσχολίαν ἐπίπονον· ὥστε εἴ τις αὐτοὺς ξυνελὼν φαίη πεφυκέναι ἐπὶ τῷ μήτε αὐτοὺς ἔχειν ἡσυχίαν μήτε τοὺς ἄλλους ἀνθρώπους ἐᾶν, ὀρθῶς ἂν εἴποι. [...] νῦν δ᾽, ὅπερ καὶ ἄρτι ἐδηλώσαμεν, ἀρχαιότροπα ὑμῶν τὰ ἐπιτηδεύματα πρὸς αὐτούς ἐστιν. ἀνάγκη δὲ ὥσπερ τέχνης αἰεὶ τὰ ἐπιγιγνόμενα κρατεῖν· καὶ ἡσυχαζούσῃ μὲν πόλει τὰ ἀκίνητα νόμιμα ἄριστα, πρὸς πολλὰ δὲ ἀναγκαζομένοις ἰέναι πολλῆς καὶ τῆς ἐπιτεχνήσεως δεῖ.[339]

> Diese [sc. die Athener] sind Neuerer und schnell darin, Pläne auszuhecken[340] und in die Tat umzusetzen, was sie jeweils beschließen; ihr [sc. die Spartaner] dagegen seid darauf aus, das Bestehende zu bewahren und nichts Neues zu beschließen und im Handeln nicht einmal das Notwendige zu erreichen. Diese wiederum sind auch über ihre Macht hinaus waghalsig und über ihre Beschlüsse hinaus risikobereit und auch in schlimmer Lage voller Hoffnung. Eure Art dagegen ist es, weniger zu tun als in eurer Macht liegt, nicht einmal auf das Sichere eines Beschlusses zu trauen und niemals zu glauben, es könnte eine Befreiung aus schlimmer Lage geben. [...] und sie [sc. die Athener] halten [...] tatenlose Ruhe nicht weniger für ein Unglück als eine mühevolle Geschäftigkeit:[341] Wenn daher jemand zusammenfassend sagte, dass es in ihrem Wesen liege, weder selbst in Ruhe zu leben, noch die anderen Menschen in Ruhe leben zu lassen, so spräche er richtig. [...] Nun aber, wie wir eben zeigten, ist eure Lebensweise, verglichen mit diesen, ganz altertümlich. Notwendigerweise aber setzt sich wie in den handwerklichen Künsten immer das Neueste durch: Für eine *pólis* in ruhiger Lage sind unveränderliche Gesetze am besten; eine *pólis* dagegen, die vieles zu unternehmen gezwungen ist, braucht auch Fortschritt.

Der korinthische Redner vertritt hier, was die Zuordnung von Konservatismus und Fortschritt sowie von Frieden und Krieg betrifft, den gleichen Standpunkt wie der isokratische Archidamos[342] und die begrifflichen (κινδυνευταὶ vs. κινδυνεύειν / ἡσυχίαν vs. ἡσυχίας) und gedanklichen (τὰ ὑπάρχοντά τε σῴζειν vs. τὰ παρόντα διαφυλάξειε / πρὸς πολλὰ δὲ ἀναγκαζομένοις ἰέναι vs. εἰς ἀνάγκην καθέσταμεν ὥστε κινδυνεύειν) Parallelen sind deutlich genug, um eine Beeinflussung der *Archidamos*-Stelle durch die thukydideische Korintherrede zu vermuten, die in enger Beziehung zur darauffolgenden Rede Archidamos' II. steht. Archidamos III. kehrt die Kausalität des Gedankens aus der Korintherrede, wonach *póleis* im Krieg des Fortschritts bedürfen, gewissermaßen um, indem er feststellt, dass die auf Veränderung zielenden *póleis* des Krieges bedürften. Ganz offensichtlich ist zudem der Rollentausch, den das Sparta des *Archidamos* im Vergleich zum Sparta der Korintherrede vollzogen hat. Bei Thukydides steht Sparta stellvertretend für die friedliche, außenpolitisch zurückhaltende Politik der Aristokratie, während Athen

---

[339] Thuk. I 70,2–71,3.

[340] Der Begriff ἐπινοῆσαι ist doppeldeutig, und die Stelle könnte auch als „schnell darin, erst hinterher nachzudenken" übersetzt werden. Dadurch erhielte die Bewertung der Athener eine noch negativere Note.

[341] S. dazu o. S. 357.

[342] Die Parallele wurde bislang offenbar nicht bemerkt. Zur Interpretation des Passus bei Thukydides vgl. Debnar 2001: 45, Hagmaier 2008: 62–65, 73. Eine weitere (aber in der Formulierung weniger deutliche) Parallele ergibt sich zur letzten Rede des Perikles im thukydideischen Geschichtswerk (Thuk. II 60–64). Hier vertritt Perikles ebenfalls die Position, dass die Wohlhabenden keinen Krieg beginnen dürften (Thuk. II 61,1: „[...] οἷς μὲν αἵρεσις γεγένηται τἆλλα εὐτυχοῦσι, πολλὴ ἄνοια πολεμῆσαι [...]."

B.5.6 Sparta im Archidamos

die außenpolitisch aggressive, kriegerische Demokratie repräsentiert.[343] Aus dem thukydideischen Sparta der außenpolitischen *hêsychía*[344] und *apragmosýnê* ist im isokratischen *Archidamos* ein Sparta des Krieges, ein Sparta der *polypragmosýnê* geworden.

Die theoretische Reflexion über die von der Lage des Akteurs abhängige akzidentielle Qualität von Krieg und Frieden in §50–51 macht deutlich, dass sich Archidamos mit seiner Strategie des bedingungslosen Krieges, die durch die ganze Rede hindurch immer wieder explizit als Strategie für den Wandel, für den Umsturz der gegenwärtigen außenpolitischen Schwäche Spartas dargestellt wird, ganz und gar auf der Seite der politisch Unterprivilegierten, also auf Seiten der unbedeutenden *póleis* beziehungsweise innenpolitisch auf der Seite der unbedeutenden Bürger befindet.[345] Seine Strategie ist in ihrer kompromisslosen Ausrichtung auf den Krieg eine Strategie der *metabolé*. Diese deutlich politische Verwendung des Begriffs der *metabolé* macht schließlich ebenfalls klar, dass Archidamos seinen Auftritt als junger Redner keineswegs zufällig gleich zu Beginn als *metabolé* bezeichnet.[346] Archidamos steht in seiner Person, in seinem Auftreten und in seinem politischen Programm für den – durch den fortwährenden Krieg hervorgerufenen –[347] Bruch mit den alten Werten Spartas, für den Wandel der Verhältnisse und für die Durchsetzung antikonservativer politischer Prinzipien und Methoden in Sparta. Dies ergibt sich unmissverständlich aus seinen eigenen Worten.

Auch in einer anderen Formulierung zeigt sich, dass Archidamos eine dezidert antikonservative, wenn nicht gar klischeehaft demokratische, Strategie vertritt. An jener Stelle (§73–74), an der er seine Strategie erläutert, betont Archidamos, dass die geplante spartanische Söldnerpolis ihre Feinde ‚zu Land und zu Wasser' (καὶ κατὰ γῆν καὶ κατὰ θάλατταν, §74) in Bedrängnis bringen werde. Damit ist klar: Archidamos strebt für Sparta nicht nur die Herrschaft auf der Peloponnes, sondern auch eine Seeherrschaft an. Das Streben nach und die militärische Durchsetzung von Seeherrschaft wurden aber nicht nur von Isokrates in stereotyper Weise als Merkmal demokratischen Denkens und demokratischer Politik verstanden.[348]

---

[343] Vgl. auch Thuk. II 11,8 (Feldherrenrede Archidamos' II.).

[344] Vgl. auch Thuk. I 69,4: „[...] ἡσυχάζετε γὰρ μόνοι Ἑλλήνων, ὦ Λακεδαιμόνιοι [...]".

[345] Durch diese Stilisierung des Krieges als politischen Mittels der Armen ergibt sich auch eine Verbindung zum Gedanken der Einrichtung eines söldnergleichen Heeres: Wenn Krieg für die Notleidenden angemessen ist, dann ist er für keine Gruppierung angemessener als für die Mittel- und Besitzlosen, mithin für jene, die über keinen Grund und Boden verfügen und heimatlos umherziehen. Archidamos' Strategie stellt auch in dieser Hinsicht eine konsequente Weiterführung des Gedankens in Isok. VI 49–51 dar. Vgl. dazu auch Isok. VIII 5–7, wonach Redner, die für den Frieden einträten, vom *dêmos* gehasst werden würden; vgl. Kleine-Piening 1930: 31.

[346] Isok. VI 1 (s. o. S. 309–310).

[347] Auch auf dieser Ebene besteht möglicherweise eine Parallele zu Thukydides: Im Zuge der Schilderung der *stásis* in Kerkyra (Thuk. III 69–85) beschreibt dieser die fortschreitende Verkehrung der Sitten infolge des inneren Kriegszustandes (Friedrichs 2000: 95–97) – eine *metabolé*, wie sie der im Krieg aufgewachsene ‚Archidamos' durch seinen Auftritt als Redner ganz bewusst vollzieht.

[348] Hierzu vor allem Ehrenberg 1947, Meier (C.) 1990.

Diese Stilisierung des Archidamos als ‚Demokraten', als Vertreters des Typus' der ‚Neuen Politiker' hat auch Konsequenzen für das Bild der *pólis* Sparta, das in der Schrift *Archidamos* präsentiert wird. Es wird evoziert von einem Politiker, der sich zwar auf Spartas Traditionen beruft, der aber weder in seinen politischen Haltungen noch in seinem politischen und rhetorischen Handeln in irgendeinem Bezug zu diesen Traditionen steht.

Weil Archidamos frei ist von der aristokratischen Tradition der *pólis* Sparta, hat er keine Skrupel, seinen spartanischen Mitbürgern ein politisches Programm vorzuschlagen, das er selbst relativ offen als anti-konservativ und anti-aristokratisch beschreibt. Er liefert sogar selbst eine Erklärung dafür, weshalb ein solches Programm für das Sparta des Jahres 366 angemessen sei. Sparta habe in Zeiten, in denen es den eigenen Wohlstand hätte genießen können (drastisch formuliert mit *tryphãn*),[349] mehr Kriege als nötig geführt, was Archidamos als Gegensatz (*tanantía*) zur richtigen Anwendung von Krieg und Frieden bezeichnet. Hier liegt der Kern der im *Archidamos* implizit gegen Sparta vorgetragenen Kritik, die einzig an dieser Stelle bis an die Oberfläche dringt.[350] In der Phase eigener Macht und eigenen Reichtums – damit dürfte wohl auf die Zeit unmittelbar nach dem Peloponnesischen Krieg angespielt sein, auf die Phase der spartanischen *arché* – habe Sparta also gerade nicht die richtige Politik, die konservative Politik des Friedens betrieben, sondern Krieg geführt. Da Kriege jedoch zu *metabolé* führen, hat Sparta durch diese Kriegspolitik trotz eigener Machtstellung den eigenen Sturz betrieben. In dieser Darstellung des Archidamos ist Sparta selbst für den eigenen Niedergang verantwortlich.[351] Der unaristokratische, weil kriegerische Charakter der spartanischen *arché* hat Sparta in die Stellung einer einfachen *pólis* gebracht, hat Sparta gewissermaßen aus dem Kreis der führenden *póleis* entfernt.

Nach dem Niedergang droht Sparta in Archidamos' Darstellung erneut, die falsche, unangemessene Wahl in Bezug auf Krieg und Frieden zu treffen, indem es *hêsychía* begehre und damit die spartanische Schwäche perpetuieren wolle. Da Sparta sich in einer Position der Schwäche befinde, müsse es *metabolé* betreiben, sich an eine Politik des Krieges halten. Archidamos' Strategie entspricht nach dieser Argumentation also durchaus dem *kairós*, sie entspricht auf dieser Ebene dem *tá heautoũ práttein*.

Diese Argumentation beinhaltet aber auch die Prämisse, dass Sparta, indem es die Politik der Erfolglosen übernommen habe, seinen eigenen Niedergang herbeigeführt und sich so in eine tatsächliche Stellung der Schwäche manövriert habe. Wenn Archidamos

---

[349] Die Verwendung dieses Verbums zur Beschreibung des für die Zeit der spartanischen *arché* angemessenen Verhaltens kennzeichnet implizit die spartanische *arché* als ungerechte Herrschaft: Bei Isokrates wird das Verb τρυφᾶν ebenso wie das Nomen τρυφή ausschließlich im Zusammenhang mit einer ungerechten monarchischen Herrschaft verwendet, vgl. Isok. IV 151 (über das Leben im Perserreich), IX 78 (Luxus der Tyrannen, als Gegensatz erscheinen hier φιλοσοφεῖν und πονεῖν), II 2 (μὴ τρυφᾶν als Rat an alle Privatleute), V 124 (Leben im Perserreich).

[350] Ollier 1933: 366 Anm. 6 hält die Stelle dagegen für irrelevant, begründet dies jedoch nicht weiter.

[351] Vgl. hierzu [Isok.] ep. IX.

den Krieg als angemessen für die Gegenwart Spartas im Jahr 366 bezeichnet, so ordnet er Sparta ein unter die schwachen *póleis* der hellenischen Welt. Aus den spartanischen *áristoi* der Vergangenheit sind also durch eigenes Verschulden die Unglücklichen (*dystychoũntes*) des Jahres 366 geworden. Die Übernahme demokratischer Kriegspolitik hat Sparta seine Stellung als aristokratisches Vorbild gekostet.

Akzeptiert man diese Interpretation des *Archidamos*, so ergibt sich eine erstaunliche Übereinstimmung der Bewertung des Wandels der spartanischen Politik, wie sie im *Archidamos* implizit vorgenommen wird, mit der Darstellung eines ebensolchen Wandels der spartanischen Kriegsrhetorik, wie sie Paula Debnar im thukydideischen Geschichtswerk exemplarisch vorgeführt sieht.[352] Debnar zufolge übernehmen die Spartaner bei Thukydides im Laufe der Darstellung mehr und mehr die rhetorischen Strategien der Athener:

> [...] the Spartans begin to sound more like the Athenians, and to respond more like them; that is, they become more apt to use and to be persuaded by arguments that are rhetorically better suited to Athenian speakers and audiences.[353]

Folgt man Debnars insgesamt überzeugender Interpretation,[354] so ist anzunehmen, dass Isokrates nicht nur die *persona* ‚Archidamos‘ als Kontrast zur Vorlage Archidamos' II. bei Thukydides konstruiert, sondern auch das Motiv der Abkehr Spartas von der ‚reinen Lehre‘ der Aristokratie von Thukydides übernommen hat.

Der isokratische Archidamos betrachtet Sparta als schwache *pólis*, die bei einem Friedensschluss unablässig dem ‚Naturrecht‘ des Stärkeren und somit den schlimmsten Repressalien ausgesetzt sein würde.[355] Indem er das Naturrecht als wirksam anerkennt und mit dieser Begründung vor den Folgen eines Friedensschlusses warnt, argumentiert er ganz so wie die Korinther der ‚Tagsatzung‘ bei Thukydides, gegen die sich Archidamos II. mit seiner Rede wendet.[356] Zugleich aber rechnet er Sparta ganz unmissverständlich zu jener Gruppe der in politischer Bedeutungslosigkeit existierenden *póleis*, wenn er für Sparta eben jenes Recht auf bedingungslosen Selbsterhalt einfordert,[357] das die Athener von Salamis nach der Darstellung des *Panegyrikos* ausschließlich den bedeutungslosen *póleis* zuerkannt hatten.[358] Vor dem Hintergrund der Salamis-Beschreibung

---

[352] Debnar 2001: 2, 10, 66, 122, 167, 233–234.

[353] Debnar 2001: 10; vgl. zuvor v. a. Yunis 1996: 37–86 und Friedrichs 2000: v. a. 105, der die Darstellung einer fortschreitenden „Deformation" der rhetorischen Kultur im Laufe des Krieges erkennt.

[354] Eine Kritik einzelner methodischer Aspekte von Debnars Untersuchung (die jedoch m. E. zu scharf ausfällt und Debnars wesentliche Ergebnisse nicht beeinflusst) findet sich bei Hagmaier 2008: 37–38.

[355] Isok. VI 51.

[356] Vgl. Hagmaier 2008: 53.

[357] Isok. VI 91.

[358] Auch in dieser Parallele zeigt sich, dass der isokratische Archidamos das Exemplum Salamis verwendet, ohne dessen eigentliche historische Bedeutung zu erfassen: Gerade weil die Athener sich nicht zu diesen schwachen *póleis* zählten, gaben sie ihre *pólis* vor Salamis im Interesse der anderen

des *Panegyrikos* ergibt sich für die Strategie des *Archidamos* daher folgende Schlussfolgerung: Da Sparta als schwache, unbedeutende *pólis* präsentiert wird, lässt sich ein Recht Spartas auf kompromisslosen (und das hellenische *koinón* vernachlässigenden) Selbsterhalt durchaus ableiten – jedoch nur zum Preis des Verlusts jeden Anspruchs auf politische Führung der Hellenen. Wer sich nur um das eigene Wohl kümmert, gesteht damit die eigene Schwäche ein und verliert den Anspruch auf Führung innerhalb des *koinón*.

Diese Haltung, die sich implizit aus dem im *Archidamos* präsentierten Exemplum des spartanischen Niederganges ergibt, steht in Übereinstimmung mit der Auffassung vom idealen Monarchen, wie sie von Isokrates in *An Nikokles* und *Nikokles* geschildert wird, und sie fügt sich ohne Widerspruch zur Auffassung von der *hêgemonía*, wie sie im *Panegyrikos*, im *Plataikos* und später in Schriften wie der *Friedensrede*, *Philippos* und *Panathenaikos* geäußert wird.

B.5.6.4 Ergebnis III

Der Sprecher des *Archidamos* präsentiert seinem Publikum ein ungewöhnlich ambivalentes Bild von Sparta. Einerseits betont er immer wieder, dass er sich mit seinen Ideen ganz in der Tradition der spartanischen Vorfahren bewege. Andererseits wählt er, um dies zu belegen, Exempla aus, die er entweder verändern muss, um diese scheinbare Konformität mit der Tradition belegen zu können, oder aber solche, die unweigerlich einen Bruch mit Spartas Traditionen implizieren. Dazu passt, dass sich Archidamos als Überwinder überkommener Traditionen stilisiert. Der offene Widerspruch zwischen Argument und anzunehmender *dóxa* des Publikums legt die Annahme nahe, dass das im *Archidamos* präsentierte Bild von der Tradition Spartas als kriegerischer *pólis* dem zeitgenössischen athenischen Lesepublikum der Schrift die Ambivalenz der Argumente des Archidamos vor Augen halten und dem Publikum Ansätze zur Kritik bieten sollte.

Dieser Eindruck verstärkt sich noch durch die Präsentation eines außenpolitischen Programms, das durch die meist kontrastiv verwendeten literarischen Vorbilder (insbesondere Thukydides sowie die älteren isokratischen Schriften) implizit immer wieder infrage gestellt wird. Wenn die *persona* Archidamos eine in allen Aspekten zu seinem bei Thukydides literarisch verewigten Großvater gegensätzliche Rolle zugeschrieben bekommt, und wenn er Positionen äußert, die nicht nur diesem von Thukydides als leibhaftiges Klischee eines traditionellen Spartiaten stilisierten Archidamos II., sondern auch allen zuvor von der *persona* ‚Isokrates' selbst geäußerten politischen Positionen derart radikal widersprechen, so scheint es unmöglich, diesen Sprecher nicht als Sinnbild für den Wandel Spartas in der Zeit zwischen den Perserkriegen und der Mitte des 4. Jhs. zu betrachten. Einen solchen Wandel hatte Isokrates bereits im *Panegyrikos* konstatiert,

---

Griechen auf (Isok. IV 91, 95; s. dazu o. Kap. B.2.4.5). Archidamos dagegen glaubt, Salamis als Beleg dafür verwenden zu können, dass Sparta aufgrund seiner Schwäche dasselbe Vorgehen wählen müsse.

und er lässt ihn auch ausdrücklich von Archidamos beschreiben.[359] Es handelt sich um den Wandel der politischen Kultur der *pólis* Sparta, die bis zu den Perserkriegen von der ‚*politeía* der Vorväter' und der Ausrichtung des politischen Handelns auf das hellenische *koinón* geprägt war und sich seither nur noch mit dem *ídion*, mit der Ausweitung der eigenen Machtstellung befasst hatte. ‚Archidamos' bewegt sich in seinem ganzen Denken nur auf dieser Ebene spartanischer Machtpolitik; er schlägt eine Politik vor, die die spartanischen *oikoí* auflösen will, um fortan nur noch aus den geraubten Erträgen fremden Bodens (*allótria*) zu leben. Zugleich schlägt er eine vollständige Professionalisierung der spartanischen Kriegführung vor, eine ausschließliche Fokussierung Spartas auf den Krieg. Damit vertritt er jenes Sparta in seiner radikalsten Ausprägung, das Isokrates in *Busiris*, *Panegyrikos*, *Plataikos* und in den *Kyprischen Reden* für seine gegen Griechen gerichtete Machtpolitik und seine Spezialisierung auf die Kriegführung kritisiert hatte. Eine solche Politik präsentiert Isokrates im *Archidamos* nun zum ersten Mal ausdrücklich als antikonservativ und unaristokratisch und zugleich als Politik, die die *pólis* in ihrem innersten Wesen bedroht.

Es ist zu betonen, dass das Bild Spartas im *Archidamos* mit dem Spartabild der übrigen isokratischen Schriften nur auf der Oberfläche kollidiert. Der implizit vermittelte Eindruck von der mangelnden Plausibilität und der moralischen Fragwürdigkeit dieses Bildes evoziert jedoch ein Kontrastbild, das Sparta als amoralischen Kriegerstaat zeichnet und mit dem Spartabild der übrigen Schriften in Einklang steht. Das Problem der vermeintlichen Unvereinbarkeit des *Archidamos* mit den politischen Ideen der übrigen Schriften des Isokrates ergibt sich nur bei der Annahme, dass der spartanische Sprecher im *Archidamos* Positionen vertritt, die auch der Sprecher Isokrates in einer isokratischen Rede äußern könnte. Diese Annahme hat sich mit der Erkenntnis, dass der Sprecher Archidamos als Gegenpol zur *persona* ‚Isokrates' stilisiert ist, nicht nur als unbegründet, sondern als unmöglich herausgestellt. Das Sparta, das Archidamos präsentiert, steht für all das, was in den früheren Schriften des Isokrates abgelehnt wurde. Auswahl und Stilisierung dieses Sprechers der ‚anderen Seite' erweisen sich also als bedeutungsvoll. Aufgrund der deutlichen Kontrastierung der Sprecherfiguren ‚Archidamos' und ‚Isokrates' erscheint es letztlich methodisch gerechtfertigt, das implizit durch die Kritik der Argumente des Archidamos gewonnene und mit den in anderen isokratischen Schriften ebenfalls vorherrschende Sparta-Bild als ‚isokratisch' zu bezeichnen. Der *Archidamos* ist eine entschieden spartakritische Schrift.

---

[359] Vgl. Isok. IV 75–81, 92, 110, VI 49–51.

B.5.7 Zu Zweck, Adressaten und Datierung

An wen richtet sich der *Archidamos*? Vincent Azoulay hat die Notwendigkeit der Differenzierung zwischen dramatischem Publikum und den Adressaten der Schrift betont.[360] Wie bereits im Verlauf der Untersuchung mehrfach erwähnt wurde, wird auch in unserer Analyse als Zielpublikum des *Archidamos* vor allem ein Lesepublikum vorausgesetzt. Es handelt sich mithin um dasselbe Lesepublikum, das wohl für alle isokratischen Schriften anzunehmen ist. Dieses ist in der überwiegenden Mehrheit als athenisch anzusehen und dürfte vor allem im intellektuellen Umfeld des Isokrates zu suchen sein.

Ein Hinweis darauf, gegen wen sich die implizite Kritik an Sparta im *Archidamos* richten könnte, findet sich in §71. Hier ist davon die Rede, man müsse dafür sorgen, dass die Leute, die die *pólis* Sparta zu loben pflegen, nicht als Lügner dastünden.[361] Nur die Annahme des archidamischen Vorschlags könne dies gewährleisten. Wo finden sich die hier erwähnten üblichen Lobredner Spartas? – zweifellos in den antidemokratischen Kreisen der athenischen Aristokratie.[362] Vielleicht sind diese Lobredner Spartas mit jenen Lakonisierern identisch, denen Isokrates schon im *Panegyrikos* vorwirft, sie beriefen sich auf spartanische Werte, orientierten sich dabei aber an einem zeitgenössischen Sparta, das diese Werte in Wirklichkeit längst nicht mehr vertrete, und die auch in der *Friedensrede* und später im *Panathenaikos* für ihren unkritischen Standpunkt gegenüber dem zeitgenössischen Sparta kritisiert werden.[363] In allen diesen Schriften erscheinen diese Lobredner Spartas zudem als Apologeten der spartanischen Kriegspolitik und der militärischen spartanischen *politeía*, als Apologeten eben jenes Kurses, für den Archidamos stellvertretend steht.[364]

Verschiedentlich wurde angenommen, dass Isokrates mit seinem *Archidamos* auf den *Messeniakos* des Alkidamas antworte (oder umgekehrt).[365] Hierzu ist kritisch zu bemerken, dass diese Schrift nicht überliefert ist. Die wenigen, dafür umso berühmteren,[366] Fragmente aus dieser Schrift deuten jedoch in eine ähnliche Richtung der Spartakritik, wie sie der oben vorgestellten Interpretation zufolge auch im *Archidamos* implizit vorliegt. Die Annahme, die Verfasser beider Schriften verträten entgegengesetzte Standpunkte ist daher nur plausibel bei bei gleichzeitiger Ablehnung der hier vorlegten Interpretation des *Archidamos* oder unter der Annahme, dass Alkidamas, bewusst oder unbe-

---

[360] Azoulay 2006: 525–526.
[361] Isok. VI 71: „[…] μὴ τοὺς εἰθισμένους ἐγκωμιάζειν ἡμῶν πόλιν ἐξελέγξομεν ψευδεῖς ὄντας […]".
[362] Vgl. Cloché 1933: 135.
[363] Isok. IV 110–114 (s. o. S. 225–227), VIII 95–103 (s. u. S. 424–429), XII 108–113 (s. u. Kap. B.9.5.1).
[364] Insbesondere Isok. XII 108–113, 200–219, 242–244, 253–259.
[365] Vgl. Blaß ²1892: 346, 350, Meyer (E.) 1902: 437–438, Burk 1923: 172, Ollier 1933: 363 Anm. 3, Steidle 1952: 287–288, Santarelli 1990: 33, Azoulay 2006: 508.
[366] Arist. Rhet. 1373b18, 1397a7–13, Schol. Arist. Rhet. 1373b18; vgl. Avezzù 1982: 36–37, 82–84, Panagopoulos 1985, Rapp 2002, II: 494–495.

B.5.7 Zu Zweck, Adressaten und Datierung 373

wusst, auf die dem *Archidamos* inhärente Spartakritik nicht eingegangen sei. Eine nicht überlieferte, undatierte und inhaltlich praktisch unbekannte Rede jedoch wird man kaum als Argument heranziehen können gegen eine Auffassung über den vollständig vorliegenden *Archidamos*, die auf textimmanenter Interpretation sowie Vergleich mit literarischen Vorlagen und Paralleltexten basiert. Genaugenommen wird man keinerlei belastbare Erkenntnisse über die Intention und Zielrichtung des praktisch vollständig verlorenen *Messeniakos* gewinnen können. Ebensogut ist eine inhaltliche Übereinstimmung zwischen *Archidamos* und *Messeniakos* denkbar.[367] Es bleibt somit festzustellen, dass über die Bezüge zwischen diesen beiden Schriften kein Urteil möglich ist.

Es gibt jedoch eine weitere Ebene, auf der man über konkrete literarische Adressaten des *Archidamos* spekulieren kann, nämlich hinsichtlich des in dieser Schrift präsenten Gedankens der militärischen Professionalisierung, der Unabhängigkeit der Soldaten von täglichem Broterwerb. Das Thema der militärischen Professionalisierung gewinnt genau zu jener Zeit, in der das fiktionale Datum des *Archidamos* angesetzt ist, Eingang in die politische Literatur Athens. Zwar sollte Demosthenes seine Vorschläge zur regulären Besoldung des athenischen Heeres erst gute zehn Jahre später präsentieren,[368] und der von Demosthenes in diesem Kontext verwendete Ausdruck für ‚Söldner' (*misthophóroi*) taucht auch bei Isokrates erst in der *Friedensrede* auf;[369] indes findet sich der Begriff des *xenikón stráteuma* sowie die Kurzform *xenikón* bereits in den xenophontischen *Hellenika* sowie (seltener) in der *Anabasis*, beides Werke, die wenigstens teilweise in den 360er Jahren publiziert gewesen sein können.[370] Besondere Hervorhebung verdient jedoch eine Erwähnung von Söldnerheeren im sechsten Buch der *Hellenika*,[371] in deren Rahmen die Söldnerthematik mit dem im *Archidamos* so prominenten Gedanken von der Wahrscheinlichkeit des Unwahrscheinlichen verbunden ist.[372] Interessant ist die Formulierung, weil sie sich in die sophistische Tradition des Wortes vom schwächeren und vom stärkeren *lógos* stellt. Jedoch scheint eine Publikation des sechsten Buches der *Hellenika* vor dem *Archidamos* nicht besonders wahrscheinlich, so dass hier eher Xenophon Isokrates zu benutzen scheint. Anders verhält es sich jedoch mit einer Stelle aus dem xenophontischen *Hipparchikos*, der üblicherweise in die Zeit um 365 datiert wird.[373] Hier führt Xenophon den Erfolg der spartanischen Reiterei auf die Aufnahme von fremden, als Söldner dienenden Reitern in das spartanische Heer zurück – das Söldnertum wird an dieser Stelle

---

[367] Für den späteren *Panathenaikos* hat Wendland 1910a: 174 eine solche Übereinstimmung feststellen wollen.
[368] Dem. III 34, IV 25, vielleicht auch [Dem.] XIII 11.
[369] Isok. VIII 112, V 55, 96, XII 82, [Isok.] ep. II 9.
[370] Xen. Hell. III 1,13, IV 8,7, 3,15, 8,33, V 4,15, 4,36–37, VI 4,21–23, 5,11, VII 1,27, 1,41, 1,45–46, 2,20, 3,4, 5,10, Xen. Anab. I 2,1, II 5,22.
[371] Xen. Hell. VI 4,21–23. Man beachte die Ähnlichkeit der Formulierung in Isok. VI 75.
[372] S. dazu o. Kap. B.5.5.2.4.
[373] Xen. Hipp. 9,3–4 (ebd. 4: „[…] οἶδα δ' ἔγωγε καὶ Λακεδαιμονίοις ἱππικὸν ἀρξάμενον εὐδοκιμεῖν, ἐπεὶ ξένους ἱππέας προσέλαβον."); zur Datierung vgl. z. B. Althoff 2005: 236–237, Stoll 2010: 22.

zur Ursache für den militärischen Erfolg Spartas. Ein solches Denken kann durchaus Pate gestanden haben für eine kritische Bearbeitung durch Isokrates. Dass Isokrates' *Archidamos* sich mit dem prospartanischen ‚Militaristen' Xenophon auseinandergesetzt haben kann, erscheint durchaus möglich. Xenophon stellte sich mit seinem Geschichtswerk in die Nachfolge des Thukydides, begann bereits in der *Anabasis* mit der später im *Agesilaos* zu Ende geführten Stilisierung Agesilaos' II. zum ‚panhellenischen' Helden, bewertete das Söldnerwesen in der *Anabasis* und im *Hipparchikos* positiv[374] und verteidigte den spartanischen Staat in der wohl schon vor dem *Archidamos* publizierten[375] *Lakedaimonion Politeia* insbesondere aufgrund von dessen militärischer Organisation gegen Kritik von außen.[376] Isokrates mag dem seine Schrift entgegengestellt haben, in der der Sohn des xenophontischen Helden als Antiheld und Protagonist des Niedergangs auftritt. Denkbar sind derartige Bezüge, letztlich belegbar jedoch nicht.

Unabhängig davon wurde bereits vermutet, dass Xenophons *Agesilaos* als Antwort auf eine Agesilaos-kritische Schrift verfasst worden sei. Zudem habe Xenophon sich in den ersten Kapiteln der Schrift an Isokrates' *Euagoras* orientiert.[377] Dass der nach Agesilaos' Tod entstandene *Agesilaos* eine – sich bei dem Konkurrenten bedienende – Antwort auf den *Archidamos* sein könnte, ist vorstellbar.[378] Nimmt man dies aber an, dann muss man

---

[374] Auf mögliche Parallelen zwischen Isok. VI und Xen. Anab. weist Azoulay 2006: v. a. 527–529 hin.
[375] Marchant/Bowersock 1968: XXIII.
[376] Bianco 1996, Humble 2004, Ducat 2008: 19–22.
[377] Blaß ²1892: 479–480, Marchant/Bowersock 1968, S. XVIII-XX, ähnlich Pownall 2004: 33–34. Eine deutliche Abgrenzung vom isokratischen *Euagoras* findet sich in Xen. Ag. 11,7, wo betont wird, dass Agesilaos zwar von vielen Seiten Ehrenstatuen angetragen worden seien, dieser solcherlei Ansinnen jedoch stets abgewiesen habe (vgl. Isok. IX 57). Ein nachgerade in Reinform vorgetragener isokratischer Gedanke findet sich außerdem in Xen. Ag. 5,7, wo Xenophon seiner Darstellung der ἐν τῇ ψυχῇ αὐτοῦ (ebd. 3,1) dadurch größeren Nachdruck zu verleihen versucht, dass er betont, dass er über Dinge spräche, in denen alle Griechen exakt Bescheid wüssten, so dass er, sollte er lügen, nicht seinen Gegenstand loben, sondern sich selbst kompromittieren würde („εἰ δ' ἐγὼ ταῦτα ψεύδομαι ἀντία τῆς Ἑλλάδος ἐπισταμένης, ἐκεῖνον μὲν οὐδὲν ἐπαινῶ, ἐμαυτὸν δὲ ψέγω."). Vgl. dazu Isok. XI 34–35 (s. o. S. 131–137), VI 106.
[378] Alexiou 2009: 51. In der Schrift finden sich dafür durchaus mögliche Hinweise: (1) So lehnt der xenophontische Agesilaos das *reverse probability argument* (s. o. Kap. B.5.5.2.4) als unvernünftig (ἄφρονα) ab (Xen. Ag. 2,7). (2) Der xenophontische Agesilaos beruft sich zur Legitimierung seiner Kriege ausdrücklich auf spartanische *nómima* (τὰ νόμιμα μὲν ἄρχειν, τὰ νόμιμα δὲ ἄρχεσθαι, Xen. Ag. 2,16, vgl. auch 7,2), während sich der isokratische Archidamos über solche Normen hinwegsetzt (s. o. Kap. B.5.4.2). (3) Während Archidamos' Plan die Exilierung von Spartanern zum Ausgangspunkt eines Krieges machen will, macht Agesilaos die Rückführung von Exilierten zur Friedensbedingung (Xen. Ag. 2,21). (4) Der Plan des Archidamos sieht vor, die *pólis* zu verlassen, um nach geeigneten Kampfplätzen zu suchen. Der xenophontische Agesilaos ist gerade deshalb erfolgreich, weil er Sparta nicht verlässt und als idealen Verteidigungsplatz nutzt (Xen. Ag. 2,24). (5) Während der isokratische Archidamos mit ausländischen Potentaten gegen Hellenen kämpfen will, nennt Xenophon Agesilaos einen ‚Hellenenfreund' (φιλέλληνα) und ‚Perserhasser' (μισοπέρσην, Xen. Ag. 7,4–7). Insbesondere ist indes auf (6) das Lob des Alters (und der dadurch bedingten *dóxa*) im *Agesilaos* hinzuweisen, das den Abschluss der dortigen Darstellung bildet (Xen. Ag. 11,14–16, vgl. dazu das Altersmotiv in Isok. VI, s. o. Kap. B.5.4.2). In Anbetracht der parallelen Motive, die v. a.

B.5.7 Zu Zweck, Adressaten und Datierung

mit Marchant[379] zugleich voraussetzen, dass diese Vorlage des *Agesilaos* eine kritische Haltung gegenüber dem spartanischen König eingenommen hat. Dies wiederum ist im Falle des isokratischen *Archidamos* nur möglich, wenn man diese Schrift als spartakritische Schrift interpretiert, die eine ‚typisch spartanische' Kriegstreiber-Rede eben nicht positiv, wie stets angenommen, sondern aus distanzierter Position darstellt.

Das bedeutet jedoch, um zur Frage nach den Adressaten zurückzukehren, nicht, dass Isokrates' *Archidamos* in Xenophon seinen Hauptadressaten haben muss. Tatsächlich sind für den *Archidamos* eine ganze Reihe potentieller Adressaten im intellektuellen Umkreis des Isokrates denkbar. Besonders hervorzuheben ist hier Timotheos, der als führender athenischer Politiker der 360er Jahre angesprochen sein könnte. In der *Antidosis* beschreibt Isokrates in einem (möglicherweise ambivalenten) Lob auf Timotheos dessen Fähigkeit, seine Heere aus den Erträgen der jeweils okkupierten Gebiete zu versorgen, so dass Athen kein finanzieller Aufwand entstanden sei.[380] Diese Art der Militärfinanzierung, die auch Demosthenes kritisiert,[381] entspricht dem Plan des Archidamos.[382]

Die Annahme einer Kritik an Timotheos und seinen Unterstützern könnte insofern eine weitere Erklärung für die Wahl des Sprechers im *Archidamos* liefern: die parallele Symbolik ihrer Genealogie. Archidamos' Vater ist der maßgebliche Protagonist der spartanischen *arché*, Timotheos' Vater Konon dagegen ist der athenische General, der diese spartanische *arché* beendet. Beide Väter stehen stellvertretend für jene Opposition zwischen Athen und Sparta, die Isokrates im *Panegyrikos* als Ursache für die Schwäche Griechenlands bezeichnet,[383] und sowohl Timotheos wie auch der isokratische Archidamos führen diese Politik in verschärfter Form fort. Isokrates' Kritik an der athenischen *arché* steht – ganz gleich, ob sie gezielt an Timotheos adressiert ist oder nicht – der Politik des Timotheos unvereinbar gegenüber. Wenn es daher einen athenischen Politiker gab, der sich nicht nur von der im *Archidamos* implizit, aber doch unmissverständlich geäußerten Kritik angesprochen, sondern zugleich in der dort präsentierten Sprecherperson gespiegelt sehen konnte, dann war dies zweifelsohne Timotheos.

Isokrates hält seinem zeitgenössischen athenischen Publikum anhand des tagesaktuellen Exemplums der spartanischen Machtpolitik und ihres Scheiterns einen Spiegel vor Augen,[384] der sowohl die seit 371 verfolgte militärische Zusammenarbeit zwischen Athen und Sparta als auch die gleichzeitige Rückkehr Athens zu einer dominanten, herrschafts- und machtorientierten Seebundpolitik diskreditiert. Das Sparta des *Archidamos* erhebt

---

in der *narratio* des *Agesilaos* (Xen. Ag. 1–2) zu finden sind, scheint eine Beeinflussung der xenophontischen Schrift durch (unter anderem) den isokratischen *Archidamos* daher wahrscheinlich.

[379] Marchant/Bowersock 1968: XVIII.
[380] Vgl. Isok. XV 111, 113, 119–120 (zur Ironie im Timotheoslob s. u. Kap. B.7.2 Anm. 21).
[381] Dem. XXIII 149–150; vgl. Welwei 1999: 290.
[382] Isok. VI 76–79.
[383] Isok. IV 16–17 (s. o. S. 174–176).
[384] Vgl. Too 1995: 97 („What this […] suggests is that Sparta and her leader now resemble the Athens which Isocrates depicts himself as inhabiting.").

den Krieg zum Selbstzweck politischen Handelns und scheitert damit kolossal. Isokrates demonstriert somit im *Archidamos* eindrucksvoll, wohin seiner Meinung nach eine aggressive innergriechische Außenpolitik führt. Am Beispiel Sparta, das sich seit Leuktra in einer für alle Griechen erkennbaren Krise befand und entscheidend geschwächt war, zeigt er die Gefahren ‚imperialistischer' Machtpolitik auf.

Mit der Deutung des *Archidamos* als kritischen Kommentars nicht nur zum Wandel der *pólis* Sparta, sondern insbesondere zur athenischen Außenpolitik,[385] rückt die Frage in den Vordergrund, inwiefern sich über die Frage der Datierung ein konkreter zeithistorischer Hintergrund für eine Kritik an Sparta und seinen athenischen Lobrednern identifizieren und mit Athens Kurs in den 360er Jahren in Verbindung bringen lässt.

Eine verstärkt spartafreundliche Rhetorik in Athen, also eine hohe Aktivität der ‚Lobredner' Spartas, ist in Athen spätestens seit dem ‚allgemeinen Frieden' unter Ausschluss Thebens im Jahr 371 anzunehmen. Die prospartanische Stimmung in Athen dürfte sich in den folgenden Jahren bis Mantineia 362 weiter verstärkt haben, als Athen, nun in einem formalen Bündnis mit Sparta, versuchte, die machtpolitische Expansion der Thebaner militärisch einzudämmen. In dieser Phase ist damit zu rechnen, dass einerseits oligarchische Kreise Athens, die seit jeher eine Politik der Annäherung an Sparta vertraten (und die Isokrates mit einigem Recht als die üblichen ‚Lobredner' Spartas bezeichnen konnte), in der Volksversammlung die politische Meinungsführerschaft zumindest im Bereich der Außenpolitik erlangten. Gleichzeitig dürften sich auch die demokratischen Politiker jener Zeit an diese außenpolitische Linie wenigstens angenähert haben. Damit trat eine ganz neue Situation im politischen Kräftespiel ein, indem das demokratische Athen nun gegen das ebenfalls demokratische Theben mit der spartanischen Oligarchie gemeinsame Sache machte. Die Politik der Eindämmung Thebens war dabei durchaus zugleich eine Politik der athenischen Interessensicherung, insbesondere in der nördlichen Ägäis, wo Athen und Sparta mit aufständischen persischen Satrapen kooperierten.[386] Der Zweite Attische Seebund verlor in den Jahren nach Leuktra endgültig seinen symmachialen Charakter und entwickelte sich wieder zu einem System athenischer *arché* – eine Entwicklung, die sich

---

[385] In diesem Kontext ist es durchaus interessant, dass in der für den *Archidamos* als Vorlage dienenden thukydideischen ‚Tagsatzung' in Sparta nicht nur das traditionelle, außenpolitisch zurückhaltende Sparta Archidamos' II. äußerst positiv erscheint, sondern dass zugleich die dazu kontrastierende positive Darstellung der athenischen Dynamik und Aktivität in der Korinther- und der Athenerrede von modernen Interpreten als hintersinnig, mithin als implizite Kritik an der athenischen Kriegsbegeisterung und Machtpolitik gelesen wurde (vgl. Meier (M.) 2006: 158–159, 165).

[386] Hier ist Fisher 1994: 350, 355–356 darin zuzustimmen, dass die politische Kooperation zwischen Athen und Sparta keineswegs von einer tatsächlichen ideellen Annäherung begleitet gewesen sein muss. Dennoch wird in der politischen Rhetorik dieser Zeit mit verstärkt spartafreundlichen Tönen zu rechnen sein, da auch bei gegenseitigem Misstrauen öffentliche Rechtfertigungen bzw. Begründungen der außenpolitischen Kooperation sowohl als Voraussetzung für wie auch als Folge der diese Kooperation legitimierenden Volksentscheide anzunehmen sind.

B.5.7 Zu Zweck, Adressaten und Datierung

bis in die 350er Jahre hin fortsetzte und zum Ausbruch des sogenannten ‚Bundesgenossenkrieges' führte. Schon 365 trat der neue Machtanspruch Athens ganz offen zu Tage, als unter dem Kommando des Timotheos athenische Kleruchen auf Samos angesiedelt wurden – zum ersten Mal seit dem Delisch–Attischen Seebund und im offenen Widerspruch zu den Bestimmungen von Königsfrieden und den Regelungen im Zweiten Seebund wurde damit nicht-attisches Land von der *pólis* Athen annektiert.[387] Athenische Außenpolitik mit dem Argument der *autonomía* zu rechtfertigen, dürfte nach 365 erheblich schwieriger geworden sein.[388]

Eine Kritik an dieser deutlichen Rückkehr Athens zu einem imperialen Führungsverständnis innerhalb des Seebundes, das mit der Kooperation mit der spartanischen Oligarchie und einer prospartanischen öffentlichen Rhetorik einherging, erscheint als dem *Archidamos* zugrundeliegende Motivation möglich und ließe sich mit der Form der Kritik an Sparta und seinen ‚Lobrednern', wie sie im *Archidamos* betrieben wird, gut vereinbaren. Isokrates lässt das Sparta des Jahres 366 als *pólis* erscheinen, die eine typisch demokratische Außenpolitik betreibt, indem sie nur die eigenen Interessen in den Mittelpunkt eines dezidiert kriegerischen Handelns stellt. Eine solche Polemik dürfte sich wohl unmittelbar an die oligarchischen Kreise Athens richten, die die Kooperation mit Sparta (vielleicht unter dem Hinweis auf dessen *eunomía*) begrüßten und rhetorisch begleiteten und damit zugleich die maritime Expansion Athens, also gerade jene von Intellektuellen wie Isokrates abgelehnte imperiale Außenpolitik, stützten. Die Spartafreunde berufen sich auf das alte Sparta und seine Tradition, und sie handeln doch nicht anders als die Demokraten. Diese Kritik wird im *Archidamos* ausgesprochen, und sie scheint zu keiner Phase der athenischen Politik des 4. Jhs. besser zu passen als zu jenem Zeitraum zwischen Samos 365 und Mantineia 362. Nach Mantineia erlahmte die Hoffnung auf ein Wiedererstarken Spartas, und die aristokratische Identifizierung mit Athens außenpolitischer Expansion dürfte damals ihr Ende gefunden haben.[389] In diese Phase dürfte der *Archidamos* daher am ehesten zu datieren sein.

---

[387] S. o. S. 291. Vgl. Bringmann 1965: 55–56, Welwei 1999: 288–289, Walter 2003: 81–82, 91. Zu den *autonomía*-Regelungen in den *koinaí eirénai* (vielleicht mit Ausnahme des Friedens von 371) vgl. Xen. Hell. VI 5,1–3; Mathieu 1925: 113–115, Bringmann 1965: 80, Welwei ebd. 287.

[388] Heskel 1997: 137: „We may wonder how successful this propaganda [sc. Die Darstellung der Eroberung als Befreiung] was: certainly the irony of the ‚liberation' will not have been lost on the members of the Confederacy".

[389] Dušanič 1980: 5 sieht einen Zusammenhang zwischen der Publikation von Platons *Phaidros* und der Einrichtung der Kleruchien auf Samos. Dass die Kritik an der Rhetorik im *Phaidros* sich auf dieses Tagesgeschehen beziehen lassen könnte, wird man indes kaum annehmen können. Ob es indes Bezüge zwischen Isokrates *Archidamos* und Platons *Phaidros* gibt, könnte in Anbetracht der zeitlichen Nähe dieser beiden Schriften einer näheren Untersuchung wert sein. Diese Frage ist bislang von der Forschung unangetastet geblieben.

> Ἐρωτηθεὶς ὑπὸ Μυρσίλου, τί παράδοξον εἴη
> ἑωρακώς, ἀπεκρίνατο τύραννον γέροντα.
> (Diog. Laert. I 77)

B.6 *Areopagitikos / Friedensrede* (Isok. VII / VIII)

Friedensrede (Isok. VIII) und *Areopagitikos* (Isok. VII) stellen die einzigen isokratischen Schriften dar, in denen ein athenischer Sprecher vor der athenischen *ekklēsía* auftritt; sie sind insofern die beiden einzigen Schriften, die symbuleutische Reden im Rahmen eines rein athenischen Diskurses repräsentieren. Schon durch ihren fiktionalen Rahmen sind diese Reden direkt auf die politische Praxis des demokratischen Athen bezogen. Dass beide Reden darüber hinaus als unmittelbar aufeinander bezogen, als konzeptionelle Einheit zu betrachten sind, wurde zu Recht immer wieder betont.[1] Aufgrund dieser Zusammengehörigkeit werden beide Schriften auch hier in einem gemeinsamen Kapitel behandelt. Es wird sich außerdem zeigen, dass die *pólis* Sparta in beiden Schriften nicht nur eine identische Bewertung erfährt, sondern dass Isokrates jeweils vergleichbare, teilweise dieselben Exempla aus der spartanischen Geschichte zu sich jeweils entsprechenden rhetorischen Zwecken verwendet. Die enge Zusammengehörigkeit beider Schriften zeigt sich insofern gerade auch anhand des Exemplums Sparta.

B.6.1 Forschungsüberblick und Datierungsfrage

Die Frage der relativen und absoluten Datierung von *Friedensrede* und *Areopagitikos* gehört zu den meistbesprochenen Themen der Isokratesforschung. Tatsächlich hat diese Frage in der modernen Forschung ein solches Übergewicht gewonnen gegenüber der historischen und philologischen Interpretation beider Schriften, dass bis heute trotz einer sehr breiten Spezialliteratur zu beiden Reden erstaunlich wenige Arbeiten existieren,

---

[1] Kessler 1911: 27–28, Mathieu 1925: 126, Jaeger 1940: 140, Buchner 1958: 95, Bringmann 1965: 95, Engels 1988: 186, Michelini 1998: 115, Demont 2003: 41–42. Keinen Zusammenhang erkennen Mesk 1916: 18–19, Hirsch 1966: 118.

welche die Reden als solche im Interesse einer grundsätzlichen Deutung in den Mittelpunkt stellen.² Offenbar führte die scheinbar recht präzise Beschreibung der historischen Situationen, die den historischen Hintergrund für das fiktionale Datum beider Reden darstellen, zu einer besonderen Motivation, die Datierung dieser Schriften ganz exakt zu bestimmen – und aus der exakten Datierung wiederum Schlussfolgerungen für die Interpretation beider Schriften zu ziehen.

Einigkeit herrscht in der Forschung lediglich darüber, dass *Areopagitikos* und *Friedensrede* im Umfeld des Bundesgenossenkrieges (357–355) entstanden sind und publiziert wurden.³ In beiden Schriften finden sich zahlreiche konkrete Hinweise auf Ereignisse im Umfeld sowie während dieses Krieges. Dieser vermeintlich sehr konkrete Zeitbezug der Rede führte dazu, dass man beide Schriften zwar meist nicht als authentische Reden, aber als publizistische Beiträge zu tagesaktuellen politischen Diskussionen mit dem Zweck der unmittelbaren Umsetzung der in ihnen enthaltenen politischen Vorschläge auffasste.⁴ Betrachtet man Isokrates' Schriften jedoch nicht (oder wenigstens nicht hauptsächlich) als ‚Publizistik', so müssen fiktionales Datum der Rede und Publikationszeitpunkt nicht notwendigerweise koinzidieren.⁵

Was die genauere Datierung (oder Festlegung des fiktionalen Datums) betrifft, so kann die Vielzahl der zu beiden Reden vertretenen Datierungsansätze kaum adäquat wiedergegeben werden. Eine grobe Skizze der unterschiedlichen Tendenzen soll hier genügen.

Im 19. und frühen 20. Jh. betrachtete man die *Friedensrede* als die ältere der beiden Schriften. Sie sei in der Phase des Ausbruchs des Bundesgenossenkrieges entstanden; nicht selten verstand man die Rede infolge dieser Datierung als Versuch des Isokrates, die athenische Öffentlichkeit im Interesse einer vermeintlichen ‚Friedenspartei' in Athen um Timotheos für eine Beilegung des Konfliktes mit den abtrünnigen Verbündeten zu

---

[2] Unter den jüngeren Untersuchungen sind hier besonders die Interpretationen der *Friedensrede* durch Davidson 1990, Michelini 1998 und Demont 2003 hervorzuheben.

[3] Ältere, auf Hieronymos Wolf zurückgehende, Spätdatierungen (nach 346) hat Kleine-Piening 1930: 44–48 endgültig widerlegt.

[4] Kessler 1911: 41, Mesk 1916: 14–16, 19–20, Burk 1923: 59–60, Kleine-Piening 1930: 73, Ollier 1933: 333, Treves 1933a: 304–305, Cloché 1943: 284–287, Bock 1950: 244. Zu Recht wenden sich Engels 1988: 187, Michelini 1998: 122–123 und Walker 2011: 120–121 gegen diese Annahme. Walker betont, dass auch bei der Annahme einer konkreten politischen Absicht davon auszugehen sei, dass Isokrates den Prozess der kritischen Auseinandersetzung seiner Leser mit den Reden konzeptionell mitberücksichtigt und diesen beabsichtigt haben dürfte, in anderen Worten: Dass er nicht zu einer konkreten politischen Entscheidung raten, sondern nachhaltig die *dóxa* eines kritischen Lese-Publikums beeinflussen möchte. Einen ursprünglich rein schulischen Zweck nahm Oncken 1862: 116 an.

[5] Dies berücksichtigen lediglich Euler 1883: 17–18 (der jedoch sowohl für das fiktionale wie auch für das Entstehungsdatum genaue Angaben machen zu können glaubt) und Papillon 2004: 134 (der mit der gebotenen Vorsicht einräumt, dass es für ein mögliches späteres Entstehungsdatum keine konkreten Anhaltspunkte gibt). Tincani 1923: 21–25 glaubte an verschiedene Entstehungszeiträume unterschiedlicher Abschnitte der Schrift.

B.6.1 Forschungsüberblick und Datierungsfrage

gewinnen.[6] Im 20 Jh. gewann eine spätere Datierung der Rede in die Endphase (356/355) oder sogar nach Ende (355/354) des Krieges immer mehr Unterstützer und wird heute nur noch selten infrage gestellt.[7] Meist betrachtet man die Rede bei einer solchen Spätdatierung als Beitrag zur Unterstützung des Friedenskurses der ‚Partei' des Eubulos (oder geht zumindest von einer Beeinflussung von Politikern wie Eubulos durch Isokrates aus),[8] bisweilen zieht man auch eine publizistisch lancierte Verteidigung des Timotheos im Umfeld des Prozesses gegen diesen (ca. 354) in Betracht.[9]

Unumstritten ist die eindeutige Ablehnung einer ‚imperialen' Seebundpolitik, einer Außenpolitik, die mit den Mitteln einer gewaltsam ausgeübten Herrschaftsposition im Zweiten Attischen Seebund (von Isokrates als ‚tyrannische *arché*' gekennzeichnet) athenische Interessen in Griechenland durchzusetzen versuche. Isokrates versucht, sein Publikum davon zu überzeugen, dass eine solche von Eigennutz geleitete Politik, die er als Folge eines Verfalls der bürgerlichen Moral beschreibt,[10] Ursache für den machtpolitischen Niedergang Athens sei.[11] Isokrates plädiert dagegen für eine Neuorientierung der athenischen Politik, die sich an den politischen Prinzipien von *areté*, *sôphrosýnê*,

---

[6] Leloup 1828: 55, Christian 1835, IV: 413–417 und Schillbach 1868: 9 datierten die Rede unmittelbar vor den Ausbruch des Krieges. Für eine Datierung 357/356 traten ein Pfund 1833: 21, Oncken 1862: 85, 147–151, Münscher 1916: 2205, Allroggen 1972: 49, für die Zeit vor der Schlacht bei Embata 356 Blaß ²1892: 299–300, Mesk 1916: 10–13, Mathieu 1925: 116–118, Laistner 1927: 17, Kleine-Piening 1930: 36–42, Treves 1933a: 303–304 mit Anm. 1, 1933–2: 19. Eine Frühdatierung der *Friedensrede* wurde später nur noch selten vertreten (z. B. Orsini 1964: 16–17, implizit Walter 2003: 86). Einen detaillierten Bericht über die Datierungsansätze bis in die 1920er Jahre gibt Kleine-Piening 1930: 17–19, der sich (ebd. 19–42) mit den vorgetragenen Datierungsansätzen auseinandersetzt. Zur Deutung der Rede als Unterstützung eines vermeintlichen Friedenskurses des Timotheos vgl. Blaß ²1892: 303, Kleine-Piening 1930: 68, Jaeger 1940: 177–179.

[7] 2. Hälfte des Jahres 356: Wallace 1986: 78–79; 355/354: Gomperz 1905/1906: 200, Kessler 1911: 27–28, Burk 1923: 59, Ollier 1933: 369–370, Jaeger 1940: 158–159 Anm. 40, Bringmann 1965: 59 mit Anm. 2, Gillis 1970: 196 (v. a. gegen Kleine-Piening 1930: 36–42), Harding 1974: 147, Davidson 1990: 21, Grieser-Schmitz 1999: 172; nach Kriegsende: Miltner 1924: 45–46. Eine unbestimmte Spätdatierung nehmen vor Moysey 1982: 124 (ein bis zwei Jahre vor der Entstehung von Isok. XV), Ober 1998: 277 (im Vorjahr der Entstehung von Isok. XV), Rowe 2002: 154–156 (zwischen 354 und 352), Demont 2003: 35 Anm. 5 (zwischen 356 und 353), implizit auch Bianco 2003: 130. Papillon 2004: 134 hält eine noch spätere Entstehung für möglich.

[8] Burckhardt 1898–1902, IV: 325, Mesk 1916: 19–20, Burk 1923: 40–42, Gillis 1970: 198, Engels 1988: 186, Too 1995: 65–66.

[9] Bianco 2003: 130–131.

[10] Davidson 1990: 24–25 betont zu Recht, dass Isokrates die eigentliche Dekadenz in einem moralischen Niedergang der Athener sehe, die den politischen Niedergang erst sekundär nach sich ziehe.

[11] Die eigennützige Machtpolitik erreicht bei Isokrates das Gegenteil dessen, was sie beabsichtigt. Dieser Effekt einer verfehlten Politik entspricht dem in *Helena* und *Busiris* vorgeführten Effekt paradoxer Rede, deren Argumentationen bei näherer Betrachtung stets das Gegenteil dessen bezeugen, was sie zu bezeugen vorgeben bzw. beabsichtigen. Wir werden sehen, dass Isokrates die imperiale Machtpolitik in der *Friedensrede* als eine Form paradoxen Handelns beschreibt, s. u. Kap B.6.5.1 und B.6.5.2.1.

dikaiosýnē und *apragmosýnē* ausrichten solle.[12] Während man darin jedoch vor allem in der älteren Forschung einen Widerspruch zur vermeintlich ‚imperialen' Programmatik des *Panegyrikos* festzustellen glaubte und daher einen Gesinnungswandel des Isokrates seit der Zeit jener Rede annahm,[13] hat sich seit Edmund Buchners Bemerkungen über die unterschiedliche Bedeutung der Begriffe *arché* und *hēgemonía* die Ansicht durchgesetzt, dass sich die diesbezüglichen Haltungen in *Panegyrikos* und *Friedensrede* weitgehend entsprechen.[14]

Die Entwicklung der verschiedenen Datierungs- und Deutungsansätze zum *Areopagitikos* verlief umgekehrt wie bei der *Friedensrede*. Ging man im 19. und frühen 20. Jh. allgemein davon aus, dass der *Areopagitikos*, dessen fiktionales Datum auf eine Friedensphase falle,[15] nach dem Ende des Bundesgenossenkrieges, also frühestens 355/354, entstanden sein müsse,[16] so hat sich mittlerweile bei der Mehrheit der Interpreten eine Datierung vor Beginn des Krieges (358/357) durchgesetzt.[17]

Wie bei der *Friedensrede* ging die Datierung stets mit unterschiedlichen Deutungen der Schrift einher. Im *Areopagitikos* kritisiert Isokrates die innenpolitischen Verhältnisse in Athen und schlägt die Rückkehr zu einer früheren Form der politischen Ordnung vor, die er als Demokratie des Solon und Kleisthenes bezeichnet.[18] Isokrates kritisiert die zeitgenössischen Politiker als eigennützig, und er kritisiert das System von Losverfahren und Diäten, das den Eigennutz und ein Verständnis von politischer Tätigkeit als

---

[12] Bringmann 1965: 94, Davidson 1990: 26–27.
[13] Klett 1880: 15, Koepp 1892: 484–485, Wilamowitz-Moellendorff 1893, II: 344 („[…][sc. Isokrates] hat gelästert, was er fünfundzwanzig Jahre früher gepriesen hatte.") und 1919: 122–123 Anm. 2, Meyer (E.) 1902: 483, Adams (C.) 1912: 349, Tincani 1923: 27, Jaeger 1947, III: 192–196, später Gillis 1970: 196–197, Perlman 1976: 27, Michelini 1998: 125–126, Grieser-Schmitz 1999: 183.
[14] Buchner 1958: 2–4, 31–32, 39–41, 150 (zuvor bereits Oncken 1862: 87–89, 107, Kessler 1911: 27–28, 40–41, Mesk 1916: 16, Laistner 1927: 15, Baynes 1955: 145–146), später Bringmann 1965: 76–81, Popp 1968: 436–437 mit Anm. 54, Moysey 1982: 120 Anm. 8, Lombard 1990: 107 mit Anm. 1.
[15] Vgl. Isok. VII 1–2.
[16] Diese Datierungsansätze beruhten fast ausschließlich auf dem Versuch, die in der Rede geschilderte außenpolitische Lage mit bekannten Ereignissen zu identifizieren. Nach Isok. XV (i.e. nach 353) datierten Benseler 1832: 48, Busolt 1874: 711; kurz nach das Ende des Bundesgenossenkrieges 355/354: Pfund 1833: 21, Euler 1883: 18, Jebb 1876, II: 204–205, Blaß ²1892: 305, Kessler 1911, 27–28, 41, Mesk 1916: 17–18, Münscher 1916: 2207, Mathieu 1925: 127, Laistner 1927: 18, Kleine-Piening 1930: 62–64, Treves 1933a: 303–304 mit Anm. 1 (mit Kleine-Piening) und 1933b: 19, Allroggen 1972: 51. Eine Ausnahme stellen in der älteren Forschung Cartelier/Havet 1862: 231–232 dar, die (allerdings ohne Erläuterung) Isok. VII vor Isok. VIII datieren.
[17] Früh bereits vertreten bei Oncken 1862: 69, 79–80, später v. a. Jaeger 1939: 51–52, 1940: 140–154 und 1947, III: 173–175, Bock 1950: 226 (mit Jaeger), Hirsch 1966: 101–106, Cargill 1981: 182–183 Anm. 42 (vorsichtig mit Jaeger), Wallace 1986 (mit Jaeger), Due 1988 (teilw. mit Jaeger), Engels 1988: 187, Orth 1997: 185 (mit Wallace), Grieser-Schmitz 1999: 147–148, Mirhady/Too 2000: 182, Walter 2003: 83 mit Anm. 29 (mit Jaeger und Wallace). Relativ unbestimmt bleibt die Datierung bei Demont 2003: 35 Anm. 5 (zwischen 356 und 353).
[18] Isok. VII 16–17.

B.6.1 Forschungsüberblick und Datierungsfrage

Lohnarbeit befördere.[19] Indem die athenische Innenpolitik des 4. Jhs. in einen Gegensatz zum Staat der (solonisch–kleisthenischen) Vorvätergenerationen gerückt wird, erscheint der Verfall der Bürger-Moral früherer Tage als Kern der Kritik – und wie in der *Friedensrede* führt dieser moralische Niedergang zu einer Instrumentalisierung der politischen Gemeinschaft für die eigennützigen Interessen einzelner Politiker und Gruppen. Das innenpolitische Programm des *Areopagitikos* entspricht in allen seinen Zügen gängigen konservativen Vorstellungen des späten 5. und vor allem des 4. Jahrhunderts und wurde mit den Ideen des politischen Kreises um Theramenes,[20] einer der führenden Figuren der Oligarchie von 411, sowie der Sokratiker[21] und – im zeitgenössischen Athen – der ‚Partei' des Timotheos beziehungsweise (je nach Datierung der Schrift vor oder nach dessen Verbannung) des Eubulos in Verbindung gebracht.[22]

Für die Datierung der Rede war vor allem von Bedeutung, dass Isokrates im Proömium und im Epilog der Rede die Wiedererlangung einer außenpolitischen Machtstellung als Ergebnis einer innenpolitischen Reform des Staates in Aussicht stellt.[23] Diese außenpolitische Zielsetzung des innenpolitischen Programms wurde wiederum im Zusammenhang mit Isokrates' Haltung zum Zweiten Attischen Seebund gedeutet. Gegen die ältere Ansicht, wonach dieser vermeintliche außenpolitische Optimismus als Beleg dafür zu werten sei, dass Athen auch nach dem Ende des Bundesgenossenkrieges über ausreichende Machtmittel verfügte, um seine imperiale Politik mit Aussicht auf Erfolge verfolgen zu können, wandte sich vor allem Werner Jaeger.[24] Jaeger ging davon aus, dass eine optimistische Haltung des Isokrates zum Zweiten Attischen Seebund, die man im *Areopagitikos* wahrzunehmen glaubte, nach der pessimistischen *Friedensrede* nicht mehr

---

[19] Isok. VII 20–35.
[20] Jaeger 1940: 179–188, bes. 183 und 1947, III: 179–182, Buchner 1958: 83–86, 150, Ruschenbusch 1958: 406–408, Bringmann 1965: 83–85, 94–95, Heilbrunn 1975: 158, Silvestrini 1978: 170–172 (Verweis auf 411), Lombard 1990: 82–83, Orth 1997: 178. Unterschiede zum Programm des Theramenes betonen Levi 1957: 89 und Allroggen 1972: 53. Zu Theramenes allgemein vgl. Haßkamp 2005: 37, 43–46, 104. Zwei antike Quellen (Dion. Hal. Isoc. 1, [Plut.] vit. X orat. 836f1–837a3) berichten von einer Schülerschaft des Isokrates bei Theramenes (Jaeger 1940: 182). Die Überlieferung wird kaum auf historische Tatsachen zurückgehen. Sie zeigt jedoch fraglos, dass man auch in der Antike die Ähnlichkeit der isokratischen Reformvorschläge zum Programm der Oligarchen von 411 für auffällig genug hielt, um eine direkte Verbindung zwischen Isokrates und Theramenes, einer der zentralen Figuren von 411 herzustellen.
[21] Dümmler 1890: 15–16, Gomperz 1905/1906: 164, 175–176, 201–204, 206–207, Jaeger 1940: 185–186, Bock 1950: 247, Bringmann 1965: 65–67, Davidson 1990: 24–25, Ober 1998: 282–284.
[22] Allgemein: Hirsch 1966: 82, Welwei 1999: 311, Timotheos: Kleine-Piening 1930: 68, Jaeger 1940: 177–179 und 1947, III: 179–182, Bianco 2003: 130–131; Eubulos: Burckhardt 1898–1902, IV: 325, Mesk 1916: 19–20, Kleine-Piening 1930: 73, Gillis 1970: 198, Engels 1988: 186, Too 1995: 65–66.
[23] Isok. VII 1–11, 78–84.
[24] Jaeger 1940. Vor Jaeger wichen nur Meyer (E.) 1902: 482 mit Anm. 895 und Miltner 1924 von der älteren *communis opinio* ab, wonach der *Areopagitikos* nach Ende des Bundesgenossenkrieges entstanden sein müsse. Sie datierten die Schrift in die Zeit während des Krieges.

möglich gewesen sei.[25] Jaeger widerlegte die der früheren Spätdatierung zugrundeliegenden Argumente (die im Wesentlichen in der historischen Identifizierung des *dramatischen* Datums der Rede bestanden), indem er zeigte, dass die im *Areopagitikos* geschilderte außenpolitische Lage vage genug dargestellt ist, um auf zahlreiche verschiedene historische Situationen angewandt zu werden.[26] Die Erwähnung der Kriege gegen Philippos II. und Kersobleptes führte ihn schließlich, neben anderen Indizien, zu einer Datierung in das Jahr 358/357.[27]

Diese Neudatierung des *Areopagitikos* stieß zunächst auf wenig Zustimmung,[28] was nicht zuletzt der überzeugenden Neubestimmung der isokratischen Haltung zur *arché* durch Buchner geschuldet war: Die Auffassung, Isokrates habe die *arché* schon im *Panegyrikos* abgelehnt, führte Jaegers Hauptargument *ad absurdum*, wonach eine vermeintliche Befürwortung der *arché* durch Isokrates nur vor der *Friedensrede* möglich gewesen sei – mit Buchner schien ein isokratischer ‚Imperialismus' nun zu jedem Zeitpunkt früheren isokratischen Ansichten zu widersprechen. Da Jaegers Ansatz somit im Kern erschüttert schien, kehrte man zu der alten, auf angeblicher (und von Jaeger eigentlich überzeugend widerlegter) historischer Evidenz beruhenden Datierung nach den Friedensschluss von 355 zurück.[29] Erst die Erneuerung der Argumente Jaegers durch Wallace führte 30 Jahre nach Buchner zu einer breiteren Akzeptanz der Frühdatierung der Rede.[30]

Eine gesonderte Erwähnung verdient neben diesen Arbeiten vor allem ein kurzer und offenbar kaum rezipierter Aufsatz von Otto Steen Due.[31] Praktisch zeitgleich mit Wallace[32] erneuert auch Due die Datierung Jaegers – jedoch mit einem wesentlichen Unterschied: Due wendet sich wie Buchner gegen die bei Jaeger und Wallace entscheidende Annahme, wonach es zwischen *Areopagitikos* und *Friedensrede* einen Wandel in der

---

[25] Jaeger 1940, v. a. 160–164. In der Auffassung, die *Friedensrede* stelle eine Neuorientierung des Isokrates in Bezug auf die *arché* dar, folgt Jaeger der *communis opinio* der älteren Forschung (s. o. S. 381 Anm. 13). Neu an Jaegers Haltung ist also nicht die Annahme eines Gesinnungswandels, sondern die Einordnung des *Areopagitikos* unter die hinsichtlich der *arché* ‚optimistischen' Schriften (dieser Gedanke ist weitergeführt bei Hirsch 1966: 108–110, 112, 118–122, 126–128, Lombard 1990: 91–92). Die ältere Forschung ging dagegen (m. E. zu Recht) fast geschlossen davon aus, dass der außenpolitische ‚Optimismus', der v. a. in Isok. VII 1–11 zu erkennen ist, lediglich als Meinung der athenischen Bürgerschaft (von der Isokrates sich distanziere) vorgestellt sei. Ganz allein stand Treves 1933a: 304–308 mit der Ansicht, Isokrates vertrete in allen seinen Schriften, also auch in der *Friedensrede*, mit Nachdruck die Position der *arché*.

[26] Jaeger 1940: 143–154, 168–173.

[27] Isok. VII 22–23.

[28] Zu den anfänglich wenigen positiven Reaktionen auf Jaegers Datierung zählt Hirsch 1966: 101–106.

[29] Buchner, 1958: 92–95, 156–158 (zuvor schon Baynes 1955: 145–146) sowie in dessen Nachfolge Bringmann 1965: 76–81, Popp 1968: 436–437 mit Anm. 54, Moysey 1982: 120 Anm. 8. Zur Nachwirkung Buchners für die Datierung des *Areopagitikos* vgl. Bons 1997: 2–3.

[30] Wallace 1986, Lombard 1990: 91–92, Grieser-Schmitz 1999: 147–148, auch: Walter 2003: 79–80, 83–84.

[31] Due 1988.

[32] Due 1988: 89.

außenpolitischen Haltung des Isokrates gegeben habe. In beiden Reden wende sich Isokrates gegen die *arché*. Anders als Buchner und seine Nachfolger anerkennt er aber Jaegers Ablehnung der Identifizierung von in der Schrift genannten außenpolitischen Konstellationen mit konkreten Ereignissen des Bundesgenossenkrieges. Als bislang einziger Interpret überhaupt datiert Due daher trotz (und nicht gegen) Buchners *Panegyrikos*-Interpretation den *Areopagitikos* in das Jahr 357.

Dues Standpunkt ist insofern zuzustimmen, als er die jeweils überzeugenden Argumente bei Jaeger und Buchner zusammenzuführen versucht. Die folgende Untersuchung der Funktion des Exemplums Sparta in *Areopagitikos* und *Friedensrede* wird zeigen, dass Isokrates auch im *Areopagitikos* die athenische *arché* im Zweiten Seebund ablehnt. Die aufs engste zwischen den beiden Reden abgestimmte Argumentation gegen jede Form der tyrannischen *arché* zeigt sich nicht zuletzt in der Verwendung spartanischer Exempla, die insbesondere in der *Friedensrede* eine zentrale Funktion als Beleg für die These von der Schädlichkeit gewaltsamer Herrschaft erfüllen.

Dennoch wird man Dues Datierung nur insofern zustimmen können, als eine Entstehung der Rede im Jahr 357 nicht ausgeschlossen, aber umgekehrt auch nicht nachgewiesen werden kann. Denn bedenkt man die von Jaeger eindrucksvoll vorgeführte Unschärfe der in beiden Reden präsentierten außenpolitischen Lage, dazu den Umstand, dass selbst bei der Identifizierung des dramatischen Datums einer isokratischen Rede nicht mehr als ein *terminus post quem* für die Entstehung derselben gewonnen ist (ein Punkt, den auch Jaeger, Wallace und Due nicht zur Genüge berücksichtigt haben), so wird man in Anbetracht der inhaltlichen Nähe und der gemeinsamen ‚anti-imperialen' Stoßrichtung beider Schriften hinsichtlich einer (sowohl relativen wie absoluten) Datierung sehr vorsichtig sein müssen. Zudem liegt es in Anbetracht der klaren inhaltlichen Ausrichtung des *Areopagitikos* auf die Innenpolitik, der *Friedensrede* auf die Außenpolitik sehr nahe, zumindest von einer geschlossenen gemeinsamen Konzeption, vielleicht sogar einer gemeinsamen Abfassung beider Schriften auszugehen, wenngleich letzteres Vermutung bleiben muss. Als *terminus post quem* lässt sich das Jaegersche Datum 358/357 festhalten. Eine weitergehende Präzisierung scheint nicht angebracht.

Wichtig für unsere Interpretation der beiden Reden sind diese Präzisierungen zur Frage der Datierung und der jeweils vertretenen außenpolitischen Haltung vor allem deshalb, weil sich (bei einer vorsichtigen Haltung zur Datierung) auf engen Datierungsannahmen beruhende Schlussfolgerungen für die Interpretation (insbesondere was die Verbindungen zu bestimmten athenischen Politikern betrifft) *per se* verbieten. Dadurch rücken die auf einer abstrakten, von der Tagespolitik gelösten Ebene getroffenen Aussagen und Intentionen der Reden, deutlich in den Vordergrund. Mit diesen Fragen befassten sich im Zusammenhang mit der *Friedensrede* in jüngerer Zeit vor allem James Davidson, Ann Michelini und Paul Demont.[33] Davidsons und Demonts Interpretation zur anti-imperialen

---

[33] Davidson 1990, Michelini 1998, Demont 2003.

Zielrichtung der *Friedensrede* und zu deren philosophischer Fundierung stellen die besten Darstellungen dieser Thematik dar, während sich Michelini mit der ungewöhnlich heftigen Kritik des Sprechers der Rede an seinem athenischen Publikum auseinandersetzt.[34] Zum *Areopagitikos* liegt bis heute – mit der Ausnahme eines wenig überzeugenden Aufsatzes von Philip Harding[35] – keine Interpretation vor, die die Schrift nicht primär in den Kontext der athenischen Tagespolitik der 350er Jahre stellen würde.[36]

Trotz der hier vertretenen vorsichtigen Haltung zur Frage der Datierung und der Möglichkeit, konkrete Zeitbezüge in *Areopagitikos* und *Friedensrede* zu identifizieren, sind beide Schriften nicht als völlig losgelöst von der politischen und geistigen Welt ihrer Entstehungszeit zu betrachten. Daher ist ein knapper Überblick über die politischen Ereignisse der 350er Jahre erforderlich.

---

[34] S. dazu u. Kap. B.6.3.

[35] Harding 1988 richtet sich gegen die Annahme einer tagespolitischen Absicht des *Areopagitikos* (sowie aller isokratischen Reden insgesamt). Der Aufsatz (in seinen zahlreichen centoartigen Übernahmen isokratischer Formulierungen selbst eine Isokrates-Adaption) stellt die Rede als Parodie auf die utopistischen, konservativen Staatsentwürfe Platons und anderer vor. Dabei geht er jedoch von gleich mehreren, die Interpretation fatal bestimmenden, Fehlannahmen aus, und die hermeneutische Methode ist auf offensichtliche Weise selbstreferentiell: 1. Die Idealisierung einer *politeía* des Solon hält Harding für einen ausschließlich von Demokraten vertretenen Topos. Tatsächlich ist dieser Topos bei Aristokraten mindestens ebenso beliebt. 2. Hardings Isokrates ist ein Vertreter eben jener Art ‚sophistischer' Rhetorik, die Isokrates seit *Gegen die Sophisten* im Begriff der ‚bloßen *epídeixis*' bekämpft hatte (dazu Pratt 2006, 4–14). 3. Harding hält es für außergewöhnlich (und daher für ein Zeichen der Ironie), dass der isokratische Idealstaat nicht in eine Zukunft sondern in die Vergangenheit projiziert werde (ebd. 20). Tatsächlich wäre aber eine Zukunftsprojektion im griechischen Denken, zumal bei Isokrates und seiner Vorliebe für historische Exempla (vgl. Gillis 1970: 209–210), weitaus ungewöhnlicher. 4. Die Ironie, die Harding dem *Areopagitikos* auch in der Ausdrucksweise zuschreibt, ergibt sich ausschließlich aus Hardings stark tendenziösen (i.e. ironisierenden) Übersetzungen und Paraphrasierungen von im Griechischen durchaus in ernstem Ton gehaltenen Formulierungen sowie aus Kommentaren, die die von Isokrates vorgetragenen Standpunkte aus heutiger – nicht aus zeitgenössischer – Sicht ins Lächerliche ziehen. 5. Als Stütze für seine ironische Lesart der Rede dienen angebliche Parallelen zu aristophanischen Komödien (Harding 1988: 20–21), deren Evidenz fragwürdig scheint. Selbst den in Isokrates' gesamtem Werk zentralen Begriff der *sôphrosýnê* sieht Harding im *Areopagitikos* ironisch aus Aristophanes übernommen (ebd. 22–23).

[36] Besonders deutlich bei Walter 2003. Walters Ansatz, die schwarz-weiß-zeichnende Annahme einer entweder ausschließlichen Ablehnung des Seebundes oder einer unkritisch propagandistischen Unterstützung desselben zugunsten einer differenzierteren und v. a. die politische Ethik der Zeit berücksichtigenden Sicht zu überwinden, stellt fraglos einen Fortschritt gegenüber älteren Interpretationen dar. Nichtsdestoweniger bleibt auch Walter der Ansicht verhaftet, der *Areopagitikos* beziehe sich vor allem auf tagespolitische Gegebenheiten. Die übergeordneten abstrakten Fragestellungen werden dadurch zu wenig berücksichtigt.

B.6.2 Historischer Hintergrund

Spätestens in den Jahren nach Leuktra hatte die athenische Politik als Führungsmacht des Zweiten Seebundes sich im Vergleich zu den Anfangsjahren des Bündnisses gewandelt. Die Schwächung Spartas und des Peloponnesischen Bundes nahm dem Bündnis einen wesentlichen äußeren Existenzgrund.[37] Athen wiederum verfolgte innerhalb wie außerhalb des Seebundes den Ausbau der eigenen Machtstellung. Dabei waren die Athener offenbar in zunehmendem Maße bereit, ihre Interessen auch gegen den Willen der Bündnispartner oder dritter *póleis* durchzusetzen.[38] Dazu kam, dass sich die athenische Kriegführung in immer geringerem Maße aus athenischen Mitteln finanzieren ließ, ein Problem, dem athenische Generäle wie Timotheos[39] dadurch begegneten, dass sie den Unterhalt ihrer (Söldner-)Truppen aus den Mitteln der jeweiligen Ortsbevölkerung bestritten, was fraglos auf den Unwillen dieser Bevölkerung stoßen musste. Kurzum, die athenische Politik war durchaus dazu geeignet, Athen neuerlich in den Ruch des tyrannischen Herren innerhalb des Seebundes zu bringen und den Zweiten Seebund so als Wiederkehr des Delisch–Attischen Bundes erscheinen zu lassen.

Im Jahr 357 gelang es Philippos II. von Makedonien, nach Abschluss eines Bündnisses mit Athens thrakischem Gegner Olynthos,[40] das strategisch und wirtschaftlich wichtige Amphipolis und später auch Pydna zu erobern.[41] Zeitgleich machte sich im Frühjahr 357 der aufständische karische Satrap Maussolos, der seinen Einfluss in der Ägäis auszubauen bemüht war, den Unmut der Bundesgenossen Athens zunutze.[42] Maussolos gelang es, drei der bedeutendsten athenischen Bundesgenossen, die der kleinasiatischen Küste vorgelagerten *póleis* Chios, Rhodos und Kos, zum Austritt aus dem Zweiten Attischen

---

[37] Kleine-Piening 1930: 8.
[38] Zu den Kleruchien s. o. S. 290, 376. Zu Eingriffen in die inneren Angelegenheiten der Bündnispartner vgl. Diod. XV 95,3, Ain. Takt. 11,13–14, I.G. II/III² 179; Mathieu 1925: 113–115, Kleine-Piening 1930: 8–9. Gegen die Annahme eines athenischen ‚Imperialismus' wendet sich dennoch zu Recht die jüngere Forschung (Cargill 1981: 161–188, 192–194, v. a. Dreher 1995: 281–287, Welwei 1999: 296). Allgemein habe Athens geschwächte Stellung im 4. Jh. kein regelrechtes Unterdrückungsregime zugelassen.
[39] Vgl. Isok. XV 109, 111, 120, 124–125.
[40] Dem. II 14, XXIII 108, Diod. XVI 8,3.
[41] Dem. I 5,8, XX 63, Diod. XVI 8,2–3; Oncken 1862: 81–82, Meyer (E.) 1902: 471–472, Jaeger 1940: 149, 174–175 (skeptisch bzgl. Pydna), Welwei 1999: 299, Walter 2003: 83. Noch 358 schien Philippos nach Diod. XVI 4 den Anspruch auf Amphipolis aufgegeben zu haben.
[42] Welwei 1999: 296–297, zu Recht vorsichtig hinsichtlich der konkreten Ziele, die die Bundesgenossen mit Austritt aus dem Seebund verfolgten. Etwas konstruiert wirkt der Versuch bei Oncken 1862: 82–83, 136–139, 144–145, den Abfall der Bundesgenossen mit einer Intervention des Chares in Chios zu begründen. Chares habe von den im Seebund nicht beitragspflichtigen Chiern die Leistung von *syntáxeis* für eine geplante Operation gegen Amphipolis mit Gewalt zu erzwingen gesucht. Dies habe letztlich den Ausbruch des Krieges bewirkt. In Isok. VIII 36 und 46 sieht er eine Anspielung auf diese Aktion des Chares.

Seebund und zu einem Bündnis mit Karien zu bewegen.[43] Dieser Austritt athenischer Verbündeter aus dem Seebund, dem sich rasch auch die für die athenische Getreideversorgung wichtige *pólis* Byzantion anschloss,[44] löste den sogenannten Bundesgenossenkrieg (357–355) aus, der den Zusammenbruch des Zweiten Seebundes einleitete. Dieser Krieg, in dem Athen versuchte, die abtrünnigen Bundesgenossen zum Verbleib im Seebund zu zwingen, verlief für Athen von Beginn an äußerst ungünstig. Im ersten Kriegsjahr scheiterte der Versuch der Belagerung und Einnahme von Chios unter dem Strategen Chares.[45] Die Kriegsgegner Athens begannen daraufhin, Athens wichtigsten ägäischen Bundesgenossen Samos zu belagern und konnten zahlreiche andere Inselpoleis zum Austritt aus dem Seebund bewegen.[46] Athens ägäische Macht begann also sehr schnell zu erodieren, und nach dem Rückschlag von Chios benötigten die Athener fast ein ganzes Jahr, bis sie auf Grundlage neuer Rüstungen wieder aktiv in das Kriegsgeschehen eingreifen konnten.[47] Der neuen Flotte wurden gleich drei Strategen vorangestellt, Timotheos, Iphikrates und Menestheus, die sich rasch mit der Flotte des Chares zusammenfanden, um Byzantion zu belagern und so die Versorgung Athens zu sichern. Dies zwang die athenischen Kriegsgegner zur Aufgabe der Belagerung von Samos. Im Herbst des Jahres 356 kam es so zum Aufeinandertreffen der beiden großen Flottenkontingente bei Embata.[48] Während Chares auf sofortige Entscheidung drängte und mit seinen Flottenkontingenten die Kampfhandlungen auch gleich aufnahm, beschlossen die drei übrigen athenischen Feldherren, wohl aufgrund zu hohen Seegangs, der Schlacht auszuweichen. Dies zwang schließlich auch Chares zum Rückzug, so dass es bei Embata zwar für keine Seite große Verluste gab, die Athener jedoch als die Unterlegenen erscheinen mussten, da sie die Konfrontation mit der gegnerischen Flotte scheuten. Timotheos, Iphikrates und Menestheus wurden daraufhin, wohl auf Betreiben des Chares, in Athen wegen Hochverrats angeklagt.[49] Während Iphikrates und Menestheus freigesprochen wurden, wurde Timotheos zu der horrenden Geldstrafe von 100 Talenten verurteilt[50] – Timotheos ging ins Exil, wo er kurz darauf starb.

---

[43] Dem. XV 3, Diod. XVI 21,1; Schillbach 1868: 5, Tincani 1923: 16, Kleine-Piening 1930: 9, Harding 1988: 19. Dreher 1995: 282 und Grieser-Schmitz 1999: 56 gehen von einer weniger bedeutenden Rolle des Maussolos aus.

[44] Dem. XV 3, Diod. XVI 7,3, 21,1; Bringmann 1965: 58 Anm. 4. Chios, Rhodos und Byzantion hatten sich schon 364 offen für thebanische Bündnisangebote gezeigt (Heskel 1997: 140).

[45] Im Zuge dieses Feldzuges fand der athenische Feldherr Chabrias den Tod (Dem. XX 80–82, Diod. XVI 7, Corn. Nep. Chabr. 4; Mathieu 1925: 115, Kleine-Piening 1930: 10, Welwei 1999: 297).

[46] Diod. XVI 21,2.

[47] Kleine-Piening 1930: 10–11.

[48] Diod. XVI 21,3–4, Corn. Nep. Tim. 3; Kleine-Piening 1930: 12–13, Welwei 1999: 297.

[49] Isok. XV 129, Diod. XVI 21,4, Corn. Nep. Iphicr. 3,3 und Tim. 3,5, Dein. I 14; Kleine-Piening 1930: 14–15, Welwei 1999: 301–302.

[50] Corn. Nep. Tim. 3,5.

B.6.2 Historischer Hintergrund

Nach dem Rückschlag von Embata war Athen nicht mehr in der Lage, das aus Söldnern bestehende Heer des Chares zu finanzieren.[51] Chares begab sich 355, um die Auflösung seines Heeres oder eine Meuterei desselben zu verhindern,[52] mitsamt seinen Truppen in den Dienst des aufständischen persischen Satrapen von Bithynien, Artabazos. Artabazos bot ihm für die Unterstützung im Kampf gegen die königstreuen persischen Satrapen reiche Beute,[53] die es Chares nach dem erfolgreichen Abschluss dieses Auftrags ermöglichte, seine Söldner zu bezahlen und zusätzliche Gelder nach Athen zu senden.[54] Chares' Erfolg (der die eigentlichen ägäischen Kriegsgegner in keiner Weise schwächte) führte indes rasch zur Beendigung des Bundesgenossenkrieges unter für Athen ungünstigen Bedingungen. Denn der persische Großkönig, gegen den sich die Intervention des Chares in Kleinasien gerichtet hatte, schickte Beschwerdebriefe nach Athen, in denen er offen damit drohte, auf Seiten der athenischen Kriegsgegner in den Bundesgenossenkrieg einzutreten, wenn Chares nicht aus Kleinasien zurückberufen werde. Athen war gezwungen, im Sommer 355 einen Frieden zu schließen, der den Austritt der aufständischen Bundesgenossen aus dem Seebund anerkannte.[55] Damit war der Seebund zwar nicht aufgelöst, aber doch nachhaltig geschwächt.[56]

In den Jahren nach dem Ende des Bundesgenossenkrieges kam es in Athen zu einigen Reformen, die mit dem Namen Eubulos verbunden sind. Diese wurden in der älteren Forschung als vorübergehender Sieg der ‚Friedenspartei' gewertet, deren Absichten auch Isokrates' *Areopagitikos* und *Friedensrede* Ausdruck verliehen hätten. Insbesondere die Ausweitung der Befugnisse des Areopag im Jahr 352/351 wurde in diesen Zusammenhang gestellt.[57] Gegen eine solche, sicher zu schematische Sichtweise auf die athenische Politik der 350er Jahre wurden in jüngerer Zeit berechtigte Einwände geäussert,[58] wenngleich eine – nicht als starre Parteienbildung zu verstehende – Opposition zwischen eher machtpolitisch orientierten und eine zurückhaltende Außenpolitik befürwortenden Politikern in jener Zeit nicht von der Hand zu weisen sein dürfte.

---

[51] Diod. XVI 22,1; Welwei 1999: 297–298.
[52] Chares' Truppen hatten zuvor bereits die *póleis* Lampsakos und Sigeion geplündert (Dem. II 28, Theop. FGrH 115 F 105, Corn. Nep. Chabr. 3,4).
[53] Diod. XVI 22,1.
[54] Isok. VII 10.
[55] Diod. XVI 22,2; Kleine-Piening 1930: 17, Jaeger 1940: 144, Welwei 1999: 297–298.
[56] Mathieu 1925: 116, Jaeger 1940: 143–144, 156–157 und 1947, III: 193–196, Oliva 1991: 130, Welwei 1999: 297–298, Demont 2003: 36, Walter 2003: 84, anders Bringmann 1965: 76–78, der davon ausgeht, dass in Athen auch nach Ende des Bundesgenossenkrieges ein nachvollziehbarer Optimismus geherrscht habe. Isokrates bewertet das Ende des Bundesgenossenkrieges in Isok. XV 63–64 implizit als Ende der athenischen Seeherrschaft.
[57] I.G. II² 204, Z. 16–33, dazu Welwei 1999: 307–308. Die These einer Verbindung zwischen Isokrates und der ‚Eubulos-Partei' vertraten Burckhardt 1898–1902, IV: 325, Mesk 1916: 19–20, Burk 1923: 40–42, Kleine-Piening 1930: 73 (mit zirkulärer Argumentation zu Datierung und politischer Absicht der Schrift), Treves 1933a: 306, Bock 1950: 244, Gillis 1970: 198, Engels 1988: 186.
[58] Vgl. dazu allgemein Welwei 1999: 301–308 mit weiterführender Literatur.

B.6.3 Die Inversion demagogischer Rhetorik

Areopagitikos und *Friedensrede* stellen fiktive Reden vor der athenischen Volksversammlung in einem nicht näher bestimmbaren Zeitraum in den Jahren nach 358/357 dar. Es handelt sich um symbuleutische Reden, in denen der Sprecher als Ratgeber und Lehrer seines Publikums auftritt.[59] Die Art und Weise, wie Isokrates in beiden Reden sein Publikum kritisiert, und die Vehemenz der Angriffe gegen die Demagogen und gegen den *dẽmos* sind eher ungewöhnlich.

Isokrates stilisiert *Friedensrede* und *Areopagitikos* als Reden, die in ihrer inhaltlichen Ausrichtung, in ihrer Argumentation und ihrem offenen Ton gegenüber dem Publikum mit allen Gewohnheiten der politischen Rhetorik der Mitte des 4. Jhs. brechen.[60] Dies zeigt sich insbesondere im Proömium der *Friedensrede*.[61] Denn Isokrates distanziert sich dort von zeitgenössischen Politikern, die er als Sykophanten und Demagogen gerade deshalb kritisiert, weil sie eine opportunistische Rhetorik pflegen, die im Interesse der eigenen Stellung vor dem Volk unangenehme Wahrheiten nicht auszusprechen wage.[62] In der *Friedensrede* wird weiter anschaulich gemacht, wie sich diese demagogische Rhetorik in der Haltung zu Krieg und Frieden niederschlage. Die athenischen Politiker sprächen vor der *ekklēsía* nur über die angeblichen rosigen Aussichten in einem möglichen Krieg, sie sprächen über die guten Erfolgsaussichten und weckten die Gier nach Kriegsbeute; sie wagten es dagegen nicht, Gefahren zu benennen.[63] Das ist im Wesentlichen dasselbe Phänomen, das Gunther Martin jüngst in den *ekklēsía*-Reden des Demosthenes am Beispiel der Argumentation mit der ‚Strafe der Götter' anschaulich machen konnte.[64] Die erhaltenen Reden athenischer Politiker vor der *ekklēsía* weisen demnach wenigstens in

---

[59] Schenkeveld 2007: 31–33.
[60] Gillis 1970: 198, Alexiou 2001: 88–89, Hunt 2010: 22, 250, Walker 2011: 103–104. Michelini 1998: 116 stellt einen vorsichtigeren Ton im *Areopagitikos* fest, durch den sich diese Rede als konventionelle *symboulé* erweise. Vorsichtiger ist der *Areopagitikos* jedoch m. E. nur insofern, als er weniger exkursartige Angriffe gegen die Sykophanten und Demagogen enthält. In der Sache ist die Kritik an der athenischen Politik keineswegs weniger scharf als in der *Friedensrede*.
[61] Isok. VII 1–2 (Ablehnung der verbreiteten Meinungen über Athens Lage), 9–10, VIII 3–14, außerdem 36–40, 51–55, 64–66, 121–131; dagegen Isokrates' eigener Anspruch: Isok. VIII 26–27 („[…] γνώμας μεταστῆναι […]", vgl. Isok. XI 3, dazu o. S. 152–154). Martin 2009: 220 mit Anm. 4 schließt die isokratischen Reden aufgrund ihres literarischen Charakters sowie der seiner Ansicht nach eher untypischen und für Rückschlüsse auf die praktische Rhetorik ungeeigneten Verwendung religiöser Argumente aus seiner Untersuchung aus. Für die Bewertung des hier diskutierten Phänomens der praktischen Rede in der athenischen *ekklēsía* erweisen sich Isok. VII und VIII indes gerade als besonders aufschlussreich, wie sich im Folgenden zeigen wird.
[62] Isok. VIII 3–14.
[63] Oncken 1862: 123–125, Mathieu 1925: 118–119, Gillis 1970: 196, Michelini 1998: 122, Schenkeveld 2007: 31–32.
[64] Martin 2009. Martin kommt für die öffentlichen Reden der Zeit zwischen 350 und 330 zu dem Ergebnis, dass es für Redner vor der athenischen *ekklēsía* offenbar nicht opportun (und daher auch nicht üblich) war, Bedrohungsszenarien für die *pólis* Athen explizit auszumalen.

B.6.3 Die Inversion demagogischer Rhetorik

diesem Punkt eben jene Eigenart auf, die Isokrates in *Friedensrede* und *Areopagitikos* als verfehlte Demagogie scharf kritisiert.[65] Diese Distanzierung von der zeitgenössischen politischen Rede zeigt sich in beiden Schriften auch auf der inhaltlichen Ebene. Insbesondere in der *Friedensrede* wird den Athenern das Szenario ihres machtpolitischen Untergangs ausführlich vor Augen gehalten. Thema der Reden ist somit das oben skizzierte ‚Tabu-Thema', die existentielle Bedrohungslage für die *pólis* Athen.

Die Distanzierung von den zeitgenössischen Demagogen weist *Areopagitikos* und *Friedensrede* als unkonventionelle *ekklêsía*-Reden aus. In der fundamentalen Distanzierung von den die öffentliche Meinung beherrschenden Politikern kennzeichnet Isokrates beide Schriften insgesamt als Reden, wie man sie in der athenischen Volksversammlung nicht erwarten dürfte.[66] Damit sind praktisch alle Argumente (zumindest als eine Möglichkeit) unter dem Aspekt zu betrachten, dass sie gerade deshalb Verwendung finden, weil es sich inhaltlich um in der rhetorischen Praxis völlig unübliche, den allgemeinen Ansichten widersprechende Argumente handelt (die demzufolge in den Augen des Publikums paradox erscheinen müssen). Zugleich werden eben diese Argumente durch die einführende Distanzierung des Sprechers von einer (angeblich) verlogenen Demagogie als besonders glaubwürdig, als wahrhaftig stilisiert. Vor dem Hintergrund der bisherigen Untersuchung ist es erwähnenswert, dass die Darstellung der von athenischen Politikern praktizierten Rhetorik als verlogen zweifelsohne im Kontext der isokratischen Definition von *lógos pseudés* und paradoxer Rede zu verstehen ist. Demagogen und Rhetoriker bedienen die Vorurteile und Hoffnungen des *dêmos* wider besseres Wissen, das heißt auch und gerade entgegen ihren eigenen *dóxai* – sie reden daher tatsächlich paradox. Da sie indes die Meinungsführerschaft innehaben, sorgen sie dafür, dass das Paradoxe der Mehrheit als wahrhaftig erscheint und eine an der tatsächlichen Sachlage

---

[65] Interessant ist auch der Kontrast zu Isok. VI. Der Sprecher Archidamos ist, wie o. Kap. B.5.4 gesehen, in der Gestalt eines athenischen Demagogen gezeichnet. Dieser demagogische Sprecher stellt die Lage Spartas trotz ihrer kaum zu übersehenden Trostlosigkeit als ausgesprochen hoffnungsvoll dar. Archidamos beschreibt in der gesamten Rede konsequent den Weg, selbst die größten Bedrohungen für Spartas Existenz als aussichtsreiche Chancen darzustellen (s. o. Kap. B.5.5.2.4) und den Erfolg eines Krieges gegen Theben und seine Verbündeten als beinahe notwendige Konsequenz der gegenwärtigen Schwäche Spartas zu präsentieren (z. B. Isok. VI 40–48) – damit verfolgt er eine paradoxe Argumentation. Auch der Kontrast zur anti-demagogischen Argumentation der *Friedensrede*, in der das Argument der Vergänglichkeit der Macht zur Ablehnung eines Kriegskurses verwendet wird, stützt daher die o. vorgenommene Deutung des isokratischen *Archidamos* als Rede eines Demagogen. Sein paradoxer Optimismus weist ihn als solchen aus.

[66] Isok. VIII 27 (dazu Michelini 1998, v. a. S. 115–118, die eine solche ‚Inversion' typisch symbuleutischer Redeweise v. a. für die *Friedensrede* annimmt, und im *Areopagitikos* aufgrund des konzilianteren Tones dieser Rede ein eher konventionelles Vorgehen konstatiert). Walter 2003: 86 bezeichnet es als „auffällig, wie sich Isokrates in der Friedensrede zum einsamen Rufer der Vernunft stilisiert, der sich gegen einen breiten Konsens […] erst Gehör verschaffen muß." Doch auch im *Areopagitikos* finden sich für eine symbuleutische Rede ganz ‚untypische' Elemente. So bezeichnet Ober 1998: 285 die im *Areopagitikos* präsentierte *dêmokratía* als „inversion of the ideals promoted in genuine fourth-century orations delivered in the Athenian Assembly and people's courts".

orientierte Rhetorik ihr umgekehrt paradox erscheinen muss. Die isokratische Demagogenschelte steht insofern in einer Linie mit der Kritik an den Lehrern der praktischen Rhetorik, wie sie in *Gegen die Sophisten*, *Helena* und *Busiris* sowie im Proömium des *Panegyrikos* betrieben wird. Diese Parallele wird auch hinsichtlich der Zielsetzung rhetorischen Wirkens deutlich, die im *Busiris* ebenso wie in der *Friedensrede* in der positiven Beeinflussung der (falschen) Überzeugungen des Publikums liegt.[67]

Isokrates beansprucht in seinem literarischen Schaffen, anders als die öffentlich aktiven Redner seiner Zeit, bittere Wahrheiten offen beim Namen zu nennen,[68] er stellt sich somit als Kontrastfigur zu den Demagogen und seine Reden als Gegenstücke zu einer paradoxen Rhetorik dar. *Areopagitikos* und *Friedensrede* erlauben daher gerade in dieser Stilisierung als Anti-Demagogie Rückschlüsse auf die politische Stimmung und die rhetorische Praxis zur Zeit ihrer Entstehung. Für unsere Untersuchung ergibt sich die Leitfrage, inwiefern die Präsentation der *pólis* Sparta (und ihres Pendants Athen) in *Areopagitikos* und *Friedensrede* gängigen Klischees und Darstellungen in der zeitgenössischen Literatur und Rhetorik zuwiderläuft.

B.6.4 *Areopagitikos* (Isok. VII)

B.6.4.1 Inhaltlicher Überblick

Im *Areopagitikos* schlägt der Sprecher Isokrates den Athenern innenpolitische Reformen vor.[69] Die konkreten Reformvorschläge beziehen sich in erster Linie auf staatliche Einrichtungen, die die Erziehung (*paideía*) der Bürger im Hinblick auf politisch–moralische Normen und Werte regulieren.[70] Der Reformvorschlag geht mit bisweilen sehr offener und scharfer Kritik an der Verderbtheit der gegenwärtigen politischen Kultur einher.[71]

Im Proömium der Rede (§1–15) begründet der Sprecher, weshalb eine innenpolitische Reform überhaupt notwendig sei. Diese Notwendigkeit wird mit der außenpolitischen

---

[67] Isok. XI 3, VIII 27. In der *Friedensrede* ist die bei Isokrates häufige Stilisierung der Ansichten der Gegenseite (hier: des *dẽmos*) als paradox besonders auffällig und häufig; vgl. bes. Isok. VIII 13, 41–56, 64–69, 121–131; Usher 1999: 302.

[68] Z. B. Isok. VIII 26–27, 41, 61–66, 71–73; Michelini 1998: 122, vgl. Grieser-Schmitz 1999: 174–175, Hunt 2010: 70–71.

[69] Genaugenommen handelt es sich um einen Antrag „περὶ σωτηρίας" (Isok. VII 2). Isokrates spricht dem Antrag also existentielle Bedeutung für Wohl und Wehe Athens zu. Zur Fiktionalität der Rede vgl. Grieser-Schmitz 1999: 147.

[70] Burk 1923: 59–60, Mathieu 1925: 129, 143, Levi 1959: 103, Bringmann 1965: 94–95, Engels: 1988: 187, Mirhady/Too 2000: 183.

[71] Bringmann 1965: 95, Lombard 1990: 77, Grieser-Schmitz 1999: 161, Demont 2003: 42.

B.6.4 Areopagitikos (Isok. VII)

Lage Athens begründet.[72] Die Athener nämlich, so führt Isokrates aus, täuschten sich über ihre innergriechische Machtposition. Sie vertrauten auf ihre *arché*, während sie tatsächlich außenpolitische Rückschläge erlebten und den Hass der Griechen ebenso wie den der Perser auf sich gezogen hätten. (§1–3, 9–10).[73] Eine gewaltsam ausgeübte Herrschaft bringe keinen Nutzen, sondern müsse zwangsläufig Schaden bringen, indem sie die Vernunft der Menschen korrumpiere (§4–10).[74] Weshalb die unvernünftige Politik Athens eine Reform der athenischen *politeía* erfordere, erläutert der Sprecher in §12–15:

> (14) Ἔστι γὰρ ψυχὴ πόλεως οὐδὲν ἕτερον ἢ πολιτεία τοσαύτην ἔχουσα δύναμιν, ὅσην περ ἐν σώματι φρόνησις. Αὕτη γάρ ἐστιν ἡ βουλευομένη περὶ ἁπάντων καὶ τὰ μὲν ἀγαθὰ διαφυλάττουσα, τὰς δὲ συμφορὰς διαφεύγουσα. Ταύτῃ καὶ τοὺς νόμους καὶ τοὺς ῥήτορας καὶ τοὺς ἰδιώτας ἀναγκαῖόν ἐστιν ὁμοιοῦσθαι καὶ πράττειν οὕτως ἑκάστους, οἵαν περ ἂν ταύτην ἔχωσιν.

> (14) Es ist nämlich die Seele[75] einer *pólis* nichts anderes als ihre *politeía*, die eine so große Macht besitzt wie im Körper die Vernunft.[76] Denn sie ist es, die in allen Angelegenheiten Rat gibt und das Gute bewahrt, das Unheil aber abwendet. Ihr müssen sich notwendigerweise die Gesetze und die Politiker und die Privatleute anpassen, und alle müssen so handeln, wie es der [sc. *politeía*] entspricht, die sie haben.

Wenn also eine falsche Außenpolitik Zeichen der Unvernunft ist und die jeweilige *politeía* eines Staates über Vernunft und Unvernunft seiner Politik bestimmt,[77] dann kann nur eine Reform der *politeía* zu einer besseren Ausrichtung der Außenpolitik führen.[78]

---

[72] Diese Begründung stellt somit zugleich die wichtigste Verknüpfung des innenpolitischen Themas der Schrift mit den außenpolitischen Inhalten der *Friedensrede* dar (Hirsch 1966: 107). Lombard 1990: 79–80 sieht darin auch eine Verknüpfung mit dem *Panegyrikos*.

[73] Isokrates hält Athens Lage hier also keineswegs für sicher und den Seebund keineswegs für intakt (Dreher 1995: 20), er beschreibt dies lediglich als Auffassung der Mehrheit. Die Fehleinschätzung der Lage durch die Mehrheit der Athener wird auch in der *Friedensrede* (Isok. VIII 57) thematisiert (Bringmann 1965: 78, Davidson 1990: 32–33).

[74] S. dazu u. Kap. B.6.4.2.1.

[75] Die Vorstellung von der *politeía* als Seele des Staates entspricht in vielem platonischen Vorstellungen (Davidson 1990: 34, Ober 1998: 249, 278); ein ähnlicher Gedanke findet sich auch bei Arist. Pol. 1295a39–b2 (vgl. Silvestrini 1978: 171).

[76] Vgl. die Rolle der Unvernunft in Isok. VII 4–10. Zur Bedeutung der *phrónêsis* bei Isokrates vgl. Zajonz 2002: 121.

[77] Zu betonen ist auch, dass Isokrates die Einfluss der *politeía* auch auf das Handeln der Privatleute ausdehnt (anders Levi 1957: 85). Zudem ist an dieser Stelle ganz besonders offensichtlich, dass mit dem Begriff *politeía* nicht nur die konkreten staatlichen Einrichtungen bezeichnet sind (dazu auch Pointner 1949: 49–84, bes. 49–50). Zum Begriff der *phrónêsis* an dieser Stelle vgl. Arist. EN 1114a25–31 (Zajonz 2002: 121).

[78] Hier wird der schon in Isok. IV 16–17 (s. dazu o. S. 174–176) angesprochene Zusammenhang zwischen Innen- und Außenpolitik näher erläutert (Bringmann 1965: 82, Hirsch 1966: 38, Lombard 1990: 81–82, Grieser-Schmitz 1999: 170, Walter 2003: 89 spricht in diesem Zusammenhang von einem „Primat der Außenpolitik" bei Isokrates, was in Anbetracht der lenkenden Rolle, die bei Isokrates der moralischen *paideía* und damit auch der *politeía* zukommt, nicht ganz zutreffend scheint). Die Stelle macht zudem deutlich, dass mit den im *Panegyrikos* angesprochenen unterschiedlichen *politeíai* weniger verschiedene institutionelle Ordnungen gemeint sind, sondern gerade

Die *politeía* bildet daher den Gegenstand des Hauptteils der Rede (§16–55). Hier erläutert Isokrates ausführlich, an welchem idealen Vorbild sich die reformierte athenische *politeía* orientieren sollte und welches die wesentlichen Elemente der Reform sein müssten. Wie schon im *Panegyrikos* wird der athenische Staat der Zeit vor den Perserkriegen, namentlich als Staat des Solon und des Kleisthenes, als Vorbild präsentiert.[79] Wie im *Panegyrikos* stellt dieser vergangene Staat in allen Bestandteilen eine Kontrastfolie zur Gegenwart des 4. Jhs. dar:[80] Wie bereits häufiger beobachtet, wirft Isokrates der gegenwärtigen Politik vor, sie sei statt der eigentlich demokratischen Ideale (*dêmokratía, eleuthería, isonomía, eudaimonía*) (§20) von ganz gegensätzlichen Eigenschaften (*akolasía, paranomía, parrhêsía*) geprägt.[81] Isokrates vertritt im Hauptteil des *Areopagitikos* dezidiert aristokratische Standpunkte.[82] Diese stellt er jedoch, nicht zuletzt durch die Berufung auf Solon und vor allem Kleisthenes, als urdemokratisch dar.[83]

---

auch die innenpolitischen Gegensätze, insbesondere zwischen Oligarchen und Demokraten. Folgt man der Argumentation in Isok. VII 14, so würde eine gute politische Kultur diese in Isok. IV 16 angesprochenen Parteiungen nicht nur integrieren, sondern vollkommen auflösen. Das Ergebnis wäre das politische Ideal der *homoiótēs* der Bürger, die an dieser Stelle durch die bei Isokrates insgesamt nur siebenmal belegte und meist in politischem Sinne verwendete Vokabel ὁμοιοῦσθαι bereits anklingt. Der Begriff deutet zudem bereits implizit auf die wichtige Rolle der *homoiótēs* als spartanisches Ideal an späterer Stelle der Rede hin (vgl. Isok. VII 61, s. u. S. 407–412).

[79] Isok. VII 16–17. Zu den deutlichen Parallelen des Hauptteils zu Isok. IV 75–81 vgl. Buchner 1958: 85. Buchners Einschätzung, wonach Isok. VII 20–55 nicht mehr als eine Ausarbeitung von Isok. IV 76–79 sei, mag ein wenig einseitig die Bedeutung des *Panegyrikos* betonen – nichtsdestoweniger ist der Hinweis auf die Ähnlichkeit der in *Panegyrikos* und *Areopagitikos* vorgestellten idealisierten Demokratietypen zutreffend. Die Darstellung im *Areopagitikos* erinnert zudem an manche Elemente der im *Nikokles* skizzierten idealen Monarchie (vgl. Isok. III 14–26).

[80] Isok. IV 75–82 (s. o. Kap. B.2.4.4), vgl. auch Isok. XXI 12; Jaeger 1947, III: 177, 182, Classen 2010: 5.

[81] Eine ähnliche Verkehrung der Begriffe in der gegenwärtigen Demokratie wird in Plat. Pol. 560c7–561a4 geschildert (Hirsch 1966: 85).

[82] Heilbrunn 1967: 19–24. Peonidis 2008: 288–290 will im Programm des *Areopagitikos* eine antike Theorie der repräsentativen Demokratie sehen, die sich dezidiert von oligarchischen/aristokratischen Idealen absetze. Dabei versäumt er es aber, zu erklären, was (abgesehen von der banalen Tatsache, dass Isokrates wie die meisten Demokratiekritiker seiner Zeit den eigenen Standpunkt ‚demokratisch' nennt, vgl. Bringmann 1965: 88–89, Schütrumpf 1995) seiner Meinung nach diese ‚repräsentative Demokratie' des Isokrates von dem unterscheidet, was man in der Antike als Aristokratie bezeichnete. Die bloße, aus moderner Perspektive erfolgte, Benennung der isokratischen Ideen als repräsentativ demokratisch kann hier jedenfalls nicht genügen.

[83] Kleine-Piening 1930: 73–74, Ollier 1933: 353, Bringmann 1965: 84–86, Silvestrini 1978: v. a. 172–173, Lombard 1990: 77, Schütrumpf 1995: 290, Michelini 1998: 116, Welwei 1999: 311. Eine konkrete Vorstellung von der Form der solonisch-kleisthenischen Verfassung war nirgendwo in institutionalisierter Weise festgehalten, und schon am Ende des 5. Jahrhunderts, nach dem oligarchischen Regime von 411/10, wurde eigens eine Kommission eingesetzt, die die *pátroi nómoi* zusammenstellen sollte. Ziel dieser Kommission war u.a. die Zusammenstellung einer konsistenten und überschaubaren Sammlung von Gesetzestexten. Auf die *pátrios politeía* beriefen sich ab diesem Zeitpunkt oligarchische ebenso wie radikaldemokratische Kräfte; vgl. dazu Bringmann 1965: 88–92, Hirsch

In §20–35 erläutert Isokrates die Auffassung der Vorväter (i.e. seine Auffassung)[84] vom Verhältnis des Einzelnen zum Gemeinwesen, insbesondere im Hinblick auf die politische und rechtliche Gleichheit (*isonomía*). Ähnlich wie Platon (aber ohne dessen Terminologie von arithmetischer und geometrischer Gleichheit)[85] zieht Isokrates dem egalitären Gleichheitsbegriff der zeitgenössischen Demokraten einen leistungsabhängigen Gleichheitsbegriff im Sinne des *tá heautoũ práttein* vor (§20–21).[86] In der politischen Praxis äußerte sich diese Gleichheitsvorstellung in der Wahl (anstelle der im 4. Jh. üblichen Verlosung) politischer Ämter durch den *dẽmos* und der Rechenschaftslegung der Beamten vor diesem – ein Verfahren, das dem *dẽmos* eine bessere Kontrolle über Befähigung und demokratische Gesinnung (Amtsausübung als *leiturgía* statt als Broterwerb) der Amtsinhaber erlaubt habe (§22–27).[87] In §28–35 wird in ähnlicher Weise die tägliche Lebensführung der Athener unter der idealen *politeía* beschrieben, und zwar im Bereich der Religion (§29–30), der Wirtschaft und des Kreditwesens (§31–35); stets sei das

---

1966: 81–83 (gegen die These bei Ruschenbusch 1958: 406–408, 411–412, 424, Isokrates habe die Identifizierung der *pátrios politeía* mit dem Staate Solons als erster eingeführt), Schütrumpf 1995: 272–273, Grieser-Schmitz 1999: 168, Haßkamp 2005: 42. Zur Wahl des Kleisthenes als Vertreter der *pátrios politeía* vgl. Ruschenbusch 1958: 420, Schütrumpf 1995: 274.

[84] In der älteren Forschung sah man im *Areopagitikos* bisweilen noch ein authentisches Zeugnis für die Gestalt einer älteren, solonischen Form der Demokratie (Dümmler 1890: 19, Mathieu 1925: 146–147, 152) – eine Ansicht, die längst der Erkenntnis gewichen ist, dass Isokrates (wie viele andere Zeitgenossen, die sich der Autorität der Vorfahren bedienten) seine eigenen, utopischen Vorstellungen auf die Folie der ‚*politeía* der Vorväter' projiziert (Burckhardt 1898–1902, IV: 316–318, Bock 1950: 247, Bringmann 1966: 90, Hirsch 1966: 79–80, 96, Engels 1988: 184 mit Anm. 10, Lombard 1990: 77, Too 1995: 92–93).

[85] Vgl. Plat. Gorg. 508a4–8, Nom. 756e8–758a2. Arist. Pol. 1316b40–1318b6 verknüpft die Differenzierung der Gleichheiten mit der Differenzierung politischer Regime; vgl. Dümmler 1890: 15–16, Gomperz 1905/1906: 206, Pointner 1969: 110, Demont 2003: 42. Unterschiedliche Gleichheitsvorstellungen bei Platon und Isokrates glaubte Mathieu 1925: 141 feststellen zu können.

[86] Baynes 1955: 158–159, Buchner 1958: 86, Froidefond 1971: 257, Silvestrini 1978: 174–175, Orth 1997: 181–183, Grieser-Schmitz 1999: 166, Welwei 1999: 311, Demont 2003: 42, eine ähnliche Haltung findet sich bereits in Isok. III 14–15, wo die Differenzierung verschiedener Begriffe von *isótēs* bereits angelegt und die ‚geometrische' Gleichheit allein der Monarchie zugeschrieben wird (dazu Pointner 1969: 110, Ostwald 2000: 28–29). Zur *isótēs* im Verständnis der athenischen Demokratie vgl. Orth 1997: 180–181. Peonidis 2008: 288–289 übersieht die Dichotomie der Gleichheitsbegriffe in Isok. VII 20–21, wenn er Platons und Isokrates' Ablehnung des Losverfahrens unterschiedlich begründet sieht.

[87] Vgl. Hirsch 1966: 87. Das Bild der Ausübung eines Amtes als *leiturgía* taucht ähnlich auch auf in Plat. Nom. 715a–c (Wendland 1910a: 159). Es richtet sich gegen die demokratische Praxis der Diätenzahlungen, indem es den Topos der moralischen Fragwürdigkeit einer profitorientierten Tätigkeit bemüht. Die Exklusivität des Zugangs zu politischen Ämtern wird bekräftigt und verstärkt in Isok. VII 43–45, wo politische Bildung (Philosophie, Rhetorik, Reitkunst als Ausdruck aristokratischer Lebensweise und Kriegführung) ebenfalls nur jenen ermöglicht werden soll, die einer Ausbildung in handwerklichen Berufen aufgrund ihres Wohlstandes nicht bedürften (vgl. Mathieu 1925: 136, Baynes 1955: 158–159, Levi 1957: 88, Bringmann 1965: 86–87, Heilbrunn 1967: 23, Silvestrini 1978: 178, Haßkamp 2005: 20, 85–86).

Handeln aller auf das Wohl des *koinón* ausgerichtet gewesen, da alle verstanden hätten, dass das Wohl der Gemeinschaft auch jedem Einzelnen zugutekomme.

In §36–49 wendet sich Isokrates der Rolle des Areopag in diesem idealen Staat zu.[88] Dieses traditionell aristokratische[89] Gremium der gewesenen Archonten übernimmt in Isokrates' Vorstellung die Aufgabe eines Wächters über *paideía* (§43–45) und Moral (§37, 46–49)[90] der Bürger. Er kontrolliert damit nicht nur das gesetzeskonforme Verhalten der Bürger, sondern gewissermaßen deren gesamte Lebensführung, weshalb das Programm des *Areopagitikos* in der Moderne als autoritär bewertet wurde.[91] Die Gewährleistung einer guten ethischen Verfassung der Bürger mache präzisere gesetzliche Regelungen obsolet, da der Charakter eines Bürgers, nicht die Anzahl der Gesetze, darüber entscheide, ob ein Bürger bereit sei, Gesetze zu übertreten oder nicht (§39–42).[92] In dieser

---

[88] Zur Nähe des isokratischen Areopag zur platonischen Staatsphilosophie v. a. der *Nomoi* vgl. Pointner 1969: 144–147. Haßkamp 2005: 16 sieht die Rolle des Areopag, die Isokrates hier vorstellt, als einen wesentlichen Ursprung der späteren Beurteilung des Gremiums als konservativer Einrichtung. Richtig ist daran wohl, dass der *Areopagitikos* bis heute eine die Auffassungen von der Natur des Areopag wesentlich bestimmende Quelle ist. Dies bedeutet indes keineswegs, dass der Areopag nicht bereits zuvor (und vielleicht zu Recht) als ein aristokratisches Gremium gelten konnte, da sich der Rat aus gewesenen Archonten, das heißt in der Frühzeit aus Angehörigen der beiden oberen Zensusklassen, rekrutierte.

[89] Isokrates benennt Isok. VII 37 *areté* und *sôphrosýnê* als Zugangsvoraussetzungen zum Areopag (vgl. Aisch. Eum. 487), was in der isokratischen Terminologie faktisch Zugehörigkeit zur aristokratischen Elite bedeutet. Arist. AP 23,1–2 versucht die Stellung des Areopag auf dessen Rolle in den Perserkriegen zurückzuführen und ihm so eine besondere *dêmos*-Nähe zu attestieren (Jaeger 1940: 141, Bock 1950: 228–230). Dass man den Areopag, auch in seiner Rolle als Wächter über aristokratische Werte, in den 350er Jahren nicht zwangsläufig mit undemokratischen Ideen verbinden musste, zeigt Dem. XXIII 65–69 – ein für die Rolle des Areopag im Athen dieser Zeit sehr wichtiger Passus: Hier wird der Areopag als von allen Staatsformen respektiertes Gremium beschrieben (Dem. XIII 66); vgl. Martin 2009: 121. Freilich dürfte Demosthenes den Areopag wohl gerade deshalb als Beleg für die Widergesetzlichkeit der Immunität des Charidemos gewählt haben, weil er damit die Autorität eines gerade der politischen Linie des Eubulos nahestehenden Gremiums für seine Sache instrumentalisieren konnte.

[90] Levi 1959: 103, Bringmann 1965: 90, Hirsch 1966: 80, Engels 1988: 184 mit Anm. 10, 187, Too 1995: 213. Isokrates verbindet diesen Aspekt der Kontrolle der täglichen Lebensführung der Bürger durch den Areopag mit der kleisthenischen Demen- und Phylenreform (vgl. Isok. VII 46), deutet diese Reform daher als Mittel zur Sicherung der Kontrolle des *dêmos* durch ein aristokratisches politisches Organ. Die Kontrollfunktion des Areopag über öffentliches und privates Leben der Bürger erinnert auch an Isok. III 52–54, wo von der ständigen Aufsicht des idealen Monarchen über alle Bürger die Rede ist.

[91] Burk 1923: 110–111 (affirmativ), Jaeger 1939: 51–53, Pointner 1969: 124–126, Froliková 1973 (die den Abschnitt über den Areopag sprachlich und gedanklich – zu Unrecht – für nicht-isokratisch hält), Silvestrini 1978: 178. Zu Parallelen zwischen dem Programm des *Areopagitikos* und den platonischen *Nomoi* vgl. Jaeger 1940: 185–186 und Bock 1950: 228.

[92] Die Parallele zu Isok. IV 78 ist an dieser Stelle offensichtlich. Mit der Ablehnung einer großen Zahl von Gesetzen (s. dazu Pointner 1969: 74, 140–141) stellt sich Isokrates einerseits gegen die Praxis immer neuer Gesetzesvorschriften ohne Rücksicht auf Übersichtlichkeit oder Konsistenz des Gesetzeskorpus, wie sie sich in den Jahren der radikalen Demokratie vor 411/10 gezeigt hatte. Er

B.6.4 Areopagitikos (Isok. VII)

Betonung der Moral zeigt sich, dass es im *Areopagitikos* nicht nur um die *politeía*, sondern ebenso um die *paideía* der Bürger als Wurzel derselben geht.

In §50–55 schließlich beschreibt Isokrates die Missstände der Gegenwart. Schuld an der gegenwärtigen Misere seien nicht die Athener der Gegenwart, sondern die unmittelbaren (ὀλίγῳ πρὸ ἡμῶν, §50) Vorfahren, die durch die ‚Entmachtung' des Areopag eine schlechtere *paideía* und infolgedessen geringere *areté* der nachfolgenden Generationen verursacht hätten. Stärken der *politeía* der Vorväter und Schwächen der Gegenwart werden einander zusammenfassend gegenübergestellt.

Es folgt eine exkursartige, proleptische *refutatio* möglicher Kritik an Isokrates' Reform-Vorschlägen (§56–77).[93] Ein Freund habe Isokrates darauf hingewiesen, dass man ihn aufgrund seiner Ideen für einen Anhänger der Oligarchie halten könne (§56–59). Nach einigen Gegenargumenten, die die demokratische Natur seiner Vorschläge betreffen (dazu gehört auch ein bemerkenswerter Abschnitt über den Charakter des spartanischen Staates),[94] versucht Isokrates, unter Beweis zu stellen, dass er der Oligarchie ablehnend gegenüberstehe. Dazu führt er einen Vergleich zwischen der Oligarchie der ‚Dreissig' und der Demokratie der Gegenwart an (§62–69). Diese rhetorische Synkrisis ist in der Vergangenheit wiederholt als Lob des Isokrates auf die athenische Demokratie des 4. Jhs. und somit als Beleg für seine grundsätzlich demokratische Auffassung,[95] die sich

---

wendet sich mit einer gleichzeitigen Ablehnung der ἀκρίβεια τῶν νόμων jedoch andererseits auch gegen Ideen der radikalen Oligarchie. Unter den ‚dreißig Tyrannen' setzte Kritias sowohl die Forderung nach Genauigkeit der Gesetze wie auch Verbote der Interpretation von Gesetzestexten sowie des Rhetorikunterrichtes durch – dies musste dem isokratischen *paideía*-Konzept widersprechen. So erklärt sich auch, weshalb Isokrates den Areopag nicht unverändert in eine Nomophylaktie wiedereinsetzen will, sondern ihm gewissermaßen eine ‚Paideiophylaktie' vorschwebt. Eine ἀκρίβεια τῶν νόμων würde so überflüssig werden – ausdrücklich abgelehnt wird sie jedoch nicht (Jaeger 1940: 141, Buchner 1958: 81–83, Bringmann 1965: 91–94). Hirsch 1966: 97–98 geht irrigerweise davon aus, dass Isokrates sich in der Kritik an Gesetzeskodifikationen gegen den Kern des solonischen Programmes wende (vgl. dagegen zum Charakter der solonischen Gesetze: Hölkeskamp 2005). Isokrates' Kritik an der hohen Zahl der athenischen Gesetze entstammt wohl sokratischer Tradition und erinnert besonders an Plat. Pol. 425b1–427a7 (vgl. Diog. Laert. VI 5; Dümmler 1890: 15–16, Gomperz 1905/1906: 206, Lombard 1990: 84–85, Ober 1998: 282–283).

[93] Zu einem möglichen Bezug dieses Abschnitts zum Prozess gegen Timotheos nach der Schlacht bei Embata vgl. Alexiou 1995: 149. Die beste Darstellung der rhetorischen Funktion des Passus im Rahmen der gesamten Rede bietet Bons 1993: 168–170; vgl. Bringmann 1965: 79–80, Ober 1998: 280–282.

[94] Isok. VII 60–61, s. dazu u. Kap. B.6.4.2.2.

[95] Burk 1923: 189, Buchner 1958: 92–95, Orth 1997: 178, Piepenbrink 2001: 120 Anm. 135, Peonidis 2008: 288. Die Frage, ob Isokrates sich selbst als Demokraten betrachtete, ist nicht zu klären. Zum einen beanspruchten im Athen des 4. Jahrhunderts alle politischen Gruppierungen die Demokratie für sich, zum anderen war der Begriff der Oligarchie eindeutig negativ besetzt, nicht zuletzt durch die Erfahrungen der Jahre 411/10 und 404. Isokrates selbst bezeichnet die ideale *politeía* in Isok. XII 131 als „von Aristokratie durchwirkt".

auch in einer Befürwortung der athenischen Außenpolitik spiegele,[96] interpretiert worden. Eine solche Deutung ist jedoch auszuschließen. Der erklärte Zweck des Vergleichs ist es nachzuweisen, dass Demokratien größeren Nutzen brächten als Oligarchien (§62). Dieser Nachweis wird zwar mit Erfolg geführt; der Oligarchie der ‚Dreißig' wird schärfster Tadel zuteil für ihre gewaltsame und grausame Politik im Inneren wie im Äußeren; die Demokratie erscheint demgegenüber in positivem Licht. Dass diese scheinbar positive Darstellung der athenischen Demokratie des 4. Jhs. jedoch in keiner Weise ein Lob darstellt, erläutert Isokrates selbst ausdrücklich und im unmittelbaren Anschluss an den Vergleich (§71–77): Leute, die viele Dinge falsch machten, pflege er auch im Privaten zu kritisieren – selbst wenn sie wenige Dinge gut handhaben und insbesondere, wenn sie trotz hervorragender Abstammung nur wenig besser seien als die größten Verbrecher (§72). Diesen Gedanken überträgt Isokrates nun auf das *koinón*:

> (73) […] ἡγοῦμαι γὰρ δεῖν ἡμᾶς μὴ μέγα φρονεῖν, μηδ' ἀγαπᾶν, ἢ κακοδαιμονησάντων καὶ μανέντων ἀνθρώπων νομιμώτεροι γεγόναμεν, ἀλλὰ πολὺ μᾶλλον ἀγανακτεῖν καὶ βαρέως φέρειν, εἰ χείρους τῶν προγόνων τυγχάνοιμεν ὄντες· πρὸς γὰρ τὴν ἐκείνων ἀρετὴν, ἀλλ' οὐ πρὸς τὴν τῶν τριάκοντα πονηρίαν ἁμιλλητέον ἡμῖν ἐστιν, ἄλλως τε καὶ προσῆκον ἡμῖν βελτίστοις ἁπάντων ἀνθρώπων εἶναι.

> (73) […] Ich glaube nämlich, wir dürfen uns nichts darauf einbilden und es nicht hochschätzen, wenn wir gesetzestreuer sind als Besessene und Wahnsinnige, sondern viel eher müssen wir verärgert sein und es für schlimm halten, wenn wir uns als schlechter als unsere Vorfahren erweisen: Mit deren Tugend nämlich, nicht mit der Schändlichkeit der ‚Dreißig', müssen wir in Wettstreit treten, zumal es unser Anspruch sein muss, die Besten unter allen Menschen zu sein.

Ganz ausdrücklich wird hier also festgehalten, dass die Synkrisis zwischen jüngerer Demokratie und Oligarchie zwar eine relative Überlegenheit der Demokratie in Hinblick auf Leistungen und Moral beider Systeme belegen könne, dass jedoch die Qualität der Oligarchie als Vergleichsobjekt in keiner Weise erlaube, aus dem Vergleich ein Lob der jüngeren Demokratie abzuleiten.[97] In unmissverständlichen Worten macht Isokrates klar, dass sich ein Lob nur aus dem Vergleich mit einem idealen Vorbild – mit den eigenen

---

[96] Insbesondere das vermeintliche Lob der athenischen *arché* in Isok. VII 69 wurde als Indiz für eine Unterstützung der Seebundpolitik gedeutet (Ollier 1933: 333, Jaeger 1940: 162–163, Buchner 1958: 93–94, Hirsch 1966: 108–110, 112, 118, Wallace 1986: 79, Orth 1997: 179, Grieser-Schmitz 1999: 147–148, Walter 2003: 79–80, 83–84), anders Bringmann 1965: 79–80, Dreher 1995: 20–21.

[97] Heilbrunn 1967: 13–14. Jaeger 1940: 162 sieht die Relativierung des scheinbaren Lobes der Demokratie lediglich durch den Widerspruch begründet, der aufträte, wenn Isokrates die Demokratie hier ohne Abstriche priese, während er in der ganzen Rede diese Demokratie reformieren wollte. M. E. geht diese Interpretation fehl, zumal sie den von Jaeger erkannten Widerspruch nicht zu erklären vermag, sondern lediglich für irrelevant erklärt. Wenn Isokrates die Demokratie und die Seeherrschaft des 4. Jhs. in Isok. VII 62–69 tatsächlich loben wollte, welchen Zweck sollte dann die ganze Rede verfolgen, die mithin keineswegs ausschließlich von demokratischem Geiste geprägt ist? Zu einseitig ist die Deutung bei Dümmler 189: 16–17, der vermutet, Isokrates wolle sich lediglich von Platon absetzen. Baynes 1955: 164 spricht zwar folgerichtig von einer „entirely dishonest laudation", sieht darin jedoch lediglich eine halbherzige Konzession an die Demokraten, deren Wohlwollen Isokrates benötige (vgl. Welwei 1999: 311).

Vorfahren[98] – ergeben könne. Hinter diesem Vorbild jedoch bleibe die jüngere Demokratie weit zurück.

Isokrates versucht sich mit seiner Kritik an der athenischen Politik außerhalb der üblichen Dichotomie von Oligarchie (der ‚Dreißig') und Demokratie (des 4. Jhs.) zu stellen. In seinem Kommentar zu Schlussfolgerungen, die sich aus rhetorischen Vergleichen ziehen beziehungsweise nicht ziehen lassen,[99] spiegelt sich ein politisches Klima, in dem politische Haltungen Einzelner üblicherweise in den starren Schematismus von Oligarchie vs. Demokratie eingeordnet werden. Isokrates, der schon im *Panegyrikos* die starre Dichotomie von Demokratie und Oligarchie im öffentlichen politischen Diskurs kritisiert hatte,[100] versucht hier selbst einen dritten Standpunkt einzunehmen,[101] den er als den Standpunkt der solonisch–kleisthenischen Demokratie bezeichnet. Da er in diesem Zusammenhang die gegenwärtige Demokratie in deutlichen Worten kritisiert, muss er dem naheliegenden – oder im politischen Klima Athens zumindest erwartbaren – Vorwurf begegnen, er wolle oligarchische Verhältnisse einführen. Dies tut er, indem er sich in der Synkrisis in §62–69 unmissverständlich von der Oligarchie distanziert.[102]

Dies aber impliziert kein Lob der Demokratie. Die Oligarchie wird in §62–69 sowohl als verbrecherischer als die gegenwärtige Demokratie wie auch als auf absoluter Ebene ganz besonders tadelnswert präsentiert. Die Demokratie des 4. Jhs. mit diesem Regime der ‚Wahnsinnigen' zu vergleichen, impliziert kein Lob, noch viel weniger aber entkräftet es die in §16–55 formulierte Kritik an dieser Demokratie. Die Einstellung der Athener zur *arché* wird in §62–69 gerade nicht positiv dargestellt, sondern lediglich als ein wenig besser als die absurde Haltung der Oligarchen präsentiert.[103] Die Synkrisis ist damit ein funktionaler Teil im Rahmen der Kritik am zeitgenössischen Athen, indem sie einerseits der Distanzierung des Isokrates von der Oligarchie, andererseits der Bekräftigung der Kritik an der Demokratie dient.[104]

Um zu belegen, dass es die Vorfahren, nicht die Oligarchen sind, mit denen sich die Athener messen lassen müssen, wenn sie auf ihre Taten stolz sein wollen, führt Isokrates im weiteren Verlauf einige Beispiele an, die der Epitaphien-Tradition entnommen sind, also jener Redegattung, die den Athenern als Medium der positiven Selbstdarstellung

---

[98] Dieser Gedanke könnte ursprünglich dem Logos der gefallenen Athener in Plat. Men. 246d1–248d5, v. a. 247a7–c4 entnommen sein (Pohlenz 1913: 293–294 mit Anm.1); vgl. auch Isok. IV 75–81 (dazu o. Kap. B.2.4.4), VIII 82–88 (s. u. S. 418).
[99] Zur Synkrisis in der Lobrede bei Isokrates s. o. Kap. A.3.3.
[100] Isok. IV 16–17 (s. o. S. 174–176).
[101] Bringmann 1965: 84–85.
[102] Vgl. die Begründung für die Einbindung des Vergleichs in Isok. VII 62. Zu den Gründen für Isokrates' Ablehnung der Oligarchie vgl. Due 1988: 87.
[103] Tatsächlich werden sämtliche positiven Aussagen in dem Abschnitt nur in Relation zu den Oligarchen getroffen.
[104] Bons 1993: 170.

nach innen und außen diente (§74–77).¹⁰⁵ Isokrates betont, dass das Vorbild der Vorfahren (das die Athener üblicherweise zum Gegenstand ihres Selbstlobes machten) gerade besonders deutlich zeige, wie weit die Athener der Gegenwart hinter diesen Vorbildern zurückblieben. Implizit ist hier erneut angedeutet, dass eine auf falschen rhetoriktechnischen Annahmen beruhende Argumentation zu einer kontradiktorischen, dem eigenen Anliegen abträglichen Rede führen muss.¹⁰⁶

Vor dem Hintergrund der bisherigen Ergebnisse dieser Studie ist ein letzter Kommentar zu §62–77 des *Areopagitikos* notwendig: Isokrates führt seinem Publikum ganz offen und ausführlich vor, dass ein auf einer Distanzierung von der Oligarchie (allgemein: von einem negativ bewerteten Gegenüber) beruhendes Selbstlob der Athener nichts belegt außer der Minderwertigkeit Athens im Vergleich zum Athen einer früheren Zeit. Diese Demonstration liest sich beinahe wie ein Kommentar zu §100–128 des *Panegyrikos*, wo Isokrates ebenfalls ein solches in Athen übliches Selbstlob in Abgrenzung von einem getadelten Gegenüber vorführt.¹⁰⁷ Auch im *Panegyrikos* gibt Isokrates – durch gezielt

---

¹⁰⁵ Loraux 1981: 220–221 spricht davon, dass der *Areopagitikos* in der Form eines Epitaphios ende. Dies ist jedoch nur dann richtig, wenn man nur auf die Wahl der Exempla achtet, nicht aber auf die Zielrichtung ihrer Verwendung. Das Beispiel der Vorfahren und die Qualität des attischen Landes dienen in den Epitaphien als Elemente des Athen-Lobes – Isokrates macht sie zur Grundlage seiner Athen-Kritik. Nicht in einem Epitaphios, sondern in einem Anti-Epitaphios endet somit die Rede (Michelini 1998: 116, 125). Eucken 1983: 211–212 glaubte, in der Beschreibung der für die Herausbildung tugendhafter Menschen geeigneten attischen Landes in Isok. VII 74–75 einen Anhaltspunkt dafür zu sehen, dass Isokrates sich im gesamten *Areopagitikos* an Platons *Timaios* (Plat. Tim. 24c3–7) anzulehnen und diesen zu übertreffen versuche. Dem frei erfundenen Mythos des platonischen Ur-Athen setze Isokrates sein eigenes mythologisch und historisch belegbares Ur-Athen gegenüber. Eucken datiert den *Timaios* infolge dieser Überlegung vor den *Areopagitikos*. Indes besteht die eigentlich deutliche Parallele zwischen der platonischen und der isokratischen Schrift in der Rolle des weisen Staatsgründers Solon (Plat. Tim. 20d8–e1, 21b7–c2). Isok. VII 74–75 dagegen lehnt sich eher an die chronologisch viel frühere Stelle Isok. XI 11–14 an, wo (ironischerweise und im Gegensatz zu Isok. VII 74–75) nicht das gemäßigte, sondern das üppige, Überfluss bietende Land als ideal dargestellt wird (s. dazu o. S. 121–124). Insgesamt entstammt auch das Motiv der idealen natürlichen Gegebenheiten in Attika der Epitaphien-Tradition. Sowohl Isokrates wie auch Platon greifen darauf zurück. Für eine chronologische Priorität des *Timaios*, und somit für eine Reaktion des Isokrates auf diese platonische Schrift, liegen somit keine stichhaltigen Anhaltspunkte vor. Umgekehrt scheint es noch eher möglich, dass Platon seinerseits auf Isokrates reagiert. In der Rahmenpartie des *Timaios* erwähnt er – keineswegs als zentrales Anliegen des Dialogs – einen urathenischen Staat, der Jahrhunderte vor Solon (der in Isok. VII der Staatsgründer des idealen Staates ist) existierte, und dessen Abbild sich noch in Ägypten (dem Pseudo-Idealstaat in Isok. XI) finde, von wo Solon wiederum seinen Staat kopierte. Will man eine Anspielung auf Isokrates annehmen, so wird bei Platon der isokratische Urstaat Solons zu einer Kopie eines (von Isokrates im *Busiris* verhöhnten) Idealstaatsmodells, das seinerseits als bloße Kopie eines wahrhaften (athenischen) Idealstaates erscheint. Die Beschreibung der isokratischen Staatslehre als Abbild eines Abbildes durch Platon würde sehr gut zu den epistemologischen Differenzen zwischen Platon und Isokrates passen.

¹⁰⁶ Zur enthymematischen Form und Zielrichtung der Synkrisis in Isok. VII 62–69 vgl. Bons 1993: 169–170.

¹⁰⁷ S. o. Kap. B.2.4.6.

gesetzte Schein- und Fehlargumente – Hinweise auf die mangelnde logische beziehungsweise rhetoriktechnische Überzeugungskraft eines solchen Lobes. Tatsächlich sagt Isokrates in §74 des *Areopagitikos*, er habe schon in einer früheren Rede die Ansicht vertreten, dass Athen sich nur an den eigenen Vorfahren messen lassen dürfe – damit kann kaum eine andere Rede gemeint sein als der *Panegyrikos*.[108] Im *Areopagitikos* findet sich eben jene im *Panegyrikos* nur implizit angedeutete Lesart offen vorgeführt. Im *Panathenaikos* wird dieser Standpunkt noch ein weiteres Mal von Isokrates vertreten.[109]

Im Epilog des *Areopagitikos* (§78–84) greift Isokrates den außenpolitischen Kontext seines innenpolitischen Reformvorschlages, den er bereits im Proömium erläutert hatte, wieder auf. Die Wiedererrichtung[110] der *politeía* der Vorväter werde zu denselben Erfolgen führen, die schon jene für Athen erzielt hätten, das heißt zu außenpolitischen Erfolgen vom Format der Siege in den Perserkriegen und insbesondere zur Wiedergewinnung einer auf *eúnoia* und Freiwilligkeit beruhenden *hēgemonía*.[111] Innenpolitisch werde die Reform der gegenwärtigen Not der Bürger Abhilfe schaffen; die Beseitigung der materiellen Not werde die Bürger außerdem in die Lage versetzen, sich wieder stärker dem *koinón* verpflichtet zu fühlen.[112] Die Rede schließt mit dem Aufruf, das Publikum solle über den Reformvorschlag nach seiner *dóxa* abstimmen (§84).

B.6.4.2 Sparta im *Areopagitikos*

Sparta spielt im *Areopagitikos* insgesamt keine besonders prominente Rolle, was angesichts der Fokussierung dieser Schrift auf die athenische Innenpolitik auch nicht weiter verwundert. Nichtsdestoweniger finden sich gerade im *Areopagitikos* zwei besonders

---

[108] Vgl. v. a. das Verhältnis von Isok. IV 75–99 zu 100–128 (s. o. Kap. B.2.4.6–7); Usener (S.) 1993: 253 deutet auch die Kritik am Militärstaat Sparta aus dem *Busiris* (Isok. XI 17–20) in eine solche Richtung: Vergleichsobjekt für Athen dürfe nicht Sparta mit seiner unvollständigen Kopie der ‚*politeía* der Vorväter' sein, sondern nur die ideale politische Kultur selbst dürfe als Vorbild herangezogen werden.

[109] S. dazu u. Kap. B.9.8.1–2.

[110] Markant ist hier die Verwendung des Begriffs der *metabolé* (Isok. VII 78: „μεταβαλῶμεν τὴν πολιτείαν"); vgl. dazu Jaeger 1947, III: 172–173, Lombard 1990: 90, Ober 1998: 282. In früheren Reden, v. a. im *Archidamos* war dieser Begriff noch eindeutig negativ besetzt. Im *Areopagitikos* zeigt sich, dass nicht jede *metabolé* wird von Isokrates abgelehnt, sondern es wird jene *metabolé* befürwortet, die zur ‚*politeía* der Vorväter' zurückführt.

[111] Jaeger 1940: 172–173 Anm 73, Bringmann 1965: 93.

[112] Isok. IV 83. Isokrates rechtfertigt hier ein fehlendes Verantwortungsgefühl der Armen für das *koinón*. Diese müssten sich ununterbrochen um ihr eigenes Überleben kümmern und könnten sich dem *koinón* daher nicht zuwenden. Hierin spiegelt sich auf einer weiteren Ebene die isokratische Auffassung, dass sich nur mit Politik befassen könne, wer materiell ‚ausgesorgt' habe. Zudem aber erinnert der Satz an Isok. IV 95, wo Isokrates den Vorfahren die Auffassung zuschreibt, diese hätten es den politisch unbedeutenden *póleis* zugestanden, sich nicht für das hellenische *koinón* einzusetzen, da sie (nicht in der Lage, sich gegen die Perser zur Wehr zu setzen) das Recht hätten, sich selbst zu retten.

interessante Äußerungen über Sparta und seine staatliche Organisation. Wie so oft bei Isokrates dient der Blick auf Spartas Staat auch hier dem Vergleich mit dem eigentlichen Redegegenstand: Athen.

B.6.4.2.1 Die Schädlichkeit der archḗ I (§4–10)

Der erste für uns interessante Verweis auf Sparta findet sich im Proömium, im Rahmen der dortigen Argumentation, wonach die athenische Zuversicht hinsichtlich der eigenen Machtstellung unvernünftig sei (§4–10). Das gesamte als Enthymem[113] gestaltete Argument gliedert sich in eine analytische Qualifikation der Macht als *per se* schädlich (Propositio), indem sie die Vernunft des Menschen korrumpiere (§4),[114] sowie die Schlussfolgerung (Apodosis), dass die Athener, die im Wissen um diese Qualität der Macht dennoch auf sie vertrauten, als unvernünftig zu bezeichnen seien (§8). Propositio und Apodosis dieses Enthymems werden jeweils durch historische Exempla belegt (§5–7, 9–10).

Zu den für die Richtigkeit der Propositio angeführten Exempla zählt auch die Geschichte Spartas (§7). Um die Zielrichtung der Verwendung des Enthymems präzise bestimmen zu können, soll die gesamte Propositio etwas näher betrachtet werden. Die durch die Exempla zu belegende These des Sprechers lautet:

> (4) [...] τῶν ἀγαθῶν καὶ τῶν κακῶν οὐδὲν αὐτὸ καθ' αὑτὸ παραγίγνεται τοῖς ἀνθρώποις, ἀλλὰ συντέτακται καὶ συνακολουθεῖ τοῖς μὲν πλούτοις καὶ ταῖς δυναστείαις ἄνοια καὶ μετὰ ταύτης ἀκολασία, ταῖς δ' ἐνδείαις καὶ ταῖς ταπεινότησι σωφροσύνη καὶ μετριότης [...].

> (4) [...] kein Gut oder Übel begegnet den Menschen für sich allein, sondern im Gefolge von Reichtum und Herrschaft schreiten Unvernunft und mit dieser Zügellosigkeit einher, im Gefolge von Not und Bedeutungslosigkeit dagegen Besonnenheit und maßvolles Verhalten [...].

Was Isokrates seinem Publikum hier als allgemeines Gesetz präsentiert, erscheint zunächst als paradoxe These – Reichtum und Macht werden als Ursachen mangelnder Vernunft und Moral bezeichnet, also ein (scheinbares) Gut als Ursache von anerkannten Übeln. Umgekehrt erscheinen Armut und fehlender Einfluss als Ursachen der dazu komplementären Güter, der *sôphrosýnê* und materiellen Genügsamkeit. In den folgenden Paragraphen versucht Isokrates zu zeigen, dass es sich um ein nur scheinbares Paradox handelt, indem er seine These mit Exempla belegt, die fraglos allgemeine Anerkennung beim Publikum finden. Dem naheliegenden Eindruck, die *dóxa* erlaube die von Isokrates aufgestellte These nicht (die These sei also paradox), setzt Isokrates also eben diese *dóxa* als *Beleg* für die These entgegen. Er weist damit implizit darauf hin, dass es die scheinbar naheliegende Deutung von Macht und Reichtum als Gut sowie von Armut und

---

[113] Im Sinne der aristotelischen Definition dieses Begriffs (Arist. Rhet. 1355a3–18). Zur davon abweichenden Verwendung des Begriffs ἐνθύμημα bei Isokrates vgl. Bons 1997: 42, 46–48, Roth 2003a: 77–78, Alexiou 2010: 83–84. Ein ähnliches Verständnis findet sich wohl bei Anaxim. Rhet. ad Alex. 1430a23–39 (Differenzierung von *tekmérion*, *enthýmêma* und *élenchos*).

[114] Dieser Gedanke ist an prominenter Stelle vertreten bei Aristoph. Plut. 107–109, vgl. auch Kykl. 316, 335–338.

Machtverzicht als Übel sein müssen, die mit der *dóxa* unvereinbar sind. Implizit wird also die Mehrheitsmeinung als logisches Paradoxon nachgewiesen.

Welche Exempla wählt Isokrates für seine These, wonach aus materieller Macht Unvernunft und Amoralität entstehen? Zunächst eines aus der unmittelbaren Lebenswelt aller Athener: Ein zu großes materielles Erbe bringe die eigenen Nachkommen häufig in Nöte, während ein geringeres Erbteil oftmals die besseren Folgen für die Erben mit sich bringe (§5).[115] Als wichtiger bezeichnet Isokrates jedoch die beiden folgenden Exempla der politischen Geschichte:[116]

(6) Καὶ τούτων ἐνεγκεῖν ἔχω παραδείγματα πλεῖστα μὲν ἐκ τῶν ἰδίων πραγμάτων [...] οὐ μὴν ἀλλὰ μείζω γε φανερώτερα τοῖς ἀκούωσιν ἐκ τῶν ἡμῖν καὶ Λακεδαιμονίοις συμβάντων. [...] Ἡμεῖς τε γὰρ ἀναστάτου μὲν τῆς πόλεως ὑπὸ τῶν βαρβάρων γενομένης διὰ τὸ δεδιέναι καὶ προσέχειν τὸν νοῦν τοῖς πράγμασιν ἐπρωτεύσαμεν τῶν Ἑλλήνων· ἐπειδὴ δ' ἀνυπέρβλητον ᾠήθημεν τὴν δύναμιν ἔχειν, παρὰ μικρὸν ἤλθομεν ἐξανδραποδισθῆναι· (7) Λακεδαιμόνιοί τε τὸ μὲν παλαιὸν ἐκ φαύλων καὶ ταπεινῶν πόλεων ὁρμηθέντες διὰ τὸ σωφρόνως ζῆν καὶ στρατιωτικῶς κατέσχον Πελοπόννησον, μετὰ δὲ ταῦτα μεῖζον φρονήσαντες τοῦ δέοντος καὶ λαβόντες καὶ τὴν κατὰ γῆν καὶ τὴν κατὰ θάλατταν ἀρχὴν εἰς τοὺς αὐτοὺς ἡμῖν κινδύνους κατέστησαν. (8) Ὅστις οὖν εἰδὼς τοσαύτας μεταβολὰς γεγενημένας καὶ τηλικαύτας δυνάμεις οὕτω τάχεως ἀναιρεθείσας πιστεύει τοῖς παροῦσι, λίαν ἀνόητός ἐστιν [...].

(6) Derartige Beispiele aus den privaten Angelegenheiten könnte ich noch zahllose anführen [...]; bedeutender und für die Zuhörer offensichtlicher ist freilich das Beipiel dessen, was uns und den Lakedaimoniern widerfuhr: Wir nämlich erlangten, nachdem die *pólis* von den Barbaren zerstört worden war, die erste Stellung unter den Hellenen durch Furchtsamkeit und Aufmerksamkeit für unsere Angelegenheiten; als wir aber glaubten, über eine unüberwindbare Macht zu verfügen, ist es so weit mit uns gekommen, dass wir um ein Haar versklavt worden wären. (7) Und die Lakedaimonier, die in alter Zeit aus unschönen und unbedeutenden *póleis* sich aufmachten, eroberten aufgrund ihrer selbstbeherrschten und soldatischen Lebensführung die Peloponnes; danach aber bildeten sie sich mehr ein als angebracht, übernahmen die Herrschaft zu Land und zu Wasser und gerieten in die gleichen Gefahren wie wir. (8) Wer also im Wissen darum, dass es solche Umwälzungen gegeben hat und so große Machtstellungen so schnell zerstört wurden, auf die gegenwärtige Lage vertraut, ist nur allzu unvernünftig [...].

---

[115] Dieses Exemplum ist auf den ersten Blick eher ungewöhnlich, insbesondere da es ohne konkretes Beispiel angeführt wird. Man wird kaum davon ausgehen können, dass es man in Athen mehrheitlich annahm, ein großes Erbe bringe den Empfängern tatsächlich regelmäßig Schaden. Isokrates wendet hier das o. (Kap. B.5.5.2.4) erwähnte *reverse-probability argument* auf den Bereich der Privatgeschäfte an. Auf positive Aufnahme dieses Exemplums kann er v. a. deshalb hoffen, weil es wohl an literarische Vorbilder wie den Rollentypus des zügellosen, prassenden Sohnes (z. B. Pheidippides in Aristophanes' Wolken) anknüpft.

[116] Zurecht verweist Lombard 1990: 80 darauf, dass die gemeinsame Anführung von Exempla aus dem privaten und aus dem politisch-historischen Bereich von Isokrates dazu eingesetzt werde, zu zeigen, dass es sich bei der Gefährlichkeit/Schädlichkeit von Reichtum und Macht um eine Grundkonstante des menschlichen Lebens handele, die sowohl auf der Ebene des Individuums wie auch auf der Ebene der Gesellschaft ihre Wirkung entfalte.

Die Geschichte Athens und Spartas soll also die oben aufgestellte These belegen, Macht sei die Ursache von Unvernunft.[117] Die Geschichte beider *póleis* beschreibt Isokrates als Prozess des Aufstiegs zu höchster Macht und des darauffolgenden, durch die sicher geglaubte Machtstellung verursachten Niedergangs, mithin als Prozess der *metabolḗ*.[118] Die enge Verknüpfung der athenischen und der spartanischen Geschichte ist bereits aus den früheren isokratischen Schriften, so zum Beispiel aus dem *Panegyrikos* und dem *Archidamos* bekannt. Die Darstellung der Geschichte beider *póleis* als parallele Fälle, als Exempla für dieselben Muster politischen Handelns und dieselben historischen Konstanten, erinnert jedoch vor allem an den *Plataikos*, wo sie in ganz ähnlicher Diktion und in praktisch demselben Kontext auftaucht.[119] Eine deutliche Parallele zum *Archidamos* besteht in dem Gedanken, das Gute (*agathá*) und Schlechte (*kaká*) trete niemals allein (*autó kath' hautó*, §4) auf.[120]

Neu zu dem bereits bekannten Topos der Vergänglichkeit jeder gewaltsamen Herrschaft tritt im *Areopagitikos* die anthropologische Begründung für diesen Sachverhalt hinzu: Im Mittelpunkt des Argumentes steht die explizite Benennung von Unvernunft (*ánoia*) und Amoralität (*akolasía*, zu verstehen als Zustand der Aufhebung moralischer Normen und als Folge der *pleonexía*)[121] als unmittelbare Folgen materiellen Überflusses (Macht, Reichtum). Indem Isokrates die Geschichte Athens und Spartas als Exemplum für die fatalen Folgen dieser Begleiterscheinungen der Herrschaft (*dynasteía*) anführt, beschreibt er im Umkehrschluss implizit das Verhalten sowohl der Spartaner wie auch der Athener in der Zeit ihrer jeweiligen *archḗ* als von diesen Untugenden geleitet. In dieser Kausalkette von Macht, Unvernunft/Unmoral und Untergang verwendet Isokrates das gleiche Argument in aller Ausführlichkeit auch in der *Friedensrede*.[122] Die vorliegende Stelle stellt insofern einen der zahlreichen Belege für unmittelbare Verknüpfungen zwischen dem innenpolitischen Anliegen des *Areopagitikos* und dem außenpolitischen der *Friedensrede* dar.

An der Beschreibung der Geschichte Athens und Spartas in §6–7 fällt noch ein weiterer Punkt ins Auge: Sie enthält nämlich zweifelsohne neben der Kritik an der *ánoia* und *akolasía* beider *póleis* auch lobende Elemente: So wird Athens Aufstieg zur Macht in der

---

[117] Jaeger 1947, III: 173, Rawson 1969: 39, Lombard 1990: 80.
[118] Schmitz-Kahlmann 1939: 8–9.
[119] Isok. XIV 39–40 (s. o. S. 266–267). Der Darstellung im *Panegyrikos* (Isok. IV 21–128) liegt zwar letztlich derselbe Gedanke der Parallelität zwischen athenischer und spartanischer Geschichte – insbesondere bezüglich der *archḗ* – zugrunde. Dort jedoch ist er gebettet in eine Form, die erst bei genauerer Analyse der verwendeten Argumentationsmittel zu erkennen gibt, dass Athen und Sparta nicht kontrastiert, sondern parallelisiert werden.
[120] Isok. VI 50 (s. dazu o. Kap. B.5.6.3). An den *Archidamos* erinnert außerdem in unserem Abschnitt die Verwendung des Begriffs der μεταβολή als Beschreibung des geschichtlichen Wandels von Machtverhältnissen.
[121] Schmitz-Kahlmann 1939: 16–17.
[122] Isok. VIII 92–111 (s. u. Kap. B.6.5.2.1); Bearzot 2003: 73.

B.6.4 Areopagitikos (Isok. VII)

Perserkriegszeit mit athenischer Vorsorge und Achtsamkeit für die Unberechenbarkeit des Glücks begründet (διὰ τὸ δεδιέναι καὶ προσέχειν τὸν νοῦν τοῖς πράγμασιν, §6). Ebenso ist Spartas Aufstieg auf eindeutig positive Eigenschaften zurückzuführen, auf *sôphrosýnê* und auf die militärische Lebensweise der Spartaner. Den Verfehlungen der jüngeren Vergangenheit, die hier als Folge der *arché* erscheinen, ist wie schon im *Panegyrikos* eine idealisierte Vergangenheit gegenübergestellt, die die Vorfahren zur führenden Rolle in Griechenland qualifiziert habe.[123]

Interessant in der Liste der vier genannten positiven Eigenschaften der athenischen und spartanischen Vorfahren ist vor allem die letzte, die soldatische Lebensführung der Spartaner. Diese war uns bisher vor allem in zwei isokratischen Schriften begegnet – im *Busiris* und im *Archidamos*[124] Im *Busiris* waren Institutionen Spartas (*agôgé*, *syssítia* usw.) als Elemente eines idealen Staates gelobt worden, die allesamt mit der hier gelobten soldatischen Lebensweise unmittelbar zusammenhängen. Und auch der isokratische *Archidamos* lobt die soldatische Organisation der spartanischen Gesellschaft. Die diesen beiden Schriften inhärente Kritik an Sparta als ausschließlichem Kriegerstaat, der allein auf den Krieg ausgerichtet sei, fehlt indes im *Areopagitikos*. Ein Widerspruch in der Bewertung der soldatischen Ordnung Spartas liegt zwischen *Areopagitikos* und *Busiris* dennoch nicht vor: Denn auch im *Busiris* wird die spartanische Gesellschaft für die soldatischen Einrichtungen gelobt, einzig das Fehlen anderer gesellschaftlicher Zwecke wird kritisiert (eine Lesart, die sich ähnlich in der Darstellung Spartas als Söldnerheer im *Archidamos* wiederfindet). Der letztgenannte Punkt wiederum wird im *Areopagitikos* gar nicht thematisiert. Die Darstellung des soldatischen Sparta beschränkt sich auf dessen positive Aspekte, ohne dabei die Schlussfolgerung auszuschließen, dass Spartas aggressive Aussenpolitik (die ja implizit in §7 tatsächlich kritisiert wird) Kritik verdiene.

B.6.4.2.2 Der beste real existierende Staat? I (§60–61)

Auch die zweite Stelle im *Areopagitikos*, an der Sparta eine Rolle spielt, spricht Sparta positive Eigenschaften zu, indes, wie wir sehen werden, auf ganz andere Weise.

Nachdem Isokrates in §15–55 den ‚solonisch–kleisthenischen' Staat als Vorbild für eine Reform der gegenwärtigen Demokratie benannt, dessen Qualitäten beschrieben und die Folgen seiner Auflösung kritisiert hat, befasst er sich in §56–77 in einer proleptischen Verteidigung mit dem Vorwurf, seine Kritik an der gegenwärtigen Demokratie sei *dễmos*-feindlich und oligarchisch motiviert (§57).[125]

In diesem Zusammenhang betont Isokrates zunächst, er habe schon in früheren Schriften dieselben Positionen vertreten (§56).[126] Er präsentiert damit die Haltung, die er

---

[123] Treves 1933a: 304, Lombard 1990: 77–78.
[124] Isok. XI 17–20 (s. dazu o. S. 125–128), VI bes. 81 (s. dazu o. Kap. B.5.6.2).
[125] Zur Funktion dieser Prolepsis auf der dramatischen Ebene vgl. Alexiou 2001: 89–90.
[126] Dass dies als Hinweis insbesondere auf den *Panegyrikos* und das dortige Lob der ‚politeía der Vorväter' zu verstehen ist, haben schon Kessler 1911: 34–35 und später Buchner 1958: 92–95 festgestellt. Interessant an dieser Beobachtung ist für uns vor allem, dass sie sich nicht nur auf das Lob

im *Areopagitikos* gegenüber früherer und gegenwärtiger Demokratie einnimmt, als konsistent zu seinem bisherigen Werk. Dies impliziert, dass sich Isokrates in den folgenden Abschnitten gegen einen Vorwurf wendet, der nicht nur gegen den *Areopagitikos*, sondern auch gegen diese früheren Schriften erhoben werden konnte. Hier könnte man vermuten, dass es sich bei dem gesamten Passus §56–77 nur auf der fiktionalen Ebene des *Areopagitikos* um eine Prolepsis handelt, der Autor Isokrates sich in Wirklichkeit gegen Vorwürfe wendet, die er mit seinen früheren Schriften *realiter* auf sich gezogen hatte.[127]

Wie reagiert Isokrates nun inhaltlich auf den Vorwurf der oligarchischen Agitation und welche Rolle spielt Sparta in diesem Zusammenhang? Isokrates versucht in den §58–61 zu belegen, dass jene (1) Einrichtungen und (2) politischen Prinzipien, deren (Wieder-) Einführung und Beachtung er in der Rede vorschlägt, keineswegs oligarchischen, sondern vielmehr demokratischen Charakters seien. Als eines von zwei Exempla zieht er hierfür – auf sehr ungewöhnliche Weise – den spartanischen Staat heran.

(1) Hinsichtlich der Institutionen betont er zunächst, dass diese allen bekannt seien (§58). Aus der Geschichte der eigenen Vorfahren wüssten die Athener, dass diese Institutionen Athen ebenso wie den übrigen Hellenen großen Nutzen (*pleístōn agathōn*, §59) gebracht hätten, vor allem aber, dass sie von Leuten eingeführt worden seien, deren demokratische Gesinnung außer Frage stehe (§59). Das für die Institutionen gewählte Exemplum ist also das der athenischen Geschichte. In dem impliziten Verweis auf Solon und Kleisthenes, die schon zuvor in der Rede als herausragende Vertreter der ‚*politeía* der Vorväter' benannt wurden,[128] verbindet Isokrates seine Vorschläge mit Exempla, deren ‚demokratischer' Ruf unstrittig ist.[129] Wie schon im Proömium konfrontiert Isokrates eine (implizit) als allgemeine Ansicht referierte Haltung (‚Isokrates' Vorschläge sind oligarchisch.') mit einer damit nicht vereinbaren allgemeinen *dóxa*, nämlich mit der Auffassung, Solon und Kleisthenes zählten zu den Ur-Heroen der athenischen Demokratie. Wieder hat das Argument die Form eines Enthymems, indem die Identifizierung von solonisch–

Athens, sondern konsequenterweise auch auf die Kontrastierung der idealisierten Vergangenheit mit einer kritisierten Gegenwart anwenden lassen muss. Isokrates kritisiert im *Areopagitikos* die gegenwärtige Demokratie. Die ‚*politeía* der Vorväter' lobt er auf eine Art und Weise, die stark an den *Panegyrikos* erinnert (Isok. IV 75–81). Wenn er nun angibt, diese Positionen entsprächen früheren Schriften (wiederholt wird diese Aussage in Isok. VII 77; Due 1988: 85), und wenn wir annehmen, dass er damit nicht zuletzt den *Panegyrikos* meint, dann bestätigt sich an dieser Stelle des *Areopagitikos* die oben gewonnene Interpretation, wonach Isokrates im *Panegyrikos* Kritik am Athen der jüngeren Vergangenheit und Gegenwart übt (s. o. Kap. B.2.5). Einen anderen Standpunkt vertritt Jaeger 1940: 177, der annimmt, Isokrates spiele wie Platon in Plat. ep. VII 326a auf nur mündlich erteilte Lehren an.

[127] Schon in Isok. VII 22–23 argumentiert Isokrates gegen diesen Vorbehalt (Eder 1995: 162, Orth 1997: 182). Auch die isokratische Kritik an der Ämterverlosung war mit dem Vorwurf der oligarchischen Gesinnung konfrontiert (Welwei 1999: 256–257, Haßkamp 2005: 13).

[128] Isok. VII 16.

[129] So beriefen sich auch die ‚radikalen' Demokraten des Jahres 403 auf Solon als Demokratiegründer (Haßkamp 2005: 59–60, 167).

B.6.4 Areopagitikos (Isok. VII)

kleisthenischer Demokratie mit Isokrates' Reformvorschlägen gedanklich vorauszusetzen ist.[130]

(2) Auch hinsichtlich der politischen Prinzipien, die Isokrates im *Areopagitikos* vertritt, betont er explizit, dass diese im Einklang zu seinen früheren Schriften stehen (§60): Oligarchien und *pleonexía* habe er stets kritisiert, Gleichheit (*tás d' isótētas*, §60) und gut verfasste Demokratien dagegen gelobt. Isokrates nennt zwei Beispiele für derartige *politeíai*:

> (61) Οἶδα γὰρ τοὺς δὲ προγόνους τοὺς ἡμετέρους ἐν ταύτῃ τῇ καταστάσει πολὺ τῶν ἄλλων διενεγκόντας καὶ Λακεδαιμονίους διὰ τοῦτο κάλλιστα πολιτευομένους, ὅτι μάλιστα δημοκρατούμενοι τυγχάνουσιν. Ἐν γὰρ τῇ τῶν ἀρχόντων αἱρέσει καὶ τῷ βίῳ τῷ καθ' ἡμέραν καὶ τοῖς ἄλλοις ἐπιτηδεύμασιν ἴδοιμεν ἂν παρ' αὐτοῖς τὰς ἰσότητας καὶ τὰς ὁμοιότητας μᾶλλον ἢ παρὰ τοῖς ἄλλοις ἰσχυούσας· οἷς αἱ μὲν ὀλιγαρχίαι πολεμοῦσιν, οἱ δὲ καλῶς δημοκρατούμενοι χρώμενοι διατελοῦσιν.

> (61) Denn ich weiß, dass sich unsere Vorfahren unter dieser Verfassung[131] weit vor den Anderen auszeichneten und die Lakedamonier deswegen die schönste politische Kultur[132] haben, weil sie eine ausgesprochen demokratische Staatsordnung pflegen. Denn bezüglich der Wahl der Beamten und der täglichen Lebensführung und der anderen Einrichtungen sehen wir doch, dass bei ihnen Gleichheit und Gleichartigkeit mehr als bei den Anderen in Kraft sind. Die Oligarchien nun bekämpfen diese Prinzipien, die aber gut demokratisch sind, leben in Anwendung derselben.

Der zitierte Abschnitt enthält zweifelsohne eine der bemerkenswertesten Aussagen des Isokrates über Sparta.[133] Isokrates belegt den demokratischen Charakter seiner Reformvorschläge mit einem Verweis auf Sparta. In einer Reihe mit der *politeía* der athenischen Vorväter erscheint so ausgerechnet Sparta, der „Hort der Oligarchie",[134] als ideale Demokratie! Das ist fraglos eine sehr ungewöhnliche Art, sich gegen den Vorwurf antidemokratischer Gesinnung zu verteidigen.

Dass Isokrates, der Literat der *dóxa*, die athenische *communis opinio* über Sparta, auf die das Argument beim Publikum trifft, versehentlich nicht berücksichtigt oder sie zwar

---

[130] Die enthymematische Abkürzung des Syllogismus ist schon dadurch sehr gut vorbereitet, dass Isokrates in Verlauf der gesamten Rede seine Vorschläge als Rückkehr zur Demokratie des Solon und des Kleisthenes beschreibt.

[131] Der Terminus ist hier nicht im Sinne einer modernen ‚Verfassung' zu verstehen (vgl. allgemein Bloom 1955: 11–16, Liou 1990). Indem Isokrates hier jedoch vom ‚Zustand' der Demokratie spricht, und dies im Kontext seiner Reformvorschläge hinsichtlich des Areopag, beschreibt der griechische Begriff der κατάστησις hier den institutionellen Zustand, die institutionelle ‚Verfasstheit' der Demokratie – als politischer Terminus kommt diese Verwendung dem modernen Begriff der ‚Verfassung' immerhin sehr viel näher als das üblicherweise mit ‚Verfassung' übersetzte πολιτεία (vgl. Isok. VII 14, s. o. S. 393).

[132] Vgl. den beinahe wörtlich gleichen Ausdruck in Isok. III 24 (s. o. Kap. B.4.1). Zur Bedeutung des Verbs πολιτεύεσθαι bei Isokrates vgl. Liou 1990: 6–9.

[133] Laistner 1927: 108–109, Cloché 1933: 141–142, Bloom 1955: 39–40, Heilbrunn 1967: 13–14, Rawson 1969: 40–41.

[134] Schmal 1996: 655.

erkannt, aber für vernachlässigenswert gehalten haben könnte, ist auszuschließen.[135] Dazu ist die Beschreibung der Spartaner als Demokraten zu pikant. Das athenische Publikum, dessen war sich Isokrates zweifelsohne bewusst, wird diese Beschreibung als paradox, als provokant, ja als Affront empfinden, zumal in einem Kontext, in dem es selbst in seinem Verständnis von Demokratie kritisiert wird.[136] Wir werden uns also fragen müssen, ob er dieses scheinbar so überaus paradoxe Exemplum als valides Argument oder aber als eines jener Fehlargumente, wie wir sie bereits wiederholt im isokratischen Werk vorgefunden haben, konstruiert hat. Diese Frage ist letztlich gleichbedeutend mit der Frage, ob der Autor Isokrates hier eher die *dóxa* seines Publikums (,Sparta ist der Inbegriff der Oligarchie') oder eher die Aussage seines Exemplums (,Sparta ist der demokratischste Staat') bekräftigen will.

Die Art und Weise, wie Isokrates das pointierte Sparta-Exemplum vorbereitet und einführt, lässt keinen Zweifel daran, dass er es als ernsthaftes Argument präsentiert. Der Gedanke an Sparta liegt im Kontext des Reformprogramms im *Areopagitikos* nahe.[137] Dies betrifft insbesondere die zentrale Rolle, die der Areopag im isokratischen Staat spielen soll und die an die Funktion der spartanischen Gerusia denken lässt. Wenn es auch zu weit geht zu behaupten, Isokrates' Vorstellungen von der Rolle des Areopag seien am Vorbild Spartas gewonnen, so ist die Ähnlichkeit beider Organe dennoch unübersehbar.[138] Indem Isokrates nun seinerseits Sparta als Vorbild für eine Demokratie einführt, wirkt er dem tatsächlich zu erwartenden Verweis auf Sparta als Beleg für die oligarchische Natur seines Reformprogramms entgegen.[139] Die Wahl des Exemplums gehört somit unmittelbar zur proleptischen Strategie des ganzen Passus. Durch die Distanzierung von der Oligarchie begegnet Isokrates im Übrigen nicht nur möglicher Kritik von Seiten potentieller ,demokratischer' Leser, vielmehr weist er auch mindestens ebenso wahrscheinliche Vereinnahmungen seiner Schriften von oligarchischer Seite von sich, von jener Seite also, deren Affinität zu Sparta besonders groß war. Diesen hält er demonstrativ (und provokativ) das Schlagwort der spartanischen Demokratie entgegen.

---

[135] Bloom 1955: 39–40 („Nowhere else in all of classical literature did anyone dare to speak of Lacedaemon as democracy, and it was certainly clear to Isocrates that it was not.").

[136] Silvestrini 1978: 173–175, Walter 1996: 435, Ober 1998: 280–281. Isokrates selbst bezeichnet den spartanischen Staat wiederholt als Oligarchie (Isok. III 23–24, VIII 95, 108, XII 204–228 [dort im Kontrast zur Demokratie Athens]); vgl. Kröner 1969: 299.

[137] Rawson 1969: 39–41.

[138] Cloché 1933: 141–142. Eine weitere Parallele sieht Froidefond 1971: 257–259 in der Rolle, die die Priesterkaste im *Busiris* (v. a. Isok. XI 21–29) und der Areopag im *Areopagitikos* einnehmen. Im *Panathenaikos* beschreibt Isokrates ausdrücklich den alten athenischen Areopag und die spartanische Gerusia als identische Institutionen (Isok. XII 153–154), benennt dabei jedoch Athen als den Ursprungsort des Idealstaates.

[139] Cloché 1933: 141–142, Tigerstedt 1965, I: 201. Es ist durchaus vorstellbar, dass Isokrates in der athenischen Öffentlichkeit für seine positiven bzw. scheinbar positiven Urteile über Sparta, insbesondere im *Nikokles* und im *Archidamos*, als Lakonisierer kritisiert wurde.

Der Sprecher muss nun also den Nachweis führen, dass Sparta tatsächlich demokratische Prinzipien vertritt, und er muss dies gegen die Vorüberzeugung seines Publikums tun. Rhetorisch geht er in gewohnter Weise vor. Er konfrontiert die *dóxa* des Publikums über Sparta mit anderen *dóxai* des Publikums, die dieser widersprechen. Isokrates führt somit zum wiederholten Mal die Inkonsistenz verschiedener verbreiteter *dóxai* vor. Er führt demokratische Schlagworte ein, die er auf geschickte Weise mit den Begriffen der Oligarchie und der Demokratie verbindet: *Pleonexía* wird zunächst als typisch oligarchisches Verhalten bezeichnet, was angesichts der negativen Konnotation dieses Begriffs durchaus funktionalen Sinn in einer Rede an ein athenisches (= demokratisches) Publikum ergibt. Jedoch ist zu bedenken, dass Isokrates üblicherweise auch den demokratischen Vertretern des Ersten und des Zweiten Attischen Seebundes ihre *pleonexía* zum Vorwurf macht. Unausgesprochen rücken damit die Demokraten dieser Zeit, die Demokraten der jüngeren Vergangenheit, in die Nähe der hier abgelehnten Oligarchie.[140] In einem zweiten Schritt wird der Begriff der *isótês* mit der Demokratie in Verbindung gebracht. Auch diese Gleichung ist als sehr geschickt zu bezeichnen: Einerseits findet sich hier in der *isótês* der klassisch demokratische Gleichheitsbegriff. Dieser wird – ganz gemäß der zu erwartenden *dóxa* eines demokratischen Publikums – als Eigenschaft der Demokratie dargestellt. Wieder aber schwingt implizit eine etwas andere Aussage mit: Denn der Sprecher hatte zu Beginn der Rede zwei verschiedene Formen der *isótês* voneinander differenziert. Die egalitäre Gleichheit (mithin der tatsächlich demokratische Gleichheitsbegriff) wurde in diesem Kontext abgelehnt und nur eine leistungsbezogene (in Platons Terminologie: geometrische) Gleichheit als wahrhaft demokratischer Wert anerkannt.[141] Bei dieser geometrischen Gleichheit handelt es sich jedoch um ein aristokratisches Ideal.[142] Die Demokratie wird damit implizit mit diesem aristokratischen Gleichheitsbegriff in Verbindung gebracht. Dies bestätigt sich in §61. Dort wird der *isótês*-Begriff erneut verwendet, und zwar im Zusammenhang mit Sparta sowie in Verbindung mit dem Begriff der *homoiótês*, einem eindeutig aristokratischen, vor allem aber spartanischen Ideal.[143] In der Verbindung der Begriffe *isótês* (in §60 noch als Wert der Demokratie benannt) und *homoiótês* (ein spartanisches Ideal) wird der gedankliche Dreisatz geschlossen, der aus

---

[140] Vgl. Jaeger 1947, III: 189.
[141] Vgl. Isok. VII 21–22, Baynes 1955: 158–159, Buchner 1958: 86, Pointner 1969: 110, Welwei 1999: 311.
[142] Zur geometrischen Gleichheit vgl. Plat. Gorg. 508a1–7 (Vernachlässigung der geometrischen Gleichheit durch Kallikles gleichbedeutend mit ἀκοσμία, ἀκολασία, πλεονεξία). Zur arithmetischen Gleichheit als Ideal der Demokratie vgl. Asp. in EN (CAG XIX 1) 178, 19–26.
[143] Mögliche Traditionen, die Isokrates in seiner Begrifflichkeit von *homónoia* und *homoiótês* aufgreift, nennt Bock 1950: 243–246, vgl. auch Pointner 1969: 124–126. Bei Isokrates scheint der Begriff zudem die Einheitlichkeit der politischen Gesinnung, einen bürgerlichen *consensus* zu bezeichnen (vgl. Isok. VII 14 mit der Verwendung des stammverwandten Verbums ὁμοιοῦσθαι). Die Auffassung bei Orth 1997: 178–180 (dagegen schon Grieser-Schmitz 1999: 170–171), wonach Isokrates' Verwendung des *isótês*-Begriffs in Isok. VII 60, 69 ihn als echten Demokraten ausweise, wird somit abzulehnen sein.

Sparta die Vertreterin demokratischer Werte macht. Der darauf folgende Satz stellt Sparta schließlich, wohl um das Gesagte nochmals zu bestätigen, in unmittelbaren Gegensatz zur Oligarchie.

Isokrates verwendet im Kontext dieser Inversion der Begriffe[144] *isótês* und *pleonexía* Schlagworte, die unmittelbar an die Vorstellungswelt, die *dóxai*, des Publikums anknüpfen. Ein demokratisches Publikum wird den Aussagen des ersten Schritts (1) der Argumentation (*pleonexía* = Oligarchie; *isótês* = Demokratie) zustimmen, und es wird seine eigenen *dóxai* darin bestätigt sehen. Im konkreten Kontext des *Areopagitikos* sind (2) die besagten Begriffe jedoch bereits spezifisch definiert (*pleonexía* = gegenwärtige Demokratie; *isótês* = geometrische Gleichheit), und die innere Zustimmung zu (1) impliziert auch eine Zustimmung zu (2). Der Leser wird so dazu geführt, aristokratische Gleichheitsvorstellungen als demokratisch anzuerkennen. Von hier ist es nur noch ein kleiner letzter Schritt zum oben beschrieben Abschluss des Gedankens: Spartas *homoiótês*, Spartas Wahl der Amtsinhaber, und Spartas Einrichtungen sind ideale Ausprägungen des demokratischen Gleichheitsbegriffs. So ist es zutreffend, dass Isokrates' Lob des spartanischen Staates in §60–61 den konservativen Charakter seiner Reformideen aufzeige.[145] Erreicht wird diese Position durch die Verwendung demokratischer Begriffe, die lediglich mit aristokratischen Inhalten aufgeladen werden.

Genau wie in §6–8 erscheint das Exemplum Sparta auch in §60–61 des *Areopagitikos* in unmittelbarem Zusammenhang mit Exempla der athenischen Geschichte. Ebenso wie dort dient das Exemplum dazu, eine scheinbar paradoxe Ansicht als zutreffend (und im Umkehrschluss eine vorgefasste Meinung des Publikums als unzutreffend) nachzuweisen. Und ebenso wie dort verwendet der Sprecher allgemein anerkannte *dóxai*, um diesen Beweis zu führen. Nichtsdestoweniger bleibt die Verwendung des Exemplums Sparta an dieser Stelle problematisch. Denn es ist nicht damit zu rechnen, dass Isokrates' logischer Dreischritt ein durch die demokratische Kultur Athens vorgeprägtes Publikum tatsächlich überzeugen kann – zumal Isokrates sich einigermaßen gewagter begrifflicher Gedankenschritte bedienen muss und Definitionen demokratischer Begriffe voraussetzt, die gegen

---

[144] Diese Inversion von im Athen des 4. Jh. gängigen politischen Begriffen stellt im Werk des Isokrates seit den 350er Jahren ein wiederkehrendes Motiv dar. Isokrates beschreibt seine Neudeutung der Begriffe dabei als Resitituierung einer urprünglichen, ‚natürlichen' (*katá phýsin*, Isok. III 59, XV 283–285, vgl. Isok. IV 76–79, VII 20, XV 159–160, V 9) Begriffsbedeutung und versieht dadurch seine Begriffsverwendungen, die meist Kritik an der gegenwärtigen Demokratie implizieren, mit der Autorität historischer Tradition. Vgl. zu diesem Phänomen die überzeugende Deutung durch Too 2006: v. a. 111–114, 116–120. Zu gänzlich anderen Ergebnissen kommt hinsichtlich des *pleonexía*-Begriffs Bouchet 2007, der jedoch weder den spezifischen Redenkontext der jeweiligen Wortverwendungen berücksichtigt, noch die Möglichkeit einer provokanten Begriffsverwendung überhaupt in Erwägung zieht. Stattdessen betont er jeweils verschiedene Valenzen des *pleonexía*-Begriffs im Singular und Plural.

[145] Mirhady/Too 2000: 196, Anm. 40.

die allgemeine demokratische *dóxa* wohl nur schwer vermittelt werden können. Hierzu ist dreierlei anzumerken.

Erstens: Wie bei allen isokratischen Schriften ist auch hier zu differenzieren zwischen einem fiktionalen Hörerpublikum, das sich zwar möglicherweise durch die affektive Wirkung der Sparta-Pointe beeindrucken (nicht aber überzeugen) lassen könnte, das aber zugleich nicht im Fokus des isokratischen Interesses liegt, und einem Lesepublikum, dessen hermeneutischer Standpunkt eine erheblich höhere Reflexion des Gesagten erlaubt. Das von Isokrates intendierte Lesepublikum besteht aus seinen Schülern, aus gebildeten Athenern und Griechen, denen man tendenziell eher aristokratische Haltungen zuschreiben kann, und die demnach zumindest in der Summe den isokratischen Begrifflichkeiten leichter folgen dürften als das fiktionale Publikum der *ekklêsía*.

Zweitens: Die Verwendung des Exemplums Sparta als ‚demokratisches' Vorbild in §60–61 des *Areopagitikos* muss keineswegs als absolutes Sparta-Lob verstanden werden. Es ist auffällig, dass hier explizit nur Institutionen der spartanischen Binnenorganisation sowie des spartanischen Alltagslebens als Ideale vorgestellt werden. Es handelt sich mithin um dieselben Bereiche, für die Sparta auch schon in früheren Reden positiv erwähnt worden war.[146] Der Bereich der realen (Außen)-Politik Spartas spielt hierbei keine Rolle. Gerade aufgrund seiner Außenpolitik wurde Sparta jedoch in früheren Reden des Isokrates kritisiert. Das vorliegende Sparta-Lob fügt sich somit nahtlos zu der bisherigen Beobachtung, wonach Spartas Institutionen bei Isokrates ein (teilweise relativiertes) Lob erfahren, während Spartas Politik getadelt wird (dieser Aspekt bleibt in §60–61 ausgeblendet). Es sei darauf hingewiesen, dass Isokrates nicht davon spricht, die Lakedaimonier hätten die ‚*politeía* der Vorväter' unverändert bewahrt oder verfolgten deren ideale Außenpolitik. Auch hier bleibt Kritik an Sparta theoretisch möglich – ausgesprochen wird im *Areopagitikos* jedoch nur die Kritik an Athen.[147]

Drittens: Die Möglichkeit, dass Sparta hier nicht uneingeschränkt gelobt werden soll, ist auch aufgrund der besonderen Pointiertheit des Exemplums zu berücksichtigen. Die Athener halten sich selbst für die demokratischsten, die Spartaner für die am meisten oligarchischen Griechen. Wenn Isokrates in einer Rede, in der er den Athenern durchweg vorwirft, sie befolgten ihre eigenen demokratischen Ideale nicht mehr,[148] ausgerechnet Sparta als Vorbild präsentiert, dann kann dies durchaus auch einen zynisch–ironischen Unterton haben: ‚Selbst die Spartaner sind noch demokratischer', scheint Isokrates den Athenern entgegenzuhalten, und er belegt dies mit typisch demokratischen (wenn auch nonkonform definierten) Begriffen.[149]

---

[146] Isok. XI 17–20, IV 75–81, III 23–24, VII 6–8.

[147] Es liegt somit der umgekehrte Fall zum *Panegyrikos* vor, in dem nur Sparta kritisiert wurde, eine gleichlautende Kritik am jüngeren Athen sich aber implizit ergab (s. o. Kap. B.2.5).

[148] Vgl. v. a. Isok. VII 20.

[149] In der um die Mitte der 350er Jahre entstandenen Rede *Gegen Leptines* (Dem. XX 105–111) wendet sich Demosthenes ausführlich gegen die von Isokrates in Isok. VII 60–61 verwendete Form der Argumentation (Lob spartanischer – oder thebanischer – Gesetze zum Zwecke der Kritik an Athen). Ein

Der ironische Charakter des Exemplums in §60–61 wird bestätigt durch §69, wo eine Verbindung zwischen der Oligarchie und der *pólis* Sparta impliziert scheint.[150] Diese Stelle scheint also zu belegen, dass Isokrates Sparta keineswegs für eine Demokratie in Reinform hält. Es ist der relative Vergleich mit Athen, der Sparta demokratischer erscheinen lässt. Dieser Aspekt des Sparta-Exemplums zeigt dessen grundsätzliche Zielrichtung: Es geht nicht um Sparta, sondern um Athen und dessen Form der Demokratie. Isokrates will den Athenern aufzeigen, wie weit Ideal und Wirklichkeit, wie weit der demokratische Anspruch Athens und die demokratische Praxis des 4. Jhs. auseinanderstehen. Das Beispiel Spartas ist zu diesem Zweck äußerst effektvoll eingesetzt. Es sei abschließend noch bemerkt, dass das Exemplum in §60–61 auch in einem erstaunlich engen Zusammenhang zur Synkrisis zwischen der Demokratie der Gegenwart und der Oligarchie der 'Dreißig' in §64–69 steht. Der Vergleich zwischen diesen beiden Polen der politischen Geschichte Athens erweist die Demokratie des 4. Jhs. als die vorzuziehende politische Ordnung. Wie bereits gezeigt, handelt es sich jedoch um kein Lob der Demokratie des 4. Jhs., da der Vergleich mit 'Geisteskranken und Wahnsinnigen' (κακοδαιμονησάντων καὶ μανέντων ἀνθρώπων, §73) kein Lob impliziert. Die Regel, dass sich Lob nur aus dem Vergleich mit Lobenswertem ergeben könne,[151] gilt auch für §60–61: Im Vergleich mit Athen (das Isokrates in der gesamten Rede kritisiert) repräsentiert Sparta noch eher die wahre Demokratie. Das jedoch bedeutet nicht, dass es von Isokrates als idealer Staat beschrieben wäre.[152]

---

unmittelbarer Zusammenhang zum *Areopagitikos* lässt sich zwar nicht nachweisen, da Demosthenes offensichtlich auf eine andere Rede Bezug nimmt und zudem an ganz bestimmte Gesetze denkt, die in diesen Reden gelobt werden, während Isokrates nur in allgemeinen Begriffen von Spartas demokratischer Natur spricht. Nichtsdestoweniger ist eine gegenseitige Beeinflussung beider Reden (in welcher Richtung, lässt sich nicht bestimmen) denkbar (Fisher 1994: 336–337).

[150] Isok. VII 69. Isokrates berichtet von der Rückzahlung athenischer Schulden (aus der Zeit der Oligarchie) bei Sparta durch die Demokraten des Jahres 403 sowie von dem Schutz, den die athenische Demokratie den Spartanern gewährt habe (gemeint ist wohl die Zeit nach der Niederlage Spartas bei Leuktra 371). In beiden Fällen liegt die Pointe darin, dass Oligarchen Hilfe durch die athenische Demokratie erfahren hätten, woraus sich ergibt, dass Sparta hier als Oligarchie dargestellt sein muss.

[151] Isok. VII 71–73; Walker 2011: 111–113. Es ist dies letztlich die Anwendung des Grundsatzes aus Isok. X 14–15, wonach Lob ausschließlich positiv erfolgen könne, auf die rhetorische Synkrisis (s. dazu o. Kap. A.3.3).

[152] Ollier 1933: 354, Jaeger 1947, III: 191; Isok. VII 70–74. Vgl. dazu Isok. VIII 124–131. Dort schildert Isokrates die Lage der Athener in der gegenwärtigen Demokratie ausdrücklich als schlimmer als die Lage von Sklaven unter oligarchischer Herrschaft. Die Formulierung ist stark überspitzt. Dennoch stützt die Stelle die obige Interpretation des scheinbaren Lobes der Spartaner in VII 60–61 als beste Demokraten aus dem *Areopagitikos*. Beide Regimes, das demokratische des 4. Jhs. wie auch das oligarchische, erscheinen letztlich in negativem Licht. Der Vergleichsgegenstand Sparta dient vor allem dazu, den Gegensatz zwischen Anspruch und Wirklichkeit in der gegenwärtigen Demokratie zu illustrieren. Die Demokratie des 4. Jhs. propagiert die Herrschaft des Volkes – und unterdrückt das Volk stärker als die spartanische Oligarchie. Die Verwendung Spartas bzw. der Oligarchie als Exempla in VII 60–61 und VIII 124–131 entsprechen sich gegenseitig.

B.6.5 *Friedensrede* (Isok. VIII)

B.6.5.1 Inhaltlicher Überblick

Die *Friedensrede* befasst sich in erster Linie mit der Außenpolitik Athens. In einer Situation, in der in der Volksversammlung eine Entscheidung über Krieg und Frieden ansteht, und in der die Mehrheit zum Krieg neigt, wendet sich Isokrates[153] an den athenischen Demos mit einem Aufruf zum Frieden. Dabei geht er über den fiktionalen Anlass eines konkreten möglichen Friedensschlusses mit bestimmten Kriegsgegnern hinaus und fordert einen umfassenden, dauerhaften und alle Griechen einbeziehenden allgemeinen Frieden.[154] Diesen Frieden könne Athen herbeiführen, wenn es der gewaltsamen, tyrannischen Form der Herrschaft (*arché*) entsage und sich als Wohltäter und Beschützer der Griechen beweise. Auch in der *Friedensrede*, insbesondere im Proömium, stellt sich Isokrates offen gegen die Mehrheitsmeinung im athenischen *dēmos*, und er verschont die Athener wie im *Areopagitikos* nicht mit scharfer und sehr direkter Kritik.[155]

Im Proömium (§1–14) gibt Isokrates in einer kurzen *captatio benevolentiae* das zentrale Thema seiner Rede an: Kein Rede-Thema sei wichtiger als eine Rede über die Frage von Krieg und Frieden (§1–2). Den gesamten Rest des Proömiums widmet er einer ausführlichen Kritik an den Verhältnissen der athenischen Politik, in der ausschließlich die

---

[153] Too 1995: 45–46, 62–63, 65–66 und 2008: 130–131 geht (ohne nähere Erläuterung) davon aus, dass es sich bei dem Sprecher der Rede um einen – von der *persona* ‚Isokrates' verschiedenen – Anonymos handle. Tatsächlich wird der Name des Sprechers an keiner Stelle der Rede erwähnt. Jedoch gibt es keinen Anhaltspunkt dafür, dass die *persona* des Sprechers sich von der *persona* ‚Isokrates' unterscheiden sollte (die Mehrheit der Interpreten sieht Isokrates als Sprecher, z. B. Harding 1974: 144). Stattdessen wird in der Rede explizit auf frühere Reden hingewiesen, in denen der Sprecher der *Friedensrede* bereits dieselben Positionen vertreten habe (Isok. VIII 65). Sofern man in dieser Aussage nicht lediglich einen leeren Topos sehen will, der auf nicht existente Reden eines nur für die *Friedensrede* erfundenen Sprechers verweise, wird man im Rückverweis auf frühere Schriften ein Indiz dafür sehen müssen, dass es sich bei dem anonymen Sprecher um die *persona* ‚Isokrates' handelt. Dieser vertritt nicht nur in früheren Reden die gleichen Standpunkte, er verweist auch regelmäßig auf seine früheren Reden und auf die Konsistenz seines Werkes. Livingstone 1998: 272–273 weist zu Recht auf Isok. VIII 145 hin, wo der Sprecher auf sein hohes Alter verweist und die Unkonventionalität seiner Rede damit ‚entschuldigt'. Auch dieses Motiv gehört (nach Toos eigener Argumentation ebd. 43–45) zur Konstruktion der *persona* ‚Isokrates'. Zu guter Letzt muss Too 2008: 130–131, um Isok. XV 64 (dazu Moysey 1982: 119–120, 123–124) erklären zu können (wo Isokrates die Aussagen der *Friedensrede* in der 1. Person als eigene Aussagen kennzeichnet), zu dem konstruierten Behelf zurückgreifen, dass Isokrates dort den fiktionalen Rahmen der *Friedensrede* bewusst durchbreche und das Publikum als Autor direkt adressiere. Alle diese Widersprüche und Probleme erübrigen sich, wenn man die *persona* der *Friedensrede* als *persona* ‚Isokrates' auffasst.

[154] Oncken 1862: 116–117, Euler 1883: 17.

[155] Mathieu 1925: 118, Gillis 1970: 196, 198, Hunt 2010: 250.

falschen Ratgeber Gehör fänden (§3–14).[156] Die großen Linien, an denen Isokrates seine Argumentation in diesem Abschnitt ausrichtet, sind bereits aus seinen früheren Schriften bekannt: So wird der *dẽmos* wiederholt dafür kritisiert, dass er im politischen Leben nicht dieselbe rationale Sorgfalt zeige wie in den privaten Geschäften (§4, 13).[157] Es würden nur jene Schmeichler als Redner angehört, die dem *dẽmos* nach dem Munde redeten (§3–5). Diesen Demagogen entsprächen die Kriegstreiber, die dem Volk große Beute versprächen, während umgekehrt die Friedensredner die schwierigere Position der *hêsychía* und des *díkaion* verträten (§5–7).[158] Die Athener werden dazu aufgefordert,

---

[156] Vgl. auch Isok. VIII 51–55, 133; Levi 1959: 73, Davidson 1990: 34 (Meinungsführerschaft der Sykophanten ist Symptom des Niedergangs), Morgan 2003: 203–207 (der *dẽmos* als Tyrann). Walter 2003: 86 zeigt überzeugend den Zusammenhang dieser Kritik mit den kommunikativen Bedingungen der außenpolitischen Entscheidungsfindung in der athenischen Volksversammlung auf. Walters Gedanke lässt sich weiterführen: Die kommunikativen Bedingungen des politischen Prozesses in der athenischen Demokratie sind eine wesentliche Voraussetzung für die isokratische Analogie zwischen Innen- und Außenpolitik. Man hat versucht, die im Proömium und später kritisierten Meinungsführer in Athen zu identifizieren und dabei vor allem die Namen des Chares und des Aristophon genannt (Oncken 1862: 130, 146, Mesk 1916: 13, Cargill 1981: 181 mit Anm. 40, Bianco 2003: 128–129). Eine solche Identifizierung verengt jedoch den Blick. Zwar ist nicht ausgeschlossen, dass Isokrates hier auch an bestimmte Politiker denkt, und in Isok. VIII 55 scheint in der Erwähnung eines *autokrátōr* tatsächlich unmittelbar auf Chares angespielt zu sein (vgl. außerdem Isok. VIII 134 sowie Arist. Rhet. 1418a31–32; Laistner 1927: 122–123; Jost 1936: 145). Nichtsdestoweniger ist kaum zu übersehen, dass Isokrates in der Sykophanten-Schelte des Proömiums eigentlich den gesamten Kommunikationsprozess in der athenischen Demokratie beschreibt. Dies wird besonders deutlich in Isok. VIII 8. Da man eine Beratung (*symboulé*) nur über zukünftige Dinge abhalten könne – hier nimmt Isokrates die aristotelische Definition der symbuleutischen Rede (Arist. Rhet. 1418a22) vorweg – könne man nur auf Grundlage der *dóxa*, nicht aber der *epistémē* beraten. So verweist Isokrates auf seinen epistemologischen Standpunkt der Orientierung an der *dóxa* (Böhme 2009: 31–33 mit Anm. 172). Ebenso wie der konkrete Anlass der Rede, die Entscheidung über Krieg oder Frieden mit den abtrünnigen Bundesgenossen, ausdrücklich zugunsten einer Rede für einen allgemeinen und ewigen Frieden transzendiert wird, so weist die Kritik an den Kriegstreibern über die konkrete Redesituation hinaus und thematisiert die fatale Rolle, die die persönliche Motivation der Redner auf die Qualität ihrer Argumente hat. Ein Redner, der nur darauf blickt, wie er dem Publikum gefallen kann, wird nicht das Nützliche zum Maßstab seiner Rede machen, sondern das Gefällige, mithin die vorgeprägten Urteile in seinem Publikum (die er bedienen wird). Ein nützlicher Ratschlag kann aber nur von einem Redner kommen, der das Nützliche zur Grundlage seines Standpunktes macht. Im Zweifel, so das Ergebnis des ganzen Abschnitts (Isok. VIII 10–11), wird dies nicht der Schmeichler, sondern der Kritiker sein. Auf einer abstrakten Ebene wird hier also vom Nutzen der Opposition gegen falsche *dóxai* des Publikums in symbuleutischen Reden gehandelt. Die Frage, welche konkreten Politiker damit kritisiert sein könnten, tritt demgegenüber in den Hintergrund.

[157] Vgl. auch Isok. VIII 12, 133, VII 24–25. Die Gedankenführung basiert auf der bei Isokrates so prominenten Differenzierung von *koinón*, *ídion* und *allótrion* (s. Exkurs I, Kap. D.1.1), vgl. auch zu dieser Stelle Bloom 1955: 23.

[158] Zur Identifizierung der Sykophanten mit den Rednern der ‚Kriegspartei' und zugleich den Demokraten vgl. Kleine-Piening 1930: 25, 31, Davidson 1990: 33, Too 1995: 93–98, Bearzot 2003: 69. Silvestrini 1978: 169–170 wertet die *Friedensrede* als Beleg für eine politische Marginalisierung der Aristokraten in der Zeit des späten Zweiten Seebundes. Zu materiellen Interessen des *dẽmos* im

nicht nur den schmeichlerischen Demagogen, sondern auch den Kritikern zuzuhören (§ 10–11).[159] Die Bevorzugung der Schmeichler durch den *dēmos* wird in § 13–14 schließlich unmissverständlich als paradoxe Haltung gekennzeichnet:

> (13) [...] ὅταν δ' ὑπὲρ τῆς πόλεως ἐκκλησιάζητε, τοῖς μὲν τοιούτοις ἀπιστεῖτε καὶ φθονεῖτε, τοὺς δὲ πονηροτάτους τῶν ἐπὶ τὸ βῆμα παριόντων ἀσκεῖτε καὶ νομίζετε δημοτικωτέρους εἶναι τοὺς μεθύοντας τῶν νηφόντων καὶ τοὺς νοῦν οὐκ ἔχοντας τῶν εὖ φρονούντων καὶ τοὺς τὰ τῆς πόλεως διανεμομένους τῶν ἐκ τῆς ἰδίας οὐσίας ὑμῖν λειτουργούντων [...]. (14) Ἐγὼ δ' οἶδα μέν, ὅτι πρόσαντές ἐστιν ἐναντιοῦσθαι ταῖς ὑμετέραις διανοίαις καὶ ὅτι δημοκρατίας οὔσης οὐκ ἔστι παρρησία πλὴν ἐνθάδε μὲν τοῖς ἀφρονεστάτοις καὶ μηδ' ὑμῶν φροντίζουσιν, ἐν δὲ τῷ θεάτρῳ τοῖς κωμῳδοδιδασκάλοις· ὃ καὶ πάντων ἐστὶ δεινότατον, ὅτι τοῖς μὲν ἐκφέρουσιν εἰς τοὺς ἄλλους Ἕλληνας τὰ τῆς πόλεως ἁμαρτήματα τοσαύτην ἔχετε χάριν, ὅσην οὐδὲ τοῖς εὖ ποιοῦσι, πρὸς δὲ τοὺς ἐπιπλήττοντας καὶ νουθετοῦντας ὑμᾶς οὕτω διατίθεσθε δυσκόλως ὥσπερ πρὸς τοὺς κακόν τι τὴν πόλιν ἐργαζομένους.

> [...] wenn ihr aber für die *pólis* in der Volksversammlung zu Rate sitzt, dann traut ihr solchen Leuten [sc. den im Privaten herangezogenen kritischen Ratgebern] nicht und seid ihnen missgünstig, die Schändlichsten aber unter denen, die das Rednerpodest betreten, hofiert ihr und haltet für volksfreundlicher die Betrunkenen als die Nüchternen, jene, die keinen Verstand besitzen, als die Wohlverständigen und jene, die Staatseigentum unter sich aufteilen, als jene, die euch von ihrem Privatbesitz Leiturgien leisten [...]. (14) Ich aber weiß, dass es schwierig ist, euren Auffassungen entgegenzutreten und dass trotz der bestehenden Demokratie keine Redefreiheit herrscht außer einerseits hier [sc. in der Volksversammlung] für die Unvernünftigsten, die sich um Euch nicht scheren, andererseits im Theater für die Komödiendichter;[160] was aber am allerschlimmsten ist: Jenen, welche die Verfehlungen der *pólis* zu den anderen Griechen hinaustragen, seid ihr so dankbar wie nicht einmal euren Wohltätern; jedoch gegen die, die euch tadeln und den Kopf zurecht rücken, seid ihr so unwillig gesinnt wie gegen Leute, die der *pólis* etwas Übles antun.

Auch wenn der Begriff des Paradoxen hier nicht auftaucht: Sowohl in der Metapher von den Betrunkenen und den Nüchternen wie auch in der Kritik am Umgang mit Vernunft und Unvernunft wird der paradoxe Charakter des Verhaltens der Athener in der

---

Zweiten Attischen Seebund vgl. Badian 1995: 99–101. Isokrates' Demagogen-Kritik in Isok. VIII 3–14 versucht, das Bild einer ‚Kriegspartei' zu zeichnen. Dies bedeutet nicht die faktische Existenz einer solchen ‚Partei' im zeitgenössischen Athen, es belegt vielmehr lediglich, dass Isokrates für die politische Lage Athens eine ‚Kriegspartei' verantwortlich machen will, und dass er ein solches Argument zumindest nicht für gänzlich unglaubwürdig hält. Kritik an Demagogen, die unangenehme Wahrheiten in öffentlichen Reden verschwiegen, um den Zuhörern *hēdoné* zu verschaffen, findet sich wenige Jahre später (und in der Frage der Kriegsrüstungen aus gegensätzlicher Position) auch bei Dem. IV 38–39.

[159] Vgl. Isok. VIII 36–40, 70–73, XV 17 (dazu Too 1995: 68). Die Kritiker werden in VIII 40 in Analogie zu den Ärzten gestellt (ähnlich Isok. XV 181). Dieser Gedankengang findet sich ähnlich auch bei Plat. Gorg. 464b, wo die *dikaiosýnē* – die auch in der *Friedensrede* eine zentrale Stellung einnimmt – als Heilkunst für die politischen Verhältnisse, die Gesetzgebung als Übung in der politischen *téchnē* erscheint (Laistner 1927: 144, Michelini 1998: 121–122).

[160] Zur Bewertung der Komödie an dieser Stelle vgl. Too 1998: 98.

Volksversammlung deutlich.[161] Dieses Verhalten selbst wird ebenfalls als paradox geschildert – die Kritiker im Inneren (also Isokrates, der seine Kritik vor der Volksversammlung übt)[162] werden abgelehnt, während man diejenigen hofiere, welche die Kenntnis von Athens Verfehlungen unter den Griechen verbreiten.[163]

Isokrates zeigt die paradoxe Natur des politischen Verhaltens der Athener an, indem er es mit dem privaten Verhalten der Athener vergleicht. Er setzt der einen (falschen, paradoxen) Auffassung des Publikums („Nur den Unvernünftigen ist im Staate Glauben zu schenken.') eine weitere, unumstrittene Auffassung entgegen („den Unvernünftigen ist im Privaten nicht zu trauen.'). Wir werden sehen, dass Isokrates diese Form der ‚Widerlegung' allgemeiner Ansichten durch Konfrontation mit diesen widersprechenden, ebenfalls allgemein akzeptierten, Ansichten über die gesamte Rede hinweg anwendet.[164] Die Methode des Nachweises einer inkonsistenten öffentlichen *dóxa* beziehungsweise eines Widerspruchs zwischen anerkannten *dóxai* und politischem Handeln ist uns bereits als elementare Methode der Argumentation im *Areopagitikos* begegnet. Sie stellt die von Isokrates favorisierte Methode der Widerlegung paradoxer *hypothéseis* und Argumentationen dar. In der *Friedensrede*, in der die Widerlegung solcher Paradoxien ein wesentliches Hauptziel darstellt, wird sie zur wichtigsten argumentativen Methode.[165]

In §15–16 (*Propositio*) präsentiert Isokrates seine *hypóthesis*: Nicht nur mit den gegenwärtigen Konfliktgegnern, sondern mit allen Menschen[166] müsse Athen Frieden schließen, und zwar einen Frieden nach den Regelungen des Königsfriedens von 387/386,

---

[161] Laistner 1927: 81–82 verweist hinsichtlich des Bildes von den Betrunkenen auf eine Parallele in Plat. Nom. 639d und nimmt eine Anspielung auf die Folgen der Arginusen-Schlacht an, über die Arist. AP 34,1 berichtet, ein möglicher für Athen günstiger Friedensschluss sei infolge eines Auftritts des betrunkenen Kleophon vor der *ekklēsía* nicht zustande gekommen.

[162] Damit ist – zumindest auf der dramatischen Ebene – das Publikum als rein athenisches gekennzeichnet (Mathieu 1925: 116, 118, Gillis 1970: 195–196, Michelini 1998: 122–123).

[163] Diese Verbreitung der Kunde von athenischen Verbrechen findet freilich nicht, wie vorgeschlagen wurde (Pinto 2006: 65–66), in Form demokratiekritischer Schriften statt, sondern vielmehr unmittelbar durch die aggressive Außenpolitik Athens selbst. Politiker, nicht Demokratiekritiker sind es, die hier kritisiert werden. Als Kritiker nämlich stellt sich Isokrates hier selbst dar. Dieses Bild wird an späterer Stelle nochmals verwendet, vgl. Isok. VIII 70–73 (s. u. S. 418), wo Isokrates sich als einen kritischen Ratgeber darstellt, den man – gehe es um private Fragen – einem Denunzianten gewiss vorziehen würde.

[164] Vgl. dazu z. B. Hirsch 1966: 121–122, Usher 1999: 302, Morgan 2004: 143–144: „All these passages make the same argument: the Athenians use different standards in different situations and this means that their decisions and policies are incoherent".

[165] Too 2008: 192 weist auf die Kritik an inkonsistenter Rhetorik in Isok. XV 203, 243–253 hin, die sich auch in Isok. VIII 114 spiegele. In Isok. IX 44 werde umgekehrt ein konsistentes Verhalten des Euagoras gelobt. Too geht jedoch davon aus, dass sich Isokrates an seine Forderung nach Konsistenz im Denken und Handeln sowie zwischen Denken und Handeln selbst nicht gebunden fühle, so dass er seine epideiktische Rhetorik nach antilogischem Muster aufbaue. Die vorliegende Untersuchung kommt zu einem anderen Ergebnis. Gerade die Konsistenz des isokratischen Werkes wird – insbesondere im Hinblick auf die Urteile über Sparta – immer wieder betont (s. dazu u. Kap. C.2.1).

[166] Hiermit sind wohl nur die Griechen gemeint, vgl. Isok. VIII 71; Grieser-Schmitz 1999: 172, 177.

der die *autonomía* der *póleis* sowie das Verbot von Besatzungen und Kleruchien gewährleiste.[167]

Zu Beginn des Hauptteils der Rede (§17–24) erörtert der Sprecher zunächst die Nützlichkeit des konkreten, zur Debatte stehenden Friedens mit den Bundesgenossen, danach (§25–56) auf abstrakter Ebene die grundsätzliche Nützlichkeit des Friedens respektive die Schädlichkeit einer von *pleonexía* geleiteten Politik.[168] In diesem Kontext wendet er sich gegen die Annahme, die Athener müssten sich am Vorbild des Ersten Seebundes orientieren; stattdessen stellt er der politischen Misere der Gegenwart (die er anhand des Söldnerwesens, der Abhängigkeit vom persischen Großkönig und der Aufnahme von Nicht-Athenern in die Bürgerschaft exemplifiziert) das Vorbild der Vorfahren bis zur Zeit der Perserkriegsgeneration gegenüber (§36–57).[169] In der *Antidosis*, in der Isokrates diesen Abschnitt (§25–56) als zentral und repräsentativ für die ganze *Friedensrede* zitiert, nennt Isokrates dessen drei wesentliche Zwecke: (1) Den Nachweis (*epídeixis*), dass der Frieden von Vorteil sei; (2) die Anklage (*katēgoría*) jeder Form der *arché* von Griechen über Griechen sowie der Seeherrschaft als *tyrannís*; (3) die Vergegenwärtigung (*anamimnéskein*) der historischen Evidenz der Schädlichkeit der *arché* für ihre Träger.[170]

Es folgen proleptische Reaktionen auf mögliche Gegenargumente, die wir schon in früheren Schriften als gängiges Element der isokratischen Komposition kennengelernt haben (§57–70). Ein erster fiktiver Kritiker wird schnell widerlegt: Die gegenwärtige Machtstellung Athens könne nicht die Richtigkeit des außenpolitischen Kurses belegen, da sie Folge der Fehler der Gegner Athens sei – auf die Fehler der anderen aber könne, wer auch nur ein wenig Vernunft besitze (τοὺς καὶ μικρὰ λογίζεσθαι δυναμένους, §60), seine Hoffnung nicht setzen (§57–60).[171] Der zweite, verständigere ([...] τις [...] τῶν ἐπιεικέστερον διακειμένων, §61) Kritiker fordert Isokrates auf, seine Kritik mit konstruktiven Handlungsanweisungen für die athenische Außenpolitik zu verbinden

---

[167] S. dazu o. Kap. B.3.1.

[168] Dabei wird auf die Politik Athens im Delisch-Attischen Seebund angespielt (Levi 1959: 79). Bringmann 1965: 51 sieht den Gedanken der Schädlichkeit jeder *arché* in Isok. XIV 25 bereits angelegt. Cloché 1943: 284–287 glaubte, in Isok. VIII 17 einen Beleg dafür zu sehen, dass Isokrates in der *Friedensrede* nur für die athenischen Bundesgenossen die Autonomie fordere. Allerdings übersieht er, dass Isok. VIII 15–16 deutlich betont, dass die *Friedensrede* über diesen schmalen Rahmen weit hinaus auf einen Frieden für alle Griechen abzielt.

[169] Kessler 1911: 33. Die Gegenüberstellung greift im Wesentlichen dieselben Motive auf, die im *Areopagitikos* in diesem Zusammenhang genannt werden: Neben der allgemeinen Kritik an der Polisordnung in Isok. VIII 49 (vgl. VII 11–15) ist die Kritik an der Ämtervergabe an korrupte und inkompetente Bürger in Isok. VIII 50, 52 (vgl. VII 21–23) zu nennen. Die Erwähnung, Redner für den Frieden würden als Oligarchen verleumdet (vgl. Isok. VIII 51), erinnert an die Verteidigung gegen den Vorwurf oligarchischer Gesinnung in Isok. VII 56–59.

[170] Isok. XV 64.

[171] Vgl. dazu erneut die ‚Verteidigung' der *arché* in Isok. IV 100–109 (s. o. Kap. B.2.4.6), die zu weiten Teilen darauf beruht, die Fehler Spartas zum Bewertungskriterium der athenischen *arché* zu machen, und die sich aufgrund dieser von Isokrates wiederholt als unwirksam bzw. kontraproduktiv bezeichneten Argumentation als nicht überzeugend erweist.

(§61–62).¹⁷² Diese Aufforderung führt Isokrates schließlich zur zentralen politischen These seiner Schrift, in der er jenen politischen Kurs benennt, der den angestrebten dauerhaften Frieden unter den Griechen ermöglichen soll; seinen Standpunkt erklärt er ein weiteres Mal für schwer vermittelbar, da er mit Kritik an Athen einhergehe (§62). Ausgangspunkt für die These ist abermals (1) eine allgemein anerkannte *dóxa*, die mit (2) einer von Isokrates gegen die Mehrheitsmeinung formulierten These verbunden wird: (1) Zur *eudaimonía* führten bekanntlich die ‚Kardinaltugenden';¹⁷³ (2) diese aber seien nur vertreten, wenn man das Streben nach der Seeherrschaft aufgebe (§64).

In §65–73 reflektiert Isokrates erneut seine Position und seine Motivation als Redner. Indem er sich kritisch gegen die Athener wende, beweise er seine Glaubwürdigkeit, da er bewusst das Risiko eingehe, Widerspruch zu erregen (§65–69).¹⁷⁴ Zudem beweise sein Auftritt vor der *ekklēsía*, dass er Athen nicht verunglimpfen, sondern beraten wolle, dass seine Rede keinen *psógos* gegenüber Dritten, sondern eine *symboulé* darstelle (§70–73).¹⁷⁵

Darauf folgen umfangreiche Exempla, die die Richtigkeit der in §64–69 genannten Thesen belegen sollen. Der Vergleich der athenischen Politik der Perserkriegsgeneration (i.e. Athen vor Übernahme der Seeherrschaft) mit der Politik Athens nach Übernahme der Seeherrschaft soll belegen, dass die *arché* nicht vorteilhaft sei (§74–89).¹⁷⁶ Im Rahmen dieses Vergleichs stellt Isokrates die Politik der Generation der Väter (i.e. der Zeit des Delisch–Attischen Seebundes)¹⁷⁷ ausführlich als verfehlt (und paradox) dar (§82–89), wobei er insbesondere auf die Tradition der Epitaphien eingeht, in denen die Athener nicht nur sich selbst, sondern auch den übrigen Griechen die verheerenden Folgen der

---

¹⁷² Vgl. dazu Isok. XIII 22 (s. o. S. 54), wo Isokrates dieselbe Forderung an seine eigene Kritik der rhetorischen Lehre stellt.

¹⁷³ Isokrates nennt hier *eusébeia, sôphrosýnê, dikaiosýnê* und die *areté* insgesamt („τὴν ἄλλην ἀρετὴν", Isok. VIII 63). Ähnlich wie im *Archidamos* sind in der *Friedensrede* Gerechtigkeit, Nützlichkeit und Möglichkeit zentrale Motive für die Bewertung der Qualität eines politischen Kurses (Levi 1959: 80). Diese Kriterien spielen insbesondere im Rahmen der großen Synkriseis eine wichtige Rolle. Isokrates unterscheidet scheinbaren und wahrhaftigen Nutzen. Der letztgenannte ist dabei stets die Folge eines auf Gerechtigkeit beruhenden Verhaltens (Gillis 1970: 199–200).

¹⁷⁴ Michelini 1998: 122. Isokrates verweist an dieser Stelle darauf, dass er diese Erfahrung in früheren Reden bereits gemacht habe. Er reflektiert damit zum einen frühere Reden, für die er öffentlich kritisiert wurde, zum anderen könnte hier angedeutet sein, dass er sich in diesen Reden mit denselben Positionen gegen den *dēmos* gewandt habe. Auch an dieser Stelle stellt Isokrates die *Friedensrede* also in die Tradition seiner früheren Schriften (z. B. Isok. VII 56–58, 71–77, s. o. S. 397–398).

¹⁷⁵ Damit stellt sich Isokrates in einen Gegensatz zu den in Isok. VIII 14 (s. o. S. 416) genannten Rednern, die Athens Untaten in aller Welt verbreiteten.

¹⁷⁶ Erneut wird hier das Söldnerwesen angesprochen, das schon in Isok. VIII 41–48 kritisiert wird. Vgl. dazu Isok. IV 77, VI 59, wo der Einsatz des eigenen Lebens im Dienste des Gemeinwesens als Erscheinungsform der idealen politischen Kultur der Vorfahren gelobt wird. Zur an dieser Stelle ebenfalls angesprochenen Analogie zwischen Innen- und Außenpolitik vgl. Hirsch 1966: 38.

¹⁷⁷ Der um die Mitte der 350er Jahre bereits über 80-jährige Isokrates kann diese Zeit in der Tat als die Zeit seiner Väter bezeichnen. Für sein jüngeres Publikum ist die zeitliche Distanz freilich größer.

B.6.5 Friedensrede (Isok. VIII)

eigenen Außenpolitik (nämlich die hohen Gefallenenzahlen sowie die Diskrepanz zwischen den verkündeten Ansprüchen der Athener an ihre Autochthonie und *areté* zur Realität der athenischen Gegenwart) verkündeten.[178] An dieser Stelle wird klar, wen Isokrates in der vorhergehenden Unterscheidung von Kritikern (interne Ratschläge) und Anklägern (öffentlicher Tadel) mit den böswilligen Anklägern meint:[179] Es sind die Athener selbst, die in den staatlichen Begräbnissen der Gefallenen Jahr für Jahr ein öffentliches Fanal ihrer Kriegspolitik setzten; daneben sind möglicherweise auch die Seebundpolitiker angesprochen, die Athens Verbrechen auf ihren Feldzügen überall unter Beweis stellten.

Die zweite große Synkrisis (89–105) dient dem Nachweis der Schädlichkeit jeder Form gewaltsam ausgeübter Macht (*arché*) sowie umgekehrt dem Nachweis der Nützlichkeit einer auf Freiwilligkeit beruhenden Machtposition (*hēgemonía*). Auf diesen Passus, in dem das Exemplum Sparta breiten Raum einnimmt, wird noch ausführlich einzugehen sein.[180] In §106–119 widmet sich Isokrates der Frage, aus welchem Grund die Menschen trotz dieser Umstände die Gewaltherrschaft anstrebten. In diesem Abschnitt findet sich die für die *Friedensrede* zentrale Klassifizierung der Seeherrschaft als tyrannischer Herrschaft (§111–115).[181]

Im Schlussteil (§121–144) wendet sich Isokrates zunächst ein letztes Mal gegen die Sykophanten und Demagogen (§121–131), wobei erneut der Umstand, dass diese als Ratgeber beim *dēmos* Gehör fänden als widersinnig gekennzeichnet wird (§122–125). Schließlich werden die Hauptthesen der Rede rekapituliert: Die Athener müssen (1) die

---

[178] Zu den Folgen der Gefallenenzahlen für die Zusammensetzung und Moralität der Bürgerschaft vgl. Mathieu 1925: 135, Davidson 1990: 34–35. Die Autochthonie hatte bereits in Isok. VIII 49 eine Rolle gespielt. Vgl. Laistner 1927: 93, der auch auf die Prominenz des Motivs in den athenischen Epitaphien hinweist. Ebenso wie dort wird in Isok. IV 23–25 (s. dazu o. S. 182–183) die Autochthonie als positives Element der athenischen Identität präsentiert. In der *Friedensrede* vertritt Isokrates den Standpunkt, dass dieses positive Element in der jüngeren Vergangenheit verlorengegangen sei. Das für die athenische Selbstdarstellung wichtige Motiv der Autochthonie wird so zu einem Beleg für den Niedergang der politischen Kultur in Athen. Michelini 1998: 118–119 bemerkt treffend, dass Isokrates in der *Friedensrede* gerade den beliebtesten Elementen des athenischen Selbstlobes jeden epainetischen Wert abspreche. Zur isokratischen Kritik an den Epitaphien vgl. Isok. VII 70–73 (s. o. S. 398 mit Anm. 98), sowie Isok. IV (dazu o. Kap. B.2.5 und B.2.7); vgl. auch Plat. Men. 247a5–c4; Pohlenz 1913: 293–194 mit Anm. 1, Michelini 1998: 116, 125, Orth 2006: 91 Anm. 7. Zur Kritik an der falschen Verwendung historischer Exempla: Gillis 1970: 202–203, 209–210.

[179] Isok. VIII 14, 70–73 (s. o. S. 416 und 418 Anm. 175).

[180] S. u. Kap B.6.5.2.1.

[181] Isokrates verbindet in der *Friedensrede* die guten (*hēgemonía*) und schlechten (*arché*) Formen politischer Machtstellungen mit unterschiedlichen Formen monarchischer Herrschaft. Die gewaltsame, ohne Legitimierung durch den *dēmos* erlangte, Herrschaft wird in Isok. VIII 106–120 als ‚tyrannisch' bezeichnet. Im Gegensatz dazu steht die Stellung des *basileús*, dessen Herrschaft auf *eúnoia* und somit auf freiwilliger Gefolgschaft der Regierten beruht (vgl. die Stellung des Theseus in Isok. X 31–38). Diese Stellung des *basileús* empfiehlt Isokrates in Isok. VIII 142–144 (s. dazu u. Kap. B.6.5.2.2) als Vorbild auch für die außenpolitische Stellung Athens. Am Ende der *Friedensrede* zeigt sich so, dass der ‚tyrannischen' *arché* das Ideal einer ‚königlichen' *hēgemonía* gegenübersteht.

richtigen Ratgeber, also Kritiker, anhören (§133), (2) die Außenpolitik an der Autonomie der *póleis* ausrichten (§134), (3) die *eúnoia* der Griechen erwerben (§135). Eine Ausrichtung an diesen Grundsätzen werde nicht nur einen allgemeinen und dauerhaften Frieden in Griechenland ermöglichen, sondern Athen zur alten Stellung als *hêgemṓn* zurückführen (§136–144),[182] eine Stellung, die Isokrates explizit mit der Stellung der spartanischen Könige in Verbindung bringt (§142–144).[183]

B.6.5.2 Sparta in der *Friedensrede*

In der *Friedensrede* nimmt das Exemplum Sparta einen wesentlich breiteren Raum ein als im *Areopagitikos*. Letztere Schrift dreht sich primär um die athenische Innenpolitik, aus deren Reformierung mittelbar auch außenpolitischer Erfolg resultieren soll. In der *Friedensrede* dagegen steht umgekehrt die Außenpolitik im Mittelpunkt; eine mittelbare Stabilisierung der Innenpolitik soll hier durch den Wechsel des außenpolitischen Kurses erzielt werden.[184] Ganz dieser Gewichtung gemäß wird Sparta in dieser Schrift vor allem als Exemplum für richtige und falsche Politik einer *pólis* gegenüber den Griechen erwähnt.

Im Zuge der proleptischen Reaktion auf mögliche Bedenken gegenüber der isokratischen Kritik an Athens Machtpolitik (§57–69) taucht Sparta erstmals als Exemplum für den Charakter der *arché* auf. Isokrates fordert hier die Aufgabe aller Seemachtambitionen (§64). Dabei muss er der Mehrheitsmeinung begegnen, die Seemacht sei nützlich für die Interessen Athens. Zwei Argumente führt er dazu heran. Erstens könne man ihn doch nicht für so wahnsinnig (τοιαύτην μανίαν, §66) halten, einen paradoxen[185] Standpunkt einzunehmen (und dadurch Kritik auf sich zu ziehen), wenn er nicht zutreffend wäre (§65–66). Zweitens werde seine Überzeugung, dass die Seeherrschaft weder nützlich noch gerecht sei, durch das Urteil der Athener selbst gestützt:

> (67) Ὅτι μὲν οὖν οὐ δικαίας, παρ' ὑμῶν μαθὼν ὑμᾶς ἔχω διδάσκειν. Ὅτε γὰρ Λακεδαιμόνιοι ταύτην εἶχον τὴν δύναμιν, ποίους λόγους οὐκ ἀνηλώσαμεν κατηγοροῦντες μὲν τῆς ἐκείνων ἀρχῆς, διεξιόντες δ' ὡς δίκαιόν ἐστιν αὐτονόμους εἶναι τοὺς Ἕλληνας; (68) Τίνας δὲ τῶν πόλεων ἐλλογίμων οὐ παρεκαλέσαμεν ἐπὶ τὴν συμμαχίαν τὴν ὑπὲρ τούτων συστᾶσαν; Πόσας δὲ πρεσβείας ὡς βασιλέα τὸν μέγαν <οὐκ> ἀπεστείλαμεν, διδαξούσας αὐτὸν ὡς οὔτε δίκαιόν ἐστιν οὔτε συμφέρον μίαν πόλιν κυρίαν εἶναι τῶν Ἑλλήνων; Οὐ πρότερον δ' ἐπαυσάμεθα πολεμοῦντες καὶ κινδυνεύοντες καὶ κατὰ γῆν καὶ κατὰ θάλατταν, πρὶν ἠθέλησαν Λακεδαιμόνιοι ποιήσασθαι τὰς συνθήκας τὰς περὶ τῆς αὐτονομίας. (69) Ὅτι μὲν οὖν οὐ δίκαιόν ἐστι τοὺς κρείττους τῶν ἡττόνων ἄρχειν, ἐν ἐκείνοις τε τοῖς χρόνοις τυγχάνομεν ἐγνωκότες καὶ νῦν ἐπὶ τῆς πολιτείας τῆς παρ' ἡμῖν καθεστηκυίας.

---

[182] Bringmann 1965: 71–72.
[183] S. dazu u. Kap B.6.5.2.2.
[184] Isok. VIII 49–56, 61–64, 74–78, 136.
[185] Isok. VIII 66: „[...] περὶ πραγμάτων οὕτω παραδόξων [...]".

(67) Dass sie [sc. die Seeherrschaft] freilich nicht gerecht ist, kann ich euch lehren, weil ich es von euch gelernt habe. Als nämlich die Lakedaimonier diese Machtstellung innehatten, was für Reden haben wir da nicht darauf verwendet, deren Herrschaft anzuprangern und zu erörtern, dass es gerecht sei, wenn die Hellenen autonom sind? (68) Welche bedeutenden *póleis* haben wir nicht zu dem für diese Zwecke zusammengestellten Bündnis hinzugerufen? Wie viele Gesandtschaften haben wir nicht zum Großkönig geschickt, die ihn belehren sollten, dass es weder gerecht noch nützlich ist, wenn eine einzige *pólis* Herrin über die Hellenen ist? Wir hörten aber nicht eher auf, Kriegsgefahren auf uns zu nehmen zu Land und zu Wasser, bevor nicht die Lakedaimonier die Verträge über die Autonomie abschließen wollten. (69) Dass es also nicht gerecht ist, wenn die Stärkeren die Schwächeren beherrschen, diese Erkenntnis, so zeigt sich, hatten wir in jenen Zeiten und auch jetzt besteht sie in der bei uns vorherrschenden politischen Kultur.

Wie schon im *Areopagitikos* versucht auch der Sprecher dieser Rede, die Wahrhaftigkeit eines scheinbar paradoxen Argumentes dadurch zu belegen, dass er der allgemeinen *dóxa* A ('Athen muss die Seeherrschaft erlangen.') andere allgemein anerkannte *dóxai* B/C/D ('Die spartanische Herrschaft war ein Unrecht und musste bekämpft werden.' / 'Keine *arché* von Griechen über Griechen ist gerecht.' / 'Die Demokratie ist das Gegenteil von Tyrannis.') entgegenhält. Indem er A als inkompatibel mit B/C/D präsentiert, stellt der Sprecher die vorherrschende Meinung über den zugrundeliegenden Gegenstand (Bewertung der *arché*) als inkonsistent und in sich widersprüchlich dar. Die logische Konstellation erlaubt nur zwei Schlussfolgerungen: Entweder ist A falsch oder die Auffassungen B/C/D sind es. Letzteres würde die Anerkennung dessen bedeuten, dass die athenische Außenpolitik seit der Mitte der 390er Jahren auf falsche Annahmen gegründet gewesen beziehungsweise als ungerecht zu bezeichnen, mithin der gesamte Zweite Seebund auf einer falschen Grundlage errichtet worden sei. Diese Schlussfolgerung – die auch den Standpunkten der früheren isokratischen Schriften nicht entspricht – wird, so kann sich der Sprecher fraglos sicher sein, kein Athener treffen wollen. Zudem wurde das Argument bereits mit der Erklärung eingeleitet, dass Auffassung A widerlegt werden solle. Dieses Ergebnis der Argumentation ist somit auch für Leser und Hörer naheliegend. Athen kann nicht den Standpunkt vertreten, Athen müsse die Seeherrschaft erlangen, da die Athener selbst gegenüber Sparta einmütig den Standpunkt vertreten haben, keine *arché* könne gerecht sein.

Die allgemeine Kritik an der spartanischen *arché* ist in diesem Abschnitt nicht ausführlich expliziert, sondern wird als unumstößliche *dóxa* vorausgesetzt.[186] Die negative Bewertung der spartanischen *arché* steht in Übereinstimmung zu jenen Urteilen, die in den früheren Schriften des Isokrates diesbezüglich auftauchen. Neu ist in dem zitierten Abschnitt, dass ein ausdrücklicher Kausalzusammenhang zwischen spartanischer *arché*, athenischen Kriegshandlungen im frühen 4. Jh. und dem Abschluss eines die Autonomie garantierenden Friedens hergestellt wird. Athens Kriegführung gegen Sparta wird somit

---

[186] Insofern ist der Passus nicht eigentlich gegen Sparta gerichtet (wie Raoss 1968: 275 und Pointner 1969: 19 meinen). Spartas Fehlverhalten wird nicht argumentativ dargestellt, sondern bereits seinerseits als Argument verwendet, somit lediglich als Faktum konstatiert.

als gerechtfertigt und erfolgreich dargestellt.[187] Sparta schließt demnach den angesprochenen Frieden nicht aus freien Stücken, sondern auf äußeren Druck hin – das bedeutet nichts anderes, als dass Athen für diesen Frieden hauptsächlich verantwortlich ist.[188] Dadurch erscheint der Zweite Attische Seebund in seiner frühen Phase in einem positiven Licht.[189] Er wird implizit kontrastiert mit der Lage des Bündnisses in der fiktionalen Gegenwart der Rede, also mit dem athenischen Machtstreben der 360er und 350er Jahre. Es bleibt bei dieser differenzierten Bewertung des Seebundes jedoch letztlich unklar, ob die positive Sichtweise auf die Jahre bis 387/386 oder 374/373[190] als grundsätzliche Anerkennung einer richtigen Ausrichtung der athenischen Außenpolitik in diesen Jahren zu bewerten ist, oder ob die positive Bewertung dieser Zeit sich lediglich aus der Kontrastierung mit dem späteren Seebund ergibt. Klar ist dennoch, dass Isokrates zwei Phasen in der athenischen Außenpolitik des 4. Jhs. unterscheidet, und dass er die Politik der späteren (spätestens ca. 370 beginnenden) Phase aufgrund ihres Charakters als *arché* scharf kritisiert.[191]

---

[187] Eine ähnliche Bewertung des athenischen Krieges gegen Sparta findet sich in Isok. IX 54–56, 67–69 (s. dazu o. Kap. B.4.2). Ebenso wie dort dient diese Bewertung jedoch vor allem dazu, den Grad der Ungerechtigkeit der *arché* zu illustrieren: Im Kampf gegen diese *arché* ist selbst der Krieg gegen Griechen (*Friedensrede*) bzw. die Verbindung mit dem Großkönig legitim – sie bringt durch die Ausrichtung auf die *Autonomie* der *póleis* den Griechen Nutzen. Dass diese positive Bewertung der athenischen Kriegführung auch implizite Kritik birgt, hat sich im *Euagoras* ebenfalls gezeigt.

[188] Sollte damit der Königsfrieden gemeint sein (s. dazu u. Anm. 190), dann wäre hier die athenische Verantwortung für das Zustandekommen dieses Friedens noch deutlich stärker hervorgehoben als in Isok. IV 137, 175 (s. dazu o. S. 230–231).

[189] Bringmann 1965: 59–60. Allerdings kann die Stelle nicht wie bei Pointner 1969: 18–19 als Lob der athenischen *arché* gewertet werden, die die *autonomía* der *póleis* gewährleistet habe. Dies ist hier schlicht nicht ausgesagt.

[190] Im Gegensatz zu Isok. VIII 15–16, wo eindeutig vom Königsfrieden die Rede ist, ist hier nicht ganz klar, von welchem Friedensschluss Isokrates spricht (Tincani 1923: 96–97). Die Erwähnung des Großkönigs in Isok. VIII 68 scheint auf den Königsfrieden zu deuten, wäre aber auch für die Jahre bis 374 nicht unpassend. Umgekehrt scheint die Bezeichnung der antispartanischen Allianz als Symmachie auf den Zweiten Seebund hinzuweisen, der erst 378/377 gegründet wurde – was den Frieden von 374 als Bezugspunkt naheliegen würde. Indes gab es auch in den Jahren von 394–387/386 formale Bündnisse zwischen den gegen Sparta vereinten *póleis*, so dass auch für diese Zeit von einer Symmachie die Rede sein kann. Eine klare Entscheidung ist nicht möglich (und aufgrund des abstrakten Anliegens der ganzen Schrift nicht erforderlich), wenngleich die Erwähnung eines allgemeinen Aufrufs zur Beteiligung an der Symmachie eher für den Frieden von 374/373 spricht (Bringmann 1965: 60).

[191] Bringmann 1965: 58. Cargill 1981: 177 nimmt an, Isokrates habe seine Meinung über den Zweiten Seebund erst in den Jahren des Bundesgenossenkrieges geändert. Dagegen wendet sich zu Recht Davidson 1990: 30 mit Anm. 41.

B.6.5.2.1 Die Schädlichkeit der *arché* II (§89–119)

In §89–119 zieht Isokrates historische Exempla als Beleg für die Schädlichkeit der *arché* heran.[192] Dieser umfangreiche Abschnitt der *Friedensrede* stellt nichts Anderes dar als eine sehr viel ausführlichere Fassung der Argumentation in §4–10 des *Areopagitikos*,[193] die jedoch hier unter etwas verändertem Blickwinkel entwickelt wird. Während im *Areopagitikos*, dessen Reformvorschläge auf die Rolle der *paideía* hin ausgerichtet sind, die schädliche Wirkung der Macht auf die Vernunft im Mittelpunkt steht, liegt das Interesse in der *Friedensrede* auf den lebenspraktischen, moralischen und politischen Auswirkungen der *arché*.

Im *Areopagitikos* (§4–7) ist die Schädlichkeit von Macht und insbesondere gewaltsam ausgeübter Herrschaft Ausgangspunkt des Gedankens. In der *Friedensrede* differenziert Isokrates zwischen der schädlichen *arché* einerseits und der nützlichen *hêgemonía* andererseits, und er stellt eine Analogie her zwischen innen- und außenpolitischen Machtkonstellationen, indem er abwechselnd von Monarchie und Tyrannis sowie außenpolitischen Herrschaftsverhältnissen spricht:[194] Vorbild für die Politik Athens sollen Leistungsträger sein, die nicht Despotie und Tyrannis anstreben, sondern als Lohn für ihr Tun mit Ehrungen durch den *dêmos* zufrieden sind. Als Ideal werden zum wiederholten Mal die athenischen Vorfahren präsentiert – einerseits als autochthone Bewahrer bürgerlicher Traditionen (§89),[195] andererseits als Vertreter eines hegemonialen Machtverständnisses. Die nachfolgende, genealogisch minderwertige Generation dagegen habe eine solche hegemoniale Machtstellung abgelehnt und eine despotische Herrschaft errichten wollen, was keineswegs dasselbe sei:

(91) [...] τῶν μὲν ἀρχόντων ἔργον ἐστὶ τοὺς ἀρχομένους ταῖς αὑτῶν ἐπιμελείαις ποιεῖν εὐδαιμονεστέρους, τοῖς δὲ τυράννοις ἔθος καθέστηκε τοῖς τῶν ἄλλων πόνοις καὶ κακοῖς αὑτοῖς ἡδονὰς παρασκευάζειν. Ἀνάγκη δὲ τοὺς τοιούτοις ἔργοις ἐπιχειροῦντας τυραννικαῖς καὶ ταῖς συμφοραῖς περιπίπτειν καὶ τοιαῦτα πάσχειν, οἷά περ ἂν καὶ τοὺς ἄλλους δράσωσιν.

(91) [...] Aufgabe der ‚Herrschenden'[196] ist es, die ‚Beherrschten' durch eigene Anstrengungen glücklicher zu machen, die Tyrannen aber haben einen solchen Charakter, dass sie sich selbst durch die Mühen und Nöte der Anderen Vergnügungen ermöglichen. Notwendigerweise aber

---

[192] Schmitz-Kahlmann 1939: 12–18, Bearzot 2003: 73. Dass die *arché* vor allem die moralische Konstitution der Bürger schädige, betonen Jaeger 1947, III: 196–197, Davidson 1990: 24–25.

[193] S. o. Kap.B.6.4.2.1.

[194] Vgl. dazu Hirsch 1966: 38.

[195] Isokrates spielt hier bewusst mit dem Topos von der Autochthonie der athenischen Bürgerschaft (vgl. Isok. IV 24, XII 124). In Isok. VIII 89 werden solche *póleis* glücklich gepriesen, deren Bürgerschaft nicht aus allen möglichen Menschen zusammengewürfelt sei, sondern von den *pólis*-Gründern abstamme (Roth 2003a: 155–156, s. auch o. Anm. 178). Schon in Isok. VIII 49–50 hatte Isokrates betont, dass das Athen des 4. Jhs. keineswegs mehr autochthon sei, weil infolge der zahlreichen Kriege und *stáseis* gerade die alten athenischen Familien ausgestorben und an ihre Stelle Fremde getreten seien, die keine innere Verbindung zur *pólis* Athen besäßen.

[196] Zu dieser wörtlichen Übersetzung der Bezeichnung der höchsten athenischen Amtsträger s. im Folgenden.

müssen die, die solches Handeln an den Tag legen, auch dem Unglück von Tyrannen entgegenstürzen und ebensolches erleiden, was immer sie den anderen antun.

Isokrates spielt hier mit dem Begriff der *arché*, der ansonsten so negativ besetzt ist. Die Archonten, die höchsten Amtsträger der attischen Demokratie, deren Namen nichts anderes bedeutet als ‚Herrschende', werden als Vertreter einer positiven Form der *arché* präsentiert. Sie stellen ihr Tun ganz in den Dienst des *dẽmos*. Diese Form der *arché* unterscheidet sich fundamental von der *arché* im Sinne von ‚Gewaltherrschaft', die uns in allen bisherigen Schriften begegnete. Letztere ist hier als ‚tyrannische' Herrschaft qualifiziert.[197] Umgekehrt erscheint die Auffassung von der Herrschaft als Dienst an Anderen als Äquivalent zu jener Stellung, die in der Außenpolitik als *hêgemonía* zu bezeichnen wäre.[198] Isokrates deutet hier also ein alternatives Verständnis des Begriffs der *arché* an[199] und setzt der gewohnten Auffassung (*dóxa*) vom Begriff der *arché* (‚Der Herrscher zieht Nutzen aus den Beherrschten.') eine andere allgemein akzeptierte Begriffsbedeutung entgegen, nämlich die Benennung der höchsten athenischen Magistrate mit demselben Begriff. Da man den Archonten nicht Eigennutz, sondern den Dienst an Anderen als Amtsaufgabe zuschreibt, wird ein Widerspruch beider Begriffsdefinitionen deutlich – Isokrates löst diesen Widerspruch auf, indem er die eigennützige *arché* als ‚tyrannische' *arché* negativ qualifiziert. Wieder zeigt sich die seit dem *Archidamos* beobachtete Auffassung: Die moralische Qualität einer Sache ist akzidentiell, nicht substantiell.

Als historische Exempla für diese These von der Schädlichkeit der *arché* dienen Athen und Sparta.[200] Das Exemplum Athen ist hier vergleichsweise kurz gefasst: In §92–94 verweist der Sprecher auf die *metabolé* der machtpolitischen Stellung Athens in der zweiten Hälfte des 5. Jhs. Zuerst habe man selbst Besatzungen auf den Akropoleis fremder Städte unterhalten, später stand eine fremde Besatzung auf der athenischen Akropolis. Zuerst habe man fremde Kinder als Geiseln nach Athen geholt, später die

---

[197] Isok. VIII 114; Poulakos (T.) 1997: 41–42.
[198] Davidson 1990: 22 Anm. 7 geht von einer synonymen Verwendung der Begriffe *arché* und *hêgemonía* aus. Mit der *hêgemonía* lässt sich jedoch nur die wahrhaftige, nicht die tyrannische *arché* in Verbindung bringen (Mathieu 1925: 123, Bianco 2003: 132). In der *Friedensrede* stehen jedoch zwei Begriffe der *arché* einander gegenüber, der allgemein gebräuchliche und ein von Isokrates neu (und positiv) formulierter. Diese Neudeutung des Begriffs der *arché* übersieht Buchner 1954: 380–381, der annimmt, Isokrates unterscheide die *arché* der Seeherrschaftszeit von der noch negativeren *tyrannís*). Tatsächlich spricht Isokrates hier von einer *arché* wie sie sein sollte (aber nicht ist), von einer *arché*, die ihren Namen wahrhaft verdienen würde.
[199] Wieder liegt die gleiche Argumentationsweise vor, die uns in *Areopagitikos* und *Friedensrede* bislang allerorten begegnet ist: Eine falsche allgemeine Auffassung A wird dadurch widerlegt, dass ihre Unvereinbarkeit mit selbstverständlich anerkannten ‚Wahrheiten' (bzw. Auffassungen) B aufgezeigt wird. Die Inversion der Auffassung A, A', die zunächst *paradox* scheint, wird auf diese Weise als wahrheitsgemäße Ansicht präsentiert.
[200] Tigerstedt 1965, I: 185–186, Demandt 1972: 22. Ollier 1933: 333 verstand den Vergleich zwischen Athen und Sparta in Isok. VIII 92–105 als Mittel zum Lob der athenischen *arché*. Eine solche Intention ist jedoch in der *Friedensrede* an keiner Stelle auch nur angedeutet.

eigenen Kinder in der belagerten *pólis* nicht angemessen erziehen können. Zuerst habe man fremdes Land (τὰς χώρας τὰς ἀλλοτρίας, §92) bebaut – gemeint sind die athenischen Kleruchien – später dagegen sei man jahrelang vom eigenen Land abgeschnitten gewesen.[201]

Aus diesem ersten Exemplum zieht Isokrates Lehren für die athenische Politik; das Beispiel der Vorväter belege,

(94) [...] τὴν χώραν ἡμῶν, ὅτι δύναται τρέφειν ἄνδρας ἀμείνους τῶν ἄλλων, καὶ τὴν μὲν καλουμένην ἀρχήν, οὖσαν δὲ συμφοράν, ὅτι πέφυκε χείρους ἅπαντας ποιεῖν τοὺς χρωμένους αὐτῇ.

(94) [...] dass unser Land Männer hervorzubringen vermag, die besser sind als die Anderen, und dass es in der Natur der sogenannten Herrschaft, die in Wahrheit ein Unheil ist, liegt, alle schlechter zu machen, die sie ausüben.

Die erste Aussage erinnert stark an einen Passus aus dem Schlussabschnitt des *Areopagitikos*.[202] Hier wie dort dient der Hinweis auf die idealen natürlichen Voraussetzungen, die das attische Land für die (moralische) Entwicklung seiner Bewohner biete, dazu hervorzuheben, welch hohe Ansprüche die Athener eigentlich an ihre Politik stellen müssten. Die zweite Schlussfolgerung erinnert ebenfalls an den *Areopagitikos*, und zwar unmittelbar an jene These von der Verderblichkeit der Macht, an die sich dort, wie oben gesehen, das Exemplum der spartanischen Geschichte anschließt.[203] Und ebenso wie jenes Exemplum des spartanischen Machtverfalls diese These belegen soll, so wird es auch hier – in sehr viel ausführlicherer Fassung – verwendet (§95–103): Sparta wird als bester Beleg (*tekmérion*, §95) für die Richtigkeit der These von der Schädlichkeit der *arché* bezeichnet.

Isokrates erläutert zu Beginn des großen Exemplums, weshalb er Sparta so ausführlich behandelt. Die Macht habe nämlich auch Sparta ins Verderben gestürzt,

(95) [...] ὥστε τοῖς εἰθισμένοις ἐπαινεῖν τὰς ἐκείνων ἀρετὰς οὐχ οἷόν τ' ἐστὶν εἰπεῖν τοῦτον τὸν λόγον, ὡς ἡμεῖς μὲν διὰ τὸ δημοκρατεῖσθαι κακῶς ἐχρησάμεθα τοῖς πράγμασιν, εἰ δὲ Λακεδαιμόνιοι ταύτην τὴν δύναμιν παρέλαβον, εὐδαίμονας ἂν καὶ τοὺς ἄλλους καὶ σφᾶς αὐτοὺς ἐποίησαν. Πολὺ γὰρ θᾶττον ἐν ἐκείνοις ἐπεδείξατο τὴν φύσιν τὴν αὑτῆς· τὴν γὰρ πολιτείαν, ἣν ἐν ἑπτακοσίοις ἔτεσιν οὐδεὶς οἶδεν οὔθ' ὑπὸ κινδύνων οὔθ' ὑπὸ συμφορῶν κινηθεῖσαν, ταύτην ἐν ὀλίγῳ χρόνῳ σαλεῦσαι καὶ λυθῆναι παρὰ μικρὸν ἐποίησεν.

(95) [...] so dass es denen, die gewohnt sind, jener [sc. der Spartaner] Tugenden zu loben, unmöglich ist, das folgende Argument vorzubringen: Wir seien aufgrund der Demokratie mit den

---

[201] Laistner 1927: 108, Michelini 1998: 199–200. Dagegen sieht Davidson 1990: 28 hier lediglich Besitz in fremden Stadtgebieten kritisiert, was indes in Anbetracht des Ausdrucks „τὰς χώρας τὰς ἀλλοτρίας" wohl auszuschließen ist. Gillis 1970: 202 glaubt in Isok. VIII 24, wo von der Besiedlung thrakischen Landes durch landlose Griechen die Rede ist, eine mit der Autonomie-Forderung nicht vereinbare Befürwortung von Kleruchien sehen zu können. Das Entscheidende an dieser Stelle ist jedoch der Umstand, dass es sich bei dem zu besiedelnden Land um thrakisches (i.e. barbarisches), nicht um griechisches Land handelt. Die Idee der Besiedlung barbarischen Landes taucht auch in Isok. V 120 auf (vgl. auch Dem. XIV 31; Mathieu 1925: 149).

[202] Isok. VII 74–76.

[203] Isok. VII 4–10, s. o. Kap. B.6.4.2.1.

Machtmitteln schlecht umgegangen; wenn aber die Lakedaimonier diese Macht übernähmen, dann machten sie sowohl die Anderen wie auch sich selbst glücklich. Viel schneller nämlich zeigte sie [sc. die Macht] bei jenen ihre wahre Natur. Denn sie sorgte dafür, dass jene *politeía*, von der in siebenhundert Jahren niemand gehört hat, sie sei durch eine Bedrohungslage oder durch Unglück verändert worden, binnen kurzer Zeit ins Schwanken geriet und beinahe aufgelöst wurde.

Nicht das politische System ist demzufolge für den politischen Niedergang Athens im ersten (und zweiten) Seebund verantwortlich zu machen, sondern die gewaltsam ausgeübte Macht an sich. Das Exemplum Sparta kann dies nach Auffassung des Sprechers gerade deshalb belegen, weil es die gleichen Entwicklungen wie Athen aufweist, jedoch im Rahmen einer *politeía*, die man nicht mit der Demokratie in Verbindung bringen könne.

In der Identifizierung der athenischen Demokratiekritiker mit Leuten, die zugleich Sparta als *pólis* der *areté* loben, spiegelt sich der grob vereinfachende, aber im 4. Jh. weitverbreitete Schematismus einer durch Sparta und Athen verkörperten allgemeinen Opposition zweier politischer Systeme in Griechenland. Isokrates versucht, diesen Schematismus zu überwinden, versucht ähnlich wie im *Areopagitikos* einen dritten Standpunkt einzunehmen. Er macht nicht das politische System, sondern machtpolitische Zielsetzungen, die vom jeweiligen politischen System unabhängig sind, mithin die politische Moral für die innergriechischen Konflikte und für die Schwäche der *póleis* verantwortlich.[204]

Dies bedeutet auch, dass Athens und Spartas Machtpolitik in ihren Zielsetzungen, in ihrer moralischen Verwerflichkeit und in ihren katastrophalen Folgen praktisch gleichgesetzt sind. Sie stehen unmittelbar nebeneinander als Exempla für ein und dasselbe Phänomen. Aus der Gegenüberstellung der Exempla Athen und Sparta im *Panegyrikos*, einer Rede, die auf ironische Weise das athenische Selbstlob der Epitaphien-Tradition imitiert,[205] ist in der *Friedensrede*, die sich als für Athen ganz untypische Rede präsentiert, die Parallelisierung dieser Exempla geworden.[206] Auch die Verwendung dieser Exempla als Belege für denselben Sachverhalt erweist sich unter diesem Blickwinkel als Element der gezielt atypischen Gestaltung der *Friedensrede*.

Eingangs des großen Exemplums Sparta in der *Friedensrede* macht Isokrates also klar, dass es ihm bei der folgenden Kritik an Spartas *arché* nicht darum geht, eine bestimmte *pólis* oder *politeía* zu kritisieren, sondern dass die Kritik sich gegen die *arché* (im Sinne von Gewaltherrschaft) richtet. Dies bedeutet zum einen, wie Isokrates explizit äußert, dass er sich von den Sparta idealisierenden Antidemokraten distanzieren will – in dieser

---

[204] Schmitz-Kahlmann 1939: 12–13. Erstmals war uns diese Haltung in Isok. IV 16–17 (s. o. S. 174–176) begegnet.
[205] S. dazu o. Kap. B.2.7.
[206] Dies gilt analog auch für die weniger umfangreiche Verwendung der beiden Exempla in Isok. VII 4–10 (s. o. Kap. B.6.4.2.1). Michelini 1998: 128–129 sieht in dem Vergleich sogar Sparta positiver bewertet, da nur Athens Selbstüberschätzung aufgrund des Ruhms der Vorfahren herausgehoben werde.

Hinsicht erfüllt das Exemplum Sparta die gleiche Funktion wie das scheinbare Lob der Demokratie im *Areopagitikos*.[207] Zum anderen bedeutet es aber auch, dass sich die an Sparta geübte Kritik in analoger Weise auf Athen anwenden lässt. Beide *póleis* kommen ausdrücklich als Exempla für das gleiche politische Verhalten und für dieselbe Qualität der *arché* infrage. Die Verwendung des Exemplums Sparta in der *Friedensrede* wird somit gleich zu Beginn mit einer Prämisse versehen, die jeden Unterschied zwischen Athen und Sparta ausschließt.

Wie gestaltet der Sprecher Isokrates das Exemplum Sparta nun inhaltlich? Statt der in Sparta üblichen Einrichtungen (*epitêdeúmata*)[208] hätten Unrecht (*adikía*), Sorglosigkeit (*rhaithymía*), Gesetzlosigkeit (*anomía*) und Geldgier (*philargyría*) in Sparta Einzug gehalten, die *pólis* als Kollektiv habe die Bundesgenossen missachtet, nach fremdem Besitz (*allótria*) gestrebt, Eide und Verträge nicht respektiert, überall Blutvergießen und innere Unruhen verursacht und auf diese Weise Streit unter den Griechen gesät (§96).[209] Besonders hervorgehoben wird, dass Sparta vor Übernahme der Herrschaft hinsichtlich des Krieges und außenpolitischen Risikos sehr zurückhaltend agiert habe, infolge der Herrschaft jedoch ein geradezu kriegslüsternes (*philopolémôs*) und Gefahren liebendes (*philokindýnôs*) Verhalten gezeigt habe (§97). Der Sprecher belegt dies mit mehreren Exempla aus der spartanischen Geschichte (§97–100), die zeigen sollen, dass Sparta auch gegen die eigenen Unterstützer[210] und überhaupt gegen die gesamte Menschheit zu Wasser und Lande Krieg geführt habe (§99). Diese Beschreibung der spartanischen Kriegslust fügt sich zu der Darstellung des isokratischen *Archidamos*, dessen spartanischer Sprecher die Neigung zum Krieg als Bruch mit der eigenen spartanischen Tradition beschreibt.[211]

Die im *Archidamos* als ‚unspartanisch' präsentierte aggressive Außenpolitik wird in der *Friedensrede* ausdrücklich als Ursache des Niedergangs der *pólis* Sparta bezeichnet (§100–101). Anders als viele Leute meinten – wieder wendet sich Isokrates gegen eine

---

[207] Isok. VII 62–69, s. o. S. 397–399.
[208] Damit ist die Ebene des einzelnen Bürgers in seinem alltäglichen – auch privaten – Leben angesprochen.
[209] Zur Frage des Hasses der Griechen untereinander vgl. Laistner 1927: 110, anders Ley-Hutton 1993, I: 168. Laistner (ebd. S. 109) weist im Vergleich der Stelle mit Isok. IV 110–114 auf die Ähnlichkeit beider Passus hin: Während in der Stelle im *Panegyrikos* deutlich gemacht wird, dass sich die genannten Athener zu Unrecht auf Sparta berufen, weil ihr Verhalten gänzlich unspartanisch sei, wird hier deutlich, dass die *arché* die Spartaner selbst von ihren Tugenden entfremdet habe.
[210] Hier wird als erster Unterstützer Spartas Persien genannt (Isok. VIII 97). Darin liegt fraglos eine kritische Note (z. B. Isok. IX 54–56, s. o. Kap. B.4.2), die sich jedoch nicht nur gegen Sparta richtet, sondern implizit auch auf Athen zurückfällt. Denn jedem Athener muss bewusst gewesen sein, dass auch Athen immer wieder Unterstützung beim Großkönig suchte (was in Isok. VIII 68, s. o. S. 420–422, auch ausgesprochen ist), und dass auch Athen immer wieder in kriegerische Aktivitäten gegen den Großkönig verstrickt war.
[211] Isok. VI 49–51 (s. dazu o. Kap. B.9.4.6.3). Auch die übrige Beschreibung der spartanischen Untugenden erinnert in manchem an den *Archidamos* (z. B. Isok. VI 64–65).

verbreitete *dóxa* –, sei nicht die Niederlage von Leuktra Ursache des spartanischen Niedergangs, sondern Leuktra sei umgekehrt die Folge eines politisch–moralischen Niederganges, der mit der Übernahme der *arché* durch Sparta eingesetzt habe:[212]

> (101) [...] Ὥστε πολὺ ἄν τις ἀληθέστερα τυγχάνοι λέγων, εἰ φαίη τότε τὴν ἀρχὴν αὐτοῖς γενέσθαι τῶν συμφορῶν, ὅτε τὴν ἀρχὴν τῆς θαλάττης παρελάμβανον [...].

> (101) [...] So dass es wohl viel eher der Wahrheit entsprechen dürfte, wenn einer behauptete, dass damals der Beginn ihres Unglücks war, als sie die Herrschaft über das Meer übernahmen [...].

Das hier enthaltene, unübersetzbare und vielkommentierte Wortspiel mit dem Begriff der *arché*, der neben der Bedeutung ‚Herrschaft' auch einen ‚Anfang' bezeichnen kann, ist ein direktes Gegenstück zu einer Stelle im *Panegyrikos*, an der es unter umgekehrten Vorzeichen verwendet wird.[213] Im *Panegyrikos* wird die Übernahme der *arché* als Beginn der athenischen Stärke bezeichnet – der ironische Charakter des Lobes der *arché* in dieser Rede wurde bereits wiederholt thematisiert. Wieder zeigt sich somit die enge Anlehnung der *Friedensrede* und ihrer Exempla an den *Panegyrikos*. In der *Friedensrede* wird im Gegensatz zum *Panegyrikos* genau begründet, auf welche Weise die Herrschaft ihre negative Wirkung auf ihre Träger entwickelt: Die durch die gewaltsame Herrschaft verursachte Verkehrung der politischen und moralischen Normen[214] führt notwendigerweise zu einem Verhalten, das eben jenen Handlungsweisen entgegengesetzt ist, die die Übernahme der Macht ermöglichten. In Spartas Fall wird so aus der gestrengen Bewahrung der ursprünglichen *politeía* ein Verfall der bürgerlichen Werte, und aus der zu Lande ausgeübten hegemonialen Stellung wird eine gewaltsame Herrschaft zur See. Aus einer vernünftigen wird eine unvernünftige (*paraphroneĩn*) Politik (§ 102–103).[215]

Wie bereits in §95 gesehen, schreibt Isokrates der spartanischen *arché* eine schnellere Entwicklung ihrer negativen Folgen zu. Dieses Motiv zieht sich durch den gesamten Abschnitt §95–103: Die spartanische *arché* und ihre Folgen für Sparta unterscheiden sich graduell von der Entwicklung in Athen,[216] nicht jedoch in der Sache selbst. Die Wirkung der *arché* ist deutlich als Umkehrung eines früheren positiven Zustandes geschildert. Dieser Gegensatz zwischen der Haltung vor (außenpolitische Zurückhaltung) und nach (Spartas Kriegslust) Übernahme der *arché* ist in §97 deutlich hervorgehoben. Wenn die kritisierten innenpolitischen und außenpolitischen Missstände in Sparta jedoch als Folgen dieser Entwicklung beschrieben sind, dann bedeutet dies auch, dass das Sparta einer

---

[212] Schmitz-Kahlmann 1939: 13–14.
[213] Isok. IV 119. Vgl. dazu Tincani 1923: 123, Jaeger 1940: 159–160, Wallace 1986: 79–80, Heilbrunn 1975: 174, Grieser-Schmitz 1999: 181. Im *Philippos* (Isok. V 61) wird Isokrates das Wortspiel in derselben Wendung benutzen wie in der *Friedensrede* (Laistner 1927: 112).
[214] Die Abkehr der Spartaner von traditionellen Werten, insbesondere die Korrumpierung des spartanischen Bürgerethos durch den infolge der außenpolitischen Erfolge erworbenen Reichtum wird auch bei Xen. Lak. Pol. 14 thematisiert (Laistner 1927: 112).
[215] Davidson 1990: 26, Grieser-Schmitz 1999: 177 mit Anm. 392, Bearzot 2003: 73.
[216] Vgl. Isok. VIII 96.

früheren Zeit in einem weitaus positiveren Licht erscheint. Es ergibt sich aus der Beschreibung des depravierten Sparta des 4. Jhs. eine implizit positive Beschreibung des Sparta einer früheren Zeit. Neben der explizit angesprochenen außenpolitischen *apragmosýnê* des älteren Sparta ist also auch angedeutet, dass das ältere Sparta von einer jahrhundertelang stabilen *politeía*, einem positiven Rechtsverständnis, von Verantwortungsbewusstsein, Gesetzes- und Vertragstreue und einem vernünftigen Umgang mit Geld geprägt gewesen sei.[217] Außenpolitisch findet sich ein respektvoller Umgang mit den Bundesgenossen sowie Vertragstreue und Beschränkung auf den eigenen Landbesitz impliziert. Analog lässt sich diese positive Beschreibung des frühen Sparta auf Athen übertragen, das als historischer Parallelfall eingeführt worden war. Athen und Sparta sind somit vor Übernahme der Seeherrschaft von einer idealen *politeía* geprägt, die keine andere ist, als die bereits im *Panegyrikos* (§75–81) und schließlich ausführlich im *Areopagitikos* (§20–55) beschriebene ‚*politeía* der Vorväter' der solonisch-kleisthenischen Zeit. Beide *póleis* haben vor Übernahme der Seeherrschaft eine als ideal zu bezeichnende hegemoniale Machtstellung inne. Auch in dieser Hinsicht bestätigt die *Friedensrede* also die Auffassung des Isokrates, die wir bereits im *Panegyrikos* angelegt sahen: Sparta und Athen werden als parallele Fälle behandelt, stehen in ihrer exemplarischen Darstellung nicht in Gegensatz zueinander. Der Gegensatz, der aufgebaut wird, ist in der *Friedensrede* wie im *Panegyrikos* der Gegensatz zwischen der idealen Zeit der Vorväter und der politisch und moralisch depravierten Gegenwart. Dieses Bild wird im weiteren Verlauf der Schrift bestätigt. Der lange Abschnitt der Exempla wird in §103–105 mit allgemeinen Erörterungen zum hetärengleichen Charakter der Macht und mit einer Zusammenfassung der Inhalte der zuvor präsentierten Exempla abgeschlossen. In dieser Zusammenfassung werden Athen und Sparta stets gemeinsam behandelt. Und auch in den hierzu angeführten Exempla ist stets ist von Athens und Spartas vergleichbar verlaufender Geschichte die Rede.[218]

Dass Isokrates in der *Friedensrede* den Gegensatz zwischen Vergangenheit und Gegenwart anhand des Beispiels der Spartaner entwickelt, ermöglicht es ihm, politisch–moralische Werte als ideal einzuführen, die üblicherweise als spartanische Werte in einem deutlich konservativen Kontext stehen und somit in Athen nur bedingt hoffähig gewesen sein dürften. Tatsächlich stellen auch die kritisierten Verfehlungen der Spartaner der jüngeren Zeit Gegensätze zu solchen Einstellungen dar, die man den Spartanern klischeehaft zuschrieb.[219] Zudem hatte Isokrates diese unspartanischen Untugenden im *Archidamos*

---

[217] Tincani 1923: 118, Cloché 1933: 140–141, Ollier 1933: 355.
[218] Isok. VIII 107–108 (mit der markanten rhetorischen Frage: „Οὐχ ἡ μὲν τῶν ἀττικιζόντων πολυπραγμοσύνη λακωνίζειν τὰς πόλεις ἐποίησεν, ἡ δὲ τῶν λακωνιζόντων ὕβρις ἀττικίζειν τὰς αὐτὰς ταύτας ἠνάγκασεν;"), 116.
[219] Beispielhaft seien die Gegensatzpaare ἀδικία/δικαιοσύνη, πολυπραγμοσύνη/ἀπραγμοσύνη (Isok. VIII 108, dazu Bringmann 1965: 62–64) und ἀνομία/σωφροσύνη genannt.

unmissverständlich mit demokratischen Auffassungen in Verbindung gebracht.[220] Isokrates führt das Exemplum Sparta also mit der Erklärung ein, er wolle den antidemokratischen Spartafreunden gewissermaßen den Wind aus den Segeln nehmen, wenn er seine Kritik am athenischen Machtstreben mit einem Exemplum belege, das beweise, dass sich Sparta nicht besser verhalten habe. Gleichzeitig aber benutzt er dieses Exemplum, um dezidiert konservative und als typisch spartanisch geltende Werte als Ideal einzuführen. Auf diese Weise wird auf einer sublimen Ebene die Zeit der Vorväter, in der die genannten Werte in Athen und Sparta vertreten waren, als eine von konservativem Geist geprägte Zeit beschrieben. Der aristokratische Charakter der von Isokrates vor allem im *Areopagitikos* idealisierten ‚*politeía* der Vorväter' zeigt sich auch in der *Friedensrede*.[221]

B.6.5.2.2 Der beste real existierende Staat? II (§142–144)

Wir haben gesehen, dass die *Friedensrede* ein umfangreiches Exemplum aus der spartanischen Geschichte enthält, das sich sehr eng an ein fast identisches, wenngleich sehr viel kürzer gefasstes Exemplum im *Areopagitikos* anlehnt. Auch zu der zweiten bemerkenswerten Darstellung Spartas im *Areopagitikos* (§60–61) gibt es eine Entsprechung in der *Friedensrede*. Zwar wird Sparta hier nicht als ideale Demokratie bezeichnet, ein Lob seiner institutionellen Ordnung ist jedoch an prominenter Stelle ebenfalls vorhanden.

Ganz zum Abschluss der *Friedensrede*, am Ende einer Rede voller Kritik an den Verhältnissen in Athen und Sparta, einer Rede, die an die Athener gerichtet zu einem fundamentalen politischen Kurswechsel im Inneren und Äußeren aufruft, ganz am Ende einer derart kritischen Rede also fasst Isokrates zusammen, welche Politik er den Athenern empfiehlt. Um eine hegemoniale Stellung in Griechenland zu erlangen, müsse Athen, um wehrhaft zu bleiben, zum Krieg rüsten, im Handeln aber den Frieden vertreten (§136–137).[222] Mit einer solchen defensiv orientierten Kriegspolitik, die das Militär als Verteidigungs- und Interventionsarmee zum Schutze der eigenen *pólis* sowie aller anderen *póleis* vor Unrecht unterhalte, werde Athen sich das Wohlwollen aller Griechen verschaffen, zur innergriechischen Schutzmacht aufsteigen, die sich in den Dienst des griechischen Gemeinwohls stelle, und so selbst zu Macht und Wohlstand gelangen (§138–

---

[220] Z. B. Isok. VI 64–65. Zum ‚demokratischen' Geist der spartanischen Außenpolitik im *Archidamos* (s. o. Kap. B.5.6.3).

[221] Vgl. aber Isok. VIII 108, wo Oligarchen und Demokraten in ihrem Handeln einander gleichgesetzt werden. So habe die *arché* von Demokraten (vor 411) und Oligarchen (404/403) sich jeweils den Hass selbst der eigenen Klientel zugezogen. Der athenische *dêmos* sei es gewesen, der 411 die Oligarchie eingerichtet habe, und die Unterstützer der Oligarchie hätten 404/403 die Demokratie herbeigesehnt. Isokrates versucht hier augenscheinlich einen dritten Standpunkt einzunehmen, wonach, wie bereits in Isok. VIII 95 gesehen, das politische System an sich keine Rolle für die Qualität der Politik spielt.

[222] Kessler 1911: 37.

B.6.5 Friedensrede (Isok. VIII)

141).[223] An dieser Stelle benennt Isokrates neben den zuvor ständig präsenten Vorfahren ein weiteres Vorbild, das es in der athenischen Außenpolitik nachzuahmen gelte. Dieses Vorbild findet sich in Sparta:

(142) Δεῖ γὰρ ἡμᾶς, εἴπερ εἰ βουλόμεθα διαλύσασθαι μὲν τὰς διαβολάς, ἃς ἔχομεν ἐν τῷ παρόντι, παύσασθαι δὲ τῶν πολέμων τῶν μάτην γιγνομένων, κτήσασθαι δὲ τῇ πόλει τὴν ἡγεμονίαν εἰς τὸν ἅπαντα χρόνον, μισῆσαι μὲν ἁπάσας τὰς τυραννικὰς ἀρχὰς καὶ τὰς δυναστείας, ἀναλογισαμένους τὰς συμφοράς τὰς ἐξ αὐτῶν γεγενημένας, ζηλῶσαι δὲ καὶ μιμήσασθαι τὰς ἐν Λακεδαίμονι βασιλείας. (143) Ἐκείνοις γὰρ ἀδικεῖν μὲν ἧττον ἔξεστιν ἢ τοῖς ἰδιώταις, τοσούτῳ δὲ μακαριστότεροι τυγχάνουσιν ὄντες τῶν βίᾳ τὰς τυραννίδας κατεχόντων, ὅσον μὲν τοὺς τοιούτους ἀποκτείναντες τὰς μεγίστας δωρεὰς παρὰ τῶν συμπολιτευομένων λαμβάνουσιν, ὑπὲρ ἐκείνων δ' οἱ μὴ τολμῶντες ἐν ταῖς μάχαις ἀποθνῄσκειν ἀτιμότεροι γίγνονται τῶν τὰς τάξεις λειπόντων καὶ τὰς ἀσπίδας ἀποβαλλόντων. (144) Ἄξιον οὖν ὀρέγεσθαι τῆς τοιαύτης ἡγεμονίας. Ἔνεστι δὲ τοῖς πράγμασιν ἡμῶν τυχεῖν παρὰ τῶν Ἑλλήνων τῆς τιμῆς ταύτης, ἧσπερ ἐκεῖνοι παρὰ τῶν πολιτῶν ἔχουσιν, ἢν ὑπολάβωσι τὴν δύναμιν τὴν ἡμετέραν μὴ δουλείας, ἀλλὰ σωτηρίας αἰτίαν αὐτοῖς ἔσεσθαι.

(142) Wenn wir je die Vorwürfe, die auf uns lasten, entkräften, mit der sinnlosen Kriegführung aufhören und für die *pólis* die Hegemonie für alle Zeit gewinnen wollen, müssen wir einerseits jede tyrannische Herrschaft und Machtausübung hassen, indem wir das Unglück, das daraus entsteht einkalkulieren, andererseits das Königtum in Lakedaimon anstreben und nachahmen. (143) Denn Unrecht zu tun ist jenen [sc. den spartanischen Königen] zwar weniger möglich als den Privatleuten. Aber sie sind deswegen insofern beneidenswerter als jene, die mit Gewalt eine Tyrannis innehaben, als Leute, die diese [sc. die Tyrannen] töten, von ihren Mitbürgern die größten Geschenke erhalten,[224] wohingegen Leute, die für jene [sc. die spartanischen Könige] nicht in der Schlacht zu sterben bereit sind, noch ehrloser behandelt werden als die, die die Schlachtordnung verlassen und den Schild fortwerfen. (144) Eine solche Hegemonie ist also erstrebenswert. Und es ist nach Lage der Dinge möglich, dass wir von den Hellenen die gleiche Ehrenstellung erhalten, die jene von ihren Bürgern erhalten, wenn sie zu der Überzeugung kommen, dass unsere Macht ihnen selbst nicht Knechtschaft, sondern Rettung begründen werde.

Nach dem ausführlichen Tadel an der Politik Spartas in der übrigen Rede wirkt diese plötzliche Empfehlung, sich ausgerechnet an Sparta und ausgerechnet am dortigen Königtum ein Vorbild zu nehmen, etwas überraschend.[225] Sparta war in der gesamten Rede das Beispiel für eine Ausübung der *arché* gewesen, die noch radikaler und noch verfehlter war als die der Athener und die in ein noch größeres Unglück geführt hatte als die Politik Athens.

Wir haben jedoch bereits gesehen, dass Isokrates das Exemplum Sparta heranzieht, um damit gleichzeitig athenisches Fehlverhalten zu kritisieren. Insofern richtet sich die negative Darstellung Spartas, insbesondere in §95–103, nicht in erster Linie gegen die

---

[223] Alexiou 2007: 12. Die Interpretation bei Cargill 1981: 178, der in Isok. VIII 141 ein Lob des frühen Zweiten Attischen Seebundes erkennen will, ergibt im Zusammenhang der Rede nicht den geringsten Sinn. Die Aoristformen, die die Grundlage von Cargills Interpretation liefern, sind nicht auf eine vergangene Zeit, sondern – ganz im Sinne der übrigen Argumentation – auf die Zukunft zu beziehen.

[224] Hier spielt Isokrates auf das Tyrannenmörderdenkmal auf der athenischen Agora an.

[225] Papillon 2004: 165 Anm. 71.

Polisordnung Spartas,[226] sondern gegen die spartanische *arché*. Zudem bedient sich Isokrates bei der Beschreibung jener politischen Handlungsweisen, die er Athen in der *Friedensrede* empfiehlt, auch sonst typisch ‚spartanischer' Werte. Das Lob von Bürgern, deren Stammbaum bis in die Gründungszeit ihrer *pólis* zurückreiche, lässt sich auf die aus ‚heraklidischen' Familien stammenden spartanischen Könige anwenden.[227] Das Alter der Familien, welche die spartanischen Könige stellten, führt unmittelbar zu jenem Element des spartanischen Königtums, das sich ganz eindeutig mit dem Tenor der gesamten *Friedensrede* vereinbaren und die Wahl des spartanischen Königtums als Vorbild in § 142–144 als folgerichtig erscheinen lässt. In der ganzen Rede ist eine idealisierte Vergangenheit, in der in Athen und Sparta hegemoniales Denken geherrscht habe, mit einer depravierten Gegenwart, in der beide *póleis* von Herrschaftsgier geprägt seien, kontrastiert.[228] Die ideale *politeía* der Vergangenheit trägt bereits quasi-spartanische Züge. Das spartanische Königtum stellt wiederum gewissermaßen den Nukleus dieser alten spartanischen *politeía* und mithin die älteste aller spartanischen Institutionen dar.[229]

Zwei weitere Aspekte des Lobes der spartanischen *basileía* in § 142–144 sind hervorzuheben. Erstens: Die Beschreibung des spartanischen Königtums erinnert an die Beschreibung der Gründung des athenischen Staates durch Theseus in der *Helena* und später auch im *Panathenaikos*.[230] Die deutlich Parallele zwischen der Stellung des Theseus in Ur-Athen und derjenigen der spartanischen Könige stützt die These von der im gesamten isokratischen Werk vertretenen Identität der athenischen und der spartanischen staatlichen Ordnung der Frühzeit. Zweitens: Bei der spartanischen *basileía* handelt es sich um ein Königtum zweier Monarchen. Isokrates empfiehlt also eine hegemoniale Doppelführung.[231] Die *Friedensrede* endet so mit dem gleichen außenpolitischen Ideal, das Isokrates schon im *Panegyrikos* vertreten hatte.

Schon im *Nikokles* ist die spartanische *basileía* das Element der spartanischen Ordnung, das Sparta zur am besten regierten *pólis* macht.[232] In der *Friedensrede* wird dieser Gedanke weitergeführt. Die Stellung der spartanischen Könige ist keine tyrannische, sondern eine hegemoniale, stellt mithin eine Ehrerweisung von Seiten der regierten Bürger dar – mehr noch als auf tatsächliche Privilegien der spartanischen Könige spielt Isokrates

---

[226] Dies scheint Raoss 1968: 275–276 anzunehmen.
[227] Isok. VIII 89, s. o. S. 418 mit Anm. 178.
[228] Treves 1933a: 304.
[229] Vgl. dazu z. B. Isok. VI 17–20. Dabei spielen auch etwaige jüngere staatliche Entwicklungen im historischen Sparta keine Rolle. Der Topos von der Stabilität der spartanischen Ordnung dürfte hier sowohl des Isokrates Auffassung (z. B. Isok. X 63, XI 17–18, VI 21, VII 7, 61) wie auch die seines Publikums bestimmen. Das System von gegenseitiger Interessenwahrung, das Isokrates für die spartanische *basileía* beschreibt, spiegelt zwar einen Zustand des 5. und 4. Jhs. wider, für die athenische Öffentlichkeit aber kann es nichtsdestoweniger als Urform des spartanischen Staates gelten.
[230] Isok. X 31–38 (s. o. S. 102–105), Isok. XII 126–130 (s. u. Kap. B.9.5.3), vgl. Bloom 1955: 51.
[231] Allroggen 1972: 291.
[232] Isok. III 23–24 (s. o. Kap. B.4.1).

hier auf die Rolle der Könige als Kriegführer[233] an. In verschiedenen Schriften erwähnt Isokrates, dass für den politischen Menschen die Ehrerweisung durch die Bürger der höchste Lohn sein müsse.[234] In der *Helena* ist das Streben nach einer Ehrenstellung Grundprinzip des athenischen Staates unter dem *basileús* Theseus. Diese Einrichtung einer auf dem Prinzip der Auswahl durch Tugend und Ehrenrang basierenden Königsstellung stellt Isokrates als in Sparta verwirklicht dar.[235]

Diese Stellung im Verhältnis der *póleis* zueinander ist für Isokrates gleichbedeutend mit der immer wieder als Ideal beschworenen Hegemonie. Dies ist der Aspekt, unter dem sich für Isokrates ein idealisiertes Königtum, das er bereits in *An Nikokles*[236] vorstellt, mit seinen übrigen politischen Idealen verbinden lässt. Die *basileía* hat mit der Ausübung einer tyrannischen Herrschaft, wie sie beispielsweise in §111–115 der *Friedenrede* überaus negativ dargestellt wird, nichts gemein. Der Unterschied zwischen *basileía* und *tyrannís*[237] besteht nicht in der institutionellen Gestalt, sondern in der Auffassung der Regierenden von ihrer Rolle als Machthaber. Dienst an den Regierten oder Knechtschaft der Regierten, *arché* oder *hêgemonía*, diese alternativen Auffassungen von den Aufgaben einer Regierung entscheiden über den Charakter eines Staates als gut oder schlecht.[238] Das gilt für Monarchien ebenso wie für Demokratien und andere Staatsformen. Insofern ist Davidsons Einordnung der *Friedensrede* als Schrift zur Monarchie weder ganz falsch noch ganz zutreffend.[239] Richtig ist, dass die Bewertungen der spartanischen *basileía* in der *Friedensrede* einerseits und monarchischer Herrschaft in den von Davidson benannten Schriften andererseits (*Helena, Busiris, Euagoras, An Nikokles, [An Demonikos], An Dionysios I., An die Söhne Iasons*) sich im Wesentlichen entsprechen und zweifelsohne auf denselben Grundüberzeugungen basieren. In allen diesen Bewertungen monarchischer Herrschaft geht es jedoch nicht in erster Linie um die Monarchie an sich, sondern um die Art der Ausübung von politischer Macht sowie um die dieser Ausübung von Macht zugrundeliegenden moralischen Normen. Die moralische, nicht die institutionelle

---

[233] Welwei 2004: 60–68, 85–93.
[234] Z. B. Isok. IV 77, VII 26–27.
[235] Vgl. dazu Bringmann 1965: 67–68, Michelini 1998: 128–129.
[236] Isok. II 14–39.
[237] Zur unterschiedlichen Verwendung der Begriffe bei Isokrates vgl. Kehl 1962: 72. Eucken 1983: 219 mit Anm. 27 weist mit Blick auf Isok. III 14–26 darauf hin, dass Isokrates bei begrifflicher Gleichstellung keine echte formale Trennung guter und schlechter Monarchie kenne. Die ethische Qualität der Alleinherrschaft entscheidet sich bei ihm an der moralischen *paideía* des Monarchen.
[238] Zu diesem Aspekt in Isok. VIII 142–144 vgl. Jaeger 1940: 159–160, Eucken 1983: 219 Anm. 27. Die ältere, die Dinge verkehrende, Ansicht bei Oncken 1862: 94, wonach die Zusammenstellung von spartanischer *basileía* und *hêgemonía* der Diskreditierung der letzteren diene, beruht auf der vor Buchner 1958 üblichen Gleichsetzung der Begriffe *arché* und *hêgemonía* bei Isokrates.
[239] Davidson 1990: 29–32, v. a. 31 (mit Belegen für Parallelen zwischen den genannten Schriften). Haskins 2004: 96–97 sieht das vermeintliche Lob der Monarchie in Isok. VIII in Isokrates' Absicht der Kritik an der Demokratie begründet, was auf der falschen Annahme beruht, Isokrates handele in dieser Schrift von unterschiedlichen Herrschaftssystemen – tatsächlich geht es ihm um die Moralität der Herrschaft.

Ordnung von Staaten steht in den isokratischen Schriften im Mittelpunkt des Interesses. Wo Institutionen angesprochen sind, geht es wiederum um deren Einfluss auf die Bürgermoral. In der *Friedensrede* wird dies besonders deutlich.

Die (Außen-)Politik Spartas wird in der *Friedensrede* wie schon in den früheren Schriften des Isokrates kritisiert; Lob findet mit dem spartanischen Königtum eine Institution, zumal eine militärische.[240] Wie in früheren Schriften steht somit die Vorbildhaftigkeit der spartanischen Institutionen in einem Spannungsverhältnis zur verwerflichen Politik Spartas.[241] Wenn in der *Friedensrede* diese Politik eindeutig für ihre Ausübung einer *arché*, das heißt eines die Untergeben für eigennützige Zwecke ausbeutenden Regimes, kritisiert wird, dann wird im Lob des spartanischen Königtums klar, dass diese Institution vom gegenteiligen, hegemonialen Prinzip geleitet ist. Die innenpolitische Ordnung beziehungsweise einzelne Institutionen als Relikte eines vergangenen Idealstaates werden eben deswegen gelobt, weil sie auf politischen Prinzipien basieren, die den der Politik des jüngeren Sparta zugrundeliegenden Prinzipien widersprechen. Die alte spartanische Ordnung atmet einen Geist, den die Spartaner in ihrem Handeln längst aufgegeben haben. Sparta dient insofern als Exemplum für das unterschiedliche Niveau der politischen Kulturen der Vorzeit und der Gegenwart. Auf diese Weise kann Sparta zu dem großen Paradigma werden für Isokrates' Bild einer historischen Dekadenz der politischen Verhältnisse.

B.6.6 Ergebnis

Was kann zusammenfassend über die Haltung des Isokrates gegenüber Sparta in *Friedensrede* und *Areopagitikos* gesagt werden? In der *Friedensrede* stellt Sparta ein Beispiel dar für die verheerenden Folgen von Machtstreben und Seeherrschaft. Eine ebensolche Rolle nimmt dort Athen ein.[242] Die politische Kultur beider *póleis* steht in der Gegenwart im Gegensatz zur idealen ‚*politeía* der Vorväter'. Isokrates will in der *Friedensrede* zeigen, dass Sparta und Athen trotz unterschiedlicher *politeíai* dasselbe Streben nach Macht und dieselben verfehlten Verhaltensweisen in Bezug auf die Macht an den Tag gelegt hätten. Nicht die konkrete Ausprägung der politischen Kultur in Athen oder Sparta führt daher zum Niedergang, sondern die Abkehr von der idealen ‚*politeía* der Vorväter', eine Abkehr, die sich insbesondere im Übergang von hegemonialer Führung zu gewaltsamer Machtpolitik äußert. Diese Erkenntnis verweist unmittelbar auf den *Areopagitikos*, in dem sich Isokrates für die Wiedererrichtung dieser politischen Kultur der Vorfahren einsetzt.

---

[240] Isok. III 23–24, s. o. Kap. B.4.1.
[241] Isok. XI 17–20, s. o. S. 125–128.
[242] Davidson 1990: 21.

B.6.6 Ergebnis

Beide Reden fordern eine Reformierung der politischen Ordnung Athens. Die Rückkehr zur politischen Kultur der Vorfahren soll auch außenpolitische Erfolge ermöglichen. Diese politische Kultur entspricht der im *Panegyrikos* und in der *Helena* bereits vorgestellten und findet am ehesten in Sparta einen Vertreter. Dort leben bestimmte Institutionen der ‚*politeía* der Vorväter' noch am ehesten fort, während der Geist dieser politischen Kultur auch dort verlorengegangen ist. In diesem Urteil über Werte und Institutionen Spartas, die als Relikte einer idealen ‚*politeía* der Vorväter' erscheinen, stimmen *Areopagitikos* und *Friedensrede* ebenso überein wie in der scharfen Kritik am Sparta der Gegenwart, das die ungerechte Politik Athens noch übertroffen habe.

Auffällig sind die Parallelen zwischen *Friedensrede* und *Panegyrikos*. In beiden Schriften dienen breit entwickelte historische Exempla dazu, die jeweils vorgetragene These zum Charakter der *arché* zu belegen. Die Intention beider Schriften scheint mithin die gleiche zu sein. Während die Kritik an machtpolitischem Herrschaftsstreben sich im *Panegyrikos* jedoch nur implizit erschließt, ist sie in der *Friedensrede* offen ausgesprochen.[243] Jene frühe Rede des Isokrates ist als Nachahmung der typischen rhetorischen Selbstvergewisserung und -legitimierung der athenischen Epitaphien-Tradition gestaltet. Die *Friedensrede* dagegen bietet eine Inversion dieser rhetorischen Topoi des politischen Athen. Beiden Reden ist zudem in ihren Proömien eine Zielrichtung gegeben, die – mindestens gleichrangig mit den politischen Inhalten – die Kritik an der rhetorischen Praxis in Athen in den Fokus rückt.

Hinsichtlich der Bewertung der *arché* und der Begründung für deren verheerende Folgen sind *Friedensrede* und *Areopagitikos* von denselben Grundgedanken getragen. Außenpolitischer Erfolg in Griechenland ist in beiden Reden Folge der innen- und außenpolitischen Orientierung an den Werten der ‚*politeía* der Vorväter' und somit Folge der richtigen *paideía*.[244] Dabei ist die moralische Qualität dieser *politeía* und hier besonders die Auffassung über die Aufgaben von Regierungen und Machthabern entscheidend. Macht verpflichtet in Isokrates' idealer Vorstellung zum Dienst an den Un-tergebenen.

---

[243] Im politischen Kontext des Bundesgenossenkrieges mag solch offene literarische Kritik an der athenischen Politik und Staatlichkeit weniger prekär gewesen sein als in den Jahren außenpolitischen Erfolgs Athens.

[244] Alexiou 2007: 12. Ein wesentliches Ziel der normativen Wertorientierung, die hier vorgeschlagen wird, ist die Kanalisierung der menschlichen Begierden, allen voran der *pleonexía* (vgl. Davidson 1990: 24–25, Demont 2003: 40–44). Ein ganz ähnlicher Gedanke findet sich in der Archidamosrede im ersten Buch des thukydideischen Geschichtswerkes ausgedrückt: Archidamos beschreibt dort die Spartaner (der älteren Generation bzw. die von traditionellen Werten geprägten Spartaner) als die Einzigen, die im Erfolg nicht übermütig zu werden pflegten (οὐκ ἐξυβρίζομεν, Thuk. I 84,2). Diese Eigenschaft wird zugleich dargestellt als Folge einer *paideía*, die das Wichtigste ins Auge nimmt (ἐν τοῖς ἀναγκαιοτάτοις παιδεύεται, Thuk. I 84,4); vgl. Classen 2005: 123–124. Es ist kaum zu bezweifeln, dass sich hinter der bei Thukydides angesprochenen *hýbris* derer, die politischen Erfolg haben, dieselbe Unvernunft und Neigung zur *pleonexía* verbirgt, die auch bei Isokrates die mächtigen *póleis* und Politiker dazu verleitet, eine gewaltsame Herrschaft über andere ausüben zu wollen, und die in der *Friedensrede* ebenso wie im Proömium des *Areopagitikos* als wesentliche Ursache für den Niedergang Athens und Spartas dargestellt wird.

Wer dies beachtet, begibt sich in die Rolle eines *hêgemón*; wer dies nicht beachtet, sieht sich durch Macht zur Ausbeutung der Schwächeren berechtigt. *Hêgemonía* und *arché* sind voneinander grundverschieden; sie stellen gegensätzliche Formen der Ausübung von politischer Macht dar.[245]

---

[245] Mathieu 1925: 123, Due 1988: 87–88.

> τὸν κάλλιστ' ἄρα μουσικῇ γυμναστικὴν κεραννύντα
> καὶ μετριώτατα τῇ ψυχῇ προσφέροντα, τοῦτον ὀρθότατ' ἂν
> φαῖμεν εἶναι τελέως μουσικώτατον καὶ εὐαρμοστότατον,
> πολὺ μᾶλλον ἢ τὸν τὰς χορδὰς ἀλλήλαις συνιστάντα.
> (Plat. Pol. 412a4–7)

B.7 *Antidosis* (Isok. XV)

Die *Antidosis* oder *Rede über den Vermögenstausch* ist die umfangreichste isokratische Rede und zugleich eine der für die Bewertung der isokratischen Lehr- und Publikationstätigkeit wichtigsten Schriften.[1] Die *pólis* Sparta und ihre Geschichte spielen in der *Antidosis* dagegen keine hervorgehobene Rolle. Die Rede befasst sich mit Isokrates' eigener Person (und *persona*), mit seiner Tätigkeit als Schriftsteller und ‚Philosoph' sowie mit der Rolle seiner *philosophía* und *paideía* in und für Athen. Sparta wird im Rahmen dieser Themenstellung nur an wenigen Stellen in Nebenbemerkungen erwähnt. Die Behandlung der *Antidosis* kann in der vorliegenden Arbeit daher trotz des großen Umfangs dieser Rede und trotz ihrer besonderen Bedeutung für die Selbstdarstellung des Isokrates verhältnismäßig kurz ausfallen.

Die Schrift beinhaltet in ihrem Hauptteil eine fiktionale Verteidigungsrede gegen den Vorwurf, die Lehrtätigkeit des Isokrates schädige die Jugend – eine deutliche und vielbesprochene Anlehnung an den Sokratesprozess, auf den die *Antidosis* an zahlreichen Stellen offensichtlichen Bezug nimmt.[2] Bei aller Anlehnung an die platonische und auch die xenophontische *Apologia Sokratous* stellt die Rede jedoch in erster Linie eine literarische Selbstverteidigung und -verewigung des Autors Isokrates dar, ein Motiv für die Publikation dieser Schrift, das Isokrates im ‚ersten' Proömium (§1–13), das gewissermaßen als Vorwort zum schriftlich publizierten Text dient (während das ‚zweite'

---

[1] Lombard 1990: 101, Usher 1999: 318.
[2] Vgl. Havet 1862: XVI-XVII, CX-CXI, Vitz 1871: 7, Vollnhals 1897: 8, 22–27, Vasold 1898, Gomperz 1905/1906: 1–3, Bonner 1920a: 193, 197, Jaeger 1947, III: 200 mit Anm. 9, Misch ³1949: 170–172, Raoss 1968: 49–76 (eine in der Isokrates-Forschung zu wenig beachtete Arbeit, die als einzige auch die Bezüge zwischen *Antidosis* und der xenophontischen Apologie untersucht), Allroggen 1972: 55, Lombard 1990: 21–22, 101–105, Nightingale 1995: 28–31, Too 1995: 192–194 und 2008: 242, Papillon 1997: 49, 54, Ober 1998: 260–263, Haskins 2000: 14–22 und 2004: 39–40, Gärtner 2004: 45–47, Ober 2004: 23, 35–37.

Proömium in §14–28 das Proömium der fiktionalen Rede darstellt),[3] ganz offen benennt.[4] Indem Isokrates sich selbst und sein Schaffen offensiv verteidigt, legt er ein Zeugnis ab für seine Form von *philosophía* und *paideía*, und er versucht als Autor, das Bild der Nachwelt von seinem Schaffen zu beeinflussen und zu steuern:[5] Gleichsam als neuer Sokrates stilisiert er sich als Opfer der öffentlichen Stimmung gegen die Intellektualität, das infolge seines pädagogischen Wirkens im hohen Alter ungerechterweise vor Gericht komme.[6] Offenbar empfand Isokrates ein Bedürfnis, auf diese Art Einfluss auf sein Bild in der Öffentlichkeit zu nehmen – wir können insofern davon ausgehen, dass er sich und sein Werk in den Jahren, die der Abfassung der *Antidosis* vorausgingen (sowie während der Zeit der Abfassung), auf falsche Weise rezipiert sah.[7] Doch nicht nur das Bild seiner eigenen *persona* ist es, das Isokrates in der *Antidosis* geraderücken will: Es geht ebenso um das Bild von der *philosophía* insgesamt und ihrer Bedeutung für die politische Kultur in Athen;[8] am Ende ist es daher die *pólis* Athen selbst, für deren Wesen Isokrates sich in der *Antidosis* einsetzt.[9]

---

[3] Vgl. Havet 1862: CVI, Vitz 1871: 4–5, Feddersen 1907: 44, Bonner 1920a: 195, Too 2008: 87, 102. Die Fiktionalität der Rede wird in der *Antidosis* (v. a. Isok. XV 8, 10, 13) offener betont als in anderen isokratischen Schriften (Havet 1862: CVIII-CIX, Feddersen 1907: 50, Heilbrunn 1967: 194, Usener (S.) 1994: 27, Ober 2004: 33, Too 2008: 87). Auffällig ist die Rolle, die das Motiv des Paradoxen in beiden Proömien spielt: Im ersten Proömium setzt sich ‚Isokrates' u.a. mit der ungewöhnlichen formalen Gestaltung der Schrift auseinander (Classen 2010: 80 mit Anm. 1). Dabei versucht er dem Eindruck entgegenzuwirken, diese sei abwegig (*átopos*) sei (Isok. XV 2; Too 2008: 89). Zur Verbindung von *átopon* und *parádoxon* vgl. Isok. X 1. Im zweiten Proömium wirft Isokrates dem Ankläger vor, dieser glaube selbst nicht an die Wahrheit seiner Anklagen (Isok. XV 14–15; Too 2008: 103–104). Auch die aus der *Helena* bekannten und mit paradoxen Themata in Verbindung gebrachten Vorstellungen von *dóxa pseudés* und ‚sophistischen' *epideíxeis* spielen hier eine wesentliche Rolle (Isok. XV 18–19, 24, vgl. 147–148). Wie in der *Helena* präsentiert Isokrates seine *paideía* hier in Abgrenzung von *lógoi parádoxoi*. Folgerichtig stellt er seine Apologie sowie sein gesamtes Schaffen als an der *alétheia* orientiert dar (z. B. Isok. XV 43, 52, 167; dazu Too 2008: 118, 124, 176).

[4] Isok. XV 7. Das Motiv der Schriftpublikation als ‚Statue' des Geistes einer Person erinnert unmittelbar an Isok. IX 72, was die *Antidosis* in ihrer Funktion an das literarische *Enkomion* heranrückt, mit dem Isokrates die *Antidosis* ebenfalls explizit in Verbindung bringt (ebd.). Vgl. Mathieu/Brémond 1960, II: 105 Anm. 1, Alexiou 1995, 21–22 (zum Begriff des μνημεῖον und dessen didaktischer Wirkung), Ober 2004: 23, 32–33. Daraus lässt sich indes kaum eine Einordnung der Schrift als ‚Autobiographie' ableiten, wie sie wiederholt (und meist ohne klare Definition dessen, was diese Gattung ausmache) vorgenommen wurde (Kleine-Piening 1930: 49, Misch ³1949: 162–165, Lombard 1990: 104).

[5] Lombard 1990: 104, Too 2008: 7–11.

[6] Raoss 1968: 75–76.

[7] Die falsche Meinung der Athener über Isokrates und sein Schaffen wird als Folge von Missgunst (φθόνος) dargestellt (Isok. XV 8; Ober 1998: 258). Vgl. dazu die Polemik gegen den φθόνος in Isok. IX 5–8. Die Spekulationen bei Rowe 2000 und 2002, die *Antidosis* sei Teil einer Auseinandersetzung des Isokrates und seiner Schüler mit Demosthenes, entbehren jeder verlässlichen Grundlage (die Publikation eines 2013 in Freiburg präsentierten Vortrages hierzu bereite ich derzeit vor).

[8] Havet 1862: CXII, Papillon 1997: 58–59, Demont 2003: 39.

[9] Papillon 1997: 53.

B.7 Antidosis (Isok. XV)

Die *Antidosis* ist stets Gegenstand des Interesses der Isokrates-Forschung gewesen. Stellvertretend für die bestimmenden Themen der jüngeren *Antidosis*-Interpretation sollen einige wichtige Arbeiten kurz erwähnt werden: Die rhetorische Selbstdarstellung des Isokrates als athenischer Bürger, dessen Bürgerverständnis und politisches Wirken durch seine Erfahrung und politische *apragmosýnē* geprägt seien, hat Yun Lee Too in The Rhetoric of Identity in Isocrates dargestellt.[10] Die besondere Komposition der Schrift als *lógos miktós*, der Elemente verschiedenster Text- und Argumentations-Arten in sich vereint und sich in der Argumentation nicht auf die Verteidigung gegen die fiktionale Anklage gegen Isokrates selbst beschränkt, sondern darüber hinaus auf die isokratische *paideía* und ihre Wirkung für die *pólis* verweist, hat Terry L. Papillon in einem Aufsatz untersucht.[11] Roberto Nicolaï hat sich mit der Funktion der umfangreichen in der Rede enthaltenen Zitate aus früheren isokratischen Reden auseinandergesetzt.[12] Josiah Obers Studien zur *Antidosis* befassen sich vor allem mit der Funktion der Anlehnung der Rede an den Sokrates-Prozess, die Ober in einer „misperfomance" der platonischen *Apologie* sieht, die als Widerlegung der akademischen Ablehnung der Rhetorik wirken solle.[13] Dem Sokrates der platonischen *Apologie* wolle Isokrates sich selbst als potentiellen Märtyrer der eigenen (rhetorischen) Profession gegenüberstellen.[14]

---

[10] Too 1995, v. a. 42–45, 192–194, vgl. Azoulay 2007: 186–193. Toos Auffassung liegt auch ihrem Kommentar zur *Antidosis* zugrunde (Too 2008, z. B. 187 ad Isok. XV 189), wird dort aber weder konzise präsentiert noch hinreichend erläutert, so dass zu diesem Thema weiterhin auf die ältere Arbeit zu verweisen ist (zur Kritik an Toos *Antidosis*-Kommentierung vgl. Sullivan 2009, Blank 2010, Pinto 2010).

[11] Papillon 1997, vgl. Moysey 1982: 122–123, Usener (S.) 1994: 27, Nicolaï 2004b: 187, Ober 2004: 34–35.

[12] Nicolaï 2004b, vgl. schon De Leo 2003: 202 (mit Verweis auf Isok. XV 54). Nicolaï sieht in der *Antidosis* einen wichtigen Vorläufer hellenistischer Kanonisierungsbestrebungen und Schriftsteller-Anthologien. Isokrates versuche, durch exemplarische Selektion bestimmter Abschnitte aus seinem Werk dieses für zukünftige Leser (aufgrund der Reduzierung des für einen Werküberblick zu bewältigenden Textumfangs) leichter zugänglich zu machen.

[13] Ober 1998: 248–287, v. a. 253–273 und 2004: 23: „In the *Antidosis* Plato's ‚Socrates on trial' is reperformed or, perhaps more accurately, it is deliberately *misperformed*, by Isocrates on the occasion of the rhetorician's own master statement concerning himself, his *paideia*, and the rhetorician's rightful role in the democratic polis".

[14] Ober 2004: 27, 32. Interessant ist Obers Beobachtung (ebd. 33–34), dass der Isokrates der *Antidosis* im Gegensatz zum Sokrates der *Apologie* es sich zutraut, die Auffassungen seiner Zuhörer – der Richter – positiv zu beeinflussen (Isok. XV 28, 169–170). Die *paideía* des Isokrates zeigt so jenen praktischen Nutzen, den eine rein theoretische philosophische Lehre nicht zu erzielen vermag. Eine Schwäche in Obers Standpunkt besteht in der Einordnung des Isokrates unter die auch von Platon abgelehnten Vertreter der technischen Rhetorik.

B.7.1 Historischer Hintergrund

Glaubt man dem Zeugnis der Rede selbst, so wurde sie in Isokrates' 82. Lebensjahr publiziert.[15] Ausgehend von einem Geburtsjahr 436 käme man nach dieser Rechnung auf ein Publikationsdatum um das Jahr 355/354, spätestens 354/353.[16] Wir befinden uns mithin in derselben historischen Situation (oder kurz darauf, nach Ende des Bundesgenossenkrieges), die für die Entstehung von *Friedensrede* und *Areopagitikos* anzunehmen ist – und die ganz offensichtlich die produktivste Phase des literarischen Schaffens des Isokrates markiert.[17]

B.7.2 Sparta in der *Antidosis*

Die ersten Bemerkungen, die Sparta betreffen, finden sich in den kommentierten Zitaten aus früheren isokratischen Schriften, die Isokrates als Beweismittel, gewissermaßen als Zeugen für den hohen politischen und moralischen Wert seiner *paideía* anführt (§51–83).[18] Nachdem Isokrates in §46–50 seine Vorstellung vom *lógos politikós* als philosophischer und poetischer, mithin von der Kunst der Gerichtsrede (als deren Lehrer er angeblich verdächtigt werde) ganz verschiedener[19] Gattung erläutert hat, zitiert er in

---

[15] Isok. XV 9. Da die Rede ihre Fiktionalität offen benennt und sich unmissverständlich als Publikation vor einem Lesepublikum zu erkennen gibt, ist die Altersangabe nicht als Angabe eines fiktionalen Prozessdatums zu verstehen, sondern als Angabe des Zeitpunktes der literarischen Verteidigung des Isokrates, mithin als Angabe über den Zeitpunkt der Publikation des Textes.

[16] Havet 1862: CVII, Vitz 1871: 4, Blaß ²1892: 308, Vasold 1898: 5–6, Burk 1923: 61–62, Kleine-Piening 1930: 49, Misch ³1949: 158–159, Dorjahn/Fairchild 1967: 9–10, Weil 1980: 195, Moysey 1982: 122, Plezia 1982: 53, Papillon 1997: 47, Ober 1998: 256, 2004: 31, De Leo 2003: 201.

[17] Engels 1988, 186 und 2003: 179 geht davon aus, dass sich Isokrates die Kritik, auf die er in der *Antidosis* reagiert, durch seine Schriften *Areopagitikos* und *Friedensrede* zugezogen habe, dass jene Schrift also eine Reaktion auf die öffentliche Wirkung dieser beiden gewesen sei. Allgemein steigt in den 350er Jahren die Zahl der Publikationen rhetorischer Texte in Athen deutlich an (Ober 1998: 253 und 2004: 28).

[18] Bonner 1920a: 196, Moysey 1982: 123–124, Ober 2004: 37–38, Too 2008: 123, Pinto 2010: 295. Papillon 1997: 54, 57 geht davon aus, dass Isokrates hier eine Sichtweise auf diese Reden einführe, die der üblichen Auffassung der Athener widerspreche. Dies könnte die Annahme begründen, dass eben jene Reden, die Isokrates in der *Antidosis* als Belege für den hohen Wert seiner *paideía* zitiert, in Athen Gegenstand der Kritik an Isokrates gewesen sein könnten. Eine solche Auffassung scheint nicht unmöglich, wenngleich sie sich aus der *Antidosis* selbst nicht deutlich genug ergibt, um die Alternative, Isokrates präsentiere gerade seine beliebtesten Reden, auszuschließen. Lombard 1990: 107–108 betont, dass es sich bei der Textauswahl aus dem eigenen Werk um Abschnitte von besonderer politischer Relevanz handle.

[19] Den Abschluss des Passus (Isok. XV 79–83) bildet eine weitere Abgrenzung des *lógos politikós*, die diesen als weitaus anspruchsvoller als das Verfassen von Gesetzes-Systemen bezeichnet. Dies wurde immer wieder als Spitze gegen die platonische *Politeia* und gegen die zu dieser Zeit vielleicht im

B.7.2 Sparta in der Antidosis

diesem Abschnitt drei seiner Schriften als Exempla dieser Art von Texten. Bei den ausgewählten Schriften handelt es sich um den *Panegyrikos* (§57–61, 75–78),[20] die *Friedensrede* (§62–66) und *An Nikokles* (§67–74). Sparta wird dort erwähnt, wo es um Reden geht, in denen Sparta eine Rolle spielt, das heißt in den Bemerkungen zum *Panegyrikos* und zur *Friedensrede*. Die Erwähnungen Spartas beziehen sich ausschließlich auf diese früheren Reden und fallen jeweils im Kontext der inhaltlichen Umschreibung der beiden Reden; sie geben uns für unsere Fragestellung daher zuvorderst einen Hinweis darauf, wie Isokrates diese früheren Schriften zum Zeitpunkt der Publikation der *Antidosis* (sowie für die Zukunft) verstanden wissen wollte. Eine darüber hinausführende eigenständige Bewertung Spartas liegt an diesen Stellen nicht vor.

Eine kurze Bemerkung zu Spartas Geschichte findet sich in der sogenannten Lobrede auf Timotheos (§101–139).[21] Hier ist von den Leistungen des Timotheos während seiner Strategien die Rede. In diesem Rahmen wird auch der Friedensschluss von 375/374 zwischen dem Zweiten Attischen Seebund und Sparta erwähnt:

Entstehen begriffenen *Nomoi* gewertet (von der Mühll 1939: 262, Post 1930: 115, Ober 2004: 36). Von einer antiplatonischen Tendenz der ganzen Schrift ging stets die Mehrheit der Interpreten aus (Sudhaus 1889: 52, 64, Dümmler 1890: 9–11, Wilamowitz-Moellendorff 1919, II: 123, Voliotis 1977: 150, Haskins 2000, Ober 2004, anders Gomperz 1905/1906: 1–3, 7–15), aber auch Aristoteles wurde als eigentliches Ziel der Polemik gesehen (von der Mühll 1939: 262, Jaeger 1947, III: 216–218, Buchheit 1960: 109–111, Erbse 1971: 193, Weil 1980: 195–197, Eucken 1983: 281).

[20] In Isok. XV 75–78 kündigt Isokrates zwar einen Kommentar zu allen vorgetragenen Selbstzitaten an, führt diese Kommentierung aber nur beim *Panegyrikos* durch, vgl. Nicolaï 2004b: 192.

[21] Die Lobrede auf Timotheos in Isok. XV 101–139 gilt bis heute als wichtigster Beleg für die Schülerschaft des Timotheos bei Isokrates sowie für die generelle Nähe, ja Freundschaft zwischen den beiden Männern (z. B. Plezia 1982: 53–54, Lombard 1990: 111–115, der Timotheos als „un second Isocrate" [ebd. 112] bezeichnet, sowie Morgan 2003: 186–187, die Timotheos gar als Metapher für Isokrates versteht). Nicht thematisiert wurde in diesem Zusammenhang bisher das Problem, dass ungeachtet des Zeugnisses der *Antidosis* (der einzigen positiven Erwähnung des Timotheos im Werk des Isokrates), Timotheos als Stratege und Seebundpolitiker für eben jene Politik als wesentlich Verantwortlicher zu gelten hat, die Isokrates seit spätestens dem *Plataikos* immer wieder kritisierte: Unter Timotheos' Strategie wurden verstärkt Söldnertruppen eingesetzt; unter Timotheos' Strategie begann Athen erstmals seit dem Delisch-Attischen Seebund wieder Kleruchien einzurichten; Timotheos kämpfte als Söldnerführer im Auftrag des persischen Großkönigs usw. Die offenkundige Diskrepanz zwischen den politischen Forderungen des Isokrates und den politischen Taten des Timotheos legt es nahe, die Glaubwürdigkeit des Lobes in der *Antidosis* als Beleg für das enge Verhältnis zwischen den beiden Männern näher zu überprüfen. Neben der Annahme eines authentischen Zeugnisses für die Schülerschaft des Timotheos scheinen hier durchaus andere Interpretationen (Ironie, Anlehnung an Berichte über die Rolle der Sokrates-Schüler im Sokratesprozess usw.) möglich. Meine diesbezüglichen Überlegungen habe ich 2011 bei einer Tagung der ‚International Society for the History of Rhetoric' in Bologna vorgestellt (vgl. Blank 2011b [in Vorbereitung]). Für die vorliegende Untersuchung soll der Hinweis genügen, dass m. E. das Timotheos-Lob der *Antidosis* insgesamt erhebliche Amphibolien und ironische Untertöne aufweist. Ein Beispiel dafür findet sich in der im Folgenden besprochenen Bewertung des Friedens von 375/374.

(109) [...] καὶ περὶ τὸν αὐτὸν χρόνον Λακεδαιμονίους ἐνίκησε ναυμαχῶν καὶ ταύτην ἠνάγκασεν αὐτοὺς συνθέσθαι τὴν εἰρήνην, ἣ τοσαύτην μεταβολὴν ἑκατέρᾳ τῶν πόλεων ἐποίησεν, (110) ὥσθ' ἡμᾶς μὲν κατ' ἐκείνης τῆς ἡμέρας θύειν αὐτῇ καθ' ἕκαστον ἐνιαυτὸν ὡς οὐδεμίας ἄλλης οὕτω τῇ πόλει συνενεγκούσης, Λακεδαιμονίων δὲ μετ' ἐκεῖνον τὸν χρόνον μηδ' ὑφ' ἑνὸς ἑωρᾶσθαι μήτε ναυτικὸν ἐντὸς Μαλέας περιπλέον μήτε πεζὸν στρατόπεδον διὰ τοῦ Ἰσθμοῦ πορευόμενον, ὅπερ αὐτοῖς τῆς περὶ Λεῦκτρα συμφορᾶς εὕροι τις ἂν αἴτιον γεγενημένον.

(109) [...] und zu derselben Zeit besiegte er die Lakedaimonier in einer Seeschlacht und zwang diese, einen solchen Frieden einzugehen, der eine derartige Umwälzung in jeder der beiden Poleis bewirkte, (110) dass einerseits wir seit jenem Tage ihm [sc. dem Frieden/der Friedensgöttin] jedes Jahr Opfer darbringen, so als sei kein anderer Frieden der *pólis* derart nützlich gewesen,[22] dass andererseits seit jener Zeit niemand mehr eine Flotte der Lakedaimonier diesseits von Malea segeln oder ein Heer zu Fuß über den Isthmos marschieren sah, was man durchaus als Ursache für ihr Unglück bei Leuktra ansehen kann.

Timotheos' maritime Erfolge gegen die Lakedaimonier im Jahr 376/375[23] werden hier als unmittelbare Ursache für den Friedensschluss zwischen dem Zweiten Attischen Seebund und Sparta im Folgejahr dargestellt. Diese Leistung des Timotheos wird qualifiziert durch die folgende Bemerkung zu den Auswirkungen dieses Friedens: Athen feiert seither jährliche Dankopfer und Spartas Rolle ist vollständig auf die Peloponnes begrenzt. Explizit erscheint der Frieden von 375/374 als eigentliche Ursache für die spartanische Niederlage bei Leuktra.

Diese Kausalität zwischen Friedensschluss und spartanischer Katastrophe wirft Fragen auf: Worin sollte zum einen der Zusammenhang zwischen beiden Ereignissen bestehen? Die Beschränkung spartanischer Militäraktionen auf die Peloponnes kann für sich genommen kaum die spartanische Niederlage bei Leuktra erklären, ebensowenig wie der Friedensvertrag die alleinige Ursache für die spartanische Schwäche sein kann. Welche Bewertung der Schlacht von Leuktra ist hier zum anderen vorauszusetzen?

Ein häufiger Erklärungsansatz zum ersten Problem besteht darin, nicht den Frieden von 375/374 angesprochen zu sehen, sondern stattdessen den von Kallistratos und Kallias ausgehandelten Frieden von 371, der unmittelbar vor Leuktra zustande kam.[24] Dieser Ansatz ist jedoch problematisch. Timotheos befand sich 371 im Exil und diente als Söldnergeneral im persischen Heer.[25] Dass Isokrates Timotheos zum Urheber des Friedens von 371 gemacht haben könnte, scheint vor diesem Hintergrund wenig wahrscheinlich.

---

[22] Die Formulierung hier ist nicht eindeutig und kann sowohl bedeuten „[...] weil kein anderer Frieden derart nützlich für die *pólis* war" (vgl. van Hook 1945: 247, Ley-Hutton 1997, II: 138, Too in Mirhady/Too 2000: 226) wie auch „[...] so als sei kein anderer Frieden derart nützlich für die *pólis* gewesen". Letztere Übersetzungsvariante gibt m. E. im Deutschen die offene Formulierung im Griechischen adäquat wieder (vgl. die Übersetzungen bei Christian 1836, II: 782–783, Mathieu/ Brémond 1960, II: 131, Argentati/Gatti 1965: 484–485, Marzi 1991, II: 239), während erstere, den Text interpretierend, davon ausgeht, dass Isokrates den Frieden tatsächlich positiv bewertet.

[23] Vgl. Xen. Hell. V 4,60–66, Diod. XV 29.

[24] Z. B. van Hook 1945: 246–247 Anm. c, Mirhady/Too 2000: 226 Anm. 45.

[25] [Dem.] XLIX 3, 25, 28, 29, 37, 39, 59, 60, 64.

B.7.2 Sparta in der Antidosis

Außerdem stellte der Frieden von 371 nur eine Erneuerung des unter Timotheos' Beteiligung geschlossenen Friedens von 375/374 dar, und die erwähnten Dankopfer wurden bereits infolge dieses früheren Friedens eingerichtet, der in seiner faktischen ‚völkerrechtlichen' Anerkennung des Zweiten Attischen Seebundes Athen endgültig wieder in den Rang der führenden Mächte Griechenlands erhoben hatte. Mit einem Frieden, der durch Timotheos' Wirken zustandekam, und infolgedessen man besagte jährliche Dankopfer in Athen einrichtete, kann daher nur der Frieden von 375/374 gemeint sein.

Das Problem der Kausalität zwischen Timotheos-Frieden und Leuktra bleibt somit bestehen. Eine Lösung ergibt sich erst in Verbindung mit der zweiten Frage, jener nach der vorauszusetzenden Bewertung von Leuktra. Wir haben weiter oben gesehen,[26] dass Isokrates spartanische Vormachtambitionen auch in der Phase der athenisch–spartanischen Kooperation zwischen Leuktra und Mantineia ablehnte und hinter der prospartanischen Politik Athens dieser Jahre nur eigennützige Motive sah, die er kritisierte. Eine positive oder negative Bewertung des Ereignisses von Leuktra lässt sich daraus jedoch nicht ablesen.

Isokrates hatte seit dem *Panegyrikos* stets den innergriechischen Ausgleich gepredigt. Im *Plataikos* hatte er sich, unmittelbar nach dem gescheiterten Frieden von 375/374, gegen den gewaltsamen Aufstieg Thebens in Mittelgriechenland geäußert. Leuktra besiegelte diesen Aufstieg endgültig und machte Theben für die folgenden Jahre zur unumstrittenen griechischen Vormacht. Wie also kann Isokrates diesen thebanischen Sieg über Sparta in der *Antidosis* als besonderen Segen für ganz Griechenland darstellen? Immerhin hatte dieser Sieg zur thebanischen Dominanz der Folgejahre, zur Radikalisierung der athenischen Machtausübung im Seebund und zum Zerfall der alten Bündnissysteme geführt. Und wieso ist der Frieden von 375/374 als Ursache dieses Friedens anzusehen?

Die einzige Erklärung, die mir sinnvoll erscheint, ist jene, den Frieden von 375/374 einerseits als Ursache für Thebens Aufstieg zu betrachten – wie es Isokrates im *Plataikos* zu tun scheint –, andererseits die Beschreibung der segensreichen Folgen dieses Friedens in der *Antidosis* als ironisch zu bewerten.[27] Eine einleuchtende Kausalität zwischen dem Frieden von 375/374 und Leuktra ergibt sich, wenn man sich vor Augen hält, dass die von Isokrates in dem zitierten Abschnitt beschriebenen Folgen des Friedens (kein spartanisches Heer verlässt seither die Peloponnes) vor allem für Thebens Stellung in Mittelgriechenland von Vorteil waren. Tatsächlich beginnt Theben in den Jahren nach 375, seine Stellung als Vormacht in Böotien teilweise gewaltsam auszubauen. Plataiai, Thespiai und der Konflikt um Oropos sind hierfür die bekanntesten Beispiele. Der Frieden von 375/374 begünstigte Thebens Aufstieg und konnte so durchaus als eine unmittelbare Ursache für Thebens Sieg in Leuktra angesehen werden. Trifft diese Deutung zu, so hat dies Konsequenzen für die Bewertung des gesamten Abschnitts. Denn wenn Isokrates auf die athenischen Dankopfer hinweist, die so durchgeführt worden seien, als handele es

---

[26] S. o. Kap. B.5.7.
[27] Der Passus wäre dann in seinem ironischen Charakter der ironischen Aufzählung der ‚segensreichen' Auswirkungen des Seesieges von Knidos in Isok. IX 67–69 ähnlich (s. dazu o. Kap. B.4.2).

sich um den für Athen vorteilhaftesten Frieden überhaupt, und wenn er implizit darauf verweist, dass dieser Frieden vor allem den thebanischen Interessen diente und die Verbündeten Athens massiv schädigte, dann lässt sich dies als zynischer Kommentar zu diesen Ereignissen deuten: Athen erringt einen Frieden, der nur Theben nützt, das so zu einem überlegenen Feind aufgebaut wird – und für diesen Frieden bringen die Athener auch noch Dankopfer dar! Liest man die Stelle in diesem Sinne, dann wird auch verständlich, weshalb Isokrates den Zustand, der sich infolge des Friedens von 375/374 einstellte, mit dem von ihm ansonsten meist abwertend verwendeten Begriff der *metabolé* (§109) bezeichnet. Auch hier ist der Begriff negativ zu verstehen. Der Wandel der Verhältnisse nach den Siegen des Timotheos ist nichts anderes als ein Umsturz der bestehenden Ordnung.[28]

Die Annahme einer so bitteren Ironie, die Timotheos' Leistungen eindeutig als fragwürdig darstellen würde, scheint im Rahmen des von der Forschung einhellig als Beleg für Isokrates' Nähe zu Timotheos verstandenen Timotheos-Lobes zunächst unwahrscheinlich. Sie wird indes gestützt und als folgerichtig erwiesen durch eine Parallelstelle aus dem *Areopagitikos*. Im Proömium dieser Rede macht der Sprecher seinem Publikum klar, dass die übliche Einschätzung der politischen Lage Athens auf paradoxe Weise die Realitäten verkenne. Den Höhepunkt dieser Darstellung der von den Athenern als Stärke empfundenen Schwäche Athens bildet der folgende Abschnitt:

> (VII 10) […] ἔτι δὲ τοὺς μὲν Θηβαίων φίλους σώζειν ἠναγκασμένοι, τοὺς δ' ἡμετέρους αὐτῶν συμμάχους ἀπολωλεκότες, ἐπὶ τοιαύταις πράξεσιν εὐαγγέλια μὲν δὶς ἤδη τεθύκαμεν, ῥαθυμότερον δὲ περὶ αὐτῶν ἐκκλησιάζομεν τῶν πάντα τὰ δέοντα πραττόντων.

> (VII 10) […] und obwohl wir darüber hinaus gezwungen waren, die Freunde der Thebaner zu retten, während wir unsere eigenen Bundesgenossen verloren, hielten wir wegen der ‚guten Nachrichten' über diese Ereignisse schon zweimal Dankopfer ab, und wir verhandeln diese Dinge in der *ekklēsía* viel leichtfertiger als Leute, die alles Notwendige unternehmen.

Isokrates spricht hier von der absurden Situation, dass man in Athen Dankopfer abhalte, weil man gezwungen gewesen sei, Theben zu unterstützen, was zum eigenen Schaden und zum Schaden der Bundesgenossen sei. Er bringt somit die Dankopfer in eine direkte Verbindung zum Konflikt Athen–Theben. Die Frage, welche Dankopfer gemeint sein können, ist nicht eindeutig zu klären, da sie auch von der Frage der Datierung der Publikation der Rede abhängt.[29] In jedem Falle aber ist es möglich, auch die

---

[28] Too 2008: 150 deutet den Begriff als „[…] upturn in her [sc. Athens'] fortunes". Die deutlich negative Konnotation, die der Begriff ansonsten bei Isokrates hat (z. B. Isok. VI 1, 49–51), wird indes nicht thematisiert.

[29] So hat man hier die Dankopfer für den Sieg der Söldnertruppen des Chares im Auftrag des Artabazos im Jahr 356/355, von denen Diod. XVI 22 berichtet, angesprochen gesehen (vgl. Norlin 1929, II: 111 Anm. c). Bei einer Frühdatierung der Rede, wie sie etwa Jaeger 1940, Wallace 1986 und Due 1988 vornehmen, wäre diese Zuordnung unmöglich.

B.7.2 Sparta in der Antidosis

regelmäßigen Opfer nach dem Frieden von 375/374 angesprochen zu sehen.[30] Offensichtlich wird hier jene Fehleinschätzung der außenpolitischen Lage kritisiert, die sich unter der Annahme einer ironischen Wirkung der §109–110 im Timotheos-Lob der *Antidosis* findet: Athens Politik (Timotheos erzwingt einen für Sparta katastrophalen Frieden) stärkt die thebanische Sache (Thebens Stellung in Mittelgriechenland, Leuktra), schädigt die athenischen Bundesgenossen und somit die Stellung Athens (Thespiai, Plataiai und Oropos als Folgen des Friedens von 375/374) – und die Athener halten dies für ihren größten Erfolg, weshalb sie Dankopfer darbringen. Es scheint eher naheliegend, die Worte des Timotheos-Lobes ironisch aufzufassen und als implizite Wiederholung der wenige Jahre zuvor im *Areopagitikos* geäußerten Kritik zu verstehen, als zu glauben, Isokrates wolle eine der deutlichen Kritik des *Areopagitikos* so ähnliche Situation und Formulierung als Beweismittel zur Reinwaschung des Timotheos verwenden.

Welche Konsequenzen hat die Interpretation von §109–110 für das Spartabild in der *Antidosis*? Während die Stelle zunächst zu implizieren scheint, dass es sich bei einem Seesieg über Sparta und einem für Sparta schädlichen Frieden um eine große Leistung des Timotheos handele, was hieße, dass Isokrates eine Schädigung Spartas als Leistung ansähe, lässt sich unter der Annahme gezielter Ironie kein wertendes Urteil über Sparta mehr erkennen. Timotheos' Sieg und Friedensschluss haben zwar negative Auswirkungen, diese werden aber allein von Theben verursacht. Eine Wertung lässt sich in den Aussagen über den Niedergang Spartas kaum mehr herauslesen. Sparta wird nicht positiv dargestellt – negativ erscheint aber vor allem die Politik Athens und die völlige Verkennung der politischen Realitäten durch den athenischen *dẽmos*.

Im weiteren Verlauf der Rede spielt Sparta zunächst keine Rolle mehr. Erst gegen Ende der Rede findet Sparta erneut Erwähnung. Nachdem Isokrates in §171–285 ausführlich das Wesen seiner philosophischen *paideía* sowie deren Nutzen für die athenische Gesellschaft erläutert hat,[31] wendet er sich in §285–319 gegen die Sykophanten, denen er die Verantwortung dafür zuschreibt, dass man in Athen ein negatives Bild von der Philosophie habe und die Jugend von der *paideía* fernhalte. Die Haltung der Sykophanten wird dabei als paradox beschrieben. Isokrates hebt die Bedeutung der *paideía* deutlich hervor: Erworbene Fähigkeiten seien als Leistung höher einzuschätzen als ererbte.[32] Im darauf

---

[30] Insbesondere der Verlust eigener Bundesgenossen würde dazu passen. Allerdings ist im *Areopagitikos* nicht von regelmäßigen Opfern die Rede, was die Annahme nahelegt, dass jeweils einmalige Opferleistungen gemeint sein könnten.

[31] Vielbesprochen ist insbesondere der Abschnitt Isok. XV 275–285 als Nukleus der isokratischen *paideía* (z. B. Alexiou 1995: 55–67, Too 2008: 223–238, Walker 2011: 122).

[32] Einerseits priesen die Sykophanten solche Redner, die aufgrund guter Veranlagung zu reden verständen (φύσει δεινοὺς ὄντας εἰπεῖν), andererseits aber lehnten sie eine durch aktive Bemühung erworbene Redefähigkeit als schädlich ab (Isok. XV 291). In diesem Zusammenhang stellt Isokrates eine durch aktive Bemühung (*meleté*) erworbene *paideía* über die ausschließlich auf *phýsis* beruhende. Dieser Gedanke steht in Zusammenhang mit Isokrates' Forderung an die Athener, sich nicht auf

folgenden Abschnitt (§292–294) betont der Sprecher Isokrates schließlich den politischen Nutzen, den die Erziehung in den *lógoi* für den Einzelnen und für die athenische Gesellschaft habe:

> (293) […] καὶ γὰρ αὐτοὶ προέχετε καὶ διαφέρετε τῶν ἄλλων οὐ ταῖς περὶ τὸν πόλεμον ἐπιμελείαις, οὐδ' ὅτι κάλλιστα πολιτεύεσθε καὶ μάλιστα φυλάττετε τοὺς νόμους οὓς ὑμῖν οἱ πρόγονοι κατέλιπον, ἀλλὰ τούτοις οἷς περ ἡ φύσις ἡ τῶν ἀνθρώπων τῶν ἄλλων ζῴων, καὶ τὸ γένος τὸ τῶν Ἑλλήνων τῶν βαρβάρων, (294) τῷ καὶ πρὸς τὴν φρόνησιν καὶ πρὸς τοὺς λόγους ἄμεινον πεπαιδεῦσθαι τῶν ἄλλων.

> (293) […] denn ihr seid überlegen und unterscheidet euch von den Anderen weder durch euer Bemühen im Kriegswesen noch dadurch, dass ihr die schönste politische Kultur pflegt oder die Gesetze am meisten bewahrt, die euch die Vorfahren hinterließen, sondern in jenem Bereich, durch den sich die *physis* der Menschen von den anderen Lebewesen und der Stamm der Hellenen von den Barbaren unterscheidet, (294) darin nämlich, dass ihr im Hinblick auf die Vernunft und auf die *lógoi* bessere Bildung erfahrt als die Anderen.

Die Stärke der Athener besteht in ihrer philosophischen und rhetorischen *paideía*.[33] Isokrates folgert daraus, dass es unerhört und schlimm (*deinótaton*, §294) sei, wenn die Athener diese *paideía* als schädlich betrachteten. Für unsere Untersuchung ist diese Stelle vor allem im Hinblick auf jene Eigenschaften bemerkenswert, in denen die Athener ausdrücklich als nicht überlegen dargestellt werden: Kriegswesen, Staatlichkeit und Bürgerethos sowie Gesetzestreue.[34] Isokrates spricht damit exakt jene Bereiche an, in denen er in früheren Reden die Spartaner als vorbildlich hingestellt hatte und die den wesentlichen Kern der seit dem 5. Jh. in Athen entstandenen Klischees und Utopien über Sparta, den Kern der ‚Mirage Spartiate' darstellen.[35] Isokrates stellt sich hier ganz beiläufig in eine aristokratische Tradition der Idealisierung Spartas. An kaum einer Stelle des isokratischen Werkes finden sich die positiven Elemente seines Sparta-Bildes so konzentriert auf den Punkt gebracht wie hier – und dies, obwohl Isokrates Sparta zunächst gar nicht beim Namen nennt. Sparta findet jedoch im unmittelbar darauf folgenden Abschnitt Erwähnung, in dem Isokrates erneut auf die Absurdität hinweist, die es darstellen würde, wenn ein Gemeinwesen gegen sein eigenes Wesen und seine eigenen Stärken vorgehe:

---

dem ererbten Ruf der Vorfahren auszuruhen, sondern eigene Leistungsnachweise zu erbringen (z. B. Isok. IV 71–74).

[33] Dieser Gedanke sowie die weiteren Erläuterungen in Isok. XV 295–296 erinnern insgesamt an das Lob der athenischen Kultur in Isok. IV 43–50, insbesondere in der Erwähnung der geistigen Agone und der Rolle Athens als Lehrmeisterin griechischer Kultur (s. o. Kap. B.2.4.2). Dass Isokrates in der Darstellung seiner *paideía* als Kernbereich athenischer Leistungsfähigkeit v. a. sein eigenes Tun als besonders nützlich und ehrenwert präsentiert, ist zurecht betont worden (Alexiou 1995: 154–157, Hunt 2010: 263–264).

[34] Vgl. Too 2008: 232.

[35] Ollier 1933: 352. Heilbrunn 1975: 173 geht dennoch zu weit, wenn er hier eine Aufforderung erkennen will, Athen solle das Kriegführen den Spartanern überlassen.

B.7.2 Sparta in der Antidosis

(296) [...] Ὥστ' οὐκ ἀδίκως ὑπολαμβάνουσιν ἅπαντας τοὺς λέγειν ὄντας δεινοὺς τῆς πόλεως εἶναι μαθητάς. (297) Σκοπεῖτ' οὖν μὴ παντάπασιν ᾖ καταγέλαστον τῆς δόξης ταύτης φλαῦρόν τι καταγιγνώσκειν, ἣν ὑμεῖς ἔχετε παρὰ τοῖς Ἕλλησι πολὺ μᾶλλον ἢ ἐγὼ παρ' ὑμῖν. Οὐδὲν γὰρ ἄλλ' ἢ φανερῶς ὑμῶν αὐτῶν ἔσεσθε κατεψηφισμένοι τὴν τοιαύτην ἀδικίαν, (298) καὶ πεποιηκότες ὅμοιον ὥσπερ ἂν εἰ Λακεδαιμόνιοι τοὺς τὰ περὶ τὸν πόλεμον ἀσκοῦντας ζημιοῦν ἐπιχειροῖεν, ἢ Θετταλοὶ παρὰ τῶν ἱππεύειν μελετώντων δίκην λαμβάνειν ἀξιοῖεν.

(296) [...] Daher ist die Vorstellung nicht ungerechtfertigt, dass alle, die fähige Redner sind, Schüler unserer *pólis* sind.[36] (297) Prüft also, ob es nicht ganz und gar lächerlich ist, wenn ihr einen solchen Ruf als verwerflich beurteilt, den ihr selbst bei den Griechen in noch stärkerem Maße habt als ich bei euch. Denn ihr würdet offensichtlich in einem derartigen ‚Unrecht' kein anderes als euer eigenes verurteilen, (298) und ihr würdet das Gleiche getan haben, wie wenn die Lakedaimonier versuchten, jene zu bestrafen, die sich im Kriegswesen übten, oder wenn die Thessalier es für richtig hielten, Strafen gegen die zu verhängen, die sich um die Reitkunst bemühten.

Philosophie und Redekunst stellen in der gleichen Weise die Stärke Athens und gewissermaßen das athenische Wesen selbst dar, wie das Wesen der *pólis* Sparta durch ihr Militärwesen und das der Thessalier durch deren Reitkunst repräsentiert werden.[37] Das Motiv von Sparta als Kriegerstaat, das schon in früheren Reden des Isokrates regelmäßig Verwendung fand,[38] wird hier als Parallelfall zu Athens Rolle als Staat des Geistes angeführt.[39] In der *Antidosis* ist dieses Motiv der Kategorie der *paideía* untergeordnet: Die philosophisch–rhetorische *paideía* ist die Stärke Athens – in dem Parallelfall der spartanischen Übung im Kriegswesen muss damit ein auf das Militärische hin ausgerichtetes Bildungsmodell angesprochen sein. Isokrates parallelisiert hier also verschiedene Formen der *paideía*. Der Bildungsbegriff der *Antidosis* beruht auf der auch bei Platon gegenwärtigen Unterscheidung zwischen geistiger (musischer, philosophischer) und

---

[36] In der Formulierung „τοὺς λέγειν ὄντας δεινούς" greift Isokrates einen Teil der fiktionalen Anklage des Lysimachos auf (vgl. Isok. XV 15–16). Wenn die Redefähigkeit, die Isokrates vorgeworfen wird, hier als eine Eigenschaft erscheint, die von einer ‚Lehrmeisterin' Athen vermittelt wird, dann bedeutet dies im Umkehrschluss nicht weniger, als dass die Redefähigkeit eine genuin athenische Eigenschaft darstellt. Isokrates stellt sich so nicht nur in seiner Redefähigkeit als echten Athener dar, umgekehrt bedeutet dies auch, dass er die Anklage wegen *deinótês* als Anklage gegen Isokrates' Athenertum präsentiert.

[37] Diese Gegenüberstellung von Athen und Sparta macht die Annahme bei Rawson 1969: 43 unmöglich, wonach Isokrates in der *Antidosis* in seiner *paideía* ein spartanisches Bildungsideal vorstelle. Isokrates betrachtet Sparta als einen Staat, der die isokratische *paideía* vernachlässigt (so schon in Isok. VI 15 [s. o. Kap. B.5.4.2], später v. a. Isok. XII 208–209 [s. u. Kap. B.9.6.1.1]).

[38] Vgl. Isok. XI 17–20, III 24, VI 81, VII 7.

[39] Vgl. Jaeger 1947, III: 223, Lombard 1990: 127, Too 2008: 233. Ollier 1933: 352 hatte hierin eine Anerkennung der spartanischen Überlegenheit im Militärwesen gesehen. Eine solche lässt sich zwar logisch aus dieser Stelle folgern, dürfte aber wohl kaum die eigentliche Absicht der Parallelisierung darstellen, zumal zu einem Zeitpunkt in der zweiten Hälfte der 350er Jahre, als Spartas militärische Macht längst gebrochen war.

körperlicher (gymnischer) *paideía*.⁴⁰ Diese Unterscheidung zwischen Körper und Geist sowie der durch Körper und Geist erzielten Verdienste um das Gemeinwesen ist auch in früheren Reden seit dem *Panegyrikos* erkennbar. In der *Antidosis* bestätigt sich, dass diese Unterscheidung zwischen Körper und Geist Teil der Konzeption isokratischer *paideía* ist. In beiden Bereichen (geistige und gymnische *paideía*) ist die *phýsis* von Bedeutung, für beide gibt es keine *téchnê*, deren Erlernen Erfolg garantiert, und für beide ist *áskêsis* die maßgebliche Lernmethode. Die geistige *paideía* ist dabei als bedeutender und nützlicher von der physischen abgesetzt.⁴¹

In der *Antidosis* werden beide Bildungsmodelle noch auf einer weiteren Ebene voneinander geschieden. Die geistige Bildung repräsentiert das athenische, die körperliche das spartanische Modell. Sparta erscheint so als Staat des Körperlichen schlechthin. Umgekehrt ist Athen ein vor allem geistiges Gemeinwesen, verfügt damit über den besseren, wichtigeren, nützlicheren Teil der Bildung. Ob Athen andererseits in Isokrates' Augen den Bereich des Körperlichen vernachlässigt, kann an dieser Stelle nicht geklärt werden. Die *Antidosis* enthält jedenfalls keine diesbezüglichen Hinweise. Es erscheint aber durchaus möglich, dass Isokrates das Zusammenwirken von Körper und Geist, das Zusammenwirken von *légein/phroneîn* und *práttein* als Ideal voraussetzt und das Ideal der Perserkriegszeit gerade darin zu suchen ist, dass in jener idealisierten Zeit Athen und Sparta als Geist und Körper der hellenischen Kultur zusammenarbeiteten und so ihre Erfolge erzielen konnten.⁴²

Abschließend ist eine weitere interessante Stelle aus der *Antidosis* zu erwähnen. Sparta selbst spielt hier keine Rolle, jedoch spricht Isokrates über die üblichen Vorwürfe der Sykophanten gegen die athenischen Aristokraten, sie verträten eine oligarchische und spartafreundliche politische Haltung:

(318) Οὐ τοὺς μὲν ἐνδοξοτάτους τῶν πολιτῶν καὶ μάλιστα δυναμένους ποιῆσαί τι τὴν πόλιν ἀγαθόν, ὀλιγαρχίαν ὀνειδίζοντες καὶ λακωνισμόν, οὐ πρότερον ἐπαύοντο πρὶν ἠνάγκασαν ὁμοίους γενέσθαι ταῖς αἰτίαις ταῖς λεγομέναις περὶ αὐτῶν; τοὺς δὲ συμμάχους λυμαινόμενοι καὶ συκοφαντοῦντες, καὶ τοὺς βελτίστους ἐκ τῶν ὄντων ἐκβάλλοντες, οὕτω διέθεσαν ὥσθ' ἡμῶν μὲν ἀποστῆναι, τῆς δὲ Λακεδαιμονίων ἐρασθῆναι φιλίας καὶ συμμαχίας.

---

⁴⁰ Isok. XV 181, 185, 209, 215, 266–267; dazu (allgemein) Jaeger 1947, III: 212–213, Perlman 1967: 340–341, Lombard 1990: 49–50, 117–118, Masaracchia 1995: 30–31, Timmerman 1998: 151–152, Too 2008: 220. Vgl. auch Plat. Pol. 410c8–412c1.

⁴¹ Weniger deutlich auf die *paideía* bezogen ist dieser Gedanke auch angelegt in Isok. IV 1–2, XII 198.

⁴² Dass der Passus selbst keine Kritik an einem etwaigen Mangel jeglicher Bildung in Sparta zu erkennen gibt, zeigt auch der Vergleich mit Isok. XV 248. Dort wird eben dieser Vorwurf der Unbildung explizit gegen Theben erhoben (vgl. dazu Too 2008: 212). Die rein körperliche Bildung Spartas wird in Isok. XV 296–298 zunächst nur positiv dargestellt. Erst die Kenntnis anderer isokratischer Schriften, insbesondere von Isok. XI 17–20 (s. o. S. 125–128) und der späteren Kritik an Spartas Bildung in Isok. XII 208–209 (s. u. Kap. B.9.6.1.1) machen deutlich, dass es sich beim spartanischen Bildungswesen in Isokrates' Augen um ein gutes Modell körperlicher Erziehung handelt, das aber einen fatalen Mangel in der Vernachlässigung des Geistigen aufweist.

B.7.2 Sparta in der Antidosis

(318) Hörten sie [sc. die Sykophanten] nicht eher auf, die angesehensten Bürger, die am meisten dazu in der Lage waren, der *pólis* Gutes zu tun, der Oligarchie und des Lakonisierens zu bezichtigen, bevor sie sie gezwungen hatten, sich den gegen sie erhobenen Vorwürfen anzugleichen? Indem sie aber die Bundesgenossen misshandelten und verleumdeten sowie die Besten von ihrem Besitz vertrieben, brachten sie sie in eine Lage, dass sie von uns abfielen, Freundschaft und Bündnis mit den Lakedaimoniern aber begehrten.

Die ‚Lakonisierer' hatte Isokrates schon in *Panegyrikos* und *Friedensrede* erwähnt und dafür kritisiert, dass sie sich auf spartanische Werte beriefen, ohne diese verinnerlicht zu haben.[43] In der *Antidosis* gibt er die Schuld für die oligarchischen Tendenzen der Aristokraten den demokratischen Sykophanten, deren ungerechtfertigte Vorwürfe die athenischen Aristokraten so in die Enge treiben würden, dass diese ihre Interessen nur in einem oligarchischen System vertreten sehen könnten, das sie in Sparta verkörpert sähen und durch Sparta durchsetzen wollten.[44] Isokrates bringt diesen Vorgang unmittelbar mit dem Abfall der athenischen Bundesgenossen im Delisch–Attischen Seebund in Verbindung, die in Athen mit Angriffen auf den Besitzstand der Leistungsfähigen einhergegangen sei. Diese Parallelisierung impliziert, dass athenische Aristokraten und die Bundesgenossen Athens jener Zeit Opfer ein und derselben politischen Situation geworden seien. Sie wurden Opfer der gewaltsam ausgeübten *arché* Athens, die innen- wie außenpolitisch von den Sykophanten (und mittelbar dem *dẽmos*)[45] verschuldet gewesen sei und zu einer Polarisierung der politischen Landschaft geführt habe, infolge derer man sich die eigenen Verbündeten (Aristokraten/Bundesgenossen) zu Feinden machte und in die Arme des Gegners Sparta trieb. Die politische Lagerbildung in Demokraten und Oligarchen (innenpolitisch) sowie in ein spartanisches und ein athenisches Bündnissystem, die Isokrates erstmals im *Panegyrikos* als Ursache der griechischen Schwäche benannt hatte,[46] wird so zur Folge einer eigennützigen politischen Haltung (*pleonexía*) der Sykophanten, die individuelle Interessen (*ídia*) anstelle des Gemeinwohls (*koinón*) zum Maßstab des Handelns macht.

---

[43] Vgl. Isok. IV 110–111, VIII 95.
[44] Pratt 2006: 169. Dieser Schluss ergibt sich zumindest dann, wenn man die gesamte Stelle als Anspielung auf die Ereignisse und Folgen des Peloponnesischen Krieges auffasst: Der Abfall der eigenen Bundesgenossen und die oligarchischen Umstürze von 412/411 und 404/403 würden demnach den Sykophanten schuldhaft zugeschrieben.
[45] Der *dẽmos* stellt in der innenpolitischen Gleichung das logische Gegengewicht zu den Aristokraten dar.
[46] Vgl. Isok. IV 16–17.

> Ἰσοκράτης μὲν γὰρ οὔτε τὰς εἰς τὴν Ἑλλάδα γενομένας
> εὐεργεσίας ὑπὸ σοῦ καὶ τῶν σῶν προγόνων δεδήλωκεν οὔτε
> τὰ ὑπό τινων κατὰ σοῦ γεγενημένας διαβολὰς λέλυκεν
> οὔτε Πλάτωνος ἐν τοῖς πρὸς σὲ πεμφθεῖσι λόγοις ἀπέσχηται.
> (Speus. ep. Socr. XXX 2)

B.8 *Philippos* (Isok. V)

Im *Philippos* greift Isokrates das Programm des *Panegyrikos* wieder auf. Die Forderung nach Durchsetzung der *koiné eiréne* und Durchführung eines Perserfeldzuges richtet sich nun aber nicht mehr direkt an die Athener oder an alle Hellenen.[1] Die *persona* ‚Isokrates' wendet sich stattdessen an Philippos II. von Makedonien, der in den Jahren vor der Abfassung der Schrift in immer stärkerem Maße in die Angelegenheiten der griechischen *póleis* eingegriffen hatte. Philippos wird dazu aufgerufen, seine Machtstellung in Griechenland dazu zu nutzen, auf Grundlage einer durch Wohlwollen der *póleis* realisierten Führungsrolle einen Feldzug gegen Persien zu unternehmen, um den westlichen Teil dieses Großreichs zu hellenischen Siedlungsland zu machen und so die auf sozialen Ungleichheiten beruhenden innergriechischen Konflikte durch eine neue Außenkolonisation dauerhaft zu befrieden.

---

[1] Hierfür gibt Isokrates in Isok. V 129 die Erklärung, er habe sich in seinen früheren Schriften immer wieder mit seinen Anliegen an die Athener gewandt. Er habe indes erkennen müssen, dass Athen nicht auf seine Ratschläge, sondern auf die Demagogen höre. Aufgrund dieser Erkenntnis wende er sich nun an Philippos (Dobesch 1968: 50, 55–61, Corbosiero 2001: 13). Zur Nähe des *Philippos* zum *koiné eiréne*-Gedanken vgl. Dobesch ebd. 135–136. Grieser-Schmitz 1999: 183–184 weist auf die Kontinuität zur *Friedensrede* hin, in der die Kritik an den athenischen Demagogen und an den diesen hörigen Athenern steht. In der *Friedensrede* richtet sich die Belehrung ganz offen an die Athener selbst, im *Philippos* dagegen gibt sich der Sprecher hinsichtlich der Unbelehrbarkeit der Athener resigniert. Dieser resignierte Ton ist sowohl (innerhalb der dramatischen Fiktion) als Erklärung des Sprechers gegenüber seinem Adressaten Philippos zu verstehen wie auch als direkt an die Athener im (realen) Publikum des *Philippos* gerichtete Kritik an ihrer fehlenden Offenheit gegenüber den Ratschlägen des Isokrates. Die Belehrbarkeit des Publikums ist für Isokrates wichtige Voraussetzung für die richtige Rezeption seines Werkes, vgl. Isok. XI 1–3.

B.8.1 Historischer Hintergrund

Im Jahr 346 wurde durch den Philokratesfrieden vorübergehend eine über zehnjährige Phase beständiger Konflikte zwischen Athen und Philippos II. von Makedonien beendet. Schon im Vorfeld des Bundesgenossenkrieges hatte Philippos versucht, die Kontrolle über die für Athen strategisch und wirtschaftlich wichtigen nordgriechischen *póleis*, insbesondere Amphipolis, zu gewinnen – Isokrates selbst hatte dies in der *Friedensrede* thematisiert.[2] In der frühen Phase des Bundesgenossenkrieges befand sich Amphipolis, ebenso wie Pydna, bereits unter der Kontrolle Makedoniens.[3] Spätestens 354 hatte Athen mit der Eroberung der *pólis* Methone durch Philippos jeden Einfluss im chalkidischen und westthrakischen Gebiet verloren.[4] Im sogenannten Dritten Heiligen Krieg unterstützten die Athener ebenso wie die Spartaner die Phoker, deren aus delphischen Geldern finanziertes Söldnerheer nach Thessalien vordrang. Philippos intervenierte auf der Gegenseite, errang 352 einen entscheidenden Sieg und konnte so Thessalien seinem Einflussgebiet hinzufügen.[5] Im Norden weitete er seine Macht bis auf die Chersones sowie auf die Chalkidike (Zerstörung von Olynthos 349/348)[6] aus, im Süden gelang es ihm, Euboia[7] dem athenischen Einfluss zu entziehen.[8] Durch Übergriffe auf Lemnos, Imbros und Skyros demonstrierte er den Athenern, dass er nunmehr Zugriff auf die für die athenische Getreideversorgung zentralen Gebiete und Handelswege erlangt hatte.[9] Athen, das bereits in den Jahren zuvor bis an die Grenzen seiner finanziellen Möglichkeiten gegangen war,[10] hatte Philippos seinerseits nun nichts mehr entgegenzusetzen.[11] Im Philokratesfrieden von 346 musste Athen den *status quo* anerkennen und ein Bündnis mit Philippos eingehen.[12]

Der Philokratesfrieden war, begleitet von heftigen Kontroversen, in Athen und am makedonischen Hof in Pella vorverhandelt worden. In Athen hatte man offenbar noch

---

[2] Vgl. Isok. VIII 22, vgl. VII 9; Mathieu 1924: 5, Welwei 1999: 293.
[3] Isok. VII 9, Dem. I 5, 8, [Dem.] VII 27–28, Diod. XVI 8,3; Welwei 1999: 299.
[4] Diod. XVI 31,6, 34,5; Welwei 1999: 300.
[5] Dem XIX 84, 319, Diod. XVI 35,4–6, 38,1–2, 61,2, Paus. X 2,5, Iust. VIII 2,1–12; Welwei 1999: 300.
[6] Diod. XVI 53,3.
[7] Aischin. II 12, III 86–88, Dem. V 5, XXI 110, 132–133, Plut. Phok. 12–13.
[8] Genannt sind hier nur jene militärischen Erfolge, die unmittelbar athenische Interessen bzw. athenisches Einflussgebiet berührten. Athen versuchte dabei stets, Philippos aktiv entgegenzutreten; vgl. Grieser-Schmitz 1999: 195–196, Welwei 1999: 313–314.
[9] Aischin. II 72–73.
[10] Vgl. die Einführung von Sonderabgaben zur Finanzierung der Thermoplyensperrung von 352 (Dem. XIX 84, Diod. XVI 38,1–2, Iust. VIII 2,8–12) und der Intervention auf der Chersones 351 (Dem. III 4–5, IV 16–17); dazu Welwei 1999: 300–301.
[11] Welwei 1999: 314 betont, dass es Philippos seinerseits wohl nicht auf eine Konfrontation mit der nach wie vor nicht zu vernachlässigenden athenischen Flotte ankommen lassen wollte.
[12] Zur Stimmung in Athen im Vorfeld des Friedensschlusses vgl. Welwei 1999: 314–318.

während der Friedensverhandlungen auf positive Signale für eine erneute Allianz griechischer *póleis* gegen Makedonien gehofft.[13] Die Unterhändler des Philippos erzielten dennoch eine Friedensvereinbarung, die nach Rückkehr der athenischen Gesandten in der *ekklēsía* ratifiziert wurde. In Athen war man darauf bedacht, auch die verbündeten Phoker in den Vertrag mit aufzunehmen.[14] Schon kurz nach der Rückkehr der athenischen Gesandten standen Philippos' Truppen jedoch an den Thermopylen und forderten von Athen militärische Unterstützung gegen die Phoker.[15] Nach deren Kapitulation fürchtete man nun in Athen, ungeachtet des Friedens- und Bündnisvertrages, eine makedonische Invasion Attikas.[16]

Demosthenes warb noch 346 für eine aus pragmatischen Gründen zurückhaltende Politik gegenüber Philippos.[17] Später warf er den übrigen Gesandten der Delegation von 346 vor, sie hätten gegen seinen Willen und von Philippos bestochen dem gegen Athens Interessen gerichteten Friedensvertrag zugestimmt. Die Auseinandersetzung zwischen Demosthenes und Aischines ist durch die erhaltenen Gerichtsreden gut belegt und nachvollziehbar.[18] Der Streit zeigt mithin, dass der Frieden in Athen nicht von allen als einzig gangbarer oder auch nur erträglicher Weg empfunden wurde und man den Unterhändlern durchaus vorwarf, Athens Interessen nicht gut vertreten zu haben.

Der Sprecher des *Philippos* nimmt den Philokratesfrieden zum Anlass,[19] Philippos Ratschläge zu erteilen mit dem Ziel eines Ausgleichs zwischen dem Makedonenkönig und allen griechischen *póleis*.[20] Der Abschluss des Philokratesfriedens stellt somit den *terminus post quem* für die Entstehung der Schrift dar.[21] Die übliche Annahme, die Schrift müsse noch im Frühjahr oder Sommer 346 entstanden sein, weil sie den Dritten Heiligen Krieg als noch nicht beendet darstelle (§50, 54–55, 74),[22] ist jedoch abzulehnen, da diese Situationsbeschreibung nur Aufschluss über das dramatische Datum, nicht über das Publikationsdatum gibt.

---

[13] Aischin. II 57–61, III 58, 67–72, Dem. XIX 16, 291, 307, 321, VIII 22–24; dazu Jehne 1994: 120–122, Welwei 1999: 315.
[14] Dem. XVIII 35, XIX 159, 174, 278, [Dem.] VII 31.
[15] Aischin. II 137, Dem. XIX 51.
[16] Aischin. II 139, Dem. XIX 125–126; Rostagni 1913: 133.
[17] Dem. V.
[18] Dem. XIX, Aischin. II.
[19] Vgl. Papillon 2004: 74.
[20] Die einen konkreten Friedensvertrag zwischen einzelnen *póleis* aufgreifende Forderung nach einem über die geschriebenen Verträge hinausgehenden universalen, auf gegenseitiger *eúnoia* beruhenden, Frieden in Griechenland stellt eine deutliche motivische Parallele zwischen *Philippos* und *Friedensrede* dar, die bislang praktisch nicht beachtet worden ist.
[21] Zur Datierung vgl. Isok. V 8, [Plut.] vit. X orat. 836e–839d, Blaß ²1892: 314, Wendland 1910a: 129, Rostagni 1913: 134 mit Anm. 1, Mathieu 1924: 8–10, 1925: 155–156, Bringmann 1965: 17, 103, bes. 97, Dobesch 1968: 66–67, Eucken 1983: 139 mit Anm. 62.
[22] Z. B. Laistner 1927: 19–20, Corbosiero 2001: 37.

B.8.2 Moderne Deutungen

Den *Philippos* haben wegen seiner vermeintlichen Aussagekraft für das Verhältnis zwischen Athen und Makedonien zahlreiche Untersuchungen in den Blick genommen. Die Entwicklung der Forschung kann hier nur sehr allgemein nachgezeichnet werden, um zu verdeutlichen, von welcher Gesamtdeutung der Schrift im Folgenden ausgegangen werden soll.

Der Wechsel des Adressaten, an den sich Isokrates mit seinem Perserkriegs-Programm wendet, hat ihm von Seiten der älteren, im nationalen Denken des ausgehenden 19. Jhs. verankerten Forschung den Vorwurf des Verrats an seiner Heimatpolis Athen eingebracht.[23] Zugleich ging man auf Grundlage des *Philippos* davon aus, dass Isokrates einer der wesentlichen Ideengeber für Philippos' (und später Alexandros') Planung des Asienfeldzuges sowie der – als Schaffung eines Nationalstaates verstandenen – Neuordnung der griechischen Welt im Korinthischen Bund von 338/337 gewesen sei.[24] Besonders einflussreich waren Anfang des 20. Jhs. die Arbeiten Paul Wendlands und Ulrich Wilckens.[25] Nach Wendlands Meinung findet mit dem *Philippos* die Resignation des Isokrates angesichts der außenpolitischen Rolle Athens ihren Höhepunkt. Deshalb wende er sich nun in einer wohlmeinenden, aber auch mahnenden Schrift an Philippos.[26] Der *Philippos* sei also nicht nur tatsächlich an Philippos gerichtet und diesem überbracht worden, sondern habe diesem auch als „Mittel zur moralischen Stärkung seiner Macht" gedient.[27] Einen ähnlichen Standpunkt vertrat auch Wilcken, der jedoch davon ausging, dass Philippos' politisches Handeln nicht mit Isokrates' Forderungen in Einklang stehe,[28]

---

[23] Zur Abhängigkeit solcher Deutungen von der jeweiligen zeitgenössischen Gedankenwelt vgl. schon Treves 1933b: 6, 20–22, später Gillis 1976/1977: 126–127. Eine solche Deutung setzt voraus, dass Philippos den *Philippos* auch tatsächlich zugesandt bekam, vgl. Blaß ²1892: 315.

[24] Blaß ²1892: 80–81, 317, Beloch 1897, III: 525 Anm. 1, Münscher 1916: 2214–2215, Mühl 1917: 43–44, 46–55, Mathieu 1924: 24–25, 31–35 und 1925: 209, Jaeger 1939: 152–153, später noch Sabbadini 1963: 47, Constantineau 1993: 385–386, dagegen Momigliano 1934: 189–190, Pointner 1969: 192, 198–199. Eine grundlegende Widerlegung der Annahme, das Motiv des ‚panhellenischen' Denkens im 4. Jh. (und Isokrates' Programm im Speziellen) gehe mit der ideellen Überwindung des Polisgedankens (so noch Dopico Cainzos 1996: 13) und der Zuwendung zu einer ‚nationalen' Idee der staatlichen Einigung einher, findet sich bei Bloom 1955: 66–67, bes. Perlman 1976 (zu Isokrates: 25–29) und in jüngerer Zeit bei Corbosiero 2001: v. a. 21–27. Allgemein gegen die Annahme einer Beeinflussung der makedonischen Politik durch Isokrates äußern sich Bloom 1955: 62, Pointner 1969: 114–116; anders Natoli 2004: 64 und Wareh 2012: 154–155, die auf der Grundlage von Speus. ep. Socr. XXX davon ausgehen, Isokrates habe über längere Zeit im umittelbaren Austausch mit Philippos II. gestanden.

[25] Wendland 1910a: 129–136, Wilcken 1929.

[26] Wendland 1910a: 133–134, vgl. auch Kessler 1911: 45–47, Rostagni 1913: 135–140, Mühl 1917: 38–55, Ollier 1933: 334, Treves 1933b: 5, 22, Dobesch 1968: 25–26, Wareh 2012: 156.

[27] Wendland 1910a: 136; Allroggen 1972: 55.

[28] Diese Auffassung hat sich zu Recht durchgesetzt (z. B. Bringmann 1965: 96, Gillis 1976/1977: 132–133, Welwei 1999: 318).

B.8.2 Moderne Deutungen

Philippos vielmehr den *Philippos* gegen Isokrates' Absicht zur propagandistischen Stützung seiner Griechenlandpolitik genutzt habe.[29]

Ebenfalls dieser Forschungstradition zuzurechnen sind Arbeiten von Werner Jaeger, Gerhard Dobesch und Daniel John Gillis. Jaeger betrachtete den *Philippos* als Versuch, den neuen Machtfaktor Makedonien in Person seines Monarchen Philippos ins griechische Denken zu integrieren.[30] Besonders hervorzuheben ist die umfangreiche Studie von Dobesch, die zwar aufgrund einer starken Verankerung in Vorstellungen des frühen 20. Jhs. von antiken ‚Nationen'[31] sowie aufgrund der sehr vehement vertretenen Deutung der isokratischen Schriften als politischer ‚Publizistik' zu heute überholten Ergebnissen kommt,[32] aber manche für die Interpretation der Schrift wichtige Probleme als erste deutlich benennt. Insbesondere hat Dobesch auf die zahlreichen ‚Warnungen' hingewiesen, die in der Schrift gegenüber Philippos ausgesprochen werden und als implizite Kritik an Philippos' Politik zu werten sind.[33]

Diese ältere Forschungstradition ist seit der Mitte des 20 Jhs. durch verschiedene Einzelstudien stark relativiert worden. So hat Scott Perlman das vermeintliche Ziel einer ‚nationalen' Einigung infrage gestellt und stattdessen den Vorschlag einer geteilten Hegemonie zwischen Makedonien und Athen angenommen.[34] Ausgangspunkt für die Abfassung der Schrift sei nicht die Freude über den Philokratesfrieden gewesen, sondern dessen fehlende Stabilität, angesichts derer Isokrates die *pleonexía* des Makedonenkönigs von Griechenland nach Persien habe abwenden wollen.[35]

---

[29] Wilcken 1929: 310–316, vgl. Adams (C.) 1912: 346–347, Treves 1933b: 24–26, Momigliano 1934: 161, Baynes 1955: 145, Oliva 1991: 132–133, Marzi 1994: 7, Natoli 2004: 90–91, 93–94.

[30] Jaeger 1939: 149–152, ähnlich Dobesch 1968: 235–239.

[31] Dobesch sieht im ‚panhellenischen' Denken des 4. Jhs. einen Schritt zur Überwindung der *pólis* zugunsten der ‚Nation', bzw. umgekehrt als Zeichen einer „Verkümmerung der Polis" (Dobesch 1968: 1–28, 151–159, 162, 201, 204 [Zitat ebd. 10]). Isokrates habe die *pólis* zwar nicht als Ordnungseinheit aufheben, aber durch die Einbindung Philippos' II. einen nationalen Rahmen der griechischen Kommunikation schaffen wollen.

[32] Dobesch deutet den *Philippos* als authentischen Versuch der Beeinflussung Philippos' II. und der Einbindung seiner Person und Stellung in ein System innergriechischen Ausgleichs (ebd. 151–239). Ähnlich auch Gillis 1976/1977.

[33] Dobesch 1968: 64, 74, 81–88, 96–97, 103, 116. Dobesch folgt hier v. a. Wendland 1910a: 133–134, führt aber die Deutung als Kritik neu ein. Die implizite Kritik diene dazu, Philippos in ausschließlich freundlichen, aber dennoch kritischen Worten zu einer Änderung seiner Politik zu bewegen (ebd. 110, 238; vgl. Wareh 2012: 156–159, 180–181).

[34] Perlman 1957: 311–312, 316, dagegen Bringmann 1965: 99, Heilbrunn 1967: 136 Anm. 8, Dobesch 1968: 206–207 (mit der Erwiderung Perlman 1969: 373 Anm. 11).

[35] Perlman 1957; 1969: 373–374 und 1976: 27–28, ähnlich auch Isajeva 1974: 176 (engl. *abstract*), Perlmans Auffassung wurde in jüngerer Zeit von Manuela Corbosiero erneuert (Corbosiero 2001, v. a. auch zur Widerlegung der Annahme, Isokrates schlage eine staatliche Einigung der Hellenen unter Philippos vor).

Auch wenn die Deutung des *Philippos* als authentische publizistische Ansprache an Philippos vorherrschend geblieben ist,[36] sind doch auch Einwände dagegen vorgebracht worden. So hat sich Minor M. Markle mit gewichtigen Argumenten gegen die Annahme der Adressierung an Philippos gewendet[37] und stattdessen vor allem ein athenisches Publikum als Adressaten gesehen, das Isokrates für die makedonische Sache zu gewinnen versuche.[38]

Einen ganz anderen Ansatz hat auf überzeugende Weise – und beinahe unbemerkt – Günther Heilbrunn in seiner Dissertation verfolgt.[39] Heilbrunn betrachtet den *Philippos* als Schrift, die sich nicht an den Makedonenkönig wende, sondern in ostentativer Abwendung vom athenischen *óchlos* athenische „men engaged in philosophy" anspreche.[40] Philippos II. diene – wie auch die übrigen direkten Redeadressaten bei Isokrates – nur auf der fiktionalen Ebene als Adressat.[41] Heilbrunn betont die deutliche Abneigung gegenüber Philippos, die sich in den zahlreichen kritischen Äußerungen über dessen bisherige Politik spiegele.[42] Anders als Dobesch sieht er jedoch den Zweck der Kritik nicht in einer tatsächlichen Belehrung des Philippos. Die Schrift diene vielmehr als Modell zur Veranschaulichung der notwendigen Grundlagen für erfolgreiche Außenpolitik.[43] Philippos erscheine als Vertreter der praktischen Macht, dem es indes am richtigen Urteil, mithin an der *paideía* fehle. Dass selbst die größte Macht ohne durch *paideía* vermittelte Vernunft nicht erfolgreich eingesetzt werden könne, zeigten die Exempla im *Philippos*. Trotz seiner Macht sei Philippos abhängig von Isokrates, der ihm Vernunft vermitteln könne.[44]

---

[36] Z. B. Adams (C.) 1912: 346, 348–349, Zucker 1954: 5, Buchner 1958: 151, Signes Codoñer 1998: 78–79 und 2001, Grieser-Schmitz 1999: 197–198 und 2003: 115, Natoli 2004: 64, 90–91, 93–94, Papillon 2004: 74.

[37] Markle 1976: 86–89. Dass sich der *Philippos* nicht in erster Linie an Philippos II., sondern allgemein an ein hellenisches Publikum wendete, ist wiederholt betont worden, z. B. Perlman 1957: 308–309, Jähne 1991: 134–135 (mit Verweis u.a. auf Isok. V 81), Usher 1994: 140. Ähnlich auch die Klassifizierung als ‚offener Brief' bei Essig 2000: 23–42, vgl. Wareh 2012: 180–181, 192.

[38] Markle 1976. Markles eigentliche Interpretation des *Philippos* ist aufgrund methodischer Schwächen abzulehnen. Insbesondere fehlende begriffliche Schärfe beeinflusst die Interpretation. So wertet Markle mangels einer Definition von ‚Propaganda' kurzerhand jeden politischen Vorschlag, den er für praktisch nicht durchführbar hält, als ‚good propaganda' (z. B. ebd. 81–85). Zudem begnügt sich Markle durchweg mit der Widerlegung älterer Thesen – ohne die eigenen zu begründen, so z. B. auch die zweite Hauptthese, Isokrates bemühe sich um „royal patronage" für seine Schule (ebd. 86–89).

[39] Heilbrunn 1967: 130–187. In einem Teil seiner Überlegungen steht Heilbrunn der These Perlmans von der Abwendung der makedonischen *pleonexía* nahe (Ders. 1967: 144, 163). Da nur dieser Aspekt später publiziert wurde (1975), fanden die zentralen Thesen der umfangreicheren früheren Untersuchung keine Verbreitung.

[40] Heilbrunn 1967: 138, 146–147, 175, 181, 186–187.

[41] Ebd. 131, 135–138.

[42] Ebd. 139–142, 144, 150–151, 159, 163; ähnlich schon zuvor Bloom 1955: 91–92, vgl. auch Natoli 2004: 99.

[43] Ebd. 175.

[44] Ebd. 168, 176.

Die Belehrung des Philippos durch Isokrates deutet Heilbrunn als Allegorie für Isokrates' Kampf gegen die philosophische Unbildung.[45]

Heilbrunns radikale Neubewertung des *Philippos* steht in der Forschung bis heute allein. Doch auch wenn man der allegorischen Interpretation nicht bis ins Letzte folgen muss,[46] so bietet sie eine wesentlich bessere Grundlage für die Bewertung dieser Schrift und ihre Einordnung in Isokrates' *philosophía*. Die für eine solche Neubewertung wesentlichen Elemente von Heilbrunns Ansatz liegen in der konsequenten Abkehr von der Annahme einer unmittelbaren und konkreten politischen Wirkungsabsicht (etwa: Ausgleich zwischen Athen und Philippos), in der Annahme eines in erster Linie philosophisch interessierten Publikums sowie in der Hervorhebung der in der Schrift enthaltenen Kritik an Philippos, die sich vor allem aus der Diskrepanz ergibt zwischen der hellenischen Selbstdarstellung und dem unhellenischen (weil ungebildeten) Handeln des Makedonenkönigs. Eine grundlegende Deutung kann im Folgenden nicht vorgenommen werden. Es sei jedoch der Hinweis erlaubt, dass in der *persona* ‚Philippos' im *Philippos* und in der Kritik an ihrer Politik eben jene Diskrepanz zwischen *lógos* und *práxis* exemplifiziert ist, die auch das Bild Spartas bei Isokrates – insbesondere im *Panathenaikos*, bestimmt.[47] Weitere Untersuchungen zum *Philippos* dürften an dieser Stelle weiterführende Ansatzpunkte finden.

B.8.3 Inhaltlicher Überblick

Die folgende Untersuchung verfolgt nicht den Anspruch einer Gesamtdeutung des *Philippos*. Stattdessen liegt der Fokus auf der in dieser Rede besonders interessanten Funktion spartanischer Exempla. Der inhaltliche Überblick über die Rede kann daher kurz gehalten werden:

Im Proömium (§1–29) setzt sich der Sprecher Isokrates mit den Gründen auseinander, die ihn zur Adressierung an Philippos bewegen. Er berichtet zunächst von der früheren Abfassung einer Rede an Philippos zur Frage des Streits um Amphipolis, einer Rede, die durch den Philokratesfrieden obsolet geworden sei (§1–7),[48] sodann von der Weiterentwicklung und Anpassung der Fragestellung jener Rede an die neuen Gegebenheiten (§8–

---

[45] Ebd. 156–157, 182, 185–187.
[46] So müsste zur Bestätigung der Deutung des Perserkrieges als Kampf gegen die Unvernunft und Unbildung ein solches Perserkriegsmotiv im gesamten isokratischen Werk überprüft werden. Insbesondere beim *Panegyrikos*, den Heilbrunn ebenfalls untersucht (ebd. 58–130), gelingt ihm dies m. E. nicht.
[47] S. dazu u. Kap. C.2.4.
[48] In dieser Rede habe sich Isokrates gegen den vorherrschenden öffentlichen Diskurs wenden wollen. Ziel sei es gewesen zu zeigen, dass die Kriegspolitik der Konfliktparteien Philippos und Athen den jeweils eigenen Interessen schade und den jeweiligen Gegnern Nutzen bringe (Isok. V 2–3). Im Mittelpunkt der Amphipolis-Rede standen demnach freundschaftliche Beziehungen (φιλία) und der

10).⁴⁹ Schließlich erläutert er, dass er sich mit dem *Philippos*, welcher der gleichen *hypóthesis* folge wie der *Panegyrikos*, deshalb an Philippos wende, weil dieser – im Gegensatz zu einem öffentlichen griechischen Publikum – zur Umsetzung der in der Rede enthaltenen Ratschläge in der Lage sei (§12–15).⁵⁰ Daran fügt er einen Bericht über eine Diskussion mit seinen Schülern an, die es für wenig sinnvoll gehalten hätten, sich mit einem politischen Ratschlag an Philippos zu wenden (§17–23).⁵¹ Das Proömium schließt mit einer eindringlichen Ermahnung an Philippos, er solle, da die schriftliche Form der Beratung nicht über die Mittel des mündlichen Vortrags (*páthos, rhýthmos, cháris* usw.) verfüge, ausschließlich auf die Sachebene der Argumentation und die Wahrhaftigkeit der Inhalte achten (§24–29).⁵²

Der Hauptteil der Rede lässt sich in drei Abschnitte gliedern: Im ersten Teil werden Notwendigkeit, Möglichkeit und Nutzen einer durch Philippos herbeigeführten Einigung der griechischen *póleis* erörtert (§31–82). Ein besonderer Fokus liegt dabei auf dem Wohlwollen (*eúnoia*),⁵³ das sich Philippos dadurch von Seiten der *póleis* sichern könne (§67–82). Im zweiten Teil werden schließlich die Bedeutung der Unterstützung der *póleis* für den Perserkrieg sowie die günstigen Erfolgsaussichten und der Nutzen eines solchen Unternehmens erörtert (§83–127). Schließlich wendet sich Isokrates in einem dritten Abschnitt wieder der Person des Philippos und der Frage zu, weshalb gerade diesem die Aufgabe des Perserfeldzuges zukomme (128–148). Ein kurzer Epilog fasst das Anliegen der Rede zusammen und ruft Philippos sowie die sonstige Leserschaft zur kritischen Beurteilung der Rede auf (§149–155).

Nutzen (σύμφερον), den diese mit sich brächten. Nach Mathieu 1924: 15–16 (ähnlich de Romilly 1958: 99) richtet sich dieser Abschnitt des Proömiums vor allem an athenische Leser, denen die Amphipolis-Frage ein besonders wichtiges Anliegen gewesen sei. Als authentischer Bericht (so Dobesch 1968: 61) ist die Stelle jedoch nicht aufzufassen. Alexiou 2001: 91–94 ordnet die Szene in die allgemeine *captatio benevolentiae* gegenüber Philippos zu Beginn der Schrift ein.

49 Vgl. Isok. IV 17; Perlman 1969: 371.
50 Vgl. Buchner 1958: 140, 151, Heilbrunn 1967: 130–131, Alexiou 1995: 141.
51 Als authentischen Bericht einer Diskussion zwischen Isokrates und seinen Schülern betrachten dies Jähne 1991: 137, Usener (S.) 1994: 38, Usher 1999: 305. M. E. ist indes der literarische Charakter solcher Schülerszenen bei Isokrates im Allgemeinen evident. Eine schlüssige Deutung bietet Gray 1994a: 244–246.
52 Heilbrunn 1967: 140. Äußerungen dieser Art bei Isokrates wertete man häufig als Hinweis auf Isakrates' besonderer Fokussierung auf die Funktion des mündlichen Vortrages für die Vermittlung der Inhalte einer Rede (vgl. z. B. Jähne 1991: 137, Usener (S.) 1994: 53, Grieser-Schmitz 1999: 10 Anm. 9, Alexiou 2007: 5–6, Pasini 2009: 117). Sinnvoller erscheint es jedoch, hierin einen Appell zur sachlichen Prüfung der Rede ungeachtet der Qualität des Vortrags zu sehen (vgl. Gray 1994a: 246–248). Durch die schriftliche Publikation seiner Texte und den expliziten Hinweis darauf, setzt er sich ab von den öffentlichen Rednern (vgl. von Scala 1892: 21, Steidle 1952: 286–287, Eucken 1983: 139, Erler 1987: 38–41, Bons 1993: 163–164 und 1997: 13–15, Livingstone 2001: 7–8).
53 Vgl. dazu schon Kessler 1911: 54, Dobesch 1968: 168–179.

B.8.4 Sparta im *Philippos*

In vielen Elementen des Aufbaus und der Argumentationsweise erinnert der *Philippos* an den *Panegyrikos*, und tatsächlich greift die Rede das ‚panhellenische Programm' jener Schrift als Hauptthema wieder auf. Auch auf die thematische Verwandtschaft mit der *Friedensrede* wurde zu Recht hingewiesen.[54] Insbesondere die Parallele zum *Panegyrikos* wird vom Sprecher selbst betont: An mehreren Stellen des Textes (§9–13, 83–85, 93–95, 129) verweist Isokrates auf die inhaltlichen Übereinstimmungen zwischen *Philippos* und *Panegyrikos*.[55] Somit steht die ganze Rede in erklärter Kontinuität zum Anliegen dieser früheren Schrift, deren *hypóthesis* ausdrücklich als die schönstmögliche und für die Allgemeinheit relevanteste bezeichnet wird (§10). Sie grenzt sich indes insofern von ihr ab, als Isokrates in der späteren Rede erläutert, weshalb er eine ‚Rede vor einer Festversammlung' nicht mehr für zielführend halte (und sich stattdessen an Philippos wende).[56] Wir werden im Folgenden sehen, dass sich die Kontinuität zum *Panegyrikos* auch in der Verwendung des Exemplums Sparta (und des vor allem implizit präsenten parallelen Exemplums Athen) feststellen lässt. Exempla der spartanischen Geschichte nehmen in den historisch oder ‚staatstheoretisch' argumentierenden Abschnitten der Rede den mit Abstand größten Raum ein. Die Exempla entstammen dem Bereich der Außen- und Innenpolitik Spartas und enthalten sowohl Kritik als auch positive Darstellungen. Anders als im *Panegyrikos* wird Sparta zwar nicht explizit mit Athen als Gegenbild konfrontiert und verglichen. Jedoch finden sich wiederholt implizite und explizite Hinweise darauf, dass eben dieser Vergleich mit Athen von der Leserschaft erwartet wird und auch (oder sogar vor allem) die Athener als Publikum der Rede intendiert und adressiert sind.[57] Im Folgenden werden die verschiedenen Exempla in ihren jeweiligen Argumentationszusammenhängen betrachtet.

---

[54] Vgl. dazu Laistner 1927: 15, Bringmann 1965: 97–98, Gillis 1976/1977: 123–124, Grieser-Schmitz 1999: 183–184.

[55] Vgl. Perlman 1957: 309, Heilbrunn 1975: 154–155, Corbosiero 2001: 17, 20, 25. Diese Stellen gehören zu den deutlichsten Belegen dafür, dass Isokrates um inhaltliche Homogenität seiner Schriften bemüht war und dass er diese Schriften mithin als ein zusammengehörendes Werk betrachtete (s. dazu o. Kap. A.3.1.1). Eine Anspielung liegt wohl auch vor in Isok. V 13 (dieser Passus gehört jedoch noch zum Kontext des Zitates in V 9).

[56] Diese Rechtfertigung für die Adressierung der Rede an Philippos richtet sich nicht zuletzt an das nichtmakedonische, mithin das athenische Publikum der Schrift. Dieses vor allem konnte durch die Hinwendung zu Philippos irritiert sein.

[57] Diese Schlussfolgerung zieht Perlman 1957: 308–309 bereits aus dem Bericht von der Amphipolis-Rede im Proömium (Isok. V 1–16).

B.8.4.1 Der Ausgleich zwischen den bedeutenden *póleis* (§30–67)

Im ersten langen Abschnitt (§30–67) des Hauptteils der Rede führt der Sprecher den Nachweis, dass für Philippos ein Ausgleich mit den vier bedeutendsten hellenischen *póleis* – Argos, Sparta, Theben und Athen[58] – notwendig (§30–38) und zugleich auch möglich (§39–67) sei. Alle in diesem Abschnitt im Einzelnen vorgetragenen Argumente werden historisch begründet oder durch historische Exempla belegt. Unter den vier genannten *póleis* nehmen die Exempla mit Bezug auf Sparta und Athen den größten Raum ein.

In §30–35 stellt Isokrates einen friedlichen Kurs des Philippos gegenüber den genannten *póleis* als Verpflichtung dar: Aufgrund seiner Abstammung von Herakles stehe Philippos in verschiedenen Abhängigkeits- und Verwandtschaftsbeziehungen zu den vier großen *póleis*, von denen jede einzelne historische und genealogische Bezüge zu Philippos und/oder Herakles aufweise: Philippos müsse Argos als das Land seiner Väter betrachten (§31),[59] Theben wiederum beweise seinen Bezug zu Herakles durch religiöse Ehrungen und Feste (ebd.).[60] Sparta schließlich habe gar den Söhnen des Herakles die Königswürde und die militärische Führung übertragen (§32).[61] Das größte Gewicht liegt in diesem Abschnitt auf Athens Verhältnis zu Herakles (und damit zu Philippos) (§32–34). Dies entspricht zum einen der allgemeinen Tendenz des *Philippos*, der – trotz seines ‚panhellenischen' Programms – vor allem das Verhältnis zwischen Philippos und Athen thematisiert.[62] Zum anderen besteht im Falle Athens der größte Erklärungsbedarf hinsichtlich mythhistorischer Verbindungen zu Philippos: Denn es gibt keine genealogische

---

[58] Vgl. zu dieser Vierzahl der mächtigen *póleis* in Hellas Isok. IV 64; Wendland 1910a: 130. In Isok. IV 16–17 (sowie insgesamt im *Panegyrikos*) steht jedoch der Konflikt zwischen Athen und Sparta bzw. zwischen den *politeíai* als alles dominierender Gegensatz im Mittelpunkt des Interesses (s. o. S. 174–176). Diese Dichotomie ist im *Philippos* einer Multipolarität gewichen, was weniger einen neuen Weg, die Einigung zu erzielen (so Dobesch 1968: 153–154, Weißenberger 2003: 100) darstellt als vielmehr einem athenischen Publikum signalisiert, dass es seine Führungsstellung ebenso endgültig verspielt habe wie Sparta.

[59] Vgl. Hdt. V 22, VIII 137 (Perdikkas als Nachfahre des Argivers Temenos); Laistner 1927: 134, Treves 1933b: 53.

[60] Vgl. Xen. Hell. VI 4,7, Diod. XV 53, Iust. XI 4,5.

[61] Vgl. Isok. IV 62, VI 8, 16–25, [Isok.] ep. IX 3, Treves 1933b: 54.

[62] Vgl. Perlman 1969: 373–374. Ob sich aber, wie Perlman annimmt, darin eine Absicht spiegelt, Athen eine besonders wichtige Stellung in einem ‚panhellenischen' Bündnis unter Philippos' Hegemonie zukommen zu lassen, muss dahingestellt bleiben. Die Rede erörtert, auf welche Weise und in welcher politischen Rolle ein Auskommen zwischen Philippos und den hellenischen *póleis* erstrebenswert und erreichbar sei. Insbesondere in der ersten Hälfte des Hauptteils der Rede (Isok. V 30–82) steht dieses Thema im Mittelpunkt. Dass dabei vor allem an das Verhältnis zwischen Athen und Philippos gedacht ist, wird nicht zuletzt durch die zahlreichen Hinweise darauf nahegelegt, dass sich die Publikation der Rede insgesamt eher an ein athenisches Publikum als an Philippos persönlich richtet (s. o. S. 456–457). Dass ein solches Thema im Athen des Philokratesfriedens aktuell sein konnte, muss kaum eigens betont werden angesichts der sich schon in der Auseinandersetzung zwischen Demosthenes und Aischines spiegelnden, öffentlichen Debatten in Athen um die Bewertung dieses Frie-

B.8.4 Sparta im Philippos

Verbindung zwischen Athen und Herakles. Isokrates versucht denn auch gar nicht, eine solche Verbindung künstlich herzustellen, sondern er rekurriert auf die schon im *Panegyrikos* erwähnte Rettung der Herakliden im Krieg gegen Eurystheus durch Athen sowie auf Athens Beitrag zur Vergottung des Herakles.[63] Wie schon im *Panegyrikos* zieht Isokrates aus diesen athenischen Leistungen den Schluss, dass, wer immer von den Herakliden abstamme (im *Panegyrikos* sind hiermit die Spartaner, im *Philippos* das makedonische Königshaus angesprochen),[64] sich niemals gegen Athen wenden dürfe.

Diese Bemerkungen, scheinbar auf die Zukunft der Beziehungen zwischen Philippos und Athen bezogen, enthalten deutliche Kritik an Philippos: Immerhin ging 346, zum frühestmöglichen Publikationsdatum des *Philippos*, ein über zehnjähriger Krieg zwischen Athen und Philippos zu Ende – den Frieden des Philokrates aber betrachtete man wohl weder in Athen noch in Makedonien als Lösung der zugrundeliegenden Interessenkonflikte. Isokrates spricht also implizit, aber deutlich, Kritik daran aus, dass Philippos sich überhaupt mit Athen im Krieg befunden hatte, und seine Kritik wird anhand der gleichen Themen formuliert, mit denen Isokrates im *Panegyrikos* Spartas athenfeindliche Politik attackiert hatte. Man darf Philippos ebenso wie den athenischen Lesern der Rede durchaus zutrauen, diesen Hinweis verstanden zu haben. Vielleicht spielt Isokrates hier sogar auf einen frühen Brief des Philippos an die Athener an, in dem dieser selbst von der *patrikḗ philía* zu Athen gesprochen hatte.[65]

Interessant ist die Erwähnung der herakIidischen Abstammung der spartanischen *basileĩs*, und zwar in zweierlei Hinsicht: Zum einen taucht hier das spartanische Königtum, ganz wie in den bisher behandelten Schriften, als positiv konnotierte Einrichtung des spartanischen Staates auf. Zugleich kann man dieser Einrichtung in der (hier nicht explizit angesprochenen) Verbindung mit der Eroberung der Peloponnes durch die Herakliden und die Dorier ein besonders hohes Alter zuschreiben.[66] Zum anderen erinnert der

---

dens. Isokrates' Kommentar, Athen habe seine Friedensbereitschaft bereits durch den Friedensschluss hinreichend unter Beweis gestellt (Isok. V 56), erhält vor dem Hintergrund dieser Debatten eine geradezu bissige Note.

[63] Vgl. Isok. IV 56–62 (Rettung der Herakliden), Diod. IV 39 (Vergottung durch Athener), Paus. I 32,4 (Vergottung), Laistner 1927: 135, Treves 1933b: 54–55, Dobesch 1968: 240–241.

[64] Vgl. Wareh 2012: 179. Es ist nicht ausgeschlossen, dass diese Stelle implizit auch die frühere gleichlautende Kritik an Sparta wieder evoziert. Allerdings gibt es im Kontext der Stelle keinerlei Anhaltspunkte, die eine derartige Intention nahelegen würden.

[65] Dem. XXIII 121. Trifft diese Vermutung zu, so spräche Isokrates hier ein Argument an, das Philippos selbst zuvor verwendet hatte. Allerdings dreht er den Spieß gewissermaßen um, indem er implizit zu verstehen gibt, dass Philippos aufgrund dieser *patrikḗ philía* niemals gegen Athen hätte vorgehen dürfen.

[66] S. u. Kap. B.8.4.4. Ausführlich geschildert wird die Gründung des spartanischen Königtums (die dort mit der Gründung Spartas in eins fällt) in Isok. VI 16–25. Es sei darauf hingewiesen, dass durch die o. (Kap. B.5.5.1) skizzierten Fehlargumentationen in diesem Abschnitt des *Archidamos* nicht die Gründung Spartas an sich oder die Qualität der darin genannten spartanischen Institutionen, sondern ausschließlich das *dikaion* von Spartas Herrschaft über Messenien infrage gestellt wird.

Akt der Übertragung der Königswürde durch die ‚einfache' Bevölkerung (hier: die Dorier, die den spartanischen *dãmos* stellen) an Isokrates' Beschreibung der Einführung der demokratisch kontrollierten Monarchie des Theseus in Athen.[67]

Im weiteren Verlauf der Argumentation stellt Isokrates die Dankbarkeit heraus, die Philippos von Seiten der hellenischen *póleis* erwachsen würde, sofern er als deren Wohltäter auftrete, der ihre Einigung herbeiführe und Frieden in Hellas ermögliche (§36–38). Schließlich wendet er sich der Frage der Machbarkeit eines solchen von Philippos II. herbeizuführenden innergriechischen Ausgleichs zu (§39–45): Isokrates wendet sich hier gegen die naheliegende, aber seiner Argumentation nach falsche, Annahme, wonach es zwischen den vier mächtigen *póleis* keinen Ausgleich geben könne:

> (39) Τάχ' οὖν ἄν τις ἐνστῆναι τοῖς εἰρημένοις τολμήσειε, λέγων ὡς ἐπιχειρῶ σε πείθειν ἀδυνάτοις ἐπιτίθεσθαι πράγμασιν· οὔτε γὰρ Ἀργείους φίλους ἄν ποτε γενέσθαι Λακεδαιμονίοις οὔτε Λακεδαιμονίους Θηβαίοις οὔθ' ὅλως τοὺς εἰθισμένους ἅπαντα τὸν χρόνον πλεονεκτεῖν οὐδέποτ' ἂν ἰσομοιρῆσαι πρὸς ἀλλήλους. (40) Ἐγὼ δ' ὅτε μὲν ἡ πόλις ἡμῶν ἐν τοῖς Ἕλλησιν ἐδυνάστευε καὶ πάλιν ἡ Λακεδαιμονίων, οὐδὲν ἄν ἡγοῦμαι περανθῆναι τούτων· ῥᾳδίως γὰρ ἂν ἑκατέραν ἐμποδὼν γενέσθαι τοῖς πραττομένοις· νῦν δ' οὐχ ὁμοίως ἔγνωκα περὶ αὐτῶν. Οἶδα γὰρ ἁπάσας ὡμαλισμένας ὑπὸ τῶν συμφορῶν, ὥσθ' ἡγοῦμαι πολὺ μᾶλλον αὐτὰς αἱρήσεσθαι τὰς ἐκ τῆς ὁμονοίας ὠφελείας ἢ τὰς ἐκ τῶν τότε πραττομένων πλεονεξίας.

> (39) Vielleicht mag nun jemand wagen, meinen Worten entgegenzutreten mit dem Argument, ich versuchte dich dazu zu überreden, eine unmögliche Politik anzugehen: Denn weder würden jemals die Argiver zu Freunden der Lakedaimonier werden noch die Lakedaimonier zu Freunden der Thebaner, und überhaupt würden jene, die es gewohnt sind, die ganze Zeit ihren Eigennutz zu suchen, niemals untereinander gleiche Teile machen.[68] (40) Ich dagegen glaube, dass damals nichts davon hätte umgesetzt werden können, als unsere *pólis* unter den Hellenen herrschte und wiederum als die [sc. *pólis*] der Lakedaimonier herrschte: Denn leicht hätte jede der beiden dieser Politik in die Quere kommen können. Jetzt aber komme ich darüber nicht zu demselben Schluss. Ich weiß nämlich, dass sie alle durch die Schicksalsschläge [sc. in ihrer Bedeutung] nivelliert worden sind,[69] so dass ich glaube, sie werden viel eher den Nutzen der Eintracht wählen als den Eigennutz der damaligen Politik.

Die langjährigen Konflikte zwischen den vier *póleis* können in den Augen des Sprechers zu der Annahme verleiten, dass ein Ausgleich unmöglich sei. Bemerkenswert an der Aufzählung dieser Konflikte ist, dass Sparta darin stets als Konfliktpartei vorkommt: Sowohl zu Argos wie auch zu Theben stehe Sparta in dauerhafter Feindschaft

---

[67] Vgl. Isok. X 31–37 (s. o. S. 102–105); XII 126–130 (s. u. Kap. B.9.5.3).

[68] Isokrates greift in dieser an egalitäre Landverteilungen unter Bürgern einer *pólis* angelehnten Formulierung eine Formulierung aus dem *Panegyrikos* (Isok. IV 16–17, s. dazu o. S. 175 mit Anm. 79) auf. Der Ausgleich zwischen den vier *póleis* und Philippos, den Isokrates hier fordert, entspricht somit bis auf die lexikalische Ebene dem im *Panegyrikos* empfohlenen Ausgleich zwischen Athen und Sparta. Perlman 1957: 310 und Corbosiero 2001: 33 sehen in der hier angesprochenen Bereitschaft, untereinander zu teilen, das eigentliche Wesen („la definizione") der *homónoia* bei Isokrates.

[69] Dieselbe Formulierung (ὡμαλισμένας) verwendet Isokrates (nur) in VI 65; vgl. Laistner 1927: 136.

B.8.4 Sparta im Philippos

(§39).[70] Dasselbe gilt für das Verhältnis zwischen Athen und Sparta (§40): Die Politik des Delisch–Attischen Seebundes, von dem hier zunächst die Rede ist, führte zum Konflikt mit dem Peloponnesischen Bund, und die unmittelbar auf den Peloponnesischen Krieg folgende Phase der Herrschaft Spartas war umgekehrt vom Konflikt mit Athen geprägt. Zwar richtete sich die spartanische Machtpolitik keineswegs gezielt oder ausschließlich gegen Athen, jedoch erwuchs Sparta in dieser Zeit im Zweiten Attischen Seebund eine von Athen angeführte machtpolitische Opposition, die Athen (später Theben) zum Hauptkonkurrenten Spartas in jener Zeit werden ließ. Isokrates hatte die Zeiten der *arché* zunächst Athens, dann Spartas, immer wieder als Konkurrenz dieser beiden *póleis* um die innergriechische Macht dargestellt. Schon im *Panegyrikos* hatte er diesen kriegerischen Konflikt als wesentlichen Grund für den Niedergang beider *póleis* bezeichnet und darin die Ursache sowohl der Schwäche der Hellenen gegenüber dem Perserreich wie auch (vor allem in der *Friedensrede*) der Schwäche Athens gesehen.[71]

Weshalb aber erhält Sparta in dieser Beschreibung der innergriechischen Konflikte das größte Gewicht? Zwei Antworten scheinen möglich: Zum einen wird mit Sparta jene *pólis* besonders ausführlich thematisiert, die Philippos besonders feindlich gegenüberstand.[72] Um Philippos darzulegen, dass die außenpolitische Lage der *póleis* ihm eine leichte Einigung mit diesen ermöglichen würde, erscheint es sinnvoll, den Ausgleich mit jener *pólis* besonders zu thematisieren, mit deren Widerstand am meisten zu rechnen war. Zum anderen aber ist Sparta auch ein besonders geeignetes Exemplum für den Wandel der Machtstellungen der *póleis*. Isokrates beschreibt das Vorteilsstreben (*pleonekteĩn*) als übliches Handlungsmovens der *póleis* in den angesprochenen Konflikten. Nach Isokrates' Argumentation ist es die durch die zahlreichen außenpolitischen Rückschläge (ὑπὸ τῶν συμφορῶν) erfolgte Schwächung der *póleis*, die sie für eine Einigung auf Grundlage der *homónoia* zugänglich macht, und die sie vom Kurs der *pleonexía* abbringen könnte.[73] Es ist wohl gerade der rapide Machtverfall, der Sparta als Beispiel für diesen Wandel der Lage und der Handlungsoptionen der *póleis* prädestiniert. Gerade Spartas Schwäche seit Leuktra und Mantineia konnte daher zur Veranschaulichung des Standpunktes des Isokrates dienen, wonach von derart geschwächten *póleis* kein Widerstand gegen eine Politik des Ausgleichs zu erwarten sei. Wenn diese Deutung der Fokussierung auf Sparta zutrifft, dann bedeutet dies zugleich, dass Isokrates auch den anderen drei *póleis*, insbesondere seiner eigenen Heimat Athen, eine ähnliche Position der Schwäche zuschreibt.

---

[70] Die Formulierung deutet an, dass im Konflikt Sparta–Argos die Spartaner, im Konflikt Theben–Sparta die Thebaner als Aggressoren auftreten: Subjekt des φίλους γενέσθαι ist in beiden Fällen die jeweils defensiv orientierte – und am Ende unterlegene – Partei.

[71] Vgl. Isok. IV 16–17 (s. o. Kap. B.2.4.1), VII 4–10 (s. o. Kap. B.6.4.2.1), VIII 89–119 (s. o. Kap. B.6.5.2.1).

[72] Mathieu 1924: 17, Cloché 1933: 137–138.

[73] Zur Gegenüberstellung von ὁμόνοια und πλεονεκτεῖν in diesem Abschnitt vgl. Perlman 1957: 310.

Dass es Isokrates in diesem Zusammenhang nicht darum geht, Athen von der Kritik auszunehmen,[74] zeigt schon die Parallelisierung der athenischen und der spartanischen *arché* in §40. Noch deutlicher wird dies jedoch in dem darauffolgenden Abschnitt (§42–45), in dem der Nachweis im Mittelpunkt steht, dass auch erbittertste Feindschaften überwindbar seien und einstmalige Kriegsgegner sich später die größten Dienste erweisen könnten.[75] Als historische Belege für diese These dienen außenpolitische Entwicklungen seit dem Ende des Peloponnesischen Krieges, mithin jene historischen Exempla, die Isokrates während seines gesamten Schaffens verwendet hatte.

B.8.4.1.1 Das Verhältnis der *póleis* zum Großkönig

(42) [...] Τίς γαρ ἂν ὑπερβολὴ γένοιτο τῆς ἔχθρας τῆς πρὸς Ξέρξην τοῖς Ἕλλησι γενομένης; Οὐ τὴν φιλίαν ἅπαντες ἴσασιν ἡμᾶς τε καὶ Λακεδαιμονίους μᾶλλον ἀγαπήσαντες ἢ τῶν συγκατασκευασάντων ἑκατέροις ἡμῶν τὴν ἀρχήν.

(42) [...] Welche Feindschaft könnte nämlich jene übertreffen, die die Hellenen gegenüber Xerxes entwickelten? Alle wissen, dass wir ebenso wie die Lakedaimonier dessen Freundschaft mehr wertschätzten als die derer, die jeden von uns (sc. Athen und Sparta) bei der Errichtung der Herrschaft unterstützten.

Die hohe Wertschätzung des Perserkönigs durch Sparta und Athen in der jüngeren Vergangenheit wird der alten hellenischen Feindschaft gegenüber Persien kontrastierend gegenübergestellt. Damit greift Isokrates ein Motiv auf, das er bereits im *Panegyrikos* verarbeitet hatte: die außenpolitische Zusammenarbeit einzelner *póleis* mit dem Großkönig, die sich im *Königsfrieden* von 387/386 erstmals völkerrechtlich manifestiert hatte. Im *Panegyrikos* hatte Isokrates diese Kooperation scharf kritisiert. Die Verantwortung für das Zustandekommen des Königsfriedens (und die Zusammenarbeit mit Artaxerxes III.) hatte er dort nur scheinbar allein den Spartanern zugeschrieben,[76] dieser Deutung jedoch gegen Ende der Rede die Ansicht gegenübergestellt, Athen und Sparta seien beide in gleichem Maße am Zustandekommen des Friedens beteiligt gewesen.[77] Im *Philippos* wird letztere Ansicht als allgemeingültig vorausgesetzt.

---

[74] Dies nehmen an Laistner 1927: 136, Dobesch 1968: 129–130 (der dies jedoch nur als rhetorisches Mittel, nicht als Isokrates' Überzeugung betrachtet).

[75] Schmitz-Kahlmann 1939: 18–20 verbindet diese Frage mit dem Thema der *metabolé*. Isokrates wendet sich genaugenommen gegen die gegenteilige Annahme, wonach einstmalige Feindschaften auch in Zukunft unüberwindbare Hindernisse für eine Einigung seien. Implizit wird diese Annahme in Isok. V 41 als *átopos* und als *parádoxos* bezeichnet (oder zumindest in die Nähe solcher paradoxen Auffassungen gerückt).

[76] Isok. IV 125. Norlin 1929, I: 270 Anm. a sieht hier eine Parallele zu Isok. XII 102–103, wo jedoch ausschließlich von Sparta und nicht wie im *Philippos* von Sparta und Athen die Rede ist.

[77] Isok. IV 137, 175 (s. o. S. 230–231).

B.8.4 Sparta im Philippos 465

B.8.4.1.2 Das Verhältnis der póleis untereinander

In §43–44 dient der Wandel der Beziehungen griechischer *póleis* untereinander als Beleg für die oben erwähnte These. Anhand zweier Beispiele aus der athenischen Geschichte soll gezeigt werden, dass aus Feindschaft gegenseitiges Wohlwollen und aktive Unterstützung werden könne. So habe Athen trotz des im Peloponnesischen Krieg durch Theben und Sparta erlittenen Unglücks zunächst die Thebaner im Kampf gegen Sparta unterstützt (§43),[78] später den Spartanern im Kampf gegen Theben und die abtrünnigen Peloponnesier Hilfe zukommen lassen (§44).[79] Im Laufe der Zeit hat Athen dieser Darstellung zufolge sowohl allein gegen Theben und Sparta Krieg geführt wie auch jeder der beiden *póleis* Hilfe gegen die andere geleistet. Das bedeutet in anderen Worten, dass diese drei *póleis* – Argos spielt hier aufgrund seiner machtpolitisch marginalen Stellung im 4. Jh. keine Rolle – in jeder möglichen Bündniskonstellation gegeneinander Krieg führten.

Ebenso wie das Beispiel der Positionierung gegenüber Persien soll auch dieses Exemplum dem Nachweis dienen, dass Feindschaften überwindbar seien und ein Ausgleich der griechischen *póleis* ein erreichbares Ziel darstelle. Auf diese Zielrichtung kommt Isokrates am Ende des Abschnitts nochmals zu sprechen:

(45) Πολλῆς οὖν ἀνοίας ἂν εἴη μεστός, εἴ τις ὁρῶν τηλικαύτας μεταβολὰς γιγνομένας καὶ τὰς πόλεις μήτ' ἔχθρας μήθ' ὅρκων μήτ' ἄλλου μηδενὸς φροντιζούσας πλὴν ὅ τι ἂν ὑπολάβωσιν ὠφέλιμον αὐταῖς εἶναι, τοῦτο δὲ στεργούσας μόνον καὶ πᾶσαν τὴν σπουδὴν περὶ τούτου ποιουμένας, μὴ καὶ νῦν νομίζοι τὴν αὐτὴν γνώμην ἕξειν αὐτάς, ἄλλως τε καὶ σοῦ μὲν ἐπιστατοῦντος ταῖς διαλλαγαῖς, τοῦ δὲ συμφέροντος πείθοντος, τῶν δὲ παρόντων κακῶν ἀναγκαζόντων. Ἐγὼ μὲν γὰρ οἶμαι τούτων συναγωνιζομένων ἅπαντα γενήσεσθαι κατὰ τρόπον.

(45) Voll von großem Unverstand müsste jemand also sein, der – angesichts der Tatsache, dass sich derartige Umwälzungen vollziehen, die *póleis* weder Feindschaften noch Eide noch sonst irgendetwas ernstnehmen außer das, wovon sie annehmen, es sei ihnen nützlich, und sie dies allein begehren und ihr ganzes Bemühen darauf richten – nicht glaubte, dass sie auch jetzt dieselbe Haltung verfolgen werden, zumal zum einen du der Aussöhnung voranstehen würdest, zum anderen der Nutzen [sc. für die *póleis*] dafür spricht und die gegenwärtigen Übel dazu zwingen. Ich jedenfalls glaube, dass bei einem Zusammenwirken dieser Gründe alles nach Plan verlaufen wird.

Die beschriebenen Bündniswechsel und die Überwindung alter Feindschaften werden hier durchaus ambivalent dargestellt. Fraglos dienen sie zunächst dem erwähnten Nachweis der Machbarkeit eines Ausgleichs zwischen den *póleis*. Gleichzeitig aber scheint hier Kritik am Verhalten dieser *póleis* mitzuschwingen. Nicht nur wird der Kurswechsel zwischen Feindschaft und Unterstützung als *metabolé*, als politische Umwälzung,

---

[78] Hier ist wohl v. a. auf die Gründung des Zweiten Attischen Seebundes und die maritimen Operationen des Chabrias und Timotheos in den Jahren zwischen 378 und 373 angespielt; vgl. Laistner 1927: 137, Treves 1933b: 60–61.
[79] S. dazu o. Kap. B.5.1; vgl. Isok. VIII 105.

bezeichnet;[80] auch die Wahl der Exempla stellt implizite Kritik am Verhalten der *póleis* dar. Insbesondere die Hinwendung der *póleis* zum alten Erzfeind Persien – gegen den Isokrates immerhin auch im *Philippos* zum Krieg aufruft – kann kaum als Exemplum für positives politisches Verhalten gewertet werden, weder gegenüber dem Adressaten Philippos II. noch gegenüber einem griechischen oder athenischen Publikum. Gemessen am Maßstab des isokratischen Programms jedenfalls – nicht nur des *Philippos*, sondern des gesamten isokratischen Werkes – wird man dies als Kritik an Sparta und Athen,[81] vielleicht auch an Philippos selbst auffassen müssen, von dem es in den Jahren vor Zustandekommen des Philokratesfriedens hieß, er verhandele mit dem Großkönig über eine gegenseitige Anerkennung der Interessenssphären.[82] Ähnlich kritisch lässt sich auch das Beispiel des ständigen innergriechischen Koalitionswechsels deuten: Jede Einigung mit einem alten Feind, die hier dargestellt wird (genaugenommen gilt dies schon für das Exemplum Persiens), geschieht zum Zwecke des Krieges gegen eine andere griechische *pólis*. In diesem Punkt scheinen die genannten Beispiele beinahe ihrem Zweck (Nachweis der Möglichkeit des Ausgleichs) unangemessen, da man mit denselben Beispielen ebenso auch die Unmöglichkeit einer gleichzeitigen Einigung aller *póleis* belegen könnte. Ihren Sinn gewinnen sie letztlich erst dadurch, dass sie implizit belegen, dass es sowohl eines äußeren Mittelsmannes im Sinne eines *hēgemṓn* (Philippos), der den Ausgleich durch seine Machtstellung abzusichern in der Lage wäre, bedürfe wie auch eines äußeren Feindes (Persien), gegen den man sein Vorteilsstreben (*pleonexía*) richten könne, ohne sich diesen Vorteil von anderen Griechen zu verschaffen.

Besonders deutlich wird der kritische Unterton in §42–45 in der Beschreibung der Motive, die das außenpolitische Handeln der *póleis* bestimmen: Einzig und allein der Eigennutz (ὅ τι ἂν ὑπολάβωσιν ὠφέλιμον αὐταῖς εἶναι) veranlasst in Isokrates' Darstellung die *póleis*, gemeinsam gegen andere *póleis* zu agieren.[83] Zudem geschieht dieses außenpolitische Handeln ohne jede Rücksicht auf bestehende Feindschaften und insbesondere auch ohne Rücksicht auf beeidete Verträge (ὅρκων). In früheren Reden hatte Isokrates wiederholt den Respekt gegenüber den Eiden betont, den die ‚idealen' Politiker

---

[80] Der Begriff ist wird bei Isokrates entweder neutral oder aber negativ (nie in deutlich positiver Färbung) verwendet. Vgl. zur negativen Konnotierung dieses Begriffs v. a. die Verwendung im *Archidamos* (Isok. VI 1–2, 49–51, s. o. Kap. B.5.6.3).

[81] Auffällig ist auch die Verwendung der 1. Pers. Pl. für athenisches Handeln in Isok. V 43–44. Die Verwendung der 1. Person in diesem Kontext ist zwar auch in einer Anrede an Philippos möglich, sie ergibt jedoch einem athenischen Lesepublikum gegenüber einen besseren Sinn – indem Sie auf eine ‚Beteiligung' nicht nur des Autors, sondern gerade auch der athenischen Leser an dem beschriebenen Verhalten hinweist. Philoch. FGrH 328 F 157 (Worthington 2008: 112) belegt eine Erneuerung der Bündnisse Athens und Spartas mit dem Großkönig im Jahr 343. Je nach Datierung des *Philippos* könnte diese konkrete Vertragserneuerung angesprochen sein.

[82] Zu den Verhandlungen (und Bündnis?) zwischen Philippos. II und Artaxerxes Ochos ca. 351/350 vgl. Dem. IV 48; Hammond 1994: 57, 130.

[83] Diese Deutung des politischen Handelns der *póleis* taucht weniger ausführlich bereits in Isok. IV 183 auf und erinnert stark an Isokrates' Theorie von der zentralen Rolle der *pleonexía* für das Handeln der Menschen.

B.8.4 Sparta im Philippos

vergangener Tage gezeigt hätten, und er hatte diese Haltung mit der schamlosen Missachtung der Eide in der Gegenwart kontrastiert.[84] Der Hinweis auf die den Konflikt zwischen Eiden/Verträgen und dem Interesse der einzelnen *pólis* lässt sich nicht anders denn als negative Bewertung des Handelns der *póleis* bewerten. Isokrates führt explizit aus, dass dieses vergangene Verhalten auch für die Zukunft gelten werde. Der Eigennutz bestimmt das Handeln der *póleis* in Isokrates' Darstellung in §45 des *Philippos* also völlig ungeachtet vertraglicher und beeideter Regelungen. Nur aufgrund ihres Eigeninteresses, nicht aber aufgrund hellenischer *homónoia*, so ergibt sich infolge dieses Hinweises, werden sich die *póleis* einem Vermittlungsversuch durch Philippos offen zeigen. So wird am Ende die *pleonexía* die Griechen dazu bringen, sich einem von Philippos geleiteten Perserkrieg anzuschließen. Diese nach außen gegen Nichtgriechen gerichtete *pleonexía* scheint Isokrates hier als jene ins Positive gewendete Form des Vorteilsstrebens zu verstehen, die er in der *Friedensrede* als die ‚wahre' Form der *pleonexía* bezeichnet hatte.[85]

In §30–45 fordert Isokrates also, Philippos solle die *pleonexía* der Griechen beenden und ihre *homónoia* herbeiführen. Es ist längst erkannt worden, dass die Beendigung von expansiven Kriegen in Hellas, die den Hellenen insgesamt schaden, das Kernanliegen des *Philippos* darstellt.[86] Noch nicht kommentiert wurde bislang, dass in der Zeit nach dem Abschluss des Philokratesfriedens in ganz Griechenland nur noch eine einzige Macht die Aussicht auf militärische Expansion hatte und diese auch durchzusetzen versuchte: Makedonien. Die Forderung nach einem Ende expansiver Kriege, nach einem Ende der *pleonexía* und nach einem stattdessen zu verfolgenden, am Wohle Aller ausgerichteten, außenpolitischen Kurs kann sich, berücksichtigt man die politische Lage nach dem Zustandekommen des Philokratesfriedens, eigentlich nur gegen Philippos selbst richten. Explizit, so zeigt sich daher, wird Philippos dazu aufgerufen, die *póleis* zu einem Kurswechsel zu bewegen, implizit wird der Kurswechsel jedoch vor allem von ihm selbst verlangt.[87]

---

[84] Die Kontexte variieren stark. Besonderes Gewicht erhält der Verweis auf die Eide und Verträge im *Plataikos*, in dem anders als (meist) in den übrigen Schriften konkrete Vertragsverletzungen kritisiert werden. Die folgenden Grundmotive tauchen dabei auf: 1. Im Idealstaat wurden Eide streng bewahrt (Isok. XI 25, IV 81). 2. Die zur Zeit der Vorväter eidlich bezeugten Gesetze gelten noch heute (Isok. VI 21). 3. Kritik an der gegenwärtigen Missachtung der Eide (Isok. VIII 96). 4. Kritik an der Eid- und Vertragsbrüchigkeit der Thebaner (Isok. XIV 12, 17, 44, VIII 17). 5. Der Vorteil für die *pólis* darf nicht über Eide und Verträge gestellt werden (Isok. XIV 23, 39, 63). 5. Sonstige Verweise auf die Unverbrüchlichkeit eidlich bezeugter Regelungen und Verträge (Isok. XVIII 4, 21–22, 25–26 [dazu Classen 2010: 8], II 22, XV 173).

[85] So auch Isok. V 9, vgl. XV 281–285, dazu Too 2006: 112; zur Differenzierung ‚wahrer' Begriffsbedeutungen von der sprachlichen Praxis in Isokrates' Gegenwart s. o. S. 410 Anm. 144.

[86] Z. B. Perlman 1957: 310.

[87] Deutlich ausgesprochen ist die Forderung nach einem Kurswechsel des Philippos in Isok. V 73–80 (s. u. Kap. B.8.4.4).

B.8.4.2 Die gegenwärtige Lage der *póleis* (§46–56)

Dass sich alle vier *póleis* in einer ähnlich aussichtslosen (und sie zum Frieden zwingenden) Lage befinden, wird in §46–56 näher erläutert.[88] Nacheinander wird die jeweilige Lage jeder der *póleis* geschildert.

Den Anfang macht Sparta (§47–50), das bereits zuvor am ausführlichsten als Exemplum des Machtverfalls präsentiert worden war:

> (47) Οὗτοι γὰρ ἄρχοντες τῶν Ἑλλήνων, οὐ πολὺς χρόνος ἐξ οὗ, καὶ κατὰ γῆν καὶ κατὰ θάλατταν, εἰς τοσαύτην μεταβολὴν ἦλθον, ἐπειδὴ τὴν μάχην ἡττήθησαν τὴν ἐν Λεύκτροις, ὥστ' ἀπεστερήθησαν μὲν τῆς ἐν τοῖς Ἕλλησι δυναστείας, τοιούτους δ' ἄνδρας ἀπώλεσαν σφῶν αὐτῶν, οἳ προῃροῦντο τεθνάναι μᾶλλον ἢ ζῆν ἡττηθέντες, ὧν πρότερον ἐδέσποζον.

> (47) Denn obwohl diese – es ist seither nicht viel Zeit vergangen – die Hellenen sowohl zu Lande wie auch auf dem Meer beherrschten, gerieten sie in eine so große Umwälzung, nachdem sie in der Schlacht bei Leuktra unterlegen waren, dass sie einerseits der Machtstellung unter den Hellenen beraubt wurden, andererseits gerade jene ihrer eigenen Männer verloren, die es eher vorzogen zu sterben als besiegt von jenen zu leben, deren Herren sie zuvor waren.

Die ehemaligen peloponnesischen Bundesgenossen sehe man seither unter thebanischer Führung gegen Sparta Krieg führen – einen Krieg, den die Spartaner mitten in der eigenen *pólis* auszufechten gezwungen gewesen seien (§48).[89] Selbst der Sieg in diesem Kampf habe ihnen keine Rettung gebracht, da Sparta sich der Feindschaft der eigenen Nachbarn (πολεμοῦνται μὲν ὑπὸ τῶν περιοικούντων),[90] dem Misstrauen (ἀπιστοῦνται) der Peloponnesier und dem Hass der großen Masse der Hellenen (μισοῦνται δὲ ὑπὸ τοῦ πλήθους τῶν Ἑλλήνων) ausgesetzt sehe (§49). Die größte Furcht der Spartaner sei indes jene vor einem Wiederaufflammen des Konfliktes mit den Thebanern, weshalb Sparta eine Friedensinitiative von Seiten Philippos' II. begrüßen werde (§50).[91]

---

[88] Der Passus weist in der Beschreibung der *metabolaí* als Folge von Macht und Unvernunft eine gewisse Nähe zu Isok. XIV 39–40, VII 4–8, VIII 89–119 auf. Der Vergleich dieser Stellen zeigt, dass die Ansichten des Isokrates über den negativen Einfluss der Macht auf die menschliche Vernunft, der geradezu zwangsläufig in die Katastrophe führen muss, im Zeitraum von 373/72 bis 346 konstant blieben – in einem Zeitraum, der außer vom Niedergang Spartas auch von Aufstieg und Niedergang des Böotischen Bundes und des Zweiten Attischen Seebundes, mithin von politischen Umwälzungen größten Ausmaßes in Griechenland gekennzeichnet war.

[89] Vielleicht spielt Isokrates hier auf den thebanischen Eroberungsversuch von 362 an (Xen. Hell. VII 5,9–13; Norlin 1929, I: 272 Anm. b).

[90] Hier dürften nicht die Periöken Lakoniens gemeint sein, sondern die *pólis* Messene (Laistner 1927: 139, Norlin 1929, I: 274 Anm. b).

[91] Der Hinweis auf Philippos als ‚Vorsteher' des Friedens, der dessen Einhaltung aufgrund seiner Machtmittel garantieren könnte (Isok. V 50: „[...] ἐπιστατοῦντα τῆς εἰρήνης ἀξιόχρεων ἄνδρα καὶ δυνάμενον διαλῦσαι τοὺς ἐνεστῶτας πολέμους [...]"), ist auffällig. In ganz ähnlicher Formulierung war im *Panegyrikos* die Einflussnahme des Großkönigs auf die innergriechischen Angelegenheiten kritisiert worden (Isok. IV 121: „Οὐ καὶ τοῦ πολέμου κύριος ἐγένετο καὶ τὴν εἰρήνην ἐπρυτάνευσε καὶ τῶν παρόντων πραγμάτων ἐπιστάτης καθέστηκεν;"). Philippos soll als potentieller *epistátēs* des

B.8.4 Sparta im Philippos

Spartas politische Stellung und außenpolitische Haltung gegenüber den übrigen Griechen vor Leuktra wird in diesem Abschnitt unmissverständlich als gewaltsam ausgeübte Herrschaft (*arché*) dargestellt, als eine zu Lande und zu Wasser ausgeübte *arché*. Diese Form der *arché* hatte Isokrates in der *Friedensrede* und im *Areopagitikos* als Ursache des Niedergangs sowohl Spartas wie auch Athens dargestellt.[92] Setzt man dieselbe Sichtweise auch im *Philippos* voraus, so wird klar, dass es das gewaltsame Regime Spartas ist, das die in §47 erwähnte ‚Umwälzung' (*metabolé*) verursacht. Der Begriff der *metabolé* wird ebenfalls in der *Friedensrede* verwendet als Beschreibung für die Folgen, die die *arché* für die sie ausübende *pólis* mit sich bringt. Im *Archidamos* wiederum taucht derselbe Begriff auf als notwendige Folge einer kriegsorientierten Politik.[93] In *Archidamos*, *Friedensrede* und *Philippos* wird somit derselbe Gedanke hinsichtlich der negativen Folgen von Krieg und *arché* aus verschiedenen Perspektiven beleuchtet und jeweils anhand des Exemplum Sparta dargestellt.[94] Interessant an der Beschreibung der spartanischen *arché* ist auch die Verwendung des bei Isokrates nur an dieser Stelle auftauchenden Verbums δεσπόζειν, das Spartas Regime als *despoteía* kennzeichnet und somit in die Nähe barbarischer Herrschaftsverhältnisse rückt.[95]

Ein weiterer Gedanke, der bereits in *Archidamos* und *Friedensrede* auftaucht,[96] findet sich in §47. Da im Krieg die besonders tapferen und tüchtigen Bürger zu fallen pflegen, führt jede gewaltsam ausgeübte Form der Außenpolitik notwendigerweise dazu, dass die Gesellschaft die Besten der Bürger (zugleich die besten Bürgersoldaten) verliert. Nach Leuktra verbleiben in Sparta daher – so scheint Isokrates anzudeuten – vor allem jene Bürger, die das Leben nicht uneingeschränkt für die *pólis* riskieren würden. Die Niederlage im Kampf führt so neben dem Verfall der Macht auch zu einem Verfall der Moral

---

innergriechischen Friedens jene Rolle würdig einnehmen, die sich der Großkönig im Königsfrieden noch ungerechtfertigter Weise angemaßt hatte.

[92] Isok. VII 4–10 (s. o. Kap. B.6.4.2.1), VIII 89–119 (s. o. Kap. B.6.5.2.1).

[93] S. o. Kap. B.5.6.3.

[94] Im *Archidamos* präsentiert Isokrates einen Sprecher, der ganz im Denken von der *arché* als Ziel und dem Krieg als Mittel der Außenpolitik verhaftet ist und dieses als einzig erfolgversprechenden Weg für das geschwächte Sparta präsentiert. In der *Friedensrede* wendet sich ein Kritiker einer solchen politischen Linie (Isokrates selbst) an seine diesem Denken weiterhin verpflichteten Mitbürger. Im *Philippos* wiederum spricht derselbe Kritiker mit Philippos II. einen Außenstehenden an.

[95] Vgl. Laistner 1927: 138. *Despoteía/despótês* taucht bei Isokrates häufig im Kontext persischer Herrschaft, insbesondere von Satrapen, auf (Isok. IV 117, 121, 127, VI 84, V 154, XII 59). Die Herrscherfigur eines *despótês* steht dabei im Gegensatz zum *hêgemón* (Isok. IV 80). In Isok. VI 43, VII 65, XV 223 werden die Athener des Delisch-Attischen Seebundes, in VI 96, VIII 107, XII 255 die Spartaner, in XIV 61 die Thebaner als *despótai* bezeichnet (stets in eindeutig tadelndem Ton). Besonders auffällig ist die Verwendung in XII 106, wo die Spartaner als *despótai* von des Großkönigs Gnaden (und somit faktisch als Satrapen) erscheinen. In Isok. V 21 werden Philippos' Statthalter in Thrakien als *despótai* bezeichnet. In abstrakter Verwendung taucht der Begriff auf in Isok. III 50, XV 124 (Verfügen über Güter). In Isok. V 89 wird die Stellung der Hellenen in Kleinasien nach erfolgreichem Abschluss des Perserkrieges als Stellung von *despótai* bezeichnet.

[96] Isok. VI 64–65, VIII 86–89; außerdem Michelini 1998: 125.

der Bürger. Krieg führt insofern automatisch zu einer Schwächung der *pólis* in militärischer wie auch politischer Hinsicht. Dieser Gedanke, in *Archidamos* und *Friedensrede* bereits präsent, wird hier offener als in jeder anderen isokratischen Schrift ausgesprochen.[97]

Die Grundgedanken über die Schädlichkeit von Krieg und Herrschaft, die die Darstellung der Lage Spartas bestimmen, werden in der Beschreibung der Lage von Argos (§51–52) und Theben (§53–55) fortgeführt. Argos' Lage wird als noch aussichtsloser als die Lage Spartas dargestellt. Argos nämlich führe seine Kriege seit der Gründung der *pólis* gegen einen überlegenen Feind – nämlich gegen die Spartaner –, während Sparta gegen schwächere Gegner zu kämpfen pflege (§51). Damit ist klar, dass die negativen Kriegsfolgen, die Isokrates anhand des Beispiels Spartas erläutert hatte, in Argos in noch stärkerem Maße auftreten müssen. Damit jedoch nicht genug: Die Argiver pflegten nämlich, wenn sie von keinen Feinden bedrängt würden, sich selbst Schaden zuzufügen, indem sie die besten und reichsten (*endoxotátous kaí plousiôtátous*) ihrer Bürger töteten (§52).[98] Die Form, in der das Thema der *stásis* hier am Beispiel Argos eingeführt wird, nachdem das Exemplum Sparta bereits abgehandelt ist, zeigt zweierlei: Zum einen wird hier, wie so oft im isokratischen Werk, eine deutliche Parallele zwischen Innen- und Außenpolitik hergestellt. Dabei erscheint die *stásis* als Krieg im Inneren, der zu denselben verheerenden Folgen führt wie der außenpolitische Krieg. In beiden Fällen sind es die wichtigsten Bürger, die dem Gemeinwesen verloren gehen.[99] Zum anderen legt das zuvor behandelte Exemplum Sparta die Schlussfolgerung *e silentio* nahe, dass Sparta für Isokrates nicht als Beispiel für die negativen Folgen der *stásis* gelten kann. Wenn die Lage der Argiver aufgrund der Überlegenheit des Feindes und der Existenz von *stáseis* schlimmer ist als die der Spartaner, dann ist damit implizit auf die Klischees der militärischen Überlegenheit und der innenpolitischen Stabilität und Harmonie Spartas Rücksicht genommen, die Sparta als Exemplum für die Folgen der *stásis* ausschließen.

---

[97] Eine Frage, die sich in diesem Kontext aufdrängt, ist, auf welche Weise Isokrates das Denken von der Schädlichkeit des Krieges an sich mit seiner Forderung nach einem (Angriffs-)Krieg gegen Persien vereinbaren kann. Explizit führt Isokrates die beiden Gedanken an keiner Stelle seines Werkes zusammen. Es bleibt daher nur zu vermuten, dass a) eine Krieg gegen Nichtgriechen in Isokrates' Augen einen ganz anderen Fall darstellt, in dem b) die für alle Griechen gemeinsam zu erzielenden Vorteile (*homónoia*, Befreiung der kleinasiatischen Griechen, Lösung sozialer Spannungen im griechischen Mutterland usw.) den durch den Krieg verursachten Schaden mehr als aufzuheben vermögen.

[98] Norlin 1929, I: 276 Anm. c verweist als Beispiel für die in Argos besonders heftigen innenpolitischen Auseinandersetzungen zwischen ‚Demokraten' und ‚Oligarchen' auf die Ereignisse des Jahres 371 (das Jahr der Schlacht von Leuktra, die im Fokus des vorangegangenen Beispiels Sparta stand), die in der Ermordung hunderter meist begüterter Bürger gipfelte (vgl. Diod. XV 57–58).

[99] Der Gedanke, dass die *stásis* (ebenso wie der Krieg) vor allem den reichen und angesehenen Bürgern (unmittelbaren) Schaden bringt, ist in ähnlicher Form angelegt in Isok. VI 49–51 (s. dazu o. Kap. B.5.6.3).

Im dritten Exemplum für die aussichtslose Lage der *póleis* steht Theben im Mittelpunkt (§53–55).[100] Thebens schwache Stellung wird im Wesentlichen mit den gleichen Argumenten (Hass der Unterdrückten infolge der auf *pleonexía* beruhenden *arché*) begründet wie die Schwäche Spartas zuvor. Ausdrücklich ist davon die Rede, dass Theben mit seiner Stellung in Hellas nicht richtig umzugehen verstanden habe (μὴ καλῶς χρῆσθαι τῆς εὐτυχίας, §53),[101] ein Gedanke der an *Archidamos* und an den *Areopagitikos* erinnert,[102] wo es ebenfalls die *kairós*-gemäße Anwendung ist, die über die positiven oder negativen Folgen von Krieg und Frieden entscheidet.

Athens geschwächte Lage, deren Darstellung der Ankündigung aus §46 zufolge noch aussteht, erklärt Isokrates in §56 für nicht weiter erwähnenswert. Dies begründet er damit, dass Athens Unterstützung für Philippos aufgrund des vernünftigen (*eũ phronḗsasa*) Friedensschlusses unstrittig sei. Vor dem Hintergrund der innerathenischen Diskussionen um den Philokratesfrieden und der Unzufriedenheit vieler Athener über diesen Vertrag scheint diese *praeteritio* bemerkenswert. Es scheint weder plausibel, dass der fiktionale Adressat Philippos, noch, dass das athenische Lesepublikum die Beziehungen zwischen Athen und Makedonien tatsächlich für so sicher halten konnten wie Isokrates dies hier darstellt.[103] Möglicherweise deutet Isokrates hier eben auf die Brüchigkeit des Friedens hin, um seinem Publikum klarzumachen, auf welch tönernen Füßen ein ohne vorhergehende Einigung im Sinne der *homónoia* zustandegekommener Friede stehen muss.[104]

B.8.4.3 Alkibiades und Konon (§56–67)

In §56–67 sollen die Exempla einzelner historischer Persönlichkeiten, namentlich des Alkibiades, Konon, Dionysios. I. und Kyros, belegen, dass es für einzelne Menschen – und damit auch für Philippos – möglich und sogar leicht sei, Großes zu erreichen.[105] Die

---

[100] Vgl. zur Darstellung Thebens in diesem Abschnitt Cloché 1943: 287–292.

[101] In diesem Zusammenhang werden als Thebens Gegner phokische Söldner angesprochen (Isok. V 55). Die Rede ist hier vom Dritten Heiligen Krieg, in dem Athen und Sparta die Phoker unterstützten. Vielleicht ist die im *Philippos* besonders drastische Darstellung des Söldnerwesens als schlimmstes Übel der hellenischen Welt (Isok. V 96, 120–123; Perlman 1957: 315 sieht dies in erster Linie an die Griechen adressiert) auch als Kritik an und impliziter Hinweis auf dieses athenische Engagement zu werten. Es läge dann ein weiterer Hinweis darauf vor, dass Isokrates im *Philippos* Kritik nicht zuletzt an Athen üben will.

[102] Vgl. Isok. VI 49–51 (s. dazu o. Kap. B.5.6.3) und VII 4 (s. dazu o. Kap. B.6.4.2.1).

[103] Vgl. Markle 1976: 83–84 mit der nicht überprüfbaren Annahme, Athen habe zu jener Zeit als noch mächtigste *pólis* Griechenlands keineswegs zu einem Ausgleich bereit sein können, und der Verzicht auf Beschreibung der athenischen Lage zeige, dass Isokrates sich bewusst sei, dass eine diplomatische Einigung der *póleis* durch Philippos unrealistisch sei. Markles Schlussfolgerungen aus dieser Annahme (ebd. 84–85) sind m. E. nicht nachvollziehbar.

[104] Vgl. Perlman 1957: 311.

[105] Bringmann 1965: 99 sieht in dieser Aussage die einzige Absicht des Vergleichs der vier Politiker. Es wird sich im Folgenden zeigen, dass die Anlage des Vergleichs und die Wahl der genannten

vier Exempla sind chronologisch angeordnet und stammen, durchaus ungewöhnlich im isokratischen Werk, auch aus Isokrates' eigener Lebenszeit. Sie sind äußerst amibivalent gestaltet und geben Aufschluss darüber, wie Isokrates die Politik Athens und Spartas bewertet. Zugleich aber lassen sie sich als neuerlicher kritischer Kommentar zu den Folgen falscher *pleonexía* sowie zur Rolle der *metabolé* im Geschichtsprozess lesen.[106]

Den Anfang macht mit Alkibiades eine der schillerndsten Figuren Athens im späten 5. Jahrhundert. Zu Alkibiades' Rolle als Demagoge im Vorfeld der Sizilischen Expedition[107] nimmt Isokrates nicht Stellung, wohl aber zu seinem unmittelbaren Beitrag zum Sturz der athenischen *arché*:

(58) [...] Ἐκεῖνος γὰρ φυγὼν παρ' ἡμῶν καὶ τοὺς ἄλλους ὁρῶν τοὺς πρὸ αὐτοῦ ταύτῃ τῇ συμφορᾷ κεχρημένους ἐπτηχότας διὰ τὸ μέγεθος τὸ τῆς πόλεως, οὐ τὴν αὐτὴν γνώμην ἔσχεν ἐκείνοις, ἀλλ' οἰηθεὶς πειρατέον εἶναι βίᾳ κατελθεῖν προείλετο πολεμεῖν πρὸς αὐτήν. (59) [...] εἰς τοσαύτην δὲ ταραχὴν κατέστησεν οὐ μόνον τὴν πόλιν, ἀλλὰ καὶ Λακεδαιμονίους καὶ τοὺς ἄλλους Ἕλληνας, ὥσθ' ἡμᾶς μὲν παθεῖν, ἃ πάντες ἴσασι, τοὺς δ' ἄλλους τηλικούτοις κακοῖς περιπεσεῖν (60) ὥστε μηδέπω νῦν ἐξιτήλους εἶναι τὰς συμφορὰς τὰς δι' ἐκεῖνον τὸν πόλεμον ἐν ταῖς πόλεσιν ἐγγεγενημένας, Λακεδαιμονίους δὲ τοὺς τότε δόξαντας εὐτυχεῖν εἰς τὰς νῦν ἀτυχίας δι' Ἀλκιβιάδην καθεστάναι· πεισθέντες γὰρ ὑπ' αὐτοῦ τῆς κατὰ θάλατταν δυνάμεως ἐπιθυμῆσαι καὶ τὴν κατὰ γῆν ἡγεμονίαν ἀπώλεσαν, (61) ὥστ' εἴ τις φαίη τότε τὴν ἀρχὴν αὐτοῖς γίγνεσθαι τῶν παρόντων κακῶν, ὅτε τὴν ἀρχὴν τῆς θαλάττης ἐλάμβανον, οὐκ ἂν ἐξελεγχθείη ψευδόμενος. Ἐκεῖνος μὲν οὖν τηλικούτων κακῶν αἴτιος γενόμενος κατῆλθεν εἰς τὴν πόλιν μεγάλης μὲν δόξης τυχών, οὐ μὴν ἐπαινούμενος ὑφ' ἁπάντων.

(58) [...] Denn als jener, von uns vertrieben, sah, wie die anderen, die vor ihm dasselbe Unglück zu tragen hatten, aufgrund der Größe der *pólis* [sc. Athen] eingeschüchtert waren, da vertrat er nicht die gleiche Meinung wie jene, sondern er glaubte, er müsse versuchen mit Gewalt zurückzukehren; und so führte er Krieg gegen sie. (59) [...] in derartige Unordnung versetzte er nicht nur die *pólis*, sondern auch die Lakedaimonier und die anderen Hellenen, dass wir das erlitten, was alle wissen,[108] über die anderen aber so große Übel hereinbrachen, (60) dass selbst jetzt

---

politischen Persönlichkeiten noch weitere Funktionen erfüllen, indem sie implizite Kritik an bestimmten politischen Strömungen, namentlich der athenischen und spartanischen Seemachtpolitik, enthalten. Die Feststellung bei Perlman 1957: 311–312 und Corbosiero 2001: 38, das Motiv der Seeherrschaft sei das allen Exempla dieses Abschnitts gemeinsame Element, lässt sich nur auf Konon und Alkibiades (zugegebenermaßen die wichtigsten Exempla des ganzen Abschnitts) anwenden, nicht aber auf Dionysios. I. und Kyros. Das Thema das tatsächlich alle vier Exempla verbindet, ist die *metabolé* der Verhältnisse, die Durchsetzungskraft, mit der sie aus schwächster und schlechtester Lage große Veränderungen herbeiführen.

[106] Die negative Zeichnung der vier Exempla betont auch Alexiou 1995: 119–120. Schmitz-Kahlmann 1939: 28–35 hält die Wahl der Exempla für merkwürdig.

[107] Vgl. Thuk. VI 15,1–19,1, Plut. Alk. 17–18; Marincola 2001: 96–97, Bleckmann 2006: 568–569.

[108] Sc. die Niederlage im Peloponnesischen Krieg mit allen ihren Folgen, insbesondere dem Verlust außenpolitischen Einflusses sowie der inneren Unruhen durch und infolge der Oligarchie der ‚Dreissig'.

B.8.4 Sparta im Philippos

noch das Unglück nachwirkt,[109] das in den *póleis* durch jenen Krieg entstand; die Lakedaimonier aber, die damals in glücklicher Lage zu sein schienen, gerieten durch Alkibiades in den heutigen glücklosen Zustand: Denn weil sie sich von ihm überreden ließen, die Seeherrschaft zu begehren, verloren sie auch ihre Hegemonie zu Lande, (61) so dass, wenn einer behauptet, dass damals der Beginn ihres Unglücks war, als sie die Herrschaft über das Meer übernahmen, dieser wohl kaum der Lüge überführt werden dürfte. Jener wiederum kehrte, obwohl er Urheber solch großer Übel geworden war, in die *pólis* zurück und erlangte großes Ansehen – wenngleich er freilich nicht von allen gelobt wurde.

Isokrates verweist an dieser Stelle unmittelbar auf seine früheren Schriften, namentlich in der wörtlichen Zitation des Wortspiels von der Herrschaft (*arché*) als Beginn (*arché*) des spartanischen Niederganges, das er bereits in der *Friedensrede*, im *Nikokles* sowie (unter umgekehrten Vorzeichen) im *Panegyrikos* verwendet hatte.[110] Im *Philippos* laufen in der Figur des Alkibiades alle jene Fäden der Erläuterung des Niedergangs der *póleis* Athen und Sparta zusammen, die in den früheren Schriften vereinzelt verfolgt wurden: Den Athener Alkibiades[111] bringen seine individuellen Ambitionen dazu, (1) Krieg gegen seine eigene *pólis* zu führen und so deren machtpolitischen Sturz zu betreiben, (2) Spartas Erfolg in diesem Krieg zu begründen und so die übrigen griechischen *póleis* unter das

---

[109] Der hier verwendete griechische Ausdruck ἐξίτηλος, der wörtlich so viel wie ‚verblasst' (von der Farbe) oder ‚abgeklungen/verflogen' (von der Wirkung z. B. des Weines) bedeutet, erlaubt zwei unterschiedliche Übersetzungen, die auf graduell unterschiedliche Bewertungen der negativen Wirkungen des Handelns des Alkibiades durch Isokrates hinausführen. Wörtlich ist also ausgesagt, dass das von Alkibiades hervorgerufene Unglück (τὰς συμφορὰς) nicht ‚verblasst/abgeklungen' sei. Norlin 1929, I: 283 deutet dies als Bild von der Erinnerung der Griechen an dieses Unglück und übersetzt: „[…] are not yet forgotten […]", ebenso Ley-Hutton 1993, I: 94 („[…] nicht vergessen […]"), Papillon 2004: 88 („[…] not forgotten […]"). Ebensogut ist indes eine Übersetzung möglich, die die Stelle als Bild vom Abklingen des Unglücks selbst versteht (vgl. die Übersetzung bei Mathieu 1924: 123 (ebenso in: Mathieu/Brémond 1962, III: 34): „[…] on n'a pu effacer les malheurs […]"). Nach dieser (auch hier vertretenen) Übersetzung leiden (!) die Griechen nach wie vor an den Folgen des Handelns des Alkibiades. Diese Deutung fügt sich m. E. besser zur Tendenz des ganzen Abschnitts, wonach Alkibiades' Aufenthalt in Sparta (und die dadurch verursachte Übernahme der Seeherrschaft) der Anfang des Niedergangs der *pólis* Sparta gewesen sei. Der explizit betonte Kausalzusammenhang zwischen Alkibiades' Handeln und jenen innergriechischen Auseinandersetzungen, die Isokrates im Verlauf der Rede durchgängig für die gegenwärtige Schwäche der *póleis* verantwortlich macht, ist auch in dem Bild vom ‚Abklingen' der Wirkung zum Ausdruck gebracht. Dadurch erhält das ganze Exemplum mithin erheblich größeres Gewicht, da Alkibiades' Handeln weitaus größere historische Wirkung zugeschrieben wird.

[110] Vgl. Isok. IV 119, III 28, VIII 101; Laistner 1927: 144, Treves 1933b: 71.

[111] Vielleicht kann man in dieser Benennung des Atheners Alkibiades als αἴτιος der spartanischen Seeherrschaft eine Gegendarstellung zu der im 4. Jh. in Athen aufkommenden (und wenige Jahre vor Erscheinen des *Philippos* in Plat. Nom. 629a4–b3 vertretenen) Darstellung auffassen, Spartas militärische Überlegenheit sei durch den (angeblich aus Athen stammenden) Athener Tyrtaios begründet worden. Bei Isokrates wird ebenfalls ein Athener zum Lehrer der Spartaner in Kriegsangelegenheiten. Dieser aber lehrt Sparta die falsche Form der Kriegführung und begründet so Spartas militärischen Niedergang.

(von Isokrates stets als besonders brutal dargestellte) spartanische Regime zu zwingen,[112] (3) die Spartaner zur Übernahme der Seeherrschaft zu verleiten und eben dadurch langfristig auch deren Fall zu verursachen.[113]

Alkibiades' Handeln repräsentiert den machtpolitischen Niedergang der hellenischen *póleis*.[114] Die drei beschriebenen Auswirkungen seines Handelns sprechen dabei unterschiedliche Missstände an, die diesen Niedergang kennzeichnen.

(1) Alkibiades führt Krieg gegen Athen. Damit gibt er den politischen Gemeinsinn auf, der noch die früheren Generationen gekennzeichnet hatte, die sich in Anbetracht der ‚Größe' der *pólis* (διὰ τὸ μέγεθος τὸ τῆς πόλεως) – womit nicht nur die Überlegenheit, sondern auch der höhere Stellenwert des Gemeinwesens gegenüber dem Einzelnen gemeint sein kann – in das Schicksal einer Exilierung gefügt hatten.[115] Ganz offensichtlich spielt das Interesse Athens in Alkibiades' politischem Handeln keine Rolle. In der Terminologie von *koinón*, *ídion* und *allótrion*[116] stellt einzig das *ídion* den Maßstab dar, der Alkibiades' Handeln bestimmt.[117]

(2) Alkibiades verursacht *symphorá* in den *póleis*. Hier wird der in (1) bereits deutlich gewordene Eigennutz von der Ebene der *pólis* auf die Ebene der Hellenen insgesamt übertragen. Auch hellenischer Gemeinsinn ist Alkibiades fremd. Sein politisches Handeln stürzt nicht nur die eigene, sondern alle *póleis* ins Unglück. Auch das hellenische *koinón* fällt dem Eigennutz des Alkibiades zum Opfer.

(3) Spartas Niedergang infolge der Seeherrschaft: Dieses Argument ist für unsere Fragestellung von besonderem Interesse. Die Formulierung des Gegensatzes zwischen

---

[112] Isokrates spricht hier allgemein vom ‚Unglück' (τὰς συμφοράς), in das die *póleis* gestürzt seien. Damit ist auch auf innenpolitische Unruhen und Konflikte in diesen *póleis* angespielt, die nicht zuletzt durch die Einrichtung der oligarchischen, von Sparta abhängigen Dekarchien in den Jahren nach 404/403 begründet oder zumindest verstärkt wurden. Vgl. Isok. IV 110–114 (s. o. S. 225–227), auch VI 64–65; Norlin 1929, I: 282 Anm. b.

[113] Poulakos (T.) 1997: 44.

[114] Alkibiades' Rolle ist in extremen Farben überzeichnet (Laistner 1927: 144, Corbosiero 2001: 38, anders Allroggen 1972: 159–161, der gerade in der hier an Alkibiades geäußerten Kritik eine „realistischere Betrachtungsweise" erkennen will, und Schmitz-Kahlmann 1939: 30, die eine versteckte Anleitung annimmt, nach der Philippos die *póleis* gegeneinander ausspielen solle) und wird so bei Isokrates zum Symbol der *metabolé* der Verhältnisse.

[115] Norlin 1929, I: 280 Anm. c sieht wohl zu Recht in den genannten ‚anderen' Exilierten frühere Politiker wie etwa Themistokles angesprochen. Anders Laistner 1927: 143, der auf die übrigen Angeklagten im Prozess um den Hermokopidenfrevel (vgl. Thuk. VI 60) verweist.

[116] S. dazu u. Exkurs I (Kap. D.1.1).

[117] Auffällig ist, dass der Sprecher die Folgen, die Alkibiades' Handeln für Athen hat, nicht konkret benennt, aber explizit auf diese hinweist und sie als allgemein bekannt voraussetzt. Wieder zeigt sich die bereits beobachtete Tendenz, konkretes Unglück Athens nicht ausführlich zu schildern, sondern stattdessen in Form ausdrücklicher *praeteritio* darauf zu verweisen. Wenn der Redner den Bericht dieses athenischen Unglücks derart systematisch ausblenden kann (ohne es indes verschleiern zu wollen), dann zeigt dies, dass das Publikum, mit dem der Verfasser rechnet, in der großen Mehrheit athenisch und in der Lage ist, die Inhalte der Rede im Hinblick auf die Lage und Politik der eigenen *pólis* zu reflektieren.

der Seeherrschaft (τῆς κατὰ θάλατταν δυνάμεως, §60 und τὴν ἀρχὴν τῆς θαλάττης, §61), die anzustreben Alkibiades die Spartaner bewegt, und der früheren Stellung Spartas als militärischer Vormacht zu Lande (τὴν κατὰ γῆν ἡγεμονίαν, §60) zeigt, dass Spartas Stellung vor der Ankunft des Alkibiades von Isokrates positiv als *hêgemonía* bewertet wird, wohingegen die nun von Sparta angestrebte Seeherrschaft als Gewaltregime, als *arché* dargestellt ist. Isokrates beschreibt somit den von Alkibiades herbeigeführten Wandel der spartanischen Kriegsstrategie zugleich als Wandel des Charakters des außenpolitischen Regimes.

An keiner anderen Stelle in seinem Werk benennt Isokrates einen so konkreten Zeitpunkt, einen so konkreten Urheber und so konkrete Formen des Zustandekommens des Wandels in der spartanischen Außenpolitik.[118] Und an keiner anderen Stelle wird die politische Zielrichtung dieser Kritik an Sparta so deutlich wie hier. Es ist kein Zufall, dass ausgerechnet Alkibiades den Wandel in Sparta herbeiführt.[119] Alkibiades wird nicht zuletzt von Thukydides als Politiker dargestellt, der sich zur Durchsetzung seiner Ziele in der *ekklêsía* einer affektheischenden, emotionalisierenden Form der Rede bedient.[120] Ebensowenig ist es Zufall, dass dieser Wandel in der Abkehr von der althergebrachten spartanischen Kriegführung zu Lande (mithin von jener Kriegsform, in der Sparta seit jeher als überlegen galt) und in einer Zuwendung zu der den politischen Einfluss der besitzlosen Ruderer ausweitenden Kriegführung zur See, mithin der typisch ‚demokratischen' Form der Kriegführung, besteht. Dieser Übergang von einer auf Ethos und *areté* der Bürgersoldaten beruhenden hin zu einer von den Ruderern abhängigen Kriegführung geht nicht zufällig mit einem Wandel des außenpolitischen Regimes der Spartaner von *hêgemonía* zu *arché* einher. Und zu guter Letzt dürfte es Absicht sein, dass Isokrates den politischen Prozess, der in Sparta zu diesem Wandel führt, als einen Auftritt des Alkibiades als Redner beschreibt: Die Spartaner, deren traditionelle Ablehnung rhetorischer Bildung Isokrates im *Archidamos* bereits beschrieben hatte,[121] werden von Alkibiades zu der neuen Strategie überredet (πεισθέντες γὰρ ὑπ' αὐτοῦ, §60).[122] Unerfahren in der Macht, die der *lógos* auf die *dóxa* ausüben kann, sind sie für Alkibiades' unguten Rat besonders anfällig.

---

[118] Der Zeitpunkt liegt später als beispielsweise im *Panegyrikos*, wo der Wandel bereits nach der Niederlage bei den Thermopylen eintritt (Isok. IV 93, s. o. Kap. B.2.4.5).

[119] Speusippos benennt die Wahl dieses Exemplums als Vorbild für Philippos folgerichtig als Schwachpunkt in Isokrates' Rede (ep. Socr. XXX 10; Treves 1933b: 69–70, Natoli 2004: 142–143, Walker 2011: 64).

[120] Vgl. Thuk. VI 15,1–19,1; Marincola 2001: 96–98, Bleckmann 2006: 586–587.

[121] Vgl. Isok. VI 1, 15 (s.o. Kap. B.6.5.4.2). In Isok. XII 208–209 wird dieses Thema erneut aufgegriffen (s. u. Kap. B.9.6.1.1).

[122] Poulakos (T.) 1997: 44. Alkibiades erscheint als Vertreter der triebhaft auf *pleonexía* gerichteten, unvernünftigen Politik, der dadurch, dass er andere durch Reden verleitet, die Griechen insgesamt ins Verderben stürzt. Er entspricht dem Typus des schlechten Politikers, des Demagogen, Kriegstreibers und Sykophanten, den Isokrates in der *Friedensrede* und in der *Antidosis* dargestellt hatte (vgl. Isok. VIII 1–16, XV passim).

Wie schon im *Archidamos* so ist es auch im *Philippos* Überredungskunst, die die Spartaner dazu bringen soll (und in diesem Fall auch dazu bringt), sich von ihrer eigenen militärischen und politischen Tradition ab- und einem ‚demokratischen' politischen Kurs zuzuwenden. Dass der im *Philippos* erwähnte Seemachtkurs Spartas als ‚demokratisch' bezeichnet werden kann, zeigt nicht nur der Umstand, dass ausgerechnet Alkibiades diesen Kurs in Sparta einführt, sondern zudem die Einreihung des Exemplums Alkibiades in die Reihe der drei übrigen Politiker in §56–67. Alle diese Exempla belegen nämlich den bereits dem *Archidamos* zugrundeliegenden Gedanken, wonach die *metabolé* der Verhältnisse das politische Ziel nur der Schwachen sein kann und auf diese Weise ein ‚demokratisches' Programm darstellt.[123] Nicht nur Alkibiades, sondern auch Konon, Dionysios und Kyros werden als Politiker dargestellt, die ihre gewaltsame Politik aus einer Lage der Machtlosigkeit und mit einer Haltung des Eigennutzes betreiben. Die zentralen Stichworte der *metabolé* und *taraché*, die dabei genannt werden, tauchen ebenfalls in dem o.g. *Archidamos*-Abschnitt auf und können somit auch im *Philippos* als Begleiterscheinungen ‚demokratischer' Machtpolitik bezeichnet werden. Wie schon im *Archidamos* so erscheint letztlich auch im *Philippos* der Strategiewandel Spartas, die Übernahme der *arché* nicht nur (wie in der *Friedensrede*) als Ursprung des Niedergangs, sondern vor allem auch als Abkehr von den eigenen Traditionen und Werten, als Abkehr von wahrhaft spartanischer Politik.[124]

Perlman hat das Exemplum des Alkibiades als implizite Warnung an Philippos verstanden, er werde wie die Spartaner scheitern, wenn er für Makedonien, eine klassische Landmacht, die Seeherrschaft anstrebe. Diese Deutung scheint, abgesehen von der Beschränkung auf das Thema der Seeherrschaft, schlüssig,[125] wenngleich das Exemplum auch bei dieser Annahme zunächst einmal dem übergeordneten Argument dient, wonach Alkibiades als Mann der *metabolé* große Veränderungen in der griechischen Welt bewirkt habe. Indes enthält auch dieses allgemeine Argument eine Warnung an Philippos: Gerade die unbedeutenden, tief gefallenen und scheinbar machtlosen Individuen (im übertragenen Sinne können hier sehr wohl *póleis* gemeint sein) können jederzeit eine gewaltige *metabolé* herbeiführen. An Philippos gerichtet kann eine solche Aussage den Wert einer Warnung gewinnen: Auch Philippos hat, so groß seine Macht scheinen mag, keinen Anlass, die unbedeutenden *póleis* zu vernachlässigen; denn diese können durchaus dafür sorgen, dass sich die Dinge ändern.[126]

---

[123] Vgl. Isok. VI 49–51 (s. o. Kap. B.5.6.3). Bemerkenswerterweise betont auch Speusippos Ep. Socr. XXX 10, dass nicht nur das Exemplum des Alkibiades, sondern auch das des Dionysios I. für einen lobenden Vergleich ungeeignet sei.

[124] Vgl. dazu abermals Isok. IV 110–114 (s. o. S. 225–227).

[125] Perlman 1957: 311–312 (s. dazu o. Anm. 105).

[126] Dieser Gedanke steht in Zusammenhang zur Erfordernis guten Regierungshandelns, die Bürger nicht zu ignorieren. Vgl. Isok. V 79–80 mit deutlicher kritischer Note gegen Philippos (s. u. Kap. B.8.4).

B.8.4 Sparta im Philippos

Auch auf das Exemplum Konons (§61–64), in dem Sparta nur eine untergeordnete Rolle spielt, ist etwas näher einzugehen, nicht zuletzt, da Konons Wirken von Isokrates explizit als Gegenstück (*antístropha*, §61) zu dem des Alkibiades eingeführt wird. Perlman deutete die Figur Konons deshalb als Exemplum für die Rolle Athens als quasi naturgegebene Seemacht, zudem als Warnung, Athen könnte sich im Falle einer Seemachtbildung Makedoniens mit dem Großkönig verbünden.[127] Zudem stellt der Bericht über Konons politische Rolle im *Philippos* die wichtigste Parallelstelle zur Darstellung des Konon im *Euagoras* dar, in der oben[128] kritische Untertöne festgestellt wurden.

Konon wird bei weitem nicht so negativ dargestellt wie Alkibiades. Explizit wird er von jeder Verantwortung für die Niederlage von Aigospotamoi freigesprochen (§62).[129] Aus Scham (*kateischýnthê*, ebd.) sei Konon nicht nach Athen zurückgekehrt, sondern nach Kypros zu Euagoras geflohen.[130] Dort habe er sich in der Folgezeit mit seinen Privatangelegenheiten befasst (χρόνον μέν τινα περὶ τὴν τῶν ἰδίων ἐπιμέλειαν διέτριβεν, ebd.).[131] Erst die spartanischen Flottenoperationen vor und an der Küste Kleinasiens lassen ihn sich wieder der Politik zuwenden:

(62) [...] αἰσθόμενος δ' Ἀγησίλαον μετὰ πολλῆς δυνάμεως εἰς τὴν Ἀσίαν διαβεβηκότα καὶ πορθοῦντα τὴν χώραν οὕτω μέγ' ἐφρόνησεν, (63) ὥστ' ἀφορμὴν οὐδεμίαν ἄλλην ἔχων πλὴν τὸ σῶμα καὶ τὴν διάνοιαν ἤλπισε Λακεδαιμονίους καταπολεμήσειν ἄρχοντας τῶν Ἑλλήνων καὶ κατὰ γῆν καὶ κατὰ θάλατταν, καὶ ταῦτα πέμπων ὡς τοὺς βασιλέως στρατηγοὺς ὑπισχνεῖτο ποιήσειν. [...] νικήσας τῇ ναυμαχίᾳ Λακεδαιμονίους μὲν ἐξέβαλεν ἐκ τῆς ἀρχῆς, (64) τοὺς δ' Ἕλληνας ἠλευθέρωσεν, οὐ μόνον δὲ τὰ τείχη τῆς πατρίδος ἀνώρθωσεν, ἀλλὰ καὶ τὴν πόλιν εἰς τὴν αὐτὴν δόξαν προήγαγεν, ἐξ ἧσπερ ἐξέπεσεν.

(62) [...] als er aber sah, dass Agesilaos mit großer Streitmacht in Asia einfiel und das Land verwüstete, da (63) vertraute er so sehr auf seine Fähigkeiten,[132] (63) dass er, obwohl er über

---

[127] Perlman 1957: 311–312. Dass es solche Überlegungen in Athen geben konnte, zeigt die Dritte Philippische Rede des Demosthenes (Dem. IX 71; vgl. [Dem.] X 31–34).

[128] Vgl. Isok. IX 54–57, 65–69 (s. o. Kap. B.4.2).

[129] Vielleicht bezieht sich Isokrates hier auf den Bericht bei Xen. Hell. II 1,17–29, demzufolge von den athenischen Nauarchen einzig Konon in der Lage gewesen sei, angesichts des spartanischen Überraschungsangriffs wenigstens acht Schiffe zu bemannen und auf See zu bringen. Vgl. außerdem Plut. Alk. 36,4–37,3.

[130] Dass Konon in Aigospotamoi Schande auf sich geladen habe, hatte Isokrates im *Euagoras* noch nicht erwähnt (Alexiou 2010: 144).

[131] Auch Konon kümmert sich somit um seine *ídia*. Indes ist dieses Handeln im eigenen Interesse in seinem Fall (auch chronologisch) deutlich von seinem politischen Handeln getrennt (vgl. aber die Überlieferung bei Diod. XIV 81,4–6, wonach Konon vom Großkönig für seine Nauarchie reich beschenkt worden sei), während bei Alkibiades die *ídia* durch das politische Handeln gefördert werden sollen.

[132] Der Ausdruck μέγα φρονεῖν ist ambivalent und bezeichnet bei Isokrates meist die hohe Einschätzung auf die eigene Person bzw. deren Fähigkeiten. In negativer Wendung bedeutet dies so viel wie ‚sich etwas (auf eine Sache) einbilden‘, in positiver Wendung ‚selbstbewusst sein (in Bezug auf eine Sache)‘. Hier scheint der Begriff in positiver Bewertung verwendet zu sein, wenngleich eine ambivalente oder negative Bedeutung nicht ganz ausgeschlossen werden kann (abhängig davon, ob man

keine anderen Mittel verfügte als seinen Körper und seinen Verstand, hoffte, die Lakedaimonier niederkämpfen zu können, obwohl diese die Hellenen zu Lande und zu Wasser beherrschten; und er sandte zu den Strategen des Großkönigs[133] und versprach dies zu tun. [...] Durch den Sieg in der Seeschlacht entfernte er die Lakedaimonier aus der Herrschaft, befreite die Hellenen und richtete nicht nur die Mauern seiner Heimatstadt wieder auf, sondern führte die *pólis* wieder zu demselben Ansehen, aus dem sie gestürzt war.

Konons Handeln hat, wie das des Alkibiades, Folgen für (1) Athen, (2) die Hellenen und (3) Sparta. Er macht gewissermaßen jene Entwicklungen rückgängig, die Alkibiades verursacht hatte: (3) Sparta verliert die *arché*, (2) die *póleis* werden von dieser *arché* befreit und (1) Athen gelangt in die gleiche Stellung und das gleiche Ansehen, das es vor Alkibiades' Frontenwechsel während des Peloponnesischen Krieges hatte. Konons politisches Handeln scheint sich nach dem Maßstab des *koinón* zu richten.[134] Auf eine positive Bewertung deutet auch der Hinweis, Konon sei in seinem Handeln allein auf seinen Leib (*sõma*) und seinen Verstand (*diánoia*) angewiesen gewesen.[135] Da die gute körperliche Konstitution eines Einzelnen, so notwendig sie auch für einen Feldherrn oder Flottenkommandeur sein mag, nur geringen Einfluss auf Erfolg und Misserfolg in einer Auseinandersetzung großer Flottenkontingente haben dürfte und eher zu vernachlässigen ist, lässt sich diese Bemerkung nur so verstehen, dass er *de facto* allein auf seinen Verstand angewiesen gewesen sei. So verstanden liegt also der bereits aus mehreren isokratischen Schriften bekannte, hier in einem neuen Bild umgesetzte, Gedanke vor, wonach der Stratege vor allem auf seine politische (und damit intellektuelle) Bildung angewiesen sei.[136] Wenn Konon als Beispiel für diese Erkenntnis herangezogen wird, dann ist er in diesem Aspekt positiv bewertet.[137] Dennoch bleibt Konons Handeln auch im *Philippos* nicht ohne negative Folgen:

---

dem Sprecher des *Philippos* die Meinung unterstellt, dass Konons μέγα φρονεῖν gerechtfertigt sei oder nicht).

[133] Offenbar berichtete Ktesias (FGrH 688 F 30 = Phot. Bibl. 44b20–42, 72–73) anders als Isokrates von direkten Verhandlungen Konons mit dem Großkönig und seinen Satrapen, ebenso Diod. XIV 81,4–6. Solari 1904 folgerte daraus, dass Isokrates Konon (und damit mittelbar auch Euagoras) in seinem Bericht gezielt von dem Ruch zu großer Nähe zum persischen Hof habe fernhalten wollen.

[134] Den Fehler, nicht auf den gemeingriechischen Nutzen zu achten, begeht im Urteil des Isokrates der Spartanerkönig Agesilaos, der zwar in Kleinasien gegen die Perser kämpft – dafür von Isokrates auch partiell gelobt wird – der aber diesen Krieg aus eigennützigen Interessen führt und so keinerlei Unterstützung, sondern sogar die Feindschaft der Griechen erntete (Isok. V 86–87, [Isok.] ep. IX 11–14). Ein ähnliches Urteil trifft den Klearchos in Isok. V 90–95, VII 12, vgl. [Isok.] ep. II 8.

[135] Eine deutliche Parallele stellt Isok. IX 37 dar, wo Euagoras' Leistungen als einzig durch dessen Geist (*psyché*) und Leib (*sõma*) vollbracht bezeichnet werden (dazu Alexiou 2010: 121). Konon, der schon im *Euagoras* an der Seite des kyprischen Tyrannen vorgestellt worden war, wird also noch im *Philippos* auf eine an dieses isokratische Paradigma des guten Herrschers erinnernde Weise präsentiert.

[136] Vgl. Isok. VI 3–6 (in ironischer Inversion des Gedankens, s. o. Kap. B.5.4.2.2), VIII 52–55, XV 115–122, auch Isok. XVI 10–11, Heilbrunn 1967: 199.

[137] Corbosiero 2001: 38.

B.8.4 Sparta im Philippos

Was (3) Sparta betrifft, bedeutet die Vertreibung aus der *arché* nicht automatisch die Rückkehr zur alten Politik – und die Ereignisse der Jahre 394–362 (sowie deren Bewertung durch Isokrates in den früheren Reden) zeigen deutlich, dass Sparta weiterhin versuchte, seine Machtstellung gewaltsam auszubauen. Mithin sind die Folgen des Handelns des Alkibiades, wie der Sprecher kurz zuvor festgestellt hatte, noch in der Gegenwart der 340er Jahre zu spüren. Dies gilt auch (2) für die übrigen *póleis*, deren unglücklicher Zustand ebenfalls zuvor beschrieben worden war. Deutlich ambivalenten Charakter hat schließlich (1) die Restaurierung der athenischen Stellung. Denn wenn die Wiedererrichtung von Mauern und *dóxa* den Zustand vor Alkibiades' Frontenwechsel wiederherstellt, dann lässt sich daraus der Schluss ziehen, dass das nachkononische Athen bei den übrigen *póleis* denselben Ruf (*dóxa*) genießt und dieselbe außenpolitische Stellung einnimmt (versinnbildlicht in den Mauern) wie das Athen des Delisch–Attischen Seebundes.[138] Athens Stellung und Ruf dieser Zeit aber mündete aufgrund der Unzufriedenheit der Bundesgenossen Athens unmittelbar in den Peloponnesischen Krieg und war mithin auch in Isokrates' Darstellung eine wesentliche Ursache für Athens Niedergang.

Eine solche Deutung ist hier freilich nicht offen ausgesprochen, erscheint jedoch durchaus möglich. Diese Möglichkeit gilt es insbesondere deshalb zu bedenken, weil dem Publikum des *Philippos* zum Zeitpunkt der Publikation bewusst gewesen sein dürfte, dass der Zweite Atttische Seebund weniger lange Bestand hatte als der Delisch–Attische Seebund, und dass auch im 4. Jh. der Unmut der Bundesgenossen über Athens gewaltsame Machtpolitik zu einem Krieg (dem Bundesgenossenkrieg) führte, der für Athen in der Niederlage und einer empfindlichen Einschränkung des Einflusses endete. Das Publikum des *Philippos* kennt eben nicht nur die Geschichte Konons, sondern auch die des erneuten Niedergangs der *pólis* Athen, eine Kenntnis, die Konons Restituierung der athenischen Macht durchaus einen negativen Beigeschmack gegeben haben kann.[139] Konon also führte Athen in die gleiche Situation, in der es im späten 5. Jh. bereits gewesen war, und die Folgen waren, wie in den 340er Jahren jeder wissen konnte, ebenfalls vergleichbar.

Verbunden mit der in §63 erwähnten Tatsache, dass der vollkommen machtlose Konon (vgl. §64: οὕτω ταπεινῶς πράξαντος) zur Umsetzung seines Kriegsplanes gegen Sparta auf die Unterstützung des Großkönigs angewiesen ist und sein Sieg vor allem dem Interesse des Großkönigs diente, fällt hier vielleicht doch ein Schatten auf das Handeln des Konon, der zwar die Seeherrschaft Spartas beendete, dadurch jedoch die Seeherrschaft Athens und die Macht des Großkönigs in Hellas mit begründete. Die möglicherweise schon im *Euagoras* präsente implizite Kritik an der ambivalenten Rolle Konons bestätigt sich so auch im *Philippos*.

---

[138] So beispielsweise Perlman 1957: 312.

[139] Den gleichen Niedergang nimmt Konons persönliches Schicksal. Bald nach seinem Erfolg von 394 wurde er vom Großkönig festgesetzt (Diod. XV 85,4; Fornis 2009: 220–221, 229–231) und starb in persischer Gefangenschaft. Vgl. auch das Schicksal des Alkibiades, der ebenfalls im Exil starb (Plut. Ages. 37–39).

Sehr viel kürzer fallen die Exempla Dionysios' I. (§65) und des Kyros (§66) aus, auf die hier nicht weiter eingegangen werden muss. Lediglich der Hinweis scheint angebracht, dass die negative Charakterisierung Konons und vor allem des Alkibiades sich durch die in deutlichen Worten negative Darstellung dieser beiden anderen Exempla bestätigt. Konon und Alkibiades stehen mithin in einer Reihe mit Politikern wie Dionysios, der – in jeder Hinsicht ein niedriger Mensch (πολλοστὸς καὶ τῷ γένει καὶ τῇ δόξῃ καὶ τοῖς ἄλλοις ἅπασιν)[140] – von einer geradezu wahnsinnigen Herrschaftsgier befallen war (ἐπιθυμήσας μοναρχίας ἀλόγως καὶ μανικῶς), die ihn ‚über Leichen gehen' (τολμήσας ἅπαντα πράττειν τὰ φέροντα πρὸς τὴν δύναμιν ταύτην) und alle hellenischen *póleis* (und nur diese!) erobern ließ (ἁπάσας δὲ ἐν Σικελίᾳ πόλεις, ὅσαι περ ἦσαν Ἑλληνίδες);[141] sodann Kyros, der trotz niedrigster Herkunft zum *despótēs* ganz Asiens wurde,[142] und dessen Erwähnung mithin zeigt, dass Alkibiades und Konon auf keine höhere Stufe gestellt werden als der Großkönig, gegen den Isokrates im *Philippos* zum Krieg aufruft.[143]

In §67 bringt Isokrates den Gedanken, den die Exempla der vier Politiker belegen sollten, nochmals auf den Punkt:

> (67) Ὅπου δ' Ἀλκιβιάδης μὲν φύγας ὤν, Κόνων δὲ δεδυστυχηκώς, Διονύσιος δ' οὐκ ἔνδοξος ὤν, Κῦρος δ' οὕτως οἰκτρᾶς αὐτῷ τῆς ἐξ ἀρχῆς γενέσεως ὑπαρξάσης, εἰς τοσοῦτο προῆλθον καὶ τηλικαῦτα διεπράξαντο, πῶς οὐ σέ γε χρὴ προσδοκᾶν, τὸν ἐκ τοιούτων μὲν γεγονότα, Μακεδονίας δὲ βασιλεύοντα, τοσούτων δὲ κύριον ὄντα, ῥᾳδίως τὰ προειρημένα συστήσειν;

> (67) Da aber Alkibiades als Flüchtling, Konon als vom Glück verlassener, Dionysios. ohne jedes Ansehen, Kyros, obwohl er von Anfang an von jämmerlicher Herkunft war, zu so großen Erfolgen kamen und derartige Handlungen vollbrachten, wie sollte man da nicht erwarten müssen, dass du leicht das oben Gesagte zustandebringst, der du von derartigen [sc. Vorfahren] abstammst, König der Makedonen bist und über so viele herrschst?

Konon, Alkibiades, Dionysios. und Kyros konnten trotz widrigster Umstände (in Bezug auf Ihre Veranlagung/Abstammung, Machtmittel, Ausgangslage) in ihrem Handeln

---

[140] Zu dieser negativen Darstellung vgl. Diod. XIII 96; Dobesch 1968: 104, Pointner 1969: 173–174, Allroggen 1972: 265–266. Perlman 1976: 22 mit Anm. 82 sieht in diesem Passus keinerlei Kritik an Dionysios. Dabei vernachlässigt er jedoch den argumentativen Zusammenhang: Wenn Dionysios als Beispiel dafür dient, dass selbst Menschen von niedrigster Abstammung und mit den schlechtesten Anlagen und Eigenschaften große Veränderungen herbeiführen können, dann ist dies keine neutrale Aussage über diese Figur. Dionysios I. ist hier der Inbegriff des niederen, auf *metabolé* angewiesenen, Menschen.

[141] Wendland 1910b: 304 betont, dass darin (Isok. V 66 mit 68) eine Warnung an Philippos liege, hellenische *póleis* zu erobern.

[142] Vgl. Isok. V 132, Hdt. I 108, 112, Ktes. FGrH 688 F 9 (=Phot. Bibl. 36a9–37a25); Laistner 1927: 147. In Isok. IX 38 wird Kyros' Aufstieg zur Herrschaft mit einem Mord an seinem Großvater Astyages begründet (dazu Alexiou 2010: 122–123). Setzt man diese Erklärung des Aufstiegs auch für den Kyros des *Philippos* an, so erscheint Kyros dadurch in ganz besonders fragwürdigem Licht. Anders als Pointner 1969: 158 meint, ist nicht anzunehmen, dass hier eine positive Form der *despoteía* angesprochen sein könne.

[143] Allroggen 1972: 160.

B.8.4 Sparta im Philippos

große Wirkung erzielen. Philippos dagegen ist weder Flüchtling noch vom Glück verlassen,[144] geschweige denn von niedriger Abstammung oder ohne Ansehen. Ihm sollten daher noch viel größere Taten gelingen als jenen. Mit diesem Gedanken, der die Aussage beinhaltet, dass die Taten der vier exemplarischen ‚Helden' bedeutend gewesen seien, ist, das sei abschließend nochmals deutlich betont, keine positive Wertung dieser Taten verbunden. Im Gegenteil: Wenigstens den Taten des Alkibiades, wahrscheinlich denen des Dionysios. und vielleicht auch jenen des Kyros und des Konon werden verheerende Folgen bis in die Gegenwart zugeschrieben. Es ist bemerkenswert, dass die möglichen zukünftigen Taten des Philippos in eine Reihe mit diesen ‚großen' Taten gestellt werden. Die kompromittierende Wirkung dieser unguten Exempla hat bereits Speusippos bemerkt und dazu verwendet, die wenig schmeichelhafte Darstellung Makedoniens im *Philippos* daran aufzuzeigen.[145] Indes dürfte wie in anderen Schriften auch hier die kompromittierende Wirkung der Argumentationsschwäche von Isokrates gewollt sein. Die Exempla des Alkibiades und des Konon sollen wohl implizit andeuten, dass Philippos zu der Art von Menschen gehöre, von denen man in jedem Fall ‚Großes' erwarten müsse, gleich ob im Guten oder im Schlechten. Die Warnung an Philippos vor der Wechselhaftigkeit des Glücks und der kollektiven Macht der Schwachen ist in den Exempla in §56–67 unübersehbar.[146]

B.8.4.4 Die spartanische *basileía* als Vorbild (§79–80)

Die bisher untersuchten Abschnitte des *Philippos* haben gezeigt, dass Isokrates' Kritik an Sparta sich in dieser Rede in denselben Bahnen bewegt wie in seinen früheren Schriften. Das gleiche gilt für einige positive Bemerkungen über Sparta, insbesondere für die Darstellung der spartanischen *basileía* in §79–80 der Rede.

Die Stelle gehört zu einem Abschnitt (§72–80), in dem Isokrates von den Verleumdungen spricht, die Philippos' Gegner über diesen verbreiteten. Diese Gegner werden charakterisiert als voller Neid (φθονούντων, §73), als notorische Unruhestifter in ihren *póleis* (τὰς δὲ πόλεις τὰς αὐτῶν εἰθισμένων εἰς ταραχὰς καθιστάναι, ebd.) und als Leute

(73) [...] τὴν εἰρήνην τὴν τοῖς ἄλλοις κοινὴν πόλεμον τοῖς αὑτῶν ἰδίοις εἶναι νομιζόντων [...].

(73) [...] die, was für die Anderen ein ‚Gemeinschaftlicher Friede'[147] ist, als Krieg gegen ihre Eigeninteressen begreifen [...].

---

[144] Die Bezeichnung Konons als δεδυστυχηκώς stellt diesen den δυστυχοῦντες an die Seite, die seit dem *Archidamos* als diejenige Gruppe der Gesellschaft dargestellt wurde, die das größte Interesse an *metabolé* habe (Isok. VI 49–51).

[145] Speus. ep. Socr. XXX 9–10; dazu Natoli 2004: 85, der indes Speusippos' Kritik für ungerechtfertigt hält.

[146] Dobesch 1968: 104.

[147] Die Übersetzung versucht die den Zeitgenossen geläufige Terminologie der *koiné eiréné* als Bezeichnung eines bestimmten Friedenstyps wiederzugeben. Eine weitere Bedeutungsebene, die hier von

Die kritisierte Gruppe wird, wie schon zuvor Alkibiades, mit dem Thema des Eigennutzes in Verbindung gebracht, der hier explizit einem Gemeininteresse gegenübergestellt wird. Im Gegensatz zur der in anderen isokratischen Reden wiederholt vertretenen Auffassung, wonach das wahrhafte Eigeninteresse mit dem Gemeininteresse identisch sei,[148] fassen die (zweifelsohne mit den Sykophanten der *Friedensrede* und der *Antidosis* zu identifizierenden)[149] Verleumder des Philippos den Nutzen des *koinón* als Schaden ihres *ídion* auf – infolge dieser Auffassung müssen sie sich stets gegen das Gemeininteresse, also auch gegen eine innergriechische Einigung, stellen. Dies ist der implizit angedeutete Grund für ihre Invektiven gegen Philippos, die dessen Politik als antihellenisch darstellen (§ 73–74).[150]

Isokrates schreibt den Sykophanten zudem den Anspruch zu, alles genau zu wissen (ἀκριβῶς εἰδέναι, §75), was sie in die Nähe der in den frühen ‚Schulschriften‘ sowie in der *Antidosis* kritisierten Redelehrer rückt.[151] Ihre Wirkung erzielen diese Redenmacher (οἱ λογοποιοῦντες, §75) vor allem bei Leuten, die auf ähnliche Weise von der *epithymía* getrieben werden, vor allem aber auch bei den das Allgemeinwohl nicht bedenkenden Leuten (τοὺς οὐδενὶ λογισμῷ χρωμένους ὑπὲρ τῶν κοινῶν, ebd.), mithin beim breiten

---

Belang ist, ist in der Übersetzung bei Ley-Hutton 1993, I: 97 in den Vordergrund gerückt („[...] der Friede, der im Interesse der Allgemeinheit ist [...]").

[148] *Dikaion* = *symphéron*: Isok. XVIII 35, 68, XIV 25, II 17, VI 34–39, VIII 16, 31, 66–68, XV 79, XII 144; *symphéron* = *koinón*: Isok. V 10, XII 144.

[149] Ob damit im Speziellen Demosthenes und Hypereides angesprochen sein sollen (Wendland 1910b: 303–304, Rostagni 1913: 138, Treves 1933b: 79–80, Alexiou 1995: 123, Corbosiero 2001: 36, Natoli 2004: 93) oder andere Politiker wie Hegesippos und Aristophon (Markle 1976: 85), muss offen bleiben. Die Ähnlichkeit der Kritik an den Verleumdern zur Demagogenschelte in früheren Schriften (die teilweise noch vor Demosthenes' Geburt entstanden sind) sollte jedenfalls zur Vorsicht mahnen. Die Möglichkeit einer offenen, gegen eine bestimmte Art politischen Denkens und Handelns gerichteten, Kritik ist nicht auszuschließen (Havet 1862: XLVIII-IL, Laistner 1927: 148).

[150] Eine an Isokrates' Formulierung angelehnte Paraphrase dieses Absatzes findet sich in dem wohl fiktionalen Brief des Philippos an die Athener, der vermutlich den *Hellenika* des Anaximenes von Lampsakos entstammt ([Dem.] XII 19, vgl. Isok. V 73); vgl. dazu Wendland 1910b: 304–306 mit Anm. 5, 309, Mathieu 1924: 31–34 (mit weiteren Übereinstimmungen zwischen dem Brief und Isok. V), Laistner 1927: 148, Natoli 2004: 61. Zur Frage von Fiktionalität oder Authentizität des Briefes vgl. Wendland 1905: 13–25 (Anaximenes, auf Original zurückgehend), dagegen u.a. Hammond 1996: 12–15, wenig überzeugend zuletzt MacDowell 2009: 363–366 für die Echtheit. Wendland ebd. und 1910b: 309, Mathieu 1924: 32–33 und Dobesch 1968: 53 fassen den Brief als authentisches Dokument diplomatischer Bemühungen Philippos' II. auf und schließen daraus, dass Philippos den isokratischen *Philippos* benutzt habe. Wahrscheinlicher ist es jedoch, dass Anaximenes in sein Geschichtswerk nicht nur echte, sondern auch fiktionale Dokumente eingearbeitet hat. Die Briefform ist nicht zuletzt eine rhetorische Form und würde somit in die Kategorie der *lógoi* fallen. Als Beleg diplomatischer Bemühungen des Philippos wird [Dem.] XII durch diese Beobachtung nicht disqualifiziert, auch die Möglichkeit, dass der Brief auf ein Original des Philippos zurückgeht, ist nicht zu bestreiten. Andererseits können Ähnlichkeiten zwischen [Dem.] XII und Isok. V aber nicht als Beleg einer Benutzung des *Philippos* durch den Makedonenkönig herangezogen werden. Anaximenes, nicht Philippos, hat diese Schrift benutzt.

[151] Vgl. Too 1995: 118–119.

dẽmos, der nicht in der Lage ist, die Inkonsistenzen in der Argumentation der Sykophanten zu erkennen.[152]

Vorwürfe wie die gegen Philippos erhobenen seien, so fährt Isokrates fort, für einen Menschen von vornehmer Abstammung – also für Philippos – besonders schädlich, während sie einem durch Herkunft und Ansehen schlecht beleumundeten Menschen nicht weiter schaden könnten. In Anbetracht dieser Schädlichkeit der Sykophanten könne Philippos an der Haltung, die seine Berater den Verleumdern gegenüber einnähmen, erkennen, wer in seinem Umfeld es wahrhaft gut mit ihm meine und wer nicht (§76–78).

Für jemanden wie Philippos, der aufgrund seiner Abstammung und seiner Taten das höchste Ansehen zu genießen beanspruchen kann, ist es also nicht angebracht, sich nicht um die Meinung der ‚kleinen Leute' zu kümmern. Die richtige diesbezügliche Einstellung des Regenten exemplifiziert Isokrates anhand des Vorbildes der spartanischen *basileía*:

> (79) Ἴσως οὖν ὑπολαμβάνεις μικροψυχίαν εἶναι τὸ τῶν βλασφημούντων καὶ φλυαρούντων καὶ πειθομένων τούτοις φροντίζειν, ἄλλως θ' ὅταν καὶ μηδὲν σαυτῷ συνειδῇς ἐξαμαρτάνων. Χρὴ δὲ μὴ καταφρονεῖν τοῦ πλήθους, μηδὲ παρὰ μικρὸν ἡγεῖσθαι τὸ παρὰ πᾶσιν εὐδοκιμεῖν, ἀλλὰ τότε νομίζειν καλὴν ἔχειν καὶ μεγάλην τὴν δόξαν καὶ πρέπουσαν καί σοι καὶ τοῖς σοῖς προγόνοις καὶ τοῖς ὑφ' ὑμῶν πεπραγμένοις, (80) ὅταν οὕτω διαθῇς τοὺς Ἕλληνας, ὥσπερ ὁρᾷς Λακεδαιμονίους τε πρὸς τοὺς αὑτῶν βασιλέας ἔχοντας[153] τούς θ' ἑταίρους τοὺς σοὺς πρὸς σὲ διακειμένους. Ἔστι δ' οὐ χαλεπὸν τυχεῖν τούτων, ἢν ἐθελήσῃς κοινὸς ἅπασι γενέσθαι καὶ παύσῃ ταῖς μὲν τῶν πόλεων οἰκείως ἔχων, πρὸς δὲ τὰς ἀλλοτρίως διακείμενος, ἔτι δ' ἢν τὰ τοιαῦτα προαιρῇ πράττειν, ἐξ ὧν τοῖς μὲν Ἕλλησιν ἔσει πιστός, τοῖς δὲ βαρβάροις φοβερός.

> (79) Vielleicht nun hältst du es für Kleinmut, einen Gedanken an die Schmähredner und Schwätzer und an die diesen Gehör Schenkenden zu verschwenden, zumal wenn du weißt, dass du dir nichts hast zuschulden kommen lassen. Du darfst indes die Masse nicht geringschätzen und es nicht für unwichtig halten, bei allen in gutem Ansehen zu stehen, sondern dann erst darfst du dein Ansehen für schön und groß halten und für deiner Person, deinen Vorfahren und den von euch vollbrachten Taten angemessen, (80) wenn du die Hellenen in ein solches Verhältnis [sc. zu dir] gebracht hast, wie du siehst, dass es die Lakedaimonier zu ihren Königen haben, und wie du es bei deinen Gefährten dir gegenüber bestehen siehst. Das zu erlangen aber ist nicht schwierig, wenn du nur allen ein ‚Gemeinschaftlicher'[154] [sc. *hêgemón*/Monarch] werden willst und aufhörst, dich als Freund mancher *póleis* zu geben, den anderen aber dich distanziert zeigst; noch weniger schwierig aber ist es, wenn du dich entscheidest, das zu unternehmen, wodurch du für die Hellenen vertrauenswürdig, für die Barbaren aber furchteinflößend sein wirst.

Spartas Bürger pflegen zu den spartanischen *basileĩs*, so jedenfalls stellt es Isokrates dar, dasselbe Verhältnis, das Philippos' engste Berater zu diesem pflegen, nämlich ein

---

[152] Vgl. Isok. V 75; Laistner 1927: 148–149. Isokrates benennt *pro plurimis* einen konkreten Widerspruch: Die Sykophanten wärfen Philippos vor, dass seine Planungen sich gegen die Hellenen richteten, zugleich aber verträten sie die Philippos dabei unterstellte Zielsetzung (des innergriechischen Machtausbaus) als begehrenswert (ἄξιον ἐπιθυμίας).

[153] Die Textfassung bei Mandilaras 2003, II: 130 (ἔχον τας) ist fehlerhaft.

[154] In Anbetracht des Bildes von der idealen *basileía* der spartanischen Doppelkönige fordert Isokrates hier von Philippos, er solle ein *koinós basileús* der Hellenen werden. Dies kann man durchaus als begriffliche Parallelisierung zur kurz zuvor in Isok. V 73 (s. o. S. 481 mit Anm. 147) erwähnten *koiné eiréne* auffassen.

auf Vertrauen und gegenseitigem Respekt basierendes. Ein solches Verhältnis der hellenischen *póleis* zu Philippos beschwört Isokrates, um ihn vor den Verleumdungen seiner Gegner in den *póleis* zu bewahren.[155] Wie schon im *Nikokles* und in der *Friedensrede* wird das (Doppel-)Königtum Spartas als Vorbild für das richtige politische Verhalten und Handeln präsentiert.[156] Während jedoch im *Nikokles* die militärische Führungsrolle der spartanischen Könige hervorgehoben wird (vielleicht im Hinblick auf die in Isokrates' frühen Schriften, vor allem dem *Panegyrikos*, geforderte doppelte Führung der Hellenen durch Athen und Sparta), steht das Lob des spartanischen Königtums im *Philippos* in seiner Betonung der innenpolitischen Legitimation der Königsherrschaft der Verwendung in der *Friedensrede* besonders nahe: In beiden Reden wird das spartanische Königtum vor allem in Bezug auf das positive Verhältnis zwischen *basileús* und Bürgern gelobt. In der *Friedensrede* wird die Stellung des *basileús* innerhalb der gesamten Bürgerschaft explizit mit dem Begriff der *hēgemonía* verbunden (§144) und vor allem im Hinblick auf die positiven Folgen dieser Stellung präsentiert (jeder Bürger schätzt – aus freien Stücken – das Leben des *basileús* höher als das eigene, §143). Im *Philippos* wiederum fällt der Begriff der *hēgemonía* zwar nicht im Zusammenhang der spartanischen *basileía*, jedoch wird das freundschaftliche Verhältnis zwischen Regierendem und Regierten in den Mittelpunkt gestellt.[157] Der Fokus liegt hier weniger auf den Effekten dieser Stellung als in

---

[155] Vgl. Wendland 1910a: 130–131, Heilbrunn 1967: 165, Pointner 1969: 196. Der ganze Passus (Isok. V 72–80) wirft ein bemerkenswertes Licht auf das sogenannte Timotheos-Lob in der *Antidosis* (Isok. XV 101–139). In diesem berichtet der Sprecher Isokrates, er habe wiederholt versucht, Timotheos davon zu überzeugen, dass dieser sich mehr um seinen Ruf in der Bevölkerung kümmern müsse, da seine politischen Gegner ihn verleumdeten (ebd. 132–139). Wenn Timotheos vernünftig sei (ebd. 137: „Ἢν οὖν ἐμοὶ πείθῃ καὶ νοῦν ἔχῃς […]"), dann werde er die Reden derer, denen die Masse (τὸ πλῆθος, ebd.) zu vertrauen pflege, nicht geringschätzen (οὐ καταφρονήσεις, ebd.). Im *Philippos* stellt Isokrates eben diese in der *Antidosis* als vernünftig bezeichnete Haltung als Kennzeichen des Verhältnisses zwischen spartanischen *basileîs* und Bürgern, mithin als vorbildhaft dar. Als Gegensatz zu dieser Haltung erscheint das (bisherige) Handeln des Philippos, der sich der Unterstützung einzelner *póleis*, also nicht des gesamten *koinón* bedient und sich so bei vielen verhasst macht. Dieses der idealen *basileía* entgegengesetzte Verhalten wird man im Kontext der Gegenüberstellung von *hēgemonía* und *arché* im *Philippos* mit der *arché* assoziieren, die nicht in der Lage ist, sich Wohlwollen zu erwerben (und diesem Erfordernis guter Regierung keine Beachtung schenkt) und die als politischer Irrweg, der notwendigerweise in den Untergang führen müsse, skizziert wird. Wenn nun in der *Antidosis* der Politiker Timotheos die im *Philippos* als vorbildhaft dargestellte Einstellung des wahren *basileús* zu seinen Mitbürgern aufgrund seiner *phýsis* (Isok. XV 138) nicht teilen kann, so kennzeichnet ihn diese Unfähigkeit zu vernünftiger Rücksicht auf sein Ansehen als einen Vertreter der unvernünftigen *arché*.

[156] Vgl. Isok. III 23–24 (s. o. Kap. B.4.1), VIII 142–144 (s. o. Kap. B.6.5.2.2); Laistner 1927: 150, Perlman 1967: 341–343.

[157] Dies gilt im Übrigen sowohl für den hier besprochenen Abschnitt und das Verhältnis zwischen Philippos (als *hēgemón*) und den griechischen *póleis* wie auch für die Stellung des Philippos als *basileús* der im Perserkrieg eroberten Gebiete Kleinasiens, wie Buchner 1954: 380 und Perlman 1967: 340–343 (mit überzeugender Einordnung von Isok. V 154 in das *basileús*-Konzept der *Kyprischen Reden*) aufgezeigt haben.

B.8.4 Sparta im Philippos

der Darstellung derselben als anzustrebendes Ziel, das erreicht zu haben dem Sieg über die Neider und Sykophanten gleichkommt. Die spartanische *basileía* erscheint im isokratischen Werk wiederholt als Exemplum für die ideale, auf Wohlwollen und freiwilliger Unterordnung der Regierten basierende Machtstellung des guten Regenten. Philippos soll eine solche Stellung nun gegenüber den *póleis* einnehmen, wodurch er zum *hēgemṓn* in einer gewissermaßen ‚panhellenischen' *politeía* beziehungsweise einem hellenischen *koinón* würde.[158]

Im Hinblick auf Isokrates' Haltung gegenüber Philippos sei darauf hingewiesen, dass der Passus §79–80 deutliche Kritik an Philippos' Verhalten gegenüber den hellenischen *póleis* enthält.[159] In §80 erscheint die Stellung des idealen *basileús* beinahe beinahe als Kontrastfolie zu Philippos. Das bedeutet tatsächlich nichts anderes, als dass Philippos' bisherige Politik den in §72–78 angesprochenen Gegnern des Philippos in die Karten spielt, indem sie ihn tatsächlich als Gegner der Griechen und als Despoten erscheinen lässt.[160] Wenn Isokrates in diesem Abschnitt betont, dass aufgrund von Philippos' Abstammung nur Wohlwollen der *póleis* ein anzustrebendes Ziel für ihn sein könne, und wenn er dessen Politik als dazu ungeeignet kritisiert, dann bedeutet dies auch, dass Isokrates dem Philippos implizit vorwirft, er werde den Anforderungen, die seine herakliidische Abstammung an sein Handeln stelle, bislang nicht gerecht, weshalb er sein Verhalten ändern müsse. Bislang, so muss man Isokrates' Äußerungen deuten, tritt Philippos II. nicht als *hēgemṓn*, sondern als *despótēs* auf.[161]

---

[158] Isok. V 31, 127. Der nicht durch die Interessen und Denkweisen der eigenen *pólis* gebundene Philippos erhält im *Philippos* im politischen Zusammenspiel der Griechen denselben Rang wie die einzelnen *póleis* (Jähne 1991: 133). Dadurch, dass er im Konflikt der politischen Ordnungen vor allem deshalb als einzige neutrale Kraft angesehen werden kann, weil er an keine *pólis* gebunden ist, wird er potentiell zum idealen *hēgemṓn* (Dobesch 1968: 163, Grieser-Schmitz 1999: 199 spricht gar von einer monarchischen Stellung, was in Anbetracht der Parallelisierung mit den spartanischen *basileîs* nicht ganz verfehlt scheint), der die griechische Einheit herstellen kann.

[159] Vgl. Wendland 1910a: 135 und 1910b: 304, Treves 1933b: 82, Perlman 1957: 310, Alexiou 1995: 123, Corbosiero 2001: 37. Weitere Hinweise auf eine Skepsis gegenüber Philippos' Intentionen finden sich in Isok. V 107–108; vgl. Perlman 1957: 309–315, v. a. 314, Bringmann 1965: 98–99.

[160] In diese Richtung deutet auch die Kritik an der Rolle der *hetaîroi* in Isok. V (s. dazu u. S. 488 mit Anm. 166). Zur zeitgenössischen Kritik an Philippos' politischer Rolle als *despótēs* vgl. Dem. I 4, II 17–19, 24–25.

[161] Bringmann 1965: 99 führt die Eignung des Philippos als Anführer eines griechischen Perserfeldzuges allein auf dessen „absolute<n> Gewalt des Monarchen" zurück. Er lässt dabei jedoch die Erklärungen des Isokrates außer Betracht, auf welche Weise Philippos diese Stellung legitimerweise innehaben könne: Philippos' Stellung gegenüber den Makedonen dürfte in Isokrates Augen wohl tatsächlich der eines Monarchen entsprechen (anders Buchner 1954: 380–381), der jedoch – anders als etwa der persische Großkönig – nicht tyrannisch, sondern im Interesse seiner Untertanen herrscht (vgl. Corbosiero 2001: 16, zur Differenzierung zwischen Makedonen und Barbaren vgl. Dobesch 1968: 231–234). Auch eine derart positive monarchische Regierung kann für ihn jedoch nur durch die nichtgriechische Identität der Makedonen gerechtfertigt werden (vgl. Isok. V 107–108). Gegenüber den Griechen schwebt Isokrates ein Verhältnis grundlegend anderer Natur vor: Wohltäter der Griechen soll er sein (vgl. Isok. V 154).

B.8.4.5 Das Scheitern des spartanischen Perserkrieges (§83–104)

Eine erwähnenswerte Rolle kommt Exempla aus der spartanischen Geschichte auch in den §83–104 der Rede zu: In diesem Abschnitt erläutert Isokrates zum einen die Fehler, die in den Kriegen gegen den Großkönig in der jüngeren Vergangenheit gemacht wurden und zu deren Scheitern führten (§83–92). Anschließend stellt er die zur Vermeidung der gleichen Fehler günstige Ausgangslage für Philippos dar (§95–104).

Bei den genannten Perserkriegen handelt es sich um die militärischen Interventionen in Kleinasien unter Agesilaos II. in den Jahren zwischen 400 und 394[162] sowie um den sogenannten ‚Zug der Zehntausend' von 402–400.[163] Beide fanden unter spartanischer Beteiligung statt, und jeweils ist es politische Unvernunft, die in Isokrates' Darstellung einen eigentlich leicht zu erzielenden Erfolg verhindert. Nur in erstgenanntem Exemplum lässt sich das beschriebene Scheitern auf das Verhalten eines Spartaners (Agesilaos II.) zurückführen, weshalb vor allem auf diesen Abschnitt (§86–88) eingegangen werden soll.

Isokrates wertet die militärischen Operationen der Spartaner in den Jahren zwischen 400 und 394, die im Wesentlichen der Einflussnahme in den *póleis* an der kleinasiatischen Küste dienten, insofern als Perserkrieg,[164] als sie auch darauf abzielten, diese *póleis* und deren Hinterland dem Einfluss des Großkönigs zu entziehen (§86–88). Das Exemplum dieses Krieges soll belegen, dass die innergriechische Einigung, zuvor als wichtig und machbar dargestellt, tatsächlich auch notwendige Voraussetzung für den Perserkrieg

---

[162] Zu diesem Feldzug vgl. Xen. Hell. III 4,1–29, IV 1,1–2,1; Laistner 1927: 145, Lehmann (G. A.) 1972: 387–390.

[163] Das Exemplum des Kyros-/Klearchoszuges erinnert in seiner Begründung des Scheiterns (Kyros' Übermut Isok. V 90) an den späten, in seiner Authentizität umstrittenen, *Brief an Philippos* ([Isok.] ep. II 5–11). Auch dort wird das Exemplum dieses Feldzuges erwähnt, und auch dort dient es dem Nachweis, dass es für die gute und erfolgreiche Politik eines Monarchen dringend erforderlich sei, sich von unnötigen Gefahren fernzuhalten (ein wohl mit der Idee der innenpolitischen *apragmosýnē* verwandter Gedanke). Kyros' Reaktion auf den anfänglichen, scheinbaren Erfolg in der Schlacht von Kynaxa wird dabei als unbedacht und unvernünftig geschildert. Mithin scheint es einzuordnen zu sein in Isokrates' Vorstellung von der verderblichen Wirkung des politischen Erfolgs, der die Menschen unvernünftig und unvorsichtig mache (s. o. Kap. B.6.4.2.1, B.6.5.2.1). Interessant an der Parallelstelle im *Brief an Philippos* ist, dass dort ([Isok.] ep. II 6, vgl. auch Isok. VIII 142–144, s. o. Kap. B.6.5.2.2) der Schutz der spartanischen *basileîs* als Ideal der vernünftigen Kriegführung des Monarchen präsentiert wird. Auch hier also dient das spartanische Königtum als Vorbild.

[164] Dies scheint auch der Verfasser der Hellenika von Oxyrhynchos anzunehmen, der (worauf möglicherweise Isok. V 119–120 anspielt) dem Agesilaos Eroberungspläne in Kleinasien, möglicherweise bis zu einer Linie von Kilikien nach Sinope, unterstellt (Hell. Oxy. 25,4; vgl. Lehmann (G. A.) 1972: 385–387, 390–395). Isokrates selbst hatte diesen Feldzug bereits im *Panegyrikos* (Isok. IV 144, 153) im Kontext ‚panhellenischer' Programmatik erwähnt, wenngleich in dieser Schrift weniger deutlich wird, ob Isokrates dem Agesilaos auch ‚panhellenische' Motive unterstellen wollte. Dass Agesilaos mit ‚panhellenischen' Argumenten den Feldzug zu begründen versuchte (z. B. durch die Wahl des Ausgangspunktes in Aulis), betont Perlman 1976: 18–19.

B.8.4 Sparta im Philippos

(§86) sei. An eben dieser Frage der Einigung sei der Feldzug des Agesilaos gescheitert, der als warnendes Beispiel eingeführt wird:[165]

> (86) [...] Ὧν Ἀγεσίλαος ὁ δόξας εἶναι Λακεδαιμονίων φρονιμώτατος ὠλιγώρησεν, οὐ διὰ κακίαν, ἀλλὰ διὰ φιλοτιμίαν. (87) Ἔσχε γὰρ διττὰς ἐπιθυμίας, καλὰς μὲν ἀμφοτέρας, οὐ συμφωνούσας δ᾽ ἀλλήλαις οὐδ᾽ ἅμα πράττεσθαι δυναμένας. Προῃρεῖτο γὰρ βασιλεῖ τε πολεμεῖν καὶ τοὺς ἑταίρους εἰς τὰς πόλεις τὰς αὑτῶν καταγαγεῖν καὶ κυρίους ποιῆσαι τῶν πραγμάτων. Συνέβαινεν οὖν ἐκ μὲν τῆς πραγματείας τῆς ὑπὲρ τῶν ἑταίρων ἐν κακοῖς καὶ κινδύνοις εἶναι τοὺς Ἕλληνας, διὰ δὲ τὴν ταραχὴν τὴν ἐνθάδε γιγνομένην μὴ σχολὴν ἄγειν μηδὲ δύνασθαι πολεμεῖν τοῖς βαρβάροις. (88) Ὥσθ᾽ ἐκ τῶν ἠγνοηθέντων κατ᾽ ἐκεῖνον τὸν χρόνον ῥᾴδιον καταμαθεῖν, ὅτι δεῖ τὸν ὀρθῶς βουλευόμενον μὴ πρότερον ἐκφέρειν πρὸς τὸν βασιλέα πόλεμον, πρὶν ἂν διαλλάξῃ τοὺς Ἕλληνας καὶ παύσῃ τῆς μανίας τῆς νῦν αὐτοῖς ἐνεστώσης ἅπερ καὶ σοὶ συμβεβουλευκότες τυγχάνομεν.

> (86) [...] Dies [sc. die Notwendigkeit der Einigung] vernachlässigte Agesilaos, der doch den Ruf hatte, der vernünftigste der Lakedaimonier zu sein, und zwar nicht aufgrund von Schlechtigkeit, sondern aufgrund von Ehrgeiz. (87) Denn er hatte zweierlei Begehren, beide zwar gut, jedoch miteinander unvereinbar und unmöglich gleichzeitig umzusetzen. Denn er beschloss den Großkönig zu bekriegen und seine ‚Gefährten'[166] in deren *pόleis* zurückzuführen und ihnen das politische Regime zu übertragen. Aus seiner Einflussnahme für die Parteifreunde resultierte jedoch, dass die Hellenen in Missstände und Gefahren gerieten, dass sie aber durch diese dort [sc. im Inneren] entstandenen Verwerfungen nicht die Ruhe hatten und nicht in der Lage waren, Krieg gegen die Barbaren zu führen. (88) So kann man also aus den Fehleinschätzungen jener Zeit leicht lernen, dass, wer gut beraten ist, nicht eher den Krieg ins Land des Großkönigs tragen darf, bevor er die Hellenen versöhnt und den derzeit bei ihnen bestehenden Wahnsinn beendet hat; dazu rate ich nun auch dir.

Agesilaos' Fehler besteht in der Vernachlässigung der inneren Einigung der Griechen, also eben jenes Problems, das den ersten Abschnitt des *Philippos* bestimmt und auf das Isokrates schon in der Einleitung des Exemplums ausdrücklich Bezug nimmt.[167] Isokrates

---

[165] Dobesch 1968: 108.

[166] Mit den *hetaîroi* sind hier zunächst im weiteren Sinne die aristokratischen ‚Freunde' der Spartaner in den einzelnen *pόleis* gemeint, die möglicherweise individuell in Einzelfällen auch über Proxenie-Verhältnisse mit Agesilaos oder anderen vornehmen Spartanern verbunden gewesen sein können, insgesamt jedoch als Gruppen innerhalb ihrer *pόleis* aufgrund ihrer politischen Haltung der spartanischen Sache nahestanden (Laistner 1927: 152). Gleichzeitig spielt der Begriff jedoch auf die als *hetaîroi* bezeichneten Berater von (insbesondere makedonischen) Königen, und damit auf Philippos' Umfeld an (angedeutet bereits bei Treves 1933b: 86). Philippos hatte nach der Zerstörung von Olynthos 348 das Gebiet der *pόlis* unter einigen seiner *hetaîroi* aufgeteilt (vgl. Welwei 1999: 314). Auf derartiges Verhalten nimmt Isokrates durch seine Wortwahl Bezug. Diese Anspielung dürfte den Zeitgenossen, Philippos II. ebenso wie athenischen Lesern, nicht entgangen sein. Das negative Exemplum des Agesilaos enthält somit implizite, aber unmissverständliche Kritik an Philippos sowie die Anweisung, dieser dürfe seine *hetaîroi* nicht über die *pόleis* stellen. Dobesch 1968: 195–198, 222–223 glaubt, Isokrates wolle die vier großen *pόleis* aus Isok. V 30–56 an die Stelle der *hetaîroi* treten lassen.

[167] Insofern dient der Abschnitt ebenfalls dem Nachweis, dass Philippos die Griechen auf seine Seite bringen müsse, wenn er seine Macht vergrößern wolle; vgl. Kessler 1911: 57, Perlman 1957: 313 und 1969: 373, Corbosiero 2001: 31–32, Alexiou 2010: 146.

hatte schon im *Panegyrikos* den Perserkrieg als untrennbar mit der Frage der inneren Einigung verbunden präsentiert. An keiner Stelle aber erläutert er dies so deutlich wie hier.[168] Die Hellenen benötigen, um sich an einem solchen Krieg beteiligen zu können, einen Zustand der Ruhe im Inneren (*scholḗ*).[169] Ohne diesen sind sie aufgrund der im Inneren herrschenden Verwerfungen (*tarachḗ*) an einem äußeren Krieg gehindert. Die innere Einigung ist daher notwendige Voraussetzung für den außenpolitischen Erfolg aller Griechen.

Bemerkenswert ist, dass Isokrates ausdrücklich darauf hinweist, dass Agesilaos' Scheitern nicht durch charakterliche Schwäche (οὐ διὰ κακίαν) verursacht wird, sondern durch eine potentiell gute Eigenschaft, seinen Ehrgeiz (*philotimía*).[170] Allerdings wendet Agesilaos diese Eigenschaft zu den falschen Zwecken und im falschen Kontext (hier liegt der *kairós*-Gedanke nahe) an. Ursache für die Unruhe (*tarachḗ*) in den hellenischen *póleis* ist, dass Agesilaos aufgrund seiner *philotimía* eigene ‚Gefährten' (*hetaĩroi*) in den *póleis* als Machthaber installiert.[171] Wie bereits erwähnt, führt diese Intervention in den *póleis* bei Isokrates dazu, dass die *póleis* nicht zu einem Krieg gegen Persien in der Lage sind. Sparta ist infolgedessen im Perserkrieg auf sich allein gestellt. Isokrates hatte bereits im *Panegyrikos* darauf hingewiesen, dass kein persisches Heer jemals gegen ein gesamthellenisches Heer, das athenische und spartanische Truppen vereinte, habe bestehen können.[172] Agesilaos vernachlässigt jedoch die Frage der Einigung der Griechen: Indem er eine Politik betreibt, die seine Parteigänger in den griechischen *póleis* an die Macht zu bringen versucht, das heißt indem er in den *póleis stáseis* und *tarachḗ* verursacht, zieht

---

[168] Schmitz-Kahlmann 1939: 36. Die Formulierung aus Isok. V 86–88 findet sich in fast wörtlicher Übereinstimmung auch in [Isok.] ep. IX 11–14, v. a. 13–14, einem Text, der gewöhnlich um das Jahr 356 datiert wird. Welcher der beiden Texte als ursprünglicher zu betrachten ist, lässt sich aufgrund der Möglichkeit, dass ep. IX eine spätere Fälschung darstellen könnte, kaum klären. Vgl. Wendland 1910a: 131 Anm. 2, Schmitz-Kahlmann 1939: 123–126, Dobesch 1968: 46 Anm. 73, Lehmann (G. A.) 1972: 393–394 mit Anm. 25 (für die Echtheit), Brodersen in Ley-Hutton 1997, II: 306 (mit innerem Widerspruch zwischen Datierung des Briefes – 356 – und Annahme der Priorität der *Philippos*-Stelle), Gómez 1998: 63, 65–66 (die die Übereinstimmung mit Isok. V 87–88 übersieht).

[169] Die Wortwahl ist wohl kaum Zufall. Erst wenn die eigenen Angelegenheiten (*ídia*) geregelt und in guter Verfassung sind kann sich die einzelne *pólis* in Isokrates' Augen sinnvollerweise größeren Aufgaben, die dem Interesse aller *póleis* (dem *koinón* der *póleis*) dienen, zuwenden. Diese *scholḗ* der *póleis* steht als Voraussetzung für den Perserkrieg in ideeller und begrifflicher Parallele zur *scholḗ* des Bürgers in der *pólis*, die Voraussetzung für dessen sinnvolle Zuwendung zur Politik (bzw. zur *philosophía* als Voraussetzung für gutes politisches Handeln) ist (vgl. Isok. XI 21, IV 112, VII 26, XV 39, 304). Auch in Isok. VI 76 führt die *scholḗ* zu einer Professionalisierung – hier der spartanischen Armee, die dadurch ihre Überlegenheit gewinnt. Zur kritischen Intention dieser Stelle, s. o. S. 350 Anm 295).

[170] Vgl. dazu Alexiou 1995: 124.

[171] Vgl. dazu Tigerstedt 1965, I: 187, Urban 1991: 39–40 mit Anm. 42. Zur in diesem Begriff formulierten Kritik bzw. Anweisung an Philippos II. s. o. S. 487–488 Anm. 166.

[172] Vgl. Isok. IV 139.

B.8.4 Sparta im Philippos

er die Feindschaft der Griechen auf Sparta. Diese Feindschaft wird hier zwar nicht explizit ausgesprochen, jedoch dürften die Folgen der spartanischen Politik der innenpolitischen Einmischung in griechischen *póleis* dem Publikum der Rede klar vor Augen gestanden haben, zumal da sie zuvor in der Rede im Kontext des Beispiels des Alkibiades erörtert worden waren.[173] In die Regierungszeit Agesilaos' II. fällt der Niedergang Spartas, die Katastrophe von Leuktra und der Verlust Messeniens. Der Krieg, den Agesilaos ohne die Unterstützung der Griechen nach Persien getragen hatte, fiel auf Sparta und in das spartanische Stadtgebiet zurück.[174]

In §104 erwähnt Isokrates nochmals die spartanische *arché*. Hier stellt er sie begrifflich dem Schlagwort der Freiheit (*eleuthería*) gegenüber, wenn er feststellt, dass Philippos mit diesem Schlagwort die Satrapen des Großkönigs ebenso zum Aufstand bewegen könne, wie dieses Schlagwort seinerzeit die *arché* Spartas zu Fall gebracht habe.[175]

Ein letzter Kommentar zur *arché* findet sich gegen Ende des *Philippos* (§146–148). Hier spricht Isokrates allgemein von der Vergangenheit Athens und Spartas und von der Frage, welche Taten diesen *póleis* Wohlwollen oder Kritik eingebracht hätten. Auf Kosten der Griechen unternommene Außenpolitik (namentlich die Seeherrschaft und die dadurch erworbenen Reichtümer Athens sowie die Macht über Wohl und Wehe der *póleis* §146) hätten stets zu Vorwürfen geführt (πολλαὶ κατηγορίαι [...] γεγόνασιν, §147), während es nur die im Interesse aller Hellenen unternommenen Kriegstaten gewesen seien, die Bewunderung gefunden hätten.

> (147) [...] ἐκ δὲ τῆς ἐν Μαραθῶνι μάχης καὶ τῆς ἐν Σαλαμῖνι ναυμαχίας, καὶ μάλισθ' ὅτι τὴν αὑτῶν ἐξέλιπον ὑπὲρ τῆς τῶν Ἑλλήνων σωτηρίας, ἅπαντες αὐτὴν ἐγκωμιάζουσιν. Τὴν αὐτὴν δὲ γνώμην καὶ περὶ Λακεδαιμονίων ἔχουσιν· (148) καὶ γὰρ ἐκείνων μᾶλλον ἄγανται τὴν ἧτταν τὴν ἐν Θερμοπύλαις ἢ τὰς ἄλλας νίκας καὶ τὸ τρόπαιον τὸ μὲν κατ' ἐκείνων ὑπὸ τῶν βαρβάρων σταθὲν ἀγαπῶσι καὶ θεωροῦσι, τὰ ὑπὸ Λακεδαιμονίων κατὰ τῶν ἄλλων οὐκ ἐπαινοῦσιν, ἀλλ' ἀηδῶς ὁρῶσιν· ἡγοῦνται γὰρ τὸ μὲν ἀρετῆς εἶναι σημεῖον, τὰ δὲ πλεονεξίας.

> (147) [...] denn für die Schlacht von Marathon und die Seeschlacht von Salamis, vor allem aber, weil sie [sc. die Athener] ihre eigene Sicherheit[176] für die Rettung der Hellenen verliessen, sprechen ihr [sc. der *pólis* Athen] alle Lob zu. Die gleiche Meinung aber haben sie auch von den Lakedaimoniern: (148) Denn auch bei jenen bewundern sie die Niederlage von Thermopylai mehr als die anderen Siege, und das über jene von den Barbaren errichtete Siegesdenkmal lieben und verehren sie, die von den Lakedaimoniern über die anderen errichteten aber loben sie nicht,

---

[173] Vgl. Isok. V 58–61, s. o. S. 472–476.

[174] Dies hatte Isokrates noch kurz zuvor in Isok. V 47–50 ausgeführt.

[175] Vgl. Perlman 1967: 338–339 zur Frage, welche Haltung Isokrates hier gegenüber den Satrapen einnimmt.

[176] Die Stelle ist schwierig zu übersetzen und scheint mit zwei Bedeutungen von σωτηρία, einer räumlichen (vielleicht als Sinnbild für den ummauerten Bereich der Stadt), und der üblichen abstrakten („Rettung') zu spielen. Gemeint ist die Evakuierung der athenischen Bevölkerung nach Salamis, weshalb die meisten Übersetzungen hier frei vom Verlassen der Häuser, der Stadt, des Landes usw. sprechen (vgl. Christian 1832–1836: 299, Norlin 1929, I: 333–335, Mathieu/Brémond 1962, IV: 58, Argentati/Gatti 1965: 211, Marzi 1991, I: 303, Ley-Hutton 1993, I: 110, Papillon 2004: 106).

sondern blicken darauf voller Hass. Denn sie halten ersteres für ein Zeugnis von Tapferkeit, letztere für Zeugnisse der Machtgier.

Entscheidend ist, so wird deutlich, die Motivation der jeweils positiv und negativ gezeichneten Kriege: Die im Interesse der Hellenen geschlagenen Schlachten sind Gegenstand des Lobes, die gegen andere Hellenen geführten Kriege dagegen werden von allen verachtet und sind Ursache des Hasses gegen Athen und Sparta.[177] Wenn den Perserkriegsereignissen hier keine konkreten Exempla kritikwürdiger Kriege gegenübergestellt werden, sondern vielmehr ein unbestimmter Zeitraum, in dem Athen und Sparta ihre eigene Machtstellung und ihren eigenen Reichtum zum Maßstab außenpolitischer Kriegführung gemacht hätten, so macht dies deutlich, dass auch hier die idealisierte Perserkriegszeit eine Kontrastfolie zur gesamten jüngeren Geschichte seit der Gründung des Delisch–Attischen Seebundes beziehungsweise seit Entstehen des athenisch–spartanischen Konfliktes darstellt. Das dargestellte athenische Fehlverhalten steht hier im Übrigen in keiner Weise hinter dem spartanischen zurück.

B.8.4.6 Das Vorbild des Herakles (§105–115)

Abschließend gilt es, auf einen letzten Passus im *Philippos* einzugehen, der nur mittelbar mit Sparta zu tun hat. In §105–115 spricht der Sprecher Isokrates von den drei wichtigsten genealogischen Vorbildern Philippos' II., von dessen Vater Amyntas III. (§106), von Perdikkas I. (§106–108), dem Begründer des makedonischen Königshauses, sowie von Herakles (§109–115), dem mythischen Urahn des Philippos.[178] Diese Vorbilder aus der eigenen Familie (*oikeĩa paradeígmata*) seien für Philipp besondere Verpflichtung.[179] Da die Rolle des Herakles schon in der *Helena* thematisiert wurde und dort in der Gegenüberstellung mit dem athenischen Heros Theseus möglicherweise als Sinnbild für spartanische Eigenschaften aufzufassen ist, ist auch die Behandlung des Herakles im *Philippos* von Interesse.

Philippos soll sich, so §109–115, ein Beispiel an seinem Vorfahren Herakles nehmen.[180] Im Gegensatz zur *Helena*, wo vor allem Leistungen des Herakles aus dem

---

[177] Dobesch 1968: 84.
[178] Zu den Zielen dieses Abschnitts vgl. Treves 1933b: 23–24, Usher 1994: 140; zum Zusammenhang mit Isok. V 45–56 vgl. Schmitz-Kahlmann 1939: 47–49. Nach Perlman 1957: 314 dienen diese Exempla insgesamt dazu, Philippos davon zu überzeugen, dass er seine Rolle als Monarch der Makedonen nicht auf ganz Hellas ausdehnen könne. Gillis 1976/1977: 130 bewertet den Passus subjektiv als „[…] a somewhat embarrassing panegyric of Philip's family history".
[179] Gotteland 2001: 227–228.
[180] Vgl. Alexiou 1995: 126, Papillon 1996a: 382, 1996b: 11–12 und 2001: 87–88, Gotteland 2001: 47. Isokrates fordert, Philippos solle sich schon deswegen an Herakles orientieren, weil er im Gegensatz zu anderen (die nur fremde Exempla zur Verfügung haben, Isok. V 113: „[…] ἀλλοτρίοις χρῆσθαι παραδείγματα […]") dieses Exemplum aus der eigenen Familie (οἰκεῖον [sc. παράδειγμα], ebd.) aufgreifen könne. Das Vorbild der eigenen Familiengeschichte ist also verpflichtend für Philippos.

B.8.4 Sparta im Philippos

kanonischen Tatenkatalog im Vordergrund standen,[181] will Isokrates im *Philippos* ein vom Gewohnten abweichendes Herakles-Lob aussprechen (§109).[182] Üblicherweise lobe man diesen für seine Mannhaftigkeit (*andreía*) und für die von ihm vollbrachten Aufgaben (*âthla*),

> (109) [...] περὶ δὲ τῶν ἄλλων τῶν τῇ ψυχῇ προσόντων ἀγαθῶν οὔτε τῶν ποιητῶν οὔτε τῶν λογοποιῶν οὐδεμίαν φανήσεται μνείαν πεποιημένος.
>
> (109) [...] seiner übrigen, zum geistigen Bereich gehörenden Vorzüge, scheint jedoch weder irgendein Dichter noch ein Redenschreiber irgendeine Erwähnung getan zu haben.

Herakles' geistige Vorzüge sollen also im Mittelpunkt stehen. Den Anspruch, das Geistige nicht hinter dem Lob des Körperlichen zurücktreten zu lassen, hat Isokrates bereits im *Panegyrikos* deutlich formuliert – auch dort im Kontext einer Tat des Herakles: der Gründung der olympischen Spiele.[183] In der *Antidosis* wiederum war derselbe Anspruch zutage getreten, wobei Sparta implizit (wie in früheren Reden) dafür kritisiert wurde, sich einseitig mit der körperlichen Erziehung zu befassen.[184] Isokrates' neuartiges Herakles-Lob soll nun zeigen, dass auch Herakles über große geistige Vorzüge verfügte und diese Vorzüge sich in bedeutenden Leistungen niederschlugen (§109–110).[185] Exemplarisch nennt er dazu eine einzige große Tat des Herakles: dessen Troiafeldzug, den er im Hinblick auf das Anliegen des *Philippos* als *kairós*-gemäßes Exemplum beschreibt (§110):

> (111) Ἐκεῖνος γὰρ ὁρῶν τὴν Ἑλλάδα πολέμων καὶ στάσεων καὶ πολλῶν ἄλλων κακῶν μεστὴν οὖσαν, παύσας ταῦτα καὶ διαλλάξας τὰς πόλεις πρὸς ἀλλήλας, ὑπέδειξε τοῖς ἐπιγιγνομένοις, μεθ' ὧν χρὴ καὶ πρὸς οὓς δεῖ τοὺς πολέμους ἐκφέρειν. Ποιησάμενος γὰρ στρατείαν ἐπὶ Τροίαν, ἥπερ εἶχε τότε μεγίστην δύναμιν τῶν περὶ τὴν Ἀσίαν, τοσοῦτον διήνεγκε τῇ στρατηγίᾳ τῶν πρὸς τὴν αὐτὴν ταύτην ὕστερον πολεμησάντων, (112) ὅσοι οἱ μὲν μετὰ τῆς τῶν Ἑλλήνων δυνάμεως ἐν ἔτεσι δέκα μόλις αὐτὴν ἐξεπολιόρκησαν, ὁ δ' ἐν ἡμέραις ἐλάττοσιν ἢ τοσαύταις καὶ μετ' ὀλίγων στρατεύσας ῥᾳδίως αὐτὴν κατὰ κράτος εἷλεν [...].
>
> (111) Denn als jener sah, dass Hellas voller Kriege und *stáseis* und vieler anderer Übel war, beendete er diese [sc. Missstände] und versöhnte die *póleis* miteinander, und er zeigte den Nachgeborenen auf, mit wem gemeinsam und in wessen Land man den Krieg tragen muss. Denn er unternahm einen Feldzug gegen Troia, das damals über die größte Macht in ganz Asien verfügte,

---

[181] Isok. X 24.
[182] Heilbrunn 1967: 185, Gotteland 2001: 213–229, 241–242. Gegen Isokrates' Anspruch sieht Buchheit 1960: 80–81, freilich ohne dies näher zu erläutern, gerade im Herakles-Lob des *Philippos* (im Gegensatz zu den in der Helena gewürdigten Eigenschaften) eine Lobrede konventionellen Inhalts.
[183] Isok. IV 1–3 (s. o. Kap. B.2.6).
[184] Vgl. Isok. XV 296–298 (s. o. S. 446–448), außerdem Isok. XI 17–20 (s. o. S. 125–128).
[185] Heilbrunn 1967: 166, 184–185 sieht im Herakles des *Philippos* sogar ein Exemplum dafür, wie wenig körperliche Kraft ohne geistige Stärke vermöge, und als Exemplum für die Macht der *paideía*. Zur Darstellung des Philippos als *euergétês* Perlman 1957: 314, Pointner 1969: 190–191. Schon im *Panegyrikos* (Isok. IV 1–3) hatte Isokrates festgestellt, dass geistige Leistungen (wie sie Isokrates nun im *Philippos* vorstellen will) größeren Nutzen für das Allgemeinwohl bringen könnten als körperliche. Und in der *Helena* (Isok. X 24) wurden den Taten des Herakles die des Theseus eben wegen ihres allgemeinen Nutzens, mithin wegen ihrer politischen Qualität vorgezogen (vgl. Isok. X 31–38, s. o. S. 102–105).

und er zeichnete sich in der Kriegführung insofern weit vor jenen aus, die später gegen dieselbe Stadt Krieg führten, (112) als diese sie mit der Streitmacht der Hellenen in zehn Jahren kaum erobern konnten, er sie aber in weniger als ebensovielen Tagen und zusammen mit nur Wenigen leicht in seine Gewalt bekam [...].

Der sogenannte ‚Erste Troische Krieg', den Herakles dem Mythos zufolge gemeinsam mit Telamon gegen den troischen König Laomedon führte,[186] wird von Isokrates zum Exemplum *par excellence* für das Kriegsprogramm des *Philippos* stilisiert.[187] Herakles führt nicht einfach Krieg gegen die Vormacht in Kleinasien, sondern er tut dies erst, nachdem er die inneren Unruhen und Missstände in Hellas beendet hat. In der Verbindung dieser zwei Aufgaben liegt das Besondere seiner Leistung. Durch wörtliche Übernahmen gestaltet Isokrates den Bericht über Herakles' Troischen Krieg gezielt als Gegenstück zum Perserfeldzug des Agesilaos in §86–88:[188] Im Gegensatz zu Agesilaos – und wohl auch im Gegensatz zu Philippos, der sich an dem Exemplum des Herakles ein Beispiel nehmen soll, was impliziert, dass er in Isokrates' Augen bislang noch nicht wie dieser agiert[189] –, dem genau diese Urteilskraft fehlt, weiß Herakles, wessen Unterstützung er bedarf und gegen wen er Krieg führen muss.[190]

In dieser deutlichen Gegenüberstellung des Agesilaos (des bestimmenden spartanischen Königs der Zeit der spartanischen *arché*) und des Herakles (des mythischen Urvaters nicht nur des Philippos, sondern auch der *pólis* Sparta) spiegelt sich vielleicht auf einer weiteren Ebene die bereits zuvor beobachtete Gegenüberstellung der frühen mit der jüngeren Vergangenheit, die Gegenüberstellung von *arché* und *hêgemonía*.[191] Auf ähnliche Weise wird Isokrates wenige Jahre später die Politik Spartas (und implizit auch jene Athens) in der Zeit der *arché* einem anderen König des Mythos gegenüberstellen, der gegen Troia Krieg führte: Agamemnon.[192]

---

[186] Dieser Krieg ist schon in Isok. IX 16 als vorbildhafter Perserfeldzug erwähnt (Gotteland 2001: 213–216, Alexiou 2010: 94). Vorlage für den isokratischen Bericht könnt Pind. Isth. VI 24–56 sein, wo neben der Eroberung Troias auch weitere Eroberungen des Herakles erwähnt sind. Einen ausführlichen Bericht über den Mythos des Ersten Troischen Krieges bietet Apollod. II 103–104 (Vorgeschichte), II 134–138 (Belagerung und Eroberung), der wie Isokrates (im Anschluss an den oben zitierten Passus) weitere Kriege gegen Könige/Tyrannen in Kleinasien und im griechischen Mutterland erwähnt.

[187] Gotteland 2001: 243–244.

[188] Wendland 1910a: 147.

[189] Dobesch 1968: 106–107, Grieser-Schmitz 1999: 200–201.

[190] Heilbrunn 1967: 164, Alexiou 1995: 94–95, der in der Heraklesfigur die Tugenden der *philotimía* (dies ergibt sich schon aufgrund der Parallele zu Archidamos, der seine *philotimía* zu falschen Zwecken einsetzt), *phrónêsis* und *dikaiosýnê* verkörpert sieht. In Isok. XII 187 wirft Isokrates den Spartanern vor, sie hätten Ihre militärischen Siege – anders als die Niederlage bei den Thermopylen – in Kriegen gegen Gegner errungen, gegen die sie nicht hätten Krieg führen dürfen („[...] τὰς νίκας τὰς κρατήσασας μὲν τῶν ἐναντίων, πρὸς οὓς δ' οὐκ ἐχρῆν γεγενημένας [...]").

[191] Vgl. Wendland 1910a: 134: „[...] die Pläne des Isokrates [sc. werden] in die Vergangenheit projiciert und als schon von Herakles verwirklicht dargestellt [...]", Schmitz-Kahlmann 1939: 50–52.

[192] Vgl. Isok. XII 73–90 (s. dazu u. Kap. B.9.4.4). Auf die Parallele weisen Schmitz-Kahlmann 1939: 53–55 und Gotteland 2001: 239–247 hin.

B.8.5 Ergebnis

Exempla der spartanischen Geschichte und Staatlichkeit kommen im *Philippos* eine zentrale Rolle zu. Sie bestimmen die historischen Argumentationen über den gesamten Hauptteil der Rede hinweg. Die Beschreibung von Sparta als entweder nachzuahmendes Vorbild oder als abschreckendes Beispiel folgt den schon in früheren Reden beobachteten Mustern.

Lobenswertes an beziehungsweise in Sparta findet der Sprecher zum einen in der Vergangenheit (außenpolitisches Handeln), zum anderen in der Gegenwart, hier jedoch ausschließlich im Hinblick auf staatliche Institutionen.[193]

In der Zeit der Vorväter (Perserkriegszeit, §146–148) sowie im Vorbild seiner mythischen Urahnen (Herakles, §109–112) zeigt sich Spartas außenpolitischer Kurs geprägt vom Einsatz für alle Griechen. In den innergriechischen Verhältnissen sind spartanische Akteure um einen Ausgleich der Interessen und um Frieden bemüht. Die machtpolitische *epithymía* und *pleonexía* richtet sich ausschließlich gegen die Barbaren. Bei den Thermopylen beweisen die Spartaner gar, dass sie in ihrem Einsatz für alle Hellenen bereit sind, die eigene Existenz, das eigene Leben für das *koinón* zu opfern. In dieser Unterordnung des partikularen *pólis*-Interesses unter das Interesse eines hellenischen *koinón* wird das frühere Sparta mit dem Athen derselben Zeit parallelisiert. Beide *póleis* erscheinen als bedeutende Mächte einer früheren Zeit, die ihre militärische Macht in den Dienst der Interessen der Schwächeren und der Gemeinschaft stellen.

Das Lob des spartanischen Königtums (*basileía*) in §79–80 erfolgt nach demselben Maßstab. Hier steht das Verhältnis zwischen Machthaber und einfacher Bevölkerung im Mittelpunkt. Indem sich die spartanischen Könige das Wohlwollen (*eúnoia*) der Bürger erwerben, gelangen sie in die Stellung eines innenpolitischen *hēgemón*. Sparta ist aufgrund dieser harmonischen inneren Verfassung frei von *stásis* (§51–52). Diese Stellung soll Philippos in Isokrates' Augen unter den griechischen *póleis* anstreben. Sie entspricht der Stellung, die Sparta und Athen in Isokrates' Darstellung früherer Reden (vor allem im *Panegyrikos*) in der Perserkriegszeit innehatten, und deren Berechtigung sich in Isokrates' Augen im Einsatz für die übrigen *póleis* in den Perserkriegen unter Beweis gestellt hatte. Diesen Einsatz für das *koinón* bezeichnet er im *Philippos* als einzige Taten Athens und Spartas, die je das Lob der Hellenen gefunden hätten (§146–148).

Was Isokrates somit im *Philippos* an Sparta Lobenswertes findet, ist einzig und allein das wahrhaft hegemoniale Verhalten dieser *pólis* in der Vergangenheit, das sich im diesbezüglichen Lob der Hellenen widerspiegelt und das noch in der Gegenwart – jedoch beschränkt auf die Stellung der spartanischen Könige im Inneren – besteht. Das spartanische Königtum als Institution findet insofern folgerichtig Lob als besonders alte Institution (aus heraklidischer Zeit, §32), als Relikt einer idealisierten Vorzeit eines hegemonial agierenden Sparta.

---

[193] Ollier 1993: 334 glaubte noch keinerlei positive Bemerkung zu Sparta im *Philippos* zu finden.

In Gegenwart und jüngerer Vergangenheit ist Spartas Außenpolitik nicht vom Primat des Gemeininteresses geprägt. Sparta agiert nicht mehr als *hêgemón*, sondern strebt eine Gewaltherrschaft (*arché*) an. Dies zeigt sich zum Beispiel im Exemplum des Agesilaos (§86–88), der seinen Perserfeldzug nicht wie Herakles nach erzielter Einigung der *póleis* mit diesen gemeinsam unternimmt, sondern gleichzeitig Persien erobern und die *póleis* durch Dekarchien beherrschen will. Während Herakles seinen Feldzug in kürzester Zeit erfolgreich beendet, führt Agesilaos' Kriegspolitik zu Spartas Niedergang und ruft in ganz Hellas *metabolé* und *taraché* hervor.

Die spartanische Kriegspolitik der jüngeren Vergangenheit und ihre Folgen werden im *Philippos* immer wieder und in verschiedenen Exempla kritisiert. Sparta ist an sämtlichen innergriechischen Auseinandersetzungen beteiligt und trägt durch sein Gewaltregime über die übrigen *póleis* zu deren Entstehen bei (§39–40, 58–61). Die *pleonexía* Spartas richtet sich nicht wie in der Vorzeit gegen die Barbaren, sondern der eigene Machtausbau geschieht auf Kosten der übrigen *póleis*. Zu diesem Zweck verbündet sich Sparta gegen die anderen Hellenen mit dem persischen Großkönig (§42–45). Ziel des Machtstrebens ist die Errichtung (und Aufrechterhaltung) der Seeherrschaft (§58–61). Folge dieser Zielsetzung ist der Hass der Hellenen (also das Gegenteil der auf *eúnoia* basierenden Ehrenstellung des *hêgemón*), und Folge dieses Hasses sind inner-griechische Kriege, die am Ende zu *metabolé* und *taraché* im Inneren der *póleis*, aber auch in den gesamtgriechischen Verhältnissen führen. Sparta verliert die Macht infolge seiner gewaltsamen Machtpolitik (§47–50).

Die Parallelisierung von Athen und Sparta wird hinsichtlich der Kritik an der nach innen gerichteten *pleonexía* beziehungsweise der *arché* der jüngeren Vergangenheit weniger explizit vollzogen als im Hinblick auf das Lob der *hêgemonía* der Vorzeit. Dennoch ist Athen ständig präsent, z. B. wenn die Existenz ungenannter ähnlicher Exempla aus der athenischen Geschichte ausdrücklich betont wird (§39–40, 56, 58–59). Es ist davon auszugehen, dass die gewählten historischen Exempla auch daraufhin ausgerichtet sind, diese vergleichbaren Beispiele aus der jüngsten athenischen Geschichte beim Publikum in Erinnerung zu rufen. So konnte man beispielsweise angesichts der Erwähnung des ‚Zuges der Zehntausend' auch an die athenische Unterstützung für den persischen Satrapen Ariobarzanes denken, der sich 366 gegen den Großkönig erhoben und dem Athen eine Flotte unter Timotheos zur Unterstützung entsandt hatte.[194] Mit jedem Beispiel gescheiterter Seemachtpolitik Spartas wird so auch an das Scheitern der athenischen Seemachtbestrebungen erinnert.[195]

---

[194] Vgl. Welwei 1999: 287–288.

[195] Anders Grieser-Schmitz 1999: 202, der davon ausgeht, dass Isokrates die Zeit der athenischen Seebundpolitik im Jahr 346 für vergangen erachte, weshalb Athen im *Philippos* keine Rolle spiele. Dagegen lässt sich leicht einwenden, dass Isokrates noch weniger von einer spartanischen als von einer athenischen Machtstellung ausgehen konnte. Wenn eine nähere Erwähnung Athens aus diesem Grunde ausgespart wären, dann wäre das Gleiche auch von den spartanischen Exempla erwarten.

B.8.5 Ergebnis

Insbesondere aber ist bemerkenswert, dass es mit Alkibiades ein Athener ist, der in Sparta den Wandel von der hegemonialen zur gewaltsamen Außenpolitik herbeiführt. Dies ist als Hinweis zu verstehen, dass das Streben nach der Seeherrschaft vor allem in Athen vorhanden gewesen sei (eine Auffassung, die ohnehin naheliegen musste).[196] Indem ein prononcierter Vertreter des Athen des Delisch–Attischen Seebundes das traditionell aristokratische Sparta zu einem solchen Kurswechsel überredet, wird der Gegensatz zwischen *hêgemonía* und *arché* darüber hinaus auf die Ebene eines Gegensatzes zwischen Aristokratie und Demokratie gehoben. Damit bestätigt der *Philippos* die oben vorgestellte Interpretation des *Archidamos*: In Isokrates' Augen hat sich das Sparta der jüngeren Vergangenheit von seinen aristokratischen Idealen abgekehrt. Es agiert ebenso wie die demokratischen Vertreter der Seeherrschaftspolitik in Athen. Die *arché* beziehungsweise jede gegen andere Griechen gerichtete Politik erscheint bei Isokrates als politisches Ziel der Erfolglosen und der Machtlosen, die eine *metabolé* der Verhältnisse herbeisehnen – sie erscheint mithin als politisches Ziel des *plêthos*.

---

[196] Sparta wird durch die Rolle des Alkibiades nicht für seine Politik entschuldigt. Vielmehr zeigt sich im Frontenwechsel des Alkibiades sinnbildlich, dass sich beide *póleis*, Athen und Sparta, von der Versuchung der Macht verleiten ließen und sich so zugrunde richteten.

οὗτος μὲν πανάριστος, ὃς αὐτὸς πάντα νοήσῃ
φρασσάμενος, τά κ' ἔπειτα καὶ ἐς τέλος ᾖσιν ἀμείνω·
ἐσθλὸς δ' αὖ κἀκεῖνος, ὃς εὖ εἰπόντι πίθηται·
ὃς δέ κε μήτ' αὐτὸς νοέῃ μήτ' ἄλλου ἀκούων
ἐν θυμῷ βάλληται, ὃς δ' αὖτ' ἀχρήιος ἀνήρ.
(Hes. erg. 292–296)

ἀλλ' εἴπερ ἐστὶν ἐν βροτοῖς ψευδηγορεῖν
πιθανά. νομίζειν χρή σε καὶ τοὐναντίον
ἄπιστ' ἀληθῆ πολλὰ συμβαίνειν βροτοῖς.
(Eur. Thyest. TrGF F 396 =
Arist. Rhet. 1397a7–13)

B.9 *Panathenaikos* (Isok. XII)

Der *Panathenaikos* ist das vermutlich späteste[1] Werk des Isokrates und zugleich sein ungewöhnlichstes, so dass man ihn in Anbetracht der Hürden, die er an die Interpreten stellt, „a strange and complex beast" genannt hat.[2] Besonders in der jüngeren Forschung

---

[1] Gemeinhin datiert man die Schrift, Isok. XII 266–270 folgend, in das Jahr 339 (z. B. Blaß ²1892: 319–320, Wendland 1910a: 138–139, Treves 1933a: 316–317, Zucker 1954: 3, Kröner 1969: 103, Signes Codoñer 1996: 138 und 1998: 69–70, Roth 2003a: 71). Auch dieses Datum kann streng genommen nur als *terminus post quem* gelten, da Krankheitsbericht und Altersangabe der *persona* ‚Isokrates' keine größere historische Authentizität beanspruchen können als andere derartige Berichte dieser *persona*. Indes spricht nichts für ein späteres Datum der Publikation, zumal in Anbetracht des hohen Alters des Isokrates, der 339 97-jährig gewesen sein dürfte, so dass das überlieferte Todesdatum 338 ([Plut.] vit. X orat. 838d, bestätigt durch Chron. Oxy. FGrH 255 F 1,5), nicht lange nach dem dramatischen Datum des *Panathenaikos*, plausibel erscheint. Ein späteres dramatisches Datum als der *Panathenaikos* weist der pseudoisokratische *Brief an Philippos* auf ([Isok.] ep. III). Die bisherigen Versuche, die überaus hoffnungsfrohe Reaktion auf die Niederlage von Chaironeia in diesem Brief zu erklären (vgl. Wendland 1910a: 177–182, Kessler 1911: 5, 73–74, Mesk 1916: 20–22, 33–34, Mathieu 1924: 46–50, Wilcken 1929: 298 mit Anm. 2, Welles 1966: 22, Markle 1976: 86–89, Marzi 1994: 9–10, Too 1995: 45, Gómez 1998: 67–68, Villard 2006: 199, dagegen: Rostagni 1913: 131–133, Treves 1933a: 308–313 und 1933b: 26–29, Carrata 1949: 31–32 mit Anm. 90), sind nicht überzeugend. Das gilt auch für die neueste Deutung und Neudatierung (345/344) des Briefes bei Signes Codoñer 2001: 30–51 – nicht zuletzt deshalb, weil die isokratischen Schriften hier durchweg als ‚publizistisch' aufgefasst und interpretiert werden (s. dazu o. Kap. A.3.2.1). Der Brief erweckt in seiner positiven Verklärung der Situation des Herbstes 338 eher den Eindruck einer im Interesse des Philippos (oder des Alexandros) *ex post* – auf jeden Fall in Kenntnis der makedonischen Propaganda zum erst 337 (nach Isokrates' Tod) gegründeten Korinthischen Bund – vorgenommenen Bewertung von Chaironeia. Der Brief ist daher als nachisokratische Schrift zu betrachten.

[2] Gray 1994b: 104.

ist diese Schrift daher Gegenstand zahlreicher wissenschaftlicher Untersuchungen gewesen.[3] In einer mit der *Antidosis* vergleichbaren Weise sind in diese Schrift Abschnitte und Gedankengänge zahlreicher früherer isokratischer Schriften eingearbeitet.[4] Anders als in der *Antidosis* wird im *Panathenaikos* jedoch weder wörtlich zitiert noch in jedem Fall explizit auf die werkimmanenten Bezüge hingewiesen. Die Schrift enthält eine Lobrede auf Athen (§42–198), die die Gedankenwelt der früheren isokratischen Schriften zusammenfasst und in sich vereint, gewissermaßen die Summe zentraler Ideen des isokratischen Werkes bildet – ohne dabei den Charakter eines *florilegium* anzunehmen.

An diese Lobrede auf Athen schließen sich zwei Gespräche des Isokrates im Kreise seiner Schüler an (§199–265), in denen die Rede einer inhaltlichen und methodischen Kritik unterzogen und mithin die Möglichkeit erörtert wird, ob sich in manchen Argumentationsgängen der vorangegangenen Lobrede – und damit mittelbar im gesamten isokratischen Werk, das, wie erwähnt, darin gleichsam zusammengefasst ist – *amphibolía* (ἀμφιβολία) verberge, das heißt ob die Lobrede Argumente enthalte, die das Potential haben, zwei zueinander im Gegensatz stehende Aussagen zu transportieren.[5] Der *Panathenaikos* enthält in dieser sogenannten ‚Dialogszene' den ausführlichsten Kommentar zu möglichen Formen der Aufnahme, Exegese und Kritik isokratischer Schriften durch das Publikum. Es ist nicht zuletzt dieser Aspekt, der diese Schrift für die vorliegende Arbeit besonders interessant macht und daher nähere Behandlung erfahren muss.

Daneben ist der *Panathenaikos* indes auch ganz allgemein von großem Interesse für die Evaluierung des isokratischen Spartabildes. Denn das Lob auf Athen im Hauptteil wird anhand eines umfangreichen Vergleiches zwischen Athen und Sparta gewonnen. In keiner anderen Rede des Isokrates wird die Gegenüberstellung Athens und Spartas so ausführlich und in so scharfer Kontrastierung durchgeführt wie im *Panathenaikos*. Christoph Eucken hat die Schrift auf überzeugende Weise zu einem Angriff auf den in der staatsphilosophischen Literatur verbreiteten ‚Mythos Sparta' erklärt.[6] Euckens Deutung des *Panathenaikos* wird hier im Wesentlichen vorausgesetzt und nicht im Detail weiterverfolgt werden. Darüber hinaus sind aber weitere Fragen offen: Wie ist die Spartakritik

---

[3] Für die vorliegende Arbeit wurde v. a. auf die folgenden Spezialuntersuchungen zurückgegriffen: Lehmann (R.) 1853, von Arnim 1917, Zucker 1954, Kröner 1969, Race 1978, Eucken 1982, Schäublin 1982, Erler 1992, Gray 1994a und 1994b, Masaracchia 1995, Signes Codoñer 1996, 1998 und 2001, von Reden/Goldhill 1999, Roth 2003a und 2003b, Pratt 2006. Einen konzisen Forschungsüberblick bis 2003 gibt Roth 2003a: 11–16.

[4] Vor allem auf die Bezüge zum *Panegyrikos* wurde häufig hingewiesen (z. B. Ollier 1933: 335, 342, Treves 1933a: 303, Baynes 1955: 152, Loraux 1981: 96, Masaracchia 1995: 123). Einen guten Zugang zu den Parallelen zu anderen Schriften bietet der Kommentar von Roth 2003a.

[5] S. dazu u. S. 573.

[6] Eucken 1982: 67–70. Zugleich versteht Eucken den *Panathenaikos* als grundsätzlichen Angriff gegen Platons Staatsentwurf, der die Institutionen, die *idéai* des Staates, mithin das Formale in den Mittelpunkt rücke. Demgegenüber vertrete Isokrates den Standpunkt, dass die *areté* und das Handeln der Bürger, mithin die Anwendung der *idéai* allein entscheidend für die Qualität der *pólis* und ihrer *práxeis* seien (ebd. 52–58, 67–70).

des *Panathenaikos* und deren scheinbare Infragestellung in der Dialogszene in das politische und pädagogische Denken des Isokrates einzuordnen? Welche Funktionen erfüllten die zahlreichen spartanischen Exempla im Hinblick auf das isokratische ‚Programm'? Diese bislang zu wenig verfolgte Fragestellung soll in der folgenden Untersuchung im Mittelpunkt stehen.

B.9.1 Inhaltlicher Überblick

Der *Panathenaikos* beginnt mit einem sehr langen Proömium (§1–39), in dem eine ausführliche programmatische Widerlegung von Kritikern der isokratischen *paideía* (§5–34) von der Erläuterung der *hypóthesis* des folgenden Hauptteils (Lobrede auf Athens *práxeis* und die *areté* der Vorfahren) umrahmt wird (§1–5, 35–39). Das Proömium stellt somit diese *hypóthesis* unter das Leitmotiv der Erziehung zur *areté*.

Der Hauptteil der Schrift (§39–265) besteht aus drei großen Abschnitten ganz unterschiedlichen Charakters. Zunächst wird das angekündigte Lob auf Athen präsentiert, das in einem Vergleich mit Sparta durchgeführt wird. Dabei wird in zwei Schritten zunächst das Lob der *práxeis* (1. Teil §42–107), danach das Lob der *politeía* – und damit der *areté* – der Vorfahren (2. Teil §114–198) präsentiert. In einleitenden Binnenproömia (§39–41, 108–113) wird jeweils einerseits das methodische Vorgehen, andererseits die *dóxa*, die durch den Abschnitt widerlegt werden soll, erläutert. Es folgt schließlich im 3. Teil die oben erwähnte Dialogszene (§199–265), in der ‚Isokrates' mit einem ‚Spartafreund' über die beiden vorangegangenen Abschnitte diskutiert, wobei letztgenannter die These präsentiert, dass die Lobrede auf Athen, in der Sparta durchweg scharf angegriffen wird, in Wahrheit zugleich eine Lobrede auf Sparta sei. Der *Panathenaikos* schließt mit einem Epilog, der erneut das Thema der *paideía* als Ziel isokratischer Schriften und somit als übergeordnetes Thema der ganzen Schrift benennt (§266–272).

B.9.2 Moderne Deutungen

Dass der *Panathenaikos* als Lobrede auf Athen bei gleichzeitiger Kritik an Sparta eine Schrift politischen Inhalts, einen *lógos politikós*, darstellt, ist nicht zu bestreiten. Lange Zeit jedoch betrachtete man die Schrift, dem Paradigma von der isokratischen ‚Publizistik' folgend, als Kommentar zum spezifischen politischen Geschehen der späten 340er Jahre, insbesondere als Versuch einer Einflussnahme auf den Konflikt zwischen Athen und Philippos II. von Makedonien.

Zumeist betrachtete man den *Panathenaikos* als ursprünglich promakedonische Schrift, in der Philippos II. auf implizite Weise als Ideal des hellenischen *hêgemṓn* präsentiert werde.[7] Die Kritik an Sparta sei eine Reaktion auf Spartas antimakedonische Politik. Nach Unterbrechung der 342 begonnenen Abfassung der Schrift aufgrund einer Krankheit[8] habe sich Isokrates bei der Wiederaufnahme der Arbeit im Jahr 339 einer neuen Situation gegenübergesehen. Der neu entfachte Krieg zwischen Philippos und Athen habe Isokrates zum Widerruf seiner Kritik an Sparta in der Dialogszene veranlasst.[9] Gelegentlich wurde auch eine publizistische Unterstützung der athenischen Politik, insbesondere der Annäherung an Theben, sowie eine Forderung nach Erneuerung athenischer Führungsansprüche in der hellenischen Welt angenommen.[10]

Vor dem Hintergrund der politischen Lage der ausgehenden 340er Jahre erscheinen alle diese Interpretationen jedoch wenig plausibel. Nicht nur finden sich in der ganzen Schrift keine Andeutungen, die auf Philippos II. oder Makedonien verweisen könnten,[11] es bleibt vielmehr unklar, wie die makedonische Politik der ausgehenden 340er Jahre mit

---

[7] Hier betrachtete man v. a. den sogenannten Agamemnon-Exkurs als Allegorie für Philippos II. Von dieser Deutung ist die Forschung indes mittlerweile abgerückt (s. u. Kap. B.9.4.4).

[8] Isok. XII 266–270. Dieser Abschnitt ist wesentlich für die bis heute vorherrschende Annahme verantwortlich, Isokrates habe den *Panathenaikos* nicht als einheitliche Schrift konzipiert, sondern nach seiner Krankheit (die m. E. als literarische Fiktion zu betrachten ist) die Dialogszene als den veränderten Verhältnissen geschuldeten Nachtrag beigefügt (Wendland 1910a: 174–176, Münscher 1916: 2217, Zucker 1954: 7–8, 20–21 [die alle auch Isok. XII 108–198 als Nachtrag auffassen], Masaracchia 1995: 136, Signes Codoñer 1998: 70–73 und 2001: 51–53, Roth 2003a: 104–105, 262–264). Weitere angebliche Hinweise dafür, dass die Arbeit an der Schrift aufgrund einer Krankheit unterbrochen worden sei und eine spätere inhaltliche Überarbeitung der älteren Teile stattgefunden habe, bietet Masaracchia 1995: 81–149. Natoli 1991 wendet sich gegen die Annahme der Unterbrechung der Arbeit, stellt aber nicht die Historizität der Krankheit selbst infrage.

[9] Diese Interpretation der Schrift geht zurück auf Blaß ²1892: 93–94 und v. a. Wendland 1910–1: 137, 144; vgl. später Kessler 1911: 65–67, Münscher 1916: 2217–2219, Cloché 1933: 134–138, Ollier 1933: 334–335, Masaracchia 1995: 81–148.

[10] So deuteten Rostagni 1913: 146–147, 153–154, Treves 1933a: 313–319 und 1933b: 28 (der Isokrates gar einen ‚Philoboötismus' attestiert), Momigliano 1934: 151, 190–191, Rawson 1969: 43, Marzi 1994: 8 die Schrift. Auch der Titel *Panathenaikos* scheint eine solche Deutung zu stützen, da er auf eben jenes athenische Fest verweist, bei dem athenische Seemachtambitionen schon zur Zeit des Delisch-Attischen Seebundes besonders plakativ zur Schau gestellt wurden – was in Isok. VIII 82–83 ausdrücklich kritisiert wird; vgl. Perlman 1976: 13, Too 1995: 140–146, v. a. 145, Hunt 2010: 263.

[11] Treves 1933b: 28, Eucken 1982: 44, Gray 1994a: 259, Signes Codoñer 1996: 141, 149–150 (zum Agamemnon-Exkurs). Wenn die Schrift die öffentliche Meinung in Athen im Interesse des Philippos hätte beeinflussen sollen, dann müsste Sie – selbst wenn eine solche Positionierung aufgrund des politischen Klimas nur versteckt und vorsichtig hätte erfolgen können – erkennbare Hinweise auf die Gegenwart und insbesondere auf Makedonien enthalten müssen. Allein auf die Vermutung, Isokrates habe sich als ‚Publizist' verpflichtet fühlen müssen, zu den Ereignissen vor Chaironeia öffentlich Stellung zu beziehen (so Zucker 1954: 19–20), kann sich die Annahme einer publizistischen Absicht jedenfalls nicht stützen. Eine umfassende kritische Auseinandersetzung mit der Deutung des *Panathenaikos* als promakedonischer Schrift bietet Signes Codoñer 1996 und 1998.

B.9.2 Moderne Deutungen

Isokrates' Vorstellungen von *homónoia* und *eúnoia* vereinbar gewesen sein soll, die auch im *Panathenaikos* thematisiert werden.[12] Zudem befand sich Athen während der gesamten für die Entstehung des *Panathenaikos* infrage kommenden Zeit im Konflikt mit Makedonien und suchte seit spätestens 341, die großen griechischen *póleis* für einen neuen Hellenenbund zu gewinnen.[13] Der athenozentrische Ton der ganzen Schrift hätte Athens Werben um Bundesgenossen wohl eher behindern als fördern können. Vor diesem Hintergrund erscheint die kompromisslose und schroffe Form der Emporhebung Athens über die übrigen *póleis* und insbesondere über ein geradezu verteufeltes Sparta, wie sie Isokrates im *Panathenaikos* zu betreiben scheint, nur schwer als athenische ‚Propaganda' erklärbar. Nimmt man an, dass die Schrift vor allem der Verurteilung Spartas dienen solle, so wäre zudem zu erklären, welchen Zweck ein derartiger Angriff gegen Sparta gut zwanzig Jahre nach dessen machtpolitischer Marginalisierung und vor dem Hintergrund der makedonischen Bedrohung gehabt haben sollte.[14]

Liest man die Schrift als tagespolitisches Pamphlet, so muss sie also zwangsläufig als Anachronismus erscheinen in einer Zeit, in der Athen um Unterstützung der anderen *póleis* im Kampf gegen Makedonien warb.[15] Auch formale Gründe sprechen gegen diese Annahme. So lässt sie sich nur aufrechterhalten, wenn man zugleich die Dialogszene, von der jüngeren Forschung einhellig als integraler Bestandteil der Komposition der Schrift aufgefasst, als spätere Appendix zum ‚eigentlichen' *Panathenaikos* betrachtet.[16] Die Absicht unmittelbarer politischer Wirkung ist also mit einiger Wahrscheinlichkeit auszuschließen.

---

[12] Die von Masaracchia 1995: 81–149 erneuerte Lösung der älteren Forschung, Isokrates habe zwischen 342 und 339 seine politische Haltung gegenüber Makedonien geändert, ist von den nicht nachweisbaren und wenig plausiblen Annahmen abhängig, Isokrates' Krankheitsbericht in Isok. XII 266–270 gebe auf authentische Weise den Entstehungsprozess der Schrift wieder, und die Schrift habe ursprünglich als promakedonisches Pamphlet wirken sollen. Signes Codoñer 1998: 73–77, 80–82 hat dagegen gezeigt, dass eine Adressierung an Philippos selbst unter der Annahme sowohl einer publizistischen Absicht des *Panathenaikos* wie auch mehrerer Entstehungsphasen der Schrift unwahrscheinlich ist.

[13] Die antimakedonische Stimmung in Athen in der Zeit seit 343/342, die u.a. zur Exilierung des Androtion und zur Flucht des Philokrates führte, beschreibt Markle 1976: 92–93, vgl. auch Signes Codoñer 1998: 77–87.

[14] Sykutris 1927: 34, Ollier 1933: 341–344, Baynes 1955: 152, Eucken 1983: 44 und Usher 1999: 319. Baynes und Usher nehmen an, erst das Ende der spartanischen *arché* 371 habe es Isokrates ermöglicht, seine Kritik an Sparta in aller Offenheit zu formulieren. Beide klären jedoch weder, wie dies mit dem *Archidamos* in Einklang zu bringen sein soll, noch, aus welchem Grund Isokrates Sparta noch als Objekt der Kritik für relevant gehalten haben soll. Über die scharfe Kritik an der „quantité négligeable" wunderte sich bereits Friedrich 1893: 20, ähnlich Rawson 1969: 43.

[15] Gray 1994a: 259, anders Zucker 1954: 23, der eine ungeachtet politischer Bündnisse nach wie vor starke Abneigung der Athener gegen Sparta als Grundlage für Isokrates' Spartakritik betrachtet.

[16] S. dazu u. Kap. B.9.6. Zusammen mit der Dialogszene müsste man zudem die meisten weiteren selbstreflexiven Passus (Isok. XII 6–34, 95–96, 108–113) als spätere Zusätze betrachten, wie dies etwa Masaracchia 1995: 83 versucht.

In der folgenden Untersuchung wird der *Panathenaikos* stattdessen mit Christoph Eucken als „sozialphilosophische Betrachtung" verstanden.[17] Wichtige Grundlagen für die vorliegende Untersuchung stellen die Interpretationen Vivianne Grays, die die Bedeutung des richtigen Maßes von Lob und Tadel als ein wesentliches Thema des *Panathenaikos* herausgearbeitet hat,[18] und Peter Roths dar,[19] der auf überzeugende Weise gezeigt hat, dass Isokrates in der Dialogszene zwar seine Kritik an Sparta nicht widerruft, dass aber der Interpretationsansatz, der dort präsentiert wird, von Isokrates nicht als Irrweg gekennzeichnet ist. Dass Isokrates' Forderung nach einer ausgewogenen und sachbezogenen Form des Lobes und der Kritik im *Panathenaikos* Kritik an Athen, insbesondere am Athen der jüngeren Vergangenheit, impliziert, haben Juan Signes Codoñer und Jonathan Pratt gezeigt.[20] In der folgenden Untersuchung sollen die Einbindung dieser Thematik in das größere Thema der isokratischen *paideía* und deren Auswirkungen auf das politische Handeln der beiden großen Exempla Sparta und Athen im Mittelpunkt stehen.[21]

Eine besondere Stellung nimmt in der Forschung die Dialogszene (§199–265) ein. Dieser Abschnitt gehört zu den meistbesprochenen und meistumstrittenen des isokratischen Werkes. Relativ einig war man sich stets darin, dass die Szene literarischen Charakters sei, also keinen dokumentarischen Bericht über echte Gespräche im Kreis der Schüler darstelle.[22] Dennoch ging man zumeist davon aus, Isokrates präsentiere der Nachwelt hier einen zwar fiktiven, aber mehr oder weniger authentischen Bericht über die in seiner Schule übliche Praxis der Diskussion isokratischer Texte.[23] Über die Bedeutung der Dialogszene für die Interpretation des *Panathenaikos* wurde jedoch bis heute keine Einigkeit erreicht,[24] was durchaus daran liegen könnte, dass Isokrates diese Szene eben mit der Absicht konzipiert hat, ihre Intention im Unklaren zu lassen.

In der älteren Forschung versuchte man, die Szene im Sinne der oben skizzierten politisch–publizistischen Deutungen zu erklären. Die Hauptlinien dieser Interpretation gab schon Friedrich Blaß vor, der zwei mögliche Bedeutungen des Abschnitts in Erwägung zog, ohne einer den Vorzug zu geben: Entweder sei die Dialogszene dazu gedacht,

---

[17] Eucken 1982: v. a. 64–66.
[18] Gray 1994a.
[19] Roth 2003a und 2003b (gegen Gray 1994a).
[20] Signes Codoñer 1998: 90–93; Pratt 2006: 89–100.
[21] Vgl. dazu auch Pratt 2006: 37–100.
[22] Ausnahmen sind Oncken 1862: 32, Burk 1923: 64, Usener (S.) 1994: 43–54, die hier reale Diskussionen dokumentiert sehen wollen.
[23] Zucker 1954: 17–18, Dobesch 1968: 34, Kröner 1969: 108, Schäublin 1982: 167, Eucken 1983: 3–4, Erler 1992: 126, Gray 1994b: 101–103, Alexiou 2005: 46–47 und 2010: 20, dagegen Pratt 2006: 38.
[24] Einen Überblick über die verschiedenen Ansätze bis etwa 2001 gibt Roth 2003a: 11–16. In jüngerer Zeit sind besonders die Arbeiten von Signes Codoñer 1998, von Reden/Goldhill 1999 und Pratt 2006 hervorzuheben. Die Bezeichnung als ‚Dialog' geht auf Kröner 1969: 106–107 zurück.

B.9.2 Moderne Deutungen

im Interesse ‚panhellenischer' Einheit eine durch den ‚Spartafreund' repräsentierte spartafreundlichere Lesart des Hauptteils als gültig einzuführen, oder die Argumentation des ‚Spartafreundes' auf der Grundlage des Naturrechts solle zeigen, dass man ein Spartalob nicht auf dem Boden der Bürgermoral durchführen könne, eine solche Deutung des Hauptteils mithin unmöglich sei.[25]

Dem ersten Standpunkt schlossen sich vor allem jene Interpreten an, die die Publikation des *Panathenaikos* 339 als Unterstützung des Krieges gegen Makedonien auffassten und den *Panathenaikos* als aus mehreren voneinander unabhängigen und zu unterschiedlichen Zeiten entstandenen Teilen bestehende Schrift verstanden.[26] Dagegen stand die alternative Auffassung, der ‚Spartafreund' trage ganz Unisokratisches vor, so dass die Dialogszene zur Kritik an Sparta beitrage.[27] Einen vermittelnden Standpunkt vertrat Eugène Napoleon Tigerstedt, der die Dialogszene als Selbstkommentar des Isokrates zu einem in seinen Schriften vertretenen widersprüchlichen Spartabild verstand.[28] In jüngerer Zeit hat David Konstan einen interessanten politischen Aspekt ins Spiel gebracht. Seiner Meinung nach bringt Isokrates in der *persona* des ‚Spartafreundes' seine Distanzierung von zu scharfer Kritik an Sparta zum Ausdruck und verweist zugleich kritisch auf das politische Klima Athens, in dem dissidente Meinungen unterdrückt würden.[29]

Daneben waren zunächst vor allem Deutungen der Szene im Hinblick auf den rhetorischen Charakter der isokratischen Schriften vorherrschend, meist dahingehend, dass Isokrates das Potential des *lógos* demonstriere, ein und denselben Sachverhalt auf gegensätzliche Weise darzustellen.[30] Seit der zweiten Hälfte des 20. Jhs. und der verstärkten Abkehr von der Annahme des publizistischen Charakters der isokratischen Schriften ist indes verstärkt die Bedeutung der Dialogszene als ‚Anleitung' oder Kommentar zur Methode der Textinterpretation diskutiert worden.[31] Hierin dürfte wohl tatsächlich die größte Bedeutung des Abschnitts für die Isokrates-Interpretation liegen.[32] Im Kern dreht sich die

---

[25] Blaß ²1892: 323–324.
[26] Wendland 1910a: 167–177, Rostagni 1913: 154–155, Bloom 1955: 184–187. In jüngerer Zeit Marzi 1994: 8, Masaracchia 1995: 134–135.
[27] Münscher 1916: 2218 (Isokrates kann 339 nicht mehr offen zu Philippos II. sprechen), Ollier 1933: 340, 349 (Spartalob muss unisokratisch sein).
[28] Tigerstedt 1965, I: 193–197, Rawson 1969: 43–44, ähnlich auch Gomperz 1905/1906: 24–25 sowie Kessler 1911: 70–72, der in Sparta zugleich eine Allegorie für Makedonien sehen wollte.
[29] Konstan 2004: 119–120.
[30] Klett 1880: 14–15, von Arnim 1917: 252–257, 33–41 (der in der Dialogszene die sophistische Argumentationstechnik, die Gegenstand der isokratischen Lehre sei, für die Schüler der Nachwelt aufgedeckt sieht), Burk 1923: 130–131, ähnlich auch in jüngerer Zeit Too 1995: 68–73.
[31] Früh bereits von Arnim 1917: 253, Burk 1923: 151–152. Allgemein auch Usener (S.) 1994: 81, Alexiou 1995: 46–47 und 2010: 20. Dagegen Gray 1994a: 224–256. Gray schüttet aber gewissermaßen das Kind mit dem Bade aus, wenn sie aus der überzeugenden Analyse der Standpunkte des ‚Spartafreundes' als ‚Irrweg' die Schlussfolgerung zieht, dass Isokrates hier ‚Hintersinn' *per se* als Interpretationsmöglichkeit ausschließe.
[32] Eucken 1983: 3–4 betont zu Recht die methodische Bedeutung der Stelle für das gesamte isokratische Werk.

Diskussion bis heute um die Frage, ob Isokrates die interpretatorische Suche nach einem ‚Hintersinn' in seinen Schriften, deren Möglichkeit in der Szene offen angesprochen wird, als ideale Rezipientenhaltung empfehle[33] oder ob er umgekehrt den ‚Spartafreund', der diese Methode vorstellt, als Vertreter eines Irrweges kennzeichne.[34] Auch eine mittlere Position wurde vertreten, die im Ausbleiben einer Bewertung der Schülerinterpretation durch den Lehrer ‚Isokrates'[35] ein offenes Ende sieht, das die Entscheidung über die Deutung des Schülers dem Leser überlasse, so dass die Relevanz der Stelle in dem als Appell an die Aufmerksamkeit des Lesers zu verstehenden Hinweis auf die grundsätzliche Möglichkeit verborgener Lesarten liege.[36] Noch weiter geht die Annahme, Isokrates wolle in der Dialogszene eine grundsätzliche Mehrdeutigkeit und Offenheit literarischer Texte für die Interpretation durch das Publikum aufzeigen.[37] Dass die Reflexion über ‚Hintersinn' und *amphibolía* im *Panathenaikos* im Zusammenhang mit der platonischen Schriftkritik zu sehen ist, wurde zu Recht betont.[38] Zuletzt wurde vorgeschlagen, in der

---

[33] Steidle 1952: 295–296, Baynes 1955: 147–148, Brown/Coulter 1979: 248–249, Szlezák 1985: 360 mit Anm. 42.

[34] Lehmann (R.) 1853: 39–44, 53, 65–69 (der ‚Spartafreund' entspricht den Sophisten in Isok. XII 16–21), Kröner 1969: 108–119, Krischer 1982 (Isokrates steht gegen die *amphibolía* des ‚Spartafreundes' für rhetorische *saphéneia*), ebenso Erler 1992: 125–129, Fisher 1994: 347, Gray 1994a: 238–255 und 2000: 153–154, Wardy 1996: 130–132, Pratt 2006: 77.

[35] Isok. XII 265 (s. u. Kap. B.9.7).

[36] Eucken 1983: 3–4, der die Stelle aber insgesamt als „gewissen Hinweis [...], auf das verhalten Angedeutete in seinen Schriften zu achten" sieht. Ähnlich Bons 1993: 167–168 und 1997: 13–15, Signes Codoñer 1996: 155, Roth 2003a:221, 236–237, Usener (S.) 2003: 29, zuletzt v. a. überzeugend Pratt 2006: 89–100, der in der Szene einen Appell an des Leser sieht, den Ansatz des ‚Spartafreundes' verfolgend dessen Stelle einzunehmen – und zu besseren Ergebnissen als dieser zu kommen (ebd. 99–100). Wenig überzeugend nimmt Grieser-Schmitz 1999: 66–67 an, Isokrates wolle nicht mehr als darauf hinweisen, dass im Text gewisse ‚politische Konzessionen' enthalten seien, die er nicht missverstanden wissen wolle.

[37] Too 1995: 68–73, ähnlich Eden 1997: 128–129, Livingstone 1998: 276–277, von Reden/Goldhill 1999: 281–282, Alexiou 2001: 94–97, Morgan 2003: 187–188, Roth 2003a: 253–256 und 2003b: 144–145. Gegen solche Interpretationen (v. a. gegen Too ebd.) zu Recht Pratt 2006: 73–75. Zu weit geht wohl die Deutung bei Too (ebd.), die in der Dialogszene den Beleg dafür sieht, dass Isokrates jeden *lógos* als Teil einer Antilogie gestalte. Too bringt diese Idee in Verbindung mit Isokrates' Forderung, man müsse, um zu einem fundierten Urteil zu gelangen, stets beide Seiten der Argumentation betrachten (Isok. VIII 11, XV 17). Gerade diese Forderung zeigt aber eher, dass Isokrates zwar von dem antilogischen Potential des *lógos* ausgeht, dass er dies aber nicht mit einer Anerkennung beider Seiten gleichsetzt. Ziel der Forderung des Isokrates ist es ja gerade nicht, beide Meinungen zuzulassen, sondern in Kenntnis beider Meinungen entscheiden zu können, welche als richtig anzusehen sei.

[38] Kröner 1969: 305 (der aus diesem Grund die Bezeichnung ‚Dialog' für die Szene einführt), Brown/Coulter 1979: 248–249, Tulli 1990: 421–422, Erler 1992: 130, Roth 2003a: 99, 258–259 und 2003b: v. a. 148–149. Einen Zusammenhang mit Platons Staatslehre nimmt Eucken 1982: 52–60, 67–70 an. Zuletzt hat Pratt 2006: 130–149 im *Panathenaikos* eine Reaktion auf die platonische Kritik an sophistischen Bildungskonzepten gesehen. Pratt geht davon aus, dass Isokrates einen Bildungsansatz in öffentlicher Rede nach sophistischem Muster grundsätzlich befürworte und selbst vertrete, dass er

Dialogszene einen Kommentar zum Verhältnis zwischen philosophischer Betätigung und Partizipation an den Modi ‚sophistischer' und ‚politischer' *epídeixis* im öffentlichen Diskurs Athens zu sehen.[39]

B.9.3 Proömium

Die Vorrede zum *Panathenaikos* besteht aus zwei Abschnitten (§1–5a, 35–39a) zu Gegenstand und Charakter der im Hauptteil präsentierten Rede.[40] Diese Abschnitte werden getrennt durch einen Exkurs (§5b–34), in dem Isokrates sich mit an seiner Lehrtätigkeit geäußerter Kritik auseinandersetzt und seine Vorstellung von philosophischer *paideía* präsentiert.

B.9.3.1 Proömium (§1–5a, 35–39a): Der Charakter der Rede

Die Schrift beginnt mit folgender Charakterisierung ihres Inhaltes:

> (1) Νεώτερος μὲν ὢν προῃρούμην γράφειν τῶν λόγων οὐ τοὺς μυθώδεις οὐδὲ τοὺς τερατείας καὶ ψευδολογίας μεστούς, οἷς οἱ πολλοὶ μᾶλλον χαίρουσιν ἢ τοῖς περὶ τῆς αὑτῶν σωτηρίας λεγομένοις, οὐδὲ τοὺς τὰς παλαιὰς πράξεις καὶ τοὺς πολέμους τοὺς Ἑλληνικοὺς ἐξηγουμένους, καίπερ εἰδὼς δικαίως αὐτοὺς ἐπαινουμένους, οὐδ' αὖ τοὺς ἁπλῶς δοκοῦντας εἰρῆσθαι καὶ μηδεμιᾶς κοσμιότητος μετέχοντας, οὓς οἱ δεινοὶ περὶ τοὺς ἀγῶνας παραινοῦσι τοῖς νεωτέροις μελετᾶν, εἴπερ βούλονται πλέον ἔχειν τῶν ἀντιδίκων, (2) ἀλλὰ πάντας τούτους ἐάσας περὶ ἐκείνους ἐπραγματευόμην τοὺς περὶ τῶν συμφερόντων τῇ τε πόλει καὶ τοῖς ἄλλοις Ἕλλησι συμβουλεύοντας καὶ πολλῶν μὲν ἐνθυμημάτων γέμοντας, οὐκ ὀλίγων δ' ἀντιθέσεων καὶ παρισώσεων καὶ τῶν ἄλλων ἰδεῶν τῶν ἐν ταῖς ῥητορείαις διαλαμπουσῶν καὶ τοὺς ἀκούοντας ἐπισημαίνεσθαι καὶ θορυβεῖν ἀναγκαζουσῶν· νῦν δ' οὐδ' ὁπωσοῦν τοὺς τοιούτους.

> (1) Als ich jünger war, entschied ich mich, nicht solche Reden zu verfassen, die voller Mythen, Wunderdinge und Falschaussagen sind (worüber sich die Leute mehr freuen als über Reden, die von ihrer eigenen Rettung handeln), auch nicht solche, die die alten Taten und hellenischen Kriege ausführlich beschreiben (wenngleich ich wohl weiß, dass diese zu Recht gelobt werden), und auch nicht solche, die einfach gesprochen scheinen und keinen Schmuck aufweisen (sich in diesen zu üben empfehlen die in Prozessreden Kundigen den jungen Leuten, wenn sie auf materiellen Gewinn gegenüber den Gegenrednern aus sind), (2) sondern ich ließ alle diese sein und beschäftigte mich mit solchen Reden, die Ratschläge geben über das für die *pólis* und die

---

von Platons *Gorgias* zwar nicht direkt betroffen gewesen sei, sich jedoch dennoch dazu (in der Dialogszene) äußern zu müssen geglaubt habe. Da hier ein anderer Standpunkt zu Isokrates' Bildungsideen vertreten wird, der Isokrates deutlich näher an Platon heranrückt als bei Pratt angenommen (vgl. Wareh 2012: 55–75, v.a. 64), wird den von Pratt vermuteten Parallelen zwischen *Panathenaikos* und Platons *Gorgias* (man beachte den großen zeitlichen Abstand zwischen beiden Schriften) hier nicht weiter nachgegangen.

[39] Von Reden/Goldhill 1999: 266, 277–284, Pratt 2006: 37–100, v. a. 89–90.
[40] Zur Zusammengehörigkeit der beiden Abschnitte Roth 2003a: 104–105.

anderen Hellenen Nützliche, die voller Überlegungen sind und voll von nicht wenigen Antithesen, Parisoseis und anderen Figuren, die in den Reden hervorscheinen und die die Zuhörer dazu zwingen ihre Meinung kundzutun und zu lärmen.[41] Jetzt aber beschäftige ich mich auf keine Weise mit derartigen Reden.

Gleich zu Beginn der Schrift verweist Isokrates auf die Art und Weise, in der der *Panathenaikos* mit Isokrates' früherem Werk verbunden ist: Er steht erklärtermaßen in einem Gegensatz zu den früheren Schriften. Dieser Gegensatz wird auf durchaus ironische Weise formuliert, denn der 97-jährige Sprecher spricht von sich selbst zur Zeit früherer Produktionen als ‚Jüngling' (*neóteros*) – und meint damit den 50–90-jährigen Isokrates.[42] Schon zu Beginn seines literarischen Schaffens stand Isokrates den *presbýteroi* oder *gérontes* erheblich näher als den *neóteroi*, und spätestens seit den *Kyprischen Reden* stilisiert er sich ganz offensiv als alten Mann, der die Unvernunft der *neóteroi* abgelegt habe und daher über große politische Urteilskraft verfüge.[43] Einen politisch unvernünftigen *neóteros* lässt Isokrates im *Archidamos* auftreten – und stellt ihn als erkennbares Gegenkonstrukt zu seiner eigenen *persona* dar.

Die Distanzierung vom eigenen früheren Werk als von dem Werk eines jugendlich-übermütigen Geistes ist also unverkennbar ironisch.[44] Die Frage, die sich stellt, ist indes, was diese Ironie bedeuten soll. Dies zu beantworten, erfordert eine Klärung der Frage, worin exakt die sachliche Distanzierung von den früheren Schriften besteht.

Isokrates nennt drei Ebenen, auf denen sich der *Panathenaikos* von früheren Schriften unterscheiden werde: Anders als heute habe er früher (1) mythenhafte *lógoi*, Wundergeschichten und Falschaussagen (*pseudología*) abgelehnt,[45] (2) die Politik und Kriege der

---

[41] Zur ambivalenten Verwendungsmöglichkeit des Verbums ἐπισημαίνεσθαι, das häufiger im Sinne von ‚zustimmen', jedoch auch im Sinne von ‚Unmut äußern' verwendet werden kann, vgl. LSJ, 655–656; ebenso ambivalent ist θορυβεῖν, das häufiger im Sinne von lautstarken Unmutsäußerungen als zur Bezeichnung von Beifall (vgl. aber Isok. XII 233, 264) auftaucht, ebd. 803.

[42] Roth 2003a: 73.

[43] Too 1995: 43–45, Roth 2003a: 73–75. Diese Selbststilisierung ist im *Panathenaikos* also fortgesetzt – ironischerweise aber nun in Abgrenzung zu den eigenen früheren Schriften.

[44] Vgl. schon Lehmann (R.) 1853: 36–37.

[45] Vgl. v. a. die Mythenkritik und die Kritik am λόγος ψευδής (*lógos pseudés*) in *Helena* und *Busiris* (s. dazu o. Kap. B.1.2.1 und B.1.4.1). Papillon 1996b: 9–11 verweist darauf, dass die angebliche Ablehnung des Mythos in der ‚Jugend' ironisch wirken müsse angesichts der Omnipräsenz mythischer Themen in Isokrates' gesamtem Werk. Diese Auffassung übersieht m. E. die Kontextualisierung der mythischen Themen mit *terateía* und *pseudología*, die auf die in Isok. X und XI kritisierten, rein epideiktischen *lógoi paródoxoi* verweist, was schon Wilcox 1943: 428–429 richtig erkannt hat (anders Zucker 1954: 26). Was zu Beginn des *Panathenaikos* als vormals abgelehnte Praxis angesprochen wird, sind demnach diese nutzlosen *epideíxeis*. Dass mythische Inhalte durchaus zu den in Isok. XII 2 positiv hervorgehobenen beratenden Reden verwendet werden können, ist mit dieser Haltung durchaus vereinbar. Tatsächlich qualifiziert der Passus Isok. XII 1–2 die mythologischen Reden der Frühzeit als *politikoí lógoi*, als Schriften, deren mythische Themen auf allgemeine politische Sachverhalte verweisen, worin ihr eigentlicher Zweck liegt; vgl. auch Gotteland 2001: 66–67 zu dieser Stelle.

B.9.3 Proömium

Frühzeit nicht ausführlich beschrieben, (3) sowie durch rhetorische Stilfiguren und Argumentationsmittel aktive Reaktionen des Publikums hervorrufen wollen.

Diesen Katalog an Grundsätzen seiner früheren Redegestaltung lehnt Isokrates nun lapidar[46] ab und kündigt an, die neue Rede werde in allem anders sein. In der Forschungsliteratur hat man dies üblicherweise vor allem auf die stilistische Gestaltung, insbesondere auf die im *Panathenaikos* besonders zahlreichen Exkurse bezogen und sogar eine Gegenüberstellung verschiedener Prosagattungen hinter der Kontrastierung vermutet.[47] Zutreffender wäre es, hier eine Distanzierung von (1) Wahrheitsanspruch, (2) exemplarischer Argumentation und (3) rhetorischer Wirkungsabsicht früherer Schriften zu sehen. Die Verbindung dieser drei Ebenen stellt die Quintessenz der didaktischen Methode der isokratischen Schriften bis zum *Philippos* dar.[48] Diese bedienen sich durchweg zum (3) Zweck der moralischen, philosophischen Lehre (2) einer exemplarischen Darstellungsweise, in der die *narratio* nicht als Selbstzweck oder eigentlicher Gegenstand erscheint, wobei auf der Ebene der (1) *heúrêsis* der philosophische Lehrzweck nicht durch den *lógos pseudés* oder moralisch fragwürdige Mythen erreicht werden kann. Wenn der ‚weise' gewordene Greis nun zu Beginn des *Panathenaikos* diese drei Konstanten seines früheren Werkes verwirft, so verwirft er damit zugleich den didaktischen Anspruch seiner früheren Schriften. Wir werden am Ende der Untersuchung sehen, dass Isokrates in den letzten

---

[46] Auf den stilistischen Kontrast der kurzen Ablehnungsformel zu der langen Periode des ersten Satzes weist Roth 2003a: 73–74 hin. Roths Bewertung der „Brachylogie", mit der die Periode endet, als „Unebenheit<en>", die als Signal für die Reduzierung der stilistischen Bearbeitung dienen solle, ist jedoch nicht zuzustimmen. Die ganze Figur erscheint als Priamel, bedient sich also eines genuin lyrischen Stilmittels. Gerade die anspruchsvolle stilistische Gestaltung bedingt also die abrupte Kürze des Abschlusses der Periode. Die gesamte Rede weist meines Erachtens keine Reduzierung der Stilhöhe im Vergleich zu anderen isokratischen Schriften auf. Im Übrigen belegt gerade die stilistische Form des ersten Abschnittes der Schrift als Priamel, d.h. als knappe Negierung der Aussagen einer vorausgehenden, langen und zusammengehörenden Periode, dass sich die Ankündigung, im *Panathenaikos* werde er sich nicht an die alten Grundsätze halten, auf alles Vorgenannte bezieht. Somit ist keineswegs nur die stilistische Gestaltung früherer Reden hier (angeblich) aufgegeben, sondern eben auch der Verzicht auf *pseudología* sowie die Beschreibung von Kriegen und Politik der Frühzeit.

[47] Wilcox 1943, Masaracchia 1995: 81–82, 137–138 (der hier *Helena* und *Busiris* angesprochen sieht), Too 1995: 19–21, Roth 2003a: 73, 75–77. Roths Überlegungen, wonach Isokrates hier alle „Prosagattungen" mit Ausnahme der Geschichtsschreibung ablehne, sind nicht mit der Stelle zu vereinbaren.

[48] Gerade die kompositionellen und stilistischen Gestaltungsprinzipen hatte Isokrates zuvor wiederholt mit seiner altersbedingten Vernunft und Sachbezogenheit begründet (Isok. ep. I 6, ep. VI 6, XV 9, V 25–29; Roth 2003a: 74–75). Indes dürfte es Isokrates, anders als Roth (ebd., vgl. Alexiou 2001: 94) meint, wohl eher um den Hinweis auf die Sachebene als um eine tatsächliche stilistische Veränderung gegangen sein. Jedenfalls lassen seine späteren Schriften keinen nüchterneren Stil erkennen als die früheren. Der Hinweis, in seinem Alter könne Isokrates die Stilhöhe der Frühzeit nicht mehr anstreben, ist zudem auch als Form der Koketterie zu verstehen – dadurch, dass er diese Stilhöhe eben doch beibehält, erscheint die diesbezügliche Leistung nur umso größer.

Worten des *Panathenaikos*, die durch diese Selbstdistanzierung erzeugte ironische Spannung auflöst – und den didaktischen Zweck aller seiner Schriften – also auch des *Panathenaikos* – hervorhebt.[49]

Die Selbstdistanzierung der §1–2 bedeutet im Übrigen auch, dass Isokrates für die im Hauptteil (§42–198) folgende Rede (1) Mythenhaftes, Fantastisches und Falsches, mithin *pseudologíai* ankündigt,[50] dass er bereits hier die (2) *narratio*, das Lob Athens, zum Selbstzweck der Rede erhebt, und dass er angibt, diese Rede (3) ziele nicht auf Meinungsäußerungen des Publikums, sondern auf ein passiv-rezipierendes statt auf ein aktiv-urteilendes Publikum ab.[51] In §1 ist zudem angedeutet, dass das subjektive Ziel des Sprechers in einem *pléon échein* (§1), mithin in *pleonexía* liege, wie sie die Redner in privatrechtlichen Prozessen anstreben. Auch von diesen hatte Isokrates sich zuvor stets distanziert.

Es zeigt sich also, dass Isokrates den *Panathenaikos* nicht mit leeren Floskeln einer vagen Abwendung von früheren Schriften eröffnet (was man auch als Topik werten könnte), dass er auch nicht aufrichtige „Rückschau […] auf das von ihm Erreichte und Geleistete, aber auch auf das, was ihm mißlungen und versagt gewesen ist" hält,[52] sondern dass die Konzepte, die in §1–2 abgelehnt werden, tatsächlich eben jenen Ideen über die eigene literarische Tätigkeit entsprechen, die Isokrates in seinen frühen Schriften entwickelt und seither beständig reflektiert hatte. Das Proömium präsentiert somit die *epídeixis* als Hauptzweck der Rede. Dies zeigt sich auch in §4, wo ‚Isokrates' erläutert, weshalb er die Bemerkungen zum veränderten Charakter seiner Schriftproduktion vorausgeschickt habe:

> (4) […] ἵν' […] μὴ παραβάλλωσι πρὸς τὴν ἐκείνων ποικιλίαν, ἀλλὰ πρὸς τὴν ὑπόθεσιν αὐτὸν κρίνωσι τὴν ἐν τῷ παρόντι δεδοκιμασμένην.

> (4) […] damit […] sie [sc. diese Rede] nicht mit der Virtuosität jener Reden vergleichen, sondern sie im Hinblick auf die *hypóthesis* – gemessen[53] an der gegenwärtigen Situation – beurteilen.

---

[49] Isok. XII 271–272; Lehmann (R.)1853: 36–37 (s. u. Kap. B.9.7).

[50] Bloom 1955: 187. Die Vokabel ψευδολογία ist bei Isokrates insgesamt fünfmal belegt, davon allein viermal im *Panathenaikos* (Isok. XII 1, 21, 78, 246, vgl. Preuss 1904: 205; Roth 2003a: 77). Roth (ebd. 75) vermutet sogar hinter dem Begriff der ψευδολογία (ebenso τερατεία) eine konkrete Prosagattung. Nichts spricht m. E. für eine derartige Annahme. Vielmehr geht es um die qualitative Bewertung der Inhalte jeder Form von Reden bzw. Schriften.

[51] All dies steht im Kontext der isokratischen Kritik an der zeitgenössischen sophistischen und philosophischen Lehrtätigkeit, insbesondere der Kritik an den *lógoi parádoxoi*. Implizit wird der *Panathenaikos* durch die Eröffnung so in einen Zusammenhang mit dieser Kritik gestellt. Vgl. Isok. X 1–8, XV 269; Roth 2003a: 75–76.

[52] Roth 2003a: 72–73.

[53] Einige Übersetzer verstehen δεδοκιμασμένην hier als persönliche Einschätzung des Isokrates (vgl. Ley-Hutton 1997, II: 45; Roth 2003a: 21). Diese Beziehung ist indes nicht nur im Text nicht vorhanden, sie ergibt auch wenig Sinn, verändert aber die Aussage der Stelle erheblich: Was Isokrates von

B.9.3 Proömium

Nicht die *hypóthesis* soll Gegenstand der Beurteilung sein – wie dies seit der *Helena* die Regel war – sondern die *hypóthesis* soll der Maßstab sein, an dem die Argumente gemessen werden sollen. Die Frage lautet somit: Stimmt die Argumentation im Hauptteil mit der *hypóthesis* überein oder nicht? Damit ist das geforderte Urteil eben jenes, das die ‚sophistische' *epídeixis* verlangt – eine Bewertung der technischen Umsetzung einer *hypóthesis*, nicht der moralischen Qualität der *hypóthesis* selbst. Im unmittelbaren Anschluss nennt Isokrates diese *hypóthesis*:

(5) Διαλέξομαι δὲ περί τε τῶν τῇ πόλει πεπραγμένων καὶ περὶ τῆς τῶν προγόνων ἀρετῆς [...].

(5) Ich werde über die von der *pólis* vollbrachten Taten und über die Tugend der Vorfahren sprechen [...].

Mit diesen beiden Themenbereichen stellt Isokrates die Rede in enge Beziehung zum *Panegyrikos*, in dem beide Themen ebenfalls eine zentrale Rolle spielen. Am Ende des zweiten Abschnitts des Proömiums (§35) wird die *hypóthesis* hinsichtlich der Darstellungsziele genauer ausgeführt:

(35) Περὶ δὲ τῶν τῆς πόλεως εὐεργεσιῶν τῶν εἰς τοὺς Ἕλληνας ἤδη ποιήσομαι τοὺς λόγους, οὐχ ὡς οὐ πλείους ἐπαίνους πεποιημένος περὶ αὐτῆς ἢ σύμπαντες οἱ περὶ τὴν ποίησιν καὶ τοὺς λόγους ὄντες· οὐ μὴν ὁμοίως καὶ νῦν. Τότε μὲν γὰρ ἐν λόγοις περὶ ἑτέρων πραγμάτων ἐμεμνήμην αὐτῆς, νῦν δὲ περὶ ταύτης τὴν ὑπόθεσιν ποιησάμενος.

(35) Über die Wohltaten der *pólis* den Hellenen gegenüber werde ich also gleich die Rede halten. Es ist zwar nicht so, als hätte ich nicht mehr Loblieder auf sie verfasst als alle, die mit Dichtung und Reden zu tun haben; indes will ich es jetzt nicht auf die gleiche Weise tun. Damals nämlich erwähnte ich sie in Reden über andere Angelegenheiten, jetzt dagegen will ich sie zur *hypóthesis* machen.

Gegenstand der Rede ist also – wie schon im Titel angedeutet – Athen. Darstellungsziel der Rede ist ein Lob auf die Verdienste (*euergesíon*) Athens um die Griechen sowie ein Lob auf die *areté* der Vorfahren. Vom Lob der Gegenwart ist in dieser Themenstellung nicht explizit die Rede.[54] Der Unterschied zu früheren Reden, in denen Isokrates jene beiden Aspekte Athens gelobt hatte, besteht darin, dass zuvor dieses Lob stets übergeordneten Zwecken diente, während es nun zum Gegenstand der Rede selbst wird.[55]

---

seinem Publikum verlangt, ist die gegenwartsbezogene (den *kairós* berücksichtigende), eigenständige Beurteilung der *hypóthesis* – δεδοκιμασμένην bezieht sich demnach auf dasselbe Subjekt wie κρίνωσι, nämlich auf das Publikum der Rede (Papillon 2004: 171). Isokrates selbst lässt – anders als die Übersetzungen angeben – an dieser Stelle offen, wie er selbst diese *hypóthesis* bewertet. Das schließt zwar nicht aus, dass er sie für ‚richtig' (Ley-Hutton) oder ‚angebracht' (Roth) erachtet. Dies ist aber auch in keiner Weise ausgesagt, weshalb die Übersetzer mit dem Subjekt Isokrates gleich auch noch die zustimmende Richtung des *dokimázein* ergänzen müssen, die ebenfalls im Text nicht enthalten ist. Die Übersetzungen sind hier also insofern irreführend, als sie Isokrates ein zustimmendes Urteil zum Gegenstand seiner Rede unterstellen, das er an dieser Stelle gar nicht trifft.

[54] Signes Codoñer 1998: 90.

[55] Vgl. Roth 2003a: 103–104. Das offensichtlichste Beispiel, auf das Isokrates hier anspielt, ist zweifellos die Einbindung des sogenannten ‚epideiktischen' Abschnitts des *Panegyrikos* in die übergeordnete Argumentation zu *homónoia* und Perserkrieg (vgl. Die *hypóthesis* in Isok. IV 17–18). Ein

Auch die Angaben zur Motivation für die Abfassung der Schrift in §37–38 geben einen Hinweis auf deren Zielrichtung. Isokrates gibt an, er wolle drei Gruppen von Rednern und deren Reden übertreffen (und wohl auch ihrer Wirkung berauben):

(1) maßlose Kritik/er Athens (τῶν εἰθισμένων ἀσελγῶς κατηγορεῖν τῆς πόλεως ἡμῶν),

(2) unerfahrene und unbeholfene Lobreden/ner Athens (τῶν χαριέντως μέν, ἀπειροτέρως δὲ καταδεέστερον ἐπαινούντων αὐτήν),

(3) maßlose Lobreden/ner Athens, die Athen die Ablehnung der Griechen eintragen (τῶν ἑτέρων μᾶλλον εὐλογεῖν τολμώντων οὐκ ἀνθρωπίνως, ἀλλ' οὕτως ὥστε πολλοὺς ἀντιτάττεσθαι πρὸς αὐτούς).

Isokrates hält die Reden aller drei Gruppen für korrekturbedürftig; ein Korrektiv dieser offenbar üblichen Reden über Athen soll der *Panathenaikos* darstellen. Es ist deutlich, dass sich Isokrates von (2) weniger scharf distanziert als von (1) und (3). Ein gemäßigtes Lob auf Athen erfordert zwar Erfahrung – über diese verfügt Isokrates aufgrund seines Alters –, ist aber im Gegensatz zu extremem Lob beziehungsweise extremen Anklagen ein potentiell sinnvolles Redeziel. Es bleibt in diesem Sinne festzuhalten, dass Isokrates nicht jedes Lob, ebensowenig maßlose Kritik an Athen für gerechtfertigt hält, was bedeutet, dass es Bereiche geben kann, in denen Athen nicht gelobt, und solche, in denen es nicht getadelt werden kann. Das eigene Lob wird, so ist damit implizit angekündigt, im gemäßigten Rahmen erfolgen. Gelingt es Isokrates, Athen maßvoll, differenziert und dennoch überzeugend zu loben, so wird die besondere Qualität der Rede eben in der Mäßigung des Lobes liegen. Isokrates hoffe, im Falle des Erfolgs seiner Rede *dóxa* von Seiten des Publikums zu erlangen, im Falle des rhetorischen Misserfolgs – was im Kontext der §37–38 auch bedeuten kann: falls es ihm nicht gelinge, maßvoll zu argumentieren, er also wie die Redner der drei genannten Gruppen argumentiere – hoffe er immerhin auf die Nachsicht der Zuhörer (§38).

B.9.3.2 Exkurs (§5b–34): Gegen feindlich gesinnte Kritiker

In dem in das Proömium eingeschobenen Exkurs (§5–34) gibt Isokrates an, er wolle auf Verleumdungen gegen seine Person reagieren, die einige Sophisten von schlechtem Ruf und schlechtem Charakter (τῶν σοφιστῶν ἀδοκίμων καὶ πονηρῶν, §5) wider besseres Wissen verbreiteten und die von einem uninformierten Publikum unkritisch aufgenommen würden.[56] Deren Anschuldigungen wolle er einerseits unterbinden, andererseits den

---

weiterer Verweis auf den *Panegyrikos* findet sich wohl in der Betonung der Schwierigkeit, dem Gegenstand eines Athenlobes gerecht zu werden; Isok. XII 36, vgl. IV 82.

[56] Diese Situation der Urheber und der Rezipienten von Verleumdungen gegen seine Person ist in ähnlicher Weise auch in der *Antidosis* (Isok. XV 2–4) dargestellt, vgl. Roth 2003a: 79. Auch dort steht die Kritik an den Verleumdern in Zusammenhang mit der Kritik an paradoxen Reden (s. dazu o. S. 87 Anm. 42). Meist wurden die kritisierten Gegner mit Vertretern und Nachfolgern der platonischen

übrigen Lesern einen Eindruck von seiner Tätigkeit (περὶ ἃ τυγχάνω διατρίβων, §6) vermitteln. Dadurch hoffe er unter anderem die Aufmerksamkeit für die folgende Rede zu erhöhen.

In §7–10 berichtet Isokrates über seine persönliche Lage, insbesondere klagt er über seine *phýsis* und sein Schicksal (*týchê*). Aufgrund erstgenannter sei er trotz überlegener Urteilskraft wegen schwacher Stimme und mangelnden Selbstbewusstseins (*tólmê*) für das Reden vor größeren Zuhörer-Gruppen unbrauchbar. Dies wiederum habe ihm den Entzug der Wertschätzung (*atimía*, §10) eingetragen, die in Athen jene erführen, die nicht über die Fähigkeit der öffentlichen Rede verfügten.

Beide Klagen über das Schicksal, die Isokrates hier äußert, hängen miteinander zusammen. Hinter der Klage über seine schwache Stimme und das fehlende Selbstvertrauen in der Öffentlichkeit steht die Selbstdarstellung des Isokrates als *aprágmôn*, als der Tagespolitik distanziert gegenüberstehender gemäßigter Aristokrat.[57] Gleichzeitig bedeutet die Beschreibung der Folgen dieser Schwäche als *atimía* auch eine deutliche Kritik an der politischen Praxis in Athen, deren auf ephemerer Durchsetzung in der mündlichen politischen Kommunikation basierende Entscheidungsmechanismen Einfluss und Ansehen nur nach Maßgabe der Redegewalt, nicht aber der Urteilskraft zuteilten.[58]

Auch in §11–15 distanziert sich ‚Isokrates' von der politischen Kommunikationskultur Athens. Hier berichtet der Sprecher, seine Hoffnung, durch die Zuwendung zur *philosophía*, zur Schriftstellerei (*gráphein*) über bedeutende und nützliche Themen,[59] das Ansehen der Politiker noch zu übertreffen,[60] habe sich – obwohl er nicht ganz unbekannt

---

Akademie, allen voran Aristoteles und seinem Umfeld, identifiziert (Gomperz 1905/1906: 12–13, Wendland 1910a: 140–144, Steidle 1952: 261, 280, Voliotis 1977: 150, Lombard 1990: 123–124, anders Weil 1980: 193).

[57] Too 1995: 74–112, Azoulay 2007: 186–193 (s. o. Kap. A.2.1 und A.3.2.1).

[58] Alexiou 1995: 152. Zu kurz greift die Deutung des Abschnitts bei Roth 2003a: 79–81, der lediglich eine Art „Selbstdistanzierung" zum Zwecke der *captatio benevolentiae* darin sehen will. Die Kritik an der Dominanz mündlicher politischer Kommunikation in Isok. XII 10 dürfte kaum selbstreferenziell aufzufassen sein. Allgemein zu Isokrates' Kritik an der mündlichen Kommunikationskultur Athens s. Usener (S.) 1994: 13–138. Die Anspielung auf Leute, die die Wahrheit zu kennen behaupten, dürfte wohl auf akademische, sicher aber auf sokratische Kreise zielen; vgl. dazu Isok. XIII 1–8 (dazu o. S. 41–44).

[59] Isokrates stellt sich als *hêgemôn* solcher *lógoi* dar, die zum Perserkrieg und zur gesamthellenischen Entsendung einer auf persischem Gebiet zu gründenden Apoikie aufrufen (Isok. XII 13–14); vgl. Signes Codoñer 1998, 76; (dagegen) Roth 2003a: 82. Ein Hinweis darauf, welche Schriften Isokrates als seine „Hauptwerke" verstanden wissen wolle (so Roth ebd.), scheint mir hier nicht vorzuliegen. Isokrates betont hier wie schon in seinen frühesten Schriften die hohe Bedeutung, die er der politischen Relevanz des gewählten Themas beimisst. Allein der Umstand, dass die frühesten derartigen Bemerkungen bei Isokrates in den Schriften *Helena* (Isok. X 1–13) und *Busiris* (Isok. XI 46–50) auftauchen, Schriften, auf die nach Roths Ansicht hier nicht angespielt sein soll, spricht gegen Roths Annahme.

[60] Die aktiven Politiker werden in Isok. XII 11–13 wie in früheren isokratischen Schriften beschrieben und kritisiert: Sie hielten ihre Reden (δημηγορεῖν) nur im eigenen Interesse anstatt im Interesse der

geblieben sei – nicht erfüllt.⁶¹ Denn die Leute (*hoí polloí*) pflegten, ganz regellos (*tarachôdôs*) und unsinnig (*alogístôs*) zu handeln, indem sie die Politiker (*rhétores*) zwar tadelten, diese aber gleichzeitig zu Vorstehern der *pólis* wählten; des Isokrates Reden dagegen lobten sie, seien ihm aber zugleich wegen derselben Reden missgünstig.⁶² An dieser Stelle taucht zum ersten Mal im *Panathenaikos* ein Motiv auf, das die ganze Rede, und insbesondere die Gegenüberstellung Athen–Sparta, bestimmt. Die Leute, die Isokrates kritisiert, sagen das eine und tun das andere, ihr *lógos* (Lob und Tadel) über die Politiker und Isokrates führt nicht zu den entsprechenden Handlungen bei der Auswahl der Regierenden. *Légein* und *práttein* der Leute stimmen nicht überein.

In §16–21 erläutert benennt Isokrates Verleumdungen durch Sophisten, die seine Reden böswillig fehlinterpretierten, als Anlass für die Abfassung dieses ganzen Teils des Proömiums.⁶³ Die Kritiker seien Isokrates feindselig gesinnt, obwohl sie beanspruchten, sich auf demselben Feld hervorzutun und ihn deshalb nachahmten (*mimeísthai*, §16). In einem besonderen Falle habe einer von mehreren *sophistaí*, die im Lykeion über die Dichter gesprochen und die Dichterkommentierung Dritter referiert hätten, Isokrates unterstellt, er verachte die Dichtung und verderbe *philosophía* und *paideía* (§18).⁶⁴

---

    pólis, und sie betätigten sich v. a. im Bereich der Schmähreden in Privatprozessen, was Isokrates hier als *sykophanteîn* bezeichnet. Vgl. Wendland 1910b: 311.

⁶¹ Die Begründung der philosophischen Tätigkeit als Alternative zu politischer Betätigung erinnert an den Siebten Brief Platons (Plat. ep. VII 324c–326b), in dem Desillusionierung des Philosophen über die politischen Verhältnisse Athens als Anlass für den Rückzug in die Philosophie genannt wird. Diese Begründung des eigenen Tuns dient – unabhängig von der Frage ihrer ‚Glaubwürdigkeit' – auch als offensive Beschreibung der hohen moralischen Ansprüche staatsphilosophischer Entwürfe Platons (und analog des Isokrates): Die ethische Haltung des Philosophen (und seiner Ideen über den Staat) verbieten ihm die aktive Verwicklung in die praktische Politik; zudem würde die praktische Beschäftigung mit den schattenhaften, defizitären realen politischen Verhältnissen die Erkenntnis des idealen Staates beeinträchtigen, wenn nicht gar verhindern (Carter 1986: 173–182).

⁶² Roth 2003a: 82 setzt den Passus in Beziehung zur Begründung des schlechten eigenen Rufes in der *Antidosis*.

⁶³ Erler 1992: 125 sieht gar den ganzen *Panathenaikos* dadurch veranlasst. In Isok. XII 262–263 spielt der ehemalige Schüler (der Gesprächspartner der Dialogszene) nochmals auf diese Kritiker an. Pratt 2006: 85 bringt deren Kritik mit Versuchen, verborgene Interpretationen zu entschlüsseln, in Zusammenhang. Too 2006: 117 betrachtet die Stelle im Kontext der isokratischen Schilderung vom Niedergang des *lógos* in Athen.

⁶⁴ Über die Frage, wer mit den Kritikern aus dem Lykeion gemeint sein könne, ist in der Forschung viel spekuliert worden. Zumeist meinte man, Aristoteles sei angesprochen: Wendland 1910a: 140–144, Merlan 1954: 68–70, Zucker 1954: 7–8, Haskins 2004: 78, anderer Meinung sind Gomperz 1905/ 1906: 19, Weil 1980: 193. Lehmann (R.) 1853: 67–69 sah darin den Schüler der Dialogszene vorgezeichnet; Eucken 1982: 46–47 und Natoli 2004: 85 sehen v. a. Speusippos und die Akademie gemeint. Roth 2003a: 85–90 (vgl. Wareh 2012: 189) stellt dagegen richtigerweise fest, dass eine „namentliche Identifizierung" kaum möglich ist. Dennoch sieht auch er vor allem Aristoteles angesprochen. Zuzustimmen ist Azoulay 2007: 190 in der Einschätzung, dass das Lykeion zur Zeit des Entstehens der *Panathenaikos* keineswegs zwangsläufig auf die Akademie oder das Umfeld des Aristoteles verweisen muss, da hier zahlreiche öffentliche *epideíxeis* ganz verschiedener Protagonisten

Gegen diese Verleumdungen sowie den Umstand, dass diese auf ein positives Echo in Athen stießen – eine Folge der zuvor beklagten *atychía* fehlender öffentlicher Präsenz des Isokrates und des schlechten Rufes der *philosophía* (§ 19–21) – will sich Isokrates mit seinem Exkurs im Proömium wenden. Zu diesem Zweck wolle er eine Darstellung seiner Auffassung von der richtigen Form der *paideía* geben, bevor er sich dem eigentlichen Gegenstand der Rede zuwende (§ 22–25).[65]

Diese Darstellung geschieht in zwei Schritten: Zunächst wendet sich Isokrates gegen solche Bildungskonzepte, die er ablehnt (§ 26–29). Hier finden wir jene Gruppen von Lehrern kritisiert, von denen Isokrates sich seit *Gegen die Sophisten* immer wieder distanziert hatte: konkurrierende Philosophen sowie Lehrer einer technischen Redekunst und allgemein alle, die sich in *téchnê*, *epistémê* und *dýnamis* hervortäten. Den Philosophen konzediert Isokrates hier nun immerhin, dass ihre Lehrgegenstände[66] – als Propädeutik – für die Philosophie Teil der *paideía* der Vorfahren gewesen seien (weshalb sie auch als Elemente der *paideía* des Isokrates erscheinen). Die eigentliche Kritik an den Philosophen betrifft, wie stets bei Isokrates, deren Anspruch, *epistémê* im Bereich der Tugend erreichen zu können,[67] sowie die daraus folgende Beschäftigung mit Gegenständen ohne jeden Bezug zur politischen *práxis*.

---

stattfanden. In diesem Sinne nimmt auch Kerferd 1981: 40 Isokrates beim Wort und spricht von „ordinary sophists" als den hier dargestellten Konkurrenten.

[65] Roth 2003a: 91–93 konstatiert hier „Ungereimtheiten", insbesondere dahingehend, dass Isokrates zunächst (Isok. XII 23) eine Apologie seines Schaffens ablehne, diese aber in Isok. XII 26–34 dennoch durchführe. Diese Ungereimtheiten aber, die Roth als Indiz für seine These einer zweistufigen Entstehung des Proömiums (verfasst 342, erweitert 339) wertet, existieren nicht. Denn Isokrates lehnt drei mögliche Reaktionen auf die Kritiker ab, wozu neben der Verteidigung auch die Möglichkeit gehört, die Kritiker ganz zu ignorieren (Isok. XII 24). In Isok. XII 26–34 folgt aber keineswegs eine Apologie, sondern eine positive Darstellung der eigenen *paideía*, in deren Rahmen er in keiner Weise auf die zuvor geäußerte Kritik an seiner Haltung zur Dichtung und Tugendlehre eingeht. Isokrates wählt also einen vierten Weg der Reaktion, und zwar einen, der seine Lehre nicht in eine Verteidigungsposition (zur Problematik der Apologie vgl. Isok. X 15) bringt. Ein Widerspruch zum Vorangegangenen besteht nicht.

[66] Geometrie, Astrologie und Streitgespräche (*eristikoí diálogoi*). Roth 2003a: 93–97 sieht hier v. a. die platonische (bzw. nachplatonische) Akademie im Zentrum der Kritik (ähnlich auch Dümmler 1890: 36–37, Gomperz 1905/1906: 12–13, 173, Steidle 1952: 280, Merlan 1954: 68–70, Voliotis 1977: 150, Eucken 1982: 46–47, Lombard 1990: 123–124, Haskins 2004: 42, Pratt 2006: 253, Nicolaï 2009: 291, Timmerman/Schiappa 2010: 57). Anders und m. E. erwägenswert Bloom 1955: 159–166, 197–198, der gerade in der propädeutischen Funktion der mathematischen Disziplinen eine Übereinstimmung mit Platon sieht.

[67] Poulakos (T.) 1997: 101. Isokrates lehnt nicht jeden Anspruch ab, eine Erziehung zur Tugend leisten zu wollen, sondern er wendet sich, wie schon in Isok. XIII 1–8 (s. o. S. 41–44), gegen den Anspruch seiner Konkurrenten, auf der Grundlage sicheren Wissens (*epistémê*) Tugend in Form einer technischen Lehre zuverlässig vermitteln zu können. In derselben Rede vertritt Isokrates seinerseits den Anspruch, dass seine eigenen Schüler auf Grundlage der mimetischen Lehrmethode viel eher zur Tugend gelangen würden (Isok. XIII 19–21), vgl. Wareh 2012: 27–41 u. a. zur Übernahme dieser Ideen durch Aristoteles.

In §30–33 stellt Isokrates daraufhin seine eigenen Vorstellungen einer durch richtige *paideía* vermittelten Lebenshaltung (*héxis*, §29) vor, die bereits im Abschnitt A dieser Arbeit[68] besprochen wurden. Es soll hier lediglich nochmals auf eine von Isokrates als besonders wichtig benannte Eigenschaft des *pepaideuménos* hingewiesen werden: Den vernünftigen Menschen (*phrónimos*) zeichnet aus, dass er seinem Wesen auch im Angesicht des Erfolgs treu bleibt. Die richtige *paideía*, Grundvoraussetzung für die richtige Geisteshaltung in Alltag und Politik,[69] ermöglicht es demnach, jene anthropologische Konstante (irrationales Handeln als Folge des Erfolgs/der *arché*) zu durchbrechen, die Isokrates in *Areopagitikos* und *Friedensrede* als Ursache für die verbrecherische Politik und den raschen Niedergang der Mächtigen vorgestellt hatte.[70] Es wird sich zeigen, dass dieser hier besonders hervorgehobene Gedanke sich mit Gewinn auf den *Panathenaikos* im ganzen anwenden lässt.

Die richtige *paideía* erweist sich in §30–33 des *Panathenaikos* als entscheidend für die *phrónêsis*, deren Einfluss auf das menschliche Handeln auch im *Areopagitikos* thematisiert worden war.[71] Da die *paideía* auch das entscheidende Element im politischen Reformvorschlag dieser Rede dargestellt hatte,[72] können *phrónêsis* und *politeía* als im politischen Denken des Isokrates zusammengehörige Begriffe bezeichnet werden, die beide auf der richtigen *paideía* beruhen. Dies wird illustriert durch die interessante Ausdrucksweise „in Reih' und Glied der Vernünftigen verbleibend" (ἐμμένοντας τῇ τάξει τῇ τῶν εὖ φρονούντων, §32). Dieses auf den militärischen Bereich verweisende Bild[73] ist gewiss nicht zufällig eingesetzt. Immer wieder hatte Isokrates in früheren Reden die Vertreter der guten politischen Kultur mit jenen Bürgern identifiziert, die den Tod im Einsatz für das Gemeinwesen in Kauf nehmen,[74] in der Promachie ‚in Reih' und Glied verbleiben' und nicht die Flucht ergreifen würden. Die Beschreibung des isokratischen *paideía*-Konzeptes verknüpft so die Thematik der besten Bildung geschickt mit seinen Ideen zur besten politischen Kultur.[75] Der ‚Exkurs' des Prooimiums stellt auf diese Weise eine „theoretische Einführung" für die folgende Darstellung der „Wirkungsweise einer idealen Form des Zusammenlebens" dar.[76] Juan Signes Codoñer hat in diesem Zusammenhang

---

[68] S. o. Kap. A.3.2.3.
[69] Eucken 1982: 47. Roth 2003a: 100–101 weist auf die Parallelstellen Isok. II 39, IV 47; IX 41–46 hin.
[70] Vgl. Isok. VII 3–4, VIII 89–119.
[71] Vgl. Isok. VII 13–15, bes. 14, zum Begriff der *phrónêsis* bei Isokrates vgl. Timmerman 1998: 151–155.
[72] Vgl. Isok. VII 43–49.
[73] Vgl. dazu auch die Übersetzung bei Roth 2003a: 26–27; außerdem Isok. VI 93, Plat. Men. 246b; Jost 1936: 149.
[74] Z. B. Isok. IV 77, 90–92, V 47–50, 148, VI 59, VIII 143.
[75] Vgl. Eucken 1982: 47, 57, Roth 2003a: 111, der auf die Verbindung der Stelle mit den Leistungen der Ionischen Kolonisation in Isok. XII 42–43 hinweist: „Das gibt ihm die Möglichkeit, diese vernünftige Ausnutzung des Sieges zugunsten des eigenen Machtinteressens übergeordneten Gemeinwohls mit der Charakterisierung des ‚Gebildeten' in §32 zu verbinden, den der Erfolg nicht verdirbt und überheblich macht".
[76] Eucken 1982: 65.

auf einen wichtigen Punkt hingewiesen: Wenn der *Panathenaikos* sich, wie aus dem Proömium deutlich hervorgeht, mit der Frage der politischen Bedeutung der *paideía* auseinandersetzt, dann kann der Hauptteil der Rede, anders als in §1–3 und §35 angekündigt, das Lob Athens nicht zum Selbstzweck betreiben.[77] Selbstzweck ist die *epídeixis* nur innerhalb der literarischen Fiktion. Auf übergeordneter Ebene geht es um die politischen Wirkungen der *paideía*.

B.9.4 Synkrisis der Leistungen (§39–107): *práxeis*

Der erste Hauptteil des *Panathenaikos* enthält die angekündigte Lobrede auf die athenischen *práxeis*, auf die politischen Leistungen der Athener zugunsten der Hellenen. Dieser Abschnitt ist in vielem nach dem Vorbild des *Panegyrikos* gestaltet, insbesondere aber darin, dass sich das Lob bei näherer Betrachtung nur für die athenischen Vorfahren als Lob erweist, gegenüber der athenischen Politik der Zeit der *arché* jedoch wiederholt implizite und explizite Kritik zu finden ist, die für diese spätere Phase Athen nur als moralisch relativ überlegen gegenüber Sparta, nicht aber als absolut lobenswert erscheinen lässt. Etwas ausführlicher ist zunächst auf das Binnenproömium in §39–41 einzugehen, das eine methodische Grundlegung für die folgende Synkrisis Athen–Sparta bietet.

B.9.4.1 Binnenproömium I (§39–41): Zweck der Synkrisis

Dass Isokrates das in §5 (und später §35) angekündigte Thema der Rede, das Lob der Wohltaten Athens für die Hellenen, im Zuge eines Vergleiches zwischen Athen und Sparta durchführen wolle, kündigt er bereits beiläufig im Proömium an.

> (24) [...] βουλόμενος ἐπιδεῖξαι τὴν πόλιν ἡμῶν πλειόνων ἀγαθῶν αἰτίαν γεγενημένην τοῖς Ἕλλησιν ἢ τὴν Λακεδαιμονίων.
>
> [...] in der Absicht aufzuzeigen, dass unsere *pólis* Urheberin zahlreicher Wohltaten für die Griechen geworden ist als die *pólis* der Lakedaimonier.

Der Vergleich zwischen Athen und Sparta soll also zum Lob Athens beitragen. In §39–41, zu Beginn des Hauptteils, werden Zweck und Voraussetzungen dieser rhetorischen Synkrisis erläutert:

> (39) [...] Ἡγοῦμαι δὲ χρῆναι τοὺς βουλομένους ἐγκωμιάσαι τινὰ τῶν πόλεων ἀκριβῶς καὶ δικαίως μὴ μόνον περὶ αὐτῆς ποιεῖσθαι τοὺς λόγους, ἧς προῃρημένοι τυγχάνουσιν, ἀλλ' ὥσπερ τὴν πορφύραν καὶ τὸν χρυσὸν θεωροῦμεν καὶ δοκιμάζομεν ἕτερα παραδεικνύοντες τῶν καὶ τὴν ὄψιν ὁμοίαν ἐχόντων καὶ τῆς τιμῆς τῆς αὐτῆς ἀξιουμένων, (40) οὕτω καὶ ταῖς πόλεσι παριστάναι

---

[77] Signes Codoñer 1998: 84–87, vgl. Isok. XII 1–2, 35 (s. o. Kap. B.9.3.1).

μὴ τὰς μικρὰς ταῖς μεγάλαις, μηδὲ τὰς πάντα τὸν χρόνον ὑφ' ἑτέραις οὔσας ταῖς ἄρχειν εἰθισμέναις,[78] μηδὲ τὰς σῴζεσθαι δεομένας πρὸς τὰς σῴζειν δυναμένας, ἀλλὰ τὰς παραπλησίαν καὶ τὴν δύναμιν ἐχούσας καὶ περὶ τὰς αὐτὰς πράξεις γεγενημένας καὶ ταῖς ἐξουσίαις ὁμοίαις κεχρημένας· οὕτω γὰρ ἂν μάλιστα τῆς ἀληθείας τύχοιεν. (41) Ἢν δή τις ἡμᾶς τὸν τρόπον τοῦτον σκοπῆται καὶ παραβάλλῃ μὴ πρὸς τὴν τυχοῦσαν πόλιν, ἀλλὰ πρὸς τὴν Σπαρτιατῶν, ἣν οἱ μὲν πολλοὶ μετρίως ἐπαινοῦσιν, ἔνιοι δέ τινες ὥσπερ τῶν ἡμιθέων ἐκεῖ πεπολιτευμένων μέμνηνται περὶ αὐτῶν, φανησόμεθα καὶ τῇ δυνάμει καὶ ταῖς πράξεσι καὶ ταῖς εὐεργεσίαις ταῖς περὶ τοὺς Ἕλληνας πλέον ἀπολελοιπότες αὐτοὺς ἢ 'κεῖνοι τοὺς ἄλλους.

[...] Ich bin aber der Ansicht, dass, wer eine der *póleis* sorgfältig und auf gerechtfertigte Weise loben will, nicht nur Worte über jene [sc. *pólis*] machen darf, die er gerade ausgesucht hat, sondern so, wie wir Purpur und Gold betrachten und prüfen, indem wir anderes [sc. Purpur oder Gold][79] daneben halten, das das gleiche Aussehen hat und für gleich wertvoll gehalten wird, (40) so darf er nicht kleine *póleis* großen zur Seite stellen, nicht solche, die die ganze Zeit anderen untergeben sind, neben solche, die zu beherrschen gewohnt sind, nicht solche, die darauf angewiesen sind, gerettet zu werden, neben solche, die in der Lage sind zu retten, sondern solche [sc. muss er nebeneinander stellen], die ähnliche Macht haben, mit denselben Angelegenheiten zu tun hatten und ähnliche Machtmittel zur Anwendung brachten. So nämlich dürfte er am ehesten die Wahrheit treffen. (41) Wenn nun einer uns auf diese Weise betrachtet und uns nicht mit

---

[78] Hier wurde die Textversion Benselers derjenigen bei Mandilaras 2003, III: 17 („[...] τὰς [πάντα τὸν χρόνον] ὑφ' ἑτέραις οὔσας ταῖς πάντα τὸν χρόνον ἄρχειν εἰθισμέναις [...]") vorgezogen. Mandilaras athetiert gegen die gesamte Überlieferung πάντα τὸν χρόνον und fügt es gegen die wichtige HS Γ an späterer Stelle ein. Im Ergebnis nimmt er der Stelle die inhaltliche Schärfe. Isokrates will hier Vergleiche zwischen solchen *póleis* ausschließen, die niemals in der Geschichte eine vergleichbare Stellung innehatten. Mandilaras' Textfassung zufolge würde Isokrates auch den Vergleich von gegenwärtig mächtigen *póleis* mit früher zwar herrschenden, gegenwärtig aber beherrschten *póleis* ausschließen. Mithin ergäbe sich so eine Ablehnung von Vergleichen jener Art, wie sie der Vergleich zwischen Athen und Sparta im *Panegyrikos* darstellt.

[79] Roth 2003a: 108 fasst ἕτερα hier so auf, als könne damit nur substantielle Verschiedenheit gemeint sein. Daraus ergäbe sich dann tatsächlich, wie Roth bemerkt, ein widersprüchliches Bild, da Isokrates dann den Standpunkt vertreten würde, dass sich die Echtheit von Gold durch den Vergleich mit anderen ähnlich wertvollen Substanzen, von Roth unpassend als „Fälschungen" bezeichnet, beweisen lasse. Es ist aber auch eine Übersetzung möglich, die ἕτερα nicht im Sinne substantieller, sondern im Sinne ontologischer Verschiedenheit auffasst. Gold soll demnach mit anderem Gold verglichen werden (vgl. dazu dasselbe Verfahren im guten Rat des Artabanos an Xerxes bei Hdt. VII 10,1). Ohnehin ist hier überhaupt nicht von einer Echtheitsprüfung von Gold und Purpur die Rede. Das verwendete Verbum δοκιμάζειν bezeichnet nämlich nicht den Vorgang einer substantiellen, sondern den einer qualitativen Überprüfung – so wird im politischen Dokimasieverfahren Athens nicht überprüft, ob es sich bei der Abstammung und Lebensführung des angehenden Beamten tatsächlich um Abstammung und Lebensführung handelt, sondern, ob dieser ‚Lebenslauf' den angehenden Beamten als fähigen und politisch verlässlichen Bürger ausweist. Das ganze Bild ergibt besseren Sinn, wenn hier eine qualitative Prüfung gemeint ist. Die Voraussetzung ähnlichen Aussehens und Wertes des zum Vergleich herangezogenen (echten) Goldes bzw. Purpurs erfüllt den Zweck, eine relative Wertbestimmung vornehmen zu können. Ist der absolute Wert des Vergleichsmaterials bekannt, so lässt sich sogar der konkrete Wert bestimmen. Dieses Bild einer qualitativen Prüfung überträgt Isokrates hier auf den prüfenden Vergleich der *póleis* Sparta und Athen. Um Athen qualitativ zu bewerten, ist nach Isokrates' Forderung ein Vergleich mit einer qualitativ ähnlichen *pólis* vonnöten. Das Bild ist frei von jedem Widerspruch.

B.9.4 Synkrisis der Leistungen (§39–107): práxeis

einer beliebigen *pólis* vergleicht, sondern mit jener der Spartiaten, die die Masse maßvoll lobt, einige bestimmte Leute aber so erwähnen, als hätten dort die Halbgötter politisch gewirkt, dann wird sich erweisen, dass wir sie an Macht, in Taten und an Wohltaten gegenüber den Griechen mehr hinter uns lassen als jene die anderen.

Die Synkrisis ist für Isokrates essentieller Bestandteil einer jeden Lobrede, die über Zweifel an der Rechtfertigung des Lobes erhaben sein soll. Erst der Vergleich mit anderem ermöglicht eine qualitative Bewertung des Gegenstandes der Lobrede.[80] Aussagekraft für das Lob kann eine Synkrisis jedoch nur haben, wenn Ähnliches miteinander verglichen wird. Dies ist zunächst nichts anderes als das Postulat eines *tertium comparationis*, das Vergleichgegenstände erst vergleichbar macht. Eine ganz ähnliche, jedoch weitergehende Forderung findet sich auch im *Areopagitikos* (§73), wo der Sprecher Isokrates darauf hinweist, dass der relative Vergleich zwischen einem moralisch depravierten Regime wie jenem der ‚Dreißig' und einem moralisch besseren wie jenem der Demokratie des 4. Jhs. nicht zum Lob der Letztgenannten beitragen kann, mithin keinen Aussagewert für die Bewertung der absoluten Moralität eines der beiden Regime haben kann.[81] Hier ist also die Forderung nach dem *tertium comparationis* insofern erweitert, als Isokrates für die Möglichkeit absoluter statt nur relativer Aussagekraft eines Vergleiches die Ähnlichkeit (und Unstrittigkeit) der Qualität in eben jener Eigenschaft (hier: *areté*) fordert, die untersucht werden soll.

Der Vergleich mit dieser Passage aus dem *Areopagitikos* führt auf ein Problem bei der Deutung der vorliegenden Stelle hin. Das erklärte Ziel des Hauptteils des *Panathenaikos* ist das Lob Athens durch einen differenzierten Nachweis lobenswürdiger Leistungen der *pólis*. Das Thema der Differenziertheit des Lobes ist auch an der vorliegenden Stelle – am Beispiel der Lobredner Spartas – angesprochen. Welche Qualität aber ist es, deren Lobenswürdigkeit nachgewiesen werden soll? Aus §5 und §35 geht dies klar hervor: Die *areté* der Vorfahren und die Qualität der athenischen Taten als Wohltaten (*euergesíai*) soll nachgewiesen werden.

Überträgt man nun die Forderung aus dem *Areopagitikos* auf §39–41 des *Panathenaikos*, was in Anbetracht der inhaltlichen Verwandtschaft beider Stellen plausibel scheint, so bedeutet dies: Wenn der Vergleich zwischen Athen und Sparta im Hauptteil des *Panathenaikos* als Nachweis der *areté* Athens dienen soll, so muss die *areté* beider

---

[80] Daraus ergibt sich im Umkehrschluss die analoge Notwendigkeit der Einbindung von Synkriseis in Tadelreden bzw. in jede Rede, die der qualitativen Bewertung ihres Gegenstandes dienen soll.

[81] Isok. VII 71–73, s. dazu o. S. 397–401. Unabhängig davon betont Alexiou 2009: 42–43, dass Isokrates' Verwendung von Exempla des Mythos dazu diene, angemessene Vergleichsfolien für das Lob des *agathós* heranzuziehen. Gemessen an Isokrates' negativer Bewertung der Gegenwart im Vergleich mit der idealisierten mythischen Vergangenheit ist dies durchaus einleuchtend. Bei einer solchen Geschichtsauffassung (s. dazu o. Kap. A.2.2) kann der Mythos die geeignetsten Exempla bereitstellen.

póleis das *tertium comparationis* darstellen, mithin die vorbildhafte Qualität beider *póleis* gegeben sein.[82]

Es ist zweifellos richtig, dass sich eine solche Forderung aus §39–41 des *Panathenaikos* allein nicht ableiten lässt. Die Beispiele, die Isokrates hier zur Erläuterung der Regeln der Synkrisis wählt, beziehen sich auf das *tertium comparationis* der Machtposition beider *póleis*, somit auf deren Handlungspotential. Indes hat die Bewertung der Taten exemplarisch vorgestellter historischer Akteure in früheren isokratischen Schriften, insbesondere der Exempla des Alkibiades Dioynsios, Konon und Kyros im *Philippos* bereits gezeigt, dass auch außerhalb des *Areopagitikos* Macht und Handlungspotential allein für Isokrates nicht automatisch zu Vorbildhaftigkeit führen.[83] Im *Panegyrikos*, der neben dem *Panathenaikos* den umfangreichsten Vergleich Athens und Spartas enthält, ergibt sich das eigentliche Lob Athens nur dort, wo entweder kein echtes Gegenüber vorhanden ist (§23–50) oder wo die moralische Qualität des Vergleichspunktes Sparta ebenfalls unzweifelhaft ist (§75–82).[84] Vor diesem Hintergrund scheint es zulässig, die ähnlichen Forderungen an die Lobrede in *Areopagitikos* und *Panathenaikos* als verschiedene Formulierungen derselben argumentationstheoretischen Überlegung zu betrachten.

Für die Wahl Spartas als Vergleichsgegenstand bedeutet dies: Nur wenn Spartas *práxeis* und die *areté* der spartanischen Vorfahren ähnlich – und zwar positiv – zu bewerten sind wie die athenischen, kann der Vergleich dazu beitragen, das Lob als ‚gerechtfertigt' (*dikaíôs*, §39) zu erweisen. Für die nachfolgende Durchführung des Vergleiches hat dies die wichtige Konsequenz, dass die positive Bewertung Spartas strenggenommen in keiner Weise durch den Vergleich infrage gestellt werden darf, wenn der Vergleich den angekündigten Zweck erfüllen soll.[85] Dieser Befund ist bemerkenswert, da der *Panathenaikos* die schärfsten Angriffe auf die Politik Spartas im gesamten isokratischen Werk zu enthalten scheint.[86] Sollte die Untersuchung des Hauptteils ergeben, dass die dort gegenüber Sparta geäußerte Kritik zu dem Gesamteindruck einer in ihrem Handeln und ihrer Frühgeschichte tadelnswerten *pólis* führt, dann ergäbe sich ein klarer Widerspruch zur Ankündigung in §39–41, wonach der Vergleich mit Sparta zweckdienlich für das Lob Athen sein soll. Es ist im folgenden Kapitel daher zu untersuchen, welche Auswirkungen die theoretischen Überlegungen zur Funktionsweise der Synkrisis auf die Durchführung des Vergleichs zwischen Athen und Sparta im Hauptteil haben.

---

[82] Alexiou 2010: 116. Zur Differenzierung der hier von Isokrates vorgeschlagenen Technik und dem ἀντιπαραβάλλειν bei Anaximenes und Aristoteles (Anaxim. Rhet. ad Alex. 1426a23–28, Arist. Rhet. 1368a19–26) vgl. Roth 2003a: 107–108.

[83] Isok. V 56–67, s. dazu o. Kap. B.8.4.3. Die moralische Qualität einer Sache oder Eigenschaft (so etwa die in §40 genannten Eigenschaften der Größe, Macht, Handlungspotentiale), so hat sich bereits gezeigt, erscheint bei Isokrates als durch die Zwecke und den Nutzen der Anwendung dieser Eigenschaften oder Mittel affiziert, als Akzidenz, s. dazu o. S. 364, 423–424.

[84] S. dazu o. Kap. B.2.4.4–5.

[85] Von Arnim 1917: 29.

[86] Dass in Isok. XII 42–198 die Forderungen von XII 39–41 aufgrund der negativen Bewertung Spartas nicht erfüllt werden, betont Kröner 1969: 115–118, vgl. auch Schäublin 1982: 173–174.

B.9.4.2 Exempla der Vorfahren (§42–52)

Der große Umfang des *Panathenaikos* macht eine gewisse Beschränkung der Analyse notwendig. So sollen im Folgenden ausgewählte Einzelargumentationen untersucht werden, die die Tendenz verschiedener größerer Abschnitte der Rede zu erkennen geben. Wo sich die Darstellung außerdem sehr eng an frühere Schriften, vor allem den *Panegyrikos*, anlehnt, kann eine kursorische Behandlung genügen.

B.9.4.2.1 Frühgeschichte (§42–48)

Die Synkrisis der *práxeis* Athens und Spartas ist chronologisch aufgebaut.[87] Sie beginnt bei der Frühgeschichte, in der beide *póleis* in ihrem Handeln scharf kontrastiert werden (§42–48).[88] Athens Politik wird außen- wie innenpolitisch als vorbildhaft dargestellt (§42–44): Mit den Griechen sei Athen in Eintracht (*homónoia*) verbunden gewesen, gegenüber den Barbaren habe Feindschaft (*échtra*) bestanden. Das richtige Urteil darüber, gegen wen Krieg zu führen sei, zeigt sich in der Vertreibung der Barbaren aus der Ägäis und der Ansiedlung bedürftiger Griechen.[89] Innenpolitisch habe Athen die Hellenen gelehrt, welche Form der politischen Verwaltung (ὃν τρόπον διοικοῦντες) zu wählen sei (§44).

Spartas Frühgeschichte wird in jeder Hinsicht als Gegenteil der athenischen geschildert: Sie beginnt mit der Eroberung achaischer *póleis*, deren Gebiet Spartaner, Messenier und Argiver untereinander aufgeteilt hätten (§42). Selbst nach dieser Eroberung und Aneignung einer fremden *pólis* (πόλιν ἀλλοτρίαν) und größten Landbesitzes – gemeint ist Sparta selbst – hätten die Lakedaimonier keine Ruhe gegeben (οὐδ᾽ ἡσυχίαν ἄγειν ἐθέλησαν) und bis auf Argos die gesamte Peloponnes erobert (§45–46).

Der Abschnitt steckt voller Schlagworte und Gedanken, denen schon in früheren isokratischen Schriften zentrale Bedeutung zugekommen war.[90] Die Kritik am eigennützigen Zugriff auf fremdes Eigentum (*allótria*) (§43, 45) sowie das dieser Kritik gegenübergestellte Lob der Unterordnung eigener Interessen (*ídia*) unter das Gemeinwohl (*koinón*) sind im isokratischen Werk stets präsent. In unserer Untersuchung traten sie besonders deutlich im *Panegyrikos* hervor.[91] Aus *Friedensrede* und *Philippos* ist die Frage bekannt, mit welchen Verbündeten zusammen man gegen welchen Feind Krieg führen müsse (§44,

---

[87] Im Wesentlichen folgt die Einteilung dieses Kapitels der Gliederung bei Roth 2003a: 69–70.
[88] Offen ausgesprochen in Isok. XII 45; Wendland 1910a: 145, Rostagni 1913: 148.
[89] Vgl. Isok. IV 34–37 sowie an späterer Stelle nochmals in Isok. XII 83, 164–168, 190; Orth 2006: 92. Wenig überzeugend ist die Annahme bei von Arnim 1917: 30–31, Isokrates konstruiere die Ionische Kolonisation als schwaches Argument, das nur den *plêthos* überzeugen solle. Dem liegt von Arnims Annahme einer Ablehnung jeder Historizität des Mythos durch Isokrates zugrunde, die nicht haltbar ist.
[90] Vgl. Roth 2003a: 110–111.
[91] S. dazu allgemein u. Exkurs I (Kap. D.1.1).

45).[92] In §46 spricht Isokrates davon, dass Sparta aus den Exempla seiner eigenen Frühgeschichte ‚gelernt', deswegen alle anderen Kulturtechniken (Landwirtschaft und alle anderen *téchnai*) vernachlässigt und nur noch militärische Expansion betrieben habe. Damit wiederholt er eine Kritik an Sparta, die seit dem *Busiris* immer wieder in seinen Schriften geäußert wird.[93] Der Prozess des Lernens der Spartaner wird dabei mit den Schlagworten der isokratischen *paideía* (*alḗtheia, askeῖn*, §46) beschrieben. Die Spartaner bilden sich demnach mit den richtigen Methoden. Falsch sind indes schon die Vorbilder und infolgedessen die Inhalte beziehungsweise die inhaltliche Beschränkung der *paideía* auf das Kriegswesen. Hier spiegelt sich die Dichotomie zwischen gymnischer und musischer *paideía*, die uns in der *Antidosis* begegnet war.[94]

Athen erscheint im Lichte seiner Frühgeschichte als *hēgemṓn*,[95] der im Interesse der Hellenen gegen die Barbaren Krieg führt. Sparta dagegen erobert im eigenen Interesse die *póleis* der Hellenen und etabliert eine *archḗ*. Vor dem Hintergrund der übrigen isokratischen Schriften dürfte klar sein, dass Athen hier in das beste, Sparta dagegen in ausgesprochen negatives Licht gerückt wird. Isokrates selbst schließt den Absatz sogar mit einem expliziten Hinweis auf dieses Ergebnis der Betrachtung der Frühgeschichte ab:

> (48) Ἐπαινεῖν μὲν οὖν δίκαιόν ἐστι τὴν τοῖς ἄλλοις πολλῶν ἀγαθῶν αἰτίαν γεγενημένην, δεινὴν δὲ νομίζειν τὴν αὑτῇ τὰ συμφέροντα διαπραττομένην καὶ φίλους μὲν ποιεῖσθαι τοὺς ὁμοίως αὑτοῖς τε καὶ τοῖς ἄλλοις χρωμένους, φοβεῖσθαι δὲ καὶ δεδιέναι τοὺς πρὸς σφᾶς μὲν αὐτοὺς ὡς δυνατὸν οἰκειότατα διακειμένους, πρὸς δὲ τοὺς ἄλλους ἀλλοτρίως καὶ πολεμικῶς τὴν αὑτῶν διοικοῦντας [...].

> (48) Es ist nun also gerechtfertigt, die [sc. polis] zu loben, die für die Anderen Urheberin vieler Güter geworden ist, hingegen für schrecklich zu halten, die nur das für sich selbst Vorteilhafte durchgesetzt hat; und es ist gerechtfertigt, sich die zu Freunden zu machen, die auf gleiche Weise sich selbst und die Anderen behandeln, Angst und Furcht aber vor jenen zu empfinden, die sich selbst die Nächsten sind, den anderen gegenüber aber ihre Angelegenheiten auf distanzierte und feindliche Weise regeln [...].

Isokrates' Urteil über die Frühgeschichte Spartas und Athens ist eindeutig: Athen ist lobenswert, Sparta gegenüber sind Angst und Furcht angebracht.

B.9.4.2.2 Perserkriege (§49–52)

Im *Panegyrikos* stellt die Beschreibung der Perserkriegszeit, insbesondere die Beschreibung der in Athen und Sparta vor 480/479 wirksamen *politeía*,[96] den einzigen Abschnitt dar, in dem Sparta unmissverständlich positiv dargestellt ist. Auslösendes Moment für

---

[92] Vgl. V 83–115, s. o. Kap. B.8.4.5–6. Die Parallelen zum *Philippos* betont Masaracchia 1995: 91–92.
[93] Isok. XI 17–20 (s. o. S. 125–128), IV 1–2 (s. o. Kap. B.2.6), VI (s. o. Kap. B.5.6.2), XV 296–298 (s. o. S. 446–448).
[94] Isok. XV 296–298 (s. o. S. 446–448).
[95] Roth 2003a: 110.
[96] Isok. IV 75–81 (s. o. Kap. B.2.4.4).

B.9.4 Synkrisis der Leistungen (§39–107): práxeis

den spartanischen Gesinnungswandel sei die Niederlage bei den Thermopylen gewesen, in deren Folge Sparta nur noch auf den Isthmos als Verteidigungslinie gesetzt habe.[97]

Im *Panathenaikos* werden die Ereignisse vor der Seeschlacht von Salamis, also eben jene Ereignisse, in denen Sparta im *Panegyrikos* positiv beurteilt worden war, ganz ausgespart. Der knappe Bericht über die Perserkriege (§49–42) bezieht sich nur auf die Haltung im Krieg und setzt mit Salamis ein.[98] Athen habe zu dieser Seeschlacht, die den Xerxeskrieg entschieden habe, mehr Schiffe gestellt als alle anderen Hellenen zusammen. Spartas Beitrag dagegen sei mit nur zehn Trieren sehr klein gewesen, und trotz des Oberbefehls des Spartaners Eurybiades, dessen ursprünglicher Plan die Griechen in den Untergang geführt hätte,[99] sei es die Strategie des Atheners Themistokles gewesen, die den Erfolg gegen Persien ermöglicht habe (§50).[100] Athens Verdienst erstreckt sich also auch auf den Bereich der militärischen Führung, die bei Isokrates stets als Folge intellektueller *paideía* erscheint.[101] Folgerichtig erhält Athen aufgrund des treffsicheren Urteils der übrigen Hellenen für seine Leistungen die *hêgemonía* übertragen (§52).

Zu §42–52 bleibt abschließend festzustellen, dass im Laufe des Vergleichs der *práxeis* beider *póleis* nur in diesem Abschnitt explizit Verdienste und positive Leistungen genannt werden.[102] Diese betreffen nur Athen, und sie betreffen ausschließlich die Zeit bis zum Ende der Perserkriege. Sparta wird dagegen durchweg negativ beurteilt[103] und erscheint als *pólis*, vor der sich zu fürchten es gute Gründe gibt.

Eine gewisse Einschränkung ist indes angebracht, was das Lob Athens betrifft. So positiv die Darstellung Athens zweifellos ist, der Vergleich mit einem derart negativen Sparta kann, gemessen an §39–41,[104] zu dieser positiven Darstellung nichts beitragen.

---

[97] Isok. IV 93.

[98] Vgl. Zucker 1954: 12.

[99] Gemeint ist wohl die in Isok. IV 93 erwähnte Verteidigung der Isthmoslinie; vgl. Hdt. VIII 56–57.

[100] Isokrates orientiert sich in dem ganzen Abschnitt offenbar an Hdt. VIII 60–63 (Roth 2003a: 112–114). Er erwähnt dabei nicht, dass Themistokles in Herodots Darstellung seinerseits von der Richtigkeit dieses Planes überzeugt werden muss. Eigentlicher Urheber des Salamis-Planes ist bei Herodot ein gewisser Mnesiphilos (Hdt. VIII 56–58), den Plutarchos, der Herodots Bericht ablehnt (Plut. de Herod. mal. 869d–f), zu einem der Sieben Weisen und Lehrer des Themistokles stilisiert (Plut. Them. 2, Plut. sept. sap. conv. 154c–d, 155e–156e, Plut. an sen. sit ger. resp. 795c).

[101] Isok. VI 3–6, VIII 52–55, XV 115–122, auch Isok. XVI 10–11, Heilbrunn 1967: 199 (s. allgemein o. Kap. B.5.4.2.3).

[102] Roth 2003a: 106 betrachtet auch Isok. XII 53–61 als Teil der positiven Darstellung. Diese Einteilung kann, wie schon die Einleitung des Abschnitts in §53 (siehe dazu im Folgenden) deutlich macht, nicht aufrechterhalten werden, da schon die dortigen positiv formulierten ‚Leistungen' durchaus negative Züge tragen, vgl. dazu Eucken 1982: 48 (über den Übergang Isok. XII 52–53): „Damit ist erstaunlicherweise die Liste unbezweifelbarer athenischer Ruhmestaten vorläufig bereits abgeschlossen". Wenig überzeugend glaubt von Arnim 1917: 32–33 im Lob der athenischen Leistung vor Salamis implizite Kritik am mit derselben Flotte verübten athenischen Unrecht der Seeherrschaft zu sehen.

[103] Die Leistungen von Thermopylai, die im *Panegyrikos* noch erwähnt wurden, sind hier ausgespart; Wendland 1910a: 145, Zucker 1954: 12.

[104] S. dazu o. Kap. B.4.1.

Ein positiver Vergleichsgegenstand, an dem sich das Lobenswerte der athenischen Politik bestätigen könnte, fehlt bis zu diesem Punkt. Es wird sich im Laufe der Untersuchung zeigen, dass Isokrates solche Vergleichsgegenstände durchaus bietet, jedoch außerhalb des Exemplum Sparta.

B.9.4.3 Athen und Sparta zur Zeit der *arché* (§53–73a)

B.9.4.3.1 Einleitung (§53)

Auf das Lob der athenischen Vorfahren folgt die Auseinandersetzung mit der Zeit der athenischen sowie der spartanischen Seeherrschaft, also mit der Zeit von 478/477 bis zum Ende der spartanischen Seeherrschaft nach der Seeschlacht von Knidos 394.[105] In früheren Schriften hatte Isokrates die Zeit ab der Übernahme der Seeherrschaft durch Athen im Delisch–Attischen Seebund stets kritisiert. In der *Friedensrede* dienten Athens und Spartas *archaí* gar als Exemplum für die These, dass jede *arché* schädlich sei und ihren Träger in den Niedergang führen müsse. Und auch für das scheinbare Lob der athenischen *arché* im *Panegyrikos* konnte eine nähere Untersuchung zeigen, dass die Aussagen über Athens *arché* nicht zu Athens Lob beitragen, sondern Athens Fehler zur Schau stellen.[106]

Dass Athen für die Zeit seiner *arché* auch im *Panathenaikos* kritisiert werde und diese Kritik angesichts der schärferen Kritik an Sparta nicht übersehen werden sollte, hat Signes Codoñer festgestellt.[107] Diese Beobachtung bestätigt sich gleich zu Beginn des Abschnitts über die Seeherrschaft:

> (53) Μετὰ δὲ ταῦτα τοίνυν συνέβη κυρίαν ἑκατέραν γενέσθαι τῆς ἀρχῆς τῆς κατὰ θάλατταν, ἣν ὁπότεροι κατάσχωσιν, ὑπηκόους ἔχουσι τὰς πλείστας τῶν πόλεων. Ὅλως μὲν οὖν οὐδετέραν ἐπαινῶ· πολλὰ γὰρ ἄν τις αὐταῖς ἐπιτιμήσειεν· οὐ μὴν ἀλλὰ καὶ περὶ τὴν ἐπιμέλειαν ταύτην οὐχ ἔλαττον αὐτῶν διηνέγκαμεν ἢ περὶ τὰς πράξεις τὰς ὀλίγῳ πρότερον εἰρημένας.
>
> (53) Danach nun geschah es, dass beide [sc. *póleis*] die Verfügung gewannen über die Seeherrschaft. Wer immer diese erlangt, hat die meisten der *póleis* als Untertanen. Freilich kann ich keine von beiden [sc. *póleis*] vollständig loben. Denn Vieles könnte man ihnen wohl vorwerfen. Doch auch bei diesem ‚Streben' taten wir uns nicht weniger vor jenen hervor als bei den kurz zuvor erwähnten Taten.

Isokrates gibt hier den Anspruch eines absolut gültigen Lobes für seine Beschreibung der Seeherrschaft ausdrücklich auf. Ein vollkommenes Lob sei unmöglich, da es zahlreiche berechtigte Vorwürfe gegen Athens und Spartas jeweilige *arché* gebe. Gleich zu Beginn räumt der Sprecher also ein, dass sich beide *póleis* in der Phase der Seeherrschaft

---

[105] Roth 2003a: 115.
[106] S. o. Kap. B.2.4.6.
[107] Signes Codoñer 1998: 90, vgl. zuvor schon Bloom 1955: 121–122. Pratt 2006: 59 betont, dass jede Darstellung der athenischen *arché* des Seebundes als vorbildhaft mit der naheliegenden Gegendarstellung derselben als Gewaltherrschaft konfrontiert sei.

kritikwürdiger Vergehen schuldig gemacht hätten.[108] Gemessen an Isokrates' wiederholter Forderung, in Lobreden seien ausschließlich positive Leistungen zu würdigen[109] – eine Forderung, die implizit auch in den oben besprochenen §39–41 mitschwingt – kündigt Isokrates hier also einen Abschnitt an, der für ein echtes Lob auf Athen nicht geeignet erscheint.

B.9.4.3.2 Lob der arché (§53–62)

Die *epiméleia* Athens und Spartas im Zuge der Seeherrschaft wird im Wesentlichen auf sehr ähnliche Weise wie in den Abschnitten zur Seeherrschaft im *Panegyrikos* beschrieben.[110] Dieser Befund bestätigt die oben aus §53 gezogenen Schlussfolgerungen, da auch im *Panegyrikos* auf die scheinbare Ankündigung eines Lobes eine Argumentation folgte, die die athenische Seeherrschaft kompromittierte, statt sie positiv darzustellen.[111] Wie im *Panegyrikos* steht die Argumentation des gesamten Abschnitts durch den anfänglichen Hinweis auf kursierende Vorwürfe gegen Athen dem für eine Apologie zu erwartenden Vorgehen nahe. Zur Veranschaulichung des Argumentationstypus soll im Folgenden besonders auf das erste Argument zum ‚Lob' der athenischen *arché* eingegangen werden – auf den ‚Nachweis', Athens Einflussnahme auf die *politeíai* verbündeter *póleis* verdiene Lob statt Tadel (§54–55).[112]

Die Einrichtung der Demokratie in diesen *póleis* erfolgt in Isokrates' Darstellung infolge athenischer Überzeugungskraft, also gewissermaßen freiwillig, und Athens Motivation wird mit positiven Attributen versehen:

(54) [...] ὃ σημεῖόν ἐστιν εὐνοίας καὶ φιλίας, ὅταν τινὲς παραινῶσι τοῖς ἄλλοις χρῆσθαι τούτοις, ἅπερ ἂν σφίσιν αὐτοῖς συμφέρειν ὑπολάβωσι [...].

(54) [...] das ist doch ein Zeichen von Wohlwollen und Freundschaft, wenn man andere dazu anspornt, das zur Anwendung zu bringen, was man auch für sich selbst für nützlich hält [...].

Isokrates definiert die athenische Einflussnahme auf die innenpolitischen Verhältnisse anderer *póleis* hier scheinbar positiv, indem er *eúnoia* und *philía* als Motive dieser Einflussnahme nennt.[113] Jedoch liefert er weder nähere Belege für Athens gute Absichten, noch räumt er die Kritik an der Einmischung in fremde Angelegenheiten aus, die dem

---

[108] Eucken 1982: 48, Signes Codoñer 1998: 91–92. Auch in Isok. IV 100 werden gleich zu Beginn des ‚Lobes' die gegen die *arché* erhobenen Vorwürfe erwähnt.
[109] S. o. Kap. A.3.3.
[110] Wendland 1910a: 146, Rostagni 1913: 148, Ollier 1933: 336, Popp 1968: 440–441. Wenig überzeugend ist die Annahme eines Bezuges zum Programm des *Philippos* bei Kessler 1911: 67.
[111] Vgl. Isok. IV 100–128 (s. o. Kap. B.2.4.6–7).
[112] Vgl. zu diesem Passus die Parallele in Isok. IV 104–106 (s. o. Kap. B.2.4.6).
[113] Die Darstellung entspricht Isok. IV 106 (s. o. S. 218–221) und steht im Kontrast zur Verurteilung der politischen Einmischung Athens in Isok. VIII 79 (Roth 2003a: 116–117).

Argument offensichtlich zugrunde liegt und die einen der in §54 angesprochenen üblichen Vorwürfe gegen Athens *arché* dargestellt haben dürfte.[114] Es handelt sich mithin um eine einfache euphemistische Umformulierung des vorangegangenen Vorwurfs.[115] Auch behauptet Isokrates hier nicht, dass die Demokratie, die Athen andernorts unterstützte, tatsächlich nützlich gewesen sei, sondern lediglich, dass die Athener sie für nützlich hielten. Damit macht er die Frage des Nutzens des athenischen Eingreifens von der Richtigkeit des politischen Urteils der Athener der Seebundzeit abhängig. In früheren Reden, insbesondere in der *Friedensrede*, hatte Isokrates aber die negativen Auswirkungen der Macht gerade auf die politische Urteilskraft betont.[116] Wichtiger jedoch ist, dass das Argument im Verlauf der Rede dadurch infrage gestellt wird, dass Isokrates an späterer Stelle die athenische Demokratie der Seebundzeit nicht nur als negative *politeía* einführt, sondern sogar feststellt, dass die Seebundgeneration um zahlreiche Nachteile dieser *politeía* gewusst habe (§114–118).[117] Das Argument in §54 erfolgt indes unter der Prämisse, dass die Vätergeneration die Demokratie als nützliche Staatsform betrachtete. Diese Prämisse wird durch §114–118 erschüttert. Somit lassen sowohl der Umstand, dass die Einmischung in fremde Staaten in der griechischen Öffentlichkeit allgemein Kritik hervorgerufen hatte, wie auch seine problematische Prämisse das Argument in §54 als wenig geeignet erscheinen, das athenische Eingreifen in die verbündeten *póleis* als positive Leistung erscheinen zu lassen.

Was aber sagt Isokrates diesbezüglich über Sparta und zu welchem Zweck? Als parallelen Fall zur Einführung demokratischer Regime in *póleis* des Seebundes führt Isokrates die Installation der Dekarchien in den nach dem Peloponnesischen Krieg unter Spartas Einfluss stehenden *póleis* ein (§54–55).[118] Sparta habe damit eine Form der *politeía* anderswo eingeführt, die es bei sich selbst nicht für richtig gehalten habe. Die Qualität dieser *politeía* zeige sich in den innerhalb kürzester Zeit von den Dekarchen begangenen Verbrechen, deren große Zahl Isokrates auch gleich zum Anlass nimmt, unter

---

[114] Direkte Einflussnahme auf die *politeía* der Bundesgenossen war Athen im 4. Jh. durch das Psephisma des Aristoteles untersagt, vgl. I.G. II/III² 102, 20–21. Diese Regelung lässt sich, ähnlich wie andere Beschränkungen der athenischen Herrschaftsinstrumente im Zweiten Seebund, als eine der Bestimmungen lesen, die zur Verhinderung athenischer Vergehen, wie sie im Delisch-Attischen Seebund aufgetreten waren, dienen sollten, vgl. Schuller 1974: 83. Andere Quellen belegen, dass man auch in der zweiten Hälfte des 4. Jhs. von einer aktiven und keineswegs stets konsensual vereinbarten Beseitigung nichtdemokratischer Regime in den *póleis* des Delisch-Attischen Seebundes durch die Vormacht Athen ausging, z. B. Xen. Hell. III 4,7; Arist. Pol. 1307b22–24.

[115] Von Arnim 1917: 33. Vgl. zu dieser Methode die analoge (und deutlich als absurd gekennzeichnete) Methode des ‚Spartafreundes' in Isok. XII 233–265 (s. u. Kap. B.9.6.3).

[116] Vgl. Isok. VIII 89–119 (s. o. Kap. B.6.5.2.1).

[117] S. u. Kap. B.9.5.2. Die Vätergeneration entschied sich demnach ungeachtet der Nachteile aus reinem Machtdenken für die Abkehr von der Vorväter-*politeía* und die ‚Einführung' der Demokratie späterer Zeiten.

[118] Vgl. dazu Isok. IV 105, 110–114; Pointner 1969: 103.

B.9.4 Synkrisis der Leistungen (§39–107): práxeis

Verweis auf die fehlende Redegewalt seines Alters[119] keines davon näher zu benennen (§54–55).[120] So betont er lediglich, was alle wüssten:

(55) [...] ὅτι τοσούτων ἐκεῖνοι διήνεγκαν ἀνομίᾳ καὶ πλεονεξίᾳ τῶν προγεγενημένων, ὥστ' οὐ μόνον αὐτοὺς ἀπώλεσαν καὶ τοὺς φίλους καὶ τὰς πατρίδας τὰς αὑτῶν, ἀλλὰ καὶ Λακεδαιμονίους πρὸς τοὺς συμμάχους διαβάλλοντες εἰς τοσαύτας καὶ τοιαύτας συμφορὰς εἰσέβαλον, ὅσας οὐδεὶς πώποτ' αὐτοῖς γενήσεσθαι προσεδόκησεν.

(55) [...] dass jene die Früheren so sehr an Widergesetzlichkeit und Habgier übertrafen, dass sie nicht nur sich selbst und ihre Freunde und ihre jeweilige Heimat zerstörten, sondern auch die Lakedaimonier, indem sie sie bei deren Bundesgenossen in Verruf brachten, in Katastrophen einer solchen Zahl und eines solchen Ausmaßes stürzten, von denen keiner je erwartet hätte, dass sie ihnen zustoßen würden.

Die von Sparta eingerichteten Dekarchien erscheinen als erheblich größeres Übel als die von den Athenern unterstützten demokratischen Regime in den *póleis* des Seebundes. Wenn jedoch die Rede davon ist, dass die Dekarchen die ‚Früheren' (τῶν προγεγενημένων), womit nur die von Athen gestützten Regime gemeint sein können, an *pleonexía* und *anomía* übertroffen hätten, dann erscheinen diese ‚Früheren' zwar in Relation zu den Dekarchen als ‚besser'. Jedoch wird auch ihnen damit implizit (geringere) *pleonexía* und *anomía* attestiert. Es liegt in dieser Äußerung, wie auch allgemein in dem ganzen Passus, eben jener Typus einer Argumentation vor, den Isokrates wiederholt als ungeeignet für die Lobrede beschrieben hatte: Der Vergleich eines verfehlten Verhaltens mit noch schlimmerem Handeln.[121]

Sparta erscheint an der besprochenen Stelle, wie im Übrigen im gesamten Abschnitt zur *arché*, als diejenige *pólis*, deren Verbrechen die athenischen noch übertreffen. Es bleibt indes stets festzuhalten, dass die athenische Politik dadurch von den jeweiligen Vorwürfen nicht entlastet wird.

Insgesamt finden sich in §53–73 keine positiven Leistungen aufgeführt. Weder Athen noch Sparta werden solche zugeschrieben. Vielmehr versucht Isokrates die athenischen Vergehen als geringer im Vergleich mit den spartanischen darzustellen. Dies gilt für die Kapitel über die Strafaktionen gegen verbündete *póleis* (§62–66),[122] die Abgabenpolitik innerhalb der Bündnisse (§67–69) und den Einfluss der jeweiligen Politik auf die Machtstellung des Perserkönigs (§59–61).[123] Dieselbe Absicht verfolgt das Argument, Athen

---

[119] Interessant ist die Begründung durch das Alter auch deshalb, weil Isokrates ausdrücklich davon spricht, dass ihm größere Jugend die Möglichkeit geben würde, besonders großen Hass auf Sparta zu schüren (Isok. XII 54). Mit dem jugendlichen Redner wird somit eine affektheischende Form der Rede verbunden, zumal eine Form der Rede (*psógos*), die den Tadel zum Selbstzweck macht. Auch hier zeigt sich Isokrates' starke Identifikation mit der Rolle des durch sein Alter sachlichen – und sachlich kompetenten – Lehrers.

[120] Auf diese Aussparung wird später (s. u. Kap. B.9.4.4) noch näher einzugehen sein.

[121] Vgl. v. a. Isok. VII 70–73 (s. o. S. 398 und allgemein Kap. A.3.3).

[122] Vgl. Isok. IV 100–102 (s. o. Kap. B.2.4.6).

[123] Vgl. Isok. IV 125–128, Roth 2003a: 119 weist darauf hin, dass die negative Bewertung des Königsfriedens in Isok. XII 59 zwar nur den Spartanern angelastet wird, dass Isokrates jedoch zuvor (Isok.

habe seine Herrschaft länger aufrechterhalten können als Sparta (§56–58):[124] Hier ist nicht verneint, dass letztlich auch die athenische Seeherrschaft durch die übrigen Griechen gestürzt wurde – ein Umstand, der den Athenern des 4. Jhs. nur allzu schmerzlich bewusst war. Zudem spricht Isokrates nur davon, dass eine längere Dauer der Herrschaft auf geringere Vergehen gegen die Beherrschten hinweise (§56). Dass es solche Vergehen gibt, wird als selbstverständlich vorausgesetzt. Ausdrücklich erwähnt der Sprecher sogar, dass auch Athen den Hass (ἀμφότεροι μισηθεῖσαι, §57) auf sich gezogen habe.

B.9.4.3.3 Apologie der arché (§62–71)

In §62–71 setzt sich Isokrates proleptisch mit möglichen Einwänden gegen ein Lob der *arché* auseinander. Niemand werde, so die Ansicht des Sprechers, Gegenargumente finden, die die Kritik an Sparta schmälern oder gar in Lob verkehren könnten (§62). Diese Bemerkung ist beachtenswert vor dem Hintergrund der §39–41, aus denen, wie oben gesehen,[125] hervorgeht, dass der Vergleich Athen–Sparta unter den in §62 geschilderten Bedingungen nichts zum Lob Athens beitragen kann.

Während der Sprecher also eine Entlastung Spartas gar nicht in Erwägung zieht, dient der folgende Abschnitt der Widerlegung der gegen Athen möglichen Kritik, die wie folgt vorgestellt wird:

> (62) […] κατηγορεῖν δὲ τῆς πόλεως ἡμῶν ἐπιχειρήσειν, (63) ὅπερ ἀεὶ ποιεῖν εἰώθασι, καὶ διεξιέναι τὰς δυσχερεστάτας τῶν πράξεων τῶν ἐπὶ τῆς ἀρχῆς τῆς κατὰ θάλατταν γεγενημένων καὶ τὰς δὲ δίκας καὶ τὰς κρίσεις τὰς ἐνθάδε γιγνομένας τοῖς συμμάχοις καὶ τὴν τῶν φόρων εἴσπραξιν διαβαλεῖν καὶ μάλιστα διατρίψειν περὶ τὰ Μηλίων πάθη καὶ Σκιωναίων καὶ Τορωναίων, οἰομένους ταῖς κατηγορίαις ταύταις καταρρυπαινεῖν[126] τὰς τῆς πόλεως εὐεργεσίας τὰς ὀλίγῳ πρότερον εἰρημένας.

> (62) […] sie werden aber versuchen, unsere *pólis* anzuklagen, (63) wie sie es stets zu tun gewohnt sind, und sie werden die schlimmsten der während der Seeherrschaft geschehenen Taten erörtern. Die Prozesse und Urteile, die es hier über die Bundesgenossen gegeben hat, die Eintreibung der *phóroi* werden sie uns vorwerfen und ganz besonders viel Zeit verwenden auf die Leiden der Melier, der Skionaier und der Toronaier, im Glauben, durch diese Anklagen würden sie die Wohltaten der *pólis*, die ich kurz zuvor angesprochen habe, beflecken.

XII 56) noch die spartanische Dominanz mit der Niederlage von Knidos hat enden lassen, wodurch sich ein Widerspruch ergebe. Außerdem werde die athenische Zusammenarbeit mit den Persern nach 394 „ignoriert". Setzt man voraus, dass dem athenischen Publikum des Jahres 339/338 diese Zusammenhänge bekannt waren, dann muss Isokrates' Kritik am Königsfrieden unmittelbar auf Athen zurückfallen; vgl. die unterschiedliche Zuschreibung der Verantwortung für den Königsfrieden in Isok. IV 125, 137, 175 (s. dazu o. S. 230–231).

[124] Vgl. Isok. IV 106 (s. o. S. 218–221)

[125] S. o. Kap. B.9.4.1.

[126] Hier ist die Konjektur Baiters gegen Mandilaras 2003, III: 22 und die Handschriftentradition (καταρυπαίνειν bzw. καταρυπαινεῖν) vorzuziehen.

B.9.4 Synkrisis der Leistungen (§39–107): práxeis

Die Anklagen, die Isokrates hier nennt, entsprechen im Wesentlichen den üblichen Vorwürfen, denen sich Athen seit dem späten Delisch–Attischen Seebund von Seiten der Griechen ausgesetzt sah.

Melos und Skione hatte Isokrates bereits im *Panegyrikos* in diesem Zusammenhang erwähnt. Die dortige Darstellung trug, wie wir oben gesehen haben,[127] alle Zeichen eines *lógos parádoxos* und führte so weniger zu einer Verteidigung als zu einer Kritik an der athenischen *arché*. Auch im *Panathenaikos* ist das Argument paradox, auch hier ist es ungeeignet für ein Lob Athens, und in der nun gewählten Formulierung treten diese Eigenschaften noch deutlicher hervor als in der früheren Schrift. Dies wird weniger durch die Erwähnung einer weiteren von Athen geschädigten *pólis* (Torone) bewirkt, für die neben Thukydides ein zweiter literarischer Bezug etabliert wird,[128] als vielmehr dadurch, dass Isokrates stärker als im *Panegyrikos* den Blick auf die von der athenischen Politik betroffenen *póleis* richtet. So spricht er von deren ‚Leiden' (*páthê*) sowie davon, dass Athen Gerichtsurteile (*kríseis*) über Andere getroffen habe. Im Kern geht es darum, dass Athens Handeln schlimme Auswirkungen auf Andere hatte. Auch die Erwähnung der Eintreibung der *phóroi* deutet in diese Richtung. Athen mischt sich in anderen Worten in die Angelegenheiten anderer *póleis* ein.

Diese Vorwürfe bewegen sich auf der gleichen Ebene wie jene, die in §53–61 zu vermeintlichem Lob umgearbeitet sind. Isokrates behauptet nun keineswegs, dass diese üblichen Vorwürfe ungerechtfertigt seien, er räumt sogar ausdrücklich ein, dass sie berechtigt seien (§64).[129] Seine (angebliche) Verteidigungsstrategie besteht stattdessen darin zu zeigen, dass diese berechtigten Vorwürfe (1) das (angeblich) ebenso berechtigte Lob auf Athens Leistungen im Seebund (§53–61) nicht zu beschädigen in der Lage seien (§63), und dass (2) Spartas Verbrechen diejenigen Athens noch weit überträfen (§65).[130]

Auch hier kann die Apologie nicht überzeugen. Die erste Entgegnung (1) scheitert daran, dass der Sprecher, wie gesehen, in §53–61 keineswegs den überzeugenden Nachweis großer Leistungen Athens geführt hat. Ob zudem die Tötung und Versklavung der griechischen Bürgerschaften ganzer *póleis*, zumal in solch berühmten Fällen wie Melos, Skione und Torone, tatsächlich in den Augen des isokratischen Publikums derart wenig ins Gewicht fallen kann, wie Isokrates angibt, scheint doch sehr fraglich.

---

[127] Isok. IV 100–102 (s. o. Kap. B.2.4.6).

[128] Xen. Hell. II 2, 3 berichtet dort, in Athen habe man schon nach Eintreffen der Nachricht von der Niederlage der athenischen Flotte bei Aigospotamoi im Jahr 405 befürchtet, man werde sich nun für die Behandlung der Skionaier, Melier und Toronaier verantworten müssen; vgl. Welwei 1999, 400 Anm. 234. Die Stelle belegt mindestens, dass diese drei Ereignisse in der Mitte des 4. Jhs. zu den üblichen Vorwürfen gegen Athens *arché* gezählt wurden. Geht man davon aus, dass Xenophons Darstellung der Stimmung in Athen im Jahr 405 zuverlässig ist, ergäbe sich ein Beleg für diese Einschätzung schon für diese Zeit.

[129] Allroggen 1972: 112–113 betont, dass die Anerkennung der Kritik an Athen „unverkennbar" zur politischen Linie in anderen Schriften, namentlich zur Ablehnung der *arché* passe.

[130] Von Arnim 1917: 33–34, Zucker 1954: 12.

Das Argument (2) ist in der vorliegenden Untersuchung bereits mehrfach aufgetreten. Wie in jedem Falle, in dem es zur Anwendung kommt, steht es auch hier im Widerspruch zur isokratischen Ablehnung einer Relativierung von Verbrechen, wie sie vor allem in *Busiris* und *Areopagitikos* und eben implizit im *Panathenaikos* zum Ausdruck kommt.[131] Dass eine Verbrechen gegeneinander aufrechnende Synkrisis nicht nur ihr Ziel verfehlen, sondern sogar kontraproduktiv wirken muss, spricht Isokrates in §65 ganz offen aus:

> (65) […] τοὺς δ' ὑπὲρ ἐκείνων βλασφημοῦντας καθ' ἡμῶν ὡς δυνατὸν ἀφρονέστατα διακειμένους καὶ τοῦ κακῶς ἀκούειν ὑφ' ἡμῶν τοὺς φίλους αὐτῶν αἰτίους ὄντας· (66) ἐπειδὰν γὰρ τὰ τοιαῦτα κατηγορῶσιν, οἷς ἔνοχοι Λακεδαιμόνιοι μᾶλλον τυγχάνουσιν ὄντες, οὐκ ἀπορῦμεν τοῦ περὶ ἡμῶν ῥηθέντος μεῖζον ἁμάρτημα κατ' ἐκείνων εἰπεῖν.

> (65) […] die aber zu deren [sc. Spartas] Gunsten uns so sehr wie möglich[132] in Verruf bringen, verhalten sich äußerst unvernünftig und sind dafür verantwortlich, dass ihre Freunde bei uns in so schlechtem Ruf stehen. (66) Denn wenn sie uns Sachverhalte zum Vorwurf machen, in denen gerade die Lakedaimonier noch mehr schuldig sind, dann sind wir nicht verlegen, noch größere Vergehen bei jenen zu benennen als man sie über uns äußert.

Wer schlimmste Vorwürfe gegen Athen erhebt, um Sparta zu verteidigen, sorgt also dafür, dass Spartas Ruf am Ende leidet, da jedes athenische Verbrechen mit noch schlimmeren Vergehen Spartas konfrontiert werden kann. Dass diese Gefahr umgekehrt auch für eine Relativierung athenischer Verbrechen besteht, die ‚Isokrates' in diesem Passus vornimmt, ist eine eigentlich logische Konsequenz. Will man dem Autor Isokrates hier nicht erhebliches Ungeschick attestieren, da er proleptisch und somit ‚ohne Not' ausgerechnet ein solches Vorgehen rein hypothetischer ‚Gegenredner' kritisiert, das er gerade selbst anwendet, so muss man annehmen, dass er in §65 absichtlich auf diese Argumentationsweise hinweisen und sie als unzulässig diskreditieren will.[133]

Drei der in §62–63 genannten üblichen Vorwürfe gegen Athen werden in §66–73 mit (angeblichen) spartanischen Parallelfällen konfrontiert. Stets wird Spartas Vorgehen dabei als schlimmer bezeichnet. Bei näherer Betrachtung jedoch zeigt sich, dass Isokrates hier gar keine passenden Parallelfälle präsentiert und dass selbst jene spartanischen Vergehen, die Isokrates nennt, nicht automatisch zu einer positiveren Bewertung Athens führen.

---

[131] Isok. XI 44–45, VII 70–73, XII 39–41 (s. o. Kap. A.3.3).
[132] Norlin 1929, II: 413, Mathieu/Brémond 1962, IV: 103, Argentati/Gatti 1965, 382, Marzi 1991, II: 69, Ley-Hutton 1997, II: 57, Roth 2003a: 32 beziehen ὡς δυνατὸν auf das nachfolgende ἀφρονέστατα διακειμένους, was sprachlich (Dopplung des Superlativs) wie auch inhaltlich weniger Sinn ergibt als eine Qualifizierung der Verleumdung.
[133] Walter 2003: 89 zählt diese Argumentationsweise zu den „reflexhaft einrastenden Mechanismen einer Alltagsethik". Dass aber Isokrates sich, anders als Walter glaubt, von einer derartigen Argumentationsweise ausdrücklich distanziert, haben wir im *Busiris* (s. o. S. 130–131) und im *Areopagitikos* (s. o. S. 398) gesehen (s. allgemein o. Kap. A.3.3).

B.9.4 Synkrisis der Leistungen (§39–107): práxeis

1. Gerichtsurteile in Athen (§66): Den Vorwurf, Athen habe über andere *póleis* (oder deren Bürger) gerichtlich geurteilt, soll der Verweis darauf relativieren, dass die Spartaner mehr Menschen ohne Gerichtsverfahren getötet hätten als Athener Menschen vor Gericht gestellt hätten. Sowohl die Zahl der Fälle wie auch die Schwere des Vergehens scheint von Sparta übertroffen. Der Vorwurf der Anmaßung gerichtlicher Kontrolle über Andere, der Vorwurf der Einmischung in fremde Angelegenheiten wird durch diesen Vergleich jedoch nicht ausgeräumt. Eine Analogie zur Rechtsprechung über andere liegt hier nicht vor. Die Verbrechen, die Isokrates Sparta vorwirft, sind nicht nur so allgemein, dass man sich, anders als im Falle der athenischen Prozesse, fragen muss, welche konkreten Taten damit gemeint sein sollen,[134] sondern sie betreffen gar nicht den eigentlichen Kern der Kritik an Athen. Isokrates liefert also gerade keinen spartanischen Parallelfall, der den Spartanern ‚größere Schuld' in Bezug auf die gegen Athen vorgebrachten Vorwürfe nachweisen kann.

2. Eintreiben der *phóroi* (§67–69): Diesen Vorwurf will der Sprecher durch einen Vergleich der im Gegenzug erbrachten Leistungen einerseits sowie andererseits der wirtschaftlichen Lage der unter Athens und Spartas Herrschaft stehenden *póleis* entkräften. Athen habe größere Leistungen für die tributpflichtigen *póleis* erbracht als Sparta (§67). Der Zweck der *phóroi* sei außerdem nicht Athens Wohl gewesen, sondern die Sicherung von Demokratie und Freiheit – während Sparta für die Einrichtung der Dekarchien stehe (§68). Und schließlich hätten die mit Athen verbündeten *póleis*, die anfangs noch durch die Folgen des Perserkrieges darniederlagen, die Mittel, aus denen die *phóroi* zu leisten waren, ohne Athens Hilfe gar nicht erwerben können (§68–69). Abgeschlossen wird der Gedanke mit dem Vergleich der Lage der Hellenen unter den *archaí* der beiden *póleis*:

> (69) [...] εἰς τοῦτο προηγάγομεν ὥστε μικρὸν μέρος τῶν γιγνομένων ἡμῖν διδόντας μηδὲν ἐλάττους ἔχειν τοὺς οἴκους Πελοποννησίων τῶν οὐδένα φόρον ὑποτελούντων.

> (69) [...] so weit brachten wir sie [sc. die Bundesgenossen] voran, dass sie, obwohl sie einen kleinen Teil der Einträge uns gaben, keine geringeren Besitzungen hatten als die Peloponnesier, die keinen *phóros* leisteten.

Dieser letzte Satz bringt das Argument zu Fall. Nachdem sich Isokrates ausführlich über die geringe (aber vorhandene) Schädlichkeit der athenischen *phóroi* ausgelassen hat, räumt er ganz am Ende ein, dass Sparta gerade keine *phóroi* erhoben hat! Wenn Isokrates aber die Berechtigung des *phóroi*-Vorwurfes einerseits einräumt (§65–66),[135] andererseits aber auf keine spartanische Parallele verweisen kann, dann bleibt der Vorwurf unverändert stehen, wird nicht einmal relativiert. Zwar wird hier die wirtschaftliche Lage der unter Spartas Herrschaft stehenden *póleis* als nicht besser als jene der *phóros*-pflichtigen Bundesgenossen Athens, damit wird aber gerade kein positiver Effekt der *phóroi*

---

[134] Roth 2003a: 121.
[135] Für Allroggen 1972: 112–113, 128 liegt allein hierin eine deutliche Kritik an Athen.

belegt.[136] Ob diese gerechtfertigt sind, lässt sich anhand dieses Argumentes daher nicht beurteilen. Es bleibt daher festzustellen: Nur Athen hat *phóroi* eingetrieben, diese *phóroi* stellten in den Augen Vieler ein Unrecht dar.

3. Vernichtung (*anastáseis*) ganzer *póleis* (§70–73): Der letzte Vorwurf, der widerlegt werden soll, ist zweifelsohne der schwerste. Isokrates geht hier auf die in §62–63 erwähnten Vorfälle von Melos, Skione und Torone (sowie anderen *póleis*) ein. Einzig in diesem Fall bringt er spartanische Parallelfälle vor, die sowohl zu seinen eigenen vorhergehenden Aussagen passen wie auch denselben politischen Fehler betreffen. Wie also lautet das Argument?

> (70) [...] ἡμῖν μὲν γὰρ συνέπεσε περὶ νησύδρια τοιαῦτα καὶ τηλικαῦτα ἐξαμαρτεῖν, ἃ πολλοὶ τῶν Ἑλλήνων οὐδ' ἴσασιν, ἐκεῖνοι δὲ τὰς μεγίστας πόλεις τῶν ἐν Πελοποννήσῳ καὶ τὰς πανταχῇ προεχούσας τῶν ἄλλων ἀναστάτους ποιήσαντες αὐτοὶ τἀκείνων ἔχουσιν, (71) ἃς ἄξιον ἦν, εἰ καὶ μηδὲν αὐταῖς πρότερον ὑπῆρχεν ἀγαθόν, τῆς μεγίστης δωρεᾶς παρὰ τῶν Ἑλλήνων τυχεῖν διὰ τὴν στρατείαν τὴν ἐπὶ Τροίαν [...].

> (70) [...] denn uns fiel es zu, uns an Inselchen von solcher Art und Größe zu vergehen, dass viele der Hellenen sie gar nicht kennen. Jene aber besitzen, nachdem sie die größten *póleis* auf der Peloponnes verwüsteten, die die anderen in jeder Beziehung übertrafen, deren Eigentum, (71) die doch verdient hätten, selbst wenn sie zuvor kein Verdienst hätten vorweisen können, von den Hellenen die größten Ehrengaben zu erhalten aufgrund des Feldzuges gegen Troia [...].

Wie für die gesamte Argumentation in §66–73 gilt auch hier, dass ein – nach Isokrates' rhetorischen Maßstäben aus §39–41 und früheren Reden – für Athen eher kompromittierender als schmeichelhafter Vergleich vorliegt. Athen und Sparta haben sich an *póleis* vergangen, und beider Politik wird deutlich als tadelnswert gekennzeichnet.[137]

Indes ist der relativierende Vergleich auch ohne Berücksichtigung der isokratischen Argumentationsregeln bei näherer Betrachtung erstaunlich unpassend gewählt. Denn Isokrates vergleicht Athens Verbrechen der Seemachtzeit nicht etwa mit der Politik Spartas zur Zeit der spartanischen *arché* – hier hätte sich etwa der Dioikismos von Mantineia im Jahr 385/384 als Parallele angeboten –, sondern mit der Zeit des Mythos, mit der Zeit

---

[136] Isokrates schreibt den athenischen *phóroi* einen positiven Zweck – Demokratie und Freiheit – zu. Er belegt dies jedoch nicht mit konkreten Beispielen. Indes stellte die Verwendung der Bundeskasse für *athenische* Interessen durchaus einen Vorwurf von Seiten der Bundesgenossen dar. Nicht zuletzt aufgrund des Athen vorgeworfenen Missbrauchs dieser Gelder wurde die Erhebung von *phóroi* im Zweiten Seebund untersagt, vgl. I.G. II 17, col. A, Z. 15–46, vgl. Diod. XV 29,7, Welwei 1999: 281.

[137] Signes Codoñer 1998: 92. Die Argumentation in Isok. XII 70 steht auch in bemerkenswertem Widerspruch zur Darstellung der idealen Politik Athens in den Perserkriegen im *Panegyrikos* (Isok. IV 95). Dort erscheint es als die Pflicht der führenden *póleis*, sich um jeden Preis für die Rettung der unbedeutenden *póleis* einzusetzen. Im *Panathenaikos* wird deren Zerstörung dagegen ebenso bagatellisiert wie in Isok. IV 100–109 (zur Deutung dieser Stelle s. o. Kap. B.2.4.6). Bemerkenswert ist auch die zu Isok. XII 70 ganz gegensätzliche Argumentation in Isok. V 145–147: Dort betont Isokrates gegenüber Philippos, dass die als Vorbild geeigneten *basileĩs* des Troischen Krieges bestenfalls über kleine Inselchen und Dörfchen geherrscht hätten. Die Zerstörung der *póleis* durch Athen wird dagegen gänzlich abgelehnt (vgl. Laistner 1927: 168). Niemand werde Athen dafür loben wollen.

B.9.4 Synkrisis der Leistungen (§39–107): práxeis

der Eroberung der Peloponnes durch die Dorier und Herakliden.[138] Indem sich Isokrates auf eine im griechischen Denken derart weit zurückliegende Zeit beruft, erweckt die Argumentation unweigerlich den Eindruck, als gebe es – trotz der für athenische Leser wohl naheliegenden spartanischen Parallelfälle Mantineia, Phleious oder Theben – aus der jüngeren Zeit eben keine spartanischen Verbrechen an hellenischen *póleis*, die das Ausmaß der athenischen Strafaktionen gegen Melos, Skione und Torone heranreichten.

Keinen der drei namentlich genannten Vorwürfe gegen die athenische *arché* räumt Isokrates also mit sachlich präzisen Argumenten aus. Insgesamt bedient er sich einer mit seinen eigenen Argumentationsregeln unvereinbaren Synkrisis, die Athens Taten lediglich relativiert, nicht aber die deswegen gegen Athen erhobenen Vorwürfe widerlegt. Sowohl Sparta, das zweifelsohne in denkbar ungünstigem Licht erscheint, wie auch Athens *arché* sind in §53–73 Gegenstand zahlreicher Vorwürfe, von denen nicht ein einziger effektiv ausgeräumt wird.[139] Dieser Eindruck wird zudem verstärkt durch die offensichtliche Kontrastierung der §53–73 (Spartas und Athens *arché*) mit dem sogenannten Agamemnon-Exkurs (§73–90), in dem ein mythischer Heros für die Ausübung einer gerechten *hêgemonía* gerühmt wird. Dieser Exkurs folgt auf die Erwähnung des Agamemnon unter jenen Troiafahrern, deren *póleis* Sparta erobert habe (§72).

B.9.4.3.4 Die Eroberung der Peloponnes und das Paradox der spartanischen Politik (§72–73)

Die Liste dieser Heroen etwas näher zu betrachten, ist lohnenswert. Isokrates schreibt hier den drei peloponnesischen Herrschern Nestor, Menelaos und Agamemnon jeweils spezifische Tugenden zu (§72). Nestor wird für seine herausragende *phrónêsis* gewürdigt, Menelaos für seine *dikaiosýnê* und *sôphrosýnê*, Agamemnon schließlich dafür, dass er alle Tugenden besessen habe.[140] Die drei Heroen werden ausdrücklich als Vertreter ihrer jeweiligen Regionen erwähnt, so dass sich die genannten Tugenden mit Messene (Nestor), Sparta (Menelaos) und Argos (Agamemnon) in präspartanischer Zeit verbinden lassen. Auf Sparta entfallen mit *dikaiosýnê* und *sôphrosýnê* gerade die beiden Tugenden, die traditionell besonders häufig mit Sparta verbunden wurden und die Isokrates selbst als Eigenschaften der *kaloikagathoí* beschreibt.[141]

Isokrates' Darstellung der Heroen des Troischen Krieges als Repräsentanten der *aretaí* hat eine Symbolkraft für die Politik Spartas insgesamt, die meines Wissens bislang noch

---

[138] Dass diese Zeit hier gemeint ist, belegt der Hinweis auf Troia, die kurz auf den zitierten Abschnitt folgende namentliche Nennung von Nestor, Menelaos und Agamemnon als Herrscher in Messene, Lakonien und der Argolis, sowie die Funktion des Abschnitts insgesamt als Überleitung zum sogenannten Agamemnon-Exkurs (dazu Roth 2003a: 123).

[139] Zu diesem Schluss kommt schon Bloom 1955: 6, ohne dies jedoch ausführlich zu begründen.

[140] Zur Erklärung dieser eher ungewöhnlichen Zuschreibung s. u. Kap. B.9.4.4.

[141] Als spartanische Eigenschaften: vgl. Thuk. I 80–85; bei Isokrates als Kennzeichen der *kaloikagathoí*: Isok. III 43 (dazu Classen 2010, 51 mit Anm. 37).

nicht näher kommentiert worden ist:[142] Indem Sparta die Regionen erobert und unterwirft, tut es den durch diese Regionen verkörperten *aretaí* Gewalt an. Folgt man nun der üblichen Chronologie der heraklidischen Eroberung der Peloponnes, dann ergibt sich daraus, dass schon mit der ersten Eroberung (Lakonien), mithin im Gründungsakt des spartiatischen Staates, die dieser Region eigentümliche *dikaiosýnê* und *sôphrosýnê* besiegt wird. Es ist die gewaltsame Entstehung des spartanischen Gemeinwesens, die die *pólis* Sparta in einen essentiellen Gegensatz zu den ‚spartanischen' Tugenden der *dikaiosýnê* und *sôphrosýnê* bringt. In der Folge geht auch die *phrónêsis* (Messene) verloren. Argos aber, Symbol aller Tugenden, wird nicht erobert, sondern bis in die historische Zeit von Sparta bekämpft. Die spartanische Politik steht somit in dieser Darstellung schon seit Gründung des spartiatischen Staates im offenen Widerstreit zu allen politischen Tugenden, namentlich gerade auch den als typisch spartanisch geltenden, und die anhaltende kriegerische Rivalität zwischen Sparta und Argos symbolisiert Spartas außenpolitische Amoralität bis in die Gegenwart. Die negative Darstellung der Eroberung der Peloponnes, die schon in §42–48 die Gründung des heraklidischen Staates als Unrecht erscheinen ließ, wird in §72 nochmals deutlich verschärft. Zugleich enthält sie in eindrucksvoll pointierter Form die wesentliche Grundlage der im isokratischen Werk konstanten Kritik an der spartanischen Außenpolitik: Diese steht im Gegensatz zu jeder politischen *aretḗ* – und damit zugleich im Gegensatz zu eben jenen Eigenschaften, die die Spartaner selbst und ihre athenischen Sympathisanten als spartanisches Wesen beschreiben. Sparta und die Spartafreunde sind gerade dafür zu kritisieren, dass sie sich ‚unspartanisch' verhalten.

B.9.4.4 Agamemnon-Exkurs (§73–90)

Es folgt in §73–90 der bereits angesprochene *épainos* auf Agamemnon als *hêgemṓn* aller Hellenen im Krieg gegen Troia. Dieser Exkurs steht im größten Kontrast zum eben skizzierten negativen Spartabild, aber auch zur Darstellung Athens, wie im Folgenden gezeigt werden soll.

Lange Zeit sah man in der Agamemnon-Figur eine implizite Anspielung auf Philippos II. und dessen genealogische Verbindung zu Argos. Isokrates habe in diesem Abschnitt Philippos ein Vorbild für den Umgang mit den *póleis* vor Augen halten wollen.[143] Von dieser Interpretation, die die Verknüpfung des Exkurses mit dem Rest der Rede vernach-

---

[142] In Ansätzen lediglich bei Gotteland 2001: 219.
[143] Z. B. Blaß ²1892: 94, 321, Wendland 1910a: 147–153, 171, Kessler 1911: 66–72, Mathieu 1925: 170–171, Laistner 1927: 21–22, Wilcken 1929: 298, Ollier 1933: 334–335, Schmitz-Kahlmann 1939: 53–55, Zucker 1954: 12, 18–19, Perlman 1957: 314 Anm. 52, Eucken 1982: 44–45, Masaracchia 1995: 96–102. Friedrich 1893: 19–21 sah den Exkurs dagegen als Allegorie für Agesilaos. Rostagni 1913: 149–150 und Momigliano 1934: 191–192 betrachteten ihn gar als Entwurf eines Gegenbildes zu Philippos II. Adams (C.) 1912: 348 lehnte jede allegorische Deutung ab.

B.9.4 Synkrisis der Leistungen (§39–107): práxeis

lässigte, ist man in jüngerer Zeit abgerückt und hat, meines Erachtens zu Recht, den Agamemnon des *Panathenaikos* als politisches Pendant zur Erzieherfigur des Isokrates im Proömium und Dialogteil der Rede gesehen.[144] Agamemnon stellt demnach den *hêgemốn* der *práxeis*, Isokrates den *hêgemốn* der *lógoi* dar.[145]

Wie erklärt sich aber die Wahl Agamemnons als eines idealen Heros? Agamemnon ist als oberster Heerführer vor Troia nicht unter die im Mythos eindeutig negativ besetzten Figuren zu zählen. Sein Bild ist gleichwohl ein ambivalentes, was ‚Isokrates' in §78 auch ausdrücklich einräumt.[146] Dieser zweifelhafte Ruf des Agamemnon, dem im Mythos die deutlich positivere Gestalt des Achilleus gegenübersteht, dürfte wohl den wesentlichen Grund darstellen, weshalb Agamemnon in vergleichbaren, vor allem rhetorischen, Texten des vierten Jahrhunderts keine Rolle als mythisches Vorbild spielt. Allein im *Panathenaikos* des Isokrates erhält er diese Funktion.[147] Ein Lob auf Agamemnon hat aufgrund der negativen Aspekte seiner Rolle im Mythos (Opferung der Iphigenie, Misshandlung des Chryses, Streit mit Achilleus) daher durchaus das Potential, als *lógos parádoxos* zu erscheinen. Nichtsdestoweniger scheint für Isokrates Agamemnons Rolle als *hêgemốn* des Troischen Krieges entscheidend zu sein. Ähnlich wie Helena, ohne deren Schönheit der Troische Krieg nicht stattgefunden hätte, hätte der Feldzug auch ohne Agamemnons Führung nicht stattfinden können. Aufgrund der Rolle Helenas im Troischen Krieg hatte Isokrates sich in der *Helena* auf den Standpunkt gestellt, nicht das Lob der Helena, sondern ihr schlechter Ruf sei paradox, da sie nicht zugleich Götterkind/göttlich schön und verantwortlich für Untaten (Ehebruch, Krieg usw.) sein könne.[148] Das gleiche Vorgehen liegt wohl im Agamemnon-Exkurs vor, und wie in der *Helena* wird das Lob auf den Heros durch allgemein anerkannte positive Eigenschaften durchgeführt.

Isokrates spricht ausschließlich über die Tugenden, die Agamemnons Führungsrolle, die freiwillige Gefolgschaft der hellenischen *basileĩs*, begründeten. Die Darstellung der politischen Gefolgschaft der *basileĩs* als Folge einer tugendhaften idealen Haltung des Agamemnon als *hêgemốn* erweist sich als unvereinbar mit einer Kritik an Agamemnons Führungsrolle. Ohne die *aretế*, so der Gedanke, hätte Agamemnon die Hellenen nicht für

---

[144] Bloom 1955: 108–113, Kröner 1969: 105, Race 1978: 175 mit Anm. 1, 185, Schäublin 1982: 166, Alexiou 1995: 144–145, 2005: 46 und 2010: 19–20, Too 1995: 132–140, 146–147, v. a. Signes Codoñer 1996: 141–150 (gegen ‚makedonische' Interpretation), 150–155 (Agamemnon als ‚Isokrates'), Roth 2003a: 131–135, Haskins 2004: 22, 95–96. Einen Überblick über die Forschungsgeschichte zum Agamemnon-Exkurs gibt Roth 2003a: 131–133.

[145] Signes Codoñer 1996: 151.

[146] Isok. XII 78; vgl. Bloom 1955: 176. Als Grund dafür, dass Agamemnon nicht den verdienten Ruhm gefunden habe, gibt Isokrates die Neigung der Leute an, sich von *thaumatopoiía* und *pseudología* beeindrucken zu lassen und deshalb *euergesía* und *alếtheia* zu vernachlässigen. Diese Begrifflichkeit wird in der Dialogszene noch eine wichtige Rolle spielen (s. u. S. 573). Das paradoxe Potential eines Agamemnon-Lobes betont auch Papillon 199b: 11.

[147] Gotteland 2001: 244–245.

[148] S. dazu o. S. 141–142.

den Troischen Krieg gewinnen können. Im Besitz der *areté* aber kann er unmöglich kritikwürdig gehandelt haben. Der Grund für die Wahl des Agamemnon als Exemplum des idealen *hēgemṓn* im *Panathenaikos* lässt sich somit auf die einfache Formel bringen: Agamemnons Führungsrolle im Troischen Krieg schließt für Isokrates jedes Fehlverhalten dieses Heros aus.[149]

Ein weiterer Aspekt könnte für die Wahl Agamemnons als Figur des idealen *hēgemṓn* jedoch ebenso wichtig gewesen sein: Sparta berief sich auf eine genealogische Abstammung von Agamemnon, um seine peloponnesische Führungsrolle zu legitimieren.[150] Auf diese Weise tritt der Kontrast zwischen Spartas Herrschaftsgebaren und den Idealen, auf die die Spartaner sich berufen, umso deutlicher hervor.

Isokrates stellt Agamemnon als ‚panhellenischen' Heros dar, der in mythischer Vorzeit eben jene politischen Leistungen vollbracht hat, die Isokrates seit dem *Panegyrikos* immer wieder gefordert hat:[151] die Einigung der miteinander verfeindeten Hellenen und die erfolgreiche Durchführung eines Feldzuges in den persischen Osten (§77–78). Agamemnons politische Stellung in Hellas (*stratēgós* aller Hellenen, §76) beruht dabei nicht auf Zwang, sondern auf durch *eúnoia* erlangter freiwilliger Gefolgschaft, der sich selbst die *basileĩs* und sogar zahlreiche Götterkinder anschließen (§79–81). Grund für die freiwillige Gefolgschaft der Hellenen ist seine überlegene Urteilskraft (§82). Er ist somit der Inbegriff des nach Isokrates idealen politischen Anführers.[152]

Agamemnon dient in dieser Rolle als Vorbild für alle zur Nachahmung. An seinem politischen Handeln (Einigung der Hellenen, Perserkrieg) gilt es, sich zu orientieren. Insbesondere seine vorbildhafte Anwendung einer Machtposition ist zu imitieren.[153] Dass die positive Bewertung dieses Vorbildes durch den Kontrast mit dem zuvor so scharf kritisierten Sparta noch an Deutlichkeit gewinnt, ist offensichtlich. Die Einführung des

---

[149] Vgl. v. a. Isok. XII 76.
[150] Demandt 1972: 11.
[151] Vgl. Papillon 1996b: 12–13, Gotteland 2001: 244–253, Roth 2003a: 125–129.
[152] Schmitz-Kahlmann 1939: 53–55. Die Stellung des Agamemnon im hellenischen *koinón* entspricht der Stellung des Theseus in Athen, die Isokrates in der *Helena* (Isok. X 35–38) und an späterer Stelle auch im *Panathenaikos* (Isok. XII 126–130) beschreibt. In manchem, insbesondere in der Finanzierung des Heeres aus dem Feindesland, erinnert Agamemnons militärische Führung an das Timotheos-Lob der *Antidosis* (Isok. XV 107–128). Ein wesentlicher Unterschied besteht jedoch in der Frage, gegen wen jeweils Krieg geführt wird: Agamemnons Krieg ist ein Perserfeldzug, Timotheos dagegen erobert griechische *póleis*. Die deutlichste Parallele zu früheren Darstellungen besteht fraglos zum Herakles-Lob des *Philippos* (Isok. V 109–115, dazu Schmitz-Kahlmann ebd., Gotteland 2001: 239–247 s. o. Kap. B.8.4.6).
[153] Isok. XII 76, 78; vgl. dazu Isok. IX 8–11 über die Funktion des Vorbildes; außerdem Roth 2003a: 125–126 mit dem wichtigen Hinweis auf den Zusammenhang von Isok. XII 77 und Isokrates' Überzeugung von der richtigen Anwendung einer Sache als Kriterium für deren Qualität. An der vorliegenden Stelle bedeutet dies, dass Agamemnon seine Macht auch zu schlechten Zwecken hätte anwenden können. Im Kontrast mit Athen und Sparta ergibt sich *e contrario*, dass diese ihre jeweilige Macht statt zu (unterschiedlich gravierenden) schlechten Zwecken auch zum Wohle der Griechen hätten einsetzen können.

B.9.4 Synkrisis der Leistungen (§39–107): práxeis

Vorbildes in der Form eines Exkurses verhindert den Bruch der in dieser Arbeit so oft betonten Konventionen zur rhetorischen Synkrisis, namentlich der Forderung nach Ähnlichkeit der Vergleichsgegenstände.[154] Isokrates erklärt nicht, dass er Agamemnon im Vergleich mit den Spartanern loben wolle. Stattdessen schweift er im Rahmen eines Lobes auf Athen scheinbar vom Thema ab und spricht von einer idealen Führungsfigur und deren Tugenden. Während das Lob Athens in §42–73 durch den beständigen Tadel Spartas (und die Erwähnung auch athenischer Vergehen) an Wirkung verliert – und die wiederholte Kritik auch an Athen dieses sogar kompromittiert, bleibt Agamemnons Lob von dieser negativen Synkrisis unberührt. Es steht als monolithische kompositionelle Einheit außerhalb der Relation Athen–Sparta.[155]

Die Gegenüberstellung zwischen Sparta und dem Ideal Agamemnons ändert nichts an dem negativen Bild von Sparta, das zuvor gezeichnet worden ist. Die Kontrastierung mit Agamemnon kann die bereits in schärfster Form vorgetragene Kritik allenfalls bestätigen, nicht aber wesentlich verstärken.[156]

Anderes gilt indes für die Bewertung Athens. Dieses erscheint in §42–73 in Relation zu Sparta als die etwas positiver zu bewertende *pólis* – ein Eindruck, der wohl auch durch die oben vorgenommenen Interpretationen,[157] wonach die schwache Argumentation in diesem Lob Athen mehr zum Tadel als zum Lob gereicht, nicht grundsätzlich erschüttert worden sein dürfte. Nun tritt zu diesem Vergleich zwischen Athen und Sparta ein Drittes hinzu, ein Referenzwert, der die Qualität echter *areté* und *hêgemonía* aufzeigt.[158] Der Kontrast zwischen der positiven Bewertung Agamemnons und der nur scheinbar positiven Bewertung Athens ist erheblich größer als der zuvor aufgewiesene Kontrast zwischen den in verschiedener Intensität negativ erscheinenden *póleis* Athen und Sparta. Das hat zur Folge, dass sich durch das Hinzutreten des Referenzwertes Agamemnon das Bild von Athen verändert. Erschien Athen im Vergleich mit Sparta (§42–73) noch relativ lobenswert, wenn auch dort bereits mit erheblichen Einschränkungen, so führen diese Einschränkungen im Vergleich mit Agamemnon zu einem ausgesprochen negativen Eindruck von Athen. Athen steht den Verbrechen der spartanischen *arché* näher als dem Ideal der durch Agamemnon verkörperten *hêgemonía*.

Dass dieser Eindruck von Isokrates beabsichtigt ist und hierin ein wesentlicher Grund für die Einfügung des scheinbar unmotivierten Exkurses liegt, zeigt sich besonders deutlich in §77:

---

[154] S. o. Kap. A.3.3 und B.9.4.1.

[155] Dies bedeutet aber nicht, wie Signes Codoñer 1996: 152 annimmt, dass dem Exkurs keine Funktion innerhalb der Argumentation von Isok. IV 42–107 zukomme. S. dazu im Folgenden.

[156] In einer solchen Verstärkung der vorangegangenen Spartakritik sieht Gotteland 2001: 120–121 den eigentlichen Zweck des Exkurses.

[157] S. o. Kap. B.9.4.1–3.

[158] Damit tritt hier nun jener echte, positive, Vergleichsgegenstand auch für die idealen Handlungsweisen der athenischen Frühzeit auf, der zuvor noch ‚gefehlt' hatte (Isok. XII 42–52, s. o. Kap. B.9.4.2). In Isok. XII 86 spricht Isokrates offen aus, das Thema seines Exkurses sei die *areté* selbst gewesen.

(77) Ταύτην δὲ λαβὼν τὴν δύναμιν οὐκ ἔστιν ἥντινα τῶν Ἑλληνίδων πόλεων ἐλύπησεν, ἀλλὰ οὕτως ἦν πόρρω τοῦ περί τινας ἐξαμαρτεῖν, ὥστε παραλαβὼν τοὺς Ἕλληνας ἐν πολέμῳ καὶ ταραχαῖς καὶ πολλοῖς ἄλλοις κακοῖς ὄντας τούτων μὲν αὐτοὺς ἀπήλλαξεν, εἰς ὁμόνοιαν δὲ καταστήσας τὰ μὲν περιττὰ τῶν ἔργων καὶ τερατώδη καὶ μηδὲν ὠφελοῦντα τοὺς ἄλλους ὑπερεῖδε, στρατόπεδον δὲ συστήσας ἐπὶ τοὺς βαρβάρους ἤγαγεν.

(77) Es gibt keine *pólis*, der er Leid antat [sc. Agamemnon], nachdem er diese Macht übernommen hatte. Stattdessen war er so weit davon entfernt, sich an irgendeiner zu vergehen, dass er, da er die Hellenen im Zustand des Krieges und des Aufruhrs und vieler anderer Übel übernahm, sie von diesen Übeln befreite und, indem er sie zur *homónoia* brachte, die überflüssigen, unheilvollen und für die anderen nutzlosen Unternehmungen ignorierte, ein Heer zusammenstellte und gegen die Barbaren führte.

Die Bedeutung des Troischen Krieges als Paradigma eines Perserkrieges wurde bereits hinreichend besprochen. Wichtig für den Kontrast zwischen §42–73 und dem Agamemnon-Exkurs ist jedoch, zu welchem Handeln das Verhalten des Agamemnon in einen Gegensatz gestellt wird. Ausdrücklich stellt Isokrates fest, dass sich Agamemnon gegen keine einzige *pólis* vergangen habe und dass sein Verhalten denkbar weit entfernt sei von jedem Unrecht (*examarteīn*) gegen die Hellenen. Das *examarteīn* gegen hellenische *póleis* war zuvor wiederholt Sparta und Athen vorgeworfen worden. Besonders Isokrates' scheinbare Rechtfertigung der Verbrechen von Melos, Skione und Torone kommt hier erneut in den Sinn:

(70) [...] ἡμῖν μὲν γὰρ συνέπεσε περὶ νησύδρια τοιαῦτα καὶ τηλικαῦτα ἐξαμαρτεῖν, ἃ πολλοὶ τῶν Ἑλλήνων οὐδ' ἴσασιν, ἐκεῖνοι δὲ τὰς μεγίστας πόλεις τῶν ἐν Πελοποννήσῳ καὶ τὰς πανταχῇ προεχούσας τῶν ἄλλων ἀναστάτους ποιήσαντες αὐτοὶ τἀκείνων ἔχουσιν [...].

(70) [...] denn uns fiel es zu, uns an Inselchen von solcher Art und Größe zu vergehen, dass viele der Hellenen sie gar nicht kennen, jene aber besitzen, nachdem sie die größten *póleis* auf der Peloponnes verwüsteten, die die anderen in jeder Beziehung übertrafen, deren Eigentum [...].

Eine wörtliche Übereinstimmung zwischen beiden Stellen ist lediglich im Begriff des *examarteīn* zu finden. Dass die beiden Abschnitte aber in ihrem Inhalt aufeinander bezogen sind, ist meines Erachtens evident. Die beiden Stellen sind nur durch die Überleitung zum Exkurs (§72–73) und die Darstellung der Tugenden des Agamemnon (§74–75) voneinander getrennt. Der Gedankengang lässt sich wie folgt knapp zusammenfassen: (1) Athens Unrecht betraf unbedeutendere *póleis* als das Unrecht Spartas. (2) Spartas Unrecht bringt mich dazu, über Agamemnon zu sprechen. (3) Agamemnon besaß alle Tugenden. (4) Agamemnon tat überhaupt keiner *pólis* Unrecht. Erst der letzte Schritt (4) in diesem Gedankengang ermöglicht eine Bewertung der Aussagekraft von (1). Gemessen an der echten *areté* (Agamemnon) ist die graduelle Unterscheidung mehr (Sparta) oder minder (Athen) schweren Unrechts nicht geeignet für ein Lob. Es ist der Agamemnon-Exkurs, der das schwer zu bestimmende relative Lob Athens aus §42–73 ins rechte Licht rückt. Der wahre *hêgemón* vergeht sich an überhaupt keiner griechischen *pólis*. Athen und Sparta bleiben somit beide weit hinter der *areté* des *hêgemón* zurück und verdienen daher beide kein Lob.

B.9.4 Synkrisis der Leistungen (§39–107): práxeis

Der Exkurs wird von scheinbar persönlichen und den Anschein von Spontaneität erweckenden Bemerkungen des Sprechers zu seinem eigenen Abschweifen eingerahmt (§74, 84–89). Nicht selten wurden diese Rahmenpartien als ‚leeres Geschwätz' und Anzeichen für eine gewisse Senilität des Verfassers der Schrift bewertet.[159] Damit ging die Annahme einer, dass der Exkurs im Rahmen der *hypóthesis* der Rede über Athen keine echte Funktion erfülle, mithin nicht durch den eigentlichen Gegenstand des *Panathenaikos* motiviert sei. Von derart psychologisierenden und biographistischen[160] Auffassungen und ihren Konsequenzen für die Bewertung dieses zentralen Abschnittes des *Panathenaikos* hat man in jüngerer Zeit Abstand genommen und ist zu der Ansicht gelangt, dass Isokrates durch die Betonung des Exkurscharakters auf den hohen exemplarischen Wert des Agamemnon-Exkurses hinweise.[161]

Der *Panathenaikos* befasst sich mit lobenswerter politischer *práxis*, mit lobenswerter Außenpolitik. Diese wird im Agamemnon-Exkurs präsentiert. Peter Roth sieht in den Bemerkungen zu den Gründen des Abschweifens zudem den Zweck der Selbstdarstellung. Isokrates wolle zeigen, dass er „nicht Eigenruhm durch schönes Reden" anstrebe, „sondern sich jederzeit völlig selbstlos in den Dienst der Sache" stelle.[162] Die Funktion des Agamemnon-Exkurses sei eine in der Rhetorik ganz übliche: Agamemnon als idealen Heros zu schildern heiße „Sympathie für die Opfer und Haß auf die Täter (die Dorer und damit auch die Spartaner) wecken."[163] Folgt man der oben vorgenommenen Interpretation des ganzen Exkurses, so wird man zu den Tätern auch die Athener zählen müssen, die Isokrates, wie er zum Abschluss des Exkurses in §89 explizit betont, nicht zu verteidigen beabsichtigt.[164] Darstellungsziel sei es vielmehr gewesen, den – hier deutlich mit oligarchischen Spartafreunden identifizierten – Anklägern Athens aufzuzeigen (ἐπιδεικνύων), dass Sparta noch Schlimmeres zu verantworten habe als Athen. Hier wird erstmals

---

[159] Z. B. Blaß ²1892: 324–326, Jost 1936: 126, Tigerstedt 1965, I: 187. Morgan 2004: 149 sieht durch den Exkurs die kompositionelle Einheit der Rede gestört. Masaracchia 1995: 102 wertet die Bemerkungen als Beleg für eine später (339) erfolgte Überarbeitung des ursprünglich 342 verfassten Textes.

[160] Isokrates selbst erwähnt sein hohes Alter als Ursache des Abschweifens (Isok. XII 88). Usener (S.) 1994: 126 hält dies für einen authentischen Bericht über Isokrates' „[…] Gedanken und Gefühle […]" beim Abfassen der Rede. Eine solche Deutung dieser ‚persönlichen Bemerkungen' kann jedoch seit Race 1978 als widerlegt betrachtet werden.

[161] Die rhetorische Funktion der beiden Rahmenpartien hat als erster William Race (1978: 177–185) überzeugend dargelegt, ähnlich Signes Codoñer 1996: 143–144, Gotteland 2001: 118–121, Roth 2003a: 123–124, 130, Pratt 2006: 93. Von Bedeutung könnten die ähnlichen ‚Rechtfertigungen' von Exkursen bei Pindar sein, die als Vorbilder für derartige Äußerungen bei Isokrates infrage kommen (Pind. Nem. III 40–43, IV 33–43, Ol. II 82–89, IX 100–113; vgl. dazu Miller (A.) 1983: v. a. 214–217, weitere Parallelen zwischen pindarischen und isokratischen Exkursen zeigt Race ebd. auf).

[162] Roth 2003a: 130.

[163] Roth 2003a: 133–134, vgl. Race 1978: 185. Allgemein zur rhetorischen Funktion von Exkursen vgl. ebd. 177–179.

[164] Anderer Ansicht ist Race 1978: 177 mit Anm. 7, der den Exkurs im Dienste des „laus Athenarum" sieht.

deutlich, dass Isokrates die Synkrisis Athen–Sparta im *Panathenaikos* im Kontext innerathenischer Diskurse um politische Vorbilder und Ideale verwendet. Athenische Spartafreunde sind in §53–90 das Ziel der Kritik an Sparta.

B.9.4.5 Psogos der spartanischen *arché*

Im Anschluss an den Agamemnon-Exkurs wird der Ton gegenüber Sparta noch schärfer. Isokrates zählt in §90–94 weitere spartanische Verbrechen auf. Mit der ‚zweiten' Eroberung der Peloponnes und anderen Kriegen gegen griechische *póleis* werden hier erstmals spartanische Untaten aus historischer Zeit kritisiert. Verbindendes Motiv der drei genannten Eroberungen (Messene, Argos, Plataiai) ist der Umstand, dass es sich bei den von Sparta bekriegten *póleis* um ehemalige Verbündete in Kriegen gegen die Perser gehandelt habe.[165] Besonders eindringlich schildert Isokrates dies anhand Plataiais:

> (92) Ἃ τοίνυν περὶ Πλαταιὰς ἔπραξαν ἄτοπος ἂν εἴην, εἰ ταῦτ' εἰρηκὼς ἐκείνων μὴ μνησθείην· ὧν ἐν τῇ χώρᾳ στρατοπεδευσάμενοι μεθ' ἡμῶν καὶ τῶν ἄλλων συμμάχων καὶ παραταξάμενοι τοῖς πολεμίοις καὶ θυσάμενοι τοῖς θεοῖς τοῖς ὑπ' ἐκείνων ἱδρυμένοις οὐ μόνον ἠλευθερώσαμεν τῶν Ἑλλήνων τοὺς μεθ' ἡμῶν ὄντας, (93) ἀλλὰ καὶ τοὺς ἀναγκασθέντας γενέσθαι μεθ' ἐκείνων, καὶ ταῦτ' ἐπράξαμεν Πλαταιέας λαβόντες μόνους Βοιωτῶν συναγωνιστάς· οὓς οὐ πολὺν χρόνον διαλιπόντες Λακεδαιμόνιοι χαριζόμενοι Θηβαίοις ἐκπολιορκήσαντες ἅπαντας ἀπέκτειναν πλὴν τῶν ἀποδρᾶναι δυνηθέντων.

> (92) Es wäre jedoch wohl absurd, wenn ich, nachdem ich all das gesagt habe, nicht erwähnte, wie sie [sc. die Spartaner] mit Plataiai verfuhren: Nachdem sie in deren Land zusammen mit uns und den anderen Verbündeten ins Feld gezogen waren, sich den Feinden entgegengestellt und an den von jenen [sc. den Plataiern] errichteten Altären den Göttern geopfert hatten, befreiten wir nicht nur die Hellenen, die auf unserer Seite standen, (93) sondern auch jene, die gezwungen worden waren, auf der anderen Seite zu stehen. Und bei diesen Taten hatten wir unter den Boiotern einzig die Plataier als Mitstreiter. Die Lakedaimonier nun eroberten diese nicht lange danach, um den Thebanern einen Gefallen zu tun, und sie töteten alle außer denen, die sich fortmachen konnten.

Auf die glorreiche, gemeinsam erbrachte Leistung gegen die Perser, in deren Folge sich die Einheit unter den verbündeten Griechen bis in den Bereich des religiösen Ritus erstreckt, folgt unmittelbar der Verrat der Spartaner. Auf die Befreiung aller, selbst der abtrünnigen Hellenen folgt die Unterwerfung und Tötung der an der Befreiung beteiligten Wohltäter (*euergétas*, §94). Das spartanische Verhalten des Jahres 427 erscheint so in jeder Hinsicht als Gegensatz zum idealisierten Verhalten der Perserkriegszeit. Diesem Verrat nicht nur an den eigenen Verbündeten und Wohltätern, sondern an jeglicher auf hellenischer *homónoia* beruhenden Politik stellt Isokrates die Aufnahme der flüchtigen Plataier in den eigenen Bürgerverband und die Ansiedlung der Messenier in Naupaktos als hellenenfreundliche Wohltaten gegenüber (§94).

---

[165] Für Messene und Argos ist hier erneut auf den Troischen Krieg, für Plataiai auf den Xerxeszug angespielt.

B.9.4 Synkrisis der Leistungen (§39–107): práxeis

An dieser Stelle folgt erneut eine Reflexion des eigenen Vortrags (§95–96), die als Begründung für den veränderten Ton in den folgenden Abschnitten dient, in denen die von Sparta und Athen gemeinsam (§97–101) sowie jeweils einzeln begangenen (§102–107) Verbrechen zur Sprache kommen:

> (95) Αἰσθάνομαι δὲ πάθος μοι συμβαῖνον ἐναντίον τοῖς πρότερον εἰρημένοις· τότε μὲν γὰρ εἰς ἄγνοια καὶ πλάνον καὶ λήθην ἐνέπεσον, νῦν δ᾽ οἶδα σαφῶς ἐμαυτὸν οὐκ ἐμμένοντα τῇ πραότητι τῇ περὶ τὸν λόγον, ἣν εἶχον, ὅτ᾽ ἠρχόμην γράφειν αὐτόν, ἀλλὰ λέγειν τι ἐπιχειροῦντα, περὶ ὧν οὐκ ᾤμην ἐρεῖν, θρασύτερόν τε διακείμενον ἢ κατ᾽ ἐμαυτόν, ἀκρατῆ τε γιγνόμενον ἐνίων, ὧν λέγω διὰ τὸ πλῆθος τῶν εἰπεῖν ἐπιρρεόντων.
>
> (95) Ich bemerke aber, dass mich *páthos* ergreift im Gegensatz zu dem, was ich an früherer Stelle gesagt habe: Dort nämlich verfiel ich in Ahnungslosigkeit, Irrtum und Vergessen, jetzt aber weiß ich genau, dass ich nicht bei dem milden Ton der Rede bleiben werde, den ich hatte, als ich sie zu schreiben begann, sondern dass ich etwas zu sagen unternehme, worüber zu reden ich nicht geglaubt hätte, und dass meine Stimmung angriffslustiger ist, als dass sie mir entspräche, dass ich keine Kontrolle habe über manches, was ich sage, aufgrund der Masse an Dingen, die zu sagen auf mich einströmen.

Dieser Einschub ist bemerkenswert. Ähnliches findet sich sonst nirgends im gesamten isokratischen Werk.[166] ‚Isokrates' kommentiert die eigene emotionale Verfassung. Der in §37–38 vertretene Anspruch,[167] sein eigenes Lob auf Athen werde maßvoll und ausgewogen bleiben, erweist sich angesichts der Macht des Affektes als nicht einlösbar: Von *páthos* mitgerissen ist ‚Isokrates' dabei, die Kontrolle zu verlieren über das, was er sagt. Er kündigt geradezu an, dass die folgenden Abschnitte weder dem, was zu sagen er ursprünglich vorhatte, entsprechen noch der Ton seinem Naturell als Sprecher angemessen sein werde. Das Folgende wird also forscher, aggressiver (*thrasýteros*) vorgetragen sein als bei Isokrates üblich,[168] und es wird nicht nach reflektierter Auswahl der Argumente gesprochen. Stattdessen ist der Sprecher nicht mehr Herr über seine Äußerungen (*akratḗ*) und bringt vor, was sich ihm gerade aufdrängt.

Folgende Schlussfolgerungen ergeben sich meines Erachtens aus dieser Stelle: 1. ‚Isokrates' hält sich in §97–107 nicht an seine Prinzipien zur Gestaltung der Rede; 2. Die Argumentation in diesem Abschnitt steht unter dem Vorbehalt, nicht die ideale Rede des Isokrates (der hier ‚außer sich' ist) widerzuspiegeln.

---

[166] Den Abschnitt lediglich als behelfsmäßige Verknüpfung konzeptionell nicht zueinander passender Abschnitte aufzufassen (so Roth 2003a: 139), greift m. E. erheblich zu kurz. Zuzustimmen ist Roth lediglich darin, dass man das *páthos* nicht dokumentarisch als echte Erregung des Verfassers betrachten oder als „pedantisch wirkende Selbstbetrachtung" (Zucker 1954: 11) abqualifizieren sollte. Gerade deshalb aber erfordert der Abschnitt besonderes Augenmerk. Es muss erklärt werden, weshalb Isokrates sich selbst als *akratés* darstellt. Mit Roths Erklärung (ebd.; vgl. auch Gray 1994a: 240–241), der Verfasser wolle darauf hinweisen, dass er wisse, was er tue, lässt sich diese Darstellung kaum plausibel vereinbaren. ‚Isokrates' gibt umgekehrt eher zu verstehen, dass er nicht mehr rational ‚wisse', was er sage.

[167] S. dazu o. S. 510.

[168] Vgl. die Bezeichnung schlechter Politiker als *thrasýtatoi* und als *ponêrótatoi* in Isok. XII 133.

3. Betrachtet man die Ankündigung zur Argumentationsstruktur (Nachweis höherer Leistung durch Nachweis geringeren Verbrechens), so zeigt sich, dass Isokrates in §97–107 die Argumentationsweise, die wir bereits in §62–71 beobachtet haben, in verschärfter Weise fortführen will. Das bedeutet, dass er den grundlegenden Schwachpunkt der Argumentation dieses Abschnittes nun zum einzigen Argumentationsprinzip macht: Im Rausch des *páthos* wird Isokrates nun Verbrechen ins Zentrum der Darstellung rücken (§96).

Dass auf diese Weise nach Isokrates' eigenen Regeln ein Lob nicht geleistet werden kann, muss nicht nochmals erläutert werden. Besonderes Augenmerk verdient aber der Umstand, dass Isokrates, indem er nun die *kaká* zum Gegenstand macht, sich vollständig von seinem im Proömium formulierten Gegenstand entfernt hat. Dort hatte Isokrates angekündigt, er werde über *areté* (§5) und *euergesíai* (§34) sprechen. Das *páthos* treibt ihn dagegen nun dazu an, über die *kaká* zu sprechen. Dieser Wechsel der *hypóthesis* zeigt sich auch in der Formulierung in §96 (ἐπιδεικνύναι πλείονος ἀξίαν τὴν πόλιν ἡμῶν γεγενημένην περὶ τοὺς Ἕλληνας τῆς Λακεδαιμονίων): Nicht mehr die Leistungen und die *areté* Athens sollen nachgewiesen werden, sondern nur noch der höhere Wert Athens im Vergleich zu Sparta.

Isokrates setzt in §95–96 deutliche Signale, die dazu mahnen, §97–107 kritisch zu betrachten,[169] den Abschnitt insbesondere nicht unreflektiert als *kat' Isokrátēn*, als technisch wie inhaltlich vorbildhaft aufzufassen. Es ist naheliegend, die angekündigte Abweichung von Isokrates' rhetorischem Naturell in der Annahme zu sehen, das Vergleichen von Verbrechen könne als Nachweis von Leistungen verstanden werden. Ist dies aber der Fall, dann steht schon vor Beginn der Argumentation fest, dass §97–107 nichts zum Lob Athens beitragen können.

Was aber sagt Isokrates in §97–107 über Sparta und Athen? – Zentrale Grundaussage des Abschnitts soll laut Ankündigung sein, dass

> (96) [...] τῶν ἄλλων κακῶν [...] τοὺς μὲν ἡμετέρους ὀψιμαθεῖς αὐτῶν γεγενημένους, Λακεδαιμονίους δὲ τὰ μὲν πρώτους, τὰ δὲ μόνους ἐξαμαρτόντας.

> (96) [...] bei den anderen Untaten [...] die Unseren diese erst spät erlernten, die Lakedaimonier aber manche Verbrechen als erste, andere als einzige begingen.

Isokrates beginnt mit dem Vorwurf, Athen und Sparta hätten die *autonomía* der *póleis* missachtet, sich in deren innere Ordnung (*dioikeĩn*) eingemischt, und die griechischen Staaten wie Kriegsgefangene untereinander aufgeteilt und versklavt. Hier beschreibt Isokrates eben jene mit Eingriffen in die *politeíai* verbundene Lagerbildung in Hellas, die schon im *Panegyrikos* als Kernproblem der griechischen Welt vorgestellt worden war.[170] Explizit weist Isokrates darauf hin, dass sich dieser Vorwurf gegen beide *póleis* richtet

---

[169] Vgl. Eucken 1982: 49.
[170] Isok. IV 16–17 (s. o. S. 174–176).

B.9.4 Synkrisis der Leistungen (§39–107): práxeis

(ἀμφοῖν τοῖν πολέοιν, §97); überdies funktioniert das Bild von den befreiten Sklaven in §97 nur unter Beteiligung zweier Protagonisten, die beide als Sklavenhalter wirken.

Der Unterschied zwischen Sparta und Athen besteht in §97–98 ausschließlich darin, dass das Verbrechen der *arché* über griechische *póleis* in Spartas Geschichte als seit der Gründung konstantes Phänomen erscheint,[171] während Athens *arché* erst in der historischen Zeit nach den Perserkriegen einsetzt. Dies aber bedeutet zugleich, dass Athens Verbrechen ausschließlich in die Zeit der jüngeren (= verfehlten) Demokratie fallen. In anderen Worten kann man den athenischen Vorfahren nichts vorwerfen, wohl aber der Vätergeneration[172] und den Zeitgenossen.

Die nächsten Vorwürfe, die Isokrates referiert (§99–101) betreffen gewaltsame politische Konflikte (*stáseis, sphágas, metabolás*) innerhalb der *póleis*, für die man Athen und Sparta verantwortlich mache. Während Sparta nur wenige *póleis* davon verschont habe (Isokrates macht keine Angabe zum Datum dieser Taten), könne man Athen derartiges erst in der Zeit nach Aigospotamoi vorwerfen. Nach Spartas Machtverlust hätten athenische Strategen die spartanischen Untaten nachgeahmt (μιμήσωνται τὰς Σπαρτιατῶν πράξεις, §100), um die von Sparta abgefallenen *póleis* für Athen zu gewinnen.[173] Athenische Vergehen im Zweiten Attischen Seebund erscheinen also als Nachahmung des falschen Vorbildes der Spartaner, Athen als Schülerin des schlechten Vorbildes Sparta (§101).

Hier ist vieles auffällig.[174] So erfolgt der Vergleich zwischen Athen und Sparta anhand der inkommensurablen Kategorien ,Anzahl/Ausmaß' auf der einen und ,Zeit' auf der anderen Seite (,Sparta tat fast allen Unrecht, Athen erst spät.'). Peter Roth bemerkt außerdem zu Recht, dass sich gerade die spartanischen Verwicklungen in bürgerkriegsähnliche Konflikte nur auf die Zeit nach dem Peloponnesischen Krieg beziehen können, während die Datierung der athenischen Untaten ausschließlich in die Zeit nach 405 eine „glatte Lüge" darstelle.[175] Noch in §62–71 räumt ,Isokrates' selbst athenische Verbrechen vor Beginn der spartanischen *arché* ein und kritisiert diese. Insbesondere Melos, Skione und Torone sind als bedeutende Exempla athenischer *sphágai* noch sehr präsent. Mit der gleichen Berechtigung, mit der Isokrates die athenischen Strategen der 360er Jahre hier als Schüler des falschen Lehrers Sparta bezeichnet, ließe sich Spartas Politik der Jahre 404–371 als Nachahmung der athenischen Seebundpolitik darstellen.[176] Schon Sparta wäre

---

[171] Der Isokrates des *Panathenaikos* bewertet die spartanische Gründungsgeschichte also auch hier völlig anders als der Sprecher Archidamos in Isok. VI 16–33 (s. o. Kap. B.5.5.1).

[172] Vgl. Isok. VIII 36–38.

[173] Isokrates führt also sehr konkrete *stáseis, sphágas* und *metabolaí* an, für die Athen verantwortlich sei. Eigentlich können hiermit nur athenische Feldherren der Jahre des Zweiten Seebundes und insbesondere die Jahre nach Leuktra gemeint sein. Als bestimmende Strategen dieser Zeit kommen damit v. a. Iphikrates, Timotheos, Chabrias und Chares infrage (Roth 2003a: 140–141).

[174] Vgl. Roth 2003a: 140–141.

[175] Ebd. 140.

[176] Hier sei an die (allerdings noch nicht überzeugend gedeutete) Stelle Isok. XVI 10–11 sowie V 58–61 (s. o. Kap. B.8.4.3) verwiesen, wo Alkibiades als Lehrer der Spartaner erscheint, der diese in der

demnach einem falschen Lehrer, Athen, gefolgt. Dadurch dass Isokrates den Zeitpunkt der spartanischen Untaten verschweigt, wird dieses Problem nur schlecht verdeckt. Dies dürfte auch dem zeitgenössischen Publikum aufgefallen sein.

Zuletzt führt Isokrates das jeweilige Verhältnis Athens und Spartas zum persischen Großkönig an (§ 102–107). Hier seien beide *póleis* unabhängig voneinander zu bewerten. Für beide sei Feindschaft zu Persien – also die Situation der Perserkriegszeit – der Ausgangspunkt (§ 102).

Sparta wird jedoch für die Zeit nach den Perserkriegen eine Politik zugunsten des Großkönigs und gegen die griechischen *póleis* (Preisgabe der kleinasiatischen, Unterwerfung der übrigen *póleis*) attestiert (§ 103).[177] Der Verrat und die Unterdrückung Aller – am Ende auch des Großkönigs (§ 104) – habe Sparta folgerichtig allseitigen Hass eingetragen und so das Ende der spartanischen *arché* herbeigeführt (§ 105–107). Sparta handelt in dieser Darstellung stets nur im vermeintlich eigenen Interesse, schadet sich dadurch jedoch selbst. Es trägt alle Züge der durch die *arché* hervorgerufenen politischen Verblendung.

Athen spielt in diesem Abschnitt vermeintlich fast keine Rolle. Isokrates begnügt sich mit einer vagen Gesamtbewertung des athenischen Verhaltens gegenüber Persien:

(102) [...] τίς οὐκ οἶδεν, ὅτι [...] ἡμεῖς μὲν ἐν πολέμοις πολλοῖς γιγνόμενοι καὶ μεγάλαις συμφοραῖς ἐνίοτε περιπίπτοντες καὶ τῆς χώρας ἡμῶν θαμινὰ πορθουμένης καὶ τεμνομένης οὐδεπώποτ' ἐβλέψαμεν πρὸς τὴν ἐκείνων φιλίαν καὶ συμμαχίαν, ἀλλ' ὑπὲρ ὧν τοῖς ἄλλοις Ἕλλησιν ἐπεβούλευσαν μισοῦντες αὐτοὺς διετελέσαμεν μᾶλλον ἢ τοὺς ἐν τῷ παρόντι κακῶς ἡμᾶς ποιοῦντας.

(102) [...] wer wüsste nicht, dass [...] obwohl wir in viele Kriege gerieten und in großes Unglück stürzten und obwohl unser Land häufig verwüstet und zerstört wurde, wir niemals auf jener [sc. der Perser] Freundschaft und Bundesgenossenschaft schielten, sondern wegen dessen, was sie gegen die anderen Hellenen planten, größeren Hass gegen sie hegten als gegen jene, die uns in der Gegenwart übel mitspielen.

Die Feindschaft Athens gegen Persien war stets größer als jede andere Feindschaft, und niemals suchte Athen die Kooperation mit dem Großkönig. Jeder weiß das. Dies ist die – in einer rhetorischen Frage verpackte – Aussage über Athen. Ist diese Aussage plausibel? Zuerst sei auf die Stellen in *Busiris* und *Panegyrikos* hingewiesen, an denen wir oben bereits gesehen haben, dass Isokrates rhetorische Fragen wiederholt für besonders fragwürdige Aussagen verwendet und teilweise noch innerhalb der gleichen Schrift wieder *ad absurdum* führt.[178] Das gleiche Verfahren liegt hier vor. Athen wird durch das

---

Politik der *arché* zur See, mithin in eben jener Politik unterwiesen habe, die in Isok. XII 99–101 angesprochen ist (s. auch o. S. 142 Anm. 280).

[177] Die Darstellung des ‚Zuges der Zehntausend' entspricht hier derjenigen in der *Friedensrede* (Isok. VIII 98). Sie unterscheidet sich von der Darstellung im *Panegyrikos* (Isok. IV 145–149) und im *Philippos* (Isok. V 90–92), wo die Unterstützung des Kyros noch als Perserfeldzug in Teilen gutgeheißen und lediglich die fehlende Ausrichtung auf das hellenische *koinón* kritisiert wird. Im *Panathenaikos* steht dagegen die mangelnde Vertragstreue im Mittelpunkt des Arguments (Roth 2003a: 142).

[178] Isok. XI 34–35 (s. o. S. 131–137), IV 125, 137, 175 (s. o. S. 230–231).

B.9.4 Synkrisis der Leistungen (§39–107): práxeis

vorliegende Argument nur dann von dem potentiellen Vorwurf der Kooperation mit dem Großkönig entlastet, wenn das rezipierende Publikum es für ganz und gar unstrittig hält, dass es von Seiten Athens zwischen Perserkriegszeit und Königsfrieden keinerlei Bündnis oder Kooperation mit dem Großkönig gegeben habe.

In §103–107 führt Isokrates jedoch – im Zuge der Kritik an Sparta – mehrere Exempla auf, bei denen athenische Kooperation mit Persien stattfindet. Besonders deutlich wird dies beim Exemplum des (hier als Erfolg Persiens dargestellten) Seesieges von Knidos, bei dem Isokrates explizit auf die Beteiligung des Atheners Konon verweist (§105). Und schließlich gehörte Athen nicht nur zu den unterzeichnenden Vertragspartnern des Königsfriedens (§105–107), sondern hatte den Vertragstext mit ausgehandelt und in den Jahren zuvor bereits mit Persien kooperiert, während Sparta Persien aus Westkleinasien zurückzudrängen suchte.[179] Wenn Isokrates daher nacheinander auf den ‚Zug der Zehntausend', den Seesieg von Knidos und den Königsfrieden verweist, dann führt er Exempla an, von denen er zwar behauptet, sie belegten nur Spartas egoistische Kooperation mit Persien, die jedoch tatsächlich – in steigender Intensität – als Exempla für Athens propersische Außenpolitik der 390er Jahre dienen können. Implizit weist Isokrates somit gleich im Anschluss an §102 auf die Fragwürdigkeit der dort getroffenen Aussage hin. An späterer Stelle des *Panathenaikos* (§156–162) wird Isokrates ausdrücklich und unter Erwähnung der Bündnisse und Friedensverträge betonen, dass Athen und Sparta in gleichem Maße auf Kosten der Griechen um die Gunst des Großkönigs gebuhlt hätten.[180] Wie im *Panegyrikos* folgt also auch im *Panathenaikos* an späterer Stelle eine unmissverständliche Gegendarstellung zu der Annahme, einzig Sparta habe den Königsfrieden zu verantworten.[181]

Der *psógos* gegen Sparta, den Isokrates an das Agamemnon-Lob in §73–90 anschließt und in dessen Rahmen er erklärtermaßen vom *páthos* seiner eigenen Rede mitgerissen wird, ist, wie wir gesehen haben, voll ambivalenter Argumente. Die offen und scharf formulierte Kritik an Sparta ist durchweg dazu geeignet, implizite Kritik an Athen zu transportieren.[182] Keines der Argumente belegt tatsächlich, wie eingangs angekündigt, dass Athens Vergehen als weniger schlimm zu bewerten sein könnten. An einer einzigen Stelle werden wenigstens Athens *prógonoi* tatsächlich von allen Vorwürfen freigesprochen (§98). Der Unterschied zwischen Athens und Spartas Unrecht besteht einzig in dieser Hinsicht: Athens Vorfahren sind ohne Fehl und Tadel. Damit ist Athens Frühgeschichte – wie schon in §42–52 – besser bewertet als die spartanische. Dennoch dürfte eines klar geworden sein. Der *psógos* gegen Sparta in §97–107 trägt zum Lob der *pólis* Athen in der Gegenwart nichts bei, birgt vielmehr deutliche Kritik an Athen.

---

[179] Zimmermann 1974: 189, Urban 1991: 57, Welwei 1999: 264–277.
[180] S. dazu u. S. 556.
[181] In beiden Reden wird diese Annahme zudem in der gleichen Form (rhetorische Frage) und an der gleichen Stelle (zum Ende eines auf die Apologie Athens folgenden *psógos* gegen Sparta) formuliert.
[182] Bloom 1955: 121–122.

B.9.5 Synkrisis der Leistungen II (§108–198): *politeíai*

Mit diesem *psógos* ist die Synkrisis der *práxeis* zunächst abgeschlossen. Es folgt in §114–198 die Darstellung der *politeíai* Athens und Spartas. Die Verbindung zu diesem zweiten Hauptteil wird durch eine abermalige Reflexion über Modus und zu erwartende Rezeption des Gesagten und der noch folgenden Abschnitte hergestellt (§108–113). Da dieser kurze Passus für das Verständnis der gesamten Rede von herausragender Bedeutung ist,[183] soll er hier ausführlich behandelt werden.

B.9.5.1 Binnenproömium II (§108–113): Zweck der Synkrisis

Isokrates besteht darauf, dass das Vorangegangene nicht, wie die Meisten wohl meinen würden, hinreichend sei als Erläuterung des athenischen und des spartanischen Verhaltens gegenüber den Griechen (§108). Stattdessen begründet er die Notwendigkeit der nachfolgenden Abschnitte zur *politeía* wie folgt:

> (108) [...] ἡγοῦμαι τὴν ὑπόθεσιν, ἣν ἐποιησάμην, ἄλλων τε πολλῶν προσδεῖσθαι λόγων καὶ μάλιστα τῶν ἐπιδειξόντων τὴν ἄνοιαν τῶν ἀντιλέγειν τοῖς εἰρημένοις ἐπιχειρησάντων, οὓς οἶμαι ῥᾳδίως εὑρήσειν. (109) Τῶν γὰρ ἀποδεχομένων ἁπάσας τὰς Λακεδαιμονίων πράξεις, τοὺς μὲν βελτίστους αὐτῶν ἡγοῦμαι καὶ πλεῖστον νοῦν ἔχοντας τὴν μὲν Σπαρτιατῶν πολιτείαν ἐπαινέσεσθαι καὶ τὴν αὐτὴν γνώμην ἕξειν περὶ αὐτῆς, ἥνπερ πρότερον, περὶ δὲ τῶν εἰς τοὺς Ἕλληνας πεπραγμένων ὁμονοήσειν τοῖς ὑπ' ἐμοῦ λεγομένοις, (110) τοὺς δὲ φαυλοτέρους οὐ μόνον τούτων ὄντας, ἀλλὰ καὶ τῶν πολλῶν, καὶ περὶ μὲν ἄλλου πράγματος οὐδενὸς ἂν οἵους τε γενομένους ἀνεκτῶς εἰπεῖν, περὶ δὲ Λακεδαιμονίων οὐ δυναμένους σιωπᾶν, ἀλλὰ προσδοκῶντας, ἢν ὑπερβάλλοντας τοὺς ἐπαίνους περὶ ἐκείνων ποιῶνται, τὴν αὐτὴν λήψεσθαι δόξαν τοῖς ἁδροτέροις αὐτῶν καὶ πολὺ βελτίοσιν εἶναι δοκοῦσι· (111) τοὺς δὲ τοιούτους, ἐπειδὰν αἰσθῶνται τοὺς τόπους ἅπαντας προκατειλημμένους καὶ μηδὲ πρὸς ἓν ἀντειπεῖν ἔχωσι τῶν εἰρημένων, ἐπὶ τὸν λόγον οἶμαι τρέψεσθαι τὸν περὶ τῶν πολιτειῶν καὶ παραβάλλοντας τἀκεῖ καθεστῶτα τοῖς ἐνθάδε καὶ μάλιστα τὴν σωφροσύνην καὶ πειθαρχίαν πρὸς τὰς παρ' ἡμῖν ὀλιγωρίας, ἐκ τούτων ἐγκωμιάσειν τὴν Σπάρτην.

> (108) [...] ich glaube, die *hypóthesis*, die ich mir gestellt habe, bedarf noch weiterer Argumente, vor allem solcher, die die Unvernunft derer aufzeigen, die dem Gesagten zu widersprechen versuchen. Ich glaube, solche Argumente sind leicht zu finden. (109) Unter jenen, die alle Taten der Lakedaimonier tolerieren, werden, wie ich annehme, die Anständigsten und Vernünftigsten zwar die spartiatische *politeía* loben und die gleiche Meinung über diese haben, die sie schon zuvor besaßen; meinen Worten über deren Taten gegenüber den Hellenen werden sie aber zustimmen. (110) Jene aber, die schlechter sind nicht nur als diese, sondern auch als die Masse der Leute, und die zwar über keine Sache erträglich zu reden in der Lage sind, über die Lakedaimonier aber nicht schweigen können, sondern in der Annahme, sie würden, wenn sie überzogene Lobreden über jene [sc. die Lakedaimonier] verfassen, das gleiche Ansehen erlangen wie die, die sich als ihnen überlegen und viel anständiger zeigen – (111) wenn diese also erkennen, dass all ihre *tópoi* bereits vorweggenommen sind und sie auch nicht einem einzigen der Argumente widersprechen können, dann, so glaube ich, werden sie sich der Rede über die *politeíai*

---

[183] Z. B. zur Frage der Einheit der Komposition der Rede; vgl. dazu Roth 2003a: 144–147.

zuwenden und, indem sie die dort bestehende mit der hiesigen vergleichen und insbesondere die *sôphrosýnê* und *peitharchía* mit unserer Nachlässigkeit, auf dieser Grundlage Sparta loben.

Die Argumentationen ab §114 dienen, dieser Einleitung zufolge, der proleptischen Widerlegung möglicher Kritiker. Diese Kritiker werden mit Leuten gleichgesetzt, die Spartas Politik akzeptieren; es handelt sich mithin um Spartafreunde im Publikum des Isokrates.[184] Zugleich lassen sich diese Spartafreunde mit den im *Panegyrikos* kritisierten Lakonisierern in Verbindung bringen. Es handelt sich also um einen Typus, den Isokrates schon in seinem frühen Werk bekämpfen zu müssen glaubte.[185]

Wichtig ist die Differenzierung zweier Gruppen von Spartafreunden. Die eine Gruppe erhält Attribute (*béltistoi*, *noús*), die sie als Teil der aristokratischen Oberschicht kennzeichnen[186] und die zugleich eine positive Bewertung der Gruppe durch Isokrates aufzeigen. Diese Leute werden Spartas Politik gegenüber den Griechen ebenso bewerten, wie Isokrates dies zuvor in §42–107 getan hat. Ihr Lob der *politeía* der Spartiaten – also nicht der Lakedaimonier insgesamt – wird von §42–107 unberührt bleiben. Isokrates distanziert sich hier nicht von dieser Haltung. Die *béltistoi* teilen vielmehr in dem bereits behandelten Bereich der Außenpolitik seine Auffassung.[187] Isokrates spricht auch nicht von den Argumentationsstrategien, die diese Gruppe gegen §42–107 verfolgen werde. Genaugenommen sagt er nur, dass der Bereich, in dem diese Gruppe Sparta loben werde, von den Argumenten in §42–107 nicht betroffen sei. Aufgrund der positiven Attribute, die Isokrates dieser Gruppe zuteilt und die mit Vernunft und Moral die zwei Hauptziele der isokratischen *paideía* betreffen, ist sogar davon auszugehen, dass Isokrates in diesen *béltistoi* eine Gruppe beschreibt, zu der er sich selbst zugehörig fühlt. Folgt man dieser Annahme, dann bedeutet dies, dass Isokrates die *politeía* der Spartiaten als möglichen Gegenstand des Lobes anerkennt.[188] In welchem Sinne dies zutrifft, wird sich aus dem weiteren Verlauf der Rede ergeben.

Anders verhält es sich mit der zweiten Gruppe. Deren Angehörige werden sowohl von der Gruppe der *béltistoi* wie auch von den einfachen Leuten (*polloí*) unterschieden und als schlechtere Leute bezeichnet. In der moralischen Bewertung der drei hier genannten Gruppen stehen sie auf der untersten Stufe, während die *béltistoi* den obersten Rang einnehmen. Es liegt nahe, diese Dreizahl von Gruppen mit politischen Standpunkten, namentlich dem aristokratischen (*béltistoi*), dem demokratischen (*polloí*) und dem oligarchischen (*phaulóteroi*) zu sehen.[189] Dazu passt auch die Haltung gegenüber Sparta, die

---

[184] Vgl. auch Isok. XII 42, 182–187; Wendland 1910a: 154–155, Ollier 1933: 337, Eucken 1982: 69. Masaracchia 1995: 106 geht von zeitgenössischen Diskussionen aus, auf die Isokrates hier anspiele. Solche lassen sich indes nicht nachweisen.

[185] Isok. IV 110–114 (s. o. S. 225–227); Masaracchia 1995: 96.

[186] Diese Zuordnung zeigt sich auch in Isok. XII 110, wo die Gruppe den πολλοί gegenübergestellt wird.

[187] Oncken 1862: 28, Fisher 1994: 348–350.

[188] Cloché 1933: 142, anders Lehmann (R.) 1853: 55–58, der beide Gruppen von Spartafreunden in Opposition zu Isokrates sieht.

[189] Vgl. dazu die moralische Hierarchisierung von wahrer Demokratie (die die spartiatische *homónoia* zum Vorbild hat; s. o. Kap. B.6.4.2.2), Demokratie des 4. Jhs. und Oligarchie in Isok. VII 20–73.

Isokrates den *phaulóteroi* attestiert: Ohne politischen Verstand (περὶ μὲν ἄλλου πράγματος οὐδενὸς ἂν οἵους τε γενομένους ἀνεκτῶς εἰπεῖν, §110) loben Sie die Lakedaimonier – also Sparta als Ganzes – in übertriebenem Maße.[190] Sie sind die wahrhaft unkritischen Lobredner Spartas. Gegen diese Gruppe, so wird in §108–111 deutlich, richtet sich die Argumentation in §114–198 in erster Linie. Ziel dieses zweiten Hauptteils ist es, die übertriebenen Lobreden auf Sparta[191] in allen ihren topischen Argumenten zu entkräften, bevor die Oligarchen dieses Lob überhaupt äußern können. Wenn das gelingt, so das erhoffte Ergebnis, dann werden sich auch diese *phaulóteroi* auf den letzten Aspekt zurückziehen und Sparta nur für seine *politeía* loben.

Béltistoi und *phaulóteroi* werden also die *politeía* loben, letztgenannte gezwungen durch die proleptische Widerlegung ihrer *tópoi*. Dennoch gibt es auch hier einen wichtigen Unterschied in den jeweiligen Standpunkten. Von den *béltistoi* ist nur gesagt, dass sie die spartiatische *politeía* loben werden. Die *phaulóteroi* dagegen werden die *politeía*, insbesondere den Vergleich von *sôphrosýnê* und *peitharchía* mit der athenischen Nachlässigkeit (*oligôría*), dazu verwenden, Sparta insgesamt zu loben. Wenn aber, wie die positive Beschreibung dieses Argumentes in §109 nahelegt, ein Lob der spartiatischen *politeía* gerechtfertigt ist, so bedeutet dies nicht, dass Sparta deswegen insgesamt zu loben sei. Die *phaulóteroi* werden also, so erwartet es der Sprecher, ein zulässiges Argument zu verfehlten Zwecken instrumentalisieren. An späterer Stelle der Rede wird eben diese von den *phaulóteroi* missachtete Unterscheidung zwischen spartiatischer Binnen-*politeía* und der *pólis* Sparta von Isokrates zur Grundlage dafür gemacht, Sparta trotz der spartiatischen *politeía* zu kritisieren.[192] Das Lob der politischen Kultur, dem sich Isokrates in §108–113 anschließt, bezieht sich somit nur auf die Gruppe der Spartiaten und betrifft nicht deren Verhältnis zu den übrigen Bevölkerungsklassen in Sparta.

Die falsche Verwendung des Lobes der *politeía* kritisiert Isokrates schließlich auch in §112:

(112) Ἢν δὲ τοιοῦτον ἐπιχειρῶσί τι ποιεῖν, προσήκει τοὺς εὖ φρονοῦντας ληρεῖν νομίζειν αὐτούς. Ἐγὼ γὰρ ὑπεθέμην οὐχ ὡς περὶ τῶν πολιτειῶν διαλεξόμενος, ἀλλ' ὡς ἐπιδείξων τὴν πόλιν ἡμῶν πολὺ πλείονος ἀξίαν ἢ τὴν Λακεδαιμονίων περὶ τοὺς Ἕλληνας γεγενημένην. Ἢν μὲν οὖν ἀναιρῶσί τι τούτων ἢ πράξεις ἑτέρας κοινὰς λέγωσι, περὶ ἃς ἐκεῖνοι βελτίους ἡμῶν γεγόνασιν, εἰκότως ἂν ἐπαίνου τυγχάνοιεν· ἢν δὲ λέγειν ἐπιχειρῶσι, περὶ ὧν ἐγὼ μηδεμίαν μνείαν ποιησαίμην, δικαίως ἂν ἅπασιν ἀναισθήτως ἔχειν δοκοῖεν.

---

[190] Hier fühlt man sich an Archidamos in Isok. VI erinnert (s. o. Kap. B.5.4–6). Einen auf ähnliche Weise ‚mittleren' Standpunkt zwischen Spartaverehrern und den spartafeindlichen *polloí* vertritt auch Platon, vgl. dazu Wilke 1997: 198–202. Anders Ollier 1933: 344–346, der Isok. XII 108–113 als Kritik an Platon und den Akademikern auffasst.

[191] Vgl. dazu die Ablehnung übertriebener Lobreden in Isok. XII 37–38 (s. o. S. 510–510).

[192] Isok. XII 178–179 (s. u. S. 557–562). Dass die Verwendung des Begriffs ‚Spartiaten' im *Panathenaikos* von besonderer Bedeutung ist, zeigt auch der Umstand, dass Isokrates diesen Begriff außerhalb dieser Schrift nur ein einziges Mal verwendet (Isok. X 63 über die Traditionspflege der Spartiaten), während sich im *Panathenaikos* gleich 32 Belege finden. Dies spricht dafür, dass die Differenzierung von Lakedaimoniern und der engeren Gruppe der Spartiaten Isokrates im *Panathenaikos* ein besonderes Anliegen ist.

B.9.5 Synkrisis der Leistungen II (§108–198): politeíai 547

(112) Wenn sie aber etwas derartiges versuchen, dann sollten vernünftige Leute das für Geschwätz halten. Denn ich habe mir nicht zum Gegenstand gesetzt, über die *politeíai* zu diskutieren, sondern aufzuzeigen, dass unsere *pólis* von viel größerem Wert gewesen ist für die Hellenen als die der Lakedaimonier. Wenn sie davon etwas widerlegen oder andere gemeindienliche Taten nennen sollten, bei denen jene [sc. die Spartaner] besser als wir gewesen sind, dann dürften sie wahrscheinlich Lob finden. Sollten sie aber etwas zu sagen versuchen, dessen ich keinerlei Erwähnung getan habe, dann dürften sie zu Recht allen als ganz verständnislos erscheinen.

Das Lob der spartiatischen *politeía* kann in Isokrates' Augen nichts beitragen zu einem Lob der Leistungen der *pólis* Sparta. Der Kritik an Spartas Politik in §42–107 kann man nicht mit einem Lob der *politeía* begegnen, selbst wenn dieses, für sich genommen, berechtigt ist. Da die *phaulóteroi* aber nichtsdestoweniger über die *politeía* reden würden, so schließt Isokrates den Gedanken in §113 ab, muss auch er auf die *politeía* eingehen – nicht, um einem berechtigten Gegenargument zu begegnen, sondern um zu zeigen, dass selbst das Thema der spartiatischen *politeía*, obwohl diese lobenswert sei, Beweiskraft nur für den Nachweis der athenischen Superiorität besitze.

Nicht das (berechtigte) Lob der spartiatischen *politeía* an sich, so ergibt sich mithin aus dem ganzen Abschnitt §108–113, sondern die falsche Verwendung dieses Lobes als Argument zum Lobe der konkreten Politik Spartas (*euergesíai*, Wohltaten, waren ja in §35 als Gegenstand der Darstellung angekündigt worden) bringt Isokrates dazu, nach §42–107 einen weiteren Hauptteil anzufügen, in dem der Vergleich der *politeíai* im Mittelpunkt stehen wird. Es geht in diesem Teil also nicht zuletzt darum, zu zeigen, inwiefern ein Lob der spartanischen *politeía* gerechtfertigt ist (und inwiefern nicht) und wofür es Beweiskraft besitzt (und wofür nicht). Diese Differenzierung, so zeigt die Zuschreibung unterschiedlicher Haltungen gegenüber Sparta an unterschiedliche politische Gruppen, dient, ähnlich wie §60–74 des *Areopagitikos*, dazu, Isokrates' eigenen Standpunkt als Position der *béltistoi* von den Standpunkten der oligarchischen Spartafreunde abzugrenzen.

B.9.5.2 Die *politeía* der Gegenwart (§114–118)

In §114 beginnt die eigentliche Synkrisis der *politeíai*, die den höheren Wert Athens auch in dieser Frage belegen soll. Gleich zu Beginn erfolgt eine hierfür entscheidende Wiechenstellung. Isokrates stellt klar, welche *politeíai* er miteinander vergleichen will, um Athens Überlegenheit zu demonstrieren:

(114) Καὶ μηδεὶς ὑπολάβῃ με ταῦτ' εἰρηκέναι περὶ ταύτης, ἣν ἀναγκασθέντες μετελάβομεν, ἀλλὰ περὶ τῆς τῶν προγόνων, ἧς οὐ καταφρονήσαντες οἱ πατέρες ἡμῶν ἐπὶ τὴν νῦν καθεστῶσαν ὥρμησαν, ἀλλὰ περὶ μὲν τὰς ἄλλας πράξεις πολὺ σπουδαιοτέραν ἐκείνην προκρίναντες, περὶ δὲ τὴν δύναμιν τὴν κατὰ θάλατταν ταύτην χρησιμωτέραν εἶναι νομίζοντες, ἣν λαβόντες καὶ καλῶς ἐπιμεληθέντες οἷοί τ' ἐγένοντο καὶ τὰς ἐπιβουλὰς τὰς Σπαρτιατῶν ἀμύνασθαι καὶ τὴν Πελοποννησίων ἁπάντων ῥώμην, ὧν κατήπειγε τὴν πόλιν περὶ ἐκεῖνον τὸν χρόνον μάλιστα περιγενέσθαι πολεμοῦσαν.

(114) Und es soll keiner annehmen, ich hätte das über diese [sc. *politeía*] gesagt, die wir unter Zwang übernommen haben; vielmehr sagte ich dies über die [sc. *politeía*] der Vorfahren. Obwohl unsere Väter diese nicht verachteten, gingen sie zu der heute bestehenden über, da sie jene zwar in den anderen Angelegenheiten für viel sinnvoller bewerteten, diese dagegen für nützlicher hielten für die Macht zur See, durch deren Übernahme und gute Pflege sie in die Lage versetzt wurden, sowohl die feindlichen Pläne der Spartiaten abzuwehren als auch die Macht aller Peloponnesier. Diese im Krieg zu überwinden, stellte in jener Zeit für die *pólis* das drängendste Problem dar.

Damit ist klar, dass es bei dem folgenden Vergleich der *politeíai* Athens und Spartas nicht um die athenische Demokratie des 4. Jahrhunderts gehen kann. Die ‚heute noch bestehende' *politeía* ist nur für einen einzigen Zweck nützlich – für den Erwerb und die Aufrechterhaltung der Seeherrschaft.[193]

Vergleichsobjekt für die vorbildhafte[194] spartiatische *politeía* muss die athenische *politeía* der Vorväterzeit, also die *politeía* der Perserkriegszeit sein. Nur diese *politeía* kann Athen als Sparta überlegen erweisen.[195] Damit ist zweierlei gesagt: 1. Die athenische Demokratie der Gegenwart des 4. Jhs. kann sich nicht mit der spartiatischen *politeía* messen lassen. 2. Die *politeía* der athenischen Perserkriegsgeneration ist der spartiatischen überlegen. Dies zu zeigen unternimmt der zweite Hauptteil des *Panathenaikos*.

§114 spricht zudem explizit aus, zu welchem Zeitpunkt in den Augen der *persona* ‚Isokrates' der Wandel zwischen idealer Vorväter- und problematischer gegenwärtiger *politeía* eintrat. Isokrates' Vätergeneration – damit ist etwa die Zeit zwischen Ephialtes und Perikles angesprochen[196] – hat den Wandel bewusst herbeigeführt. Durch die Landmacht des Peloponnesischen Bundes unter Druck gesetzt habe die Vätergeneration nach der Seeherrschaft gestrebt,[197] wodurch hier wie in der *Friedensrede* der Beginn des

---

[193] Masaracchia 1995: 107–108, Roth 2003a: 147. Isokrates vermeidet hier den Begriff der *arché*, den er in früheren Reden für die Seeherrschaft verwendet hatte. Dass er mit *dýnamis katá thálattan* jedoch die *arché* zur See meint, wird in Isok. XII 115 deutlich, wo als Gegensatz dazu die *hēgemonía* erscheint.

[194] Vgl. Isok. XII 109.

[195] Durch diesen Hinweis steht das Folgende auch nicht im Widerspruch zu anderen isokratischen Reden wie z. B. *Panegyrikos* und *Areopagitikos*, die sich kritisch mit der *politeía* Athens im 4. Jh. auseinandersetzen, vgl. Roth 2003a: 147.

[196] Roth 2003a: 147 ist also nur bedingt darin zuzustimmen, dass Isokrates die an dem Wandel Schuldigen anonym bleiben lasse. Zwar sind keine Namen genannt, die zeitliche Angabe passt jedoch gut zu den Reformen der Zeit zwischen 478 und der perikleischen Zeit.

[197] Das Streben nach Seeherrschaft erscheint als erzwungene Reaktion auf den peloponnesischen Druck. Dass die Vätergeneration dadurch von der Verantwortung für den Niedergang freigesprochen werden soll (so Blaß ²1892: 84, Roth 2003a: 148–149), kann ich nicht erkennen. Isokrates räumt ein, dass das Ziel der Reform, die Sicherung der Seeherrschaft, erreicht wurde, und dass dafür das Mittel der Abkehr von der ‚*politeía* der Vorväter' auch geeignet und notwendig gewesen sei. Er behauptet aber nicht, dass dieses Ziel sinnvoll gewesen sei. Die Auflösung sämtlicher Werte der guten *politeía*, die Isokrates in Isok. XII 115–116 schildert, legt gerade den gegenteiligen Schluss nahe, vgl. auch Grieser-Schmitz 1999: 182–183.

B.9.5 Synkrisis der Leistungen II (§108–198): politeíai

Strebens nach *arché* zum Beginn (*arché*) des athenischen Niederganges wird.[198] Tugenden wie strenge Ordnung (*eutaxía*), Besonnenheit (*sôphrosýnê*) und Gehorsam (*peitharchía*) seien zwar nützlich für die *hêgemonía*, nicht aber für die Seemacht (§115).[199] Um diese zu erreichen, wird den Ruderern, die nach dem Erwerb von Beute (*allótria*) streben,[200] Zugang zum politischen System der *pólis* gewährt, ein Schritt, den Isokrates als Ausgangspunkt des daraufhin absehbaren Niedergangs der politischen Kultur bezeichnet (§116).[201] Dieser Niedergang besteht in der Auflösung der Ordnung (*kósmos tễs politeías*), einer *metabolế* des Wohlwollens (*eúnoia*) der Verbündeten, einer Umkehrung des Verhaltens diesen gegenüber – *phóroi* und *syntáxeis*[202] werden von jenen eingetrieben, denen man früher Land und *póleis* schenkte – und der Besoldung der Flotte (§116).[203] Wenn Isokrates in §117–118 nochmals betont, dass sich die Vätergeneration dieser Folgen – die nichts anderes als die Auflösung sämtlicher in Isokrates' früheren Schriften beschriebenen Werte darstellen – vollständig bewusst war, als sie sich dafür entschied, die *politeía* zu verändern,[204] dann lässt sich dies als implizite, jedoch deutliche, Kritik an dieser Entscheidung verstehen.[205]

---

[198] Isok. IV 119, VIII 101, V 61; Bloom 1955: 28–29, Pointner 1969: 59.

[199] Isokrates bringt die *politeía* der Vorväterzeit hier mit Wertbegriffen in Verbindung, die üblicherweise als Schlagworte vor allem für den spartanischen Staat Verwendung finden. Dass die Spartafreunde diese Begriffe im Munde führen würden, hat Isokrates noch in Isok. XII 111 selbst vermutet. Implizit werden eben jene Eigenschaften, die diese Spartafreunde den Athenern absprechen wollen, Athen ausdrücklich zugeschrieben. Grundlage dafür ist die Verschiebung des Fokus auf die Vorväterzeit.

[200] Grund für dieses Streben ist der Verlust der *ídia*, die die Mittellosen offenbar nicht richtig zu sichern in der Lage waren. Die Besitzlosen haben also weder die Richtige Haltung gegenüber den *ídia* noch gegenüber den *allótria*.

[201] Pointner 1969: 27, Roth 2003a: 148–151.

[202] Die Gleichsetzung dieser Begriffe ist deutliches Indiz dafür, dass Isokrates die Methoden des Zweiten Attischen Seebundes im *Panathenaikos* mit denen des Delisch-Attischen Seebundes gleichsetzt und beide gleichermaßen ablehnt.

[203] Die besoldeten Ruderer rücken hier in die Nähe von Söldnern.

[204] In der Bevorzugung des ‚Unrecht tun' vor dem ‚Unrecht leiden' liegt eine Referenz an Platon, die meist als Gegenstandpunkt zu diesem gedeutet wird (Havet 1862: LIII–LIV, Sudhaus 1889: 61, Blaß ²1892: 39–40, Wilamowitz-Moellendorff 1919, II: 124, Bringmann 1965: 65–67, Hirsch 1966: 146, Eucken 1982: 51–52, 67–68, Erler 1987: 88, Masaracchia 1995: 108 Anm. 59, Roth 2003a: 151–152, Bringmann 2003: 115, Alexiou 2007: 12–13 und 2010: 153). Von Arnim 1917: 35–36 und Walter 2003: 88–89 sehen Isokrates hier auf dem Standpunkt des demokratischen *sensus communis*. Es gilt hier jedoch zu beachten, dass Isokrates diesen Standpunkt hier nur als Überlegung der Vätergeneration ‚referiert' und selbst dazu keine Stellung bezieht. Vlastos 2000: 598–599 weist zudem auf die Korrektur dieser Haltung der Väter durch ‚Isokrates' in Isok. XII 185 hin. Wie sich Isokrates in anderen Schriften zur Frage von ‚Unrecht tun/leiden' positioniert, wäre einer näheren Untersuchung wert, die hier indes nicht geleistet werden kann.

[205] Anders Roth 2003a: 148, der die athenische Vätergeneration als „völlig entschuldigt" betrachtet, sowie vorsichtiger Pratt 2006: 59 und Bearzot 2007: 75, die Isok. XII 114–118 aber als „un curioso passo" bezeichnet und damit nichts anderes ausdrückt, als dass sich eine Rechtfertigung der atheni-

Athens Abkehr von der *politeía* der Vorväter ist abzulehnen und zu kritisieren. Ursache dieser Abkehr ist jedoch Sparta als Hegemonialmacht des Peloponnesischen Bundes. Sparta trifft somit als negatives Vorbild und ‚Lehrer' Athens im Streben nach *arché* erhebliche Mitschuld am Niedergang der athenischen *politeía*; es wird damit Objekt der isokratischen Kritik.[206] Eine Verteidigung oder gar Entschuldigung der Vätergeneration bedeutet dies indes nicht – gerade weil die Väter die Entscheidung bewusst und in Kenntnis der Konsequenzen trafen, bleibt der Schritt verurteilungswürdig.[207] Sparta und Athen sind für die gegenwärtige *politeía* verantwortlich.

B.9.5.3 Die *politeía* der Vorväter (§119–148)

Die Beschreibung der *politeía* der Vorväter erinnert insgesamt an die Darstellungen aus früheren isokratischen Schriften,[208] insbesondere darin, dass die Darstellung des vergangenen Idealstaates in Kontrastierung zur athenischen Demokratie des 4. Jhs. erfolgt und so als Kritik an der Politik der athenischen Gegenwart wirkt, wie Juan Signes Codoñer überzeugend aufgezeigt hat.[209] Im Folgenden soll dieser Abschnitt summarisch behandelt werden.

Ausdrücklich wird die ideale *politeía* in eine Zeit versetzt, in der der Gegensatz zwischen Oligarchie und Demokratie noch nicht existiert habe (ὅτ' οὐκ ἦν οὔτ' ὀλιγαρχίας οὔτε δημοκρατίας ὄνομά πω λεγόμενον, §119). Isokrates bringt damit erneut zum Ausdruck, dass sein Ideal diese Dichotomie der *politeíai* nicht kennt beziehungsweise zu überwinden beansprucht. Dass diese Überwindung des *politeíai*-Gegensatzes mit dem Gedanken der hellenischen *homónoia* einhergeht, zeigt die ausdrückliche (§120) Parallelisierung des Abschnitts über die Vorväter-*politeía* mit dem Agamemnon-Exkurs, in dem eine ideale, auf *homónoia* basierende Außenpolitik vorgestellt worden war. Die in §119–130 präsentierte *politeía* erscheint aufgrund dieser Parallelstellung als jene *politeía*, die der idealen Außenpolitik des Agamemnon-Exkurses zugrundeliegt.[210] Die ideale *politeía* der Vorväter wird zudem als Lehrgegenstand und Vorbild den Verbrechen darstellenden Mythen vorgezogen (§121–123).[211] Sie erscheint als Zivilisationsmerkmal, das als

---

schen Abkehr von der idealen *politeía* in der hier vorliegenden Interpretation kaum mit der Idealisierung der Frühzeit und Kritik an der jüngeren Vergangenheit, die die ganze Rede bestimmt, vereinbaren lässt.

[206] Ollier 1933: 337, Masaracchia 1995: 132.
[207] Vgl. die ähnliche Kritik an den Sykophanten in Isok. XV 312–319.
[208] Vgl. Isok. IV 76–85, VII 20–55.
[209] Signes Codoñer 1998: 90–91, ähnlich auch Masaracchia 1995: 105, der Kritik an Athens und Spartas Gegenwart als einen wesentlichen Zweck des Abschnitts betrachtet.
[210] Zum Zusammenhang zwischen *politeía* und Außenpolitik vgl. Isok. VII, v. a. 1–15, 78–84.
[211] Die Aufzählung der zahlreichen Verbrechen, die in anderen *póleis* stattgefunden hätten, ist eine Aufzählung zahlreicher Grundmotive des griechischen Mythos, insbesondere des thebanischen Sagenkreises. Alle diese Verbrechen von Muttermord bis Kinderfraß seien in Athen nicht vorgekommen. Die ideale *politeía* wird damit in die Zeit des Mythos versetzt und erhält eine dem Mythos

B.9.5 Synkrisis der Leistungen II (§108–198): politeíai

Grundlage der Entscheidung darüber dienen kann, welche mythischen oder historischen Erzählungen als Vorbilder für die politische Lehre in Frage kommen und welche nicht.

Da der Nachweis, dass Verbrechen wie im Mythos in Athen nicht vorgekommen seien, als Beleg für die *areté* nicht ausreiche (§ 123),[212] folgt eine Präsentation der Geisteshaltung der Vorfahren (§ 124–126). Die Beschreibung der *areté* der Vorfahren ist zudem geschickt an jene inhaltlichen Prämissen angepasst, die Isokrates in § 108–113 vorausgeschickt hatte. Dort wurden die Vorzüge der spartiatischen *politeía* anerkannt, Athen aber – in der Vorväterzeit – ein noch höherer Wert zugesprochen. Viele Aspekte des mythenzeitlichen Athen, die Isokrates in § 124–126 nennt (älteste *pólis*, älteste Gesetzgebung, Traditionstreue, Homogenität des Bürgerverbands,[213] Dauerhaftigkeit des Königshauses), entsprechen üblichen Idealisierungen des Staates der Spartiaten: Gemessen an den im 4. Jh. gegenwärtigen *politeíai* kann Sparta die längste staatliche Tradition aufweisen; es verfügt über die ältesten Gesetze, hat die ältesten Riten, die mit großer Konformität befolgt werden; die Spartiaten führen sich als geschlossene Gruppe bis in die mythische Zeit zurück, und das spartanische Königshaus besteht seit heraklidischer Zeit. Isokrates' Beschreibung der idealen *politeía* trifft also auf die Zeit des athenischen Mythos zu, ist aber auch dazu geeignet, spartiatische Bilder zu evozieren. Isokrates bereitet hier bereits sehr konkret die spätere Argumentation vor, nach der der spartanische Staat der Gegenwart ein unvollständiges Relikt des athenischen Staates der Vergangenheit sei.[214]

Letztlich gilt dies auch für den Theseus-Exkurs (§ 126–130),[215] den Isokrates ausdrücklich als Ergänzung der Darstellung in der *Helena* bezeichnet.[216] Der demokratische

---

überlegene moralische Autorität (Roth 2003a: 153–155). In dieser Hinsicht steht die Darstellung in Isok. XII 121–123 der Mythenkritik in Isok. XI 38–43 nahe.

[212] Auch hier findet sich also der methodische Grundsatz zur rhetorischen Synkrisis ausgedrückt (s. o. Kap. A.3.3), den die Argumentation in Isok. XII 42–107 konsequent ignoriert.

[213] Vgl. die gegenteilige Kritik am Athen der Gegenwart in Isok. VIII 88–89.

[214] Isok. XII 151–155 (s. u. S. 553–555).

[215] Die Annahme, der politische Appell dieses Passus richte sich an Philippos II. (Blaß ²1892: 321), ist bestimmt von der Grundannahme, der ganze *Panathenaikos* müsse sich als publizistische Schrift an Philippos wenden. Der Passus selbst enthält keine Hinweise auf Philippos.

[216] Isok. X 18–38 (s. o. S. 100–105); Ruschenbusch 1958: 413–414, Usener (S.) 1994: 80 mit Anm. 19, Masaracchia 1995: 109, Gotteland 2001: 285–287, Roth 2003a: 156–162. Theseus fungiert indes als Parallelfigur zu Agamemnon (Roth 2003a: 153, 156–162). Während dieser den idealen *hēgemṓn* der Außenpolitik darstellt, symbolisiert Theseus die Stellung des idealen *basileús* in der *pólis*. Wie in der *Helena* erscheint als seine Hauptleistung die Übergabe der politischen Macht an den *dêmos* (Isok. XII 129). Masaracchia (ebd.) und Roth (ebd. 158) sehen einen Unterschied zur *Helena* in der unterschiedlichen Bereitschaft des *dêmos*, die Macht von Theseus zu übernehmen. Nur im *Panathenaikos* werde Theseus wirklich zum Stifter der Demokratie. Dagegen ist einzuwenden, dass auch in der *Helena* der *dêmos* als Souverän handelt, indem er Theseus, dem fähigsten Politiker, das Regime überträgt. Dies scheint Isokrates als ‚demokratischen' Akt anzusehen. Entscheidend für den demokratischen Charakter ist die souveräne Wahl des Regimes durch die Bürger – *eúnoia* wird so zum demokratischen Legitimationsprinzip. Einen ähnlichen ‚Wahlakt' des *dêmos* beschreibt Isokrates auch in Isok. XII 139. Theseus wird daher in beiden Reden als ursächlicher Stifter der Demokratie

basileús[217] Theseus sei mit der *eudaimonía* eines *basileús* nicht zufrieden gewesen, sondern habe dem *plẽthos* die Verwaltung (*dioíkêsis*) übertragen und im Interesse der *pólis* und der Hellenen zahlreiche Gefahren auf sich genommen (§128–129). Dem Bild des idealen *basileús* aus der *Helena*, der seine Regentschaft der Souveränität des *dẽmos* unterordnet, wird hier also die Aufopferung des Regenten für das Interesse des *koinón* hinzugefügt. Der Lohn, den sich Theseus von dieser Vernachlässigung des eigenen Glücks erhofft, ist ewige *dóxa*, die ihm die *agõnes* ermöglichen (§128).[218]

In §130–134 erfolgt schließlich die konkreteste und in ihren theoretischen Grundlagen deutlichste Beschreibung des Idealstaates (*phýseis kaí dynámeis tõn politeiõn,* §134) im gesamten Werk des Isokrates. Die von Theseus eingeführte und von dessen Nachfolgern verkörperte *politeía* erscheint als gemeindienlichste (*koinotátê*), gerechteste (*dikaiotátê*), aber auch nützlichste (*symphorôtátê*) und angenehmste (*hêdístê*) Staatsform. Isokrates bezeichnet diesen Staat in Übereinstimmung mit seiner Beschreibung der Übertragung der Macht an den *dẽmos* als *dêmokratía*, jedoch als eine solche, die sich die Regierungskompetenz der *áristoi* zunutze mache (ἀριστοκρατίᾳ χρωμένη, §131).[219] Den Gegensatz zum Staat dieser idealen *politeía* bildet die Demokratie der Gegenwart Athens im 4. Jh., die sich hinter den in §130–134 aufgezählten verfehlten Regierungsformen verbirgt: ein Staat, der auf Vermutung (*eikễi*) hin handelt, in dem Werte in ihr Gegenteil verkehrt werden (§131),[220] der skrupellosen, unmoralischen, von *pleonexía* getriebenen Menschen die

---

vorgestellt (vgl. auch [Dem.] LIX 75). Abzulehnen ist auch Masaracchias Auffassung (ebd.), die Theseus-Figur sei als Kontrast zu einer angeblichen Kritik an der spartanischen *basileía* eingeführt. Jedenfalls findet sich im Text nicht die Spur eines Hinweises darauf. In früheren isokratischen Schriften ist die spartanische *basileía* Vorbild für die *hêgemonía* (v. a. Isok. III 23–24, VIII 142–144, V 79–80).

[217] Eucken 1983: 97–98 sieht hier den thukydideischen Perikles (Thuk. II 65,9) gespiegelt, was mir jedoch in Anbetracht der negativen Bewertung der perikleischen Generation im *Panathenaikos* wenig plausibel erscheint.

[218] Theseus kommt hier im Bereich der Innenpolitik die gleiche Rolle zu, die Agamemnon in Isok. XII 73–90 außenpolitisch zugewiesen wird; vgl. Schmitz-Kahlmann 1939: 55.

[219] Vgl. auch Isok. XII 153 (ἀριστοκρατίᾳ μεμιγμένη). Zu dieser Beschreibung vgl. Gomperz 1905/1906: 22–23, Jaeger 1947, III: 225, Bloom 1955: 21–22, Bringmann 1965: 89, Pointner 1969: 88–89, 93–94, 111–112, Eucken 1982: 52–56, Orth 1997: 185, Roth 2003a: 165–166. Isokrates distanziert sich davon, eine bestimmte Regierungsform als allein ideale zu vertreten, sondern macht die Kompetenz der Amtsinhaber zum entscheidenden Kriterium für die Bewertung der Staatsform. Dieses Kriterium kann von allen drei Staatsformen – Monarchie, Oligarchie und Demokratie – in guter Weise erfüllt oder auch verfehlt werden (Isok. XII 132–133). Auch im Staatswesen entscheidet die richtige Anwendung über die Qualität der jeweiligen (Staats-)Form. Der ideale Staat bei Isokrates ist insofern nicht im eigentlichen Sinne als ‚Mischverfassung' (so Wendland 1910a: 157–159, Ruschenbusch 1958: 410–411) zu bezeichnen. Dass Aristoteles' Verfassungstypologie auf die vorliegende Stelle Bezug nimmt, hat Roth 2003a: 168–169 festgestellt. Isokrates selbst habe v. a. auf Platon reagiert (ebd. 166–172).

[220] Vgl. dazu die negative Kontrastierung des älteren und des jüngeren Athen in Isok. IV 75–81, VII 20.

Regierung überträgt (§133). Entscheidend ist also nicht die äußere Form des Staates, sondern die innere Verfassung seiner Bürger, mithin das, was Isokrates als *politeía* bezeichnet.[221]

An diesem Punkt, exakt in der Mitte der Schrift und im unmittelbaren Anschluss an die Beschreibung des Ideals der „*politeía* der Vorväter", folgt die bereits im Abschnitt A dieser Untersuchung besprochene[222] Reflexion über das von Isokrates intendierte philosophische Publikum (§134–137). Das staatsphilosophische Ideal des *Panathenaikos*, so Isokrates, können nur die kritischen und philosophischen Leser gutheißen, jene Leser, die für Belehrungen offen sind. Diesen Lesern werde jedoch zugleich die Durchführung der im Proömium genannten *hypóthesis* als mangelhaft erscheinen. Im Proömium (§5, 35) hatte Isokrates seine *hypóthesis* vorgestellt, von der er sich im Laufe des *psógos* gegen Sparta entfernt hatte:[223] Gegenstand der Rede sollte es sein, die Taten der *pólis* zu beschreiben und die *areté* der Vorfahren zu loben. Zudem hatte Isokrates in exkursartigen persönlichen Bemerkungen im Proömium zu verstehen gegeben, dass diese *hypóthesis* in Beziehung zur isokratischen *paideía* zu setzen sei.[224] An dieses Proömium erinnert Isokrates nun in §136, unmittelbar bevor er dazu übergeht, die positiven Wirkungen der *politeía* der Vorväter, insbesondere deren Einfluss auf die *areté* derselben, zu beschreiben (§137–148). Die Regierenden des idealen Staates der Vorzeit vermittelten den Leuten (*plêthos*) die politischen Tugenden (*areté*, *dikaiosýnê*, *sôphrosýnê*) und mithin eine politische Einsicht, die alle Handlungen des Staatskörpers und seiner Bürger bestimmt (§138).[225] Diese politische Vernunft prägte die Bürger sowohl der *basileía* in mythischer Vorzeit (Theseus) wie auch die spätere, durch Theseus' *metabolé* herbeigeführte *dêmokratía*. In §139–148 beschreibt Isokrates konkrete politische Verfahrens- und Verhaltensweisen des Idealstaates, wie er sie schon im *Areopagitikos* vorgestellt hatte.[226] Wieder stehen diese Verhaltensweisen im Kontrast zur Gegenwart des 4. Jhs.[227]

---

[221] Hierzu v. a. Eucken 1982: 52–60, 67–70, Konstan 2004: 119.

[222] S. o. Kap. A.3.2.3.

[223] S. o. S. 539.

[224] S. o. Kap. B.9.3.2.

[225] Isokrates zitiert hier wörtlich seine Definition der *politeía* als ‚Seele der *pólis*', die er in Isok. VII 14–15 geprägt hatte.

[226] Isok. VII 20–55, v. a. 22–26; Grieser-Schmitz 1999: 157, Roth 2003a: 181–187.

[227] Vgl. Too 1995: 92–98.

B.9.5.4 Die Anwendung der *politeía* (§151–198)

Die Überlegenheit der früheren athenischen gegenüber der spartanischen *politeía* will Isokrates In §151–198 an den Taten beider *póleis* aufzeigen,[228] da diese Folge der jeweiligen *politeía* gewesen seien (§151). Zu Beginn dieses Abschnitts (§152–155) begegnet Isokrates, in einer neuerlichen Prolepsis, einem wichtigen und naheliegenden Einwand[229] gegenüber seiner Darstellung, namentlich der Annahme, der ideale Staat existiere in Sparta:

> (152) [...] οὐκ ἔστιν ὅπως οὐ φήσουσί τινές με διεξιέναι τοὺς νόμους, οὓς Λυκοῦργος μὲν ἔθηκε, Σπαρτιᾶται δ' αὐτοῖς χρώμενοι τυγχάνουσιν. (153) Ἐγὼ δ' ὁμολογῶ μὲν ἐρεῖν πολλὰ τῶν ἐκεῖ καθεστώτων, οὐχ ὡς Λυκούργου τι τούτων εὑρόντος ἢ διανοηθέντος, ἀλλ' ὡς μιμησαμένου τὴν διοίκησιν ὡς δυνατὸν ἄριστα τὴν τῶν προγόνων τῶν ἡμετέρων καὶ τήν τε δημοκρατίαν καταστήσαντος παρ' αὐτοῖς τὴν ἀριστικρατίᾳ μεμιγμένην, ἥπερ ἦν παρ' ἡμῖν, καὶ τὰς ἀρχὰς οὐ κληρωτάς, ἀλλ' αἱρετὰς ποιήσαντος, (154) καὶ τὴν τῶν γερόντων αἵρησιν τῶν ἐπιστατούντων ἅπασι τοῖς πράγμασι μετὰ τοσαύτης σπουδῆς ποιεῖσθαι νομοθετήσαντος, μεθ' ὅσης πέρ φασι καὶ τοὺς ἡμετέρους περὶ τῶν εἰς Ἄρειον πάγον ἀναβήσεσθαι μελλόντων, ἔτι δὲ καὶ τὴν δύναμιν αὐτοῖς περιθέντος τὴν αὐτήν, ἥνπερ ᾔδει καὶ τὴν βουλὴν ἔχουσαν τὴν παρ' ἡμῖν.

> (152) [...] einige werden auf jeden Fall sagen, ich ginge hier eben die Gesetze durch, die Lykurgos aufgestellt habe und die doch gerade die Spartiaten anwendeten. (153) Dem stimme ich zwar darin zu, dass ich über viele dort bestehende Einrichtungen rede, nicht aber darin, dass Lykurgos irgendetwas davon erfunden oder durchdacht haben soll. Vielmehr [sc. behaupte ich], dass er so gut wie möglich die Staatsordnung unserer Vorfahren imitierte und bei diesen [sc. den Spartiaten] die mit *aristokratía* durchmischte *dêmokratía* einrichtete, die bei uns schon bestand; und er schuf nicht Los-, sondern Wahlämter, (154) regelte gesetzlich, dass die Wahl der Geronten, die allen Angelegenheiten vorstehen, mit eben so großer Sorgfalt durchgeführt werde, wie sie unsere Vorfahren, so heißt es, bei denen durchführten, die in den Areopag aufsteigen sollten. Noch dazu stattete er sie mit der Kompetenz aus, von der er wusste, dass sie der Rat auch bei uns hatte.

Wann immer Isokrates in früheren Reden über den idealen Staat der Vorfahren gesprochen hatte, zeigte sich stets, dass dieses Ideal von aristokratischen Gedanken getragen war.[230] Im *Areopagitikos* sah sich Isokrates deshalb veranlasst, proleptisch dem Vorwurf einer antidemokratischen, oligarchenfreundlichen Haltung entgegenzuwirken.[231] Dabei hatte Isokrates – auf provokative, scheinbar paradoxe Weise – Sparta als ideale Demokratie bezeichnet.[232] Die vorliegende proleptische Verteidigung führt diesen Gedanken näher aus.

---

[228] Den Umstand, dass dieser Abschnitt thematische Überschneidungen mit Isok. XII 42–107 aufweist, und dass die Darstellung an manchen Stellen von der dortigen abweicht, betrachtete Wendland 1910a: 161–163, 175–176 als Hinweis auf eine fehlende kompositionelle Einheitlichkeit der Schrift.

[229] Isokrates spielt diesen Einwand als *mikrá* nur scheinbar herunter (Isok. XII 152). Schon in früheren Reden hatte die Bezeichnung als *mikrón ti* verwendet, um auf entscheidende Überlegungen hinzuweisen (s. dazu o. S. 89–94 mit Anm. 54).

[230] Z. B. Isok. IV 75–81 (s. o. Kap. B.2.4.4); VII 20–55 (s. o. Kap. B.6.4.1).

[231] Isok. VII 60–74 (s. o. Kap. B.6.4.1 und B.6.4.2.2).

[232] Isok. VII 60–61 (s. o. Kap. B.6.4.2.2).

B.9.5 Synkrisis der Leistungen II (§108–198): politeíai

Isokrates räumt ein, dass viele der Regelungen und Einrichtungen seines Idealstaates tatsächlich spartiatischen Verhältnissen der Gegenwart entsprechen. Jedoch beansprucht er, dass diese spartanischen Institutionen lediglich Imitationen der idealen aristokratischen Demokratie seien. Auf diese Weise verknüpft er den erwähnten Gedanken aus dem *Areopagitikos* (Sparta als Demokratie) mit einem Gedanken aus dem *Busiris* (Sparta als Imitation des Idealstaates).[233] In Anbetracht des verbreiteten Bildes vom Alter und der Beständigkeit des spartanischen Staates erscheint diese Darstellung paradox.[234] Isokrates stellt der *dóxa* über das Alter der spartanischen *politeía* jedoch eine im Athen des 4. Jhs. ebenfalls weit verbreitete *dóxa* entgegen, nämlich jene, dass der ideale Staat von Theseus gegründet worden sei. Er bietet somit eine Version, die zwei sich scheinbar widersprechende *dóxai* miteinander harmonisiert und zugleich den Heros der Demokratie, Theseus, mit dem oligarchischen Staat Spartas in Verbindung bringt. Ähnlich wie im *Areopagitikos* werden so demokratische Schlagworte dazu verwendet, Spartas Staat als (wenigstens partielles) Abbild der idealen Demokratie erscheinen zu lassen.[235] Diese Synthese des demokratischen und des aristokratischen Ideals, vermittels derer Isokrates einen die Gegensätze der *politeíai* überwindenden, harmonisierenden Standpunkt bezieht, erinnert unmittelbar an den Idealstaat des *Panegyrikos*, der ebenfalls als gemeinsame athenisch–spartanische *politeía* dargestellt ist.[236]

Dass neben dem *Areopagitikos* auch der *Busiris* bei der Beschreibung des Idealstaates der Vorfahren Pate steht, zeigt der Abschluss des Gedankens in §155:

(155) Ὅτι μὲν οὖν τὸν αὐτὸν τρόπον τἀκεῖ καθέστηκεν, ὥσπερ εἶχε τὸ παλαιὸν καὶ τὰ παρ' ἡμῖν, παρὰ πολλῶν ἔσται πυθέσθαι τοῖς εἰδέναι βουλομένοις· ὡς δὲ καὶ τὴν ἐμπειρίαν τὴν περὶ τὸν πόλεμον οὐ πρότερον ἤσκησαν οὐδ' ἄμεινον ἐχρήσαντο Σπαρτιᾶται τῶν ἡμετέρων, ἐκ τῶν ἀγώνων καὶ τῶν πολέμων τῶν ὁμολογουμένων γενέσθαι κατ' ἐκεῖνον τὸν χρόνον οὕτως οἶμαι σαφῶς ἐπιδείξειν ὥστε μήτε τοὺς ἀνοήτως λακωνίζοντας ἀντειπεῖν δυνήσεσθαι τοῖς ῥηθεῖσι μήτε τοὺς τἀμά τε θαυμάζοντας καὶ βασκαίνοντας καὶ μιμεῖσθαι γλιχομένους.

(155) Dass er also die dortigen Verhältnisse in derselben Weise regelt, wie es sich früher auch bei uns verhielt, das kann, wer es wissen will, von Vielen erfahren: Dass aber die Spartiaten auch die Erfahrung im Kriegswesen nicht früher übten und nicht besser anwandten als die Unsrigen, das glaube ich anhand der Kriege, die anerkanntermaßen in jener Zeit stattfanden, so sicher aufzeigen zu können, dass weder die unvernünftigen Lakonisierer diesen Worten werden widersprechen können noch jene, die sie zugleich bewundern und verfluchen und sie nachzuahmen begehren.

---

[233] Isok. XI 17–20 (s. o. S. 125–128). Tigerstedt bezeichnet die Verknüpfung des spartanischen und des athenischen Staats im *Panathenaikos* als „paradoxical *tour de force*" (Tigerstedt 1965, I: 200; vgl. Oncken 1862: 102–103, Ollier 1933: 337, 359–360, Mossé 1953: 29). Dass darin lediglich ein scherzhafter Kommentar zu Xenophons *Lakedaimonion Politeia* vorliege (Lehmann (R.) 1853: 97–100), ist nicht anzunehmen. Eher zutreffend ist die Bemerkung bei von Arnim 1917: 37, Isokrates versehe durch diese Darstellung seine aristokratischen Ideale einschließlich der vom spartanischen Staat inspirierten Elemente mit dem positiv konnotierten Begriff der Demokratie.

[234] Vgl. Morgan 2003: 189–190.

[235] Vgl. Isok. VII 60–61 (s. o. Kap. B.6.4.2.2).

[236] Isok. IV 75–81 (s. o. Kap. B.2.4.4).

Wie im *Busiris*[237] geht Isokrates von der Beschreibung des spartanischen Staates als Imitat des Idealstaates zu der Frage über, wie Spartas wohlgeordnetes Kriegswesen vom moralischen Standpunkt aus zu bewerten sei. Anders als dort spielt indes explizite Kritik an falscher Anwendung hier keine Rolle. Vielmehr betont Isokrates lediglich, dass die Anwendung der gleichen Einrichtungen im Athen der Frühzeit besser gewesen sei als im gegenwärtigen Sparta. Damit ist erneut nur ein relativer Vergleich vorgenommen. In diesem Fall bedeutet dies, dass das frühe Athen für Institutionen und deren Anwendung gelobt, Sparta als vergleichsweise schlechter bezeichnet wird – ohne dass sich daraus ein negatives Spartabild ableiten ließe. Dass Isokrates die Anwendung der militärischen Einrichtung durch Sparta tatsächlich negativ bewertet, wird erst in den in den folgenden Abschnitten §156–198 anhand des Vergleichs mit Athen deutlich, den die §152–155 einleiten.

In den ‚Lakonisierern' und den Leuten, die ein völlig ambivalentes und inkonsequentes Bild von Sparta haben, zeigen sich erneut vor allem oligarchische Kreise in Athen als Adressaten des zweiten Hauptteils des *Panathenaikos*. Diese Kreise, die (vgl. §108–113) das Lob der spartiatischen *politeía* für das Lob Spartas instrumentalisieren, sollen durch den Vergleich der Kriege Athens und Spartas in der Zeit der athenischen Vorväter-*politeía*, also in mythischer Zeit, widerlegt werden. In dieser Zeit, so soll das Folgende zeigen, wendete Athen die Kriegseinrichtungen besser an als Sparta. Wenn sich die Spartafreunde also nicht auf das Vorbild der spartanischen *politeía* berufen, so erheben sie eine unvollkommene Kopie des guten Staates zum Ideal.[238] Das wahre Vorbild liegt in Athen selbst – und ist insofern für Athen als *oikeîon parádeigma* besondere Verpflichtung.

Die Synkrisis der durch die jeweiligen *politeíai* hervorgerufenen *práxeis* (§156–198) kann hier nicht im Einzelnen nachvollzogen werden. Sie folgt einer umgekehrten chronologischen Reihung und beginnt mit den Perserkriegen als Wendepunkt der griechischen Geschichte und Endpunkt der vernünftigen Politik (§156–162). Anders als in der Darstellung in §90–107 lässt ‚Isokrates' hier keinen Zweifel daran, dass Athen und Sparta nach den Perserkriegen durch ihre jeweilige Kooperation mit dem Großkönig beide gleichermaßen zum Niedergang der hellenischen Welt beigetragen hätten – und dass sie beide vor dieser Zeit Feinde Persiens gewesen seien (§156–158).[239] Die Politik der jüngeren

---

[237] Isok. XI 17–20 (s. o. S. 125–128), vgl. auch Isok. III 24, VI 81, VII 7, XV 298.

[238] Die Identifizierung des Theseus mit dem Gründer des Idealstaates dient auch diesem Zweck, dem spartanischen Lykurgos eine ältere athenische Figur entgegenzustellen (Wendland 1910–2: 161; Schmitz-Kahlmann 1939: 55–56).

[239] S. o. S. 541–543. Dort war in Form einer rhetorischen Frage der Eindruck erweckt worden, nur Sparta habe den Königsfrieden zu verantworten. Isok. XII 156–158 stellt auf diese Behauptung gewissermaßen eine Antwort dar (zu dieser Art der Destruktion eines durch eine rhetorische Frage hervorgerufenen falschen Eindrucks vgl. Isok. IV 125, 137, 175; s. o. S. 230–231). Dass beide *póleis* am Niedergang schuld seien, wird in Isok. XII 156–158 sehr deutlich durch Dual zu Ausdruck gebracht. Der Gegensatz zu Isok. XII 102–107 erklärt sich durch die für diesen Abschnitt geltende Prämisse

B.9.5 Synkrisis der Leistungen II (§108–198): politeíai

Zeit wird dabei drastisch als Raserei (*manía*) bezeichnet. Isokrates führt die Schilderung dieses Wahnsinns, der von der Höhe der Perserkriege zum Tiefpunkt des Königsfriedens führt,[240] in §159–163 noch weiter aus und betont ausdrücklich die besondere Bedeutung dieses Gegensatzes zwischen Gestern und Heute für den *Panathenaikos*.

Die Darstellung der Perserkriege als Wendepunkt in §156–162 ist für die Gesamtinterpretation des *Panathenaikos* nicht unbedeutend. Die Kritik an der Politik Spartas und Athens in der Zeit nach den Perserkriegen bis in die Gegenwart des 4. Jhs. steht scheinbar im Gegensatz zum Lob Athens im ersten Redenteil (§42–107) – ein Widerspruch, der bislang nur selten beachtet wurde.[241] Folgt man der oben[242] vorgenommenen Interpretation, die implizit bereits in jenem Teil Kritik am Athen der Zeit nach den Perserkriegen angelegt sieht, so ist dieser Widerspruch aufgelöst.

An dieser Stelle erst beginnt der eigentliche Vergleich der Anwendung der politischen Ordnung, insbesondere für den Krieg, in Athen und Sparta in früheren Zeiten. Isokrates stellt Athens Kriege als ausnahmslos im Interesse aller Hellenen gegen barbarische Feinde geführt, mithin als Kriege im panhellenischen Interesse dar. Das Ziel athenischer Kriege ist demnach die Befreiung der Hellenen von Unheil (*kaká*), Krieg (*pólemos*) und Unruhen (*tarachḗ*) (§164). Sämtliche der hier aufgezählten *práxeis* sind bereits aus früheren Schriften bekannt,[243] und in vielem überschneiden sich die Themen dieses Abschnitts auch mit den Themen in §42–107. Erwähnt werden zunächst die Ionische Kolonisation (§166–188)[244] und Athens Unterstützung des Adrastos (§168–174).[245] Die Politik Athens vor den Perserkriegen erscheint so als genaues Gegenteil der athenischen Politik nach den Perserkriegen. Die Vorfahren der Athener richteten ihr Augenmerk auf das Gemeinwohl der Griechen und gegen den Perserkönig.

---

des zornigen Affekts, in dem der Sprecher spricht (Isok. XII 95–96, s. o. S. 538–539). Dagegen insistiert der Sprecher an der späteren Stelle auf der Wahrhaftigkeit und Wichtigkeit seiner Geschichtssicht, nach der Athen ebenso den Niedergang zu verantworten hat wie Sparta (ebd. 156: „[…] εἰ γάρ τις φαίη τὼ πόλεε τούτω πλείστων ἀγαθῶν αἰτίας γεγενῆσθαι τοῖς Ἕλλησι καὶ μεγίστων κακῶν μετὰ τὴν Ξέρξου στρατείαν, οὐκ ἔστιν ὅπως οὐκ ἀληθῆ δόξειεν ἂν λέγειν τοῖς εἰδόσι τι περὶ τῶν τότε γεγενημένων.").

[240] Isokrates spielt hier wohl auf mehrere Friedensschlüsse an (Thompson 1983: 77–79). Auch wenn sich nicht genau festmachen lässt, welche Friedenschlüsse unter die hier genannten fallen (Roth 2003a: 193–194), so scheint doch klar, dass v. a. der Königsfrieden gemeint sein dürfte.

[241] Thompson 1985: 77–79.

[242] S. o. Kap. B.9.4.3 und B.9.4.5.

[243] Parallelstellen bei Isokrates und anderen zeitgenössischen Autoren listet Roth 2003a: 197–198 auf.

[244] Vgl. dazu Eucken 1982: 61.

[245] Vgl. Isok. IV 55–64. Isokrates weist auf die Parallelstelle explizit hin (Isok. XII 172–174). Zur ebenfalls von Isokrates kommentierten Abweichung zwischen beiden Darstellungen vgl. Gray 1994b, Gotteland 2001: 113–114, 198–213 (mit der wenig überzeugenden Erklärung, die Darstellung einer diplomatischen Beilegung des Konflikts um die Bestattung der Gefallenen diene einer gegen Makedonien gerichteten ideologischen Annäherung Athens an Theben), Roth 2003a: 197–201.

In §177–188a wendet sich Isokrates Sparta zu.[246] Die Spartiaten, so der Kerngedanke des ganzen Abschnitts, wenden schon seit der Gründung ihrer *pólis* ihre militärische Kompetenz zur gewaltsamen Unterdrückung ihrer eigenen Mitbürger – sowohl der Hellenen wie auch der spartanischen Periöken – an. Dies entspricht der bereits aus früheren Schriften bekannten Auffassung, dass sich der moralische Wert einer Sache erst an ihrer Anwendung entscheide, sowie der diesbezüglichen Kritik an Spartas technisch vorbildhaftem Militärwesen in *Busiris* und *Archidamos* (implizit).[247] Die spartanische Frühgeschichte wird im *Panathenaikos* dabei einer ganz neuen Deutung unterzogen, die sich insbesondere deutlich von jener Darstellung unterscheidet, die der Sprecher ‚Archidamos' in der gleichnamigen Schrift präsentiert.[248]

Schon die Eroberung der Peloponnes durch die Herakliden, der Gründungsmythos Spartas, erscheint in §177 als Unrechtsakt (τάς τε πόλεις καὶ τὰς χώρας ἀφείλοντο τοὺς δικαίως κεκτημένους), und auch die innenpolitische Entwicklung nach der Gründung Spartas ist von Gewalt, Unrecht und *pleonexía* geprägt. Bei den Lakedaimoniern sei es kurz nach Gründung der *pólis* Sparta zu den schlimmsten *stáseis* in ganz Hellas gekommen,[249] in deren Folge sich jene durchgesetzt hätten, „die sich für besser als die Masse hielten" (τοὺς μεῖζον τοῦ πλήθους φρονοῦντας), und sich eine von anderen *póleis* ganz abweichende Ordnung etabliert habe:[250]

[...] (178) τοὺς μὲν γὰρ ἄλλους συνοίκους ἔχειν ἐν τῇ πόλει τοὺς στασιάσαντας καὶ κοινωνοὺς ἁπάντων πλὴν τῶν ἀρχῶν καὶ τῶν τιμῶν· οὓς οὐκ εὖ φρονεῖν ἡγεῖσθαι Σπαρτιατῶν τοὺς νοῦν ἔχοντας, εἰ νομίζουσιν ἀσφαλῶς πολιτεύεσθαι μετὰ τούτων οἰκοῦντες, περὶ οὓς τὰ μέγιστα τυγχάνουσιν ἐξημαρτηκότες· αὐτοὺς δ'οὐδὲν τούτων ποιεῖν, ἀλλὰ παρὰ σφίσι μὲν αὐτοῖς ἰσονομίαν

---

[246] Schon im Zuge der Aufzählung athenischer Kriege erscheint Sparta als Kontrastfolie. So steht der Ionischen Kolonisation Athens in Isok. XII 166 die als zeitgleich geschilderte Unterwerfung der Peloponnes durch Sparta gegenüber, die in Isok. XII 177–188 in den Mittelpunkt rückt.

[247] Isok. XI 17–20 (s. o. S. 125–128 sowie Kap. B.5.6.2–3).

[248] Vgl. Isok. VI 16–33 (s. o. Kap. B.5.5.1). Die Analyse dieser Darstellung hat implizite Kritik der spartanischen Gründungsgeschichte als Geschichte der unrechtmäßigen gewaltsamen Eroberung aufgezeigt. Diese Deutung des *Archidamos* bestätigt sich im *Panathenaikos*. Auch wenn diese spätere Übereinstimmung nicht als Argument für die Richtigkeit der dortigen Interpretation dienen kann, so zeigt sie immerhin, dass die oben für den *Archidamos* angenommene Sicht auf die Gründung Spartas von Isokrates zu einer späteren Zeit ganz offen vertreten wurde.

[249] Dieser Bericht richtet sich auch gegen den Topos der unveränderlichen spartanischen *politeía*; Wendland 1910a: 165–166. Mossé 1977: 123 sieht hier innenpolitische Entwicklungen Spartas im 7. und 6. Jh. angesprochen. Eine Vorlage für die isokratische Darstellung könnte Plat. Pol. 547bc darstellen. Platon beschreibt einen Konflikt der spartanischen Charaktereigenschaften in der mythischen Vorzeit, der im Sinne einer Kombination aus Aristokratie und Oligarchie gelöst und unter Versklavung von Heloten und Periöken vollzogen worden sei (s. dazu Jaeger 1947, III: 53–54).

[250] Roth 2003a: 204 deutet diese Darstellung, besonders den Kontrast zwischen Argos und Messene einerseits und Sparta andererseits, als „Gegendarstellung" zur Version der Entstehung Spartas bei Plat. Nom. 683c–685a. Bei Platon sind es Argos und Messene, die von Unruhen und *stásis* heimgesucht werden, allein Sparta bleibt in seiner Darstellung politisch stabil.

B.9.5 Synkrisis der Leistungen II (§108–198): politeíai

καταστῆσαι καὶ δημοκρατίαν τοιαύτην, οἵαν περ χρὴ τοὺς μέλλοντας ἅπαντα τὸν χρόνον ὁμονοήσειν, τὸν δὲ δῆμον περιοίκους ποιήσασθαι καταδουλωσαμένους αὐτῶν τὰς ψυχὰς οὐδὲν ἧττον τὰς τῶν οἰκετῶν·

[...] (178) die Anderen nämlich hätten [sc. nach Auskunft der Geschichtsschreiber]²⁵¹ die Gegenseite in der *pólis* belassen als Mitbewohner und als Teilhaber an allen Rechten außer den obersten Ämtern und den Ehrungen. Die Klugen unter den Spartiaten hielten diese für unvernünftig, wenn sie glaubten, eine sichere Polisordnung haben zu können, wenn sie mit denen zusammenlebten, an denen sie das größte Unrecht begangen hätten. Sie selbst hätten davon nichts getan, sondern bei sich selbst zwar Rechtsgleichheit und eine solche Demokratie eingeführt, wie man sie haben muss, will man für immer in Eintracht leben, den *dêmos* aber hätten sie zu Periöken gemacht, indem sie deren Seelen nicht weniger versklavt hätten als die ihrer Sklaven.

Während Isokrates in seinen früheren Schriften die politische Ordnung Spartas nur implizit kritisiert hatte, indem er den Spartanern eine Überbewertung des Militärs oder eine oligarchische Ordnung vorgeworfen hatte, liefert er hier eine ausführliche und scharfe Kritik – und zugleich erklärt er, inwiefern Sparta als Demokratie bezeichnet werden kann, wie er selbst es noch im *Areopagitikos* getan hatte.²⁵² Gleichheit nur im engen Kreis der Spartiaten bei gleichzeitiger Versklavung des Großteils der Bevölkerung, diese Ordnung kennzeichnet demnach den spartanischen Staat. Von einer Demokratie kann so nur innerhalb der Gruppe der Spartiaten gesprochen werden. Hier wird deutlich, weshalb Isokrates schon in §41 und §109 von der *pólis* beziehungsweise *politeía* der Spartiaten, nicht von Sparta oder Lakedaimon als Gegenstad des Lobes gesprochen hat.²⁵³ Als Vorbild für die gute *dêmokratía* kann nicht der gesamte spartanische Staat dienen, sondern ausschließlich die innere Ordnung der Spartiaten.²⁵⁴ In §179–184 wird die in dieser Darstellung liegende Kritik ausgeführt: Die Spartiaten werden als parasitär auf Kosten der Periöken lebende Gruppe dargestellt, die sich vom Land der unterdrückten Masse

---

[251] Möglicherweise spielt Isokrates damit auf Thuk. I 18 an; vgl. dazu Eucken 1982: 64, Roth 2003a: 203–204.

[252] Vgl. Isok. VII 60–61 (s. o. Kap. B.6.4.2.2).

[253] An dieser Stelle wird klar, aus welchem Grunde Isokrates im *Panathenaikos* eine Differenzierung der politischen Klassen innerhalb Spartas vornimmt und – im Gegensatz zu früheren Reden – den Begriff der Spartiaten häufig verwendet (s. o. S. 546 Anm. 192). Dieser Begriff steht in Abgrenzung zur Bezeichnung ‚Lakedaimonier' für die ganze Bevölkerung Spartas, die Lakedaimonier.

[254] Tell 2011: 72. Das Urteil bei Schmal 1996: 663, Isokrates gestehe zu, dass das Ideal der Gleichheit in Sparta verwirklicht sei, ist insofern nicht zutreffend. Tatsächlich konstatiert Isokrates zwar die Verwirklichung der Gleichheit unter den Spartiaten – jedoch bestehe diese Gleichheit zum Zwecke der härtesten Unterdrückung der Masse. Da Isokrates, wie aus dem Abschnitt eindeutig hervorgeht, die nichtspartiatischen Periöken als *dêmos* Spartas betrachtet, attestiert Isokrates Sparta in Wahrheit größte innere Ungleichheit (vgl. Bloom 1955: 46, Tigerstedt 1965, I: 192, Mossé 1977: 122–123). Pointner 1969: 29–31 (ähnlich Eucken 1982: 65) sieht hier das Ende der spartanischen *homónoia* bezeichnet. Dies trifft für Sparta insgesamt, nicht aber für die Spartiaten zu, und es ist festzustellen, dass dieses Ende der spartanischen *homónoia* von Isokrates in eine mythische Vorzeit datiert wird, also nicht erst jüngeren Datums ist.

ernährt (§179) und diese Masse im Krieg alle Gefahren tragen lässt (§180).[255] Willkürakte (§181)[256] und ein ständiger Krieg der herrschenden Spartiaten gegen die eigene Bevölkerung kennzeichnen das System (§182). Das Verhalten der Spartiaten ist ausschließlich von Eigennutz (*pleonexía*) geprägt (§184). Dass ein Handeln nach dem Prinzip des Eigennutzes nicht der *areté* der ‚*politeía* der Vorväter' entspricht, steht nach den Ausführungen in §119–148 außer Frage.

Blickt man von hier aus zurück zu §109–111, so erklärt sich, weshalb Isokrates dort die beiden Gruppen von Spartasympathisanten so unterschiedlich bewertet, obwohl sie doch seiner Erwartung nach beide mit der politischen Kultur in Sparta argumentieren werden: Die *béltistoi* als vernünftigere der beiden Gruppen lobt die *politeía* der Spartiaten im vollen Bewusstsein, dass die politische Ordnung der *pólis* Sparta als Ganzes keineswegs Lob verdient – während die zweite Gruppe, die notorischen und gedankenlosen Lobredner Spartas, das Lob der *politeía* der Spartiaten für ein Lob der ganzen *pólis* der Lakedaimonier (und somit für ein Lob auch solcher Aspekte wie der Versklavung der Masse der Bewohner Messeniens) instrumentalisiert.

Die Darstellung der spartanischen Polisordnung als Kultur des ständigen Bürgerkrieges geht in §183–185 mit einer Auseinandersetzung mit jenen Lobrednern Spartas einher, gegen deren Reden sich §114–198 richten. Die gegen die eigene Bevölkerung gerichteten Kämpfe (*máchai*) der Spartiaten seien

(183) […] οὐ μὲν ὁσίας οὐδὲ καλὰς οὐδὲ πρεπούσας τοῖς ἀρετῆς ἀντιποιουμένοις, μὴ τῆς ἐπὶ τῶν τεχνῶν ὀνομαζομένης καὶ πολλῶν ἄλλων, ἀλλὰ τῆς τοῖς καλοῖς κἀγαθοῖς τῶν ἀνδρῶν ἐν ταῖς ψυχαῖς μετ' εὐσεβείας καὶ δικαιοσύνης ἐγγιγνομένης, περὶ ἧς ἅπας ὁ λόγος ἐστίν. (184) Ἧς ὀλιγωροῦντές τινες ἐγκωμιάζουσι τοὺς πλείω τῶν ἄλλων ἡμαρτηκότας καὶ οὐκ αἰσθάνονται τὰς διανοίας ἐπιδεικνύντες τὰς σφετέρας αὐτῶν, ὅτι κἀκείνους ἂν ἐπαινέσειαν τοὺς πλείω κεκτημένους τῶν ἱκανῶν, ἀποκτεῖναι δ' ἂν τολμήσαντας τοὺς ἀδελφοὺς τοὺς αὐτῶν καὶ τοὺς ἑταίρους καὶ τοὺς κοινωνοὺς ὥστε τἀκείνων λαβεῖν· ὅμοια γὰρ τὰ τοιαῦτα τῶν ἔργων ἐστὶ τοῖς Σπαρτιατῶν πεπραγμένοις, ἃ τοὺς ἀποδεχομένους ἀναγκαῖόν ἐστι καὶ περὶ τῶν εἰρημένων ἄρτι τὴν αὐτὴν ἔχειν γνώμην.

(183) […] weder gottgerecht noch schön noch angemessen für Leute, die Anspruch erheben auf die *areté* – nicht auf jene, die man in den *téchnai* und bei vielen anderen Dingen nennt, sondern auf jene, die zusammen mit Frömmigkeit und Gerechtigkeit in den Seelen der *kaloikagathoí* unter den Menschen vorkommt und von der diese ganze Rede handelt. (184) Manche Leute

---

[255] Gray 2000: 153. Ein solches Verhalten steht in deutlichen Gegensatz zur Bereitschaft der Vertreter einer guten politischen Kultur, für das eigene Gemeinwesen den Tod in Kauf zu nehmen (vgl. Isok. IV 77, 90–92, V 47–50, 148, VI 59, VIII 143). *De facto* ziehen sich die Spartaner also aus der Promachie zurück und verhalten sich nicht allzu verschieden von den Athenern, die in der *Friedensrede* dafür getadelt worden waren, Söldner an ihrer statt in den Krieg zu schicken, vgl. Isok. VIII 44–47.

[256] Markant ist hier vor allem die Erwähnung eines angeblichen, den Ephoren gewährten Rechts auf Tötung von Periöken ohne Gerichtsurteil (Isok. XII 181). Isokrates nimmt hier wohl sehr vage Bezug auf vereinzelte Berichte über die Tötung von Heloten (v. a. Thuk. IV 80, 3–4), wie er in dem gesamten Abschnitt nicht wirklich zwischen Periöken und Heloten zu unterscheiden scheint. Vgl. dazu Lehmann (R.) 1853: 104, Mathieu 1925: 141, Ollier 1933: 338, Tigerstedt 1965, I: 192, Ducat 1988: 99–101, Fisher 1994: 357, Roth 2003a: 204–211 (anders Mossé 1977: 122–123).

B.9.5 Synkrisis der Leistungen II (§108–198): politeíai

bedenken dies nicht und loben jene, die größere Verbrechen als die übrigen begangen haben, und sie bemerken nicht, dass sie so ihre eigene Geisteshaltung zu erkennen geben, weil sie ja Leute preisen, die größeren Gewinn als angemessen erzielt und es gewagt haben, ihre eigenen Brüder und Gefährten und, die Teil ihrer Gesellschaft sind, zu töten, um sich deren Besitz anzueignen. Denn derartige Taten sind den Handlungen der Spartiaten ähnlich, und wer diese gutheißt, muss notwendigerweise die gleiche Meinung auch über das gerade Genannte haben.

Wer die Politik der Spartiaten lobt, erkennt deren Verbrechen gegenüber ihrer eigenen Bevölkerung als legitim an. Dies ist gleichbedeutend mit der Abkehr von der *areté* der *kaloikagathoí* und stellt damit einen dem Anliegen des *Panathenaikos* entgegengesetzten Standpunkt dar. Auch wenn sich also die spartiatische *politeía* als Nachahmung des idealen Staates positiv darstellen lässt, so verbietet es ihre Anwendung zum Zweck der Unterdrückung der eigenen Mitbürger, die Politik der Spartiaten zu loben.

Der Verweis auf die *areté* als zentralen Gegenstand des ganzen *Panathenaikos* nimmt Bezug auf die Formulierung der *hypóthesis* in §5 und §35.[257] Hatte sich im Zuge des *psógos* in §90–107 der Fokus noch auf eine Weise verschoben, die dazu führte, dass dieser Abschnitt – beim Wort genommen – für das erklärte Anliegen der Rede nichts Positives beitragen konnte,[258] so zeigt sich hier, dass Isokrates wieder zu seinem Thema zurückgekehrt ist. Die scharfe Kritik, die Isokrates in §177–188 gegen Sparta äußert, ist im Gegensatz zum *psógos* der §90–107 nicht von zornigem Affekt getrieben, und im Gegensatz zu jenem Abschnitt trägt diese Kritik an Sparta, die sich nicht gleichzeitig einer haltlosen Idealisierung Athens bedient, zum Thema der Darstellung der *areté* bei. Der Abschnitt dient im Zusammenhang mit der vorangegangenen Darstellung der idealen *politeía* der athenischen Frühzeit dazu, die wahre *areté* im politischen Handeln zu unterscheiden von einem Begriff der *areté*, der politische *areté* schon in politischen Institutionen begründet sieht[259] und auf dieser Grundlage Sparta, dessen Staat Einrichtungen der idealen *politeía* imitiert, als politisches Ideal preist. Dies ist wiederum eben der Fehler, den Isokrates in §109–110 den unkritischen Spartalobrednern vorwirft.

Isokrates' Haltung liegt die schon in früheren Schriften beobachtete Auffassung zugrunde, dass die Qualität einer jeden Sache, im politischen Bereich die moralische Qualität, akzidentieller, nicht substantieller Natur sei.[260] Mit diesem Gedanken, der auch dem

---

[257] Roth 2003a: 208–209; s. o. Kap. B.9.3.1.

[258] S. o. Kap. B.9.4.6.3.

[259] Dies ist der sachliche Kern der in Isok. XII 183 vorgenommenen Differenzierung eines technischen und eines moralischen *areté*-Begriffs. Isokrates greift hier das vor allem in seinen frühen Schulschriften dominante Thema der Differenzierung zwischen Form und Inhalt, zwischen *téchnē* und Anwendung wieder auf, das seinen Kern in der epistemologischen Unterscheidung von *epistémē* und *dóxa* hat und in Isokrates' Auffassung, dass eine auf *epistémē* gründende philosophische Lehre keine Anwendungsfähigkeit und somit keine politische Moralität vermitteln könne.

[260] Isok. VI 49–51 (s. o. Kap. B.9.4.6.3), VIII 91 (s. o. S. 423–424).

Begriff von der *dêmokratía aristokratíai chrômémê* (§ 132) zugrundeliegt,[261] rückt bei Isokrates die Anwendung beziehungsweise Durchführung einer Sache oder Handlung samt der Zwecke, zu denen diese erfolgt, in den Vordergrund. Dies zeigt sich im abschließenden Kommentar zur Qualität der spartanischen Politik in § 185–188. So seien, wie das Beispiel der spartanischen Niederlage bei den Thermopylen (§ 187) zeige, im Einsatz für die Gemeinschaft erlittene Niederlagen höher zu bewerten als widerrechtlich errungene Siege (§ 185).[262] Die Spartaner der jüngeren Zeit, die eben solche ungerechten Kriege geführt hätten, erscheinen in § 186 im bereits aus dem *Archidamos* bekannten Bild der Söldnergleichen (τοὺς [...] τοῖς ξενικοῖς στρατεύμασιν ὁμοίους ὄντας),[263] die nach fremdem Eigentum (*allótria*) trachten. Allgemein gelte:

(187) [...] οὐδὲν οὔθ' ὅσιον οὔτε καλόν[264] ἐστι τῶν μὴ μετὰ δικαιοσύνης καὶ λεγομένων καὶ πραττομένων. (188) Ὧν Σπαρτιάταις μὲν οὐδὲν πώποτ' ἐμέλησε· βλέπουσι γὰρ εἰς οὐδὲν ἄλλο, πλὴν ὅπως ὡς πλεῖστα τῶν ἀλλοτρίων κατασχήσουσιν.

(187) [...] nichts ist gottgerecht oder schön, was nicht mit Gerechtigkeit gesagt oder getan wird. (188) Das aber hat die Spartiaten noch nie gekümmert: Sie schauen nämlich auf nichts Anderes als nur darauf, wie sie sich möglichst viel fremdes Eigentum aneignen können.

Aufgrund der eigennützigen Anwendung der spartiatischen *politeía* ist Spartas Staatlichkeit ebensowenig zu loben wie seine Politik insgesamt. Das wahrhafte Exemplum für die ideale *politeía* ist bei den Vorfahren der Athener zu finden (§ 188), deren *práxeis* zum Abschluss des Lobes der athenischen *areté* in § 189–198 nochmals als vorbildhaft angeführt werden.

Dieser letzte Abschnitt der im *Panathenaikos* enthaltenen Lobrede knüpft an § 163–176 an. Isokrates nennt weitere Kriege der athenischen Vorfahren, die Athens Einsatz für die Hellenen belegen sollen. Die Exempla (Perserkriege, Ionische Kolonisation, Kriege gegen Thraker, Amazonen, Eurystheus) sind aus früheren Schriften, vor allem aus dem *Panegyrikos* bekannt.[265] Trotz der Erfolge der Athener in diesen Kriegen der mythischen

---

[261] Pointner 1969: 94–97 weist darauf hin, dass in der Beschreibung der Qualität als Akzidenz eines Staates der Grund dafür liegt, dass Isokrates, obwohl auch er durchaus gute und schlechte Staaten unterscheidet, anders als Platon und Aristoteles an der älteren Dreizahl der Staatsformen festhält. Während letztere zur Unterscheidung der guten von den schlechten Staatsformen deren Zahl verdoppeln (bzw. vermehren), gute und schlechte Staaten somit auch definitorisch scheiden, spricht Isokrates von akzidentiellen Unterschieden, trennt also abstrakte Form und konkrete Gestaltung des Staates.

[262] Vlastos 2000: 598–599 sieht hierin wohl zu Recht eine – nun vom Sprecher ‚Isokrates' vorgetragene – Korrektur der Haltung der Vätergeneration, die das ‚Unrecht Tun' dem ‚Unrecht Leiden' vorzogen (Isok. XII 17). Umgekehrt betrachtete Mathieu 1925: 130 die hier vertretene Position aufgrund des Widerspruchs zu Isok. XII 117 als unisokratisch.

[263] Vgl. Isok. VI 75–76 (s. o. S. 362).

[264] Vgl. Isok. XII 183.

[265] Vgl. Isok. IV 51–74 (s. o. Kap. B.2.4.3); Roth 2003a: 213. Zur ungewöhnlichen Verbindung von Xerxeskrieg, Ionischer Kolonisation und Amazonenkrieg, an dieser Stelle vgl. Gotteland 2001: 140–141, 146–147.

Vorzeit hätten die Vorfahren ihre Vernunft nicht verloren und seien nicht übermütig geworden (§193–198). Die ideale, von *sôphrosýnê* getragene *politeía*, so zeigt sich zum Abschluss, bewahrte die Athener jener Zeit davor, sich von Macht und Erfolg korrumpieren zu lassen. Die richtige *politeía* setzt somit die in *Areopagitikos* und *Friedensrede* so ausführlich anhand der Beispiele Sparta und Athen thematisierte Schädlichkeit der Macht außer Kraft.[266] Die Vorfahren erscheinen als vernünftige *pepaideuménoi*, als Träger der *phrónêsis* und Vertreter des Ideals isokratischer Bildung, wie es in §30–33 präsentiert wird.[267]

B.9.6 Dialogszene (§199–263): *paideía*

Mit §198 endet der im Proömium eigentlich angekündigte *lógos*. Statt unmittelbar zu einem Epilog überzugehen, fügt Isokrates hier nun den Bericht über mehrere Diskussionen zur Bewertung dieses vorangegangenen *lógos* im Kreise aktueller und ehemaliger Schüler ein – die sogenannte Dialogszene.

Eine ausführliche Interpretation dieses bedeutenden Abschnitts in allen seinen möglichen Implikationen kann hier nicht gegeben werden. Indes sollen die unterschiedlichen Versuche eines Spartalobes, die die Dialogszene enthält, sowie die jeweilige Replik des Isokrates hier verfolgt werden. Zudem ist der Umstand von Interesse, dass der ‚Spartafreund' im Laufe der Diskussion die Möglichkeit von Amphibolie und impliziten Aussageebenen in §42–198 ins Spiel bringt.

Die Dialogszene teilt sich in zwei zeitlich voneinander getrennte Gesprächsszenen (§199–228, 233–265); die Überleitung bildet eine Reflexion des ‚Isokrates' über den Verlauf des ersten Gesprächs, die ihn zur Einberufung der zweiten Versammlung veranlasst.

B.9.6.1 Erstes Gespräch (§199–228)

Den szenischen Rahmen für den ersten Schülerdialog (§199–232) bildet eine gemeinsame Überarbeitung der Lobrede (§42–198) durch Isokrates und einige seiner Schüler. Als Isokrates selbst und die anwesenden Schüler mit der Fassung der Lobrede zufrieden gewesen seien, habe er einen ehemaligen Schüler (τινα τῶν ἐμοὶ μὲν πεπλησιακότων) hinzugerufen, der möglicherweise übersehene Fehlbehauptungen habe aufdecken sollen (§200). Es geht also um ein aus kritischer Distanz erfolgendes Urteil eines nicht an der Textproduktion beteiligten und, wie wir sehen werden, auch politisch vom Standpunkt

---

[266] Vgl. Isok. VII 4–10 (s. o. Kap. B.6.4.2.1), VIII 89–119 (s. o. Kap. B.6.5.2.1).
[267] Isok. XII 30–33 (s. dazu o. Kap. A.3.2.3); vgl. auch Lehmann (R.) 1853: 49–50, Eucken 1982: 48, 64, Gray 1994b: 92, Alexiou 1995: 95–96.

der Schrift zunächst distanzierten Lesers.[268] Die politische Grundhaltung dieses ‚Spartafreundes' beschreibt Isokrates wie folgt:

(200) [...] ἐν ὀλιγαρχίᾳ μὲν πεπολιτευμένον, προῃρημένον δὲ Λακεδαιμονίους ἐπαινεῖν [...].[269]

(200) [...] einer, der Bürger in der Oligarchie gewesen und darauf eingestellt war, die Lakedaimonier zu loben [...].

Der ehemalige Schüler erweist sich so schon bei seiner ersten Erwähnung als Spartalobredner des in §109–110 kritisierten Typs.[270] Von der dort bereits beschriebenen Geisteshaltung und argumentativen Strategie der Spartafreunde ist denn auch seine Bewertung der isokratischen Lobrede auf Athen geprägt: Er lenkt den Blick, ganz wie es Isokrates für die Spartafreunde vorhergesagt hatte, auf die Staatlichkeit Spartas, indem er die spartanischen *epitêdeúmata* anspricht.[271] Es entwickelt sich eine Diskussion mit ‚Isokrates', in der eine neue inhaltliche Ebene eingeführt wird, die für das Verständnis des Zusammenhangs zwischen den beiden großen Abschnitten des Hauptteils (§42–107, 108–198) von erheblicher Bedeutung ist: Der Abschnitt thematisiert die Rolle der *paideía*

---

[268] Der Schüler erfüllt durch seine spartakritische Position die Rolle eben des Publikums (Sparta), vor dessen Urteil sich eine Lobrede auf Athen nach Plat. Men. 235d1–7 beweisen muss. Zu Isokrates' früherer Reaktion auf diese platonische Forderung s. o. Kap. B.2.7.

[269] Zur Textgestalt vgl. die Konjekturen bei Roth 2003a: 276.

[270] Der Auftritt des Schülers ist durch zahlreiche Bemerkungen über die Spartafreunde gut vorbereitet, die genau dem Typus des ‚Spartafreundes' in Isok. XII 200–232 entsprechen; vgl. Isok. XII 62, 109–113, 152–155, 182; Lehmann (R.) 1853: 38, Roth 2003a: 217. Isokrates sagt nichts Näheres darüber, wann und wo der ‚Spartafreund' in einer Oligarchie gelebt haben soll. Dies zeigt einerseits, dass er einen in aristokratischen Kreisen Athens existenten Typus (nicht eine konkrete Person) repräsentiert (Gray 1994a: 261–263, anders Meißner 1992: 97–98, der auf Dioskurides, und Roth 2003a: 219–222, der auf Theopompos verweist; richtig ist Roths Hinweis, dass sich die Frage daran entscheidet, ob man den biographischen Traditionen zu Isokrates' Schülern Glauben schenken wolle oder nicht, und dass es angesichts dieses Umstandes notwendig ist, keine Schlüsse für die Interpretation aus etwaigen Annahmen über die Identität des Schülers zu ziehen), andererseits lässt sich πεπολιτευμένον im Kontext der isokratischen Bildungsvorstellungen auch so auffassen, dass der ‚Spartafreund' lediglich in seinen politischen Vorstellungen oligarchisch geprägt wurde, so dass nicht notwendig davon ausgegangen werden muss, dass hier überhaupt von praktischen Erfahrungen unter einem oligarchischen Regime die Rede ist.

[271] Die *epitêdeúmata* als wesentlichen Grund für spartanische Überlegenheit spricht Xen. Lak. Pol. 1,1–2 an. Ducat 2006: 45–46, der die spartanischen *epitêdeúmata* als ursprünglichen Titel der xenophontischen Schrift betrachtet, sieht in dem ‚Spartafreund' der Dialogszene die Gedankenwelt Xenophons repräsentiert. Dass Xenophon zu den potentiellen Adressaten der isokratischen Kritik an den Lakonisten gehört, haben wir bereits in der Untersuchung zum *Archidamos* gesehen (s. o. Kap. B.5.7). Indes ist es wohl nicht möglich, einen so konkreten Bezug in der Dialogszene wirklich zu belegen, zumal angesichts der zahlreichen Bezüge dieser Szene zu Platon (dazu v. a. Eucken 1982, Roth 2003a) die Annahme naheliegt, dass Isokrates in der Dialogszene auf umfassendere Bildungskonzepte anspielt als auf die kleine Schrift des Xenophon. Ducat selbst führt (ebd. 50–51) Plat. Hipp. I 285c als weiteren Beleg für die (hier kritische) Erwähnung der spartanischen *epitêdeúmata* an. Isokrates muss daher nicht (ausschließlich) auf Xenophon angespielt haben. Dieser dürfte allenfalls als einer neben anderen angesprochen sein.

B.9.6 Dialogszene (§199–263): paideía

als Grundlage und Ursprung der spezifischen *politeía* einer *pólis*. Mittelbar erscheint die *paideía* so als Ursache auch für die (von der *politeía* gesteuerte) praktische Politik einer *pólis*.[272]

B.9.6.1.1 Philosophische *paideía* (§200–214)

Den Hauptargumenten der Rede in §42–198 hat der Schüler nichts entgegenzusetzen, er stimmt sogar dem Urteil der übrigen Schüler und des Isokrates ausdrücklich zu (§201). Die Bewertung Spartas will er jedoch nicht teilen:

> (202) […] ἐτόλμησε γὰρ εἰπεῖν, ὡς εἰ καὶ μηδὲν ἄλλο πεποιήκασι τοὺς Ἕλληνας ἀγαθόν, ἀλλ' οὖν ἐκείνου γε δικαίως ἂν αὐτοῖς ἅπαντες χάριν ἔχοιεν, ὅτι τὰ κάλλιστα ἐπιτηδευμάτων εὑρόντες αὐτοί τε χρῶνται καὶ τοῖς ἄλλοις κατέδειξαν.

> (202) […] Er wagte nämlich zu sagen, dass, wenn sie [sc. die Lakedaimonier] auch den Hellenen sonst nichts Gutes getan hätten, alle ihnen aber dafür zu Recht dankbar sein dürften, dass sie schönsten Verhaltensweisen erfunden hätten und diese sowohl selbst anwendeten wie auch den anderen gezeigt hätten.

Ganz wie in §110 angekündigt, zieht sich der notorische Lobredner Spartas, da ihm kein anderes Argument bleibt, auf das Lob der spartanischen Institutionen und des spartanischen Staates zurück.[273] Damit zeigt er jedoch, dass er dem Hauptargument und der Absicht der gesamten zweiten Hälfte der Rede (§114–198), die der Widerlegung eben dieses Argumentes diente, nicht gefolgt ist.[274]

Isokrates reagiert scharf auf diese erste Bewertung der Rede durch den Schüler. Er bezeichnet dessen *lógos* als gottlos, falsch (*pseudḗs*) und widersprüchlich (§203). Die Spartaner als Erfinder der schönsten Verhaltensweisen (*epitēdeúmata*) zu bezeichnen, heiße den älteren Heroen des Mythos – genannt werden unter anderem die Troiafahrer und Theseus – Tugenden wie Frömmigkeit, Gerechtigkeit und Vernunft absprechen (§204–206).[275] Zudem ließen sich diese *epitēdeúmata* nicht mit den Verbrechen der Spartaner in Einklang bringen, deren Tadel der ‚Spartafreund' selbst zugestimmt habe (§207).

---

[272] Insofern ist Kröner 1969: 107–108 und Signes Codoñer 1998: 72 nicht darin zuzustimmen, dass die Dialogszene außer einer Reflexion des vorher Gesagten keinen inhaltlichen Beitrag zur *hypóthesis* des Hauptteils liefere.

[273] Gray 1994a: 252. Vgl. auch die Verteidigung des Schülers in Isok. XII 216; Roth 2003a: 218–219. Von Reden/Goldhill 1999: 278 bezeichnen den Standpunkt des ‚Spartafreundes' in Isok. XII 201–202 als „ridiculously biased".

[274] Vgl. Lehmann (R.) 1853: 58–61. Lehmanns Deutung dieses Umstandes ebd. 59–65 (Isok. XII 1–107, 199–272 als Antwort auf Xen. Lak. Pol., Isok. XII 108–198 als Reaktion auf eine Kritik aus dem Schülerkreis) hat zwar zu Recht keine Zustimmung gefunden, hat jedoch nachhaltig auf die Auffassung gewirkt, der *Panathenaikos* sei eine in mehreren Phasen entstandene Schrift (Wendland 1910a: 173 und Zucker 1954: 13, 20–21 scheinen die Annahme der späteren Abfassung von Isok. XII 108–198 von Lehmann übernommen zu haben).

[275] Damit sind die beiden Heroen der idealen und Außen- und Innenpolitik aus Isok. XII 73–90 und 126–130, Agamemnon und Theseus, angesprochen; vgl. Masaracchia 1995: 125. Zur hier von Isokrates angewandten Argumentationstechnik vgl. Roth 2003a: 223–225. Dass Isokrates' Entgegnung, die

Zudem könne als Erfinder derartiger *epitêdeúmata* und *téchnai* nur gelten, wer über eine hervorragende *phýsis*, Willen zum Lernen und einen auf das Forschen (*zêteîn*) gerichteten Geist verfüge. Gerade in diesem Bereich, dem Bereich der Bildung, seien die Spartaner indes völlig unverständig:

> (209) […] οὗτοι δὲ τοσοῦτον ἀπολελειμμένοι τῆς κοινῆς παιδείας καὶ φιλοσοφίας εἰσίν, ὡς οὐδὲ γράμματα μανθάνουσιν, ἃ τηλικαύτην ἔχει δύναμιν ὥστε τοὺς ἐπισταμένους καὶ χρωμένους αὐτοῖς μὴ μόνον ἐμπείρους γίγνεσθαι τῶν ἐπὶ τῆς ἡλικίας τῆς αὑτῶν πραχθέντων, ἀλλὰ καὶ τῶν πώποτε γενομένων.

> (209) […] denn diese bleiben so weit hinter der gemeinschaftlichen *paideía* und *philosophía* zurück, dass sie nicht einmal die Buchstaben erlernen, die eine solche Macht haben, dass, wer sie kennt und anwendet, nicht nur von den Ereignissen in ihrer eigenen Zeit erfährt, sondern auch von denen, die sich irgendwann ereigneten.

Die spartanische Bildung, wie sie hier und im Folgenden vorgestellt wird, steht offenkundig im Gegensatz zu den Bildungsvorstellungen, die Isokrates selbst vertritt. Die Spartaner verfügen aufgrund ihrer schlechten Bildung, die sogar den Bereich des technischen Grundwissens[276] vernachlässigt, nicht über die Voraussetzungen, um als Erfinder der *epitêdeúmata* infrage zu kommen.[277] Im Gegenteil, ihre *paideía* erweist sich bei näherer Betrachtung nicht als auf *aretḗ* (*eusébeia, dikaiosýnê, phrónêsis*) ausgerichtet, sondern sie erweist sich als Unterweisung im Unrechttun (§210–214). ‚Isokrates' belegt dies durch einen Verweis auf den Stellenwert des Diebstahls in der spartanischen *agôgḗ*

Roth präzise beschreibt, nicht exakt auf die Argumente des Schülers reagiere, da dieser nur eine bestimmte Form der *epitêdeúmata* gemeint habe, scheint mir nicht plausibel. Denn auch Roth attestiert dem Schüler, nicht kenntlich zu machen, dass er nur die militärischen Einrichtungen meine. Eben auf diesen Fehler reagiert Isokrates: Da der Schüler unpräzise argumentiert, kann man seine Argumentation so auffassen, als spreche er nicht nur von gymnischer *paideía* (was Roth ihm unterstellt), sondern allgemein von tugendhaftem Handeln (tatsächlich spricht der ‚Spartafreund' auch von der Anwendung der *epitêdeúmata*!). Dies aber ist gleichzusetzen mit dem in Isok. 108–113 kritisierten Spartalob der *phaulóteroi* unter den Lakonisten.

[276] Vgl. dazu Plat. Hipp. I 285c (Spartaner vernachlässigen Arithmetik, Geometrie und Astronomie); Ducat 2006: 46, 50–51. Das Beispiel der Buchstaben dürfte nicht nur wegen seiner Bedeutung für die schriftliche Tradierung der Geschichte gewählt sein, sondern auch als Beispiel eines durch *téchnê* vermittelbaren Basiswissens (vgl. Isok. XIII 9–13). Selbst diese Grundlagen (von Isokrates in Isok. XII 26–29 als Teil der *paideía* der Vorfahren bezeichnet) vernachlässigen die Spartaner. Umso größer ist ihre Distanz zu einer philosophischen Lehre der *aretḗ*, die zur *heúrêsis* der *epitêdeúmata* notwendig wäre.

[277] Auch die Darstellung der einseitigen spartanischen *paideía* (vgl. auch Isok. XII 219–228, s. im Folgenden) erinnert an Platon (Plat. Pol. 547e–548d; Jaeger 1947, III: 54–55). Schon aufgrund der für alle Spartaner geltenden Folgen der schlechten Bildung (die Spartaner können nicht Erfinder der *epitêdeúmata* sein) ist auszuschließen, dass Isokrates, wie Gray 1994a: 263–264 in Erwägung zieht, hier nur die ‚einfachen' Spartiaten, nicht aber die Aristokraten und v. a. die Geronten meine. Dass die Frage des tatsächlichen Alphabetisierungsgrades im historischen Sparta (ebd. als Argument verwendet) hierauf keinen Einfluss haben kann, sollte außer Frage stehen. Platon und Isokrates greifen vielmehr in ihrer Kritik an der spartanischen Unbildung auf in Athen schon im 5. Jh. verbreitete Klischees über Sparta zurück (vgl. Stesimbr. FGrH 1002 F 4, 46–51 = Plut. Kim. 4,4).

B.9.6 Dialogszene (§199–263): paideía

(§212, 214). Er beschreibt die spartanische *paideía* so als eine Unterweisung in *pleonexía*, als eine Lehre der Aneignung von *allótria*.[278]

Durch die fehlende Schriftkompetenz sind die Spartiaten außerdem ihrer eigenen Vergangenheit unkundig. Dadurch bleiben historische Exempla, die in den Schriften des Isokrates als wichtigstes Beweismittel und als hauptsächliche Grundlage allgemeingültiger Aussagen zu politischen Fragen verwendet werden, den Spartiaten verschlossen. Sie können aufgrund ihrer fehlenden Schriftlichkeit nicht aus der Geschichte lernen.[279]

Isokrates widerlegt also das Argument des Schülers, Sparta habe die schönen *epitêdeúmata* erfunden, indem er auf den – zuvor im *Panathenaikos* nur im Proömium explizit thematisierten[280] – Stellenwert der *paideía* für die *areté* der Menschen hinweist.[281] Gute Einrichtungen und Verhaltensweisen können nur auf der Grundlage einer dafür geeigneten, nämlich philosophischen, *paideía* entwickelt werden. Genau diese *paideía* aber wird in Sparta vernachlässigt. Bereits in früheren Schriften war der Topos von Spartas Bildungsfeindlichkeit implizit präsent.[282] Hier formuliert Isokrates ihn aus und begründet spartanisches Fehlverhalten damit. Die Schilderung der isokratischen Bildungsvorstellungen in §26–29 beschreibt zudem diesen Bildungsbereich, in dem Spartas Mangel am größten ist, als *paideía* der athenischen Vorfahren. Wer diese Äußerungen des Proömiums hier noch im Blick hat, wird feststellen, dass die athenischen Vorfahren in Isokrates' Darstellung über jene Voraussetzungen für die Entwicklung der *epitêdeúmata* verfügen, die ‚Isokrates' den Spartanern abspricht.[283]

B.9.6.1.2 Gymnische paideía (§215–228)

Der ‚Spartafreund' reagiert auf Isokrates' Kritik ausweichend.[284] Wieder erkennt er die Richtigkeit der von Isokrates gegen Sparta vorgebrachten Kritik (§215) an. Sein Lob der spartanischen *epitêdeúmata* aber habe sich nicht auf die von Isokrates genannten *aretaí* bezogen, sondern auf die *gymnásia*, die Ausbildung zur Tapferkeit (*andreía*) und Eintracht (*homónoia*), allgemein auf das Kriegswesen (§217). Damit wird das Lob Spartas,

---

[278] Vgl. Xen. Lak. Pol. 2,6–7, Anab. IV 6,10–19 (dazu Ducat 2006: 46–48), Plat. Nom. 845b (Ducat ebd. 58–59), Pratt 2006: 54, 61.

[279] Pratt 2006: 52. Vgl. dazu Isokrates' sonstige Aussagen zur Rolle der *paideía* in Sparta und Athen (Isok. II 6–10, IV 47–50 [dazu Eucken 1983: 150–153], VI 102, XV v. a. 296–298 [dazu Roth 2003a: 76]). Der Schüler wird im zweiten Gespräch Isokrates' Schriften als Versuch interpretieren, den Spartanern ein historisches Bewusstsein zu vermitteln (s. u. S. 575–576).

[280] Isok. XII 30–33.

[281] Damit lenkt er die folgende Replik des Schülers auf den Bereich der *paideía*; vgl. Roth 2003a: 218, Pratt 2006: 42.

[282] Isok. IV 47–50, VI 15. Jüthner 1928: 30 schließt in Analogie zu IV 47–50, dass Isokrates Sparta hier das ‚Griechentum' abspreche.

[283] Dies erinnert an die Gegenüberstellung der athenischen und der spartanischen *paideía* in Isok. XV 296–298.

[284] Vgl. dazu Gray 1994: 252, Roth 2003a: 228. Ducat 2006: 49 sieht keine inhaltliche Veränderung im Standpunkt des Schülers.

das der ehemalige Schüler von Isokrates' Kritik an Sparta in §42–198 sowie §203–214 unberührt sieht, von der Ebene der musisch-philosophischen auf die Ebene der gymnisch-militärischen *paideía* verschoben.

Isokrates zollt dieser ausweichenden Verlagerung des Arguments zunächst Respekt (§218): Nicht ohne *paideía*, sondern geistreich (*nounechóntôs*) und sehr viel besonnener (*sôphronésteron*) habe der Schüler diesmal, seine Verbitterung verbergend, gesprochen.

Worauf gründet Isokrates sein Urteil, die zweite Äußerung des Schülers sei geistreicher und besonnener gewesen? Die Antwort hierauf dürfte ein weiteres Mal in §109–110 zu finden sein. Dort hatte Isokrates die unvernünftigen Spartafreunde von den besten und geistreichsten (*béltistoi kaí pleíston noûn échontes*) unterschieden. Während erstgenannte aus dem Lob der spartiatischen *politeía* ein Lob ganz Spartas machten, wüssten letztgenannte, dass nur diese *politeía* selbst Lob verdiene, nicht aber Spartas *práxeis*. Durch die Anpassung seiner Argumentation in §215–217 vollzieht der ‚Spartafreund' einen Standpunktwechsel, in dessen Folge er nicht mehr den Standpunkt der unvernünftigen Lobredner Spartas vertritt (Spartas *epitêdeúmata* – im allgemeinen – und auch deren Anwendung sind zu loben), sondern den Standpunkt der *béltistoi* (nur Spartas militärische *epitêdeúmata* und gymnische *paideía* sind zu loben). Der ‚Spartafreund' konkretisiert in §215–217, welche Einrichtungen lobenswert seien, und vor allem behauptet er nicht wie zuvor, dass Sparta diese Einrichtungen auch auf lobenswerte Weise anwende. Er vermeidet es also, über die spartanischen *práxeis* zu reden.[285] Das aber bedeutet, dass sein Argument an dieser Stelle nichts zum Lob Spartas beiträgt, da sich dieses Lob auf die *areté* (die die spartanische *paideía*, wie Isokrates ja zuvor festgestellt hat, nicht lehrt) oder auf die *práxeis* (also den Bereich der Anwendung) beziehen müsste.[286]

Wenn der ‚Spartafreund' aber in §215–217 tatsächlich den Standpunkt der *béltistoi* einnimmt, den wir oben als Standpunkt des Isokrates identifiziert haben,[287] wenn der Schüler also nach der Belehrung in §203–214 den Standpunkt des Lehrers übernimmt, weshalb folgt auf die anerkennende Reaktion in §218 eine scharfe Anklage (*katêgoría*, §218) Spartas und des ‚Spartafreundes' in §219–228? Um dies zu verstehen, ist es notwendig, auf Isokrates' Angriff etwas näher einzugehen.

Isokrates' Anklage gegen Sparta zielt auf dessen Anwendung der militärischen Einrichtungen:[288]

---

[285] Pratt 2006: 46–47.
[286] Das Problem ist formuliert bei Pratt 2006: 43. Unklar ist jedoch, ob (was Pratt voraussetzt) der ‚Spartafreund' hier überhaupt noch davon ausgeht, dass sein Argument für ein Lob Spartas hinreichend sei.
[287] S. o. Kap. B.9.5.1.
[288] Roth 2003a: 230–232. Vgl. Isok. XI 17–20 (s. o. S. 125–128).

B.9.6 Dialogszene (§199–263): paideía

(219) [...] Οἶμαι γὰρ ἅπαντας ἂν ὁμολογῆσαι κακίστους ἄνδρας εἶναι καὶ μεγίστης ζημίας ἀξίους, ὅσοι τοῖς πράγμασι τοῖς εὑρημένοις ἐπ᾽ ὠφελείᾳ, τούτοις ἐπὶ βλάβῃ χρώμενοι τυγχάνουσι, (220) μὴ πρὸς τοὺς βαρβάρους μηδὲ πρὸς τοὺς ἁμαρτάνοντας μηδὲ πρὸς τοὺς εἰς τὴν αὑτῶν χώραν εἰσβάλλοντας, ἀλλὰ πρὸς τοὺς οἰκειοτάτους καὶ τῆς αὐτῆς συγγενείας μετέχοντας, ἅπερ ἐποίουν Σπαρτιᾶται.

(219) [...] Ich glaube nämlich, es sind sich alle einig, dass jene die übelsten Leute sind und die größten Strafen verdienen, die von Dingen, die erfunden wurden, um Nutzen zu bringen, einen zu Schaden führenden Gebrauch machen, (220) und das nicht gegenüber den Barbaren, nicht gegenüber Verbrechern, nicht gegenüber Leuten, die in ihr eigenes Land einfallen, sondern gegenüber den ihnen am nächsten Stehenden und gegenüber denen, die die gleiche Abstammung aufweisen. Genau dies aber pflegen die Spartiaten zu tun.

Der schlechte Gebrauch, den die Spartiaten von den militärischen Einrichtungen machen, steht im Gegensatz zum positiven Potential dieser Einrichtungen.[289] Isokrates weitet diese Kritik an den Spartiaten aus und kritisiert den ‚Spartafreund' (§221) und auch alle übrigen Griechen. Diese neigten dazu, nur auf schöne *epitêdeúmata* zu sehen, nicht aber auf deren Folgen und auf die Ziele, zu denen sie eingesetzt würden. Loben dürfe man aber nur den, der eine gute Anwendung von diesen Einrichtungen mache, wer sie zu schlechten Zwecken einsetze, verdiene Tadel (§222–224).[290] Diesen Grundsatz wendet Isokrates in §225–228 auf die spartiatische *homónoia* an. Auch *homónoia* könne zu guten und zu schlechten Zwecken dienen. Die Spartiaten jedoch nutzten ihre innere Eintracht dazu, bei den übrigen Griechen Bürgerkrieg (*stasiázein*) zu schüren und selbst vom Unglück der anderen zu profitieren (§226).

(228) Οὓς οὐ χρὴ μιμεῖσθαι τοὺς ἀρετῆς ἀντιποιουμένους, ἀλλὰ πολὺ μᾶλλον τὴν τῆς σοφίας καὶ τῆς δικαιοσύνης καὶ τῶν ἄλλων ἀρετῶν δύναμιν. Αὗται μὲν γὰρ οὐ τὰς σφετέρας αὐτῶν φύσεις εὐεργετοῦσιν, ἀλλ᾽ οἷς ἂν παραγενόμεναι παραμείνωσιν, εὐδαίμονας καὶ μακαρίους ποιοῦσι· Λακεδαιμόνιοι δὲ τοὐναντίον, οἷς μὲν ἂν πλησιάσωσιν, ἀπολλύουσι, τὰ δὲ τῶν ἄλλων ἀγαθὰ πάντα περὶ σφᾶς αὐτοὺς ποιοῦνται.

(228) Diese darf nicht nachahmen, wer Anspruch auf die *areté* erhebt, sondern er muss viel mehr die Kraft der Weisheit, der Gerechtigkeit und der anderen *aretaí* nachahmen. Denn diese tun nicht ihrem eigenen Wesen Gutes, sondern bei welchen sie sich einstellen und bleiben, diese machen sie glücklich und selig. Die Lakedaimonier aber richten die zugrunde, mit denen sie zu tun haben, die Güter der anderen aber machen sie sich sämtlich zu eigen.

Sparta kann also kein Vorbild für die *areté* und damit kein Vorbild für philosophische Lehre sein, da die Spartaner ihre *dýnamis* zu schlechten Zwecken einsetzen. Während die *aretaí* Allen Nutzen bringen, stürzen die Spartaner Alle ins Verderben.

Dass Sparta im *Panathenaikos* stellvertretend für den äußersten Gegensatz zu der von *areté* geleiteten Politik steht und dies Folge einer falschen Anwendung der *epitêdeúmata* ist, ist nach den bisherigen Untersuchungen nicht neu und insofern nicht überraschend.[291]

---

[289] Vgl. Tigerstedt 1965, I: 193, Gray 1994: 231, Masaracchia 1995: 127, Roth 2003a: 230.
[290] Alexiou 1995: 101.
[291] Vgl. v. a. Isok. XII 155, 177–188 (s. o. Kap. B.9.5.4). Wenn Isokrates diese Bewertung Spartas als *parádoxon* bezeichnet (Isok. XII 225), so spielt er damit auf die verfehlte Auffassung der Mehrheit

Die Verbindung dieser Thematik mit der Frage von philosophischer und gymnischer *paideía* sowie mit dem Begriff der *mímêsis* im Kontext einer auf *areté* zielenden Lehre zeigt, wie eng der Zusammenhang zwischen der *hypóthesis* des *Panathenaikos* und isokratischer *paideía* ist. Die spartanische *paideía* ist beschränkt auf den gymnisch-militärischen Bereich (genau diese *epitêdeúmata* lobt der Schüler in §215–217), vermittelt dort überlegene Fähigkeiten. Dies macht Sparta zu einem Staat der Körperlichkeit beziehungsweise zu einer Soldaten-*pólis*. Indes ist Spartas *paideía* nicht geeignet, den richtigen Einsatz der Fertigkeiten zu lehren, was sich in der verkehrten und verwerflichen Anwendung der spartanischen Militärmacht (gegen Griechen statt gegen äußere Feinde) zeigt. Durch die Vermittlung des treffenden Urteils, wie eine Sache anzuwenden sei, mithin in der Vermittlung von *areté* und *phrónêsis*, ergibt sich aber erst die höhere Wertigkeit einer *paideía*.[292] Gerade hier, im Bereich dessen, was Isokrates als Ziel auch seiner eigenen Bildungstätigkeit beschreibt, bleibt Sparta jedoch noch hinter den Barbaren zurück (§209), wie er in seiner Reaktion auf die erste Kritik des ‚Spartafreundes' feststellt.[293]

Zur Beantwortung der oben gestellten Frage, weshalb auf die Anerkennung der zweiten Schülerrede in §218 die *katêgoría* in §219–228 folgt, ist auf eine wichtige Diskrepanz zwischen Schülerrede und isokratischer Antwort hinzuweisen: Isokrates' Anklage richtet sich gegen einen Standpunkt, den der ‚Spartafreund' in §215–217 gar nicht eingenommen hat. Der Schüler hatte Isokrates in allen zuvor geäußerten Punkten zugestimmt und darauf hingewiesen, dass er lediglich für die physisch–militärischen *epitêdeúmata* seine vorherige Aussage aufrechterhalten wolle, wonach die spartiatischen Einrichtungen bewundernswert seien. Der Begriff der Anwendung dieser Einrichtungen, in §202 noch gleichwertig neben der äußeren Gestalt der Einrichtungen angesprochen, taucht in §215–217 nicht mehr auf. Neben der Konkretisierung der angesprochenen Einrichtungen ist dies der wesentliche Wandel im Standpunkt des ‚Spartafreundes'. ‚Isokrates' wiederum richtet sich in §218–228 ausschließlich gegen den Bereich der Anwendung der *epitêdeúmata*. Er ignoriert damit diesen wichtigen Standpunktwechsel des Schülers und tadelt diesen für eine Argumentation, die er gar nicht vorgenommen hatte.

(οἱ πλεῖστοι τῶν Ἑλλήνων, Isok. XII 221) an, die *epitêdeúmata* seien substantiell lobenswert. Auf dieser Grundlage wird Sparta üblicherweise gelobt, und da Isokrates diese Auffassung ablehnt, kommt er zu einem gegenteiligen Urteil über Sparta. Insofern steht seine Auffassung im Gegensatz zur (falschen) Mehrheitsmeinung, sie scheint (!) also paradox.

[292] Pratt 2006: 47–48, 52.
[293] Vgl. Isok. XII 30–33; Pratt 2006: 48–51.

B.9.6.2 Isokrates' Selbstzweifel (§229–232)

In §229–232 berichtet ‚Isokrates' über Selbstzweifel, die sich nach einem anfänglichen Gefühl des Triumphes und nach dem Lob der übrigen Schüler für den rhetorischen Erfolg über den ‚Spartafreund' eingestellt hätten.[294] Die Erkenntnis, dass ‚Isokrates' in der *katêgoría* Spartas in §219–229 zwar keine Unwahrheiten verbreitet, jedoch die Argumentation des ‚Spartafreundes' verzerrt, insofern sie auf dessen eigentliche Aussagen gar nicht eingeht, liefert nun eine hinreichende Grundlage zum Verständnis dieser Zweifel. Wie schon in §90–107[295] hat sich Isokrates von zornigem Affekt mitreißen lassen, und das just in einem Abschnitt zur falschen Anwendung militärischer *téchnê* durch die Spartaner. Isokrates selbst wendet seine rhetorische Überlegenheit, seine *téchnê*, in §219–229 zu verkehrten Zwecken an: Es geht ihm in diesem Passus nur um den rhetorischen Sieg über den Schüler, der eigentlich gar keinen Anlass zu den Angriffen gegen seine Argumentation geboten hatte. Der Autor Isokrates führt somit nicht nur anhand des Beispiels Sparta das Thema der verfehlten Anwendung (militärischer) *téchnê* ein, er führt eine solche verfehlte Anwendung selbst aktiv vor: den Missbrauch rhetorischer *téchnê* durch die *persona* ‚Isokrates'.[296]

Nach Ende des Treffens mit den Schülern, nach Abklingen des Affekts, in dem er gesprochen hat, wird ‚Isokrates' die moralische Fragwürdigkeit dieses rhetorischen Tricks bewusst. Er muss sich eingestehen, dass das Gespräch zwar den Schüler klüger gemacht hat (er wurde von einem unvernünftigen Lobredner Spartas zu einem klugen),[297] nicht aber dessen Gesprächspartner Isokrates (der sich angesichts des klugen Standpunkts des Schülers zu rhetorischer Scheinargumentation und zu einer auf bloße *epídeixis* zielenden Angriffsrede hinreißen lässt). Was der *persona* ‚Isokrates' im ersten Gespräch mit dem Schüler widerfährt, ist nichts anderes als ein Prozess, den Isokrates in der *Friedensrede* ausführlich geschildert hatte, und den die *paideía* eigentlich zu verhindern beansprucht –

---

[294] Kröner 1969: 108–109. Das Lob durch die Schüler erscheint als unreflektierter Beifall, der v. a. dem durch die Gewalt der isokratischen Rede erworbenen rhetorischen ‚Sieg' des Isokrates geschuldet ist und dabei die pädagogische Intention des Gesprächs ignoriert (Masaracchia 1995: 129, Roth 2003a: 235).

[295] Dass Isokrates' Zweifel schon in Isok. XII 95–96 „vorbereitet" werden, betont Eucken 1982: 49, 66–67.

[296] Dabei ist zu beachten, dass der Missbrauch nicht in der Präsentation unzutreffender Argumente besteht (dies betont zurecht Kröner 1969: 109–110), sondern in der Anwendung dieser Argumente als Angriffsmittel gegen einen Gegner, der zu Kritik keinen Anlass gegeben hat. Der Schüler kann aus Isokrates' Angriff so über Sparta nützliche Erkenntnisse gewinnen, obwohl der Angriff gegen ihn ungerechtfertigt ist.

[297] Der ‚Spartafreund' kommentiert, wie ausdrücklich erwähnt wird, die zweite Replik des Isokrates nicht (Isok. XII 229–230) – und reagiert so auf die gleiche Weise wie später ‚Isokrates' auf die Rede des ‚Spartafreundes' (Isok. XII 265).

der Verlust der *phrónêsis* als Folge des Erfolgs:²⁹⁸ Angesichts seiner erfolgreichen Widerlegung des Schülers in §203–214, angesichts des nahezu vollständigen Widerrufs des Schülers in §215–217 verliert Isokrates die nötige Zurückhaltung. Er bildet sich zu viel auf seinen Erfolg ein und will den Schüler nun gänzlich besiegen. Diesen Kontrollverlust beschreibt Isokrates in §230:

> (230) Ὁ μὲν γὰρ ἀπῄει φρονιμώτερος γεγενημένος καὶ συνεσταλμένην ἔχων τὴν διάνοιαν, ὥσπερ χρὴ τοὺς εὖ φρονοῦντας, καὶ πεπονθὼς τὸ γεγραμμένον ἐν Δελφοῖς αὑτόν τ' ἐγνωκὼς καὶ τὴν Λακεδαιμονίων φύσιν μᾶλλον ἢ πρότερον· ἐγὼ δ' ὑπελειπόμην ἐπιτυχῶς μὲν ἴσως διειλεγμένος, ἀνοητότερος δὲ δι' αὐτὸ τοῦτο γεγενημένος καὶ φρονῶν μεῖζον ἢ προσήκει τοὺς τηλικούτους καὶ ταραχῆς μειρακιώδους μεστὸς ὤν.

> (230) Er nämlich [sc. der Spartfreund] ging fort und war vernünftiger geworden und hatte seinen Standpunkt gemäßigt, wie es die Vernünftigen tun müssen, und er hatte erfahren, was in Delphi geschrieben steht: Er hatte sich selbst und das Wesen der Lakedaimonier besser erkannt als zuvor. Ich dagegen blieb zurück und war vielleicht im Gespräch erfolgreich gewesen, war aber genau dadurch unklüger geworden und hatte mir mehr eingebildet, als für Leute meines Alters angemessen, und ich war voll inneren Aufruhrs wie ein Jüngling.

Hier bestätigt Isokrates die obige Interpretation, wonach der ‚Spartafreund' sich im Gespräch zu einem vernünftigen Standpunkt hat bewegen lassen. Isokrates aber wird wie in §90–107 von irrationalen Affekten zu einer unklugen Argumentation bewogen, zu einer für unerfahrene junge Leute typischen, seiner Erfahrung jedoch nicht angemessenen Argumentation.

Da ‚Isokrates' sich nach Auflösung der Versammlung dieses Umstandes bewusst wird und er nach einigen Tagen den Eindruck gewinnt, Sparta zu scharf angegriffen zu haben (§231–232), beruft er eine erneute Versammlung der Schüler ein. Als Ziel dieser Versammlung nennt er die Beratung mit den Schülern darüber, ob die Schrift publiziert oder vernichtet werden solle.

B.9.6.3 Zweites Gespräch (§233–263): Die philosophische Prüfung

Alle anwesenden Schüler, so berichtet Isokrates, hätten ihn unter großem Beifall (*tethorybêménos*) gelobt und beglückwünscht.²⁹⁹ Einzig der ‚Spartafreund' habe um das Wort

---

[298] Isok. VIII 89–119 (s. o. Kap. B.6.5.2.1), XII 30–33 (s. o. Kap. A.3.2.3, außerdem S. 513–514); Pratt 2006: 56–58. Dass Isokrates sich aufgrund seines rhetorischen Erfolgs als Verlierer im Lehrgespräch darstellt, hat Kröner 1969: 109–110 bereits betont, ohne jedoch eine inhaltliche Begründung für diese Darstellung zu bieten.

[299] Die Wortwahl lässt die Schüler hier als ein Publikum erscheinen, das dem Publikum öffentlicher Reden gleicht. Die Schüler erscheinen so nicht als philosophisches Lesepublikum, das sie als Schüler eigentlich sein sollten. Wenn der ‚Spartafreund' in Isok. XII 234–236 betont, dass mit den eigenen Schülern ein unkritisches Publikum angesprochen sei, das dazu neige Isokrates zu loben und daher für einen Ratschlag ungeeignet sei, so dürfte er damit das Richtige treffen (Livingstone 1998: 266–267). Zu Isokrates' Distanzierung von reinen, auf Zustimmung des Publikums zielenden, *epideíxeis* vgl. Isok. II 42–53, VIII 10, 14, V 14–29; Gray 1994a: 238–248.

gebeten. Der ‚Spartafreund' unterzieht die Lobrede daraufhin einer ganz neuen Deutung und behauptet, erst jetzt Isokrates' wahre Absicht in dieser Rede, die nur implizit geäußert worden sei, erkannt zu haben.[300] Die Lobrede im *Panathenaikos* und ihre Diskussion mit den Schülern dient nach seiner Ansicht der Prüfung der Schüler, ob sie in der Lage seien, eigenständig mit der Rede so umzugehen, wie sie es bei Isokrates gelernt haben sollten:

(236) [...] δοκεῖς δέ μοι ποιήσασθαι τήν τε παράκλησιν τὴν ἡμετέραν καὶ τὸν ἔπαινον τὸν τῆς πόλεως οὐκ ἁπλῶς, οὐδ' ὡς διείλεξαι πρὸς ἡμᾶς, ἀλλ' ἡμῶν μὲν πεῖραν λαβεῖν βουλόμενος, εἰ φιλοσοφοῦμεν καὶ μεμνήμεθα τῶν ἐν ταῖς διατριβαῖς λεγομένων καὶ συνιδεῖν δυνηθεῖμεν ἄν, ὃν τρόπον ὁ λόγος τυγχάνει γεγραμμένος [...].

(236) [...] mir aber scheint, du hast die Einladung an uns und das Lob auf die *pólis* nicht ohne tiefere Absicht ausgesprochen, und auch nicht so, wie du uns gesagt hast, sondern du wolltest eine Prüfung mit uns durchführen, ob wir philosophieren, ob wir uns an das erinnern, was in den Lehrgesprächen gesagt wurde, und ob wir erkennen können, auf welche Weise die Rede verfasst ist [...].

Insbesondere den konzeptionellen Charakter (*trópos*) der Rede zu erkennen, sei, so vermutet der ‚Spartafreund', die Aufgabe. In §236–241 beschreibt der Schüler seine Auffassung in dieser Frage: Durch das mit Kritik an Sparta verbundene Lob auf Athen habe Isokrates dem breiten Publikum (*plêthos*) gefallen wollen.[301] Bemerkenswert ist die feine Differenzierung bei der Zuordnung von Lob und Tadel, die der ‚Spartafreund' in §237–238 schildert – das Lob für anerkannt nützliche Leistungen trifft demnach die athenischen Vorfahren, während die Kritik an Sparta ohne zeitliche Einschränkung bleibt. Ausgeklammert von der Bewertung bleibt das Athen der jüngeren Vergangenheit. Damit zeichnet der ‚Spartafreund' präzise die rhetorische Strategie nach, die in §42–198 zu erkennen war: Der Plan eines durch Vergleich mit Sparta gewonnenen Lobes auf Athen führt – abgesehen von den als irrational markierten Abschnitten (§90–107) – zu einem Lob nur der athenischen Vorfahren.[302]

Die Spartakritik, die in der Rede enthalten sei, führt in den Augen des ‚Spartafreundes' jedoch zu einem Glaubwürdigkeitsproblem:

---

[300] Von Reden/Goldhill: 279–280. Dass der ‚Spartafreund' in seiner Einschätzung der Ursachen für das zweite Treffen fehlgehe, nimmt Pratt 2006: 94 an.

[301] Pratt 2006: 69. Gray 1994a: 226–227, 232–233 und 1994b: 99–100 bemerkt hierzu treffend, dass der Schüler Isokrates damit eine Motivation unterstellt, die die *persona* ‚Isokrates' im isokratischen Werk zuvor stets von sich gewiesen hatte. Der ‚Spartafreund' geht hier von einer oberflächlichen Wirkung der ‚Gefälligkeit' (*cháris*) der *epídeixis* aus, die im Gegensatz zur Isokrates' Vorstellung der richtigen *dóxa* und der daraus resultierenden *eudokimía* bzw. *eúnoia* steht (zum Zusammenhang zwischen *dóxa* und *eúnoia* vgl. de Romilly 1958: 95–96). Zustimmung nicht zur ‚Gefälligkeit' der Rede, also ihrer äußeren Form, sondern zu ihrer inhaltlichen Ausrichtung ist das Ziel. Der ‚Spartafreund' übersieht dies.

[302] Dies spricht gegen die Annahme bei Pratt 2006: 64, der ‚Spartafreund' betrachte implizit auch das Lob auf Athen als unernst.

(239) Εἰδὼς δὲ σαυτὸν ἐπῃνεκότα τὴν Σπαρτιατῶν διοίκησιν ὡς οὐδεὶς ἄλλος φοβεῖσθαι τοὺς ἀκηκοότας, μὴ δόξῃς ὅμοιος εἶναι τοῖς λέγουσιν, ὅ τι ἂν τύχωσι, καὶ τούτους νῦν ψέγειν, οὓς πρότερον ἐπῄνεις μᾶλλον τῶν ἄλλων· ταῦτ' ἐνθυμηθεὶς σκοπεῖσθαι ποίους τινὰς ἂν ἑκατέρους εἶναι φήσας, ἀληθῆ τε λέγειν δόξειας ἂν περὶ ἀμφοτέρων, ἔχοις τ' ἂν τοὺς μὲν προγόνους ἐπαινεῖν, οὕσπερ βούλει, Σπαρτιατῶν δὲ δοκεῖν μὲν κατηγορεῖν τοῖς ἀηδῶς πρὸς αὐτοὺς διακειμένοις, μηδὲν δὲ ποιεῖν τοιοῦτον, ἀλλὰ λανθάνειν ἐπαινῶν αὐτούς· (240) ζητῶν δὲ τὰ τοιαῦτα ῥᾳδίως εὑρεῖν λόγους ἀμφιβόλους καὶ μηδὲν μᾶλλον μετὰ τῶν ἐπαινούντων ἢ τῶν ψεγόντων ὄντας, ἀλλ' ἐπαμφοτερίζειν δυναμένους καὶ πολλὰς ἀμφισβητήσεις ἔχοντας, οἷς χρῆσθαι περὶ μὲν συμβολαίων καὶ περὶ πλεονεξίας ἀγωνιζόμενον αἰσχρὸν καὶ πονηρίας οὐ μικρὸν σημεῖον, περὶ δὲ φύσεως ἀνθρώπων διαλεγόμενον καὶ πραγμάτων καλὸν καὶ φιλόσοφον.

(239) Da du aber wusstest, dass du die Ordnung der Spartiaten gelobt hattest wie kein anderer, fürchtetest du, du könntest den Zuhörern erscheinen, als seist du jenen gleich, die sagen, was ihnen gerade einfällt, und als tadeltest du jetzt die, die du früher noch mehr als die übrigen gelobt hast. Und da du dies bedachtest, prüftest du, welcherart du jeden von beiden [sc. Athener und Spartaner] beschreiben müsstest, um den Eindruck zu erwecken, über beide die Wahrheit zu sagen, und um die Möglichkeit zu haben, einerseits wie beabsichtigt die Vorfahren zu loben, andererseits aber zwar den Schein einer Anklage gegen die Spartiaten bei denen zu erwecken, die diesen feindlich gesinnt sind, dergleichen aber tatsächlich nicht zu tun, sondern sie im Verborgenen zu loben. (240) Auf der Suche nach derartigem fandest du leicht zweideutige Argumente, die zu Lobrednern nicht mehr gehören als zu Tadelnden, sondern die verschieden gedeutet werden können und Raum für Kontroverse bieten; diese anzuwenden ist zwar schändlich und kein geringes Zeichen von Verdorbenheit in Streitfällen um Verträge oder Eigennutz, wenn man aber über das Wesen und die Taten der Menschen spricht, ist es schön und philosophisch.

Zu der Annahme, die isokratische Lobrede auf Athen enthalte doppeldeutige Argumente, kommt der ‚Spartafreund' aufgrund der nicht weiter hinterfragten Prämisse, Isokrates habe in früheren Schriften Sparta das größte Lob zukommen lassen und könne daher keine Kritik an Sparta äußern, ohne dass sein Denken inkonsistent erscheine. Die *lógoi amphíboloi*, die der ‚Spartafreund' dem *Panathenaikos* attestiert, seien der Versuch eines Auswegs aus diesem Dilemma. Die Konsistenz zu früheren Schriften werde dadurch hergestellt, dass sich die Kritik an Sparta bei näherer Beobachtung als Lob erweise.

In §241–244 versucht der ‚Spartafreund' zu zeigen, worin dieses versteckte Lob bestehe: In der Gegenüberstellung der athenischen Vorfahren (friedliebend, hellenenfreundlich, politische Gleichheit verwirklichend) und der Spartaner, die eine hochmütige (*hyperoptikoús*), kriegerische (*polemikoús*) und eigennützige (*pleonéktas*) Politik verträten, werde nach Isokrates' Erwartung die Mehrheit Lob für Athen und Tadel gegen Sparta erkennen; ebenso rechne er aber damit, dass eine Minderheit die genannten Eigenschaften Spartas als Lob auffassen werde (§241–242). Der ‚Spartafreund' deutet die mit Sparta assoziierten Begriffe so um, dass sie einen positiven Wert erhalten sollen (§242–244).[303] Ernsthaftigkeit (*semnótês*) und hohe Gesinnung (*megalophrosýnê*) treten begrifflich an die Stelle des Hochmuts, kriegerische Gesinnung wird mit der Fähigkeit von Erwerb und

---

[303] Kröner 1969: 111–113, Schäublin 1982: 168, Pratt 2006: 66–67.

Erhalt von Gütern gleichgesetzt, und *pleonexía* wird dadurch positiv bewertet, dass Mittel wie Betrug und Täuschung ihr entgegengesetzt werden.[304]

Der Schüler nähert sich hier stark der bei Isokrates häufigen Methode der Neubewertung von politischen Schlagworten an. Insbesondere seine Bewertung der *pleonexía* erinnert an die Definition der ‚wahren' *pleonexía* in der *Antidosis*.[305] Und doch ist die Argumentation des Schülers nicht überzeugend, denn eine Neudefinition der zuvor gegen Sparta verwendeten Begriffe kann – ganz gleich ob die jeweils neuen Definitionen Sinn ergeben[306] – nicht darüber hinwegtäuschen, dass die Verwendung dieser Begriffe zuvor Folge, nicht Grundlage, der negativen Bewertung spartanischer *práxeis* war. ‚Isokrates' hat in der vorangegangenen Rede Sparta gerade jene negativen Verhaltensweisen explizit zugesprochen, die der Schüler von den dafür verwendeten Begriffen trennen will. Zudem steht das Lob der spartanischen Kriege, das der ‚Spartafreund' vorbringt, der Realität des durch diese Kriege hervorgerufenen spartanischen Niedergangs gegenüber, wodurch es eigentlich von vornherein keine Autorität besitzt: Die spartanischen Kriege führen nicht zu ewigem Ruhm, sondern in die Bedeutungslosigkeit.[307]

Wie sehr diese gezwungene Deutung des isokratischen Tadels als eigentliches Lob der *pólis* Sparta der Haltung des Isokrates in seinem gesamten Werk widerspricht, hat zuletzt Peter Roth gezeigt:[308] Die Formulierungen und Argumentationen des Schülers nehmen wörtlichen Bezug auf zahlreiche isokratische Reden, die jeweils zitierten oder anklingenden Stellen genügen, um die Argumentation des Schülers als ‚unisokratisch' zu erweisen. Isokrates führt hier gezielt eine seinen andernorts geäußerten Positionen gegensätzliche Meinung ein – unter anderem spielen Verdienste um die Hellenen keine Rolle, also gerade jener Bereich, in dem man, nach dem Urteil nicht nur von §42–198, sondern des isokratischen Werkes insgesamt, lobenswerte Leistungen erbringen kann.[309]

---

[304] Eucken 1982: 51 stellt fest, dass sich der Schüler hier auf den gleichen Standpunkt stellt wie die ‚Vätergeneration' in Isok. XII 117–118 (s. o. Kap. B.9.5.2) – Unrecht zu tun sei besser als Unrecht zu erleiden.

[305] Isok. XV 281–283, Too 2006: 112. Auf die Ähnlichkeit weist Roth 2003a: 247–249 hin, betont aber (ebd. 275, 281–283 und 2003b: 142), dass der ‚Spartafreund' den isokratischen *pleonexía*-Begriff gerade gegen die andernorts erkennbaren isokratischen Überzeugungen deutet; vgl. auch Pratt 2006: 78–80.

[306] Die Begriffe *pleonexía* (Isok. XII 55, 133, 160) und *polemikós* (Isok. XII 48) werden im *Panathenaikos* – abgesehen von der Neudefinition durch den ‚Spartafreund' – ausschließlich mit unzweifelhaft negativer Konnotation verwendet. *Hyperopsía* taucht außerhalb der Schülerrede im *Panathenaikos* nicht auf. Schäublin 1982: 180–171 und Pratt 2006: 138–139 zeigen zudem, dass die Wortverwendung durch den ‚Spartafreund' nicht der bei Isokrates üblichen und gegen die Sprachpragmatik erfolgenden Annäherung an die etymologische Wortsemantik (*katá phýsin*, vgl. Isok. III 59, XV 283–285, dazu Too 2006: 111–114, vgl. Isok. IV 75–81, V 9, VII 20) folgt, sondern dazu gerade im Widerspruch steht.

[307] Pratt 2006: 137–138.

[308] Roth 2003a: 247–250 und 2003b: 142–144, mit Verweis auf Isok. XV 275–284; vgl. zuvor Rawson 1969: 44, Kröner 1969: 111–112, Schäublin 1982: 169–171.

[309] Kröner 1969: 112–114.

Auffällig ist vor diesem Hintergrund auch die Bewertung früherer Urteile des Isokrates über Sparta als größtmögliches Lob. Welche Urteile des Isokrates kommen für eine so positive Bewertung infrage? Das Urteil über Sparta im *Archidamos* stammt aus dem (fiktionalen) Mund eines spartanischen Königs und hat sich in unserer Untersuchung als problematisch erwiesen. Indes hat diese Schrift fraglos das Potential, als Spartalob missverstanden zu werden.[310] In allen anderen isokratischen Schriften überwiegt die Kritik etwaige anerkennende Bewertungen bei weitem. Selbst positive Bewertungen einzelner Aspekte der spartanischen *politeía* – etwa in *Busiris* oder *Areopagitikos* – lassen sich kaum als Lob Spartas interpretieren.[311] Insofern ist Roth darin zuzustimmen, dass sich die Äußerung des ‚Spartafreundes' als Beleg dafür lesen lässt, dass der Autor Isokrates damit rechnete, seine Schriften könnten als philolakonisch fehlgedeutet werden, dass er aber den Vorwurf, Spartafreund zu sein, für unangebracht hielt und sich daher im *Panathenaikos* damit auseinandersetze.[312]

Nachdem der ‚Spartafreund' in §245–253 den Wert seiner ‚Demaskierung' des *Panathenaikos* als Spartalob dahingehend bestimmt hat, dass die Rede nicht nur den Athenern, sondern auch den Spartanern als Aufzeichnung und Lob ihrer Geschichte dienen könne,[313] bietet er in §253–259 eine Zusammenfassung der spartanischen Frühgeschichte, wie man sie – bei ‚richtiger' Interpretation – bei Isokrates finden könne.[314] Die in diesem Abschnitt beschriebenen *práxeis* der Vorfahren der Spartaner entsprechen den Exempla, die Isokrates in früheren Schriften verwendet hatte (Kriege gegen Argos, Lakedaimon, Messene / Vertreibung der ursprünglichen Bewohner / Aneignung fremder Güter (*allótria*), zweite Eroberung der Peloponnes). Die Bewertung des Erzählten jedoch steht, wie schon die Aussagen in §241–244 zeigen, im schroffen Gegensatz zu der sonstigen Haltung des Isokrates in früheren Schriften und übrigens auch zu den Aussagen des ‚Spartafreundes' im ersten Gespräch, in dem dieser die Kritik an Spartas Politik noch als zutreffend anerkannt hatte.[315] So beschreibt der ‚Spartafreund' die Kriege gegen Griechen und die gewaltsame Aneignung von *allótria* als vorbildhafte Taten. Gegen Ende des Berichts wiederum zeigt sich der paradoxe Charakter der Darstellung: Dass Sparta die Führung im Perserkrieg übernommen habe (§257), wofür ausschließlich militärische

---

[310] Roth 2003a: 245. Walker 2011: 149–150 bezeichnet den *Archidamos* daher zu Recht als *lógos amphíbolos* eben jener Art, die der ‚Spartafreund' den isokratischen Reden attestiert. Anders Gray 1994a: 265, die in Isok. XII 239 ein authentisches Spartalob im *Archidamos* angesprochen sieht.

[311] Vgl. auch Schäublin 1982: 170, Roth 2003a: 244–245. Anders Ollier 1933: 350–351.

[312] Roth 2003a: 245.

[313] Der ‚Spartafreund' greift hier Isokrates' eigene Darstellung (Isok. XII 209) auf, die Spartaner seien nicht in der Lage, *areté* zu erwerben, da sie nicht über die Kenntnis der Schrift und somit auch nicht über die Kenntnis der Geschichte verfügten. In der Deutung des ‚Spartafreundes' kann das Vorlesen der isokratischen Schriften den Spartanern – auch ohne Kenntnis der Buchstaben – Kenntnis von ihrer Geschichte vermitteln.

[314] Damit weitet der Schüler seine Interpretation auf alle isokratischen Schriften aus, vgl. Roth 2003a: 256–259.

[315] Gray 1994a: 228, Pratt 2006: 88–89.

Überlegenheit, nicht aber die *eúnoia* der Griechen als Erklärung dient, hatte nicht einmal der isokratische ‚Archidamos' zu behaupten gewagt. Bürgerkriege (*stáseis*), Gewaltexzesse (*sphágas*) oder ungesetzliche Vertreibungen seitens der Spartiaten könne niemand belegen, ebensowenig Raub, Vergewaltigungen und politische Umstürze (*politeías metabolē*), Schuldenerlasse oder Landneuverteilungen (§258).

Spätestens mit diesen letzten Äußerungen hat sich der ‚Spartafreund' demaskiert. Seine Aufzählung der Verbrechen, von denen Sparta frei geblieben sei, widersprechen seinem eigenen Bericht über die Eroberungen und Vertreibungen auf der Peloponnes in §253–256, ebenso seiner früheren Zustimmung zu Isokrates' Kritik an Sparta (§201–203, 215–217).[316] Zudem spielen sie deutlich auf §99–101 an, in denen ‚Isokrates' auf ebenso unglaubwürdige Weise, im Rausch des Affekts und infolge des Verlusts jeglicher *phrónēsis*, Athen von zentralen der hier genannten Vergehen (*stáseis, sphágas, metabolás*) freigesprochen hatte.[317] An derselben Stelle erscheint Sparta zudem geradezu als Erfinderin eben dieser Untaten, so dass der ‚Spartafreund' keine Grundlage dafür hat, Sparta im *Panathenaikos* von diesen Vergehen freigesprochen zu sehen. Zu guter Letzt kennzeichnen die beiden letzten ‚Verbrechen', die der ‚Spartafreund' nennt, Schuldenerlasse und die Neuverteilung von Land, den ‚Spartafreund' als antidemokratischen Agitator, der selbst die Maßnahmen Solons ablehnt.[318]

Der ‚Spartafreund' gewinnt das positive Bild von Sparta also tatsächlich aus den von Isokrates verwendeten Exempla, jedoch stellt er die Bewertungen, die Isokrates vorgenommen hatte, auf den Kopf. Er bezeichnet ohne weitere Erläuterungen all das als lobenswert, was Isokrates immer wieder ausführlich als Verbrechen dargestellt und in seinen schädlichen Konsequenzen beschrieben hatte. Die Interpretation des Schülers erklärt sich möglicherweise durch seine Zugehörigkeit zur Gruppe derjenigen Spartafreunde, denen in §111 die Einsicht abgesprochen wird, über irgendeine Sache die richtigen Aussagen zu treffen. Der Schüler gibt hier offenbar eine Deutung der isokratischen Schriften wieder, die deren Inhalt diametral entgegensteht.[319] Es ist davon auszugehen, dass Isokrates sich im *Panathenaikos* gerade auch gegen eine solche Interpretation seiner Schriften wenden will, die als Zweck derselben das Lob Spartas sah. Der *Panathenaikos*, der in vielerlei Hinsicht als eine Art Richtigstellung und Verteidigung gegen mutmaßliche öffentliche Angriffe verstanden werden kann, scheint auch der Widerlegung des Missverständnisses zu dienen, Isokrates habe Sparta loben wollen.[320]

---

[316] Roth 2003b: 142.

[317] S. dazu o. S. 538–539, 540–541.

[318] Pratt 2006: 89. Zum Schuldenerlass als Teil der solonischen Reformen: Arist. AP 6 (χρεῶν ἀποκοπὰ ἐποίησε); zur Landverteilung als typisch demokratischer Reform: Arist. AP 40.

[319] Vgl. Gray 1994: 237, Roth 2003a: 245.

[320] Tigerstedt 1965, I: 202. Kröner 1969: 310 weist zu Recht darauf hin, dass in der gesamten Dialogszene keine der auf Sparta bezogenen Aussagen des epideiktischen Teils durch Isokrates selbst infrage gestellt wird, vgl. auch Gray 1994: 241, 255.

Wie ist es aber zu erklären, dass der ‚Spartafreund', der in §215–217 nach der Kritik durch Isokrates noch einen Lernprozess durchgemacht zu haben schien, nun in derart verblendeter Weise Spartas schlimmste Untaten zu Elementen des Lobes macht? Eine Antwort könnte die Rolle des ‚Isokrates' als Lehrer des ‚Spartafreundes' geben. Die differenzierte Auseinandersetzung des ‚Isokrates' mit den Behauptungen des Schülers in §201–214 hatte letztgenannten zu seinem präzisierten und von ‚Isokrates' als vernünftig beurteilten Standpunkt in §215–217 geführt. ‚Isokrates' jedoch lässt sich im Rausch des rhetorischen Erfolgs dazu verleiten, den Schüler erneut und ungerechtfertigterweise anzugreifen und ihn geradezu bloßzustellen. Die Annahme, dass sich der Schüler nun in §233–263 erneut Isokrates zum Vorbild nimmt, indem er dieses Mal das negative Beispiel von dessen überzogener und nicht an der Argumentation des Schülers orientierter Spartakritik imitiert, könnte erklären, weshalb der Schüler im zweiten Gespräch nicht mehr bei seinem früheren gemäßigten Standpunkt bleibt, sondern nun seiner Zuneigung zu Sparta freien Lauf lässt und Spartas gesamte Politik pauschal für lobenswert erklärt.[321]

Eine weitere Bestätigung findet diese Interpretation der Schülerrede in dem Nutzen, den die Spartaner, der Darstellung des ‚Spartafreundes' zufolge, aus dem *Panathenaikos* gewinnen könnten. Wie bereits erwähnt, behauptet der Schüler, der *Panathenaikos* könne Sparta eine (bislang nicht hinreichend vorhandene) Orientierung an der eigenen Geschichte vermitteln, sofern er selbst als dessen Interpret in Sparta vermittelnd wirke.[322] Auf welche Weise dies geschehen soll und welche Folgen es haben könne, erläutert er in §250–252: Er selbst könne den Spartiaten die Rede vorlesen – nur unter dieser Voraussetzung könne man die Schrift in Sparta positiv rezipieren.[323] Durch seine Vermittlung aber könne das Exemplum der spartanischen Geschichte den Spartiaten dazu dienen, sich des Vorbildes der eigenen Vorfahren zu bedienen, was bedeute, dass sie ihre Sitten unverändert beibehalten und sich nicht um die Kritik seitens der übrigen Griechen kümmern würden. Das ganze isokratische Werk würden sie nach verstecktem Spartalob durchforsten und so Legitimation für ihre *práxeis* gewinnen.

Die Konsequenzen, die die Interpretation des Schülers in dieser Schilderung haben kann, stehen in klarem Widerspruch zu allem, was Isokrates in seinem gesamten Werk über den Zweck philosophischer Belehrung geäußert hatte.[324] Die Politik der Eroberung hellenischer *póleis* und Regionen, die Aneignung fremden Eigentums, *pleonexía*, *sphágai* und *metabolaí* – für all das, was Sparta in Isokrates' früheren Darstellungen und auch im *Panathenaikos* für jegliches Lob disqualifiziert hatte, sollen eben diese Schriften nun durch die Vermittlung des ‚Spartafreundes' die Legitimation bieten. Der *Panathenaikos*

---

[321] Gray 1994a: 261.

[322] Die Rolle, in die sich der ‚Spartafreund' in Sparta begeben will, entspricht somit der Rolle des ‚Isokrates' gegenüber den Schülern. Der ‚Spartafreund' imitiert also auch hierin die Rolle des Lehrers.

[323] Wieder ist hier auf Isok. XII 209 angespielt. Die Spartaner können nicht lesen, daher benötigen sie einen Vorleser, der ihnen die Rede samt Interpretation präsentiert und sie so gewissermaßen geistig entmündigt.

[324] Vgl. z. B. Isok. XI 3 (*methistánai tén dóxan*, s. dazu o. S. 152–154).

soll, folgt man der Interpretation des Schülers, dazu beitragen, dass in den griechischen Verhältnissen alles so bleibt, wie es im 4. Jh. stets gewesen ist. Pratt schließt daraus wohl zu Recht, dass der ‚Spartafreund' als spartanisches Pendant zu den demagogischen Lobrednern athenischer *arché* gezeichnet sei.[325]

Die Abschnitte, in denen der Schüler seine Deutung des isokratischen Spartabildes präsentiert (§242–244, 253–259), werden unterbrochen durch einen kurzen Exkurs des Schülers, in dem er auf mögliche Einwände des Isokrates gegen diese Deutung eingeht (§245–247) und begründet, aus welchem Grund seine Offenlegung des angeblichen impliziten Spartalobes vonnöten sei. Der Schüler greift zunächst die Ankündigung aus dem Proömium der Schrift auf, wonach die folgende Rede voller *pseudologíai* sein werde (§1–2):[326] Isokrates habe die Lobrede so konzipiert, dass sie nur für ein oberflächliches Publikum leicht und angenehm erscheine,[327] dass sie

(246) [...] τοῖς δ' ἀκριβῶς διεξοῦσιν αὐτὸν καὶ πειρωμένοις κατιδεῖν, ὃ τοὺς ἄλλους λέληθε, χαλεπὸν φανούμενον καὶ δυσκαταμάθητον καὶ πολλῆς μὲν ἱστορίας γέμοντα καὶ φιλοσοφίας, παντοδαπῆς δὲ μεστὸν ποικιλίας καὶ ψευδολογίας, οὐ τῆς εἰθισμένης μετὰ κακίας βλάπτειν τοὺς συμπολιτευομένους, ἀλλὰ τῆς δυναμένης μετὰ παιδείας ὠφελεῖν ἢ τέρπειν τοὺς ἀκούοντας.

(246) [...] für jene aber, die sie [sc. die Rede] genau durchgehen und versuchen zu durchschauen, was anderen verborgen bleibt, sich als schwierig erweist, als schwer zu verstehen und vollgepackt einerseits mit Geschichte und Philosophie, aber auch voller Wechselhaftigkeit und Täuschung, nicht der gewöhnlich mit übler Gesinnung verbundenen, die die Mitbürger schädigt, sondern einer solchen, die, mit Bildung verbunden, den Zuhörern Nutzen zu bringen oder sie zu erfreuen vermag.

Der Schüler sieht somit all das erfüllt, was Isokrates im Proömium angekündigt hatte. Die Rede enthält Trug und Schein, und sie erweist sich als komplex und schwierig zu verstehen. Der Leser des Schülerdialogs sollte sich jedoch vor Augen halten, dass auch der Schülerdialog noch zum *Panathenaikos* gehört. Der Hinweis des ‚Spartafreundes' auf *pseudología* in dieser Schrift bringt die Ankündigung des Proömiums wieder ins Gedächtnis zurück. Indes kann er kein Grund dafür sein, anzunehmen, dass *pseudología* nicht auch in der Rede des ‚Spartafreundes' enthalten sein könne.[328]

---

[325] Pratt 2006: 90.
[326] S. o. S. 505–508.
[327] Der Text wird so bei einem unkritischen Publikum keinen Anstoß erregen (von Reden/Goldhill 1999: 280).
[328] Die Nähe der *pseudología* an dieser Stelle zu Platons ‚edler Lüge' betonen Welles 1996: 15, von Reden/Goldhill 1999: 280, Pownall 2004: 26–27. Vgl. zu weiteren literarischen Bezügen (v. a. Hes. Theog. 87) Pratt 2006: 70–72.

B.9.7 Reaktion des Isokrates und Epilog (§264–272)

Isokrates' Stellungnahme zur Interpretation des Schülers fällt knapp aus: Er lobt die *phýsis* des Schülers und seine philosophische Bemühung (*epiméleia*). Die inhaltliche Deutung der Lobrede in §42–198 kommentiert er indes mit keinem Wort (§265). Über die Bedeutung dieser Reaktion ist bis heute keine Einigkeit der Interpreten erzielt worden, und eben dies dürfte Isokrates mit der Verweigerung einer Stellungnahme auch beabsichtigt haben. Dadurch, dass er sich einem inhaltlichen Urteil entzieht, überlässt er die Aufgabe der abschließenden Bewertung dem Leser – und entgeht dem in §249 angesprochenen Problem, dass eine Offenlegung der Interpretation eigenständige Auseinandersetzung und kritische Beurteilung der Schrift verhindern könnte.[329]

Nichtsdestoweniger ist die Interpretation des ‚Spartafreundes' durch zahlreiche Hinweise vom Autor Isokrates als absurde und amoralische Lesart, mithin als böswillige Verzerrung der Intentionen des ‚Isokrates' gekennzeichnet. Was der Schüler präsentiert, ist eine leicht durchschaubare Gegenposition zu den zentralen politischen Anliegen der isokratischen Schriften. Die *pseudología* des *Panathenaikos* ist nicht zuletzt in der Rede des Schülers in §233–263 zu finden. Hierin schließe ich mich den sorgfältigen Untersuchungen von Vivianne Gray, Peter Roth und Jonathan Pratt an.[330]

Damit scheidet jedoch die Möglichkeit, auch in §42–198 *pseudología* anzunehmen, nicht gänzlich aus.[331] Wir haben oben bereits gesehen, dass das Athenlob an einigen Stellen eben jene Schein- und Fehlargumente aufweist (vor allem §53–73, 90–107), die seit dem *Busiris* in fast allen isokratischen Schriften zu finden sind. Diese Fehlargumente betreffen – ebenfalls in Übereinstimmung mit früheren Schriften und teilweise auch direkt aus diesen übernommen – ausschließlich die Verteidigung oder das Lob athenischer Machtpolitik der jüngeren Vergangenheit. Die Kritik an Sparta und das Lob der *práxeis* und der *politeía* der athenischen Vorfahren bleiben davon unberührt. Zudem findet sich in §90–107 ein Abschnitt, der von Isokrates als irrationaler *psógos* stilisiert ist, und in dem einerseits die Kritik an Sparta besonders heftig, vor allem aber die Entlastung Athens vollkommen haltlos ist. *Amphibolía* und *pseudología* (im Sinne von *lógos pseudés*

---

[329] Von Arnim 1917: 225, Zucker 1954: 16, Kröner 1969: 323, Too 1995: 126–127, Eden 1997: 129, Roth 2003b: 142–145.

[330] Gray 1994a: 225–226, 234–237, 240, 252–255, Roth 2003b, Pratt 2006: 89–100, vgl. auch Wardy 1996: 131–132. Darin, dass Isokrates, wie vom ‚Spartafreund' vorgeschlagen, den *Panathenaikos* einschließlich der Dialogszene publizierte (Masaracchia 1995: 135), lässt sich im Übrigen keine Zustimmung zur Interpretation des Schülers sehen. Zum einen bezöge sich eine derartige Zustimmung nur auf den Vorschlag der Publikationsform, zum anderen aber setzt diese Annahme die Möglichkeit voraus, dass Isokrates den *Panathenaikos* ursprünglich ohne die Dialogszene geplant haben könnte. Dies scheint mir jedoch angesichts der der ganzen Schrift leitmotivisch übergeordneten, aber erst in der Dialogszene vollständig durchgeführten Einbindung der *hypóthesis* des Athen-Lobes in die isokratische Bildungskonzeption ausgeschlossen.

[331] Dazu v. a. Roth 2003b, anders Gray 1994a: 254–255.

/ *lógos parádoxos*) hat unsere Untersuchung von §42–198 insofern durchaus zutage gefördert.[332] Diese amphibolen Argumente betreffen jedoch zumeist nicht das Bild von Sparta, sondern sie erschüttern das Lob auf Athen, das sich in manchen Abschnitten geradezu als eine Bekräftigung der wiederholt proleptisch eingeführten Anklagen gegen Athen erweist.[333]

Insofern ist die Reaktion des Isokrates (§265) auf die große Rede des Schülers als methodische Zustimmung bei gleichzeitiger inhaltlicher Ablehnung aufzufassen:[334] Wenn Isokrates dort die *phýsis* und die *epiméleia* des ‚Spartafreundes' lobt, so stimmt er dessen grundsätzlichem Ansatz zu, den *lógos* des Isokrates auf *amphibolía* und *pseudología* zu prüfen.[335] Dies passt im Übrigen sehr gut zu den wiederholten Forderungen nach sachlicher Prüfung der Argumente, die die *persona* ‚Isokrates' immer wieder und nicht zuletzt im *Panathenaikos* geäußert hatte.[336] Diese Kritik trifft indes nur das Athen der jüngeren Vergangenheit. In dieser Differenzierung zwischen lobenswerter Frühzeit und kritikwürdiger Gegenwart liegt die Differenziertheit des Athenlobes, die Isokrates im Proömium (§37–38) gefordert und angekündigt hat.

Keine Zustimmung erfährt der ‚Spartafreund' für seine Deutung des *lógos* als eines Lobes für Sparta. Diese Deutung basiert auf der grundsätzlichen Interpretation von §42–198 als Rede, die größtmögliche Zustimmung bei möglichst großen Teilen des Publikums hervorrufen wolle. Der Schüler deutet die Rede somit als ‚sophistische' *epídeixis*, als typische ‚Festrede' – und damit übersieht der Schüler den didaktischen Anspruch der Schrift, der bereits im Proömium als übergeordnete Zielsetzung erscheint, und der insbesondere im Epilog näher erläutert wird. Hier sieht ‚Isokrates' den didaktischen Wert eines *lógos* in seiner Fähigkeit, durch Kritik die Änderung falscher *dóxai* und Verhaltensweisen hervorzurufen – das exakte Gegenteil zur Legitimierung des Bestehenden, die der ‚Spartafreund' leisten will –, und er ruft sein Publikum dazu auf, sich solch kritischen *lógoi* zuzuwenden:

(271) Τίνος οὖν ἕνεκα ταῦτα διῆλθον; Οὐ συγγνώμης τυχεῖν ἀξιῶν ὑπὲρ τῶν εἰρημένων […] ἀλλὰ δηλῶσαι βουλόμενος τά τε περὶ ἐμὲ γεγενημένα καὶ τῶν ἀκροατῶν ἐπαινέσαι μὲν τοὺς τόν

---

[332] Vgl. auch bereits von Arnim 1917: 253; Zucker 1954: 11–12, 26–30, Bons 1997: 14.

[333] Pratt 2006: 90 hält Kritik an Athen für „a far more likely candidate for a ‚hidden meaning' than the covert praise of πλεονεξία discovered by the Laconophile".

[334] Pratt 2006: 91, 95. Wichtig ist der Hinweis ebd. 73–74, der zu Recht gegen Too 1995: 70–73 feststellt, dass auch der Ansatz des ‚Spartafreundes' keineswegs interpretatorische Offenheit impliziere, sondern die Möglichkeit unterschiedlicher Interpretationen thematisiert, von denen aber nur eine tatsächlich Autorität beanspruchen könne.

[335] Vgl. von Arnim 1917: 255, Roth 2003b: 142–144, anders Schäublin 1982: 172–173 und zuletzt Pratt 2006: 77, der den ‚Spartafreund' gerade in dessen Ansatz, nach *amphiboliai* zu suchen, als Gegenfigur zu ‚Isokrates' betrachtet, die einen unisokratischen, esoterischen philosophischen Standpunkt einnehme. Die komplexe Methodik uneigentlicher Rede, die sich in den bisherigen Untersuchungen der isokratischen Schriften in dieser Arbeit gezeigt hat, spricht indes gerade für die Annahme einer esoterischen Hermetik.

[336] Vgl. Isok. XII 134–137.

τε λόγον ἀποδεχομένους τοῦτον καὶ τῶν ἄλλων σπουδαιοτέρους καὶ φιλοσοφωτέρους εἶναι νομίζοντας τοὺς διδασκαλικοὺς καὶ τεχνικοὺς τῶν πρὸς τὰς ἐπιδείξεις καὶ τοὺς ἀγῶνας γεγραμμένων καὶ τοὺς τῆς ἀληθείας στοχαζομένους τῶν τὰς δόξας τῶν ἀκροωμένων παρακρούεσθαι ζητούντων καὶ τοὺς ἐπιπλήττοντας τοῖς ἁμαρτανομένοις καὶ νουθετοῦντας τῶν πρὸς ἡδονὴν καὶ χάριν λεγομένων, (272) συμβουλεῦσαι δὲ τοῖς τἀναντία τούτων γιγνώσκουσι πρῶτον μὲν μὴ πιστεύειν ταῖς αὑτῶν γνώμαις, μηδὲ νομίζειν ἀληθεῖς εἶναι τὰς κρίσεις τὰς ὑπὸ τῶν ῥᾳθυμούντων γιγνομένας, ἔπειτα μὴ προπετῶς ἀποφαίνεσθαι, περὶ ὧν οὐκ ἴσασιν, ἀλλὰ περιμένειν, ἕως ἂν ὁμονοῆσαι δυνηθῶσι τοῖς τῶν ἐπιδεικνυμένων πολλὴν ἐμπειρίαν ἔχουσι· τῶν γὰρ οὕτω διοικούντων τὰς αὑτῶν διανοίας οὐκ ἔστιν ὅστις ἂν τοὺς τοιούτους ἀνοήτους εἶναι νομίσειεν.

(271) Weswegen habe ich dies nun ausgeführt? Nicht, weil ich es für richtig hielt, Verständnis für das Gesagte zu erfahren […], sondern weil ich aufzeigen wollte, was um meine Person geschehen ist, und weil ich von den Zuhörern die loben wollte, die dieser Rede zustimmen und der Ansicht sind, ernsthafter und philosophischer seien lehrhafte und kunstfertige Reden im Vergleich zu jenen anderen, die für Vorführungen und Wettkämpfe verfasst sind, und Reden, die auf die Wahrheit abzielen im Vergleich zu solchen, die versuchen, die Meinungen der Zuhörer in die Irre zu leiten, und Reden, die Verfehlungen tadeln und ermahnen, im Vergleich zu denen, die zum Vergnügen und Gefallen gesprochen werden; (272) aber auch, weil ich denen, die der gegenteiligen Meinung sind, den Rat geben wollte, erstens nicht den eigenen Ansichten zu vertrauen und nicht anzunehmen, die Urteile, die von leichtfertigen Leuten getroffen werden, seien wahr, zweitens nicht vorschnell ihre Meinung auszusprechen über Dinge, die sie nicht verstehen, sondern zu warten, bis sie jenen zustimmen können, die große Erfahrung in den behandelten Themen aufweisen. Denn wer sein Denken in dieser Weise einrichtet, den wird man unmöglich für unvernünftig halten.

Diese Schlussworte des *Panathenaikos* bestätigen nicht nur den oben gewonnenen Eindruck, wonach der ‚Spartafreund' in seiner Interpretation des isokratischen *lógos* als ‚sophistischer' *epídeixis* sowie der Spartakritik als Spartalob falsch liegt – implizit wird der ‚Spartafreund' hier als unvernünftig (*anóêtos*) gekennzeichnet –, sondern sie belegen auch, dass ‚Isokrates' den *Panathenaikos* – sowie die philosophischen *lógoi* im allgemeinen – als Lehrschrift betrachtet, die ihre Wirkung durch Kritik (*epipléttontas toîs hamartanoménois*) erzielt, die mithin nicht gefallen, sondern belehren will.[337] Eine Überwindung fehlerhaften Verhaltens statt der vom ‚Spartafreund' vorgeschlagenen Legitimierung des gegenwärtigen Handelns kann nur durch Kritik erreicht werden.[338]

Daraus lässt sich schließen, dass in §42–198 Kritik zum Zweck der Belehrung enthalten sein muss.[339] Da sich die Schrift schon in ihrem Titel als ‚ganz athenische' Rede zu erkennen gibt, da zudem auch der ‚Spartafreund' angibt, die Schrift werde ohne seine Vermittlung in Sparta nicht rezipiert werden, und da die isokratischen Schriften allgemein an ein athenisches Publikum adressiert sind, muss diese Belehrung gegenüber einem athenischen Publikum erfolgen. Das Lob Athens bei gleichzeitiger Kritik Spartas kann

---

[337] Kröner 1969: 114, Roth 2003a: 267–269.

[338] Zu Recht betont jedoch Pratt 2006: 97, dass auch im Epilog der kritische Ansatz des ‚Spartafreundes' als zielführend erscheine.

[339] Insofern trifft der Schüler gerade darin das Richtige, dass er den belehrenden, philosophischen Charakter der Rede aufgrund ihrer Ambiguität betont. Blaß ²1892: 324 betont zu Recht, dass sich hierin bestätige, dass die Dialogszene von inhaltlicher Relevanz für die ganze Schrift sei.

diesen Zweck meines Erachtens nicht erfüllen.³⁴⁰ Eine lehrreiche Kritik vor einem athenischen Publikum muss insofern Kritik an Athen beziehungsweise an athenischem Handeln sein.

B.9.8 Ergebnis

Sitta von Reden und Simon Goldhill kommen in ihrer Analyse der Dialogszene zu dem Ergebnis, dass Isokrates – anders als etwa Platon im *Menexenos* – die üblichen Modi der demokratischen Selbstvergewisserung durch epideiktische Lobreden auf Athen bei gleichzeitiger Kritik an Sparta grundsätzlich teile und im *Panathenaikos* bekräftigen wolle.³⁴¹ Unsere Untersuchung kommt zu einem gegenteiligen Ergebnis. Schon im Proömium wendet sich ‚Isokrates' gegen übertriebenes Lob auf Athen (§37) – und seine Rede birgt zahlreiche kritische Töne gegenüber der athenischen Politik der Zeit nach den Perserkriegen.

B.9.8.1 Kritik an Sparta und Athen

Peter Roth hat zu Recht darauf hingewiesen, dass Kritik am Gegenstand einer Lobrede bei Isokrates aufgrund der technischen Beschränkung auf die positive Darstellungsweise nur implizit, nur auf verborgene Weise erfolgen kann.³⁴² Eben diesem Zweck dienen die in §42–198 enthaltenen *lógoi parádoxoi* beziehungsweise die dortigen Fehlargumente. Sie adaptieren übliche Modi von Lobreden auf Athen und instrumentalisieren sie für eine implizite Kritik an der athenischen Politik des 5. und 4. Jhs. Die Formulierung der *hypóthesis* in §5 und §35–38 (*lógos* über die *práxeis* Athens und die *areté* der Vorfahren) erweist sich als genau auf diese differenzierte Darstellung Athens, die Lob der Leistungen der Vorfahren, aber eben auch Kritik am zeitgenössischen Athen enthält, abgestimmt.³⁴³ Die *areté* der Vorfahren ist, wie schon im *Panegyrikos*, das einzige Objekt echten Lobes.

---

³⁴⁰ Dies zeigt nicht zuletzt die Reaktion der übrigen Schüler des Isokrates sowie der Freunde (Isok. XII 266–270), die den ersten Redeteil überschwänglich loben. Diese athenischen Rezipienten stimmen Isok. XII 42–198 zu, weil dieser *lógos* ihre vorgefassten Meinungen zu bestätigen scheint, und sie zeigen keinerlei Interesse an einer kritischen Auseinandersetzung mit dem Gesagten. Sie entsprechen damit dem typischen athenischen Redenpublikum, das Isokrates in Isok. VIII 13–14 dafür kritisiert, dass es nur solche Reden hören wolle, die seine Vorurteile bedienen; vgl. auch Isok. V 2–9, v. a. 7; vgl. Pratt 2006: 96.

³⁴¹ Von Reden/Goldhill 1999: 283–284.

³⁴² Roth 2003a: 242–243; vgl. Gray 1994a: 267, s. außerdem o. Kap. A.3.3.

³⁴³ S. o. Kap. B.9.3.1. Tatsächlich erwähnt Isokrates in Isok. XII 37 als übliche Modi von Lob und Tadel gegenüber Athen (1) übermäßige Kritik, (2) gemäßigtes Lob und (3) übermäßiges Lob. Es fehlt offensichtlich gemäßigte Kritik als notwendige Begleiterscheinung eines differenzierten Lobes. Meiner

Sparta taucht im *Panathenaikos* als ständiger Vergleichsgegenstand zu Athen auf. Als solcher ist Sparta indes so negativ gezeichnet, dass es – setzt man den Maßstab der theoretischen Überlegungen in §39–41 an – nichts zu einem Lob Athens beitragen kann. Der Vergleich zwischen Sparta und Athen zeigt so, dass Athens positive Merkmale (Leistungen für die Griechen und *politeía* in der Vorzeit) einerseits größer sind als die spartanischen, dass seine Vergehen (Verbrechen während der *archḗ*) andererseits geringer sind als die Spartas. Die unmissverständlich negative Bewertung der spartanischen Herrschaftspolitik ist indes aufgrund ihrer prinzipiellen Ähnlichkeit zur athenischen Politik der *archḗ* durchaus dazu geeignet, die negative Qualität der letzteren zu belegen. Dies tritt besonders deutlich dort hervor, wo Athen und Sparta einem dritten, tatsächlich vorbildhaften Vergleichsgegenstand (Agamemnon, §73–90, Theseus, §126–130) gegenübergestellt werden. Das Exemplum Sparta dient im *Panathenaikos* somit zugleich der positiven Absetzung Athens von Sparta wie auch der Kritik Athens, indem es Handlungsweisen, die die athenische Politik kennzeichnen, am Fallbeispiel Sparta kritisiert.

Die Dialogszene weist das Publikum auf diese komplexe Hermetik der differenzierten, weil Lob und Tadel bergenden, Bewertung Athens hin. Der ‚Spartafreund' geht zwar fehl in seiner Deutung von §42–198 als *epídeixis*, zeigt aber dennoch in den Stichworten *amphibolía* und *pseudología* – letzteres kündigt ‚Isokrates' im Proömium (§1–2) selbst an – den Punkt auf, an dem die philosophische Kritik des *lógos* ansetzen muss. Der *Panathenaikos* birgt also durchaus ‚Hintersinn', wie ihn der ‚Spartafreund' vermutet,[344] dieser besteht jedoch nicht darin, dass sich in allen Aussagen über die *práxeis* Athens und Sparta Lob finden lasse, sondern darin, dass das vermeintliche Lob Athens in Teilen Kritik beinhaltet und durch die klare Zuordnung von Lob (Vorfahren) und Tadel (Gegenwart) appellative Wirkung erzielen soll.

B.9.8.2 Sparta als schlechtes Vorbild

Lob und Tadel bestimmen die Darstellung auf allen Ebenen des *Panathenaikos*. Im Proömium beschreibt Isokrates böswillige, ungerechtfertigte Kritik von Seiten der Zeitgenossen als wesentliche Motivation für die Abfassung der Rede (§11–33) und benennt seinerseits einen Mittelweg zwischen übermäßigem Athenlob und bösartiger Athen-Kritik als Ziel seiner Darstellung (§35–38). Im Zuge dieser Darstellung greift der Sprecher jedoch im Kontext der athenischen *archḗ* (§53–71) zu Mitteln, die für ein Lob bei näherer Betrachtung ungeeignet erscheinen, die aber gleichwohl den rhetorischen Modi der Epitaphien und ähnlicher Lobeshymnen auf athenische Machtpolitik entsprechen. Zudem lässt er sich (§90–107, 218–229) im Affekt zu übertriebenen Angriffen gegen Sparta hinreißen, die er an späterer Stelle bereut (§229–232). Die Schrift beinhaltet also alle drei

---

Meinung nach ist Isokrates' Standpunkt hier zu suchen; vgl. Gray 1994a: 257–258, Signes Codoñer 1998: 88–89.
[344] Bons 1997: 14.

B.9.8 Ergebnis

Modi der epideiktischen Rede, einerseits extremes Lob und extremen Tadel, beides als irrational gekennzeichnet, andererseits – als Ergebnis der Analyse der Argumentationen – eine differenzierte Kritik, die Fehler benennt und Vorbilder aufzeigt.[345]

Dieses Thema von Lob und Tadel verbindet sich im *Panathenaikos* unmittelbar mit dem pädagogischen Thema von Vorbild und Nachahmung. Als Handlungsvorbilder erscheinen Isokrates selbst (als Inbegriff des *pepaideuménos*) im Proömium, Agamemnon und die athenischen Vorfahren (inklusive Theseus) in §42–198. In der Dialogszene wiederum steht die Nachahmung des Lehrers durch den Schüler im Vordergrund. Der ‚Spartafreund' verändert seine Argumentation je nach dem Diskussionsmodus, den Isokrates anschlägt.[346] Nach dem ersten Gespräch, in dem ‚Isokrates' die Argumente des Schülers präzise widerlegt hat, passt dieser seinen Standpunkt an und übernimmt die Position des Lehrers. Als ‚Isokrates' nun aber erneut – und ohne Bezug auf die Argumente des ‚Spartafreundes' – seiner Kritik an Sparta freien Lauf lässt, orientiert sich der Schüler im folgenden zweiten Gespräch wiederum an seinem Lehrer – und wendet nun nur noch seine Vorurteile unkritisch auf den Diskussionsgegenstand an. Falsche und richtige Vorbilder und ihre Wirkung auf das Handeln der Schüler werden hier vorgeführt.

Dieses Motiv der falschen und richtigen Vorbilder wird im politischen Bereich anhand der Synkrisis Athen–Sparta vorgeführt. Sparta erscheint wiederholt als Lehrerin Athens, als schlechtes Vorbild für die Verbrechen der *arché* (zum Beispiel §99–101, 114–118).[347] Diese Darstellung Spartas als schlechtes Vorbild für die Politik ist wohl nicht zuletzt als Kritik an der zeitgenössischen Idealisierung Spartas, insbesondere im Bereich des bildungs- und staatsphilosophischen Denkens zu sehen.[348] Umgekehrt ist Athen als Urheberin der idealen *politeía* das gute Vorbild für den lykurgischen Staat und dessen formal lobenswerte Einrichtungen. Die *mímēsis* von Vorbildern, wesentliches Merkmal der isokratischen *paideía*, wird auf diese Weise im *Panathenaikos* auch in ihrer Bedeutung für die praktische Politik veranschaulicht.

Zudem hat die Bevorzugung Athens vor Sparta als Vorbild für die *politeía* auch appellativen Wert gegenüber dem athenischen Publikum der Schrift. Die Athener verfügen nach Isokrates' Darstellung im Gegensatz zu den Spartanern über *oikeĩa paradeígmata* für richtiges politisches Handeln. Ihre Vorfahren geben ein leuchtendes Vorbild für die Politik ab, die einen Führungsanspruch unter den griechischen *póleis* rechtfertigen kann. An diesem Vorbild müsste sich Athen eigentlich orientieren (dies aufzuzeigen ist ein Ziel von §42–198). Stattdessen polemisieren in Athen verschiedene Gruppierungen gegeneinander, die entweder die athenische (Sykophanten, radikale Demokratie) oder die

---

[345] Gray 1994a: 261, 267.

[346] Etwas anders geht Pratt 2006: 62 davon aus, dass sich die aggressive Haltung des ‚Spartafreundes' und die kultivierte *paideía* des Isokrates gegenseitig beeinflussen.

[347] Masaracchia 1995: 104.

[348] Gray 1994a: 259–262. Zur Rolle Spartas in Bildungsvorstellungen des 5. und 4. Jhs. vgl. Ducat 2006: 35–67. Vor allem die Bewertung der spartanischen *paideía* als einer esoterischen Bildung durch Platon (einen Überblick gibt Ducat ebd. 50–61) scheint hier ein wichtiger Referenzpunkt zu sein.

spartanische (Lobredner Spartas, radikale Oligarchie) Seemachtpolitik in ihren Argumentationen als vorbildhaft loben. Die athenische Politik wird im *Panathenaikos* dazu aufgefordert, sich auf eine Verpflichtung auf das Gemeininteresse zu besinnen und auf diese Weise zur *politeía* der Vorväter zurückzukehren, das heißt die politischen Vorstellungen des Isokrates anzunehmen.

B.9.8.3 Die Trennung von *lógos* und *práxis*

Das erste Gespräch zwischen Isokrates und dem ‚Spartafreund' (§199–229) erklärt einen weiteren für Isokrates' Verwendung spartanischer Exempla zentralen Aspekt. ‚Isokrates' kritisiert hier einerseits das Fehlen philosophischer Bildung, gar jeder geistigen Bildung überhaupt, in Sparta, und zugleich kritisiert er die gymnische Bildung Spartas für ihre fehlende moralische Bindung.

Sparta erscheint einerseits in der Beschränkung der Bildung auf den Bereich des Körperlich–Militärischen wie schon in früheren Schriften als ein Staat des Körperlichen, der das Geistige vernachlässigt. Isokrates' Kritik am Fehlen der geistigen Bildung in Sparta (§209) zeigt deutlich die Konsequenzen dieses Mangels. Ohne *phrónêsis* als Ergebnis der philosophischen *paideía* kann Sparta keine politische Urteilskraft entwickeln. Diese jedoch ist notwendig für richtige politische wie auch strategische Entscheidungen.[349] In der *Antidosis* bezeichnet Isokrates die nur militärisch, nicht aber philosophisch Ausgebildeten als geeignet für untergeordnete Führungsaufgaben, nicht aber für die Strategie. Sparta fehlt der Geist, der die durch die spartanische *paideía* erzeugte militärische Überlegenheit zu steuern in der Lage wäre. Die Konsequenz ist ein mangelndes Urteil darüber, gegen wen man seine *pleonexía* zu richten hat, auf wessen Kosten man seine eigene Lage also verbessern soll. Diese Urteilsfähigkeit ist zugleich eine der zentralen Fähigkeiten des guten Strategen.[350]

Spartas gegen Griechen gerichtete Außenpolitik und seine gegen die Mehrheit der eigenen Mitbürger gerichtete innere Ordnung sind Folge des Mangels an politischer Urteilskraft, des Mangels an philosophischer *paideía*. Die Einseitigkeit seiner *paideía* führt Sparta zu großer Handlungsfähigkeit, zu militärischer Stärke. Es fehlt jedoch an der moralischen Orientierung der spartanischen Politik. Die Dichotomie zwischen Handlungskompetenz und politischer Urteilskraft ist gleichzusetzen mit einer Dichotomie zwischen *lógos* (dem Gegenstand der philosophischen Bildung) und *práxis* (die man sowohl als Gegenstand der gymnischen, aber auch allgemein jeder technischen Lehre betrachten kann). Sparta fehlt der Geist Athens. Im *Panathenaikos* findet sich so die grundsätzlichste Erläuterung des isokratischen Denkens zu jenem Unterschied zwischen Athen und Sparta, der schon im *Panegyrikos* als Gegensätzlichkeit zweier *politeíai* erschienen war. In

---

[349] Vgl. dazu das Bild des politisch gebildeten Strategen v. a. in Isok. VIII 53–54 (vgl. XII 143, Roth 2003a: 180–181), XV 115–120; vgl. auch Pratt 2006: 61.
[350] Isok. XV 115.

B.9.8.4 Zur Bewertung der Dialogszene

Der ‚Spartafreund' der Dialogszene schlägt Isokrates vor, die *pseudología* seiner Rede offenzulegen. Der *Panathenaikos*, der die disparaten Einzelbilder früherer isokratischer Schriften über das Verhältnis zwischen Athen und Sparta, über ideale *hēgemonía* und verfehlte *archḗ* sowie über die innen- und außenpolitischen Auswirkungen von *politeía* und *paideía* in ein geschlossenes Bild zusammenführt und zugleich die Möglichkeit impliziter Aussageebenen und die Notwendigkeit der Kritik rhetorischer Argumentationen thematisiert, stellt genau das dar, was der Schüler fordert: eine Enthüllung der dem isokratischen Denken und Schrifttum zugrundeliegenden Ideen und Methoden. Isokrates spricht dies selbst nicht aus, sondern führt lediglich die Möglichkeiten, aber auch die Gefahren der kritischen Analyse der *lógoi* vor.[351] Damit demonstriert er methodische Ansätze zur kritischen Lektüre, ohne seine Schriften ihrer Hermetik zu berauben. So liefert der *Panathenaikos* mehr als eine exemplarische Vorführung des *lógos amphíbolos*. Vielmehr gibt Isokrates geradezu eine Anleitung zur Auseinandersetzung mit seinem Werk. *Lógoi amphíboloi* und *pseudología* können gezielt eingesetzt, Widersprüche durch die Komposition der Reden bedingt oder zum Zwecke der philosophischen Schulung platziert sein.[352] Bei alledem aber stehen die Inhalte keineswegs hinter der rhetorischen Form zurück, das Gegenteil ist der Fall: Reden, die politische Zwecke verfolgen, die nach Wahrheit streben und ihre Leser durch Kritik belehren wollen, sind rhetorischen Schaustücken und Prozessreden vorzuziehen.[353]

---

[351] Schäublin 1982: 167, Roth 2003a: 215, Pratt 2006: 21–22.

[352] Vgl. Eucken 1982: 43, anders von Arnim 1917: 252–255, 41, der die Rede – stark beeinflusst vom Zeitgeschehen des Jahres 1917 – als ‚wilsonianische' Anleitung für den Politiker versteht, wie ein Staat propagandistisch gelobt bzw. verteufelt werden könne.

[353] Vgl. Isok. XII 271–272, deutlich geht diese Bevorzugung des inhaltlichen Arguments vor der rhetorischen Kunst auch hervor aus Isok. V 4.

C – Ergebnisse

C.1 Sparta in den einzelnen Schriften (Überblick)

Im Folgenden (Kap. C.1) werden die Ergebnisse der obigen Einzeluntersuchungen zusammengefasst, um die wesentlichen Kontinuitäten und Diskontinuitäten im isokratischen Spartabild anschaulich zu machen. Anschließend (Kap. C.2) werden die wichtigsten Funktionen, denen das ‚Exemplum Sparta' in den isokratischen Schriften dient, erläutert und in das politische und pädagogische Denken des Isokrates eingeordnet. Nicht alle Fragen zur Verwendung des Exemplum werden sich eindeutig klären lassen, so wie auch nicht alle im Analyseteil dieser Arbeit gewonnenen Ergebnisse Autorität als einzig gültige Interpretationen beanspruchen können. Indes lässt sich ein in seinen wesentlichen Bestandteilen im Verlauf von Isokrates' rund 50-jähriger schriftstellerischer Tätigkeit erstaunlich homogenes Bild von Isokrates' Verwendung spartanischer *paradeígmata* konstatieren. Isokrates greift nicht nur immer wieder auf die gleichen Vorstellungen und Urteile über Sparta zurück, er verwendet diese vielmehr auch immer wieder als Beweismittel in ähnlichen Argumentationsgängen und zu ähnlichen Argumentationszwecken.

C.1.1 *Helena / Busiris*

Schon in *Helena* und *Busiris* zeigen sich die wesentlichen Elemente des isokratischen Spartabildes in der Form, in der sie auch in späteren Schriften auftauchen.[1]

Direkt erwähnt wird Sparta in der *Helena* nur am Rande als *pólis* von großer machtpolitischer Bedeutung (*arché, rhómê, deiná,* §19), deren besondere Traditionspflege darüber hinaus betont wird (§63). In der Schönheit (*kállos*) der Hauptfigur *Helena* spiegelt sich das Ideal der aristokratischen (und spartanischen) *kalokagathía*, die im Kern der aristokratischen Leistungsorientierung steht. Über verstreute Erwähnungen Spartas hinaus birgt die Schrift jedoch eine ganze Reihe an Einzelaussagen zu den Mythen um Herakles, Theseus und Helena, die sich mit dem Verhältnis zwischen den *póleis* Athen und Sparta, wie es sich in den übrigen Reden präsentiert, in Verbindung bringen lassen: So stehen Herakles und Theseus als Gründungsheroen Spartas respektive Athens in einem *agón* um die größten Leistungen, in dem Theseus (Athen) sich durch gemeindienlichere

---

[1] S. o. Kap. B.1.2.3.

Werke als Herakles (Sparta) auszeichnet (§18–38). Hier findet sich die spätere Kritik an Spartas mangelndem Sinn für das hellenische *koinón* bereits angelegt.

Im *Busiris* erscheint Spartas Staat als unvollständige und deshalb mangelhafte Kopie des idealen Staates (§17–20),[2] dessen Ursprung scheinbar in Ägypten, bei näherer Betrachtung aber in Athen liegt.[3] Zwar erweist sich Sparta im militärischen Bereich als überlegen verwaltet, da dort Elemente des Idealstaates erhalten sind. Aufgrund der Erhebung des Kriegswesens zum einzigen Staatszweck (der gleichbedeutend ist mit dem Verlust von wirtschaftlicher Aktivität und Geisteswelt), werden die guten militärischen Einrichtungen jedoch zu verwerflichen Zwecken (kriegerische Aneignung fremden Besitzes, machtpolitische Expansion in Hellas) angewandt (§19–20). Hier zeigt sich Sparta als *pólis*, die nur das Eigeninteresse (*ídion*) im Blick hat. Die exemplarische Funktion liegt wohl in der Kritik an politischen Idealisierungen Spartas als Idealstaat. Nicht auf dem Lob einzelner Einrichtungen, sondern auf der Kritik an der Einseitigkeit der spartanischen *politeía* liegt der Schwerpunkt.

C.1.2 *Panegyrikos*

Im *Panegyrikos* rückt Sparta, gemeinsam mit Athen, erstmals in den Mittelpunkt der Darstellung. Argumentationsziel der Rede ist der Nachweis, dass die hellenischen *póleis* große Leistungen – wie die eines erfolgreichen Perserkrieges – nur auf Grundlage der *homónoia* und nur unter hegemonialer (im Sinne konsensual vereinbarter, auf freiwilliger Gefolgschaft beruhender) Führung erzielen können.

Um dies darzustellen, muss Isokrates die gängige Gegenüberstellung der Erzfeinde Sparta und Athen als Exponenten des oligarchischen und des demokratischen Staates überwinden. Er tut dies in einer großen Synkrisis beider *póleis* (§21–128), deren erklärtes Ziel der Nachweis athenischer *areté* und eine Qualifizierung der athenischen *arché* ist. In diesem Vergleich erfährt Athen zwar durchweg eine bessere Bewertung als Sparta, zugleich aber werden bei beiden *póleis* lobenswerte Leistungen nur für bestimmte Zeiträume aufgezeigt: In der mythischen Frühzeit macht sich Athen um die Hellenen verdient wie keine andere *pólis*, Sparta dagegen ist lediglich Empfängerin athenischer Wohltaten (§21–74).[4] Athen erscheint als Trägerin hellenischer Kultur und *philosophía* (§47–50) – und damit als Vertreterin der im Proömium angesprochenen geistigen *paideía* (§1–3). Implizit zeichnet sich damit eine Darstellung Spartas als Staat des Körperlichen, des Militärs und der gymnischen *paideía* ab. Während der Perserkriege findet ein Wettstreit um gemeindienliche Leistungen zwischen Sparta und Athen statt, in dem Sparta zwar unterliegt (und am Ende die Verpflichtung auf das hellenische *koinón* aufgibt), in dem jedoch

---

[2] S. o. S. 125–128.
[3] S. o. Kap. B.1.3.3 und B.1.3.5.
[4] S. o. Kap. B.2.4.2–3.

beide *póleis* sich positiv verdient machen (§75–99).[5] Wichtig ist, dass sich die *homónoia* beider *póleis* auch in der Gemeinsamkeit der *politeía* ausdrückt (§75–81). Die Zeit nach den Perserkriegen zeigt auf beiden Seiten Verbrechen gegen andere *póleis* auf. Aus dem Wettstreit um *agathá* wird eine Konkurrenz um *kaká* (§100–128).[6] Athens Verbrechen in der jüngeren Zeit werden zwar als weniger gewichtig dargestellt als die spartanischen, zeigen ihren tadelnswerten Charakter jedoch vor dem Hintergrund der idealisierten Frühzeit. Zudem gestaltet Isokrates das scheinbare Lob der athenischen *arché* des 5. Jhs. (§100–109) so, dass es den grundsätzlichen isokratischen Regeln für die Beweisführung in der Lobrede widerspricht. Effekt dieser bewusst platzierten Argumentationsschwächen ist eine implizite Anklage der athenischen Seebundpolitik des 5. Jhs.

Die große Synkrisis zwischen Athen und Sparta im *Panegyrikos* zeigt auf diese Weise, dass nur eine solche Politik lobenswert sein kann, die positive Leistungen für die Hellenen erbringt, und dass in der Geschichte Athens und Spartas beide *póleis* solche Leistungen nur während der Phase der *homónoia*, der Phase der Verpflichtung auf das hellenische *koinón*, erbracht haben (§75–81). Die *politeía* dieser Zeit führt, anders als die (demokratischen und oligarchischen) *politeíai* der Gegenwart, nicht zu einer Durchsetzung partikularer Interessen (*ídion*) der jeweils am Regime beteiligten Gruppen, sondern zu einer ganzheitlichen Interessenvertretung für das *koinón*. Die Synkrisis Athen–Sparta im *Panegyrikos* dient so dem Nachweis, dass nur die durch Verpflichtung auf das *koinón* bewirkte *homónoia* den Erfolg der *póleis* sichern kann.

C.1.3 *Plataikos*

Im *Plataikos* erscheinen die Spartaner als idealtypische Vertreter des Naturrechts, des ‚Rechts des Stärkeren'.[7] Sparta ist wie in den vorhergehenden Schriften als Staat des Körperlichen dem geistig–kulturell geprägten Athen gegenübergestellt. Der Fokus sämtlicher Äußerungen über Sparta liegt auf der spartanischen Außenpolitik, mithin auf der Rolle Spartas als *pólis*, die ihre *arché* gewaltsam durchsetzt. Spartas Politik ist insofern eindeutig und ausschließlich negativ gezeichnet. In der komplexen Gegenüberstellung von Athen, Sparta und Theben steht jedoch nicht Sparta im Mittelpunkt der Kritik: Während die spartanische Machtpolitik sich in berechenbaren Formen zwischenstaatlicher Kommunikation bewegt, ist es die thebanische Politik, die ihre machtpolitischen Ziele durch rhetorische *pseudología* verschleiert. Geht man von einer Publikation der Schrift im Jahr 373 (während der thebanisch–athenischen Flottenoperationen im Golf von Korinth) aus, so wird man dasselbe Urteil auch über Athen fällen müssen, das lediglich zum Zeitpunkt des dramatischen Datums der Rede (vor einer Entscheidung über die

---

[5] S. o. Kap. B.2.4.4–5.
[6] S. o. Kap. B.2.4.6–7.
[7] S. o. S. 263–264, 271.

weitere Zusammenarbeit oder den Bruch mit Theben) noch die Möglichkeit hat, die propagierten Ideale des Zweiten Seebundes, *autonomía* und *eleuthería*, in praktische Politik umzusetzen. Der Vergleich mit einem scharf kritisierten Sparta, gegen das sich die athenische Politik in Worten und Taten richtet, dient auch in dieser Rede dazu, die Differenz zwischen Ideal und Wirklichkeit sowie die Differenz zwischen *légein* und *práttein* der thebanisch–athenischen Politik aufzuzeigen.

C.1.4 *Kyprische Reden*

In den *Kyprischen Reden* findet Sparta zwar keine Verwendung als eigenständiges Exemplum. Dennoch sind auch hier beide großen Bereiche des isokratischen Spartabildes – Relikte des Idealstaates und verwerfliche Kriegspolitik gegen die Hellenen – präsent.

Im *Nikokles* erscheint Sparta als oligarchischer Staat – dieses Element des spartanischen Staates wird abgelehnt –, der jedoch in seiner *basileía* eine nachahmenswerte, vor allem für das Kriegswesen dienliche, Institution aufweist (§23–24).[8]

Im *Euagoras* führt Sparta zwar einen Krieg gegen den persischen Großkönig, vernachlässigt jedoch das *koinón* der Hellenen und will den Sieg über Persien mit innergriechischer *arché* verbinden. Dass dieses Vorgehen Spartas nicht zum Erfolg führen kann, wird Isokrates in späteren Schriften immer wieder betonen (besonders im *Philippos*). Isokrates schildert (§51–57) die Rolle des Euagoras im Krieg gegen Sparta und beschreibt den Seesieg von Knidos als Befreiung der Hellenen vom Joch der spartanischen *arché*. Zugleich aber weist er ausdrücklich darauf hin, dass von diesem Sieg vor allem Persien profitiert habe (§67).[9] Die ganze Ambivalenz dieses Sieges kommt damit zum Ausdruck: Solange Hellenen sich gegenseitig bekriegen, wird jeder Sieg, den eine Partei erzielt, neben den positiven Effekten für die eigene Stellung (*ídion*) nur die Stellung des gemeinsamen Feindes (*koinós echthrós*) Persien stärken.

C.1.5 *Archidamos*

Im *Archidamos* lässt Isokrates einen Spartaner zu Wort kommen. Dieser Spartaner erweist sich in seinem Auftreten (§1–15), seiner Argumentationsweise und seinen politischen Ideen als ganz und gar ‚unspartanisch'. Die Stilisierung des ‚Archidamos' lässt diesen eher als Demagogen athenischen Zuschnitts denn als gemäßigten spartanischen Politiker erscheinen. Obwohl er sich auf die spartanischen Vorfahren beruft, vertritt er

---

[8] S. o. Kap. B.4.1.
[9] S. o. S. 282–284.

gerade nicht die gemeinhin als spartanisch aufgefassten Werte von *sôphrosýnê* und *hêsychía*, sondern erweist sich als radikaler Vertreter eines offensiven Kriegskurses. Darin und in seiner Haltung gegenüber Alter und Tradition erscheint er als Gegenfigur sowohl zur *persona* ‚Isokrates' wie auch zum thukydideischen Archidamos II. [10]

Dennoch entspricht die Rede des ‚Archidamos' auch dem Bild von Sparta, das Isokrates in anderen Schriften zeichnet. Denn gerade für seine einseitige Fokussierung auf das Kriegswesen und für seine kriegerische Außenpolitik hatte Isokrates Sparta in früheren Schriften kritisiert. Der Kontrast zwischen ‚Archidamos' und den spartanischen Werten dient so auch dazu, Spartas tatsächliche Politik als ‚unspartanisch' darzustellen (vor allem §49–51).[11]

Eine derartige Darstellung dürfte in erster Linie an ein athenisches Publikum, die darin enthaltene Kritik an Sparta idealisierende Kreise adressiert sein. Die exemplarische Rede des ‚Archidamos', der eben jenen Kurs in radikaler Ausprägung vertritt, der Spartas Niedergang herbeigeführt hat, erfüllt den Zweck, die Berufung auf spartanische Vorbilder im politischen und vor allem philosophischen Diskurs Athens als inkonsistent zu diskreditieren. Im Sinne des *exemplum inprobum* der *Rhetorica ad Herennium*[12] zeigt die moralische Qualität des ‚Exemplum Archidamos', dass die Berufung auf Sparta als Legitimationsgrund für politische Ideale der Aristokratie untauglich ist.

C.1.6 *Areopagitikos / Friedensrede*

Areopagitikos und *Friedensrede* sind als Gegenentwürfe zur rhetorischen *práxis* der athenischen Volksversammlung gekennzeichnet. Isokrates stellt diese Schriften als politische Reden vor, die ihren untypischen Charakter gerade dadurch offenbaren, dass sie Probleme und Gefahren nicht beschönigen und dass sie Kritik am athenischen *dêmos* offen aussprechen.[13]

In diesen so untypischen, weil an der *alḗtheia* orientierten Reden erscheint Sparta wie schon in früheren Schriften als Repräsentant der ungerechten *archḗ*. Ein Unterschied besteht jedoch im Verhältnis zu Athen. Anders als beispielsweise im *Panegyrikos* unternimmt der Sprecher ‚Isokrates' nicht den Versuch, Athens *archḗ* zu beschönigen oder Athens Vorrang vor Sparta zu begründen. Ganz im Gegenteil erscheint Athen als Parallelfall zu Sparta (VII 4–10, VIII 89–119).[14] Beide repräsentieren ungerechte Politik und gewaltsame Herrschaft, beide können in dieser Rolle als Exemplum dienen, das die Schädlichkeit solcher Politik belegt. Was sich im *Panegyrikos* nur implizit und unter der

---

[10] S. o. Kap. B.5.4.
[11] S. o. Kap. B.5.6.3.
[12] Rhet. ad Her. II 29,46 (s. o. Kap. A.2.2).
[13] S. o. Kap. B.6.3.
[14] S. o. Kap. B.6.4.2.1 und Kap. B.6.5.2.1.

Voraussetzung einer detaillierten Argumentationsanalyse ergeben hatte, tritt hier offen zutage. Die *arché* führt in den Untergang. Die Geschichte Spartas und Athens legt davon gleichermaßen Zeugnis ab.

Zugleich taucht auch in *Areopagitikos* und *Friedensrede* das Motiv von Spartas idealen politischen Einrichtungen auf. Im *Areopagitikos* (§60–61) wird die Gleichheit (*homoiótês*) der Spartiaten als Element der idealen Demokratie vorgestellt. In der *Friedensrede* erscheint die spartanische *basileía* als nachahmenswertes Ideal konsensorientierter politischer Führung (§142–144).

C.1.7 *Antidosis*

In der *Antidosis* spielt Sparta wiederum eine nur geringe Rolle. Eine Bemerkung zur Beendigung der spartanischen *arché* durch die *koiné eiréné* von 375/374 (§109) lässt sich in ähnlicher Weise wie die Bewertung von Knidos im *Euagoras* als kritischer Kommentar zu den negativen Begleiterscheinungen dieses scheinbaren Erfolgs werten.

Darüber hinaus ist besonders die Verwendung Spartas im Rahmen eines fiktiven Exemplums (in aristotelischer Diktion: *parabolé*)[15] gegen Ende der Schrift interessant. Dort erscheint Sparta als Inbegriff militärischer, gymnischer *áskêsis*. Es zeigt sich hier die bereits im *Panegyrikos* präsente Dichotomie von philosophischer und gymnischer *paideía*, als deren Repräsentanten Athen und Sparta gelten.[16] Eine Bewertung der gymnischen Orientierung Spartas wird in der *Antidosis* allerdings nicht vorgenommen.

C.1.8 *Philippos*

Im *Philippos* finden sich zahlreiche der bereits thematisierten Aspekte des isokratischen Spartabildes. Sparta dient ein weiteres Mal, nun im Verbund nicht nur mit Athen, sondern auch mit Theben und Argos, als Exemplum für die zerstörerische Wirkung der *arché* (§30–67, vor allem 45–56). Die spartanische *basileía* erscheint als vorbildhafte Form des politischen Regimes (§79–80), das es unter den hellenischen *póleis* einzurichten gilt. Dass der Plan eines Perserkrieges mit einer innergriechischen *arché* nicht vereinbar sei, sollen zwei Exempla spartanischer ‚Perserkriege' belegen (Klearchos, Agesilaos, §83–104).[17] Welch großen Erfolg und Ruhm dagegen ein auf Grundlage der (mit der zuvor skizzierten spartanischen *basileía* zu identifizierenden) *hêgemonía* unternommener

---

[15] Arist. Rhet. 1393a32–b4 (s. o. Kap. A.2.2).
[16] S. o. S. 446–448.
[17] S. o. Kap. B.8.4.5.

Perserkrieg verspricht, wird anhand des quasi-spartanischen Exemplums des idealen *hēgemṓn* Herakles belegt (§105–115).[18]

Bemerkenswert ist die Rolle, die dem Athener Alkibiades im Prozess der Übernahme der *archḗ* durch Sparta zugewiesen wird (§56–67).[19] Alkibiades erscheint als Lehrer Spartas in den Techniken ungerechter Herrschaftsausübung und überhaupt als derjenige, der in Sparta das Streben nach der *archḗ* erst hervorruft. Dies stellt in gewisser Weise eine Inversion des Motivs ‚Sparta als Kopie des Idealstaates' dar, das zuerst im *Busiris* aufgetaucht war. Wie Sparta dort seine guten Einrichtungen nach dem Vorbild des idealen Staates in ‚Ägypten' (= Athen) formt, so übernimmt Sparta hier jene politischen Instrumente aus Athen, die zu seinem Niedergang führen.

C.1.9 *Panathenaikos*

Der *Panathenaikos* enthält in seinem Hauptteil (§42–198) eine Rede, in der das Lob auf Athen als Kern der *hypóthesis* erscheint. Wie im *Panegyrikos* wird dieses Lob in einer Synkrisis zwischen Athen und Sparta durchgeführt. Und wie in jener Rede missachtet diese Synkrisis die von Isokrates formulierten Regeln für derartige Vergleiche (§39–41), indem sie Kritik an Sparta dazu verwendet, mögliche Kritik an athenischer Politik zu relativieren (vor allem §53–107).[20] Das negative Bild von Sparta fällt im *Panathenaikos* so scharf aus wie in keiner anderen isokratischen Schrift. Die Wirkung, die dieses negative Spartabild im Kontext des Enkomions für Athen entfaltet, entspricht dabei der auch im *Panegyrikos* beobachteten: Gemessen an isokratischen Argumentationsregeln trägt die Synkrisis in weiten Teilen nicht zur positiven Darstellung Athens bei, sondern wirkt im Gegenteil eher kompromittierend für Athen, dessen Politik durch die Gegenüberstellung mit Sparta zwar als graduell weniger verwerflich, aber im Grundsatz doch ähnlich erscheint. Dieser Eindruck wird verstärkt durch den berühmten Agamemnon-Exkurs, der inmitten der scheinbaren Apologie der athenischen *archḗ* als Exemplum der von *aretḗ* getragenen Außenpolitik des wahren *hēgemṓn* dient.[21] Die Zuteilung von validem Athenlob und solchen Abschnitten, in denen scheinbares Lob implizite Kritik transportiert, folgt wie im *Panegyrikos* der chronologischen Differenzierung zwischen einem lobenswerten Athen der Vorväterzeit und dem kritikwürdigen Athen seit den Perserkriegen. Sparta erscheint im Gegensatz zum *Panegyrikos* als schon seit seiner Gründung verbrecherische *pólis* (§42–48).

Die ‚Lobrede' auf Athen ist im *Panathenaikos* eingebettet in Überlegungen zur Bedeutung der *paideía* als Grundlage praktischer Vernunft (*phrónēsis*) des einzelnen

---

[18] S. o. Kap. B.8.4.6.
[19] S. o. Kap. B.8.4.3.
[20] S. o. Kap. B.9.4.
[21] S. o. Kap. B.9.4.4.

Bürgers sowie der *politeía*, somit als Grundlage des politischen Handelns des Einzelnen und der *pólis* als ganzer (§5–34, 199–265, 270–272). Erst vor dem Hintergrund dieses Motivs der Dialogszene erhält die (nur scheinbar als Selbstzweck präsentierte) Synkrisis Athen–Sparta ihren vollen Gehalt: Sparta erscheint – wie schon in früheren Schriften (*Busiris, Panegyrikos, Archidamos, Antidosis*) – als *pólis* der Körperlichkeit, die geistig–philosophische Bildung zugunsten gymnischer *áskêsis* als militärischer Ausbildung vernachlässigt (§208–210).[22] Die Folge dieser einseitigen *paideía* ist die gewaltsame, auf *pleonexía* und Streben nach *arché* basierende Politik Spartas.

Im zweiten Gespräch mit Isokrates (§233–263) stellt der ‚Spartafreund' der Dialogszene eine Interpretation vor, die einerseits die in §42–198 vorgetragenen Exempla als faktisch zutreffend anerkennt, die aber trotz dieser Zustimmung zur vorangegangenen Rede diese Exempla als Beleg für Spartas vorbildhaftes und lobenswertes Handeln deuten will. Um die Exempla auf diese Weise im Sinne seiner prospartanischen Vorurteile (*prohaírêsis*) werten zu können, muss der ‚Spartafreund' die zuvor als Verbrechen dargestellten spartanischen *práxeis* zu vorbildhaften Taten erklären. Dies ist ihm nur möglich durch eine inhaltliche Umkehrung der gesellschaftlichen Wertbegriffe beziehungsweise durch die Verwendung positiver Begriffe für zuvor deutlich negativ gezeichnete Taten (§241–244), ein Vorgehen, das einer These von Yun Lee Too zufolge bei Isokrates als Phänomen des Niedergangs der politischen Kultur vorgestellt ist.[23] Ein Lob der Politik Spartas, so zeigt das zweite Schülergespräch, ist nur durchführbar im Zuge entweder sachlicher oder moralischer Täuschung. Das Lob Spartas – und damit die übliche Haltung der athenischen Spartafreunde – erweist sich als *lógos pseudés*.

---

[22] S. o. Kap. B.9.6.1.1.
[23] Too 2006: 111–114 mit Belegen v. a. aus der *Antidosis* (insbesondere Isok. XV 281–285).

τοὔνεκά με προέηκε διδασκέμεναι τάδε πάντα,
μύθων τε ῥητῆρ' ἔμεναι πρηκτῆρά τε ἔργων.
(Hom. Il. IX 442–443)

C.2 Zur Funktion des Exemplum Sparta

Isokrates greift in seinen Schriften sowohl zeitgenössische athenische Idealisierungen der *pólis* Sparta als auch negative Spartabilder auf, die insbesondere Kritik an Spartas Politik des 4. Jhs. zum Ausdruck bringen. Diese Adaption zeitgenössischer Bilder und Vorstellungen ist jedoch im Rahmen des literarischen Werkes nicht als unmittelbarer Ausdruck der persönlichen Auffassungen des Autors Isokrates zu verstehen. Vielmehr verweisen die in großer Kontinuität wiederkehrenden allgemeinen Urteile über den spartanischen Staat und die Politik der Spartaner stets über das Einzelbeispiel hinaus auf abstrakte politische Ideen und Grundsätze, zu deren Vermittlung sie als Exempla eingesetzt sind.

Die wichtigsten abstrakten Ideen, zu deren Darstellung das Exemplum Sparta dient, sollen im Folgenden, die Ergebnisse der Untersuchung zusammenfassend, dargestellt werden. Zuvor ist es sinnvoll, zu einer zentralen Schlussfolgerung aus der Untersuchung Stellung zu beziehen, die von früheren Interpretationen grundsätzlich abweicht und zugleich eine Grundlage für die nachfolgende Darstellung bildet.

C.2.1 Vorbemerkung: Wandel im Spartabild des Isokrates?

In der einschlägigen Forschung ist in der Nachfolge von Blaß, Ollier und Cloché stets die Abhängigkeit des isokratischen Spartabildes von tagespolitischen Stimmungen und zeithistorischen Ereignissen betont worden:[1] In der Phase der athenisch–spartanischen Symmachie nach 371 habe sich Isokrates' Urteil über Sparta an die offizielle athenische Linie angepasst – anders als zuvor und anders als in seinem Spätwerk habe er Sparta in dieser Zeit positiv beurteilt.[2] Grundlage dieser Auffassung war stets die Deutung der isokratischen Schriften als ‚publizistischer' Flugschriften, die die öffentliche Meinung in

---

[1] S. dazu o. Kap. A.2.3.
[2] Blaß ²1892: 87–88, Cloché 1933: 132–137, Levi 1959: 71, Tigerstedt 1965, I: 185–187, Chambers 1975: 185–189, etwas anders und ohne Rückhalt im Text Ollier 1933: 358, 362–363 (Isok. VI als ganz gegen Theben gerichtet), vgl. auch Grieser-Schmitz 1999: 8.

Athen zu konkreten Fragen der politischen Zeitgeschichte zu beeinflussen und unmittelbare politische Wirkung zu erzielen suchten.

Mit der hier vertretenen Ablehnung dieser konkret-politischen Lesart[3] besteht keine Notwendigkeit mehr, unterschiedliche Standpunkte verschiedener isokratischer Sprecher mit dem tagespolitischen Geschehen und den Überzeugungen des Autors Isokrates zu erklären. Damit soll nicht gesagt sein, dass die politische Lage zum Entstehungszeitpunkt einer Schrift keinen Einfluss auf deren Inhalt gehabt habe – immerhin greifen diese Schriften in der Mehrzahl schon in ihrer Thematik aktuelle Ereignisse auf. Indes hat sich in den Untersuchungen in Abschnitt B gezeigt, dass auch andere Aspekte (Wahl der Sprecher-*persona*, argumentativer Kontext der Äußerung, pädagogische Programmatik der Schrift usw.) die inhaltliche Gestaltung bestimmen und Abweichungen im Standpunkt verschiedener Reden erklären können. Anders als durch eine publizistische Deutung können auf diese Weise auch viele scheinbare Inkonsistenzen innerhalb einzelner isokratischer Schriften erklärt werden.

Hauptsächlicher Beleg für die Annahme eines tagespolitisch motivierten Wandels in Isokrates' Spartabild war stets die scheinbare Unvereinbarkeit des *Archidamos* mit allen anderen Schriften des Isokrates.[4] Der prospartanische Standpunkt der in dieser Schrift präsentierten Rede musste zur Aufrechterhaltung einer publizistischen Deutung mit den besonderen politischen Umständen der Zeit erklärt werden. Die Probleme, die diese Deutung mit sich bringt, sind oben eingehend erörtert worden.[5] Die Ergebnisse der hier vorgelegten Untersuchungen zum *Archidamos*, die die Stilisierung der Sprecher-*persona* ‚Archidamos' in den Mittelpunkt stellen, ermöglichen eine neue Deutung der Schrift, derzufolge ‚Archidamos' eine wenig überzeugende, amoralische, mithin ‚unisokratische' Rede vorträgt. Mit dieser Deutung ist aber zugleich der Annahme eines grundsätzlichen Wandels im isokratischen Spartabild der Boden entzogen. Die im *Archidamos* auf impliziter Ebene erkennbare Kritik an einem einseitigen Militärstaat Sparta, dessen Politik sich nur um spartanische, nicht aber um hellenische Interessen bemüht, steht in vollständiger Kontinuität zu den Urteilen über Sparta sowohl der früheren wie auch der späteren isokratischen Schriften.

Allgemein ist die Konsistenz der Verwendung spartanischer Exempla bei Isokrates über gut 50 Jahre hinweg nachgerade erstaunlich. Sparta wird von den frühesten isokratischen Schriften bis ins Spätwerk *Panathenaikos* immer wieder als Exemplum für dieselben, gleichbleibenden allgemeinen Ideen und Werte eingesetzt. Im Wesentlichen

---

[3] S. dazu o. Kap. A.3.2.1.
[4] Bisweilen hat man auch im *Plataikos* (Burk 1923: 59, Cloché 1933: 133) sowie im *Brief an Archidamos* Belege für eine vorübergehende Annäherung des Isokrates an Sparta gesehen. Während letztere Schrift indes in ihrer Authentizität umstritten ist und zudem im Wesentlichen einen auch später im *Philippos* vorgetragenen spartakritischen (!) Gedanken ausführt (s. dazu o. S. 491 Anm. 168), ist die Annahme einer prospartanischen Tendenz des *Plataikos* angesichts der offenen Kritik an Sparta in dieser Schrift abwegig.
[5] S. o. Kap. B.5.3.

stehen dabei auch immer wieder dieselben Elemente von Spartas Staat und Geschichte exemplarisch für dieselben abstrakten Gedanken. So finden sich Äußerungen zu Spartas politischer Kriegsorientierung schon im *Busiris* und noch im *Panathenaikos*, und sie erfüllen stets den übergeordneten Zweck, das richtige Zusammenspiel zwischen *lógos* und *práxis* am abschreckenden Beispiel des den Bereich des *lógos* vernachlässigenden Sparta zu illustrieren. In ähnlich konstanter Weise wird anhand des Exemplums der spartanischen *archḗ* vom *Panegyrikos* an stets die Schädlichkeit der gewaltsamen Form politischer Machtausübung dargestellt.

Manche schon früh angedeutete Vorstellungen über Sparta finden jedoch erst in Isokrates' Spätwerk eine Konkretisierung, die ihre Einordung ins isokratische Denken erlaubt. So wird das Motiv der spartanischen Unbildung implizit bereits im *Panegyrikos* und hintergründig im *Archidamos* angesprochen; in welcher Hinsicht Sparta aber die *paideía* vernachlässigt, und wie dies zu bewerten ist, geht indes erst aus dem *Panathenaikos* in aller Deutlichkeit hervor. Ein anderes Beispiel ist das Lob der spartanischen *basileía*, das (spätestens) von den *Kyprischen Reden* an auftaucht, sich aber erst im *Philippos* als Lob der innenpolitischen *hêgemonía* deutlich zu erkennen gibt.[6] In diesen Fällen könnte man möglicherweise eine Entwicklung des isokratischen Spartabildes erkennen. Jedoch ist hier weniger von einem Wandel als vielmehr von einer Konkretisierung und Ausdifferenzierung anfangs noch allgemeinerer Bilder zu sprechen. In diesem Kontext ist zudem nicht auszuschließen, dass die späteren Darstellungen lediglich, vielleicht als Folge der von Isokrates mehrfach thematisierten böswillig–falschen Wiedergabe seiner Ideen durch Dritte,[7] präziser formuliert sind und nicht eigentlich gedankliche Weiterentwicklungen, sondern Erklärungen älterer Ideen darstellen. Bei dieser Annahme ergäbe sich ein geradezu statisches Bild der isokratischen Verwendung des ,Exemplum Sparta'.

Das einzige wesentliche Element in der exemplarischen Darstellung Spartas, bei dem signifikante Änderungen zwischen den Schriften festzustellen sind, ist die Bewertung der spartanischen Politik und Staatlichkeit zur Zeit der Perserkriege. Während Sparta in *Panegyrikos* und *Philippos* für die Perserkriegszeit Anteil an der idealen *politeía* und an der idealen innergriechischen *hêgemonía* attestiert wird,[8] stellt der ,Anti-Isokrates' Archidamos Spartas Frühzeit rundheraus positiv dar, indem er Spartas Eroberungsleistungen zur Herrschaftslegitimation erhebt.[9] Der Charakter dieser Darstellung als uneigentliches Lob der Frühzeit Spartas, mithin als eigentliche Kritik an Spartas Kriegspolitik, rückt diese nur vordergründig positive Bewertung der spartanischen Frühzeit auf die gleiche Ebene der Kritik wie sie in der Darstellung der spartanischen Gründungsmythen im *Panathenaikos* vorliegt. Im Gegensatz zum *Panegyrikos*, in dem Spartas vorbildhafte Politik der Perserkriegszeit mit dem Tod der besten Spartiaten bei Thermopylai endet, erscheint Spartas Politik in diesen beiden Schriften als seit Gründung Spartas verkehrt und

---

[6] Isok. III 24, VIII 142–144, V 79–80, vielleicht auch schon implizit in Isok. X 18–38.
[7] Z. B. Isok. XII 11–21.
[8] Isok. IV 75–81, V 147–148.
[9] Isok. VI 16–33 (s. o. Kap. B.5.5.1).

amoralisch.[10] Eine Erklärung für diese unterschiedliche Darstellung könnte in der *hypóthesis* der jeweiligen Reden liegen. Die Überwindung innergriechischer Gegensätze ist persuasives Ziel des *Panegyrikos* ebenso wie des *Philippos,* während für die im *Panathenaikos* enthaltene Rede eine dem Athenlob übergeordnete Zielsetzung ausdrücklich abgelehnt wird.[11] Ohne das Motiv der *homónoia* zwischen Athen und Sparta (auch im *Archidamos* spielt dies keine Rolle) entfällt jedoch die Notwendigkeit, Athen und Sparta gleiche Leistungsfähigkeit zuzuschreiben. Dies wirkt sich auf die appellative Funktion der Darstellung der Frühzeit aus: Wenn dem Athen früherer Zeiten im *Panathenaikos* (verfasst zu einer Zeit machtpolitischer Bedeutungslosigkeit Spartas) im Vergleich mit Sparta größere Verdienste um die Hellenen und eine ideale *politeía* attestiert werden, so ergibt sich daraus eine besonders große moralische Verpflichtung für die Athener, aus diesen *oikeĩa paradeígmata* zu lernen und sich an ihnen zu orientieren.[12] Im *Panegyrikos*, der zur Zeit spartanischer Vorherrschaft verfasst und publiziert wurde, richtet sich dieser moralische Appell gleichermaßen an beide *póleis*. In dieser Hinsicht erscheint die Annahme einer – sehr mittelbaren – Beeinflussung der isokratischen Darstellung Spartas durch die Tagespolitik plausibel.

C.2.2 Idealstaat und Außenpolitik

Paul Cloché hat in seiner maßgeblichen Studie zum isokratischen Spartabild auf eine Trennung von Lob und Tadel gegenüber Sparta hingewiesen, die mit einer Gegenüberstellung von spartanischer Staatlichkeit (Lob) und spartanischer Außenpolitik (Tadel) korrespondiere.[13] Dieses Bild lässt sich nach den Ergebnissen der vorliegenden Arbeit nicht aufrechterhalten.

Weder beschränken sich positive Bemerkungen zu Sparta ausschließlich auf den staatlichen Bereich – so findet Spartas Verhalten an den Thermopylen sowohl im *Panegyrikos* wie auch im *Philippos* Isokrates' ausdrückliches Lob[14] – noch werden Spartas *politeía*, seine staatliche Ordnung und seine Institutionen ausschließlich als vorbildhaft dargestellt. Insbesondere die Kritik an der Einseitigkeit des spartanischen Staates, der in seiner inneren Ordnung, seinen Institutionen und insbesondere seiner *paideía* und *politeía* das Geistige zugunsten des Körperlichen vernachlässige, stellt eine der zentralen Konstanten im isokratischen Spartabild dar.[15] Besonders markant ist Isokrates' Kritik an der oligarchischen Unterdrückung der Mehrheit im *Panathenaikos*.[16]

---

[10] Isok. IV 75–92, 93–128, vgl. Isok. VI 16–33, XII 42–198, v. a. 42–48, 177–188.
[11] Isok. XII 35.
[12] Vgl. dazu Isok. IX 76–78.
[13] Cloché 1933, vgl. zuvor Blaß ²1892: 86–88.
[14] Isok. IV 91–92 (zur Einschränkung dieses Lobes s. o. Kap. B.2.4.5), V 147–148 (s. o. S. 489).
[15] Z. B. Isok. XI 17–20, IV 1–3, 47–50 (implizit), VI 1–15, XV 296–298, XII 208–210.
[16] Isok. XII 177–188 (s. o. Kap. B.9.5.4).

Clochés Interpretation ist dennoch nicht vollständig abzulehnen. Richtig ist ohne Zweifel, dass Isokrates spartanische Institutionen und Werte, und auch den spartanischen Staat insgesamt, mit dem idealen Staat der Vorväterzeit in Verbindung bringt.[17] Genaugenommen sind bei Isokrates sämtliche in der Gegenwart des 4. Jhs. noch vorhandenen Relikte des Idealstaates – mit Ausnahme der *philosophía* beziehungsweise geistiger *paideía* als Grundlage der *phrónêsis*[18] – in Sparta angesiedelt. Erklärt wird dies mit der schon in der *Helena* betonten besonderen Pflege von Traditionen und überkommenen Einrichtungen[19] in Sparta.

Die in Sparta vorhandenen Relikte des Idealstaates betreffen vor allem zwei Bereiche. Zum einen das spartanische Militär und die diesem Bereich zuzuordnende gymnische *paideía*.[20] Institutionen wie die *syssítia* und Werte wie die *peitharchía* gehören in diesen Kontext. Zum anderen sind solche Einrichtungen (etwa Luxusbeschränkung) und Werte (*homoiótês*) angesprochen, die der Herstellung einer einheitlichen und gemeinsamen bürgerlichen Identität (*politeía*) der Spartiaten dienen, welche Isokrates als Grundlage der wahren, idealen *dêmokratía* benennt.[21]

Dies impliziert jedoch, anders als in Clochés Nachfolge meist angenommen, keineswegs ein Lob Spartas in diesem Bereich.[22] Ganz im Gegenteil wird Sparta stets dafür kritisiert, dass es seine staatlichen Einrichtungen falsch, nämlich zu verwerflichen Zwecken anwende.[23] Dazu gehört die Kritik an der Unterdrückung großer Bevölkerungsteile durch die Spartiaten, die Isokrates im *Panathenaikos* formuliert und die zeigt, dass er den spartanischen Staat insgesamt keineswegs positiv beurteilt.[24] Im Bereich der spartanischen Militärorganisation betrifft die Kritik Spartas Kriege gegen andere griechische

---

[17] Isok. XII 153–155; Cloché 1933: 142–143.
[18] Isokrates benennt die *philosophía* nur in Isok. XI 24–29 als wesentliches Element des Idealstaates. Jedoch kann es angesichts der hohen Bedeutung, die *philosophía* und *paideía* in Isokrates' politischem Denken zukommen, gar keinen Zweifel daran geben, dass diese in Isok. XV 296–298 als typisch athenisch dargestellte kulturelle Errungenschaft für Isokrates Voraussetzung für eine positive Bürgeridentität (*politeía*) sein muss. Dafür spricht nicht zuletzt auch die zentrale Funktion, die bei Isokrates dem *lógos* als Grundlage aller menschlichen Kultur und Zivilisation zukommt (Isok. XIII, IV 47–50, III 5–9, ep. V 3–5; Tigerstedt 1965, I: 180, Poulakos (T.) 1997: 9–25, Timmerman 1998: 152–153, Usener (S.) 2003: 19, Eucken 2003: 40.
[19] Isok. X 63.
[20] Isok. XI 17–20, XV 296–298, XII 201–228.
[21] V. a. Isok. VII 60–61 (s. o. Kap. B.6.4.2.2). Genaugenommen lässt sich auch dieser Bereich des bürgerlichen Ethos als Ethos des Bürgersoldaten auf den Bereich des Militärischen zurückführen.
[22] Vgl. auch Buchner 1958: 126, 150, Pointner 1969, I: 55–57.
[23] Besonders deutlich in Isok. XI 19–20, XII 177–188, 208–214.
[24] Isok. XII 177–188. Diese konkrete Kritik an Sparta lässt sich in den übrigen Schriften des Isokrates nur in Isok. III 23–25 (Bezeichnung Spartas als *oligarchía*) finden. Dennoch lässt sie sich auch mit den sonstigen früheren Darstellungen Spartas in Isokrates' Werk problemlos vereinbaren (insbesondere auch mit der Darstellung Spartas als einseitigen Militärstaates, vgl. dazu den Vorschlag des ‚Archidamos', alle nicht kriegstüchtigen Bevölkerungsteile aus Sparta zu entfernen, Isok. VI 72–92), weshalb diese Auffassung nicht erst als neue Überlegung des Spätwerkes anzusehen sein dürfte.

póleis, im allgemeinen die Vernachlässigung von Handel und Gewerbe zugunsten militärischen Beutestrebens, die Sparta in Isokrates' Darstellung als Raubstaat erscheinen lässt. Es ist diese Kritik an Spartas Außenpolitik, die Cloché zur Annahme einer Dichotomie in der Beurteilung Spartas durch Isokrates geführt hat.

Mit den Ergebnissen der oben durchgeführten Einzelstudien wird man dagegen nicht eine Trennung, sondern umgekehrt einen engen Zusammenhang zwischen den Urteilen über Spartas Innen- und Außenpolitik feststellen müssen.[25] Isokrates' Darstellung zielt immer wieder darauf ab, Spartas politisches Handeln als verwerflich trotz seiner guten inneren Ordnung und Einrichtungen darzustellen. Es ist die falsche Anwendung der richtigen Einrichtungen, die Isokrates kritisiert. Die richtige oder falsche Anwendung einer Sache entscheidet aber in Isokrates' Augen über deren moralischen Wert. Dass die moralische Qualität einer Sache akzidentiell, nicht substantiell aufzufassen ist, findet sich bei Isokrates wiederholt auch als abstrakte Aussage formuliert.[26] Das Verhältnis zwischen der Staatlichkeit Spartas und der spartanischen Politik dient als diesen Gedanken im politischen Bereich illustrierendes Exemplum.

C.2.3 *Basileía* und *hêgemonía*

Einzig die spartanische *basileía* findet scheinbar Isokrates' uneingeschränktes Lob. Das Doppelkönigtum Spartas, vielleicht schon gedankliche Grundlage der im *Panegyrikos* empfohlenen doppelten *hêgemonía* Spartas und Athens, erscheint ab den *Kyprischen Reden* immer wieder ausdrücklich als vorbildliche Führungsstellung des Einzelnen – ohne dass dieses ‚Lob' durch ergänzende kritische Äußerungen relativiert wird.[27] Der vorbildhafte Charakter dieser Institution ergibt sich sowohl aus ihrem Alter wie auch aus der Beschränkung der königlichen Kompetenzen auf den militärischen Bereich. Monarchischen Charakter hat der spartanische Staat daher nur im Krieg, wie Isokrates im *Nikokles* ausdrücklich feststellt.[28] Die vielleicht wichtigste positive Eigenschaft des spartanischen Königtums liegt indes in seiner Legitimation durch die Bürger der *pólis*.[29] In dieser Hinsicht steht die spartanische *basileía* sowohl der demokratischen Monarchie des

---

[25] Allgemein ist bei Isokrates eine strikte Trennung von außen- und innenpolitischem Denken nicht feststellbar. Selbst wenn man annimmt, dass Isokrates gedanklich zwischen Innen- und Außenpolitik unterschied, so ist sein politisches Denken in seinem gesamten Werk von der Identität der für beide Bereiche geltenden Normen und praktischen Erfordernisse bestimmt. Dies spiegelt sich nicht zuletzt in der im Folgenden beschriebenen Analogie zwischen *basileús* (innenpolitisches Regime) und *hêgemón* (außenpolitisches Regime).

[26] Isok. VI 49–51, VIII 91, XII 76–78.

[27] Isok. III 23–25, VIII 142–144, V 79–80.

[28] Isok. III 23–25 (s. o. Kap. B.4.1).

[29] Isok. V 79–80 (s. o. Kap. B.8.4.4).

Theseus nahe, wie Isokrates sie in *Helena* und *Panathenaikos* beschreibt,[30] wie auch der Führungsstellung des isokratischen *hēgemṓn*, dessen Führungsstellung weniger auf seinem (militärischen / rhetorischen) Durchsetzungspotential als auf der *eúnoia* der *póleis* / Mitbürger beruht. Die Stellung des *basileús* in der *pólis* entspricht somit der Stellung des *hēgemṓn* in Hellas – konstitutiv für ihre Vorbildlichkeit ist die freiwillige Gefolgschaft der jeweiligen Objekte des Regierungshandelns: der Bürger beziehungsweise der *póleis*.

Auch für die spartanische *basileía* gilt indes die oben für das Lob spartanischer Staatlichkeit formulierte Einschränkung. Die lobenswerten Eigenschaften des *basileús*, insbesondere seine ‚demokratische' Legitimation, beziehen sich auf seine Stellung innerhalb der Bürgerschaft. Damit ist auch der *basileús* von der Kritik an der oligarchischen Ordnung Spartas betroffen: Wenn Spartas innenpolitisches Handeln aufgrund der Unterdrückung des *dẽmos* verwerflich ist, dann gilt die demokratische Legitimation des *basileús* nicht absolut, sondern nur innerhalb der oligarchischen Bürgerschicht, deren gewaltsames und eigennütziges Regime einen Missstand darstellt. Wenn außerdem die militärische Funktion des *basileús* positiv hervorgehoben wird, dann stellt dies lediglich ein Lob der spartanischen Militärordnung, nicht aber des konkreten militärischen Handelns Spartas dar. Auch die Qualität des *basileús* ist somit abhängig von der Qualität seines Handelns, das mit dem politischen Kurs seiner *pólis* notwendigerweise übereinstimmt.

Wenn die spartiatische *basileía* daher bei Isokrates als innenpolitische Analogie zum Ideal der *hēgemonía* erscheint, so ist damit die äußere Form, die Struktur des politischen Regimes angesprochen, insbesondere die Freiwilligkeit der Gefolgschaft der Bürger.[31] Sparta selbst wird damit nicht positiv dargestellt.

C.2.4 *Lógos* und *práxis*

Die Kausalität zwischen partiell vorbildhafter spartanischer Staatsform und verwerflichem spartanischem Staatshandeln, die sich durch Isokrates' ganzes Werk zieht, und aus der, wie gesehen, eine grundsätzliche Kritik an Sparta resultiert, steht in unmittelbarer Verbindung zu Isokrates' pädagogischen Vorstellungen.

Schon in *Gegen die Sophisten* thematisiert Isokrates, indem er die praktische Unzulänglichkeit einer rein technischen politischen Lehre betont, die Notwendigkeit einer harmonischen Verbindung zwischen formal–technischer und philosophischer Lehre.[32] Die Kritik an den *téchnai* richtet sich gegen den Anspruch zeitgenössischer Redelehrer und Philosophen, durch die Vermittlung konkreter technischer Regelwerke unmittelbar das richtige Handeln zu lehren. Isokrates setzt sich dagegen für eine philosophische Lehre als

---

[30] Isok. X 18–38, XII 126–130.
[31] Hier liegt auch der Gedanke der Bevorzugung der Wahl politischer Amtsträger vor deren Losung nahe, die zu Isokrates politischen Forderungen im *Areopagitikos* gehört (Isok. VII 20–26).
[32] S. o. Kap. A.3.2.2.

Geistesbildung (*epiméleia psychḗs*) ein,³³ die eine auf *areté* – und damit auf moralischen Normen – beruhende Urteilskraft (*phrónēsis*) vermitteln soll, welche allein eine *kairós*-gemäße Anwendung der *téchnē* ermöglichen könne. Edward Schiappa hat zu Recht darauf hingewiesen, dass sich die bildungstheoretische Auseinandersetzung, innerhalb derer Isokrates sich in *Gegen die Sophisten* positioniert, um diese Dichotomie zwischen *kairós*-bezogener Seelenlehre und formbezogener *téchnē*-Lehre (statt, wie häufig angenommen, um den Gegensatz Rhetorik–Philosophie) dreht.³⁴ Die Fähigkeit zu auf treffendem Urteil beruhender, richtiger Anwendung technischer Instrumente (Redekunst: rhetorische *téchnē*; innere Politik: Institutionen; äußere Politik: Militär und Bündnisse) stellt das zentrale Ziel der isokratischen *paideía* dar.

Der Anspruch des Isokrates, seine *paideía* könne besser als eine bloße *téchnē*-Lehre politische Urteilskraft und damit die Fähigkeit zum richtigen Handeln vermitteln, lässt Isokrates' *paideía* als Morallehre erscheinen.³⁵ Der *lógos* (als Gegenstand der isokratischen *paideía*) bestimmt des Menschen *práxis*. Überträgt man diesen Lehranspruch in das Bild vom menschlichen Wesen, das beispielsweise auch der Ananlogie zwischen *politeía* und *psyché* im *Areopagitikos* zugrunde liegt,³⁶ lässt sich als Grundsatz festhalten: Nicht der Körper (die Form, Fähigkeit, *téchnē*), sondern der Geist (*psyché*) ist für die Moral des Menschen, für die moralische Qualität seiner Handlungen verantwortlich. Auf staatlicher Ebene kommt diese Funktion der *politeía* als *psyché* der *pólis* zu.

Der Zusammenhang zwischen propädeutischer technischer und höherer philosophischer Lehre steht somit der vor allem in der *Antidosis* deutlichen Gegenüberstellung von gymnischer und philosophischer *paideía* nahe. Schiappas prägnanter Zusammenfassung der Position des Isokrates in dieser Gegenüberstellung ist nichts hinzuzufügen:

> Isocrates' vision of *philosophia* can be summarized as follows: philosophy provides training for the *psychê* just as gymnastics provides training for the body. The goal of Isocrates' schooling, *logôn paideia*, is to produce leaders of high moral worth to provide counsel and advice on matters of civic importance. Philosophy is not above or apart from civic affairs: the two are consubstantial. Philosophy is understood by Isocrates as cultivating the *psychê* of individual students, and by extension, the *psychê* of the *polis*.³⁷

In der *Antidosis* verbindet Isokrates diese Dichotomie zwischen gymnischer und philosophischer *paideía* mit der Dichotomie Sparta–Athen.³⁸ Sparta erscheint hier explizit als Repräsentant der gymnischen, Athen als Repräsentant der philosophischen Bildung. Diese Zuordnung verschiedener Bildungskonzepte wird nun zwar erst in der *Antidosis* deutlich ausgesprochen, sie ist indes seit dem *Busiris* bei Isokrates ständig präsent, so in

---

[33] Isok. XIII 8, 17, IX 41, 80, XV 181, 250, 290, 304; Schiappa 1999: 171.
[34] Schiappa 1999: 171–172. Schiappa hält es sogar für möglich, dass diese Unterscheidung auf Isokrates selbst zurückgeht.
[35] Als solche stellt Isokrates sie auch von Beginn seines Wirkens an explizit dar; vgl. Isok. XIII 21.
[36] Isok. VII 14–15.
[37] Schiappa 1999: 174.
[38] Isok. XV 296–298 (s. o. S. 446–448).

C.2.4 Lógos und práxis

der wiederholten Kritik an Spartas einseitiger Ausrichtung auf das Militär (als den Bereich, auf den hin die gymnische Bildung ausgerichtet ist), die mit einer Vernachlässigung von Wirtschaft und Handel sowie Religion und Philosophie einhergeht.[39] Spartas auf das Militär ausgerichtete innere Ordnung, seine auf Kriegen basierende Außenpolitik, mithin alles, was Isokrates an Sparta kritisiert, lässt Sparta als Sinnbild für das einseitig Körperliche erscheinen. Ursprung dieser Einseitigkeit, das wird ganz besonders im *Panathenaikos* deutlich, ist die Vernachlässigung der philosophischen *paideía* in Sparta. Auch die spartanische *paideía* ist ganz auf das Erlernen militärischer Techniken ausgerichtet – man denke etwa an die von ‚Isokrates' kritisierte Rolle des Stehlens in Sparta.[40] Im geistig–philosophischen Bereich dagegen vernachlässigt Sparta selbst die technische Propädeutik der Buchstabenlehre.[41] Spartas *paideía* ist somit in der gleichen Weise Symbol für die gymnische *paideía*, wie Athen die philosophische *paideía* repräsentiert.[42]

In der Dialogszene des *Panathenaikos* sieht ‚Isokrates' in dieser Einseitigkeit der spartanischen *paideía* die eigentliche Ursache für Spartas Kriegsaffinität. In seinen Augen bewirkt die ausschließlich gymnische *paideía* Spartas verfehlte Politik.[43] Die gymnische *paideía* hat hier den gleichen Stellenwert, der der *téchnê*-Lehre in *Gegen die Sophisten* zugeschrieben wird: Sie ist in der Lage, formale Regeln und *téchnê*-Kenntnis, mithin technische Handlungsfähigkeit in ihrem Bereich (Militär) zu vermitteln. Spartas militärisches Erziehungswesen ist der Ursprung seines militärischen Potentials (*dýnamis*). Allerdings vermittelt die spartanische *paideía* offenbar nicht die Fähigkeit, angemessen zu beurteilen, zu welchen Zwecken dieses militärische Potential anzuwenden sei. Die Spartaner wissen aus diesem Grund nicht, ‚gegen wen und mit wem' Krieg zu führen ist.[44]

In diesem Punkt steht Isokrates' Kritik an Spartas verfehlter Kriegspolitik der Kritik an der falschen Auswahl der Strategen in Athen nahe. Aufgabe des Strategen ist nicht primär die militärische *práxis* des Kämpfens in der Schlacht, sondern die Beurteilung der jeweiligen militärischen und politischen Lage und die Entscheidung darüber, wann auf welche Weise, mit wem und gegen wen eine Schlacht auszutragen sei, und wie mit dem Feind politisch (!) umzugehen sei. Aufgrund dieser Anforderungen fordert Isokrates vom Strategen die gleichen Fähigkeiten ein wie vom politischen Amtsträger: Er benötigt *phrónêsis*, die Fähigkeit über die jeweils zu einem bestimmten Zeitpunkt richtige

---

[39] Isokrates' Kritik an der Einseitigkeit des spartanischen Staates und der spartanischen *paideía* steht dem Urteil Platons und des Aristoteles in dieser Frage sehr nahe; vgl. Plat. Nom 666e, 808de, Arist. Pol. 1271b1–6, 1324b3–9, 1333b5–23, 1338 b9–38; Pointner 1969: 37–38, 56–57, Ducat 2006: 58–60, 62–64.
[40] Isok. XII 211–214.
[41] Isok. XII 208–209.
[42] Isok. IV 47–50, XV 296–298.
[43] S. dazu o. Kap. B.9.6.1.
[44] Vgl. zu diesem Ideal Isok. V 83–115 (s. o. Kap. B.8.4.5 und B.8.4.6).

Anwendung einer Sache zu urteilen.[45] Diese Fähigkeit aber kann nur die philosophische *paideía,* mithin die Lehre des Isokrates, vermitteln.

Das Exemplum Sparta ist auf diese Weise eng mit den epistemologischen und pädagogischen Grundsätzen und Forderungen des Isokrates verknüpft und dient deren Propagierung. Die Summe der Äußerungen über Sparta im Werk des Isokrates lässt sich als ein großes Exemplum für die pädagogische und moralphilosophische Frage verstehen, welche Rolle die philosophische *paideía* für die moralische Qualität menschlichen Handelns spielt. Die äußere Form einer Sache/Fähigkeit trägt ihre moralische Qualität nicht substantiell in sich, sondern wird erst durch die Intention ihrer Anwendung affiziert – dies zeigt die verfehlte Anwendung der ‚technisch' vorbildhaften spartanischen Militärinstitutionen. Damit kann eine Lehre der äußeren Form – nur hier ist eine auf *epistémê* beruhende *téchnê* möglich – niemals Morallehre sein. Diese Qualität kann nur eine auf *áskêsis, parádeigma* und *empeiría* beruhende Lehre der richtigen, *kairós*-gerechten Anwendung der *téchnê* erlangen.

Isokrates stützt sich in seinen Reden zur Vermittlung bildungstheoretischer und politischer Inhalte auf Exempla der Geschichte, namentlich auf die *práxeis* der griechischen *póleis,* allen voran Sparta und Athen. Seine eigene pädagogische Tätigkeit bezeichnet er als *philosophía tõn lógôn.* Es fällt schwer, im Zusammenhang einer Lehre, die die Bedeutung der *lógoi* (die bei Isokrates in der Verbindung *philosophía tõn lógôn* keineswegs nur ‚Reden', sondern jede Form der auf die *práxis* ausgerichteten geistigen Tätigkeit umfassen) anhand der *práxeis* aufzeigen will, nicht an den Satz des homerischen Phoinix zu denken, dessen Beschreibung seiner Ziele als Erzieher des Achilleus häufig als früher Beleg für die Dichotomie zwischen *lógos* und *práxis* gewertet wird.[46] Für Isokrates sind die Bereiche von *lógos* und *práxis* jedoch nicht strikt getrennt (was einer verbindungslosen Trennung in Theorie und Praxis gleichkäme). Vielmehr ist es erst der *lógos,* der dem Handelnden die Fähigkeit zum richtigen Handeln vermittelt. Der *lógos,* vermittelt durch eine als Seelenbildung verstandene Philosophie, ist Grundlage der *areté* und *kalokagathía* des Handelns und diesem insofern übergeordnet. Dem Philosophen als Lehrer der *lógoi* kommt damit die größte Bedeutung für die Qualität sowie für den Erfolg der *práxeis* der Bürger zu. Die Stellung der *philosophía tõn lógôn* in der *pólis* entscheidet über den politischen Erfolg der *pólis.*[47]

---

[45] Isok. VIII 54–55, XV 115–122; Lombard 1990: 113. Vgl. auch die Missachtung dieses Grundsatzes durch ‚Archidamos' in Isok. VI 4–6.

[46] Hom. I 442–443: „τοὔνεκά με προέηκε διδασκέμεναι τάδε πάντα | μύθων τε ῥητῆρ' ἔμεναι πρηκτῆρά τε ἔργων".

[47] Vgl. dazu Too 2006 zur Darstellung der Krise des *lógos* als Signum des politischen (*práxeis*) Niedergangs Athens bei Isokrates.

C.2.5 Sparta, Athen und die Dichotomie der *politeíai*

Sparta steht bei Isokrates stellvertretend für den oligarchischen Staat. Deutlich ausgeführt wird auch dies erst im *Panathenaikos*,[48] doch ist diese exemplarische Funktion schon aus früheren Schriften zu erschließen, etwa wenn Spartas Staat als beschränktes, rein militärisches Staatswesen erscheint oder wenn der Spartaner ‚Archidamos' alle nicht Wehrfähigen (zumindest vorübergehend) aus der Gesellschaft entfernen will. Zugleich trägt Sparta aber auch – innerhalb der oligarchischen Bürgerschaft – die Züge einer Demokratie.[49] Die Verbindung dieser beiden Merkmale des spartanischen Staates lässt sich als kritische Beschreibung der Gegenüberstellung von Demokratie und Oligarchie im zeitgenössischen Diskurs deuten. Die Spartiaten sind intern demokratisch organisiert, der spartanische Staat dagegen erweist sich aufgrund der Beschränkung des Bürgerrechts als Oligarchie. Das bedeutet nichts anderes, als dass der Unterschied zwischen Demokratie und Oligarchie lediglich in der verschiedenen sozialen Strukturierung und Größe des Bürgerverbandes als exklusiven politischen Regimes liegt. In der Oligarchie übt eine Minderheit im Eigeninteresse die gewaltsame Herrschaft über die Gemeinschaft aus, während in der Demokratie die Mehrheit – ebenfalls unter Benachteiligung anderer Gruppen – herrscht. Beiden Gruppen aber eignet keine Verpflichtung auf die Gesamtheit der *pólis*, auf das *koinón*. Isokrates fordert dagegen die Rekrutierung der *áristoi* für das politische Regime, und er schreibt dieser Gruppe die Bereitschaft zu, sich ganz in den Dienst des *koinón* zu stellen und mit Ehrungen durch den *dêmos* zufrieden zu sein. Sein eigenes Wirken als „critical servant" seiner *pólis* stellt ein solches Verhalten exemplarisch vor.[50]

In diesen Zusammenhang ist Isokrates' Forderung aus dem *Panegyrikos* nach einer Überwindung der gegeneinander opponierenden *politeíai* einzuordnen.[51] Er ruft dazu auf, den Gegensatz zwischen den *politeíai*, zwischen Oligarchen und Demokraten, zwischen Athen und Sparta zugunsten einer einheitlichen *politeía* aufzuheben, die im Bewusstsein der gemeinsamen Identität und der gemeinsamen Interessen der Hellenen dem *koinón* zur politischen Geltung verhilft.

Vor dem Hintergrund seiner Forderung nach Überwindung politischer Partikularismen verwendet Isokrates das Exemplum Sparta dazu, sich selbst und seine politischen Ideen außerhalb der politischen Gegensätze Demokratie–Oligarchie und der damit korrespondierenden antispartanischen oder prospartanischen Haltungen zu stellen. In dieser Selbststilisierung erscheint Isokrates als durch seine *paideía* und *phrónêsis* legitimierter Aisymnet, der wie Solon[52] in der Lage ist, sich außerhalb der tagespolitischen Konflikte zu

---

[48] Isok. XII 177–188 (s. o. Kap. B.9.5.4).
[49] Isok. VII 60–61 (s. o. Kap. B.6.4.2.2).
[50] Vgl. dazu Clark 1996: v. a. 111–112, ähnlich auch Haskins 2004: 128, Kroeker 2009: 201–202 („internal critic").
[51] Isok. IV 16–17 (s. o. S. 174–176).
[52] Vgl. Arist. AP 11–12, Plut. Sol. 14.

stellen und so den richtigen Weg zur Lösung der politischen Probleme seiner Zeit aufzuzeigen. In gewisser Weise stellt diese Selbst-Positionierung des *philósophos* Isokrates eine Rechtfertigung für den Rückzug des Philosophen aus der Tagespolitik, eine positive Standortbestimmung desselben im politischen Leben Athens dar.[53] Durch seine Hinwendung zu *philosophía* und *paideía* gewinnt der Philosoph die nötige Distanz zu den (in Isokrates' Augen) nur im jeweiligen Eigeninteresse, nicht aber im Gemeininteresse agierenden Gruppierungen des athenischen Staates, um sich aus moralisch integrer Warte mit den *lógoi politikoí* befassen zu können. In seiner Funktion als Lehrer junger Aristokraten entwickelt der *aprágmōn* eine zumindest mittelbare politische Wirksamkeit. Isokrates' Schriften stellen auf diese Weise ein Beispiel dar für das zeitgenössische Ringen um die Klärung der Frage nach dem Verhältnis von politischer Theorie und Praxis.

C.2.6 Sparta als Exemplum für den Charakter der *arché*

Die Außenpolitik der Spartaner und die daraus resultierende machtpolitische Entwicklung Spartas in der jüngeren Vergangenheit, insbesondere im 4. Jh., findet Isokrates' gleichbleibende Ablehnung. Auch hier ist die Kritik an Sparta indes nicht als Selbstzweck zu betrachten, sondern weist eine konstante exemplarische Verwendung auf. Spartas außenpolitische Geschichte dient als Exemplum für das bei Isokrates stets präsente und mit seinen pädagogischen Vorstellungen verbundene Motiv der korrumpierenden Macht von Erfolg und Herrschaft.

Besonders deutlich ist dieses Motiv in der *Friedensrede* ausgeführt.[54] Der gewaltsame Charakter der *arché* trägt der sie ausübenden *pólis* notwendigerweise den Hass der durch sie Unterdrückten ein. Auf diese Weise führt die *arché* stets den Niedergang der herrschenden *pólis* herbei – die *arché* (Herrschaft) der *pólis* ist die *arché* (Beginn) ihres Niedergangs.[55] Die Schädlichkeit der *arché* hält auf diese Weise einen sich selbst erneuernden Kreislauf politischer *metabolaí* in Gang, der beständig zum Aufstieg der jeweils Schwachen, und zum Niedergang der Mächtigen führt.[56]

Auch das Motiv der Schädlichkeit der *arché* und der *metabolé* als Folge derselben verbindet sich unmittelbar mit dem isokratischen Bildungsprogramm. Die *arché* führt, wie in der *Friedensrede* deutlich wird,[57] zum Verlust der *phrónēsis* und zu letztlich selbstzerstörerischer *pleonexía*. Fehlende *phrónēsis* führt zum Niedergang der Mächtigen, die sich den Hass Aller zuziehen. Im *Panathenaikos* erscheint der *pepaideuménos*, der ideale Träger isokratischer *paideía*, als immun gegenüber der blendenden Macht des

---

[53] In vielerlei Hinsicht ist hierzu grundlegend Too 1995.
[54] Isok. VIII 89–119 (s. o. Kap. B.6.5.1).
[55] Isok. IV 119, III 28, VIII 101, V 58–61.
[56] Zu Isokrates' Stellung zur *metabolé* vgl. Isok. IV 62–63, VI 1, 49–51 (s. o. Kap. B.5.6.3), VII 4–10 (s. o. Kap. B.6.4.2.1), VIII 89–119 (s. o. Kap. B.6.5.2.1), V 46–67 (s. o. Kap. B.8.4.2 und B.8.4.3).
[57] Isok. VIII 89–119 (s. o. Kap. B.6.5.1).

Erfolgs, er behält auch im Angesicht der Macht das treffende Urteil darüber, wie mit dieser Macht umzugehen sei.[58]

Sparta erscheint in dieser Schrift als Gegenpol zum Bild des *pepaideuménos*.[59] Die Spartaner verfügen nicht einmal über die propädeutischen Grundlagen für die isokratische *paideía*, und ihre Politik erweist sich als geprägt von *pleonexía*, Krieg gegen andere hellenische *póleis* und Unterdrückung der Mehrheit der Bevölkerung durch eine oligarchische Minderheit. Das Exemplum sowohl der spartanischen Politik wie auch der spartanischen Unbildung dient damit der Darstellung der Bedeutung isokratischer *paideía* für die politische Urteilskraft. Nur die *philosophía* schützt vor dem (auf falscher Beurteilung der eigenen Interessen beruhenden) Missbrauch von Machtstellungen und dem daraus notwendigerweise folgenden Niedergang.

C.2.7 Sparta als Parallelfall zu Athen

Isokrates beschreibt Athen als Ursprung und Hauptsitz der *philosophía*, also jener kulturellen Errungenschaft, die politische Leistungs- und Führungsfähigkeit erst ermöglicht.[60] Dennoch findet sich in seinen Schriften wiederholte Kritik am schlechten Ruf, den die Philosophie in Athen genieße.[61] Zugleich kritisiert er immer wieder politische Verfehlungen Athens, die den spartanischen Verbrechen entsprechen und sich von diesen allenfalls graduell unterscheiden.

Die Kritik an Athens verfehlter Politik betrifft ausschließlich die Zeit nach den Perserkriegen und steht im Gegensatz zur Idealisierung der athenischen Politik in der vorangehenden Zeit. Im *Areopagitikos* wiederum wird die ‚Entmachtung' des Areopag – also die ephialtischen Reformen von 462 – als wesentliche Ursache des Niedergangs der athenischen *politeía* bezeichnet. Da die *politeía* bei Isokrates Folge der *paideía* ist, und da der Areopag im *Areopagitikos* als Aufsichtsgremium über die *paideía* dargestellt ist, liegt es nahe anzunehmen, dass der Gegensatz zwischen idealer Politik der Frühzeit und verfehlter Politik der späteren Zeit mit dem Gegensatz zwischen Wertschätzung (früher) und Missachtung (heute) der *philosophía* koinzidiert.

So erklärt sich, weshalb Athen bei Isokrates zwar einerseits als Inbegriff der *philosophía tõn lógon* – im Gegensatz zur gymnischen *paideía* Spartas – erscheint, andererseits aber Athens jüngere Politik beständig als Parallelfall zu Sparta gezeichnet ist. Beides dient in *Panegyrikos*, *Friedensrede*, *Philippos* und *Panathenaikos* gleichermaßen der exemplarischen Darstellung der schädlichen Folgen der *arché*. Diese Parallelität und

---

[58] Isok. XII 30–33 (s. o. Kap. A.3.2.3).
[59] Isok. XII 208–209 (s. o. Kap. B.9.6.1.1).
[60] Isok. IV 47–50, XV 296–298.
[61] Isok. XIII 1, X 1, XV, XII 11–21.

Reziprozität (Sparta führt Athens Fall herbei, Athen daraufhin den Fall Spartas)[62] der historischen Entwicklung beider *póleis*, die sich sowohl auf die Innenpolitik (Sparta kopiert den athenischen Idealstaat, Athen folgt Sparta in der Abkehr von demselben) als auch auf die Außenpolitik (Perserkriege: Sparta eifert Athen nach; Pentekontaetie: Athen übernimmt spartanisches Streben nach *archḗ*; Peloponnesischer Krieg: Alkibiades lehrt Spartaner das Streben nach *archḗ*)[63] erstreckt, lässt jeweils Athen als den eigentlichen Ursprung der positiven Staatlichkeit und Politik, Sparta als Urheber der politischen Vergehen erscheinen.

Wenn Athen in der Frühzeit größere Leistungen erbracht hat und der eigentliche Ursprungsort der guten politischen Kultur ist, so bedeutet dies angesichts der Kritik am Athen der Gegenwart kein absolutes Lob. Vielmehr erfüllt die positive Bewertung der athenischen Frühzeit bei gleichzeitiger Kritik an der Gegenwart eine appellative Funktion. Die athenische Frühzeit wird zum *oikeîon parádeigma* für die Athener der Gegenwart, die in der eigenen Frühgeschichte selbst vermeintlich spartanische Werte (*sōphrosýnē*, *hēsychía*, *kalokagathía*) in Reinform finden können. Aus diesem historischen Erbe Athens folgt eine besondere Verantwortung und Verpflichtung der Athener, dem guten Ruf der eigenen Vorfahren gerecht zu werden.[64]

Isokrates illustriert in seinen Schriften, vor allem in den Epitaphios-Adaptionen in *Panegyrikos* und *Panathenaikos*, die beständige Berufung der Athener auf den Ruhm der Vorfahren, der Athen bis in die Gegenwart hinein zur Legitimierung der eigenen Außenpolitik dient. Die mangelnde Plausibilität und technische Fehlerhaftigkeit der in diesen Reden präsentierten Rechtfertigungen athenischer Herrschaftspolitik demonstriert, indem sie die Kritik an solchen Rechtfertigungen und mögliche Gegenargumente provoziert, die Unvereinbarkeit der gegenwärtigen athenischen Politik mit den Idealen der athenischen Vorväter. Die Athener dürfen sich nur an ihren Vorfahren als den wahrhaften idealen Vorbildern messen lassen, und dieser Anspruch wird auch in der Kultur politischer *epideixis* öffentlich vertreten. Die athenische Politik indes zeigt, dass sich Athen so weit vom Vorbild der Vorfahren entfernt hat, dass sogar Sparta, da es wenigstens Teile der früheren Ordnung und *politeía* bewahrt hat, in bestimmten Bereichen den athenischen Vorfahren näher steht als Athen selbst.[65] Das Exemplum Sparta dient so auch dazu, dem athenischen Publikum die Diskrepanz zwischen Anspruch und Wirklichkeit seiner machtpolitischen und demokratischen Selbstdarstellung und *práxis* vor Augen zu halten. Diese appellative Funktion kann sich fraglos nur an ein athenisches Publikum richten. Die *politeía* Athens ist es, auf die Isokrates mit seinen Schriften einwirken will.

---

[62] Isok. XI 17–20, XII 114–118, 152–155.
[63] Isok. IV 85–92 (s. o. Kap. B.2.4.5), V 58–61 (s. o. Kap. B.8.4.2), XII 114–118 (s. o. Kap. B.9.5.2).
[64] Vgl. Isok. IX 76–78.
[65] Isok. XI 17–20, III 23–24, VII 7, 60–61, VIII 142–144, XII 152–155.

C.2.7 Sparta als Parallelfall zu Athen

Angesichts der voraussetzungsreichen Hermetik der isokratischen Schriften, angesichts der Überzeugung, dass nur Wenige überhaupt philosophisch belehrbar seien,[66] und angesichts der resignierten Haltung des Isokrates, was die Belehrbarkeit des athenischen *dẽmos* betrifft,[67] kann sich die appellative Funktion der Kritik an der athenischen *arché* nur an eine philosophisch talentierte Minderheit, mithin vor allem an das Schülerpublikum des Isokrates richten. Gegenüber diesem Publikum, in dem es – betrachtet man die Schüler der Dialogszene des *Panathenaikos* als Stellvertreter eines tatsächlichen Schülerpublikums – sowohl Lakonisierer als auch ‚Attikisierer', sowohl prospartanische als auch proathenische Tendenzen gibt, kann das Exemplum Sparta der Korrektur verfehlter Standpunkte dienen. Die Analogie zwischen Sparta und Athen, in der für jede Kritik an der einen *pólis* gleichlautende Kritik an der anderen gefunden werden kann,[68] demonstriert sowohl den Spartafreunden als auch den Vertretern einer athenischen *arché*, dass die Herabsetzung der jeweils anderen *pólis* kontraproduktiv für das Lob Athens oder Spartas ist, dass beider *póleis* jüngere Vergangenheit als Vorbild ungeeignet und eine alleinige Führungsstellung auf Grundlage dieser Politik nicht gerechtfertigt ist.

Für die Lakonisierer bedeutet dies, dass die Kritik an der athenischen Demokratie der Gegenwart nicht mit dem Verweis auf den spartanischen Staat begründet werden kann, da zum einen die als ‚spartanisch' geltenden Ideale ihren ‚wirklichen' Ursprung in Athen haben, zum anderen Sparta selbst diese Ideale nur noch im militärischen Bereich vertritt, während seine tatsächliche Politik den Idealen von *sôphrosýnê* und *hêsychía* geradezu Hohn spricht. Für die proathenisch voreingenommenen Schüler folgt aus der Analogie beider *póleis*, dass eine Herabsetzung Spartas nicht der Rechtfertigung athenischer Gewalttaten dienen kann, da die Kritik an Spartas Verbrechen, seien sie auch größer als die athenischen, notwendigerweise auch Kritik an den athenischen Verbrechen impliziert. Auch diese Appellfunktion des Exemplum Sparta dient letztlich der oben dargestellten Forderung nach Überwindung innergriechischer Gegensätze und der Herstellung einer gemeinsamen, einheitlichen *politeía*.

Isokrates ist sich bewusst, dass seine Kritik an den gegenwärtigen Verhältnissen, insofern sie schriftlich publiziert ist, auf ein Publikum treffen muss, das in der Mehrheit für die politische Belehrung nicht offen ist. Dass die Verlagerung der Kritik an Athen auf analoge Fälle einen möglichen Ausweg für Schriftsteller des 4. Jhs. darstellte, um ihre Kritik auch in einer gegenüber politischer Dissidenz feindlichen Umgebung formulieren zu können, hat Walter Eder am Beispiel der Fürstenspiegelliteratur dargestellt:

> [...] der von den Autoren empfundene Übelstand bezog sich durchweg auf die Verfassung, in der sie lebten, die Demokratie. Und in dieser sensibel gewordenen Demokratie, die sich gerade in der Bedrohung durch oligarchische Strömungen am Ende des 5. Jhs. ihres Wertes bewußt geworden war, war es weniger gefährlich, das Lob der zeitlich und räumlich weit entfernten

---

[66] Z. B. Isok. XI 1–3.
[67] Isok. VII 1–10, VIII 3–14, V 17–29.
[68] Isok. XII 65–66 (s. o. S. 527–528).

Monarchie zu singen, als für eine Staatsform einzutreten, die auch nur schemenhaft an oligarchische Vorstellungen erinnerte [...] Die ‚bestimmte Zeitlage' [...] gebot den Autoren, die eine Verbesserung der Demokratie in ihrem Sinne, d.h. eine Anhebung der Bedeutung der ‚Besten' wünschten, dies unter dem schützenden Mäntelchen der παιδεία πρὸς ἀρετὴν eines Königs zu tun.[69]

Analoges lässt sich für die Kritik an dieser Demokratie der nicht Gleichen, sondern Gleichgemachten, wie Isokrates sie sah, feststellen. Isokrates formuliert seine maßgebliche Kritik an Athens Seemachtbestrebungen, die in seinen Augen mit den politischen Zielen der radikalen Demokraten gleichzusetzen sind, unter dem „schützenden Mäntelchen" der Verurteilung des politisch und vor allem emotional „weit entfernten" Sparta. Auf diese Weise vermeidet es Isokrates, sich von der für philosophische Belehrung ungeeigneten Mehrheit seines potentiellen Lesepublikums den Vorwurf der antidemokratischen Gesinnung zuzuziehen in einem politischen Umfeld, das solche Agitation bis hin zur Todesstrafe zu sanktionieren bereit war.

---

[69] Eder 1995: 171–172.

C.3 Epilog: Zur Verfasstheit der isokratischen Schriften

Ulrike Hirsch kam in ihrer Untersuchung der exemplarischen Verwendung geschichtlicher Darstellungen in *Panegyrikos* und *Areopagitikos* aufgrund der zahlreichen Abweichungen der isokratischen Darstellung von der historiographischen Tradition zu dem abschätzigen Urteil:

> Leser, die nicht willig auf seine Denkart eingehen, sondern ihrerseits nach der historischen Gewissenhaftigkeit der Darstellung fragen, könnte Isokrates niemals täuschen. Aber mit solchen Lesern rechnet er nicht, und zwar schon deshalb nicht, weil ihm von historischer Treue und Objektivität offenbar selbst jeder Begriff fehlt.[1]

Diese Aussage kann stellvertretend stehen für eine ganze Reihe von Arbeiten zur historischen ‚Gewissenhaftigkeit' des Isokrates, die Isokrates alle mehr oder weniger an den Maßstäben eines Rankeschen Geschichtsbegriffs messen wollten.[2] Die Beobachtung, dass Isokrates sich in wesentlichen Teilen seiner Darstellung historischer Gegebenheiten nicht an die historiographische Überlieferung halte, ist fraglos zutreffend und auch niemals bestritten worden. Problematisch sind jedoch die Schlussfolgerungen und die wertenden Urteile über Isokrates, die man aus dieser Beobachtung abgeleitet hat. Es braucht nicht eigens erläutert werden, dass die ‚historische Kritik' gut 2400 Jahre jünger als Isokrates ist. Doch selbst wenn man die verfehlte Begriffswahl gelten lässt und auch nicht weiter darüber nachdenkt, inwiefern historische Wahrhaftigkeit objektiv möglich ist, bleibt in Hirschs Deutung ‚eine Kleinigkeit' übersehen: Isokrates verfügt nicht nur über einen Begriff von historischer Plausibilität,[3] sondern fordert diese sogar ausdrücklich als Grundlage des überzeugenden *lógos* ein. Er rechnet nicht nur mit einem kritischen Publikum, sondern fordert wiederholt die akribische Auseinandersetzung seines Publikums mit der sachlichen Valenz der vorgetragenen Argumente. Eben jene ‚Mängel' in der histori(sti)schen Auffassung, die man Isokrates apodiktisch vorwarf, stellt dieser selbst als

---

[1] Hirsch 1996: S. 140. Ebd. Anm. 2 wirft Hirsch Isokrates gar „völlige Verständnislosigkeit für historische Kritik" vor.
[2] S. o. Kap. A.3.2.
[3] Vgl. die Untersuchungen in dieser Arbeit zu Isok. X und XI (Kap. III.2).

Fehler seiner Konkurrenten dar.[4] Vor diesem Hintergrund und angesichts der offenkundigen Verwendung der auch für uns noch maßgeblichen historiographischen Quellen in den isokratischen Schriften muss man davon ausgehen, dass sich Isokrates der an vielen Stellen mangelnden Plausibilität und der Abweichungen von den Vorlagen seiner historischen Darstellungen sehr wohl bewusst war. Statt Isokrates historische ‚Unzuverlässigkeit' vorzuwerfen, wird man daher fragen müssen, aus welchen Gründen er seine historischen Argumentationen teilweise ‚unplausibel' gestaltet, obwohl er die darin liegende rhetorische Problematik selbst thematisiert und zum Ausgangspunkt seiner Kritik an den Zeitgenossen macht. Die Antwort auf diese Frage liegt in der pädagogischen Funktion seiner Schriften, die sich einerseits mit der Macht des *lógos*, ‚Wahres und Falsches zu sprechen' auseinandersetzen, die andererseits den Anspruch haben, der ‚wahren' Rede dadurch zur Geltung zu verhelfen, dass sie Wege zur Demaskierung des *lógos pseudés* aufzeigen und in diesem Sinne als praktische Lehrmittel dienen.

Yun Lee Too hat die Gestalt des Typhon in Hesiods *Theogonia*, jenes chthonischen Wesens, das jede beliebige Stimme und Redeweise – selbst die göttliche – annehmen kann, als Allegorie für die ordnungszersetzende Kraft des *lógos pseudés* gedeutet.[5] Die Intervention des Zeus, der Typhon seiner Stimmen beraubt und ihn unter einem Vulkan einschließt, wird in dieser Interpretation zum Eingreifen des Königs im Sinne der Aufrechterhaltung der gesellschaftlichen Ordnung gegenüber subversiven, usurpatorischen Kräften.[6] Die Musen dagegen vermitteln dem Dichter bei Hesiod eine in der tradierten Ordnung aufgehende, sich ganz auf diese stützende Redefähigkeit.[7] Auch in den *Erga* wird die Opposition zwischen dem *lógos pseudés* und der göttlichen Norm thematisiert, hier mit Blick auf die Rolle des politischen Führers. Too beschreibt diese Opposition wie folgt:

> The importance of the leader's ability to discriminate between discourses as just or unjust is made apparent elsewhere in this poem. Here the poet declares that when judgement is just, the city and her people flourish (*WD* 227), but when judgement is corrupted and crooked, then trouble comes upon the people (223). In the society depicted in this text the problem is that discernment has gone astray and its poet implicitly assumes the responsibility of re-establishing it.[8]

Was Too überzeugend für die Epen Hesiods darlegt, lässt sich unmittelbar auf den pädagogischen Zweck der isokratischen Schriften übertragen. Isokrates beschreibt die Bürger des idealen Staates der athenischen Frühzeit als gebildet und ihr Handeln als auf treffendem Urteil beruhend. Der *dẽmos* der von Isokrates beschriebenen Gegenwart

---

[4] Vgl. Gorgias und Polykrates sowie die ‚Sophisten' in den Proömien von Isok. X und XI.
[5] Too 1998: 18–50; insbes. 18–37.
[6] Too 1998: 29–32. Bei Hesiod ist es göttliche Inspiration, die dem Urteilenden den moralischen Maßstab für das richtige Urteil an die Hand gibt, vgl. Hes. Theog. 83–93.
[7] Hes. Theog. 27–28; vgl. Too 1998: 26.
[8] Too 1998: 31; vgl. Hes. Erga 223–227.

verfügt dagegen nicht mehr über die Kompetenz, den richtigen *lógos* vom falschen, den gemeinnützlichen vom eigennützigen oder den politisch relevanten vom nutzlosen zu unterscheiden. Vor diesem seiner Urteilsfähigkeit beraubten *dẽmos* sind es unter den Politikern die Sykophanten und unter den Lehrern die utopische Lehrgegenstände versprechenden (also sich deren Beherrschung anmaßenden), mit Hesiod gesprochen: die Typhone, die sich durchsetzen können.[9] Mit dem Erfolg dieser anmaßenden populistischen Kräfte geht zugleich der Niedergang der gesamten politischen Ordnung[10] und in dessen Folge der Niedergang des politischen Erfolgs der griechischen *póleis* einher. Es ist der Verlust der Urteilsfähigkeit, der die Misere Athens und der Hellenen verursacht und gegen den die isokratische Lehre anzukämpfen beansprucht.

Isokrates bringt die anmaßende falsche Rede, den *lógos pseudés* der Sykophanten, auf die Bühne seiner Schriften und führt sie dort *ad absurdum*. In wechselnden *personae*, in wechselnder Form der Instrumentalisierung gegensätzlicher Argumente, im Einsatz argumentationstheoretischer und logischer Regeln führt er vor, auf welche Weise der *lógos pseudés* sich selbst stets entlarven muss, sobald er auf ein aufmerksames, philosophisch geschultes Publikum stößt.[11] Mit den richtigen Mitteln und der Fähigkeit ihrer Anwendung wird das gebildete Publikum in die Lage versetzt, in der durch einen Text vorgetragen Sache zu einem angemessenen Urteil zu kommen und auf Grundlage dieses Urteils den *lógos* kompetent zu bewerten.

Die Kritik falscher Argumente durch die Leser der isokratischen Schriften dient zugleich der *áskêsis* im Auffinden und der logischen Entwicklung (*heúrêsis*) treffender Argumente. Aus einer solchen Kritik ergeben sich positive Gegenargumente und implizite Gedanken, die den schwachen *lógoi* entgegengesetzt sind. Insofern bedient sich Isokrates einer texthermetischen Methode, die auch dazu dienen kann, Aussagen zu verschlüsseln und nur bestimmten Lesern (den philosophisch gebildeten) zugänglich zu machen.[12] In dieser Hinsicht bestätigt die vorliegende Untersuchung eine Bemerkung Thomas A. Szlezáks, der in den 1980er Jahren darauf aufmerksam gemacht hat, dass

---

[9] Vgl. v. a. Isok. VIII 3–14. Hesiod glaubt die Fähigkeit des richtigen Urteilens in seiner Gegenwart verloren (Hes. Erga 186–187, 221) und sieht den Dichter diesbezüglich in der Verantwortung, vgl. Too 1998: S. 32, 35; die Rolle des Dichters als Lehrer der *pólis* wird bei Aristoph. Batr. 954–955, 964, 1009–1010, 1054–1055, 1420 wiederholt betont und 1434–1436 damit begründet, dass der Dichter das Lob gemeinnützlicher Gegenstände betreibe, dazu Too 1998: 48–49.

[10] Auch für den platonischen Sokrates weisen die Dichter (stellvertretend für die Lehrer der Gesellschaft, vgl. Too 1998: 60–61) des ungerechten Staates einen Mangel an *orthề dóxa* auf, vgl. Plat. Pol. 601e1–602b5.

[11] Diese Deutung richtet sich gegen die nach wie vor verbreitete Annahme, „daß Isokrates' persönliche Ansichten (die er beispielsweise auch in einem persönlichen Gespräch äußern würde) identisch sind mit seinen schriftlichen Darstellungen" (Zitat: Usener (S.) 1994: 120, vgl. Grieser-Schmitz 1999: 8, 89–90 *pro plurimis*). Auch diese Annahme wird man mit der vorliegenden Untersuchung als *documentary fallacy* bezeichnen müssen; vgl. Heilbrunn 1967: 223.

[12] Vgl. die Differenzierung zwischen „Isocrates" und „the many" bzw. „the common reader" bei Heilbrunn 1967: 52, 55, 216.

Isokrates' Schriften jene Texthermetik aufweisen, die man in der Nachfolge Schleiermachers lange Zeit (teilweise bis heute) dem platonischen Dialog zugeschrieben hat:

> Unbeachtet blieb [...], daß die Theorie einer Kunst des ‚hintergründigen Schreibens', die einzig den philosophischen Dialog vor der Schriftkritik rette, gerade Platons unphilosophischem Zeitgenossen Isokrates bekannt war, der auch ihre Anwendbarkeit auf seine eigenen undialogischen Werke zur Diskussion stellt (wobei er, in sehr gedankenstimulierender Weise, selbst nicht Stellung bezieht).[13]

Der hermetische Charakter der isokratischen Schriften zeigt sich, wie oben gesehen, auch außerhalb des *Panathenaikos* an vielen Stellen. Szlezáks Auffassung ist dennoch zu modifizieren. Zum einen ist Isokrates' Anspruch auf die *philosophía* zumindest aus einer vorplatonischen Perspektive heraus ernstzunehmen. Das bedeutet, dass die Bezeichnung des isokratischen Schaffens als ‚unphilosophisch' nur vom Standpunkt des platonischen Philosophiebegriffs aus Gültigkeit beanspruchen kann.[14] Zum anderen lässt sich, gerade angesichts der isokratischen Selbstdarstellung als *philósophos*, nicht ausschließen, dass die isokratische Lehre in den isokratischen Schriften nicht vollständig dargestellt ist, insbesondere, dass möglicherweise nur mündlich vermittelte Inhalte seiner Lehre einer heutigen Interpretation eine bessere Grundlage verschaffen könnten. Es ist anzunehmen, dass Isokrates' technische Behandlung der *lógoi*, die er als ebenso notwendige propädeutische Grundlage seiner *paideía* beschreibt wie die Lehre der Buchstaben,[15] wesentlich mehr Bereiche des *lógos* abdeckte als die wenigen argumentationstheoretischen Regeln, die sich verstreut in seinem Werk finden. Wenn aber die rhetorische *téchnê* Hilfsmittel zur kritischen Beurteilung von Argumentationen ist, dann folgt aus der Wahrscheinlichkeit ungeschriebener Teile dieser *téchnê* – ganz gleich ob man sie als geschlossenes System auffasst oder nicht –, dass einem heutigen Publikum der isokratischen Schriften möglicherweise nicht mehr alle Mittel zu ihrer Bewertung zur Verfügung stehen. In anderen Worten führt die Frage, ob die Hermetik der isokratischen Schriften esoterischen[16] oder exoterischen Charakters ist, notwendigerweise in die Aporie.

---

[13] Szlezák 1985: 360 (mit Anm. 42) ad Isok. XII 265, vgl. Erler 1987: 284. Eine konzise Zusammenfassung der Vorstellung von Esoterik in der Dialogtheorie, inklusive einer Kritik an der Zuschreibung dieser Form von Esoterik zu Platon, bietet Szlezák 1992: 101–103. Die dortige Beschreibung der esoterischen Methode liest sich wie eine Beschreibung der vom ‚Spartafreund' der Dialogszene im *Panathenaikos* vorgetragenen Methode. Vgl. exemplarisch für diese Schule der Platoninterpretation Heitsch 1988: v. a. 237–238.
[14] Vgl. dazu Schiappa 1990, Timmerman 1998.
[15] Isok. XIII 10–12.
[16] Auf die mögliche Existenz isokratischer *apórrhêta* verweist Diog. Laert. II 46, der angibt, Speusippos habe die geheimen Lehren des Isokrates öffentlich verbreitet, vgl. Too 1995, 174, Wareh 2012: 182–184.

D – APPENDICES

D.1 Exkurse

D.1.1 *koinón, ídion, allótrion*[1]

In nahezu allen Schriften des Isokrates spielen die Begriffe *koinón* (allgemein / gemeinsam), *ídion* (eigen / privat) und *allótrion* (fremd / un-eigen) eine wichtige Rolle.[2] Diese Begriffe verbinden sich mit unterschiedlichen Forderungen an das Verhalten des Bürgers. Isokrates wendet die Begriffe evtl. in Anlehnung an Thukydides' Gegenüberstellung von *oĩkos* und *politeía*[3] an. Es lässt sich in der Begriffsverwendung ein Schema dreier Typen von Besitzverhältnissen beziehungsweise von Beziehungen des einzelnen Bürgers zu einer Sache/Angelegenheit erkennen, das hier kurz vorgestellt werden soll.

Jedem der drei Begriffe weist Isokrates jeweils zwei idealtypische Verhaltensweisen und Einstellungen des Einzelnen zu:

1. Privatbesitz/Privatangelegenheiten (*ídion*) – positiv gekennzeichnet durch persönliche Sorge des Einzelnen um den Zustand; negativ gekennzeichnet durch rücksichtslosen Zugriff im persönlichen Interesse.

2. Fremde(r) Besitz/Angelegenheiten (*allótrion*) – positiv gekennzeichnet durch Rücksichtnahme des Einzelnen auf die Rechte des Anderen (Besitzers/Verantwortlichen); negativ gekennzeichnet durch mangelnde Sorge des (nicht verantwortlichen) Einzelnen um den Zustand.

Die dritte Art des Verhältnisses zwischen Person und Sache ist gekennzeichnet durch die jeweils positiven Eigenschaften der beiden anderen, während die jeweils negativen Einstellungen keine Rolle spielen:

---

[1] Einen ausführlicheren und sehr nützlichen Artikel zum Gegenstand dieses Abschnitts hat jüngst Marie-Pierre Noël publiziert (Noël 2012). Dieser Beitrag konnte leider nicht mehr eingehend berücksichtigt werden; vgl. außerdem zur Einordnung der isokratischen Terminologie in die Entwicklung des griechischen Denkens von Gemeinschaft und Individualität die übrigen Aufsätze des Sammelbandes Macé (Hg.) 2012 sowie Casevitz 1998, Schmitt 1998.

[2] Vgl. dazu Jost 1936: 137, Pointner 1969: 46, Heilbrunn 1975: 158.

[3] Thuk. II 40,2. Vgl. zur Analogie zwischen *oĩkos* und *pólis* bei Isokrates Poulakos (T.) 1997: 38. Der Vorstellungskomplex steht wohl in Zusammenhang mit den Auseinandersetzungen um Naturrecht und positives Recht im späten 5. und frühen 4. Jahrhundert, vgl. Kerferd 1981: 121–123.

3. Gemeingut/öffentliche Angelegenheiten (*koinón*): jeweils positiv gekennzeichnet durch persönliche Sorge des Einzelnen um den Zustand und Rücksicht auf das Interesse der Besitzer/Verantwortlichen (= der Allgemeinheit).

Besonders deutlich tritt dieses Schema in der Darstellung des idealen Vorväterstaates im *Panegyrikos* (§75–81) hervor. Die Vorfahren weisen in diesem Passus die oben genannten Einstellungen auf. Seinen Zeitgenossen wirft Isokrates vor, dass ihr Verhalten gegenüber den *koiná* nicht von den jeweils positiv bewerteten, sondern umgekehrt von den negativen Eigenschaften geleitet werde. Es ergibt sich eine unterschiedliche Einstellung der Vorfahren und der Zeitgenossen gegenüber dem *koinón*, die mit einer unterschiedlichen Bewertung der jeweils von diesen vertretenen *politeíai* einhergeht. In schematischer Darstellung lässt sich dies wie folgt veranschaulichen:

Ideal (*politeía* der Vorväter)

ídion	hohes Verantwortungsgefühl (+)	keine Rücksicht auf Interessen Anderer (-)
koinón	hohes Verantwortungsgefühl (+)	große Rücksicht auf Interessen Anderer (+)
allótrion	kein Verantwortungsgefühl (-)	große Rücksicht auf Interessen Anderer (+)

Gegenwärtige Realität (*politeía* nach Übernahme der *arché*)

ídion	hohes Verantwortungsgefühl (+)	keine Rücksicht auf Interessen Anderer (-)
koinón	kein Verantwortungsgefühl (-)	keine Rücksicht auf Interessen Anderer (-)
allótrion	kein Verantwortungsgefühl (-)	große Rücksicht auf Interessen Anderer (+)

Die Sorge um das *koinón* erscheint, bedingt durch die politische Perspektive der isokratischen Schriften, als das aufgrund ihres Nutzens für die Gemeinschaft höchste Ziel, dem größere Bedeutung zukommt als der Sorge um die *ídia*. Da indes für die richtige und erfolgreiche Pflege von *ídia* und *koiná* dieselben Eigenschaften vonnöten sind, ist die Fähigkeit zur Pflege der *ídia* gewissermaßen Voraussetzung und Indiz für die Befähigung zur öffentlichen Tätigkeit. Dieses Schema lässt sich in Isokrates' Denken über die Rolle des Einzelnen in Gesellschaft und Staat bis in das Spätwerk hinein aufzeigen.[4] Die weitgehende Gleichsetzung von privatem und öffentlichem Interesse, die *de facto* einer Nivellierung partikularer Interessen des Einzelnen oder einzelner Gruppen gleichkommt,[5] bestimmt Isokrates' Ideal der einheitlichen *politeía* in seinem gesamten Schaffen.

---

[4] Z. B. Isok. XVIII 28, 60, XVI 3, 34, XIX 10, X 6, 36, 40–41, IV 1, 9, 15, 57, 76–81, 85–86, 97–98, 104–105, 110, XIV 8, 21–22, 46, 49, II 19, III 17–21, 34, 49, VI 20, 26, 93, VIII 4, 12–13, 46, 55, 93, 96, 119–120, 126–127, 133, VII 24–25, 31, 52, XV 158, 161, 167–168, 180, 262, 276, 285, V 56–67, 73, 80, XII 11–12, 139–140, 144, 159–160, 222.

[5] Zur Koinzidenz von privatem und bürgerlichem Interesse des Einzelnen in Isokrates' Denken vgl. Poulakos (T.) 1997: 32–33, 36–38; vgl. zur Identität von *koinón* und *ídion* in Platons Spartabild Wilke 1997: 199.

D.1.2 Euagoras als Chiffre für Athen

Der kyprische Monarch Euagoras erscheint im isokratischen *Euagoras* (Isok. IX) in vielerlei Hinsicht als Stellvertreter für Isokrates' Idealvorstellung von Athen. Insbesondere erscheint er als Repräsentant der idealen *basileía*, der Werte der ‚*politeía* der Vorväter' und der Rolle Athens als Lehrerin hellenischer Kultur.

Schon die Herkunft des Euagoras weist Parallelen zur athenischen Geschichte auf (§12–17).[6] In §30–32 ist die Parallele zum Bericht von der Seeschlacht von Salamis im *Panegyrikos* kaum zu übersehen:[7] Isokrates erwähnt, Euagoras habe nicht die Einstellung gehabt, nach der Landung auf der Insel seine Stellung zu befestigen und zu warten, ob andere Bürger ihm zu Hilfe kämen. Die hier abgelehnte Haltung, die in der Narratio des *Euagoras* einigermaßen zusammenhanglos erwähnt wird (es wird nicht einmal ein Beispiel für Vertreter dieser Haltung genannt), beschreibt exakt das Verhalten der Spartaner in den Perserkriegen nach der Niederlage von Thermopylai, wie Isokrates es im *Panegyrikos* darstellt: Sie ziehen sich auf die Peloponnes (die ‚Insel' des Pelops) zurück, sperren den Isthmos mit einer Mauer und greifen erst wieder in das Geschehen ein, als feststeht, dass Athen sich der persischen Flotte vor Salamis stellen wird.[8] Euagoras lehnt dieses Verhalten ab; ganz allein widersetzt er sich dem perserfreundlichen Tyrannen sowie dessen Unterstützern in der Bürgerschaft (§31–32), ganz so, wie Athen sich in Salamis (in Isokrates' Darstellung) allein dem Perserkönig und dessen hellenischen Unterstützern entgegenstellte.[9] Der Lohn des Euagoras ist die Herrschaft als *týrannos* in Salamis, Athen wird zum *hêgemón* in Hellas.[10] Sein Verhalten im Zuge der Wiedergewinnung der Macht ist allgemein als das eines gerechten Herrschers gezeichnet.[11] Dass die Führerschaft des

---

[6] Er gehört genealogisch dem Geschlecht der Gründer seiner *pólis* an; das kommt der Idee der Autochthonie der Athener (vgl. Isok. IV 23–25) einigermaßen nahe. Wirklich autochthon sind die Aiakiden in Salamis zwar nicht, sie stammen stattdessen aus Aigina. Ihre *pólis* haben die salaminischen Herrscher aber immerhin selbst gegründet und sie weder von anderen erobert noch als verlassene Siedlung vorgefunden.

[7] Auf die namentliche und genealogische Verbindung der beiden Salameis hatte Isokrates bereits in Isok. IX 18 explizit hingewiesen (Forster 1912: 82). In IX 30–32 zeigt sich, dass Isokrates diese Verbindung bewusst zur historischen Parallele ausbaut.

[8] Vgl. Isok. IV 93–97.

[9] Vgl. Isok. IV ebd.

[10] Ganz offensichtlich sind die Begriffe *týrannos* und *basileús* im *Euagoras* wertneutral, vielleicht sogar in positiver Wertung verwendet (vgl. Alexiou 2005: 154); dies kann zum einen durch den inhaltlichen Rahmen begründet sein (die beiden Begriffe stellen die treffendste Bezeichnung der Regierungsstellung des Herrschers im kyprischen Salamis dar), zum anderen kann sich darin auch eine positive Haltung gegenüber monarchischer Herrschaft zeigen. Letztlich unterscheidet sich im isokratischen Denken die ideale Monarchie von einer abzulehnenden Gewaltherrschaft vor allem durch den Charakter des Alleinherrschers. Wenn Euagoras als Tyrann die *aretaí* besitzt, dann ist seine Form der Tyrannis mit der idealen Monarchie gleichzusetzen.

[11] Isok. IX 31: „καὶ τοὺς τ' ἐχθροὺς ἐτιμωρήσατο καὶ τοῖς φίλοις ἐβοήθησεν"; vgl. dazu Plat. Pol. 332a–b; Mirhady/Too 2000: 146 Anm. 24.

Euagoras – und implizit seine spätere Herrschaft – nicht auf Gewalt oder Furcht, sondern auf grenzenlosem Vertrauen (beziehungsweise *eúnoia*) der Gefolgsleute (respektive: der Bürger) basiert, ist in §29 angezeigt. Die wenigen Leute, die Euagoras bei seiner Rückkehr nach Salamis unterstützen, folgen ihm wie einem Gott (*hósper theō̃i*, §29).[12] Dies qualifiziert Euagoras als *hēgemṓn*, als Anführer, dem die Mitbürger freiwillig folgen.

In gewisser Weise erscheint Euagoras bei Isokrates als kyprisches Pendant des Kleisthenes: Auch dieser wird exiliert während einer Phase, in der die ‚ursprüngliche' athenische Regierung (die solonische Demokratie) entmachtet ist. Auch dieser kehrt aus dem Exil zurück und reinstalliert das alte System. Und auch dieser muss dazu den Tyrannen nicht selbst beseitigen, da die Tyrannis durch den Anschlag des Harmodion und des Aristogeiton bereits gestürzt ist. Kleisthenes und Euagoras bringen somit auf vorbildliche Weise das jeweils ursprüngliche ‚Herrschergeschlecht' wieder zu alten Ehren.[13]

Auch Euagoras' Regierungspolitik trägt athenische Züge: Als Herrscher verlässt er sich vor allem auf seine persönliche Urteilskraft, die zu verbessern er ständig bemüht ist (§41–43). Er wirkt als Ratgeber anderer (§44) und bezieht seinen Stolz ausschließlich aus seinen eigenen Leistungen, nicht aus dem, was ihm durch Zufall zuteil wird (§45). Insgesamt trägt sein politisches Verhalten die Züge des isokratischen Bildungsanspruchs.[14] Dies wiederum qualifiziert ihn als idealen Monarchen (§46). Ein ganz ähnliches ideales Verhältnis zur Kultur der Intellektualität, die ihren Träger zum Lehrer der anderen macht, hat Isokrates im *Panegyrikos* Athen zugesprochen. Dort wird Athen als Lehrerin der ‚Lehrer von ganz Hellas' beschrieben, was zweifelsohne auch als Anspielung darauf gedeutet werden kann, dass Athen viele nicht-athenische Intellektuelle anzog.[15] Im *Euagoras* ist es nun Salamis, das aufgrund des Wirkens des Euagoras zahlreiche Athener (also eben jene Lehrer hellenischer Kultur) anlockt.[16] Euagoras selbst erscheint gegenüber seinen kyprischen Mitbürgern ebenfalls als Lehrer der griechischen Kultur:[17] Er ist auf Kypros, was Athen im *Panegyrikos* für ganz Hellas ist. Dass die griechische Kultur, die Euagoras nach Kypros bringt, eine genuin athenische Kultur ist, wird an derselben Stelle klar. Denn Euagoras betreibt die Hellenisierung von Salamis nach Isokrates' Angaben durch den Bau von Mauern, eines Hafens, einer Flotte und durch technischen Fortschritt. Insbesondere die Verbindung von Mauern, Hafen und Flotte lässt unweigerlich an das Athen des Themistokles, an das Athen der Perserkriegsgeneration denken.

---

[12] Die Stelle bereitet bereits die ‚Vergöttlichung' des Euagoras in Isok. IX 72 vor. Zum Thema der ‚Vergöttlichung' vgl. Alexiou 2010: 165, 170–172.

[13] Zu Kleisthenes vgl. Isok. VII 16–18.

[14] S. o. Kap. A.3.2.2. Im Kern der Lehrbemühungen liegt die Urteilskraft des Schülers. Dieser soll in Nachahmung des Lehrers andere unterweisen – so wie es Nikokles in Isok. III tut. Die Ableitung persönlichen Ruhms aus persönlich erbrachten Leistungen ist eine Grundkonstante des isokratischen Denkens.

[15] Vgl. Isok. IV 45, 47–50.

[16] Isok. IX 51–52.

[17] Isok. IX 47–50, 60.

D.2 Bibliographische Angaben

D.2.1 Abkürzungsverzeichnis

Die in der Arbeit verwendeten Abkürzungen folgen den Systemen der ‚Liste des périodiques dépouillés' nach *l'Année Philologique* sowie des DNP. Im Abkürzungsverzeichnis sind nur davon nicht erfasste oder abweichende Abkürzungen aufgeführt.

ARS	Archiv für Rechts- und Sozialphilosophie
BSAW	Berichte über die Verhandlungen der Sächsischen Akademie der Wissenschaften, Philologisch–Historische Klasse
CDRAC	Atti del Centro Ricerche e Documentazione sull'Antichità Classica
HWRh	Historisches Wörterbuch der Rhetorik
NGWG	Nachrichten von der Gesellschaft der Wissenschaften zu Göttingen, Philologisch–Historische Klasse
NJbklA	Neue Jahrbücher für das Klassische Altertum
SCJ	Southern Communication Journal
ZfP	Zeitschrift für Politik

D.2.2 Editionen und Übersetzungen antiker Texte

Angeführt sind alle verwendeten Editionen und Übersetzungen. Antike Kommentare und Scholien sind jeweils bei den Bezugswerken aufgeführt. Editionen, die ausschließlich hinsichtlich ihrer Einführungs- oder Kommentarabschnitte verwendet wurden, sind im Literaturverzeichnis (Kap. D.2.5) aufgeführt.

D.2.2.1 Isokrates (Isok.)

Bekker 1822	Oratores Attici ex recensione Immanuelis Bekkeri, 4 Bde., Oxford 1822.
Leloup 1828	ΙΣΟΚΡΑΤΟΥΣ ΕΥΑΓΟΡΑΣ. Isocratis Euagoras edidit proemio et adnotatione instruxit Peter J. Leloup, Mainz 1828.

Benseler 1832	Isocrates. Areopagiticus cum priorum editorum annotationibus edidit suasque notas adiecit Gustav E. Benseler, Leipzig 1832.
Christian 1832–1836	Isokrates Werke, übersetzt von Adolph H. Christian, 8 Bde., Stuttgart 1832–1836.
Dindorf 1852	Scholia Graeca in Aeschinem et Isocratem ex codicibus aucta et emendata edidit Wilhelm Dindorf, Oxford 1852 (ND Hildesheim 1970).
Cartelier/Havet 1862	Le discours d'Isocrate sur lui-même, intitulé, Sur l'Antidosis, traduit en Français pour la première fois par Auguste Cartelier, revu et publié avec le texte, une introduction et des notes par Ernest Havet, Paris 1862.
Benseler/Blaß 1889–1895	Isocratis orationes recognovit praefatus est indicem nominum addidit Gustav E. Benseler, editione altera sterotype curante Friedrich Blaß, 2 Bde., Leipzig ²1889–1895.
Drerup 1906	Isocratis opera omnia recensuit scholiis testimoniis apparatu critico instruxit Engelbert Drerup, Bd. I, Leipzig 1906.
Forster 1912	Edward S. Forster: Isocrates. Cyprian Orations. Evagoras, ad Nicoclem, Nicocles aut Cyprii, Edited with Introduction and Notes, Oxford 1912.
Mathieu 1924	Isocrate. Philippe et Lettres à Philippe, à Alexandre et à Antipatros. Texte et traduction, avec une introduction et notes par Georges Mathieu, Paris 1924.
Norlin 1929	Isocrates, with an English Translation by George Norlin, Bde. I-II, Cambridge (MA) 1929.
van Hook 1945	Isocrates, with an English Translation by LaRue van Hook, Bd. III, Cambridge (MA) 1945.
Mathieu/Brémond 1956–1962	Isocrate, discours, tom. I-IV, texte établi et traduit par Georges Mathieu et Émile Brémond, Paris $^{1-4}$1956–1962.
Flacelière 1961	Isocrate, Cinq discours, Éloge d'Hélène, Busiris, Contre les Sophistes, Sur l'attelage, Contre Callimachos, ed. par Robert Flacelière, Erasme 3, Paris 1961.
Argentati/Gatti 1965	M. A. Levi: Orazioni di Isocrate a cura di Argentina Argentati/Clementina Gatti, introduzione di Mario A. Levi, Turin 1965.
Marzi 1991	Opere di Isocrate a cura di Mario Marzi, 2 Bde., Turin 1991.
Ley-Hutton 1993/1997	Isokrates, sämtliche Werke, übersetzt von Christine Ley-Hutton, eingeleitet und erläutert von Kai Brodersen, 2 Bde., Stuttgart 1993/1997.
Mirhady/Too 2000	Isocrates I, translated by David C. Mirhady and Yun L. Too, Austin 2000.
Mandilaras 2003	Isocrates, opera omnia edidit Vasilios G. Mandilaras, 3 Bde., München/Leipzig 2003.
Papillon 2004	Isocrates II, translated by Terry L. Papillon, Austin 2004.

D.2.2.2 Editionen weiterer zitierter antiker Autoren und Texte

Ael. VH	Dilts 1974	Claudius Aelianus, Varia Historica edidit Mervin R. Dilts, Leipzig 1974.
Ael. Arist.	Dindorf 1829	Aristides ex recensione Wilhelmi Dindorfii, tomus I-III, Leipzig 1829 (ND: Hildesheim 1964).
Schol. Ael. Arist.	Dindorf 1852	Scholia Graeca in Aeschinem et Isocratem ex codicibus aucta et emendata edidit Wilhelm Dindorf, Oxford 1852 (ND: Hildesheim 1970).
Ain. Takt.	Dain 1970	Énée le Tacticien. Polorcetique, texte établi et traduit par Anne-Marie Bon/Alphonse Dain, Paris 1967.
Aischin.	Martin/Budé 1928	Éschine. Discours, texte établi et traduit par Victor Martin/Guillaume de Budé, 2 Bde., Paris 1927–1928.
Aisch.	Page 1972	Aeschyli septem quae supersunt tragoedias edidit Dennis Page, Oxford 1972.
Alkid.	Avezzù 1982	Guido Avezzù (Hg.): Alcidamante. Orazioni e frammenti. Testo, introduzione, traduzione e note, Bolletine dell' Istituto di Filologia Greca Supplemento 6, Rom 1982.
Anaxim.	Fuhrmann 1966	Anaximenis ars rhetorica quae vulgo fertur Aristotelis ad Alexandrum edidit Manfred Fuhrmann, Leipzig 1966.
Andok.	Fuhr 1913	Andocidis orationes edidit Friedrich Blaß, editio quarta correctior curavit Karl Fuhr, Stuttgart 1913.
Antisth.	Decleva Caizzi 1966	Antisthenis Fragmenta collegit Fernanda Decleva Caizzi, Mailand/Varese 1966.
Apollod.	Frazer 1963–1967	Apollodorus, the library, with an English translation by James G. Frazer, 2 Bde., London/Cambridge 1963–1967.
	Wagner 1965	Mythographici Graeci, vol. I – Apollodori Bibliotheca, Pediasimi libellus de duodecim Herculis laboribus edidit Richard Wagner, Stuttgart 1965.
Arist.	Jaeger 1957	Aristotelis Metaphysica recognovit brevique adnotatione critica instruxit Werner Jaeger, Oxford 1957.
	Ross 1957	Aristotelis Politica, recognovit brevique adnotatione critica instruxit William D. Ross, Oxford 1957.
	Ross 1958	Aristotelis Topica et Sophistici Elenchi, recognovit brevique adnotatione critica instruxit William D. Ross, Oxford 1958.
	Ross 1959	Aristotelis Rhetorica, recognovit brevique adnotatione critica instruxit William D. Ross, Oxford 1959.
	Chambers 1986	Aristoteles, Athenaion Politeia, edidit Mortimer H. Chambers, Leipzig 1986.

	Bywater 1894	Aristotelis Ethica Nicomachea, recognovit brevique adnotatione critica instruxit Ingram Bywater, Oxford 1894 (ND 2002).
Asp. in EN	CAG XIX 1	Aspasii in Ethica Nicomachea quae supersunt commentaria consilio et auctoritate Acad. Litt. Reg. Borussicae edidit Gustav Heylbut, CAG XIX 1, Berlin 1889.
Themist.	CAG XXIII 3	Themistii quae fertur in Aristotelis Analyticorum Priorum librum in paraphrasis consilio et auctoritate Acad. Litt. Reg. Borussicae edidit Maximilian Wallies, CAG XXIII 3, Berlin 1884.
Aristoph.	Hall/Geldart 1907	Aristophanis comoediae recognoverunt brevique adnotatione critica instruxerunt Frederick W. Hall/William M. Geldart, tomus I-II, Oxford 1906–1907.
Athen.	Kaibel 1890	Athenaeus, Deipnosophistae recensuit Georg Kaibel, tomi I-III, Leipzig 1890 (ND 1962).
Rhet. Ad Her.	Marx 1964	M. Tullius Cicero, fasc. 1, ad C. Herennium de ratione dicendi edidit Friedrich Marx, Leipzig 1964.
Bakchyl.	Irigoin/Duchemin/Bardollet 1993	Bacchylide de Céos, Dithyrambes et épiniques, fragments, texte établi par Jean Irigoin, tarduit par Jacqueline Duchemin/Louis Bardollet, Paris 1993.
Cic.	Kumaniecki 1969	M. Tullius Cicero, fasc. 3, de Oratore edidit Kazimierz Kumaniecki, Leipzig 1969.
	Malcovati 1965	M. Tullius Cicero, fasc. 4, Brutus edidit Enrica Malcovati, Leipzig 1965.
	Westman 1980	M. Tullius Cicero, fasc. 5, Orator edidit Rolf Westman, Leipzig 1980.
Dein.	Konomis 1975	Dinarchi orationes cum fragmentis edidit Nikolaos Konomis, Leipzig 1975.
Dem./[Dem.]	Butcher 1903–1907	Demosthenis orationes recognovit brevique adnotatione critica instruxit Samuel H. Butcher, tom. I-II/1, Oxford 1903–1907.
	Rennie 1921–1931	Demosthenis orationes recognovit brevique adnotatione critica instruxit William Rennie, tom. II/2–III, Oxford 1921–1931.
Demetr. Phal.	Radermacher 1901	Demetrii Phalerei qui dicitur de elocutione libellus edidit Ludwig Radermacher, Teubner 1901 (ND 1967).
Diod.	Vogel ³1964	Diodorus, Bibliotheca historica edidit Friedrich Vogel, Bd. II-III, Stuttgart/Leipzig ³1964.
Diog. Laert.	Long 1964	Diogenis Laertii vitae philosophorum recognovit brevique adnotatione critica instruxit Herbert S. Long, tomus I-II, Oxford 1964.
Dion Prus.	Cohoon 1949–1951	Dio Chrysostom, With an English Translation by James W. Cohoon, 5 Bde., London/Cambridge 1949–1951.

D.2.2 Editionen und Übersetzungen antiker Texte

Dion. Hal.	Radermacher/Usener 1899	Dionysii Halicarnasei quae exstant opera ediderunt Ludwig Radermacher/Hermann Usener, tomus V, Leipzig 1899 (ND Stuttgart 1965).
Eur.	Diggle 1981–1994	Euripidis fabulae edidit James Diggle, tomus I-III, Oxford 1981–1994.
	Jouan/van Looy 2000	Euripide, Tragédies, vol. 8: Fragments, texte établi et traduit par François Jouan/Herman van Looy, Paris 2000.
	TGrF	Richard Kannicht (Hg.): Tragicorum Graecorum Fragmenta (TGrF), Bd. 5 1/2, Euripides, Göttingen 2004.
Fest.	Arnaud-Lindet 1994	Festus, abrégé des hautes faits du peuple Romain, texte établi et traduit par Marie-Pierre Arnaud-Lindet, Paris 1994.
Gorg.	Buchheim 1989	Thomas Buchheim (Hg.): Gorgias von Leontinoi, Reden, Fragmente und Testimonien, mit Übersetzung und Kommentar, Philosophische Bibliothek 404, Hamburg 1989.
	Immisch 1927	Gorgiae Helena recognovit et interpretatus est Otto Immisch, Kleine Texte für Vorlesungen und Übungen 158, Berlin/Leipzig 1927.
Hell. Oxy.	Bartoletti/Chambers 1993	Hellenica Oxyrhynchia post Vittorio Bartoletti edidit Mortimer Chambers, Stuttgart/Leipzig 1993.
	Behrwald 2005	Hellenika von Oxyrhynchos, herausgegeben, übersetzt und kommentiert von Ralf Behrwald, Texte zur Forschung 86, Darmstadt 2005.
Hermog.	Rabe 1913	Hermogenis opera, edidit Hugo Rabe, Leipzig 1913 (ND Stuttgart 1969).
Hdt.	Hude ³1927	Herodoti historiae recognovit brevique adnotatione critica instruxit Charles Hude, tomus I-II, Oxford ³1927.
Hes.	Solmsen/Merkelbach/West ³1990	Hesiodi Theogonia, Opera et Dies, Scutum edidit Friedrich Solmsen, fragmenta selecta ediderunt R. Merkelbach/M. L. West, Oxford ³1990.
Hom.	Ludwich 1995	Homerus, Ilias recensuit Arthur Ludwich, tomus I-II, Stuttgart/Leipzig 1995.
Schol. Hom.	Erbse 1974	Scholia Graeca in Homeri Iliadem recensuit Hartmut Erbse, tomus III scholia ad libros K-X continens, Berlin 1974.
Hyg.	Marshall 1993	Hyginus, fabulae, edidit Peter K. Marshall, Leipzig 1993.
Iambl.	Klein ²1937	Iamblichus, de vita Pythagorica liber, post Ludwig Deubner edidit Ulrich Klein, Leipzig ²1937.
Flav. Ios.	Niese 1889	Flavii Iosephi opera edidit Benedikt Niese, tomus V, Leipzig 1889 (ND 1955).

Iust.	Seel 1889	Iustinus, epitome historiarum Philippicarum Pompei Trogi edidit Otto Seel, Leipzig 1935.
Kall.	Pfeiffer 1949	Callimachus, tom. I, edidit Rudolf Pfeiffer, Oxford 1949.
Ktes.	Lenfant 2004	Ctésias de Cnide, La Perse, L'Inde, Autres fragments, texte établi, traduit et commenté par Dominique Lenfant, Paris 2004.
Liv.	McDonald 1965	Titi Livi ab urbe condita, tom. V libri XXXI-XXXV, recognovit brevique adnotatione instruxit Alexander H. McDonald, Oxford 1965.
[Longin.]	Russell 1968	Libellus de sublimitate Dionysio Longino fere adscriptus recognovit brevique adnotatione critica instruxit Donald A. Russell, Oxford 1968.
Lys.	Carey 2007	Lysiae orations cum fragmentis recognovit brevique adnotatione critica instruxit Christopher Carey, Oxford 2007.
	Todd 2000	Lysias, translated by Stephen C. Todd, The Oratory of Classical Greece 2, Austin 2000.
Men. Rhet.	Russell/Wilson 1981	Menander Rhetor, edited with translation and commentary by Donald A. Russell and Nigel G. Wilson, Oxford 1981.
Corn. Nep.	Winstedt 1904	Corneli Nepotis vitae recognovit brevique adnotatione critica instruxit Eric O. Winstedt, Oxford 1904.
Nikol. Dam.	Felten 1913	Nicolai progymnasmata edidit Joseph Felten, Rhetores Graeci XI, Leipzig 1913.
Nonn.	Keydell 1959	Rudolf Keydell (Hg.): Nonni Panopolitani Dionysiaca, 2 Bde., Berlin 1959.
Ov.	André 1968	Ovide Tristes, texte établi et traduit par Jacques André, Paris 1968.
	André 1977	Ovide Pontiques, texte établi et traduit par Jacques André, Paris 1977.
	Kenney ²1994	P. Ovidi Nasonis amores, medicamina faciei femineae, ars amatoria, remedia amoris, recognovit brevique adnotatione critica instruxit Edward J. Kenney, Oxford ²1994.
	Tarrant 2004	P. Ovidi Nasonis Metamorphoses, recognovit brevique adnotatione critica instruxit Richard J. Tarrant, Oxford 2004.
Paus.	Spiro 1903	Pausaniae Graeciae description edidit Friedrich Spiro, tomus I-III, Leipzig 1903 (ND 1967).
Philostr.	Kayser 1870–1871	Flavii Philostrati opera auctiora edidit Carl L. Kayser, tomus I-II, Leipzig 1870–1871 (ND Hildesheim 1964).

D.2.2 Editionen und Übersetzungen antiker Texte

Phot.	Henry 1960	Photius bibliothèque, tome II (cod. 84–185), texte établi et traduit par René Henry, Paris 1960.
	Henry 1991	Photius bibliothèque, tome VIII (cod. 257–280), texte établi et traduit par René Henry, Paris 1991.
Pind.	Snell/Maehler 1989	Pindari carmina cum fragmentis, pars I, post Bruno Snell edidit Herwig Maehler, Leipzig 1984, pars II edidit H. Maehler, Leipzig 1989.
Plat.	Duke 1995	Platonis opera, tomus I tetralogias I-II continens recognoverunt brevique adnotatione critica instruxerunt Elizabeth A. Duke et al., Oxford 1995.
	Burnet 1901–1907	Platonis opera recognovit brevique adnotatione critica instruxit John Burnet, tomus I-V, Oxford 1901–1907.
	Slings 2003	Platonis Rempublicam recognovit brevique adnotatione critica instruxit Simon R. Slings, Oxford 2003.
Plut.	Ziegler $^{2-4}$ 1964–1969	Plutarchus, Vitae parallelae, tomus I,1–II,2, edidit Konrat Ziegler, Leipzig $^{2-4}$1964–1969.
	Paton/Janka/ Hubert ^{2}1974	Plutarchi Moralia vol. I recensuerunt et emendaverunt William R. Paton/Markus Janka/Kurt Hubert, Leipzig ^{2}1974.
	Nachstädt/ Sieveking/Titchener 1935	Plutarchi Moralia vol. II recensuerunt et emendaverunt Wilhelm Nachstädt/Wilhelm Sieveking/John B. Titchener, Leipzig ^{2}1971.
	Paton/Pohlenz/ Sieveking ^{2}1972	Plutarchi Moralia vol. III recensuerunt et emendaverunt William R. Paton/Max Pohlenz/Wilhelm Sieveking, Leipzig ^{2}1972.
	Mau 1971	Plutarchus, Moralia tomus V,2/1 edidit Jürgen Mau, Leipzig 1971.
	Pearson/Sandbach 1965	Plutarch's Moralia in Fifteen Volumes, vol. XI (854e–874c, 911c–919f), With an English Translation by Lionel Pearson/F. H. Sandbach, Cambridge (MA) 1965.
Pol.	Büttner-Wobst ^{2}1962	Polybius, historiae, post L. Dindorf edidit Theodor Büttner-Wobst, 2 Bde., Leipzig ^{2}1962.
Porph.	Nauck ^{2}1886	Porphyrii philosophi Platonici opuscula selecta edidit August Nauck, Leipzig ^{2}1886 (ND Hildesheim 1963).
Quint.	Radermacher ^{3}1965	Quintilianus. Institutionis oratoriae libri XII, ed. Ludwig Radermacher, tomus I-II, Leipzig ^{3}1965.
Sol.	Martina 1968	Solon, Testimonia veterum collegit Antonio Martina, Rom 1968.
Soph.	Lloyd-Jones/Wilson 1990	Sophoclis fabulae recognoverunt brevique adnotatione critica instruxerunt Hugh Lloyd-Jones/Nigel G. Wilson, Oxford 1990.

Speus.	Bickermann/Sykutris 1928	Elias Bickermann/Johannes Sykutris: Speusipps Brief an König Philipp. Text, Übersetzung, Untersuchungen, Leipizig 1928.
	Natoli 2004	Anthony F. Natoli: The Letter of Speusippus to Philip II. Introduction, Text, Translation and Commentary. With an Appendix on the Thirty-First Socratic Letter Attributed to Plato, Historia Einzelschriften 176, Stuttgart 2004.
Steph. Byz.	Meineke 1849	August Meineke (Hg.): Stephan von Byzanz. Ethnika, Berlin 1849.
Stob.	Hense/Wachsmuth 1884–1912	Ioannis Stobaei anthologium ediderunt Otto Hense/Kurt Wachsmuth, 5 Bde., Berlin 1884–1912.
Thuk.	Jones/Powell ²1942	Thucydidis historiae recognovit brevique adnotatione instruxit Henry S. Jones, apparatum criticum correxit et auxit James E. Powell, tomus I-II, Oxford ²1942.
Val. Max.	Briscoe 1998	Valerius Maximus, tomus I-II, edidit John Briscoe, Stuttgart/Leipzig 1998.
Verg.	Mynors 1969	P. Vergili Maronis opera recognovit brevique adnotatione critica instruxit Roger A. B. Mynors, Oxford 1969.
Serv. in Verg.	Thilo 1877	Servii grammatici qui feruntur in Vergilii Bucolica et Georgica commentarii recensuit Georg C. Thilo, Leipzig 1877.
Xen.	Marchant 1901–²1920	Xenophontis opera omnia recognovit brevique adnotatione critica instruxit Edgar C. Marchant, tomus I-V, Oxford 1901–²1920.

D.2.2.3 Sammlungen und Auswahleditionen

AS	Artium scriptores (Reste der voraristotelischen Rhetorik), hg. von Ludwig Radermacher, Wien 1951 (Sitzungsberichte der Österreichischen Akademie der Wissenschaften, philosophisch–historische Klasse 227/3).
CAF	Theodor Kock (Hg.): Comicorum Atticorum fragmenta, vol. 1. Leipzig 1880.
DK	Hermann Diels/Walther Kranz (Hg.): Die Fragmente der Vorsokratiker, 3 Bde., Zürich ⁶1952.
FGrH	Felix Jacoby: Die Fragmente der griechischen Historiker, 5 Bde., Leiden ²1957–heute.
Gentili/Prato	Poetae Elegiaci, testimonia et fragmenta, pars I, ediderunt Bruno Gentili et Carlo Prato, Leipzig 1979.
Grammatici Graeci	August Lentz (Hg.): Grammatici Graeci, 3. Bde., Leipzig 1870.
PEG	Poetae Epici Graeci, testimonia et fragmenta, pars I edidit Alberto Bernabé cum appendice iconographica a R. Olmos confecta, Leipzig 1987.

PLF	Poetarum Lesbiorum fragmenta ediderunt Edgar Lobel et Denys L. Page, Oxford 1955.
POxy.	The Oxyrhynchus Papyri, Published for the British Academy by the Egyptian Exploration Society, Bd. 29: no. 2506, Edited With Notes by Denys Page, Graeco–Roman Memoirs 41, London 1963.
	The Oxyrhynchus Papyri, Published for the British Academy by the Egyptian Exploration Society, Bd. 52: nos. 3647–3694, Edited With Notes by Helen M. Cockle, Graeco–Roman Memoirs, London 1984.
Spengel 1853–1856	Rhetores Graeci ex recognitione L. Spengel, 3 Bde., Leizig 1853–1856.
Spengel 1828	Leonhardt von Spengel: Συναγωγὴ Τέχνων sive Artium scriptores ab initiis usque ad editos Aristotelis de rhetorica libros, Stuttgart 1828.
Thesleff	The Pythagorean Texts of the Hellenistic Period, Collected and Edited by Holger Thesleff, Acta Academiae Aboensis Ser. A: Humaniora 30/1, Åbo 1965.

D.2.3. Hilfsmittel zur Bearbeitung der antiken Texte

LSJ	A Greek–English Lexicon compiled by Henry G. Liddell and Robert Scott, new edition revised and augmented by Henry S. Jones with the assistance of Roderick McKenzie, with a revised supplement, Oxford 1996.
Preuss 1904	Index Isocrateus composuit Siegfried Preuss, Fürth 1904 (Progr. Gymn. Fürth 1903/4–1904/5).
TLG	University of California: Online TLG (Thesaurus Linguae Graecae). [URL: http://www.tlg.uci.edu/].

D.2.4 Digitale Quellen

Anonym 2008a	Dimos Tanalias/facebook-Gruppe: „Οταν δίνουμε το γκλομπ στον Ισοκράτη για να βαράει διαδηλωτές." [URL: https://www.facebook.com/group.php?gid=19297489989 (Zugriff: 07.06.2012, 17.49 CET)].
Anonym 2008b	Asteris Papageorgiou/facebook-Gruppe: „Ομολογείται μεν γαρ την Μακεδονίαν πόλιν αρχαιοτάτην είναι και Ελληνικοτάτ." [sic] [URL: http://www.facebook.com/group.php?sid=e7cbb8fc11e658c3e4e3-48479eb530bd&gid=8736838164 (Zugriff: 07.06.2012, 17.50 CET)].
Sarantakos o.D.	Nikos Sarantakos: Το ψεύτικο ρητό του Ισοκράτη για την «αυτοκαταστροφή της δημοκρατίας», Blog-Eintrag o.D. [URL: http://www.sarantakos.com/isocrat.htm (Zugriff: 25.02.2014, 10.48 CET)].

Skattinakis 2008   Theodoros O. Skattinakis: Το ψεύτικο ρητό του Ισοκράτη για την «αυτοκαταστροφή της δημοκρατίας», Blog-Eintrag vom 13.12.2008.
[URL: http://blog.antibaro.gr/2008/12/308 (Zugriff: 25.02.2014, 11:21 CET)].

D.2.5 Literatur

Aalders 1959   Gerhard C. Aalders: Rezension zu Buchner 1958, Mnemosyne 12 (1959), 263–264.

Accame 1941   Silvio Accame: La lega ateniese del sec. IV a. C., Rom 1941.

Adams (C.) 1912   Charles D. Adams: Recent Views of the Political Influence of Isocrates, CPh 7 (1912), 343–350.

Adams (J.) 1996   John C. Adams: The Rhetorical Significance of the Conversion of the Lover's Soul in Plato's Phaedrus, RSQ 26 (1996), 7–16.

Albini 1961   Umberto Albini: Punti di vista su Isocrate, A&R 6 (1961), 193–210.

Alexiou 1995   Evangelos Alexiou: Ruhm und Ehre. Studien zu Begriffen, Werten und Motivierungen bei Isokrates, Bibliothek der klassischen Altertumswissenschaften, Reihe 2 N.F. 93, Heidelberg 1995.

Alexiou 2000   Evangelos Alexiou: Enkomion, Biographie und die „unbeweglichen Statuen". Zu Isokrates' Euagoras 73–76 und Plutarch Perikles 1–2, C&M 51 (2000), 103–117.

Alexiou 2001   Evangelos Alexiou: Die Kommunikation mit dem Publikum. Dialogszenen bei Isokrates, WJA 25 (2001), 85–98.

Alexiou 2005   Evangelos Alexiou: Ισοκράτης Ευαγόρας. Ερμενευτική έκδοση, Thessaloniki 2005.

Alexiou 2007   Evangelos Alexiou: Rhetorik, Philosophie und Politik. Isokrates und die *homologoumene arete*, Rhetorica 25 (2007), 1–14.

Alexiou 2009   Evangelos Alexiou: Das Proömium des isokratischen *Euagoras* und die Epitaphienreden, WJA 33 (2009), 31–52.

Alexiou 2010   Evangelos Alexiou: Der ‚Euagoras' des Isokrates. Ein Kommentar, UaLG 101, Berlin/New York 2010 [= überarbeitete, erweiterte, deutsche Fassung von Alexiou 2005].

Allroggen 1972   Dieter Allroggen: Griechische Geschichte im Urteil der Attischen Redner des Vierten Jahrhunderts v. Chr., Univ. Diss. Freiburg 1972.

Althoff 2005   Jochen Althoff: Form und Funktion der beiden hippologischen Schriften Xenophons *Hipparchicus* und *de re equestri* (mit einem Blick auf Simon von Athen), in: Thorsten Fögen (Hg.): Antike Fachtexte. Ancient Technical Texts, Berlin 2005, 235–252.

Arapopoulos 1953   Konstantinos Th. Arapopoulos: Ισοκράτους Αρχίδαμος, Κατά σοφιστών. Αρχαίον κείμενον, εισαγωγή, σημειώσεις, Athen 1953.

D.2.5 Literatur

Arndt 1986	Hans Werner Arndt: Rezension zu Gualdo Rosa 1984, Gnomon 58 (1986), 399–404.
von Arnim 1917	Hans von Arnim: Das Testament des Isokrates. Gedanken über politische Sophistik, Deutsche Revue 42/2 (1917), 245–256 und 42/3 (1917), 28–41.
Arthurs 1994	Jeffrey Arthurs: The Term *Rhetor* in Fifth- and Fourth-Century B.C.E. Greek Texts, RSQ 23 (1994), 1–10.
Azoulay 2006	Vincent Azoulay: L'Archidamos d'Isocrate. Une politique de l'espace et du temps, REG 119 (2006), 504–531.
Azoulay 2007	Vincent Azoulay: Champ intellectuel et stratégies de distinction dans la première moitié du IVᵉ siècle. De Socrate à Isocrate, in: Jean-Christophe Couvenhes/Silvia Milanezi (Hg.): Individus, groupes et politique à Athènes de Solon à Mithridate, Collection Perspectives Historiques 15, Tours 2007, 171–199.
Badian 1995	Ernst Badian: The Ghost of Empire. Reflections on Athenian Foreign Policy in the Fourth Century BC, in: Walter Eder/Christoph Auffahrt (Hg.): Die athenische Demokratie im 4. Jahrhundert v. Chr. Vollendung oder Verfall einer Verfassungsform?, Stuttgart 1995, 79–106.
Balla 2004	Chloë Balla: Isocrates, Plato and Aristotle on Rhetoric, Rhizai 1 (2004), 45–73.
Barwick 1963	Karl Barwick: Das Problem der isokratischen Techne, Philologus 107 (1963), 43–60.
Barwick 1966	Karl Barwick: Die „Rhetorik ad Alexandrum" und Anaximenes, Alkidamas, Isokrates, Aristoteles und die Theodekteia, Philologus 110 (1966), 212–245.
Baynes 1955	Norman H. Baynes: Isocrates, in: Ders.: Byzantine Studies and Other Essays, London 1955, 144–167.
Bearzot 2003	Cinzia S. Bearzot: Isocrate e la seconda lega ateniese, in: Wolfgang Orth (Hg.): Isokrates – neue Ansätze zur Bewertung eines politischen Schriftstellers, Europäische und internationale Studien 2, Trier 2003, 62–77.
Bearzot 2007	Cinzia S. Bearzot: Uomini ed eventi del passato Spartano nell'oratoria Attica, in: Paolo Desideri/Sergio Roda/Anna M. Biraschi (Hg.): Costruzione e uso del passato storico nella cultura antica, Alessandria 2007, 63–98.
Beloch 1897	Karl J. Beloch: Griechische Geschichte, Bd. III: Bis auf Aristoteles und die Eroberung Asiens, Straßburg 1897.
Bernal 1987	Martin Bernal: Black Athena. The Afroasiatic Roots of Classical Civilization, 3 Bde., New Brunswick 1987.
Bernal 2002	Martin Bernal: Rezension zu Vasunia 2001, AJPh 123 (2002), 629–633.
Bertelli 1976	Lucio Bertelli: L'epistola di Speusippo a Filippo. Un problema di cronologia, AAT 110 (1976), 275–300.
Bertelli 1977	Lucio Bertelli: La lettera di Speusippo a Filippo. Il problema dell'autenticità, AAT 111 (1977), 75–111.
Bianco 1996	Elisabetta Bianco: Il capitolo XIV della *Lakedaimonion Politeia* attribuita a Senofonte, MH 53 (1996), 12–24.

Bianco 2003	Elisabetta Bianco: De Isocratis malignitate, in: Wolfgang Orth (Hg.): Isokrates – neue Ansätze zur Bewertung eines politischen Schriftstellers, Europäische und internationale Studien 2, Trier 2003, 128–139.
Biesecker 1992	Susan Biesecker: Rhetoric, Possibility, and Women's Status in Ancient Athens. Gorgias' and Isocrates' Encomiums of Helen, RSQ 22 (1992), 99–108.
Binder/Korenjak/ Noack 2007	Vera Binder/Martin Korenjak/Beate Noack: Epitaphien. Tod, Totenrede, Rhetorik, Subsidia Classica 10, Rahden 2007.
Blank 2009 [in Vorbereitung]	Thomas Blank: Archidamos Rhêtor. Spartas Bruch mit der Tradition in Isokrates' *Archidamos*, Vortrag anlässlich der Tagung ‚Das antike Sparta' (International Sparta Seminar), Regensburg, 25.09.2009 [Publikation in Vorbereitung].
Blank 2010	Thomas Blank: Rezension zu Too 2008, Gymnasium 117 (2010), 68–71.
Blank 2011a	Thomas Blank: Rezension zu Classen 2010, Gnomon 83 (2011), 679–682.
Blank 2011b [in Vorbereitung]	Thomas Blank: Isokrates und Timotheos – ein Lehrer–Schüler–Verhältnis?, Vortrag anlässlich der 18th Biennal Conference der International Society for the History of Rhetoric (ISHR), Bologna 21.07.2011 [Publikation in Vorbereitung].
Blank 2012 [in Vorbereitung]	Thomas Blank: Philosophy as *leitourgía*. Sophists, Fees, and the Civic Role of *paideía*, Vortrag anlässlich der Tagung ‚From Social Altruism to Commercial Exchange. Gift-giving and the ‚Embedded' Economy in the Ancient World', Akademie der Wissenschaften Heidelberg 24.02.2012 [Publikation in Vorbereitung].
Blank 2013	Thomas Blank: Isocrates on Paradoxical Discourse. An Analysis of *Helen* and *Busiris*, Rhetorica 31 (2013), 1–33.
Blaß ²1892	Friedrich Blaß: Die attische Beredsamkeit, Bd. II: Isokrates und Isaios, Leipzig ²1892.
Bleckmann 2006	Bruno Bleckmann: Alkibiades und die Athener im Urteil des Thukydides, HZ 282 (2006), 561–583.
Bloedow 1981	Edmund F. Bloedow: The Speeches of Archidamus and Sthenelaidas at Sparta, Historia 30 (1981), 129–143.
Bloom 1955	Allan D. Bloom: The Political Philosophy of Isocrates, Ph.D. thesis Chicago 1955.
Bock 1950	Martin Bock: Der Areopagitikos des Isokrates in seinem Verhältnis zu den Eumeniden des Aischylos, WJA 4 (1949/1950), 226–251.
Bockisch 1975	Gabriele Bockisch: Der Panhellenismus bei Isokrates und Demosthenes, in: Iancu Fischer (Hg.): Actes de la XIIe Conférence d'Études Classiques ‚Eirene', Cluj-Napoca 1972, Bukarest/Amsterdam 1975, 239–246.
Böhme 2009	Philipp Böhme: Isokrates. Gegen die Sophisten. Ein Kommentar, Aktuelle Antike 3, Münster 2009.
Bonino 1907	G. B. Bonino: L'Archidamo commentato ad uso delle schuole, Mailand 1907.
Bonner 1920a	Robert J. Bonner: The Legal Setting of Isocrates' Antidosis, CPh 15 (1920), 193–197.
Bonner 1920b	Robert J. Bonner: Note on Isocrates' Antidosis, CPh 15 (1920), 385–387.
Bons 1993	Jeroen A. E. Bons: ΑΜΦΙΒΟΛΙΑ. Isocrates and Written Composition, Mnemosyne 46 (1993), 160–171.

D.2.5 Literatur

Bons 1996	Jeroen A. E. Bons: Fact and Fiction. Isocrates on Truth and the Rules for the Encomium, in: Harald Hendrix u.a. (Hg.): The Search for a New Alphabet. Literary Studies in a Changing World, FS Fokkema, Amsterdam/Philadelphia 1996, 30–33.
Bons 1997	Jeroen A. E. Bons: Poietikon Pragma. Isocrates' Theory of Rhetorical Composition. With a Rhetorical Commentary on the Helen, Univ. Diss. Amsterdam 1997.
Bons 2006	Jeroen A. E. Bons: Isocrates on Being Religious and Moral Conduct, in: Andre P. M. H. Lardinois (Hg.): Land of Dreams, FS Kessels, Leiden 2006, 259–266.
Bouchet 2007	Christian Bouchet: La πλεονεξία chez Isocrate, REA 109 (2007), 475–489.
Bouchet 2012	Christian Bouchet: Le vocabulaire du commandement chez Isocrate, Ktèma 37 (2012), 185–209.
Bourdieu 1999	Pierre Bourdieu: Die Regeln der Kunst. Genese und Struktur des literarischen Feldes, aus. Frz. übersetzt von Bernd Schwibs/Achim Russer, Frankfurt a. M. 1999 (orig.: Les règles de l'art, 1992).
Bourriot 1996	Felix Bourriot: Kaloi Kagathoi, Kalokagathia à Sparte, Historia 45 (1996), 129–140.
Braun 1982	Ludwig Braun: Die schöne Helena wie Gorgias und Isokrates sie sahen, Hermes 110 (1982), 158–174.
Bremmer 1997	Jan M. Bremmer: Myth as Propaganda. Athens and Sparta, ZPE 117 (1997), 9–17.
Brickhouse/Smith 1989	Thomas C. Brickhouse/Nicholas D. Smith: Socrates on Trial, Oxford 1989.
Bringmann 1965	Klaus Bringmann: Studien zu den politischen Ideen des Isokrates, Hypomnemata 14, Göttingen 1965.
Bringmann 2003	Klaus Bringmann: Zweck und Voraussetzungen der isokratischen Redeliteratur, in: Wolfgang Orth (Hg.): Isokrates – neue Ansätze zur Bewertung eines politischen Schriftstellers, Europäische und internationale Studien 2, Trier 2003, 7–17.
Brown/Coulter 1979	Malcolm Brown/James A. Coulter: The Middle Speech of Plato's Phaedrus, in: Keith V. Erickson (Hg.): Plato. True and Sophistic Rhetoric, Amsterdam 1979, 237–264.
Bruns 1896	Ivo Bruns: Das literarische Porträt der Griechen im fünften und vierten Jahrhundert vor Christi Geburt, Berlin 1896 (ND Hildesheim 1985).
Buchheit 1960	Vinzenz Buchheit: Untersuchungen zur Theorie des Genos epideiktikon von Gorgias bis Aristoteles, München 1960.
Buchner 1954	Edmund Buchner: Zwei Gutachten für die Behandlung der Barbaren durch Alexander den Großen, Hermes 82 (1954), 378–384.
Buchner 1958	Edmund Buchner: Der Panegyrikos des Isokrates. Eine historisch–philologische Untersuchung, Historia Einzelschriften 2, Wiesbaden 1958.
Buckler 1980	John Buckler: The Alleged Theban–Spartan Alliance of 386 B.C., Eranos 78 (1980), 179–185.
Burckhardt 1898–1902	Jakob Burckhardt: Griechische Kulturgeschichte, 4 Bde., Berlin 1898–1902.

Burk 1923	August Burk: Die Pädagogik des Isokrates als Grundlegung des humanistischen Bildungsideals, im Vergleich mit den zeitgenössischen und modernen Theorien dargestellt, Studien zur Geschichte und Kultur des Altertums 12, 3/4, Würzburg 1923.
Burkert 1962	Walter Burkert: Rezension zu Ries 1959, Gnomon 33 (1962), 349–354.
Burkert 1985	Walter Burkert: Rezension zu Eucken 1983, MH 42 (1985), 355–356.
Busolt 1874	Georg Busolt: Der zweite athenische Bund und die auf der Autonomie beruhende hellenische Politik. Von der Schlacht bei Knidos bis zum Frieden des Eubulos, in: Jahrbücher für classsische Philologie Supplemente 7, Leipzig 1874, 644–866.
Cahn 1989	Michael Cahn: Reading Rhetoric Rhetorically. Isocrates and the Marketing of Insight, Rhetorica 7 (1989), 121–144.
Calame 1998	Claude Calame: Mûthos, logos, et histoire. Usages du passé heroïque dans la rhétorique grecque, L'homme 147 (1998), 127–149.
Calließ 1985	Jörg Calließ: Geschichte als Argument, in: Klaus Bergmann (Hg.): Handbuch der Geschichtsdidaktik, Düsseldorf 1985, 55–59.
Canfora 2006	Luciano Canfora: Teopompo ‚coetaneo' di Isocrate?, in: Eugenio Amato (Hg.): Approches de la Troisème Sophistique, FS Schamp, Collection Latomus 296, Brüssel 2006, 3–4.
Cargill 1981	Jack L. Cargill: The Second Athenian League. Empire or Free Aliance?, Berkeley 1981.
Carrata 1949	Franco Carrata: Cultura greca e unità macedone nella politica di Filippo II, Pubblicazioni della Facoltà di Lettere e Filosofia di Torino I,3, Turin 1949.
Carter 1986	Laurence B. Carter: The Quiet Athenian, Oxford 1986.
Cartledge 1994	Paul Cartledge: Response, in: H. A. Khan (Hg.): The Birth of the European Identity. The Europe–Asia Contrast in Greek Thought 490–322 B.C., Nottingham Classical Literature Studies 2, Nottingham 1994, 146–155 [vgl. Usher 1994].
Cartledge 2002	Paul Cartledge: Sparta and Laconia. A Regional History 1300 to 362 BC, London/ New York ²2002.
Casevitz 1998	Michel Casevitz: Note sur le vocabularie du privé et du public, Ktèma 23 (1998), 39–45.
Catling/Cavanagh 1976	Hector W. Catling/William G. Cavanagh: Two Inscribed Bronzes From the Menelaion, Sparta, Kadmos 15 (1976), 145–157.
Cawkwell 1997	George L. Cawkwell: Thucydides and the Peloponnesian War, London/New York 1997.
Chambers 1975	James T. Chambers: The Fourth Century Athenians' View on Their Fifth Century Empire, PP 30 (1975), 177–191.
Chitchaline 1992	Yuri A. Chitchaline: ΟΥΔΕ ΓΑΡ ΟΥΔΕ ΤΟΝ ΣΟΝ ΕΤΑΙΡΟΝ ΔΕΙ ΠΑΡΕΛΘΕΙΝ (Phdr. 278e), in: Livio Rossetti/Gerardo Ramirez Vidal (Hg.): Understanding the Phaedrus. Proceedings of the II Symposium Platonicum, International Plato Studies 1, Sankt Augustin 1992, 226–228.

D.2.5 Literatur

Clark 1996	Norman Clark: The Critical Servant. An Isocratean Contribution to Critical Rhetoric, QJS 82 (1996), 111–124.
Classen 2005	Carl J. Classen: Thucydides on Politicians and Poleis, PAA 80 (2005), 113–126.
Classen 2010	Carl. J. Classen: Herrscher, Bürger und Erzieher. Beobachtungen zu den Reden des Isokrates, Spudasmata 133, Hildesheim 2010.
Cloché 1933	Paul Cloché: Isocrate et la politique Lacédémonienne, REA 35 (1933), 129–145.
Cloché 1943	Paul Cloché: Isocrate et Thèbes, RH 193 (1942/1943), 277–296.
Cloché 1963	Paul Cloché: Isocrate et son temps, Annales Littéraires de l'Université de Besançon 54, Paris 1963.
Cobet 1858	Carel G. Cobet: Novae lectiones quibus continentur observationes criticae in scriptores Graecos, Leiden 1858.
Conley 1981	Thomas M. Conley: Phaedrus 259e ff., RSQ 11 (1981), 11–15.
Conrotte 1898	E. Conrotte: Pindare et Isocrate. Le lyrisme et l'éloge funèbre, MB 2 (1898), 168–187.
Consigny 1992	Scott Consigny: Gorgias' Use of the Epideictic, Ph&Rh 25 (1992), 281–297.
Constantineau 1993	Philippe Constantineau: Isocrate et la juste hégémonie, Revue Études Internationales 24 (1993), 385–392.
Constantinidou 2008	Soteroula Constantinidou: *Logos* Into *Mythos*. The Case of Gorgias' *Encomium of Helen*, Athen 2008.
Corbosiero 2002	Manuela Corbosiero: ὁμόνοια e στρατεία nel *Filippo* di Isocrate, Rudiae 13/14 (2001/2002), 13–41.
Coulter 1967	James A. Coulter: Phaedrus 279 A. The Praise of Isocrates, GRBS 8 (1967), 225–236.
Curran 1986	Jane V. Curran: The Rhetorical Technique of Plato's Phaedrus, Ph&Rh 19 (1986), 66–72.
Curtius 1948	Ernst R. Curtius: Europäische Literatur und lateinisches Mittelalter, Tübingen/Basel 1948.
Dalfen 1974	Joachim Dalfen: Polis und Poiesis. Die Auseinandersetzung mit der Dichtung bei Platon und seinen Zeitgenossen, München 1974.
David 2009	Sylvie David: Le processus de la décision dan le synœcisme de Thésée d'apres *L'éloge d'Hélène* d'Isocrate (§32–37), DHA 35 (2009), 69–79.
Davidson 1990	James Davidson: Isocrates Against Imperialism. An Analysis of the *De Pace*, Historia 39 (1990), 20–36.
Debnar 2001	Paula Debnar: Speaking the Same Language. Speech and Audience in Thucydides' Spartan Debates, Ann Armbor 2001.
De Leo 2003	Stefania De Leo: La citazione della ‚De Pace' nell' ‚Antidosis', in: Marco Fassino/Stefano Martinelli Tempesta (Hg.): Studi sulla tradizione del testo di Isocrate, Studi e testi per il Corpus dei papyri filosofici greci e latini 12, Florenz 2003, 201–248.

Demandt 1972	Alexander Demandt: Geschichte als Argument. Drei Formen politischen Zukunftsdenkens im Altertum, Konstanzer Universitätsreden 46, Konstanz 1972.
Demont 1993	Paul Demont: Die Epideixis über die Techne im V. und IV. Jh., in: Wolfgang Kullmann/Jochen Althoff (Hg.): Vermittlung und Tradierung von Wissen in der griechischen Kultur, ScriptOralia 61, Tübingen 1993, 181–209.
Demont 2003	Paul Demont: La réflexion d'Isocrate sur le pouvoir dans les années 360–350, in: Sylvie Franchet d'Espèrey/Valérie Fromentin/Sophie Gotteland (Hg.): Fondements et crises du pouvoir, Ausonius Études 9, Paris 2003, 35–46.
Diès 1972	Auguste Diès: Autour de Platon. Essai de critique et d'histoire, Paris 1972.
Dixsaut 1986	Monique Dixsaut: Isocrate contre les sophistes sans sophistique, in: Barbara Cassin (Hg.): Le plaisir de parler. Études de sophistique compare, Paris 1986, 63–85.
Dobesch 1968	Gerhard Dobesch: Der panhellenische Gedanke im 4. Jhd. v. Chr. und der Philippos des Isokrates. Untersuchungen zum korinthischen Bund 1, Wien 1968.
Dopico Cainzos 1996	Maria Dolores Dopico Cainzos: Isócrates y la crisis de la polis. Reflexiones sobre un modelo histórico de comunidad, Fortunatae 8 (1996), 11–20.
Dorjahn/Fairchild 1967	Alfred P. Dorjahn/William D. Fairchild: Isocrates and Improvisation, CB 44 (1967), 6–10.
Dreher 1995	Martin Dreher: Hegemon und Symmachoi. Untersuchungen zum Zweiten Attischen Seebund, UaLG 46, Berlin/New York 1995.
Drerup 1895	Engelbert Drerup: Epikritisches zum Panegyrikus des Isokrates, Philologus 54 (1895), 636–653.
Ducat 1988	Jean Ducat: Isocrate et les Hilotes, Annales de la Faculté des Lettres et Sciences Humaines de Nice 50 (1988), 95–101.
Ducat 2008	Jean Ducat: Spartan Eductaion. Youth and Society in the Classical Period, translated by Emma Stafford, Pamela-Jane Shaw and Anton Powell, Swansea 2006.
Due 1988	Otto S. Due: The Date of Isocrates' Areopagiticus, in: Erik Christiansen/Aksel Damsgaard-Madsen/Erik Hallager (Hg.): Studies in Ancient History and Numismatics, FS Thomsen, Aarhus 1988, 84–90.
Dümmler 1890	Ferdinand Dümmler: Chronologische Beiträge zu einigen platonischen Dialogen aus den Reden des Isokrates, Basel 1890.
Dušanič 1980	Slobodan Dušanič: The Political Context of Plato's Phaedrus, RSA 10 (1980), 1–26.
Dušanič 1992	Slobodan Dušanič: Alcidamas of Elea in Plato's Phaedrus, CQ 42 (1992), 347–357.
Eden 1997	Kathy Eden: Hermeneutics and the Ancient Rhetorical Tradition, in: Brenda D. Schildgen (Hg.): The Rhetoric Canon, Detroit 1997, 127–150.
Eder 1995	Walter Eder: Monarchie und Demokratie im 4. Jahrhundert v. Chr. Die Rolle des Fürstenspiegels in der athenischen Demokratie, in: Ders./Christoph Auffahrt (Hg.): Die athenische Demokratie im 4. Jahrhundert v. Chr. Vollendung oder Verfall einer Verfassungsform?, Stuttgart 1995, 153–173.

D.2.5 Literatur

Ehrenberg 1947 — Victor Ehrenberg: Polypragmosyne, JHS 67 (1947), 46–67.

Engels 1988 — Johannes Engels: Das Eukratesgesetz und der Prozeß der Kompetenzerweiterung des Areopages in der Eubulos- und Lykurgära, ZPE 74 (1988), 181–209.

Engels 2003 — Johannes Engels: Antike Überlieferungen über die Schüler des Isokrates, in: Wolfgang Orth (Hg.): Isokrates – neue Ansätze zur Bewertung eines politischen Schriftstellers, Europäische und internationale Studien 2, Trier 2003, 175–195.

Erbse 1971 — Hartmut Erbse: Platons Urteil über Isokrates, Hermes 99 (1971), 183–197.

Erbse 1989 — Hartmut Erbse: Thukydides-Interpretationen, UaLG 33, Berlin/New York 1989.

Erler 1987 — Michael Erler: Der Sinn der Aporien in den Dialogen Platons. Übungsstücke im philosophischen Denken, UaLG 25, Berlin/New York 1987.

Erler 1992 — Michael Erler: Hilfe und Hintersinn. Isokrates' Panathenaikos und die Schriftkritik im Phaidros, in: Livio Rossetti/Gerardo Ramirez Vidal (Hg.): Understanding the Phaedrus. Proceedings of the II Symposium Platonicum, International Plato Studies 1, Sankt Augustin 1992, 122–137.

Esiig 2000 — Rolf-Bernhard Essig: Der offene Brief. Geschichte und Funktion einer publizistischen Form von Isokrates bis Günter Grass, Wärzburg 2000.

Eucken 1978 — Christoph Eucken: Prinzipien des Handelns bei Isokrates und den Sokratikern, ZfP 25 (1978), 142–153.

Eucken 1982 — Christoph Eucken: Leitende Gedanken im isokratischen Panathenaikos, MH 39 (1982), 43–70.

Eucken 1983 — Christoph Eucken: Isokrates. Seine Positionen in der Auseinandersetzung mit den zeitgenössischen Philosophen, UaLG 19, Berlin 1983.

Eucken 2003 — Christoph Eucken: Zum Konzept der πολιτικοὶ λόγοι bei Isokrates, in: Wolfgang Orth (Hg.): Isokrates – neue Ansätze zur Bewertung eines politischen Schriftstellers, Europäische und internationale Studien 2, Trier 2003, 34–42.

Eucken 2010 — Christoph Eucken: Der platonische *Menexenos* und der *Panegyrikos* des Isokrates, MH 67 (2010), 131–145.

Eucken 2013 — Christoph Eucken: Rezension zu Wareh 2012, BMCRev 2013.11.65.

Euler 1883 — K. Euler: Über die Abfassungszeit der isocrateischen Friedensrede, Progr. Gymn. Corbach, Meringshausen 1883.

Feddersen 1907 — Otto M. Feddersen: De Xenophontis Apologia Socratis et Isocratis Antidosi quaestiones duae Socratis litem attinentes, Univ. Diss. Jena 1907.

Finley 1975 — Moses I. Finley: The Use and Abuse of History, London 1975 (ND London 2000).

Fisher 1994 — Nick R. E. Fisher: Sparta Re(de)valued. Some Athenian Public Attitudes to Sparta Between Leuctra and the Lamian War, in: Anton Powell/Stephen Hodkinson (Hg.): The Shadow of Sparta, London/New York 1994, 347–400.

Flacelière 1933 — Robert Flacelière: L'éloge d'Isocrate dans la fin du Phèdre, REG (1933), 224–232.

Flaig 1993 — Egon Flaig: Die spartanische Abstimmung nach der Lautstärke. Überlegungen zu Thukydides 1,87, Historia 42 (1993), 139–160.

Flower 1994	Michael A. Flower: Theopompus of Chios. History and Rhetoric in the Fourth Century BC, Oxford 1994.
Flower 2002	Michael A. Flower: The Invention of Tradition in Classical and Hellenistic Sparta, in: Anton Powell/Nikos Birgalias (Hg.): Sparta. Beyond the Mirage, London/ Swansea 2002, 191–217.
Fornis 2009	César Fornis: „Konon, der die athenische Seemacht wiederherstellte" (Kratipp. FGrHist 64 T2), Gymnasium 116 (2009), 203–236.
Franz 1991	Michael Franz: Fiktionalität und Wahrheit in der Sicht des Gorgias und des Aristoteles, Philologus 135 (1991), 240–248.
Friedrich 1893	Gustav Friedrich: Zum Panegyrikos des Isokrates, NJbklA 147 (1893), 1–24.
Friedrich 1894	Gustav Friedrich: Isokrates Panegyrikos und der kyprische Krieg, NJbklA 149 (1894), 454–456.
Friedrichs 2000	Jörg Friedrichs: Aufschlußreiche Rhetorik. Ein Versuch über die Redekultur und ihren Verfall bei Thukydides, Spektrum Politikwissenschaft 12, Würzburg 2000.
Froidefond 1971	Christian Froidefond: Le Mirage Égyptien dans la literature grecque d'Homère à Aristote, Univ. Diss. Paris 1971.
Froliková 1973	Alena Froliková: Isokratés, Areopagítikos 43–49, LF 96 (1973), 207–212.
Funke 2004	Peter Funke: Sparta und die peloponnesische Staatenwelt zu Beginn des 4. Jahrhunderts und der Dioikismos von Mantineia, in: Vincent Azoulay/ Christopher Tuplin (Hg.): Xenophon and His World. Papers From a Conference Held in Liverpool in July 1999, Historia Einzelschriften 172, Stuttgart 2004, 427–435.
Funke 2009a	Peter Funke: Between Mantineia and Leuctra. The Political World of the Peloponnese in a Time of Upheaval, in: Ders./Nino Luraghi (Hg.): The Politics of Ethnicity and the Crisis of the Peloponnesian League, Cambridge (MA)/London 2009, 1–14.
Funke 2009b	Peter Funke: Was ist der Griechen Vaterland? Einige Überlegungen zum Verhältnis von Raum und politischer Identität im antiken Griechenland, Geographica Antica 18 (2009), 123–131.
Gagarin 1994	Michael Gagarin: Probability and Persuasion. Plato and Early Greek Rhetoric, in: Ian Worthington (Hg.): Persuasion. Greek Rhetoric in Action, New York/London 1994, 46–68.
Gagarin 2001	Michael Gagarin: Did the Sophists Aim to Persuade?, Rhetorica 19 (2001), 275–291.
Gaines 1990	Robert N. Gaines: Isocrates, Ep. 6,8, Hermes 118 (1990), 165–170.
Gärtner 2004	Thomas Gärtner: Mitleid in rhetorischer Theorie und Praxis des klassischen Griechenlands, Rhetorica 22 (2004), 25–48.
Gebhardt 1957	Ernst Gebhardt: Polykrates' Anklage gegen Sokrates und Xenophons Erwiderung. Eine Analyse von Mem. I 2, Univ. Diss. Marburg, Frankfurt a.M. 1957.
Gercke 1899	Alfred Gercke: Isoc. 13 und Alkidamas, RhM 54 (1899), 404–413.

D.2.5 Literatur

Geyer 1992	Paul Geyer: Das Paradox: Historisch–systematische Grundlegung, in: Ders./ Roland Hagenbüchle (Hg.): Das Paradox. Eine Herausforderung des abendländischen Denkens, Stauffenburg Colloquium 21, Tübingen 1992, 11–26.
Gillis 1969	Daniel J. Gillis: The Ethical Basis of Isocratean Rhetoric, PP 24 (1969), 321–348.
Gillis 1970	Daniel J. Gillis: The Structure of Arguments in Isocrates' De Pace, Philologus 114 (1970), 195–210.
Gillis 1971	Daniel J. Gillis: Isocrates' Panegyricus. The Rhetorical Texture, WS 5 (1971), 52–73.
Gillis 1976/1977	Daniel J. Gillis: Isocrates, the *Philippos*, and the Evening of Democracy, CRDAC 8 (1976/1977), 123–133.
Giuliani 1998	Alessandro Giuliani: Perdonare Elena. Bellezza e giustizia negli intellettuali della crisi (Gorgia, Euripide, Isocrate), in: Marta Sordi (Hg.): Responsabilità, perdono e vendetta nel mondo antico, CISA 24, Mailand 1998, 25–46.
Goggin/Lang 1993	Maureen D. Goggin/Elenore Lang: A Tincture of Philosophy, a Tincture of Hope. The Portrayal of Isocrates in Plato's Phaedrus, RhetR 11 (1993), 301–325.
Gómez 1998	Pilar Gómez: Género y autor en las *Cartas* de Isócrates, Sythesis 5 (1998), 59–72.
Gomperz 1905/1906	Heinrich Gomperz: Isokrates und die Sokratik, WS 27 (1905), 163–207 und 28 (1906), 1–42.
Gotteland 2001	Sophie Gotteland: Mythe et rhétorique. Les exemples mythiques dans le discours politique de l'Athènes classique, Collection d'Études Anciennes, série grecque 127, Paris 2001.
Gray 1994a	Vivienne J. Gray: Images of Sparta. Writer and Audience in Isocrates' *Panathenaicus*, in: Anton Powell/Stephen Hodkinson (Hg.): The Shadow of Sparta, London 1994, 223–271.
Gray 1994b	Vivienne J. Gray: Isocrates' Manipulation of Myth and the Image of Athens, *Panegyricus* 54ff., Prudentia 26 (1994), 83–104.
Gray 2000	Vivianne J. Gray: Xenophon and Isocrates, in: Christopher Rowe/Malcolm Schofield (Hg.): The Cambridge History of Greek and Roman Thought, Cambridge 2000, 142–154.
Grieser-Schmitz 1999	Dieter Grieser-Schmitz: Die Seebundpolitik Athens in der Publizistik des Isokrates. Eine quellenkritische Untersuchung vor dem Hintergrund realer historischer Prozesse, Univ. Diss. Bonn 1999.
Grieser-Schmitz 2003	Dieter Grieser-Schmitz: Kulturbestimmte politische Vorstellungen des Isokrates, in: Wolfgang Orth (Hg.): Isokrates – neue Ansätze zur Bewertung eines politischen Schriftstellers, Europäische und internationale Studien 2, Trier 2003, 111–127.
Gualdo Rosa 1984	Lucia Gualdo Rosa: La fede nella paideia. Aspetti della fortuna europea di Isocrate nei secoli XV e XVI, Rom 1984.
Guthrie 1979	William K. C. Guthrie: A History of Greek Philosophy, Bd. 3, Cambridge 1979.
Hackforth 1952	Reginald Hackforth: Plato's Phaedrus. Translated With Commentary, Cambridge 1952.

Hagmeier 2008	Martin Hagmeier: Rhetorik und Geschichte. Eine Studie zu den Kriegsreden im ersten Buch des Thukydides, UaLG 94, Berlin/New York 2008.
Hajdú 2002	István Hajdú: Kommentar zur 4. Philippischen Rede des Demosthenes, Texte und Kommentare 23, Berlin/New York 2002.
Haliwell 1997	Steven Haliwell: Philosophical Rhetoric or Rhetorical Philosophy? The Strange Case of Isocrates, in: Brenda D. Schildgen (Hg.): The Rhetoric Canon, Detroit 1997, 107–125.
Hamilton 1979	Charles D. Hamilton: Greek Rhetoric and History. The Case of Isocrates, in: Glen W. Bowersock/Walter Burkert/Michael C. Putnam (Hg.): Arktouros, FS Knox, Berlin/New York 1979, 290–298.
Hammond 1994	Nicholas G. L. Hammond: Philip of Macedon, London 1994.
Hammond 1996	Nicholas G. L. Hammond: Philip's *Letter to Athens* in 340 B.C., Antichthon 29 (1996), 13–20.
Hansen 1995	Mogens H. Hansen: Die Athenische Demokratie im Zeitalter des Demosthenes, Berlin 1995.
Harder 1985	Annette Harder: Euripides. Kresphontes and Archelaos. Introduction, Text, and Commentary, Leiden 1985.
Harding 1974	Phillip Harding: The Purpose of Isocrates' *Archidamos* and *On the Peace*, ClAnt 6 (1974), 137–149.
Harding 1988	Phillip Harding: Laughing at Isocrates. Humour in the *Areopagitikos*?, LCM 13 (1988), 18–23.
Harding 1994	Phillip Harding: Androtion and the Atthis. The Fragments Translated With Introduction and Commentary, Oxford 1994.
Hariman 2004	Robert Hariman: Civic Education, Classical Imitation, and Democratic Polity, in: Takis Poulakos/Daniel Depew (Hg.): Isocrates and Civic Education, Austin 2004, 217–234.
Haßkamp 2005	Dorothee Haßkamp: Oligarchische Willkür – demokratische Ordnung. Zur athenischen Verfassung im 4. Jh. v. Chr., Darmstadt 2005.
Haskins 2000	Ekaterina V. Haskins: Mimesis Between Poetics and Rhetoric. Performance Culture and Civic Education in Plato, Isocrates, and Aristotle, RSQ 30 (2000), 7–33.
Haskins 2004	Ekaterina V. Haskins: Logos and Power in Sophistical and Isocratean Rhetoric, in: Takis Poulakos/Daniel Depew (Hg.): Isocrates and Civic Education, Austin 2004, 84–103.
Havet 1862	Ernest Havet: Introduction, in: Cartelier/Havet 1862, I-CXXXII.
Hawhee 2002	Debra Hawhee: Agonism and Aretê, Ph&Rh 35 (2002), 185–207.
Hawtrey 1981	Ralph S. W. Hawtrey: Commentary on Plato's Euthydemus, Ann Arbor 1981.
Heilbrunn 1967	Günther Heilbrunn: An Examination of Isocrates' Rhetoric, Ph.D. thesis Austin 1967.
Heilbrunn 1975	Günther Heilbrunn: Isocrates on Rhetoric and Power, Hermes 103 (1975), 154–178.

D.2.5 Literatur

Heilbrunn 1977	Günther Heilbrunn: The Composition of Isocrates' Helen, TAPhA 107 (1977), 147–159.
Heitsch 1988	Ernst Heitsch: Platons Dialoge und Platons Leser. Zum Problem einer Platon-Interpretation, RhM 131 (1988), 216–238.
Heitsch 1989	Ernst Heitsch: Timiotera, Hermes 117 (1989), 278–287.
Heitsch 2000	Ernst Heitsch: Der Anonymos im Euthydem, Hermes 128 (2000), 392–404.
Heitsch 2008	Ernst Heitsch: Zur Datierung des *Menexenos*, Philologus 128 (2008), 183–190.
Herrmann-Otto 1997	Elisabeth Herrmann-Otto: Das andere Athen. Theorie und politische Realisation eines ‚antidemokratischen' Oligarchenstaates, in: Walter Eder/ Karl-Wilhelm Welwei (Hg.): Volk und Verfassung im vorhellenistischen Griechenland, FS Welwei, Stuttgart 1997, 133–152.
Heskel 1997	Julia Heskel: The North-Aegean Wars. 371–360 B.C., Historia Einzelschriften 102, Stuttgart 1997.
Heuß 1976	Alfred Heuß: Rezension zu Demandt 1972, Gnomon 48 (1976), 36–43.
Hiller von Gärtringen 1897	J. Friedrich W. R. A. Hiller von Gärtringen: s.v. Busiris (5), in: RE III 1 (1897), 1074–1077.
Hirsch 1966	Ulrike Hirsch: Untersuchungen zu Isokrates' Panegyrikos und Areopagitikos, Univ. Diss. Göttingen 1966.
Hodkinson 2005	Stephen Hodkinson: The Imaginary Spartan Politeia, in: Mogens H. Hansen (Hg.): The Imaginary Polis, Historisk-filosofiske Meddelelser 91, Kopenhagen 2005, 222–281.
van Hook 1912/ 1913	La Rue van Hook: The Encomium on Helen. By Gorgias, CW 6 (1912/ 1913), 122–123.
Hornblower 1991	Simon Hornblower: A Commentary on Thucydides, 3 Bde., Oxford 1991.
Housman 1888	Alfred E. Housman: Isocrates Paneg. 40, CR 2 (1888), 42.
Howland 1936	Robert L. Howland: Plato, Phaedrus, and Isocrates' Helen. Summary of the Paper Held on Oct. 22 1936, PCPS 163–165 (1936), 6–7.
Howland 1937	Robert L. Howland: The Attack on Isocrates in the Phaedrus, CQ 31 (1937), 151–159.
Hudson-Williams 1940	Harry Ll. Hudson-Williams: A Greek Humanist, G&R 9 (1940), 166–172.
Hudson-Williams 1985	Harry Ll. Hudson-Williams: Rezension zu Eucken 1983, CR 35 (1985), 20–21.
Huit 1888	Charles Huit: Platon et Isocrate, REG 1 (1888), 49–60.
Humble 2004	Noreen Humble: The Author, Date, and Purpose of Chapter 14 of the ‚Lakedaimoniôn politeia', in: Vincent Azoulay/Christopher Tuplin (Hg.): Xenophon and His World. Papers From a Conference Held in Liverpool in July 1999, Historia Einzelschriften 172, Stuttgart 2004, 215–228.
Hunt 2010	Peter Hunt: War, Peace, and Alliance in Demosthenes' Athens, Cambridge 2010.
Huttner 1997	Ulrich Huttner: Die politische Rolle der Heraklesgestalt im griechischen Herrschertum, Historia Einzelschriften 112, Stuttgart 1997.

Imhof 2012	Kurt Imhof: Öffentlichkeitssoziologie für die Altertumsforschung, in: Christa Kuhn (Hg.): Politische Kommunikation und öffentliche Meinung in der antiken Welt, Stuttgart 2012, 55–66.
Isajeva 1974	V. I. Isajeva: ПОИТИЧТЕСКАЯ ПРОГРАММА IСОКРАТА В РЕЧИ „ФИJ-ИПП" (The Political Program of Isocrates in the Philippus), VDI 128 (1974), 162–176 (engl. Abstract: 176).
Ijsseling 1976	Samuel Ijsseling: Rhétorique et philosophie. Platon et les Sophistes, ou la tradition métaphysique et la tradition rhétorique, RPhL 74 (1976), 193–210.
Jaeger 1939	Werner Jaeger: Demosthenes. Der Staatsmann und sein Werden, Berlin 1939.
Jaeger 1940	Werner Jaeger: Die Datierung des ‚Areopagitikos' des Isokrates und die Opposition in Athen, in: Friedrich Seck (Hg.): Isokrates, WdF 351, Darmstadt 1976, 139–188 (original: The Date of Isocrates' Areopagiticus and the Athenian Opposition, in: FS Ferguson, Cambridge 1940, 409–450).
Jaeger 1947	Werner Jaeger: Paideia. Die Formung des griechischen Menschen, 3 Bde., Berlin 1947.
Jähne 1991	Armin Jähne: Kommunikative Umsetzung gesellschaftlicher Problematik bei Isokrates, Philologus 135 (1991), 131–139.
Jäkel 1986	Siegfried Jäkel: Sprachtheorie und Mythenrezeption bei Isokrates, in: Heikki Koskenniemi/Ders./Vappu Pyykko (Hg.): Literatur und Philosophie der Antike, Annales Universitatis Turkuensis Ser. B 174, Turku 1986, 65–79.
Jebb 1876	Richard C. Jebb: The Attic Orators From Antiphon to Isaeos, 2 Bde., New York 1876.
Jehne 1994	Martin Jehne: Koine Eirene. Untersuchungen zu den Befriedungs- und Stabilisierungsbemühungen in der griechischen Poliswelt des 4. Jahrhunderts v. Chr., Hermes Einzelschriften 63, Stuttgart 1994.
Johne 1991	Klaus-Peter Johne: Zur Entstehung einer ‚Buchkultur' in der zweiten Hälfte des 5. Jahrhunderts v.u.Z., Philologus 135 (1991), 45–54.
Jost 1936	Karl Jost: Das Beispiel und Vorbild der Vorfahren bei den attischen Rednern und Geschichtsschreibern bis Demosthenes, Rhetorische Studien 19, Paderborn 1936.
Judeich 1892	Walter Judeich: Euagoras von Kypros (mit Anhang: Die Abfassungszeit des isokratischen Panegyrikos), in: Ders.: Kleinasiatische Studien, Marburg 1892, 113–143.
Jüthner 1928	Julius Jüthner: Isokrates und die Menschheitsidee, WS 47 (1928), 26–31.
Kehl 1962	Hilmar Kehl: Die Monarchie im politischen Denken des Isokrates, Univ. Diss. Bonn 1962.
Keil 1885	Bruno Keil: Analecta Isocratea, Prag 1885.
Kennedy 1958	George A. Kennedy: Isocrates' Encomium of Helen. A Panhellenic Document, TAPhA 89 (1958), 77–83.
Kennedy 1963	George A. Kennedy: The Art of Persuasion in Greece, Princeton 1963.
Kerferd 1981	George B. Kerferd: The Sophistic Movement, Cambridge 1981.

Kessler 1911	Josef Kessler: Isokrates und die panhellenische Idee, Studien zur Geschichte und Kultur des Altertums, Paderborn 1911.
Kleine-Piening 1930	P. Franz Kleine-Piening: Quo tempore Isocratis orationes quae ΠΕΡΙ ΕΙΡΗΝΗΣ et ΑΡΕΟΠΑΓΙΤΙΚΟΣ inscribuntur compositae sint commentatio philologica, Paderborn 1930.
Klett 1880	Theodor Klett: Das Verhältnis des Isokrates zur Sophistik, Progr. Gymn. Ulm 1880.
Koch 1914	Heinrich Koch: Quomodo Isocrates saeculi quinti res ennaraverit, Univ. Diss. Giessen 1914.
Koepp 1892	Friedrich Koepp: Isokrates als Politiker. Ein Vortrag, Preußische Jahrbücher 70 (1892), 472–487.
Konstan 2004	David Konstan: Isocrates' ‚Republic', in: Takis Poulakos/Daniel Depew (Hg.): Isocrates and Civic Education, Austin 2004, 107–124.
Krischer 1982	Tilman Krischer: Die Stellung der Biographie in der griechischen Literatur, Hermes 110 (1982), 51–64.
Kroeker 2009	Ron Kroeker: Xenophon as a Critic of the Athenian Democracy, History of Political Thought 30 (2009), 197–228.
Kröner 1969	Hans-Otto Kröner: Dialog und Rede. Zur Deutung des Isokrateischen ‚Panathenaikos', A&A 15 (1969), 102–121.
Kuhn 2012	Christa Kuhn: Politische Kommunikation und öffentliche Meinung in der antiken Welt. Eine Einführung, in: Dies. (Hg.): Politische Kommunikation und öffentliche Meinung in der antiken Welt, Stuttgart 2012, 11–30.
Laistner 1927	Max. L. W. Laistner: Isocrates. De Pace and Philippus. Edited With a Historical Introduction and Commentary, Cornell Studies in Classical Philology 22, New York/London 1927.
Laplace 1986	Marie M. Laplace: L'hommage de Platon à Isocrate dans le Phèdre, RPh 62 (1988), 273–281.
Laplace 1995	Marie M. Laplace: Platon et l'art d'écrire des discours. Critique de Lysias et d'Isocrate, influence sur Denys d'Halicarnasse, Rhetorica 13 (1995), 1–15.
Laplace 2011	Marie M. Laplace: Des rapports du Phèdre du Platon avec l'Éloge d'Hélène et le Panégyrique d'Isocrate, Hermes 139 (2011), 165–178.
Laurens 1986	Annie-France Laurens: s. v. Bousiris, in: LIMC III 1/2, München 1986, 147–152/ 126–131.
Lehmann (G. A.) 1972	Gustav-Adolf Lehmann: Die Hellenika von Oxyrhynchos und Isokrates' Philippos, Historia 21 (1972), 385–398.
Lehmann (G. A.) 1978	Gustav-Adolf Lehmann: Spartas ἀρχή und die Vorphase des Korinthischen Krieges in den Hellenika Oxyrhynchia, ZPE 28 (1978), 109–126.
Lehmann (R.) 1853	Rudolf Lehmann: Die unter Xenophons Namen überlieferte Schrift vom Staate der Lacedämonier und die Panathenäische Rede des Isokrates, in ihrem gegenseitigen Verhältnisse dargestellt, Greifswald 1853.

Leimbach 1985	Rüdiger Leimbach: Militärische Musterrhetorik. Eine Untersuchung zu den Feldherrenreden des Thukydides, Stuttgart 1985.
Levi 1957	Mario Attilio Levi: L'Areopagitico di Isocrate e l'emendamento di Clitofone, Acme 10 (1957), 85–90.
Levi 1959	Mario Attilio Levi: Isocrate. Saggio critic, Mailand 1959.
Levine 2002	Molly M. Levine: Rezension zu Vasunia 2001, BMCRev 2002.08.32.
Liebersohn 1999	Yosef Z. Liebersohn: Alcidamas' ‚On the Sophists'. A Reappraisal, Eranos 97 (1999), 108–124.
Liou 1990	Jean-Philippe Liou: Aperçus sur Isocrate à la lumière de l'emploi de quelques termes du vocabulaire politique, Ktèma 15 (1990), 5–14.
Livingstone 1998	Niall Livingstone: The Voice of Isocrates and the Dissemination of Cultural Power, in: Ders./Yun Lee Too (Hg.): Pedagogy and Power. Rhetorics of Classical Learning, Ideas in Context 50, Cambridge 1998, 263–281.
Livingstone 2001	Niall Livingstone: A Commentary on Isocrates' Burisis, Mnemosyne Supplementum 223, Leiden/Boston/Köln 2001.
Lombard 1990	Jean Lombard: Isocrate. Rhétorique et éducation, Philosophie de l'éducation 8, Paris 1990.
Loraux 1981	Nicole Loraux: L'invention d'Athènes. Histoire de l'oraison funèbre dans la ‚cité classique', Civilisations et Sociétés 65, Paris 1981.
Luraghi 2008	Nino Luraghi: The Ancient Messenians. Constructions of Ethnicity and Memory, Cambridge 2008.
Luraghi 2009	Nino Luraghi: Messenian Ethnicity and the Free Messenians, in: Peter Funke/Ders. (Hg.): The Politics of Ethnicity and the Crisis of the Peloponnesian League, Cambridge (MA)/London 2009, 110–134.
Luther 2007	Andreas Luther: Die verpätete Ankunft des spartanischen Heeres bei Marathon (490 v. Chr.), in: Ders./Robert Rollinger/Josef Wiesehöfer (Hg.): Getrennte Wege. Kommunikation, Raum und Wahrnehmungen in der Alten Welt, Oikumene 2, Frankfurt a.M. 2007, 381–403.
Maaß 1887	Ernst Maaß: Untersuchungen zur Geschichte der griechischen Prosa, Hermes 22 (1887), 566–595.
MacDowell 1982	Douglas M. MacDowell: Gorgias. Encomium of Helen, Translation and Commentary, Bristol 1982.
MacDowell 1986	Douglas M. MacDowell: Spartan Law, Edinburgh 1986.
MacDowell 2002	Douglas M. MacDowell: Rezension zu Livingstone 2001, CR 52 (2002), 248–249.
MacDowell 2009	Douglas M. MacDowell: Demosthenes the Orator, Oxford 2009.
Macé (Hg.) 2012	Arnaud Macé (Hg.): Choses privées et chose publique en Grèce ancienne, Genèse et structure d'un système de classification, Grenoble 2012.
Marchant/ Bowersock 1968	Xenophon, vol. VII: Scripta Minora, edited by Edgar C. Marchant with an English Translation by Glen W. Bowersock, Cambridge (MA)/London 1968.
Marincola 2001	John Marincola: Greek Historians, New Surveys in the Classics 31, Oxford 2001.

Mariß 2002	Ruth Mariß: Alkidamas. *Über diejenigen, die schriftliche Reden schreiben oder über die Sophisten.* Eine Sophistenrede aus dem 4. Jahrhundert v. Chr., eingeleitet und kommentiert, Orbis antiquus 36, Münster 2002.
Markle 1976	Minor M. Markle: Support of Athenian Intellectuals for Philipp. A Study of Isocrates' *Philippus* and Speusippus' *Letter to Philip*, JHS 96 (1976), 80–99.
Martin 2009	Gunther Martin: Divine Talk. Religious Argumentation in Demosthenes, Oxford 2009.
Martinelli Tempesta 2006	Stefano Martinelli Tempesta: Rezension zu Mandilaras 2003, Gnomon 78 (2006), 583–596.
Marzi 1994	Mario Marzi: Isocrate e Filippo II di Macedonia. L'autenticità della II epistola a Filippo, A&R 39 (1994), 1–10.
Masaracchia 1995	Agostino Masaracchia: Isocrate. Retorica e politica, Filologia e critica 73, Rom 1995.
Mason 1975	Deedra K. Mason: Studies in the Evagoras of Isocrates, Ph.D. thesis Chapel Hill 1975.
Mathieu 1918	Georges Mathieu: Isocrate e Thucydide, RPh 42 (1918), 122–129.
Mathieu 1925	Georges Mathieu: Les idées politiques d'Isocrate, Paris 1925 (ND 1966).
Mazzara 1992	Giuseppe Mazzara: Lysias et Isocrate. Ironie et simulation dans le Phèdre, in: Livio Rossetti/Gerardo Ramirez Vidal (Hg.): Understanding the Phaedrus. Proceedings of the II Symposium Platonicum, International Plato Studies 1, Sankt Augustin 1992, 214–217.
McAdon 2004	Brad McAdon: Plato's Denunciation of Rhetoric in the ‚Phaedrus', RhetR 23 (2004), 21–39.
Meier (C.) 1990	Christian Meier: Die Rolle des Krieges im klassischen Athen, HZ 251 (1990), 555–605.
Meier (M.) 1998	Mischa Meier: Aristokraten und Damoden. Untersuchungen zur inneren Entwicklung Spartas im 7. Jahrhundert v. Chr. und zur politischen Funktion der Dichtung des Tyrtaios, Stuttgart 1998.
Meier (M.) 2006	Mischa Meier: Wann entstand das Homoios-Ideal in Sparta?, in: Andreas Luther/Ders./Lukas Thommen (Hg.): Das frühe Sparta, Stuttgart 2006, 113–124.
Meißner 1992	Burkhard Meißner: Historiker zwischen Polis und Königshof. Studien zur Stellung der Geschichtsschreiber in der griechischen Gesellschaft in spätklassischer und frühhellenistischer Zeit, Hypomnemata 99, Göttingen 1992.
Meister 1982	Klaus Meister: Die Ungeschichtlichkeit des Kalliasfriedens und deren historische Folgen, Wiesbaden 1982.
Merlan 1954	Philipp Merlan: Isocrates, Aristotle, and Alexander the Great, Historia 3 (1954), 60–81.
Mesk 1910	Josef Mesk: Die Anklagerede des Polykrates gegen Sokrates, WS 32 (1910), 56–84.
Mesk 1916	Josef Mesk: Studien zu Isokrates, WS 38 (1916), 1–34.

Meyer (E.) 1902	Eduard Meyer: Geschichte des Altertums, Bd. 5: Das Perserreich und die Griechen, Stuttgart 1902.
Meyer (M.) 2004	Martin F. Meyer: Platon als Erfinder und Kritiker der Rhetorik, in: Marcel van Ackeren (Hg.): Platon verstehen. Themen und Perspektiven, Darmstadt 2004, 210–235.
Michelini 1998	Ann N. Michelini: Isocrates' Civic Invective. *Acharnians* and *On the Peace*, TAPhA 128 (1998), 115–133.
Mikkola 1954	Eino Mikkola: Isokrates. Seine Anschauungen im Lichte seiner Schriften, Suomalaisen Tiedeakatemian Toimituksia Sarja B 89, Helsinki 1954.
Mikkola 1973	Eino Mikkola: Das Denken des Isokrates im Lichte der Abstraktion, in: Otto S. Due u.a. (Hg.): Classica et Mediaevalia, FS Blatt, C&M Dissertationes 9, Kopenhagen 1973, 68–84.
Miller (A.) 1983	Andrew M. Miller: Pindar Nem. 4.33–34 and the Defense of Digressive Leisure, CJ 78 (1983), 202–220.
Miller (C.) 1993	Carolyn R. Miller: The Polis as Rhetorical Community, Rhetorica 11 (1993), 211–240.
Miltner 1924	Franz Miltner: Die Datierung des Areopagitikos des Isokrates, MVPhW 1 (1924), 42–46.
Mirhady 2004	David C. Mirhady: Rezension zu Livingstone 2001, BMCRev 2004.09.37.
Mirhady 2007	David C. Mirhady: Aristotle's Enthymeme, thymos, and Plato, in: Ders./ William W. Fortenbaugh (Hg.): Influences on Peripatetic Rhetoric. FS Fortenbaugh, Philosophia antiqua 105, Leiden/Boston/Köln 2007, 53–64.
Misch ³1949	Georg Misch: Isokrates' Autobiographie, in: Ders. (Hg.): Geschichte der Autobiographie, Bd. 1, Frankfurt a. M. ³1949, 158–180.
Momigliano 1934	Arnaldo Momigliano: Filippo il Macedone. Saggio sulla storia greca del IV secolo a. C., Florenz 1934.
Momigliano 1936	Arnaldo Momigliano: Un momento di storia greca. La pace del 375 a. C. e il Plataico di Isocrate, Athenaeum 14 (1936), 3–35.
Morgan 2003	Kathryn A. Morgan: The Tyranny of the Audience in Plato and Isocrates, in: Dies. (Hg.): Popular Tyranny. Sovereignty and its Discontents in Ancient Greece, Austin 2003, 181–213.
Morgan 2004	Kathryn A. Morgan: The Education of Athens. Politics and Rhetoric in Isocrates and Plato, in: Takis Poulakos/Daniel Depew (Hg.): Isocrates and Civic Education, Austin 2004, 125–154.
Mossé 1953	Claude Mossé: Sur un passage de l','Archidamos' d'Isocrate, REA 55 (1953), 29–35.
Mossé 1977	Claude Mossé: Les périèques lacédémoniens. A propos d'Isocrate, *Panathenaïque* 177sqq., Ktèma 2 (1977), 121–124.
Moysey 1982	Robert A. Moysey: Isokrates' *On the Peace*. Rhetorical Exercise or Political Advice?, AJAH 7 (1982), 118–126.

Mugerauer 1992	Roland Mugerauer: Sokratische Pädagogik. Ein Beitrag zur Frage nach dem Proprium des platonisch–sokratischen Dialogs, Marburger Wissenschaftliche Beiträge 2, Marburg 1992.
Mühl 1917	Max Mühl: Die politischen Ideen des Isokrates und die Geschichtsschreibung, I. Teil: Fragen der auswärtigen Politik, Univ. Diss. Würzburg 1917.
Mühl 1928a	Max Mühl: Die antike Menschheitsidee in ihrer geschichtlichen Entwicklung, Leipzig 1928.
Mühl 1928b	Max Mühl: Isokrates und die Völkerrechtsidee, Philologische Wochenschrift 41 (1921), 1078–1080.
Mühl 1971	Max Mühl: Der 2. und 9. Anacharsisbrief und Isokrates, AC 40 (1971), 111–120.
von der Mühll 1939	Peter von der Mühll: Isokrates und der Protreptikos des Aristoteles, Philologus 94 (1939), 259–265.
Müller (C. W.) 1991	Carl Werner Müller: Platon und der ‚Panegyrikos' des Isokrates. Überlegungen zum platonischen ‚Menexenos', Philologus 135 (1991), 140–156.
Müller (R.) 1991	Reimar Müller: Literarische Kommunikation in Griechenland im 5. und 4. Jahrhundert v.u.Z., Philologus 135 (1991), 4–23.
Müller-Goldingen 2000	Christian Müller-Goldingen: Tradition und Innovation. Zu Stesichoros' Umgang mit dem Mythos, AC 69 (2000), 1–19.
Münscher 1899	Karl Münscher: Ἰσοκράτους Ἑλένης ἐγκώμιον, RhM 54 (1899), 248–276.
Münscher 1916	Karl Münscher: s. v. Isokrates, in: RE IX (1916), 2146–2227.
Münscher 1927	Karl Münscher: Isokrates' ‚Euagoras', Philologische Wochenschrift 47 (1927), 1063–1070, 1098–1103.
Natoli 1991	Anthony F. Natoli: Isocrates XII, 266–272. A Note on the Composition of the Panathenaicus, MH 48 (1991), 146–150.
Nickel 1991	Diethardt Nickel: Isokrates und die Geschichtsschreibung des 4. Jahrhunderts v. Chr., Philologus 135 (1991), 233–239.
Nicolaï 2004a	Roberto Nicolaï: Studi su Isocrate. La communicazione letteraria nel IV sec. a.C. e le nuove generi della prosa, Rom 2004.
Nicolaï 2004b	Roberto Nicolaï: Isocrate e le nuove strategie della communicazione letteraria. L'*Antidosi* come ‚antologia d'autore', in: Roberto Pretagostini/Emanuele Dettori (Hg.): La cultura ellenistica. L'opera letteraria e l'esegesi antica, Quaderni dei seminari romani di cultura greca 8, Rom 2004, 187–197.
Nicolaï 2009	Roberto Nicolaï: La fortuna del modello educativo di Isocrate. Da Cicerone alla tarda antichità, Seminari Romani di Cultura Greca 12 (2009), 289–309.
Niebuhr 1848	Barthold G. Niebuhr: Vorträge über Alte Geschichte, Bd. 2: Griechenland bis zur Niederlage des Agis bei Megalopolis, Sicilien's Primordien, der Orient bis zum Tode Alexanders des Großen, Philipp und Alexander von Makedonien, Berlin 1848.
Niese 1895	Benedikt Niese: s. v. Archidamos (4), in: RE II 1 (1895), 467–470.
Nightingale 1993	Andrea Nightingale: The Folly of Praise. Plato's Critique of Encomiastic Discourse in the Lysis and Symposium, CQ 43 (1993), 112–130.

Nightingale 1995	Andrea Nightingale: Genres in Dialogue. Plato and the Construction of Philosophy, Cambridge 1995.
Noël 2010	Marie-Pierre Noël: Louer ou défendre Hélène? Gorgias, Isocrate et la définition de l'"eulogia", in: Lucia Claboli Montefusco (Hg.): Papers on Rhetoric 10, Rom 2010, 221–235.
Noël 2012	Marie-Pierre Noël: Isocrate (437/6–338), in: Arnaud Macé (Hg.): Choses privées et chose publique en Grèce ancienne, Genèse et structure d'un système de classification, Grenoble 2012, 381–400.
Ober 1998	Josiah Ober: Political Dissent in Democratic Athens. Intellectual Critics of Popular Rule, Princeton 1998.
Ober 2004	Josiah Ober: I, Socrates… The Performative Audacity of Isocrates' *Antidosis*, in: Takis Poulakos/Daniel Depew (Hg.): Isocrates and Civic Education, Austin 2004, 21–43.
Oliva 1991	Pavel Oliva: Panhellenismus und Hegemonie, Acta Universitatis Carolinae Philologica 2 (1991), 119–136.
Ollier 1933	François Ollier: Le Mirage Spartiate. Étude sur l'idéalisation de Sparta dans l'antiquité grecque de l'origin jusqu'aux Cyniques, Paris 1933.
Oncken 1862	Wilhelm Oncken: Isokrates und Athen. Beitrag zur Geschichte der Einheits- und Freiheits-Bewegung in Hellas. Mit einem Anhange über die Abfassungszeit der Rede vom Frieden und den Ausbruch des athenischen Bundesgenossenkrieges im J. 357, Heidelberg 1862.
Oprişan 1966	M. Oprişan: Probleme de gîndire economică la Oratorii Elini din perioada clasică, StudClas 8 (1966), 61–73.
Orsini 1964	Pierre Orsini: La date du discours Sur la Paix d'Isocrate, Pallas 12 (1964), 9–18.
Orth 1997	Wolfgang Orth: ‚Gleichheit' der Bürger im Urteil des Isokrates, in: Walter Eder/ Karl-Wilhelm Welwei (Hg.): Volk und Verfassung im vorhellenistischen Griechenland, FS Welwei, Stuttgart 1997, 177–189.
Orth (Hg.) 2003	Wolfgang Orth (Hg.): Isokrates – neue Ansätze zur Bewertung eines politischen Schriftstellers, Europäische und internationale Studien 2, Trier 2003.
Orth 2003	Wolfgang Orth: Perspektiven der gegenwärtigen Isokrates-Rezeption, in: Ders. (Hg.): Isokrates – neue Ansätze zur Bewertung eines politischen Schriftstellers, Europäische und internationale Studien 2, Trier 2003, 1–6.
Orth 2006	Wolfgang Orth: Autochthonie und ‚Ostkolonisation'. Zum politischen Konzept des Isokrates, in: Eckart Olshausen (Hg.): „Troianer sind wir gewesen." Migrationen in der antiken Welt, Geographica Historica 21, Stuttgart 2006, 90–97.
Ostwald 2000	Martin Ostwald: Oligarchia. The Development of a Constitutional Form in Ancient Greece, Historia Einzelschriften 144, Stuttgart 2000.
O'Sullivan 1992	Neil O'Sullivan: Alcidamas, Aristophanes, and the Beginnings of Greek Stylistic Theory, Hermes Einzelschriften 60, Stuttgart 1992.
Panagopoulos 1985	A. Panagopoulos: Alkidamas' Messenian Speech. „God let everyone free, nature has made nobody a slave.", in: Acts of the 3rd International Congress of Peloponnesian Studies, Athen 1985, 190–192.

Papillon 1995	Terry L. Papillon: Isocrates' Techne and Rhetorical Pedagogy, RSQ 25 (1995), 149–163.
Papillon 1996a	Terry L. Papillon: Isocrates on Gorgias and Helen. The Unity of the Helen, CJ 91 (1996), 377–391.
Papillon 1996b	Terry L. Papillon: Isocrates and the Use of Myth, Hermanthena 161 (1996), 9–21.
Papillon 1997	Terry L. Papillon: Mixed Unities in the *Antidosis* of Isocrates, RSQ 27 (1997), 47–62.
Papillon 1998	Terry L. Papillon: Isocrates and the Greek Poetic Tradition, Scholia 7 (1998), 41–61.
Papillon 2001	Terry L. Papillon: Rhetoric, Art, and Myth. Isocrates ad Busiris, in: Cecil B. Wooten (Hg.): The Orator in Action and Theory in Greece and Rome, Leiden/Boston/Köln 2001, 73–93.
Pareti 1910	Luigi Pareti: La cronologia dell'Archidamo, BFC 17 (1910), 277–280.
Pasini 2009	Gianluca Pasini: Su alcune analogie tra Isocrate e Anassimene, Seminari Romani di Cultura Greca 12 (2009), 115–133.
Patzer 1970	Andreas Patzer: Antisthenes der Sokratiker. Das literarische Werk und die Philosophie dargestellt am Katalog der Schriften, Univ. Diss. Heidelberg 1970.
Peonidis 2008	Filimon Peonidis: Aristotle's Relevance to Modern Democratic Theory, ARS 93 (2008), 283–294.
Perlman 1957	Scott Perlman: Isocrates' ‚Philippus' – a Reinterpretation, Historia 6 (1957), 309–317.
Perlman 1967	Scott Perlman: Isocrates' Advice on Philipp's Attitude Towards Barbarians (V 154), Historia 16 (1967), 338–343.
Perlman 1969	Scott Perlman: Isocrates' Philippus and Panhellenism, Historia 18 (1969), 370–374.
Perlman 1976	Scott Perlman: Panhellenism, the Polis, and Imperialism, Historia 25 (1976), 1–30.
Pfund 1833	Johann G. Pfund: De Isocratis vita et scriptis, Progr. Gymn. Berlin 1833.
Piepenbrink 2001	Karen Piepenbrink: Politische Ordnungskonzeptionen in der Attischen Demokratie des vierten Jahrhunderts v. Chr. Eine vergleichende Untersuchung zum philosophischen und rhetorischen Diskurs, Historia Einzelschriften 154, Stuttgart 2001.
Piepenbrink 2003	Karen Piepenbrink: Isokrates und die ‚aktiven' Redner im Vergleich, in: Wolfgang Orth (Hg.): Isokrates – neue Ansätze zur Bewertung eines politischen Schriftstellers, Europäische und internationale Studien 2, Trier 2003, 43–61.
Pinto 2006	Pasquale M. Pinto: La biblioteca di Isocrate. Note sulla circolazione dei libri e sul lavoro intellettuale nel IV secolo a.C., Segno e Testo 4 (2006), 51–70.
Pinto 2010	Pasquale M. Pinto: Rezension zu Too 2008, Gnomon 82 (2010), 292–297.
Plett 1992	Heinrich F. Plett: Das Paradoxon als rhetorische Kategorie, in: Paul Geyer/ Roland Hagenbüchle (Hg.): Das Paradox. Eine Herausforderung des abendländischen Denkens, Stauffenburg Colloquium 21, Tübingen 1992, 89–104.

Plezia 1982	Marian Plezia: Agesilaos und Timotheos. Zwei Staatsmännerporträts aus der Mitte des 4. Jhs., ICS 7 (1982), 49–61.
Pohlenz 1907	Max Pohlenz: Antisthenicum, Hermes 42 (1907), 157–159.
Pohlenz 1913	Max Pohlenz: Aus Platos Werdezeit. Philologische Untersuchungen, Berlin 1913.
Pointner 1969	Franz Pointner: Die Verfassungstheorie des Isokrates, 2 Bde., Univ. Diss. München 1969.
Popko 2009	Lutz Popko: Exemplarisches Erzählen im Neuen Reich? – Eine Struktur der Ereignisgeschichte, in: Martin Fitzenreiter (Hg.): Das Ereignis. Geschichtsschreibung zwischen Vorfall und Befund, IBAES X, London 2009, 211–222.
Popp 1968	Harald Popp: Zum Verhältnis Athens zu seinen Bündnern im Attisch–Delischen Seebund, Historia 17 (1968), 425–443.
Post 1930	Arnold L. Post: The Seventh and Eigth Platonic Epistles, CQ 24 (1930), 113–115.
Poulakos (J.) 1986	John Poulakos: Gorgias' and Isocrates' Use of the Encomium, SCJ 51 (1986), 300–307.
Poulakos (J.) 2004	John Poulakos: Rhetoric and Civic Education. From the Sophists to Isocrates, in: Takis Poulakos/Daniel Depew (Hg.): Isocrates and Civic Education, Austin 2004, 69–83.
Poulakos (T.) 1987	Takis Poulakos: Isocrates' Use of Narrative in the Evagoras. Epideictic Rhetoric and Moral Action, QJS 73 (1987), 317–328.
Poulakos (T.) 1997	Takis Poulakos: Speaking for the Polis. Isocrates' Rhetorical Education, Columbia 1997.
Poulakos (T.) 2001	Takis Poulakos: Isocrates' Use of ‚doxa', Ph&Rh 34 (2001), 61–79.
Poulakos (T.) 2004	Takis Poulakos: Isocrates' Civic Education and the Question of *Doxa*, in: Ders./ David Depew (Hg.): Isocrates and Civic Education, Austin 2004, 45–65.
Pownall 2004	Frances Pownall: Lessons from the Past. The Moral Use of History in Fourth-Century Prose, Ann Arbor 2004.
Pratt 2006	Jonathan D. Pratt: Isocrates in Athens. Public Philosophy and the Rhetoric of Display, Ph.D. thesis Berkeley 2006.
Price 1975	Bennett J. Price: Παράδειγμα and *Exemplum* in Ancient Rhetorical Theory, Ph.D. thesis Berkeley 1975.
Race 1978	William H. Race: Panathenaicus 74–90. The Rhetoric of Isocrates' Digression on Agamemnon, TAPhA 108 (1978), 175–185.
Race 1987	William H. Race: Pindaric Encomium and Isocrates' Euagoras, TAPhA 117 (1987), 131–155.
Raeder 1905	Hans Raeder: Platons philosophische Entwicklung, Leipzig 1905.
Raeder 1956	Hans Raeder: Platon und die Rhetoren, Filosofiske meddelelser 26, Kopenhagen 1956.
Rankin 1986	H. D. Rankin: Antisthenes Sokratikos, Amsterdam 1986.
Raoss 1968	Mariano Raoss: Ai margini del processo di Socrate, in: Istituto Italiano per la storia antica (Hg.): Seconda Miscellanea Greca e Romana, Rom 1968, 47–291.

D.2.5 Literatur

Rapp 2002	Aristoteles: Rhetorik, übersetzt und erläutert von Christoph Rapp, 2 Bde., Darmstadt 2002.
Raubitschek 1982	Antony E. Raubitschek: The Mission of Triptolemos, in: Studies in Athenian Architecture, Sculpture, and Topography, FS Thompson, Hesperia Supplements 20, Princeton 1982, 109–117.
Rawson 1969	Elizabeth Rawson: The Spartan Tradition in European Thought, Oxford 1969.
de Raymond 1986	Jean-François de Raymond: Isocrate et le langage de la culture, in: Philosophie du langage et grammaire dans l'antiquité, Cahiers de Philosophie Ancienne 5, Brüssel 1986, 153–163.
von Reden/Goldhill 1999	Sitta von Reden/Simon Goldhill: Plato and the Performance of Dialogue, in: Simon Goldhill/Robin Osborne (Hg.): Performance Culture and Athenian Democracy, Cambridge 1999, 257–289.
Riedweg 2002	Christoph Riedweg: Pythagoras. Leben, Lehre, Nachwirkung, München 2002.
Ries 1959	Klaus L. Ries: Isokrates und Platon im Ringen um die Philosophia, Univ. Diss. München 1959.
Ritter ²1922	Constantin Ritter: Platons Dialog Phaidros. Übersetzt, erläutert und mit ausführlichem Register versehen, Leipzig ²1922.
Robert 1894	C. Robert: s.v. Anaximenes (3), in: RE I 2 (1894), 2086–2098.
de Romilly 1958	Jacqueline de Romilly: Eunoia in Isocrates or the Political Importance of Goodwill, JHS 78 (1958), 92–101.
Roos 1949	A. G. Roos: The peace of Sparta of 374 B.C., Mnemosyne 2 (1949), 265–285.
Rostagni 1913	Augusto Rostagni: Isocrate e Filippo, in: Scuola Torinese di Storia Antica (Hg.): Entaphia in memoria di Emilio Pozzi, Mailand/Turin/Rom 1913, 131–156.
Roth 2003a	Peter Roth: Der Panathenaikos des Isokrates. Übersetzung und Kommentar, Beiträge zur Altertumskunde 196, München/Leipzig 2003.
Roth 2003b	Peter Roth: Die Dialogszene im ‚Panathenaikos', in: Wolfgang Orth (Hg.): Isokrates – neue Ansätze zur Bewertung eines politischen Schriftstellers, Europäische und internationale Studien 2, Trier 2003, 140–149.
Rowe 2000	Galen O. Rowe: Anti-Isocratean Sentiment in Demosthenes' Against Androtion, Historia 49 (2000), 278–302.
Rowe 2002	Galen O. Rowe: Two Responses by Isocrates to Demosthenes, Historia 51 (2002), 149–163.
Ruschenbusch 1958	Eberhard Ruschenbusch: Πάτριος πολιτεία. Theseus, Drakon, Solon und Kleisthenes in Publizistik und Geschichtsschreibung des 5. und 4. Jahrhunderts v. Chr., Historia 7 (1958), 398–424.
Sabbadini 1963	E. Sabbadini: Considerazioni politiche e storiografiche su un passo V, 120 del ‚Filippo' di Isocrate, RSC 11 (1963), 44–48.
Santarelli 1990	Antonella L. Santarelli: Isocrate Archidamo 27 e Mirone di Priene sulla cronologia della prima guerra messeniaca, RCCM 32 (1990), 39–38.
von Scala 1892	Rudolf von Scala: Isokrates und die Geschichtsschreibung. Vortrag zur 41. Versammlung deutscher Philologen und Schulmänner, 23. Mai 1891, Leipzig 1892.

Schäublin 1982	Christoph Schäublin: Selbstinterpretation im ‚Panathenaikos' des Isokrates?, MH 39 (1982), 165–178.
Schenkeveld 2007	Dirk M. Schenkeveld: Theory and Practice in Fourth Century Eloquence. The Case of the Speaker as a Teacher of the Demos, in: David C. Mirhady/ William W. Fortenbaugh (Hg.): Influences on Peripatetic Rhetoric. FS Fortenbaugh, Philosophia antiqua 105, Leiden/Boston/Köln 2007, 25–35.
Schiappa 1990	Edward Schiappa: Did Plato Coin *rhêtorikê*? AJPh 111 (1990), 457–470.
Schiappa 1992	Edward Schiappa: *Rhêtorikê*. What's in a Name? Towards a Revised History of Early Greek Rhetorical Theory, QJS 78 (1992), 1–15.
Schiappa 1999	Edward Schiappa: The Beginnings of Rhetorical Theory in Classical Greece, New Haven/London 1999.
Schiappa u.a. 2003	Edward Schiappa u.a.: Reviewing Rhetoric Rhetorically, RhetR 22 (2003), 318–325.
Schillbach 1868	Richard K. M. Schillbach: De Isocratis oratione, quae inscribitur περὶ εἰρήνης, Progr. Gymn. Potsdam 1868.
Schlatter 1972	Frederic W. Schlatter: Isocrates, Against the Sophists, 16, AJPh 93 (1972), 591–597.
Schmal 1996	Stephan Schmal: Sparta als politische Utopie, in: Bernd Funck (Hg.): Hellenismus. Beiträge zur Erforschung von Akkulturaltion und politischer Ordnung in den Staaten des hellenistischen Zeitalters, Tübingen 1996, 653–670.
Schmitt Pantel 1998	Pauline Schmitt Pantel: Entre public et privé, le politique?, Ktèma 23 (1998), 407–413.
Schmitz 1988	Winfried Schmitz: Wirtschaftliche Prosperität, soziale Integration und die Seebundpolitik Athens. Die Wirkung von Erfahrungen aus dem Ersten Attischen Seebund auf die athenische Außenpolitik in der ersten Hälfte des 4. Jahrhunderts v. Chr., Quellen und Forschungen zur antiken Welt 1, München 1998.
Schmitz-Kahlmann 1939	Gisela Schmitz-Kahlmann: Das Beispiel der Geschichte im politischen Denken des Isokrates, Philologus Supplemente 31/4, Leipzig 1939.
Schöpsdau 1996	Konrad Schöpsdau: s.v. Frage, rhetorische, in: HWRh 3 (1996), 445–454.
Schuller 1974	Wolfgang Schuller: Die Herrschaft der Athener im Ersten Attischen Seebund, Berlin 1974.
Schütrumpf 1972	Eckardt Schütrumpf: Kosmopolitismus oder Panhellenismus? Zur Interpretation des Ausspruchs von Hippias in Platons Protagoras (337c ff.), Hermes 100 (1972), 5–29.
Schütrumpf 1995	Eckardt Schütrumpf: Politische Reformmodelle im vierten Jahrhundert. Grundsätzliche Annahmen politischer Theorie und Versuche konkreter Lösungen, in: Walter Eder/Christoph Auffahrt (Hg.): Die athenische Demokratie im 4. Jahrhundert v. Chr. Vollendung oder Verfall einer Verfassungsform?, Stuttgart 1995, 271–301.
Schwarze 1999	Steve Schwarze: Performing Phronesis. The Case of Isocrates' *Helen*, Ph&Rh 32 (1999), 78–96.
Seager 1993	Robin Seager: Rezension zu Urban 1991, CR 43 (1993), 196–197.

D.2.5 Literatur

Seaman 1997	Michael G. Seaman: The Athenian Expedition to Melos in 416 B.C., Historia 46 (1997), 385–418.
Seck 1976	Friedrich Seck: Die Komposition des ‚Panegyrikos', in: Ders. (Hg.): Isokrates, WdF 351, Darmstadt 1976, 353–370.
Seidensticker 2005	Bernd Seidensticker: Mythenkorrekturen in der griechischen Tragödie, in: Martin Vöhler/Ders. (Hg.): Mythenkorrekturen. Zu einer paradoxalen Form der Mythenrezeption, spectrum Literaturwissenschaft 3, Berlin/New York 2005, 37–50.
Signes Codoñer 1996	Juan Signes Codoñer: El Panatenaico de Isócrates. 1: El excursus del Agamemnon, Emerita 64 (1996), 137–156.
Signes Codoñer 1998	Juan Signes Codoñer: El Panatenaico de Isócrates. 2: Tema y finalidad del discurso, Emerita 66 (1998), 67–94.
Signes Codoñer 2001	Juan Signes Codoñer: El Panatenaico de Isócrates. 3: Las cartas a los Macedonios, Emerita 69 (2001), 7–53.
Silvestrini 1978	Marina Silvestrini: Terminologia politica isocratea, II: L'areopagitico o dell'ambiguità isocratea, QS 7 (1978), 169–183.
Simon (E.) 1992	Erika Simon: s.v. Neleus, in: LIMC VI 1/2 (1992), 727–731.
Simon (J.) 1992	Josef Simon: Das philosophische Paradoxon, in: Paul Geyer/Roland Hagenbüchle (Hg.): Das Paradox. Eine Herausforderung des abendländischen Denkens, Stauffenburg Colloquium 21, Tübingen 1992, 45–60.
Solari 1904	A. Solari: Di una probabile glorificazione di isocrate (*Phil.* 63), BFC 11 (1904), 134–137.
Spengel 1828	Leonhard Spengel: Συναγωγή τέχνων sive artium scriptores ab initiis usque ad editos Aristotelis de rhetorica libros, Stuttgart 1828.
Spyridakis 1935	Konstantinos Spyridakis: Euagoras I. von Salamis. Untersuchungen zur Geschichte des kyprischen Königs, Stuttgart 1935.
Squire 2011	Michael Squire: The Iliad in a Nutshell. Visualizing Epic on the Tabulae Iliacae, Oxford 2011.
Steidle 1952	Wolf Steidle: Redekunst und Bildung bei Isokrates, Hermes 80 (1952), 257–296.
Stier 1955	Hans E. Stier: Isokrates Panegyr. 50 und Ephoros Fr. 20 Jac. in ihrer Bedeutung für die Interpretation des Hellenennamens, in: Relazioni del X Congresso Internazionale di Scienze Storiche, Florenz 1955, 143–147.
Stockton 1959	David L. Stockton: The Peace of Callias, Historia 8 (1959), 61–79.
Stoll 2010	Oliver Stoll: Zum Ruhme Athens – Wissen zum Wohl der Polis. Xenophons Ideal einer Führungspersönlichkeit und Athens Reiterei im *Hipparchikos* <Logos>, Altertumswissenschaften/Archäologie 3, Berlin 2010.
Sudhaus 1889	Siegfried Sudhaus: Zur Zeitbestimmung des Euthydem, des Gorgias und der Republik, RhM 44 (1889), 52–64.
Sullivan 2001	Robert G. Sullivan: ‚Eidos/idea' in Isocrates, Ph&Rh 34 (2001), 79–92.
Sullivan 2009	Robert G. Sullivan: Rezension zu Too 2008, CR 59 (2009), 370–372.

Süß 1910	Wilhelm Süß: Ethos. Studien zur älteren griechischen Rhetorik, Univ. Habil. Giessen, Leipzig/Berlin 1910.
Susemihl 1900	Franz Susemihl: Über Isokrates XIII 9–13 und X 8–13, RhM 55 (1900), 574–587.
Sykutris 1927	Johannes Sykutris: Isokrates' Euagoras, Hermes 62 (1927), 24–53.
Szlezák 1985	Thomas A. Szlezák: Platon und die Schriftlichkeit der Philosophie. Interpretationen zu den frühen und mittleren Dialogen, Berlin/New York 1985.
Szlezák 1998	Thomas A. Szlezák: Gespräche unter Ungleichen. Zur Struktur und Zielsetzung der platonischen Dialoge, A&A 34 (1988), 99–116.
Szlezák 1992	Thomas A. Szlezák: Was heißt „dem Logos zu Hilfe kommen"? Zu Struktur und Zielsetzung der platonischen Dialoge, in: Livio Rossetti/Gerardo Ramirez Vidal (Hg.): Understanding the Phaedrus. Proceedings of the II Symposium Platonicum, International Plato Studies 1, Sankt Augustin 1992, 93–107.
Szlezák 2004	Thomas A. Szlezák: Das Bild des Dialektikers in Platons späten Dialogen. Platon und die Schriftlichkeit der Philosophie, Teil II, Berlin/New York 2004.
Taeger 1930	Fritz Taeger: Der Friede von 362/361, Tübinger Beiträge zur Altertumswissenschaft 9, Tübingen 1930.
Teichmüller 1881	Gustav Teichmüller: Literarische Fehden im vierten Jahrhundert v. Chr., 2 Bde., Breslau 1881.
Tell 2011	Håkan Tell: Plato's Counterfeit Sophists, Hellenic Studies 44, Cambridge (MA)/London 2011.
Thiele 1901	Georg Thiele: Ionisch–Attische Studien, Hermes 36 (1901), 218–271.
Thommen 2003	Lukas Thommen: Sparta. Verfassungs- und Sozialgeschichte einer griechischen Polis, Stuttgart/Weimar 2003.
Thompson 1983	Wesley E. Thompson: Isocrates on the Peace Treaties, CQ 33 (1983), 75–80.
Tigerstedt 1965/1973	Eugène N. Tigerstedt: The Legend of Sparta in Classical Antiquity, 3 Bde., Stockholm Studies in History of Literature 15, Uppsala 1965/1973.
Timmer 2008	Jan Timmer: Altersgrenzen politischer Partizipation in antiken Gesellschaften, Studien zur Alten Geschichte 8, Berlin 2008.
Timmerman 1998	David M. Timmerman: Isocrates' Competing Conceptualization of Philosophy, Ph&Rh 31 (1998), 145–160.
Timmerman 2002	David M. Timmerman: The Aristotelian Fix. Perspectives on Political Deliberation, RSQ 32 (2002), 77–98.
Timmerman/Schiappa 2010	David M. Timmerman/Edward Schiappa: Classical Rhetorical Theory and the Disciplining of Discourse, New York 2010.
Tincani 1923	Carlo Tincani: Isocrate. L'orazione per la pace commentate da C. Tincani, Turin 1923.
Tindale 2010	Christopher W. Tindale: Reason's Dark Champions. Constructive Strategies of Sophistic Argument, Columbia 2010.
Tomassetti Gusmano 1960	Tina Tomassetti Gusmano: Isocrate. Encomio di Elena. Introduzione e commento, Rom 1960.

D.2.5 Literatur

Tomin 2000	Julius Tomin: Plato's Disappointment With His Phaedran Characters and its Impact on His Theory of Psychology, CQ 50 (2000), 374–383.
Too 1995	Yun Lee Too: The Rhetoric of Identity in Isocrates, Oxford 1995.
Too 1998	Yun Lee Too: The Idea of Ancient Literary Criticism, Oxford 1998.
Too 2006	Yun Lee Too: Rehistoricizing Classicism. Isocrates and the Politics of Metaphor in Fourth-Century Athens, in: James I. Porter (Hg.): Classical Pasts. The Classical Traditions of Greece and Rome, Princeton 2006, 106–124.
Too 2008	Yun Lee Too: A Commentary on Isocrates' *Antidosis*, Oxford 2008.
Trampedach 1994	Kai Trampedach: Platon, die Akademie und die zeitgenössische Politik, Hermes Einzelschriften 66, Stuttgart 1994.
Treu 1991	Kurt Treu: Rede als Kommunikation. Der Attische Redner und sein Publikum, Philologus 135 (1991), 124–130.
Treves 1933a	Piero Treves: Tre interpretatzioni isocratee, Rendiconti 66 81933), 303–319.
Treves 1933b	Piero Treves: Isocrate. A Filippo. Introduzione e commento, Mailand 1933.
Tsitsiridis 1998	Stavros Tsitsiridis: Platons *Menexenos*. Einleitung, Text und Kommentar, Beiträge zur Altertumskunde 107, Stuttgart/Leipzig 1998.
Tulli 1990	Mauro Tulli: Sul rapporto di Platone con Isocrate. Profezia e lode di un lungo impegno letterario, Athenaeum 70 (1990), 403–422.
Tuplin 1983	Christopher Tuplin: Lysias XIX, the Cypriot War, and Thrasybulos' Naval Expedition, Philologus 127 (1983), 170–186.
Tuszyńska-Maciejewska 1987	Krystyna Tuszyńska-Maciejewska: Gorgias' and Isocrates' Different Encomia on Helen, Eos 75 (1987), 279–289.
Urban 1991	Ralf Urban: Der Königsfrieden von 387/86 v. Chr. Vorgeschichte, Zustandekommen, Ergebnis und politische Umsetzung, Historia Einzelschriften 68, Stuttgart 1991.
Usener (H.) 1870	Herrmann Usener: Lectione Graecae, RhM 25 (1870), 575–616.
Usener (H.) 1880	Herrmann Usener: Abfassungszeit des platonischen Phaidros. An Herrn Dr. Krohn in Halle, RhM 35 (1880), 131–151.
Usener (S.) 1993	Sylvia Usener: Isokrates' Busiris. Verschriftlichung des Mythos und Verantwortung des Autors, in: Wolfgang Kullmann/Jochen Althoff (Hg.): Vermittlung und Tradierung von Wissen in der griechischen Kultur, ScriptOralia 61, Tübingen 1993, 247–262.
Usener (S.) 1994	Sylvia Usener: Isokrates, Platon und ihr Publikum. Hörer und Leser von Literatur im 4. Jahrhundert v. Chr., ScriptOralia 63, Tübingen 1994.
Usener (S.) 2003	Sylvia Usener: Isokrates und sein Adressatenkreis. Strategien schriftlicher Kommunikation, in: Wolfgang Orth (Hg.): Isokrates – neue Ansätze zur Bewertung eines politischen Schriftstellers, Europäische und internationale Studien 2, Trier 2003, 18–33.
Usher 1973	Stephen Usher: The Style of Isocrates, BICS 20 (1973), 39–67.
Usher 1994	Stephen Usher: Isocrates. Paideia, Kingship, and the Barbarians, in: H. A. Khan (Hg.): The Birth of the European Identity. The Europe–Asia Contrast in Greek

	Thought 490–322 B.C., Nottingham Classical Literature Studies 2, Nottingham 1994, 131–145.
Usher 1999	Stephen Usher: Greek Oratory. Tradition and Originality, Oxford 1999.
Valloza 1990	Maddalena Valloza: Alcuni motivi del discorso di lode tra Pindaro e Isocrate, QUCC 35 (1990), 43–58.
Vasold 1898	Jakob Vasold: Über das Verhältnis der isokratischen Rede περὶ ἀντιδόσεως zu Platons Apologia Socratis, Univ. Diss. Erlangen, München 1898.
Vasunia 2001	Phiroze Vasunia: The Gift of the Nile. Hellenizing Egypt from Aeschylus to Alexander, The Joan Palevsky Imprint in Classical Literature 8, Berkeley 2001.
Villard 2006	Laurence Villard: La fortune de Philippe II, in: Michel Fartzoff (Hg.): Signes et destins d'élection dans l'Antiquité, Besançon 2006, 185–202.
Vischer 1855	Wilhelm Vischer: Zu Isokrates Panegyricus §106, Philologus 10 (1855), 245–249.
Vitz 1871	Wilhelm Vitz: Des Isokrates Rede über den Vermögenstausch. Zur Einführung in die Lectüre des Isokrates, Prog. Gymn., Pyritz 1871.
Vlastos 2000	Gregory Vlastos: Happiness and Virtue in Socrates' Moral Theory, in: Gail Fine (Hg.): Plato, Oxford 2000, 587–618.
Völer 2005	Martin Völer: „Ich aber." Mythenkorrekturen in Pindars 1. Olympie, in: Ders./ Bernd Seidensticker (Hg.): Mythenkorrekturen. Zu einer paradoxalen Form der Mythenrezeption, spectrum Literaturwissenschaft 3, Berlin 2005, 19–35.
Völer/Seidensticker/Emmerich 2005	Martin Völer/Bernd Seidensticker/Wolfgang Emmerich: Zum Begriff der Mythenkorrektur, in: Martin Völer/Bernd Seidensticker (Hg.): Mythenkorrekturen. Zu einer paradoxalen Form der Mythenrezeption, spectrum Literaturwissenschaft 3, Berlin/New York 2005, 1–18.
Voliotis 1977	N. Voliotis: Ἰσοκράτης καὶ Πλάτων. Μία προπάθεια ἑρμενείας τοῦ ‚Φαίδρου' 278E–279B, Platon 29 (1977), 145–151.
Vollnhals 1897	Wilhelm Vollnhals: Über das Verhältnis der Rede des Isokrates περὶ ἀντιδόσεως zu Platos Apologie des Sokrates, Progr. Gymn. Bamberg 1897.
de Vries 1953	Gerrit de Vries: Isocrates' Reaction to the Phaedrus, Mnemosyne 6 (1953), 39–45.
de Vries 1971	Gerrit de Vries: Isocrates in the Phaedrus. A Reply, Mnemosyne 24 (1971), 387–390.
Walberer 1938	Georg Walberer: Isokrates und Alkidamas, Hamburg 1938.
Waldock 1966	Arthur J. A. Waldock: Sophocles the Dramatist, Cambridge 1966.
Walker 2006	Jeffrey Walker: The Place of ‚Theory' in Ancent Rhetoric, in: Lucia Calboli Montefusco (Hg.): Papers on Rhetoric 7, Rom 2006, 247–265.
Walker 2011	Jeffrey Walker: The Genuine Teachers of This Art. Rhetorical Education in Antiquity, Columbia 2011.
Wallace 1986	Robert W. Wallace: The Date of Isocrates' *Areopagitikos*, HSPh 90 (1986), 77–84.
Walter 1996	Uwe Walter: ‚Common sense' und Rhetorik. Isokrates' Verteidigung der politischen Kultur, GWU 47 (1996), 434–441.

Walzer 2005	Arthur Walzer: Teaching ‚Political Wisdom'. Isocrates and the Tradition of *Dissoi Logoi*, in: Richard Graff/Ders./Janet Atwill (Hg.): The Viability of the Rhetorical Tradition, Albany (NY) 2005, 113–124.
Walter 2003	Uwe Walter: Isokrates metanóôn. Traditionen athenischer Kriegs- und Außenpolitik bei Isokrates, in: Wolfgang Orth (Hg.): Isokrates – neue Ansätze zur Bewertung eines politischen Schriftstellers, Europäische und internationale Studien 2, Trier 2003, 78–94.
Wardy 1996	Robert Wardy: The Birth of Rhetoric. Gorgias, Plato, and Their Successors, London/New York 1996.
Wareh 2012	Tarik Wareh: The Theory and Practice of Life. Isocrates and the Philosophers, Hellenic Studies 54, Cambridge (MA)/London 2012.
Wefelmeier 1962	Carl Wefelmeier: Die Sentenzensammlung der Demonicea, Univ. Diss. Athen 1962.
Weil 1980	Raymond Weil: Aristote et Isocrate. Un conflit d'influences à Chypre, in: Marguerite Yon (Hg.): Salamine de Chypre. Historie et archéologie. État des recherches, Colloques internationaux 578, Paris 1980, 193–201.
Weißenberger 2003	Michael Weißenberger: Isokrates und der Plan eines panhellenischen Perserkrieges, in: Wolfgang Orth (Hg.): Isokrates – neue Ansätze zur Bewertung eines politischen Schriftstellers, Europäische und internationale Studien 2, Trier 2003, 95–110.
Welles 1966	C. Bradford Welles: Isocrates' View of History, in: Luitpold Wallach (Hg.): The Classical Tradition, FS Caplan, Ithaca 1966, 3–25.
Welwei 1997	Karl-Wilhelm Welwei: Apella oder Ekklesia? Zur Bezeichnung der spartanischen Volksversammlung, RhM 140 (1997), 242–249.
Welwei 1999	Karl-Wilhelm Welwei: Das klassische Athen. Demokratie und Machtpolitik im 5. und 4. Jhd., Darmstadt 1999.
Welwei 2004	Karl-Wilhelm Welwei: Sparta. Aufstieg und Niedergang einer antiken Großmacht, Stuttgart 2004.
Wendland 1905	Paul Wendland: Anaximenes von Lampsakos. Studien zur ältesten Geschichte der Rhetorik, FS 48. Philologenvers. Hamburg, Berlin 1905.
Wendland 1910a	Paul Wendland: Beiträge zu athenischer Politik und Publicistik des vierten Jahrhunderts. I: König Philippos und Isokrates, NGWG 1910, 123–182.
Wendland1910b	Paul Wendland: Beiträge zu athenischer Politik und Publicistik des vierten Jahrhunderts. II: Isokrates und Demosthenes, NGWG 1910, 289–323.
Wersdörfer 1940	Hans Wersdörfer: Die ΦΙΛΟΣΟΦΙΑ des Isokrates im Spiegel ihrer Terminologie. Untersuchungen zur frühattischen Rhetorik und Stillehre, Leipzig 1940.
Westlake 1968	Henry D. Westlake: Individuals in Thucydides, Cambridge 1968.
Wilamowitz-Moellendorff 1893	Ulrich von Wilamowitz-Moellendorff: Aristoteles und Athen, 2 Bde., Berlin 1893.
Wilamowitz-Moellendorff 1919	Ulrich von Wilamowitz-Moellendorff: Platon, 2 Bde., Berlin 1919.

Wilcken 1929	Ulrich Wilcken: Philipp II. von Makedonien und die panhellenische Idee, SPrAW 1929, 291–318.
Wilcox 1943	Stanley Wilcox: Isocrates' Genera of Prose, AJPh 64 (1943), 427–431.
Wilke 1997	Brigitte Wilke: Vergangenheit als Norm in der platonischen Staatsphilosophie, Philosophie der Antike 4, Stuttgart 1997.
Wilson 1966	C. H. Wilson: Thucydides, Isocrates, and the Athenian Empire, G&R 13 (1966), 54–63.
Wolff 1895	Eugen Wolff: Quae ratio intercedat inter Lysiae Epitaphium et Isocratis Panegyricum, Univ. Diss. Berlin 1895.
Worthington 2008	Ian Worthington: Philip II of Macedonia, New Haven/London 2008.
Yunis 1996	Harvey Yunis: Taming Democracy. Models of Political Rhetoric in Classical Athens, Ithaca/London 1996.
Zahrnt 1983	Michael Zahrnt: Hellas unter persischem Druck? Die griechisch–persischen Beziehungen in der Zeit vom Abschluß des Königsfriedens bis zur Gründung des Korinthischen Bundes, AKG 65 (1983), 249–306.
Zahrnt 2000	Michael Zahrnt: Xenophon, Isokrates und die ΚΟΙΝΗ ΕΙΡΗΝΗ, RhM 143 (2000), 295–326.
Zajonz 2002	Sandra Zajonz: Isokrates' Enkomium auf Helena. Ein Kommentar, Hypomnemata 139, Göttingen 2002.
Zimmermann 1974	Hans-Dieter Zimmermann: Der Zweite Attische Seebund, in: Charlotte Welskopf (Hg.): Hellenische Poleis. Krise – Wandlung – Wirkung, Bd. I, Darmstadt 1974, 188–198.
Ziolkowski 1994	John Ziolkowski: National and Other Contrasts in the Athenian Funeral Orations, in: H. A. Khan (Hg.): The Birth of the European Identity. The Europe–Asia Contrast in Greek Thought 490–322 B.C., Nottingham Classical Literature Studies 2, Nottingham 1994, 1–35.
Zucker 1954	Friedrich Zucker: Isokrates' ‚Panathenaikos', BSAW 101 (1954), 3–31.
Zycha 1880	Joseph Zycha: Bemerkungen zu den Anspielungen und Beziehungen in der XIII. und X. Rede des Isokrates, Wien 1880.

D.3 Indices

D.3.1 Index locorum

Ael. Arist.
  p. 173 263
Ael. VH
  III 1,11 115
  XIII 11 161
Ain. Takt.
  11,13–14 387
Aisch.
  Eum. 487 395
  Prom. Desm. 848–852
 135
Aischin.
  I 180 311
  II 12 452
  II 32 254
  II 57–61 453
  II 72–73 452
  II 137–139 453
  III 58 453
  III 67–72 453
  III 86–88 452
Alk.
  fr. 112,10 ....355, 359
Alkid.
  Soph. 3–4 48
  Soph. 18–20 48
  Soph. 24–25 48
  Soph. 33 48

Anaxim. Rhet. ad Alex.
  1426a 72, 518
  1428a 16, 347
  1429a–1430a 16, 72, 346, 401
  1437b 316
  1440b 120
  1470b 16
Andok.
  I 77–86 195
  III 9 222
  III 37–39 220
Androt. FGrH 324
  T13 (=F53) 36
  F50 304
Anon. proleg.
  Hermog. Stat.
  VII 869 49
  XIV 250 49
Antisth.
  F 36 ....44, 150
  F 37A/B 44, 150
Apollod.
  epit. I 23 101
  epit. II 10 134
  II 8 135
  II 10–16 136
  II 103–104 492
  II 106–112 327

II 116–117 ....108, 136
II 129–130 327–329
II 134–138 492
II 177–180 330
III 128 101
III 208 133–134
III 216 134
Arist.
  AP 6 576
  AP 8,5 195
  AP 11–12 ....174, 610
  AP 23 395
  AP 25–26 ....136, 220
  AP 34 415
  AP 40 576
  EN 1114a 394
  EN 1140a 55
  Met. 1007b 149
  Met. 1024b–1025a ....
    43–45, 49, 83, 150
  Po. 1451b 328
  Po. 1453b 328
  Pol. 1271b 607
  Pol. 1280b 359
  Pol. 1295a–b 393
  Pol. 1307b 523
  Pol. 1316b–1318b ...395
  Rhet. 1355a 15, 401
  Rhet. 1356a–b 17
  Rhet. 1358a–1359a....64
  Rhet. 1367b 120
  Rhet. 1368a 518

Rhet. 1373b 372
Rhet. 1384b 291
Rhet. 1390a............316
Rhet. 1393a–b....16, 596
Rhet. 1394a..............18
Rhet. 1401b 112
Rhet. 1402a............347
Rhet. 1412a..............83
Rhet. 1414b 82, 95, 243
Rhet. 1415b 56
Rhet. 1418a............414
Soph. El. 172b–173a......
........................84
Top. 104b 150

Aristoph.
Batr. 954–955 617
Batr. 964 617
Batr. 1009–1010 617
Batr. 1054–1055 617
Batr. 1420 617
Batr. 1434–1436 617
Hipp. 1111–1114.....199
Neph. 211–214 222
Plut. 107–109...........401
Sphek. 520...............185

Athen.
IV 139c–f.................112
IV 172d....................108
V 220d–e 44, 150
VIII 335c–d 112
X 411a–b 108
X 417e......................108
X 442d.....................108
XI 507a...............44, 150

Aul. Gell.
XVII 12 84

Bakchyl.
XIX 37–45................135
XVII 16–38 133
XVII 74–80 133

Cic.
Att. II 1,1 275
Att. XII 40,2 275
Brut. 48....................68
de or. I 54 115
de or. II 94 30
or. 40 30

Corn. Nep.
Chabr. 3,4................ 389
Chabr. 4................... 388
Iphicr. 3,3................ 388
Tim. 1,2................... 291
Tim. 2,2........... 254, 257
Tim. 3...................... 388

Dein.
I 14................... 291, 388
III 17 291

Dem.
I 44........................... 85
I 53................... 87, 452
I 83................... 87, 452
II 14......................... 387
II 17–19................... 485
II 24–25................... 485
II 28......................... 389
III 4–5 452
III 34 .... 356, 373
IV 16–17 452
IV 24 356
IV 25 373
IV 38–39 414
IV 48 466
V 5 452
VIII 22–24 453
IX 23 220
IX 71 477
XIII 11 356
XIII 66 395
XIV 31 425
XV 3 388
XV 9 291
XVIII 35.................. 453
XIX 16 453
XIX 51 453
XIX 84 452
XIX 125–126 453
XIX 159 453
XIX 174 453
XIX 278 453
XIX 291 453
XIX 307 453
XIX 321 453
XX 63 387
XX 80–82................ 388
XX 105–111............ 411
XXI 110 452
XXI 132–133 452
XXIII 108................ 387

XXIII 121................461
XXIII 140................230
XXIII 141................291
XXIII 149–150........375
XXIII 202................291
LX 1 235
LX 4 .... 124, 182
LX 8 188

[Dem.]
VII 27–28 451
VII 31 453
X 31–34............229, 477
XII 19 482–483
XIII 11 373
XXXV 15 33
XXXV 39–40 33
XLIX 3 444
XLIX 9 ....252, 254
XLIX 14–16 254
XLIX 21 254
XLIX 25–29 443
XLIX 37 443
XLIX 39 443
XLIX 48–50 254
XLIX 59–60 443
XLIX 64 443
LII 14–15...................33
LIX 75......................550
LIX 104–105 260
LXI 4 365
LXI 46 33

Demetr. Phal.
de eloc. 120 112–113

Diod.
I 69,3–4 129
I 88 108
I 96,2 129
IV 18 108–109
IV 31 326–327
IV 39 461
IV 63,1–5.................101
VIII 8,2....................331
XI 80 220
XI 88,3 222
XIII 65,3..................344
XIII 96.....................480
XIV 81,4–6......477–478
XIV 83,5–7..............158
XIV 110,3................158
XV 20 ...... 158, 176, 304

D.3.1 Index locorum

XV 28–29 .... 159, 253–254, 442, 529
XV 38 .... 254, 257
XV 45–47 .... 253–255, 273
XV 50,4 305
XV 53 460
XV 57–58 470
XV 62,4–5 289
XV 66,1–2 .... 330, 333
XV 67,1 290
XV 72,3 .... 290, 301
XV 82,3–87 291
XV 85,4 479
XV 95,3 387
XVI 4 387
XVI 7 388
XVI 8,2–3 .... 387, 452
XVI 21,1–4 388
XVI 22,1–2 ...... 389, 445
XVI 31,6 452
XVI 34,5–35,6 452
XVI 38,1–2 452
XVI 53,3 452
XVI 61,2 452

Diog. Laert.
   II 38–40 115
   III 35 .... 44, 150
   III 46 618
   VI 15–18 43–44
   VI 5 396
   VII 161 85
   VIII 2–3 129

Dion Prus.
   VIII 32 108–109

Dion. Hal.
   Isaios 20 112
   Isoc. 1 .... 30, 383
   Isoc. 18 61

Eur.
   Bus. 23–34 108
   Hel. 17–21 97
   Hel. 81 94
   Hel. 151–157 108
   Hel. 164–178 123
   Hel. 926–928 94
   Heracl. 205–222 103
   Heracl. 207 134
   Heracl. 1341–1346.. 142
   Hipp. 887 133
   Hipp. 1165–1169 133
   Hipp. 1315–1319 133
   Hipp. 1410–1411 133
   Med. 683–684 134
   Or. 5 134
   Phoin. 676–680 135
   TGrF F 292,7 142
   TGrF F 313–315 108
   TGrF F 810 48
   Troad. 925–934 98

Fest.
   p. 87 123

Flav. Ios.
   Ap. I 220–221 112

Gorg.
   F 8 243
   Hel. 1 91
   Hel. 2 92
   Hel. 3 120
   Hel. 11 41
   Hel. 12 98
   Hel. 21 .... 92–93, 96
   Pal. F 11a 93

Hdt.
   I 60,3 187
   I 82 345
   I 108 480
   I 112 480
   I 164–168 344
   II 45 108
   II 80 125
   II 81 129
   II 112–113 98
   II 123 129
   II 134–135 137
   II 141 126
   II 164–167 125–126
   IV 198 123
   V 22 460
   V 42 123
   VI 60 125
   VI 61 101
   VI 106–107 204
   VI 110–111 203
   VI 120 204
   VII 10,1 517
   VII 102,1 187
   VII 139 205
   VIII 18–21 207
   VIII 49–50 209
   VIII 55 182
   VIII 56–58 .... 209, 520
   VIII 60–63 .... 209, 520
   VIII 137 460
   VIII 140 209
   IX 6–10 209
   IX 27 188
   IX 35,1 345
   IX 39–65 212
   IX 46–48 205
   IX 60–65 212

Hell. Oxy.
   10,1 231
   25,4 487
   5 344

Hellan. FGrH 4
   F 134 134

Hes.
   Erga 186–187 617
   Erga 221–227 .. 616–617
   Erga 311 142
   Kat. F 14–16 326
   Theog. 27–28 616
   Theog. 83–93 616
   Theog. 87 578

Hom.
   B 188–196 142
   E 392–404 327
   I 442–443 608
   Λ 690–693 326

Hyg. Fab.
   10 326
   37 134
   82 134
   137 330
   145 135
   155 135

Hypoth. Isok.
   VI 288, 298
   X 90, 94
   XI 108, 111, 113–115
   XII 39, 45

Iambl.
   Vit. Pyth. 12–13 129
   Vit. Pyth. 72 129

Inschriften
  I.G. II 17 ....253–254, 529
  I.G. II/III² 34 158
  I.G. II/III² 36 158
  I.G. II/III² 43 159–160
  I.G. II/III² 97 262
  I.G. II/III² 102 523
  I.G. II/III² 105 290
  I.G. II/III² 179 387
  I.G. II/III² 204 389
  I.G. II/III² 523 290
  I.G. II/III² 1437 291

Isok.
  ep. I 9
  ep. I 1–3 324
  ep. I 1–6 186
  ep. I 2–3 ....12, 317
  ep. I 4 130
  ep. I 6 ....65, 288, 508
  ep. I 9–10 ....32, 351
  ep. V 3–5 ....315, 603
  ep. VI 1–2 315–316
  ep. VI 5 ....65, 288
  ep. VI 6 ......32, 316–319, 508
  II 2–3 ....275, 368
  II 6–10 565
  II 9–11 275
  II 13 40
  II 14–39 433
  II 17 482
  II 19 622
  II 22 467
  II 24 275
  II 35 21
  II 39 514
  II 41 149
  II 42–53 572
  III 2–3 309
  III 5–9 603
  III 8 7
  III 14–26 ....276–278, 318, 356, 394–395, 397, 433, 622
  III 21 7
  III 23–28 276
  III 23–25 ....24, 274–277, 407, 411, 433–434, 447, 476, 484, 550, 554, 593,
  601, 603–605, 610, 612
  III 34 622
  III 43 531
  III 49 622
  III 50 467
  III 51–52 55
  III 52–54 396
  III 55 310
  III 56 275
  III 59 ....409, 573
  IV 1–14 164
  IV 1–8 53
  IV 1–3 .... 40, 65, 102, 159, 161, 165–168, 177, 241–245, 260, 451, 495, 594, 605, 623
  IV 4–10 .... 44, 150, 168–171, 174, 180, 316, 623
  IV 7–8 .... 59, 65, 168, 170, 193, 266
  IV 9–11 18
  IV 11–12 171–173
  IV 13–14 .... 172–173, 235, 238–239, 251, 319
  IV 15–20 .... 174–175, 177, 193, 623
  IV 16–17 .... 174–177, 194, 269, 377, 395, 400, 428, 453, 463–466, 543, 611
  IV 17–18 .... 177, 513
  IV 18–20 . 177–178, 244
  IV 19–20 .... 65, 175
  IV 21–128 ...... 160–164, 178, 180, 182, 193–194, 232, 235, 405, 594
  IV 21–99 250
  IV 21–74 .... 180, 182, 202, 234, 324, 594
  IV 21–50 .... 180, 187, 201
  IV 21–23 180–182
  IV 23–25 .... 4, 121–123, 182–183, 187, 294, 327, 421, 425, 624
  IV 26–27 183
  IV 28–50 184
  IV 28–33 ....121, 184
  IV 28 187
  IV 32–33 121
  IV 34–37 ....184, 190, 521
  IV 38–42 185
  IV 42–107 537
  IV 42 122
  IV 43–46 185–186
  IV 43–50 448
  IV 45 624
  IV 47–50 ......9, 128, 157, 164, 186–187, 196, 234, 312, 517, 568–569, 594, 605, 609, 613, 624
  IV 51–99 .. 157, 213, 242
  IV 51–74 ....188, 565
  IV 51–53 ....188, 225
  IV 54–65 ....28, 102, 183, 188–189, 192, 263, 270
  IV 54–72 ....188–191, 560
  IV 56–62 ....104, 464
  IV 57 623
  IV 58 208
  IV 60–61 ....190, 206, 624
  IV 62–63 ....258, 463, 613
  IV 62–64 ....190–191, 463
  IV 65 ....73, 208
  IV 71–74 ....32, 73, 191–194, 211, 448
  IV 75–128 180
  IV 75–99 ....180, 188, 193, 211–212, 227, 232, 234, 402, 595, 604
  IV 75–81 ....100, 105, 146, 163, 176, 188, 192–202, 217, 220, 234, 275, 294, 340, 343, 353–355, 372, 395, 398, 400, 407, 411, 413, 420, 431, 470, 471, 518, 523, 554–557, 561, 577, 595, 603–604, 623
  IV 76–85 552

D.3.1 Index locorum

IV 80–85 195
IV 82–128 206
IV 82–99 .... 198, 202–203, 234–235
IV 82 ...... 235–238, 258, 513
IV 83–85 .... 73, 98, 202, 403
IV 85–92 .... 102, 203–205, 614
IV 90–93 .... 163, 206–211, 232, 340–343, 346, 372, 478, 518, 523, 561, 604
IV 93–128 604
IV 93–97 .... 102, 209–212, 281, 344, 372, 403, 532, 624
IV 97–98 624
IV 99–100 212–213
IV 100–128 .... 160, 180, 192, 213, 224, 231–238, 242, 247, 250, 257, 400, 402, 525, 595
IV 100–109 ...... 57, 188, 213–223, 224–226, 229–230, 233, 235, 262, 283, 419, 532, 595
IV 100–102 .... 132, 214–219, 224, 230, 525, 528–529
IV 103–106 .... 217–221, 343, 367, 525–528, 623
IV 107–109 .... 221–223, 261
IV 110–128 225
IV 110–114 .... 225–227, 372–373, 429, 452, 477, 492, 527, 546, 623
IV 115–121 .... 225, 227–230, 285, 337, 343, 430, 472, 476, 550, 612
IV 122–132 ...... 157, 225
IV 122–128 .... 204, 225, 230–233, 285, 343, 472, 528

IV 125 ..... 132, 230–231, 335, 467, 528, 544, 558
IV 137 .... 132, 231, 283–285, 424, 468, 528, 544, 558
IV 139 .... 293, 492
IV 142 .... 229, 279
IV 144 .... 229, 490
IV 145–149 ..... 228–229, 544
IV 151 370
IV 153 490
IV 154 229
IV 158–159 .... 98, 236
IV 162 352
IV 168 .... 184, 352
IV 17 .... 159, 163, 236, 461
IV 175 .... 132, 231, 283–285, 424, 468, 528, 544, 558
IV 176 ...... 227, 258, 264
IV 178 343
IV 183 470
IV 187–189 ... 44, 58, 64, 132, 238–239
V 1–9 ... 4, 223, 457, 582
V 2–3 458
V 4 586
V 5 223
V 7 .... 4, 582
V 8–10 .... 28, 32, 316, 453, 459, 482
V 9–13 .... 28, 459
V 9 .... 158, 409, 459, 467, 508, 574
V 12–15 .... 63–64, 459
V 14–29 571
V 17–29 .... 59, 241, 288, 613
V 17 65
V 18 .... 31, 316
V 21 .... 342, 469
V 24 351
V 25–29 .... 7, 12, 32, 56, 58, 64, 186, 288, 316–317, 324, 508
V 30–82 460
V 30–56 .... 267, 488
V 30–45 ... 460–461, 467
V 31 485

V 39–45 ... 230, 462–464
V 42–45 .... 208, 465–467, 491
V 45–67 610
V 44–56 .... 272, 348, 468, 491
V 47–50 .... 208, 453, 469–470, 489, 495, 515, 557
V 51–55 .... 254, 356, 359, 373, 453, 470–471
V 56–67 .... 472, 521, 596–597, 622
V 56 .... 461, 471
V 58–61 .... 472–477, 489, 541, 610, 612
V 60–79 596
V 61 .... 428, 547
V 61–64 477–480
V 65–67 ... 342, 480–481
V 67–82 480
V 68 480
V 72–80 ... 468, 482, 484
V 73–75 .... 453, 482–484, 622
V 76–78 .... 103, 483
V 79–80 .... 105, 477, 482–486, 494, 550, 596, 601, 604–605, 622
V 81–82 .... 28, 32, 62, 456
V 83–115 607
V 83–104. 279, 486, 596
V 83–85 ..... 28, 157, 459
V 86–88 .... 304, 478, 487–488, 493
V 89–91 ..... 17, 342, 469
V 90–95 ... 478, 486, 541
V 93–95 ...... 28, 64, 186, 288, 459
V 95–104 486
V 96 .... 352, 356–359, 373, 471
V 105–115 597
V 107–108 485–486
V 109–115 ...... 490–493, 534
V 110 .... 32, 316
V 111–112 .... 71, 99, 103, 278

V 113–114.16, 103, 491
V 119–120 .... 351, 426, 487
V 120–123 ...... 184, 190, 351, 358–359, 471
V 124 368
V 127 485
V 128–131 130
V 129 .... 451, 459
V 132 480
V 140 320
V 144 141
V 145–148 ...... 489–490, 494, 515, 530, 558, 601–602
V 149–155 .... 32, 459
V 154 .... 342, 469, 485
VI 1–15 .... 292, 308, 589, 603
VI 1–6 308–316
VI 1–2 ..... 292, 308–314, 390, 466
VI 1 .... 308–309, 313, 319, 366, 444, 476, 610
VI 3–6 ..... 276, 310–314, 318–323, 330, 479, 521, 608
VI 310, 322, 329
VI 8 .... 307–308, 460
VI 15 .... 310, 316, 447, 476, 566
VI 16–33 .... 31, 292–293, 323–324, 337–340, 351, 540, 556, 601–602
VI 16–25 .... 183, 460, 462
VI 16 323
VI 17–23 .... 103, 324–329, 351, 432
VI 20 622
VI 21–22 .... 237, 280, 309, 432, 467
VI 22–24 329–331
VI 25 361–362
VI 26–28 .... 332–334, 622
VI 29–31 335–337
VI 32–33 .... 337, 351
VI 34–39 .... 312, 323, 482

VI 40–48 .... 310, 345–346, 363, 390
VI 40 363
VI 42 .... 208, 338–340
VI 43 .... 340–342, 469
VI 48 ...... 313, 348, 353, 363–364
VI 49–51 .... 128, 314–315, 366–370, 428, 444, 466, 471, 476, 481, 560, 594, 604, 610
VI 52–54 . 338, 342–344
VI 56 345
VI 57 309
VI 58–61 .. 20, 105, 309, 352–354, 418, 515, 558
VI 60–69 345
VI 64–65 .... 428, 430, 463, 470
VI 69 314
VI 71 .... 309, 372
VI 72–92 .... 292, 604
VI 73–81 342
VI 75–76 .... 126, 293, 305, 356–358, 561
VI 75–81 364
VI 76–79 .... 293, 351, 360, 375
VI 81 .... 354–355, 404, 447, 554
VI 82–84 .... 20, 309, 342–344, 469
VI 90 309
VI 91 ...... 288, 307–308, 370
VI 93 .... 515, 622
VI 96 ...... 334, 341–342, 469
VI 98 309
VI 99–100 344–345
VI 102 565
VI 104 314
VI 105 339
VI 106 62
VI 110 309
VI 110–114 476
VII 1–15 .... 383–384, 392, 549, 612
VII 1–3 .... 382, 393
VII 3–4 514

VII 4 .... 365, 471
VII 4–10 .... 393, 402–405, 423–426, 429, 468–469, 561, 595, 610
VII 6–8 .... 267, 348, 410–411
VII 7 .... 432, 447, 554, 612
VII 9–10 .... 359, 389–390, 444, 451, 571
VII 11–15 .... 198, 393, 417, 477, 514
VII 14–15 .... 193, 360, 393–394, 407–409, 513, 552, 571, 606
VII 15–55 .... 394, 405
VII 16–18 .... 211, 382, 394, 406, 624
VII 20–73 545
VII 20–55 .... 105, 138, 185, 193, 195, 197, 339, 394, 429, 549, 552–553
VII 20–35 383
VII 20–26 605
VII 20–21 .... 3, 396, 409–411, 551, 576
VII 21–23 .... 384, 406, 409, 417
VII 22–27 553
VII 24–26 .... 195, 293, 357, 414, 487, 622
VII 26–27 433
VII 28 .... 72, 152
VII 31–35 .... 262, 366, 397, 622
VII 36–49 .... 318, 395–396
VII 37 395
VII 43–49 514
VII 43–45 .... 62, 206, 275, 309, 357, 395
VII 46 396
VII 48–49 318
VII 50–55 396
VII 52 622
VII 53 366
VII 55 318
VII 56–77 .... 57, 405

D.3.1 Index locorum

VII 56–61 ... 4, 406, 409, 417–418
VII 56 405
VII 60–74 .... 546, 553
VII 60–69 .... 200, 220
VII 60–61 .... 59, 226, 274, 394, 397, 399, 405–412, 432, 434, 553–554, 557, 596, 603, 609, 612
VII 62–77 400
VII 62–69 .... 398–400, 412, 427
VII 65 .... 342, 469
VII 69 ...... 397, 409, 411
VII 70–73 ..... 20, 71–72, 87, 182, 191, 220, 249–250, 269, 285, 297, 333, 397–398, 412, 419, 517, 525, 527
VII 71–77 397
VII 74–77 .... 121–124, 399, 425
VII 75 208
VII 77 .... 405, 418
VII 78–84 .... 383, 549
VII 78 400
VII 80 211
VII 83 366
VIII 1–16 476
VIII 3–14 .... 324, 390, 414–416, 613, 617
VIII 4 622
VIII 5–8 .... 312, 322, 367, 414
VIII 9–11 .... 250, 412
VIII 11 ..... 307–308, 505
VIII 11–12 57
VIII 12 .... 317, 414
VIII 12–13 622
VIII 13 392
VIII 13–14 .... 415, 582
VIII 14 ..... 250, 418–419
VIII 14–15 114
VIII 15–16 .... 227, 417, 422, 482, 541
VIII 17–24 417
VIII 17 467
VIII 22 452
VIII 24 .... 351, 356, 359, 425

VIII 25–26 .... 417, 467
VIII 26–27 390–392
VIII 30 211
VIII 31 482
VIII 36–57 417
VIII 36–40 .... 390, 415, 540
VIII 36 387
VIII 40 415
VIII 41–56 392
VIII 41–48 418
VIII 41 392
VIII 44–47 558
VIII 46–48 359
VIII 46 .... 387, 622
VIII 49–56 .... 105, 420
VIII 49–51 .... 417, 419, 423
VIII 51–55 .... 276, 320, 390, 413, 478, 521
VIII 52 417
VIII 53–54 .... 46, 585
VIII 54–55 608
VIII 55 .... 414, 622
VIII 57–70 .... 57, 420
VIII 57–60 .... 51, 393
VIII 61–66 .... 392, 420
VIII 64–73 .... 392, 418
VIII 64–66 .... 390, 413, 418
VIII 66–68 .... 420–422, 427, 482
VIII 68–69 227
VIII 70–73 .... 28, 359, 392, 415–419
VIII 74–89 418
VIII 74–78 420
VIII 75–76 .... 163, 198, 211, 366
VIII 79 523
VIII 82–88 .... 249, 399, 419
VIII 82–83 500
VIII 84 .... 38, 233
VIII 86–89 .... 183, 470, 549
VIII 89–119 .... 267, 304, 348, 423, 463, 466–469, 513, 523, 561, 570, 595, 610–611
VIII 89–105 ..... 419, 425

VIII 89 .... 423, 432
VIII 91 .... 178, 423, 560, 604
VIII 92–111 404
VIII 92–105 424
VIII 92–94 .... 182, 425, 622
VIII 95–103 .... 373, 425–429
VIII 95 ..... 407, 430, 449
VIII 96 ..... 429, 467, 622
VIII 97 427
VIII 98 541
VIII 101 .... 229, 473, 547, 610
VIII 104 342
VIII 105 465
VIII 106–120 419
VIII 107–108 .... 407, 429–430, 469
VIII 111–115 ... 419, 433
VIII 112 ... 356, 359, 374
VIII 114 .... 416, 424
VIII 116–119 56
VIII 116 429
VIII 118 208
VIII 119–120 622
VIII 121–131 .... 324, 390, 391
VIII 122 198
VIII 124–131 412
VIII 125 366
VIII 126–127 622
VIII 127–130 229
VIII 128 366
VIII 129–130 51
VIII 133–135 ... 211, 420
VIII 133 ... 413–414, 622
VIII 134 .... 342, 414
VIII 36 420
VIII 137–144 211
VIII 141 ..... 32, 316, 431
VIII 142–144 .... 105, 209, 275, 419, 430–434, 484–486, 514, 550, 558, 594, 601, 604, 612
VIII 145 .... 32, 37, 316, 413
IX 1–8 165
IX 5–11 241
IX 5–8 .... 339, 438

IX 8–11.........35, 58, 534
IX 10........................315
IX 12–17..................623
IX 12........................120
IX 16........................492
IX 18........................623
IX 28........................351
IX 29–32.................279, 623–624
IX 37................285, 478
IX 38........................480
IX 41–46.........513, 624
IX 41........................606
IX 44................288, 416
IX 46........................275
IX 51–52..................624
IX 52–57.................228, 277, 593
IX 54–60..................316
IX 54–57.........277–279, 283–285, 422, 427, 477
IX 57–64..........277–281
IX 57........................375
IX 65–69..........277–278, 282–286, 422, 443, 477, 593
IX 72................438, 624
IX 73..................28, 316
IX 74..........................62
IX 76–78..................612
IX 76..........................56
IX 77..........................16
IX 78........................368
IX 79–80..........602, 606
IX 81..........................52
X 1–15................65, 94, 112, 119, 241, 288
X 1–13............155, 168, 316, 511
X 1–8...........94–95, 507
X 1.............44, 85, 117, 149–150, 611
X 2................80, 84, 90
X 2–3.............85, 90–92
X 4–5..................86, 151
X 5–8........................131
X 6–8.................86, 97, 112, 117, 119, 622
X 9–10.........87, 91, 192
X 10–13............83, 117, 119, 169

X 10–11 .... 87–88, 93, 96, 118, 140, 153, 172
X 12 ...... 80, 89, 97, 112
X 13 .... 89, 169–170
X 14–15 .... 45, 69–72, 80, 89–97, 117, 119, 140, 192, 214, 235–236, 333, 412, 438, 512
X 16–20 ... 97–100, 111, 120, 133, 202
X 18–38 .... 97–100, 102, 105, 189, 550, 592, 601, 605
X 18–25 210
X 21–23 .... 128, 133
X 23–28 .... 202, 244, 259, 491–492
X 25 103
X 30–32 .... 48, 189, 208, 262, 623
X 31–38 .... 104, 419, 432, 462, 492
X 34–35 .. 132–133, 202
X 35–38 .. 309, 533, 622
X 39–40 .... 100, 103
X 40–41 622
X 41–48 97
X 42–44 136
X 49–53 98
X 54–60 .... 82, 98
X 61–66 98–99
X 63 .... 99, 105, 432, 545, 589, 603
X 66 .... 40, 80, 108, 155
X 67–69 ...... 98–99, 138
XI 1–9 241
XI 1–3 .... 80, 86, 111–114, 144, 310, 451, 613
XI 1 117
XI 3 .... 152, 167, 196, 206, 390, 392, 577
XI 4–5 .... 71–73, 119, 139, 153–154, 169
XI 5–8 .... 73–74, 114–115, 140, 223, 339
XI 6 153
XI 7–8 ..... 117, 120, 137

XI 9 ....93, 110, 119–120, 140, 143, 153
XI 10–29.................131, 137–140, 143, 145
XI 10–19..................135
XI 10–14.........120–124, 135–137, 399
XI 15–29..........124, 193
XI 15–16.................125, 127, 293
XI 17–18.................127, 145, 277, 432
XI 17–20.................105, 125–128, 135, 143–146, 187, 244, 259, 277, 293, 297, 311, 356, 362, 400, 404, 411, 432, 434, 447–448, 491, 519, 553–556, 567, 591, 603, 612
XI 21–29.......... 128, 408
XI 21 488
XI 24–29.................129, 135, 137, 603
XI 25 467
XI 30–43...........57, 105, 130, 138–140
XI 30–35.........124–125, 131, 181, 225
XI 31 ....216, 220
XI 31–33..........130, 140, 143
XI 34–37.........131–132, 137, 230, 374, 542
XI 35 ...... 134–136, 140, 154
XI 38–43........ 18, 20, 58, 101, 132, 141–144, 549
XI 40–41..................333
XI 43 40
XI 44–50..................155
XI 44–45.....65, 72, 118, 138–140, 216, 220, 224, 333, 527
XI 46–50......... 143–145, 511
XI 49 315
XII 1–107 564
XII 1–39 ....4, 499

D.3.1 Index locorum

XII 1–5 ...... 31, 499, 505
XII 1–3 .... 64–65, 233, 506–509, 515, 583
XII 2 7
XII 3–9 .... 69, 172
XII 3 316
XII 4–5 508–509
XII 5–34 .... 502, 505, 512, 597
XII 5–6 ... 509, 516, 518, 539, 551
XII 7–10 .... 32, 511–512
XII 11–33 584
XII 11–21 .... 601, 611
XII 11–15 .... 511, 622
XII 11 7
XII 13–14 .... 184, 223, 512
XII 16–21 ... 59, 62, 504, 513
XII 17 561
XII 20–21 .... 52, 508
XII 22–25 513
XII 24 .... 513, 516
XII 26–29 .... 513, 565–566, 611
XII 30–33 .... 54–56, 130, 514–515, 561, 566, 569–570, 611
XII 34 539
XII 35–39 .... 499, 505, 582
XII 35 ..... 510, 515, 518, 551, 602
XII 36 .... 169, 510
XII 37–38 .... 510–511, 539, 545, 580, 582
XII 39–265 499
XII 39–41 .... 72, 87, 191, 220, 285, 499, 516–518, 521, 527, 558, 582, 597
XII 40 518
XII 41–198 4
XII 41–42 .. 98, 191, 544
XII 42–198 ..... 499, 508, 518, 562, 574, 578–579, 581, 583–598, 602
XII 42–107 .... 97, 499, 544–546, 549, 552, 555, 563

XII 42–73 531–534
XII 42–52 .... 518, 521, 535, 542
XII 42–48 .... 518–520, 531, 598, 602
XII 42–43 515
XII 44 278
XII 45 518
XII 48 574
XII 49–53 520–521
XII 50 208
XII 52–53 521
XII 53–107 597
XII 53–73 .... 521–525, 530, 579, 583
XII 53–62 521–527
XII 53 521–522
XII 54 524
XII 55 573
XII 59–61 525
XII 59 .... 342, 469
XII 62–71 .... 525, 539, 541
XII 62–66 .... 57, 525–528
XII 62 562
XII 65–66 .... 72, 613
XII 66–73 528–530
XII 67–69 525
XII 69 208
XII 70 .... 530, 535
XII 72–73 531
XII 73–90 .... 339, 493, 530–537, 542, 551, 564, 583
XII 74 532
XII 76–78 .... 99, 533–534, 604
XII 78 ...... 508, 532–534
XII 82 .... 356, 374
XII 83 519
XII 84–89 .... 56–57, 535–536
XII 88 .... 31, 536
XII 90–107 ...... 539–543, 560, 579, 583
XII 90–94 537–538
XII 95–96 .... 502, 538–540, 555, 569
XII 98 208
XII 99–101 ...... 310, 541, 584

XII 102–107 .... 538, 555
XII 102–103 464
XII 106 469
XII 108–113 .... 56–57, 373, 499, 502, 544–546, 549, 555, 560–564
XII 108–198 .... 500, 564
XII 109–113 563
XII 109 .... 547, 558
XII 110 .... 544, 564
XII 111 .... 547, 576
XII 114–198 ... 499, 543, 564
XII 114–118 .... 523, 546–549, 584, 612
XII 114 208
XII 115–116 .... 365, 547
XII 117–118 .... 560, 574
XII 119–148 .... 549, 558
XII 119–123 549
XII 119 194
XII 123–129 103
XII 123 71–72
XII 124–126 ... 122–124, 182, 422, 549
XII 126–130 ...... 28, 275, 432, 463, 533, 550, 583, 605
XII 129 551
XII 130–148 105
XII 130–134 551
XII 130 104
XII 131–132 .... 276, 398
XII 132–133 ... 539, 551, 560, 573
XII 134–137 ..... 56, 233, 236, 580
XII 134 89
XII 137–148 552
XII 139 550
XII 139–140 622
XII 143 .... 46, 585
XII 144 .... 482, 622
XII 149–150 221–222
XII 151–198 552
XII 151–155 ...... 24, 105, 128, 353, 550
XII 151 198
XII 152–155 ...... 56, 184, 409, 551–554, 563, 568, 603, 612

XII 156–198 555
XII 156–158 555
XII 159–160 ....573, 622
XII 161 ....57, 198
XII 163–178 ....28, 350–351, 519, 556, 561
XII 177–188 ....356, 556–561, 568, 602–603, 609
XII 178–179 ...366, 545, 557
XII 181 558
XII 182–187 ....544, 560–563
XII 182 563
XII 183 560–561
XII 185–187 ....297, 362–363, 548
XII 186 356
XII 187 493
XII 190 519
XII 191–198 ....103, 561
XII 193 208
XII 197–198 ......54, 448
XII 199–272 564
XII 199–265 ...4, 57, 59, 498, 502, 597
XII 199–232 ...356, 407, 562, 585, 603
XII 200–219 373
XII 200–214 ...563–566, 576
XII 200 562
XII 201–203 ....564, 575
XII 208–214 ....311, 603
XII 208–210 ...187, 317, 447–448, 476, 575, 577, 585, 597, 603, 607, 611
XII 211–214 607
XII 215–228 ...362, 365, 566–569
XII 215–217 ....564, 575–576
XII 218–229 ....565, 583
XII 221 568
XII 222 622
XII 225 568
XII 229–232 ...569–571, 583

XII 233–265.......... 5, 57, 523, 561, 571, 576, 579, 597
XII 233.................... 505
XII 234–236.......... 5721
XII 236–241............ 571
XII 239–264.............. 84
XII 239–240....... 28, 84, 349, 572–574
XII 241–244............ 373, 573–575, 577, 597
XII 245–253..... 57, 311, 508, 574, 577
XII 253–259... 342, 372, 469, 575, 577
XII 262–263............. 513
XII 264–272............... 57
XII 264–265... 504–506, 570, 588–590, 618
XII 266–270........... 497, 500–501, 581
XII 266–272....... 32–33, 172, 316, 349, 499, 501, 581, 597
XII 271–272.............. 58, 64–65, 241, 508, 580–581, 587
XIII 1–8 .... 42–43, 47, 53, 168, 512, 514
XIII 1–3 128
XIII 1 .. 41, 46, 145, 611
XIII 2–5 .... 42–45, 144
XIII 5–6 42
XIII 7–8 ... 42, 112, 115, 606
XIII 9–13 ..... 44–45, 47, 86, 128, 157, 566
XIII 10–12 ... 45, 52, 69, 91, 365, 618
XIII 12 .... 51, 68, 91
XIII 13–18 .... 69, 319
XIII 13 .... 46, 113
XIII 14–18 ... 47–49, 52, 55, 68, 87, 91, 117, 157, 264, 266, 351, 606
XIII 19–21 ... 45, 48, 50, 69, 144, 186, 239, 316, 514, 606
XIII 22 .... 39, 54, 117, 417
XIV 1–6 255–257

XIV 1........251, 255, 269
XIV 3........................265
XIV 5................255–257
XIV 6................256, 269
XIV 7................257, 264
XIV 8–10.........256, 258, 622
XIV 9........................253
XIV 11–16........258–261
XIV 11–13.......211, 259, 263, 467
XIV 13–14........255, 261
XIV 17–20................227, 253–254, 258, 262–263, 266, 271, 467
XIV 21–25.......262–265, 417, 467, 482, 622
XIV 27......................262
XIV 33–38.......252–254, 262–263, 266, 271
XIV 39–40...............263, 266–267, 347–348, 403, 468
XIV 41......................228
XIV 42–45........262, 268
XIV 44.....263, 271, 467
XIV 46–62...............256
XIV 46–49...............361
XIV 46......................622
XIV 49...............262, 622
XIV 51–52........260, 269
XIV 52–56.......256–258, 269
XIV 57–62.......212, 249, 269
XIV 61...............342, 469
XIV 62......................268
XIV 63........38, 58, 239, 263, 467
XV 1–13...................437
XV 2–4.......87, 438, 511
XV 7–8............170, 438
XV 9..........31, 316, 440
XV 10........................438
XV 12..................56, 58
XV 13........................438
XV 14–28.................438
XV 15–16.........87, 264, 447
XV 17......232, 415, 505
XV 18–19.................438

D.3.1 Index locorum

XV 20–27 61
XV 24 .... 288, 438
XV 26–28 .... 264, 439
XV 30 61
XV 36 49
XV 39 .... 62, 488
XV 40 342
XV 42 264
XV 43 438
XV 46–50 .... 61, 440
XV 51–83 442
XV 51–74 28
XV 52 438
XV 54 439
XV 55–56 28
XV 57–61 .... 59, 163, 213, 240–242, 441
XV 62–66 .... 241, 389, 413, 417, 441
XV 67–74 441
XV 67–68 76
XV 75–80 441
XV 77 157
XV 79 482
XV 79–83 441
XV 80 198
XV 101–139 ..... 31, 255, 320, 441, 484
XV 107–128 533
XV 107–110 ... 254–255, 262, 342, 387, 442–445, 595
XV 111 .... 291, 375, 387
XV 113 375
XV 115–122 ..... 46, 276, 320, 351, 356, 359, 479, 521, 586, 608
XV 119–120 .... 376, 387
XV 121–127 280
XV 121–122 320
XV 124–125 ... 342, 387, 469
XV 129–139 31
XV 129 388
XV 132–138 4
XV 138 484
XV 141–149 4
XV 147–148 438
XV 149 32
XV 155–156 85
XV 158 622
XV 159–160 409

XV 161 .... 233, 622
XV 164 62
XV 167–168 .... 438, 622
XV 169–170 .... 288, 439
XV 171–285 445
XV 173 467
XV 180–192 68
XV 180 622
XV 181–185 7
XV 181 .... 415, 448, 606
XV 183–184 68
XV 185 .... 62, 448
XV 189 439
XV 190–192 ...... 70, 315
XV 193–195 .. 27, 31, 38
XV 203 416
XV 209 448
XV 215 448
XV 223 469
XV 227–228 36
XV 228–229 61
XV 233 342
XV 243–253 416
XV 243 88
XV 248 448
XV 250 606
XV 252 28
XV 256 7
XV 261–269 54
XV 262 622
XV 266–267 448
XV 268 .... 40, 85
XV 269 508
XV 270–271 8
XV 275–285 ..... 51, 445, 574
XV 275–276 .... 87, 622
XV 285–319 448
XV 281–285 ... 262, 409, 467, 574, 597, 622
XV 290 606
XV 291 445
XV 292–296 .... 311, 446
XV 296–298 ... 177, 187, 311, 446–448, 491, 519, 554, 565–566, 603, 607, 611
XV 304 ...... 62, 488, 606
XV 308 62
XV 312–319 549
XV 318–319 .... 216, 448–449

XV 323 38
XVI 3 622
XVI 10–11 . 46–47, 142, 276, 479, 521, 541
XVI 26–27 ...... 198, 211
XVI 34 622
XVIII 4 467
XVIII 21–22 467
XVIII 28 622
XVIII 35 482
XVIII 60 622
XVIII 68 482
XIX 6 351
XIX 10 622
XXI 12 .... 194, 394
XXI 17 72

[Isok.]
ep. II 5–11 486
ep. II 8 478
ep. II 9 .... 356, 373
ep. III 496
ep. III 4–6 316
ep. VIII 7 32
ep. VIII 8 165
ep. IX 279, 369
ep. IX 3 460
ep. IX 4 302
ep. IX 5 316
ep. IX 9 351
ep. IX 11–14 .... 478, 485
ep. IX 15 62

Iust.
VI 6,1 158
VI 6,6 301
VIII 2,1–12 452
XI 4,5 460

Joh. Rhet.
proleg. in Hermog. VI 477,26–478,2 165

Kall.
Ait. II F 44 108

Ktes. FGrH 688
F 9 480
F 30 478

Liv.
XXXIV 28 101

[Longin.] περὶ ὕψους
4,2 171

38 ....59, 170
Lys.
  II 1 ....173, 235
  II 2 194
  II 7–16 188
  II 17 ....124, 182
  II 20–43 215
  II 21–26 204
  II 30–32 207
  II 44–46 208
  II 46 212
  II 55–57 220
  XII 3 264
  XXIII 5–8 260
  XXXIII 1–2 243
  XXXIII 2 185
  XXXIII 3 166

Men. Rhet.
  346,9–25 84
  386,18–21 102
  391,3–5 159
  420,9–24 183

Nikol. Dam. FGrH 90
  F 31.......................331

Nonn.
  III 284–291 135
  III 361–362 135

Ov.
  Ars. amat. I 647–652
 108
  Met. I 747–750 135
  Met. XII 536–576 326
  Pont. III 6,41............108
  Trist. III 11 108
  Trist. III 39 108

Papyri
  PHerc. 832 col. 43 34
  PHerc. 1015 col. 55 ...34
  POxy. 2506..............134
  POxy. 3651 108

Paus.
  I 27,5 222
  I 29,9 220
  I 32,4 461
  II 22,3 134
  II 38,5 345
  III 11,7....................345
  III 18,15 101

III 19,9 101
IV 12,6....................330
IV 3,7–8 330–331
IV 5 330
VI 3,16....................291
VIII 45,2 345
VIII 8,6 345
IX 1,8...... 253, 255–256
IX 13,2................... 305
X 2,5 452

Pherekyd. FGrH 3
  F 17 .... 108, 120, 135

Philoch. FGrH 328
  F 151 254
  F 157......................466

Philostr.
  Heroic. III 1 326
  vit. Soph. 1,9 p. 493–
    494.................... 162
  vit. Soph. 1,17 p. 503–
    506......................30
  vit. Soph. 1,17 p. 504
    .... 159, 165

Phot.
  Bibl. 36a–37a...........480
  Bibl. 44b 478
  Bibl. 101b–102a.......162
  Bibl. 306,2 109
  Bibl. 486b 161
  Bibl. 487a........ 165, 172

Pind.
  F 243 133
  Isth. VI 24–56 492
  Nem. III 40–43......... 537
  Nem. IV 33–43 537
  Ol. I 25–96............. 329
  Ol. II 3–5................. 243
  Ol. II 82–89........ 48, 537
  Ol. III 11–15 243
  Ol. VI 63–71 243
  Ol. IX 29–41 326
  Ol. IX 100–113 .... 48, 537
  Pyth. IV 13–16 135

Plat.
  Apol. 17a–18a..........264
  Charmid. 154d–e....... 91
  Charmid. 173d–e....... 91

ep. VII 324c–326b.........
  35, 405, 511
ep. VII 330c–331a ...128
ep. VII 332b–c..........220
Euthyd. 283e–284c...84, 150
Euthyd. 285d–288a........
  150
Euthyd. 286c2.............85
Euthyd. 291d–292d ....
  128
Euthyphr. 12e–13a 91
Gorg. 456c–457a 243
Gorg. 462d..................91
Gorg. 464a–c 128
Gorg. 464b................415
Gorg. 477e–479c 128
Gorg. 504d–505b.....128
Gorg. 508a........394, 409
Gorg. 517c–518c 128
Gorg. 521d–522e.....128
Hipp. I 285c...... 563, 565
Hipp. I 286c–d...........91
Ion 530d–e.................91
Kratyl. 428d–433b...150
Krit. 113e.................122
Men. 234c–235d......173, 245, 248–250, 562
Men. 237a–c 182
Men. 237e–238a.......124
Men. 239b..................188
Men. 240c–241d.......186
Men. 244d–246a.......231
Men. 245c........231, 283
Men. 246a.................231
Men. 246b.................514
Men. 246d–248d.......269
Men. 246d–248d.........
  249–250, 398, 419
Nom. 629a4–b3 474
Nom. 639d................415
Nom. 666e........358, 607
Nom. 683c–685a 128, 558
Nom. 692d–e.............204
Nom. 698d–e.............204
Nom. 715a–c 395
Nom. 756e–758a 394
Nom. 808d–e............607
Nom. 845b................565
Nom. 857b–858d.....128
Phaidr. 278e–279b.....34

D.3.1 Index locorum

Pol. 296a–d 128
Pol. 332a–b 624
Pol. 374b–d 357
Pol. 376c–383c 144
Pol. 377b–378e 142
Pol. 391c–e 133
Pol. 410c–412c 448
Pol. 414d–415c 125
Pol. 416e 126
Pol. 419a–420a ....
 125–126
Pol. 425b–427a 396
Pol. 433a–434c 125
Pol. 441a 125
Pol. 458c–d 126
Pol. 470b–471c 175
Pol. 475e 64
Pol. 544c 125
Pol. 547b–c 557
Pol. 547e–548d 565
Pol. 560c–561a 394
Pol. 586c 100
Pol. 599b–e 128
Pol. 601e–602b 617
Prot. 313d–e 128
Prot. 319a 54
Prot. 328e 91
Prot. 329b 91
Prot. 337b 151
Prot. 342b–c 226
Soph. 235a 93
Symp. 177a–c 89
Symp. 177b 112
Symp. 199b 91
Symp. 201b–c 91
Theait. 145d 91
Theait. 148c 91
Theait. 166e–167d ... 128
Theait. 187e–190e ... 150
Tim. 20d–e 399
Tim. 21b–c 399
Tim. 21e–26d 146
Tim. 24c–d 122, 124, 399

Plut.
 Ages. 23,1 .... 158, 227
 Ages. 24–25 302
 Ages. 24,1 304
 Ages. 27,5–28,3 305
 Ages. 31,1 289
 Ages. 33,3–5 ... 290, 301
 Ages. 34 302
 Ages. 36–40 305
 Ages. 37–39 479
 Alk. 17–18 472
 Alk. 36,4–37,3 477
 an sen. sit ger. resp.
  795c 520
 apopht. Lac. 218–219 ...
  290
 apopht. Lac. 226e 175
 Art. 21–22 .... 158, 227
 de gen. Socr. 576a–577d
  304
 de glor. Ath. 350e ... 172
 de Herod. mal. 869d–f
  520
 Kim. 4,4 565
 Lyk. 13,1–4 197
 Pelop. 24,2 289
 Pelop. 25,7 253
 Pelop. 30 291
 Pelop. 4,5 263
 Pelop. 5 .... 158, 176
 Per. 22 222
 Phok. 12–13 452
 sept. sap. conv. 154c–d
  520
 sept. sap. conv.
  155e–156e 520
 Sol. 14 610
 Sol. 20,1 195
 Them. 2 520
 Thes. 6 .... 111, 133
 Thes. 7,1 103
 Thes. 11,1–2 111
 Thes. 25 .... 134, 243
 Thes. 31–33 101

[Plut.] parall. min.
 315b 136

[Plut.] vit. X orat.
 836b 115
 836e–839d 30, 453
 836f–837a 383
 837–838 .... 165, 172
 837a–b 38
 837c 31
 838–839 169
 838d 497

Pol.
 XII 26b,4–5 84

Polyain.
 III 10,9–10 291

Porph.
 Vit. Pyth. 35 123
 Vit. Pyth. 7–15 129

Quint.
 inst. II 17 .... 110, 112, 115
 inst. III 1,11 114
 inst. V 13,24 19
 inst. X 4,4 172

Rhet. ad Her.
 II 29 .... 19, 595
 II 46 .... 19, 595
 IV 2 16

Schol. Ael. Arist.
 p. 133,16 115
 p. 174,4 263
 p. 174,16 131
 p. 175,9 113
 p. 188,12 123
 p. 231 113

Schol. Hom.
 Γ 242 101
 Λ 690a 326

Schol. in Hermog.
 Id. 25 18

Schol. in Isok.
 IX 55 279
 X 1 83
 X 15 90
 XI 35 .... 140, 154
 XI 9 118
 XIII 22 50

Schol. Pind. Nem.
 10,114a 134

Serv. in Verg.
 Georg. III 5 110

Sol.
 F 34,9 175

Soph.
 Aias 201–204 182
 Aias 1283–1287 330

Speus. ep. Socr.
 XXX 62, 70, 454

XXX 6–7 ...31, 325–326
XXX 9–10 ....31, 59–60, 475–476, 481
XXX 13 ....31, 161

Steph. Byz.
E, p. 239,16–20........123

Stob.
Flor. VII 56..............115

Strab.
IV 1,7....................344
VI 1,1....................344
XVII 1,19 108

Suid.
s.v. Ἀντιφῶν 109
s.v. Πολυκράτης 115

Themist. CAG XXIII 3
296,b–c 115

Theon
Prog. 155 165

Thuk.
I 18 558
I 66–71.....................307
I 67–88.....................306
I 68 313–314
I 69,4 367
I 70,2–71,7......307, 309, 366
I 72,1 313
I 73,2–3....188, 313, 340
I 74,2–4..............209, 211
I 75,2–3..................211
I 76,2–3..................216
I 77,6 309
I 79 306–308
I 80–85....201, 314, 323, 531
I 80 ....306, 308, 312–313
I 81 313
I 84 ....306, 314–315, 320, 355, 436
I 85,1 313
I 86 ....201, 213, 307
I 87 307
I 103,1–3..................336
I 107–108.................220
I 124,3.....................199
I 127 366

I 140–144................366
I 141,6............. 183, 325
I 143,5.....................122
II 2,4......................346
II 11,8....................367
II 13,1 306
II 18,3–5 306
II 20,1–4................306
II 36,1–2................182
II 37,2–3.......... 195, 197
II 38,1....................185
II 39,1....................188
II 40,1–4......... 106, 239, 621
II 41,1....................186
II 60–64.................367
II 61................. 366–367
II 63............... 199, 239
II 65,9....................550
II 71–78........... 260, 359
III 37 199
III 53–59 .... 62, 309
III 69–85................368
III 82,1 175
IV 3–4.....................336
IV 8–14...................336
IV 17,2–18,3 .. 310, 316, 346
IV 19,1 346
IV 80,3–4 .... 336, 558
IV 84,2 311
IV 120–123 214–215
IV 129–133 214
V 32 223
V 84–116 214
VI 15,1–19,1 ... 472, 475
VI 60 474
VI 76,4....................199
VII 70–75................215
VII 77,4–7........ 355, 359
VIII 75–76 356
VIII 83,3 344

Val. Max.
V 4 115

Verg.
Georg. III 5 ..... 108, 110

Xen.
Ag. 1–2 .... 291, 377
Ag. 1,2 120
Ag. 2,25–26 291

Ag. 2,28–31 305
Ag. 2,7.....................374
Ag. 5,7.....................374
Ag. 7,2–7 374
Ag. 11,14–16...........374
Ag. 11,7...................374
Anab. I 2,1...............373
Anab. II 5,22 373
Anab. IV 6,10–19....565
Hell. II 1,17–29 477
Hell. II 2,3 526
Hell. II 3,2,11 197
Hell. III 1,13 374
Hell. III 4,1–29........486
Hell. III 4,5..............228
Hell. III 4,7..............523
Hell. III 5,5–15 201
Hell. IV 1,1–2,1.......486
Hell. IV 3,11–12......158
Hell. IV 3,15............374
Hell. IV 8,33............373
Hell. IV 8,7..............373
Hell. IV 22–26.........357
Hell. V 1,31–36 158
Hell. V 2,8–36 ....158, 176
Hell. V 2,21–22 305
Hell. V 2,25–36 176
Hell. V 4,1...............159
Hell. V 4,15.............373
Hell. V 4,20–33 ....158, 301–303
Hell. V 4,36–37 373
Hell. V 4,60–66 ....255, 262, 443
Hell. VI 2,1–14.........254
Hell. VI 2,1–2..........254, 257
Hell. VI 3..........253, 255
Hell. VI 3,18–20......305
Hell. VI 4,17–18......301
Hell. VI 4,21–23......373
Hell. VI 4,22–26.....301, 357
Hell. VI 4,7..............460
Hell. VI 5,1–3..........290, 377
Hell. VI 5,11............373
Hell. VI 5,22–23......289
Hell. VI 5,33–50............ 289–290
Hell. VII 1,1–2,14 ...290

Hell. VII 1,27–32 ...290, 301, 373	Hell. VII 4,2–10............ 290–291	Lak. Pol. 1,1–2 563
Hell. VII 1,27–40 291	Hell. VII 4,12–14.... 302	Lak. Pol. 2,6–7 565
Hell. VII 1,28–29 301	Hell. VII 4,20–25.... 301	Lak. Pol. 14 428
Hell. VII 1,41 373	Hell. VII 5,10 373	Mem. I 1–2............... 115
Hell. VII 1,45–46 373	Hell. VII 5,9–13 468	Mem. I 2,56–58....... 142
Hell. VII 2,20 373	Hell. VII 5,18–25.... 291	[Xen.] Ath. Pol.
Hell. VII 3,4 373	Hipparch. 9,3–4 .... 356–357, 373	2,7–11 185

D.3.2 Index nominum et rerum

Achilleus 532, 608

Adrastos 188–190, 262, 266, 269, 556

Agamemnon 493, 500, 530–537, 543, 549–551, 564, 583

Agamemnon-Exkurs 501, 530–537, 549, 583, 597

agathós 249, 518

Agesilaos II. (v. Sparta) 161, 228–229, 279, 288, 291, 301–305, 334, 373–374, 478, 486–489, 493–494, 532, 596

Agis II. (von Sparta) 288

agốn 100, 106, 161, 165, 167, 191, 202, 206, 233, 243–244, 551, 591

Ägypten / Ägypter / ägyptisch 69, 98, 108–109, 116, 121–129, 132–139, 143–146, 154, 305, 400, 592, 597

Aigeus 133

Aigyptos 136

Aipytos 330–331

Aischines 115, 311, 453, 461

Aischylos 185

Akzidenz / akzidentiell 365, 367, 424, 517, 560, 604

alḗtheia 42, 44, 73, 86, 108, 131, 171, 200, 203, 205, 223, 265, 322, 438, 519, 532, 595

Alexandros (v. Pherai) 317

Alexandros III. (v. Makedonien) 454, 497

Alexiou, Evangelos 4, 9, 13, 18, 27–28, 32–35, 38, 57–59, 79, 83, 85, 87, 90, 92, 95–99, 102–104, 118, 142, 151, 165, 167, 172–173, 185–186, 198–199, 210, 240, 243, 248, 262, 273, 279, 282, 285, 288, 304, 309, 374, 390, 397, 401, 405, 431, 435, 438, 445–446, 458, 472, 477–482, 485, 488–493, 502–504, 508, 512, 518, 532, 548, 561, 568, 624

Alkibiades (d.Ä.) 46, 115–116, 142, 211, 322, 472–482, 489, 495, 518, 541, 597, 612

Alkibiades (d.J.) 46, 162, 211

Alkidamas 57, 80, 86, 171–172, 297, 372

allótrion 51, 128, 195, 199, 203, 217–219, 222, 262, 351, 356, 371, 414, 427, 474, 519, 548, 561, 565, 575, 621–622

Allroggen, Dieter 15, 24, 31, 35, 43, 50, 99, 116, 127, 157, 160, 178, 215, 220, 223, 252, 260, 278, 296, 344, 345, 348, 381–383, 433, 437, 454, 474, 480, 527, 529

Amazonen 338, 561

amphibolía 285, 349, 441, 498, 504–505, 562, 579, 583

Amphipolis 290, 343, 387, 452, 457–458, 460

Anaximenes (v. Lampsakos) 11, 16, 71–72,

90, 290, 346, 482–483, 518

Anchinoe 136

andreía 122, 491, 566

Androtion 5, 36, 304, 501

Anklage(rede) {s. Kategoria}

Anti(i)alkidas {s. Königsfrieden}

antidemokratisch / undemokratisch 33, 142, 195, 200–201, 264, 274, 372, 395, 407, 430, 553, 576, 614

Antilogie(n) 84, 150, 298–299, 504

Antiphanes (v. Athen) 109

Antisthenes 43–46, 50, 53, 81, 85–86, 150–151, 169, 239

apeiría 308

apélla 292, 301, 307

Aphrodite 98

aplêstía 278–279

Apollodoros 33, 108, 135–136, 326–331

Apollon 327

Apologie (Verteidigungsrede) 72, 91–92, 115–120, 130, 138–141, 149, 152, 212–217, 221–225, 235, 250, 438, 513, 523, 525, 527, 543, 597

apragmosýnê 13, 36, 306, 367, 382, 429, 439, 486

arché 67, 101–103, 159, 161, 177–180, 197–201, 211–218, 223–224, 227–229, 232–242, 247, 252–253, 258–268, 271, 280–286, 293, 297, 310,
317, 344, 347, 352, 368–369, 375–376, 381–383, 393, 397, 399, 403–404, 413, 417–436, 449, 463–464, 469–479, 484, 489, 494–495, 501, 514–515, 519–530, 535, 540–542, 547–548, 577, 582–586, 591–601, 610–613

Archidamos II. (v.Sparta) 201, 305–308, 312–316, 321, 323, 346, 349, 352, 355, 367, 370, 375, 436, 595

Archidamos III. (v.Sparta) 62, 287–289, 292–326, 330–375, 391, 493, 540, 544, 556, 575, 594–595, 600–601, 604, 608

Areopag 185, 318, 389, 395–396, 407–408, 553, 611

areté 12, 27, 42, 50–55, 58, 85, 98, 100, 104, 107, 122, 128, 141, 191, 194–197, 206–207, 210, 212, 218, 227, 233–234, 244, 357–358, 381, 395–396, 418, 426, 475, 497–498, 509, 517–518, 531, 533–536, 539, 549, 552, 558–561, 565–568, 575, 582, 592, 597, 606, 608, 624

Argos 123, 158, 189, 324–325, 463, 465, 468, 470, 519, 531–532, 537, 557, 575, 596

Ariobarzanes 291, 301, 334, 495

Aristokratie / aristokratisch / *aristokratía* 3, 11, 20, 35–36, 62, 64, 97–100, 106, 113–114, 122–124, 142, 147, 158, 175–176, 186, 194, 197, 201, 206–207, 218, 220, 225,
227, 264, 270, 274–276, 283, 295, 297, 307, 309, 314, 339, 356–359, 365–373, 378, 386, 395–397, 409–410, 414, 430, 446–449, 487, 495, 510, 544, 553–554, 557, 560, 563, 565, 591, 595, 610

Aristophanes 386, 402

áristos / *áristoi* 200, 206–207, 309, 365, 369, 552, 609

Aristoteles 11, 16–18, 34, 39–40, 44, 46, 48, 61, 63–64, 68–69, 83, 95, 150–151, 162–163, 169, 243, 253, 270, 316, 328, 347, 441, 511, 513, 518, 523, 551, 560, 607

Artabazos 389, 445

Artaxerxes II. 228–229, 283, 290–291

Artaxerxes III. (Ochos) 464, 466

áskêsis / *askeîn* 47, 49, 54, 66, 448, 519, 596, 598, 608, 617

Aspasia 248

Athenaios (v. Naukratis) 108–109

Autochthonie / autochthon 121–124, 182–183, 187, 190, 325, 418–419, 423, 623

Autonomie / *autonomía* 27, 29, 106, 217, 219, 221, 227, 252–254, 257, 261–265, 267–271, 283–286, 290, 333, 341, 378, 416–422, 425, 540, 594

aúxêsis 71–72

D.3.2 Index nominum et rerum

Azoulay, Vincent 13, 27, 36–39, 62–63, 85, 198, 288, 294–297, 305–308, 311–312, 316, 350, 357–360, 371–373, 439, 511, 513

Barbar(en) 162–163, 166, 175, 184, 186–187, 190 207, 219, 227–231, 240, 341, 403, 446, 484, 486, 488, 490, 494, 518–519, 535, 556, 565, 569

Barwick, Karl 68, 70, 172, 299

basileía 24, 275, 324, 432–434, 481–485, 494, 550, 552, 594–596, 601, 604–605, 623

basileús / *basileĩs* 305, 307, 349, 419, 433, 461, 484–486, 530, 533, 550, 604–605, 624

Baynes, Norman Hepburn 7, 59, 160, 169–171, 178, 184, 187, 215–218, 223, 240, 287–288, 294, 298, 382, 384, 395, 398, 409, 455, 497, 500, 503

Bearzot, Cinzia 25, 191, 200, 280, 359, 404, 414, 423, 428, 548

Beloch, Karl Julius 454

Belos 135–136

béltistoi 545–547, 560, 566–567

Bernal, Martin 80, 121, 125, 129, 131, 139

Blaß, Friedrich 3, 7, 9–10, 22–223 25, 31–36, 40, 43, 57, 59, 63, 68–69, 77, 80, 83, 85, 90, 96, 111, 113, 115, 135, 157, 161, 165, 171, 227, 251, 253, 273, 283, 289, 294, 296, 342, 372, 374, 381–382, 440, 453–454, 496, 499, 502, 532, 536, 547–548, 550, 581, 599, 602

Bloedow, Edmund 307–308, 312–313

Bloom, Allan D. 7–8, 10, 12, 20, 27, 32, 34, 36, 56, 110, 116, 118, 160, 171, 175, 193, 238, 262, 276, 296, 337, 360, 407, 414, 432, 454, 456, 503, 508, 514, 522, 530, 532, 543, 547, 551, 558

Böhme, Philipp 13, 23 38–40, 43–44, 57–58, 414

Bons, Jeroen 13, 40, 48, 54, 58, 65, 68, 71, 73, 77, 81–82, 85–89, 92–94, 97–102, 105, 107, 113, 129, 131–133, 137, 142, 151, 154, 172, 178, 315, 317, 384, 397, 399–401, 458, 504, 579, 583

Böotien / böotisch 158, 205, 252–254, 270, 272, 342, 444, 467

Bouchet, Christian 178, 410

Bourdieu, Pierre 37, 56

Bourriot, Felix 98, 197

Brasidas 343–344

Bremmer, Jan 330–331

Bringmann, Klaus 9, 36, 38–39, 61–62, 114, 157, 160, 165, 175, 184, 194–200, 215–218, 222, 227, 230, 252–255, 264, 269–271, 282, 288, 291, 294, 296, 378–384, 388–389, 393–398, 401, 417, 420, 422, 430, 433, 453–455, 459, 472, 486, 548, 551

Buchheit, Vinzenz 34, 52, 71–72, 79–82, 89–92, 94, 96, 103, 113, 116, 118, 120, 134, 139, 145, 149, 154, 169, 175, 273, 288, 441, 491

Buchner, Edmund 9, 159–165, 173, 176–189, 193–202, 206, 211–212, 216–218, 222–233, 238, 243, 245, 247, 274, 379, 382–385, 394–397, 405, 409, 424, 433, 456, 458, 485–486, 603

Bundesgenossenkrieg 376, 380–385, 388–389, 422, 435, 440, 452, 479

Burckhardt, Jakob 40, 107, 110, 113, 381, 383, 389, 395

Burk, August 7, 9, 15, 32–35, 38–39, 42, 46, 48–52, 54, 81, 128, 154, 160, 178, 253, 263, 288, 296, 372, 380–381, 389, 393, 396–397, 440, 501, 503, 600

Burkert, Walter 34, 43, 84, 98

Busiris 108–111, 115–124, 129–145, 149, 153, 205, 328–329

Busolt, Georg 382

Byzantion 388

Chabrias 253–254, 388, 465, 541

Chalkidike 158, 452

Chalkidischer Bund 158

Chares 386–388, 413, 445, 541

Chersones (thrakische) 291, 452

Chios 38, 158, 343–344, 387–388

Cicero 20, 30

Classen, Carl Joachim 12–13, 28, 40, 46, 72, 81, 85, 90, 97–99, 104, 110, 121, 127, 137, 154, 163, 194, 196, 214, 230, 278, 306, 311, 314, 318, 365, 394, 436, 438, 467, 531

Cloché, Paul 9, 22–23, 80, 127, 146, 162, 172, 252–255, 262–263, 266, 271, 277, 292–293, 296, 298, 353, 372, 380, 407–408, 417, 429, 463, 471, 499, 544, 599–604

Corbosiero, Manuela 9, 179, 187, 451–455, 459, 462, 464, 472, 474, 479, 482, 485–488

Davidson, James 251, 380–386, 393, 413–414, 419, 422–425, 428, 433–435

de Romilly, Jacqueline 9, 46, 65, 196, 211, 275, 458, 572

Debnar, Paula 61–62, 307–316, 336, 339, 346–347, 367–370

deinótês / *deiná* 101, 447, 591

Deklamation (rhetorische) 7, 35, 38, 298

Delisch–Attischer Seebund 147, 159, 163, 179, 184, 188, 198–201, 211–212, 215–218, 220, 223, 225, 228, 232–235, 253, 258, 261, 266–267, 269, 282, 284, 306, 377, 387, 417–418, 441, 449, 463, 469, 479, 490, 495, 499, 521, 523, 526, 548

Delphi 325, 327, 330, 336, 452, 570

Demandt, Alexander 15, 17–21, 424, 533

Demokratie / Demokraten / demokratisch / *dêmokratía* 3, 23, 29, 37, 49, 59, 81, 104–105, 148, 163, 176, 184–185, 194–196, 200–201, 218–221, 225, 237, 265–268, 274–276, 306, 310, 318, 322, 344, 356, 366–378, 382, 386, 391, 394–399, 405–415, 421, 424–427, 430, 433–434, 449, 462, 470, 475–476, 495, 517, 523–524, 528–529, 540, 544, 547–554, 557–560, 576, 582, 584, 591–593, 596, 603, 605, 608–610, 612–614, 624

Demont, Paul 32, 51, 178, 379–382, 386, 389, 393, 395, 435, 439

dêmos 13, 31, 36–37, 62, 104, 255, 258, 264, 275, 322, 363–367, 390, 392, 395–396, 405, 413–415, 418–419, 423–424, 430, 445, 449, 483, 550–551, 557–558, 595, 605, 609, 613, 616

Demosthenes (Politiker / Rhetor) 30, 356, 374, 376, 390, 395, 411, 438, 453, 461, 477, 482

Demosthenes (Stratege) 335

despótês 199, 341–342, 469, 480, 485–486

dikaiosýnê / *dikaíos* 43, 53, 313, 382, 415, 418, 493, 518, 531, 552, 565

Diodoros (v. Syrakus) 5, 254, 304, 326–328

Diogenes (Laertios) 44

dioíkêsis / *dikoikeîn* 267, 551

Dionysios (v. Halikarnassos) 6

Dionysios I. (v. Syrakus) 290, 301, 472, 476, 480, 481

Dionysodoros 44, 86, 93

Dipaia 344–345, 348

Dobesch, Gerhard 8–10, 28, 35, 160, 178, 296, 451–461, 464, 480–482, 485–490, 493, 502

Doppelkönigtum 105, 277, 324, 604

dóxa / *dóxai* 18, 42, 49, 53–55, 65, 73, 84, 86, 94, 96, 99, 106–107, 129, 137, 141, 147, 149, 151–154, 166–168, 174, 196, 205–206, 213, 244, 266, 268, 280–281, 309, 322, 337, 340, 348–349, 371, 374, 380, 392, 401–402, 406–410, 414, 416, 418, 421, 424, 428, 438, 479, 499, 511, 551, 553, 560, 572, 580, 617

Dreher, Martin 159, 254–255, 387–388, 393, 398

Dreißig / dreißig Tyrannen 11, 29, 197, 218, 397–398, 412, 473, 517

Drerup, Engelbert 8, 135, 157, 160, 167, 178, 198, 200, 207, 211, 218, 227

Dritter Heiliger Krieg 452–453, 471

Droysen, Johann Gustav 9

Ducat, Jean 303, 314, 332, 373, 558, 563, 565–566, 584, 607

D.3.2 Index nominum et rerum

Due, Otto Steen 200, 291, 382, 384–385, 399, 405, 436, 445

Dümmler, Ferdinand 34, 90, 113, 167, 383, 395, 396, 398, 441, 514

Eder, Walter 37, 273–275, 406, 613–615

Ehrenberg, Victor 51, 239, 368

eikós 18, 73, 131, 203, 205, 222–223, 256, 322, 347

ekklēsía 8, 35–36, 311, 346, 379–380, 390–391, 410, 415, 418, 444, 453, 475

eleuthería 252–253, 257, 270, 394, 489, 594

Embata 381, 388–389, 399

Emmerich, Wolfgang 328–329

empeiría 45, 60, 180, 313, 317–319, 608

Engels, Johannes 30, 379–383, 389, 393, 395, 396, 440

Enkomion (Lobrede) 71–73, 88–91, 95–99, 106–108, 110–120, 124, 130–131, 134–135, 138–143, 148–152, 162, 180, 182, 187, 201, 213–214, 241, 246, 273, 280, 287, 438, 510, 597

Enthymem 17, 401–402, 406

Epainos (Lobrede / Lobpreis) 217

Ephialtes 220, 547

Ephippos (v. Athen) 109

Ephoros 5, 33, 254, 330–331

Epicharmos (von Megara Hyblaia) 108–109

Epidauros 288, 291

Epideixis / *epídeixis* 14, 63–65, 80, 85–86, 94, 96, 107, 110, 113, 117–119, 138, 145, 161, 163, 167, 171, 174–177, 179–181, 193, 207, 233–234, 237–244, 288, 298, 322, 385, 417, 438, 505, 507, 509, 513, 515, 570–572, 580–581, 583, 612

epiméleia 53, 319, 522, 578–579, 606

epistḗmē 12, 39, 41–42, 45–54, 69, 86–87, 130, 147, 170, 324, 414, 514, 560, 608

epitēdeúmata 427, 564–569

Erbse, Hartmut 33–34, 326, 344, 441

Eristik / *hoi perí tás éridas diatríbontes* 43–44, 84–86, 316

Erler, Michael 458, 498, 502, 504–505, 513, 548, 618

Esoterik / esoterische Lehre 12, 129, 580–581, 586, 617–618

Euagoras I. (v. Salamis) 118, 137, 228, 273, 278–286, 416, 477–478, 594, 623–624

Euboia / euböisch 222–223, 327, 452

Eubulos 381, 383, 389, 395

Eucken, Christoph 7, 12, 33–34, 37–40, 43–44, 47–49, 52–54, 80–81, 84–86, 90–107, 113, 118, 125, 129, 131, 139, 157, 166, 169–175, 182, 185, 187, 200, 202, 218, 232, 239, 243, 245, 248, 273, 276, 310–311, 318, 399, 433, 441, 453, 458, 498, 501–505, 513–515, 521–522, 532, 540, 544, 548–551, 556–558, 561, 563, 565, 569, 573, 586, 603

eudaimonía 41–43, 144, 195, 237, 394, 418, 550

euergesía 325, 518, 532, 539, 546

eúnoia 128, 196, 254, 257, 259, 263–270, 401, 419–420, 453, 458, 494–495, 501, 523, 533, 548, 550, 572, 575, 605, 624

eunomía 333, 355, 377

Euripides 103–104, 108, 123, 188, 331

eusébeia 418, 565

eutaxía 547

Euthydemos 33, 43–44, 79, 84, 86, 93

examarteĩn 535–536

Exemplum/-a / *exemplum* / *exemplum falsum* 5, 14–25, 31, 55–56, 59–60, 67, 71, 83, 104, 142, 147, 154, 163–164, 188–191, 205, 214, 250, 267, 269, 274, 281–282, 292–293, 324, 337–349, 354, 360, 363–364, 370–371, 375, 379, 385–386, 399, 402–412, 418–420, 423–435, 441, 457–460, 463–477, 480–481, 485–495, 499, 502, 518–521, 533, 541–542, 561, 565,

575–577, 583, 585, 591, 594–601, 604, 608, 610–613

Exoterik / exoterische Lehre 617–618

Fiktion / Fiktionalität 33, 113, 228, 245, 273, 276, 299, 364, 391, 413, 422, 437–439, 451, 456, 500, 515

Finley, Moses I. 9, 13

Flaig, Egon 307

Flower, Michael A. 6, 325

Friedrichs, Jörg 355, 368, 370

Froidefond, Christian 80, 114, 118, 121, 125–132, 138, 145, 395, 409

Funke, Peter 158, 355, 359

Gabentausch 144

Gagarin, Michael 8, 91–92, 346

Gemeininteresse 165, 195, 209, 211, 233–236, 482, 494, 584, 610

Geryoneus 108–109, 324, 327

Gillis, Daniel John 15–16, 18, 20, 39–40, 43, 53, 58, 61, 81, 157, 160–165, 171, 183, 195, 205, 207–212, 218, 227, 237, 243, 312, 381–383, 386, 389–390, 413, 416, 418–419, 425, 454–455, 459, 491

Gleichheit (arithmetisch) / (geometrisch) 174, 395, 406–410, 558–559, 574, 596

Goldhill, Simon 13, 64, 498, 503–505, 564, 571, 577–578, 582

Gomperz, Heinrich 34, 38, 43, 80, 262, 289, 381, 383, 395, 396, 437, 441, 503, 511–514, 551

Gorgias (v. Leontinoi) 11, 50, 64, 81–98, 107–108, 113, 118–119, 131, 141, 148, 153, 165, 168–169, 173–175, 192, 214, 236, 243–246, 615

Gotteland, Sophie 13, 16–21, 71, 88, 97–105, 111, 124, 182, 188–189, 309, 323, 325, 328–333, 491–493, 507, 531–536, 550, 556, 561

Gray, Vivianne J. 13, 28, 56, 61, 77, 189, 274, 458, 498, 501–504, 539, 556, 558, 561–567, 571–576, 579, 584–585

Grieser-Schmitz, Dieter 8, 15, 33, 35, 58, 77, 104, 160–163, 179, 185, 189, 194, 198, 200, 215, 221–223, 226–227, 296, 351, 360, 381–384, 388, 392–395, 397, 409, 416, 428, 451–452, 456–459, 485, 493, 495, 504, 547, 552, 599, 617

Großkönig 159, 161, 202, 227–228, 231, 257, 278–286, 332–335, 342, 389, 417, 421–422, 427, 441, 462, 466, 469, 477–480, 486–489, 494–495, 541–543, 555, 594

Gylippos 343–344

Gymnastik / gymnisch / gymnázein 126, 159, 161, 165, 185, 242–246, 321, 448, 519, 564, 566–568, 585, 592, 596, 598, 603, 606–607, 612

Hagmaier, Martin 122, 188, 209, 211, 306–308, 312–315, 320, 323, 339–340, 367, 370

Haliwell, Stephen 33, 40, 44, 47, 186–187

Harding, Philip 6, 7, 30, 34, 36, 167, 287–289, 294, 298, 341, 359, 381, 386, 388, 413

Haskins, Ekaterina V. 8–9, 12–13, 28, 32, 52, 56, 81, 262, 434, 437, 441, 513–514, 532, 609

hêdoné 184, 414

hêgemón 191, 199–200, 258–259, 267, 275, 279–280, 284, 341, 420, 436, 466, 469, 484–486, 494–495, 500, 512, 519, 532–533, 536, 550, 597, 604–605, 624

hêgemonía 102, 163–164, 177–180, 200, 210–213, 217, 228, 231, 234, 237, 240, 267, 275, 283, 341–342, 347, 370, 382, 401, 419, 423–424, 433, 475, 484–485, 493, 495, 521, 530, 535, 547, 550, 586, 596, 601, 604–605

Heilbrunn, Günther 7–9, 13, 28–29, 32–33, 36, 38, 43, 47, 53, 58–59, 66–67, 80–81, 84, 94–95, 99, 101–103, 106, 120, 127–132, 137, 143, 145, 155, 160, 166, 171, 175, 178, 186–187, 192–196, 213–217, 221, 225–226, 230, 276, 320, 383, 395, 395, 398, 407, 428, 438, 446, 455–459, 479, 484, 491–492, 522, 617, 621

D.3.2 Index nominum et rerum

Heitsch, Ernst 12, 34, 43, 173, 186, 196, 245, 248, 618

Helena (von Sparta) 81–82, 89–103, 106, 113, 118, 141–142, 202, 328, 491, 533

Hellas 24, 62, 175, 183, 198, 203, 209, 267, 279, 291, 341, 351, 460, 462, 467, 471–472, 480, 491–494, 533, 540, 557, 591, 605, 624

Hellene(n) / *Héllenes* 9, 62, 111, 115, 132, 134, 162, 174–177, 181–188, 191, 199, 206–212, 217, 225, 228, 230, 236–237, 247–248, 258, 267–268, 286, 342, 355, 370, 374, 403, 406, 421, 431, 446, 451, 455, 462–464, 467–469, 473, 475, 478, 483–484, 488–494, 497, 501, 506, 510, 515–516, 519–521, 528–529, 532–535, 538, 542, 544, 545, 550, 556, 561, 564, 574, 592–594, 602, 698, 617

Hellenika von Oxyrhynchos 33, 487

Helot(en) 225, 276, 289, 332–336, 341, 557–558

Herakles 99–103, 106–111, 123, 135–137, 141, 189–190, 202, 210, 243–244, 324–329, 348, 460–461, 490–494, 534, 591–592, 597

Herakliden 103, 105, 122, 183, 188–190, 208, 293, 324–325, 329–332, 342, 348–353, 461–462, 530, 557

Hermetik 60, 248, 314, 581–583, 588, 613, 617–618

Hermippos (v. Smyrna) 30

Herodot (v. Halikarnassos) 108, 125, 129, 204–205, 209, 212, 344–345, 352, 520

Herrschaft {s. *arché*}

Hesiod(os) 326–329, 616–617

hêsychía 233, 306, 314, 352, 364, 367, 369, 414, 595, 612–613

hetaîroi 485–489

heúrêsis 18, 20, 48, 50, 59, 69, 71–72, 87, 91, 241, 299, 508, 565, 617

héxis 55, 514

Hikesie 267

Hippias (v. Elis) 11, 165, 187

Hirsch, Ulrike 160, 165, 167, 169, 177–178, 184, 187, 193, 196–198, 201–212, 221–224, 228, 233, 296, 379, 382–384, 393–397, 416, 418, 423, 548, 615

Homer(os) 44, 93, 326–329

Homoioi / *homoiótês* 289, 325, 358, 394, 409–410, 596, 603

homónoia 159, 176, 178, 248, 409, 462–463, 467, 470, 472, 501, 510, 518, 535, 538, 544, 549, 558, 566, 568, 592–593, 602

Honorar(e) 30, 33, 41–44, 85, 113, 144, 310

Hörer / Zuhörer / hörendes Publikum 12, 57–60, 151, 166, 168, 238–239, 246–248, 334, 403, 410, 414, 421, 439, 506, 511, 572, 578, 580

hosiótês 265–267

Hypomeiones 293, 305, 344

hypóthesis 73, 84, 87, 89–91, 94–95, 103, 107–108, 111, 118–120, 140–143, 149, 152, 162, 165, 172, 174, 193, 416, 458–459, 499, 509–510, 536, 539, 544, 551–552, 559, 563, 568, 579, 582, 597, 602

Iason (v. Pherai) 289, 316

ídion 51, 128, 195–199, 203, 209, 211, 217, 219, 234–237, 244, 262, 351, 371, 414, 449, 474, 477, 482, 488, 519, 548, 592–594, 621–622

Imbros 221, 333, 452

Intellektuelle(r) / intellektuell / Intellektualität 6, 10–13, 36–37, 61, 85, 152, 164–168, 185, 234, 240, 264, 300, 303, 310, 315, 320–321, 336, 372, 374, 377, 438, 479, 521, 624

Iphikrates 388, 541

Iphitos 326–327, 356, 358, 402, 454, 488, 491, 551, 566

Isokrates
  An Nikokles (Isok. II) 9, 38, 63, 77, 273–274, 370, 433–434, 441
  Antidosis (Isok. XV) 11, 28, 31, 39, 48, 58, 62–63, 68–69, 77, 145, 157, 163, 213, 216, 240–242, 264, 311, 320–321, 376,

417, 437–449, 477,
482–484, 491, 498,
511–512, 519, 533,
573, 585, 596, 598,
606–607
Archidamos (Isok. VI)
14, 23–24, 31, 78,
146, 181, 199, 211,
267, 287–378, 391,
401–405, 408, 418,
424, 428, 430, 462,
466, 469, 481, 501,
556–557, 563, 574,
599
Areopagitikos (Isok.
VII) 3, 20, 25, 105,
121–124, 138, 181,
191, 193, 195, 199,
218–220, 267, 275,
298, 347–348,
379–413, 416–417,
420–430, 434–436,
440, 444–445, 469,
471, 514, 517–518,
527–528, 546–547,
552–554, 557, 561,
574, 595–596,
605–606, 611, 615
Brief an Archidamos
(Isok. ep. IX) 600
Brief an die Söhne Iasons (Isok. ep. VI)
317–318, 434
Brief an Dionysios I.
(Isok. ep. I) 290, 434
Brief an Philippos I
(Isok. ep. II) 486
Briefcorpus (allgemein)
10, 40, 77
Busiris (Isok. XI) 6, 25,
27, 53–54, 62–63, 67,
69, 72, 78–80, 83–84,
93–96, 105, 108–155,
164–167, 174,
181–182, 201, 206,
214–219, 223–225,
238–244, 247, 251,
259, 265, 277, 293,
298, 311, 328, 343,
350, 353, 356, 371,
381, 392, 400, 404,
408, 434, 507, 512,

519, 527–528, 542,
553–556, 577, 579,
591–592, 597–598,
601, 607
Euagoras (Isok. IX) 58,
228, 240–241, 243,
273–274, 277–286,
316, 339, 343, 374,
422, 434, 477–480,
594, 596, 623–624
Friedensrede (Isok.
VIII) 21, 25, 55, 105,
147, 177, 181, 195,
229, 241, 250, 267,
285, 298, 300, 304,
320, 322, 347–348,
371–374, 379–393,
404, 412–436,
440–441, 449–453,
459, 463, 467–470,
473, 476, 481–485,
514, 519, 521, 523,
541, 547, 558, 561,
570, 595–596,
611–612
Gegen die Sophisten
(Isok. XIII) 11,
38–54, 63, 68–69, 79,
83–84, 91, 95, 113,
117, 128, 130, 144,
148, 164, 167–170,
174, 182, 201, 225,
239, 251, 264–265,
280, 319, 349, 386,
392, 514, 606–607
Gegen Euthynous (Isok.
XXI) 44, 72, 194,
365
Helena (Isok. X) 6, 11,
40, 53–54, 63, 67, 69,
72, 78–108, 110–112,
117–120, 123–125,
130–140, 143–155,
164–169, 174,
181–182, 189, 192,
201, 214, 216–217,
223, 226, 233,
236–244, 247, 256,
259, 262, 265,
273–274, 280, 381,
392, 432–435, 438,
491–492, 507, 509,

512, 533, 550, 591,
603, 605
Kyprische Reden (Isok.
IX, II, III) 63, 149,
273–286, 295, 301,
371, 485, 506, 594,
601, 604
Nikokles (Isok. III) 9,
38, 273–277, 300,
350, 370, 394, 409,
434, 473, 484, 594,
605, 624
Panathenaikos (Isok.
XII) 4–5, 20, 24–25,
28, 33, 54–58, 61,
66–67, 70, 78, 84,
121, 123, 146, 172,
194, 236, 311, 349,
353, 362–365, 371,
372, 400, 408, 432,
457, 497–586, 597,
600–603, 605, 607,
609, 611–613, 618
Panegyrikos (Isok. IV)
20, 24–25, 29, 38, 59,
78, 81, 103, 105,
121–124, 146,
157–253, 259–263,
267, 270, 272, 274,
277–278, 281–284,
291, 293, 296, 298,
311, 318, 325, 335,
338–345, 350–354,
370–373, 376,
382–385, 392–394,
398, 400, 403–405,
411, 419, 427–429,
433, 435, 441, 443,
448–449, 457–464,
469, 473, 475, 484,
487–494, 498,
509–510, 515–523,
526, 530, 533,
540–544, 547, 554,
561, 582, 585,
592–598, 601–604,
609, 612, 615,
622–624
Philippos (Isok. V) 20,
25, 31, 58, 62–63, 66,
103, 141, 159,
189–190, 230, 272,

278–280, 320, 347–348, 358, 371, 428, 451–495, 508, 518, 519, 522, 534, 541, 596, 600–602, 612
Plataikos (Isok. XIV) 23, 251–272, 277, 283–286, 298, 300, 343, 347–348, 360–361, 371, 403, 441, 443, 467, 593, 600
Über das Gespann (Isok. XVI) 46, 143, 211

Isokrates (d. J./v. Apollonia Pontica) 33

[Isokrates] / Ps.-Isokrates
An Demonikos ([Isok.] I) 9, 77, 274, 434
Brief an Philippos II ([Isok.] ep. III) 496

isonomía 394–395

isótês 395, 409–410

Jaeger, Werner 3, 5, 7–9, 15, 18, 20, 31–40, 43, 47–48, 55, 81, 85, 94, 107, 160–161, 165, 172, 178–179, 184–187, 194, 200, 213, 243, 251–253, 270–271, 290–291, 294, 296, 347, 379–389, 394, 395–403, 405, 409, 412, 423, 428, 433, 437, 441, 445, 447–448, 454–455, 551, 557, 566

Jebb, Richard C 382

Jost, Karl 10, 15–18, 21, 23, 60, 230, 322, 414, 514, 536, 621

Judeich, Walther 157, 232

Kadmeia 158, 266, 304

kainótês 45–46, 51

kairós 45–51, 68, 72, 87, 128, 154, 163, 168, 170, 186, 191, 237, 365, 369, 471, 489, 492, 509, 606, 608

Kallistratos 252, 254, 443

kállos 97, 591

kalokagathía / kaloskagathós 97–100, 106–107, 123, 197, 200, 209–212, 218, 293, 297, 531, 559, 591, 608, 612

Kastor 101, 324

Kategoria (Anklagerede) 72, 119, 417, 510, 526, 567, 569, 572

Kennedy, George A. 81, 83, 90–96, 99, 103, 118–119, 140, 143, 155

Kephalos (v. Kollytos) 159

Kerferd, George B. 11–13, 48, 80, 84–85, 142, 150, 186, 263, 313, 347, 513, 621

Kerkyra 252, 262, 368

Kessler, Josef 8, 31, 157, 160, 165, 167, 174, 179, 184, 207, 210, 379–382, 405, 417, 431, 454, 458, 487, 497, 500, 503, 522, 532

Kleine-Piening, Franz 31, 32, 34, 291, 367, 380–383, 387–389, 395, 414, 438, 440

Kleisthenes 185, 211, 382–383, 394–395, 398, 405–406, 439, 624

Kleruchie(n) 221–223, 253, 291, 333, 378, 387, 416, 425, 441

Klytaimnestra 112

Knidos 158, 228–229, 277–286, 304, 443, 521, 525, 542, 594, 596

koinḗ eirḗnê 290, 305, 378, 451, 482, 484, 596

koinón 103, 128, 165–166, 196–198, 202–211, 217, 219, 233–237, 244, 262, 338, 341–345, 349, 360–361, 370–371, 395, 397, 401, 414, 449, 474–475, 478, 482, 484–485, 488, 494, 519, 533, 541, 551, 592–594, 609, 621–622

Königsfrieden / Frieden des Ant(i)alkidas 105, 158–160, 201, 221, 224, 227–231, 254, 257, 262, 270, 283–284, 290, 304, 333–335, 376, 416, 422, 464, 470, 526, 543–544, 555

Konon 228–229, 278–286, 375, 472, 476–481, 518, 542

Konstan, David 40, 53, 503, 551

Korinth / Korinther 254, 288–291, 306–308, 313, 323, 366, 370, 376, 593

Kos 387

Kratinos (v. Athen) 109

Kresphontes 326–331, 337

Kritias (v. Athen) 146, 249, 397

Kynaxa (Schlacht von) 486

Kyros (d. Gr.) 285, 472, 476, 480–481, 486, 518, 541

Kyros (d. J.) 285, 472, 476, 480–481, 486, 518, 541

Laistner, Max L. W. 31, 33, 56, 80, 160, 172, 381–382, 407, 414–415, 419, 425–428, 453, 459–465, 468–469, 473–474, 480–484, 486–487, 530, 532

Lakedaimonier / *Lakedaimónioi* 46, 125–126, 163, 174, 191, 202, 206, 230, 238, 240, 258–259, 267–268, 275, 278–279, 282, 285, 312, 403, 411, 421, 426, 442, 447, 449, 462, 464, 473, 478, 484, 487, 490, 516, 519, 524, 527, 538, 540, 544–545, 557–559, 562, 564, 568, 570

Laplace, Marie M. 34

Lemnos 221, 333, 452

Leser / lesendes Publikum 4–5, 12–13, 38, 56–63, 93, 131–135, 139, 154, 179–180, 187, 204, 215, 223, 226, 230, 232, 238–239, 247–249, 282, 311, 325, 328–329, 334, 337, 341, 343, 346, 349, 371–372, 380, 408, 410, 421, 439–440, 458–461, 466, 471, 504, 511, 530, 551, 571, 578, 586, 614–617

Leuktra 24, 180, 260, 284, 289–290, 295, 301, 305, 376–377, 387, 411, 428, 442–445, 464, 468–470, 489, 541

Levi, Mario Atilio 25, 42, 83, 104, 166, 176, 178, 180, 186–189, 195–198, 214, 229–230, 383, 393–396, 413, 417–418, 597

Libye 121, 123, 135–137

Liebersohn, Yosef Z. 38–40, 57

Livingstone, Niall 12, 30, 32, 38, 55, 71, 80, 92, 97, 108–122, 125–132, 136–139, 144, 147–150, 153–157, 187, 413, 458, 504, 571

Lob(rede) {s. Enkomion / Epainos}

lógos passim

Lombard, Jean 8, 18, 21, 31, 34, 38, 41, 43, 46–47, 60, 80, 85–88, 150, 160, 165, 168, 172, 178, 186–187, 253, 255, 273–276, 382–384, 393–396, 400–404, 437–441, 447–448, 511, 514, 608

Loraux, Nicole 157, 163, 172, 182–185, 195, 223, 246, 249, 399, 498

Lykurgos (myth. Gesetzgeber) 146, 197, 553, 555, 584

Lysianassa 136

Lysias 44, 115, 164–168, 171–175, 207, 215, 243–246, 260

Makedonien / makedonisch 6, 29, 296, 387, 451–456, 461, 467, 471, 476–477, 481, 487, 490, 497, 500–503, 556

Mandilaras, Vasilios G. 3, 30, 57, 135, 166, 171, 342, 361, 483, 516, 526

Mantineia 158, 291, 305, 377–378, 444, 464, 531

Marathon 203–206, 211, 247, 490

Martin, Gunther 390–391, 396

Martinelli Tempesta, Stefano 3

Masaracchia, Agostino 39, 42, 84, 104, 128, 231, 448, 498–503, 507, 519, 532, 536, 544, 547–550, 564, 567, 569, 580, 584

Mathieu, Georges 9–10, 15, 34, 80, 90, 118, 125, 135, 154, 160, 166–167, 185, 188, 196, 212, 226, 251–257, 263, 269–270, 288, 291, 294, 296, 308, 317, 378–382, 387–390, 393–395, 413, 416, 419, 424–425, 436, 438, 442, 452–454, 458, 463, 473, 482, 490, 497, 527, 532, 558, 560

Maussolos (v. Karien) 387–388

Meier, Christian 368

Meier, Mischa 126, 289, 377

Melier 213, 526

Melissos 85

Melos 214–217, 223–225, 261, 526–530, 535, 541

Menelaos 101–102, 530–531

Menestheus 388

Mesk, Josef 35, 115, 379–383, 389, 413, 497

Messenien / Messene 222, 289–293, 302, 305, 323–337, 361, 462, 468, 489, 519, 530–531, 537–538, 557, 559, 575

metabolé 310, 313, 315, 341–342, 347, 354, 356, 365, 369, 400–403, 424, 444, 464–469, 472–481,

D.3.2 Index nominum et rerum

494–496, 540–541, 548, 552, 575, 577, 610–611

Methone 452

Metöke(n) 123, 276

Meyer, Eduard 8, 34, 43, 80, 84–85, 157, 160, 165, 171, 224, 230, 289, 296, 372, 382–383, 387

Michelini, Ann N. 13, 36, 58, 62, 379–382, 386, 390–392, 395, 399, 415–419, 425, 426, 433, 470

Mikkola, Eino 47, 77, 80, 84–85, 97, 103, 105, 169

Mimesis / *mímēsis* 21, 27, 49, 54, 66, 266, 339, 568, 584

Mirhady, David C. 38, 47–48, 80, 85, 90, 106, 113, 129, 133, 135, 143, 154, 280, 318, 382, 393, 410, 442–443, 624

Mnesimachos (Komödiendichter) 109–110

Momigliano, Arnaldo 8, 10, 15, 160, 252, 255, 454–455, 500, 532

Monarchie / *monarchía* 104–105, 194, 273–277, 282, 296, 370, 394–396, 419, 423, 433–434, 462, 484–486, 551, 604–605, 614, 623–624

Morgan, Kathryn A. 12, 36, 49, 53, 58, 63, 413, 416, 441, 504, 536, 553

Mossé, Claude 105, 287–288, 293–297, 305, 308, 342, 344, 356–360, 553, 557–558

Moysey, Robert A. 289, 296–298, 351, 381–384, 413, 439–440

Mühl, Max 5, 7–9, 15, 157, 187, 454

Müller, Carl Werner 62, 123, 160, 162, 218, 232, 244–249, 328

Münscher, Karl 34, 39, 80, 90, 113, 160, 179, 200, 252, 273, 381–382, 454, 500, 503

Mykene 183

Mythenkorrektur 329

Mythos 16–18, 58, 79–81, 93, 99–101, 108–111, 116–117, 123, 133–136, 141–142, 183–185, 188–189, 204, 208, 266, 326–332, 336, 339–340, 348, 399, 492–493, 498, 507, 518, 519, 530, 532, 549, 564

Natoli, Anthony F. 31, 62, 325, 454–456, 475, 481–482, 500, 513

Naturrecht 216, 263–264, 269, 271, 370, 503, 593, 621

Neleus 324–329

Nestor 324–329, 530–531

Niebuhr, Barthold Georg 7, 294, 298

Nightingale, Andrea 8, 12–13, 64, 89, 154, 437

Nikokles (v. Salamis) 273–277, 301, 624

nómos / *nómimon* / 108, 197, 204, 263, 265, 309–310, 313–315, 354, 356, 374, 395

Ober, Josiah 33, 58, 381, 383, 391, 393, 396–397, 400, 407, 437–441

Oligarchie / Oligarch(en) / oligarchisch / *oligarchía* 11, 29, 105, 176, 194, 201, 218–220, 225–227, 237, 268, 275–277, 296, 305, 310, 344, 355–356, 376–377, 383, 394–400, 406–412, 417, 430, 448–449, 470, 473–474, 537, 544–546, 549–554, 557, 562–563, 584, 592–594, 603–605, 609–611, 614

Ollier, François 22–25, 104, 126, 128, 146, 179, 183, 186, 195, 277, 287, 294, 296, 298, 300–302, 312, 334, 352–353, 369, 373, 380–381, 395, 397, 412, 424, 429, 446–447, 454, 493, 498, 500–503, 522, 532, 544, 548, 553, 558, 574, 599

Olynthos 158, 387, 452, 488

Oncken, Wilhelm 7–8, 32, 40, 172, 175, 178, 215, 227, 243, 380–382, 387, 390, 413, 433, 502, 544, 553

Ontologie 85, 90, 128, 517

Orth, Wolfgang 10, 12, 20, 182, 382–383, 395, 397, 406, 409, 419, 519, 551

paideía / *pepaideuménos* 12, 35, 38–42, 46–49, 52–55, 58–61, 66, 60–70, 79, 81, 83, 88–89, 118–120, 127, 130, 142, 149, 152–157, 173, 186, 193, 196–197, 201, 233, 241, 244, 300, 313–324, 362, 394–396, 423, 433–440, 444–448, 456, 492, 499, 502, 505,

513–515, 519–521, 544, 552, 562–570, 583–585, 592, 596–603, 606–612, 618

paígnion / paígnia 83, 87–88, 92–96, 112, 118, 120, 153, 155

Papillon, Terry L. 12, 18, 20, 35, 40, 54, 68–69, 81, 85, 90–99, 103, 106–110, 117–120, 145, 154, 167, 171, 196, 243, 246, 255, 288–289, 298, 317, 330, 336, 380–381, 432, 437–440, 453, 456, 473, 490–491, 507, 509, 532–533

Paradeigma / *parádeigma* / *oikeîon parádeigma* 16–17, 21, 49, 54, 60, 85, 193, 347, 491, 555, 584, 591, 602, 608, 612

Paradoxie / paradox / (*lógos*) *parádoxos* / *parádoxon* 80–98, 101, 107–113, 118–120, 129–130, 140–146, 149–150, 153–156, 169, 200, 204, 217, 221–223, 233, 236–239, 261, 264, 299, 326, 329, 332, 346–350, 381, 391–392, 402, 407, 415–421, 424, 438, 444, 446, 464, 507–508, 511, 526, 531–533, 553, 568, 575, 579, 582

Paris (Alexandros v. Ilios) 81, 97–98, 112

Parodie / parodistisch 31, 67, 109, 119, 125, 135, 139, 144, 150, 193, 231, 248–249, 329, 386

Pedaritos 343–344

Peiräus 158, 185

peitharchía 544–548, 603

peithṓ 92, 128

Peloponnesischer Bund 158, 208–209, 215, 228, 253, 258, 289, 291, 305–308, 387, 463, 468, 547–548

Peloponnesischer Krieg 22, 24, 29, 51, 122, 214, 220–221, 224, 228–230, 258, 284, 305–306, 336, 342–343, 369, 449, 463–465, 473, 478–479, 524, 526, 541, 612

Perikles 105–106, 122, 186, 188, 195, 197, 239, 245, 276, 306, 366–367, 547, 550

Periöke(n) 218, 468, 556–558

Perlman, Scott 103, 187, 189, 230, 382, 448, 454–463, 467, 471–472, 476–480, 484–492, 500, 532

Perserkrieg(e) 20, 23, 99, 163, 174–179, 184, 189–194, 197, 201–208, 212–214, 220, 231–237, 244, 259, 278–284, 296, 338, 345, 351, 354, 358, 371, 395, 401, 404, 418, 448, 454, 458, 467, 469, 485–494, 510, 512, 520–521, 528, 530, 534–535, 538, 541, 547, 555, 561, 575, 592, 596, 601–602, 612, 623

Perseus 137, 324–325

Persien / Persisches Reich 8, 159, 163, 237, 257, 269, 279–285, 292, 333–334, 427, 451, 455, 464–466, 470, 472, 489, 494, 520, 541–543, 594

persona 13, 26, 28, 31–33, 36, 56, 65–66, 130, 251, 297–300, 315–316, 319, 370–372, 413, 437–438, 451, 457, 497, 503, 506, 547, 570, 572, 580, 594, 600, 617

Philippos II. (v. Makedonien) 6, 29, 31, 62, 275, 384, 387, 451–494, 497, 500–503, 530, 532, 550

Philodemos (Philosoph) 34

Philokratesfrieden 452–457, 461, 466–468, 471, 501

Philosoph(en) / *philósophos* 3, 5, 8, 11–12, 34, 37, 43, 46–47, 52–53, 62, 87, 99, 125–126, 129, 241, 316, 438, 512, 514, 606, 687, 610, 618

philosophía tō̂n lógōn 39, 608–612

Philosophie / *philosophía* 7–12, 32–47, 52, 68, 90–94, 112–114, 119, 125, 128–130, 135, 143–145, 148, 170, 185–186, 201, 243–244, 275, 316, 395, 437–438, 445, 447, 457, 488, 512–514, 565, 578, 592, 603, 606–607, 610–612, 618

Phleious 158, 176, 288–291, 530

Phokaia 344–345, 348

phóros / phóroi 526–539, 548

phrónêsis / eū̂ phronoū̂ntes / phroneī̂n 20, 55, 81, 87, 186, 304, 319, 393–394, 428, 448, 493, 514, 531, 561, 565, 568, 570, 575, 585, 597, 603, 606–611 *phthónos* 240

Physis / *phýsis* 47–49, 53–54, 121–122, 166, 169, 186–187, 206, 263, 280, 307, 319, 446, 448, 484, 511, 564, 578–579

Pindar(os) 48, 243, 326, 329, 536

Plataiai / Plataier 204–205, 209, 212, 223, 251–271, 289, 332–333, 359–361, 444–445, 537–538

Platon 7–14, 20, 30, 34, 40–44, 52–53, 62, 64, 81, 84–86, 95, 125, 128–131, 144, 151, 163, 175, 190, 220, 248–250, 395, 398–399, 405, 409, 437, 440, 448, 505, 513, 544, 548, 551, 557, 560, 563, 565, 582, 584, 617–618
  Apologie 144, 264, 439
  Gorgias 33, 40, 43, 115, 505
  Menexenos 20, 165, 173, 186, 244–250, 582
  Nomoi 395–396, 441
  Phaidros 34, 44, 377
  Politeia 51, 80, 125–126, 131, 144, 273, 441
  Protagoras 43, 54
  Theaitetos 273
  Timaios 146, 399

pleonexía 51, 128, 147, 221–225, 239, 252, 262, 265–266, 271, 404–410, 417, 435–436, 449, 455–456, 463, 466–467, 471–472, 476, 494–495, 508, 524, 551, 557–558, 565, 573, 577, 585, 598, 611

plẽthos 7, 206–207, 366, 496, 519, 550, 552, 572

Pohlenz, Max 12, 20, 34, 43, 80, 160, 165, 171, 182, 186, 200, 245, 248, 398, 419

Pointner, Franz .20, 35, 99, 104, 121, 127, 158, 160, 175, 268, 276–277, 293, 341, 344, 357–361, 366, 394–396, 409, 421–422, 454, 480, 484, 492, 524, 547–548, 551, 558, 560, 603, 607, 621

pólis passim

politeía / *politeíai* 66, 102, 105–106, 112, 126, 146–147, 174–177, 183–184, 192–196, 201, 216, 219–220, 226, 231–237, 247–249, 268, 293, 297, 310, 318, 338, 344, 351–359, 364, 371, 373, 386, 393–397, 400–401, 405–407, 411, 426–432, 435, 460, 485, 499, 515, 520, 523–524, 540, 543–563, 567, 574, 579, 582–586, 592–593, 598, 603, 606, 609–612, 621–623

politeúesthai 86

Polydeukes 101, 324

Polykrates (v. Athen) 62, 80, 87, 90, 93, 111–120, 129–131, 137–145, 153, 155, 225, 310, 615

polypragmosýnê 51, 239, 265, 367

Poseidon 108, 120, 132–136

positives Recht 262–264, 271, 429, 621

Poteidaia 291

Poulakos, John 33, 52, 63, 80–83, 85, 90, 95–98, 103

Poulakos, Takis 10, 52, 55, 59, 175, 187, 202, 243, 273, 294–295, 317, 424, 474, 476, 514, 603, 621–622

Pownall, Frances 6, 12–13, 15, 18, 20–21, 35, 40, 187, 231, 245, 248, 375, 578

praótês 55

Pratt, Jonathan 8, 12–14, 34, 52, 56–57, 64–65, 85, 88, 113, 139, 145, 161, 365, 386, 449, 498, 502–505, 512–513, 522, 536, 548, 565–586

Praxis / *práxis* / *práxeis* / *prágmata* 11–13, 16–17, 21, 39, 45–49, 54–55, 62–65, 80, 86–87, 91, 96, 117, 122, 169, 197, 235, 239–240, 265–268, 271–272, 282, 314–316, 320, 339, 349, 379, 391–392, 395–396, 412, 435, 457, 467, 499, 502, 507, 511, 514–515, 518, 521, 532, 537, 543, 555–556, 561, 567, 574–579, 582–586, 595, 598, 601, 605–610, 612

Price, Bennett J. 5, 16–19, 56, 346

prostátês 201

Protagoras 11, 47–48, 54, 85, 151, 169

Pseudologie / *pseudología* / *lógos pseudés* 149, 151, 169, 205, 228, 233, 265, 350, 392, 438, 507–508, 532, 564, 577–579, 583, 586, 593, 598, 616–617

Psogos (Tadelrede) 119, 224, 229, 418, 524, 537, 543, 551, 559–560, 579

psychế 49, 478, 606

Publizistik / publizistisch 3, 8, 28, 34–36, 66, 158–159, 245, 295–298, 380–381, 455–456, 497, 500–504, 550, 600

Pydna 387, 452

Pylos 183, 327, 329, 335–336, 347

Pythagoras 123–131, 135

Race, William H. 32, 243, 498, 532, 536–537

Raeder, Hans 34, 245

Raoss, Mariano 61, 80, 112–118, 127, 176, 191, 224, 277, 364, 421, 432, 437–438

Rawson, Elizabeth 15, 23, 296, 310, 403, 407–408, 447, 500–503, 574

rhêtoreía 7

rhêtoriké 7–8

rhétra 197

Rhodos 278, 387–388

rhómê 101, 591

Roth, Peter 4, 8, 12, 28, 32, 54, 57, 104, 184, 294–295, 401, 423, 497–569, 576–582, 585–586

Rowe, Galen O. 381, 438

Salamis (Seeschlacht) 102, 163, 206, 208–212, 227, 338, 340–345, 348, 359–360, 369–370, 489–490, 520–521, 623

Salamis (Zypern) 273, 281, 623–624

Schäublin, Christoph 27–28, 294, 498, 502, 518, 532, 573–574, 579, 586

Schiappa, Edward 7–12, 35, 38, 44, 52, 56, 62, 64, 69, 85, 87, 90–93, 119, 145, 161–163, 169, 172–173, 241, 246, 514, 606–607, 618

Schmitz-Kahlmann, Gisela 15, 18, 20–21, 35, 57, 187, 189, 202–203, 314, 339, 403–404, 423, 426, 428, 464, 472, 474, 488, 491, 493, 532–533, 551, 555

scholé 62, 357–358, 489

Schriftkritik 12, 34, 504, 566, 617–618

Schütrumpf, Eckart 125, 165, 175, 187, 198, 395

Seidensticker, Bernd 328–329

semnótês / semnýnesthai 87, 93, 120, 573

Sigeion 389

Signes Codoñer, Juan 35, 456, 497–504, 510, 512, 515, 522, 530, 532, 534, 536, 549, 563, 582

Skione 213–217, 222–224, 261, 526–530, 535, 541

Skyros 221, 333, 452

Sokrates 11, 30, 84, 91, 93, 115–117, 142–146, 150–151, 245–249, 438–441, 617

Söldner / Söldnerheer / *misthophóroi* 125–127, 264, 290, 293, 297, 301–304, 351, 356–358, 362–364, 367–368, 373, 387, 389, 405, 417–418, 441, 445, 452, 471, 548, 558, 561

Solon 146, 174–175, 195–197, 382, 386, 394–400, 405–406, 429, 576, 610, 624

Sophist(en) / *sophistés* 5, 9–11, 29, 40–41, 44, 50, 63–64, 85, 90, 92, 95, 111–114, 141, 151, 164, 169, 186–187, 200, 215, 233, 235, 239, 252, 312, 504, 511–513, 615

sôphrosýnê 42–43, 50–53, 200–201, 218, 306, 314, 352–353, 381, 386, 395, 402, 404, 418, 531, 544, 545, 547, 552, 561, 595, 612–613

Spartiat(en) 22, 101–102, 175, 201, 208–210, 289, 292–293, 304–309, 316, 320, 324, 351, 355, 358–363, 371, 446, 517, 546–548, 551, 553–561, 565, 567, 572, 575, 577, 596, 602–603, 609

Speusippos 31–32, 59–62, 70, 161, 325, 475, 481, 513

sphágas / sphágai 540–541, 575, 577

Sphodrias 158, 302–304

spoudé / spoudaîos / spoudázein 82, 87, 93, 120, 155

stásis / stáseis 175–176, 185, 195–196, 219–220, 237, 368, 423, 470–471, 489, 492, 494, 540–541, 558, 576

Steidle, Wolf 13, 20, 33–34, 38–39, 43, 48, 50, 53, 59, 86, 88, 262, 373, 458, 504, 511, 514

Sthenelaidas 201, 306–307, 322–323

Sullivan, Robert G. 48, 162, 175, 246, 288, 439

D.3.2 Index nominum et rerum

Sykophant(en) / *sykophanteĩn* 390, 413–414, 419, 445–449, 476, 482–485, 512, 549, 584, 617

Sykutris, Johannes 31, 92–95, 116, 118, 139, 145, 148, 273, 279, 501

Symbuleutische Rede / *symboulé* 161–165, 178–179, 190, 236–237, 241, 245, 298–299, 379, 390, 391, 414, 418

Synkrisis (rhetorischer Vergleich) 17, 22, 71–72, 87, 191–192, 201, 216, 220, 223–225, 261, 282, 285, 333, 397–400, 411, 419, 515–518, 527, 530, 534, 537, 543–544, 546, 549, 555, 584, 592–593, 597–598

syntáxeis 387

syssítia 126–127, 404, 603

Szlezák, Thomas A. 34, 43, 62, 83, 504, 617–618

Tadel(rede) {s. Psogos}

taraché 476, 488–489, 494–495, 556

téchnê / *téchnai* 10–14, 31, 34, 39, 44–54, 67–70, 79, 94, 122, 126, 128, 130, 154, 170, 185, 232, 265, 316, 365, 415, 448, 514, 519, 559–560, 564–565, 569–570, 606–608, 618

Teichmüller, Gustav 32, 33, 42, 80–81, 85, 129

Tell, Håkan XI, 10–11, 40–41, 129, 558

Texthermetik {s. Hermetik}

thaumatopoiía 86, 532

Theben 22–23, 158–159, 176, 188–189, 212, 253–272, 284–296, 304–307, 333–334, 342, 350, 377, 391, 443–445, 448, 460, 463, 465, 470–471, 500, 530, 556, 593–596, 599

Theopompos 5–6, 33, 564

Thermopylen / *Thermopylai* 102, 204–212, 234, 244, 338, 344–345, 348, 453, 475, 490, 493–495, 520–521, 560, 602, 623

Thersites 112

Theseus 97–106, 110–111, 133–137, 140–146, 149–152, 189, 202, 243–244, 262, 273–275, 309, 419, 432–433, 462, 491–492, 533, 550–555, 564, 583, 591, 605

Thrakien / Thraker 338, 469, 561

Thrasymachos 50

Thukydides 51, 61, 105–106, 122, 165, 186–188, 195, 209, 214–216, 219, 229, 239, 245, 305–316, 320–323, 339–347, 352, 355–356, 366–375, 436, 475, 526, 595, 621

Thyraia 344–345, 348

Tigerstedt, Eugène Napoleon 6, 9, 15, 22–24, 32, 62, 105, 126, 128, 183, 189, 200, 202, 211–214, 227, 278, 294, 296, 302, 311, 323, 333, 408, 424, 489, 503, 537, 553, 558, 567, 576, 599, 603

timé / *timaí* 177, 244

Timmerman, David M. 7–12, 38, 55, 64, 69, 162–163, 186, 241, 246, 448, 514, 603, 618

Timotheos (v. Athen) 31, 252–255, 262, 269, 291, 320, 334, 376–377, 380–383, 387–388, 398, 441–445, 465, 484, 495, 533, 541

Tindale, Christopher W. 10, 40, 56, 221–222

Too, Yun Lee 12–13, 21, 25–28, 32, 36–39, 42, 47, 49, 51–54, 58, 62, 65, 68, 80, 85, 87, 90, 103, 106, 113–114, 129, 133, 135, 144, 154, 160, 169, 241, 262, 265, 280, 288, 298, 300, 307, 309, 316–318, 321–322, 339, 350, 376, 381–383, 393, 395, 396, 409–410, 413–416, 437–448, 467, 483, 497, 500, 504–507, 511, 513, 532, 553, 574–575, 568–579, 598, 609–610, 616–617, 624

Torone 526–530, 535, 541

Trampedach, Kai 5, 29

Treves, Piero 159–160, 165, 186–187, 280, 296, 380–384, 389, 404, 432, 455, 460, 465, 473, 475, 482, 485, 487, 491, 497–498, 501

Troia / Troische(r) Krieg(e) 71, 81, 98–99, 103, 189, 201, 492–493, 529–537

Tugend 41–45, 48, 52–53, 69, 85, 96–98, 104–105, 149, 194, 201–202, 210–211, 234, 266, 357, 398, 433, 509, 513–514

týchê / *atychía* 510, 512

Tyndareos 101, 324–325

Typhon 616–617

Tyrann / *týrannos* / Tyrannis / *tyrannís* 37, 185, 199, 220, 227, 290, 317, 368, 413, 417, 419, 421, 423–424, 431, 433, 478, 486, 492, 624

Tyrtaios 474

Urban, Ralf 158–162, 178–179, 201, 213, 218–219, 224, 227–232, 245, 250, 253–254, 269, 288–289, 333–335, 489, 542

Usener, Sylvia 4, 12–13, 28, 33, 36, 38–39, 49, 56–58, 62–65, 80, 93–94, 105, 108–110, 113–120, 124–128, 131–132, 140–143, 161, 230, 232, 251, 288, 294, 400, 438–439, 458, 502, 504, 512, 536, 550, 603, 617

Usher, Stephen 33, 38, 40, 43, 79, 90, 97, 119, 172, 179, 187, 218, 224, 269, 392, 416, 437, 456, 458, 491, 501

Vasunia, Phiroze 83, 108–113, 118–119, 125, 131, 139, 144, 154, 329

Verteidigungsrede {s. Apologie}

Vöhler, Martin 328–329

Volksversammlung 114, 179, 251, 253, 292, 309, 378, 390–391, 412–415, 595

von Reden, Sitta 13, 64, 498, 504–505, 564, 571, 577–578, 582

von Scala, Rudolf 5, 8, 15, 32, 34, 204, 209, 243, 458

Waldock, Arthur J. A. 32

Walker, Jeffrey XI, 6, 8, 11, 14, 16, 18, 25, 31–34, 40, 48, 56, 60–63, 67–72, 79, 119, 169, 299–300, 319, 343, 345, 348–349, 357, 380, 390, 412, 445, 475, 574

Wallace, Robert W. 178, 223, 228, 381–385, 398, 428, 445

Walter, Uwe 31, 37, 158, 163, 175, 196, 200, 213, 217, 232, 291, 294, 297–300, 346–347, 377, 381–389, 392, 394, 397, 407, 413, 528, 548

Wareh, Tarik XI, 5–7, 9, 11–12, 30–31, 33–34, 36–39, 42, 44, 47–50, 77–78, 85, 87, 165, 275, 454–456, 461, 505, 512–513, 618

Weißenberger, Michael 198, 460

Wendland, Paul 10, 15, 32–33, 160, 179, 230, 373, 396, 453–455, 460, 480–485, 488, 493, 497, 500, 503, 511–513, 518, 521–522, 532, 544, 551–552, 555, 557, 564

Wersdörfer, Hans 8, 32, 45, 47, 64, 155, 171

Wilamowitz Moellendorff, Ulrich von 7–8, 34, 39–40, 43–44, 53, 89, 131, 145, 160, 171, 239, 296, 382, 441, 548

Wilcken, Ulrich 159–160, 454–455, 497, 532

Worthington, Ian 466

xenêlasía 188

Xenophanes 142

Xenophon 6, 33, 228, 274, 290, 301–304, 357, 374–375, 526, 563
  Agesilaos 297, 374–375
  Anabasis 228, 297, 357, 374–375
  Apologia Sokratous 437
  Hellenika 303, 357, 374
  Hipparchikos 357, 374
  Lakedaimonion Politeia 303, 374, 553, 564

Yunis, Harvey 35–36, 47, 64, 68, 245, 370

Zahrnt, Michael 160, 232, 296

Zajonz, Sandra 80–98, 101–107, 151, 160, 178, 180, 393–394

Zenon 85

Zeus 97, 100, 108, 120, 132–136, 327, 616

Zingg, Emanuel 294, 339, 355

Zucker, Friedrich 10, 15, 456, 497–502, 507, 513, 520–521, 527, 532, 539, 564, 578–579

Zweiter Attischer Seebund 159–160, 213, 253–255, 258, 263–272, 280, 283, 290–291, 304, 377, 385–388, 408, 414, 421–422, 431, 443, 465, 468, 523, 529, 541, 548, 594

www.ingramcontent.com/pod-product-compliance
Lightning Source LLC
Chambersburg PA
CBHW080116020526
44112CB00037B/2753